名前ストック&チェックシート

JN020920

姓名 読み 画数					
書きやすさ					
読みやすさ					
漢字の意味					
文字のバランス					
性別のわかりやすさ					
聞き取りやすさ					
説明のしやすさ					
パソコン変換のしやすさ					
愛称					
ローマ字表記・イニシャル					
姓名判断	天格 人格 地格 外格 総格	天格 人格 地格 外格 総格	天格 人格 地格 外格 総格	天格 人格 地格 外格 総格	天格 人格 地格
◀画数					
◀吉凶					
メモ					

◀広げてから切り離してお使いください。

出生記録

体重

g

身長

cm

時刻

時　　　分

天気

生まれた場所

名前の由来

▶記入の仕方は40ページをご覧ください。

命名

候補の名前を記入して、さまざまな角度からチェックしましょう。
名前の候補がたくさんある場合はコピーしてお使いください。

★「よい名前のチェックポイント」(P20〜27)を参考に、客観的に○△×でチェックしましょう。
★ローマ字・イニシャルは「姓ー名」の順で表記します。
★姓名判断については、Part5(P273〜432)を参照してください。

総格	外格	地格	人格	天格	総格	外格	地格	人格	天格	総格	外格	地格	人格	天格	総格	外格	地格	人格	天格	総格	外格	地格	人格	天格	総格	外格

Boy's & Girl's happy name.

男の子・女の子 ハッピー名前事典

東伯聴賢 監修

西東社

はじめに

「あなたのお名前は？」――。初対面の人と会ったとき、「はじめまして」とあいさつして、最初に確認するのが、おたがいの名前です。名前はその人の第一印象を左右する大きな要素。それだけに、大切な赤ちゃんの名前を考えることは、喜びや楽しさとともに、大きな責任をともないます。名前は、最初で最大の、大切な赤ちゃんへのプレゼントです。

赤ちゃんの名前を考える前に、まずはお父さん・お母さん自身の名前を振り返ってみてください。

小学校のころのニックネームは何でしたか？

名前は書きやすいですか？　習字で上手に名前を書けましたか？

発音しやすいですか？　聞き取られやすいですか？　説明しやすいですか？

名前で読み方や性別を間違えられたことはありませんか？

お父さん・お母さん自身が自分の名前をどう思っていたか、周囲にどんな印象をもたれていたかを思い出せば、それが名づけのひとつのものさしになるでしょう。

社会に出れば、書類に名前を書いたり、名刺で名前を伝えたり……。名前とは「自分」の存在そのものです。家庭での生活はもちろん、学校生活や社会とのかかわりの中で、わが子が気持ちよく、幸せに過ごせる名前を考えてください。

本書は、姓名判断のエッセンスを加えた、最新の名づけ本と自負しております。掲載している名前例は、すべて画数のよい吉名です。もちろん、名づけの知識やポイントも詳しく、わかりやすくこの本で学べます。

単純に画数がよいから幸運で、画数が悪いから不運ということではなく、あくまでも姓名判断は「よい名前（吉名）」の一要素です。これまで約1万人の姓名を鑑定し、赤ちゃんの命名相談を1千件以上受けてきましたが、名前は画数だけで決めるものではないと考えています。専門家として画数の重要性を十分認識しつつ、響き、漢字の意味、お父さん・お母さんの願いなど、名前のあらゆる要素をふまえて、総合的によい名前であることが、本当の吉名であると考えます。

ぜひ本書を参考に、お父さん・お母さんの願いがこもった命名、そして周囲に愛される命名をしてください。

東伯 聰賢

Contents

響きで選ぶ女の子の名前 ……88

Part 3 漢字から考えるハッピー名前 129～216

しあわせ漢字と名前例 ……132

Part 4 イメージ・願いから考えるハッピー名前 217〜272

本書について

◆画数

・文字の画数については、統一した見解があるわけではなく、漢和辞典や、姓名判断の流派によって異なります。本書では、多くの漢和辞典で採用されている主流の考え方を参考にしています。

・本書に掲載している名前例はすべて画数のよい吉名です。画数およびその計算には十分注意していますが、決定前に間違いがないか、書籍・漢和辞典などであらためてご確認ください。

◆字体

本書の漢字の字体は、法務省が開示している「常用漢字表」「人名用漢字表」の字体にもとづき、なるべく近い書体で掲載しました。字形の微細な相違点は、あくまでもデザイン上の違いであり、字体の違いとまではいえない範囲のものを使用しています。

◆名前の読み方

名前の読み方については、漢和辞典にない読み方でも、名前に用いられる読み方として常識を逸脱しておらず、社会を混乱させるものでなければ受理されます。本書でも、現代の名づけの傾向を踏まえ、常識を逸脱しない範囲で、漢字の名のりの読み方として紹介し、名前例も掲載しました。

◆各種データ

名づけに使える常用漢字や人名用漢字、各種データは、2024年3月現在のものです。

Part 1

名づけの基本

ステキな名前をプレゼントしよう

子どもも両親も愛着をもてる名前に

名前は、自分自身をあらわすものとして、社会生活やコミュニケーションにおいて欠かせないものです。子どもが一生つき合っていくわけですから、愛着をもつことができ、普段の生活で不便がなく、周囲の人からも好感をもたれる名前をつけてあげたいですね。

もちろん、何万回と子どもの名を呼ぶことになるパパ・ママの、思いがこもった名前にすることも大事です。

じっくり時間をかけて、ステキな名前を考えましょう。

名前は親から子どもへの最初のプレゼント

本書は、定番の名前から、新鮮な感覚の名前まで、幅広くたっぷり掲載しています。男の子名前・女の子名前を合わせて1万5000以上の名前例が載っていますから、きっと気に入る名前が見つかるでしょう。

くわえて、本書で掲載している名前例は、すべて運勢のよい名前です。名前で運勢を判断する「姓名判断」は、多くのパパ・ママが取り入れている命名法でもあります。

もちろん、姓名判断だけで人生が決まるわけではありません。その子のもともとの性質や、育つ環境など、人生にはさまざまなことが影響します。それでも、よりよい名前を、と考えるのが、親心。わが子を幸せへ導く「お守り」として、運勢のよい名前を考えるのも、パパ・ママの愛情のひとつといえます。

名前は、親から子どもへの最初のプレゼントです。名前の響きや漢字の意味のよさに加え、運勢のよい名前なら、最高にステキなわが子への贈り物になるでしょう。

漢字の意味、響き、姓名判断……。名前を考える際には、たくさんのアプローチがあります（→P16）。さまざまな要素をふまえて、おおいに悩み、名づけのプロセスを楽しみながら、ステキな名前をつけてあげてください。

「よい名前」の4か条

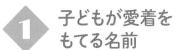

子どもが愛着をもてる名前

奇抜すぎる名前やあまりにも古い印象の名前は、子どもはいやがるもの。小さいときはもちろん、子どもが成長してからも、子ども自身がずっと愛着をもてる名前を考えたい。

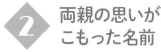

両親の思いがこもった名前

親の思いを託し、心から気に入ってつけた名前であることももちろん重要。周囲の意見などを気にしすぎて、本来の思いとかけ離れた名前になって後悔しないようにしよう。

社会に受け入れられやすい名前

難しい漢字を使った名前や、読みにくい名前、性別がわかりにくい名前などは、日常生活で不便があることも。社会生活をスムーズに送れる名前にしたい。

画数（姓名判断）がよい名前

1～3の要素に加えて、運勢もよい名前なら、さらに理想的。画数（姓名判断）もよい名前にして、最高にハッピーな名前をプレゼントしよう。

みんなどんな名前をつけているの？

人気名前ランキング

名前を考えていると、ほかの子の名前も気になるものです。
明治安田生命が公表している名前ランキングから、最近の傾向を見てみましょう。

男の子

人気の名前（表記）

- 1位 碧
- 2位 陽翔
- 暖
- 4位 律
- 5位 蒼
- 6位 颯真
- 7位 蓮
- 8位 凪
- 湊
- 湊斗
- 11位 蒼空
- 颯
- 13位 結翔
- 想
- 15位 朝陽
- 16位 伊織
- 翠
- 陽向
- 19位 碧斗
- 20位 新
- 21位 朔
- 樹
- 晴
- 大翔
- 陽大
- 陽斗
- 颯太
- 28位 大和
- 楓
- 琉生
- 31位 岳
- 蒼大
- 悠真
- 34位 伊吹
- 結斗
- 36位 一颯
- 蒼生
- 碧人
- 湊音
- 陽
- 陽太
- 42位 奏
- 楓真
- 湊大
- 悠翔
- 颯汰
- 47位 奏翔
- 歩
- 悠
- 50位 葵
- 旭
- 叶翔
- 善
- 蒼真
- 藍
- 陸
- 律希
- 琉翔
- 颯斗

人気の読み方

- 1位 ハルト
- 2位 ミナト
- 3位 ユイト
- 4位 アオト
- リク
- 6位 ソウタ
- 7位 ソラ
- 8位 アオイ
- 9位 ソウ
- 10位 ハルキ
- 11位 ハル
- 12位 アオ
- 13位 ヒナタ
- 14位 サク
- 15位 リツ
- 16位 ソウスケ
- ソウマ
- 18位 アサヒ
- カイト
- 20位 カナタ
- 21位 ユウト
- ルイ
- レン
- 24位 カナト
- 25位 セナ
- 26位 イツキ
- リト
- 28位 コウキ
- ナギ
- ハヤト
- 31位 アヤト
- トア
- 33位 イオリ
- 34位 イブキ
- 35位 リオ
- 36位 カイリ
- 37位 アキト
- レオ
- 39位 ガク
- スイ
- 41位 カイ
- 42位 サクト
- タイガ
- リクト
- 45位 エイト
- トワ
- 47位 オト
- ヒロト
- 49位 リツキ
- 50位 ダン
- トウマ

女の子の名前の傾向

1位は「ヒマリ」「ヒナタ」などと読ませる「陽葵」。「向日葵（ヒマワリ）」のイメージと、「ヒマリ」という愛らしい響きが結びついてできた、近年人気の名前の一つ。全体としては、「凛」「紬」など和の雰囲気をもつ名前、「菜」「莉」などの植物の漢字を使った名前、「愛」「結」などを用いた人とのつながりや思いやりを込めた名前が人気。

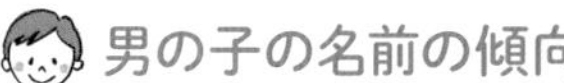

男の子の名前の傾向

海や空のブルーを連想させる「碧」「蒼」を用いた名前、風を連想させる「颯真」、太陽を連想させる「陽翔」など、自然にちなんだ名前が人気。近年は、「凪」「翠」「楓」など、男女ともに用いられるジェンダーレスネームも増えている。読み方では、「ハル」「ソウ」を含む響きや、「ト」で終わる響きが人気。

女の子

人気の名前（表記）ベスト50

1位	陽葵
2位	凜
3位	紬
4位	結愛
5位	結菜
	澪
	芽依
	心春
9位	陽菜
	咲茉
	翠
	結月
	愛
	彩葉
15位	咲良
	莉子
17位	杏
	琴葉
	紬葵
	凪
	美月
	美桜
	風花
	柚葉
25位	紗菜
26位	芽生
	心晴
	心陽
29位	さくら
	一華
	結衣
	心結
	心咲
	紬希
	乃愛
	蘭
	和花
	莉緒
39位	愛茉
	叶愛
	柚月
	鈴
43位	依茉
	花音
	雫
	柚乃
	陽咲
	莉愛
	莉央
50位	葵
	詩
	美緒
	百花
	楓

人気の読み方ベスト50

1位	エマ
2位	ツムギ
3位	ミオ
4位	サナ
5位	メイ
6位	コハル
7位	リオ
8位	イチカ
9位	ヒマリ
10位	リン
11位	フウカ
12位	スイ
	ユイ
14位	イト
15位	イロハ
	ユア
17位	アオイ
	ヒナ
19位	アカリ
20位	ノア
21位	ナギサ
22位	ホノカ
23位	ユノ
24位	ヒナタ
25位	サクラ
	サラ
	ユナ
28位	ハナ
29位	オト
	オトハ
31位	エナ
	ヒヨリ
	リコ
34位	ルナ
35位	ユヅキ
36位	ヒカリ
37位	セナ
38位	カノン
39位	リア
40位	コトハ
	ユズキ
42位	ハル
43位	スズ
	ユズハ
	リノ
46位	ミツキ
	ユイナ
48位	ウタ
	シズク
	ミユ
	モモカ

＊資料：明治安田生命「名前ランキング2023」

名づけの基本ルールをおさえよう

名づけの基本ルール

1 法律で定められた「名前に使える字」を使う

名前に使える字は、常用漢字と人名用漢字を合わせた2999字と、ひらがな、カタカナ、一部の符号。それ以外の字は使えない（→15ページ）。

2 読み方は常識的な範囲で

名前の読み方は、音読みと訓読みのほか、「名のり」が使える。「名のり」は、「和＝かず」のような名前に用いられる読み方のこと。漢字辞典に載っていない読み方も使用できるが、常識を逸脱しない読み方にしたい。

3 出生後2週間以内に届け出る

決定した名前は出生後14日以内に役所へ届ける（→36ページ）。また、一度届け出て受理されると、よほどの理由がないかぎり変更できない。

名前に使える文字は約3000字

戸籍法では「子の名前には常用平易な文字を用いなければならない」と定められています。使える文字の種類は、常用漢字、人名用漢字、ひらがな、カタカナ、一部の符号です。漢字だけで2999字使え、一般的な漢字はおおむね含まれています。ただし、「檸檬（れもん）」など、比較的知られた字でも使えない場合があります。

法的にOKでもふさわしい字とはかぎらない

常用漢字、人名用漢字は、必ずしも名前にふさわしい漢字ばかりではありません。たとえば、「死」「病」「貧」などは常用漢字ですが、到底名前向きとはいえず、こうした漢字を名前に使うことは避けるべきです。

子どもが一生使い続けていく名前と

名前に使える字・使えない字

○使える字

★常用漢字2136字
「一般の社会生活で用いる漢字の目安」として定められた漢字。

★人名用漢字863字
（葵 杏 叶 亮 翔 眞 櫻など）
常用漢字以外で名前に使える漢字として定められた漢字。一部の旧字、異体字を含む。

★ひらがな、カタカナすべて
（あいうえお、アイウエオなど）
「ゐ」「ヰ」「ゑ」「ヱ」など特殊な字も含む。

★繰り返し符号（々 ゝ ゞ）
たとえば「莉々子（りりこ）」「らゝ（らら）」「みすゞ（みすず）」などの名前はＯＫ。

★長音符号（ー）
たとえば「ジョージ」「マリー」「ユータ」などの名前はＯＫ。

×使えない字

★常用漢字、人名用漢字以外の漢字（薔 薇 檸 檬 玻など）
「檸檬」「薔薇」など、一般に知られている字でも使えないものもある。

★外国の文字（ABC、abcなど）
アルファベット、ハングル、アラビア文字などは使えない。

★漢数字以外の数字
（123、Ⅰ Ⅱ Ⅲなど）
算用数字、ローマ数字などは使えない。
「一」「二」「三」などの漢数字は使える。

★句読点（「。」「、」「.」）
たとえば「さくら。」「大・輔」などはＮＧ。

★記号（☆&@♪！＊#¥など）
たとえば「健斗☆」「優香♪」などはＮＧ。

＊使える漢字については、Part6の434～465ページに、使えるひらがな・カタカナ・符号については、Part5の279ページにまとめています。また、名前に使える漢字は、法務省のサイト内の「子の名に使える漢字」でも確認できます。

して適切かどうかをふまえて考えることが大切です。

文字数や読み方は常識的な範囲で

名前の文字数に制限はありません。ただし、長すぎる名前はわずらわしいもの。子どもにとっても周囲の人にとっても面倒のない長さがよいでしょう。

読み方は、音読み、訓読み、名前としての読み方の「名のり」を用いることができます。たとえば「海」には、音読みの「カイ」、訓読みの「うみ」、名のりの「あま」「うな」「み」などがあります。

名のりに厳密な決まりはありませんが、漢字のもつ意味とは反対の意味となる読み方や、漢字とはまったく関連性のない読み方などはやめましょう。読みにくい名前は生活で不便があったり、周囲に与える印象に影響したりします。常識に照らして考えましょう。

※戸籍法の改正にともない、2025年5月頃に戸籍にふりがなを記載する制度が始まる予定です。

ステキな名前を考える10のアプローチ

名前の候補は無限！名づけの発想もさまざま

日本人の姓の数は10万種類以上ともいわれますが、名のほうも多くのバリエーションがあります。さまざまな響き（呼び名）に加え、日本では、漢字、カタカナ、ひらがなの3種類の文字が使えますから、同じ響きでも何通りもの表記が考えられます。

このように多様な響きと数かぎりない文字の組み合わせがあるなかで、どのように名前を考えていけばよいのか、とまどわれるパパ・ママも多いでしょう。「響きから考える」「漢字の意味や印象から考える」「自然や季節などのイメージから考える」といった方法や、「姓名判断を重視して考える」「歴史上の偉人にあやかる」「親や祖父母と同じ1字を使って考える」などの方法があります。

17〜19ページで、名づけのアプローチを10パターン紹介していますので参考にしてください。

ただし、実際には、響きを重視しながら漢字の意味や姓名判断にもこだわるなど、最終的には複数の要素をふまえて名前を決定するのが一般的です。10のアプローチは、ひとつのきっかけ、とっかかりにすぎません。あっちこっち行ったり来たり、おなかの赤ちゃんの未来をイメージしながら考え、絞り込んでいくのが名づけです。

まずは名前リストを眺めてみよう

もし、どこから考えていいかまったくわからないという場合には、「響き」からアプローチするのが考えやすく、おすすめです。

本書パート2の「響きから考える名前」には、50音順に名前例が載っています。同じ響きでもさまざまな漢字を使っているので、ページを眺めているうちに、好きな響きや気になる漢字を見つけることができると思います。

まずは堅苦しく考えず、本書をパラパラとめくりながら、名前のイメージをふくらませていってください。

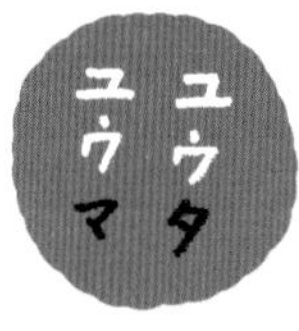

アプローチ 1 響き（呼び名）から

「ソウタ」「カノン」などつけたい呼び名を考えてから、「颯太」「花音」など、ふさわしい字を当てていく。同じ響きでもどの字を使うかで印象は大きく変わり、込められる思いも変わってくる。具体的な呼び名は決めていなくても、「ソウ」の響きを入れたい、力強い響きにしたいなど、響きの一部、あるいは響きの雰囲気から考える方法もある。

→ Part2（P41～）

たとえばこんな名前

★女の子名で人気の呼び名「ユイ」で
結　由惟　優衣　結以

★男の子名で人気の「ソウ」の響きを入れて
颯介（そうすけ）　聡真（そうま）　蒼太（そうた）　壮一（そういち）

★個性的な響きで
善（ぜん）　奏武（かなむ）　大弥（だいや）　登偉（とうい）
樹奈（じゅな）　紗弓（さゆみ）　瑠々（るる）　実夏里（みかり）

アプローチ 2 漢字から

「晴」という漢字を使いたい、「子」のつく名前にしたいなど、名前に使う漢字を1字決めてから、組み合わせる漢字や読み方を考えていく。ほかの子が使っていない漢字を使いたい、左右対称の名前にしたいなど、漢字の目新しさや見た目の印象から漢字を選ぶことも。

→ Part3（P129～）

たとえばこんな名前

★「晴」を使って
晴（はる）　悠晴（ゆうせい）　小晴（こはる）　晴楽（せいら）

★「子」を使って
華子（かこ）　日菜子（ひなこ）　璃々子（りりこ）

★名前ではあまり使われていない漢字を使って
侃太郎（かんたろう）　考生（こうき）　祈穂（きほ）　想乃（その）

アプローチ 3 イメージから

自然や季節、芸術、両親の好きなもの、また和風や輝きなど、さまざまなものや雰囲気から、漢字・ことば、響きを連想して、名前を考える。

→ Part4（P217～）

たとえばこんな名前

★海のイメージで
航平（こうへい）　拓海（たくみ）　凪沙（なぎさ）　七海（ななみ）

★音楽にちなんで
響（ひびき）　絃太（げんた）　音羽（おとは）　奏美（かなみ）

★和風のイメージで
伊吹（いぶき）　晋之介（しんのすけ）　千弦（ちづる）　梓紗（あずさ）

アプローチ5 子どもへの思い・願いから

こんな子に育ってほしい、幸せになれるようになど、思いや願いを込めた名前も名づけの王道。最初は響きなど、ほかの要素からアプローチしても、最終的にはそこに親の何かしら思いがあり、「由来づけ」される。

→ Part4（P217〜）

たとえばこんな名前

★おおらかな子にと願って

泰成（たいせい）　裕太（ゆうた）　遥菜（はるな）　美宥（みゆ）

★みんなから愛される子にと願って

周市（しゅういち）　親太郎（しんたろう）　愛加（あいか）　好美（このみ）

★輝く未来が訪れるようにと願って

叶多（かなた）　光輝（こうき）　翼（つばさ）　希望（のぞみ）

アプローチ4 季節や誕生月から

子どもが生まれる季節や誕生月にちなんだ名前をつける。季語、天候、花、風物詩など、季節や誕生月からイメージするさまざまな漢字やことばをヒントに名前を考える。

→ Part4（P217〜）

たとえばこんな名前

★生まれた季節にちなんで

のどか（春ののどかな日差しのイメージから）

海晴（かいせい）（夏の青い海と空のイメージで）

★誕生月にちなんで

美織（みおり）（7月。七夕の織姫にちなんで）

聖也（せいや）（12月。クリスマスイブを意味する「聖夜」から）

睦基（むつき）（2月の異名「睦月」から）

アプローチ6 姓名判断（画数）から

姓と名の画数から吉凶を占い、運勢のよい名前を考える。画数（数字）ごとに特徴があり、それを人に当てはめて、性格や能力、運の強さなどをみる。姓の画数とのバランスで、名前の吉数（よい画数）が決まる。

→ P28〜29、Part5（P273〜）

たとえばこんな名前

★佐藤［7-18］さんの吉名

光志朗（こうしろう）［6-7-10］　伸（しん）［7］

加奈（かな）［5-8］　凜果（りんか）［15-8］

★鈴木［13-4］さんの吉名

佑河（ゆうが）［7-8］　康介（こうすけ）［11-4］

里菜（りな）［7-11］　愛子（あいこ）［13-3］

＊［　］内は字の画数。吉名になる画数の組み合わせは、上記以外にもたくさんあります。

アプローチ7 外国語や外国人名から

国際化の時代でもあり、実際に海外へ行ったときに違和感のない名前を考えたいという人も多い。また、個性的な名前や新鮮な響きを求めるパパ・ママも多く、外国語や外国の人名をもとにした名前も増えている。

→P255

たとえばこんな名前

★英語から考えた名前

来斗（らいと）（light 光）　芽生（めい）（May 5月）

★英語圏で一般的な名前の響きから

譲司（じょうじ）（Georgeジョージ）

恵麻（えま）（Emmaエマ）

アプローチ8 何かにあやかって

歴史上の人物や、神話、小説などの登場人物、文学など、モチーフはさまざま。ただし、有名すぎる人名をそのまま使うと、本人が名前負けを気にしたり、友人からからかわれたりすることも。1字だけ使う、読み方だけ使うなど、アレンジして使う方法も。

たとえばこんな名前

★歴史以上の人物にあやかって

信幸（のぶゆき）（織田信長から）

一葉（かずは）（樋口一葉から）

★文学作品の主人公から

杏（あん）（『赤毛のアン』から）

アプローチ9 家族とのつながりから

親や祖父母の名前と共通の字を使った名前も、伝統的な名づけの手法。また、兄弟姉妹で同じ字を使ったり、同じ文字数、同じイメージにするケースも多い。

たとえばこんな名前

★パパの名前から1字もらって

パパ 隆史（たかし）　息子 隆生（りゅうせい）

★「奈」の止め字で揃えた姉妹の名前

可奈（かな）　波奈（はな）　紗奈（さな）

★風のイメージでそろえた兄妹の名前

颯太（そうた）　涼吾（りょうご）　風歌（ふうか）

アプローチ10 誕生時の思い・出来事から

生まれた日の天気や出来事、またはじめて子どもと対面したときの感動、わが子を見ているうちにふと浮かんだ名前など、その瞬間の思いを名前に込める。

たとえばこんな名前

★生まれた日の天気や風景から

雪斗（ゆきと）（雪の日に生まれたから）

ひまり（病院の帰り道にたくさんのヒマワリを見たから）

★生まれたときの状況や気持ちから

元希（げんき）（元気な産声で生まれてきたから）

彩喜（さき）（誕生したときの喜びを込めて）

よい名前のチェックポイント

多くの人がわかりやすく子どもにも不便のない名前を

候補の名前が挙がったら、最終的にこれという名前を絞るために、また、よりよい名前にするために、さまざまな角度からチェックしていきましょう。漢字の意味をあらためて確認することはもちろん、読みやすさ、書きやすさ、字面や響きの印象など、具体的なチェック項目を21〜27ページに挙げました。

チェックの際は、名前だけでなく、フルネームで実際に書いたり呼んだりして、姓とのバランスもチェックしましょう。子どもの社会生活や学校での生活を想像しながら、その名前で問題がないかチェックしていくとよいでしょう。

わが家なりのベストバランスを

21〜27ページに挙げたチェック項目は、すべてを絶対にクリアしなければいけない、というものではありません。人によっては気にしない項目もあると思います。姓が難読なら名前はシンプルにしたほうがわずらわしさは少ないでしょうし、姓がシンプルで日本人に多い姓なら、名前は少し個性的にしてみる、という考え方もあります。姓と名のバランスをどう考えるかでも、それぞれ考え方は異なります。

とはいえ、チェック項目の内容がいくつもひっかかるような名前は、総合的に見て、「よい名前」とは言いにくいでしょう。一通りチェック項目を確認して、できるだけマイナス要素を減らしていきつつ（できるだけチェック項目をクリアしつつ）、こだわるところはこだわるというスタンスで考えていくとよいでしょう。

チェックポイント1 漢字の意味と印象

漢字の意味は悪くないか

よい意味だと思って使った漢字が、実は悪い意味だと知って後悔するケースもある。簡単な漢字でも、思い込みで判断せず、必ず一度は漢字の意味を調べよう。ただし、漢字の多くはよい意味と悪い意味の両方をもっていたり、漢字の成り立ちまでさかのぼると現在の意味とはまったく違うこともある。あまり神経質になりすぎると、選択肢が狭まってしまうので、常識に照らし合わせて判断しよう。

漢字の組み合わせでおかしな熟語にならないか

「海月（みつき）」という名前は、雰囲気があってよさそうだが、実は「海月」はクラゲとも読む。このように漢字単体ではよい意味でも、組み合わせると思いがけない熟語になるものも多い（↓下段カコミ）。漢和辞典を引いたり、インターネットで検索したりして確認しよう。

性別や響きの印象と合っているか

女の子で「ひな」というかわいらしい響きなのに「飛南」、男の子で「雄」の字を用いた「ゆうま」なのに、止め字は女の子らしい印象の「雄茉」にするなど、性別の印象と合わない漢字を用いると少し違和感がある。

漢字が大げさすぎないか

「帝」「神大」「真王」「偉王」「皇我」など、神や王、皇帝などを感じさせる名前は、おこがましいと言われたり大げさすぎると言われることも。女の子では、たとえば「美姫華」など、3字名を高貴&華やかなイメージの漢字だけで構成すると、やや大げさな印象を与える。

思いとは違う意味・ニュアンスのある名前の例

- 海星…ヒトデ
- 海馬…かいば。タツノオトシゴやセイウチの名。脳の部位の名前のひとつ
- 和尚…おしょう。僧侶
- 心太…ところてん
- 徳利…とっくり
- 風紀…道徳上の規律。とくに男女の交際についての規律や節度
- 風樹…成句「風樹（ふうじゅ）の嘆（たん）」は、親孝行したいときにはすでに親が他界していて孝行できない嘆きを意味する
- 達磨…だるま
- 佳人…「佳人（かじん）」は美女の意
- 信士…戒名でよくつけられる
- 海月…クラゲ
- 月水…がっすい。月経の別名
- 里子…さとご
- 早世…そうせい。早死にすること
- 初花…初潮のこと
- 夏花…げばな。僧が夏籠もり修行を行う間、仏前に供える花のこと
- 沙弥…しゃみ。仏教において未熟な僧侶のこと
- 鈴菜…すずな。かぶの別名
- 由々…由々しい。放っておくとんでもない結果を引き起こすこと
- 心亜…合体すると、「悪」の字になる

チェックポイント 2

読みやすさ、書きやすさ、説明しやすさ

難読すぎないか

社会生活を送るうえで、何度も名前を誤読され訂正する機会が多いのは、周囲の人にとっても、子自身にとってもわずらわしいもの。多くの人が初見で絶対に読めないような当て字、説明を聞いてもなぜそう読むのか理解できないような当て字は、できるだけ避けたい。特に、姓が難読なら、名前は読みやすくするのがベター。

Advice
難読部分は1か所に

漢字辞典にものっている名のり読みは、必ずしも一般的なものばかりでない。そうした一般的ではない名のりを使う際は、なるべく漢字1か所にとどめ、組み合わせる字は「子」「美」「介」「人」「太」など読みやすくわかりやすい字にしたい。たとえば「愛子」で「ちかこ」など。もしくは「愛」1字で、名のりの「ちか」「めぐむ」を用いるなど、1字名の場合は、多少難読でも比較的受け入れられやすいといえる。

書きやすい名前か

総画数が多いと書くのに時間がかかり、テストや書類に記名する際にややめんどう。また、字形によっては、バランスをとりにくい字もある。たとえば、「爽」「裕」「尋」「嘉」「愛」「寧」「慶」など、曲線が多く入り組んだ字や、漢字を構成する部品が多い字は、バランスがとりにくい字といえる。姓が複雑な漢字を使っているなら、名前のほうは、すっきりと書きやすい字形にするのがおすすめ。フルネームを縦書きと横書きの両方で書いてみて、書きやすさをチェックしよう。

パソコン変換しやすいか

あまり一般的ではない漢字を使うと、パソコン変換に時間がかかることがある。特に旧字の一部など、なかにはパソコン変換できない漢字もあるので要注意。また、目新しい響きや漢字の組み合わせの名前は変換候補に表示されないこともある。

口頭で説明しやすいか

電話などで名前を説明する際、一般になじみのない字だと、相手になかなか伝わらないこともある。また、名づけではポピュラーな字でも、名前以外で使う機会がないと意外と説明が難しい場合もある。名前を考える際に、漢字の説明方法も合わせて考えておこう。

口頭で説明しにくい漢字の例

之 宏 恭 允 淳 亨 侃 尋
尭 鞠 嘉 毅 享 亮 紘 脩
暁 暢 熙 昂 敦 櫂 慧

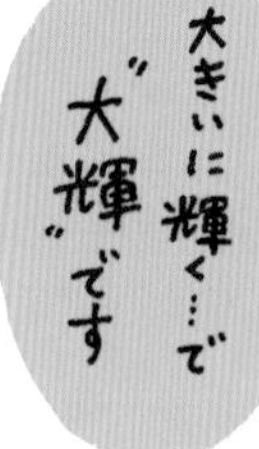
大きいに輝く…で
"大輝"です

チェックポイント3

響きの印象と発音

かたさ、やわらかさのバランスはどうか

一般に、カ・サ・タ行の響きはかたい印象、ア・ナ・ヤ行の響きは、やわらかい印象を与える。姓も名もカ・サ・タ行のみの響きだと、ややかたい印象を与えることもある。かたい印象が好みでなければ、名前の1音にはア・ナ・ヤ行のやわらかい音を使ってバランスをとるのもひとつの方法（44～47ページ参照）。

同じ音が続いて単調ではないか

同じ音が続いたり、姓と名の境目が同じだったり、姓と名で韻を踏んでいたりすると、音感が悪く、やや単調な印象を与えることがある。

響きがやや単調な例

イイジマ イツキ…同じ音が3つ以上
アオヤマ マミ…姓と名の境目の音が同じ
シミズ ミズキ…2音ずつ重なっている
ナカノ ユメノ…姓と名が韻を踏んでいる

濁音が多すぎないか

濁音の多用は男の子名の場合は気にならなくても、女の子名の場合は、ややきつい印象を与えることがある。

発音しやすいか

かたい音のカ・サ・タ・ハ行や、ラ行が多いと、発音しづらいことがある。必ず声に出して確認してみよう。

例

ササキ サキト…カ・サ・タ行のみで同じ音も多く、発音しづらい
←ササキ ヤマト…ヤ行やマ行などのやわらかい音も入ると発音しやすくなる
カツウラ ルリ…ラ行が多く発音しづらい
←カツウラ マリ…「ル」を「マ」に変えるだけで印象が変わる

ササキ サキト
ん？ どうかな？

響きからマイナスの言葉や文を連想しないか

漢字の意味は問題なくても、響きが別の単語を連想してしまうこともある。また、音読みを訓読みに変えると悪い意味になったり、逆さ読みするとおかしな言葉になったり、姓と名をつなげて読むとおかしな意味になることもある。

響きが別の単語を連想しやすい名前の例

旺斗（おうと）…嘔吐
朔史（さくし）…策士
詩杏（しあん）…シアン化水素（猛毒）
珠音（じゅおん）…ホラー映画「呪怨」を連想
聖輝（せいき）…性器
誠司（せいし）…精子
瑞子（みずこ）…水子
文恵（ふみえ）…踏絵

姓とつなげると変な意味になる名前の例

秋田 賢（あきた けん）…秋田犬、秋田県
河合 聡（かわい さとし）…かわいそう
織田 真理（おだ まり）…お黙り
大場 加奈子（おおば かなこ）…大バカな子

チェックポイント4

姓と名のバランス（字面（じづら））

画数のバランスはよいか

少画数の漢字ばかりだとあっさりしすぎてさみしい印象になり、総画数が多いと見た目に黒々として重たく見える。姓と名で画数に差がありすぎるのも少々バランスが悪い。

例

遠藤寛樹　13+18+13+16=60画　…やや重たい印象

← 遠藤広基　13+18+5+11=47画　…画数の少ない名前に変えてすっきりとした印象に

八木乙羽　2+4+1+6=13画　…あっさりした印象

← 八木音羽　2+4+9+6=21画　…一字だけでも、少し画数の多い漢字に変えると安定感が出る

文字数のバランスはよいか

文字数は、長すぎず、短かすぎないほうが安定感がある。

例

林 健　…短い印象

林 健太　…安定した印象

林 健太郎　…安定した印象

長谷川 優　…やや頭が重い印象

長谷川 優花　…安定した印象

長谷川 優里花　…長い印象

姓と名の漢字が似たイメージ、またはちぐはぐ

姓名全体で似たイメージの漢字が多いとしつこい印象になり、姓と名が正反対のイメージだと、やや不自然な印象。

例

高山 岳登　…すべて山のイメージ

冬木 夏帆　…姓と名がちぐはぐな印象

似たような形の字が多くないか

同じへん（偏）やつくり（旁）の字を多用したり、形が似ている漢字が多かったりすると、ややうるさい印象に。姓名のすべてがへんとつくりに分かれている「タテワレ」は、縦書きにすると真ん中に空白ができ、ややバランスがとりにくい。

例

荻原萌花　…草かんむりの多用

池沢涼一　…さんずいの多用

杉村祐樹　…木へんの多用

望月朋子　…「月」の多用

真山直実　…「真」と「直」、似ている漢字を使用

大谷爽介　…左右に開いた「払い」が多い

高田晴華　…直線ばかりで、ややかたい

野村礼那　…タテワレ

チェックポイント 5

名前や性別のまぎらわしさ

身近に同じ名前の子どもがいないか

近所の同年代の子やつきあいのある友人の子ども、親せきの子どもと同じにするとまぎらわしいので、身近な人とはなるべくかぶらないようにするのがベター。また、よくある姓に人気の名前をつけると、同姓同名の確率が高まり、学校などで不便な思いをする可能性も。名字ランキング上位の人は、人気名を避けるのが無難。

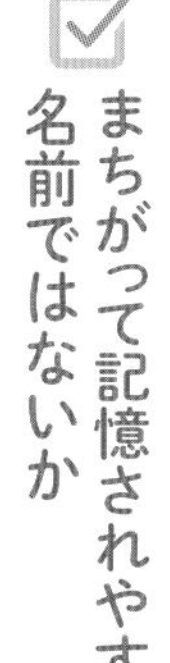

まちがって記憶されやすい名前ではないか

「中山」のように字の上下を入れ替えても違和感ない姓の場合や、「角田」のように複数の一般的な読み方がある姓の場合、名前はなるべくまちがわれにくいものがベター。また、「堀江実香」のように姓と名の境目がわかりにくい名前も注意が必要。

例

山中 美久 …「中山久美」と、姓も名も字の上下を入れ替えて認識される可能性がある

↓

山中 美花 …「美花」などにすると、少なくとも名の入れ替えは起こりにくい

角田 剛 …「角田」は「かどた」「かくた」「すみだ」、「剛」は「ごう」「つよし」「たけし」など、それぞれ一般的な読み方が複数ある

↓

角田 直樹 …この場合は「直樹」など、読みまちがえの少ない名前のほうがベター

堀江実香 …「堀・江実香」なのか、「堀江・実香」なのかわかりにくい

↓

堀江 優香 …「優香」などにするとまぎらわしさは解消

兄弟姉妹で響きが似すぎていないか

「とあ」と「とわ」、「ゆう」と「りゅう」、「みう」と「みゆ」「ゆわ」と「ゆあ」など、兄弟姉妹で響きがあまりにも似すぎていると、呼んだときに子どもたちが同時に返事してしまうことも。一緒に過ごす時間が長いぶん、響きが似すぎているとまぎらわしい場面も多くなりがち。

性別はまぎらわしくないか

中性的な名前は個性的で印象的な反面、性別をまちがわれやすく、わずらわしい思いをすることも。特に「祐真」と書いて、「ゆうま」ではなく「ゆま」と読むなど、字面では明らかに男の子をイメージするような名前は、手続きの際などにトラブルになりやすい。あきらかに逆の性別を連想させる名前は避けたい。「光」「翼」など、中性的な名前として社会に認識されている名前も多くあるが、そういった名前でも性別のまちがいで多少のわずらわしさがあることは覚えておこう。

チェックポイント6

マイナスイメージ

同名の有名人や犯罪者などを連想しないか

思いがけず同姓同名の有名人がいたり、その名前が事件とかかわっていたり、変なお店の名前に使われたりしていることも。一度名前をインターネットで検索してみるとよい。

あやかり名が子どもの負担にならないか

偉大な人物や有名人の名前をそのままもらうと、周囲もそのイメージで見てしまうので、子どもが恥ずかしく思ったり、劣等感をもってしまうことにも。

Advice

有名人の名はアレンジして使おう

歴史上の偉大な人物や有名人の名前にあやかる場合は、まったく同じ名前にするのではなく、「秀吉」の「秀」の字をもらう、「龍馬（りょうま）」の響きだけもらって「遼真」とするなど、アレンジして命名するのがおすすめ。

イニシャルにおかしな意味はないか

たとえば、渡辺さんが「知華（ちか）」と名づけると、イニシャルは「WC」でトイレの意味に。ほかにも「NG」「ED」「SM」「KY」などは、からかわれる原因になることも。ただイニシャルが「SM」や「KY」という人は実際にはかなり多いので、そこまで気にすることはなさそう。

外国語でおかしな意味にならないか

外国語での意味を考えるとキリがないが、気になる人は情報を集めて名づけの参考にしても。ただ、逆の立場で考えてみると、外国人の名前が日本語でおかしな意味でも、そこまで気にしないもの。それは外国も同様なので、気にしすぎず、まずは日本語の響きとしてステキな名前を考えてあげたい。

外国での意味や連想しやすい言葉

あんと…英語で「アリ」
いつお…ロシア語で「卵」
かつお…イタリア語で「男性器」
けいと…欧米では女性名
しあん…フランス語で「犬」
しゅう…フランス語で「キャベツ」
じゅん…欧米では女性名
しん…英語で「足のすね」
そう…フランス語で「バケツ」
そうや…イタリア語で「大豆」
そうは…スペイン語で「大豆」
あい…フランス語で「ニンニク」
あい…ドイツ語で「卵」
えり…英語圏で「不気味」
かな…スペイン語で「白髪」
さいこ…英語圏で「精神病質者」
しい…フランス語で「のこぎり」
せな…スペイン語で「夜食」
にれ…ドイツ語で「腎臓」
まお…中国語で「猫」
まみ…英語圏で「母親」
まり…フランス語で「夫」

キラキラネームと言われないか

読むのが非常に難解な名前、常識を超えた奇抜な響きの名前、奇抜な漢字の使い方・選び方をした名前は、キラキラネームと言われることがある。一般的にキラキラネームと判定されがちな名前のパターンや、名づけの手法を挙げてみた。ただし、ひとつでも該当するからといって「悪い名前」というわけではない。あくまでも程度の問題なので、じっくり考えて決めよう。

Advice

「個性」はワンポイントで

たとえば「きらら」という名前でも、ひらがなで「きらら」だったり、比較的読みやすい「希良々」であれば、キラキラネームの印象はあるが、「個性」の範疇ともいえる。それが、「希蘭々」「星姫」で「きらら」だと、個性的な響きに加えて本来の読みではない読み方や当て字もしているので、「個性」を超えた、「奇抜」な印象になる。

キラキラネームのいろいろなパターン

◆ イマドキのキラキラした雰囲気の響き

「きらら」「るきあ」「だいな」など、イマドキの個性的な響きや、「天使（てんし）」「羽亜都（はあと）」など気はずかしく感じるような響きは、キラキラネームと言われやすい。

◆ 度を越えた奇抜な響き

「ららら」「ぎらと」「ゆうたろ」などの超個性的な響きや、「なうしか」「ぴかちゅう」などアニメやゲームからとった、人名としてなじまない名前など。

◆ 読み方の一部を切り取る

たとえば「桜（さくら、オウ）」を「さ」「オ」と読むなど、俗に「ぶった切り」と呼ばれる読み方。「オウ」と伸ばす音を「オ」と読むのはそれほど違和感がなく許容範囲と考える人も多いが、訓読みや名のりの一部を切り取る読み方、特に「桜」を「ら」「ウ」と読むように下の音だけを読んだりすると、多くの人が違和感をもつ。ただし、読み方は、時代とともに変化していくものでもあり、「愛」を「あ」、「心」を「ここ」など、現代の名のりとして定着していくものもある。

◆ 熟字訓を分解して用いる

「大和」のように、ふたつの漢字がセットになってはじめて「やまと」と読む字を、「大」だけで「や」または「やま」と読んだり、「和」だけで「と」と読んで、「大翔（やまと）」「優和（ゆうと）」などとすること。

◆ 漢字の意味やイメージで読む(当て字)

「星」と書いて「あかり」、「悠花」で「のどか」、あるいは「一番」で「はじめ」など。とはいえ「希」で「のぞみ」、「和」で「かず」など、今では一般的な名のり読みも、もとは漢字の意味やイメージから考えられた「当て字（当て読み）」といえる。「当て字」でも、多くの人に好感をもたれ、その名前の子が増えていけば、名のりとして定着していくものもある。

◆ 外国の人名や単語を無理やり漢字に当てる

「舞蹴（マイケル）」「伽沙凛（キャサリン）」など、明らかに日本人として違和感のある響きに、無理やり漢字を与えた名前。外国語の場合、日本語には少ないラ行の音が多かったり、なじみのない音の組み合わせになったりするので、漢字を当てにくいことも多い。

◆ 漢字を外国語の意味やイメージで読む

「月」で「るな」、「愛」で「らぶ」、「騎士」で「ないと」など。「音夢」で「りずむ」など当て字＋外国語読みの名前や、「月香」で「るか」など外国語読み＋ぶった切りのケースなどもあり、これらは、よりキラキラネーム度が高いといえる。

姓名判断で運勢のよい名前を贈ろう

わが子の幸運を願って

「名は体を表す」ということわざがあるように、人の名前がその人の性質や人格をうまく言い表しているという考え方は昔からあります。名前を呼ばれたり、名のったり、書いたりしているうちに、その名前のもつ特質が本人にそなわってくるともいえます。

名づけでは、名前の響きや印象、漢字の意味など、よい名前にするための要素がたくさんありますが、加えて、姓名判断においても「よい名前」にすることで、さらなる人生の幸運・幸福を手に入れることができるでしょう。

五格の意味

天格（てんかく） 先天運

先祖代々受け継がれてきた先天運を表す。ただし姓は家族共通なので個人的な吉凶にはあまり影響しない。

人格（じんかく） 主運

一生の運命を左右する主運。性格や才能のほか、職業運、家庭運、結婚運を含んだ総合的な社会運をつかさどる。特に30歳代から50歳代の中年期に強く影響。

地格（ちかく） 基礎運

親から受け継いだ性質や、潜在能力、金銭感覚や恋愛傾向などをあらわす。特に30歳ぐらいまでの運勢に強く影響。

外格（がいかく） 副運

人格のはたらきを助ける副運。対人関係にも作用し、友人や知人との社交運や、社会に出てからの順応性に影響する。

総格（そうかく） 総合運

天格、人格、地格、外格の4運格のはたらきをまとめた結果で総合運を表すが、特に中年から晩年にかけての人生の後半部分をつかさどる。

小 3
泉 9
遼 15
真 10

天格 12 △
人格 24 ◎
地格 25 ◯
外格 13 ◎
総格37 ◎

本書に載っている名前（地格）は、すべて大吉（◎）または吉（◯）です！

＊総格や人格、外格は、姓の画数によって、吉凶が異なります。

姓名判断は膨大なデータに基づいたもので、性格や健康運、恋愛運、家庭運、仕事運、金運など、さまざまな運勢がわかるといわれます。

「画数」で占う

姓名判断の主流は、「五格」という考え方です。右ページの図で示したように、姓名の画数をもとに、5つの格の数字を出し、その数字をもとに吉凶を判断します。名前は、この五格で「地格」にあたり、特に幼少期から30代頃までの「基礎運」を表すとされます。

本書では、お子さんの幸運を願って画数のよい吉名のみを掲載しています。30代以降の運勢を含め、総合的によりよい運勢の名前を願うなら、姓とのバランスも考える必要があります。五格の出し方や姓名判断についてはPart5でくわしく解説しているので、姓名判断に基づいたより本格的な命名を考える場合は、そちらを参照してください。

姓名判断における数字の吉凶表

◎…大吉　○…吉　△…小吉(吉凶半々)　×…凶

1	2	3	4	5	6	7	8	9	10
◎	×	◎	×	◎	◎	○	○	△	×
11	12	13	14	15	16	17	18	19	20
◎	△	◎	△	◎	◎	○	◎	△	×
21	22	23	24	25	26	27	28	29	30
○	△	◎	◎	○	△	○	×	○	△
31	32	33	34	35	36	37	38	39	40
◎	○	◎	×	◎	△	◎	○	◎	△
41	42	43	44	45	46	47	48	49	50
◎	△	×	△	◎	△	◎	◎	×	×
51	52	53	54	55	56	57	58	59	60
△	◎	△	×	△	×	○	◎	×	×
61	62	63	64	65	66	67	68	69	70
○	△	◎	×	◎	△	◎	◎	×	×
71	72	73	74	75	76	77	78	79	80
○	△	○	△	○	×	○	○	△	△
81									
◎									

＊流派によって多少吉凶が変わります

名づけにまつわるQ&A

名づけにまつわる疑問や
気になるウワサについて
お答えします。

Q1 辞書にない読み方をしてもいいの？

A 読み方は、音読み、訓読み、名のりを用いることができ、基本的に辞書に載っている読み方は使用できます。一方で辞書にすべての読み方が載っているとはかぎらず、辞書にない読み方を用いることもできます。加えて、名のりに厳密な決まりがあるわけではありません。とはいえ、常識的に読める範囲、周囲の人にもある程度納得してもらえる読み方がよいでしょう。

たとえば、「天使」と書いて「あんじゅ」とフランス語風に読ませるなどは、フランス語を知らないと関連性がさっぱりわかりません。一度で読めなくても、相手がある程度予想できるような読み方のほうが社会生活はスムーズです。なお、「花子」と書いて「たろう」、「太陽」と書いて「つき」と読むなど、社会を混乱させるような読み方はふさわしくありません。

Q2 次男の名前に「一」を使ってはいけない？

A 昔は「一」がつけば長男、「二」がつけば次男と相場が決まっていましたが、きょうだいの数が減少している現代では、「一番になってほしい」「オンリーワンに」などの願いを込め、「一」を使ったり、きょうだい両方に「一」をつけたりするケースもあります。「一」が入っていれば長男だと勘違いする人もいると思いますが、名づけの「一」に対する考え方は変わってきています。

ちなみに、元プロ野球選手のイチロー（本名は「一朗」）さんは次男で、お兄さんの名前にも「一」がついています。

Q3 長男が「○之介」、次男が「○太郎」はおかしい？

A 「太郎」は、本来長男を表す言葉です。また、「介」「助」は、昔の律令制で長官に次ぐ第二の位を示したため次男に用いるという説や、位の高い者を示すので長男に用いるなど、諸説あります。

最近はどちらも長男・次男の別なく使われています。三兄弟全員に「太郎」がつくケースもめずらしくはなく、それほどおかしいとは思われないでしょう。ただし、年配者のなかには、こうしたことを気にする人もいるかもしれません。

Q4
女の子なら「子」をつけたいけれど、古い？

A 昔にくらべれば「子」がつく名前は減りましたが、それでも名づけに関する最新の調査では、女の子の人気漢字の上位20位以内に入っており、根強く使われています。最近は、「莉子（りこ）」「希子（きこ）」のように子がつく2音の名前が、そのキュートな印象から人気があります。「子」はどんな漢字と組み合わせても相性がよく、男性的な漢字と組み合わせても「子」がつくことで女の子名と認識できるメリットもあります。組み合わせしだいでは今風のかわいい名前にすることもできます。

Q5
3月生まれじゃないのに「弥生」はおかしい？

A 「弥生」は3月の異名ですから、「弥生ちゃんは3月生まれ？」と、たびたび聞かれることは予測できます。そうしたことから、結果的に子ども自身が名前を嫌がる可能性もないとはいえません。でも、こうしたことを差し引いても、その名前をつけたい理由があるなら、それもひとつの考え方。子どもに思いをしっかり伝えられるかどうかが大事です。

Q6
イマドキの名前は年をとったらおかしい？

A 名づけの傾向は時代とともに変わります。現在の年配の人のイメージで考えると違和感があるかもしれませんが、80年後は、「ユイおばあちゃん」や「ユウマおじいちゃん」がたくさんいることになるのですから、あまり気にすることはないのではないでしょうか。

Q7
響き重視で由来という由来がない

A 名前とは本来、個人を識別するためのものです。ですから、必ずしも特別な由来はなくても問題はありません。「覚えやすい名前だから」「かっこいい（かわいい）響きだから」などの理由で名づけをしてもかまわないでしょう。

とはいえ、将来、子どもに名前の由来を聞かれたときに「理由はない」では、子どももさみしいもの。「たくさんの中から、いちばん気に入った名前をつけたんだよ」「みんなに愛されるようにかわいい響きにしたの」など、愛情をもってつけた名前であることをぜひ伝えたいものです。

あるいは、漢字の意味から、由来を後づけすることもできます。漢字にはそれぞれ意味がありますから、名前を考えたあとでも何かしら意味を考えることは可能です。

Q8
植物や動物の漢字を使うと寿命が短い？

A 植物は散る、枯れる、動物は寿命が短いことや家畜のイメージなどから、このような迷信が生まれたと思われます。昔は子どもの死亡率が高かったこともあり、丈夫に育つようにという思いが、こうした迷信を生んだのでしょう。植物や動物の漢字を使った名前の人が短命という統計はないので、気にする必要はありません。むしろ、植物には芽吹くパワーや豊かな実りなどのポジティブなイメージ、「虎」や「龍」などの動物には力強さや高貴なイメージをもつ人のほうが多いのではないでしょうか。

Q9
候補が多すぎて名前が決まらない！

A 何をいちばん重視するかで優先順位をつけてみると、ある程度は絞られてくるはずです。あるいは、おなかの赤ちゃんに呼びかけてみて反応を見るというもの意外に有効な方法。最終的には、「直感で決めた！」というケースも多いようです。それでも絞れない場合は、姓名判断や画数の吉凶で運勢のいいほうの名前を選ぶという方法もあります。

Q10
ミドルネームはつけられる？

A 欧米などでは、姓（ファミリーネーム）と、名（ファーストネーム）との間に、ミドルネームをもつことも少なくありませんが、日本では認められていません。ただし、ミドルネーム風の名前をつけることは可能です。たとえば、「田中ジミー悠太」で届ければ、氏が「田中」、名は「ジミー悠太」となります。

とはいえ、一度戸籍に登録されると、それが正式な名前ですから、本人はもちろん、周囲の人にとっても名前を書く際の負担になることがあります。ミドルネームについては、戸籍にこだわらず、通称として与えるという方法もあります。

Q11
親と同じ字を使うと出世しないと言われた…

A 親と同じ字を使うと親を超えられないという話を聞くことがありますが、これは迷信。そもそも多様化の現代に、何をもって「親を超えた」というのかも難しいところです。

Q12 こんなとき、どうする？親せきが口出ししてきます…

A　客観的な意見も大事ですが、周囲の意見に惑わされてばかりではパパ・ママの思いとはかけ離れた名前になってしまうこともあります。

子どもの名前の決定権はパパ・ママにあります。愛するわが子が幸せになれる名前であることを第一に考え、自分たちで決めましょう。「この名前にしてよかった」と心から思えるものにすることが大事です。

Q13 考えていた名前と同じ名前の子が身近にいたら、考え直すべき？

A　子どもの年齢が離れているならあまり気にしなくていいと思いますが、同年代の場合には、実際まぎらわしい面もあるので、できれば漢字も読み方もまったく同じ名前は避けるのが無難です。

どうしてもその名前にこだわりがあって譲れない場合には、「実は昔から子どもの名前は ○○と決めていて …」など、なるべく早い段階でその思いを相手方に伝えておくのもひとつの方法です。何も言わずに「まねされた …」という印象を与えるよりは、相手も納得しやすいのではないでしょうか。

Q14 夫婦の意見が合わない！

A　パパとママがいくら話し合っても決まらないときは、２人で思いつく名前を書き出してみましょう。そうすると、どこかに共通点が見えてくることがあります。それでも決まらない場合は、読みはパパが、漢字はママが、というように役割分担する方法もあります。

どちらかが納得いかないという名前は避けたいもの。時間をかけてじっくり話し合い、２人の思いがこもった名前をつけましょう。

名づけのタイムスケジュール

意外と時間がないので早めに考えておこう

赤ちゃんの名前は、赤ちゃん誕生から14日以内に役所に届け出なければなりません。生まれて顔を見てからと考えていたら、名前を届け出る期日が過ぎてしまうかも。

早めに名前の候補を絞り、落ち着いて最終決定できるようにしましょう。

\START/

妊娠初期［～4か月］ イメージづくり

★こんな名前がいいな、あんな名前がいいなと、楽しい気分でイメージをふくらませる。

★赤ちゃんの性別もわからない段階なので、まだ具体的に考えなくても大丈夫。ママの体調管理を優先してリラックスして過ごすこと。

妊娠中期［5～7か月］ 本格的に名づけをスタート

★胎動を感じ、ママの体調も安定してくるころ。そろそろ名前を考え始めよう。具体的な名前例だけでなく、名前のこだわりやイメージを夫婦で話し合い、方向性を決める。

★赤ちゃんの性別がわかってくるころだが、ときにはまちがいもあるので、男女両方の名前を考えておくと安心。

妊娠後期［8～10か月］ 名前の絞り込み

★名前の候補をリストアップ。たくさんある場合は、まず直感で取捨選択し、そのうえで残った名前を声に出して呼んでみよう。さらに意味、字面（じづら）、画数、響きなどもしっかりチェック。納得いくまで夫婦で検討を。

★早産のケースもあるので、出産予定日の1か月くらい前には男女各３つ程度まで絞っておこう。

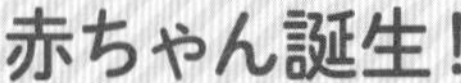

赤ちゃん誕生！

誕生 1日目〜提出日 名前の最終チェック

★候補の名前がしっくりくるか、赤ちゃんに呼びかけてみよう。実際に赤ちゃんの顔を見たり、反応を見たりしているうちに、「この名前！」とピンとくることも多い。

誕生 3〜5日目 出生届の受け取り

★通常、出生届は、出生証明書とともに病産院が用意してくれる（→P36）。

誕生 6日目 名前決定

★お七夜（→P40）のお祝いをする家庭では、6日目までに名前を決めておく。お七夜をしない場合でも、ギリギリになってあわてないよう先送りしすぎないこと。

誕生 7日目 退院・お七夜

★母子の体調などにもよるが、1週間くらいで退院する。母子ともに退院して、赤ちゃんが家族の一員になるころ。

★お七夜では、赤ちゃんの名前を記した「命名書」を飾る。

誕生〜14日目まで 出生届の提出

★出生届の期限は、出生日を含め14日以内だが、余裕をもって提出したい。

★提出期限が休日の場合は、休日明けが提出期限になる。

★書きもれ、書きまちがいがないかをチェックしてから、出生届と印鑑、母子健康手帳を持参して市区町村の役所に提出する。

＼GOAL／

出生届の基礎知識

名前が決定したら、役所に出生届を提出します。
出生届が受理されると、法律上、
子どもが生まれたことが認められ、
親の戸籍上に記載されることになります。

提出期限は？

生まれた日を含めて14日以内

★おくれると罰金があることも

たとえば9月1日の深夜1時に生まれても、23時に生まれても1日目となり、出生届の提出期限は、ともに9月14日になる。ただし、14日目が土・日曜、祝日など、役所の休日にあたる場合は、休日明けに提出しても大丈夫。正当な理由（災害や事故など）なく提出が遅れた場合は、5万円以下の過料（罰金）を受ける場合がある。

用紙の入手先は？

1. 出産した病院
2. 市区町村の役所の戸籍係など
3. デザイン出生届を制作しているWebサービスや店舗など

★出産した病院でもらうのが一般的

出生届は、医師などが記入する「出生証明書」と一体になっているため、出生証明書に必要事項を記入した状態で、病院が渡してくれるのが一般的。そのほか各市町村の戸籍係でも入手可能（ホームページからダウンロードできる自治体も多い）。最近は、各自治体や業者が独自にデザインした「デザイン出生届」があり、これらを利用する人も増えている。デザイン出生届を使用する際は、出産前に、出産予定の病院に渡しておくこと。

提出先は？

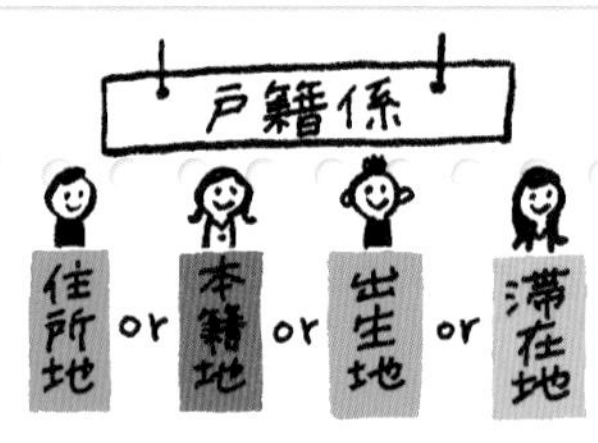

次のいずれか

1. 親の住民票がある役所の戸籍係
2. 親の本籍地にある役所の戸籍係
3. 子どもの出生した地域（病産院など）の役所の戸籍係
4. 親のいる場所（勤務地、出張先、旅行中の滞在地）の役所の戸籍係

★住所地の役所が、なにかとラク

出生届の提出は上記の4つのうちどこでも大丈夫だが、出産後は、児童手当や乳幼児医療証などのさまざまな手続きが必要。これらの行政手続きは、住所地の役所でしかできないので、効率よく済ませるのであれば、住所地の役所への提出がおすすめ。いずれの場合も、戸籍に記載される赤ちゃんの出生地は、「実際に生まれた場所」になる。

提出する人は？

だれでもよい

★パパやママが行くのがベスト

通常はパパやママが行くが、法的には、実際に用紙を窓口に提出するのは、親族や友人など、だれでもかまわない。とはいえ、代理人の場合、出生届に不備があった場合などの対応が難しいので、やむを得ない事情がないかぎりは、パパやママが行くのが望ましい。

なお、出生届に署名・捺印する「届出義務者」の欄には、実際に提出する人ではなく、「届出義務者」の名前を書く。「届出義務者」は一般的には赤ちゃんの父親または母親の名になる（→P39）。

受付時間は？

365日、24時間受付可能

★役所の業務時間外に出すと二度手間

24時間、年中無休で受け付けてくれるが、役所の業務時間外は戸籍担当者がいないので、宿直の職員が預かり、休み明けに戸籍担当者が審査する。不備がなければ提出した日付で受理する。記載内容に不備があれば後日また役所へ行かなくてはならない。児童手当などの手続きも別の日に役所に出向いて行う必要がある。

提出時に必要なものは？

1. 出生届、出生証明書
2. 届出人（通常は父親または母親）の印鑑
3. 母子健康手帳（後日でもOK）
4. 国民健康保険証（加入者のみ）
5. 児童手当などの振込先（後日でもOK）

母子健康手帳

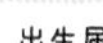

★印鑑を忘れずに

❶の出生証明書（出生届と同じ用紙）は、出産した病院の医師や助産師などが記入、署名捺印したものを持参する。子ども1人につき1通必要で、双子なら2通、三つ子なら3通必要。

❷の届出人の印鑑は、記入ミスがあったときに訂正印として使用するので、出生届の届出人欄に捺印したものと同じ印鑑を持参（シャチハタ不可）。印鑑は、児童手当などの各種手続きにも必要。

❸の母子健康手帳は、手帳の最初のほうにある「出生届出済証明」欄に、役所が、出生届を役所で受理したことを記入し、捺印する。この証明は後日でも可能。

❹の国民健康保険証は、赤ちゃんの国民健康保険の加入手続きに必要だが、手続きは後日でも可能。なお、会社員などは勤務員先などに申請する）。

出生届のコピーをとっておこう

出産後は、社会保険や児童手当の手続きなど、さまざまな手続きがあります。これらの手続きの際に、出生届を出したことの証明が必要になります。一般的には、出生届出済証明欄が記載された母子手帳があれば、手続きは可能です。ただし、会社やその他のところで、出生届のコピーの提出を求められることがあるので、念のためコピーをとっておくとよいでしょう。一生に一度のことでもありますし、手続きには使わなくとも、記念に残しておくのもよいものです。

また、めったいないことですが、戸籍への記載ミスが発覚した際に、手元にコピーがあれば、それが証拠にもなります。

出生届の記入のしかた

はじめての出生届は、書き方に迷うことも多いもの。
書き方と注意点をふまえて、はっきりとていねいな字で記入を。
出生証明書の内容もおさえておきましょう。

出生証明書

子どもが誕生したことを証明する書類。病院で出産する場合、出生証明は立ち会った医師または助産師が記入。

生まれた時間

夜の12時は「午前0時」、昼の12時は「午後0時」と表記する。

生まれたところ

病院出産の場合は病院の所在地を、自宅出産の場合は自宅住所を記入。

体重、身長

出産した子どもの数

過去に出産、死産した子どもの数を含めて記入(別の父との間に産んだ子も含む)。

証明する人

医師が立ち会った場合は医師、助産師が立ち会った場合は助産師が書く。

*医師や助産師がいない状況で出産した場合は、立ち会った家族などがその場にいた人が書くが、ほかにも出産を証明する資料が必要になる。くわしくは住所地の役所へ問い合わせを。

*出生届は、医師などが記入する出生証明書と一体になっていて、左側が「出生届」、右側が「出生証明書」になっています。

出 生 証 明 書

	子 の 氏 名		男女の別	1 男　2 女
	生まれたとき	令和　年　月　日　午前／午後　時　分		
(10)	出生したところ及びその種別	出生したところの種別	1 病院　2 診療所　3 助産所　4 自宅　5 その他	
		出生したところ	番地　番号	
		(出生したところの種別1−3)施設の名称		
(11)	体重及び身長	体重　グラム	身長　センチメートル	
(12)	単胎・多胎の別	1単胎　2多胎(　子中第　子)		
(13)	母 の 氏 名		妊娠週数	満　週　日
(14)	この母の出産した子の数	出生子(この出生子及び出生後死亡した子を含む)　人 死産児(妊娠満22週以後)　胎		
(15)	1 医師 2 助産師 3 その他	上記のとおり証明する。 令和　年　月　日 (住所)　番地　番号 (氏名)　印		

記入上の注意点

- 出生届は、黒のボールペンまたは黒のインクで書く。鉛筆や消せるボールペン、にじみやすいインクのペンで書かない。
- 子どもの名前は常用漢字、人名用漢字、ひらがな、カタカナなど日本で使用してよい文字で書く。
- くずした字ではなく、はっきりと読める楷書で書く。
- 各記入欄はきゅうくつなため、いきなり本番で記入すると書き切れないことも。用紙を余分に用意しておき、下書きしてから清書を。
- 書き損じてしまい、ほかに用紙がない場合には、まちがった部分に二重線を引き、二重線の上に訂正印を押すことでまちがい箇所を打ち消す。

出生届

出生届は、子どもの父・母が記入するのが原則。記入のしかたがわからないところは、提出先の役所で教えてくれる。

日付

記入した日ではなく、提出した日を記入。

名前

名前はまちがいのないよう慎重にていねいに記入すること。名前の読み方はひらがなで記入する。

生まれたところ

赤ちゃんが生まれた病院などの所在地を記載。

世帯主

住民登録所在地の世帯主の氏名を記入。世帯主が赤ちゃんの祖父や祖母の場合は、「続柄」は「子の子」と記入する。

父母の生年月日

元号で記入。外国人の場合は西暦で記入。

本籍

本籍地は、本籍の入っている住民票で確認。都道府県から書く。「筆頭者の氏名」は、戸籍の最初に記載されている人の氏名を記入。

父母の職業

国勢調査の年のみ記入。

その他

赤ちゃんの親が戸籍の筆頭者となっていない場合は、新しい戸籍を作るため、希望する本籍地を記入する。

届出人

役所に実際に提出する人ではなく、「届出義務者」の上位の人を書く。通常は1位の父親か母親の名を書く。代理で出生届を提出してもらう場合も、届出人の署名欄は父か母の自筆の署名が必要。

続き柄

「摘出子（ちゃくしゅつし）」とは婚姻関係による子どもをいい、「摘出でない子」とは婚姻届を出していない女性から生まれた子どもをいう。また、夫婦にとって何番目の子かを男女別に記載し、性別にチェックする（別の父または母との間に生まれた子は含まない）。男→男→女の順番で生まれた場合は、長男→二男→長女となる。なお、「次男・次女」の記載は不可。

出　生　届

令和　年　月　日届出

長 様

受理 令和　年　月　日 第　号
送付 令和　年　月　日 第　号
発送 令和　年　月　日
長 印
書類調査 戸籍記載 記載調査 調査票 附票 住民票 通知

(1) 生まれた子 (よみかた) 子の氏名（外国人のときはローマ字を付記してください） 氏 名 ／ 父母との続き柄 □嫡出子 □嫡出でない子 □男 □女
(2) 生まれたとき 令和　年　月　日 □午前 □午後　時　分
(3) 生まれたところ　番地 番　号
(4) 住所（住民登録をするところ）　番地 番　号 ／ 世帯主の氏名 ／ 世帯主との続き柄
(5) 生まれた子の父と母 父母の氏名 生年月日（子が生まれたときの年齢） 父　年　月　日（満　歳） 母　年　月　日（満　歳）
(6) 本籍（外国人のときは国籍だけを書いてください）　番地 番 ／ 筆頭者の氏名
(7) 同居を始めたとき　年　月（結婚式をあげたとき、または、同居を始めたときのうち早いほうを書いてください）
(8) 子が生まれたときの世帯のおもな仕事と
□1．農業だけまたは農業とその他の仕事を持っている世帯
□2．自由業・商工業・サービス業等を個人で経営している世帯
□3．企業・個人商店等（官公庁は除く）の常用勤労者世帯で勤め先の従業者数が1人から99人までの世帯（日々または1年未満の契約の雇用者は5）
□4．3にあてはまらない常用勤労者世帯及び会社団体の役員の世帯（日々または1年未満の契約の雇用者は5）
□5．1から4にあてはまらないその他の仕事をしている者のいる世帯
□6．仕事をしている者のいない世帯
(9) 父母の職業（国勢調査の年…平成　年の4月1日から翌年3月31日までに子が生まれたときだけ書いてください） 父の職業 母の職業
その他
届出人 □1．父 □母 □2．法定代理人（　） □3．同居者 □4．医師 □5．助産師 □6．その他の立会者 □7．公設所の長
住所 (4)欄に同じ　番地 番　号
本籍 (6)欄に同じ　番地 番　筆頭者の氏名 (6)欄に同じ
署名　印　年　月　日生
事件簿番号　婚姻年月日 平・令　年　月　日　連絡先 電話 — — 自宅・勤務先・携帯

「届出義務者」の順位

1位 赤ちゃんの父母
2位 同居人
3位 出産に立ち会った医師、助産師
4位 その他立会人

＊赤ちゃんが生まれる前に離婚した場合や婚姻届を出していない場合などは、母親が「届出義務者」となる。

命名書とお七夜

古くからの風習として、赤ちゃんのすこやかな成長を願い、
また新しい赤ちゃんを親族などにお披露目する「お七夜」があります。
お七夜では、名前を披露する「命名式」を行うしきたりがあります。

お七夜の由来

お七夜は、赤ちゃんのすこやかな成長を願うとともに、赤ちゃんの名前を書いた「命名書」を神棚などに飾って親類一同に名前を発表し、赤ちゃんが正式に社会の一員になることを周囲に認めてもらう儀式です。昔は、赤ちゃんの死亡率が高かったこともあり、生後6日目までは赤ちゃんは「神の子」とされ、7日目でようやく人間の子として認められる、という考え方があったからです。

現代のお七夜は、退院祝いも兼ねて家族で、あるいはそれぞれの親を招いて内々でお祝いするのが一般的です。お七夜も命名書も習慣として行われているだけで、必ずしも必要なわけではありません。それでもわが子の誕生の記念として、何かしらお祝いをし、命名書を飾るケースは多いようです。

命名書を飾る場所と時期

命名書は神棚か床の間に飾るのが正式です。なければベビーベッドの横や、赤ちゃんが寝ている部屋などに飾ります。

飾る時期は習慣にしたがえば７日目の夜からですが、名前が決まった時点で飾ればよいでしょう。命名書を下げる時期も決まりはありません。一般的には生後１か月の「お宮参り」の時期までに下げることが多いようです。下げた命名書は、記念として大切に保管しておきましょう。

ハッピー命名書の書き方

書籍購入の特典として、巻頭の折り込みに
「ハッピー命名書」がついています。
決定した名前と由来、出生の記録を記しましょう。

- ★中央に赤ちゃんの名前を大きく書く。
- ★右上から赤ちゃんの生年月日を書く。
- ★左下側に親の名前を書く。
- ★名前の由来の書き方は、「赤ちゃんの名づけエピソード」（P128、216、272）を参考にしても。

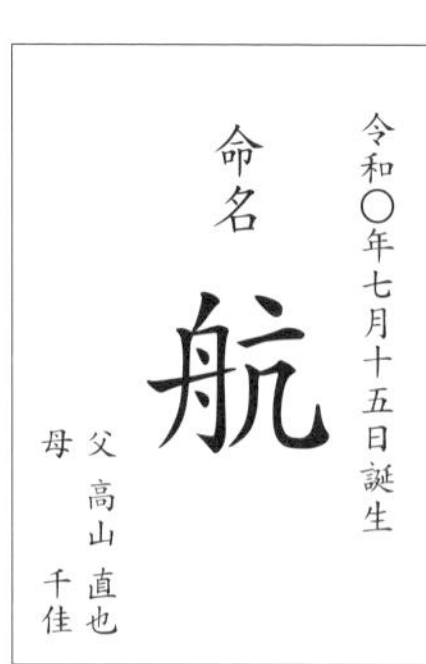

令和〇年七月十五日誕生
命名
航
父 高山 直也
母 千佳

Part 2

響きから考える
ハッピー名前

響きから名前を考える

響きの印象は大きい
漢字の選び方もポイント

名前は、書く機会よりも、声で伝えたり、呼ばれたりすることのほうが多いものです。初対面の人に自分のことを紹介するときも、文字を書いて説明するより、言葉で自分の名前を紹介することのほうが多いでしょう。ですから、名前の響きは、その人の第一印象にも大きくかかわる重要な要素です。

子どもが小さいときのイメージだけでなく、大人になったときの印象も含めて、周囲から好印象をもたれるようなステキな響きを考えましょう。

響きからアプローチする場合、まずは好きな響きの候補を挙げ、いくつかに絞り込み、その次に響きに合った漢字を考えていきます（↓下のカコミ）。

なお、響きを考える際、オリジナリティにはしりすぎると、「個性」を超えた「奇抜」な名前になることがあります。そして、従来の名前にない新鮮な響きは、漢字を上手に選ばないと、読みにくい名前になったり、字面（じづら）の印象が悪くなったりすることも。

左ページのポイントを参考に、響きを生かしたステキな漢字を当てはめましょう。漢字だけでなく、ひらがなやカタカナの名前もよいでしょう。

「響き」から考えるステップ

Step 1　響きを探す

本書のリストなどで好みの響きを探す。「なっちゃん」「そうくん」など愛称から考えて具体的な響きを絞り込んで。

▼響きで選ぶ男の子の名前（P48～87）
▼響きで選ぶ女の子の名前（P88～127）

Step 2　響きの印象をチェック

自分たちがつけたい名前のイメージに合っているか、またほかの人がどんな印象を受けるかをイメージしてみる。姓とつなげて呼んだときの印象もチェック。

▼響きのイメージ（P44～47）

Step 3　響きに合う漢字を探す

左ページを参考に、響きに合う漢字を検討する。

Step 4　さまざまな角度からチェック

姓と名をつなげたときの印象や、姓名判断などをチェック。

▼よい名前のチェックポイント（P20～27）

「響き」をどんな字で表現する?

1 読みやすい字を選ぶ

名前は社会生活で使うものだけに、読みやすく書きやすいほうが、子ども自身も周囲の人も便利。多くの人が初見で読めるような名前にするのがベター。

例「みなみ」の場合

定番の字…**美波 みなみ**
新鮮な印象だが、読みやすい字
…**皆実 見波 三菜美**

例「ゆうき」の場合

定番の字…**優紀 悠希 雄樹 勇気**
新鮮な印象だが、読みやすい字
…**遊貴 雄城 祐来 悠暉**

2 文字数で印象が変わる

3字名も候補に入れるとバリエーションは大きく広がる。

例「さとし」の場合

1字名…**哲 智 慧 聡**
2字名…**悟志 聡士 智史**
3字名…**沙都士 佐斗史**

例「はるか」の場合

1字名…**遥 永**
2字名…**春花 遥香 暖佳 悠歌**
3字名…**八瑠花 はる花 ハルカ**

3 音の区切りを変えると新鮮

新鮮な名前を考えたいときには、音の区切りを変えるのもひとつの方法。

例「わかな」の場合

定番…**若奈**(わか・な)
新鮮…**和奏**(わ・かな) **和香奈**(わ・か・な)

例「まさと」の場合

定番…**雅人**(まさ・と) **正翔**(まさ・と)
新鮮…**真郷**(ま・さと) **真佐斗**(ま・さ・と)

4 万葉仮名風に漢字を当てる方法も

ひとつの音にひとつの漢字を当てる名づけを「万葉仮名風名づけ」という。漢字の意味よりも響きや字面の印象を重視するときにおすすめ。

例 **沙久良**(さくら) **八真斗**(やまと)
日楽里(ひらり)

5 ひらがなやカタカナも

漢字と響きの雰囲気が合わなかったり、見た目が重くなったりする場合は、ひらがなやカタカナも候補にしたい。特に女の子の場合は、ひらがなのやわらかさを生かした名前も効果的。カタカナの名前は、個性的かつ現代的なイメージで、洋風の響きにも合う。

例「ありさ」の場合

ありさ アリサ 有咲 安里紗

響きのイメージ

音の特徴を大きく分けると、「かたい音」と「やわらかい音」の2つに分類されます。かたい音はシャープな印象、やわらかい音はやさしい印象を与えます。かたい音とやわらかい音のバランスと、一音一音の個性によって、「やさしい」「力強い」「明るい」、あるいは「和風」「洋風」など、さまざまなイメージの響きが生まれます。

※男の子に多い響きは青、女の子に多い響きはピンク、男女両方に見られる響きはオレンジで示しています。

やわらかい音
あ行、な行、ま行、や行、ら行、わ行、ん

かたい音
か行、さ行、た行、は行、濁音、半濁音

かわいらしい

ポイント やわらかい音を中心に、かたい音をミックスすると、かわいらしい響きになりやすい。「かこ」「ここ」など、かたい音同士でも2音で最後が「こ」の名前はリズミカルでキュートになる。

名前例

あいか	しずく	みく
あいり	すい	みゆ
あこ	すず	めい
あみ	なな	もえ
あやか	ななこ	もえの
あん	ののか	もも
いちか	はな	ももか
かこ	ひな	ゆい
かなみ	ひなの	ゆいか
かのん	ひまり	ゆいな
かりん	ひめか	ゆず
くるみ	まい	ゆずか
ことこ	まいか	りこ
ことね	みあ	りな
ことみ	みう	りの
このみ	みお	りん

かっこいい

ポイント 名前の最後を、「と」「ま」「せい」などイマドキの音にしたり、「る」「く」「ん」など新鮮な音にすると、かっこいい印象に。ただし、奇抜な響きにならないように気をつけたい。

名前例

あおと	しょう	はるま
いっさ	じょう	ひろと
いっせい	しょうま	ゆうが
かい	じん	ゆうせい
かいと	すばる	ゆうひ
がく	ぜん	ゆうま
がくと	そう	りく
かける	そうま	りつ
かなた	たく	りつき
くおん	たくみ	りゅう
けんと	たける	りゅうせい
こう	たすく	りょう
こうせい	たつき	りょうま
しおん	とうま	れおん
しゅう	とわ	れん
しゅん	はやと	わたる

明るい、元気

ポイント 男の子名は、最後の音を「た」や「や」にすると元気でわんぱくなイメージ。女の子名は、最後を「か」「は」「ほ」などの音にすると、明るく元気な印象に。「よう（陽、曜）」「なつ（夏）」など明るいイメージの言葉や音を入れる方法も。

名前例

おうすけ	しょうた	はるた	はる	かんな	はな
かずや	そうすけ	ようすけ	ひかり	ちか	はるか
かんた	そうた	ようた	ひかり	ちなつ	はるな
げんき	だいすけ	ようへい	ひかる	なつ	みなみ
けんた	たいよう	あおぞら	ひなた	なつな	ようこ
こうすけ	たくや	あさひ	あかね	なつみ	らら
こうた	てった	あすか	えみ	ななみ	りか
こうへい	てんま	そら	かな	にこ	りこ
しゅんすけ	ともや	なつき	かなこ	にな	わかな
しゅんた	はるき	はる	かほ	はづき	わかば

シャープ、知的

ポイント かたい音を中心にして、最後を「き」や「さ」にするとシャープな印象に。「こう（鋼、光）」「えい（鋭、英）」「けい（啓、慧）」「りょう（亮、涼）」「せい（聖、惺）」「り（理、利）」などもシャープで知的な印象。

名前例

あきと	たつき	さとみ
えいと	ちさと	しゅり
けん	みさき	ちせ
こう	みずき	ともか
こうき	りつ	ななせ
さきと	りつき	みき
さとし	りょう	みさ
すぐる	れい	みさと
まさき	かずさ	めいさ
りいち	きり	りさ
いつき	きりこ	りつこ
かずき	さえ	れな
けい	さき	れみ

あたたかい

ポイント 「あ行」「な行」「ま行」の音には、人を包みこむようなあたたかさがある。また、「あい（愛）」「あつ（厚、篤）」「ひ（陽、灯）」などの響きを入れると、あたたかい印象に。

名前例

あいと	こころ	まあこ
あつし	ひなた	まおみ
あつと	あい	まな
あつや	あいな	まなみ
あやと	あいみ	まみ
まさはる	あかり	まりな
まさひろ	あつみ	まりや
まなと	あやな	みなみ
まもる	あやの	みのり
みなと	あゆな	むつみ
むつき	ここみ	めぐみ
むねのり	ななみ	ももこ
あゆみ	ひまり	ゆま

和風

ポイント 「○たろう」「○しろう」「○のすけ」などの響きを含む、昔ながらの3字名前は、男の子の和風の名前の定番。女の子名は、最初に「こ」がつく名前や、最後に「の」「や」「よ」がつくと和の雰囲気に。

名前例

いっしん	せいしろう	りゅうのすけ	りん	こなつ	ちよ
おとや	そうしろう	りょうま	あずさ	こはる	つむぎ
かんたろう	たつのすけ	りんたろう	あやの	こゆき	はな
くらのすけ	ときなり	あまね	いと	さくら	ふみ
こたろう	とものしん	いおり	いまり	さつき	みやび
こてつ	とらのすけ	うしお	いろは	さな	やえ
さくたろう	まさむね	うた	かつら	さよ	やよい
さすけ	むさし	ちはや	きく	たまお	ゆきの
しんのすけ	やまと	ときわ	こうめ	たまき	よしの
しんぺい	ゆづる	ゆづき	こと	ちづる	わか

中性的

ポイント 「き」「み」「り」「ひ」「い」「お」「おん」で終わる名前は、比較的、男女共通で使用される響きが多い。中性的な響きの場合は、性別がはっきりわかるような漢字を使うのがおすすめ。

名前例

あおい	しおん	ますみ
あさひ	じゅん	まひろ
あすか	せな	みさき
あゆみ	そら	みずき
いおり	ちひろ	みはる
いずみ	つばさ	みらい
いつき	なお	ゆう
かおる	なつき	ゆうき
かずき	はる	ゆうり
かずみ	ひかる	りおん
けい	ひびき	りつ
けいと	まこと	りん
こころ	まさみ	るい

洋風

ポイント 洋風の響きでよく使われるのは「ら行」や「じゅ」の響き。日本にあまりなじみのない響きの場合、漢字を当てにくいケースもあるので、ひらがなやカタカナも検討してみるとよい。

名前例

あらん	るい	さら
がい	るか	しいな
けんと	ありさ	じゅり
じょう	ありす	せいら
とむ	あんじゅ	せりな
ましゅう	あんな	にいな
らいと	えいみ	はんな
れお	えま	まりあ
れおん	えみり	りせ
あんり	えりさ	りら
けいと	えれん	りり
せな	かりな	るな
りおん	くれあ	れいら

力強い

ポイント 「だい（大）」「ごう（剛、豪快）」「どう（堂々、道）」など、濁音を入れると力強くなる。「りゅう、たつ（龍）」など強いものを連想させる響きを入れるのもポイント。

名前例

いぶき	たいが	ゆうご
がく	だいき	ゆうだい
けいご	だいご	りき
げん	たいせい	りきや
ごう	だいち	りゅうが
ごうき	だいと	りゅうご
ごうた	たつき	りゅうじ
こうだい	たつま	りゅうじん
しどう	ちから	りょうが
だい	つよし	れお

やさしい

ポイント さらさらの「さ」、そよそよの「そ」、ふわふわの「ふ」、ほのかの「ほ」、のどかの「の」などをメインで使うとやさしい雰囲気に。

名前例

あゆと	さや	ふう
そうすけ	さよ	ふうか
ふうた	そな	ふうこ
ふうま	その	ふみな
ふみのり	そのか	ほのか
ゆいと	そのこ	まゆ
ゆいま	そよ	ゆあ
ゆうすけ	そよか	ゆいな
ゆうた	ねね	ゆな
さな	ののこ	ゆわ

おおらか

ポイント 「ゆう（ユー）」「そう（ソー）」など、のばす音があると、おおらかな印象。「春」「遥」の「はる」、「広」「寛」の「ひろ」、「のびる」「のどか」の「の」などを入れた響きも、おおらかな印象に。

名前例

おうすけ	ちひろ	のどか
しょうた	つばさ	はるか
しょうへい	のぞみ	はるな
そうすけ	みはる	まあさ
そうた	みひろ	まどか
ゆうた	ゆう	みいな
ゆうたろう	よう	みその
りょうた	かんな	ゆうか
りょうへい	さあや	ようこ
そら	なおみ	りいな

上品、清楚

ポイント 「さ行」の音や、「麗」「玲」などから「れい」や「れ」は、特に上品なイメージ。「るり」「すみれ」など宝石や花の響きも気品がある。3字音以上で止め字が「子（こ）」の名前も品のよさを感じさせる。

名前例

あいこ	さゆり	みすず
あやこ	さよこ	みゆき
あやめ	しおり	みれい
かおり	しずか	ゆり
かおるこ	すみれ	らん
かすみ	せいこ	るり
かれん	まいこ	るりこ
きょうこ	まりか	れいか
きよか	まりこ	れいこ
さくらこ	みおり	れいな

響きで選ぶ男の子の名前

男の子の呼び名のバリエーションと、文字の組み合わせ例を紹介します。

リストの見方

各文字の画数 ／ 気になる響きをチェック

あさひ：旭6（1）7 ／ 旭6飛9 15

地格 ／ 霊数

※1字名は霊数「1」を足した数が地格になります

あ

あいき：相9樹16 25 ／ 愛13貴12 25 ／ 藍18輝15 33

あいたろう：愛13太4朗10 27

あいと：逢11斗4 15 ／ 愛13斗4 17 ／ 藍18都11 29

あいのすけ：相9之3介4 16 ／ 愛13之3助7 23 ／ 藍18乃2介4 24

あいや：愛13也3 16 ／ 藍18也3 21 ／ 藍18矢5 23

あいる：愛13琉11 24 ／ 藍18琉11 29

あお：碧14（1） 15

あおい：葵12（1） 13 ／ 碧14（1） 15 ／ 葵12生5 17 ／ 葵12伊6 18 ／ 葵12惟11 23 ／ 蒼13惟11 24 ／ 碧14威9 23 ／ 蒼13偉12 25 ／ 碧14惟11 25 ／ 蒼13維14 27

あおき：蒼13己3 16 ／ 碧14希7 21 ／ 青8樹16 24

あおし：青8志7 15 ／ 碧14士3 17 ／ 蒼13史5 18

あおぞら：青8空8 16 ／ 蒼13穹8 21

あおた：蒼13太4 17 ／ 碧14太4 18

あおと：碧14人2 16 ／ 碧14斗4 18 ／ 碧14音9 23 ／ 蒼13翔12 25

あおば：青8波8 16 ／ 碧14馬10 24

あおま：碧14真10 24

あおや：碧14也3 17 ／ 蒼13弥8 21 ／ 碧14哉9 23

あきお：明8生5 13 ／ 晃10央5 15

あきかぜ：明8風9 17 ／ 彰14風9 23

あきさと：明8悟10 18 ／ 暁12聖13 25

あきたか：明8孝7 15 ／ 晃10隆11 21 ／ 彬11貴12 23

あきたつ：壮6竜10 16 ／ 明8龍16 24

あきてる：瑛12光6 18 ／ 旭6輝15 21 ／ 明8輝15 23 ／ 彬11照13 24

あきと：秋9人2 11 ／ 爽11人2 13 ／ 晶12斗4 16 ／ 瑛12斗4 16 ／ 聡14人2 16 ／ 諒15人2 17 ／ 壮6翔12 18 ／ 彰14斗4 18 ／ 章11翔12 23 ／ 暁12都11 23 ／ 耀20斗4 24 ／ 亜7樹16斗4 27

あきとし：聡14俊9 23 ／ 彰14敏10 24

あきなお：明8直8 16 ／ 昭9直8 17 ／ 晃10尚8 18

あきなり：明8也3 11 ／ 章11成6 17 ／ 瑛12成6 18 ／ 暁12成6 18

あきのすけ：明8之3介4 15 ／ 晃10之3介4 17

あきのぶ：亮9信9 18 ／ 晃10暢14 24

あきのり：明8昇8 16 ／ 秋9紀9 18 ／ 明8憲16 24

あきはる：秋9陽12 21 ／ 爽11晴12 23 ／ 晶12陽12 24 ／ 彰14悠11 25

あきひこ：明8彦9 17 ／ 秋9彦9 18 ／ 晶12彦9 21 ／ 彰14彦9 23 ／ 諒15彦9 24

あきひさ：暁12久3 15 ／ 秋9寿7 16

あきひで：明8秀7 15 ／ 旺8英8 16

あきひと：亮9人2 11 ／ 紹11仁4 15

暁(12)仁(4) 16 / 諒(15)人(2) 17 / 彰(14)仁(4) 18

あきひろ
旺(8)大(3) 11 / 明(8)広(5) 13 / 旭(6)洋(9) 15 / 晃(10)広(5) 15 / 彰(14)宏(7) 21 / 耀(20)大(3) 23

あきふみ
章(11)史(5) 16 / 彰(14)文(4) 18

あきまさ
明(8)正(5) 13 / 昌(8)将(10) 18 / 晃(10)雅(13) 23

あきみね
旭(6)峯(10) 16 / 明(8)峰(10) 18

あきよし
旭(6)良(7) 13 / 明(8)慶(15) 23

あきら
央(5)(1) 6 / 旭(6)(1) 7 / 晃(10)(1) 11 / 朗(10)(1) 11 / 晶(12)(1) 13 / 彰(14)(1) 15 / 輝(15)(1) 16 / 耀(20)(1) 21 / 明(8)良(7) 15 / 亜(8)煌(13) 21

あさき
旭(6)希(7) 13 / 朝(12)輝(15) 27

あさと
朝(12)斗(4) 16 / 旭(6)登(12) 18 / 亜(7)聡(14) 21 / 亜(7)佐(7)斗(4) 18

あさひ
旭(6)(1) 7 / 旭(6)飛(9) 15 / 朝(12)日(4) 16 / 旭(6)陽(12) 18 / 朝(12)陽(12) 24

あすと
明(8)日(4)斗(4) 16 / 明(8)日(4)登(12) 24

あたる
中(4)(1) 5 / 当(6)(1) 7

あつおみ
淳(11)臣(7) 18 / 篤(16)臣(7) 23

あつき
敦(12)己(3) 15 / 惇(11)生(5) 16 / 淳(11)希(7) 18 / 篤(16)生(5) 21 / 温(12)貴(12) 24 / 篤(16)輝(15) 31

あつし
敦(12)(1) 13 / 温(12)(1) 13 / 篤(16)(1) 17 / 温(12)士(3) 15 / 厚(9)志(7) 16 / 敦(12)史(5) 17 / 淳(11)志(7) 18 / 篤(16)司(5) 21 / 篤(16)志(7) 23

あつたか
淳(11)孝(7) 18 / 温(12)隆(11) 23

あつただ
敦(12)惟(11) 23 / 篤(16)忠(8) 24

あつたろう
敦(12)太(4)郎(9) 25 / 篤(16)太(4)郎(9) 29

あつと
惇(11)人(2) 13 / 淳(11)人(2) 13 / 暖(13)人(2) 15 / 敦(12)斗(4) 16 / 篤(16)人(2) 18 / 淳(11)翔(12) 23 / 篤(16)飛(9) 25

あつなり
温(12)也(3) 15 / 敦(12)成(6) 18

あつのり
敦(12)紀(9) 21 / 篤(16)典(8) 24

あつはる
淳(11)陽(12) 23 / 篤(16)春(9) 25

あつひこ
敦(12)彦(9) 21 / 温(12)彦(9) 21 / 篤(16)彦(9) 25

あつひさ
敦(12)久(3) 15 / 温(12)悠(11) 23

あつひで
淳(11)秀(7) 18 / 篤(16)秀(7) 23 / 篤(16)英(8) 24

あつひと
厚(9)人(2) 11 / 惇(11)仁(4) 15 / 温(12)仁(4) 16

あつひろ
温(12)大(3) 15 / 淳(11)広(5) 16 / 厚(9)宏(7) 16 / 篤(16)弘(5) 21

あつむ
集(12)(1) 13 / 鐘(20)(1) 21 / 陸(11)夢(13) 24 / 篤(16)武(8) 24

あつや
敦(12)也(3) 15 / 淳(11)矢(5) 16 / 厚(9)弥(8) 17 / 篤(16)矢(5) 21 / 篤(16)弥(8) 24

あつゆき
忠(8)之(3) 11 / 敦(12)行(6) 18

あつろう
敦(12)郎(9) 21 / 篤(16)郎(9) 25

あとむ
ア(2)ト(2)ム(2) 6 / 亜(7)斗(4)夢(13) 24

あまと
天(4)斗(4) 8 / 天(4)翔(12) 16

あもん
亜(7)門(8) 15 / 吾(7)門(8) 15 / 亜(7)紋(10) 17

あやき
彪(11)生(5) 16 / 采(8)輝(15) 23 / 彩(11)暉(13) 24 / 絢(12)貴(12) 24

あやた
彪(11)太(4) 15 / 絢(12)太(4) 16 / 紋(10)汰(7) 17 / 彩(11)多(6) 17

あやたろう
彪(11)太(4)郎(9) 24 / 彩(11)太(4)朗(10) 25

あやと
彩(11)人(2) 13 / 文(4)斗(4) 8 / 彩(11)斗(4) 15 / 彩(11)翔(12) 23 / 彪(11)翔(12) 23 / 絢(12)登(12) 24

あやのすけ
彪(11)之(3)介(4) 18 / 彩(11)之(3)佑(7) 21

あゆき
歩(8)生(5) 13 / 歩(8)輝(15) 23 / 歩(8)樹(16) 24 / 亜(7)由(5)輝(15) 27

あゆし
歩(8)士(3) 11 / 歩(8)志(7) 15

あゆた
歩(8)汰(7) 15

あゆと
- 歩8 音9　17
- 歩8 飛9　17
- 亜7 結12 斗4　23

あゆま
- 歩8 真10　18
- 歩8 磨16　24

あゆみ
- 歩8 己3　11
- 歩8 海9　17

あゆむ
- 歩8 武8　16
- 歩8 夢13　21
- 歩8 睦13　21
- 亜7 由5 夢13　25
- 亜7 優17 武8　32

あらき
- 新13 己3　16
- 新13 貴12　25
- 新13 樹16　29

あらし
- 嵐12 (1)　13
- 嵐12 士3　15
- 新13 史5　18

あらた
- 嵐12 太4　16
- 新13 太4　17
- 安6 良7 太4　17

あらと
- 新13 斗4　17
- 新13 登12　25

あらん
- 吾7 藍18　25
- 亜7 藍18　25

あり
- 在6 (1)　7
- 有6 (1)　7

ありひろ
- 有6 弘5　11
- 有6 浩10　16

ありま
- 有6 馬10　16
- 在6 真10　16

ある
- 在6 (1)　7
- 有6 (1)　7

あると
- 有6 音9　15
- 有6 翔12　18

あれん
- 亜7 連10　17
- 亜7 漣14　21

あんじ
- 晏10 士3　13
- 庵11 慈13　24

い

いお
- 偉12 央5　17
- 緯16 央5　21
- 惟11 雄12　23

いおり
- 伊6 織18　24
- 惟11 織18　29
- 意13 織18　31

いくお
- 行6 男7　13
- 郁9 雄12　21

いくた
- 郁9 太4　13
- 育8 汰7　15
- 惟11 久3 太4　18

いくたろう
- 生5 太4 郎9　18
- 郁9 太4 朗10　23
- 幾12 多6 郎9　27

いくと
- 行6 人2　8
- 郁9 人2　11
- 郁9 斗4　13
- 生5 登12　17
- 郁9 翔12　21

いくのすけ
- 行6 ノ1 介4　11
- 育8 之3 助7　18

いくひこ
- 行6 彦9　15
- 郁9 彦9　18

いくま
- 生5 真10　15
- 行6 馬10　16
- 育8 馬10　18
- 育8 磨16　24
- 郁9 磨16　25
- 伊6 久3 磨16　25

いくみ
- 育8 己3　11
- 育8 海9　17
- 郁9 実8　17
- 郁9 海9　18

いくや
- 郁9 八2　11
- 行6 哉9　15
- 育8 弥8　16

いさお
- 魁14 (1)　15
- 勲15 (1)　16

いさと
- 勇9 人2　11
- 功5 翔12　17
- 勲15 登12　27

いさみ
- 敢12 (1)　13
- 勇9 海9　18
- 勲15 実8　23

いさむ
- 功5 武8　13
- 勇9 武8　17
- 功5 夢13　18
- 勲15 武8　23

いしん
- 惟11 心4　15
- 維14 真10　24

いずき
- 泉9 希7　16
- 泉9 喜12　21
- 泉9 輝15　24

いずほ
- 出5 帆6　11
- 出5 歩8　13

いずみ
- 一1 澄15　16
- 伊6 純10　16
- 和8 泉9　17

いずる
- 出5 (1)　6
- 出5 琉11　16
- 泉9 瑠14　23

いたる
- 至6 (1)　7
- 達12 (1)　13

いち
- 壱7 (1)　8

いちた
- 一1 太4　5
- 壱7 太4　11
- 伊6 知8 太4　18

いちたろう
- 一1 太4 朗10　15
- 市5 太4 郎9　18
- 壱7 太4 朗10　21

いちと
- 一1 斗4　5
- 壱7 斗4　11
- 一1 翔12　13

いちどう
- 一1 道12　13

いちのしん
- 一1 之3 心4　8
- 一1 之3 進11　15

いちのすけ
- 一1 之3 介4　8
- 市5 之3 助7　15
- 一1 之3 輔14　18

いちや
- 一1 矢5　6
- 伊6 智12 也3　21

いちろう
- 一1 朗10　11
- 市5 朗10　15
- 壱7 郎9　16
- 伊6 知8 郎9　23

いっき
- 一1 起10　11
- 一1 喜12　13
- 一1 輝15　16
- 一1 機16　17
- 壱7 樹16　23

いつき
- 樹16 (1)　17

- 厳17(1) — 18
- 惟11 月4 — 15
- 偉12 月4 — 16
- 維14 月4 — 18
- 壱7 騎18 — 25
- 逸11 樹16 — 27

いっけい
- 一1 圭6 — 7
- 壱7 圭6 — 13
- 一1 慧15 — 16
- 一1 慶15 — 16

いっこう
- 一1 功5 — 6
- 一1 光6 — 7
- 一1 航10 — 11

いっさ
- 一1 瑳14 — 15
- 壱7 咲9 — 16
- 逸11 冴7 — 18
- 壱7 瑳14 — 21

いつし
- 一1 志7 — 8

いっしゅう
- 一1 秀7 — 8
- 一1 鷲23 — 24

いっしん
- 一1 心4 — 5
- 一1 芯7 — 8
- 壱7 進11 — 18

いっせい
- 一1 生5 — 6
- 一1 成6 — 7
- 一1 晟10 — 11
- 一1 惺12 — 13
- 壱7 成6 — 13
- 一1 誓14 — 15
- 壱7 征8 — 15
- 壱7 星9 — 16

いっそう
- 一1 創12 — 13

いった
- 壱7 太4 — 11
- 逸11 太4 — 15

いってつ
- 一1 哲10 — 11
- 一1 徹15 — 16

いっと
- 一1 翔12 — 13
- 逸11 斗4 — 15

いつと
- 逸11 斗4 — 15

いっぺい
- 一1 平5 — 6
- 逸11 平5 — 16

いぶき
- 伊6 吹7 — 13
- 息10 吹7 — 17
- 惟11 吹7 — 18
- 維14 吹7 — 21
- 伊6 武8 希7 — 21

う

ういち
- 宇6 一1 — 7

ういと
- 初7 斗4 — 11

うきょう
- 右5 京8 — 13
- 宇6 恭10 — 16

うしお
- 潮15(1) — 16

うた
- 詠12(1) — 13
- 宇6 汰7 — 13
- 羽6 汰7 — 13

うみと
- 海9 人2 — 11
- 海9 斗4 — 13
- 海9 渡12 — 21
- 海9 翔12 — 21

え

えい
- 瑛12(1) — 13
- 衛16(1) — 17

えいいち
- 永5 一1 — 6
- 詠12 一1 — 13
- 瑛12 一1 — 13
- 鋭15 一1 — 16
- 衛16 一1 — 17

えいいちろう
- 英8 一1 郎9 — 18
- 瑛12 一1 朗10 — 23

えいが
- 英8 河8 — 16
- 永5 雅13 — 18

えいかん
- 英8 完7 — 15
- 永5 貫11 — 16

えいき
- 英8 己3 — 11
- 英8 希7 — 15
- 栄9 軌9 — 18
- 永5 騎18 — 23
- 英8 輝15 — 23
- 瑛12 貴12 — 24

えいきち
- 永5 吉6 — 11
- 瑛12 吉6 — 18

えいげん
- 永5 現11 — 16
- 瑛12 玄5 — 17

えいご
- 永5 伍6 — 11
- 英8 冴7 — 15
- 衛16 吾7 — 23
- 永5 護20 — 25

えいこう
- 永5 幸8 — 13
- 英8 航10 — 18
- 瑛12 光6 — 18
- 英8 煌13 — 21

えいごう
- 永5 剛10 — 15
- 栄9 豪14 — 23

えいさい
- 瑛12 才3 — 15

えいさく
- 永5 朔10 — 15
- 栄9 作7 — 16
- 瑛12 咲9 — 21
- 叡16 作7 — 23

えいし
- 英8 士3 — 11
- 英8 志7 — 15
- 瑛12 史5 — 17
- 叡16 志7 — 23

えいじ
- 永5 治8 — 13
- 英8 治8 — 16
- 瑛12 士3 — 15
- 瑛12 司5 — 17
- 永5 慈13 — 18
- 英8 慈13 — 21
- 衛16 司5 — 21

えいしゅん
- 瑛12 舜13 — 25

えいしょう
- 永5 昇8 — 13
- 英8 祥10 — 18
- 英8 照13 — 21
- 瑛12 勝12 — 24

えいしろう
- 栄9 史5 朗10 — 24
- 瑛12 士3 郎9 — 24

えいしん
- 英8 伸7 — 15
- 衛16 臣7 — 23
- 詠12 慎13 — 25

えいすけ
- 栄9 介4 — 13
- 映9 介4 — 13
- 瑛12 介4 — 16
- 英8 祐9 — 17
- 栄9 輔14 — 23
- 衛16 佑7 — 23

えいせい
- 永5 成6 — 11
- 永5 聖13 — 18

えいた
- 永5 多6 — 11
- 栄9 太4 — 13
- 映9 太4 — 13
- 英8 汰7 — 15
- 栄9 多6 — 15
- 瑛12 太4 — 16
- 詠12 太4 — 16
- 榮14 太4 — 18
- 衛16 汰7 — 23

えいだい
- 瑛12 大3 … 15
- 榮14 大3 … 17

えいたつ
- 英8 龍16 … 24
- 鋭15 達12 … 27

えいたろう
- 永5 太4 郎9 … 18
- 映9 太4 朗10 … 23
- 英8 汰7 郎9 … 24
- 瑛12 太4 郎9 … 25

えいと
- 映9 斗4 … 13
- 瑛12 斗4 … 16
- 詠12 斗4 … 16
- 榮14 人2 … 16
- 永5 登12 … 17
- 永5 渡12 … 17
- 鋭15 人2 … 17
- 衛16 人2 … 18
- 栄9 翔12 … 21
- 瑛12 登12 … 24

えいとく
- 栄9 徳14 … 23
- 英8 篤16 … 24

えいのすけ
- 栄9 之3 介4 … 16
- 鋭15 ノ1 助7 … 23

えいま
- 永5 磨16 … 21
- 英8 磨16 … 24
- 鋭15 馬10 … 25

えいや
- 英8 也3 … 11
- 永5 弥8 … 13

えいゆう
- 英8 佑7 … 15
- 永5 悠11 … 16

えつし
- 悦10 史5 … 15
- 越12 士3 … 15

えん
- 円4 (1) … 5
- 縁15 (1) … 16

えんた
- 円4 太4 … 8
- 援12 太4 … 16

えんたろう
- 円4 太4 郎9 … 17

えんや
- 円4 哉9 … 13

お

おういちろう
- 央5 一1 郎9 … 15
- 旺8 一1 郎9 … 18

おうが
- 央5 河8 … 13
- 旺8 我7 … 15
- 央5 雅13 … 18

おうき
- 旺8 希7 … 15
- 央5 基11 … 16
- 央5 騎18 … 23
- 桜10 輝15 … 25

おうし
- 旺8 士3 … 11
- 旺8 司5 … 13
- 桜10 士3 … 13

おうしろう
- 央5 士3 朗10 … 18
- 桜10 士3 朗10 … 23
- 旺8 志7 郎9 … 24
- 桜10 志7 朗10 … 27

おうすけ
- 央5 丞6 … 11
- 応7 介4 … 11
- 旺8 佑7 … 15
- 櫻21 介4 … 25
- 桜10 佑7 … 17
- 応7 輔14 … 21
- 桜10 輔14 … 24
- 櫻21 丞6 … 27

おうせい
- 旺8 世5 … 13
- 桜10 成6 … 16
- 央5 聖13 … 18
- 旺8 聖13 … 21

おうた
- 応7 太4 … 11
- 皇9 太4 … 13
- 旺8 汰7 … 15
- 應17 太4 … 21
- 櫻21 太4 … 25

おうだい
- 旺8 大3 … 11
- 桜10 大3 … 13

おうたろう
- 央5 太4 郎9 … 18
- 旺8 太4 郎9 … 21
- 桜10 太4 郎9 … 23
- 桜10 太4 朗10 … 24

おうま
- 央5 真10 … 15
- 旺8 馬10 … 18
- 旺8 磨16 … 24

おうや
- 央5 弥8 … 13
- 桜10 也3 … 13

おうり
- 旺8 利7 … 15
- 央5 理11 … 16

おおぞら
- 大3 昊8 … 11
- 大3 空8 … 11

おさむ
- 収4 (1) … 5
- 修10 (1) … 11
- 整16 (1) … 17
- 修10 武8 … 18

おとき
- 乙1 貴12 … 13
- 音9 希7 … 16

おとはる
- 乙1 晴12 … 13
- 音9 温12 … 21

おとひこ
- 音9 彦9 … 18

おとや
- 乙1 矢5 … 6
- 音9 八2 … 11
- 音9 弥8 … 17
- 音9 哉9 … 18
- 響20 哉9 … 29

おりと
- 織18 都11 … 29
- 央5 理11 人2 … 18

おん
- 恩10 (1) … 11
- 温12 (1) … 13

おんじ
- 音9 治8 … 17
- 恩10 治8 … 18

か

かい
- 快7 (1) … 8
- 開12 (1) … 13
- 魁14 (1) … 15
- 加5 惟11 … 16
- 可5 偉12 … 17
- 夏10 維14 … 24
- 嘉14 惟11 … 25

がい
- 凱12 (1) … 13

かいえい
- 海9 栄9 … 18
- 開12 瑛12 … 24

かいき
- 快7 紀9 … 16
- 海9 輝15 … 24

かいし
- 開12 士3 … 15
- 櫂18 司5 … 23

かいじ
- 海9 児7 … 16
- 魁14 児7 … 21
- 櫂18 士3 … 21
- 開12 慈13 … 25
- 櫂18 路13 … 31

かいしゅう
- 海9 秀7 … 16
- 海9 周8 … 17
- 櫂18 舟6 … 24

かいしん
- 海9 伸7 … 16
- 開12 心4 … 16
- 快7 真10 … 17
- 魁14 心4 … 18
- 開12 信9 … 21

かいせい
- 快成 7・6 13
- 海成 9・6 15
- 快晟 7・10 17
- 海青 9・8 17
- 開世 12・5 17
- 開成 12・6 18
- 海晴 9・12 21
- 魁星 14・9 23
- 櫂世 18・5 23
- 櫂成 18・6 24
- 開誠 12・13 25
- 櫂誠 18・13 31

かいち
- 可一 5・1 6
- 佳市 8・5 13
- 快知 7・8 15
- 嘉一 14・1 15
- 海智 9・12 21
- 開智 12・12 24

かいと
- 快斗 7・4 11
- 加弦 5・8 13
- 海斗 9・4 13
- 海仁 9・4 13
- 開斗 12・4 16
- 魁人 14・2 16
- 海音 9・9 18
- 夏弦 10・8 18
- 海渡 9・12 21
- 魁飛 14・9 23

がいと
- 凱斗 12・4 16
- 凱都 12・11 23

かいどう
- 快堂 7・11 18
- 開堂 12・11 23
- 開道 12・12 24

かいや
- 快弥 7・8 15
- 開也 12・3 15
- 海哉 9・9 18

がいや
- 凱也 12・3 15
- 凱矢 12・5 17

かいゆう
- 海勇 9・9 18
- 開悠 12・11 23

かいよう
- 海遥 9・12 21
- 櫂洋 18・9 27

かいら
- 海良 9・7 16
- 櫂良 18・7 25

かいり
- 浬 10 (1) 11
- 海利 9・7 16
- 海里 9・7 16
- 開吏 12・6 18
- 櫂吏 18・6 24

かいる
- 快琉 7・11 18
- 海瑠 9・14 23
- 櫂琉 18・11 29

かおる
- 薫 16 (1) 17
- 馨 20 (1) 21

かく
- 格 10 (1) 11
- 覚 12 (1) 13

がく
- 樂 15 (1) 16
- 我空 7・8 15
- 賀久 12・3 15
- 雅久 13・3 16
- 雅空 13・8 21

がくし
- 岳史 8・5 13
- 学志 8・7 15
- 楽士 13・3 16

かくと
- 覚斗 12・4 16
- 鶴翔 21・12 33

がくと
- 岳杜 8・7 15
- 楽人 13・2 15
- 楽翔 13・12 25

がくま
- 楽真 13・10 23
- 学磨 8・16 24

がくや
- 学也 8・3 11
- 岳弥 8・8 16

かける
- 翔 12 (1) 13
- 駆 14 (1) 15
- 駈 15 (1) 16
- 架瑠 9・14 23

かざき
- 風祈 9・8 17
- 風輝 9・15 24

かざと
- 風斗 9・4 13

かざむ
- 風武 9・8 17

かずあき
- 一彰 1・14 15
- 和明 8・8 16
- 和晃 8・10 18

かずお
- 一雄 1・12 13
- 和央 8・5 13

かずおみ
- 一臣 1・7 8
- 和臣 8・7 15

かずき
- 一希 1・7 8
- 和己 8・3 11
- 一喜 1・12 13
- 和生 8・5 13
- 一毅 1・15 16
- 一輝 1・15 16
- 一機 1・16 17
- 一樹 1・16 17
- 和紀 8・9 17
- 和暉 8・13 21
- 和熙 8・15 23
- 和樹 8・16 24

かずきよ
- 和聖 8・13 21

かずし
- 一志 1・7 8
- 和士 8・3 11
- 和志 8・7 15
- 一摯 1・15 16

かずしげ
- 和茂 8・8 16
- 一繁 1・16 17

かずたか
- 一峻 1・10 11
- 一鳳 1・14 15
- 和孝 8・7 15
- 一鷹 1・24 25
- 和鷹 8・24 32

かずてる
- 和晃 8・10 18
- 一耀 1・20 21

かずと
- 一斗 1・4 5
- 一渡 1・12 13
- 一翔 1・12 13
- 和音 8・9 17
- 可寿斗 5・7・4 16

かずとき
- 和時 8・10 18

かずとし
- 和寿 8・7 15
- 和敏 8・10 18
- 一驍 1・22 23
- 和駿 8・17 25

かずとも
- 一友 1・4 5
- 和朋 8・8 16

かずとら
- 和虎 8・8 16

かずなり
- 一成 1・6 7
- 和也 8・3 11
- 壱成 7・6 13
- 和哉 8・9 17

かずのぶ
- 一伸 1・7 8
- 和宣 8・9 17

かずのり
- 一徳 1・14 15
- 一範 1・15 16
- 和則 8・9 17
- 一謙 1・17 18

かずはる
- 和春 8・9 17

かずひ
一陽（1・12）13
和飛（8・9）17

かずひこ
和彦（8・9）17
加寿彦（5・7・9）21

かずひさ
一寿（1・7）8
和久（8・3）11
航久（10・3）13

かずひで
一秀（1・7）8
和英（8・8）16

かずひと
一仁（1・4）5
和陽斗（8・12・4）24

かずひろ
一展（1・10）11
一尋（1・12）13
和宏（8・7）15
航広（10・5）15
和洋（8・9）17
和浩（8・10）18
和寛（8・13）21

かずふみ
一史（1・5）6
和郁（8・9）17

かずほ
一帆（1・6）7
壱歩（7・8）15
一穂（1・15）16

かずま
一真（1・10）11
千馬（3・10）13
司真（5・10）15
一磨（1・16）17
壱真（7・10）17
和真（8・10）18
和馬（8・10）18
和磨（8・16）24

かずまさ
一壮（1・6）7
一将（1・10）11
一勝（1・12）13
和柾（8・9）17

かずみ
一心（1・4）5
和己（8・3）11
和海（8・9）17

かずみね
一峰（1・10）11
和嶺（8・17）25

かずむ
和武（8・8）16
和夢（8・13）21

かずや
一矢（1・5）6
和也（8・3）11
航也（10・3）13
和弥（8・8）16
和哉（8・9）17

かずゆき
一行（1・6）7
和亨（8・7）15
和征（8・8）16
和幸（8・8）16

かずよし
一善（1・12）13
一嘉（1・14）15
航良（10・7）17

かぜなり
風成（9・6）15

かつあき
克明（7・8）15
勝旭（12・6）18

かつき
克起（7・10）17
克樹（7・16）23
勝喜（12・12）24
活騎（9・18）27

かづき
架月（9・4）13
嘉月（14・4）18

かつし
活志（9・7）16
勝史（12・5）17

かつと
克斗（7・4）11
活人（9・2）11
勝斗（12・4）16
勝翔（12・12）24

かつとし
克敏（7・10）17
勝俊（12・9）21

かつなり
克成（7・6）13
活成（9・6）15

かつのぶ
克宣（7・9）16
勝信（12・9）21

かつのり
克徳（7・14）21
勝紀（12・9）21
勝則（12・9）21
活徳（9・14）23

かつはる
克悠（7・11）18
勝晴（12・12）24

かつひこ
克彦（7・9）16
活彦（9・9）18
勝彦（12・9）21

かつひさ
勝久（12・3）15
克悠（7・11）18

かつひで
克英（7・8）15
活秀（9・7）16

かつひと
克仁（7・4）11
勝仁（12・4）16

かつひろ
克拓（7・8）15
勝大（12・3）15
克洋（7・9）16
活宏（9・7）16

かつま
克馬（7・10）17
活磨（9・16）25

かつまさ
活匡（9・6）15
克将（7・10）17

かつみ
勝己（12・3）15
克実（7・8）15
克海（7・9）16
活海（9・9）18
勝美（12・9）21

かつや
克弥（7・8）15
勝也（12・3）15
活哉（9・9）18

かつゆき
克行（7・6）13
克幸（7・8）15
勝之（12・3）15

かつよし
克佳（7・8）15
勝義（12・13）25

かなき
奏希（9・7）16
奏紀（9・9）18

かなた
叶多（5・6）11
奏太（9・4）13
哉太（9・4）13
協汰（8・7）15
奏多（9・6）15
加那太（5・7・4）16
夏那太（10・7・4）21
夏南太（10・9・4）23

かなと
叶人（5・2）7
奏人（9・2）11
奏仁（9・4）13
奏斗（9・4）13
奏杜（9・7）16
叶翔（5・12）17
奏音（9・9）18
哉飛（9・9）18
奏翔（9・12）21
夏南人（10・9・2）21

かなむ
叶武（5・8）13
奏武（9・8）17
叶夢（5・13）18
協夢（8・13）21

かなめ
協芽（8・8）16
哉芽（9・8）17

かなる
- 叶(5)琉(11) 16
- 奏(9)瑠(14) 23

かむ
- 加(5)武(8) 13
- 可(5)夢(13) 18

かむい
- 可(5)夢(13)生(5) 23

がもん
- 我(7)聞(14) 21

かん
- 完(7)(1) 8
- 莞(10)(1) 11
- 栞(10)(1) 11
- 歓(15)(1) 16

かんいち
- 栞(10)一(1) 11
- 敢(12)一(1) 13
- 貫(11)市(5) 16
- 歓(15)一(1) 16

かんいちろう
- 完(7)一(1)朗(10) 18
- 寛(13)一(1)郎(9) 23

かんえい
- 歓(15)栄(9) 24
- 寛(13)瑛(12) 25

かんげん
- 幹(13)元(4) 17
- 寛(13)玄(5) 18

かんご
- 完(7)悟(10) 17
- 貫(11)吾(7) 18
- 歓(15)伍(6) 21

かんじ
- 侃(8)士(3) 11
- 莞(10)士(3) 13
- 完(7)治(8) 15
- 敢(12)士(3) 15
- 貫(11)志(7) 18
- 寛(13)治(8) 21

かんしろう
- 完(7)志(7)郎(9) 23
- 敢(12)士(3)朗(10) 25

かんすけ
- 完(7)介(4) 11
- 敢(12)介(4) 16
- 寛(13)介(4) 17
- 完(7)輔(14) 21

かんた
- 完(7)太(4) 11
- 侃(8)汰(7) 15
- 貫(11)太(4) 15
- 莞(10)多(6) 16
- 敢(12)太(4) 16
- 寛(13)太(4) 17
- 幹(13)太(4) 17
- 環(17)太(4) 21
- 歓(15)多(6) 21

かんたろう
- 侃(8)太(4)郎(9) 21
- 莞(10)太(4)郎(9) 23
- 栞(10)太(4)朗(10) 24
- 貫(11)太(4)郎(9) 24
- 幹(13)太(4)朗(10) 27
- 寛(13)多(6)朗(10) 29
- 歓(15)太(4)朗(10) 29

かんと
- 完(7)斗(4) 11
- 貫(11)人(2) 13
- 寛(13)人(2) 15
- 幹(13)斗(4) 17

かんぺい
- 侃(8)平(5) 13
- 莞(10)平(5) 15
- 貫(11)平(5) 16

き

きいち
- 希(7)一(1) 8
- 起(10)一(1) 11
- 葵(12)一(1) 13
- 貴(12)一(1) 13
- 紀(9)壱(7) 16
- 輝(15)一(1) 16
- 貴(12)市(5) 17
- 稀(12)市(5) 17

きいちろう
- 希(7)一(1)朗(10) 18
- 葵(12)一(1)朗(10) 23
- 輝(15)一(1)郎(9) 25

きお
- 紀(9)雄(12) 21
- 機(16)生(5) 21

きおと
- 輝(15)音(9) 24
- 希(7)央(5)斗(4) 16

きしん
- 希(7)信(9) 16
- 起(10)伸(7) 17
- 輝(15)信(9) 24

きすけ
- 喜(12)介(4) 16
- 希(7)輔(14) 21

きたる
- 来(7)(1) 8

きちのすけ
- 吉(6)之(3)介(4) 13
- 吉(6)之(3)輔(14) 23

きっと
- 吉(6)都(11) 17
- 吉(6)翔(12) 18

きっぺい
- 吉(6)平(5) 11
- 桔(10)平(5) 15
- 橘(16)平(5) 21

ぎどう
- 義(13)堂(11) 24
- 義(13)道(12) 25

きはや
- 希(7)勇(9) 16
- 輝(15)隼(10) 25

きへい
- 基(11)平(5) 16
- 葵(12)平(5) 17

きみあき
- 公(4)章(11) 15

きみたか
- 公(4)隆(11) 15
- 仁(4)貴(12) 16

きみと
- 公(4)斗(4) 8

きみのり
- 公(4)徳(14) 18

きみはる
- 仁(4)晴(12) 16
- 公(4)陽(12) 16

きみひこ
- 公(4)彦(9) 13
- 仁(4)彦(9) 13
- 紀(9)見(7)彦(9) 25

きみひろ
- 公(4)宏(7) 11
- 公(4)博(12) 16

きゅうま
- 弓(3)馬(10) 13
- 究(7)真(10) 17

きよあき
- 清(11)晃(10) 21
- 聖(13)明(8) 21
- 澄(15)明(8) 23

きょういち
- 匡(6)一(1) 7
- 亨(7)一(1) 8
- 恭(10)一(1) 11
- 恭(10)市(5) 15
- 響(20)一(1) 21

きょういちろう
- 匡(6)一(1)郎(9) 16
- 京(8)一(1)郎(9) 18
- 恭(10)一(1)朗(10) 21

きょうご
- 恭(10)吾(7) 17
- 協(8)悟(10) 18
- 享(8)悟(10) 18
- 響(20)吾(7) 27

きょうじ
- 協(8)志(7) 15
- 響(20)路(13) 33

きょうしろう
- 亨(7)志(7)郎(9) 23
- 恭(10)史(5)郎(9) 24
- 響(20)士(3)朗(10) 33

きょうすけ
- 杏(7)介(4) 11
- 匡(6)佑(7) 13
- 京(8)佑(7) 15
- 郷(11)介(4) 15
- 恭(10)助(7) 17
- 恭(10)輔(14) 24
- 響(20)介(4) 24

きょうせい
- 恭誠（10・13）23
- 響生（20・5）25

きょうた
- 杏太（7・4）11
- 亨太（7・4）11
- 京汰（8・7）15
- 響太（20・4）24

きょうたろう
- 京太郎（8・4・9）21
- 響太郎（20・4・9）33

きょうへい
- 匡平（6・5）11
- 共平（6・5）11
- 協平（8・5）13
- 京平（8・5）13
- 恭平（10・5）15
- 郷平（11・5）16
- 興平（16・5）21
- 響平（20・5）25

きょうや
- 叶弥（5・8）13
- 京弥（8・8）16
- 響矢（20・5）25

きよかぜ
- 汐風（6・9）15
- 澄風（15・9）24

きよし
- 潔（15・(1)）16
- 澄（15・(1)）16
- 粋志（10・7）17
- 聖史（13・5）18

きよしろう
- 粋史郎（10・5・9）24
- 聖士郎（13・3・9）25
- 清思郎（11・9・9）29
- 潔志郎（15・7・9）31

きよた
- 清太（11・4）15
- 聖太（13・4）17

きよたか
- 清孝（11・7）18
- 清貴（11・12）23
- 聖隆（13・11）24
- 清鷹（11・24）35

きよたけ
- 清剛（11・10）21
- 聖武（13・8）21

きよただ
- 清正（11・5）16
- 聖忠（13・8）21

きよと
- 清人（11・2）13
- 清斗（11・4）15
- 廉人（13・2）15
- 潔人（15・2）17
- 潔音（15・9）24
- 聖翔（13・12）25
- 清翔（11・12）23
- 希世斗（7・5・4）16

きよなお
- 粋直（10・8）18
- 潔尚（15・8）23

きよはる
- 汐晴（6・12）18
- 清遥（11・12）23
- 聖悠（13・11）24
- 聖陽（13・12）25

きよひこ
- 潔彦（15・9）24
- 起世彦（10・5・9）24

きよひで
- 清秀（11・7）18
- 廉英（13・8）21

きよひと
- 清仁（11・4）15

きよひろ
- 清広（11・5）16
- 澄大（15・3）18
- 清寛（11・13）24
- 聖博（13・12）25

きよふみ
- 清文（11・4）15
- 聖史（13・5）18

きよま
- 聖真（13・10）23
- 清磨（11・16）27

きよまさ
- 聖昌（13・8）21
- 清勝（11・12）23

きよみち
- 清道（11・12）23
- 聖道（13・12）25

きよゆき
- 聖之（13・3）16
- 清行（11・6）17
- 潔之（15・3）18
- 聖雪（13・11）24

きら
- 気良（6・7）13

きらと
- 煌斗（13・4）17
- 煌翔（13・12）25

きりと
- 輝利人（15・7・2）24
- 樹里斗（16・7・4）27

きりゅう
- 希竜（7・10）17
- 輝龍（15・16）31

きわむ
- 究（7・(1)）8
- 極（12・(1)）13

ぎん
- 吟（7・(1)）8
- 銀（14・(1)）15

ぎんじ
- 吟侍（7・8）15
- 銀二（14・2）16

ぎんじろう
- 銀次郎（14・6・9）29
- 銀侍郎（14・8・9）31

ぎんた
- 吟太（7・4）11
- 銀汰（14・7）21

ぎんたろう
- 銀太郎（14・4・9）27

く

くうが
- 空我（8・7）15
- 空河（8・8）16
- 空雅（8・13）21
- 空駕（8・15）23

くうご
- 空吾（8・7）15
- 空悟（8・10）18

くうと
- 空飛（8・9）17

くうや
- 空也（8・3）11
- 空弥（8・8）16

くおん
- 久恩（3・10）13
- 久温（3・12）15
- 久遠（3・13）16
- 玖音（7・9）16
- 駈音（15・9）24

くにひこ
- 邦彦（7・9）16
- 久仁彦（3・4・9）16

くらのすけ
- 蔵乃介（15・2・4）21
- 蔵ノ助（15・1・7）23

くんじ
- 勲侍（15・8）23
- 勲治（15・8）23

くんどう
- 薫堂（16・11）27

くんぺい
- 薫平（16・5）21

け

けい
- 圭（6・(1)）7
- 桂（10・(1)）11
- 慶（15・(1)）16
- 憬（15・(1)）16
- 馨（20・(1)）21

けいいち
- 圭一（6・1）7
- 圭市（6・5）11
- 恵一（10・1）11
- 佳壱（8・7）15
- 啓市（11・5）16
- 慶一（15・1）16
- 馨一（20・1）21

けいいちろう
- 圭一郎（6・1・9）16
- 恵一朗（10・1・10）21
- 慶一郎（15・1・9）25

けいき
- 圭6 紀9　15
- 恵10 希7　17

けいご
- 圭6 冴7　13
- 圭6 吾7　13
- 京8 吾7　15
- 佳8 冴7　15
- 恵10 伍6　16
- 恵10 吾7　17
- 渓11 吾7　18
- 蛍11 悟10　21
- 慶15 伍6　21
- 慧15 悟10　25
- 啓11 護20　31

けいし
- 圭6 司5　11
- 景12 士3　15
- 啓11 史5　16
- 慧15 士3　18

けいじ
- 圭6 示5　11
- 敬12 士3　15
- 啓11 司5　16
- 恵10 治8　18
- 慶15 侍8　23

けいしゅう
- 桂10 秀7　17
- 慶15 周8　23

けいしゅん
- 圭6 峻10　16
- 慧15 俊9　24

けいしょう
- 圭6 祥10　16
- 恵10 匠6　16
- 慶15 翔12　27

けいしろう
- 啓11 士3 郎9　23
- 慧15 士3 郎9　27
- 慶15 志7 郎9　31

けいじろう
- 圭6 治8 郎9　23
- 慶15 次6 朗10　31

けいしん
- 敬12 心4　16
- 恵10 臣7　17
- 慧15 信9　24

けいすけ
- 圭6 亮9　15
- 佳8 助7　15
- 蛍11 介4　15
- 景12 介4　16
- 恵10 佑7　17
- 啓11 助7　18
- 敬12 亮9　21
- 慧15 丞6　21
- 圭6 翼17　23
- 恵10 輔14　24

けいせい
- 蛍11 聖13　24
- 慧15 星9　24

けいぞう
- 圭6 造10　16
- 恵10 蔵15　25

けいた
- 圭6 汰7　13
- 蛍11 太4　15
- 啓11 太4　15
- 恵10 多6　16
- 景12 太4　16
- 継13 太4　17
- 慶15 多6　21
- 慧15 多6　21
- 馨20 太4　24

けいだい
- 恵10 大3　13
- 敬12 大3　15

けいたつ
- 圭6 辰7　13
- 圭6 達12　18
- 敬12 達12　24

けいたろう
- 恵10 太4 郎9　23
- 蛍11 太4 郎9　24
- 啓11 太4 朗10　25
- 景12 太4 郎9　25
- 馨20 太4 郎9　33

けいと
- 圭6 音9　15
- 蛍11 斗4　15
- 景12 斗4　16
- 圭6 都11　17
- 慶15 人2　17
- 慧15 人2　17
- 蛍11 杜7　18
- 恵10 都11　21
- 慶15 登12　27
- 慧15 翔12　27

けいのすけ
- 恵10 之3 介4　17
- 慶15 之3 丞6　24

けいま
- 佳8 真10　18
- 慶15 馬10　25
- 慧15 磨16　31

けいや
- 恵10 也3　13
- 圭6 哉9　15
- 敬12 也3　15
- 慧15 弥8　23
- 慧15 哉9　24

けん
- 拳10 (1)　11
- 堅12 (1)　13
- 憲16 (1)　17
- 賢16 (1)　17
- 謙17 (1)　18

げん
- 元4 (1)　5
- 玄5 (1)　6
- 原10 (1)　11
- 厳17 (1)　18

けんいち
- 拳10 一1　11
- 絢12 一1　13
- 研9 壱7　16
- 賢16 一1　17
- 謙17 一1　18

けんいちろう
- 見7 一1 朗10　18
- 健11 一1 郎9　21
- 堅12 一1 朗10　23
- 剣10 市5 郎9　24
- 憲16 一1 朗10　27

げんいちろう
- 原10 一1 朗10　21
- 源13 一1 郎9　23

げんき
- 元4 希7　11
- 元4 紀9　13
- 弦8 生5　13
- 元4 揮12　16
- 現11 希7　18
- 源13 基11　24

けんご
- 建9 伍6　15
- 研9 吾7　16
- 見7 悟10　17
- 健11 冴7　18
- 絢12 伍6　18
- 謙17 吾7　24
- 顕18 吾7　25
- 謙17 悟10　27
- 堅12 護20　32

げんご
- 元4 吾7　11
- 玄5 護20　25

けんごう
- 健11 豪14　25
- 謙17 剛10　27

けんさく
- 研9 作7　16
- 賢16 咲9　25

けんし
- 拳10 士3　13
- 絢12 士3　15
- 賢16 志7　23

けんじ
- 健11 児7　18
- 顕18 司5　23
- 憲16 治8　24

げんし
- 玄5 士3　8
- 源13 史5　18

げんじ
- 玄5 侍8　13
- 源13 士3　16

けんしょう
- 賢16 昇8　24
- 謙17 祥10　27

けんしろう
剣10史5郎9 24
研9志7郎9 25
絢12士3朗10 25
健11志7郎9 27
謙17士3郎9 29
賢16志7朗10 33

けんじろう
健11二2朗10 23
賢16治8郎9 33

けんしん
健11心4 15
研9芯7 16
健11伸7 18
健11真10 21
堅12信9 21
謙17心4 21
憲16伸7 23
賢16芯7 23
顕18信9 27

けんすけ
研9介4 13
健11介4 15
絢12介4 16
研9亮9 18
見7輔14 21
憲16佑7 23
賢16助7 23
顕18佑7 25

けんせい
賢16生5 21
謙17成6 23
健11誠13 24

げんせい
玄5晟10 15
元4聖13 17

けんぞう
健11造10 21
研9蔵15 24
憲16蔵15 31

けんた
研9太4 13
建9多6 15
健11太4 15
絢12太4 16
健11汰7 18
謙17太4 21
賢16汰7 23

げんた
元4汰7 11
現11太4 15
絃11太4 15
源13太4 17

けんたろう
見7汰7郎9 23
建9太4朗10 23
研9太4朗10 23
健11太4郎9 24
絢12太4郎9 25
憲16太4郎9 29
顕18太4郎9 31

げんたろう
元4太4朗10 18
源13太4朗10 27
現11太4郎9 24

けんと
研9人2 11
建9斗4 13
健11人2 13
健11仁4 15
絢12斗4 16
賢16人2 18
健11渡12 23
健11翔12 23
絢12都11 23
賢16音9 25

げんと
言7斗4 11
舷11斗4 15
玄5翔12 17
源13斗4 17

げんとく
元4徳4 18

けんのすけ
健11ノ1介4 16
健11之3佑7 21
賢16之3介4 23
謙17之3助7 27

けんま
健11馬10 21
健11磨16 27
賢16麻11 27

げんま
玄5馬10 15
弦8磨16 24

けんや
絢12也3 15
健11矢5 16
建9哉9 18
賢16矢5 21
謙17弥8 25

けんゆう
健11友4 15
賢16侑8 24

けんりゅう
健11竜10 21
賢16龍16 32

こ

ごいち
吾7一1 8
護20市5 25

こう
広5(1) 6
功5(1) 6
向6(1) 7
考6(1) 7
光6(1) 7
孝7(1) 8
耕10(1) 11
航10(1) 11
紘10(1) 11

ごう
剛10(1) 11
豪14(1) 15

こういち
功5一1 6
光6一1 7
航10一1 11
光6壱7 13
紘10市5 15
康11市5 16
煌13市5 18

ごういち
剛10市5 15
豪14一1 15

こういちろう
光6一1郎9 16
孝7一1郎9 17
幸8一1郎9 18
航10一1朗10 21

ごういちろう
剛10一1朗10 21
豪14一1郎9 24

こうえい
功5英8 13
向6栄9 15
倖10永5 15
航10英8 18
煌13永5 18

こうが
広5河8 13
光6我7 13
広5峨10 15
幸8河8 16
煌13河8 21

こうき
昂8己3 11
広5季8 13
光6希7 13
虹9希7 13
亘6紀9 15
功5基11 16
考6起10 16
晃10希7 17
光6喜12 18
煌13生5 18
広5樹16 21
光6輝15 21
幸8暉13 21
弘5騎18 23
孝7樹16 23
恒9輝15 24
航10輝15 25
興16紀9 25

ごうき
剛10己3 13
豪14希7 21
豪14紀9 23
轟21起10 31

こうけん
- 孝7 健11 18
- 康11 賢16 27

ごうけん
- 剛10 健11 21
- 豪14 謙17 31

こうさく
- 光6 朔10 16
- 幸8 朔10 18
- 幸8 作7 15

こうし
- 考6 史5 11
- 向6 志7 13
- 幸8 史5 13
- 滉13 士3 16
- 広5 嗣13 18

こうじ
- 洸9 二2 11
- 航10 司5 15
- 功5 慈13 18
- 煌13 司5 18

ごうし
- 剛10 士3 13
- 豪14 士3 17
- 轟21 士3 24

こうしろう
- 光6 士3 郎9 18
- 広5 志7 郎9 21
- 幸8 司5 朗10 23
- 晃10 史5 郎9 24
- 滉13 士3 郎9 25
- 高10 志7 朗10 27
- 煌13 史5 郎9 27

こうすけ
- 公4 介4 8
- 孝7 介4 11
- 虹9 介4 13
- 康11 介4 15
- 孝7 亮9 16
- 耕10 助7 17
- 公4 輔14 18
- 宏7 輔14 21
- 洸9 輔14 23
- 倖10 輔14 24
- 幸8 翼17 25

ごうすけ
- 剛10 助7 17
- 剛10 佑7 17
- 豪14 介4 18
- 豪14 祐9 23

こうせい
- 功5 成6 11
- 亘6 世5 11
- 昊8 生5 13
- 皇9 成6 15
- 航10 世5 15
- 航10 成6 16
- 康11 生5 16
- 幸8 星9 17
- 考6 惺12 18
- 煌13 世5 18
- 耕10 誠13 23
- 康11 誠13 24

こうた
- 公4 太4 8
- 功5 多6 11
- 宏7 太4 11
- 考6 汰7 13
- 行6 汰7 13
- 康11 太4 15
- 倖10 多6 16
- 航10 多6 16
- 煌13 太4 17
- 洸9 太4 13

ごうた
- 郷11 太4 15
- 豪14 太4 18
- 轟21 太4 25

こうだい
- 功5 大3 8
- 昂8 大3 11
- 航10 大3 13
- 滉13 大3 16

こうたく
- 幸8 卓8 16
- 孝7 琢11 18

こうたつ
- 光6 辰7 13
- 幸8 龍16 24

こうたろう
- 公4 太4 郎9 17
- 功5 太4 郎9 18
- 広5 太4 郎9 18
- 光6 多6 郎9 21
- 岬8 太4 郎9 21
- 孝7 汰7 郎9 23
- 香9 太4 朗10 23
- 幸8 多6 朗10 24
- 康11 太4 郎9 24
- 興16 太4 郎9 29

ごうと
- 豪14 人2 16
- 豪14 斗4 18
- 剛10 都11 21

ごうとく
- 剛10 徳14 24

こうのすけ
- 光6 之3 介4 13
- 弘5 之3 助7 15
- 幸8 之3 介4 15
- 煌13 ノ1 介4 18
- 孝7 之3 輔14 24

こうへい
- 亘6 平5 11
- 考6 平5 11
- 昂8 平5 13
- 耕10 平5 15
- 航10 平5 15
- 康11 平5 16
- 滉13 平5 18
- 煌13 平5 18

こうま
- 功5 真10 15
- 昊8 馬10 18
- 煌13 真10 23

こうめい
- 功5 明8 13
- 幸8 明8 16
- 耕10 明8 18
- 晃10 盟13 23

こうや
- 光6 矢5 11
- 昂8 也3 11
- 耕10 也3 13
- 煌13 也3 16
- 幸8 哉9 17
- 航10 弥8 18

こうゆう
- 幸8 侑8 16
- 光6 悠11 17

こうよう
- 向6 洋9 15
- 宏7 洋9 16
- 光6 陽12 18
- 向6 陽12 18

こうりん
- 光6 琳12 18
- 行6 凜15 21

こころ
- 心4 (1) 5

こじろう
- 小3 次6 郎9 18
- 琥12 治8 郎9 29

こた
- 虎8 汰7 15
- 琥12 太4 16

こたろう
- 己3 太4 郎9 16
- 虎8 太4 郎9 21
- 湖12 太4 郎9 25
- 琥12 太4 郎9 25
- 瑚13 太4 朗10 27

こてつ
- 虎8 哲10 18
- 虎8 鉄13 21
- 虎8 徹15 23
- 琥12 鉄13 25

ことや
- 琴12 矢5 17
- 詞12 哉9 21

これひと
- 是9 人2 11
- 惟11 人2 13

ごろう
- 五4 郎9 13
- 伍6 郎9 15
- 吾7 郎9 16
- 護20 郎9 29

こん
- 渾12 (1) 13

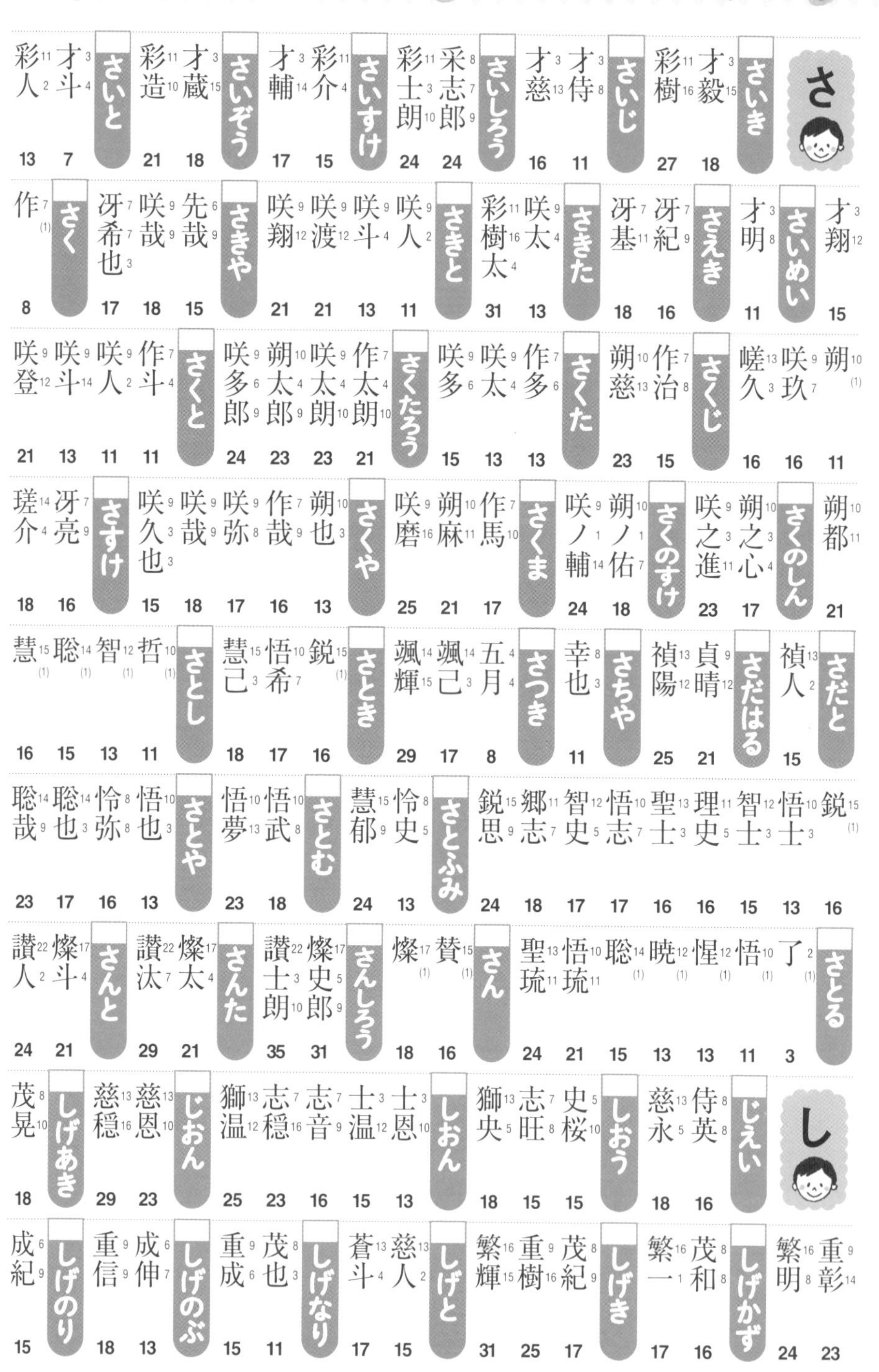

さ

読み	名前（画数）	総画
さいき	才3 毅15	18
	彩11 樹16	27
さいじ	才3 侍8	11
	才3 慈13	16
さいしろう	采8 志7 郎9	24
	彩11 士3 朗10	24
さいすけ	彩11 介4	15
	才3 輔14	17
さいぞう	才3 蔵15	18
	彩11 造10	21
さいと	才3 斗4	7
	彩11 人2	13
	才3 翔12	15
さいめい	才3 明8	11
さえき	冴7 紀9	16
	冴7 基11	18
さきた	咲9 太4	13
	彩11 樹16 太4	31
さきと	咲9 人2	11
	咲9 斗4	13
	咲9 渡12	21
	咲9 翔12	21
さきや	先6 哉9	15
	咲9 哉9	18
	冴7 希7 也3	17
さく	作7 (1)	8
	朔10 (1)	11
	咲9 玖7	16
	嵯13 久3	16
さくじ	作7 治8	15
	朔10 慈13	23
さくた	作7 多6	13
	咲9 太4	13
	咲9 多6	15
さくたろう	作7 太4 朗10	21
	咲9 太4 朗10	23
	朔10 太4 郎9	23
	咲9 多6 郎9	24
さくと	作7 斗4	11
	咲9 人2	11
	咲9 斗14	13
	咲9 登12	21
	朔10 都11	21
さくのしん	朔10 之3 心4	17
	咲9 之3 進11	23
さくのすけ	朔10 ノ1 佑7	18
	咲9 ノ1 輔14	24
さくま	作7 馬10	17
	朔10 麻11	21
	咲9 磨16	25
さくや	朔10 也3	13
	作7 哉9	16
	咲9 弥8	17
	咲9 哉9	18
	咲9 久3 也3	15
さすけ	冴7 亮9	16
	瑳14 介4	18
さだと	禎13 人2	15
さだはる	貞9 晴12	21
	禎13 陽12	25
さちや	幸8 也3	11
さつき	五4 月4	8
	颯14 己3	17
	颯14 輝15	29
さとき	鋭15 (1)	16
	悟10 希7	17
	慧15 己3	18
さとし	哲10 (1)	11
	智12 (1)	13
	聡14 (1)	15
	慧15 (1)	16
	鋭15 (1)	16
	悟10 士3	13
	智12 士3	15
	理11 史5	16
	聖13 士3	16
	悟10 志7	17
	智12 史5	17
	郷11 志7	18
	鋭15 思9	24
さとふみ	怜8 史5	13
	慧15 郁9	24
さとむ	悟10 武8	18
	悟10 夢13	23
さとや	悟10 也3	13
	怜8 弥8	16
	聡14 也3	17
	聡14 哉9	23
さとる	了2 (1)	3
	悟10 (1)	11
	惺12 (1)	13
	暁12 (1)	13
	聡14 (1)	15
	悟10 琉11	21
	聖13 琉11	24
さん	賛15 (1)	16
	燦17 (1)	18
さんしろう	燦17 史5 郎9	31
	讃22 士3 朗10	35
さんた	燦17 太4	21
	讃22 汰7	29
さんと	燦17 斗4	21
	讃22 人2	24

し

読み	名前（画数）	総画
じえい	侍8 英8	16
	慈13 永5	18
しおう	史5 桜10	15
	志7 旺8	15
	獅13 央5	18
しおん	士3 恩10	13
	士3 温12	15
	志7 音9	16
	志7 穏16	23
	獅13 温12	25
じおん	慈13 恩10	23
	慈13 穏16	29
しげあき	茂8 晃10	18
	重9 彰14	23
	繁16 明8	24
しげかず	茂8 和8	16
	繁16 一1	17
しげき	茂8 紀9	17
	重9 樹16	25
	繁16 輝15	31
しげと	慈13 人2	15
	蒼13 斗4	17
しげなり	茂8 也3	11
	重9 成6	15
しげのぶ	成6 伸7	13
	重9 信9	18
しげのり	成6 紀9	15

重典（9・8）17
重徳（9・14）23

しげゆき
茂幸（8・8）16
慈之（13・3）16

しげる
成（6・(1)）7
滋（12・(1)）13
繁（16・(1)）17

しずき
寧己（14・3）17
静紀（14・9）23

しずま
静真（14・10）24
寧真（14・10）24

しずや
静也（14・3）17
寧哉（14・9）23

しづき
獅月（13・4）17

しどう
士道（3・12）15
史堂（5・11）16
志堂（7・11）18
獅堂（13・11）24

しのすけ
獅ノ助（13・1・7）21
志之輔（7・3・14）24

しのぶ
忍（7・(1)）8
忍武（7・8）15

しま
志真（7・10）17
史磨（5・16）21
摯真（15・10）25

しもん
士門（3・8）11
史門（5・8）13
志門（7・8）15
獅門（13・8）21

じゅいち
寿一（7・1）8
珠一（10・1）11

しゅう
秀（7・(1)）8
修（10・(1)）11
集（12・(1)）13

しゅういち
収一（4・1）5
秀一（7・1）8
修一（10・1）11
周市（8・5）13

しゅういちろう
秀一郎（7・1・9）17
周一郎（8・1・9）18
脩一郎（11・1・9）21

しゅうえい
秀英（7・8）15
秀栄（7・9）16
柊英（9・8）17

しゅうが
秀芽（7・8）15
修我（10・7）17
修河（10・8）18

しゅうご
秀伍（7・6）13
周吾（8・7）15
柊吾（9・7）16
修吾（10・7）17
修冴（10・7）17
秀梧（7・11）18
脩吾（11・7）18
修梧（10・11）21

しゅうさく
周作（8・7）15
秀咲（7・9）16

しゅうじ
柊二（9・2）11
秀侍（7・8）15
修司（10・5）15

しゅうすけ
秀介（7・4）11
柊亮（9・9）18
柊輔（9・14）23
秀翼（7・17）24
鷲介（23・4）27

しゅうせい
柊成（9・6）15
脩生（11・5）16
周晟（8・10）18

しゅうぞう
修三（10・3）13
周造（8・10）18
柊蔵（9・15）24
修蔵（10・15）25

しゅうた
秀太（7・4）11
柊太（9・4）13
修多（10・6）16
鷲太（23・4）27

しゅうたろう
秀太朗（7・4・10）21
修太郎（10・4・9）23
周汰郎（8・7・9）24

しゅうと
秀斗（7・4）11
柊斗（9・4）13
脩人（11・2）13
柊音（9・9）18
鷲斗（23・4）27
鷲翔（23・12）35

じゅうと
十斗（2・4）6
充登（6・12）18

しゅうのすけ
柊乃介（9・2・4）15
秀之助（7・3・7）17
周乃助（8・2・7）17

しゅうへい
周平（8・5）13
修平（10・5）15
脩平（11・5）16

しゅうほう
秀朋（7・8）15
周峯（8・10）18

しゅうま
秀真（7・10）17
秀馬（7・10）17
周磨（8・16）24
柊摩（9・15）24
柊磨（9・16）25

しゅうめい
周明（8・8）16
柊明（9・8）17

しゅうや
周也（8・3）11
修矢（10・5）15
柊哉（9・9）18
鷲弥（23・8）31
鷲哉（23・9）32

しゅうわ
周和（8・8）16

じゅきや
寿祈也（7・8・3）18
樹希弥（16・7・8）31

じゅたろう
寿汰朗（7・7・10）24
珠太朗（10・4・10）24

しゅり
珠吏（10・6）16
守理（6・11）17

しゅん
旬（6・(1)）7
峻（10・(1)）11
隼（10・(1)）11
竣（12・(1)）13
駿（17・(1)）18

じゅん
巡（6・(1)）7
准（10・(1)）11
潤（15・(1)）16
諄（15・(1)）16

しゅんいち
隼一（10・1）11
竣一（12・1）13
峻市（10・5）15
俊壱（9・7）16
駿一（17・1）18

じゅんいち
純一（10・1）11
准一（10・1）11
順一（12・1）13
淳市（11・5）16
諄一（15・1）16

しゅんいちろう
舜一郎（13・1・9）23
駿一郎（17・1・9）27

じゅんいちろう
純一朗（10・1・10）21
順一朗（12・1・10）23

潤(15)一(1)郎(9) 25

しゅんえい
- 隼(10)永(5) 15
- 峻(10)英(8) 18
- 峻(10)鋭(15) 25

しゅんき
- 峻(10)己(3) 13
- 俊(9)希(7) 16
- 隼(10)希(7) 17
- 俊(9)輝(15) 24
- 隼(10)輝(15) 25
- 瞬(18)紀(9) 27
- 駿(17)喜(12) 29

じゅんき
- 純(10)希(7) 17
- 淳(11)希(7) 18
- 潤(15)季(8) 23
- 純(10)輝(15) 25
- 淳(11)樹(16) 27
- 淳(11)騎(18) 29

しゅんご
- 春(9)吾(7) 16
- 隼(10)吾(7) 17
- 駿(17)伍(6) 23
- 瞬(18)吾(7) 25

じゅんご
- 純(10)伍(6) 16
- 淳(11)吾(7) 18

しゅんさく
- 春(9)咲(9) 18
- 駿(17)作(7) 24

しゅんじ
- 隼(10)士(3) 13
- 峻(10)至(6) 16
- 竣(12)司(5) 17
- 瞬(18)司(5) 23
- 駿(17)侍(8) 25

じゅんじ
- 淳(11)司(5) 16
- 純(10)治(8) 18

しゅんすけ
- 俊(9)介(4) 13
- 竣(12)介(4) 16
- 隼(10)助(7) 17
- 俊(9)祐(9) 18
- 竣(12)亮(9) 21
- 駿(17)介(4) 21
- 春(9)輔(14) 23
- 俊(9)輔(14) 23
- 駿(17)丞(6) 23
- 隼(10)輔(14) 24
- 駿(17)輔(14) 31

しゅんせい
- 隼(10)生(5) 15
- 俊(9)晴(12) 21
- 峻(10)誠(13) 23

じゅんせい
- 淳(11)生(5) 16
- 潤(15)成(6) 21
- 純(10)誠(13) 23

しゅんた
- 俊(9)太(4) 13
- 竣(12)太(4) 16
- 隼(10)汰(7) 17
- 舜(13)太(4) 17
- 駿(17)太(4) 21
- 駿(17)多(6) 23
- 瞬(18)多(6) 24

じゅんた
- 洵(9)太(4) 13
- 惇(11)太(4) 15
- 順(12)太(4) 16
- 純(10)汰(7) 17

しゅんだい
- 隼(10)大(3) 13
- 瞬(18)大(3) 21

しゅんたろう
- 春(9)太(4)朗(10) 23
- 隼(10)太(4)郎(9) 23
- 峻(10)太(4)朗(10) 24
- 竣(12)太(4)郎(9) 25
- 舜(13)太(4)朗(10) 27
- 駿(17)太(4)朗(10) 31
- 瞬(18)太(4)郎(9) 31

じゅんたろう
- 純(10)太(4)郎(9) 23
- 潤(15)太(4)朗(10) 29

しゅんと
- 俊(9)人(2) 11
- 舜(13)斗(4) 17
- 俊(9)飛(9) 18
- 駿(17)斗(4) 21
- 竣(12)登(12) 24
- 駿(17)登(12) 29

じゅんと
- 淳(11)斗(4) 15
- 潤(15)人(2) 17

しゅんのすけ
- 旬(6)之(3)介(4) 13
- 俊(9)之(3)介(4) 16
- 瞬(18)ノ(1)介(4) 23
- 駿(17)之(3)介(4) 24

じゅんのすけ
- 淳(11)之(3)介(4) 18
- 純(10)乃(2)介(4) 16
- 潤(15)ノ(1)助(7) 23
- 純(10)之(3)輔(14) 27

しゅんぺい
- 旬(6)平(5) 11
- 峻(10)平(5) 15
- 竣(12)平(5) 17
- 瞬(18)平(5) 23
- 駿(17)兵(7) 24

じゅんぺい
- 純(10)平(5) 15
- 准(10)平(5) 15
- 淳(11)平(5) 16
- 惇(11)平(5) 16

しゅんま
- 旬(6)馬(10) 16
- 舜(13)真(10) 23
- 駿(17)馬(10) 27
- 駿(17)磨(16) 33

じゅんま
- 淳(11)真(10) 21
- 潤(15)磨(16) 31

しゅんや
- 隼(10)也(3) 13
- 旬(6)哉(9) 15
- 隼(10)矢(5) 15
- 俊(9)哉(9) 18
- 春(9)哉(9) 18
- 峻(10)弥(8) 18
- 瞬(18)也(3) 21
- 瞬(18)矢(5) 23

じゅんや
- 純(10)也(3) 13
- 淳(11)矢(5) 16
- 諄(15)也(3) 18
- 潤(15)哉(9) 24

しゅんり
- 隼(10)理(11) 21
- 駿(17)吏(6) 23

しょう
- 匠(6)(1) 7
- 将(10)(1) 11
- 祥(10)(1) 11
- 翔(12)(1) 13
- 勝(12)(1) 13

じょう
- 丞(6)(1) 7
- 条(7)(1) 8
- 譲(20)(1) 21

しょういち
- 正(5)一(1) 6
- 祥(10)一(1) 11
- 翔(12)一(1) 13
- 渉(11)市(5) 16

じょういち
- 丞(6)一(1) 7
- 譲(20)市(5) 25

しょういちろう
- 匠(6)一(1)郎(9) 16
- 昇(8)一(1)郎(9) 18
- 翔(12)一(1)朗(10) 23
- 彰(14)一(1)郎(9) 24

じょういちろう
- 丈(3)一(1)郎(9) 13
- 允(4)一(1)朗(10) 15

しょうえい
- 昇(8)永(5) 13
- 翔(12)永(5) 17
- 将(10)英(8) 18
- 勝(12)瑛(12) 24

しょうき
- 昇(8)希(7) 15
- 渉(11)希(7) 18
- 祥(10)基(11) 21
- 昇(8)輝(15) 23
- 翔(12)貴(12) 24

しょうきち
- 祥(10)吉(6) 16
- 渉(11)吉(6) 17
- 湘(12)吉(6) 18

しょうご
- 正(5)悟(10) 15
- 昇(8)吾(7) 15
- 昇(8)冴(7) 15
- 咲(9)吾(7) 16
- 省(9)吾(7) 16
- 将(10)吾(7) 17
- 渉(11)吾(7) 18
- 翔(12)伍(6) 18
- 祥(10)梧(11) 21
- 彰(14)悟(10) 24

しょうじ
- 尚(8)志(7) 15
- 彰(14)二(2) 16
- 将(10)治(8) 18
- 祥(10)路(13) 23

じょうじ
- 丈(3)治(8) 11
- 丈(3)慈(13) 16
- 譲(20)士(3) 23

しょうすけ
- 渉(11)介(4) 15
- 翔(12)介(4) 16
- 彰(14)亮(9) 23
- 将(10)輔(14) 24

じょうすけ
- 丈(3)輔(14) 17
- 譲(20)介(4) 24

じょうせい
- 丈(3)晴(12) 15
- 允(4)聖(13) 17

しょうぞう
- 匠(6)造(10) 16
- 将(10)蔵(15) 25

しょうた
- 匠(6)汰(7) 13
- 咲(9)多(6) 15
- 渉(11)太(4) 15
- 紹(11)太(4) 15
- 章(11)太(4) 15
- 笑(10)多(6) 16
- 翔(12)太(4) 16
- 晶(12)太(4) 16
- 奨(13)太(4) 17
- 照(13)太(4) 17
- 勝(12)多(6) 18
- 彰(14)太(4) 18

じょうた
- 丈(3)太(4) 7
- 譲(20)太(4) 24

しょうだい
- 将(10)大(3) 13
- 翔(12)大(3) 15

しょうたろう
- 正(5)太(4)郎(9) 18
- 尚(8)太(4)郎(9) 21
- 将(10)太(4)郎(9) 23
- 星(9)多(6)郎(9) 24
- 祥(10)多(6)郎(9) 25
- 翔(12)太(4)郎(9) 25
- 奨(13)太(4)朗(10) 27

じょうたろう
- 丈(3)太(4)郎(9) 16
- 城(9)太(4)朗(10) 23
- 穣(18)太(4)朗(10) 32
- 譲(20)太(4)郎(9) 33

しょうと
- 勝(12)斗(4) 16
- 翔(12)渡(12) 24

しょうのすけ
- 昇(8)ノ(1)介(4) 13
- 匠(6)之(3)助(7) 16
- 将(10)之(3)輔(14) 27

しょうへい
- 匠(6)平(5) 11
- 昌(8)平(5) 13
- 笑(10)平(5) 15
- 祥(10)平(5) 15
- 渉(11)平(5) 16
- 章(11)平(5) 16
- 翔(12)平(5) 17
- 奨(13)平(5) 18
- 照(13)平(5) 18

しょうま
- 匠(6)真(10) 16
- 昇(8)馬(10) 18
- 正(5)磨(16) 21
- 渉(11)馬(10) 21
- 翔(12)麻(11) 23
- 奨(13)真(10) 23
- 照(13)真(10) 23
- 昇(8)磨(16) 24
- 昌(8)磨(16) 24
- 彰(14)真(10) 24
- 渉(11)磨(16) 27
- 照(13)磨(16) 29

じょうま
- 丈(3)馬(10) 13
- 丞(6)真(10) 16

しょうや
- 昇(8)也(3) 11
- 捷(11)矢(5) 16
- 将(10)弥(8) 18
- 翔(12)哉(9) 21

じょうや
- 丈(3)弥(8) 11
- 譲(20)也(3) 23

しょうり
- 昇(8)利(7) 15
- 将(10)利(7) 17
- 翔(12)吏(6) 18
- 将(10)理(11) 21
- 翔(12)理(11) 23

しりゅう
- 士(3)竜(10) 13
- 史(5)龍(16) 21
- 志(7)龍(16) 23
- 獅(13)琉(11) 24

しろう
- 士(3)朗(10) 13
- 史(5)朗(10) 15
- 志(7)郎(9) 16
- 獅(13)朗(10) 23

じろう
- 二(2)郎(9) 11
- 仁(4)郎(9) 13
- 次(6)朗(10) 16
- 慈(13)朗(10) 23

しん
- 心(4)(1) 5
- 芯(7)(1) 8
- 伸(7)(1) 8
- 真(10)(1) 11
- 晋(10)(1) 11
- 森(12)(1) 13
- 普(12)(1) 13

じん
- 仁(4)(1) 5
- 迅(6)(1) 7
- 尋(12)(1) 13

しんいち
- 心(4)一(1) 5
- 伸(7)一(1) 8
- 真(10)一(1) 11
- 紳(11)市(5) 16
- 慎(13)市(5) 18

じんいち
- 仁(4)一(1) 5
- 迅(6)一(1) 7

しんいちろう
- 心(4)一(1)朗(10) 15
- 芯(7)一(1)朗(10) 18
- 紳(11)一(1)郎(9) 21
- 新(13)一(1)郎(9) 23
- 慎(13)一(1)郎(9) 23
- 槙(14)一(1)郎(9) 24

じんいちろう
- 仁(4)一(1)朗(10) 15
- 迅(6)一(1)郎(9) 16

しんげん
- 信(9)元(4) 13
- 真(10)源(13) 23

しんご
- 心(4)吾(7) 11
- 伸(7)伍(6) 13
- 信(9)吾(7) 16
- 真(10)伍(6) 16
- 晋(10)吾(7) 17
- 真(10)冴(7) 17
- 進(11)吾(7) 18
- 新(13)悟(10) 23
- 信(9)護(20) 29

じんご
- 仁(4)吾(7) 11

じんさく
- 仁(4)作(7) 11

しんじ
辰治 7 8 15
信志 9 7 16
心慈 4 13 17
真侍 10 8 18

しんじろう
伸二郎 7 2 9 18
進士郎 11 3 9 23
伸治郎 7 8 9 24
真仁朗 10 4 10 24

しんすけ
伸介 7 4 11
辰介 7 4 11
真佑 10 7 17
心輔 4 14 18
信輔 9 14 23

じんせい
人成 2 6 8
迅生 6 5 11
仁誠 4 13 17

しんた
伸太 7 4 11
芯太 7 4 11
信太 9 4 13
進太 11 4 15
森太 12 4 16
慎太 13 4 17
新太 13 4 17

じんた
仁汰 4 7 11
甚太 9 4 13
尋太 12 4 16

しんたろう
心太朗 4 4 10 18
伸太朗 7 4 10 21
晋太郎 10 4 9 23
信多郎 9 6 9 24
進太郎 11 4 9 24
森太郎 12 4 9 25
新太朗 13 4 10 27

じんたろう
仁太郎 4 4 9 17

しんどう
心堂 4 11 15
信道 9 12 21

しんのすけ
心之介 4 3 4 11
信乃介 9 2 4 15
進ノ介 11 1 4 16
慎之助 13 3 7 23
真之輔 10 3 14 27

じんのすけ
仁之介 4 3 4 11
迅之介 6 3 4 13

しんぺい
紳平 11 5 16
慎平 13 5 18
新平 13 5 18

じんぺい
迅平 6 5 11
尋平 12 4 16

しんや
心哉 4 9 13
伸弥 7 8 15
晋矢 10 5 15
進矢 11 5 16
慎也 13 3 16
真弥 10 8 18

じんや
迅矢 6 5 11
仁哉 4 9 13

しんり
慎理 13 11 24

す

すかい
澄海 15 9 24

すぐる
克 7 (1) 8
優 17 (1) 18

すずと
涼人 11 2 13
鈴斗 13 4 17
涼翔 11 12 23

すずのすけ
涼乃介 11 2 4 17
鈴之助 13 3 7 23

すすむ
先 6 (1) 7
晋 10 (1) 11

すばる
昴瑠 9 14 23
スバル 2 4 2 8
すばる 3 6 2 11

すみと
澄人 15 2 17
澄翔 15 12 27

すみや
純弥 10 8 18
澄也 15 3 18

せ

せい
成 6 (1) 7
惺 12 (1) 13

せいいち
晟一 10 1 11
惺一 12 1 13
晴市 12 5 17
誠市 13 5 18

せいいちろう
成一郎 6 1 9 16
晟一朗 10 1 10 21
聖一郎 13 1 9 23
誠一郎 13 1 9 23
晴市朗 12 5 10 27

せいが
星河 9 8 17
勢河 13 8 21
誠芽 13 8 21
清雅 11 13 24

せいげん
清元 11 4 15
聖絃 13 11 24

せいご
世伍 5 6 11
成悟 6 10 16
星吾 9 7 16
清冴 11 7 18
晴伍 12 6 18

せいじ
征士 8 3 11
晟司 10 5 15
清慈 11 13 24
晴路 12 13 25

せいじゅうろう
清十朗 11 2 10 23
誠十郎 13 2 9 24

せいじゅん
成純 6 10 16
晴潤 12 15 27

せいしろう
正志郎 5 7 9 21
清士郎 11 3 9 23
征志郎 8 7 9 24
勢士郎 13 3 9 25
靖史郎 13 5 9 27
晴志朗 12 7 10 29

せいすけ
政介 9 4 13
星佑 9 7 16
晴介 12 4 16
清輔 11 14 25

せいた
清太 11 4 15
惺太 12 4 16
晴多 12 6 18
誓太 14 4 18

せいだい
晴大 12 3 15

せいたろう
成多郎 6 6 9 21
晟太郎 10 4 9 23
清太郎 11 4 9 24
晴多郎 12 6 9 27

せいと
星斗 9 4 13
世翔 5 12 17
惺翔 12 12 24
勢登 13 12 25

せいどう
正道 5 12 17
成道 6 12 18
晴堂 12 11 23

せいな
成那 6 7 13
晟名 10 6 16
星南 9 9 18

せいのすけ
晟乃介 10 2 4 16

惺乃介 12・2・4 18
誠ノ助 13・1・7 21
成之輔 6・3・14 23
聖之助 13・3・7 23

せいま
成真 6・10 16
清真 11・10 21
誠馬 13・10 23
誠磨 13・16 29

せいや
征也 8・3 11
晟也 10・3 13
清矢 11・5 16
勢也 13・3 16
誠也 13・3 16
惺矢 12・5 17
星哉 9・9 18
聖矢 13・5 18
誠弥 13・8 21
誓哉 14・9 23

せいゆう
晴悠 12・11 23

せいよう
青洋 8・9 17
晴陽 12・12 24

せいりゅう
清竜 11・10 21
誠龍 13・16 29

せいわ
征和 8・8 16
星和 9・8 17

せな
世名 5・6 11
勢七 13・2 15
瀬七 19・2 21
瀬名 19・6 25

せら
世楽 5・13 18

せん
先 6・(1) 7
閃 10・(1) 11

ぜん
然 12・(1) 13
善 12・(1) 13

ぜんいち
善一 12・1 13

ぜんこう
然行 12・6 18
善光 12・6 18

ぜんすけ
然介 12・4 16

せんた
千太 3・4 7
泉多 9・6 15

ぜんた
善太 12・4 16
然太 12・4 16

せんたろう
千太朗 3・4・10 17
仙太郎 5・4・9 18

ぜんたろう
然太郎 12・4・9 25
善多郎 12・6・9 27

せんと
泉人 9・2 11
宣斗 9・4 13
千翔 3・12 15

ぜんと
然斗 12・4 16

せんり
千哩 3・10 13
千浬 3・10 13

そ

そう
壮 6・(1) 7
創 12・(1) 13
湊 12・(1) 13
総 14・(1) 15
綜 14・(1) 15
颯 14・(1) 15

そういち
壮一 6・1 7
創一 12・1 13
聡一 14・1 15
颯一 14・1 15
奏壱 9・7 16

そういちろう
壮一郎 6・1・9 16
宗一郎 8・1・9 18
爽一郎 11・1・9 21
創一朗 12・1・10 23
蒼一郎 13・1・9 23
奏市朗 9・5・10 24
聡一郎 14・1・9 24
颯一郎 14・1・9 24

そううん
双雲 4・12 16
壮雲 6・12 18
爽雲 11・12 23

そうえい
創永 12・5 17
颯栄 14・9 23

そうが
壮我 6・7 13
奏我 9・7 16
蒼河 13・8 21
颯我 14・7 21

そうき
爽希 11・7 18
宗輝 8・15 23
壮騎 6・18 24
奏輝 9・15 24
想樹 13・16 29

そうけん
壮謙 6・17 23
颯建 14・9 23

そうげん
奏弦 9・8 17
颯源 14・13 27

そうご
壮吾 6・7 13
奏伍 9・6 15
颯冴 14・7 21
想悟 13・10 23
蒼悟 13・10 23

そうし
壮史 6・5 11
壮志 6・7 13
想士 13・3 16
創史 12・5 17
総士 14・3 17
奏思 9・9 18
颯志 14・7 21
聡思 14・9 23

そうじ
爽司 11・5 16
颯士 14・3 17
想司 13・5 18
颯待 14・9 23

そうしろう
創士郎 12・3・9 24
湊士朗 12・3・10 25
想司郎 13・5・9 27
聡史朗 14・5・10 29
颯志朗 14・7・10 31

そうじろう
壮治郎 6・8・9 23
蒼二郎 13・2・9 24
颯仁郎 14・4・9 27
聡次郎 14・6・9 29

そうすけ
走介 7・4 11
壮佑 6・7 13
奏介 9・4 13
壮亮 6・9 15
宗助 8・7 15
爽介 11・4 15
奏助 9・7 16
創介 12・4 16
想介 13・4 17
蒼介 13・4 17
颯介 14・4 18
聡介 14・4 18
創亮 12・9 21
壮翼 6・17 23
奏輔 9・14 23
蒼輔 13・14 27

そうせい
奏成 9・6 15
颯誠 14・13 27

そうた
壮太 7・4 11
壮汰 6・7 13
奏太 9・4 13
草太 9・4 13
奏多 9・6 15
爽太 11・4 15
創太 12・4 16
湊太 12・4 16

想(13)太(4) 17
蒼(13)太(4) 17
創(12)多(6) 18
颯(14)太(4) 18
聡(14)太(4) 18

そうだい

創(12)大(3) 15
颯(14)大(3) 17

そうたつ

壮(6)竜(10) 16
創(12)達(12) 24

そうたろう

宗(8)太(4)郎(9) 21
草(9)太(4)朗(10) 23
奏(9)多(6)郎(9) 24
爽(11)太(4)郎(9) 24
湊(12)太(4)郎(9) 25
聡(14)太(4)郎(9) 27
総(14)太(4)郎(9) 27
颯(14)太(4)郎(9) 27

そうと

想(13)人(2) 15
創(12)斗(4) 16

そうのすけ

蒼(13)ノ(1)介(4) 18
颯(14)之(3)助(7) 24

そうへい

壮(6)平(5) 11
宗(8)平(5) 13
想(13)平(5) 18

そうま

壮(6)真(10) 16
爽(11)馬(10) 21
想(13)真(10) 23
蒼(13)真(10) 23
聡(14)真(10) 24
颯(14)馬(10) 24
奏(9)磨(16) 25
颯(14)麻(11) 25
蒼(13)磨(16) 29
想(13)磨(16) 29

そうめい

奏(9)明(8) 17
蒼(13)明(8) 21

そうや

壮(6)矢(5) 11
爽(11)矢(5) 16
蒼(13)也(3) 16
奏(9)弥(8) 17
創(12)哉(9) 21
颯(14)野(11) 25

そうりゅう

聡(14)竜(10) 24
颯(14)琉(11) 25

そうわ

奏(9)和(8) 17
創(12)羽(6) 18

そら

天(4)(1) 5
そ(3)ら(3) 6
大(3)空(8) 11
空(8)良(7) 15
素(10)良(7) 17
曽(11)良(7) 18
曽(11)楽(13) 24

そらき

空(8)希(7) 15
空(8)輝(15) 23

そらと

空(8)飛(9) 17

そらのすけ

空(8)之(3)介(4) 15
昊(8)ノ(1)助(7) 16
空(8)ノ(1)輔(14) 23

そらひこ

空(8)彦(9) 17
宙(8)彦(9) 17

そらや

空(8)弥(8) 16
宙(8)哉(9) 17

た

たいが

大(3)河(8) 11
大(3)芽(8) 11
太(4)我(7) 11
大(3)賀(12) 15
大(3)雅(13) 16
太(4)賀(12) 16
太(4)雅(13) 17
泰(10)我(7) 17
泰(10)河(8) 18
泰(10)芽(8) 18
泰(10)雅(13) 23

たいかん

大(3)莞(10) 13
大(3)敢(12) 15

たいき

太(4)軌(9) 13
泰(10)己(3) 13
太(4)基(11) 15
泰(10)希(7) 17
泰(10)基(11) 21

だいき

大(3)季(8) 11
大(3)起(10) 13
大(3)喜(12) 15
大(3)葵(12) 15
大(3)幹(13) 16
大(3)暉(13) 16
大(3)毅(15) 18
大(3)輝(15) 18

たいげん

太(4)源(13) 17
泰(10)現(11) 21

だいご

大(3)悟(10) 13
大(3)瑚(13) 16
大(3)護(20) 23
醍(16)吾(7) 23

たいざん

泰(10)山(3) 13

たいし

太(4)士(3) 7
泰(10)士(3) 13
大(3)獅(13) 16
太(4)獅(13) 17
太(4)維(14)志(7) 25

たいじ

大(3)路(13) 16
泰(10)治(8) 18
泰(10)慈(13) 23

だいし

大(3)士(3) 6
大(3)嗣(13) 16
大(3)摯(15) 18

たいしゅう

大(3)修(10) 13

たいしん

太(4)心(4) 8
太(4)芯(7) 11
泰(10)慎(13) 23

たいすけ

太(4)介(4) 8
太(4)亮(9) 13
太(4)輔(14) 18
泰(10)輔(14) 24

だいすけ

大(3)介(4) 7
大(3)輔(14) 17

たいせい

大(3)征(8) 11
大(3)晟(10) 13
大(3)晴(12) 15
大(3)惺(12) 15
泰(10)生(5) 15
大(3)誠(13) 16
大(3)聖(13) 16
泰(10)成(6) 16
太(4)誠(13) 17

たいぜん

大(3)然(12) 15

たいぞう

大(3)蔵(15) 18
泰(10)蔵(15) 25

たいち

太(4)一(1) 5
多(6)一(1) 7
汰(7)一(1) 8
太(4)壱(7) 11
太(4)智(12) 16
泰(10)知(8) 18

だいち

大(3)知(8) 11
大(3)智(12) 15

だいと

大(3)斗(4) 7
大(3)翔(12) 15

たいへい

泰(10)平(5) 15

読み	名前	画数	総画
たいほう	大峰	3・10	13
	大鳳	3・14	17
だいむ	大武	3・8	11
	大夢	3・13	16
だいや	大也	3・3	6
	大弥	3・8	11
	醍弥	16・8	24
たいよう	太洋	4・9	13
	大遥	3・12	15
	太陽	4・12	16
	太遥	4・12	16
	大耀	3・20	23
たいら	平	5・(1)	6
	泰良	10・7	17
	太羅	4・19	23
たかあき	孝明	7・8	15
	隆晃	11・10	21
	敬章	12・11	23
	鷹明	24・8	32
たかお	隆央	11・5	16
	貴雄	12・12	24
	鷹生	24・5	29
たかおみ	崇臣	11・7	18
	鷹臣	24・7	31
たかき	孝樹	7・16	23
たかし	天	4・(1)	5
	孝	7・(1)	8
	峰	10・(1)	11
	宇志	6・7	13
	峻士	10・3	13
	貴士	12・3	15
	隆史	11・5	16
	貴司	12・5	17
	鷹志	24・7	31
たかてる	貴輝	12・15	27
たかと	崇斗	11・4	15
	天翔	4・12	16
	貴斗	12・4	16
	隆翔	11・12	23
	尊翔	12・12	24
たかとし	隆寿	11・7	18
	貴俊	12・9	21
たかとも	孝友	7・4	11
	隆智	11・12	23
たかとら	孝虎	7・8	15
	高虎	10・8	18
たかなお	孝尚	7・8	15
たかなり	隆成	11・6	17
	尊成	12・6	18
たかのぶ	天伸	4・7	11
	貴信	12・9	21
	高暢	10・14	24
たかのり	孝則	7・9	16
	貴規	12・11	23
	隆徳	11・14	25
たかはる	天陽	4・12	16
	貴遥	12・12	24
たかひこ	孝彦	7・9	16
	貴彦	12・9	21
	尊彦	12・9	21
たかひさ	貴久	12・3	15
	崇寿	11・7	18
たかひで	孝英	7・8	15
	隆秀	11・7	18
たかひと	孝仁	7・4	11
	崇人	11・2	13
	誉人	13・2	15
	尊仁	12・4	16
	鳳仁	14・4	18
たかひろ	考弘	6・5	11
	空広	8・5	13
	高弘	10・5	15
	隆弘	11・5	16
	尊弘	12・5	17
	隆宏	11・7	18
	貴博	12・12	24
	鷹大	24・3	27
たかふみ	考史	6・5	11
	隆文	11・4	15
	貴文	12・4	16
たかまさ	隆正	11・5	16
	孝将	7・10	17
	尊匡	12・6	18
	貴雅	12・13	25
たかみち	考道	6・12	18
	崇道	11・12	23
たかむね	孝宗	7・8	15
たかや	天哉	4・9	13
	剛矢	10・5	15
	鳳也	14・3	17
	鷹矢	24・5	29
たかゆき	峻之	10・3	13
	孝幸	7・8	15
	誉之	13・3	16
	隆行	11・6	17
	貴行	12・6	18
	貴雪	12・11	23
	鷹之	24・3	27
たかよし	孝佳	7・8	15
	崇良	11・7	18
たきと	多希人	6・7・2	15
	多輝人	6・15・2	23
たきや	多季也	6・8・3	17
たく	擢	17・(1)	18
	太玖	4・7	11
たくし	拓史	8・5	13
	卓志	8・7	15
たくじ	卓司	8・5	13
	拓治	8・8	16
	琢路	11・13	24
たくと	琢仁	11・4	15
	巧渡	5・12	17
	卓飛	8・9	17
	拓飛	8・9	17
	拓音	8・9	17
	擢斗	17・4	21
	琢翔	11・12	23
	擢翔	17・12	29
たくま	巧真	5・10	15
	卓馬	8・10	18
	拓馬	8・10	18
	巧磨	5・16	21
	琢真	11・10	21
	拓磨	8・16	24
	擢真	17・10	27
たくみ	巧	5・(1)	6
	匠	6・(1)	7
	拓己	8・3	11
	巧実	5・8	13
	拓未	8・5	13
	拓見	8・7	15
	匠海	6・9	15
	卓実	8・8	16
	卓海	8・9	17
	拓海	8・9	17
	櫂海	18・9	27
たくむ	卓武	8・8	16
	拓夢	8・13	21
	櫂夢	18・13	31

たくや
巧5 也3 8
拓8 也3 11
卓8 也3 11
巧5 弥8 13
卓8 矢5 13
拓8 弥8 16
琢11 矢5 16
拓8 哉9 17

たくろう
卓8 郎9 17
拓8 郎9 17
卓8 朗10 18
琢11 朗10 21

たけお
岳8 央5 13
赳10 生5 15
猛11 雄12 23

たけき
虎8 生5 13
武8 希7 15
丈3 毅15 18
壮6 毅15 21

たけし
壮6 (1) 7
毅15 (1) 16
驍22 (1) 23
丈3 士3 6
武8 史5 13
岳8 志7 15
猛11 史5 16

たけと
丈3 人2 5
健11 人2 13
健11 斗4 15
丈3 登12 15

たけとら
丈3 虎8 11
武8 虎8 16
毅15 虎8 23

たけなり
武8 也3 11
剛10 成6 16
健11 成6 17

たけのぶ
武8 伸7 15
岳8 信9 17
毅15 信9 24

たけのり
壮6 紀9 15
武8 則9 17
剛10 徳14 24

たけはる
丈3 陽12 15
武8 春9 17
健11 晴12 23

たけひこ
岳8 彦9 17
武8 彦9 17
毅15 彦9 24

たけひで
健11 秀7 18
毅15 英8 23

たけひろ
丈3 弘5 8
剛10 大3 13
丈3 寛13 16

たけまさ
武8 正5 13
剛10 正5 15
健11 勝12 23

たけまる
武8 丸3 11

たけみ
壮6 海9 15
岳8 海9 17
剛10 実8 18

たけゆき
丈3 幸8 11
剛10 之3 13

たける
建9 (1) 10
尊12 (1) 13
剛10 琉11 21

たすく
佑7 (1) 8
助7 (1) 8
翼17 (1) 18

ただあき
侃8 明8 16
忠8 明8 16

ただかず
正5 一1 6
忠8 和8 16

ただし
正5 (1) 6
匡6 (1) 7
忠8 志7 15

ただとし
忠8 寿7 15
匡6 敏10 16

ただのぶ
直8 伸7 15
忠8 信9 17

ただひこ
忠8 彦9 17
維14 彦9 23

ただひろ
忠8 弘5 13
惟11 寛13 24

ただふみ
唯11 史4 15

ただみち
忠8 通10 18
惟11 路13 24

ただゆき
忠8 之3 11
忠8 幸8 16

ただよし
唯11 良7 18
忠8 義13 21

たつ
立5 (1) 6
達12 (1) 13

たつあき
辰7 明8 15
達12 暁12 24

たつお
竜10 生5 15
龍16 央5 21

たつおみ
龍16 臣7 23

たつき
樹16 (1) 17
辰7 季8 15
達12 己3 15
立5 樹16 21
達12 紀9 21
立5 騎18 23
龍16 希7 23
達12 喜12 24
龍16 毅15 31
龍16 樹16 32

たつし
起10 士3 13
龍16 志7 23

たつじ
竜10 司5 15
達12 司5 17

たつと
辰7 斗4 11
達12 斗4 16

たつなり
竜10 也3 13
達12 成6 18

たつのしん
辰7 之3 進11 21
竜10 之3 真10 23

たつのすけ
辰7 之3 助7 17
達12 乃2 介4 18
龍16 之3 介4 23

たつのぶ
竜10 伸7 17
達12 信9 21

たつのり
達12 紀9 21
辰7 憲16 23
龍16 典8 24

たつはる
立5 悠11 16
立5 晴12 17
達12 陽12 24

たつひこ
辰7 彦9 16
達12 彦9 21
龍16 彦9 25

たつひさ
達12 久3 15
竜10 悠11 21

読み	名前（画数）	総画数
たつひで	竜10 英8	18
	龍16 秀7	23
たつひと	辰7 仁4	11
	達12 仁4	16
	龍16 人2	18
たつひろ	竜10 大3	13
	辰7 浩10	17
	龍16 宏7	23
	達12 博12	24
たつま	立5 真10	15
	辰7 馬10	17
	立5 磨16	21
たつまさ	辰7 将10	17
	竜10 雅13	23
	龍16 聖13	29
	龍16 優17	33
たつみ	達12 己3	15
	辰7 海9	16
	達12 望11	23
たつむ	竜10 武8	18
	達12 夢13	25
たつや	立5 也3	8
	立5 弥8	13
	辰7 弥8	15
	竜10 矢5	15
	達12 也3	15
	達12 矢5	17
	龍16 弥8	24
たつゆき	竜10 之3	13
	達12 之3	15
	達12 行6	18
たつる	立5 琉11	16
	龍16 琉11	27
たつろう	辰7 郎9	16
	達12 郎9	21
	龍16 郎9	25
たまき	環17 (1)	18
	環17 樹16	33
たもつ	存6 (1)	7
	有6 (1)	7
たろう	太4 郎9	13
	汰7 朗10	17
ち		
ちあき	千3 明8	11
	千3 暁12	15
ちかし	誓14 士3	17
	誓14 志7	21
ちから	力2 (1)	3
	周8 良7	15
	誓14 良7	21
ちさと	千3 悟10	13
	千3 智12	15
	千3 聖13	16
	千3 聡14	17
	知8 慧15	23
ちはや	千3 隼10	13
	千3 颯14	17
	知8 勇9	17
	智12 迅6	18
	知8 駿17	25
ちはる	千3 晴12	15
	智12 陽12	24
ちひろ	千3 広5	8
	千3 拓8	11
	千3 宙8	11
	千3 紘10	13
	知8 展10	18
	智12 尋12	24
ちゅうや	中4 也3	7
	宙8 矢5	13
	宙8 哉9	17
つ		
つかさ	司5 (1)	6
	吏6 (1)	7
	宰10 (1)	11
つきと	月4 斗4	8
	月4 翔12	16
つきひこ	月4 彦9	13
	槻15 彦9	24
つくる	作7 (1)	8
	造10 (1)	11
	創12 琉11	23
つとむ	励7 (1)	8
	努7 (1)	8
	勉10 (1)	11
	勤12 (1)	13
つなぐ	維14 (1)	15
つばさ	翼17 (1)	18
	翼17 佐7	24
つむぎ	紡10 宜8	18
	紡10 義13	23
つむぐ	紡10 (1)	11
	績17 (1)	18
	紡10 久3	13
つよし	剛10 (1)	11
	毅15 (1)	16
	剛10 史5	15
	毅15 士3	18
	豪14 志7	21
て		
てつ	哲10 (1)	11
てつあき	徹15 明8	23
	哲10 彰14	24
てつお	哲10 生5	15
	鉄13 央5	18
	徹15 雄12	27
てつき	哲10 希7	17
	徹15 貴12	27
てつし	哲10 司5	15
	徹15 士3	18
てつじ	哲10 侍8	18
	鉄13 治8	21
	徹15 治8	23
てっしん	哲10 芯7	17
	鉄13 心4	17
てった	哲10 多6	16
	鉄13 太4	17
てつたろう	哲10 太4 郎9	23
	鉄13 太4 朗10	27
	徹15 太4 朗10	29
てつと	鉄13 斗4	17
	哲10 都11	21
てつなり	哲10 成6	16
	徹15 也3	18
てつのすけ	哲10 之3 介4	17
	鉄13 之3 佑7	23
てつひろ	徹15 大3	18
	哲10 寛13	23
てっぺい	哲10 平5	15
	哲10 兵7	17
	鉄13 平5	18

てつま
- 鉄馬 13・10 23

てつまさ
- 哲正 10・5 15

てつや
- 哲也 10・3 13
- 哲矢 10・5 15
- 徹也 15・3 18
- 鉄弥 13・8 21
- 徹哉 15・9 24

てつゆき
- 鉄之 13・3 16
- 哲幸 10・8 18

てつろう
- 鉄朗 13・10 23
- 徹郎 15・9 24

てる
- 晃 10・(1) 11
- 輝 15・(1) 16
- 耀 20・(1) 21

てるあき
- 輝旭 15・6 21
- 瑛章 12・11 23
- 照晟 13・10 23
- 輝秋 15・9 24

てるかず
- 輝一 15・1 16
- 照和 13・8 21

てるき
- 旭希 6・7 13
- 輝季 15・8 23
- 照基 13・11 24
- 耀紀 20・9 29

てるのすけ
- 照ノ介 13・1・4 18
- 輝之助 15・3・7 25

てるひこ
- 瑛彦 12・9 21
- 輝彦 15・9 24
- 耀彦 20・9 29

てるひさ
- 照尚 13・8 21
- 耀久 20・3 23

てるひと
- 照仁 13・4 17
- 輝人 15・2 17

てるふみ
- 照史 13・5 18
- 輝郁 15・9 24

てるま
- 旭馬 6・10 16
- 照真 13・10 23
- 輝馬 15・10 25
- 輝磨 15・16 31

てるまさ
- 輝匡 15・6 21
- 照将 13・10 23

てるみ
- 旭海 6・9 15
- 瑛海 12・9 21
- 輝海 15・9 24

てるみち
- 照道 13・12 25

てるや
- 旭哉 6・9 15
- 照矢 13・5 18
- 耀也 20・3 23

てるゆき
- 晃之 10・3 13
- 照之 13・3 16
- 暉幸 13・8 21
- 輝行 15・6 21
- 輝幸 15・8 23

てるよし
- 照由 13・5 18

てん
- 天 4・(1) 5
- 展 10・(1) 11

てんご
- 天吾 4・7 11
- 天梧 4・11 15

てんせい
- 展世 10・5 15
- 天晴 4・12 16

てんた
- 天太 4・4 8
- 典汰 8・7 15

てんや
- 典也 8・3 11
- 天哉 4・9 13

てんゆう
- 天佑 4・7 11

と

とあ
- 斗亜 4・7 11
- 飛亜 9・7 16

とうい
- 斗威 4・9 13
- 斗唯 4・11 15
- 登偉 12・12 24

とうき
- 灯希 6・7 13
- 統貴 12・12 24
- 透輝 10・15 25

とうご
- 斗吾 4・7 11
- 冬伍 5・6 11
- 透吾 10・7 17
- 統梧 12・11 23
- 櫂吾 18・7 25

とうま
- 斗麻 4・11 15
- 冬馬 5・10 15
- 灯真 6・10 16
- 東真 8・10 18
- 統麻 12・11 23
- 到磨 8・16 24
- 透摩 10・15 25
- 瞳真 17・10 27

どうむ
- 道夢 12・13 25

とうや
- 斗也 4・3 7
- 冬弥 5・8 13
- 登也 12・3 15
- 統矢 12・5 17
- 透弥 10・8 18

とうり
- 桃李 10・7 17
- 統吏 12・6 18
- 透理 10・11 21

とうわ
- 冬和 5・8 13
- 登羽 12・6 18

とおご
- 十梧 2・11 13
- 徹伍 15・6 21

とおま
- 十麻 2・11 13
- 十磨 2・16 18
- 徹馬 15・10 25

とおる
- 亨 7・(1) 8
- 通 10・(1) 11
- 透 10・(1) 11
- 暢 14・(1) 15
- 徹 15・(1) 16

とき
- 時 10・(1) 11
- 斗希 4・7 11
- 飛希 9・7 16
- 渡輝 12・15 27
- 登毅 12・15 27

ときお
- 季生 8・5 13
- 時生 10・5 15
- 晨生 11・5 16
- 讃央 22・5 27
- 登希央 12・7・5 24

ときなり
- 時成 10・6 16

ときてる
- 時照 10・13 23

ときのすけ
- 季之介 8・3・4 15
- 時之介 10・3・4 17

ときのぶ
- 時伸 10・7 17
- 時暢 10・14 24

ときはる
- 旬陽 6・12 18
- 時悠 10・11 21

ときひで
- 時英 10・8 18

ときふみ
- 時史 10・5 15
- 凱史 12・5 17

ときまさ
- 時正 10・5 15

讃真 32

ときむね
時宗 18

ときや
迅矢 11
季也 11
時也 13
時矢 15
時弥 18
十季也 13
斗喜弥 24

ときわ
時和 18

とくま
徳真 24
登久馬 25

とくや
徳也 17

とし
斗志 11
登士 15

としあき
才明 11
俊彰 23
駿明 25

としき
俊希 16
才輝 18
俊毅 24
利騎 25
駿樹 33

としなり
利成 13
俊成 15

としのぶ
俊信 18
駿伸 24

としのり
利典 15
敏徳 24

としひこ
利彦 16
俊彦 18

としひで
利英 15
俊秀 16

としひろ
敏広 15
駿宏 24

としみ
俊海 18
駿実 25

としや
敏也 13
寿哉 16
俊弥 17
駿弥 25

としゆき
利幸 15
俊行 15

とみお
富生 17
登見央 24

とむ
富 (1) 13
十夢 15
斗夢 17
飛武 17
渡夢 25
登夢 25

とも
友 (1) 5
智 (1) 13

ともあき
知晃 18
倫明 18
智彬 23

ともお
知央 13
智雄 24

ともかず
友一 5
朋和 16

ともき
知己 11
倫己 13
友基 15
朋希 15
知希 15
友貴 16
智生 17
知記 18
知暉 21
智紀 21
智基 23
知樹 24

ともたか
朋孝 15
友貴 16
智崇 23

ともなり
智也 15
倫成 16

とものしん
智之真 25

とものぶ
知伸 15
智信 21

とものり
友則 13
知典 16
知憲 24
智範 27

ともはる
友悠 15
友陽 16
智晴 24

ともひこ
共彦 15
朋彦 17
智彦 21

ともひさ
友久 7
朋久 11
倫尚 18

ともひで
友秀 11
朋英 16

ともひと
友仁 8
智仁 16

ともひろ
友宏 11
朋弘 13
知宏 15
智大 15
朋寛 21

ともまさ
知正 13
朋真 18

ともみ
友海 13
智己 15

ともや
知也 11
朋也 11
友哉 13
朝也 15
智也 15
知弥 16
智矢 17
倫弥 18

ともやす
友康 15
寅泰 21

ともゆき
朋之 11
倫之 13
智之 15
知幸 16

ともよし
友義 17

ともろう
友郎 13
知朗 18
智郎 21

とらじ
虎士 11
虎史 13
寅二 13
虎治 16
寅次 17

とらたろう
寅太郎 24

とらのすけ
虎之介 15
虎ノ助 16
寅乃介 17
虎之助 18
寅之亮 23

とらひこ
- 虎彦（8・9）17

とらまさ
- 虎正（8・5）13
- 虎真（8・10）18

とらまる
- 虎丸（8・3）11

とわ
- 飛和（9・8）17
- 永遠（5・13）18
- 翔羽（12・6）18
- 斗環（4・17）21

な

なおあき
- 直明（8・8）16
- 尚晃（8・10）18

なおいちろう
- 直一郎（8・1・9）18
- 尚壱郎（8・7・9）24

なおき
- 直己（8・3）11
- 直生（8・5）13
- 尚希（8・7）15
- 尚季（8・8）16
- 直紀（8・9）17
- 直起（8・10）18
- 尚暉（8・13）21
- 直幹（8・13）21
- 尚輝（8・15）23
- 直輝（8・15）23
- 直樹（8・16）24

なおし
- 尚士（8・3）11
- 直志（8・7）15

なおすけ
- 直助（8・7）15
- 尚祐（8・9）17

なおずみ
- 直純（8・10）18
- 尚澄（8・15）23

なおたか
- 尚孝（8・7）15
- 直高（8・10）18

なおたけ
- 直丈（8・3）11
- 尚武（8・8）16
- 直剛（8・10）18

なおただ
- 尚正（8・5）13
- 直忠（8・8）16

なおたろう
- 直太郎（8・4・9）21
- 尚太郎（8・4・9）21
- 尚多朗（8・6・10）24
- 直汰郎（8・7・9）24

なおと
- 七音（2・9）11
- 直杜（8・7）15
- 直音（8・9）17
- 尚飛（8・9）17
- 七雄斗（2・12・4）18

なおはる
- 尚春（8・9）17
- 直遼（8・15）23

なおひこ
- 尚彦（8・9）17
- 直彦（8・9）17

なおひさ
- 直久（8・3）11
- 尚寿（8・7）15

なおひで
- 直秀（8・7）15
- 尚英（8・8）16

なおひと
- 七央仁（2・5・4）11
- 那央仁（7・5・4）16

なおひろ
- 直大（8・3）11
- 直宏（8・7）15

なおふみ
- 直史（8・5）13
- 尚郁（8・9）17

なおまさ
- 直正（8・5）13
- 尚昌（8・8）16

なおみ
- 直己（8・3）11
- 直海（8・9）17
- 尚海（8・9）17

なおみち
- 尚通（8・10）18
- 直路（8・13）21

なおや
- 直也（8・3）11
- 直矢（8・5）13
- 尚弥（8・8）16
- 尚哉（8・9）17
- 七雄八（2・12・2）16
- 七緒弥（2・14・8）24

なおゆき
- 直之（8・3）11
- 尚之（8・3）11
- 尚幸（8・8）16
- 直倖（8・10）18

なぎと
- 凪人（6・2）8
- 椰人（11・2）13
- 凪渡（6・12）18

なつお
- 夏央（10・5）15
- 夏旺（10・8）18

なつき
- 夏己（10・3）13
- 夏生（10・5）15
- 夏暉（10・13）23
- 夏輝（10・15）25

なつや
- 夏也（10・3）13
- 夏矢（10・5）15

ななき
- 七輝（2・15）17
- 七樹（2・16）18

ななた
- 七太（2・4）6

ななと
- 七斗（2・4）6
- 七音（2・9）11
- 七南斗（2・9・4）15

なみき
- 波希（8・7）15
- 波輝（8・15）23

なみと
- 波音（8・9）17
- 七海渡（2・9・12）23

なゆと
- 七勇斗（2・9・4）15
- 那結斗（7・12・4）23

なりあき
- 成晃（6・10）16
- 成暁（6・12）18

なりみち
- 成道（6・12）18

なりやす
- 成泰（6・10）16
- 成康（6・11）17

なる
- 成（6・(1)）7
- 七琉（2・11）13

なるあき
- 成亮（6・9）15
- 成暁（6・12）18

なるき
- 成生（6・5）11
- 成希（6・7）13
- 成貴（6・12）18
- 成輝（6・15）21
- 成騎（6・18）24

なると
- 徳人（14・2）16
- 成翔（6・12）18

なるひこ
- 成彦（6・9）15

なるまさ
- 成正（6・5）11
- 成真（6・10）16

に

にじと
- 虹斗（9・4）13
- 虹登（9・12）21

にじのすけ
- 虹乃介（9・2・4）15

にじや
- 虹哉（9・9）18

ね

ねお
- 音旺（9・8）17
- 音雄（9・12）21

の

のぞみ
- 希(7)(1) 8
- 希(7)海(9) 16
- 希(7)望(11) 18

のぞむ
- 希(7)(1) 8
- 希(7)望(11) 18
- 望(11)夢(13) 24

のぶあき
- 伸(7)明(8) 15
- 信(9)彰(14) 23
- 暢(14)章(11) 25

のぶお
- 展(10)生(5) 15
- 信(9)雄(12) 21

のぶかず
- 展(10)一(1) 11
- 信(9)和(8) 17

のぶかつ
- 宣(9)克(7) 16
- 信(9)勝(12) 21

のぶき
- 伸(7)基(11) 18
- 信(9)輝(15) 24

のぶたか
- 信(9)孝(7) 16
- 伸(7)隆(11) 18

のぶてる
- 信(9)輝(15) 24

のぶと
- 信(9)斗(4) 13

のぶなり
- 信(9)成(6) 15
- 宣(9)成(6) 15

のぶひこ
- 伸(7)彦(9) 16
- 信(9)彦(9) 18
- 暢(14)彦(9) 23

のぶひさ
- 延(8)久(3) 11
- 暢(14)久(3) 17

のぶひで
- 宣(9)秀(7) 16
- 信(9)英(8) 17

のぶひと
- 信(9)人(2) 11
- 信(9)仁(4) 13

のぶひろ
- 亘(6)宏(7) 13
- 修(10)広(5) 15

のぶまさ
- 信(9)政(9) 18
- 暢(14)真(10) 24

のぶや
- 延(8)弥(8) 16
- 宣(9)哉(9) 18

のぶゆき
- 伸(7)行(6) 13
- 伸(7)幸(8) 15
- 暢(14)之(3) 17

のぼる
- 伸(7)(1) 8
- 登(12)(1) 13

のりあき
- 典(8)明(8) 16
- 紀(9)暁(12) 21

のりかず
- 令(5)和(8) 13

のりたか
- 紀(9)孝(7) 16
- 徳(14)隆(11) 25

のりたけ
- 典(8)剛(10) 18
- 範(15)武(8) 23

のりひこ
- 紀(9)彦(9) 18
- 徳(14)彦(9) 23
- 範(15)彦(9) 24

のりひで
- 紀(9)英(8) 17

のりひと
- 紀(9)仁(4) 13
- 憲(16)人(2) 18

のりひろ
- 典(8)宏(7) 15

のりふみ
- 典(8)史(5) 13
- 徳(14)文(4) 18

のりまさ
- 典(8)正(5) 13
- 範(15)将(10) 25

のりゆき
- 範(15)行(6) 21
- 憲(16)幸(8) 24

は

はく
- 博(12)(1) 13
- 羽(6)琥(12) 18

はくと
- 珀(9)人(2) 11
- 博(12)斗(4) 16

はくま
- 珀(9)磨(16) 25

はじめ
- 元(4)(1) 5
- 朔(10)(1) 11
- 創(12)(1) 13

はつき
- 初(7)基(11) 18
- 初(7)樹(16) 23

はつひこ
- 初(7)彦(9) 16

はなまる
- 華(10)丸(3) 13

はやお
- 駿(17)(1) 18
- 隼(10)央(5) 15
- 迅(6)雄(12) 18
- 颯(14)男(7) 21
- 駿(17)雄(12) 29

はやかぜ
- 快(7)風(9) 16
- 勇(9)風(9) 18

はやた
- 迅(6)汰(7) 13
- 勇(9)太(4) 13
- 隼(10)汰(7) 17
- 羽(6)矢(5)太(4) 15

はやて
- 颯(14)(1) 15

はやと
- 隼(10)(1) 11
- 迅(6)人(2) 8
- 勇(9)人(2) 11
- 隼(10)士(3) 13
- 捷(11)斗(4) 15
- 逸(11)斗(4) 15
- 勇(9)飛(9) 18
- 颯(14)斗(4) 18
- 勇(9)翔(12) 21
- 駿(17)斗(4) 21
- 駿(17)翔(12) 29
- 羽(6)矢(5)人(2) 13

はやなり
- 隼(10)成(6) 16

はやのぶ
- 隼(10)伸(7) 17

はやま
- 隼(10)麻(11) 21
- 勇(9)磨(16) 25

はやむ
- 勇(9)武(8) 17
- 隼(10)武(8) 18

はゆま
- 羽(6)悠(11)馬(10) 27

はりま
- 梁(11)馬(10) 21

はる
- 晴(12)(1) 13
- 陽(12)(1) 13
- 温(12)(1) 13
- 羽(6)琉(11) 17
- 芭(7)琉(11) 18
- 波(8)留(10) 18
- 波(8)流(10) 18
- 葉(12)琉(11) 23

はるあき
- 晴(12)旭(6) 18
- 陽(12)爽(11) 23
- 温(12)暁(12) 24

はるいち
- 晴(12)一(1) 13
- 陽(12)一(1) 13

はるお
- 悠(11)央(5) 16
- 陽(12)生(5) 17
- 晴(12)雄(12) 24

はるおみ
春臣（9・7）16
悠臣（11・7）18

はるか
永（5）(1) 6
遼（15）(1) 16

はるかぜ
春風（9・9）18
晴風（12・9）21
陽風（12・9）21

はるき
治希（8・7）15
陽己（12・3）15
遥己（12・3）15
春希（9・7）16
治紀（8・9）17
陽生（12・5）17
悠来（11・7）18
遼己（15・3）18
晴紀（12・9）21
悠貴（11・12）23
晴基（12・11）23
春輝（9・15）24
晴喜（12・12）24
春樹（9・16）25
晴輝（12・15）27
陽輝（12・15）27
遥輝（12・15）27
悠騎（11・18）29

はるく
遥久（12・3）15
悠玖（11・7）18
晴駈（12・15）27

はるじ
温慈（12・13）25
晴路（12・13）25

はるた
春太（9・4）13
悠太（11・4）15
温太（12・4）16
遥太（12・4）16
陽多（12・6）18

はるたか
遥宇（12・6）18
悠高（11・10）21
晴敬（12・12）24

はるたろう
悠太朗（11・4・10）25
暖太朗（13・4・10）27

はると
春斗（9・4）13
悠人（11・2）13
悠斗（11・4）15
暖人（13・2）15
温斗（12・4）16
陽斗（12・4）16
陽仁（12・4）16
遥斗（12・4）16
暖斗（13・4）17
悠杜（11・7）18
陽音（12・9）21
晴飛（12・9）21
悠登（11・12）23
陽都（12・11）23
晴登（12・12）24
陽翔（12・12）24
晴渡（12・12）24
遥翔（12・12）24
開渡（12・12）24
遼登（15・12）27
波琉斗（8・11・4）23

はるとき
悠時（11・10）21
晴常（12・11）23

はるとも
陽共（12・6）18
春智（9・12）21

はるなり
陽也（12・3）15
晴成（12・6）18

はるのしん
陽乃心（12・2・4）18
晴乃進（12・2・11）25

はるのすけ
悠之助（11・3・7）21
暖之助（13・3・7）23

はるのぶ
春伸（9・7）16
温亘（12・6）18

はるひ
晴日（12・4）16
春陽（9・12）21

はるひこ
春彦（9・9）18
遥彦（12・9）21
晴彦（12・9）21
陽彦（12・9）21

はるひさ
晴久（12・3）15
悠寿（11・7）18
陽悠（12・11）23

はるひと
春人（9・2）11
悠人（11・2）13
陽仁（12・4）16

はるひろ
陽大（12・3）15
悠弘（11・5）16

はるふみ
治史（8・5）13
晴文（12・4）16
開史（12・5）17
暖史（13・5）18

はるま
治真（8・10）18
悠馬（11・10）21
暖真（13・10）23
暖馬（13・10）23
治磨（8・16）24
春磨（9・16）25
遼真（15・10）25
暖磨（13・16）29
波琉真（8・11・10）29

はるまさ
陽正（12・5）17
陽匡（12・6）18

はるみ
晴海（12・9）21
遥海（12・9）21

はるみち
陽道（12・12）24
遥路（12・13）25
暖道（13・12）25

はるむ
悠夢（11・13）24
遥夢（12・13）25
陽夢（12・13）25

はるや
暖也（13・3）16
遥矢（12・5）17
晴矢（12・5）17
遼弥（15・8）23

はるやす
悠恭（11・10）21
陽康（12・11）23

はるゆき
春行（9・6）15
遥之（12・3）15
晴行（12・6）18

はるよし
春良（9・7）16
陽義（12・13）25
晴慶（12・15）27

はれる
晴（12）(1) 13

はんた
帆汰（6・7）13
絆太（11・4）15

はんたろう
絆太郎（11・4・9）24

はんと
帆人（6・2）8
絆人（11・2）13
絆斗（11・4）15

ばんり
絆吏（11・6）17
万璃（3・15）18

ひ

ひかり
光（6）(1) 7
光利（6・7）13

ひかる
光（6）(1) 7
晃（10）(1) 11
皓（12）(1) 13
輝（15）(1) 16
光琉（6・11）17

ひさき
久輝（3・15）18

読み	名前（画数）	総画
	久3 騎18	21
ひさし	永5 (1)	6
	寿7 (1)	8
	久3 士3	6
	尚8 史5	13
	久3 獅13	16
	悠11 志7	18
ひさたか	久3 敬12	15
	寿7 昂8	15
ひさてる	悠11 晃10	21
	久3 耀20	23
ひさと	久3 斗4	7
	寿7 斗4	11
	悠11 人2	13
	久3 翔12	15
	日4 聡14	18
ひさのり	久3 典8	11
	寿7 徳14	21
ひさはる	久3 陽12	15
	寿7 悠11	18
ひさひと	久3 仁4	7
	寿7 仁4	11
ひさみち	永5 道12	17
	悠11 道12	23
ひさや	久3 也3	6
	尚8 哉9	17
ひさゆき	久3 之3	6
	寿7 幸8	15
ひであき	秀7 旭6	13
	秀7 明8	15
	英8 明8	16
	英8 晃10	18
	秀7 彰14	21
ひでかず	秀7 一1	8
	英8 和8	16
ひでかつ	英8 克7	15
	秀7 活9	16
ひでき	英8 生5	13
	英8 希7	15
	秀7 紀9	16
	英8 輝15	23
	英8 毅15	23
	英8 樹16	24
ひでさと	秀7 悟10	17
	英8 慧15	23
ひでたか	英8 孝7	15
	秀7 隆11	18
ひでたけ	英8 武8	16
	秀7 健11	18
ひでただ	秀7 侃8	15
	英8 忠8	16
ひでと	秀7 斗4	11
	英8 飛9	17
	日4 出5 登12	21
ひでとし	英8 寿7	15
	英8 俊9	17
	秀7 駿17	24
ひでとも	秀7 友4	11
	英8 朋8	16
ひでとら	秀7 虎8	15
	英8 虎8	16
ひでなお	秀7 直8	15
	英8 直8	16
ひでなり	秀7 成6	13
	英8 哉9	17
ひでのぶ	英8 伸7	15
	秀7 信9	16
ひでのり	秀7 紀9	16
	英8 範15	23
ひでひこ	秀7 彦9	16
	英8 彦9	17
ひでひと	秀7 仁4	11
ひでふみ	英8 史5	13
	秀7 章11	18
ひでまさ	英8 正5	13
	秀7 将10	17
ひでや	英8 也3	11
	秀7 弥8	15
	秀7 哉9	16
ひでやす	秀7 保9	16
	秀7 康11	18
	英8 恭10	18
	英8 靖13	21
ひでゆき	英8 之3	11
	秀7 行6	13
	秀7 征8	15
	英8 幸8	16
ひでよし	英8 佳8	16
	秀7 嘉14	21
ひとき	仁4 希7	11
	仁4 基11	15
ひとし	仁4 (1)	5
	人2 士3	5
	一1 史5	6
	人2 思9	11
	仁4 志7	11
ひとなり	仁4 也3	7
	人2 成6	8
ひとや	人2 也3	5
	一1 矢5	6
	仁4 也3	7
	人2 哉9	11
ひなた	陽12 向6	18
	日4 那7 太4	15
	日4 南9 太4	17
	陽12 南9 太4	25
ひなと	日4 那7 斗4	15
	陽12 南9 人2	23
ひびき	響20 (1)	20
	響20 己3	23
	響20 生5	25
	響20 希7	27
	響20 来7	27
	響20 輝15	35
	日4 々3 樹16	23
ひびと	日4 々3 斗4	11
ひふみ	陽12 文4	16
	一1 二2 三3	6
ひゅう	飛9 佑7	16
	陽12 悠11	23
ひゅうが	彪11 我7	18
	彪11 雅13	24
ひゅうご	彪11 吾7	18
ひゅうま	彪11 真10	21
	彪11 磨16	27
ひりゅう	陽12 琉11	23
	飛9 龍16	25
ひろ	裕12 (1)	13
	ヒ2 ロ3	5
	日4 路13	17
	陽12 路13	25

ひろあき
- 弘5明8 13
- 広5晃10 15
- 広5章11 16
- 博12旭6 18
- 宏7彰14 21
- 裕12章11 23
- 博12章11 23
- 浩10彰14 24

ひろお
- 大3央5 8
- 宙8央5 13
- 紘10生5 15
- 寛13央5 18
- 洋9雄12 21

ひろかず
- 紘10一1 11
- 宏7和8 15
- 宙8和8 16
- 紘10和8 18

ひろき
- 宏7気6 13
- 拓8希7 15
- 広5基11 16
- 寛13己3 16
- 紘10希7 17
- 博12生5 17
- 宏7基11 18
- 洋9紀9 18
- 寛13生5 18
- 広5樹16 21
- 央5樹16 21
- 弘5騎18 23
- 宙8輝15 23
- 博12貴12 24
- 裕12輝15 27
- 寛13樹16 29

ひろさと
- 広5悟10 15
- 寛13聡14 27

ひろし
- 広5(1) 6
- 宏7(1) 8
- 博12(1) 13
- 大3士3 6
- 浩10士3 13
- 寛13史5 18

ひろたか
- 弘5岳8 13
- 広5崇11 16
- 宏7隆11 18
- 広5鷹24 29

ひろただ
- 大3忠8 11
- 弘5唯11 16

ひろと
- 広5人2 7
- 宏7斗4 11
- 洸9斗4 13
- 大3翔12 15
- 寛13人2 15
- 弘5都11 16
- 尋12斗4 16
- 広5翔12 17
- 弘5登12 17
- 洋9渡12 21
- 裕12翔12 24
- 寛13翔12 25
- 陽12呂7斗4 23

ひろなお
- 広5直8 13
- 弘5尚8 13

ひろのぶ
- 広5展10 15
- 宏7暢14 21
- 博12信9 21

ひろのり
- 弘5昇8 13
- 博12則9 21
- 浩10徳14 24

ひろひこ
- 尋12彦9 21
- 裕12彦9 21

ひろひで
- 弘5英8 13
- 浩10秀7 17

ひろふみ
- 宏7文4 11
- 浩10史5 15
- 博12文4 16

ひろま
- 弘5真10 15
- 寛13馬10 23

ひろまさ
- 弘5将10 15
- 浩10匡6 16
- 寛13正5 18

ひろみ
- 広5深11 16
- 弘5望11 16
- 洋9実8 17
- 洋9海9 18
- 博12海9 21

ひろみち
- 宏7通10 17
- 博12道12 24

ひろむ
- 弘5(1) 6
- 宏7武8 15
- 大3夢13 16
- 宙8武8 16
- 広5夢13 18
- 拓8夢13 21
- 博12夢13 25

ひろや
- 弘5也3 8
- 大3弥8 11
- 拓8也3 11
- 紘10也3 13
- 寛13也3 16
- 滉13矢5 18

ひろやす
- 大3泰10 13
- 弘5康11 16
- 宏7保9 16
- 浩10靖13 23

ひろゆき
- 広5行6 11
- 弘5幸8 13
- 宏7幸8 15
- 博12之3 15
- 寛13之3 16

ふ

ふうが
- 風9我7 16
- 風9河8 17
- 風9賀12 21
- 楓13芽8 21
- 風9駕15 24

ふうき
- 風9輝15 24
- 楓13貴12 25

ふうご
- 風9吾7 16
- 楓13悟10 23

ふうすけ
- 風9介4 13
- 風9佑7 16
- 楓13介4 17

ふうた
- 風9太4 13
- 風9汰7 16
- 富12太4 16
- 楓13太4 17

ふうと
- 風9人2 11
- 楓13人2 15
- 楓13斗4 17
- 風9音9 18
- 風9翔12 21

ふうま
- 楓13真10 23
- 楓13馬10 23
- 風9磨16 25

ふかし
- 深11志7 18

ふく
- 富12久3 15
- 風9来7 16

ふくし
- 福13士3 16
- 福13史5 18

ふくすけ
- 福13介4 17
- 福13輔14 27

ふくた
- 福13太4 17

ふくたろう
- 福13太4朗10 27

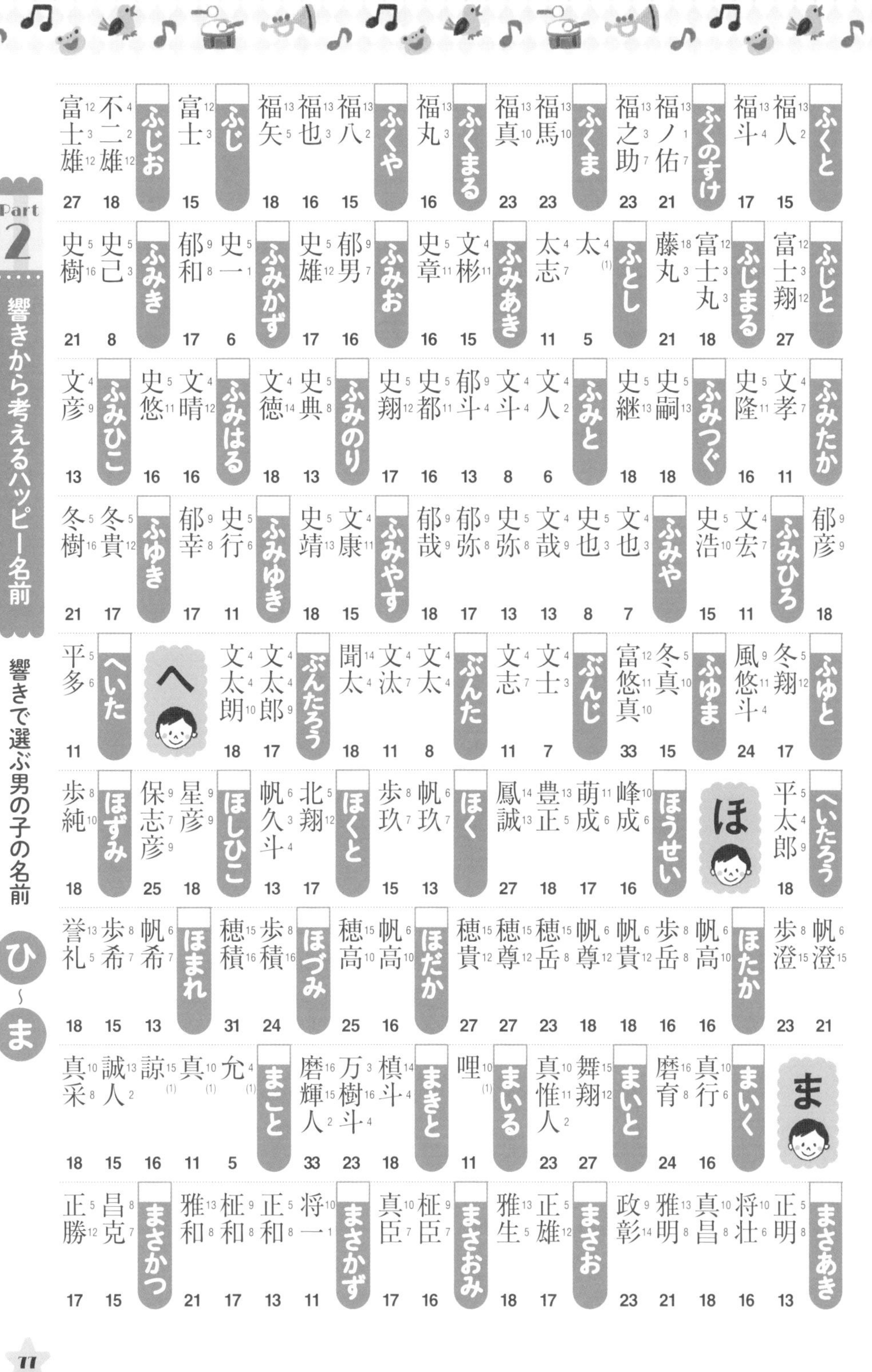

ふくと
福人（13・2）15
福斗（13・4）17

ふくのすけ
福ノ佑（13・1・7）21
福之助（13・3・7）23

ふくま
福馬（13・10）23
福真（13・10）23

ふくまる
福丸（13・3）16

ふくや
福八（13・2）15
福也（13・3）16
福矢（13・5）18

ふじ
富士（12・3）15

ふじお
不二雄（4・2・12）18
富士雄（12・3・12）27

ふじと
富士翔（12・3・12）27

ふじまる
富士丸（12・3・3）18
藤丸（18・3）21

ふとし
太（4・(1)）5
太志（4・7）11

ふみあき
文彬（4・11）15
史章（5・11）16

ふみお
郁男（9・7）16
史雄（5・12）17

ふみかず
史一（5・1）6
郁和（9・8）17

ふみき
史己（5・3）8
史樹（5・16）21

ふみたか
文孝（4・7）11
史隆（5・11）16

ふみつぐ
史嗣（5・13）18
史継（5・13）18

ふみと
文人（4・2）6
文斗（4・4）8
郁斗（9・4）13
史都（5・11）16
史翔（5・12）17

ふみのり
史典（5・8）13
文徳（4・14）18

ふみはる
文晴（4・12）16
史悠（5・11）16

ふみひこ
文彦（4・9）13
郁彦（9・9）18

ふみひろ
文宏（4・7）11
史浩（5・10）15

ふみや
文也（4・3）7
史也（5・3）8
文哉（4・9）13
史弥（5・8）13
郁弥（9・8）17
郁哉（9・9）18

ふみやす
文康（4・11）15
史靖（5・13）18

ふみゆき
史行（5・6）11
郁幸（9・8）17

ふゆき
冬貴（5・12）17
冬樹（5・16）21

ふゆと
冬翔（5・12）17
風悠斗（9・11・4）24

ふゆま
冬真（5・10）15
富悠真（12・11・10）33

ぶんじ
文士（4・3）7
文志（4・7）11

ぶんた
文太（4・4）8
文汰（4・7）11
聞太（14・4）18

ぶんたろう
文太郎（4・4・9）17
文太朗（4・4・10）18

へ

へいた
平多（5・6）11

へいたろう
平太郎（5・4・9）18

ほ

ほうせい
峰成（10・6）16
萌成（11・6）17
豊正（13・5）18
鳳誠（14・13）27

ほく
帆玖（6・7）13
歩玖（8・7）15

ほくと
北翔（5・12）17
帆久斗（6・3・4）13

ほしひこ
星彦（9・9）18
保志彦（9・7・9）25

ほずみ
歩純（8・10）18
帆澄（6・15）21
歩澄（8・15）23

ほたか
帆高（6・10）16
歩岳（8・8）16
帆貴（6・12）18
帆尊（6・12）18
穂岳（15・8）23
穂尊（15・12）27
穂貴（15・12）27

ほだか
帆高（6・10）16
穂高（15・10）25

ほづみ
歩積（8・16）24
穂積（15・16）31

ほまれ
帆希（6・7）13
歩希（8・7）15
誉礼（13・5）18

ま

まいく
真行（10・6）16
磨育（16・8）24

まいと
舞翔（15・12）27
真惟人（10・11・2）23

まいる
哩（10・(1)）11

まきと
槙斗（14・4）18
万樹斗（3・16・4）23
磨輝人（16・15・2）33

まこと
允（4・(1)）5
真（10・(1)）11
諒（15・(1)）16
誠人（13・2）15
真采（10・8）18

まさあき
正明（5・8）13
将壮（10・6）16
真昌（10・8）18
雅明（13・8）21
政彰（9・14）23

まさお
正雄（5・12）17
雅生（13・5）18

まさおみ
柾臣（9・7）16
真臣（10・7）17

まさかず
将一（10・1）11
正和（5・8）13
柾和（9・8）17
雅和（13・8）21

まさかつ
昌克（8・7）15
正勝（5・12）17

まさき
匡6希7 13
将10生5 15
雅13己3 16
正5葵12 17
正5樹16 21
昌8輝15 23
雅13基11 24
柾9樹16 25
真10熙15 25
誠13樹16 29

まさきよ
正5清11 16
真10聖13 23
雅13清11 24

まさし
真10史5 15
柾9志7 16
正5嗣13 18
雅13司5 18

まさたか
正5考6 11
昌8孝7 15
正5崇11 16
真10鳳14 24
雅13隆11 24
雅13貴12 25

まさちか
誠13周8 21
真10睦13 23

まさつぐ
正5継13 18
真10嗣13 23

まさてる
真10旭6 16
正5照13 18

まさと
柾9人2 11
雅13人2 15
勝12斗4 16
正5翔12 17
匡6翔12 18
優17斗4 21
真10聡14 24

まさとき
正5時10 15
真10常11 21

まさとし
匡6俊9 15
昌8敏10 18
真10駿17 27

まさとも
正5智12 17

まさとら
真10虎8 18
雅13寅11 24

まさなお
雅13直8 21

まさなり
勝12也3 15
将10成6 16

まさのぶ
正5展10 15
真10暢14 24

まさのり
正5典8 13
雅13記10 23
真10徳14 24

まさはる
正5悠11 16
雅13治8 21
晶12晴12 24
勝12晴12 24
雅13悠11 24
雅13陽12 25

まさひこ
昌8彦9 17
柾9彦9 18

まさひで
昌8秀7 15
将10英8 18

まさひと
正5人2 7
雅13仁4 17

まさひろ
昌8大3 11
将10大3 13
昌8宏7 15
真10弘5 15
正5博12 17
正5寛13 18
誠13広5 18
雅13裕12 25

まさふみ
将10史5 15
雅13文4 17

まさみ
正5実8 13
匡6海9 15
真10望11 21
晶12海9 21

まさみち
正5道12 17
真10路13 23

まさみつ
正5充6 11
勝12光6 18

まさむね
正5宗8 13
将10志7 17
将10宗8 18
雅13宗8 21

まさや
正5也3 8
昌8也3 11
匡6哉9 15
昌8弥8 16
雅13矢5 18
賢16哉9 25
万3冴7也3 13

まさやす
正5靖13 18
雅13康11 24

まさゆき
正5行6 11
将10之3 13
将10行6 16
雅13幸8 21
雅13倖10 23

まさよし
正5祥10 15
柾9良7 16
真10良7 17
正5義13 18
雅13佳8 21
真10禎13 23

まさる
勝12(1) 13
賢16(1) 17
将10琉11 21

ましゅう
真10州6 16
真10周8 18
磨16秀7 23

ますみ
万3純10 13
真10澄15 25

まなき
学8輝15 23
愛13基11 24

まなと
愛13斗4 17
真10南9斗4 23
真10七2翔12 24

まなぶ
学8武8 16
学8歩8 16
真10武8 18

まなや
愛13弥8 21

まひろ
万3宙8 11
万3紘10 13
真10広5 15
真10拓8 18

まもる
守6(1) 7
衛16(1) 17
護20(1) 21
守6琉11 17

まや
真10矢5 15
摩15也3 18
磨16弥8 24

まゆと
万3勇9斗4 16
真10優17斗4 31

まよ
真10世5 15
磨16世5 21

み

みきお
幹 13 央 5 — 18
樹 16 生 5 — 21

みきた
幹 13 太 4 — 17
未 5 来 7 太 4 — 16

みきたか
幹 13 高 10 — 23
幹 13 崇 11 — 24

みきと
幹 13 人 2 — 15
未 5 希 7 斗 4 — 16
未 5 来 7 翔 12 — 24

みきのり
幹 13 典 8 — 21
樹 16 紀 9 — 25

みきはる
幹 13 悠 11 — 24
幹 13 晴 12 — 25

みきひこ
未 5 来 7 彦 9 — 21
樹 16 彦 9 — 25

みきひさ
幹 13 久 3 — 16
樹 16 尚 8 — 24

みきひと
幹 13 仁 4 — 17
樹 16 人 2 — 18

みきひろ
幹 13 大 3 — 16
幹 13 弘 5 — 18
樹 16 広 5 — 21

みきや
幹 13 也 3 — 16
未 5 来 7 也 3 — 15
実 8 樹 16 也 3 — 27

みさき
岬 8 希 7 — 15
岬 8 祈 8 — 16

みずき
水 4 紀 9 — 13
瑞 13 己 3 — 16
瑞 13 生 5 — 18
瑞 13 季 8 — 21
瑞 13 起 10 — 23
瑞 13 基 11 — 24
瑞 13 喜 12 — 25
瑞 13 貴 12 — 25
瑞 13 葵 12 — 25
瑞 13 樹 16 — 29

みずたか
瑞 13 隆 11 — 24

みずと
瑞 13 人 2 — 15
水 4 翔 12 — 16
瑞 13 斗 4 — 17

みずは
瑞 13 波 8 — 21

みちたか
通 10 孝 7 — 17
充 6 貴 12 — 18
道 12 崇 11 — 23

みちたろう
通 10 太 4 朗 10 — 24
道 12 太 4 郎 9 — 25

みちてる
迪 8 輝 15 — 23
道 12 瑛 12 — 24

みちと
道 12 斗 4 — 16
道 12 翔 12 — 24

みちなり
倫 10 成 6 — 16
道 12 成 6 — 18

みちのぶ
道 12 信 9 — 21

みちはる
道 12 悠 11 — 23
道 12 陽 12 — 24

みちひこ
充 6 彦 9 — 15
道 12 彦 9 — 21

みちひろ
道 12 大 3 — 15
路 13 弘 5 — 18

みちまさ
道 12 正 5 — 17

みちや
道 12 也 3 — 15

みちゆき
満 12 之 3 — 15
道 12 行 6 — 18

みちる
充 6 (1) — 7
道 12 琉 11 — 23

みつき
充 6 生 5 — 11
充 6 希 7 — 13
充 6 起 10 — 16
光 6 喜 12 — 18
光 6 嬉 15 — 21

みつひこ
光 6 彦 9 — 15
充 6 彦 9 — 15

みつひろ
充 6 宏 7 — 13
光 6 洋 9 — 15

みつる
充 6 (1) — 7
満 12 (1) — 13
実 8 弦 8 — 16
充 6 琉 11 — 17

みなと
湊 12 (1) — 13
皆 9 斗 4 — 13
湊 12 斗 4 — 16
南 9 翔 12 — 21
海 9 那 7 人 2 — 18

みねゆき
峰 10 之 3 — 13

みのる
實 14 (1) — 15
穂 15 (1) — 16
実 8 留 10 — 18

みはる
心 3 晴 12 — 15
海 9 陽 12 — 21
海 9 遥 12 — 21

みひろ
海 9 宏 7 — 16

みらい
未 5 來 8 — 13
海 9 来 7 — 16
望 11 来 7 — 18

む

むう
夢 13 生 5 — 18

むく
椋 12 (1) — 13

むげん
武 8 玄 5 — 13
夢 13 元 4 — 17
夢 13 玄 5 — 18
夢 13 現 11 — 24

むさし
武 8 蔵 15 — 23

むつき
睦 13 月 4 — 17
睦 13 生 5 — 18
睦 13 基 11 — 24
睦 13 貴 12 — 25

むつと
睦 13 人 2 — 15
睦 13 斗 4 — 17

むねたか
宗 8 孝 7 — 15
統 12 貴 12 — 24

むねと
志 7 斗 4 — 11
統 12 斗 4 — 16

むねのり
宗 8 典 8 — 16
宗 8 紀 9 — 17
宗 8 則 9 — 17
宗 8 範 15 — 23

むねひこ
志 7 彦 9 — 16
宗 8 彦 9 — 17

むねひさ
宗 8 寿 7 — 15
統 12 久 3 — 15

むねひろ
宗 8 広 5 — 13
統 12 寛 13 — 25

むねゆき
志 7 行 6 — 13
宗 8 幸 8 — 16

め

めいせい
- 明星（8・9）17
- 明晟（8・10）18

めぐむ
- 恵（10・(1)）11
- 恩（10・(1)）11

めぐる
- 巡（6・(1)）7
- 環（17・(1)）18

も

もとお
- 素央（10・5）15
- 元雄（4・12）16
- 基央（11・5）16
- 基雄（11・12）23

もとき
- 元希（4・7）11
- 元基（4・11）15
- 朔生（10・5）15
- 統生（12・5）17
- 基希（11・7）18
- 素輝（10・15）25
- 基樹（11・16）27

もとし
- 基司（11・5）16
- 素志（10・7）17

もとなり
- 素也（10・3）13
- 朔成（10・6）16

もとのぶ
- 元伸（4・7）11
- 志信（7・9）16

もとのり
- 元則（4・9）13
- 元徳（4・14）18

もとはる
- 元春（4・9）13
- 元遥（4・12）16
- 基陽（11・12）23

もとひこ
- 元彦（4・9）13
- 心彦（4・9）13

もとひさ
- 元久（4・3）7
- 基寿（11・7）18

もとひろ
- 素大（10・3）13
- 元博（4・12）16
- 元寛（4・13）17
- 基博（11・12）23

もとむ
- 求（7・(1)）8

もとや
- 元也（4・3）7
- 元哉（4・9）13
- 志哉（7・9）16
- 基矢（11・5）16
- 源弥（13・8）21

もとゆき
- 素之（10・3）13
- 志幸（7・8）15
- 基行（11・6）17

もりひこ
- 守彦（6・9）15
- 護彦（20・9）29

もりひと
- 護仁（20・4）24

もりひろ
- 守弘（6・5）11
- 護広（20・5）25

もりみち
- 守道（6・12）18

や

やくと
- 躍人（21・2）23
- 矢玖斗（5・7・4）16

やすあき
- 保明（9・8）17
- 恭明（10・8）18
- 康晃（11・10）21
- 靖章（13・11）24

やすき
- 穏（16・(1)）17
- 泰生（10・5）15
- 康喜（11・12）23
- 靖樹（13・16）29

やすし
- 恭（10・(1)）11
- 穏（16・(1)）17
- 保志（9・7）16

やすたか
- 康孝（11・7）18
- 泰崇（10・11）21
- 靖隆（13・11）24

やすたけ
- 泰丈（10・3）13
- 靖武（13・8）21

やすたろう
- 泰太郎（10・4・9）23
- 康太朗（11・4・10）25

やすてる
- 泰照（10・13）23
- 保輝（9・15）24

やすと
- 寧人（14・2）16
- 靖斗（13・4）17
- 穏人（16・2）18

やすなり
- 恭也（10・3）13
- 泰成（10・6）16

やすのり
- 安紀（6・9）15
- 保則（9・9）18
- 恭徳（10・14）24

やすはる
- 泰治（10・8）18
- 康晴（11・12）23

やすひこ
- 保彦（9・9）18
- 穏彦（16・9）25

やすひさ
- 泰久（10・3）13
- 靖久（13・3）16
- 康寿（11・7）18

やすひで
- 保秀（9・7）16
- 泰英（10・8）18

やすひと
- 保仁（9・4）13
- 康人（11・2）13

やすひろ
- 泰大（10・3）13
- 保宏（9・7）16
- 康浩（11・10）21

やすふみ
- 康史（11・5）16
- 靖文（13・4）17

やすまさ
- 泰正（10・5）15
- 泰匡（10・6）16
- 康将（11・10）21

やすゆき
- 泰之（10・3）13
- 恭行（10・6）16
- 靖幸（13・8）21

やたろう
- 弥太郎（8・4・9）21

やひろ
- 八広（2・5）7
- 弥宏（8・7）15
- 矢尋（5・12）17

やまと
- 山斗（3・4）7
- 大和（3・8）11
- 八真斗（2・10・4）16
- 矢磨人（5・16・2）23

ゆ

ゆあん
- 由晏（5・10）15
- 結庵（12・11）23

ゆいが
- 唯我（11・7）18

ゆいき
- 唯希（11・7）18
- 結基（12・11）23
- 結貴（12・12）24
- 唯樹（11・16）27

ゆいご
- 唯吾（11・7）18
- 維悟（14・10）24

ゆいた
- 唯太（11・4）15
- 結太（12・4）16
- 惟多（11・6）17
- 維太（14・4）18

ゆいたろう
- 惟11太4郎9 24
- 維14太4郎9 27

ゆいと
- 惟11人2 13
- 唯11斗4 15
- 由5紘11 16
- 結12斗4 16
- 有6紘11 17
- 維14斗4 18
- 結12音9 21
- 惟11登12 23
- 唯11翔12 23
- 由5惟11人2 18

ゆいのすけ
- 唯11之3介4 18
- 惟11之3佑7 21

ゆいま
- 唯11馬10 21
- 惟11磨16 27

ゆう
- 友4(1) 5
- 有6(1) 7
- 佑7(1) 8
- 雄12(1) 13
- 湧12(1) 13
- 遊12(1) 13
- 裕12(1) 13
- 優17(1) 18
- 勇9羽6 15
- 悠11宇6 17

ゆうい
- 勇9偉12 21
- 悠11維14 25

ゆういち
- 友4一1 5
- 由5一1 6
- 佑7一1 8
- 湧12一1 13
- 悠11市5 16
- 優17壱7 24

ゆういちろう
- 侑8一1郎9 18
- 悠11一1郎9 21
- 雄12一1朗10 23
- 佑7市5郎9 21
- 優17一1郎9 27

ゆうが
- 有6我7 13
- 佑7河8 15
- 勇9我7 16
- 勇9河8 17
- 勇9芽8 17
- 悠11我7 18
- 雄12賀12 24
- 悠11雅13 24
- 優17河8 25

ゆうき
- 友4希7 11
- 勇9気6 15
- 友4貴12 16
- 勇9希7 16
- 悠11生5 16
- 勇9季8 17
- 結12生5 17
- 由5暉13 18
- 祐9城9 18
- 有6輝15 21
- 祐9貴12 21
- 佑7樹16 23
- 雄12基11 23
- 悠11暉13 24
- 雄12貴12 24
- 裕12暉13 25
- 勇9騎18 27
- 悠11樹16 27
- 雄12毅15 27
- 悠11騎18 29
- 優17輝15 32
- 優17樹16 33

ゆうく
- 結12久3 15
- 悠11玖7 18
- 勇9駈15 24

ゆうけん
- 勇9研9 18
- 雄12健11 23
- 優17賢16 33

ゆうげん
- 勇9元4 13
- 悠11源13 24

ゆうご
- 友4吾7 11
- 有6冴7 13
- 宥9吾7 16
- 結12伍6 18
- 悠11悟10 21
- 悠11瑚13 24
- 優17悟10 27
- 優17護20 37

ゆうごう
- 有6剛10 16
- 勇9豪14 23
- 優17剛10 27

ゆうさく
- 有6咲9 15
- 勇9作7 16
- 優17朔10 27

ゆうざん
- 雄12山3 15

ゆうし
- 侑8史5 13
- 勇9志7 16
- 悠11志7 18

ゆうじ
- 侑8志7 15
- 雄12士3 15
- 勇9侍8 17
- 雄12示5 17
- 優17治8 25

ゆうしゅん
- 勇9俊9 18
- 佑7駿17 24
- 雄12舜13 25

ゆうしょう
- 佑7昇8 15
- 祐9彰14 23

ゆうしろう
- 有6志7朗10 23
- 雄12士3郎9 24

ゆうじろう
- 勇9次6郎9 24
- 悠11仁4郎9 24
- 有6慈13朗10 29
- 優17治8朗10 35

ゆうしん
- 佑7心4 11
- 有6芯7 13
- 勇9伸7 16
- 結12心4 16
- 佑7紳11 18
- 雄12進11 23
- 優17芯7 24
- 優17真10 27

ゆうじん
- 佑7仁4 11
- 勇9迅6 15
- 結12仁4 16
- 優17仁4 21

ゆうすけ
- 友4助7 11
- 友4亮9 13
- 宥9介4 13
- 悠11介4 15
- 佑7亮9 16
- 結12介4 16
- 悠11佑7 18
- 優17介4 21
- 祐9輔14 23
- 勇9輔14 23
- 優17助7 24
- 雄12翼17 29

ゆうせい
- 由5成6 11
- 勇9成6 15
- 有6晟10 16
- 佑7星9 16
- 侑8星9 17
- 結12世5 17
- 勇9誓14 23
- 悠11晴12 23
- 悠11勢13 24
- 雄12聖13 25
- 結12誠13 25

ゆうぜん
- 悠11然12 23
- 雄12善12 24

ゆうそう
- 勇9颯14 23
- 悠11蒼13 24

ゆうぞう
- 有6造10 16
- 悠11造10 21
- 雄12蔵15 27

ゆうた
- 友4太4 8
- 佑7太4 11
- 宥9太4 13
- 勇9太4 13
- 悠11太4 15
- 遊12太4 16
- 雄12太4 16
- 結12多6 18
- 優17太4 21
- 優17多6 23

ゆうだい
- 雄12大3 15

ゆうたつ
- 勇9辰7 16
- 雄12達12 24

ゆうたろう
- 友4太4郎9 17
- 友4太4朗10 18
- 佑7汰7郎9 23
- 勇9多6郎9 24
- 悠11太4郎9 24
- 雄12太4郎9 25
- 優17太4朗10 31

ゆうてん
- 悠11天4 15
- 祐9典8 17

ゆうと
- 佑7斗4 11
- 宥9人2 11
- 祐9斗4 13
- 悠11人2 13
- 夕3翔12 15
- 友4都11 15
- 悠11斗4 15
- 佑7飛9 16
- 由5登12 17
- 有6翔12 18
- 勇9翔12 21
- 悠11翔12 23
- 雄12登12 24
- 裕12翔12 24
- 優17翔12 29

ゆうどう
- 有6道12 18
- 佑7堂11 18

ゆうとく
- 勇9徳14 23
- 祐9篤16 25

ゆうのしん
- 勇9之3心4 16
- 悠11之3進11 25

ゆうのすけ
- 結12乃2介4 18
- 悠11之3助7 21
- 優17乃2輔14 33

ゆうは
- 勇9羽6 15
- 勇9波8 17
- 雄12羽6 18
- 優17波8 25

ゆうひ
- 夕3陽12 15
- 悠11日4 15
- 勇9飛9 18
- 雄12飛9 21
- 優17陽12 29

ゆうへい
- 侑8平5 13
- 悠11平5 16
- 結12平5 17
- 雄12平5 17

ゆうま
- 夕3真10 13
- 由5馬10 15
- 有6真10 16
- 佑7馬10 17
- 侑8真10 18
- 由5磨16 21
- 悠11真10 21
- 悠11馬10 21
- 佑7磨16 23
- 勇9摩15 24
- 勇9磨16 25
- 優17真10 27
- 優17磨16 33

ゆうや
- 夕3也3 6
- 友4也3 7
- 悠11八2 13
- 雄12也3 15
- 悠11矢5 16
- 雄12矢5 17
- 祐9哉9 18
- 結12哉9 21
- 優17弥8 25

ゆうら
- 友4羅19 23
- 悠11楽13 24

ゆうり
- 勇9吏6 15
- 悠11吏6 17
- 佑7理11 18
- 悠11利7 18
- 優17吏6 23

ゆうわ
- 佑7和8 15
- 勇9和8 17
- 優17羽6 23

ゆきお
- 幸8央5 13
- 透10生5 15
- 倖10生5 15

ゆきかず
- 晋10和8 18
- 倖10和8 18

ゆきかぜ
- 幸8風9 17

ゆきたか
- 幸8孝7 15
- 行6隆11 17

ゆきたつ
- 幸8辰7 15
- 征8龍16 24

ゆきてる
- 倖10旭6 16
- 征8輝15 23

ゆきと
- 雪11斗4 15
- 幸8音9 17
- 由5紀9人2 16
- 結12希7斗4 23
- 佑7輝15人2 24

ゆきなお
- 幸8尚8 16
- 倖10直8 18

ゆきなが
- 倖10永5 15

ゆきなり
- 幸8也3 11
- 倖10成6 16

ゆきのしん
- 行6之3信9 18

ゆきのぶ
- 幸8伸7 15
- 幸8信9 17

ゆきのり
- 行6紀9 15
- 幸8典8 16

ゆきはる
- 行6陽12 18

ゆきひこ
- 幸8彦9 17
- 由5紀9彦9 23

ゆきひさ
- 幸8久3 11
- 倖10久3 13

ゆきひで
- 行6秀7 13
- 雪11秀7 18

ゆきひろ
- 幸8広5 13
- 行6洋9 15
- 雪11宏7 18

ゆきまさ
- 幸8正5 13
- 幸8雅13 21
- 雪11雅13 24

ゆきまる
- 幸8丸3 11
- 倖10丸3 13

ゆきや
- 倖10也3 13
- 幸8弥8 16
- 潔15也3 18
- 有6希7也3 16

ゆずき
柚9 希7　16
柚9 紀9　18
柚9 貴12　21
柚9 樹16　25

ゆずる
譲20 (1)　21

ゆたか
裕12 (1)　13
悠11 高10　21
優17 鳳14　31

ゆづき
祐9 月4　13
悠11 月4　15
優17 月4　21

ゆづる
弓3 弦8　11
由5 弦8　13
弓3 鶴21　24
悠11 鶴21　32

ゆみた
弓3 太4　7
雄12 海9 太4　25

ゆみたろう
弓3 太4 郎9　16

ゆみと
弓3 人2　5
弓3 翔12　15

ゆめき
夢13 生5　18
夢13 起10　23

ゆめじ
夢13 士3　16
夢13 史5　18

ゆめと
夢13 人2　15
夢13 斗4　17
夢13 登12　25

ゆめのすけ
夢13 之3 助7　23

ゆら
悠11 良7　18
由5 羅19　24

よ

よう
遥12 (1)　13
陽12 (1)　13
葉12 (1)　13
遙14 (1)　15
耀20 (1)　21

よういち
遥12 一1　13
陽12 一1　13
耀20 一1　21
耀20 市5　25
鷹24 一1　25

よういちろう
陽12 一1 朗10　23
耀20 一1 朗10　31
曜18 市5 朗10　33

ようこう
洋9 公4　13
陽12 洸9　21

ようじ
遥12 士3　15
要9 治8　17
陽12 司5　17
燿18 士3　21

ようじろう
洋9 次6 郎9　24
陽12 仁4 郎9　25

ようすけ
要9 佑7　16
陽12 介4　16
容10 助7　17
洋9 亮9　18
遙14 介4　18
洋9 輔14　23
耀20 介4　24

ようた
洋9 太4　13
要9 太4　13
要9 多6　15
遥12 太4　16
陽12 太4　16
陽12 多6　18
耀20 太4　24

ようたろう
洋9 太4 朗10　23
容10 太4 郎9　23
陽12 多6 郎9　27
燿18 太4 郎9　31

ようのすけ
洋9 之3 介4　16
遥12 ノ1 介4　17

ようへい
容10 平5　15
遥12 平5　17
曜18 平5　23
燿18 平5　23

よしあき
良7 明8　15
快7 明8　15
圭6 晃10　16
祥10 明8　18
義13 明8　21
義13 章11　24

よしお
由5 雄12　17
義13 生5　18

よしかず
良7 一1　8
芳7 和8　15
佳8 和8　16

よしかぜ
良7 風9　16
佳8 風9　17

よしかつ
佳8 克7　15
義13 勝12　25

よしき
祥10 生5　15
良7 軌9　16
吉6 輝15　21
嘉14 希7　21
佳8 樹16　24
善12 輝15　27

よしずみ
佳8 純10　18
義13 純10　23

よしたか
由5 宇6　11
佳8 孝7　15
好6 貴12　18
義13 崇11　24

よしたけ
佳8 丈3　11
由5 剛10　15
良7 猛11　18

よしただ
良7 忠8　15
義13 忠8　21

よしたつ
良7 龍16　23
慶15 達12　27

よしてる
良7 光6　13
由5 照13　18
吉6 輝15　21

よしと
由5 人2　7
良7 仁4　11
吉6 音9　15
善12 斗4　16

よしとも
喜12 友4　16
慶15 知8　23

よしとら
良7 虎8　15

よしなお
佳8 尚8　16
義13 直8　21

よしなり
由5 成6　11
良7 成6　13
義13 也3　16

よしのぶ
好6 伸7　13
由5 展10　15
慶15 信9　24

よしのり
佳8 典8　16
善12 則9　21
義13 徳14　27

よしはる
由5 遥12　17
吉6 晴12　18
良7 悠11　18
喜12 陽12　24

よしひこ
良彦 7 9 16
快彦 7 9 16
佳彦 8 9 17
慶彦 15 9 24

よしひさ
祥久 10 3 13
由悠 5 11 16

よしひで
佳英 8 8 16
祥秀 10 7 17

よしひと
快仁 7 4 11
義人 13 2 15
嘉人 14 2 16
義仁 13 4 17

よしひろ
佳弘 8 5 13
由紘 5 10 15
能寛 10 13 23
義博 13 12 25

よしふみ
好史 6 5 11
佳史 8 5 13
善文 12 4 16
善史 12 5 17

よしまさ
圭将 6 10 16
良優 7 17 24
慶政 15 9 24

よしまる
善丸 12 3 15
義丸 13 3 16
慶丸 15 3 18

よしむね
由宗 5 8 13
義宗 13 8 21

よしや
善也 12 3 15
快哉 7 9 16

よしゆき
佳之 8 3 11
快行 7 6 13
義之 13 3 16
善行 12 6 18

よしろう
芳朗 7 10 17
嘉郎 14 9 23

よひと
与仁 3 4 7

ら

らい
来 7 (1) 8
頼 16 (1) 17

らいが
来河 7 8 15
頼我 16 7 23

らいき
来基 7 11 18
來輝 8 15 23
頼樹 16 16 32

らいく
来空 7 8 15
来駆 7 14 21

らいた
来太 7 4 11
来多 7 6 13
頼汰 16 7 23

らいと
礼人 5 2 7
来斗 7 4 11
礼翔 5 12 17
来都 7 11 18
頼人 16 2 18

らいま
来真 7 10 17
来磨 7 16 23

らいむ
來夢 8 13 21

らいや
来哉 7 9 16
頼弥 16 8 24

らんた
嵐太 12 4 16
蘭太 19 4 23

らんま
藍麻 18 11 29
蘭真 19 10 29

らんまる
嵐丸 12 3 15
藍丸 18 3 21

り

りいち
利一 7 1 8
浬一 10 1 11
理市 11 5 16
璃一 15 1 16
理壱 11 7 18

りいちろう
理一郎 11 1 9 21

りお
理生 11 5 16
吏雄 6 12 18

りおと
利音 7 9 16
理央人 11 5 2 18
璃央斗 15 5 4 24

りおん
吏恩 6 10 16
利音 7 9 16
利恩 7 10 17
俐音 9 9 18
理恩 11 10 21

りき
力 2 (1) 3
吏紀 6 9 15
力樹 2 16 18
理希 11 7 18
吏輝 6 15 21
利樹 7 16 23

りきと
力仁 2 4 6
力斗 2 4 6
力飛 2 9 11
利輝人 7 15 2 24

りきまる
力丸 2 3 5

りきや
力也 2 3 5
力矢 2 5 7
力哉 2 9 11

りく
哩久 10 3 13
理功 11 5 16
理玖 11 7 18
璃久 15 3 18
吏駈 6 15 21
璃空 15 8 23

りくお
陸央 11 5 16
陸雄 11 12 23

りくた
陸太 11 4 15
陸汰 11 7 18

りくたろう
陸太朗 11 4 10 25

りくと
陸人 11 2 13
陸斗 11 4 15
陸渡 11 12 23
陸翔 11 12 23
理久斗 11 3 4 18

りくのすけ
陸ノ介 11 1 4 16

りくま
陸馬 11 10 21

りくや
陸矢 11 5 16
理久也 11 3 3 17

りた
里太 7 4 11
理太 11 4 15

りたろう
里汰郎 7 7 9 23
理太郎 11 4 9 24

りつ
立 5 (1) 6

りつき
理月 11 4 15
律希 9 7 16
立喜 5 12 17
律紀 9 9 18
立樹 5 16 21
律貴 9 12 21
律輝 9 15 24
律熙 9 15 24

りっせい
立成 5 6 11

- 立誠（5・13）18

りった
- 立多（5・6）11
- 律太（9・4）13

りっと
- 律人（9・2）11
- 立翔（5・12）17
- 律音（9・9）18

りつや
- 立弥（5・8）13
- 律哉（9・9）18

りと
- 俐斗（9・4）13
- 理斗（11・4）15
- 吏翔（6・12）18
- 理登（11・12）23
- 璃翔（15・12）27

りひと
- 利仁（7・4）11
- 俐人（9・2）11
- 理人（11・2）13
- 理仁（11・4）15
- 璃人（15・2）17

りゅう
- 流（10・(1)）11
- 竜（10・(1)）11
- 龍（16・(1)）17

りゅういち
- 立一（5・1）6
- 竜一（10・1）11
- 琉市（11・5）16
- 龍一（16・1）17
- 龍壱（16・7）23

りゅういちろう
- 立一郎（5・1・9）15
- 竜一朗（10・1・10）21
- 隆一郎（11・1・9）21

りゅうえい
- 隆瑛（11・12）23
- 龍栄（16・9）25

りゅうが
- 隆我（11・7）18
- 竜雅（10・13）23
- 琉雅（11・13）24
- 龍河（16・8）24

りゅうき
- 琉希（11・7）18
- 瑠希（14・7）21
- 琉貴（11・12）23
- 隆喜（11・12）23
- 龍輝（16・15）31

りゅうく
- 琉玖（11・7）18
- 龍駈（16・15）31

りゅうけん
- 龍健（16・11）27
- 隆見（11・7）18

りゅうげん
- 隆元（11・4）15
- 竜弦（10・8）18
- 龍玄（16・5）21

りゅうご
- 竜伍（10・6）16
- 隆吾（11・7）18
- 琉吾（11・7）18
- 龍冴（16・7）23

りゅうこう
- 竜光（10・6）16
- 琉光（11・6）17

りゅうじ
- 琉志（11・7）18
- 龍司（16・5）21
- 琉滋（11・12）23
- 龍侍（16・8）24
- 龍慈（16・13）29

りゅうしょう
- 竜昇（10・8）18
- 龍昇（16・8）24

りゅうじろう
- 隆二朗（11・2・10）23
- 龍次郎（16・6・9）31

りゅうしん
- 隆心（11・4）15
- 隆伸（11・7）18
- 琉真（11・10）21

りゅうじん
- 琉仁（11・4）15
- 竜迅（10・6）16

りゅうすけ
- 琉介（11・4）15
- 隆助（11・7）18
- 瑠介（14・4）18
- 龍佑（16・7）23
- 竜輔（10・14）24

りゅうせい
- 竜生（10・5）15
- 隆正（11・5）16
- 隆成（11・6）17
- 琉成（11・6）17
- 立誠（5・13）18
- 竜征（10・8）18
- 琉晟（11・10）21
- 龍世（16・5）21
- 琉惺（11・12）23
- 琉晴（11・12）23
- 琉聖（11・13）24
- 龍星（16・9）25
- 瑠聖（14・13）27
- 龍勢（16・13）29

りゅうそう
- 琉蒼（11・13）24
- 琉颯（11・14）25

りゅうぞう
- 隆造（11・10）21
- 龍蔵（16・15）31

りゅうた
- 琉太（11・4）15
- 隆太（11・4）15
- 竜多（10・6）16
- 龍汰（16・7）23

りゅうたろう
- 竜太朗（10・4・10）24
- 琉太郎（11・4・9）24
- 隆太郎（11・4・9）24
- 竜多郎（10・6・9）25
- 琉汰郎（11・7・9）27
- 龍太郎（16・4・9）29

りゅうと
- 琉斗（11・4）15
- 龍人（16・2）18
- 琉登（11・12）23
- 隆翔（11・12）23
- 龍飛（16・9）25

りゅうどう
- 隆道（11・12）23
- 龍堂（16・11）27

りゅうのすけ
- 立之助（5・3・7）15
- 竜乃介（10・2・4）16
- 隆乃介（11・2・4）17
- 琉之介（11・3・4）18
- 龍ノ介（16・1・4）21
- 竜之輔（10・3・14）27
- 龍之輔（16・3・14）33

りゅうひ
- 琉陽（11・12）23
- 龍飛（16・9）25

りゅうへい
- 竜平（10・5）15
- 隆平（11・5）16
- 龍平（16・5）21
- 龍兵（16・7）23

りゅうま
- 琉真（11・10）21
- 瑠馬（14・10）24
- 琉磨（11・16）27

りゅうや
- 竜也（10・3）13
- 琉矢（11・5）16
- 隆弥（11・7）18
- 龍八（16・2）18
- 龍矢（16・5）21
- 龍哉（16・9）25

りょう
- 了（2・(1)）3
- 良（7・(1)）8
- 凌（10・(1)）11
- 僚（14・(1)）15
- 遼（15・(1)）16
- 諒（15・(1)）16
- 瞭（17・(1)）18

りょういち
- 了一（2・1）3
- 良一（7・1）8
- 凌一（10・1）11
- 僚一（14・1）15
- 梁市（11・5）16
- 遼一（15・1）16
- 諒一（15・1）16
- 凌壱（10・7）17

りょういちろう
良一郎（7・1・9）17
梁一郎（11・1・9）21
稜一朗（13・1・10）24
瞭一郎（17・1・9）27

りょうえい
良栄（7・9）16
諒英（15・8）23

りょうが
亮河（9・8）17
崚我（11・7）18
亮賀（9・12）21
遼河（15・8）23
諒河（15・8）23
涼雅（11・13）24

りょうかん
了寛（2・13）15
良環（7・17）24

りょうき
涼貴（11・12）23
亮輝（9・15）24

りょうきち
凌吉（10・6）16
諒吉（15・6）21

りょうけん
良謙（7・17）24
諒賢（15・16）31

りょうご
良伍（7・6）13
亮吾（9・7）16
良悟（7・10）17
凌吾（10・7）17
涼吾（11・7）18
良護（7・20）27
亮護（9・20）29

りょうじ
凌士（10・3）13
良侍（7・8）15
涼司（11・5）16
諒治（15・8）23

りょうすけ
了介（2・4）6
梁介（11・4）15
崚介（11・4）15
涼介（11・4）15
良祐（7・9）16
凌助（10・7）17
稜介（13・4）17
涼助（11・7）18
僚介（14・4）18
瞭介（17・4）21
亮輔（9・14）23

りょうせい
了誠（2・13）15
涼生（11・5）16
亮星（9・9）18
涼晟（11・10）21
瞭成（17・6）23
遼星（15・9）24
稜晴（13・12）25

りょうた
了太（2・4）6
良太（7・4）11
良多（7・6）13
亮太（9・4）13
梁太（11・4）15
崚太（11・4）15
涼太（11・4）15
亮汰（9・7）16
稜太（13・4）17
僚太（14・4）18
瞭太（17・4）21

りょうだい
凌大（10・3）13
遼大（15・3）18

りょうたろう
了太郎（2・4・9）15
良太朗（7・4・10）21
良多朗（7・6・10）23
凌太郎（10・4・9）23
亮多郎（9・6・9）24
梁太郎（11・4・9）24
遼太朗（15・4・10）29
瞭太朗（17・4・10）31

りょうと
亮斗（9・4）13
涼斗（11・4）15
稜人（13・2）15
崚登（11・12）23

りょうのすけ
凌之介（10・3・4）17
瞭之介（17・3・4）24

りょうへい
凌平（10・5）15
亮兵（9・7）16
涼平（11・5）16
梁平（11・5）16
稜平（13・5）18

りょうま
良真（7・10）17
了磨（2・16）18
梁真（11・10）21
稜真（13・10）23
良磨（7・16）23
亮摩（9・15）24
僚真（14・10）24
亮磨（9・16）25
梁磨（11・16）27
諒磨（15・16）31
瞭磨（17・16）33

りょうや
凌也（10・3）13
涼矢（11・5）16
亮弥（9・8）17
諒弥（15・8）23

りん
倫（10・(1)）11
琳（12・(1)）13
凛（15・(1)）16
麟（24・(1)）25

りんじ
琳士（12・3）15
凛治（15・8）23

りんすけ
凛亮（15・9）24
凛輔（15・14）29

りんせい
倫生（10・5）15
凛成（15・6）21
凛星（15・9）24
凛晴（15・12）27

りんた
琳太（12・4）16
綸太（14・4）18
凛多（15・6）21

りんたろう
倫太郎（10・4・9）23
琳太郎（12・4・9）25
綸太郎（14・4・9）27
凛太朗（15・4・10）29
凛汰郎（15・7・9）31
臨太郎（18・4・9）31
麟太郎（24・4・9）37

りんと
凛人（15・2）17
琳翔（12・12）24
凛登（15・12）27
凛翔（15・12）27

りんどう
倫堂（10・11）21
琳堂（12・11）23
凛道（15・12）27

りんのすけ
倫乃介（10・2・4）16
鈴之助（13・3・7）23
凛之助（15・3・7）25
麟之介（24・3・4）31

りんぺい
琳平（12・5）17
麟平（24・5）29

りんや
凛也（15・3）18
綸哉（14・9）23

る

るい
塁（12・(1)）13
琉生（11・5）16
琉伊（11・6）17
琉偉（11・12）23
瑠威（14・9）23
琉意（11・13）24
琉維（11・14）25
瑠惟（14・11）25

るいと
塁斗（12・4）16
琉生人（11・5・2）18

るか
琉可（11・5）16
琉嘉（11・14）25

るき 琉希 18 / 瑠紀 23 / 琉樹 27 / 琉騎 29

るきと 琉季斗 23 / 瑠輝人 31

るきや 琉紀也 23 / 瑠希也 24

るく 瑠久 17 / 琉玖 18

るそう 琉壮 17

れ

れい 礼 6 / 令 6 / 励 8 / 黎 16 / 嶺 18 / 怜生 13

れいいち 礼一 6 / 令一 6 / 玲壱 16 / 嶺一 18

れいいちろう 礼一郎 15 / 怜一郎 18

れいき 励紀 16 / 怜輝 23

れいご 礼伍 11 / 玲吾 16 / 澪吾 23

れいじ 礼士 8 / 令士 8 / 怜司 13 / 玲侍 17 / 礼慈 18 / 黎士 18 / 零治 21 / 嶺児 24

れいすけ 励介 11 / 怜亮 17

れいた 伶太 11 / 励多 13 / 玲太 13 / 零太 17 / 麗太 23

れいたろう 礼太郎 18 / 玲太朗 23

れいと 礼人 7 / 伶斗 11 / 励仁 11 / 玲斗 13 / 令翔 17 / 零斗 17 / 玲翔 21 / 嶺登 29

れいま 礼真 15 / 羚真 21 / 怜磨 24 / 零磨 29

れいや 礼也 8 / 励哉 16 / 玲哉 18 / 零弥 21

れお 礼旺 13 / 怜生 13 / 怜央 13 / 伶旺 15 / 怜於 16 / 令雄 17 / 玲旺 17 / 玲雄 21

れおと 玲央人 16

れおま 怜央馬 23 / 玲生真 24

れおん 令恩 15 / 礼恩 15 / 伶音 16 / 令温 17 / 礼温 17 / 怜恩 18 / 玲音 18 / 礼穏 21

れつ 烈 11

れつや 烈也 13

れのん 礼暖 18 / 怜音 17 / 玲音 18 / 怜暖 21

れん 連 11 / 漣 15 / 練 15 / 錬 17 / レン 3

れんいち 連一 11 / 錬一 17

れんいちろう 蓮一朗 24

れんご 連吾 17 / 漣吾 21 / 廉悟 23 / 蓮悟 23

れんじ 廉士 16 / 蓮司 18 / 練慈 27

れんすけ 蓮介 17 / 練介 18 / 連輔 24 / 廉輔 27

れんせい 蓮正 18 / 廉清 24

れんた 連汰 17 / 蓮太 17 / 廉太 17 / 錬汰 23

れんたろう 連太郎 23 / 練太郎 27 / 廉太朗 27 / 蓮太朗 27 / 錬太郎 29

れんと 蓮斗 17 / 練斗 18

れんのすけ 連之介 17 / 廉之助 23

れんま 蓮真 23 / 廉馬 23

れんや 蓮也 16 / 練也 17 / 連弥 18 / 廉弥 21

ろ

ろい 呂伊 13 / 路生 18

わ

わいち 和市 13

わたる 亘 7 / 航 11 / 渡 13

わへい 和平 13

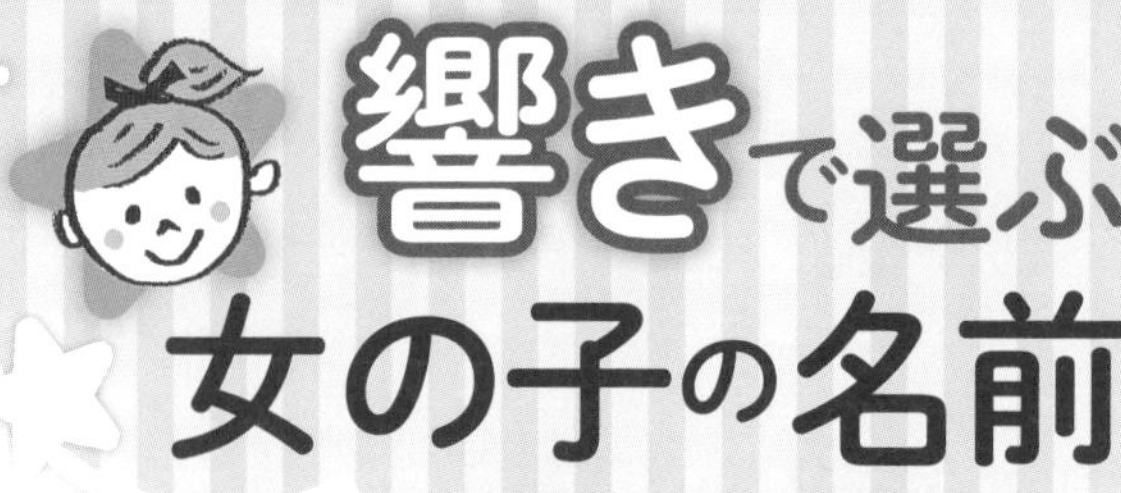

女の子の呼び名のバリエーションと、文字の組み合わせ例を紹介します。

あ

あい
- あい（3・2）5
- 亜衣（7・6）13
- 亜依（7・8）15
- 安唯（6・11）17
- 亜惟（7・11）18
- 愛依（13・8）21

あいか
- 会花（6・7）13
- 会華（6・10）16
- 娃果（9・8）17
- 相香（9・9）18
- 逢花（11・7）18
- 愛禾（13・5）18
- 愛加（13・5）18
- 愛佳（13・8）21
- 愛華（13・10）23
- 藍花（18・7）25
- 愛嘉（13・14）27
- 亜衣華（7・6・10）23

あいく
- 愛久（13・3）16
- 愛來（13・8）21

あいこ
- 愛子（13・3）16
- 藍子（18・3）21
- 愛湖（13・12）25
- 亜以子（7・5・3）15
- 亜伊子（7・6・3）16

あいさ
- 相咲（9・9）18
- 逢沙（11・7）18
- 愛紗（13・10）23
- 愛彩（13・11）24
- 藍彩（18・11）29

あいじゅ
- 逢珠（11・10）21
- 愛珠（13・10）23

あいせ
- 愛世（13・5）18
- 藍世（18・5）23

あいな
- 会那（6・7）13
- 娃奈（9・8）17
- 逢那（11・7）18
- 愛奈（13・8）21
- 愛菜（13・11）24
- 藍南（18・9）27
- 藍菜（18・11）29

あいね
- 娃音（9・9）18
- 愛寧（13・14）27
- 藍音（18・9）27
- 亜依音（7・8・9）24

あいの
- 相乃（9・2）11
- 逢乃（11・2）13
- 愛乃（13・2）15

あいは
- 愛波（13・8）21
- 藍羽（18・6）24
- 愛葉（13・12）25

あいひ
- 愛陽（13・12）25

あいみ
- 会美（6・9）15
- 娃実（9・8）17
- 藍美（18・9）27
- 藍海（18・9）27
- 亜依美（7・8・9）24

あいら
- 愛來（13・8）21
- 藍楽（18・13）31
- 藍羅（18・19）37

あいり
- 会莉（6・10）16
- 相里（9・7）16
- 娃里（9・7）16
- 逢里（11・7）18
- 愛莉（13・10）23
- 娃璃（9・15）24
- 愛理（13・11）24
- 藍里（18・7）25
- 藍璃（18・15）33

あいる
- 愛留（13・10）23
- 愛琉（13・11）24
- 愛瑠（13・14）27
- 藍琉（18・11）29

あお
- 碧（14・(1)）15
- 亜緒（7・14）21

あおい
- 葵（12・(1)）13
- 碧（14・(1)）15
- 青依（8・8）16
- 葵生（12・5）17
- 葵衣（12・6）18
- 蒼依（13・8）21
- 碧唯（14・11）25
- 亜緒衣（7・14・6）27

あおか
- 蒼加（13・5）18
- 蒼佳（13・8）21
- 碧夏（14・10）24

あおな
- 蒼奈（13・8）21
- 碧南（14・9）23

あおね
- 碧音（14・9）23
- 蒼寧（13・14）27

あおの
- 蒼乃（13・2）15
- 碧乃（14・2）16

あおば
- 蒼波（13・8）21
- 蒼葉（13・12）25
- あおば（3・4・6）13

あおみ
- 青海（8・9）17
- 碧水（14・4）18
- 蒼実（13・8）21
- 碧海（14・9）23
- 碧美（14・9）23

あおり
- 碧莉（14・10）24
- 亜織（7・18）25

あかね
- 朱音（6・9）15
- 明音（8・9）17
- 茜音（9・9）18
- 紅音（9・9）18
- 茜寧（9・14）23
- 亜花音（7・7・9）23
- 安香音（6・9・9）24

あかり
- 灯（6・(1)）7
- 灯里（6・7）13

Part 2

響きから考えるハッピー名前

響きで選ぶ女の子の名前

あ

朱6里7 13
灯6莉10 16
紅9里7 16
朱6璃15 21
明8璃15 23
燈16里7 23
緋14莉10 24

あ3か3り2 8
安6加5里7 18
亜7香9里7 23
愛13花7梨11 31

あき

安6希7 13
亜7妃6 13
亜7季8 15
亜7綺14 21
亜7樹16 23

あきえ

旭6恵10 16
章11江6 17
明8恵10 18
啓11絵12 23

あきか

明8花7 15
亮9花7 16
秋9香9 18

あきこ

明8子3 11
晶12子3 15
暁12子3 15
顕18子3 21
亜7季8子3 18
愛13希7子3 23

あきさ

秋9沙7 16
明8咲9 17

あきせ

明8世5 13

あきな

旭6那7 13
明8奈8 16
晶12菜11 23

あきね

秋9音9 18
晶12音9 21
秋9寧14 23

あきの

秋9乃2 11
晨11乃2 13

あきは

秋9葉12 21
晶12葉12 24

あきほ

明8穂15 23
秋9穂15 24
晶12穂15 27

あきみ

秋9実8 17
秋9美9 18
諒15実8 23

あきよ

明8代5 13

あきら

晶12(1) 13
翠14(1) 15

あけみ

朱6美9 15
明8実8 16
明8美9 17
暁12美9 21
緋14美9 23

あこ

亞8子3 11
亜7胡9 16

あさ

朝12(1) 13
あ3さ3 6
亜7紗10 17

あさか

朝12香9 21

あさき

亜7咲9 16

あさこ

朝12子3 15
亜7彩11子3 21

あさは

朝12葉12 24

あさひ

麻11妃6 17
朝12陽12 24
あ3さ3ひ2 8

あさみ

朝12海9 21
亜7佐7美9 23
愛13沙7美9 29

あさよ

麻11世5 16
朝12代5 17

あず

あ3ず5 8
亜7珠10 17

あすか

明8日4加5 17
明8日4香9 21
亜7寿7香9 23

あずさ

梓11沙7 18
梓11紗10 21
あ3ず5さ3 11

あすな

明8日4南9 21
明8日4菜11 23

あすは

明8日4羽6 18

あすみ

亜7純10 17
明8日4美9 21
明8日4望11 23

あずみ

亞8純10 18
あ3ず5み3 11

あつか

惇11花7 18
敦12香9 21

あづき

亜7月4 11
愛13月4 17

あつこ

温12子3 15
敦12子3 15

あつの

厚9乃2 11
篤16乃2 18

あつほ

温12帆6 18
篤16穂15 31

あつみ

厚9美9 18
敦12美9 21
篤16実8 24

あつよ

淳11代5 16
惇11世5 16

あのん

亜7音9 16

あまね

天4音9 13
周8音9 17
天4寧14 18
海9音9 18
あ3ま4ね4 11
亜7麻11音9 27

あまの

天4乃2 6
海9乃2 11

あみ

あ3み3 6
亜7実8 15
亜7海9 16
亜7美9 16
亜7望11 18
愛13未5 18
愛13実8 21

あみか

編15果8 23
安6美9香9 24
愛13実8華10 31

あみこ

編15子3 18
愛13美9子3 25

あみさ

亜7美9沙7 23
愛13実8紗10 31
愛13美9紗10 32

あみな

亜7美9奈8 24
愛13実8奈8 29

あみり

亜7実8莉10 25
愛13美9理11 33

あむ
編15(1) 16
あむ3 4 7

あめり
天4 里7 11
雨8 璃15 23
あめり3 2 2 7

あや
文4(1) 5
紋10(1) 11
絢12(1) 13
斐12(1) 13
綾14(1) 15
綺14(1) 15
あや3 3 6
亜7 弥8 15

あやえ
彩11 江6 17
彩11 絵12 23
綾14 恵10 24

あやか
文4 伽7 11
文4 香9 13
彩11 加5 16
彩11 禾5 16
紋10 花7 17
絢12 加5 17
彩11 花7 18
彩11 夏10 21
絢12 香9 21
綺14 花7 21
綾14 香9 23
綾14 夏10 24
綺14 華10 24
綺14 子3 17
彩11 瑚13 24
愛13 弥8 子3 24

あやき
綾14 希7 21

あやこ
絢12 子3 15
斐12 子3 15
綾14 子3 17

あやさ
彩11 紗10 21
綺14 沙7 21
綾14 咲9 23

あやせ
彩11 世5 16
絢12 世5 17

あやな
文4 那7 11
彩11 七2 13
文4 菜11 15
采8 那7 15
彩11 名6 17
彩11 那7 18
絢12 名6 18
綾14 那7 21
絢12 菜11 23
綾14 南9 23
綺14 菜11 25

あやね
文4 音9 13
朱6 音9 15
文4 寧14 18
彩11 峯10 21
絢12 音9 21
綺14 音9 23
彩11 寧14 25

あやの
文4 乃2 6
朱6 乃2 8
彩11 乃2 13
綾14 乃2 16
綺14 乃2 16
あやの3 3 1 7

あやは
礼5 波8 13
文4 葉12 16
彩11 芭7 18
絢12 羽6 18
綺14 芭7 21
彩11 葉12 23

あやひ
絢12 妃6 18
彩11 陽12 23

あやほ
絢12 帆6 18
綾14 穂15 29

あやみ
文4 泉9 13
彩11 水4 15
彩11 未5 16
彩11 見7 18
絢12 海9 21
綾14 美9 23

あやむ
文4 夢13 17
彩11 夢13 24
綾14 夢13 27

あやめ
礼5 芽8 13
絢12 女3 15
綺14 女3 17
菖11 蒲13 24
綾14 萌11 25
あやめ3 3 2 8

あやり
彩11 里7 18
綾14 莉10 24

あゆ
あゆ3 3 6
愛13 夕3 16
亜7 悠11 18
亜7 優17 24

あゆか
歩8 花7 15
歩8 佳8 16
歩8 夏10 18
亜7 優17 香9 33

あゆき
歩8 姫10 18
愛13 由5 希7 25

あゆこ
歩8 子3 11
亜7 由5 子3 15
愛13 優17 子3 33

あゆな
歩8 奈8 16
安6 佑7 奈8 21
愛13 優17 菜11 41

あゆね
歩8 音9 17
亜7 優17 音9 33

あゆの
あゆの3 3 1 7
亜7 柚9 乃2 18

あゆは
歩8 波8 16
亜7 優17 波8 32

あゆみ
亞8 弓3 11
歩8 見7 15
歩8 実8 16
愛13 弓3 16
歩8 美9 17
安6 祐9 美9 24
愛13 友4 実8 25
亜7 悠11 美9 27

あゆむ
歩8 夢13 21
亜7 由5 夢13 25

あゆり
歩8 里7 15
歩8 莉10 18
歩8 璃15 23
愛13 友4 里7 24

あり
有6(1) 7
亜7 梨11 18

ありか
有6 香9 15
愛13 莉10 佳8 31

ありこ
愛13 里7 子3 23
亜7 璃15 子3 25

ありさ
有6 沙7 13
在6 咲9 15
有6 咲9 15
有6 紗10 16
有6 彩11 17
ありさ3 2 3 8
安6 里7 紗10 23
亜7 莉10 沙7 24
亜7 璃15 沙7 29

ありす
有6 寿7 13
有6 珠10 16

アリス（2・2・2）6
ありす（3・2・3）8
亜莉寿（7・10・7）24

ありな
有菜（6・11）17
安里奈（6・7・8）21
亜璃菜（7・15・11）33

ありみ
有美（6・9）15
愛里美（13・7・9）29

あん
杏（7・(1)）8
晏（10・(1)）11
あん（3・2）5

あんじゅ
安珠（6・10）16
杏珠（7・10）17
杏樹（7・16）23

あんず
杏（7・(1)）8

あんな
安那（6・7）13
杏奈（7・8）15
杏南（7・9）16
安梛（6・11）17
杏菜（7・11）18
晏奈（10・8）18
晏菜（10・11）21
アンナ（2・2・2）6

あんり
安里（6・7）13
安莉（6・10）16
杏莉（7・10）17
杏梨（7・11）18
杏理（7・11）18
安璃（6・15）21

い

いお
衣央（6・5）11
依央（8・5）13
伊桜（6・10）16

いおな
衣央那（6・5・7）18
伊緒菜（6・14・11）31

いおり
伊織（6・18）24
衣織（6・18）24
いおり（2・4・2）8
伊桜里（6・10・7）23
衣緒里（6・14・7）27

いく
いく（2・1）3
衣玖（6・7）13

いくえ
行恵（6・10）16
育恵（8・10）18
郁絵（9・12）21

いくこ
生子（5・3）8
育子（8・3）11
伊玖子（6・7・3）16

いくの
生乃（5・2）7
郁乃（9・2）11

いくほ
郁歩（9・8）17
育穂（8・15）23

いくみ
生実（5・8）13
育実（8・8）16
育美（8・9）17
郁美（9・9）18
いくみ（2・1・3）6

いくよ
育代（8・5）13

いさみ
伊咲実（6・9・8）23

いずみ
泉水（9・4）13
衣純（6・10）16
和泉（8・9）17
泉美（9・9）18
衣澄（6・15）21

いせ
衣世（6・5）11
衣瀬（6・19）25

いちか
一禾（1・5）6
一花（1・7）8
一夏（1・10）11
一華（1・10）11
市佳（5・8）13
市華（5・10）15
壱果（7・8）15
一千花（1・3・7）11
衣知香（6・8・9）23

いちこ
市子（5・3）8
以知子（5・8・3）16
伊智子（6・12・3）21
依智子（8・12・3）23

いちの
一乃（1・2）3
市乃（5・2）7
衣知乃（6・8・2）16

いちは
一葉（1・12）13

いつか
乙華（1・10）11
逸花（11・7）18

いつき
樹（16・(1)）17
乙希（1・7）8
五希（4・7）11
惟月（11・4）15
樹季（16・8）24

いつは
乙葉（1・12）13
逸葉（11・12）23

いつみ
五海（4・9）13
逸珠（11・10）21
いつみ（2・1・3）6
伊津実（6・9・8）23

いと
糸（6・(1)）7
綸（14・(1)）15
伊都（6・11）17

いとえ
絃衣（11・6）17
いとえ（2・2・3）7

いとか
糸花（6・7）13
絃加（11・5）16
綸香（14・9）23
絃歌（11・14）25

いとこ
弦子（8・3）11
綸子（14・3）17

いとね
弦音（8・9）17
絃寧（11・14）25

いとの
糸乃（6・2）8
絃乃（11・2）13
綸乃（14・2）16

いとは
絃羽（11・6）17
糸葉（6・12）18
絃葉（11・12）23

いの
衣乃（6・2）8
伊乃（6・2）8
惟乃（11・2）13

いのり
祈里（8・7）15
祷里（11・7）18
祈璃（8・15）23
いのり（2・1・2）5

いぶ
衣舞（6・15）21
依舞（8・15）23

いぶき
伊吹（6・7）13
衣吹（6・7）13

いまり
衣毬（6・11）17
伊鞠（6・17）23
伊万里（6・3・7）16
衣万里（6・3・7）16

いよ
伊世（6・5）11
伊代（6・5）11
衣世（6・5）11
唯代（11・5）16
意代（13・5）18

いろは
彩羽（11・6）17
色葉（6・12）18

- 彩11葉12 23
- い2ろ2は4 8
- 伊6呂7葉12 25

う

うい
- 初7(1) 8
- 羽6唯11 17

ういか
- 初7香9 16
- 初7華10 17
- 羽6衣6香9 21

ういこ
- 羽6衣6子3 15

ういな
- 初7奈8 15
- 羽6衣6菜11 23

うさ
- 羽6沙7 13
- 宇6咲9 15
- 宇6紗10 16
- 羽6紗10 16
- 宇6彩11 17
- 羽6彩11 17

うさこ
- 宇6沙7子3 16

うしお
- 汐6(1) 7
- 潮15(1) 16

うた
- 吟7(1) 8
- 唄10(1) 11
- 詠12(1) 13
- 歌14(1) 15
- 謡16(1) 17
- う2た4 6

うたえ
- 詩13恵10 23
- 詠12絵12 24
- 歌14恵10 24

うたか
- 詩13加5 18
- 歌14香9 23

うたこ
- 詠12子3 15
- 詩13子3 16

うたな
- 歌14那7 21
- 詩13菜11 24

うたね
- 詠12音9 21
- 歌14音9 23

うたの
- 謡16乃2 18

うたは
- 歌14芭7 21
- 詩13葉12 25

うたみ
- 詩13実8 21
- 歌14美9 23

うたよ
- 詩13世5 18

うの
- う2の1 3
- 卯5乃2 7
- 宇6乃2 8
- 羽6乃2 8

うみ
- う2み3 5
- 羽6未5 11
- 宇6美9 15
- 羽6海9 15

うみか
- 海9花7 16
- 海9香9 18

うみこ
- 宇6美9子3 18

うみな
- 海9那7 16
- 海9奈8 17

うらら
- 麗19楽13 32
- う2ら3ら3 8

うるみ
- 潤15美9 24

え

えあ
- 恵10亜7 17
- 絵12愛13 25

えいか
- 永5佳8 13
- 栄9花7 16
- 英8夏10 18

えいこ
- 永5子3 8
- 英8子3 11
- 瑛12子3 15
- 詠12子3 15
- 榮14子3 17

えいな
- 永5奈8 13
- 映9那7 16

えいみ
- 永5実8 13
- 映9見7 16
- 英8美9 17
- 詠12美9 21

えこ
- 笑10子3 13
- 絵12子3 15

えつこ
- 悦10子3 13
- 絵12津9子3 24

えつよ
- 悦10世5 15
- 越12代5 17

えと
- 絵12斗4 16
- 恵10都11 21

えな
- 永5奈8 13
- 永5菜11 16
- 映9奈8 17
- 恵10那7 17
- 恵10奈8 18
- 絵12名6 18
- 恵10菜11 21
- 絵12菜11 23
- 慧15奈8 23

えま
- エ3マ2 5
- 永5茉8 13
- 永5麻11 16
- 英8茉8 16
- 江6麻11 17
- 恵10茉8 18
- 恵10麻11 21
- 絵12麻11 23
- 慧15茉8 23

えみ
- 笑10(1) 11
- え3み3 6
- 会6美9 15
- 英8実8 16
- 映9見7 16
- 栄9実8 17
- 映9美9 18
- 恵10実8 18
- 絵12海9 21
- 絵12美9 21
- 榮14美9 23

えみか
- 笑10加5 15
- 笑10佳8 18
- 永5美9花7 21
- 永5美9香9 23
- 英8美9花7 24

えみこ
- 絵12実8子3 23
- 詠12美9子3 24

えみさ
- 咲9沙7 16
- 笑10彩11 21

えみな
- 咲9那7 16
- 笑10菜11 21
- 江6美9奈8 23
- 絵12実8菜11 31

えみね
- 笑10寧14 24
- 永5美9音9 23

えみの
- 咲9乃2 11
- 恵10美9乃2 21

えみほ
- 笑10帆6 16
- 笑10穂15 25

えみり
- 咲9里7 16

笑里（10・7）17
笑璃（10・15）25
えみり（3・3・2）8
永美里（5・9・7）21
映美利（9・9・7）25
恵美莉（10・9・10）29
絵実理（12・8・11）31

えみる

笑琉（10・11）21
笑瑠（10・14）24
えみる（3・3・2）8
絵美琉（12・9・11）32

えむ

笑（10・(1)）11
恵夢（10・13）23
笑夢（10・13）23
絵夢（12・13）25

えり

えり（3・2）5
江里（6・7）13
永莉（5・10）15
英里（8・7）15
映李（9・7）16
栄里（9・7）16
恵利（10・7）17
恵理（10・11）21
英璃（8・15）23
絵理（12・11）23
絵梨（12・11）23
愛理（13・11）24
恵璃（10・15）25
瑛璃（12・15）27

えりい

永里衣（5・7・6）18
江璃衣（6・15・6）27

えりか

衿花（9・7）16
江里加（6・7・5）18
永里香（5・7・9）21
英利香（8・7・9）24
英梨加（8・11・5）24
恵利花（10・7・7）24
絵里加（12・7・5）24
江梨佳（6・11・8）25
絵莉香（12・10・9）31

えりこ

永利子（5・7・3）15
江里子（6・7・3）16
永莉子（5・10・3）18
英里子（8・7・3）18
絵吏子（12・6・3）21
恵莉子（10・10・3）23

えりさ

衿沙（9・7）16
江梨沙（6・11・7）24
栄里咲（9・7・9）25
絵理紗（12・11・10）33

えりな

衿奈（9・8）17
江莉奈（6・10・8）24
恵里那（10・7・7）24
英理奈（8・11・8）27
絵梨奈（12・11・8）31
恵璃奈（10・15・8）33

えりん

英凛（8・15）23
恵鈴（10・13）23

える

絵琉（12・11）23
恵瑠（10・14）24

えれさ

絵令沙（12・5・7）24
江玲紗（6・9・10）25
恵礼紗（10・5・10）25

えれな

エレナ（3・1・2）6
英礼奈（8・5・8）21
恵令奈（10・5・8）23
江伶菜（6・7・11）24
絵令奈（12・5・8）25

えれん

絵蓮（12・13）25

えん

円（4・(1)）5
縁（15・(1)）16

えんり

苑里（8・7）15

お

おうか

央夏（5・10）15
旺花（8・7）15
桜花（10・7）17
桜佳（10・8）18
凰華（11・10）21
桜歌（10・14）24
櫻華（21・10）31

おと

響（20・(1)）21
おと（4・2）6

おとえ

乙恵（1・10）11
音絵（9・12）21

おとか

乙花（1・7）8
乙夏（1・10）11
乙華（1・10）11
乙歌（1・14）15
音花（9・7）16
音佳（9・8）17
音架（9・9）18
響香（20・9）29

おとね

乙寧（1・14）15
音寧（9・14）23

おとの

乙乃（1・2）3
音乃（9・2）11

おとは

乙巴（1・4）5
乙羽（1・6）7
乙葉（1・12）13
音羽（9・6）15
音芭（9・7）16
音波（9・8）17
音葉（9・12）21

おとみ

乙珠（1・10）11
音美（9・9）18
響美（20・9）29

おとわ

音和（9・8）17
乙環（1・17）18

おりえ

織衣（18・6）24
桜里江（10・7・6）23
緒利恵（14・7・10）31

おりか

織花（18・7）25
織香（18・9）27

おりね

織音（18・9）27
織寧（18・14）32

おりみ

織美（18・9）27
緒里実（14・7・8）29

か

かいり

会莉（6・10）16
海里（9・7）16

かえ

花江（7・6）13
禾恵（5・10）15
香江（9・6）15
華永（10・5）15
花映（7・9）16
花重（7・9）16
華江（10・6）16
加絵（5・12）17
花笑（7・10）17
花恵（7・10）17
佳恵（8・10）18
華依（10・8）18
香絵（9・12）21
架絵（9・12）21

かえら

カエラ（2・3・2）7
花恵来（7・10・7）24

かお

佳央（8・5）13
華央（10・5）15
架緒（9・14）23
加織（5・18）23

かおり

禾織（5・18）23
花織（7・18）25
香織（9・18）27
歌織（14・18）32
花央梨（7・5・11）23

花(7)桜(10)里(7) 24
夏(10)央(5)莉(10) 25
佳(8)緒(14)梨(11) 33

かおる
薫(16)(1) 17
馨(20)(1) 21
香(9)瑠(14) 23

かおるこ
馨(20)子(3) 23

かおん
花(7)音(9) 16
佳(8)音(9) 17

かこ
佳(8)子(3) 11
夏(10)子(3) 13
華(10)子(3) 13
賀(12)子(3) 15
華(10)瑚(13) 23

かざね
風(9)音(9) 18
風(9)寧(14) 23

かざの
風(9)乃(2) 11

かざは
風(9)羽(6) 15
風(9)葉(12) 21

かざほ
風(9)帆(6) 15
風(9)歩(8) 17

かざみ
風(9)美(9) 18
か(3)ざ(5)み(3) 11

かじゅ
花(7)珠(10) 17

かず
か(3)ず(5) 8
華(10)寿(7) 17
佳(8)珠(10) 18

かずえ
一(1)笑(10) 11
一(1)絵(12) 13
和(8)恵(10) 18

かすが
春(9)日(4) 13

かずき
一(1)姫(10) 11
和(8)希(7) 15
和(8)祈(8) 16
和(8)季(8) 16

かずこ
和(8)子(3) 11
夏(10)珠(10)子(3) 23

かずさ
一(1)紗(10) 11
和(8)沙(7) 15
和(8)咲(9) 17
和(8)紗(10) 18

かずな
和(8)那(7) 15
和(8)奈(8) 16

かずね
一(1)寧(14) 15
和(8)音(9) 17

かずは
一(1)芭(7) 8
一(1)葉(12) 13
和(8)芭(7) 15

かずひ
一(1)妃(6) 7

かずほ
一(1)帆(6) 7
一(1)穂(15) 16
和(8)歩(8) 16
和(8)穂(15) 23

かすみ
霞(17)(1) 18
加(5)純(10) 15
可(5)純(10) 15
花(7)純(10) 17
佳(8)純(10) 18
佳(8)澄(15) 23
架(9)澄(15) 24
歌(14)純(10) 24
夏(10)澄(15) 25

かずみ
和(8)見(7) 15
壱(7)美(9) 16
和(8)実(8) 16
和(8)美(9) 17
和(8)海(9) 17

かずよ
一(1)代(5) 6
和(8)世(5) 13

かづ
花(7)津(9) 16

かつえ
克(7)恵(10) 17
佳(8)津(9)江(6) 23

かつき
架(9)月(4) 13
香(9)月(4) 13
加(5)津(9)希(7) 21

かづき
花(7)月(4) 11
香(9)月(4) 13
歌(14)月(4) 18

かつみ
活(9)美(9) 18
香(9)摘(14) 23
夏(10)摘(14) 24

かつよ
勝(12)代(5) 17
香(9)津(9)代(5) 23

かつら
桂(10)(1) 11

かつらこ
桂(10)子(3) 13

かな
叶(5)(1) 6
か(3)な(5) 8
加(5)奈(8) 13
可(5)奈(8) 13
花(7)奈(8) 15
佳(8)那(7) 15
加(5)菜(11) 16
佳(8)奈(8) 16
華(10)名(6) 16
架(9)奈(8) 17
花(7)梛(11) 18
珂(9)南(9) 18
夏(10)奈(8) 18
夏(10)菜(11) 21

かなえ
叶(5)江(6) 11
叶(5)恵(10) 15
奏(9)江(6) 15
叶(5)絵(12) 17
協(8)恵(10) 18
華(10)苗(8) 18
奏(9)絵(12) 21
か(3)な(5)え(3) 11
加(5)奈(8)恵(10) 23

かなか
叶(5)果(8) 13
奏(9)花(7) 16
佳(8)奈(8)加(5) 21

かなこ
叶(5)子(3) 8
佳(8)七(2)子(3) 13
可(5)奈(8)子(3) 16
夏(10)菜(11)子(3) 24
華(10)菜(11)子(3) 24

かなの
叶(5)乃(2) 7
奏(9)乃(2) 11
花(7)南(9)乃(2) 18

かなは
奏(9)羽(6) 15
叶(5)葉(12) 17
奏(9)葉(12) 21

かなほ
叶(5)帆(6) 11
叶(5)歩(8) 13
奏(9)保(9) 18
奏(9)穂(15) 24
佳(8)奈(8)穂(15) 31

かなみ
叶(5)実(8) 13
奏(9)心(4) 13
花(7)波(8) 15
叶(5)望(11) 16
協(8)美(9) 17
哉(9)美(9) 18
奏(9)美(9) 18
夏(10)波(8) 18
か(3)な(5)み(3) 11
香(9)那(7)実(8) 24

かなめ
叶(5)芽(8) 13
奏(9)芽(8) 17

かなよ
かなよ（3・5・3）11
加奈代（5・8・5）18

かの
禾乃（5・2）7
架乃（9・2）11
香乃（9・2）11
嘉乃（14・2）16
歌乃（14・2）16
花埜（7・11）18
花野（7・11）18
夏埜（10・11）21

かのあ
花乃亜（7・2・7）16
佳乃愛（8・2・13）23

かのこ
かの子（3・1・3）7
佳乃子（8・2・3）13
華乃子（10・2・3）15
香埜子（9・11・3）23

かのは
夏乃葉（10・2・12）24

かのん
花音（7・9）16
佳音（8・9）17
架音（9・9）18
佳暖（8・13）21
花穏（7・16）23
歌音（14・9）23
果穏（8・16）24
香穏（9・16）25
かのん（3・1・2）6

かほ
可帆（5・6）11
花帆（7・6）13
花歩（7・8）15
架帆（9・6）15
佳歩（8・8）16
夏帆（10・6）16
佳保（8・9）17
香保（9・9）18
果穂（8・15）23
夏歩（10・8）18
佳穂（8・15）23
架穂（9・15）24
夏穂（10・15）25
歌穂（14・15）29

かほこ
花歩子（7・8・3）18
香帆子（9・6・3）18

かほり
夏帆里（10・6・7）23
香保里（9・9・7）25
花穂莉（7・15・10）32

かみ
加実（5・8）13
香美（9・9）18

かや
花弥（7・8）15
花耶（7・9）16
佳弥（8・8）16
香耶（9・9）18
華野（10・11）21

かやこ
華也子（10・3・3）16
夏弥子（10・8・3）21

かやな
茅奈（8・8）16
華也奈（10・3・8）21

かやね
茅音（8・9）17
華矢音（10・5・9）24

かやの
かやの（3・3・1）7
華矢乃（10・5・2）17
佳弥乃（8・8・2）18

かよ
かよ（3・3）6
佳与（8・3）11
佳代（8・5）13
果世（8・5）13
夏世（10・5）15
華世（10・5）15
華代（10・5）15
賀代（12・5）17
佳誉（8・13）21

かよこ
佳世子（8・5・3）16
華世子（10・5・3）18
香葉子（9・12・3）24
佳誉子（8・13・3）24

からん
花藍（7・18）25
佳蘭（8・19）27

かりな
花莉名（7・10・6）23
香里奈（9・7・8）24
夏莉南（10・10・9）29
佳璃奈（8・15・8）31
果璃奈（8・15・8）31

かりん
可鈴（5・13）18
花梨（7・11）18
果倫（8・10）18
佳鈴（8・13）21
佳凜（8・15）23
夏鈴（10・13）23
香綸（9・14）23
香凜（9・15）24
香凛（9・15）24
夏凜（10・15）25
歌鈴（14・13）27
歌凜（14・15）29

かれん
可怜（5・8）13
花怜（7・8）15
花恋（7・10）17
可蓮（5・13）18
佳恋（8・10）18
佳蓮（8・13）21
夏蓮（10・13）23
かれん（3・3・2）8

かんな
甘奈（5・8）13
栞那（10・7）17
栞奈（10・8）18
栞菜（10・11）21
莞奈（10・8）18
寛奈（13・8）21
歓奈（15・8）23
幹菜（13・11）24
環那（17・7）24
寛菜（13・11）24
環奈（17・8）25
カンナ（2・2・2）6

き

きい
きい（4・2）6
希衣（7・6）13
紀衣（9・6）15
希唯（7・11）18

きいこ
希依子（7・8・3）18
輝伊子（15・6・3）24

きいな
紀衣奈（9・6・8）23

きえ
希江（7・6）13
妃恵（6・10）16
希恵（7・10）17
季恵（8・10）18
葵江（12・6）18
喜衣（12・6）18
貴絵（12・12）24
綺恵（14・10）24
嬉恵（15・10）25

きお
祈央（8・5）13
季桜（8・10）18
希緒（7・14）21
紀緒（9・14）23

きき
季々（8・3）11
希姫（7・10）17

きく
希空（7・8）15
季玖（8・7）15

きくえ
鞠江（17・6）23
喜久恵（12・3・10）25

きくか
鞠佳（17・8）25
希久果（7・3・8）18

きくこ
貴紅子（12・9・3）24
喜久子（12・3・3）18

きくの
掬乃（11・2）13
菊乃（11・2）13

きくよ
掬世（11・5）16
菊代（11・5）16

きこ
祈子（8・3）11
季子（8・3）11
起子（10・3）13
葵子（12・3）15
喜子（12・3）15
輝子（15・3）18
季瑚（8・13）21

きさ
己紗（3・10）13
季沙（8・7）15
妃紗（6・10）16
希紗（7・10）17
紀咲（9・9）18

きさき
希咲（7・9）16
綺咲（14・9）23

きさら
綺更（14・7）21

きずな
絆七（11・2）13
絆名（11・6）17

きせ
喜世（12・5）17

きっか
吉花（6・7）13
橘香（16・9）25

きぬえ
絹枝（13・8）21
絹恵（13・10）23

きぬか
衣香（6・9）15
絹佳（13・8）21

きぬこ
絹子（13・3）16

きぬよ
絹代（13・5）18

きの
伎乃（6・2）8
紀乃（9・2）11
希野（7・11）18

きほ
希帆（7・6）13
気保（6・9）15
希保（7・9）16
祈歩（8・8）16
起歩（10・8）18
葵帆（12・6）18
気穂（6・15）21
祈穂（8・15）23
季穂（8・15）23
喜穂（12・15）27

きみ
希心（7・4）11
希実（7・8）15
季実（8・8）16
紀美（9・9）18

きみえ
君枝（7・8）15
貴美恵（12・9・10）31

きみか
公香（4・9）13
希実佳（7・8・8）23
輝美花（15・9・7）31

きみこ
公子（4・3）7
希実子（7・8・3）18
季見子（8・7・3）18
葵美子（12・9・3）24
貴美子（12・9・3）24
季実代（8・8・5）21

きみよ
紀美代（9・9・5）23

きよ
粋（10・(1)）11
祈世（8・5）13
基代（11・5）16

きょうか
杏佳（7・8）15
協香（8・9）17
恭花（10・7）17
京華（8・10）18
興香（16・9）25
響加（20・5）25
響花（20・7）27
響香（20・9）29
今日花（4・4・7）15

きょうこ
叶子（5・3）8
享子（8・3）11
京子（8・3）11
恭子（10・3）13
響子（20・3）23
今日子（4・4・3）11

きよえ
粋江（10・6）16
清恵（11・10）21
聖絵（13・12）25

きよか
汐香（6・9）15
清花（11・7）18
聖佳（13・8）21
聖華（13・10）23
潔香（15・9）24
澄夏（15・10）25

きよこ
廉子（13・3）16
希世子（7・5・3）15
輝代子（15・5・3）23

きよせ
清世（11・5）16
聖世（13・5）18

きよな
聖七（13・2）15
粋菜（10・11）21

きよね
澄音（15・9）24
清寧（11・14）25
聖寧（13・14）27

きよの
汐乃（6・2）8
清乃（11・2）13
聖乃（13・2）15

きよみ
汐美（6・9）15
清心（11・4）15
潔実（15・8）23
澄美（15・9）24

きよら
汐良（6・7）13
清良（11・7）18
清楽（11・13）24

きら
妃良（6・7）13
季楽（8・13）21
祈羅（8・19）27
綺楽（14・13）27
綺羅（14・19）33

きらな
煌奈（13・8）21
煌菜（13・11）24

きらり
煌莉（13・10）23
煌梨（13・11）24
希良里（7・7・7）21

きり
季里（8・7）15
妃莉（6・10）16
季莉（8・10）18
葵理（12・11）23
綺莉（14・10）24

きりあ
希里亜（7・7・7）21
樹莉亜（16・10・7）33

きりえ
季里恵（8・7・10）25
希莉絵（7・10・12）29

きりか
桐花（10・7）17
紀梨香（9・11・9）29

きりこ
桐子（10・3）13
希里子（7・7・3）17
季里子（8・7・3）18
季莉子（8・10・3）21
綺里子（14・7・3）24

きりな
桐菜（10・11）21
綺里奈（14・7・8）29

きわ
希羽（7・6）13
希和（7・8）15
季和（8・8）16
嬉和（15・8）23

きわこ
希羽子（7・6・3）16
貴和子（12・8・3）23

く

くみ
- 久実（3・8）11
- 公美（4・9）13
- 來未（8・5）13
- 空見（8・7）15
- 来美（7・9）16
- 玖海（7・9）16
- 玖美（7・9）16
- 紅美（9・9）18

くみえ
- 久実絵（3・8・12）23

くみか
- 久未花（3・5・7）15
- 紅実花（9・8・7）24
- 空美佳（8・9・8）25

くみこ
- 久美子（3・9・3）15
- 来未子（7・5・3）15

くみな
- 久美南（3・9・9）21
- 玖実奈（7・8・8）23

くらら
- くらら（1・3・3）7
- 玖楽々（7・13・3）23

くらん
- 久藍（3・18）21
- 玖藍（7・18）25

くり
- 紅里（9・7）16
- 久璃（3・15）18

くりこ
- 久里子（3・7・3）13

くるみ
- 来実（7・8）15
- 来海（7・9）16
- 來実（8・8）16
- 来望（7・11）18
- 薫実（16・8）24
- くるみ（1・2・3）6
- 久瑠実（3・14・8）25

くれあ
- 紅亜（9・7）16
- 久礼亜（3・5・7）15

くれは
- 紅羽（9・6）15
- 紅葉（9・12）21
- くれは（1・3・4）8

け

けい
- 圭（6・(1)）7
- 恵（10・(1)）11
- 景（12・(1)）13
- 憬（15・(1)）16

けいか
- 圭花（6・7）13
- 恵加（10・5）15
- 京佳（8・8）16
- 渓花（11・7）18
- 蛍花（11・7）18
- 蛍夏（11・10）21
- 慶香（15・9）24

けいこ
- 恵子（10・3）13
- 敬子（12・3）15
- 恵子（12・3）15
- 慶子（15・3）18
- 慧子（15・3）18

けいと
- 圭音（6・9）15
- 京音（8・9）17
- 景音（12・9）21
- 景都（12・11）23

けいな
- 圭那（6・7）13
- 桂奈（10・8）18
- 恵菜（10・11）21
- 慶奈（15・8）23

けいみ
- 圭美（6・9）15
- 慶実（15・8）23

こ

こうこ
- 昂子（8・3）11
- 岬子（8・3）11
- 航子（10・3）13

こうみ
- 光美（6・9）15
- 向美（6・9）15
- 幸海（8・9）17
- 紅実（9・8）17
- 香美（9・9）18
- 虹海（9・9）18
- 虹美（9・9）18

こうめ
- 小梅（3・10）13
- 幸芽（8・8）16

ここ
- 湖々（12・3）15
- 湖子（12・3）15
- 瑚々（13・3）16
- 瑚子（13・3）16

ここあ
- 心愛（4・13）17

ここな
- 心那（4・7）11
- 心菜（4・11）15
- 瑚々七（13・3・2）18
- 瑚々奈（13・3・8）24

ここね
- 心音（4・9）13
- 心寧（4・14）18
- 瑚々音（13・3・9）25

ここの
- 心乃（4・2）6
- 湖々乃（12・3・2）17
- 瑚々乃（13・3・2）18

ここは
- 心芭（4・7）11
- 心葉（4・12）16
- 湖々羽（12・3・6）21

ここみ
- 心見（4・7）11
- 心海（4・9）13
- 心泉（4・9）13
- 心美（4・9）13
- ここみ（2・2・3）7
- 瑚々美（13・3・9）25

こころ
- 心（4・(1)）5
- こころ（2・2・2）6

こずえ
- 梢恵（11・10）21
- 梢絵（11・12）23
- こず恵（2・5・10）17

こすず
- 小鈴（3・13）16

こと
- 琴（12・(1)）13
- 古都（5・11）16
- 瑚斗（13・4）17
- 湖音（12・9）21
- 瑚都（13・11）24

ことえ
- 采恵（8・10）18
- 琴江（12・6）18
- 琴絵（12・12）24
- ことえ（2・2・3）7

ことか
- 采花（8・7）15
- 琴加（12・5）17
- 琴香（12・9）21

ことこ
- 采子（8・3）11
- 琴子（12・3）15
- 詞子（12・3）15
- 琴湖（12・12）24

ことせ
- 采世（8・5）13
- 琴瀬（12・19）31
- 古都世（5・11・5）21

ことな
- 采那（8・7）15
- 琴名（12・6）18
- 琴菜（12・11）23

ことね
- 采音（8・9）17
- 言寧（7・14）21
- 琴音（12・9）21

ことの
- 琴野（12・11）23
- ことの（2・2・1）5
- 小都乃（3・11・2）16
- 古都乃（5・11・2）18

ことは
- 琴羽（12・6）18
- 思葉（9・12）21

琴12葉12　24
詞12葉12　24

ことみ
采8実8　16
琴12美9　21
琴12望11　23
こ2と2み3　7
古5都11実8　24

ことよ
琴12代5　17

ことり
琴12梨11　23
琴12璃15　27
小3都11里7　21

こなつ
小3夏10　13
小3菜11津9　23

このか
好6花7　13
好6香9　15
こ2の1か3　6
瑚13乃2香9　24

このは
木4葉12　16
好6葉12　18
こ2の1は4　7
瑚13乃2葉12　27

このみ
好6美9　15
こ2の1み3　6
瑚13乃2実8　23

こはく
瑚13白5　18
琥12珀9　21

こはな
小3華10　13

こはね
湖12羽6　18

こはる
小3晴12　15
小3陽12　15
小3暖13　16
呼8春9　17
湖12悠11　23
こ2は4る2　8

こまき
小3牧8　11

こまち
小3万3智12　18
小3真10知8　21

こまり
小3万3里7　13
小3茉8里7　18

こゆき
瑚13雪11　24

さ

さあや
小3絢12　15
小3綾14　17
早6絢12　18
佐7彩11　18
紗10采8　18
沙7綾14　21
紗10彩11　21
咲9綾14　23
紗10綾14　24

さいか
才3加5　8
才3華10　13
彩11加5　16
采8香9　17

さいみ
才3実8　11
彩11未5　16

さえ
冴7(1)　8
さ3え3　6
沙7江6　13
咲9江6　15
紗10衣6　16
紗10江6　16
彩11永5　16
沙7恵10　17
彩11江6　17
早6瑛12　18
紗10英8　18
咲9絵12　21
彩11恵10　21
彩11絵12　23
咲9慧15　24

さえか
冴7佳8　15
冴7香9　16
紗10英8香9　27

さえこ
佐7江6子3　16
早6映9子3　18
紗10永5子3　18
咲9栄9子3　21

さえみ
冴7実8　15
冴7海9　16
彩11笑10　21
紗10永5実8　23

さえら
紗10江6良7　23

さえり
彩11江6里7　24
沙7英8莉10　25
紗10恵10理11　31

さお
紗10央5　15
早6桜10　16
咲9緒14　23
紗10緒14　24
彩11緒14　25

さおり
早6織18　24
冴7織18　25
沙7織18　25
咲9織18　27
彩11織18　29
彩11央5里7　23
紗10桜10里7　27
佐7緒14莉10　31

さき
早6紀9　15
沙7季8　15
沙7紀9　16
紗10妃6　16
咲9季8　17
紗10希7　17
紗10季8　18
彩11希7　18
沙7綺14　21
咲9喜12　21
咲9葵12　21
沙7樹16　23
彩11貴12　23
彩11喜12　23
咲9輝15　24
紗10輝15　25

さきあ
沙7紀9亜7　23
彩11希7愛13　31

さきえ
彩11希7江6　24
沙7貴12絵12　31

さきか
咲9花7　16
咲9香9　18
彩11希7加5　23

さきこ
咲9湖12　21
沙7祈8子3　18
彩11希7子3　21
早6輝15子3　24
咲9稀12子3　24
紗10貴12子3　25

さきな
咲9那7　16
沙7紀9奈8　24

さきね
咲9寧14　23
沙7紀9音9　25
彩11希7音9　27

さきの
咲9乃2　11
咲9喜12乃2　23
沙7輝15乃2　24

さきは
咲9葉12　21

さきほ
咲9帆6　15
咲9穂15　24
早6季8穂15　29

さきみ
咲9美9　18
早6季8美9　23

さく
- 紗久（10・3）13
- 咲玖（9・7）16
- 彩玖（11・7）18

さくみ
- 咲美（9・9）18
- 朔実（10・8）18

さくら
- 桜（10・(1)）11
- 咲来（9・7）16
- 咲良（9・7）16
- 朔楽（10・13）23
- さくら（3・1・3）7
- 咲玖良（9・7・7）23

さくらこ
- 桜子（10・3）13
- 櫻子（21・3）24

さこ
- 紗子（10・3）13
- 紗瑚（10・13）23

さち
- 倖（10・(1)）11
- さち（3・3）6
- 紗千（10・3）13
- 佐知（7・8）15
- 早智（6・12）18
- 咲智（9・12）21
- 彩智（11・12）23

さちえ
- 幸恵（8・10）18
- 福恵（13・10）23
- 彩智恵（11・12・10）33

さちか
- 幸加（8・5）13
- 幸夏（8・10）18
- 福加（13・5）18
- 沙知香（7・8・9）24

さちこ
- 幸子（8・3）11
- 倖子（10・3）13
- 祥子（10・3）13
- 咲智子（9・12・3）24

さちな
- 祥那（10・7）17
- 倖奈（10・8）18
- 佐知奈（7・8・8）23

さちね
- 幸音（8・9）17
- 倖寧（10・14）24

さちの
- 紗智乃（10・12・2）24

さちは
- 幸芭（8・7）15
- 倖羽（10・6）16

さちほ
- 幸穂（8・15）23
- 祥穂（10・15）25
- 早千穂（6・3・15）24

さちよ
- 幸与（8・3）11
- 幸世（8・5）13
- 倖世（10・5）15
- 祥代（10・5）15

さつき
- 五月（4・4）8
- 沙月（7・4）11
- 冴月（7・4）11
- 咲月（9・4）13
- 彩月（11・4）15
- 皐月（11・4）15
- 颯希（14・7）21

さと
- 里（7・(1)）8
- さと（3・2）5
- 沙都（7・11）18
- 紗都（10・11）21

さとえ
- 里恵（7・10）17
- 慧江（15・6）21
- 聡恵（14・10）24
- 聖絵（13・12）25

さとか
- 郷花（11・7）18
- 聡香（14・9）23

さとこ
- 知子（8・3）11
- 怜子（8・3）11
- 悟子（10・3）13
- 達子（12・3）15
- 聡子（14・3）17
- 紗都子（10・11・3）24

さとね
- 惺音（12・9）21
- 聡音（14・9）23
- 郷寧（11・14）25

さとの
- 郷乃（11・2）13
- 聡乃（14・2）16

さとみ
- 里実（7・8）15
- 怜美（8・9）17
- 悟実（10・8）18
- 聖実（13・8）21
- 聡泉（14・9）23
- 賢美（16・9）25
- 紗登美（10・12・9）31

さとよ
- 郷世（11・5）16
- 聖代（13・5）18

さな
- 早那（6・7）13
- 沙名（7・6）13
- 冴奈（7・8）15
- 佐奈（7・8）15
- 沙奈（7・8）15
- 沙南（7・9）16
- 紗名（10・6）16
- 紗那（10・7）17
- 沙梛（7・11）18
- 咲南（9・9）18
- 紗奈（10・8）18
- 紗菜（10・11）21

さなえ
- 小苗（3・8）11
- 紗苗（10・8）18
- さなえ（3・5・3）11

さなこ
- 佐那子（7・7・3）17
- 沙奈子（7・8・3）18

さなみ
- 小波（3・8）11
- さなみ（3・5・3）11
- 彩七実（11・2・8）21
- 沙奈美（7・8・9）24

さほ
- 沙帆（7・6）13
- 冴歩（7・8）15
- 咲帆（9・6）15
- 佐保（7・9）16
- 沙保（7・9）16
- 紗帆（10・6）16
- 彩帆（11・6）17
- 小穂（3・15）18
- 早穂（6・15）21
- 咲穂（9・15）24

さほこ
- 沙帆子（7・6・3）16
- 早穂子（6・15・3）24

さほみ
- 咲帆美（9・6・9）24

さみ
- 沙美（7・9）16
- 紗実（10・8）18

さや
- さや（3・3）6
- 早矢（6・5）11
- 沙弥（7・8）15
- 紗矢（10・5）15
- 咲耶（9・9）18
- 彩椰（11・13）24

さやか
- 清加（11・5）16
- 爽花（11・7）18
- 清夏（11・10）21
- 沙也加（7・3・5）15
- 早弥花（6・8・7）21
- 紗矢香（10・5・9）24

さやこ
- 紗也子（10・3・3）16
- 佐弥子（7・8・3）18

さやな
- 爽名（11・6）17
- 清那（11・7）18
- さやな（3・3・5）11

さやね
- 清寧（11・14）25
- 紗矢音（10・5・9）24

さやの
- 爽乃（11・2）13
- さやの（3・3・1）7

さやは
- 爽11 羽6　17
- 清11 葉12　23

さゆ
- 咲9 友4　13
- 沙7 悠11　18
- 彩11 結12　23

さゆか
- 沙7 友4 加5　16
- 咲9 優17 花7　33

さゆき
- 咲9 幸8　17
- 紗10 幸8　18
- 紗10 雪11　21
- 早6 優17 姫10　33

さゆな
- 紗10 有6 奈8　24
- 沙7 優17 菜11　35

さゆの
- 咲9 結12 乃2　23

さゆみ
- 紗10 弓3　13
- 紗10 友4 海9　23
- 早6 優17 実8　31
- 沙7 優17 美9　33

さゆり
- さ3 ゆ3 り2　8
- 小3 百6 合6　15
- 咲9 佑7 里7　23
- 紗10 友4 莉10　24
- 沙7 優17 里7　31

さよ
- さ3 よ3　6
- 紗10 与3　13
- 紗10 世5　15
- 紗10 代5　15
- 咲9 余7　16
- 彩11 世5　16
- 紗10 誉13　23
- 彩11 誉13　24

さよか
- 沙7 世5 加5　17
- 紗10 代5 香9　24

さよこ
- 沙7 与3 子3　13
- 紗10 与3 子3　16
- 紗10 世5 子3　18
- 咲9 誉13 子3　25

さら
- 更7 (1)　8
- さ3 ら3　6
- 沙7 來8　15
- 咲9 良7　16
- 紗10 来7　17
- 紗10 良7　17
- 彩11 来7　18
- 紗10 楽13　23
- 彩11 楽13　24
- 早6 羅19　25
- 紗10 羅19　29

さらさ
- 更7 咲9　16
- 紗10 良7 沙7　24

さらな
- 更7 奈8　15
- 更7 南9　16

さらん
- 沙7 藍18　25
- 紗10 蘭19　29

さり
- 沙7 莉10　17
- 彩11 里7　18
- 咲9 璃15　24
- 紗10 璃15　25

さりあ
- 沙7 里7 亜7　21
- 紗10 莉10 亜7　27

さりい
- 沙7 莉10 衣6　23
- 紗10 里7 衣6　23

さりな
- 咲9 里7 那7　23
- 紗10 璃15 奈8　33

さわ
- さ3 わ3　6
- 沙7 羽6　13
- 佐7 和8　15
- 砂9 羽6　15
- 紗10 羽6　16
- 紗10 和8　18
- 沙7 環17　24

さわか
- 爽11 夏10　21
- 爽11 華10　21

さわこ
- 爽11 瑚13　24
- 佐7 羽6 子3　16
- 佐7 和8 子3　18
- 沙7 和8 子3　18
- 瑳14 和8 子3　25

さわの
- 爽11 乃2　13

さわは
- 爽11 葉12　23

さんか
- 燦17 花7　24
- 讃22 花7　29

し

しいか
- 椎12 香9　21

しいな
- 椎12 菜11　23

しえ
- 史5 江6　11
- 志7 江6　13
- 司5 恵10　15
- 史5 恵10　15
- 詩13 絵12　25
- 摯15 絵12　27

しえな
- 史5 恵10 奈8　23
- 思9 絵12 奈8　29

しえみ
- 詩13 笑10　23
- 史5 恵10 美9　24

しえり
- 詩13 絵12 里7　32

しえる
- 史5 絵12 留10　27
- 志7 絵12 瑠14　33

しお
- 梓11 生5　16
- 詩13 央5　18
- 志7 緒14　21
- 詩13 緒14　27

しおか
- 汐6 夏10　16
- 詩13 丘5　18
- 史5 緒14 佳8　27

しおの
- 汐6 乃2　8
- 潮15 乃2　17
- 史5 緒14 乃2　21

しおり
- 栞10 (1)　11
- 汐6 里7　13
- 汐6 莉10　16
- 汐6 理11　17
- 栞10 里7　17
- 栞10 理11　21
- 汐6 璃15　21
- 史5 織18　23
- 志7 織18　25
- 栞10 璃15　25
- 思9 織18　27
- 詩13 織18　31
- し1 お4 り2　7
- 志7 桜10 里7　24
- 詩13 央5 里7　25

しおん
- 史5 苑8　13
- 詩13 苑8　21
- 志7 穏16　23
- 思9 穏16　25
- 詩13 温12　25
- 詩13 穏16　29

しき
- 四5 季8　13
- 志7 季8　15
- 詩13 季8　21

しず
- 静14 (1)　15
- 寧14 (1)　15
- し1 ず5　6

しずえ
- 静14 恵10　24
- 詩13 珠10 江6　29

しずか
- 惺12 (1)　13

静（14・(1)）15
静花（14・7）21
寧花（14・7）21
静香（14・9）23
穏花（16・7）23

しずく
滴（14・(1)）15
滴久（14・3）17
雫来（11・7）18
静玖（14・7）21
しずく（1・5・1）7

しずこ
静子（14・3）17
慎子（13・3）16

しずな
静七（14・2）16
静菜（14・11）25
しずな（1・5・5）11

しずの
靖乃（13・2）15
静乃（14・2）16
寧乃（14・2）16
穏乃（16・2）18

しずは
静芭（14・7）21

しずほ
静保（14・9）23
静穂（14・15）29
寧穂（14・15）29

しずよ
靖代（13・5）18
穏世（16・5）21

しづ
志津（7・9）16

しづか
しづか（1・3・3）7
志津花（7・9・7）23
詩津香（13・9・9）31

しづき
志月（7・4）11
梓月（11・4）15
紫月（12・4）16
詞月（12・4）16
詩月（13・4）17

しづる
詩弦（13・8）21
詩絃（13・11）24

しの
思乃（9・2）11
梓乃（11・2）13
詩乃（13・2）15
史野（5・11）16
摯乃（15・2）17
志野（7・11）18

しのあ
志乃亜（7・2・7）16

しのぶ
忍（7・(1)）8
志信（7・9）16
しのぶ（1・1・6）8

しほ
史帆（5・6）11
史歩（5・8）13
志帆（7・6）13
志歩（7・8）15
志保（7・9）16
思歩（9・8）17
梓帆（11・6）17
詩歩（13・8）21
思穂（9・15）24

しほこ
志帆子（7・6・3）16
詩穂子（13・15・3）31

しほみ
史保美（5・9・9）23
志歩実（7・8・8）23

しほり
志保里（7・9・7）23
詩歩莉（13・8・10）31
志穂理（7・15・11）33

しま
史麻（5・11）16
志麻（7・11）18
志磨（7・16）23
詩麻（13・11）24

じゅあん
珠安（10・6）16
樹杏（16・7）23

しゅうか
秀香（7・9）16
柊花（9・7）16
周華（8・10）18
脩花（11・7）18

しゅうこ
周子（8・3）11
修子（10・3）13
萩子（12・3）15

しゅか
朱夏（6・10）16
趣香（15・9）24

じゅな
寿奈（7・8）15
珠菜（10・11）21
樹奈（16・8）24

じゅね
珠寧（10・14）24
樹音（16・9）25

しゅの
朱乃（6・2）8
趣乃（15・2）17

じゅの
樹乃（16・2）18
珠埜（10・11）21

じゅのん
寿音（7・9）16
樹音（16・9）25

しゅみ
詩弓（13・3）16

しゅり
守里（6・7）13
朱里（6・7）13
守莉（6・10）16
朱莉（6・10）16
朱璃（6・15）21
趣莉（15・10）25

しゆり
志有莉（7・6・10）23
詩優里（13・17・7）37

じゅり
珠里（10・7）17
寿梨（7・11）18
珠梨（10・11）21
樹李（16・7）23
樹里（16・7）23
樹理（16・11）27
樹璃（16・15）31

じゅりあ
珠里亜（10・7・7）24
樹莉亜（16・10・7）33
樹璃亜（16・15・7）38

じゅりえ
珠里絵（10・7・12）29
樹里恵（16・7・10）33

じゅりさ
樹里紗（16・7・10）33

しゅりな
朱莉奈（6・10・8）24

じゅりな
珠里奈（10・7・8）25
樹理奈（16・11・8）35

じゅん
純（10・(1)）11
潤（15・(1)）16

しゅんか
旬花（6・7）13
俊香（9・9）18

じゅんか
純加（10・5）15
純花（10・7）17
純佳（10・8）18
惇花（11・7）18
潤香（15・9）24

しゅんこ
瞬子（18・3）21

じゅんこ
純子（10・3）13
潤子（15・3）18

じゅんな
純奈（10・8）18
潤奈（15・8）23
潤南（15・9）24

しゅんり
旬里（6・7）13

しょうか
尚花（8・7）15
渉花（11・7）18
翔香（12・9）21

しょうこ
昇子（8・3）11
祥子（10・3）13

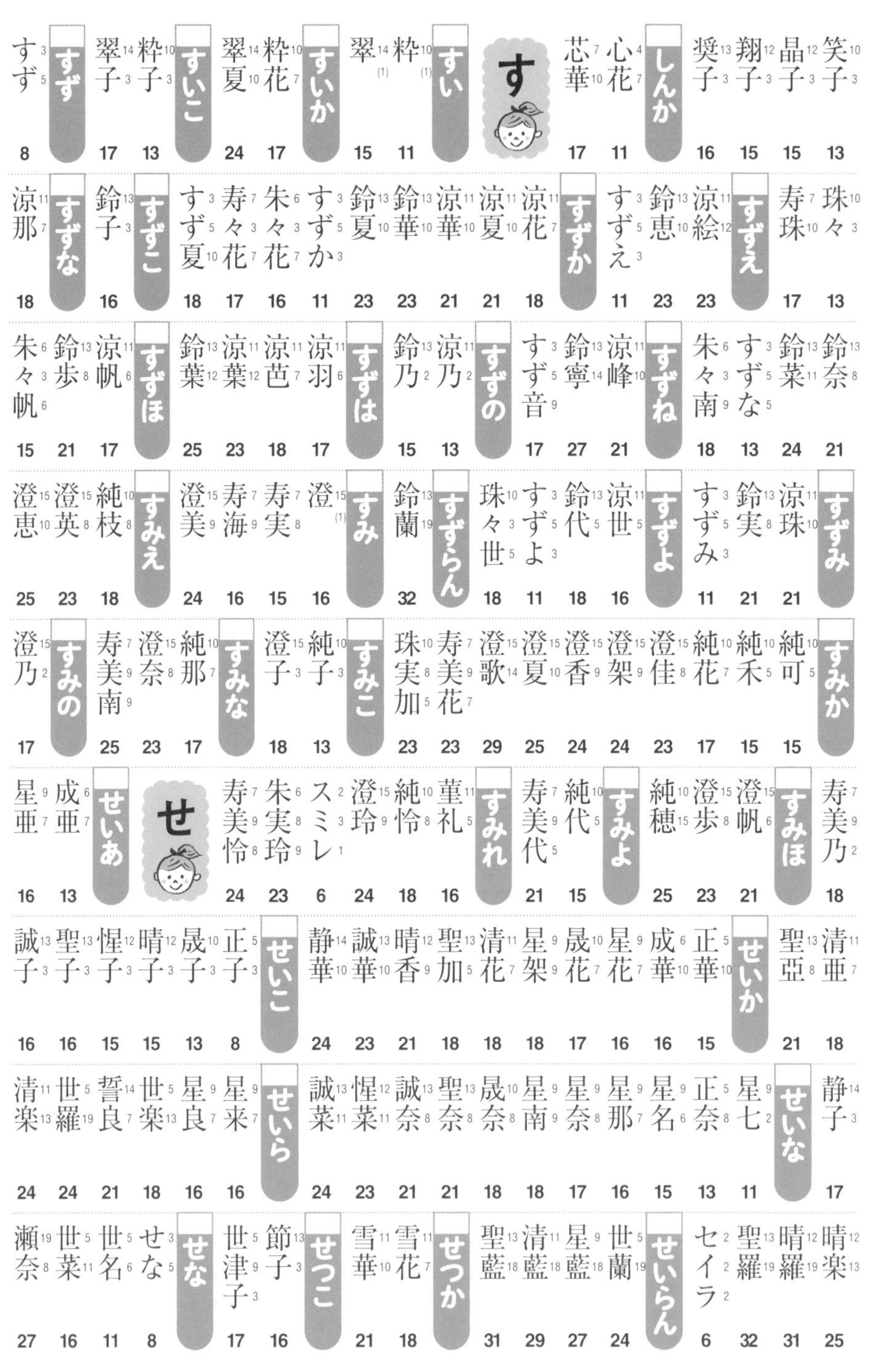

- 笑子（10・3）13
- 晶子（12・3）15
- 翔子（12・3）15
- 奨子（13・3）16

しんか
- 心花（4・7）11
- 芯華（7・10）17

す

すい
- 粋（10・(1)）11
- 翠（14・(1)）15

すいか
- 粋花（10・7）17
- 翠夏（14・10）24

すいこ
- 粋子（10・3）13
- 翠子（14・3）17

すず
- すず（3・5）8
- 珠々（10・3）13
- 寿珠（7・10）17

すずえ
- 涼絵（11・12）23
- 鈴恵（13・10）23
- すずえ（3・5・3）11

すずか
- 涼花（11・7）18
- 涼夏（11・10）21
- 涼華（11・10）21
- 鈴華（13・10）23
- 鈴夏（13・10）23
- すずか（3・5・3）11
- 朱々花（6・3・7）16
- 寿々花（7・3・7）17
- すず夏（3・5・10）18

すずこ
- 鈴子（13・3）16

すずな
- 涼那（11・7）18
- 鈴奈（13・8）21
- 鈴菜（13・11）24
- すずな（3・5・5）13
- 朱々南（6・3・9）18

すずね
- 涼峰（11・10）21
- 鈴寧（13・14）27
- すず音（3・5・9）17

すずの
- 涼乃（11・2）13
- 鈴乃（13・2）15

すずは
- 涼羽（11・6）17
- 涼芭（11・7）18
- 涼葉（11・12）23
- 鈴葉（13・12）25

すずほ
- 涼帆（11・6）17
- 鈴歩（13・8）21
- 朱々帆（6・3・6）15

すずみ
- 涼珠（11・10）21
- 鈴実（13・8）21
- すずみ（3・5・3）11

すずよ
- 涼世（11・5）16
- 鈴代（13・5）18
- すずよ（3・5・3）11
- 珠々世（10・3・5）18

すずらん
- 鈴蘭（13・19）32

すみ
- 澄（15・(1)）16
- 寿実（7・8）15
- 寿海（7・9）16
- 澄美（15・9）24

すみえ
- 純枝（10・8）18
- 澄英（15・8）23
- 澄恵（15・10）25

すみか
- 純可（10・5）15
- 純禾（10・5）15
- 純花（10・7）17
- 澄佳（15・8）23
- 澄架（15・9）24
- 澄香（15・9）24
- 澄夏（15・10）25
- 澄歌（15・14）29
- 寿美花（7・9・7）23
- 珠実加（10・8・5）23

すみこ
- 純子（10・3）13
- 澄子（15・3）18

すみな
- 純那（10・7）17
- 澄奈（15・8）23
- 寿美南（7・9・9）25

すみの
- 澄乃（15・2）17
- 寿美乃（7・9・2）18

すみほ
- 澄帆（15・6）21
- 澄歩（15・8）23
- 純穂（10・15）25

すみよ
- 純代（10・5）15
- 寿美代（7・9・5）21

すみれ
- 菫礼（11・5）16
- 純怜（10・8）18
- 澄玲（15・9）24
- スミレ（2・3・1）6
- 朱実玲（6・8・9）23
- 寿美怜（7・9・8）24

せ

せいあ
- 成亜（6・7）13
- 星亜（9・7）16
- 清亜（11・7）18
- 聖亞（13・8）21

せいか
- 正華（5・10）15
- 成華（6・10）16
- 星花（9・7）16
- 晟花（10・7）17
- 星架（9・9）18
- 清花（11・7）18
- 聖加（13・5）18
- 晴香（12・9）21
- 誠華（13・10）23
- 静華（14・10）24

せいこ
- 正子（5・3）8
- 晟子（10・3）13
- 晴子（12・3）15
- 惺子（12・3）15
- 聖子（13・3）16
- 誠子（13・3）16
- 静子（14・3）17

せいな
- 星七（9・2）11
- 正奈（5・8）13
- 星名（9・6）15
- 星那（9・7）16
- 星奈（9・8）17
- 星南（9・9）18
- 晟奈（10・8）18
- 聖奈（13・8）21
- 誠奈（13・8）21
- 惺菜（12・11）23
- 誠菜（13・11）24

せいら
- 星来（9・7）16
- 星良（9・7）16
- 世楽（5・13）18
- 誓良（14・7）21
- 世羅（5・19）24
- 清楽（11・13）24
- 晴楽（12・13）25
- 晴羅（12・19）31
- 聖羅（13・19）32
- セイラ（2・2・2）6

せいらん
- 世蘭（5・19）24
- 星藍（9・18）27
- 清藍（11・18）29
- 聖藍（13・18）31

せつか
- 雪花（11・7）18
- 雪華（11・10）21

せつこ
- 節子（13・3）16
- 世津子（5・9・3）17

せな
- せな（3・5）8
- 世名（5・6）11
- 世菜（5・11）16
- 瀬奈（19・8）27

せの
世5乃2 7
瀬19乃2 21

せら
せ3ら3 6
世5來8 13
世5羅19 24

せらん
世5藍18 23
世5蘭19 24

せり
芹7(1) 8
世5莉10 15
世5梨11 16
瀬19莉10 29

せりあ
芹7亜8 15

せりか
芹7佳8 15
芹7香9 16
芹7華10 17
世5梨11花7 23
瀬19里7香9 35

せりさ
芹7紗10 17
芹7彩11 18
瀬19里7沙7 33

せりな
芹7名6 13
芹7奈8 15
芹7南9 16
世5梨11奈8 24
瀬19里7那7 33
瀬19里7菜11 37

せれな
世5令5奈8 18
世5怜8奈8 21

せんか
千3華10 13
茜9花7 16
千3歌14 17

せんな
千3奈8 11
泉9那7 16

せんり
茜9里7 16
千3璃15 18

そ

そあ
素10亜7 17
想13亜8 21

そうこ
宗8子3 11
湊12子3 15
創12子3 15
想13子3 16
蒼13子3 16
総14子3 17
颯14子3 17

そな
素10奈8 18
想13奈8 21

その
楚13乃2 15
想13乃2 15

そのえ
園13絵12 25
そ3の1え3 7

そのか
苑8佳8 16
苑8香9 17
苑8夏10 18
園13佳8 21
園13華10 23
そ3の1か3 7
素10乃2香9 21
想13乃2香9 24

そのこ
苑8子3 11
園13子3 16
素10乃2子3 15
想13乃2子3 18

そのは
園13葉12 25

そのみ
苑8美9 17
園13実8 21
そ3の1み3 7

そよ
そ3よ3 6
素10世5 15
素10代5 15
想13代5 18

そよか
そ3よ3花7 13
そ3よ3香9 15
そ3よ3夏10 16
素10代5香9 24
想13世5花7 25

そよこ
素10代5子3 18
想13世5子3 21

そよみ
そ3よ3美9 15
想13代5美9 27

そら
天4(1) 5
そ3ら3 6
素10楽13 23

そらな
空8奈8 16
昊8奈8 16

そらね
空8音9 17

そらの
天4乃2 6
そ3ら3の1 7

そらみ
空8美9 17
想13良7美9 29

そわ
素10和8 18
想13和8 21

た

たえ
妙7(1) 8
た4え3 7
多6映9 15
多6恵10 16
多6笑10 16
多6絵12 18

たえこ
多6映9子3 18
多6栄9子3 18
多6絵12子3 21

たえみ
多6笑10 16
多6恵10美9 25

たかえ
孝7恵10 17
考6絵12 18
宗8恵10 18
隆11恵10 21

たかこ
天4子3 7
空8子3 11
昂8子3 11
峻10子3 13
尊12子3 15
貴12子3 15
誉13子3 16
多6花7子3 16
多6佳8子3 17
多6香9子3 18

たかみ
天4美9 13
孝7美9 16
多6佳8美9 23

たかよ
渉11世5 16
崇11代5 16
貴12代5 17

たき
太4希7 11
多6喜12 18

たきこ
多6希7子3 16
多6季8子3 17
多6輝15子3 24

たきの
太4希7乃2 13
多6季8乃2 16

たきよ
多6希7世5 18
多6貴12代5 23

たつき
立5季8 13
多6都11希7 24

たつこ
- 達子（12・3）15
- 多津子（6・9・3）18

たつの
- 立乃（5・2）7

たつみ
- 立実（5・8）13
- 達美（12・9）21

たつよ
- 達代（12・5）17

たま
- 珠（10・(1)）11
- 多麻（6・11）17

たまえ
- 玉恵（5・10）15
- 珠江（10・6）16
- 玉絵（5・12）17
- 珠英（10・8）18
- 瑞恵（13・10）23
- 瑤絵（13・12）25
- たまえ（4・4・3）11

たまお
- 珠央（10・5）15
- 瑶生（13・5）18
- 珠緒（10・14）24
- 瑶緒（13・14）27
- 環緒（17・14）31
- 多麻緒（6・11・14）31

たまか
- 玉佳（5・8）13
- 珠果（10・8）18
- 瑶佳（13・8）21
- 瑞華（13・10）23
- 珠歌（10・14）24

たまき
- 環（17・(1)）18
- 玉妃（5・6）11
- 圭希（6・7）13
- 玉姫（5・10）15
- 珠生（10・5）15
- 珠妃（10・6）16
- 瑞季（13・8）21
- 瑶姫（13・10）23
- 環妃（17・6）23
- 環希（17・7）24
- 瑤葵（13・12）25

たまこ
- 珠子（10・3）13
- 瑞子（13・3）16
- 瑶子（13・3）16
- 碧子（14・3）17

たまの
- 瑞乃（13・2）15
- 碧乃（14・2）16

たまみ
- 玉実（5・8）13
- 珠実（10・8）18
- 瑶実（13・8）21
- 碧海（14・9）23
- たまみ（4・4・3）11
- 多麻実（6・11・8）25

たまよ
- 珠与（10・3）13
- 珠世（10・5）15
- 珠季（10・8）18
- 瑞代（13・5）18
- 瑶世（13・5）18

たみ
- たみ（4・3）7
- 多美（6・9）15

たみえ
- 民絵（5・12）17
- 多美江（6・9・6）21

たみこ
- 多実子（6・8・3）17
- 多美子（6・9・3）18

ち

ちあ
- 知亜（8・7）15

ちあき
- 千明（3・8）11
- 千晃（3・10）13
- 千晶（3・12）15
- 千亜妃（3・7・6）16
- 知亜季（8・7・8）23

ちあみ
- 千編（3・15）18
- 千愛実（3・13・8）24

ちい
- 千依（3・8）11

ちいこ
- 千以子（3・5・3）11
- 智伊子（12・6・3）21

ちえ
- ちえ（3・3）6
- 千英（3・8）11
- 千恵（3・10）13
- 千笑（3・10）13
- 千絵（3・12）15
- 知英（8・8）16
- 知映（8・9）17
- 千慧（3・15）18
- 智江（12・6）18
- 智瑛（12・12）24

ちえか
- 千映香（3・9・9）21
- 知恵加（8・10・5）23
- 智絵花（12・12・7）31

ちえこ
- 知永子（8・5・3）16
- 智栄子（12・9・3）24

ちえの
- 千絵乃（3・12・2）17
- 智恵乃（12・10・2）24

ちえみ
- 千江美（3・6・9）18
- 智恵美（12・10・9）31

ちえり
- 千恵莉（3・10・10）23
- 知恵理（8・10・11）29
- 智絵梨（12・12・11）35

ちお
- 千桜（3・10）13
- 知央（8・5）13
- 千緒（3・14）17
- 知桜（8・10）18

ちおり
- 千織（3・18）21
- 千桜理（3・10・11）24
- 智央里（12・5・7）24

ちか
- 千可（3・5）8
- 千佳（3・8）11
- 千夏（3・10）13
- 千華（3・10）13
- 地花（6・7）13
- 知伽（8・7）15
- 知花（8・7）15
- 知佳（8・8）16
- 千歌（3・14）17
- 知華（8・10）18

ちかえ
- 誓恵（14・10）24
- 知可絵（8・5・12）25

ちかげ
- 千景（3・12）15

ちかこ
- 允子（4・3）7
- 慈子（13・3）16
- 慎子（13・3）16
- 誓子（14・3）17
- 千花子（3・7・3）13
- 知可子（8・5・3）16
- 智佳子（12・8・3）23

ちかの
- 愛乃（13・2）15
- 誓乃（14・2）16

ちかみ
- 千加実（3・5・8）16
- 知花美（8・7・9）24

ちかよ
- 千佳代（3・8・5）16

ちぐさ
- 千種（3・14）17

ちこ
- 知子（8・3）11
- 千瑚（3・13）16

ちさ
- ちさ（3・3）6
- 千紗（3・10）13
- 知沙（8・7）15
- 知紗（8・10）18
- 智彩（12・11）23

ちさき
- 智咲（12・9）21
- 千早希（3・6・7）16
- 千咲妃（3・9・6）18

ちさこ
- 千咲子（3・9・3）15

知佐子 18
智紗子 25

ちさと
千怜 11
千惺 15
知里 15
茅里 15
千聖 16
知聖 21
ちさと 8
千咲登 24
千紗都 24

ちさの
千咲野 23

ちさよ
千紗世 18
智沙代 24

ちず
ちず 8
千珠 13

ちずか
千寿花 17

ちすず
千鈴 16
知寿々 18

ちずみ
千純 13
千澄 18

ちせ
千世 8
千勢 16
知瀬 27

ちづ
智津 21
千鶴 24

ちづこ
智津子 24
千鶴子 27

ちづる
千弦 11
千鶴 24

ちとせ
千歳 16
ちとせ 8

ちな
千奈 11
知那 15
知奈 16
智菜 23

ちなつ
千夏 13
知夏 18

ちなみ
千波 11
ちなみ 11
智菜実 31

ちの
千乃 5

ちはな
知花 15

ちはや
千颯 17

ちはる
千遥 15
千陽 15
千晴 15
知春 17
知暖 21
千羽瑠 23

ちひろ
千広 8
千容 13
千尋 15
千潤 18
知優 25
ちひろ 7

ちふみ
千文 7
千風美 21
知歩実 24

ちふゆ
千冬 8

ちほ
千歩 11
知保 17
千穂 18
智帆 18
茅穂 23
知穂 23

ちほこ
千穂子 21
智保子 24

ちゆ
知由 13
千結 15

ちゆき
千幸 11
千由紀 17

ちゆみ
千弓 6
知弓 11
知由実 21

ちゆり
千百合 15
知優里 32

ちよ
千代 8
知世 13
千誉 16

ちよこ
知世子 16

ちよみ
千代美 17

ちより
千和 11
ちより 8
千代里 15

ちり
千莉 13
知莉 18

ちりこ
千里子 13
千璃子 21

つ

つかさ
司紗 15
つかさ 7

つき
月(1) 5

つきか
月花 11
月架 13
月歌 18

つきこ
月子 7
月瑚 17

つきな
月那 11
月菜 15

つきの
月乃 6
月野 15

つきは
月芭 11
月葉 16

つきみ
月美 13
月望 15

つくし
つくし 3

つぐみ
亜実 15
亜美 16
継実 21
つぐみ 7

つつじ
つつじ 5

つばき
椿季 21
椿姫 23
つばき 11

つばさ
翼(1) 18
翼沙 24

つぼみ
蕾(1) 17
つぼみ 11

つむぎ
紡(1) 11
紬生 16
紡季 18
紬希 18
紡葵 21
つむぎ 11

つむみ
紡実 18
つむみ 8

つむよ
紡世 15

て

てっこ
- 哲(10)子(3) 13
- 徹(15)子(3) 18

てつみ
- 哲(10)実(8) 18
- 徹(15)美(9) 24

てら
- て(2)ら(3) 5

てるえ
- 輝(15)江(6) 21
- 照(13)恵(10) 23

てるか
- 照(13)果(8) 21
- 輝(15)夏(10) 25
- 燿(18)香(9) 27

てるこ
- 照(13)子(3) 16
- 輝(15)子(3) 18

てるさ
- 光(6)沙(7) 13
- 輝(15)紗(10) 25

てるの
- 照(13)乃(2) 15
- 輝(15)乃(2) 17

てるは
- 輝(15)羽(6) 21
- 照(13)葉(12) 25
- 輝(15)葉(12) 27
- て(2)る(2)は(4) 8

てるま
- 照(13)茉(8) 21

てるみ
- 輝(15)実(8) 23
- 輝(15)美(9) 24
- 輝(15)海(9) 24
- 顕(18)美(9) 27
- 耀(20)美(9) 29
- て(2)る(2)み(3) 7

てるよ
- 晃(10)代(5) 15
- 照(13)代(5) 18

てんか
- 天(4)花(7) 11
- 天(4)架(9) 13

と

とあ
- 斗(4)愛(13) 17
- 都(11)亜(7) 18

とうか
- 十(2)香(9) 11
- 冬(5)華(10) 15
- 透(10)花(7) 17
- 橙(16)花(7) 23
- 瞳(17)華(10) 27

とうこ
- 冬(5)子(3) 8
- 桃(10)子(3) 13
- 透(10)子(3) 13
- 統(12)子(3) 15
- 櫂(18)子(3) 21

とき
- 斗(4)希(7) 11
- 都(11)希(7) 18

ときあ
- 時(10)亜(8) 18
- 季(8)愛(13) 21

ときえ
- 時(10)江(6) 16
- 季(8)映(9) 17
- 季(8)恵(10) 18
- 晨(11)絵(12) 23

ときか
- 時(10)花(7) 17
- 時(10)佳(8) 18

ときこ
- 季(8)子(3) 11
- 時(10)子(3) 13
- 讃(22)子(3) 25
- 杜(7)季(8)子(3) 18
- 登(12)紀(9)子(3) 24

ときね
- 季(8)音(9) 17
- 時(10)寧(14) 24

ときの
- 十(2)希(7)乃(2) 11
- 登(12)紀(9)乃(2) 23

ときほ
- 時(10)歩(8) 18
- 旬(6)穂(15) 21

ときよ
- 時(10)世(5) 15
- 讃(22)代(5) 27

ときわ
- 時(10)羽(6) 16
- 十(2)希(7)和(8) 17

とくこ
- 徳(14)子(3) 17

ととこ
- 十(2)登(12)子(3) 17
- 都(11)々(3)子(3) 17

ととみ
- 都(11)々(3)美(9) 23
- 斗(4)登(12)実(8) 24

とみえ
- 富(12)絵(12) 24
- 斗(4)美(9)恵(10) 23

とみこ
- 富(12)子(3) 15
- 斗(4)美(9)子(3) 16
- 登(12)実(8)子(3) 23

とも
- 友(4)(1) 5
- 智(12)(1) 13
- と(2)も(3) 5

ともえ
- 巴(4)(1) 5
- 十(2)萌(11) 13
- 友(4)絵(12) 16
- 友(4)恵(12) 16
- 倫(10)江(6) 16
- 朋(8)恵(10) 18
- 朋(8)笑(10) 18
- と(2)も(3)え(3) 8

ともか
- 友(4)香(9) 13
- 朋(8)加(5) 13
- 知(8)花(7) 15
- 知(8)佳(8) 16
- 朋(8)夏(10) 18
- 友(4)歌(14) 18
- 朝(12)香(9) 21

ともこ
- 友(4)子(3) 7
- 朋(8)子(3) 11
- 知(8)子(3) 11
- 智(12)子(3) 15
- 朝(12)子(3) 15

ともな
- 友(4)菜(11) 15
- 朋(8)奈(8) 16

ともね
- 朋(8)音(9) 17
- 友(4)寧(14) 18

ともの
- 巴(4)乃(2) 6
- 友(4)乃(2) 6

ともは
- 友(4)芭(7) 11
- 朋(8)芭(7) 15
- 巴(4)葉(12) 16
- 友(4)葉(12) 16

ともみ
- 友(4)美(9) 13
- 友(4)泉(9) 13
- 友(4)望(11) 15
- 知(8)実(8) 16
- 朋(8)美(9) 17
- 朋(8)海(9) 17
- 倫(10)実(8) 18

ともよ
- 知(8)世(5) 13
- 朋(8)世(5) 13
- 朋(8)代(5) 13

とわ
- と(2)わ(3) 5
- 永(5)遠(13) 18

とわこ
- 永(5)遠(13)子(3) 21
- 斗(4)環(17)子(3) 24

な

なえ
- 奈(8)恵(10) 18
- 菜(11)絵(12) 23

なお
- 名(6)央(5) 11
- 奈(8)央(5) 13

七緒 16
奈旺 16
菜桜 21
南緒 23
菜緒 25

なおか
尚香 17
直華 18
七緒加 21

なおこ
尚子 11
直子 11
那央子 15

なおみ
直見 15
尚実 16
直美 17
尚美 17
七緒美 25
奈緒美 31

なぎ
凪 7

なぎか
凪香 15
凪夏 16

なぎさ
汀 6
凪沙 13
凪彩 17
渚沙 18
渚紗 21

なぎの
凪乃 8
椰乃 13

なずな
なずな 15

なつ
夏 11
なつ 6
奈津 17

なつえ
夏江 16
奈都恵 29

なつお
夏生 15
夏緒 24

なつか
夏花 17
菜都香 31

なつき
那月 11
夏生 15
菜月 15
夏妃 16
夏希 17
夏綺 24
七津希 18

なつこ
夏子 13
菜津子 23

なつな
夏奈 18
夏菜 21

なつね
夏寧 24

なつの
なつの 7
夏埜 21
那津乃 18

なつは
夏波 18
奈津葉 29

なつほ
夏歩 18
奈津穂 32

なつみ
夏実 18
夏望 21
菜摘 25
南津美 27

なつめ
夏芽 18
なつめ 8

なつよ
夏世 15
菜津代 25

なでしこ
撫子 18

なな
七 3
奈々 11
七菜 13
菜七 13
那奈 15
南那 16
菜那 18

ななえ
七衣 8
ななえ 13
菜々恵 24

ななお
七緒 16
那々緒 24

ななか
七香 11
七歌 16
奈々花 18
菜々花 21
七菜夏 23

ななこ
七瑚 15
七奈子 13
七菜子 16
菜々子 17
那奈子 18

ななさ
七咲 11
奈々紗 21

ななせ
七瀬 21
ななせ 13

ななね
七音 11
七寧 16

ななの
ななの 11
菜々乃 16

ななは
奈々羽 17
奈々葉 23

ななひ
七妃 8
奈々陽 23

ななほ
七帆 8
七穂 17
南々帆 18
菜々穂 29

ななみ
七海 11
七泉 11
七望 13
那波 15
ななみ 13
七那海 18
那々実 18
菜々美 23

ななよ
七誉 15
那々代 15
奈々世 16

なの
南乃 11
菜乃 13

なのか
七乃香 13
那乃花 16

なのは
七乃葉 16
奈乃羽 16
菜乃葉 25

なほ
那帆 13
那歩 15
南帆 15
奈保 17
菜帆 17
奈穂 23

なほこ
那帆子 16
菜穂子 29

なほみ
南帆美 24
奈穂実 31
菜穂美 35

なみ
七海 11
名美 15
那実 15
那海 16

（なみ）那(7)美(9) 16／奈(8)実(8) 16／菜(11)未(5) 16／奈(8)美(9) 17／奈(8)海(9) 17／南(9)美(9) 18

なみえ 波(8)恵(10) 18／奈(8)美(9)江(6) 23／奈(8)美(9)恵(10) 27

なみか 波(8)花(7) 15／波(8)夏(10) 18／奈(8)実(8)花(7) 23

なみこ 波(8)子(3) 11／名(6)美(9)子(3) 18

なみほ 波(8)穂(15) 23／七(2)海(9)帆(6) 17

なゆ 奈(8)由(5) 13／菜(11)結(12) 23

なゆか 七(2)結(12)花(7) 21／奈(8)由(5)夏(10) 23／七(2)優(17)歌(14) 33

なゆみ 奈(8)弓(3) 11／奈(8)結(12)美(9) 29

なりみ 也(3)実(8) 11／成(6)美(9) 15

なるは 成(6)葉(12) 18／な(5)る(2)は(4) 11

なるみ 成(6)海(9) 15／成(6)美(9) 15／奈(8)瑠(14)美(9) 31

に

にいか 新(13)夏(10) 23／二(2)衣(6)花(7) 15／仁(4)衣(6)果(8) 18

にいな 新(13)奈(8) 21／新(13)菜(11) 24／二(2)衣(6)那(7) 15／仁(4)衣(6)奈(8) 18

にいの 新(13)乃(2) 15

にか 仁(4)花(7) 11／仁(4)香(9) 13／仁(4)架(9) 13／仁(4)歌(14) 18

にこ に(3)こ(2) 5／仁(4)子(3) 7／仁(4)胡(9) 13／仁(4)湖(12) 16／仁(4)瑚(13) 17

にじか 虹(9)花(7) 16／虹(9)架(9) 18

にじは 虹(9)羽(6) 15／虹(9)葉(12) 21

にじほ 虹(9)帆(6) 15／虹(9)歩(8) 17／虹(9)穂(15) 24

にちか 日(4)花(7) 11／仁(4)千(3)果(8) 15

にちこ 日(4)子(3) 7／仁(4)知(8)子(3) 15

にな 仁(4)那(7) 11／二(2)菜(11) 13／仁(4)菜(11) 15

にの 仁(4)乃(2) 6

にれ 仁(4)玲(9) 13

ね

ねい 寧(14)(1) 15／音(9)衣(6) 15／音(9)維(14) 23

ねお 音(9)緒(14) 23

ねね ね(4)ね(4) 8／寧(14)々(3) 17／寧(14)音(9) 23

ねねか 音(9)々(3)香(9) 21／寧(14)々(3)歌(14) 31

ねねは 音(9)々(3)羽(6) 18／音(9)々(3)葉(12) 24

ねり 寧(14)里(7) 21／音(9)璃(15) 24

の

のあ 乃(2)愛(13) 15／野(11)亜(7) 18

のい 乃(2)衣(6) 8／乃(2)唯(11) 13／乃(2)惟(11) 13

のえ 乃(2)衣(6) 8／乃(2)映(9) 11／乃(2)栄(9) 11／乃(2)榮(14) 16／野(11)恵(10) 21

のえか の(1)え(3)か(3) 7／野(11)江(6)花(7) 24／乃(2)絵(12)華(10) 24

のえみ 乃(2)恵(10)美(9) 21／乃(2)瑛(12)美(9) 23

のえる の(1)え(3)る(2) 6

のぎく 乃(2)菊(11) 13

のこ 乃(2)子(3) 5／乃(2)瑚(13) 15

のぞみ 希(7)(1) 8／希(7)心(4) 11／希(7)実(8) 15／希(7)美(9) 16／希(7)海(9) 16／希(7)望(11) 18／の(1)ぞ(5)美(9) 15

のどか 温(12)(1) 13／和(8)花(7) 15／和(8)夏(10) 18／の(1)ど(4)か(3) 8

のな 乃(2)名(6) 8／乃(2)菜(11) 13／乃(2)椰(11) 13

のね 乃(2)音(9) 11

のの 乃(2)々(3) 5／埜(11)乃(2) 13／野(11)乃(2) 13

ののあ 乃(2)々(3)愛(13) 18／野(11)々(3)亜(7) 21

ののか の(1)の(1)か(3) 5／乃(2)々(3)佳(8) 13／野(11)々(3)花(7) 21／野(11)々(3)香(9) 23

ののこ 乃(2)々(3)子(3) 8／野(11)乃(2)子(3) 16／埜(11)々(3)子(3) 17／野(11)々(3)子(3) 17

ののは の(1)の(1)は(4) 6／乃(2)々(3)葉(12) 17

ののみ の(1)の(1)み(3) 5／乃(2)々(3)実(8) 13

のぶえ
信(9)江(6) 15
伸(7)恵(10) 17

のぶか
修(10)花(7) 17
信(9)香(9) 18

のぶこ
展(10)子(3) 13
暢(14)子(3) 17

のりえ
則(9)絵(12) 21
徳(14)恵(10) 24

のりか
宜(8)花(7) 15
紀(9)香(9) 18
徳(14)花(7) 21
範(15)香(9) 24

のりこ
宜(8)子(3) 11
典(8)子(3) 11
倫(10)子(3) 13
範(15)子(3) 18

のりよ
記(10)世(5) 15
乃(2)理(11)代(5) 18

のわ
乃(2)羽(6) 8

のん
の(1)ん(2) 3

は

はぐみ
育(8)未(5) 13
育(8)実(8) 16

はすか
芙(7)佳(8) 15
蓮(13)夏(10) 23

はすね
芙(7)音(9) 16
蓮(13)寧(14) 27

はすみ
羽(6)純(10) 16
羽(6)澄(15) 21
蓮(13)実(8) 21
葉(12)澄(15) 27

はつ
初(7)(1) 8
は(4)つ(1) 5
羽(6)津(9) 15

はつえ
初(7)枝(8) 15
初(7)恵(10) 17

はつか
初(7)香(9) 16

はづき
巴(4)月(4) 8
葉(12)月(4) 16
は(4)づ(3)き(4) 11

はつな
初(7)奈(8) 15

はつね
初(7)音(9) 16
初(7)寧(14) 21

はつの
初(7)埜(11) 18
は(4)つ(1)の(1) 6

はつひ
初(7)妃(6) 13

はつほ
初(7)帆(6) 13

はつみ
初(7)実(8) 15
初(7)美(9) 16
は(4)つ(1)み(3) 8

はな
花(7)(1) 8
華(10)(1) 11
羽(6)那(7) 13
羽(6)南(9) 15
芭(7)奈(8) 15
波(8)奈(8) 16
羽(6)菜(11) 17
葉(12)南(9) 21
葉(12)菜(11) 23

はなえ
花(7)江(6) 13
花(7)映(9) 16
華(10)衣(6) 16
花(7)恵(10) 17
英(8)恵(10) 18

はなか
花(7)香(9) 16
葉(12)奈(8)花(7) 27

はなこ
華(10)子(3) 13
羽(6)那(7)子(3) 16
葉(12)奈(8)子(3) 23
葉(12)南(9)子(3) 24

はなね
花(7)音(9) 16
花(7)寧(14) 21
華(10)寧(14) 24

はなの
花(7)埜(11) 18

はなみ
花(7)実(8) 15
華(10)未(5) 15
花(7)海(9) 16
花(7)美(9) 16
英(8)美(9) 17

はなよ
英(8)世(5) 13
華(10)代(5) 15

はのあ
波(8)乃(2)亜(7) 17
羽(6)乃(2)愛(13) 21

はのん
羽(6)音(9) 15
波(8)音(9) 17
葉(12)音(9) 21

はやか
早(6)夏(10) 16
颯(14)香(9) 23

はやの
颯(14)乃(2) 16

はやみ
早(6)美(9) 15
颯(14)美(9) 23

はる
華(10)(1) 11
晏(10)(1) 11
温(12)(1) 13
晴(12)(1) 13
陽(12)(1) 13
は(4)る(2) 6
八(2)瑠(14) 16
羽(6)琉(11) 17
波(8)留(10) 18
芭(7)瑠(14) 21
葉(12)琉(11) 23

はるあ
春(9)亜(7) 16
遥(12)愛(13) 25

はるえ
遥(12)江(6) 18
晴(12)絵(12) 24

はるか
遥(12)(1) 13
遙(14)(1) 15
始(8)花(7) 15
春(9)花(7) 16
悠(11)禾(5) 16
遥(12)可(5) 17
春(9)香(9) 18
春(9)架(9) 18
暖(13)加(5) 18
遥(12)香(9) 21
陽(12)香(9) 21
遼(15)香(9) 24
悠(11)歌(14) 25
遼(15)夏(10) 25
ハ(2)ル(2)カ(2) 6

はるき
春(9)希(7) 16
晴(12)妃(6) 18
暖(13)姫(10) 23
陽(12)葵(12) 24

はるこ
晴(12)子(3) 15
陽(12)子(3) 15
葉(12)瑠(14)子(3) 29

はるさ
春(9)咲(9) 18
遥(12)彩(11) 23

はるせ
晴(12)世(5) 17
陽(12)瀬(19) 31

はるな
春(9)那(7) 16
春(9)奈(8) 17

晴名（12・6）18
陽南（12・9）21
暖奈（13・8）21
晴菜（12・11）23
陽菜（12・11）23
遼奈（15・8）23
暖菜（13・11）24
はるな（4・2・5）11

はるね

晴音（12・9）21
遥音（12・9）21
春寧（9・14）23

はるの

春乃（9・2）11
悠乃（11・2）13
暖乃（13・2）15

はるひ

春日（9・4）13
春妃（9・6）15
晴日（12・4）16
遥日（12・4）16
陽妃（12・6）18
春陽（9・12）21
悠陽（11・12）23
はるひ（4・2・2）8

はるほ

春帆（9・6）15
陽帆（12・6）18
春穂（9・15）24

はるみ

陽心（12・4）16
春美（9・9）18
晴海（12・9）21
晴美（12・9）21
遥美（12・9）21
晴望（12・11）23
遥望（12・11）23
遼実（15・8）23

はるよ

晴代（12・5）17
遥世（12・5）17
陽世（12・5）17

はんな

帆那（6・7）13
帆南（6・9）15
帆菜（6・11）17
絆那（11・7）18
範奈（15・8）23
はんな（4・2・5）11

ひ

ひいろ

日彩（4・11）15
妃彩（6・11）17

ひお

妃央（6・5）11
日緒（4・14）18

ひおり

妃織（6・18）24
妃央里（6・5・7）18
日桜里（4・10・7）21
陽央里（12・5・7）24
陽緒里（12・14・7）33

ひかり

光（6）(1) 7
晄（10）(1) 11
光里（6・7）13
光莉（6・10）16
光璃（6・15）21
ヒカリ（2・2・2）6
ひかり（2・3・2）7
妃加里（6・5・7）18
日夏里（4・10・7）21
日佳璃（4・8・15）27

ひかる

光（6）(1) 7
輝（15）(1) 16
光琉（6・11）17
ヒカル（2・2・2）6
ひかる（2・3・2）7

ひさ

妃冴（6・7）13
陽咲（12・9）21

ひさえ

悠恵（11・10）21
日沙絵（4・7・12）23

ひさか

久佳（3・8）11
央佳（5・8）13
尚花（8・7）15

ひさき

日咲（4・9）13
妃咲（6・9）15
陽咲（12・9）21

ひさこ

久子（3・3）6
央子（5・3）8
陽咲子（12・9・3）24

ひさの

久乃（3・2）5
日咲乃（4・9・2）15

ひさみ

久実（3・8）11
寿美（7・9）16

ひさよ

尚代（8・5）13
久誉（3・13）16

ひすい

妃粋（6・10）16
日翠（4・14）18
ひすい（2・3・2）7

ひづき

陽月（12・4）16
緋月（14・4）18

ひでか

秀香（7・9）16

ひでこ

英子（8・3）11

ひでみ

秀実（7・8）15
秀美（7・9）16
英美（8・9）17

ひとえ

一恵（1・10）11
仁絵（4・12）16

ひとか

一華（1・10）11
仁香（4・9）13

ひとね

仁音（4・9）13
一寧（1・14）15

ひとは

仁葉（4・12）16
ひとは（2・2・4）8

ひとみ

瞳（17）(1) 18
人美（2・9）11
仁美（4・9）13
仁望（4・11）15
陽十美（12・2・9）23
日登美（4・12・9）25

ひな

ひな（2・5）7
妃那（6・7）13
日菜（4・11）15
妃南（6・9）15
妃菜（6・11）17
陽南（12・9）21
陽菜（12・11）23
緋南（14・9）23
緋菜（14・11）25

ひなか

雛加（18・5）23
雛花（18・7）25
陽菜佳（12・11・8）31

ひなぎく

雛菊（18・11）29

ひなこ

雛子（18・3）21
日奈子（4・8・3）15
日南子（4・9・3）16
妃那子（6・7・3）16
灯奈子（6・8・3）17
日菜子（4・11・3）18
陽奈子（12・8・3）23

ひなた

陽向（12・6）18
ひなた（2・5・4）11

ひなね

雛音（18・9）27

ひなの

雛野（18・11）29
ひなの（2・5・1）8
日南乃（4・9・2）15
妃那乃（6・7・2）15
妃奈乃（6・8・2）16
日菜乃（4・11・2）17
陽南乃（12・9・2）23

ひなみ

雛美（18・9）27

妃奈美（6・8・9）23

ひなよ
雛世（18・5）23
日那世（4・7・5）16

ひの
日乃（4・2）6
妃乃（6・2）8
緋乃（14・2）16

ひのか
日乃花（4・2・7）13
陽乃香（12・2・9）23

ひばり
雲雀（12・11）23

ひびき
響（20・(1)）21
響希（20・7）27

ひまり
日毬（4・11）15
日鞠（4・17）21
妃鞠（6・17）23
陽毬（12・11）23
ひまり（2・4・2）8
妃万里（6・3・7）16
日真里（4・10・7）21
緋万里（14・3・7）24
陽茉梨（12・8・11）31

ひみか
妃美佳（6・9・8）23
陽実香（12・8・9）29

ひみこ
日弥子（4・8・3）15
陽美子（12・9・3）24

ひみの
陽美乃（12・9・2）23

ひめ
姫（10・(1)）11
媛（12・(1)）13

ひめあ
姫亜（10・7）17
姫愛（10・13）23

ひめか
姫加（10・5）15
妃華（6・10）16
姫花（10・7）17
姫佳（10・8）18
媛香（12・9）21
姫歌（10・14）24

ひめき
姫希（10・7）17
姫季（10・8）18

ひめこ
姫子（10・3）13
媛子（12・3）15
日芽子（4・8・3）15

ひめな
姫名（10・6）16
姫奈（10・8）18

ひめの
姫野（10・11）21
ひめの（2・2・1）5
ひめ乃（2・2・2）6
妃芽乃（6・8・2）16

ひめよ
姫世（10・5）15
媛代（12・5）17

ひよ
妃代（6・5）11
陽世（12・5）17

ひより
ひより（2・3・2）7
日葉里（4・12・7）23
陽世利（12・5・7）24
妃陽里（6・12・7）25

ひらり
ひらり（2・3・2）7

ひろえ
広恵（5・10）15
広絵（5・12）17
昊恵（8・10）18
啓絵（11・12）23

ひろか
弘華（5・10）15
宏香（7・9）16
洋香（9・9）18
尋香（12・9）21

ひろこ
広子（5・3）8
弘子（5・3）8
宙子（8・3）11
浩子（10・3）13
紘子（10・3）13
博子（12・3）15
寛子（13・3）16

ひろな
広奈（5・8）13
宏菜（7・11）18
紘奈（10・8）18

ひろね
宙音（8・9）17
宥寧（9・14）23

ひろの
広乃（5・2）7
洋乃（9・2）11
啓乃（11・2）13
寛乃（13・2）15
潤乃（15・2）17
ひろの（2・2・1）5

ひろは
紘羽（10・6）16
広葉（5・12）17

ひろみ
広望（5・11）16
宏海（7・9）16
洋美（9・9）18
博美（12・9）21
ひろみ（2・2・3）7

ひろよ
宙世（8・5）13
啓代（11・5）16
尋世（12・5）17

ふ

ふう
ふう（4・2）6
芙羽（7・6）13
風宇（9・6）15

ふうあ
風亜（9・7）16

ふうか
風花（9・7）16
風香（9・9）18
楓加（13・5）18
富香（12・9）21
風歌（9・14）23
楓華（13・10）23
楓歌（13・14）27

ふうこ
楓子（13・3）16
風呼（9・8）17
富子（12・5）17
風湖（9・12）21
芙羽子（7・6・3）16
風宇子（9・6・3）18

ふうな
風奈（9・8）17
風南（9・9）18
楓奈（13・8）21

ふうり
風里（9・7）16
風璃（9・15）24

ふき
歩希（8・7）15
芙姫（7・10）17

ふきこ
富季子（12・8・3）23
風輝子（9・15・3）27

ふくか
福果（13・8）21

ふくこ
福子（13・3）16
芙玖子（7・7・3）17

ふさえ
総恵（14・10）24

ふさこ
総子（14・3）17
芙沙子（7・7・3）17

ふじか
藤香（18・9）27
富士果（12・3・8）23

ふじこ
藤子（18・3）21
富士子（12・3・3）18

ふじの
ふじの（4・3・1）8
富士乃（12・3・2）17

ふたば
双芭（4・7）11
双葉（4・12）16

ふづき
風月（9・4）13

ふぶき

吹雪（7・11）18

ふみ

文（4）(1) 5
史（5）(1) 6
ふみ（4・3）7
芙美（7・9）16
巫美（7・9）16
歩実（8・8）16
風美（9・9）18
富美（12・9）21

ふみえ

史恵（5・10）15
富美恵（12・9・10）31

ふみお

史桜（5・10）15
文緒（4・14）18

ふみか

文花（4・7）11
文香（4・9）13
史佳（5・8）13
史夏（5・10）15
芙美花（7・9・7）23
歩美花（8・9・7）24
風美香（9・9・9）27

ふみこ

文子（4・3）7
史子（5・3）8
芙実子（7・8・3）18
富美子（12・9・3）24

ふみな

文那（4・7）11
史奈（5・8）13

ふみね

文寧（4・14）18
郁音（9・9）18
風美音（9・9・9）27

ふみの

文乃（4・2）6
史乃（5・2）7
郁乃（9・2）11
芙美乃（7・9・2）18

ふみは

史波（5・8）13
文葉（4・12）16
郁芭（9・7）16

ふみよ

章代（11・5）16
文誉（4・13）17
風望代（9・11・5）25

ふゆ

冬（5）(1) 6
ふゆ（4・3）7
富結（12・12）24

ふゆえ

冬恵（5・10）15

ふゆか

冬佳（5・8）13
冬華（5・10）15
風優香（9・17・9）35

ふゆき

冬妃（5・6）11
冬姫（5・10）15
風優希（9・17・7）33

ふゆこ

冬子（5・3）8
布由子（5・5・3）13
風優子（9・17・3）29

ふゆな

冬奈（5・8）13
富由奈（12・5・8）25

ふゆの

冬乃（5・2）7
芙佑乃（7・7・2）16

ふゆみ

冬実（5・8）13
歩優実（8・17・8）33
風優美（9・17・9）35

ふゆめ

冬芽（5・8）13

ふら

ふら（4・3）7
風良（9・7）16
富楽（12・13）25

ふわり

風和里（9・8・7）24

へ

べにか

紅花（9・7）16
紅佳（9・8）17
紅香（9・9）18

ほ

ほしか

星花（9・7）16
星佳（9・8）17
星架（9・9）18

ほしな

星七（9・2）11
星奈（9・8）17

ほしの

星乃（9・2）11
ほしの（5・1・1）7

ほずみ

穂純（15・10）25

ほたる

蛍留（11・10）21
ほたる（5・4・2）11

ぼたん

牡丹（7・4）11
ぼたん（7・4・2）13

ほづみ

穂積（15・16）31

ほなみ

穂波（15・8）23
帆南実（6・9・8）23
宝那美（8・7・9）24
歩奈美（8・8・9）25
穂奈実（15・8・8）31

ほの

帆乃（6・2）8
穂乃（15・2）17

ほのか

ほの香（5・1・9）15
帆乃佳（6・2・8）16
保乃加（9・2・5）16
歩乃花（8・2・7）17
歩乃果（8・2・8）18
歩乃歌（8・2・14）24
穂乃花（15・2・7）24
穂乃佳（15・2・8）25
穂乃夏（15・2・10）27
穂野花（15・11・7）33

ほのみ

帆乃美（6・2・9）17
穂乃実（15・2・8）25

ほまれ

帆希（6・7）13
穂稀（15・12）27

ま

まあこ

万亜子（3・7・3）13
茉亜子（8・7・3）18
麻愛子（11・13・3）27

まあさ

真麻（10・11）21
真亜沙（10・7・7）24

まあや

万絢（3・12）15
万綾（3・14）17
真彩（10・11）21
麻絢（11・12）23
真綾（10・14）24
麻綾（11・14）25
万亜弥（3・7・8）18

まい

舞（15）(1) 16
まい（4・2）6
茉生（8・5）13
真以（10・5）15
茉依（8・8）16
真衣（10・6）16
麻衣（11・6）17
真唯（10・11）21
磨依（16・8）24

まいあ

舞亜（15・8）23
麻衣亜（11・6・7）24

まいか

苺花（8・7）15
苺佳（8・8）16
舞果（15・8）23
舞佳（15・8）23
舞香（15・9）24
舞夏（15・10）25
舞華（15・10）25
麻衣花（11・6・7）24
真維花（10・14・7）31

まいこ
舞(15)子(3) 18
茉(8)以(5)子(3) 16
茉(8)衣(6)子(3) 17
真(10)唯(11)子(3) 24

まいさ
毎(6)咲(9) 15
舞(15)咲(9) 24
舞(15)紗(10) 25
万(3)唯(11)沙(7) 21

まいな
苺(8)奈(8) 16
舞(15)南(9) 24

まいの
舞(15)乃(2) 17
真(10)衣(6)乃(2) 18

まいは
舞(15)羽(6) 21
舞(15)波(8) 23
舞(15)葉(12) 27

まいみ
舞(15)海(9) 24
舞(15)美(9) 24
麻(11)衣(6)実(8) 25

まいや
舞(15)弥(8) 23
舞(15)耶(9) 24

まいり
舞(15)莉(10) 25
万(3)衣(6)里(7) 16

まうな
舞(15)奈(8) 23
真(10)羽(6)奈(8) 24

まお
万(3)桜(10) 13
茉(8)央(5) 13
真(10)央(5) 15
麻(11)央(5) 16
万(3)緒(14) 17
真(10)絃(11) 21
磨(16)央(5) 21
真(10)緒(14) 24

まおか
麻(11)央(5)花(7) 23
万(3)緒(14)佳(8) 25

まおこ
万(3)桜(10)子(3) 16
真(10)緒(14)子(3) 27

まおな
真(10)央(5)奈(8) 23
万(3)緒(14)那(7) 24
磨(16)央(5)奈(8) 29

まおの
万(3)桜(10)乃(2) 15
真(10)央(5)乃(2) 17

まおみ
ま(4)お(4)み(3) 11
麻(11)央(5)実(8) 24
真(10)桜(10)美(9) 29
真(10)緒(14)美(9) 33

まおり
麻(11)織(18) 29
舞(15)織(18) 33
万(3)央(5)里(7) 15

まかな
茉(8)叶(5) 13
真(10)叶(5) 15
茉(8)奏(9) 17
真(10)可(5)奈(8) 23

まき
万(3)葵(12) 15
茉(8)季(8) 16
真(10)妃(6) 16
麻(11)妃(6) 17
真(10)祈(8) 18
真(10)季(8) 18
磨(16)希(7) 23
真(10)綺(14) 24

まきあ
万(3)季(8)亜(7) 18

まきえ
蒔(13)恵(10) 23
真(10)希(7)江(6) 23

まきこ
蒔(13)子(3) 16
万(3)紀(9)子(3) 15
万(3)基(11)子(3) 17
真(10)姫(10)子(3) 23
真(10)規(11)子(3) 24

まきな
万(3)妃(6)那(7) 16

まきの
蒔(13)乃(2) 15
茉(8)希(7)乃(2) 17

まきほ
蒔(13)歩(8) 21
茉(8)希(7)歩(8) 23

まきよ
蒔(13)世(5) 18
万(3)希(7)代(5) 15

まこ
茉(8)子(3) 11
真(10)子(3) 13
真(10)呼(8) 18
真(10)瑚(13) 23
麻(11)瑚(13) 24

まこと
万(3)琴(12) 15
真(10)采(8) 18
麻(11)琴(12) 23

まさえ
允(4)絵(12) 16
正(5)絵(12) 17
雅(13)恵(10) 23

まさき
正(5)姫(10) 15
雅(13)姫(10) 23

まさこ
昌(8)子(3) 11
雅(13)子(3) 16
真(10)紗(10)子(3) 23

まさな
真(10)那(7) 17
雅(13)菜(11) 24

まさみ
允(4)美(9) 13
晶(12)海(9) 21
雅(13)実(8) 21
暢(14)美(9) 23
麻(11)沙(7)美(9) 27

まさよ
匡(6)代(5) 11
雅(13)世(5) 18
雅(13)代(5) 18

ましお
真(10)汐(6) 16
真(10)潮(15) 25

まじゅ
真(10)寿(7) 17
麻(11)珠(10) 21

ましろ
茉(8)白(5) 13
真(10)白(5) 15
ま(4)し(1)ろ(2) 7

ますみ
万(3)純(10) 13
茉(8)純(10) 18
真(10)澄(15) 25

まち
真(10)千(3) 13
万(3)智(12) 15
真(10)知(8) 18
磨(16)知(8) 24

まちか
万(3)誓(14) 17
真(10)誓(14) 24
万(3)智(12)香(9) 24

まちこ
真(10)千(3)子(3) 16
万(3)智(12)子(3) 18

まつり
茉(8)莉(10) 18
祭(11)里(7) 18

まどか
円(4)(1) 5
円(4)花(7) 11
円(4)架(9) 13
窓(11)花(7) 18
ま(4)ど(4)か(3) 11

まな
万(3)奈(8) 11
茉(8)那(7) 15
茉(8)奈(8) 16
茉(8)南(9) 17
真(10)那(7) 17
真(10)奈(8) 18
麻(11)那(7) 18
真(10)菜(11) 21
磨(16)奈(8) 24
磨(16)菜(11) 27

まなえ

- 愛13永5　18
- 愛13恵10　23
- 愛13絵12　25

まなか

- 真10花7　17
- 愛13加5　18
- 愛13夏10　23
- 麻11奈8加5　24

まなつ

- 茉8夏10　18
- 真10奈8津9　27

まなの

- 愛13乃2　15

まなは

- 真10羽6　16
- 真10波8　18
- 愛13葉12　25
- ま4な5は4　13
- 真10那7羽6　23

まなほ

- 真10帆6　16
- 真10歩8　18
- 愛13歩8　21
- 真10奈8帆6　24
- 麻11菜11穂15　37

まなみ

- 真10実8　18
- 真10波8　18
- 愛13実8　21
- 舞15波8　23
- 真10那7実8　25
- 真10奈8海9　27
- 麻11菜11美9　31

まの

- 万3乃2　5
- ま4の1　5
- 磨16乃2　18

まのあ

- ま4の1あ3　8

まのん

- 茉8音9　17

まは

- 万3葉12　15
- 麻11芭7　18

まはな

- 万3華10　13
- 茉8花7　15
- 真10花7　17
- 真10波8名5　23

まひな

- 万3雛18　21

まひる

- ま4ひ2る2　8

まひろ

- 万3広5　8
- 茉8広5　13
- 万3尋12　15
- 真10宙8　18
- 真10優17　27
- ま4ひ2ろ2　8

まふみ

- 茉8史5　13
- 真10富12美9　31
- 舞15風9美9　33

まほ

- 真10帆6　16
- 麻11帆6　17
- 万3穂15　18
- 真10歩8　18
- 茉8穂15　23
- 磨16歩8　24
- 真10穂15　25
- 磨16穂15　31

まほこ

- 万3保9子3　15
- 真10歩8子3　21

まみ

- 万3実8　11
- 真10実8　18
- 真10望11　21
- 磨16美9　25

まみか

- 麻11巳3花7　21
- 茉8実8花7　23
- 真10美9加5　24
- 満12実8香9　29

まみこ

- 真10未5子3　18
- 真10心4子7　21
- 麻11美9子3　23

まみな

- 万3美9菜11　23
- 真10実8那7　25

まや

- ま4や3　7
- 茉8弥8　16
- 真10弥8　18
- 麻11椰13　24
- 摩15耶9　24

まやか

- 真10也3加5　18
- 茉8弥8花7　23

まやこ

- 麻11也3子3　17
- 真10矢5子3　18

まゆ

- ま4ゆ3　7
- 万3由5　8
- 茉8由5　13
- 万3結12　15
- 茉8佑7　15
- 真10由5　15
- 麻11友4　15
- 麻11有6　17
- 茉8優17　25
- 真10優17　27
- 舞15優17　32

まゆう

- 真10夕3　13
- 真10優17　27

まゆか

- 繭18花7　25
- 繭18香9　27
- 万3友4佳8　15
- 万3由5夏10　18
- 真10佑7花7　24
- 茉8佑7香9　24
- 万3優17花7　27
- 真10結12花7　29
- 舞15悠11花7　33

まゆき

- 真10雪11　21
- 真10結12希7　29

まゆこ

- 繭18子3　21
- 万3由5子3　11
- 万3佑7子3　13
- 麻11夕3子3　17
- 万3結12子3　18
- 真10悠11子3　24
- 真10愉12子3　25
- 満12優17子3　32

まゆさ

- 繭18沙7　25
- 万3結12咲9　24

まゆな

- 真10由5奈8　23
- 茉8優17奈8　33

まゆの

- ま4ゆ3の1　8
- 万3結12乃2　17
- 麻11由5乃2　18
- 真10悠11乃2　23

まゆほ

- 繭18帆6　24
- 真10由5歩8　23

まゆみ

- 真10弓3　13
- 繭18美9　27
- 麻11友4実9　24
- 万3優17美9　29
- 真10裕12美9　31

まゆり

- 繭18里7　25
- 茉8有6莉10　24

まよ

- 茉8代5　13
- 麻11世5　16

まり

- 鞠17(1)　18
- ま4り2　6
- 万3哩10　13
- 真10里7　17
- 茉8莉10　18
- 麻11里7　18
- 真10理11　21
- 磨16里7　23
- 真10璃15　25
- 磨16璃15　31

まりあ
毬(11)亜(7) 18
鞠(17)亜(7) 24
マ(2)リ(2)ア(2) 6
万(3)理(11)亜(7) 21
麻(11)里(7)亜(7) 25
茉(8)莉(10)愛(13) 31

まりい
鞠(17)依(8) 25
麻(11)里(7)衣(6) 24

まりえ
毬(11)絵(12) 23
鞠(17)絵(12) 29
万(3)里(7)江(6) 16
茉(8)莉(10)江(6) 24
真(10)璃(15)江(6) 31
真(10)璃(15)恵(10) 35

まりか
毬(11)花(7) 18
毬(11)華(10) 21
鞠(17)花(7) 24
鞠(17)佳(8) 25
万(3)里(7)加(5) 15
真(10)吏(6)花(7) 23
茉(8)莉(10)花(7) 25
真(10)梨(11)華(10) 31

まりこ
万(3)里(7)子(3) 13
万(3)璃(15)子(3) 21
真(10)理(11)子(3) 24

まりさ
毬(11)沙(7) 18
鞠(17)沙(7) 24
鞠(17)紗(10) 27
麻(11)里(7)咲(9) 27

まりな
毬(11)那(7) 18
鞠(17)奈(8) 25
ま(4)り(2)な(5) 11
真(10)利(7)奈(8) 25
満(12)理(11)奈(8) 31
真(10)璃(15)奈(8) 33
満(12)璃(15)奈(8) 35

まりの
毬(11)乃(2) 13
真(10)理(11)乃(2) 23
麻(11)梨(11)乃(2) 24

まりや
マ(2)リ(2)ヤ(2) 6
万(3)里(7)弥(8) 18
麻(11)里(7)矢(5) 23

まりよ
毬(11)世(5) 16
麻(11)梨(11)代(5) 27

まりん
万(3)凛(15) 18
茉(8)鈴(13) 21
真(10)鈴(13) 23
真(10)綸(14) 24
真(10)凛(15) 25

まるみ
丸(3)実(8) 11
真(10)瑠(14)美(9) 33

まれ
希(7)(1) 8
稀(12)(1) 13

まれい
茉(8)礼(5) 13
真(10)怜(8) 18

まれな
希(7)菜(11) 18

み

みあ
み(3)あ(3) 6
弥(8)亜(7) 15
実(8)亜(7) 15
美(9)亜(7) 16
美(9)亞(8) 17
実(8)愛(13) 21

みあな
美(9)亜(7)那(7) 23
美(9)亜(7)菜(11) 27

みあり
美(9)有(6) 15
美(9)愛(13)理(11) 33

みあん
実(8)杏(7) 15
珠(10)安(6) 16

みい
実(8)以(5) 13
心(4)唯(11) 15
美(9)衣(6) 15
実(8)依(8) 16
美(9)維(14) 23

みいか
実(8)唯(11)可(5) 24
美(9)依(8)佳(8) 25

みいこ
実(8)伊(6)子(3) 17
実(8)位(7)子(3) 18
美(9)唯(11)子(3) 23

みいさ
実(8)以(5)彩(11) 24
美(9)依(8)沙(7) 24

みいな
心(4)唯(11)奈(8) 23
実(8)依(8)那(7) 23
美(9)伊(6)奈(8) 23

みう
未(5)宇(6) 11
未(5)羽(6) 11
海(9)宇(6) 15
海(9)羽(6) 15
泉(9)宇(6) 15
美(9)宇(6) 15
美(9)羽(6) 15
美(9)雨(8) 17

みうこ
美(9)宇(6)子(3) 18
実(8)羽(6)子(3) 17

みうな
美(9)宇(6)奈(8) 23

みえ
美(9)江(6) 15
美(9)栄(9) 18
美(9)絵(12) 21

みえこ
実(8)永(5)子(3) 16
美(9)絵(12)子(3) 24

みお
澪(16)(1) 17
三(3)桜(10) 13
実(8)生(5) 13
実(8)央(5) 13
珠(10)央(5) 15
深(11)央(5) 16
美(9)旺(8) 17
美(9)弦(8) 17
水(4)緒(14) 18
実(8)桜(10) 18
弥(8)桜(10) 18
実(8)峰(10) 18
美(9)緒(14) 23
海(9)緒(14) 23
望(11)緒(14) 25

みおか
望(11)丘(5) 16
澪(16)加(5) 21
澪(16)佳(8) 24
実(8)桜(10)花(7) 25

みおこ
海(9)央(5)子(3) 17
実(8)桜(10)子(3) 21

みおな
澪(16)奈(8) 24
美(9)緒(14)奈(8) 31

みおね
澪(16)音(9) 25
美(9)央(5)音(9) 23

みおの
澪(16)乃(2) 18
心(4)央(5)乃(2) 11
美(9)桜(10)乃(2) 21

みおり
未(5)織(18) 23
澪(16)里(7) 23
見(7)織(18) 25
美(9)織(18) 27
深(11)織(18) 29
澪(16)璃(15) 31
美(9)央(5)利(7) 21
実(8)央(5)梨(11) 24
水(4)緒(14)里(7) 25

みおん
美(9)苑(8) 17
美(9)音(9) 18
実(8)園(13) 21
美(9)温(12) 21
美(9)穏(16) 25

みか
三(3)佳(8) 11
心(4)花(7) 11
実(8)加(5) 13
未(5)華(10) 15
実(8)花(7) 15
実(8)佳(8) 16
美(9)花(7) 16
海(9)花(7) 16
美(9)佳(8) 17
美(9)河(8) 17
実(8)夏(10) 18
美(9)架(9) 18
美(9)賀(12) 21
美(9)嘉(14) 23
美(9)歌(14) 23

みかえ
海(9)夏(10)江(6) 25

みかこ
実(8)加(5)子(3) 16
未(5)華(10)子(3) 18
美(9)香(9)子(3) 21

みかさ
三(3)花(7)沙(7) 17
美(9)加(5)紗(10) 24

みかぜ
実(8)風(9) 17
美(9)風(9) 18

みかな
実(8)叶(5) 13
美(9)花(7)那(7) 23

みかの
海(9)加(5)乃(2) 16
美(9)歌(14)乃(2) 25

みかほ
未(5)可(5)歩(8) 18
実(8)夏(10)帆(6) 24

みかよ
三(3)花(7)代(5) 15
実(8)佳(8)世(5) 21

みかり
実(8)夏(10)里(7) 25

みかん
実(8)莞(10) 18
美(9)柑(9) 18
美(9)歓(15) 24

みき
心(4)希(7) 11
泉(9)妃(6) 15
美(9)気(6) 15
美(9)希(7) 16
美(9)季(8) 17
実(8)起(10) 18
実(8)姫(10) 18
美(9)喜(12) 21
海(9)綺(14) 23
美(9)輝(15) 24
美(9)樹(16) 25

みきあ
樹(16)亜(7) 23

みきえ
幹(13)恵(10) 23
未(5)来(7)絵(12) 24

みきか
幹(13)佳(8) 21
美(9)紀(9)加(5) 23
実(8)希(7)香(9) 24

みきこ
幹(13)子(3) 16
未(5)来(7)子(3) 15
美(9)基(11)子(3) 23
美(9)貴(12)子(3) 24

みきな
幹(13)菜(11) 24
実(8)希(7)奈(8) 23

みきの
幹(13)乃(2) 15
樹(16)乃(2) 18

みきほ
美(9)希(7)穂(15) 31

みきよ
幹(13)代(5) 18
樹(16)世(5) 21

みく
ミ(3)ク(2) 5
三(3)久(3) 6
心(4)玖(7) 11
実(8)久(3) 11
未(5)空(8) 13
未(5)來(8) 13
実(8)玖(7) 15
実(8)空(8) 16
美(9)玖(7) 16
美(9)紅(9) 18
美(9)琥(12) 21

みくも
美(9)雲(12) 21

みくり
実(8)久(3)李(7) 18
実(8)久(3)里(7) 18

みこ
実(8)子(3) 11
実(8)呼(8) 16
実(8)瑚(13) 21
美(9)湖(12) 21

みこと
三(3)琴(12) 15
水(4)琴(12) 16
美(9)采(8) 17
美(9)琴(12) 21
実(8)古(5)都(11) 24

みさ
三(3)紗(10) 13
心(4)彩(11) 15
海(9)沙(7) 16
美(9)沙(7) 16
実(8)咲(9) 17
実(8)紗(10) 18
美(9)咲(9) 18
望(11)沙(7) 18

みさえ
心(4)冴(7) 11
美(9)冴(7) 16

みさき
心(4)咲(9) 13
岬(8)希(7) 15
見(7)咲(9) 16
実(8)咲(9) 17
岬(8)姫(10) 18
美(9)咲(9) 18
海(9)咲(9) 18
泉(9)咲(9) 18
美(9)沙(7)希(7) 23
美(9)沙(7)季(8) 24
実(8)紗(10)希(7) 25
美(9)沙(7)輝(15) 31

みさこ
心(4)咲(9)子(3) 16
実(8)冴(7)子(3) 18
美(9)彩(11)子(3) 23

みさと
実(8)里(7) 15
実(8)怜(8) 16
美(9)里(7) 16
美(9)聡(14) 23
美(9)慧(15) 24
み(3)さ(3)と(2) 8
美(9)咲(9)音(9) 27
実(8)紗(10)都(11) 29

みさの
み(3)さ(3)乃(2) 8
美(9)沙(7)乃(2) 18

みさほ
美(9)沙(7)保(9) 25

みさよ
三(3)紗(10)世(5) 18
美(9)沙(7)代(5) 21

みしお
美(9)汐(6) 15
美(9)潮(15) 24

みしず
美(9)静(14) 23

みじゅ
美(9)寿(7) 16
実(8)珠(10) 18

みずえ
瑞(13)絵(12) 25
み(3)ず(5)え(3) 11

みずか
水(4)香(9) 13
瑞(13)夏(10) 23

みずき
水(4)希(7) 11
水(4)葵(12) 16
瑞(13)季(8) 21
瑞(13)姫(10) 23
瑞(13)葵(12) 25

みずさ
瑞(13)紗(10) 23
瑞(13)彩(11) 24

みすず
水涼（4・11）15
実鈴（8・13）21
みすず（3・3・5）11
実寿々（8・7・3）18
美朱々（9・6・3）18

みずな
水那（4・7）11
瑞奈（13・8）21

みずは
水葉（4・12）16
瑞波（13・8）21
瑞葉（13・12）25

みずほ
瑞歩（13・8）21
みずほ（3・5・5）13
美珠帆（9・10・6）25

みずよ
瑞与（13・3）16
瑞世（13・5）18

みずり
瑞莉（13・10）23

みせい
美青（9・8）17
実聖（8・13）21
美静（9・14）23

みその
実苑（8・8）16
みその（3・3・1）7
美想乃（9・13・2）24

みそら
美天（9・4）13
見空（7・8）15
美空（9・8）17
美穹（9・8）17

みち
みち（3・3）6
実知（8・8）16
美知（9・8）17
海智（9・12）21

みちえ
進恵（11・10）21
美智恵（9・12・10）31

みちか
迪花（8・7）15
通花（10・7）17
路佳（13・8）21
美誓（9・14）23
三千花（3・3・7）13
実知佳（8・8・8）24

みちこ
通子（10・3）13
道子（12・3）15
路子（13・3）16
心知子（4・8・3）15
未知子（5・8・3）16
美智子（9・12・3）24

みちほ
道帆（12・6）18
実知歩（8・8・8）24

みちよ
倫世（10・5）15
道世（12・5）17
実千代（8・3・5）16

みちる
みちる（3・3・2）8
美知留（9・8・10）27

みつえ
光恵（6・10）16
充絵（6・12）18

みつか
充香（6・9）15
光華（6・10）16

みつき
光希（6・7）13
充希（6・7）13
美月（9・4）13
深月（11・4）15
光姫（6・10）16
光稀（6・12）18
実津希（8・9・7）24

みづき
水月（4・4）8
美月（9・4）13
望月（11・4）15

みつこ
美都子（9・11・3）23

みつは
光葉（6・12）18
みつは（3・1・4）8

みつほ
充保（6・9）15
満帆（12・6）18
光穂（6・15）21
充穂（6・15）21

みつみ
光美（6・9）15
美摘（9・14）23

みつよ
光世（6・5）11
実都代（8・11・5）24

みと
みと（3・2）5
美斗（9・4）13
心都（4・11）15
美渡（9・12）21
美翔（9・12）21

みどり
翠（14）(1) 15
碧（14）(1) 15
緑（14）(1) 15
美登理（9・12・11）32

みどりこ
緑子（14・3）17

みな
三奈（3・8）11
美七（9・2）11
未奈（5・8）13
心菜（4・11）15
実那（8・7）15
美名（9・6）15
美那（9・7）16
美奈（9・8）17

みなえ
美苗（9・8）17
みなえ（3・5・3）11
実菜絵（8・11・12）31

みなか
皆花（9・7）16
美那香（9・7・9）25

みなぎ
美凪（9・6）15

みなこ
未奈子（5・8・3）16
実那子（8・7・3）18
美菜子（9・11・3）23

みなほ
南帆（9・6）15
皆穂（9・15）24
美奈穂（9・8・15）32

みなみ
美波（9・8）17
南海（9・9）18
美南（9・9）18
みなみ（3・5・3）11
みな美（3・5・9）17

みなも
水萌（4・11）15
みなも（3・5・3）11

みなよ
三奈代（3・8・5）16
美南世（9・9・5）23

みね
美音（9・9）18
美寧（9・14）23

みねか
峰花（10・7）17
美音加（9・9・5）23

みの
未乃（5・2）7
美乃（9・2）11

みのあ
美乃亜（9・2・7）18
実乃愛（8・2・13）23

みのり
実里（8・7）15
美典（9・8）17
美宜（9・8）17
実莉（8・10）18
美徳（9・14）23
みのり（3・1・2）6
美乃里（9・2・7）18

みはな
未華（5・10）15
実花（8・7）15
美花（9・7）16
海波奈（9・8・8）25

みはね
未羽（5・6）11
美羽（9・6）15

みはや
美快（9・7）16
美颯（9・14）23

みはる
心晴（4・12）16
美春（9・9）18
美晴（9・12）21
美遥（9・12）21

みひろ
実広（8・5）13
心尋（4・12）16
美尋（9・12）21
みひろ（3・2・2）7

みふゆ
実冬（8・5）13
深冬（11・5）16
美風優（9・9・17）35

みほ
未帆（5・6）11
海帆（9・6）15
美帆（9・6）15
実保（8・9）17
海歩（9・8）17
美歩（9・8）17
望帆（11・6）17
美保（9・9）18
実穂（8・15）23
美穂（9・15）24

みほこ
実豊子（8・13・3）24
美穂子（9・15・3）27

みほの
未歩乃（5・8・2）15
海帆乃（9・6・2）17

みま
美茉（9・8）17
実真（8・10）18

みみ
実々（8・3）11
美海（9・9）18

みみか
実々花（8・3・7）18
美々架（9・3・9）21

みみこ
美々子（9・3・3）15
美心子（9・4・3）16
美海子（9・9・3）21

みめい
美明（9・8）17

みもり
美守（9・6）15
美森（9・12）21

みや
実也（8・3）11
美弥（9・8）17

みやか
都花（11・7）18
美矢香（9・5・9）23

みやこ
美也子（9・3・3）15
美矢子（9・5・3）17
実椰子（8・13・3）24

みやび
みや美（3・3・9）15

みゆ
美友（9・4）13
実佑（8・7）15
美有（9・6）15
望友（11・4）15
心結（4・12）16
未悠（5・11）16
望由（11・5）16
美宥（9・9）18
心優（4・17）21
美結（9・12）21
深結（11・12）23
望結（11・12）23
実優（8・17）25

みゆう
心友（4・4）8
実侑（8・8）16
美侑（9・8）17
美祐（9・9）18
心優（4・17）21
実優（8・17）25
美優羽（9・17・6）32

みゆか
美由香（9・5・9）23
未結花（5・12・7）24

みゆき
美行（9・6）15
美亨（9・7）16
美幸（9・8）17
美潔（9・15）24
美薫（9・16）25
実優希（8・17・7）32
美結樹（9・12・16）37

みゆこ
海祐子（9・9・3）21
心優子（4・17・3）24

みゆず
実柚（8・9）17
美柚（9・9）18

みゆな
美佑奈（9・7・8）24
美結奈（9・12・8）29
実優奈（8・17・8）33
美優菜（9・17・11）37

みゆね
心結音（4・12・9）25
美優音（9・17・9）35

みゆの
美由乃（9・5・2）16
美結乃（9・12・2）23

みゆり
実由梨（8・5・11）24
美優里（9・17・7）33

みよ
実代（8・5）13
実誉（8・13）21

みら
美良（9・7）16
実楽（8・13）21

みらい
未來（5・8）13
実来（8・7）15
海来（9・7）16
美来（9・7）16
美來（9・8）17
望来（11・7）18
美蕾（9・16）25
みらい（3・3・2）8

みらん
未蘭（5・19）24
美藍（9・18）27

みり
みり（3・2）5
実李（8・7）15
美里（9・7）16
海璃（9・15）24

みりあ
美璃亜（9・15・7）31

みりか
美李花（9・7・7）23

みりさ
実里咲（8・7・9）24

みりな
美利奈（9・7・8）24
実莉菜（8・10・11）29

みりや
美里弥（9・7・8）24

みれあ
美礼亜（9・5・7）21
実玲亜（8・9・7）24

みれい
心玲（4・9）13
実令（8・5）13
実伶（8・7）15
美励（9・7）16
実玲（8・9）17
美怜（9・8）17
美玲（9・9）18
水麗（4・19）23
実澪（8・16）24
美澪（9・16）25
実麗（8・19）27

みれか
美玲花（9・9・7）25

みれな
未怜奈（5・8・8）21
実玲那（8・9・7）24

みわ
みわ（3・3）6
実和（8・8）16
美和（9・8）17
実環（8・17）25

みわこ
心和子（4・8・3）15
見和子（7・8・3）18
美環子（9・17・3）29

む

むぎ
- 麦（7）(1) 8

むつか
- 六花（4・7）11
- 睦華（13・10）23

むつき
- 睦月（13・4）17
- 睦姫（13・10）23

むつこ
- 睦子（13・3）16

むつみ
- 睦実（13・8）21

むつよ
- 睦世（13・5）18

め

めい
- 芽以（8・5）13
- 芽生（8・5）13
- 芽依（8・8）16
- 萌生（11・5）16
- 萌衣（11・6）17
- 芽意（8・13）21

めいあ
- 芽亜（8・7）15
- 明亜（8・7）15

めいか
- 明禾（8・5）13
- 明華（8・10）18

めいこ
- 芽子（8・3）11
- 明子（8・3）11
- 芽以子（8・5・3）16
- 芽生子（8・5・3）16

めいさ
- 芽沙（8・7）15
- 名紗（6・10）16
- 芽咲（8・9）17
- 明咲（8・9）17
- 明紗（8・10）18

めいな
- 芽那（8・7）15
- 明奈（8・8）16

めいみ
- 明海（8・9）17
- 芽実（8・8）16
- 萌生実（11・5・8）24

めぐ
- めぐ（2・3）5
- 芽玖（8・7）15

めぐか
- 恵花（10・7）17

めぐみ
- 恩（10）(1) 11
- 恵（10）(1) 11
- 惠（12）(1) 13
- 恵実（10・8）18
- 愛実（13・8）21

めぐる
- 恵瑠（10・14）24
- 愛琉（13・11）24
- めぐる（2・3・2）7

めみ
- 芽未（8・5）13
- 芽実（8・8）16

めり
- 芽里（8・7）15
- 芽璃（8・15）23

める
- 芽留（8・10）18

も

もあ
- 萌愛（11・13）24

もあな
- 百亜菜（6・7・11）24

もえ
- もえ（3・3）6
- 百恵（6・10）16
- 百笑（6・10）16
- 萌永（11・5）16
- 百絵（6・12）18
- 萌絵（11・12）23
- 望絵（11・12）23

もえか
- 萌加（11・5）16
- 萌花（11・7）18
- 萌夏（11・10）21

もえこ
- 萌瑚（11・13）24
- 百瑛子（6・12・3）21

もえな
- 萌那（11・7）18
- 百恵奈（6・10・8）24

もえの
- 萌乃（11・2）13

もえは
- 萌葉（11・12）23

もえみ
- 萌笑（11・10）21

もえり
- 萌里（11・7）18

もか
- もか（3・3）6
- 百花（6・7）13
- 百華（6・10）16
- 最香（12・9）21

もと
- 百音（6・9）15
- 萌斗（11・4）15

もとえ
- 素江（10・6）16
- 基恵（11・10）21

もとか
- 元香（4・9）13
- 朔花（10・7）17
- 素花（10・7）17
- 素佳（10・8）18

もとこ
- 元子（4・3）7
- 心子（4・3）7
- 始子（8・3）11
- 朔子（10・3）13
- 素子（10・3）13

もとは
- 元葉（4・12）16
- 素波（10・8）18

もとみ
- 元美（4・9）13
- 素実（10・8）18

もな
- もな（3・5）8
- 百那（6・7）13
- 萌名（11・6）17

もなみ
- もなみ（3・5・3）11

もね
- もね（3・4）7
- 百音（6・9）15
- 最音（12・9）21

もみじ
- 紅葉（9・12）21
- 萌美路（11・9・13）33

もも
- 桃（10）(1) 11
- もも（3・3）6

ももあ
- 桃愛（10・13）23
- 萌々亜（11・3・7）21

ももえ
- 百恵（6・10）16
- 百絵（6・12）18
- 萌々恵（11・3・10）24

ももか
- 百花（6・7）13
- 百香（6・9）15
- 百華（6・10）16
- 桃花（10・7）17
- 桃佳（10・8）18
- 桃歌（10・14）24
- 百々花（6・3・7）16
- 百々果（6・3・8）17
- 百々香（6・3・9）18
- 萌々香（11・3・9）23

ももこ
- 桃子（10・3）13
- 萌々子（11・3・3）17

ももな
- 桃奈（10・8）18
- 桃菜（10・11）21
- 百々奈（6・3・8）17

ももね
- 百音（6・9）15
- 萌々音（11・3・9）23

ももの
- 百乃（6・2）8
- 桃埜（10・11）21
- 萌々乃（11・3・2）16

ももは
- 桃(10)羽(6) — 16
- 百(6)葉(12) — 18
- 百(6)々(3)羽(6) — 15

ももみ
- 百(6)美(9) — 15
- 桃(10)実(8) — 18
- 萌(11)々(3)美(9) — 23

ももよ
- 百(6)世(5) — 11
- 桃(10)代(5) — 15
- 桃(10)世(5) — 15

もゆ
- 萌(11)由(5) — 16
- 百(6)結(12) — 18
- 百(6)優(17) — 23

や

やえ
- やえ(3・3) — 6
- 八(2)重(9) — 11
- 弥(8)恵(10) — 18

やえか
- 八(2)重(9)花(7) — 18
- 弥(8)江(6)香(9) — 23

やえこ
- 八(2)恵(10)子(3) — 15
- 弥(8)笑(10)子(3) — 21

やえの
- やえの(3・3・1) — 7
- 八(2)重(9)乃(2) — 13
- 弥(8)江(6)乃(2) — 16

やすえ
- 安(6)恵(10) — 16
- 康(11)江(6) — 17
- 康(11)恵(10) — 21

やすか
- 保(9)花(7) — 16
- 泰(10)歌(14) — 24
- 穏(16)香(9) — 25

やすこ
- 泰(10)子(3) — 13
- 靖(13)子(3) — 16

やすの
- 康(11)乃(2) — 13
- 靖(13)乃(2) — 15
- 穏(16)乃(2) — 18

やすは
- 恭(10)羽(6) — 16
- 靖(13)葉(12) — 25

やすほ
- 泰(10)帆(6) — 16
- 康(11)帆(6) — 17

やすみ
- 泰(10)実(8) — 18
- 寧(14)美(9) — 23

やすよ
- 泰(10)世(5) — 15
- 泰(10)代(5) — 15
- 康(11)世(5) — 16
- 靖(13)代(5) — 18

ややか
- 弥(8)々(3)花(7) — 18

やよい
- 弥(8)生(5) — 13
- やよい(3・3・2) — 8

ゆ

ゆあ
- ゆあ(3・3) — 6
- 侑(8)亜(7) — 15
- 友(4)愛(13) — 17
- 悠(11)亜(7) — 18
- 悠(11)愛(13) — 24
- 優(17)亜(7) — 24
- 結(12)愛(13) — 25

ゆあな
- 結(12)亜(7)奈(8) — 27

ゆあん
- 優(17)杏(7) — 24

ゆい
- 結(12)(1) — 13
- ゆい(3・2) — 5
- 由(5)衣(6) — 11
- 由(5)依(8) — 13
- 祐(9)衣(6) — 15
- 宥(9)衣(6) — 15
- 唯(11)以(5) — 16
- 結(12)生(5) — 17
- 悠(11)衣(6) — 17
- 結(12)衣(6) — 18
- 愉(12)衣(6) — 18
- 優(17)伊(6) — 23
- 結(12)意(13) — 25

ゆいあ
- 唯(11)亜(7) — 18
- 惟(11)愛(13) — 24
- 結(12)愛(13) — 25

ゆいか
- 唯(11)加(5) — 16
- 惟(11)花(7) — 18
- 唯(11)花(7) — 18
- 結(12)架(9) — 21
- ユイカ(2・2・2) — 6
- 由(5)衣(6)花(7) — 18
- 有(6)依(8)香(9) — 23

ゆいこ
- 結(12)子(3) — 15
- 友(4)依(8)子(3) — 15
- 結(12)衣(6)子(3) — 21
- 優(17)唯(11)子(3) — 31

ゆいさ
- 唯(11)沙(7) — 18
- 結(12)咲(9) — 21
- 由(5)衣(6)沙(7) — 18

ゆいな
- 唯(11)名(6) — 17
- 惟(11)那(7) — 18
- 結(12)名(6) — 18
- 結(12)菜(11) — 23
- ユイナ(2・2・2) — 6
- 友(4)唯(11)奈(8) — 23
- 優(17)依(8)奈(8) — 33

ゆいね
- 結(12)音(9) — 21
- 唯(11)寧(14) — 25
- 結(12)衣(6)音(9) — 27

ゆいの
- 唯(11)乃(2) — 13
- 悠(11)依(8)乃(2) — 21

ゆいは
- 唯(11)羽(6) — 17
- 結(12)羽(6) — 18
- 唯(11)葉(12) — 23
- 結(12)葉(12) — 24
- 由(5)衣(6)葉(12) — 23
- 優(17)衣(6)葉(12) — 35

ゆいほ
- 惟(11)帆(6) — 17
- 唯(11)帆(6) — 17
- 結(12)穂(15) — 27

ゆいみ
- 結(12)美(9) — 21
- ゆいみ(3・2・3) — 8
- 悠(11)衣(6)実(8) — 25

ゆいり
- 唯(11)里(7) — 18
- 唯(11)莉(10) — 21
- 結(12)梨(11) — 23
- 由(5)衣(6)里(7) — 18

ゆう
- 友(4)(1) — 5
- 優(17)(1) — 18
- ゆう(3・2) — 5
- 由(5)宇(6) — 11
- 悠(11)宇(6) — 17
- 優(17)羽(6) — 23

ゆうあ
- 夕(3)愛(13) — 16
- 優(17)亜(7) — 24

ゆうか
- 夕(3)佳(8) — 11
- 友(4)花(7) — 11
- 侑(8)加(5) — 13
- 有(6)香(9) — 15
- 佑(7)香(9) — 16
- 宥(9)花(7) — 16
- 宥(9)香(9) — 18
- 悠(11)花(7) — 18
- 悠(11)夏(10) — 21
- 湧(12)香(9) — 21
- 優(17)花(7) — 24
- 優(17)希(7) — 24
- 優(17)佳(8) — 25

ゆうき
- 友(4)希(7) — 11
- 夕(3)姫(10) — 13
- 祐(9)希(7) — 16
- 悠(11)希(7) — 18
- 悠(11)姫(10) — 21

- 優妃（17・6）23
- 優葵（17・12）29

ゆうこ
- 由子（5・3）8
- 侑子（8・3）11
- 裕子（12・3）15
- 結子（12・3）15

ゆうさ
- 有沙（6・7）13
- 優紗（17・10）27

ゆうな
- 夕奈（3・8）11
- 友菜（4・11）15
- 佑奈（7・8）15
- 宥奈（9・8）17
- 結菜（12・11）23
- 優那（17・7）24
- 優奈（17・8）25

ゆうね
- 夕寧（3・14）17
- 結音（12・9）21

ゆうは
- 夕波（3・8）11
- 悠葉（11・12）23
- 優葉（17・12）29

ゆうひ
- 夕陽（3・12）15
- 宥妃（9・6）15
- 優日（17・4）21
- 優灯（17・6）23

ゆうほ
- 悠帆（11・6）17
- 優歩（17・8）25

ゆうみ
- 友海（4・9）13
- 悠心（11・4）15
- 侑実（8・8）16
- 宥美（9・9）18

ゆうゆ
- 友結（4・12）16
- 悠由（11・5）16

ゆうり
- 友里（4・7）11
- 有里（6・7）13
- 有莉（6・10）16
- 祐里（9・7）16
- 夕璃（3・15）18
- 悠里（11・7）18
- 悠莉（11・10）21
- 結理（12・11）23
- 優李（17・7）24
- 優里（17・7）24

ゆうわ
- 宥羽（9・6）15
- 優羽（17・6）23

ゆえ
- 由恵（5・10）15
- 結江（12・6）18
- 愉江（12・6）18
- 優笑（17・10）27

ゆか
- 夕夏（3・10）13
- 友香（4・9）13
- 由佳（5・8）13
- 由夏（5・10）15
- 有華（6・10）16
- 佑香（7・9）16
- 悠可（11・5）16
- 結加（12・5）17
- 柚香（9・9）18
- 悠夏（11・10）21
- 愉香（12・9）21
- 由蘭（5・19）24
- 優河（17・8）25
- 優歌（17・14）31

ゆかこ
- 友香子（4・9・3）16
- 裕佳子（12・8・3）23
- 優日子（17・4・3）24
- 優加子（17・5・3）25

ゆかな
- 悠叶（11・5）16
- 結叶（12・5）17
- 結奏（12・9）21
- 佑果奈（7・8・8）23

ゆかり
- 侑佳里（8・8・7）23
- 由香莉（5・9・10）24
- 悠香里（11・9・7）27
- 優香利（17・9・7）33
- 優花梨（17・7・11）35

ゆき
- 友希（4・7）11
- 友紀（4・9）13
- 由季（5・8）13
- 由記（5・10）15
- 由起（5・10）15
- 由葵（5・12）17
- 結喜（12・12）24
- 優綺（17・14）31
- 優樹（17・16）33

ゆきあ
- 雪亜（11・7）18
- 悠希亜（11・7・7）25
- 友樹愛（4・16・13）33
- 優紀亜（17・9・7）33

ゆきえ
- 雪江（11・6）17
- 幸恵（8・10）18
- 征恵（8・10）18
- 雪絵（11・12）23
- 有希恵（6・7・10）23
- 由貴恵（5・12・10）27

ゆきか
- 幸花（8・7）15
- 雪華（11・10）21
- 薫花（16・7）23
- 優希花（17・7・7）31

ゆきこ
- 幸子（8・3）11
- 晋子（10・3）13
- 雪瑚（11・13）24
- 有妃子（6・6・3）15
- 佑希子（7・7・3）17
- 優暉子（17・13・3）33

ゆきじ
- 幸路（8・13）21
- 雪路（11・13）24

ゆきな
- 幸那（8・7）15
- 幸奈（8・8）16
- 倖奈（10・8）18
- 結己奈（12・3・8）23
- 友貴奈（4・12・8）24
- 裕希奈（12・7・8）27
- 友樹菜（4・16・11）31
- 優希奈（17・7・8）32

ゆきね
- 幸音（8・9）17
- 雪寧（11・14）25
- 由姫音（5・10・9）24
- 優希音（17・7・9）33

ゆきの
- 雪乃（11・2）13
- 潔乃（15・2）17
- 薫乃（16・2）18
- 夕妃乃（3・6・2）11

ゆきは
- 雪羽（11・6）17
- 雪葉（11・12）23
- 由希葉（5・7・12）24

ゆきひ
- 雪陽（11・12）23
- 由希妃（5・7・6）18

ゆきほ
- 幸穂（8・15）23
- 悠希帆（11・7・6）24

ゆきみ
- 幸美（8・9）17
- 優希美（17・7・9）33

ゆきよ
- 幸代（8・5）13
- 幸世（8・5）13
- 雪世（11・5）16

ゆさ
- 由紗（5・10）15
- 優沙（17・7）24

ゆず
- ゆず（3・5）8
- 夕珠（3・10）13
- 由珠（5・10）15
- 有珠（6・10）16
- 柚寿（9・7）16
- 優珠（17・10）27

ゆずあ
- 柚亜（9・7）16

ゆずか
- 柚花（9・7）16
- 柚果（9・8）17
- 柚佳（9・8）17

柚香 9・9 18

ゆずか 3・5・3 11

有珠花 6・10・7 23

ゆずき

柚妃 9・6 15

柚希 9・7 16

柚季 9・8 17

優珠季 17・10・8 35

ゆずな

柚南 9・9 18

由珠奈 5・10・8 23

ゆずね

柚音 9・9 18

柚寧 9・14 23

ゆずの

柚乃 9・2 11

友珠乃 4・10・2 16

由珠乃 5・10・2 17

ゆずは

柚羽 9・6 15

柚葉 9・12 21

ゆずひ

柚陽 9・12 21

ゆずほ

柚帆 9・6 15

柚穂 9・15 24

ゆずほ 3・5・5 13

ゆず穂 3・5・15 23

ゆずみ

柚美 9・9 18

優純 17・10 27

ゆちか

有千花 6・3・7 16

優知佳 17・8・8 33

ゆづき

夕月 3・4 7

弓月 3・4 7

友月 4・4 8

佑月 7・4 11

柚月 9・4 13

祐月 9・4 13

悠月 11・4 15

唯月 11・4 15

結月 12・4 16

優月 17・4 21

ゆな

ゆな 3・5 8

夕奈 3・8 11

由奈 5・8 13

友菜 4・11 15

佑奈 7・8 15

侑奈 8・8 16

宥奈 9・8 17

祐奈 9・8 17

佑菜 7・11 18

結名 12・6 18

結南 12・9 21

結菜 12・11 23

裕菜 12・11 23

優奈 17・8 25

ゆなみ

夕波 3・8 11

優波 17・8 25

ゆね

優寧 17・14 31

ゆの

夕乃 3・2 5

宥乃 9・2 11

祐乃 9・2 11

由埜 5・11 16

ゆのん

由暖 5・13 18

結音 12・9 21

ゆは

由葉 5・12 17

悠羽 11・6 17

ゆひな

優雛 17・18 35

ゆほ

由歩 5・8 13

悠帆 11・6 17

有穂 6・15 21

優帆 17・6 23

結穂 12・15 27

優穂 17・15 32

ゆま

由茉 5・8 13

佑茉 7・8 15

由麻 5・11 16

侑茉 8・8 16

佑麻 7・11 18

結麻 12・11 23

優磨 17・16 33

ゆまり

由満里 5・12・7 24

優万理 17・3・11 31

ゆみ

ゆみ 3・3 6

友美 4・9 13

有海 6・9 15

由望 5・11 16

佑美 7・9 16

悠未 11・5 16

結心 12・4 16

柚実 9・8 17

優心 17・4 21

ゆみあ

弓愛 3・13 16

由美亜 5・9・7 21

ゆみえ

弓絵 3・12 15

夕美江 3・9・6 18

友美恵 4・9・10 23

由泉恵 5・9・10 24

ゆみか

弓佳 3・8 11

弓華 3・10 13

有美香 6・9・9 24

結実花 12・8・7 27

悠美香 11・9・9 29

ゆみこ

弓子 3・3 6

有美子 6・9・3 18

悠美子 11・9・3 23

優海子 17・9・3 29

優深子 17・11・3 31

ゆみさ

弓紗 3・10 13

有実咲 6・8・9 23

ゆみな

弓奈 3・8 11

ゆみな 3・3・5 11

佑実奈 7・8・8 23

ゆみね

弓寧 3・14 17

ゆみの

弓乃 3・2 5

ゆみは

弓波 3・8 11

弓葉 3・12 15

ゆみほ

弓穂 3・15 18

ゆみほ 3・3・5 11

ゆみよ

弓世 3・5 8

悠実代 11・8・5 24

ゆみり

弓莉 3・10 13

弓璃 3・15 18

ゆめ

ゆめ 3・2 5

夕芽 3・8 11

由芽 5・8 13

由萌 5・11 16

侑芽 8・8 16

優芽 17・8 25

ゆめあ

夢亜 13・8 21

ゆめか

夢加 13・5 18

夢可 13・5 18

夢華 13・10 23

ゆめこ

夢子 13・3 16

佑芽子 7・8・3 18

ゆめな

夢七 13・2 15

夢奈 13・8 21

夢菜 13・11 24

優芽奈 17・8・8 33

ゆめの

夢乃 13・2 15

ゆめの 3・2・1 6

ゆめは

夢葉 13・12 25

ゆめほ

夢歩 13・8 21

ゆめみ

夢実 13・8 21

優芽実 17・8・8 33

Part 2 響きから考えるハッピー名前

響きで選ぶ女の子の名前 ゆ〜ら

読み	名前	各字の画数	総画数
ゆめり	夢莉	13・10	23
ゆゆ	結々	12・3	15
	優結	17・12	29
ゆゆか	悠々香	11・3・9	23
	優々加	17・3・5	25
	由優花	5・17・7	29
ゆゆな	結々奈	12・3・8	23
	友結奈	4・12・8	24
	優々菜	17・3・11	31
ゆゆね	結々音	12・3・9	24
	優々音	17・3・9	29
ゆゆは	結々葉	12・3・12	27
ゆゆみ	結弓	12・3	15
	優々美	17・3・9	29
ゆら	ゆら	3・3	6
	由楽	5・13	18
	由羅	5・19	24
	悠楽	11・13	24
	結楽	12・13	25
ゆらり	ゆらり	3・3・2	8
	優良梨	17・7・11	35
ゆらん	由藍	5・18	23
	結蘭	12・19	31
ゆり	ゆり	3・2	5
	友里	4・7	11
	友梨	4・11	15
	由莉	5・10	15
	由梨	5・11	16
	佑莉	7・10	17
	有璃	6・15	21
	愉梨	12・11	23
	裕璃	12・15	27
	優里	17・7	24
	優莉	17・10	27
	優璃	17・15	32
ゆりあ	ゆりあ	3・2・3	8
	結莉愛	12・10・13	35
	優梨亜	17・11・7	35
ゆりえ	ゆりえ	3・2・3	8
	百合絵	6・6・12	24
	悠里江	11・7・6	24
	友梨絵	4・11・12	27
ゆりか	ユリカ	2・2・2	6
	百合加	6・6・5	17
	友莉香	4・10・9	23
	侑里佳	8・7・8	23
	結里加	12・7・5	24
	由璃香	5・15・9	29
	祐璃花	9・15・7	31
	優里花	17・7・7	31
ゆりこ	百合子	6・6・3	15
	由莉子	5・10・3	18
	祐理子	9・11・3	23
	優梨子	17・11・3	31
ゆりさ	有里彩	6・7・11	24
	由梨咲	5・11・9	25
ゆりな	友里名	4・7・6	17
	夕里菜	3・7・11	21
	友梨奈	4・11・8	23
	由莉奈	5・10・8	23
	優利菜	17・7・11	35
ゆりね	百合音	6・6・9	21
	佑里音	7・7・9	23
	結莉音	12・10・9	31
ゆりの	夕梨乃	3・11・2	16
	優莉乃	17・10・2	29
ゆりや	ゆりや	3・2・3	8
	由梨弥	5・11・8	24
ゆりん	弓凛	3・15	18
	由鈴	5・13	18
	結凛	12・15	27
ゆわ	ゆわ	3・3	6
	優和	17・8	25

よ

読み	名前	各字の画数	総画数
よう	葉	12(1)	13
	陽	12(1)	13
ようか	蓉加	13・5	18
	葉香	12・9	21
	瑶夏	13・10	23
ようこ	容子	10・3	13
	葉子	12・3	15
	遥子	12・3	15
	瑶子	13・3	16
	曜子	18・3	21
	耀子	20・3	23
よしえ	好恵	6・10	16
	快恵	7・10	17
	慎恵	13・10	23
よしか	吉花	6・7	13
	圭花	6・7	13
	好香	6・9	15
	良香	7・9	16
	悦花	10・7	17
	佳夏	8・10	18
	歓佳	15・8	23
よしこ	善子	12・3	15
	嘉子	14・3	17
	与志子	3・7・3	13
よしの	吉乃	6・2	8
	好乃	6・2	8
	美乃	9・2	11
	慶乃	15・2	17
	よし乃	3・1・2	6
	良志乃	7・7・2	16
よしは	佳芭	8・7	15
	淑葉	11・12	23
	慶葉	15・12	27
よしほ	由帆	5・6	11
	吉穂	6・15	21
	快美	7・9	16
よしみ	良美	7・9	16
	佳実	8・8	16
	宜実	8・8	16
	佳美	8・9	17
	慶美	15・9	24
よつば	四葉	5・12	17
よな	与奈	3・8	11
	世奈	5・8	13
	世菜	5・11	16
よりか	頼花	16・7	23
	世里香	5・7・9	21
よりこ	依子	8・3	11
	世璃子	5・15・3	23

ら

読み	名前	各字の画数	総画数
らいか	來佳	8・8	16
	蕾花	16・7	23
	頼香	16・9	25
らいさ	来咲	7・9	16
	来彩	7・11	18
	蕾咲	16・9	25
らいむ	來夢	8・13	21
	蕾夢	16・13	29
らな	良奈	7・8	15
	良菜	7・11	18
	羅奈	19・8	27
らみ	良美	7・9	16
	楽実	13・8	21

らむ
來(8)夢(13) 21
羅(19)夢(13) 32

らら
ら(3)ら(3) 6
楽(13)々(3) 16

ららか
ら(3)ら(3)花(7) 13
楽(13)々(3)花(7) 23
良(7)々(3)歌(14) 24

ららな
良(7)々(3)奈(8) 18

ららみ
ら(3)ら(3)美(9) 15
楽(13)々(3)美(9) 25

らん
ら(3)ん(2) 5

らんか
藍(18)加(5) 23
蘭(19)佳(8) 27

らんこ
蘭(19)呼(8) 27
藍(18)瑚(13) 31

らんな
蘭(19)奈(8) 27
藍(18)名(6) 24

らんの
蘭(19)乃(2) 21

り

りあ
莉(10)亜(7) 17
梨(11)亜(7) 18
莉(10)愛(13) 23
理(11)愛(13) 24

りあな
莉(10)亜(7)奈(8) 25
里(7)愛(13)菜(11) 31

りあん
莉(10)安(6) 16
梨(11)杏(7) 18
理(11)杏(7) 18
璃(15)安(6) 21

りい
里(7)衣(6) 13
莉(10)以(5) 15
理(11)以(5) 16
莉(10)依(8) 18
璃(15)衣(6) 21

りいか
里(7)衣(6)佳(8) 21
莉(10)衣(6)花(7) 23
璃(15)以(5)花(7) 27

りいこ
里(7)依(8)子(3) 18
莉(10)以(5)子(3) 18
璃(15)衣(6)子(3) 24
璃(15)位(7)子(3) 25

りいさ
莉(10)衣(6)沙(7) 23
里(7)衣(6)紗(10) 23

りいな
リ(2)イ(2)ナ(2) 6
利(7)衣(6)奈(8) 21
里(7)依(8)奈(8) 23
利(7)衣(6)菜(11) 24

りう
莉(10)有(6) 16
理(11)宇(6) 17
璃(15)宇(6) 21
璃(15)羽(6) 21

りえ
り(2)え(3) 5
利(7)江(6) 13
里(7)英(8) 15
莉(10)江(6) 16
里(7)恵(10) 17
理(11)江(6) 17
吏(6)絵(12) 18
莉(10)英(8) 18
里(7)榮(14) 21
理(11)絵(12) 23
璃(15)恵(10) 25
璃(15)絵(12) 27
璃(15)緒(14) 29

りえか
里(7)枝(8)香(9) 24
里(7)江(6)歌(14) 27
理(11)絵(12)佳(8) 31

りえこ
利(7)江(6)子(3) 16
理(11)栄(9)子(3) 23
莉(10)瑛(12)子(3) 25

りえな
理(11)恵(10)奈(8) 29
梨(11)絵(12)奈(8) 31
璃(15)絵(12)名(6) 33

りお
リ(2)オ(3) 5
り(2)お(4) 6
莉(10)央(5) 15
浬(10)央(5) 15
梨(11)央(5) 16
梨(11)生(5) 16
理(11)央(5) 16
里(7)桜(10) 17
里(7)絃(11) 18
里(7)緒(14) 21
莉(10)緒(14) 24
梨(11)緒(14) 25

りおか
莉(10)丘(5) 15
理(11)央(5)花(7) 23

りおこ
莉(10)央(5)子(3) 18
吏(6)緒(14)子(3) 23

りおな
里(7)緒(14)奈(8) 29
梨(11)緒(14)名(6) 31
璃(15)央(5)菜(11) 31

りおね
梨(11)央(5)音(9) 25
莉(10)桜(10)音(9) 29

りおん
里(7)苑(8) 15
里(7)音(9) 16
里(7)穏(16) 23
璃(15)苑(8) 23
璃(15)音(9) 24
璃(15)温(12) 27
璃(15)穏(16) 31

りか
里(7)佳(8) 15
里(7)香(9) 16
俐(9)花(7) 16
理(11)可(5) 16
里(7)夏(10) 17
莉(10)佳(8) 18
梨(11)花(7) 18
理(11)華(10) 21
璃(15)佳(8) 23
璃(15)香(9) 24
璃(15)夏(10) 25

りかこ
利(7)佳(8)子(3) 18
里(7)河(8)子(3) 18
莉(10)佳(8)子(3) 21
莉(10)夏(10)子(3) 23
璃(15)花(7)子(3) 25

りこ
浬(10)子(3) 13
莉(10)子(3) 13
莉(10)乎(5) 15
璃(15)己(3) 18
璃(15)子(3) 18
璃(15)呼(8) 23

りさ
り(2)さ(3) 5
リ(2)サ(3) 5
里(7)咲(9) 16
莉(10)沙(7) 17
里(7)彩(11) 18
梨(11)佐(7) 18
理(11)沙(7) 18
理(11)紗(10) 21
莉(10)瑳(14) 24
璃(15)咲(9) 24
璃(15)紗(10) 25

りさこ
吏(6)佐(7)子(3) 16
里(7)彩(11)子(3) 21
理(11)咲(9)子(3) 23
理(11)紗(10)子(3) 24

りじゅ
里(7)珠(10) 17
梨(11)寿(7) 18
里(7)樹(16) 23
璃(15)樹(16) 31

りず
り(2)ず(5) 7

璃(15)珠(10) 25

りせ
りせ(2·3) 5
莉(10)世(5) 15
莉(10)瀬(19) 29

りた
莉(10)多(6) 16
璃(15)多(6) 21

りちか
莉(10)誓(14) 24
璃(15)千(3)香(9) 27

りつ
里(7)津(9) 16
璃(15)津(9) 24

りっか
六(4)花(7) 11
立(5)夏(10) 15
律(9)花(7) 16

りつか
立(5)華(10) 15

律(9)佳(8) 17
律(9)香(9) 18
律(9)歌(14) 23

りつき
里(7)月(4) 11
理(11)月(4) 15
律(9)希(7) 16

りつこ
梨(11)津(9)子(3) 23
理(11)都(11)子(3) 25

りつは
律(9)葉(12) 21

りつほ
律(9)歩(8) 17

りと
理(11)斗(4) 15
里(7)都(11) 18

りな
利(7)奈(8) 15
里(7)奈(8) 15

李(7)南(9) 16
莉(10)名(6) 16
理(11)名(6) 17
璃(15)七(2) 17
里(7)菜(11) 18
莉(10)奈(8) 18
理(11)那(7) 18
璃(15)名(6) 21
璃(15)奈(8) 23
璃(15)南(9) 24

りなこ
里(7)菜(11)子(3) 21
梨(11)那(7)子(3) 21

りなみ
利(7)奈(8)美(9) 24

りね
里(7)寧(14) 21
梨(11)寧(14) 25

りの
りの(2·1) 3

俐(9)乃(2) 11
梨(11)乃(2) 13
理(11)乃(2) 13
璃(15)乃(2) 17
莉(10)野(11) 21

りのあ
りのあ(2·1·3) 6
璃(15)乃(2)亜(7) 24
莉(10)乃(2)愛(13) 25

りのか
里(7)乃(2)花(7) 16
梨(11)乃(2)華(10) 23

りのは
りのは(2·1·4) 7

りのん
梨(11)暖(13) 24
璃(15)音(9) 24
りのん(2·1·2) 5

りは
璃(15)羽(6) 21

理(11)葉(12) 23
璃(15)葉(12) 27

りほ
里(7)帆(6) 13
李(7)帆(6) 13
里(7)歩(8) 15
莉(10)帆(6) 16
浬(10)帆(6) 16
梨(11)帆(6) 17
吏(6)穂(15) 21
璃(15)帆(6) 21
璃(15)歩(8) 23
璃(15)宝(8) 23
莉(10)穂(15) 25

りほこ
莉(10)歩(8)子(3) 21
里(7)穂(15)子(3) 25

りま
利(7)麻(11) 18
里(7)磨(16) 23

璃(15)真(10) 25

りみ
りみ(2·3) 5
里(7)実(8) 15
利(7)海(9) 16
利(7)美(9) 16
莉(10)実(8) 18
璃(15)実(8) 23
璃(15)海(9) 24
璃(15)美(9) 24

りみか
里(7)美(9)花(7) 23
莉(10)実(8)花(7) 25

りむ
莉(10)夢(13) 23
理(11)夢(13) 24

りゆ
りゆ(2·3) 5
璃(15)夕(3) 18
莉(10)優(17) 27

りゆな
莉(10)有(6)奈(8) 24
璃(15)由(5)那(7) 27

りよ
里(7)予(4) 11
莉(10)与(3) 13
莉(10)代(5) 15
理(11)世(5) 16
理(11)代(5) 16
梨(11)葉(12) 23

りょう
綾(14)(1) 15
りょう(2·3·2) 7

りょうか
亮(9)香(9) 18
崚(11)花(7) 18
涼(11)夏(10) 21
瞭(17)佳(8) 25

りょうこ
僚(14)子(3) 17

諒(15)子(3) 18
遼(15)子(3) 18

りら
りら(2·3) 5
莉(10)良(7) 17
梨(11)楽(13) 24
莉(10)羅(19) 29

りり
浬(10)々(3) 13
莉(10)々(3) 13
里(7)莉(10) 17
梨(11)里(7) 18
璃(15)々(3) 18

りりあ
莉(10)々(3)亞(8) 21
璃(15)々(3)亜(7) 25
里(7)梨(11)愛(13) 31

りりい
里(7)々(3)依(8) 18
理(11)璃(15)衣(6) 32

りりえ
莉(10)々(3)恵(10) 23
璃(15)莉(10)江(6) 31

りりか
りり香(2·2·9) 13
俐(9)里(7)花(7) 23
莉(10)々(3)夏(10) 23
璃(15)々(3)花(7) 25
梨(11)理(11)花(7) 29
莉(10)璃(15)花(7) 32
璃(15)莉(10)夏(10) 35

りりこ
李(7)々(3)子(3) 13
莉(10)々(3)子(3) 16
理(11)々(3)子(3) 17
璃(15)々(3)子(3) 21
璃(15)里(7)子(3) 25

りりさ
莉(10)々(3)紗(10) 23
璃(15)々(3)沙(7) 25

りりせ
莉々世 10 3 5 18
莉々瀬 10 3 19 32
璃々瀬 15 3 19 37

りりな
利々奈 7 3 8 18
里々奈 7 3 8 18
莉々奈 10 3 8 21
莉々菜 10 3 11 24
璃々那 15 3 7 25

りりは
璃々羽 15 3 6 24

りりほ
里々歩 7 3 8 18
璃々帆 15 3 6 24

りりよ
莉々代 10 3 5 18
璃々世 15 3 5 23

りる
李琉 7 11 18

梨瑠 11 14 25
璃瑠 15 14 29

りわ
里和 7 8 15
莉羽 10 6 16
莉和 10 8 18
璃和 15 8 23

りん
倫 10 (1) 11
琳 12 (1) 13
綸 14 (1) 15
凛 15 (1) 16
凜 15 (1) 16

りんか
倫加 10 5 15
倫花 10 7 17
倫果 10 8 18
鈴加 13 5 18
綸花 14 7 21
鈴夏 13 10 23

綸香 14 9 23
凜佳 15 8 23
倫歌 10 14 24
凛香 15 9 24
凜夏 15 10 25
凛歌 15 14 29
麟花 24 7 31

りんこ
倫子 10 3 13
琳子 12 3 15
稟子 13 3 16
綸子 14 3 17
凛子 15 3 18
凜子 15 3 18
麟子 24 3 27

りんな
倫那 10 7 17
凛奈 15 8 23
凜南 15 9 24
麟奈 24 8 32

りんね
琳音 12 9 21
凛寧 15 14 29

りんの
鈴乃 13 2 15
綸乃 14 2 16
凛乃 15 2 17

る

るあ
瑠亜 14 7 21
留愛 10 13 23

るあん
琉杏 11 7 18
瑠杏 14 7 21
瑠晏 14 10 24

るい
留衣 10 6 16
琉衣 11 6 17
留依 10 8 18

瑠泉 14 9 23
瑠唯 14 11 25

るいか
類香 18 9 27
瑠衣加 14 6 5 25

るいな
類那 18 7 25
留衣奈 10 6 8 24

るう
琉宇 11 6 17

るえ
瑠恵 14 10 24
瑠笑 14 10 24
琉絵 11 12 23

るか
るか 2 3 5
留花 10 7 17
留佳 10 8 18
琉花 11 7 18
琉夏 11 10 21

瑠香 14 9 21
瑠架 14 9 23
瑠夏 14 10 24
瑠華 14 10 24

るき
琉希 11 7 18
瑠姫 14 10 24

るこ
瑠子 14 3 17
琉瑚 11 13 24

るじゅ
瑠珠 14 10 24

るな
るな 2 5 7
琉七 11 2 13
瑠七 14 2 16
琉名 11 6 17
琉那 11 7 18
瑠南 14 9 23
瑠菜 14 11 25

るね
瑠音 14 9 23
琉寧 11 14 25

るの
るの 2 1 3
琉乃 11 2 13
瑠乃 14 2 16

るみ
るみ 2 3 5
琉未 11 5 16
留実 10 8 18
瑠美 14 9 23
瑠泉 14 9 23

るみあ
瑠実亜 14 8 7 29

るみえ
るみえ 2 3 3 8
留美恵 10 9 10 29

るみか
留実花 10 8 7 25

琉美香 11 9 9 29
瑠美佳 14 9 8 31

るみこ
るみ子 2 3 3 8
琉海子 11 9 3 23
瑠実子 14 8 3 25

るみな
留美奈 10 9 8 27
琉美菜 11 9 11 31
瑠美奈 14 9 8 31

るみの
留美乃 10 9 2 21

るり
琉里 11 7 18
琉莉 11 10 21
瑠里 14 7 21
瑠莉 14 10 24
瑠璃 14 15 29

るりえ
るりえ 2 2 3 7

琉璃江 11 15 6 32

るりか
るりか 2 2 3 7
琉利花 11 7 7 25
瑠璃夏 14 15 10 39

るりこ
琉莉子 11 10 3 24
瑠利子 14 7 3 24
瑠璃子 14 15 3 32

るりな
琉莉奈 11 10 8 29

るりの
るりの 2 2 1 5
琉莉乃 11 10 2 23
瑠璃乃 14 15 2 31

るりは
るりは 2 2 4 8
瑠里葉 14 7 12 33

るる
瑠々 14 3 17

琉(11)留(10) 21

るるあ
琉(11)々(3)亜(7) 21
瑠(14)々(3)亜(7) 24

るるか
瑠(14)々(3)花(7) 24

るるな
琉(11)々(3)南(9) 23
留(10)々(3)菜(11) 24

るるは
る(2)る(2)は(4) 8
瑠(14)々(3)葉(12) 29

れ

れあ
怜(8)亜(7) 15

れい
令(5)(1) 6
礼(5)(1) 6
伶(7)(1) 8
澪(16)(1) 17
嶺(17)(1) 18
レ(1)イ(2) 3
れ(3)い(2) 5
麗(19)衣(6) 25

れいあ
玲(9)亜(7) 16
礼(5)愛(13) 18
麗(19)愛(13) 32

れいか
令(5)佳(8) 13
令(5)華(10) 15
礼(5)華(10) 15
伶(7)香(9) 16
励(7)香(9) 16
玲(9)花(7) 16
怜(8)香(9) 17
怜(8)華(10) 18
澪(16)花(7) 23
嶺(17)花(7) 24
麗(19)禾(5) 24
澪(16)香(9) 25
麗(19)佳(8) 27
麗(19)華(10) 29

れいこ
礼(5)子(3) 8
令(5)子(3) 8
怜(8)子(3) 11
零(13)子(3) 16

れいさ
礼(5)紗(10) 15
玲(9)沙(7) 16
鈴(13)彩(11) 24
嶺(17)紗(10) 27

れいな
令(5)奈(8) 13
礼(5)奈(8) 13
伶(7)奈(8) 15
励(7)奈(8) 15
玲(9)名(6) 15
令(5)菜(11) 16
礼(5)菜(11) 16
怜(8)奈(8) 16
玲(9)奈(8) 17
玲(9)南(9) 18
麗(19)七(2) 21
澪(16)那(7) 23
澪(16)奈(8) 24
嶺(17)奈(8) 25
麗(19)名(6) 25
麗(19)奈(8) 27
レ(1)イ(2)ナ(2) 5

れいね
怜(8)音(9) 17
玲(9)音(9) 18
麗(19)寧(14) 33

れいの
礼(5)乃(2) 7
玲(9)乃(2) 11
澪(16)乃(2) 18
麗(19)乃(2) 21

れいみ
礼(5)実(8) 13
礼(5)望(11) 16
怜(8)美(9) 17
玲(9)海(9) 18
麗(19)心(4) 23
黎(15)美(9) 24
澪(16)海(9) 25
嶺(17)実(8) 25

れいら
玲(9)來(8) 17
澪(16)良(7) 23
礼(5)羅(19) 24
麗(19)楽(13) 32
レ(1)イ(2)ラ(2) 5
れ(3)い(2)ら(3) 8

れいり
礼(5)莉(10) 15
玲(9)璃(15) 24

れおな
伶(7)央(5)菜(11) 23
礼(5)緒(14)奈(8) 27

れな
レ(1)ナ(2) 3
令(5)奈(8) 13
伶(7)奈(8) 15
令(5)菜(11) 16
玲(9)那(7) 16
怜(8)南(9) 17
伶(7)菜(11) 18
玲(9)南(9) 18

れの
玲(9)乃(2) 11

れま
令(5)茉(8) 13
礼(5)麻(11) 16
玲(9)茉(8) 17

れみ
れ(3)み(3) 6
礼(5)実(8) 13
伶(7)美(9) 16
玲(9)実(8) 17
玲(9)美(9) 18
玲(9)泉(9) 18

れみか
玲(9)未(5)香(9) 23

れみな
伶(7)美(9)那(7) 23
玲(9)実(8)奈(8) 25

れり
怜(8)里(7) 15
玲(9)璃(15) 24

れん
恋(10)(1) 10

れんか
恋(10)花(7) 17
蓮(13)夏(10) 23

れんげ
蓮(13)華(10) 23

れんこ
恋(10)子(3) 13
蓮(13)子(3) 16

れんな
恋(10)那(7) 17
恋(10)奈(8) 18
蓮(13)奈(8) 21
蓮(13)菜(11) 24

ろ

ろな
路(13)奈(8) 21

わ

わか
和(8)花(7) 15
和(8)香(9) 17
和(8)夏(10) 18

わかこ
和(8)可(5)子(3) 16
和(8)花(7)子(3) 18
和(8)歌(14)子(3) 25

わかな
和(8)叶(5) 13
羽(6)奏(9) 15
若(8)奈(8) 16
和(8)奏(9) 17
わ(3)か(3)な(5) 11
和(8)花(7)奈(8) 23

わかの
和(8)可(5)乃(2) 15
和(8)歌(14)乃(2) 24

わかば
若(8)芭(7) 15
新(13)葉(12) 25
わ(3)か(3)葉(12) 18

わこ
琶(12)子(3) 15
和(8)呼(8) 16
和(8)瑚(13) 21

先輩パパ・ママの 赤ちゃんの名づけエピソード その1

名前はパパ・ママから赤ちゃんへのファーストプレゼント。先輩パパ・ママが愛するわが子のために一生懸命考えた名前と、決定までのエピソードを紹介します。名前に込めた思いや、重視したこと、その名前にした決め手など、参考になるエピソード満載です。

◀私の名前と共通した「マ行の入った2音」の響きをもつ名前にしたいと思い、候補の名前を姓名判断の先生にみていただきましたが、全滅でした。そのとき「漢字2字なら12画+4画がベスト」と言われたので、もう一度考え直し、妊娠中、よくおなかに語りかけていた「他人に優しく、でも自分の心も大事にね」の言葉から、下の4画は「心」に。そして「キラキラと輝く心を持ち続けられるように」と願いを込めて「絢心」にしました。＜まーちゃん＞

▲呼びやすい名前はないかなあとパパ、ママ、お兄ちゃんで考えたところ、「みな」「なな」「かな」の3つが最終的に残り、「この3つの中でどれがいい？」とお兄ちゃんに聞いたら、「みな！」と即答したので、「みな」に決まり。なので、名づけ親は実はお兄ちゃんなのです(笑)。漢字は、姓名判断でよいものを選びました。＜のんママ＞

◀私たちの結婚記念日が七夕なので、七夕といえば「星」だと思い、「流星」にちなんでつけました。そして、生まれた2012年は辰年。ママも辰年なので、「龍」の字を当てたいと思い、漢字は「龍星」となりました。「空を突き抜け、自分の目指す星をつかめる、たくましい昇り龍」のようにたくましく育ってほしいです。＜睦美ママ＞

▶生まれたら「そうちゃん」と呼ぼうと決めていたので、「そう」と読む漢字をピックアップ。夫婦そろって閉塞感のある場所が苦手で、結婚式や引っ越しなどの節目には景色や風通しがよく、すがすがしい場所を選んでいたこともあり、さわやかな風を感じる「颯」の字に決めました。だれとでも仲よくできる、気持ちのよい子に育ってほしいなと思います。＜舞ママ＞

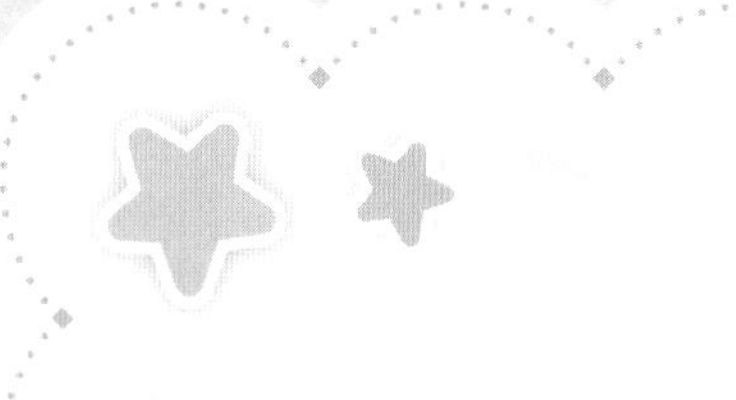

Part 3

漢字から考えるハッピー名前

漢字から名前を考える

漢字にパパ・ママの願いを込めて

漢字の名前のよさは、何といっても意味を込められることです。また、明るさや雄大さ、あるいは和の雰囲気など、漢字1字から、さまざまなイメージを感じ取ることができます。

たとえば、男の子名で人気の「航」という漢字は、「水の上や水中を進む」という意味ですが、「航海」などの熟語もあり、「勇気をもって前に進むイメージ」が思い浮かびます。

また、漢字には、読み方もいろいろあります。音読み、訓読みのほか、名のりと呼ばれる名前特有の読み方があり、どんな読み方にするかでも、印象が大きく変わります。たとえば「航」の読み方には、音読みの「コウ」や名のりの「わたる」があり、同じ1字名でも、「こう」と「わたる」では印象が変わります。また、ほかの漢字を組み合わせて「航生」とした場合、「こうせい」とも「こうき」とも読めます。

このように漢字から名前を考える場合は、メインの1字を決めるところからスタートするとよいでしょう。最初の1字が決まれば組み合わせる漢字には、ある程度パターンがあるので、考えやすくなります。また、近年は、男女ともに1字名もかなり人気があります。漢字1字にストレートに思いを込めるのも、とても好感度の高い名づけです。

「漢字」から考えるステップ

Step 1 漢字を探す

本書のリストなどで、名前に使いたい漢字を探す。気になる漢字をピックアップしているうちに、傾向がわかり、名前に込めたい願いが見えてきたりする。

▼しあわせ漢字と名前例（P132〜211）

▼画数順・読み別 漢字リスト（P433〜479）

Step 2 漢字の使い方を考える

メインの1字が決まると名前は考えやすい。左ページを参考に、文字数や読み方、どの漢字と組み合わせるかを考える。

Step 3 さまざまな角度からチェック

姓とのバランスはどうか、日常生活で不便はないかなどを確認。

▼よい名前のチェックポイント（P20〜27）

こだわりの漢字をどう使う?

1 1字でストレートに

1字名は、意味がストレートに伝わりやすく、印象的な名前になりやすい。あまりなじみがない漢字や、やや難しい名のりを用いたいときも、2字名や3字名よりも、名前自体がシンプルなぶん1字名のほうが取り入れやすい。

例 人気の1字名

凛(りん) 遥(はるか) 桜(さくら)
樹(いつき) 湊(みなと) 心(しん)

例 新鮮な字を使った1字名

迅(じん) 考(こう、たかし)
憬(けい) 鞠(まり)

例 やや難しい名のりを使った名前

鐘(あつむ) 克(すぐる) 惺(さとる)
寧(しず) 華(はる) 朱(あや)

2 こだわりの1字+止め字

これという1字を決め、さまざまな止め字(最後の字)と組み合わせるだけでも、たくさんの名前をつくれる。→P212

例 「悠」+止め字

悠太(ゆうた) 悠斗(ゆうと)
悠真(ゆうま) 悠雅(ゆうが)
悠花(ゆうか) 悠里(ゆり)

3 こだわりの1字を止め字に使う

先頭字にこだわりの漢字を使うことが多いが、止め字に使うパターンも考えると、さらに名前のバリエーションが広がる。

例 止め字に「悠」を使った名前

智悠(ともひさ) 雅悠(まさはる)
未悠(みゆ) 亜悠(あゆ)

4 3字名にする

漢字3字にすると、文字の組み合わせが広がり、より多くの名前を考えやすくなる。ただし、画数が多くなり、字面的にうるさくなりすぎないよう注意が必要。

例 人気の3字名

悠太郎(ゆうたろう)
龍之介(りゅうのすけ)
愛加里(あかり) 菜々子(ななこ)

5 読み方で印象が変わる

どの読み方を使うかでも印象は大きく変わる。ただし、オリジナリティにはしりすぎて、だれも想像がつかないような難解な響きの名前にすることは避けたい。

例 「悠」を使った名前

悠斗(ゆうと、はると、ひさと)
悠花(ゆうか、ゆか、はるか)

しあわせ漢字と名前例

人気のある漢字を中心に、名前にふさわしい漢字をピックアップしています。
読み方や意味、名前に使用する際のヒントとともに、その漢字を使った吉名を紹介します。

リストの見方

意味
漢字のおもな意味を掲載しています。

チェックボックス
気になる漢字に印や色をつけられます。

画数
漢字の画数。漢字は画数順に掲載しています。

名前例
その漢字を使った名前例を掲載しています。地格が大吉および吉の名前のみ掲載しています。

各文字の画数
霊数
おもな読み方
地格

※1字名は霊数「1」を足した数が地格になります

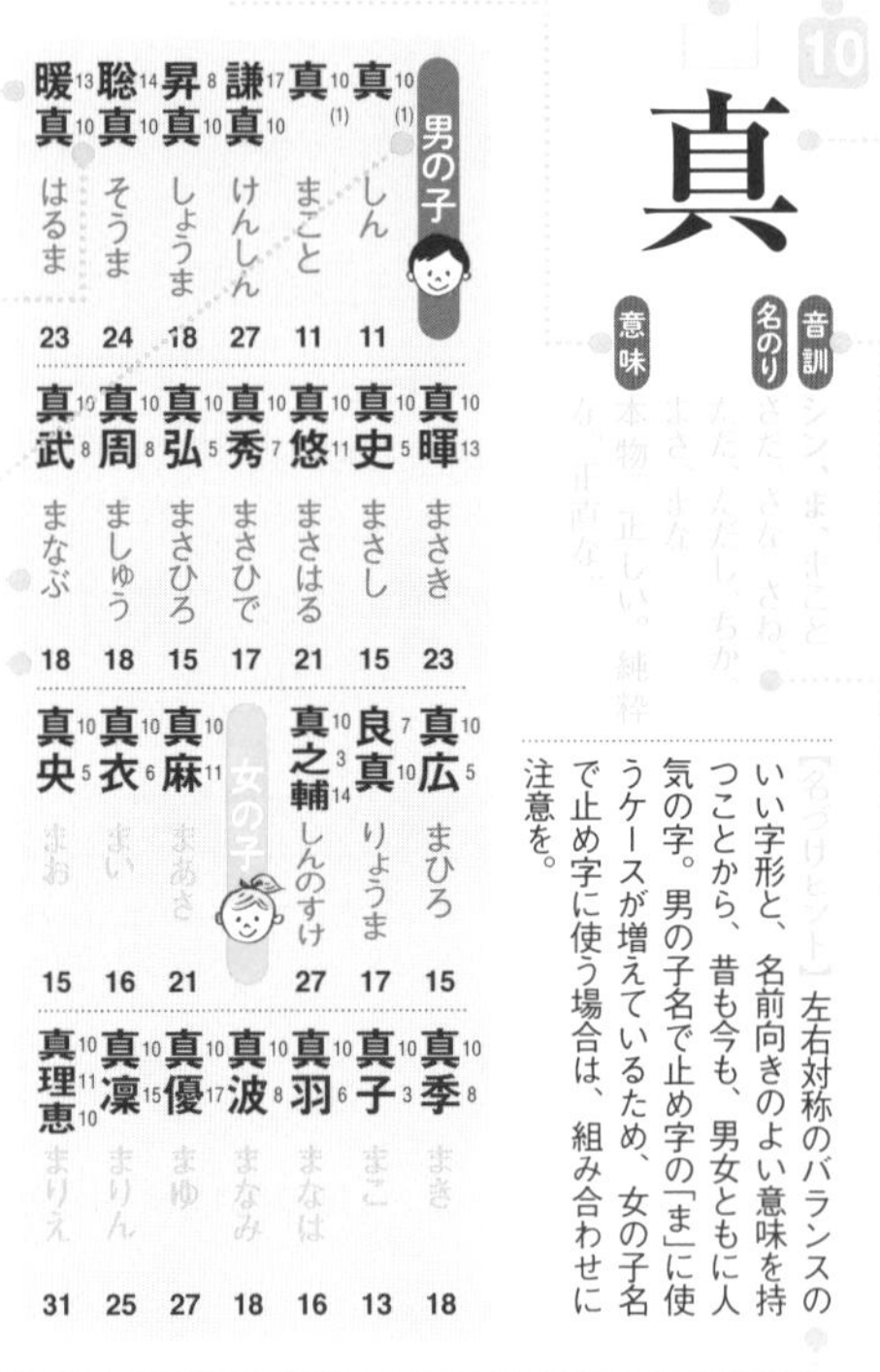

名づけヒント
漢字の意味やイメージをさらに詳しく解説。また、名前に込められる思いや、名前に使用する際のポイント、注意点を記載しています。

漢字
同じ画数の中では、原則として音読みの50音順に掲載しています。
※一部レイアウトの都合上、順序が前後しています。

音訓
音読みはカタカナで、訓読みはひらがなで掲載。また常用音訓は太字で示しています。( ) 内は一般的な送りがなです。

名のり
音読み、訓読み以外に、特に名前で使われる読みで、代表的なものを掲載しています。また、漢和辞典にのっていない名のりでも、近年名づけに使用されることが多い読みは掲載しています。

10

真

音訓 シン、ま、まこと
名のり さだ、さな、さね、ただ、ただし、ちか、まさ、まな
意味 本物。正しい。純粋

【名づけヒント】左右対称のバランスのいい字形と、名前向きのよい意味を持つことから、昔も今も、男女ともに人気の字。男の子名で止め字の「ま」に使うケースが増えているため、女の子名で止め字に使う場合は、組み合わせに注意を。

男の子

名前	画数	読み	地格
真	10 (1)	しん	11
真	10 (1)	まこと	11
謙真	17・10	けんしん	27
昇真	8・10	しょうま	18
聡真	14・10	そうま	24
暖真	13・10	はるま	23
真暉	10・13	まさき	23
真史	10・5	まさし	15
真悠	10・11	まさはる	21
真秀	10・7	まさひで	17
真弘	10・5	まさひろ	15
真周	10・8	ましゅう	18
真武	10・8	まなぶ	18
真広	10・5	まひろ	15
良真	7・10	りょうま	17
真之輔	10・3・14	しんのすけ	27

女の子

名前	画数	読み	地格
真麻	10・11	まあさ	21
真衣	10・6	まい	16
真央	10・5	まお	15
真季	10・8	まき	18
真子	10・3	まこ	13
真羽	10・6	まなは	16
真波	10・8	まなみ	18
真優	10・17	まゆ	27
真凜	10・15	まりん	25
真理恵	10・11・10	まりえ	31

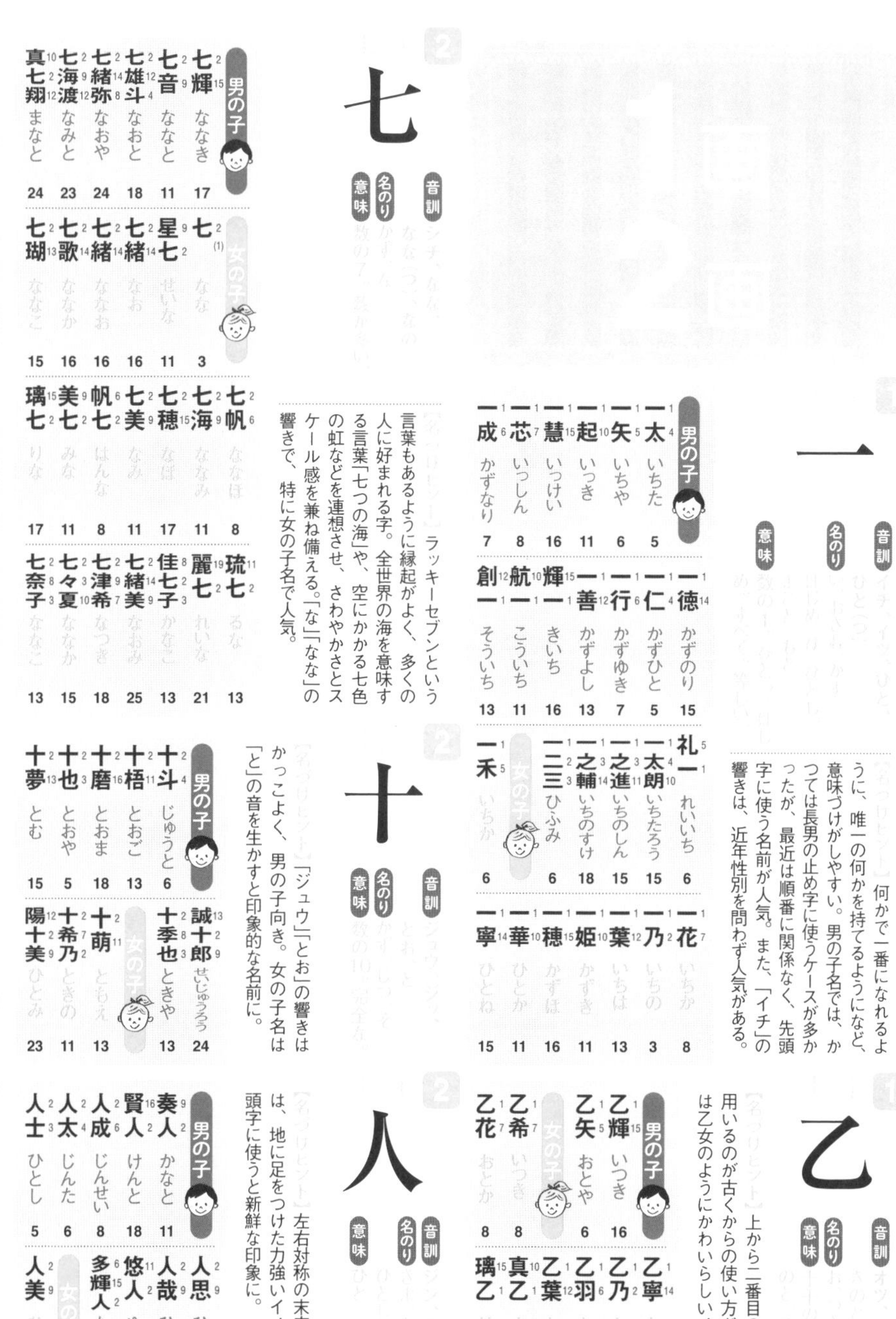

1 一

音訓 名のり 意味

【名づけヒント】何かで一番になれるように、唯一の何かを持てるようになど、意味づけがしやすい。男の子名では、かつては長男の止め字に使うケースが多かったが、最近は順番に関係なく、先頭字に使う名前が人気。また、「イチ」の響きは、近年性別を問わず人気がある。

男の子

名前	読み	画数
一太	いちた	5
一矢	いちや	6
一起	いっき	11
一慧	いっけい	16
一芯	いっしん	8
一成	かずなり	7
一徳	かずのり	15
一仁	かずひと	5
一行	かずゆき	7
一善	かずよし	13
輝一	きいち	16
航一	こういち	11
創一	そういち	13
礼一	れいいち	6
一太朗	いちたろう	15
一之進	いちのしん	15
一之輔	いちのすけ	18
一二三	ひふみ	6

女の子

名前	読み	画数
一禾	いちか	6
一花	いちか	8
一乃	いちの	3
一葉	いちは	13
一姫	かずき	11
一穂	かずほ	16
一華	ひとか	11
一寧	ひとね	15

1 乙

音訓 名のり 意味

【名づけヒント】上から二番目の子の名に用いるのが古くからの使い方だが、現在は乙女のようにかわいらしいイメージ。

男の子

名前	読み	画数
乙輝	いつき	16
乙矢	おとや	6

女の子

名前	読み	画数
乙希	いつき	8
乙花	おとか	8
乙寧	おとね	15
乙乃	おとの	3
乙羽	おとは	7
乙葉	おとは	13
真乙	まお	11
璃乙	りお	16

2 七

音訓 シチ、なな、なな（つ）、なの
名のり かず、な
意味 数の7、数が多い

【名づけヒント】ラッキーセブンという言葉もあるように縁起がよく、多くの人に好まれる字。全世界の海を意味する言葉「七つの海」や、空にかかる七色の虹などを連想させ、さわやかさとスケール感を兼ね備える。「な」「なな」の響きで、特に女の子名で人気。

男の子

名前	読み	画数
七輝	ななき	17
七音	ななと	11
七雄斗	なおと	18
七緒弥	なおや	24
七海渡	なみと	23
真七翔	まなと	24

女の子

名前	読み	画数
七	なな	3
星七	せいな	11
七緒	なお	16
七緒	ななお	16
七歌	ななか	16
七瑚	ななこ	15
七帆	ななほ	8
七海	ななみ	11
七穂	なほ	17
七美	なみ	11
帆七	はんな	8
美七	みな	11
璃七	りな	17
琉七	るな	13
麗七	れいな	21
佳七子	かなこ	13
七緒美	なおみ	25
七津希	なつき	18
七々夏	ななか	15
七奈子	ななこ	13

2 十

音訓 名のり 意味

【名づけヒント】「ジュウ」「とお」の響きはかっこよく、男の子向き。女の子名は「と」の音を生かすと印象的な名前に。

男の子

名前	読み	画数
十斗	じゅうと	6
十梧	とおご	13
十磨	とおま	18
十也	とおや	5
十夢	とむ	15
誠十郎	せいじゅうろう	24
十季也	ときや	13

女の子

名前	読み	画数
十萌	ともえ	13
十希乃	ときの	11
陽十美	ひとみ	23

2 人

音訓 名のり 意味

【名づけヒント】左右対称の末広がりの字は、地に足をつけた力強いイメージ。先頭字に使うと新鮮な印象に。

男の子

名前	読み	画数
奏人	かなと	11
賢人	けんと	18
人成	じんせい	8
人太	じんた	6
人士	ひとし	5
人思	ひとし	11
人哉	ひとや	11
悠人	ゆうと	13
多輝人	たきと	23

女の子

名前	読み	画数
人美	ひとみ	11

2 乃

音訓 ダイ、ナイ、の
名のり おさむ、すなわち、なん
意味 じゃ、あなた。

【名づけヒント】やさしく、かわいらしく、古風な印象もある。女の子の止め字の定番だが、先頭字や中間字に使っても。

男の子

名前	画数	読み	総画
真乃介	10・2・4	しんのすけ	16

女の子

名前	画数	読み	総画
彩乃	11・2	あやの	13
乃映	2・9	のえ	11
夢乃	13・2	ゆめの	15
吉乃	6・2	よしの	8
理乃	11・2	りの	13
古都乃	5・11・2	ことの	18
想乃香	13・2・9	そのか	24
乃々佳	2・3・8	ののか	13
穂乃歌	15・2・14	ほのか	31

2 八

音訓 ハチ、や、や(つ)、やっ(つ)、よう
名のり は、わ
意味 数の8。

【名づけヒント】縁起のよい、末広がりの字形。やや古風だが、字形がシンプルなので、複雑な形をした字とも組み合わせやすい。

男の子

名前	画数	読み	総画
音八	9・2	おとや	11
元八	4・2	もとや	6
悠八	11・2	ゆうや	13
龍八	16・2	りゅうや	18
七雄八	2・12・2	なおや	16
八真斗	2・10・4	やまと	16

女の子

名前	画数	読み	総画
八瑠	2・14	はる	16
八重	2・9	やえ	11
八瑠奈	2・14・8	はるな	24
八重花	2・9・7	やえか	18

2 了

音訓 リョウ
名のり あき、あきら、さと、さとる、のり
意味 物事に結末をつける。理解する。

【名づけヒント】思い切りがよくてシャープなイメージ。独特の字形なので、組み合わせる字を工夫してバランスを取りたい。

男の子

名前	画数	読み	総画
了	2・(1)	さとる	3
了	2・(1)	りょう	3
了也	2・3	さとや	5
了一	2・1	りょういち	3
了輔	2・14	りょうすけ	16
了誠	2・13	りょうせい	15
了太	2・4	りょうた	6
了徳	2・14	りょうとく	16
了平	2・5	りょうへい	7
了磨	2・16	りょうま	18
了太郎	2・4・9	りょうたろう	15

2 力

音訓 リョク、リキ、ちから
名のり つとむ
意味 ちから。勢い。力を尽くす。

【名づけヒント】たくましく健康的なイメージがあり、男性的。スポーツのできる子に、強く健康的な子にと願って。

男の子

名前	画数	読み	総画
力	2・(1)	ちから	3
力	2・(1)	りき	3
力樹	2・16	りき	18
力太	2・4	りきた	6
力仁	2・4	りきと	6
力斗	2・4	りきと	6
力飛	2・9	りきと	11
力丸	2・3	りきまる	5
力哉	2・9	りきや	11
力也	2・3	りきや	5
力矢	2・5	りきや	7

3画

3 丸

音訓 ガン、まる、まる(い)、まる(める)
名のり たま、まろ
意味 球形。円形。全体。

【名づけヒント】やわらかくおだやかなイメージがある字。丸暗記のように全体をひとまとめにするという意味合いもある。

男の子

名前	画数	読み	総画
武丸	8・3	たけまる	11
虎丸	8・3	とらまる	11
華丸	10・3	はなまる	13
福丸	13・3	ふくまる	16
幸丸	8・3	ゆきまる	11
義丸	13・3	よしまる	16
善丸	12・3	よしまる	15
藤丸	18・3	ふじまる	21
富士丸	12・3・3	ふじまる	18

女の子

名前	画数	読み	総画
丸実	3・8	まるみ	11

3 久

音訓 キュウ、ク、ひさ(しい)
名のり つね、なが、ひさ、ひさし
意味 長い間。長い間変化しない。

【名づけヒント】単に長い間というだけでなく、いつまでも変わらないというニュアンスがある。以前は、その意味合いから「ひさ」と読んで使う名前が多かったが、最近は「ク」音の用いた名前も多い。使い方次第で洋風にも和風にもなる。

男の子

名前	画数	読み	総画
峨久	10・3	がく	13
和久	8・3	かずひさ	11
久遠	3・13	くおん	16
久温	3・12	くおん	15
晴久	12・3	はるひさ	15
久士	3・3	ひさし	6
久耀	3・20	ひさてる	23
久翔	3・12	ひさと	15
久仁	3・4	ひさひと	7
靖久	13・3	やすひさ	16
結久	12・3	ゆうく	15
幸久	8・3	ゆきひさ	11
伊久磨	6・3・16	いくま	25

女の子

名前	画数	読み	総画
咲久也	9・3・3	さくや	15
久実	3・8	くみ	11
久璃	3・15	くり	18
紗久	10・3	さく	13
久子	3・3	ひさこ	6
実久	8・3	みく	11
希久子	7・3・3	きくこ	13
久美子	3・9・3	くみこ	15
久莉子	3・10・3	くりこ	16
久瑠実	3・14・8	くるみ	25
久礼亜	3・5・7	くれあ	15
沙久楽	7・3・13	さくら	23
実久里	8・3・7	みくり	18

弓 3

音訓 キュウ、ゆみ
名のり ゆ

【名づけヒント】りりしさと柔軟さを感じさせ、和の雰囲気を持っている字。強さとしなやかさを兼ね備えた人に。

男の子

名前	画数	読み	総画
弓鶴	3・21	ゆづる	24
弓翔	3・12	ゆみと	15

女の子

名前	画数	読み	総画
真弓	10・3	まゆみ	13
弓月	3・4	ゆづき	7
弓佳	3・8	ゆみか	11
弓華	3・10	ゆみか	13
弓子	3・3	ゆみこ	6
弓乃	3・2	ゆみの	5
弓葉	3・12	ゆみは	15
弓璃	3・15	ゆみり	18

己 3

音訓 コ、キ、おのれ、つちのと
名のり おと、み
意味 自分、十干の6番目。

【名づけヒント】自分を意味する字。自分をしっかり持った人に、自分の道を歩める人にと願って。

男の子

名前	画数	読み	総画
勝己	12・3	かつみ	15
泰己	10・3	たいき	13
達己	12・3	たつき	15
知己	8・3	ともき	11
瑞己	13・3	みずき	16
慶己	15・3	よしき	18
己太郎	3・4・9	こたろう	16

女の子

名前	画数	読み	総画
己紗	3・10	きさ	13
璃己	15・3	りこ	18
結己奈	12・3・8	ゆきな	23

才 3

音訓 サイ
名のり かた、たえ、とし
意味 生まれつきの能力、知能、素質。

【名づけヒント】才能を感じさせる字。やや硬い印象を与える字形なので、女の子名では、やわらかい字と組み合わせたい。

男の子

名前	画数	読み	総画
瑛才	12・3	えいさい	15
才慈	3・13	さいじ	16
才輔	3・14	さいすけ	17
才造	3・10	さいぞう	13
才斗	3・4	さいと	7
才翔	3・12	さいと	15
才明	3・8	さいめい	11
才輝	3・15	としき	18

女の子

名前	画数	読み	総画
才華	3・10	さいか	13
才実	3・8	さいみ	11

三 3

音訓 サン、み、み(つ)、みっ(つ)
名のり かず、さぶ、ぞう、みつ
意味 数の3。

【名づけヒント】人気の「み」の音で使える。直線3本の字形なので、曲線を含む字と組み合わせるとバランスがいい。

男の子

名前	画数	読み	総画
修三	10・3	しゅうぞう	13
三樹斗	3・16・4	みきと	23
三千彦	3・3・9	みちひこ	15

女の子

名前	画数	読み	総画
三桜	3・10	みお	13
三佳	3・8	みか	11
三琴	3・12	みこと	15
三鈴	3・13	みすず	16
三紗都	3・10・11	みさと	24
三千花	3・3・7	みちか	13
三里奈	3・7・8	みりな	18

士 3

音訓 シ、ジ
名のり お、おさむ、つかさ、と、ひと、まもる
意味 立派な人物、立派な男性、侍。

【名づけヒント】剣士や武士など、凛とした雰囲気がある。武道のイメージが強いが、本来は教養も兼ね備えた人物を表す字。

男の子

名前	画数	読み	総画
温士	12・3	あつし	15
櫂士	18・3	かいじ	21
豪士	14・3	ごうし	17
慧士	15・3	さとし	18
士恩	3・10	しおん	13
士道	3・12	しどう	15
士門	3・8	しもん	11
泰士	10・3	たいし	13
礼士	5・3	れいじ	8
光士郎	6・3・9	こうしろう	18
富士翔	12・3・12	ふじと	27

子 3

音訓 シ、ス、こ、ね、み
名のり たか、とし
意味 子ども、実や種。

【名づけヒント】平成に入って「子」離れが進んだが、また人気を上げつつある。最近は、「璃子(りこ)」など、2音の名前が人気。

女の子

名前	画数	読み	総画
叶子	5・3	かなこ	8
瑚子	13・3	ここ	16
桜子	10・3	さくらこ	13
晴子	12・3	せいこ	15
撫子	15・3	なでしこ	18
華子	10・3	はなこ	13
藤子	18・3	ふじこ	21
茉子	8・3	まこ	11
浬子	10・3	りこ	13
璃子	15・3	りこ	18
莉々子	10・3・3	りりこ	16

小 3

音訓 ショウ、ちい(さい)、こ、お、さ
名のり ささ
意味 ちいさい、少し。

【名づけヒント】小さいという意味から、かわいらしさを感じさせ、女の子向き。和風の名前も作りやすい。

女の子

名前	画数	読み	総画
小梅	3・10	こうめ	13
小鈴	3・13	こすず	16
小夏	3・10	こなつ	13
小陽	3・12	こはる	15
小綾	3・14	さあや	17
小織	3・18	さおり	21
小波	3・8	さなみ	11
小穂	3・15	さほ	18
小都乃	3・11・2	ことの	16
小万智	3・3・12	こまち	18
小百合	3・6・6	さゆり	15

丈 3

音訓 ジョウ、たけ
名のり とも、ひろ、ます
意味 たけ、長さ、十尺、約3メートル。

【名づけヒント】たくましく健康的なイメージ。画数は少ないがほどよく曲線があり、いろいろな字と組み合わせやすい。

男の子

名前	画数	読み	総画
聖丈	13・3	きよたけ	16
丈慈	3・13	じょうじ	16
丈毅	3・15	たけき	18
丈士	3・3	たけし	6
丈登	3・12	たけと	15
丈虎	3・8	たけとら	11
丈弘	3・5	たけひろ	8
丈幸	3・8	たけゆき	11
丈留	3・10	たける	13
泰丈	10・3	やすたけ	13
丈一郎	3・1・9	じょういちろう	13

3 夕

音訓　セキ、ゆう
名のり　ゆ
意味　夕暮れ時。夜。

【名づけヒント】夕暮れどきの落ち着いた気分や、美しい夕焼けなどを思い起こさせる字。やさしい和の風情が魅力。

名前	画数	読み	総画
男の子			
夕弦	3・8	ゆうげん	11
夕悟	3・10	ゆうご	13
女の子			
夕愛	3・13	ゆうあ	16
夕佳	3・8	ゆうか	11
夕姫	3・10	ゆうき	13
夕月	3・4	ゆづき	7
夕乃	3・2	ゆの	5
璃夕	15・3	りゆ	18
真夕乃	10・3・2	まゆの	15
夕希奈	3・7・8	ゆきな	18

3 千

音訓　セン、ち
名のり　かず、ゆき
意味　数の千。たくさん。

【名づけヒント】数が多いという意味合いで四字熟語や故事成語でもよく使われ、勢いと広がりをイメージさせる字。「ち」の読みを当てるケースが多く和風の雰囲気があるが、使い方によっては、キュートな印象を出したり、洋風の響きに合わせたりすることもできる。

名前	画数	読み	総画
男の子			
千太	3・4	せんた	7
千翔	3・12	せんと	15
千哩	3・10	せんり	13
千暁	3・12	ちあき	15
千慧	3・15	ちさと	18
千寛	3・13	ちひろ	16
千宙	3・8	ちひろ	11
千太朗	3・4・10	せんたろう	17
女の子			
千華	3・10	せんか	13
千織	3・18	ちおり	21
千加	3・5	ちか	8
千種	3・14	ちぐさ	17
千珠	3・10	ちず	13
千鈴	3・13	ちすず	16
千奈	3・8	ちな	11
千乃	3・2	ちの	5
千尋	3・12	ちひろ	15
千冬	3・5	ちふゆ	8
千穂	3・15	ちほ	18
千結	3・12	ちゆ	15
千代	3・5	ちよ	8
千沙希	3・7・7	ちさき	17
千咲子	3・9・3	ちさこ	15
千紗都	3・10・11	ちさと	24
千璃子	3・15・3	ちりこ	21
真千子	10・3・3	まちこ	16

3 万

音訓　マン、バン、よろず
名のり　かず、ま
意味　数字の万。数が多い。すべて。

【名づけヒント】非常に大きな数を表し、壮大かつおおらかな印象。画数が少ないぶん、3字名でもバランスが取りやすい。

名前	画数	読み	総画
男の子			
万聡	3・14	まさと	17
万冴也	3・7・3	まさや	13
万勇斗	3・9・4	まゆと	16
女の子			
万緒	3・14	まお	17
万琴	3・12	まこと	15
万由	3・5	まゆ	8
万凜	3・15	まりん	18
妃万里	6・3・7	ひまり	16
万智子	3・12・3	まちこ	18
万里菜	3・7・11	まりな	21

3 大

音訓　ダイ、タイ、おお、おお(きい)、おお(いに)
名のり　お、た、たかし、たけし、はじめ、はる、ひろ、ひろし、まさ、まさる
意味　おおきい。力強い。

【名づけヒント】おおらかで、たくましいイメージ。広がりのある字形で安定感もよく、どんな字とも合わせやすい。「たか」「ひろ」「まさ」など、認知度の高い名のりも多く、バリエーションは豊富。しかし、それゆえに誤読される可能性も高い点は考慮しておきたい。

名前	画数	読み	総画
男の子			
暖大	13・3	あつひろ	16
澄大	15・3	きよひろ	18
広大	5・3	こうだい	8
航大	10・3	こうだい	13
大河	3・8	たいが	11
大毅	3・15	だいき	18
大起	3・10	だいき	13
大騎	3・18	だいき	21
大悟	3・10	だいご	13
大獅	3・13	たいし	16
大介	3・4	だいすけ	7
大輔	3・14	だいすけ	17
大誠	3・13	たいせい	16
大智	3・12	だいち	15
大翔	3・12	だいと	15
大武	3・8	だいむ	11
大也	3・3	だいや	6
大耀	3・20	たいよう	23
鷹大	24・3	たかひろ	27
大彰	3・14	ひろあき	17
大央	3・5	ひろお	8
大揮	3・12	ひろき	15
大士	3・3	ひろし	6
昌大	8・3	まさひろ	11
大和	3・8	やまと	11
雄大	12・3	ゆうだい	15
凌大	10・3	りょうだい	13

4画

4 允

音訓　イン、じょう、まこと
名のり　ちか、まさ、みつ
意味　誠実なさま。ちょうどよい。承諾する。

【名づけヒント】心がこもっていて適切であることを表す。一般的な字ではないので、電話などでは名前を伝えにくいことも。

名前	画数	読み	総画
男の子			
允	4・(1)	まこと	5
允慈	4・13	じょうじ	17
允聖	4・13	じょうせい	17
允基	4・11	まさき	15
允寛	4・13	まさひろ	17
允紀	4・9	みつき	13
允一朗	4・1・10	じょういちろう	15
女の子			
允子	4・3	ちかこ	7
允絵	4・12	まさえ	16
允美	4・9	まさみ	13

円 4

音訓 エン、まる(い)
名のり つぶら、まど、まどか[illegible]
意味 円形や球形[illegible]

【名づけヒント】円熟、円満というように、おだやかな意味合いを持つ字。性格に角がなく、落ち着いた子にと願って。

男の子

名前	画数	読み	総画
円	4 (1)	えん	5
円太	4・4	えんた	8
円太郎	4・4・9	えんたろう	17

女の子

名前	画数	読み	総画
円	4 (1)	まどか	5
円里	4・7	えんり	11
円架	4・9	まどか	13
円花	4・7	まどか	11
円香	4・9	まどか	13
円美	4・9	まるみ	13
円希	4・7	みつき	11

月 4

音訓 ゲツ、ガツ、つき
名のり つき
意味 天体の月[illegible]

【名づけヒント】月光を連想させ、落ち着いた和のイメージがある。組み合わせる字によってはキュートな印象の名前にも。

男の子

名前	画数	読み	総画
惟月	11・4	いつき	15
月彦	4・9	つきひこ	13
悠月	11・4	ゆづき	15

女の子

名前	画数	読み	総画
沙月	7・4	さつき	11
月歌	4・14	つきか	18
月子	4・3	つきこ	7
月乃	4・2	つきの	6
菜月	11・4	なつき	15
美月	9・4	みづき	13
優月	17・4	ゆづき	21

心 4

音訓 シン、こころ
名のり きよ、[illegible]、み、むね、もと
意味 精神、思い、中央、中[illegible]要なもの

【名づけヒント】女の子では「ここ」、男の子では「しん」と読ませる名前が人気だが、最近は「心優(みゆ)」など、「み」の名のりも浸透してきている。これは、中心にある重要なものを表す「み(実)」に由来し、古くからある名のり。なお、「心太」は「ところてん」と読む熟語。

男の子

名前	画数	読み	総画
心	4 (1)	しん	5
一心	1・4	いっしん	5
開心	12・4	かいしん	16
謙心	17・4	けんしん	21
心吾	4・7	しんご	11
心慈	4・13	しんじ	17
心輔	4・14	しんすけ	18
心哉	4・9	しんや	13
佑心	7・4	ゆうしん	11
雄心	12・4	ゆうしん	16
一之心	1・3・4	いちのしん	8
心太朗	4・4・10	しんたろう	18
心之介	4・3・4	しんのすけ	11

女の子

名前	画数	読み	総画
心	4 (1)	こころ	5
彩心	11・4	あやみ	15
心愛	4・13	ここあ	17
心菜	4・11	ここな	15
心寧	4・14	ここね	18
心乃	4・2	ここの	6
心美	4・9	ここみ	13
心花	4・7	みか	11
心希	4・7	みき	11
心晴	4・12	みはる	16
心優	4・17	みゆ	21
心子	4・3	もとこ	7
心知子	4・8・3	みちこ	15

元 4

音訓 ゲン、ガン、もと
名のり あさ、ちか、はじめ[illegible]
意味 根本、基本[illegible]、初め、リーダー

【名づけヒント】元気の「元」、元首の「元」で、さまざまな意味を持つ字。健康的で明るい子に、リーダーシップを持った人に。

男の子

名前	画数	読み	総画
元	4 (1)	げん	5
元	4 (1)	はじめ	5
元希	4・7	げんき	11
元汰	4・7	げんた	11
元基	4・11	もとき	15
元陽	4・12	もとはる	16
元哉	4・9	もとや	13
勇元	9・4	ゆうげん	13

女の子

名前	画数	読み	総画
元香	4・9	もとか	13
元子	4・3	もとこ	7

仁 4

音訓 ジン、ニ[illegible]
名のり [illegible]
意味 [illegible]

【名づけヒント】字の持つ意味と高貴な雰囲気から、昔から名づけによく使われてきた字。特に皇族の男性は、この字を用いる伝統が平安時代からある。最近は、音読みの「ジン」や「ニ」を生かした名前、名のりの「と」を用いた名前が増えている。

男の子

名前	画数	読み	総画
仁	4 (1)	じん	5
仁	4 (1)	ひとし	5
奏仁	9・4	かなと	13
仁晴	4・12	きみはる	16
健仁	11・4	けんと	15
仁聖	4・13	じんせい	17
仁太	4・4	じんた	8
仁哉	4・9	じんや	13
暖仁	13・4	はると	17
寿仁	7・4	ひさひと	11
仁志	4・7	ひとし	11
結仁	12・4	ゆうじん	16
優仁	17・4	ゆうじん	21
理仁	11・4	りひと	15
琉仁	11・4	りゅうじん	15
仁一朗	4・1・10	じんいちろう	15
仁之介	4・3・4	じんのすけ	11
陽仁郎	12・4・9	ようじろう	25

女の子

名前	画数	読み	総画
仁花	4・7	にか	11
仁子	4・3	にこ	7
仁菜	4・11	にな	15
仁那	4・7	にな	11
仁乃	4・2	にの	6
仁絵	4・12	ひとえ	16
仁美	4・9	ひとみ	13
仁衣奈	4・6・8	にいな	18

水 4

音訓 スイ、みず
名のり み、みな
意味 液体のみず、川や湖などのある場所

【名づけヒント】涼しさや透明感、爽快感を感じさせる字。女の子名で、「み」の読みを「美」「実」に代えて使うのも新鮮。

男の子

名前	画数	読み	総画
水紀	4・9	みずき	13
水翔	4・12	みなと	16

女の子

名前	画数	読み	総画
彩水	11・4	あやみ	15
泉水	9・4	いずみ	13
水緒	4・14	みお	18
水琴	4・12	みこと	16
水香	4・9	みずか	13
水月	4・4	みづき	8
水那	4・7	みな	11
水麗	4・19	みれい	23

4 太

音訓 タイ、タ、ふと(い)

名のり たか、ふと、ふとし

意味 ふとい。大きい。非常に。はじめ。

【名づけヒント】この字があると、わんぱくで男の子らしいイメージに。広がりのある字形はどんな字にもなじむ。

男の子

名前	画数	読み	総画
信太	9・4	しんた	13
太我	4・7	たいが	11
太基	4・11	たいき	15
太士	4・3	たいし	7
太心	4・4	たいしん	8
太輔	4・14	たいすけ	18
太誠	4・13	たいせい	17
太一	4・1	たいち	5
太洋	4・9	たいよう	13
太陽	4・12	たいよう	16
太志	4・7	ふとし	11

4 斗

音訓 ト、トウ

名のり はかる、ほし、ます

意味 ます。ひしゃく。容量の単位。斗星。

【名づけヒント】北斗七星を連想させ、神秘的なイメージ。画数が少なくバランスのいい字形なので、3字名にも使いやすい。

男の子

名前	画数	読み	総画
斗偉	4・12	とうい	16
斗也	4・3	とうや	7
斗志	4・7	とし	11
斗夢	4・13	とむ	17
七斗	2・4	ななと	6
駿斗	17・4	はやと	21
斗喜弥	4・12・8	ときや	24

女の子

名前	画数	読み	総画
斗希	4・7	とき	11
美斗	9・4	みと	13
日斗美	4・4・9	ひとみ	17

4 天

音訓 テン、あめ、あま、そら

名のり たか、たかし

意味 大空。太陽。神。運命。

【名づけヒント】大空や宇宙を思わせる、のびやかでスケールの大きな字。天真爛漫などから、無邪気で自由な印象も。

男の子

名前	画数	読み	総画
天	4 (1)	てん	5
天志	4・7	たかし	11
天陽	4・12	たかはる	16
天梧	4・11	てんご	15
悠天	11・4	ゆうてん	15

女の子

名前	画数	読み	総画
天	4 (1)	そら	5
天音	4・9	あまね	13
天子	4・3	たかこ	7
天花	4・7	てんか	11
美天	9・4	みそら	13

4 文

音訓 ブン、モン、ふみ、あや

名のり あき、ゆき、よし

意味 文章。文字。手紙。文様。

【名づけヒント】知的で芸術的なイメージで、品のある字。文学的な才能のある子に、聡明な子に育つように。

男の子

名前	画数	読み	総画
貴文	12・4	たかふみ	16
文哉	4・9	ふみや	13
文太	4・4	ぶんた	8

女の子

名前	画数	読み	総画
文	4 (1)	あや	5
文	4 (1)	ふみ	5
文菜	4・11	あやな	15
文音	4・9	あやね	13
文芭	4・7	あやは	11
文香	4・9	ふみか	13
文乃	4・2	ふみの	6

4 日

音訓 ニチ、じつ、ひ、か

名のり あき、はる

意味 太陽。日光。1日。日本。

【名づけヒント】太陽のように明るい人に、一日一日をしっかり生きていく子に、日本を代表するようなスケールの大きな人になど、さまざまな願いが込められる字。画数が少なくシンプルな字形は、3字名でもバランスが取りやすい。

男の子

名前	画数	読み	総画
朝日	12・4	あさひ	16
日聡	4・14	ひさと	18
悠日	11・4	ゆうひ	15
日南太	4・9・4	ひなた	17
日那斗	4・7・4	ひなと	15
日々樹	4・3・16	ひびき	23
日々斗	4・3・4	ひびと	11

女の子

名前	画数	読み	総画
日暖	4・13	かのん	17
日花	4・7	にちか	11
春日	9・4	はるひ	13
遥日	12・4	はるひ	16
日彩	4・11	ひいろ	15
日咲	4・9	ひさき	13
日翠	4・14	ひすい	18
日菜	4・11	ひな	15
日鞠	4・17	ひまり	21
明日加	8・4・5	あすか	17
明日香	8・4・9	あすか	21
明日美	8・4・9	あすみ	21
今日子	4・4・3	きょうこ	11
日佳璃	4・8・15	ひかり	27
日花利	4・7・7	ひかり	18
日奈子	4・8・3	ひなこ	15
日南子	4・9・3	ひなこ	16
実日子	8・4・3	みかこ	15
優日子	17・4・3	ゆかこ	24

4 友

音訓 ユウ、とも

名のり すけ、ゆ

意味 仲間。味方。

【名づけヒント】「ゆう」または「ゆ」と読む字には、「優」「悠」「裕」など人気のある字が多いが、この字も根強い人気。友だちに恵まれるように、友だちを大切にする子になど、友情を大切にしてほしいという願いをストレートに込められる。

男の子

名前	画数	読み	総画
友	4 (1)	ゆう	5
一友	1・4	かずとも	5
友基	4・11	ともき	15
友久	4・3	ともひさ	7
友哉	4・9	ともや	13
秀友	7・4	ひでとも	11
友希	4・7	ゆうき	13
友吾	4・7	ゆうご	11
友亮	4・9	ゆうすけ	13
友誠	4・13	ゆうせい	17
友太	4・4	ゆうた	8
友翔	4・12	ゆうと	16
友太朗	4・4・10	ゆうたろう	18

女の子

名前	画数	読み	総画
友子	4・3	ともこ	7
友泉	4・9	ともみ	13
麻友	11・4	まゆ	15
美友	9・4	みゆ	13
心友	4・4	みゆう	8
友愛	4・13	ゆあ	17
友希	4・7	ゆうき	11
友菜	4・11	ゆうな	15
友紀	4・9	ゆき	13
友月	4・4	ゆづき	8
友里	4・7	ゆり	11
万友佳	3・4・8	まゆか	15
友梨奈	4・11・8	ゆりな	23

可 5

音訓 カ

名のり

意味

【名づけヒント】自分の可能性を信じてがんばれる子に。また、許すという意味から、他人を許せる懐の大きな人にと願って。

名前	画数	読み	総画
男の子			
可一	5・1	かいち	6
琉可	11・5	るか	16
可夢生	5・13・5	かむい	23
女の子			
可織	5・18	かおり	23
可帆	5・6	かほ	11
可怜	5・8	かれん	13
純可	10・5	すみか	15
遥可	12・5	はるか	17
悠可	11・5	ゆか	16
和可菜	8・5・11	わかな	24

永 5

音訓 エイ、なが（い）

名のり え、なが、はるか、ひさ、ひさし

意味 長い、時間が長い

【名づけヒント】もともとは距離の長さを表すが、現在では非常に長い時間を指すことが多い。スケールが大きく、また悠々としたおおらかなイメージもある字。幸せが永く続くように、スケールの大きな人になるようにと願って。

名前	画数	読み	総画
男の子			
永	5（1）	ひさし	6
永一	5・1	えいいち	6
永騎	5・18	えいき	23
永吉	5・6	えいきち	11
永伍	5・6	えいご	11
永護	5・20	えいご	25
永幸	5・8	えいこう	13
永剛	5・10	えいごう	15
永治	5・8	えいじ	13
永磨	5・16	えいま	21
照永	13・5	しょうえい	18
永遠	5・13	とわ	18
永道	5・12	ひさみち	17
倖永	10・5	ゆきなが	15
永太郎	5・4・9	えいたろう	18
女の子			
永子	5・3	えいこ	8
永実	5・8	えいみ	13
永奈	5・8	えな	13
永麻	5・11	えま	16
永夢	5・13	えむ	18
永莉	5・10	えり	15
華永	10・5	かえ	15
彩永	11・5	さえ	16
永美香	5・9・9	えみか	23
紗永子	10・5・3	さえこ	18
永遠子	5・13・3	とわこ	21

加 5

音訓 カ、くわ（える）、くわ（わる）

名のり ます

意味 足す、増やす

【名づけヒント】増やすというプラスの意味を持つ字。幸せが増す人生を、友人が増えるようになど、さまざまな願いを込めて。

名前	画数	読み	総画
男の子			
加惟	5・11	かい	16
加弦	5・8	かいと	13
加寿翔	5・7・12	かずと	24
女の子			
彩加	11・5	あやか	16
加純	5・10	かすみ	15
加奈	5・8	かな	13
実加	8・5	みか	13
夢加	13・5	ゆめか	18
加奈恵	5・8・10	かなえ	23
優加子	17・5・3	ゆかこ	25

叶 5

音訓

名のり

意味

【名づけヒント】非常に明るく希望が感じられる字。最近は、「かな」の響きを生かした名前が人気。

名前	画数	読み	総画
男の子			
叶多	5・6	かなた	11
叶人	5・2	かなと	7
叶夢	5・13	かなむ	18
女の子			
叶	5（1）	かな	6
叶絵	5・12	かなえ	17
叶恵	5・10	かなえ	15
叶望	5・11	かなみ	16
叶芽	5・8	かなめ	13
叶子	5・3	きょうこ	8
真叶	10・5	まかな	15

央 5

音訓

名のり

意味

【名づけヒント】中央という熟語の印象のよさから、人気のある字。人気者に、リーダーシップのある子になるように。

名前	画数	読み	総画
男の子			
央	5（1）	あきら	6
央丞	5・6	おうすけ	11
央真	5・10	おうま	15
央樹	5・16	ひろき	21
央士朗	5・3・10	おうしろう	18
女の子			
詩央	13・5	しお	18
名央	6・5	なお	11
茉央	8・5	まお	13
理央	11・5	りお	16
美央里	9・5・7	みおり	21

功 5

音訓

名のり

意味

【名づけヒント】努力の上の立派な成果を表わす。オーソドックスな印象もあるが、「コウ」の読みを生かすと今風の名前に。

名前	画数	読み	総画
男の子			
功	5（1）	いさお	6
功	5（1）	こう	6
功翔	5・12	いさと	17
一功	1・5	いっこう	6
功英	5・8	こうえい	13
功騎	5・18	こうき	23
功樹	5・16	こうき	21
功成	5・6	こうせい	11
功大	5・3	こうだい	8
功真	5・10	こうま	15
功太郎	5・4・9	こうたろう	18

弘 5

音訓 コウ、グ、ひろ(い)
名のり ひろ、ひろし、ひろむ
意味 範囲が広い。範囲を広げる。

【名づけヒント】弘法大師の「弘法」は仏の教えを広める意。スケールの大きさに加え、世の中の役に立とうという意味も。

男の子

名前	画数	読み	総画
弘	5 (1)	ひろむ	6
和弘	8・5	かずひろ	13
弘騎	5・18	こうき	23
隆弘	11・5	たかひろ	16
弘明	5・8	ひろあき	13
弘樹	5・16	ひろき	21
弘幸	5・8	ひろゆき	13
真弘	10・5	まさひろ	15
康弘	11・5	やすひろ	16

女の子

名前	画数	読み	総画
弘子	5・3	ひろこ	8

司 5

音訓 シ、つかさ、つかさどる
名のり おさむ、かず、じ
意味 責任を持って管理する。責任者。

【名づけヒント】何かを管理する仕事の役職を指して使われることが多かった字で、責任感があり、しっかりした印象。

男の子

名前	画数	読み	総画
司	5 (1)	つかさ	6
篤司	16・5	あつし	21
司真	5・10	かずま	15
司恩	5・10	しおん	15
瞬司	18・5	しゅんじ	23
紳司	11・5	しんじ	16
貴司	12・5	たかし	17
幸司朗	8・5・10	こうしろう	23

女の子

名前	画数	読み	総画
司恵	5・10	しえ	15
司帆	5・6	しほ	11

巧 5

音訓 コウ、たく(み)、たくむ
名のり たく、たくみ、よし
意味 技術が優れている。

【名づけヒント】手先が器用で、ものづくりがうまいことを表す字。「コウ」「たくみ」の人気の響きと独特の字形で人気。

男の子

名前	画数	読み	総画
巧	5 (1)	こう	6
巧	5 (1)	たくみ	6
巧基	5・11	こうき	16
巧成	5・6	こうせい	11
巧陽	5・12	こうよう	17
巧真	5・10	たくま	15
巧磨	5・16	たくま	21
巧実	5・8	たくみ	13
巧夢	5・13	たくむ	18
巧也	5・3	たくや	8
巧弥	5・8	たくや	13

史 5

音訓 シ、ふみ
名のり じ、ちか、ちかし、ひと、み
意味 歴史。記録。文書。

【名づけヒント】歴史と文学イメージで、きりっとしながらも品を感じさせる。自分の歴史をしっかり刻んでと願って。

男の子

名前	画数	読み	総画
篤史	16・5	あつし	21
史堂	5・11	しどう	16
考史	6・5	たかふみ	11
一史	1・5	ひとし	6
史嗣	5・13	ふみつぐ	18
史也	5・3	ふみや	8
耀史	20・5	ようじ	25

女の子

名前	画数	読み	総画
史織	5・18	しおり	23
史野	5・11	しの	16
史佳	5・8	ふみか	13

広 5

音訓 コウ、ひろ(い)、ひろ(まる)、ひろ(がる)
名のり ひろ、ひろし
意味 面積が大きい。

【名づけヒント】意味も読みもわかりやすく、安定した人気。もともとは建物を表す字なので、どっしりとした存在感にあふれている。すっきりとしてのびやかさもある字形は、広々とした風景やおおらかさなどを感じさせるだけでなく、さまざまな字ともなじみやすい。

男の子

名前	画数	読み	総画
広	5 (1)	こう	6
広	5 (1)	ひろし	6
清広	11・5	きよひろ	16
広一	5・1	こういち	6
広河	5・8	こうが	13
広季	5・8	こうき	13
広樹	5・16	こうき	21
広誠	5・13	こうせい	18
広遥	5・12	こうよう	17
龍広	16・5	たつひろ	21
広章	5・11	ひろあき	16
広翔	5・12	ひろと	17
広夢	5・13	ひろむ	18
広行	5・6	ひろゆき	11
真広	10・5	まさひろ	15
広志郎	5・7・9	こうしろう	21
広太郎	5・4・9	こうたろう	18

女の子

名前	画数	読み	総画
千広	3・5	ちひろ	8
広恵	5・10	ひろえ	15
広夏	5・10	ひろか	15
広子	5・3	ひろこ	8
広菜	5・11	ひろな	16
広乃	5・2	ひろの	7
広葉	5・12	ひろは	17
茉広	8・5	まひろ	13
実広	8・5	みひろ	13

矢 5

音訓 シ、や
名のり ただ、ただし、なお
意味 や。弓の弦につがえて射る武器。まっすぐ。

【名づけヒント】目標に向かってまっすぐに飛んでいく矢の動きをイメージさせる字。行動力のある子に、意思の強い子に。

男の子

名前	画数	読み	総画
一矢	1・5	かずや	6
隼矢	10・5	しゅんや	15
真矢	10・5	しんや	15
卓矢	8・5	たくや	13
直矢	8・5	なおや	13
矢尋	5・12	やひろ	17
悠矢	11・5	ゆうや	16
矢磨人	5・16・2	やまと	23

女の子

名前	画数	読み	総画
紗矢	10・5	さや	15
美矢子	9・5・3	みやこ	17

世 5

音訓 セイ、セ、よ
名のり つぎ、つぐ、とき、とし
意味 一代。時代。世の中。

【名づけヒント】世の中の役に立つ子に、世界を舞台に活躍する人になどの願いを込めて。早世は若死の意味なので注意。

男の子

名前	画数	読み	総画
航世	10・5	こうせい	15
世名	5・6	せな	11
結世	12・5	ゆうせい	17

女の子

名前	画数	読み	総画
華世	10・5	かよ	15
彩世	11・5	さよ	16
世羅	5・19	せら	24
珠世	10・5	たまよ	15
千世	3・5	ちせ	8
朋世	8・5	ともよ	13
理世	11・5	りせ	16

生 5

音訓

名のり

意味

【名づけヒント】生命力が感じられる字で、精いっぱい生きてほしい、生き生きとした毎日をなど、ポジティブな意味づけができる。男女ともに人気の字のため、組み合わせる字によっては、性別や読み方がまぎらわしくなる点に注意。

男の子

名前	画数	読み	総画
生登	5・12	いくと	17
生真	5・10	いくま	15
一生	1・5	いっせい	6
和生	8・5	かずき	13
考生	6・5	こうき	11
康生	11・5	こうせい	16
生磨	5・16	しょうま	21
生也	5・3	せいや	8
陽生	12・5	はるき	17
響生	20・5	ひびき	25
雅生	13・5	まさお	18
瑞生	13・5	みずき	18
有生	6・5	ゆうせい	11
理生	11・5	りお	16
隆生	11・5	りゅうせい	16
琉生	11・5	るい	16
生太郎	5・4・9	しょうたろう	18
結生斗	12・5・4	ゆきと	21

女の子

名前	画数	読み	総画
生子	5・3	いくこ	8
生乃	5・2	いくの	7
瑶生	13・5	たまお	18
珠生	10・5	たまき	15
夏生	10・5	なつき	15
芽生	8・5	めい	13
弥生	8・5	やよい	13
結生	12・5	ゆい	17

正 5

音訓

名のり

意味

【名づけヒント】正義感や誠実さが伝わる字。漢字の成り立ちも、目的地に向かってまっすぐ移動するさまを示しており、正しい道をまっすぐ進んでほしいという願いを込めて使うにはぴったりの字。「セイ」の読みを使うと新鮮さが出る。

男の子

名前	画数	読み	総画
正	5 (1)	ただし	6
正一	5・1	しょういち	6
正悟	5・10	しょうご	15
正護	5・20	しょうご	25
正磨	5・16	しょうま	21
直正	8・5	なおまさ	13
豊正	13・5	ほうせい	18
正樹	5・16	まさき	21
正継	5・13	まさつぐ	18
正翔	5・12	まさと	17
正晴	5・12	まさはる	17
正人	5・2	まさひと	7
正実	5・8	まさみ	13
正充	5・6	まさみつ	11
正行	5・6	まさゆき	11
正義	5・13	まさよし	18
悠正	11・5	ゆうせい	16
隆正	11・5	りゅうせい	16
正太郎	5・4・9	しょうたろう	18
正志郎	5・7・9	せいしろう	21
正明	5・8	まさあき	13

女の子

名前	画数	読み	総画
正華	5・10	せいか	15
正子	5・3	せいこ	8
正奈	5・8	せいな	13
正絵	5・12	まさえ	17
正姫	5・10	まさき	15

冬 5

音訓

名のり

意味

【名づけヒント】寒く厳しい印象もあるが、凛とした雰囲気も。やわらかい「ふゆ」、クールな「トウ」、どちらの読みも魅力的。

男の子

名前	画数	読み	総画
冬馬	5・10	とうま	15
冬和	5・8	とうわ	13
冬樹	5・16	ふゆき	21
冬翔	5・12	ふゆと	17
冬真	5・10	ふゆま	14

女の子

名前	画数	読み	総画
冬子	5・3	とうこ	8
冬華	5・10	ふゆか	15
冬子	5・3	ふゆこ	8
冬実	5・8	ふゆみ	13
実冬	8・5	みふゆ	13

平 5

音訓

名のり

意味

【名づけヒント】平和、太平など、落ち着いて幸せなイメージを持つ字。公平、平等のように、わけへだてないという意味も。

男の子

名前	画数	読み	総画
平	5 (1)	たいら	6
一平	1・5	いっぺい	6
桔平	10・5	きっぺい	15
航平	10・5	こうへい	15
平多	5・6	へいた	11
結平	12・5	ゆうへい	17
悠平	11・5	ゆうへい	16
侑平	8・5	ゆうへい	13
遥平	12・5	ようへい	17
隆平	11・5	りゅうへい	16
平太郎	5・4・9	へいたろう	18

未 5

音訓

名のり

意味

【名づけヒント】「不」「非」が単純な否定であるのに対し、「未」は、まだ〇〇してないという可能性を秘めた字。

男の子

名前	画数	読み	総画
拓未	8・5	たくみ	13
未來	5・8	みらい	13
未希斗	5・7・4	みきと	16

女の子

名前	画数	読み	総画
彩未	11・5	あやみ	16
未羽	5・6	みう	11
未來	5・8	みく	13
未來	5・8	みらい	13
悠未	11・5	ゆみ	16
未華子	5・10・3	みかこ	18
未来子	5・7・3	みきこ	15

由 5

音訓

名のり

意味

【名づけヒント】比較的どんな字ともなじむ字形だが、姓に「田」が入っていると、字形が似ているぶん単調になることも。

男の子

名前	画数	読み	総画
由悟	5・10	ゆうご	15
由成	5・6	ゆうせい	11
由翔	5・12	ゆうと	17
由磨	5・16	ゆうま	21
由久	5・3	よしひさ	8

女の子

名前	画数	読み	総画
真由	10・5	まゆ	15
由夏	5・10	ゆか	15
由麻	5・11	ゆま	16
由乃	5・2	よしの	7
由璃香	5・15・9	ゆりか	29

立 5

音訓 リツ、リュウ、た(つ)
名のり たち、たつ、たて
意味 まっすぐになる。起きる。

【名づけヒント】もともとは、大地に足を踏ん張って立つことを表す字で、地盤を踏み固めている安定したイメージがある。

男の子

名前	画数	読み	総画
立葵	5・12	たつき	17
立真	5・10	たつま	15
立弥	5・8	たつや	13
立琉	5・11	たつる	16
立樹	5・16	りつき	21
立成	5・6	りっせい	11
立誠	5・13	りゅうせい	18
立之助	5・3・7	りゅうのすけ	15

女の子

名前	画数	読み	総画
立乃	5・2	たつの	7
立夏	5・10	りっか	15

令 5

音訓 レイ、リョウ
名のり のり、よし、れ
意味 言いつける。立派な。すばらしい。きまり。

【名づけヒント】人気の「レイ」の音をもつのに加え、新元号「令和」に使われたことで、今後、使用例が増えそう。

男の子

名前	画数	読み	総画
令	5 (1)	れい	6
令之	5・3	のりゆき	8
雅令	13・5	まさのり	18
令一	5・1	れいいち	6
令雄	5・12	れお	17

女の子

名前	画数	読み	総画
令華	5・10	れいか	15
令子	5・3	れいこ	8
令奈	5・8	れいな	13
令菜	5・11	れな	16
恵令奈	10・5・8	えれな	23

安 6

音訓 アン、やす(い)、やす(らか)
名のり あ、やす、やすし
意味 落ち着く。簡単な。値段が低い。

【名づけヒント】値段が低い意味からマイナスにとらえる人もいるが、本来は落ち着いていることを表す字。

男の子

名前	画数	読み	総画
安紀	6・9	やすのり	15
安良太	6・7・4	あらた	17

女の子

名前	画数	読み	総画
安珠	6・10	あんじゅ	16
安那	6・7	あんな	13
安里	6・7	あんり	13
安恵	6・10	やすえ	16
璃安	15・6	りあん	21
安加里	6・5・7	あかり	18
安優美	6・17・9	あゆみ	32
安里紗	6・7・10	ありさ	23

礼 5

音訓 レイ、ライ、あや
名のり あき、あきら、よし、れ
意味 礼儀作法。人の道

男の子

名前	画数	読み	総画
礼	5 (1)	れい	6
礼登	5・12	あやと	17
礼翔	5・12	らいと	17
礼伍	5・6	れいご	11
礼人	5・2	れいと	7
礼真	5・10	れいま	15
礼也	5・3	れいや	8
礼弥	5・8	れいや	13
礼恩	5・10	れおん	15
礼太郎	5・4・9	れいたろう	18
礼旺人	5・8・2	れおと	15

女の子

名前	画数	読み	総画
礼	5 (1)	あや	6
礼	5 (1)	れい	6
礼佳	5・8	あやか	13
礼菜	5・11	あやな	16
礼乃	5・2	あやの	7
礼葉	5・12	あやは	17
純礼	10・5	すみれ	15
礼華	5・10	れいか	15
礼子	5・3	れいこ	8
礼奈	5・8	れいな	13
礼実	5・8	れいみ	13
礼楽	5・13	れいら	18
礼菜	5・11	れな	16
紅礼亜	9・5・7	くれあ	21
礼央奈	5・5・8	れおな	18

【名づけヒント】礼儀を重んじるまじめさと気品を感じさせる字。伝統的な日本の美意識を表すので、和風のイメージが強い。一方で「レイ」「ライ」「れ」など、ラ行の洋風の響きを生かすと、洋風な中にも和風のよさを感じさせる名前に。

衣 6

音訓 イ、エ、ころも、きぬ
名のり そ
意味 着るもの。着物。服。

【名づけヒント】曲線が多くややわらかな字形。衣服や着物のやさしい雰囲気もあり、女の子名では根強い人気。

女の子

名前	画数	読み	総画
衣織	6・18	いおり	24
衣澄	6・15	いずみ	21
衣鞠	6・17	いまり	23
希衣	7・6	きい	13
衣香	6・9	きぬか	15
紗衣	10・6	さえ	16
乃衣	2・6	のえ	8
麻衣	11・6	まい	17
美衣	9・6	みい	15
由衣	5・6	ゆい	11
衣万里	6・3・7	いまり	16

宇 6

音訓 ウ、いえ、のき
名のり そら、たか、たかし、ね
意味 家。軒。大空。

【名づけヒント】広大な空間を思わせる、スケールの大きな字。家という意味もあるので、家族を大切にする子にと願っても。

男の子

名前	画数	読み	総画
宇一	6・1	ういち	7
宇汰	6・7	うた	13
宇翔	6・12	たかと	18
悠宇	11・6	ゆう	17
由宇	5・6	よしたか	11

女の子

名前	画数	読み	総画
宇彩	6・11	うさ	17
宇乃	6・2	うの	8
美宇	9・6	みう	15
由宇	5・6	ゆう	11
宇美奈	6・9・8	うみな	23

羽 6

音訓 ウ、は、はね、わ
名のり —
意味 鳥や虫のはね 矢につけた矢はね

【名づけヒント】大空を飛ぶ自由なイメージに加え、羽毛のようなやわらかい雰囲気も。夢に向かって羽ばたいてほしい、鳥のように自由に生きてほしいなどと願って。男女ともに使われる字なので、性別がまぎらわしくならないよう、組み合わせる字は工夫したい。

男の子

名前	画数	読み	総画
翔羽	12・6	とわ	18
羽駈	6・15	はく	21
羽琉	6・11	はる	17
勇羽	9・6	ゆうは	15
羽悠馬	6・11・10	はゆま	27
羽琉磨	6・11・16	はるま	33

女の子

名前	画数	読み	総画
絢羽	12・6	あやは	18
羽彩	6・11	うさ	17
羽乃	6・2	うの	8
羽未	6・5	うみ	11
風羽	9・6	かざは	15
希羽	7・6	きわ	13
琴羽	12・6	ことは	18
紗羽	10・6	さわ	16
羽純	6・10	はすみ	16
羽澄	6・15	はすみ	21
羽那	6・7	はな	13
美羽	9・6	みはね	15
未羽	5・6	みはね	11
唯羽	11・6	ゆいは	17
優羽	17・6	ゆう	23
羽奏	6・9	わかな	15
咲羽子	9・6・3	さわこ	18
羽那子	6・7・3	はなこ	16
羽瑠香	6・14・9	はるか	29
真羽奈	10・6・8	まうな	24

旭 6

音訓 キョク、あさひ
名のり
意味 日の出の太陽

【名づけヒント】太陽を連想させ、日の出を意味する「旭」は、前向きではつらつとした印象。向上心や可能性を感じさせる字。

男の子

名前	画数	読み	総画
旭	6・(1)	あきら	7
旭飛	6・9	あさひ	15
旭陽	6・12	あさひ	18
輝旭	15・6	てるあき	21
旭海	6・9	てるみ	15

女の子

名前	画数	読み	総画
秀旭	7・6	ひであき	13
真旭	10・6	まさてる	16
旭絵	6・12	あきえ	18
旭那	6・7	あきな	13
旭紗	6・10	てるさ	16

圭 6

音訓
名のり
意味

【名づけヒント】もともとは形の整った宝石を表し、貴重かつ端正なイメージ。

男の子

名前	画数	読み	総画
圭	6・(1)	けい	7
一圭	1・6	いっけい	7
圭市	6・5	けいいち	11
圭佑	6・7	けいすけ	13
圭達	6・12	けいたつ	18

女の子

名前	画数	読み	総画
圭晃	6・10	よしあき	16
圭花	6・7	けいか	13
圭音	6・9	けいと	15
圭希	6・7	たまき	13
圭乃	6・2	よしの	8

吉 6

音訓
名のり
意味

【名づけヒント】おみくじに代表されるように、幸運を象徴する、縁起のよい字。和風で、落ち着いた雰囲気の名づけに。

男の子

名前	画数	読み	総画
吉平	6・5	きっぺい	11
吉輝	6・15	よしき	21
吉音	6・9	よしと	15
吉晴	6・12	よしはる	18
凌吉	10・6	りょうきち	16

女の子

名前	画数	読み	総画
吉之輔	6・3・14	きちのすけ	23
吉花	6・7	きっか	13
吉花	6・7	よしか	13
吉乃	6・2	よしの	8
吉美	6・9	よしみ	15

考 6

音訓
名のり
意味

【名づけヒント】現在では考えるという意味だが、もともとは長生きするという意味だった。聡明さと健康を願って。

男の子

名前	画数	読み	総画
考	6・(1)	こう	7
考史	6・5	こうし	11
考惺	6・12	こうせい	18
考汰	6・7	こうた	13
考志	6・7	たかし	13

女の子

名前	画数	読み	総画
正考	5・6	まさたか	11
善考	12・6	よしたか	18
考史朗	6・5・10	こうしろう	21
考絵	6・12	たかえ	18
考世	6・5	たかよ	11

匡 6

音訓
名のり
意味

【名づけヒント】不正を正して世の中を救うという正義感にあふれた字。世の中の役に立つ人に。間違いを犯さないように。

男の子

名前	画数	読み	総画
匡	6・(1)	ただし	7
匡佑	6・7	きょうすけ	13
匡平	6・5	きょうへい	11
輝匡	15・6	てるまさ	21
匡希	6・7	まさき	13

女の子

名前	画数	読み	総画
匡人	6・2	まさと	8
匡哉	6・9	まさや	15
匡一郎	6・1・9	きょういちろう	16
匡香	6・9	きょうか	15
匡代	6・5	まさよ	11

行 6

音訓
名のり
意味

【名づけヒント】積極的な印象の字。行動的な人に。前向きに進んでいく人に。

男の子

名前	画数	読み	総画
行人	6・2	いくと	8
行馬	6・10	いくま	16
克行	7・6	かつゆき	13
隆行	11・6	たかゆき	17
智行	12・6	ともゆき	18

女の子

名前	画数	読み	総画
伸行	7・6	のぶゆき	13
道行	12・6	みちゆき	18
行彦	6・9	ゆきひこ	15
行恵	6・10	いくえ	16
美行	9・6	みゆき	15

好 (6)

音訓 コウ、この(む)、す(く)、よ(い)、よしみ
名のり この、このみ、み、よし
意味 愛する。このましい。

【名づけヒント】人に好かれる子に、わけへだてなく人を愛せる人にと願って。

男の子

名前	画数	読み	総画
好晴	6・12	こうせい	18
好風	6・9	よしかぜ	15
好伸	6・7	よしのぶ	13
好史	6・5	よしふみ	11
好之輔	6・3・14	こうのすけ	23

女の子

名前	画数	読み	総画
好花	6・7	このか	13
好葉	6・12	このは	18
好美	6・9	このみ	15
好恵	6・10	よしえ	16
好乃	6・2	よしの	8

朱 (6)

音訓 シュ、ス
名のり あか、あけ、あや
意味 黄色がかった赤。鮮やかな赤。

【名づけヒント】鮮やかな赤い色を表し、明るく活気がある印象。朱夏(しゅか)という熟語もあり、夏の色とされている。

女の子

名前	画数	読み	総画
朱	6 (1)	あや	7
朱音	6・9	あかね	15
朱璃	6・15	あかり	21
朱莉	6・10	あかり	16
朱美	6・9	あけみ	15
朱乃	6・2	あやの	8
朱葉	6・12	あやは	18
朱夏	6・10	しゅか	16
朱里	6・7	しゅり	13
朱々花	6・3・7	すずか	16
美朱々	9・6・3	みすず	18

光 (6)

音訓 コウ、ひかり、ひか(る)
名のり あき、あきら、てる、ひかる、ひろ、み、みつ、みつる
意味 ひかる。ひかり。輝く。名誉。景色。

男の子

名前	画数	読み	総画
光	6 (1)	ひかる	7
一光	1・6	いっこう	7
光壱	6・7	こういち	13
光輝	6・15	こうき	21
光生	6・5	こうき	11
光佑	6・7	こうすけ	13
光星	6・9	こうせい	15
光平	6・5	こうへい	11
光矢	6・5	こうや	11
光陽	6・12	こうよう	18
光琉	6・11	ひかる	17
光喜	6・12	みつき	18
光紀	6・9	みつき	15
光尋	6・12	みつひろ	18
光士郎	6・3・9	こうしろう	18
光多郎	6・6・9	こうたろう	21
光之介	6・3・4	こうのすけ	13

女の子

名前	画数	読み	総画
光	6 (1)	ひかり	7
光璃	6・15	ひかり	21
光里	6・7	ひかり	13
光莉	6・10	ひかり	16
光希	6・7	みつき	13
光姫	6・10	みつき	16
光葉	6・12	みつは	18
光穂	6・15	みつほ	21
光美	6・9	みつみ	15

【名づけヒント】光輝く人生に、まわりを明るくする人になどの願いを込めて、昔から男女ともに好んで使われてきた。輝く、明るいという意味を持つ字は多いが、「光」はそのなかでも左右対称に近いすっきりした字形で、どんな字とも相性がいい。

守 (6)

音訓 シュ、ス、まも(る)、も(り)、かみ
名のり え、まもる、もり
意味 外敵や被害などを防ぐ。備える。

【名づけヒント】力強さと誠実さを兼ね備えた字。家族や仲間を守れる子に。

男の子

名前	画数	読み	総画
守	6 (1)	まもる	7
守理	6・11	しゅり	17
高守	10・6	たかもり	16
守彦	6・9	もりひこ	15
守弘	6・5	もりひろ	11
守道	6・12	もりみち	18
良守	7・6	よしもり	13

女の子

名前	画数	読み	総画
守里	6・7	しゅり	13
美守	9・6	みもり	15
亜守実	7・6・8	あすみ	21

充 (6)

音訓 ジュウ、あ(てる)、み(ちる)
名のり あつ、まこと、み、みち、みつ、みつる
意味 いっぱいにする。割り当てる。

【名づけヒント】豊かで満ち足りていることを表す字。充実した人生を願って。

男の子

名前	画数	読み	総画
充	6 (1)	みつる	7
充登	6・12	じゅうと	18
充貴	6・12	みちたか	18
充彦	6・9	みちひこ	15
充生	6・5	みつき	11
充宏	6・7	みつひろ	13

女の子

名前	画数	読み	総画
充香	6・9	みつか	15
充希	6・7	みつき	13
充穂	6・15	みつほ	21
充菜	6・11	みな	17

向 (6)

音訓 コウ、む(く)、む(かう)
名のり ひさ、むかい
意味 あるところを目指す。

【名づけヒント】夢に向かって、前向きになど、ポジティブな意味合いを持つ。「日向(ひなた)」は男女ともに人気の名前。

男の子

名前	画数	読み	総画
向	6 (1)	こう	7
向栄	6・9	こうえい	15
向輝	6・15	こうき	21
向志	6・7	こうし	13
向世	6・5	こうせい	11
向陽	6・12	こうよう	18
向都	6・11	ひさと	17
向海	6・9	ひさみ	15

女の子

名前	画数	読み	総画
向美	6・9	こうみ	15
向華	6・10	ひさか	16

旬 (6)

音訓 ジュン、シュン
名のり とき、ひとし
意味 10日間。ある物事にとって最適な時期。

【名づけヒント】物事にとって、もっとも最適な時期を意味することから、いつも旬(よい時期)であるような人生をと願って。

男の子

名前	画数	読み	総画
旬	6 (1)	しゅん	7
旬平	6・5	しゅんぺい	11
旬馬	6・10	しゅんま	16
旬哉	6・9	しゅんや	15
旬陽	6・12	ときはる	18
旬矢	6・5	ときや	11
旬之介	6・3・4	しゅんのすけ	13

女の子

名前	画数	読み	総画
旬花	6・7	しゅんか	13
旬香	6・9	しゅんか	15
旬璃	6・15	しゅんり	21

匠 6

音訓 ショウ、たくみ
名のり なる
意味 たくみ、職人、芸術家

【名づけヒント】道を極めた職人や芸術家を表す字。立派な技術を身につけられるように、まわりから尊敬されるような人に。

男の子

名前	各字画数	読み	総画
匠	6 (1)	たくみ	7
健匠	11・6	けんしょう	17
匠永	6・5	しょうえい	11
匠瑛	6・12	しょうえい	18
匠悟	6・10	しょうご	16
匠亮	6・9	しょうすけ	15
匠汰	6・7	しょうた	13
匠平	6・5	しょうへい	11
匠真	6・10	しょうま	16
匠海	6・9	たくみ	15
匠一郎	6・1・9	しょういちろう	16

迅 6

音訓 ジン、はやい
名のり とき、とし、はや
意味 スピードが速く、激しい

【名づけヒント】素早く力強い行動力を連想させる。字形も特徴的で、視覚的なインパクトも大。

男の子

名前	各字画数	読み	総画
迅	6 (1)	じん	7
迅平	6・5	じんぺい	11
智迅	12・6	ちはや	18
迅矢	6・5	ときや	11
迅汰	6・7	はやた	13
迅人	6・2	はやと	8
迅翔	6・12	はやと	18
迅馬	6・10	はやま	16
勇迅	9・6	ゆうじん	15
竜迅	10・6	りゅうじん	16
迅之介	6・3・4	じんのすけ	13

成 6

音訓 セイ、ジョウ、な(る)、な(す)
名のり あき、あきら、おさむ、さだ、しげ、しげる、なり、なる、まさ、よし
意味 できあがる、作り上げる

【名づけヒント】成長、達成、大成などの熟語があり、意味もよく、昔も今も人気がある字。すこやかに成長してほしい、何かを成し遂げられるようになどの願いを込めて。従来、男の子名では「しげ」「なり」の読みが多かったが、近年は「セイ」の音を生かす名前が人気。

男の子

名前	各字画数	読み	総画
成	6 (1)	せい	7
成	6 (1)	なる	7
暁成	12・6	あきなり	18
一成	1・6	いっせい	7
壱成	7・6	いっせい	13
康成	11・6	こうせい	17
皇成	9・6	こうせい	15
成伸	6・7	しげのぶ	13
成一	6・1	せいいち	7
成吾	6・7	せいご	13
成悟	6・10	せいご	16
泰成	10・6	たいせい	16
健成	11・6	たけなり	17
信成	9・6	のぶなり	15
悠成	11・6	ゆうせい	17
雄成	12・6	ゆうせい	18
倖成	10・6	ゆきなり	16
琉成	11・6	りゅうせい	17
成一郎	6・1・9	せいいちろう	16
成多郎	6・6・9	せいたろう	21
成之輔	6・3・14	せいのすけ	23

女の子

名前	各字画数	読み	総画
成華	6・10	せいか	16
成葉	6・12	なるは	18
成海	6・9	なるみ	15
成美	6・9	なるみ	15
千成美	3・6・9	ちなみ	18

汐 6

音訓 セキ、うしお、しお
名のり きよ
意味 夕方の海の満ち引き

【名づけヒント】夕方の、美しくロマンチックな海の情景をイメージさせる。「しお」の読みは女の子名に使いやすい。

男の子

名前	各字画数	読み	総画
汐風	6・9	きよかぜ	15
汐晴	6・12	きよはる	18

女の子

名前	各字画数	読み	総画
汐	6 (1)	うしお	7
汐香	6・9	きよか	15
汐乃	6・2	きよの	8
汐良	6・7	きよら	13
汐璃	6・15	しおり	21
汐里	6・7	しおり	13
真汐	10・6	ましお	16
美汐	9・6	みしお	15

亘 6

音訓 セン、コウ、わたる
名のり のぶ、わたる
意味 ぐるりと回る、端から端まで続く

【名づけヒント】スケールの大きな意味合いを持つ字。知識や経験、交友関係が広い人にと願って。

男の子

名前	各字画数	読み	総画
亘	6 (1)	わたる	7
亘瑛	6・12	こうえい	18
亘希	6・7	こうき	13
亘亮	6・9	こうすけ	15
亘世	6・5	こうせい	11
亘汰	6・7	こうた	13
亘平	6・5	こうへい	11
亘隆	6・11	のぶたか	17
温亘	12・6	はるのぶ	18
亘一郎	6・1・9	こういちろう	16
亘汰朗	6・7・10	こうたろう	23

壮 6

音訓 ソウ
名のり あき、たけ、たけし、まさ
意味 元気で勢いがある、気力にあふれている

【名づけヒント】堂々としていて勇ましい雰囲気があり、スケールの大きさも感じさせる字。人気の「ソウ」の響きを持つ字の中でも、「壮」は画数が少なく、見た目もすっきりしているので、どんな漢字ともなじみやすい。なお、旧字体「壮(7画)」も名前に使える。

男の子

名前	各字画数	読み	総画
壮	6 (1)	そう	7
壮	6 (1)	たけし	7
壮人	6・2	あきと	8
壮翔	6・12	あきと	18
壮優	6・17	あきまさ	23
一壮	1・6	かずまさ	7
壮一	6・1	そういち	7
壮壱	6・7	そういち	13
壮謙	6・17	そうけん	23
壮吾	6・7	そうご	13
壮佑	6・7	そうすけ	13
壮汰	6・7	そうた	13
壮達	6・12	そうたつ	18
壮平	6・5	そうへい	11
壮真	6・10	そうま	16
壮馬	6・10	そうま	16
壮哉	6・9	そうや	15
壮矢	6・5	そうや	11
壮毅	6・15	たけき	21
壮紀	6・9	たけのり	15
壮海	6・9	たけみ	15
壮琉	6・11	たける	17
壮広	6・5	まさひろ	11
琉壮	11・6	るそう	17
壮一郎	6・1・9	そういちろう	16
壮志朗	6・7・10	そうしろう	23
壮多郎	6・6・9	そうたろう	21

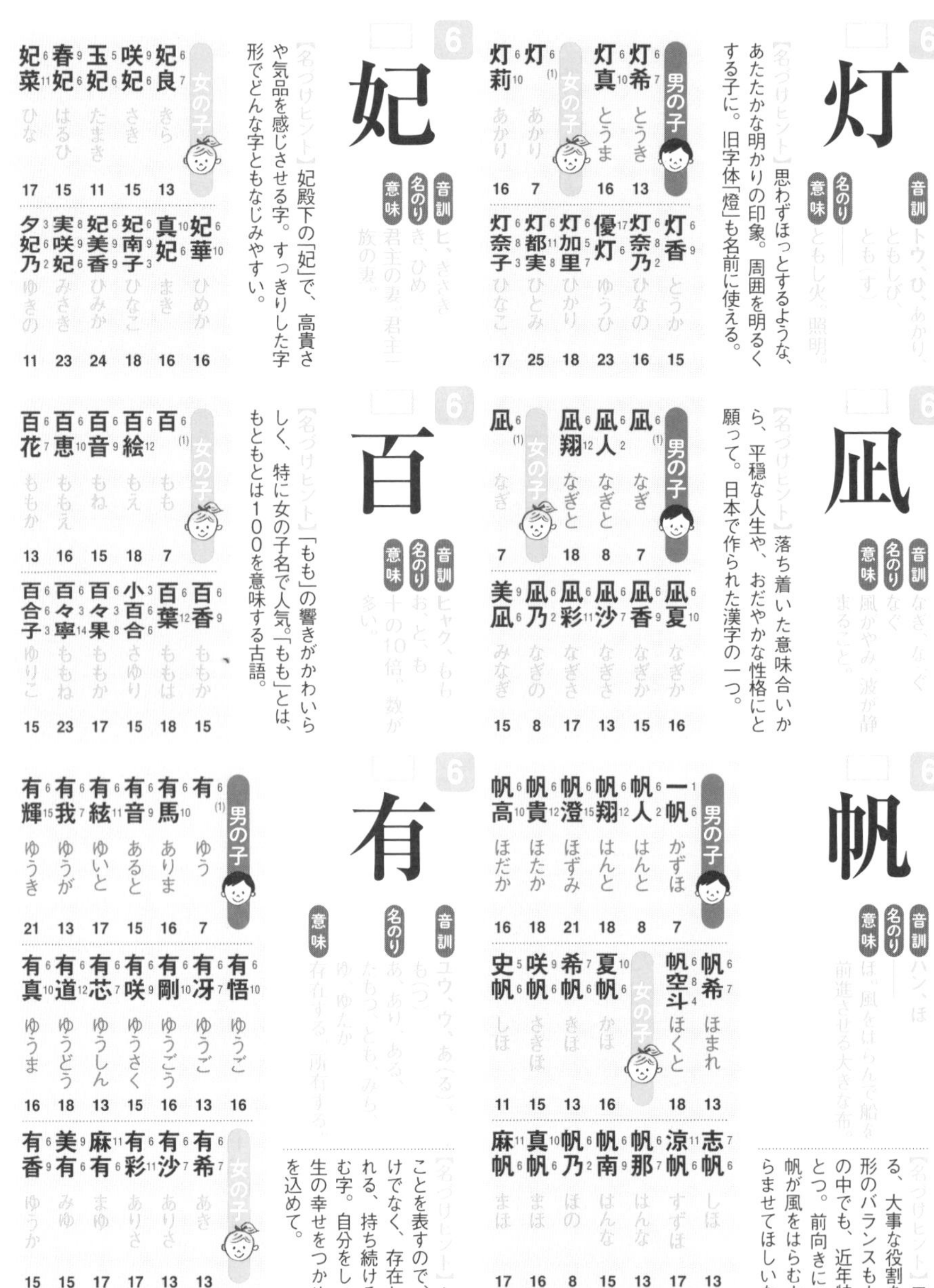

灯 6

音訓 トウ、ひ、あかり、ともしび、とも(す)
名のり ——
意味 ともし火、照明。

【名づけヒント】思わずほっとするような、あたたかな明かりの印象。周囲を明るくする子に。旧字体「燈」も名前に使える。

男の子

名前	画数	読み	総画
灯希	6・7	とうき	13
灯真	6・10	とうま	16

女の子

名前	画数	読み	総画
灯	6・(1)	あかり	7
灯莉	6・10	あかり	16
灯香	6・9	とうか	15
灯奈乃	6・8・2	ひなの	16
優灯	17・6	ゆうひ	23
灯加里	6・5・7	ひかり	18
灯都実	6・11・8	ひとみ	25
灯奈子	6・8・3	ひなこ	17

妃 6

音訓 ヒ、きさき
名のり き、ひめ
意味 君主の妻、君主一族の妻。

【名づけヒント】妃殿下の「妃」で、高貴さや気品を感じさせる字。すっきりした字形でどんな字ともなじみやすい。

女の子

名前	画数	読み	総画
妃良	6・7	きら	13
咲妃	9・6	さき	15
玉妃	5・6	たまき	11
春妃	9・6	はるひ	15
妃菜	6・11	ひな	17
妃華	6・10	ひめか	16
真妃	10・6	まき	16
妃南子	6・9・3	ひなこ	18
妃美香	6・9・9	ひみか	24
実咲妃	8・9・6	みさき	23
夕妃乃	3・6・2	ゆきの	11

凪 6

音訓 なぎ、なぐ
名のり なぐ
意味 風がやみ、波が静まること。

【名づけヒント】落ち着いた意味合いから、平穏な人生や、おだやかな性格にと願って。日本で作られた漢字の一つ。

男の子

名前	画数	読み	総画
凪	6・(1)	なぎ	7
凪人	6・2	なぎと	8
凪翔	6・12	なぎと	18

女の子

名前	画数	読み	総画
凪	6・(1)	なぎ	7
凪夏	6・10	なぎか	16
凪香	6・9	なぎか	15
凪沙	6・7	なぎさ	13
凪彩	6・11	なぎさ	17
凪乃	6・2	なぎの	8
美凪	9・6	みなぎ	15

百 6

音訓 ヒャク、もも
名のり お、と、も
意味 十の10倍。数が多い。

【名づけヒント】「もも」の響きがかわいらしく、特に女の子名で人気。「もも」とは、もともとは100を意味する古語。

女の子

名前	画数	読み	総画
百	6・(1)	もも	7
百絵	6・12	もえ	18
百音	6・9	もね	15
百恵	6・10	ももえ	16
百花	6・7	ももか	13
百香	6・9	ももか	15
百葉	6・12	ももは	18
小百合	3・6・6	さゆり	15
百々果	6・3・8	ももか	17
百々寧	6・3・14	ももね	23
百合子	6・6・3	ゆりこ	15

帆 6

音訓 ハン、ほ
名のり ——
意味 ほ。風をはらんで船を前進させる大きな布。

【名づけヒント】風を受けて船を進める、大事な役割を果たすのが「帆」。字形のバランスもよく、海に関連した字の中でも、近年特に人気がある字のひとつ。前向きに進んでいってほしい、帆が風をはらむように大きく夢をふくらませてほしいなどの願いを込めて。

男の子

名前	画数	読み	総画
一帆	1・6	かずほ	7
帆人	6・2	はんと	8
帆翔	6・12	はんと	18
帆澄	6・15	ほずみ	21
帆貴	6・12	ほたか	18
帆高	6・10	ほだか	16
帆希	6・7	ほまれ	13
帆空斗	6・8・4	ほくと	18

女の子

名前	画数	読み	総画
夏帆	10・6	かほ	16
希帆	7・6	きほ	13
咲帆	9・6	さきほ	15
史帆	5・6	しほ	11
志帆	7・6	しほ	13
涼帆	11・6	すずほ	17
帆那	6・7	はんな	13
帆南	6・9	はんな	15
帆乃	6・2	ほの	8
真帆	10・6	まほ	16
麻帆	11・6	まほ	17
海帆	9・6	みほ	15
美帆	9・6	みほ	15
未帆	5・6	みほ	11
泰帆	10・6	やすほ	16
帆南実	6・9・8	ほなみ	23
帆乃佳	6・2・8	ほのか	16
美帆子	9・6・3	みほこ	18

有 6

音訓 ユウ、ウ、あ(る)、も(つ)
名のり あ、あり、ある、たもつ、とも、みち、ゆ、ゆたか
意味 存在する、所有する。

【名づけヒント】もともとは手に持つことを表すので、単に存在しているだけでなく、存在しているものを手に入れる、持ち続けるという意味合いも含む字。自分をしっかり持った人に、人生の幸せをつかめるようになどの願いを込めて。

男の子

名前	画数	読み	総画
有	6・(1)	ゆう	7
有馬	6・10	ありま	16
有音	6・9	あると	15
有紘	6・11	ゆいと	17
有我	6・7	ゆうが	13
有輝	6・15	ゆうき	21
有悟	6・10	ゆうご	16
有冴	6・7	ゆうご	13
有剛	6・10	ゆうごう	16
有咲	6・9	ゆうさく	15
有芯	6・7	ゆうしん	13
有道	6・12	ゆうどう	18
有真	6・10	ゆうま	16

女の子

名前	画数	読み	総画
有希	6・7	あき	13
有沙	6・7	ありさ	13
有彩	6・11	ありさ	17
麻有	11・6	まゆ	17
美有	9・6	みゆ	15
有香	6・9	ゆうか	15
有珠	6・10	ゆず	16
有乃	6・2	ゆの	8
有莉	6・10	ゆり	16
万有花	3・6・7	まゆか	16
有依香	6・8・9	ゆいか	23
有妃子	6・6・3	ゆきこ	15
有芽子	6・8・3	ゆめこ	17

亜 7

音訓 名のり 意味

【名づけヒント】成り立ちは建物の基礎に関連した字。縁の下の力持ちにとの願いを込めても。旧字の「亞(8画)」も使える。

男の子
- 亜藍（7・18）あらん 25
- 亜佐斗（7・7・4）あさと 18

女の子
- 亜衣（7・6）あい 13
- 亜唯（7・11）あい 18
- 亜季（7・8）あき 15
- 亜美（7・9）あみ 16
- 亜実（7・8）つぐみ 15
- 鞠亜（17・7）まりあ 24
- 亜莉沙（7・10・7）ありさ 24
- 万亜子（3・7・3）まあこ 13

花 7

音訓 カ、はな
名のり
意味 植物のはな、華やか

【名づけヒント】「華」が豪華で華麗な存在感があるのに対し、「花」は清楚で可憐なイメージを持つ。花のように可憐に、花のような笑顔のある子に、花のように明るい未来をなど、さまざまな意味づけができる。やわらかい字形でどんな字ともなじみやすい。

女の子
- 花（7・(1)）はな 8
- 逢花（11・7）あいか 18
- 綾花（14・7）あやか 21
- 花重（7・9）かえ 16
- 花織（7・18）かおり 25
- 花純（7・10）かすみ 17
- 花月（7・4）かづき 11
- 花奈（7・8）かな 15
- 花埜（7・11）かの 18
- 花音（7・9）かのん 16
- 花帆（7・6）かほ 13
- 花弥（7・8）かや 15
- 花連（7・10）かれん 17
- 京花（8・7）きょうか 15
- 知花（8・7）ともか 15
- 花江（7・6）はなえ 13
- 風花（9・7）ふうか 16
- 毬花（11・7）まりか 18
- 実花（8・7）みか 15
- 桃花（10・7）ももか 17
- 唯花（11・7）ゆいか 18
- 優花（17・7）ゆうか 24
- 宥花（9・7）ゆか 16
- 六花（4・7）りっか 11
- 瑠花（14・7）るか 21
- 万梨花（3・11・7）まりか 21
- 和花奈（8・7・8）わかな 23

壱 7

音訓 名のり 意味

【名づけヒント】小切手などで「一」の代わりに使われることがある字。名づけでは、「一」よりも個性的な印象になる。

男の子
- 壱郎（7・9）いちろう 16
- 壱圭（7・6）いっけい 13
- 壱瑳（7・14）いっさ 21
- 壱星（7・9）いっせい 16
- 壱太（7・4）いった 11
- 理壱（11・7）りいち 18
- 凌壱（10・7）りょういち 17
- 壱太朗（7・4・10）いちたろう 21

女の子
- 壱果（7・8）いちか 15
- 壱美（7・9）かずみ 16

快 7

音訓 名のり 意味

【名づけヒント】心配事がないことを表し、さわやかなイメージがある。快速、軽快のようなスピード感もある字。

男の子
- 快（7・(1)）かい 8
- 快成（7・6）かいせい 13
- 快音（7・9）かいと 16
- 快斗（7・4）かいと 11
- 快風（7・9）はやかぜ 16
- 快明（7・8）よしあき 15
- 快悠（7・11）よしはる 18
- 快仁（7・4）よしひと 11

女の子
- 快莉（7・10）かいり 17
- 美快（9・7）みはや 16

我 7

音訓 名のり 意味

【名づけヒント】「ガ」の音の止め字として人気。ただ、自分という意味が強く、合わせる字によっては自己中心的な印象にも。

男の子
- 旺我（8・7）おうが 15
- 我聞（7・14）がもん 21
- 空我（8・7）くうが 15
- 太我（4・7）たいが 11
- 泰我（10・7）たいが 17
- 彪我（11・7）ひゅうが 18
- 風我（9・7）ふうが 16
- 勇我（9・7）ゆうが 16
- 悠我（11・7）ゆうが 18
- 頼我（16・7）らいが 23
- 竜我（10・7）りゅうが 17

完 7

音訓 名のり 意味

【名づけヒント】完全のほか、完成や完結のように、何かをやりとげるというアクティブな意味も。最後までやり通す子に。

男の子
- 完（7・(1)）かん 8
- 英完（8・7）えいかん 15
- 完一（7・1）かんいち 8
- 完悟（7・10）かんご 17
- 完治（7・8）かんじ 15
- 完介（7・4）かんすけ 11
- 完輔（7・14）かんすけ 21
- 完太（7・4）かんた 11
- 完斗（7・4）かんと 11
- 完志郎（7・7・9）かんしろう 23
- 完太朗（7・4・10）かんたろう 21

希 7

音訓 キ、ケ、まれ
名のり のぞみ、のぞむ
意味 ねがう。望む。めったにない。

【名づけヒント】めったにないという貴重さと、希望という明るさを兼ね備えた字。意味もよく、曲線と直線をバランスよく含む字形で、どんな字ともなじみやすい。男女ともに人気があるので、組み合わせる字によっては、性別がまぎらわしくなることがある。

男の子

名前	読み	総画
希(1)	のぞみ	8
希(1)	のぞむ	8
一希	かずき	8
和希	かずき	15
希一	きいち	8
光希	こうき	13
洸希	こうき	16
旭希	てるき	13
希海	のぞみ	16
友希	ゆうき	11
祐希	ゆうき	16
嘉希	よしき	21
結希斗	ゆきと	23

女の子

名前	読み	総画
希(1)	のぞみ	8
希(1)	まれ	8
希恵	きえ	17
希江	きえ	13
咲希	さき	16
颯希	さつき	21
夏希	なつき	17
希実	のぞみ	15
帆希	ほまれ	13
茉希	まき	15
美希	みき	16
希世子	きよこ	15
美沙希	みさき	23

見 7

音訓 ケン、み(る)、み(せる)、
名のり あき、あきら、み
意味 目でみる。会う。判断する。

【名づけヒント】物事をしっかり見て判断できる人に、あるいは会うという意味から、出会いに恵まれるようにと願っても。

男の子

名前	読み	総画
見(1)	けん	8
見悟	けんご	17
卓見	たくみ	15
悠見	ゆうけん	18
見太郎	けんたろう	23

女の子

名前	読み	総画
映見	えみ	16
心見	ここみ	11
直見	なおみ	15
見織	みおり	25
見和子	みわこ	18

冴 7

音訓 ゴ、さ(える)
名のり さ、さえ
意味 澄みきっている。冷たい。鋭い。

【名づけヒント】クールかつ研ぎ澄まされた印象を与える。頭が冴える聡明な子に、凛とした気品のある子にと願って。

男の子

名前	読み	総画
一冴	いっさ	8
圭冴	けいご	13
真冴	しんご	17
颯冴	そうご	21
優冴	ゆうご	24

女の子

名前	読み	総画
冴(1)	さえ	8
冴綾	さあや	21
冴織	さおり	25
冴月	さつき	11
美冴	みさえ	16

杏 7

音訓 キョウ、アン、あんず
名のり ―
意味 バラ科の樹木、アンズ。

【名づけヒント】アンズの花は美しく、実は甘い。食用、薬用と役にも立つことから、美しく、人の役に立てる人に。

男の子

名前	読み	総画
杏介	きょうすけ	11
杏太	きょうた	11

女の子

名前	読み	総画
杏(1)	あん	8
杏珠	あんじゅ	17
杏南	あんな	16
杏理	あんり	18
杏莉	あんり	17
杏佳	きょうか	15
美杏	みあん	16
優杏	ゆあん	24

吾 7

音訓 ゴ、われ、わが、
名のり あ、あさ、みち
意味 自分。

【名づけヒント】「ゴ」の音の止め字として人気だが、意味もしっかりある。自分をきちんと保つ意志の強い子にと願って。

男の子

名前	読み	総画
響吾	きょうご	27
賢吾	けんご	23
吾一	ごいち	8
吾郎	ごろう	16
駿吾	しゅんご	24
昇吾	しょうご	15
心吾	しんご	11
真吾	しんご	17
彪吾	ひゅうご	18
勇吾	ゆうご	16
凌吾	りょうご	17

玖 7

音訓 ク、キュウ
名のり き、たま、ひさ
意味 きれいな黒い宝石。

【名づけヒント】黒い光沢のある美しさや、奥深さがイメージされる字。「ク」の音に当てる字として人気。

男の子

名前	読み	総画
玖音	くおん	16
悠玖	はるく	18
理玖	りく	18

女の子

名前	読み	総画
季玖	きく	15
玖心	くみ	11
雫玖	しずく	18
美玖	みく	16
芽玖	めぐ	15
玖留実	くるみ	25
咲玖良	さくら	23

亨 7

音訓 コウ、キョウ、とおる
名のり あきら、とおる、とし、ゆき
意味 支障なく進む。

【名づけヒント】支障がないという意味から、順調な人生を歩めるように。亨運(こううん)とは、順調な運命という意味。

男の子

名前	読み	総画
亨(1)	あきら	8
亨(1)	とおる	8
和亨	かずゆき	15
亨一	きょういち	8
亨輔	きょうすけ	21
亨太	きょうた	11
亨介	こうすけ	11
亨成	こうせい	13
亨志郎	きょうしろう	23

女の子

名前	読み	総画
美亨	みゆき	16

孝 7

音訓 コウ
名のり たか、たかし、ゆき、よし
意味 親や祖先を大切にする[illegible]

【名づけヒント】パパ・ママ世代からよく使われている字。親やお年寄りを大切にする子に。

男の子

名前	画数	読み	総画
孝	7 (1)	こう	8
孝樹	7・16	こうき	23
孝介	7・4	こうすけ	11
孝亮	7・9	こうすけ	16
孝太	7・4	こうた	11
孝幸	7・8	たかゆき	15
佳孝	8・7	よしたか	15
孝一郎	7・1・9	こういちろう	17
孝之輔	7・3・14	こうのすけ	24

女の子

名前	画数	読み	総画
孝恵	7・10	たかえ	17

宏 7

音訓 コウ、ひろい
名のり あつ、ひろ、ひろし
意味 面積が大きい、立派な

【名づけヒント】建物に関する意味を持つ字で、どっしりとした存在感がある。ほどよい曲線のある字形もバランスがよい。

男の子

名前	画数	読み	総画
宏	7 (1)	ひろし	8
宏河	7・8	こうが	15
宏輔	7・14	こうすけ	21
宏太	7・4	こうた	11
隆宏	11・7	たかひろ	18
宏樹	7・16	ひろき	23
宏信	7・9	ひろのぶ	16
宏志郎	7・7・9	こうしろう	23

女の子

名前	画数	読み	総画
宏菜	7・11	ひろな	18
宏海	7・9	ひろみ	16

克 7

音訓 コク、かつ
名のり かつ、かつみ、すぐる、よし
意味 打ち勝つ、やり[illegible]

【名づけヒント】苦しみに耐えてがんばる、強い意思を表す字。

男の子

名前	画数	読み	総画
克	7 (1)	すぐる	8
克斗	7・4	かつと	11
克成	7・6	かつなり	13
克徳	7・14	かつのり	21
克悠	7・11	かつはる	18
克将	7・10	かつまさ	17
克海	7・9	かつみ	16
佳克	8・7	よしかつ	15

女の子

名前	画数	読み	総画
克恵	7・10	かつえ	17
克美	7・9	かつみ	16

沙 7

音訓 サ、[illegible]
名のり いさ、[illegible]
意味 砂つぶ、[illegible]

【名づけヒント】海のイメージのほか、昔から外来語を書き表すために使われてきたこともあり、異国風のあかぬけた印象も。

女の子

名前	画数	読み	総画
沙綾	7・14	さあや	21
沙恵	7・10	さえ	17
沙織	7・18	さおり	25
沙樹	7・16	さき	23
沙都	7・11	さと	18
沙南	7・9	さな	16
沙帆	7・6	さほ	13
実沙	8・7	みさ	15
梨沙	11・7	りさ	18
江梨沙	6・11・7	えりさ	24
美沙紀	9・7・9	みさき	25

志 7

音訓 シ、こころざ(す)、こころざし
名のり じ、むね、もと、ゆき
意味 何かをしようとする、目指す、記録する

【名づけヒント】目標を達成しようとする意思の強さが感じられる字。意味はもちろん、人気の「心」を含んでいることもあり、とても名前向き。しっかりとした志を持って生きてほしい、目標に向かってがんばれる子になどの願いを込めて。

男の子

名前	画数	読み	総画
篤志	16・7	あつし	23
一志	1・7	かずし	8
和志	8・7	かずし	15
航志	10・7	こうし	17
聡志	14・7	さとし	21
志音	7・9	しおん	16
志堂	7・11	しどう	18
志郎	7・9	しろう	16
壮志	6・7	そうし	13
剛志	10・7	たけし	17
将志	10・7	まさむね	17
志行	7・6	むねゆき	13
志哉	7・9	もとや	16
侑志	8・7	ゆうじ	15
旺志郎	8・7・9	おうしろう	24
賢志郎	16・7・9	けんしろう	32

女の子

名前	画数	読み	総画
志江	7・6	しえ	13
志緒	7・14	しお	21
志織	7・18	しおり	25
志津	7・9	しづ	16
志月	7・4	しづき	11
志野	7・11	しの	18
志保	7・9	しほ	16
志歩	7・8	しほ	15
志麻	7・11	しま	18
志津佳	7・9・8	しづか	24

寿 7

音訓 ジュ、ス、ことぶき
名のり かず、[illegible]、ひさ、[illegible]
意味 長生きする、[illegible]、祝いする

【名づけヒント】とても縁起のよい字。「ジュ」「ス」の読みを生かすと今風の名前にもなる。

男の子

名前	画数	読み	総画
寿	7 (1)	ひさし	8
寿一	7・1	じゅいち	8
寿和	7・8	としかず	15
寿斗	7・4	ひさと	11
英寿	8・7	ひでとし	15

女の子

名前	画数	読み	総画
寿莉	7・10	じゅり	17
寿珠	7・10	すず	17
寿実	7・8	すみ	15
亜寿香	7・7・9	あすか	23
実寿々	8・7・3	みすず	18

秀 7

音訓 シュウ、ひい(でる)
名のり すぐる、[illegible]
意味 能力が高い、優れている

【名づけヒント】優秀な子にとの願いのほか、もともと穀物の穂が高く伸びることを示した字なので、すこやかな成長も。

男の子

名前	画数	読み	総画
秀	7 (1)	しゅう	8
清秀	11・7	きよひで	18
秀一	7・1	しゅういち	8
秀悟	7・10	しゅうご	17
秀咲	7・9	しゅうさく	16
秀斗	7・4	しゅうと	11
秀磨	7・16	しゅうま	23
秀成	7・6	ひでなり	13

女の子

名前	画数	読み	総画
秀香	7・9	しゅうか	16
秀実	7・8	ひでみ	15

初 7

音訓 ショ、はじ(め)、はつ、うい、そ(める)、うぶ
名のり もと
意味 始まったばかり。最初。

【名づけヒント】フレッシュなイメージの字。初心を忘れないようにと願って。

男の子

名前	画数	読み	総画
初斗	7・4	ういと	11
初樹	7・16	はつき	23
初彦	7・9	はつひこ	16

女の子

名前	画数	読み	総画
初	7・(1)	はつ	8
初香	7・9	ういか	16
初枝	7・8	はつえ	15
初音	7・9	はつね	16
初妃	7・6	はつひ	13
初帆	7・6	はつほ	13
初実	7・8	はつみ	15

芯 7

音訓 シン、とうしんぐさ
名のり —
意味 ものの中央にある部分。

【名づけヒント】しっかりと芯のあるぶれない人に、まわりの人を支える芯になるようになどの願いを込めて。

男の子

名前	画数	読み	総画
芯	7・(1)	しん	8
賢芯	16・7	けんしん	23
芯悟	7・10	しんご	17
芯輔	7・14	しんすけ	21
芯太	7・4	しんた	11
芯弥	7・8	しんや	15
優芯	17・7	ゆうしん	24

女の子

名前	画数	読み	総画
芯佳	7・8	しんか	15
芯華	7・10	しんか	17
芯珠	7・10	しんじゅ	17

辰 7

音訓 シン、たつ
名のり とき、のぶ、よし
意味 十二支の5番目。たつ。東南東。星。時刻。

【名づけヒント】十二支の「たつ」以外に、星や時刻、日を意味する字。良辰(りょうしん)は吉日、北辰(ほくしん)は北極星の意。

男の子

名前	画数	読み	総画
圭辰	6・7	けいたつ	13
謙辰	17・7	けんしん	24
辰基	7・11	たつき	18
辰季	7・8	たつき	15
辰斗	7・4	たつと	11
辰憲	7・16	たつのり	23
辰馬	7・10	たつま	17
辰海	7・9	たつみ	16
辰弥	7・8	たつや	15
勇辰	9・7	ゆうたつ	16
辰太朗	7・4・10	しんたろう	21

伸 7

音訓 シン、の(びる)、の(べる)
名のり のぶ、のび、のぶる
意味 長くなる。発展する。述べる。

【名づけヒント】のびのびするという自由さをイメージさせる一方、発展するという前向きさも感じさせる字。

男の子

名前	画数	読み	総画
伸	7・(1)	しん	8
健伸	11・7	けんしん	18
伸一	7・1	しんいち	8
伸太	7・4	しんた	11
伸哉	7・9	しんや	16
伸幸	7・8	のぶゆき	15
伸太朗	7・4・10	しんたろう	21
幸乃伸	8・2・7	ゆきのしん	17

女の子

名前	画数	読み	総画
伸江	7・6	のぶえ	13
美伸	9・7	みのぶ	16

汰 7

音訓 タ、タイ、よなげる
名のり —
意味 水中でゆすって選び分ける。

【名づけヒント】たっぷりの水で、よいものを選び出すというのが本来の意。組み合わせる字はシンプルな字形がおすすめ。

男の子

名前	画数	読み	総画
旺汰	8・7	おうた	15
圭汰	6・7	けいた	13
興汰	16・7	こうた	23
章汰	11・7	しょうた	18
心汰	4・7	しんた	11
汰一	7・1	たいち	8
隼汰	10・7	はやた	17
優汰	17・7	ゆうた	24
亮汰	9・7	りょうた	16
孝汰郎	7・7・9	こうたろう	23
直汰郎	8・7・9	なおたろう	24

那 7

音訓 ナ、なん(ぞ)
名のり とも、ふゆ、やす
意味 豊かな。どうして。どの。

【名づけヒント】女の子名で人気の「ナ」の音で、「奈」「菜」に次ぐ人気。中性的なイメージなので、男の子名でも使いやすい。

男の子

名前	画数	読み	総画
加那太	5・7・4	かなた	16
七那斗	2・7・4	ななと	13

女の子

名前	画数	読み	総画
彩那	11・7	あやな	18
佳那	8・7	かな	15
紗那	10・7	さな	17
那月	7・4	なつき	11
那帆	7・6	なほ	13
那実	7・8	なみ	15
美那	9・7	みな	16
優那	17・7	ゆうな	24

佑 7

音訓 ユウ、ウ、たす(ける)
名のり すけ、たすく、ゆ
意味 助ける。かばう。

【名づけヒント】よい意味を持つことと、やわらかい「ユウ」の響きで、男女ともに使われている人気の字。困った人を助けられる人間に、他人を支えられるような子になどの願いを込めて。男の子名の「すけ」の読みは、「助」や「介」にくらべると、今風な印象に。

男の子

名前	画数	読み	総画
佑	7・(1)	たすく	8
佑	7・(1)	ゆう	8
恵佑	10・7	けいすけ	17
隼佑	10・7	しゅんすけ	17
奏佑	9・7	そうすけ	16
佑弦	7・8	ゆいと	15
佑河	7・8	ゆうが	15
佑樹	7・16	ゆうき	23
佑輔	7・14	ゆうすけ	21
佑星	7・9	ゆうせい	16
佑太	7・4	ゆうた	11
佑斗	7・4	ゆうと	11
佑飛	7・9	ゆうと	16
佑真	7・10	ゆうま	17
佑馬	7・10	ゆうま	17
健之佑	11・3・7	けんのすけ	21
佑一郎	7・1・9	ゆういちろう	17
佑太朗	7・4・10	ゆうたろう	21

女の子

名前	画数	読み	総画
茉佑	8・7	まゆ	15
佑香	7・9	ゆうか	16
佑月	7・4	ゆづき	11
佑麻	7・11	ゆま	18
佑美	7・9	ゆみ	16
愛佑美	13・7・9	あゆみ	29
咲佑里	9・7・7	さゆり	23
佑希子	7・7・3	ゆきこ	17

芙

フヨウは、夏に白やピンクの大ぶりの花を咲かせ、華やかながらも上品で、女性的なイメージがある。

女の子

名前	画数	読み	総画
芙佳	7・8	はずか	15
芙羽	7・6	ふう	13
芙海	7・9	ふみ	16
芙美	7・9	ふみ	16
芙望	7・11	ふみ	18
芙優	7・17	ふゆ	24
千芙実	3・7・8	ちふみ	18
芙美佳	7・9・8	ふみか	24
芙美乃	7・9・2	ふみの	18
芙佑乃	7・7・2	ふゆの	16
芙祐実	7・9・8	ふゆみ	24

来

すばらしいことが次々と来ることを願って。

男の子

名前	画数	読み	総画
悠来	11・7	はるく	18
響来	20・7	ひびき	27
来斗	7・4	らいと	11
未来翔	5・7・12	みきと	24

女の子

名前	画数	読み	総画
来実	7・8	くるみ	15
紗来	10・7	さら	17
美来	9・7	みく	16
美来	9・7	みらい	16
来咲	7・9	らいさ	16
未来絵	5・7・12	みきえ	24

利

頭のよい人に、まわりの役に立つ人間にという願いを込めて。

男の子

名前	画数	読み	総画
利幸	7・8	としゆき	15
悠利	11・7	ゆうり	18
利一	7・1	りいち	8
利恩	7・10	りおん	17
利樹	7・16	りき	23
利空	7・8	りく	15
利仁	7・4	りひと	11

女の子

名前	画数	読み	総画
利佳子	7・8・3	りかこ	18
利奈	7・8	りな	15
利海	7・9	りみ	16

里

人が住み、作物がなっている土地という、落ち着いて平和な世界を表す字。人のぬくもりを感じさせる。

男の子

名前	画数	読み	総画
海里	9・7	かいり	16
里太	7・4	りた	11

女の子

名前	画数	読み	総画
里実	7・8	さとみ	15
美里	9・7	みさと	16
友里	4・7	ゆうり	11
里衣	7・6	りい	13
里桜	7・10	りお	17
里彩	7・11	りさ	18
里奈	7・8	りな	15
実乃里	8・2・7	みのり	17

良

文字どおり、よい意味があるので、昔から名前によく使われている。オーソドックスな字だが、意味のよさとわかりやすさは魅力的。最近は、「ら」の音を生かした洋風の名前でも人気だが、この読みは、古い音読み「ラウ」に由来する。

男の子

名前	画数	読み	総画
良	7(1)	りょう	8
曽良	11・7	そら	18
悠良	11・7	ゆら	18
良風	7・9	よしかぜ	16
良忠	7・8	よしただ	15
良仁	7・4	よしと	11
良成	7・6	よしなり	13
良彦	7・9	よしひこ	16
良輔	7・14	りょうすけ	21
良多	7・6	りょうた	13
良太	7・4	りょうた	11
良真	7・10	りょうま	17
良磨	7・16	りょうま	23
亜良太	7・7・4	あらた	18
良一郎	7・1・9	りょういちろう	17
良多朗	7・6・10	りょうたろう	23
良太朗	7・4・10	りょうたろう	21

女の子

名前	画数	読み	総画
清良	11・7	きよら	18
咲良	9・7	さくら	16
彩良	11・7	さら	18
良美	7・9	よしみ	16
良奈	7・8	らな	15
莉良	10・7	りら	17
希良里	7・7・7	きらり	21
良志乃	7・7・2	よしの	16
良々歌	7・3・14	ららか	24

励

人気の「レイ」の響きを持つ。何事も一生懸命がんばれる子に、他人を元気づけられる子に。

男の子

名前	画数	読み	総画
励	7(1)	つとむ	8
励	7(1)	れい	8
励介	7・4	れいすけ	11
励太	7・4	れいた	11
励哉	7・9	れいや	16
励一郎	7・1・9	れいいちろう	17
励真	7・10	れいま	17

女の子

名前	画数	読み	総画
美励	9・7	みれい	16
励香	7・9	れいか	16
励奈	7・8	れいな	15

伶

音楽家や俳優などを表し、洗練されてセンスがいいイメージがある。「怜」の影響で、賢いという意味も。

男の子

名前	画数	読み	総画
伶斗	7・4	れいと	11
伶旺	7・8	れお	15
伶穏	7・16	れおん	23

女の子

名前	画数	読み	総画
伶	7(1)	れい	8
純伶	10・7	すみれ	17
実伶	8・7	みれい	15
伶香	7・9	れいか	16
伶奈	7・8	れいな	15
伶菜	7・11	れな	18
伶央菜	7・5・11	れおな	23

8画

旺 8

音訓 オウ
名のり あき、あきら、お
意味 明るい光を放つ。盛んな。

【名づけヒント】明るいという意味だけでなく、活動的で盛んという意味もある。明るく元気な子に、好奇心旺盛な子に。

男の子

名前	画数	読み	総画
旺良	8・7	あきら	15
旺佑	8・7	おうすけ	15
旺世	8・5	おうせい	13
旺汰	8・7	おうた	15
怜旺	8・8	れお	16
旺志朗	8・7・10	おうしろう	25
旺太郎	8・4・9	おうたろう	21

女の子

名前	画数	読み	総画
旺花	8・7	おうか	15
奈旺	8・8	なお	16
美旺	9・8	みお	17

育 8

音訓 イク、そだ(つ)、はぐく(む)
名のり なり、なる、やす
意味 成長する。そだてる。

【名づけヒント】健康で大きく育ってほしい、未来に向かって夢をはぐくんでいってほしいと願って。

男の子

名前	画数	読み	総画
育央	8・5	いくお	13
育馬	8・10	いくま	18
育海	8・9	いくみ	17
育弥	8・8	いくや	16
磨育	16・8	まいく	24

女の子

名前	画数	読み	総画
育恵	8・10	いくえ	18
育子	8・3	いくこ	11
育穂	8・15	いくほ	23
育実	8・8	いくみ	16
育未	8・5	はぐみ	13

英 8

音訓 エイ、はなぶさ
名のり あきら、え、はな、ひで、よし
意味 花。美しい。優秀である。

【名づけヒント】英雄などから勇敢さを、英知などから知識をイメージする字。本来は花を意味するので、華やかで女性的な雰囲気もある。勇気と知識を兼ね備えた男性に、美しく華やかな女性にと願って。「エイ」の読みでは、最近は「瑛」の人気も高い。

男の子

名前	画数	読み	総画
英輝	8・15	えいき	23
英暉	8・13	えいき	21
英冴	8・7	えいご	15
英士	8・3	えいし	11
英慈	8・13	えいじ	21
英祥	8・10	えいしょう	18
英伸	8・7	えいしん	15
英明	8・8	ひであき	16
英生	8・5	ひでき	13
英孝	8・7	ひでたか	15
英俊	8・9	ひでとし	17
英幸	8・8	ひでゆき	16
英之	8・3	ひでゆき	11
広英	5・8	ひろひで	13
将英	10・8	まさひで	18
英史朗	8・5・10	えいしろう	23

女の子

名前	画数	読み	総画
英子	8・3	えいこ	11
英実	8・8	えみ	16
英璃	8・15	えり	23
英怜	8・8	えれん	16
冴英	7・8	さえ	15
紗英	10・8	さえ	18
英恵	8・10	はなえ	18
英美花	8・9・7	えみか	24
英里子	8・7・3	えりこ	18
英理奈	8・11・8	えりな	27

佳 8

音訓 カ、よい
名のり けい、よし
意味 美しい。よい。優れる。めでたい。

【名づけヒント】「圭」は磨き上げてきれいに整えられた宝石。それに、人を表わすにんべんがつき、均整がとれた美しい人という意味になった。名づけでは定番の字だが、あまり古さを感じさせない。「カ」「けい」「よし」など使いやすい読みが多く、応用も利く。

男の子

名前	画数	読み	総画
佳悟	8・10	けいご	18
佳助	8・7	けいすけ	15
孝佳	7・8	たかよし	15
雅佳	13・8	まさよし	21
佳輝	8・15	よしき	23
佳典	8・8	よしのり	16
佳弘	8・5	よしひろ	13
佳史	8・5	よしふみ	13
佳之	8・3	よしゆき	11

女の子

名前	画数	読み	総画
愛佳	13・8	あいか	21
佳子	8・3	かこ	11
佳純	8・10	かすみ	18
佳奈	8・8	かな	16
佳音	8・9	かのん	17
佳歩	8・8	かほ	16
佳代	8・5	かよ	13
千佳	3・8	ちか	11
優佳	17・8	ゆうか	25
由佳	5・8	ゆか	13
佳花	8・7	よしか	15
佳子	8・3	よしこ	11
佳美	8・9	よしみ	17
里佳	7・8	りか	15
麗佳	19・8	れいか	27
佳世子	8・5・3	かよこ	16
佳璃奈	8・15・8	かりな	31

河 8

音訓 カ、かわ
名のり ―
意味 かわ。中国の黄河。

【名づけヒント】一般には大きな川を意味して使われる。さらに中国では「河」といえば、黄河を指し、雄大なイメージがある。

男の子

名前	画数	読み	総画
空河	8・8	くうが	16
秀河	7・8	しゅうが	15
星河	9・8	せいが	17
泰河	10・8	たいが	18
大河	3・8	たいが	11
風河	9・8	ふうが	17
優河	17・8	ゆうが	25

女の子

名前	画数	読み	総画
美河	9・8	みか	17
優河	17・8	ゆか	25
里河子	7・8・3	りかこ	18

果 8

音訓 カ、は（たす）、は（て）
名のり あきら、まさる
意味 樹木の実、成し遂げる。結果。思い切りがいい

【名づけヒント】果実のイメージが強いが、思い切りがいいなど男の子向きの意味も。

男の子

名前	画数	読み	総画
果偉斗	8・12・4	かいと	24
多果志	6・8・7	たかし	21

女の子

名前	画数	読み	総画
果奈	8・8	かな	16
果穏	8・16	かのん	24
果穂	8・15	かほ	23
果世	8・5	かよ	13
果凜	8・15	かりん	23
純果	10・8	すみか	18
李果	7・8	りか	15
歩乃果	8・2・8	ほのか	18

芽 8

音訓
名のり
意味

【名づけヒント】若葉や物事のはじまりなど、可能性の広がりを感じさせる。向上心のある子に、才能の芽を育てていける子に。

男の子

名前	画数	読み	総画
大芽	3・8	たいが	11
勇芽	9・8	ゆうが	17

女の子

名前	画数	読み	総画
礼芽	5・8	あやめ	13
奏芽	9・8	かなめ	17
夏芽	10・8	なつめ	18
芽依	8・8	めい	16
芽生	8・5	めい	13
芽沙	8・7	めいさ	15
芽璃	8・15	めり	23
優芽	17・8	ゆめ	25

岳 8

音訓
名のり
意味

【名づけヒント】男の子名で人気の「がく」などの名前に使えるが、姓名判断を重視すると、バリエーションは限られる。

男の子

名前	画数	読み	総画
岳真	8・10	がくま	18
岳弥	8・8	がくや	16
岳史	8・5	たかふみ	13
岳央	8・5	たけお	13
岳志	8・7	たけし	15
岳彦	8・9	たけひこ	17
岳大	8・3	たけひろ	11
岳拓	8・8	たけひろ	16
岳海	8・9	たけみ	17
穂岳	15・8	ほたか	23
泰岳	10・8	やすたか	18

学 8

音訓
名のり
意味

【名づけヒント】力強くたくましいイメージ。高みを目指してがんばっていける子に。困難に立ち向かっていける子に。

男の子

名前	画数	読み	総画
学志	8・7	がくし	15
学磨	8・16	がくま	24
学也	8・3	がくや	11
学史	8・5	さとし	13
学志	8・7	さとし	15
学輝	8・15	まなき	23
学武	8・8	まなぶ	16
学歩	8・8	まなぶ	16

女の子

名前	画数	読み	総画
学美	8・9	さとみ	17
学華	8・10	まなか	18

侃 8

音訓
名のり
意味

【名づけヒント】精神的にタフなイメージ。正しいと信じた道を突き進んでほしい。

男の子

名前	画数	読み	総画
侃永	8・5	かんえい	13
侃士	8・3	かんじ	11
侃汰	8・7	かんた	15
侃平	8・5	かんぺい	13
侃明	8・8	ただあき	16
侃真	8・10	ただまさ	18
侃紀	8・9	なおき	17
侃輝	8・15	なおき	23
秀侃	7・8	ひでただ	15
侃太郎	8・4・9	かんたろう	21
侃之	8・3	なおゆき	11

季 8

音訓
名のり
意味

【名づけヒント】季節の移り変わりや、美しい自然をイメージ。昔は年下の子に使われていたが、現在では関係なく使われる。

男の子

名前	画数	読み	総画
季哉	8・9	ときや	17
宏季	7・8	ひろき	15
瑞季	13・8	みずき	21

女の子

名前	画数	読み	総画
季恵	8・10	きえ	18
季子	8・3	きこ	11
季穂	8・15	きほ	23
季実	8・8	きみ	16
季里	8・7	きり	15
紗季	10・8	さき	18
由季	5・8	ゆき	13

祈 8

音訓
名のり
意味

【名づけヒント】おごそかで気品があり、神聖な印象を与える。「キ」と素直に読むこともでき、もっと使用されてよさそう。

男の子

名前	画数	読み	総画
真祈	10・8	まさき	18
佑祈	7・8	ゆうき	15
優祈人	17・8・2	ゆきと	27

女の子

名前	画数	読み	総画
祈里	8・7	いのり	15
祈央	8・5	きお	13
祈子	8・3	きこ	11
祈紗	8・10	きさ	18
祈穂	8・15	きほ	23
実祈	8・8	みき	16
美祈	9・8	みき	17

協 8

音訓
名のり
意味

【名づけヒント】名前向きの積極的な意味を持つ字。「キョウ」のほか、「かな」と読ませると新鮮なイメージの名づけができる。

男の子

名前	画数	読み	総画
協汰	8・7	かなた	15
協夢	8・13	かなむ	21
協芽	8・8	かなめ	16
協悟	8・10	きょうご	18
協亮	8・9	きょうすけ	17
協世	8・5	きょうせい	13
協平	8・5	きょうへい	13

女の子

名前	画数	読み	総画
協恵	8・10	かなえ	18
協実	8・8	かなみ	16
協香	8・9	きょうか	17

京

8

音訓 キョウ、ケイ、キン、みやこ
名のり たかし、ちか
意味 都市。みやこ。兆の1万倍。

【名づけヒント】京都の印象が強く、上品かつ和のイメージ。兆の一万倍を表すので、スケールの大きな人間にと願っても。

男の子

名前	画数	読み	総画
京佑	8・7	きょうすけ	15
京平	8・5	きょうへい	13
京弥	8・8	きょうや	16
京吾	8・7	けいご	15
京太郎	8・4・9	きょうたろう	21
京市朗	8・5・10	けいいちろう	23

女の子

名前	画数	読み	総画
京子	8・3	きょうこ	11
京佳	8・8	けいか	16
京夏	8・10	けいか	18
京音	8・9	けいと	17

弦

8

音訓 ゲン、つる
名のり いと、お、つる、ふさ
意味 弓づる。弓張り月。弦楽器の糸。

【名づけヒント】弓に張る糸「ゆづる」を指す字で、力強さやピンと張った緊張感をイメージ。力強く、凛とした生き方を。

男の子

名前	画数	読み	総画
夏弦	10・8	かいと	18
弦輝	8・15	げんき	23
弦汰	8・7	げんた	15
実弦	8・8	みつる	16
優弦	17・8	ゆいと	25
勇弦	9・8	ゆうげん	17
由弦	5・8	ゆづる	13

女の子

名前	画数	読み	総画
詩弦	13・8	しづる	21
千弦	3・8	ちづる	11
美弦	9・8	みお	17

尭

8

音訓 ギョウ、たかい
名のり あき、たか、たかし、のり
意味 高い。気高い。

【名づけヒント】中国の伝説に出てくる理想的な人格の帝王「尭」の名にあやかり、立派な人間にと願って。

男の子

名前	画数	読み	総画
尭伸	8・7	あきのぶ	15
尭彦	8・9	あきひこ	17
尭浩	8・10	あきひろ	18
尭良	8・7	あきら	15
尭明	8・8	たかあき	16
尭司	8・5	たかし	13
尭之	8・3	たかゆき	11
靖尭	13・8	やすあき	21

女の子

名前	画数	読み	総画
尭穂	8・15	あきほ	23
尭子	8・3	たかこ	11

虎

8

音訓 コ、とら
名のり たけ
意味 動物のトラ。強い。勇ましい。

【名づけヒント】強くて勇敢なイメージで、男の子名で人気。一方で「虎」だと強すぎるからと、琥珀の「琥」を用いる例も。

男の子

名前	画数	読み	総画
虎汰	8・7	こた	15
虎哲	8・10	こてつ	18
虎生	8・5	たけき	13
武虎	8・8	たけとら	16
虎士	8・3	とらじ	11
虎彦	8・9	とらひこ	17
英虎	8・8	ひでとら	16
将虎	10・8	まさとら	18
義虎	13・8	よしとら	21
虎太郎	8・4・9	こたろう	21
虎之助	8・3・7	とらのすけ	18

空

8

音訓 クウ、そら、あ(く)、から、うつろ、すく、むなしい
名のり く、たか
意味 天のそら。何もない。実態がない。

【名づけヒント】大空のイメージで、さわやかさと広がりを感じさせる。空のようにのびのびとした子に、大空のようにスケールの大きな人に、空高く舞い上がるように成長してほしいなど、さまざまな願いが込められる。「海」とともに、非常に人気がある字。

男の子

名前	画数	読み	総画
青空	8・8	あおぞら	16
大空	3・8	おおぞら	11
我空	7・8	がく	15
空雅	8・13	くうが	21
空悟	8・10	くうご	18
空飛	8・9	くうと	17
空也	8・3	くうや	11
空弥	8・8	くうや	16
空楽	8・13	そら	21
空良	8・7	そら	15
空希	8・7	そらき	15
空輝	8・15	そらき	23
空士	8・3	たかし	11
空広	8・5	たかひろ	13
春空	9・8	はるく	17
遼空	15・8	はるく	23
空ノ輔	8・1・14	そらのすけ	23
空之介	8・3・4	そらのすけ	15

女の子

名前	画数	読み	総画
希空	7・8	きく	15
空見	8・7	くみ	15
空実	8・8	くみ	16
空音	8・9	そらね	17
空子	8・3	たかこ	11
実空	8・8	みく	16
美空	9・8	みく	17
美空	9・8	みそら	17

昊

8

音訓 コウ、そら
名のり あきら、ひろ、ひろし
意味 空。大空。晴れた明るい空。

【名づけヒント】単なる空ではなく、どこまでも広がる空、よく晴れた空という意味合いを含む。

男の子

名前	画数	読み	総画
昊輝	8・15	こうき	23
昊咲	8・9	こうさく	17
昊生	8・5	こうせい	13
昊大	8・3	こうだい	11
昊一郎	8・1・9	こういちろう	18
昊ノ助	8・1・7	そらのすけ	16

女の子

名前	画数	読み	総画
昊音	8・9	そらね	17
昊恵	8・10	ひろえ	18
昊子	8・3	ひろこ	11
美昊	9・8	みひろ	17

昂

8

音訓 コウ、ゴウ、あがる
名のり あき、あきら、たか、たかし、のぼる
意味 太陽が昇る。気持ちが高ぶる。

【名づけヒント】明るく力強いイメージ。太陽のように高く昇っていけるように。

男の子

名前	画数	読み	総画
昂輝	8・15	あきてる	23
昂河	8・8	こうが	16
昂希	8・7	こうき	15
昂佑	8・7	こうすけ	15
昂平	8・5	こうへい	13
昂紀	8・9	たかのり	17
弘昂	5・8	ひろあき	13
泰昂	10・8	やすあき	18

女の子

名前	画数	読み	総画
昂子	8・3	こうこ	11
昂実	8・8	たかみ	16

幸

音訓

名のり

意味

【名づけヒント】幸福を意味するハッピーな字で、ストレートにわが子の幸せを願うことができる字。海の幸、山の幸というように、自然に恵まれた豊かなイメージもある。横線のイメージが強いので、見た目のバランスを考えると、組み合わせる字は横線が少ない字がベター。

男の子

名前	画数	読み	総画
克幸	7・8	かつゆき	15
幸河	8・8	こうが	16
幸輝	8・15	こうき	23
幸来	8・7	こうき	15
幸暉	8・13	こうき	21
幸史	8・5	こうし	13
幸明	8・8	こうめい	16
幸風	8・9	ゆきかぜ	17
幸広	8・5	ゆきひろ	13
幸弥	8・8	ゆきや	16
幸一郎	8・1・9	こういちろう	18
幸多朗	8・6・10	こうたろう	24
幸之介	8・3・4	こうのすけ	15

女の子

名前	画数	読み	総画
幸海	8・9	こうみ	17
幸芽	8・8	こうめ	16
幸加	8・5	さちか	13
幸子	8・3	さちこ	11
幸那	8・7	さちな	15
幸穂	8・15	さちほ	23
幸世	8・5	さちよ	13
美幸	9・8	みゆき	17
幸恵	8・10	ゆきえ	18
幸花	8・7	ゆきか	15
幸子	8・3	ゆきこ	11
幸奈	8・8	ゆきな	16
幸那	8・7	ゆきな	15

采

音訓

名のり

意味

【名づけヒント】つかみ取るという意から、夢を実現できるようにと願って。いろどりという意味もあり、「彩」の代わりにも。

男の子

名前	画数	読み	総画
真采	10・8	まこと	18
采志郎	8・7・9	さいしろう	24

女の子

名前	画数	読み	総画
采花	8・7	あやか	15
采奈	8・8	あやな	16
采子	8・3	ことこ	11
采音	8・9	ことね	17
采実	8・8	ことみ	16
紗采	10・8	さあや	18
采佳	8・8	さいか	16
美采	9・8	みこと	17

始

音訓

名のり

意味

【名づけヒント】スタートするという前向きで名前に適した意味を持つ。

男の子

名前	画数	読み	総画
始音	8・9	しおん	17
奏始	9・8	そうし	17
始希	8・7	はるき	15
広始	5・8	ひろし	13
始輝	8・15	もとき	23

女の子

名前	画数	読み	総画
始矢	8・5	もとや	13
始穂	8・15	しほ	23
始花	8・7	はるか	15
始子	8・3	もとこ	11

治

音訓

名のり

意味

【名づけヒント】オーソドックスな印象はあるが、「ハル」の読みを生かすと今風に。

男の子

名前	画数	読み	総画
泰治	10・8	たいじ	18
知治	8・8	ともはる	16
治希	8・7	はるき	15
治史	8・5	はるふみ	13
治真	8・10	はるま	18
雅治	13・8	まさはる	21
優治	17・8	ゆうじ	25
要治	9・8	ようじ	17

女の子

名前	画数	読み	総画
治華	8・10	はるか	18
治奈	8・8	はるな	16

実

音訓

名のり

意味

【名づけヒント】充実などの熟語があるように、中身がきちんとあることを表すのが本来の意味。転じて、きちんと存在していることや、中身の詰まった果実などの意味になった。実りある人生を送れるようにと願って。旧字体の「實」も名前に使える。

男の子

名前	画数	読み	総画
郁実	9・8	いくみ	17
克実	7・8	かつみ	15
拓実	8・8	たくみ	16
実樹也	8・16・3	みきや	27

女の子

名前	画数	読み	総画
叶実	5・8	かなみ	13
久実	3・8	くみ	11
来実	7・8	くるみ	15
夏実	10・8	なつみ	18
愛実	13・8	まなみ	21
真実	10・8	まなみ	18
磨実	16・8	まみ	24
実生	8・5	みお	13
実佳	8・8	みか	16
実輝	8・15	みき	23
実玖	8・7	みく	15
実呼	8・8	みこ	16
実子	8・3	みこ	11
実紗	8・10	みさ	18
実咲	8・9	みさき	17
実苑	8・8	みその	16
実莉	8・10	みのり	18
実玲	8・9	みれい	17
実和	8・8	みわ	16
絵実理	12・8・11	えみり	31
実央梨	8・5・11	みおり	24
実加子	8・5・3	みかこ	16

宗

音訓

名のり

意味

【名づけヒント】厳粛なイメージで、すべての根本になる大切なものという意味合いも。左右対称の安定した字形も魅力。

男の子

名前	画数	読み	総画
宗助	8・7	そうすけ	15
宗汰	8・7	そうた	15
宗馬	8・10	そうま	18
時宗	10・8	ときむね	18
雅宗	13・8	まさむね	21
将宗	10・8	まさむね	18
正宗	5・8	まさむね	13
宗則	8・9	むねのり	17
由宗	5・8	よしむね	13

女の子

名前	画数	読み	総画
宗子	8・3	そうこ	11

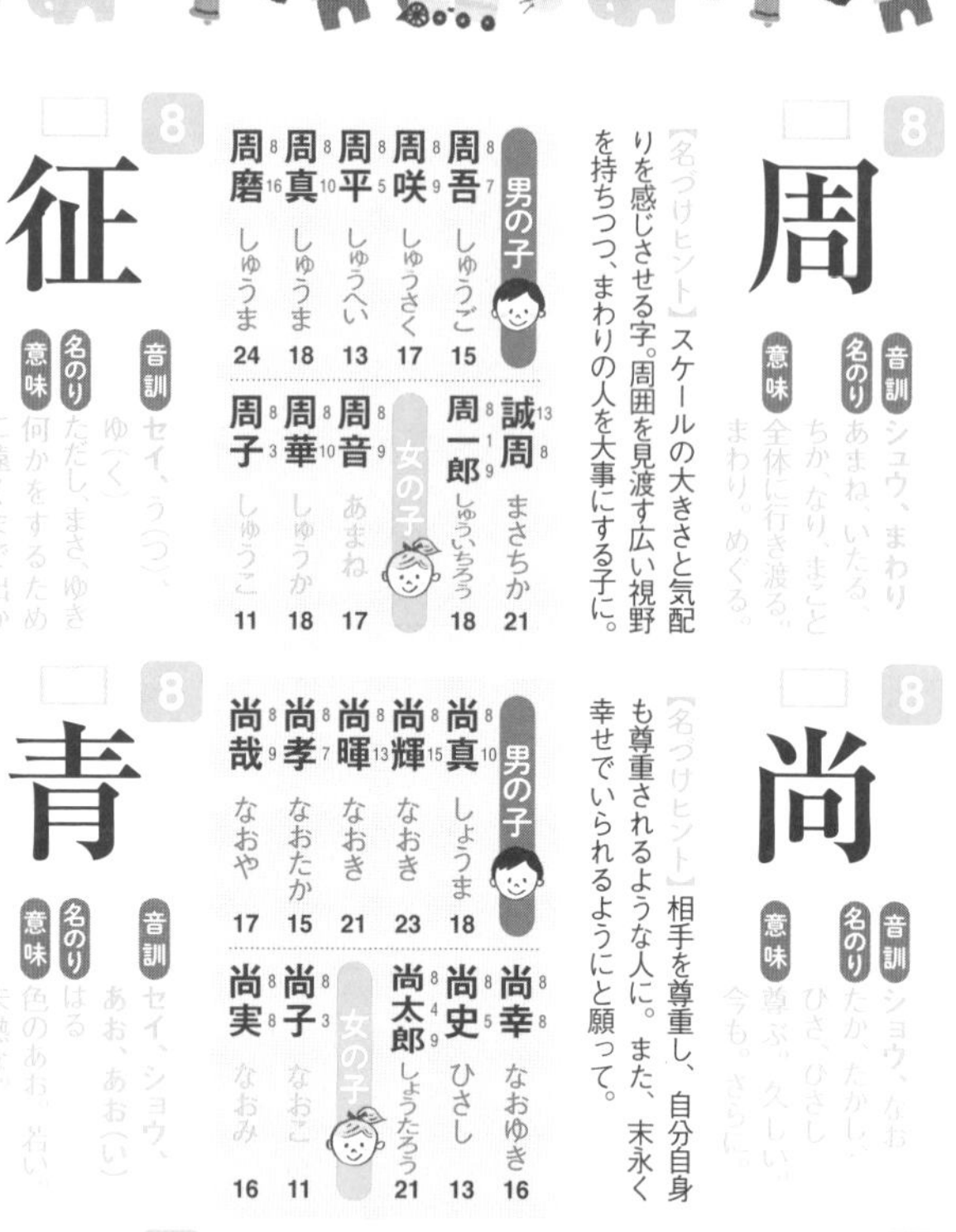

8 周

音訓 シュウ、まわり
名のり あまね、いたる、ちか、なり、まこと
意味 全体に行き渡る。まわり。めぐる。

【名づけヒント】スケールの大きさと気配りを感じさせる字。周囲を見渡す広い視野を持ちつつ、まわりの人を大事にする子に。

男の子

名前	画数	よみ	総画
周吾	8・7	しゅうご	15
周咲	8・9	しゅうさく	17
周平	8・5	しゅうへい	13
周真	8・10	しゅうま	18
周磨	8・16	しゅうま	24
誠周	13・8	まさちか	21
周一郎	8・1・9	しゅういちろう	18

女の子

名前	画数	よみ	総画
周音	8・9	あまね	17
周華	8・10	しゅうか	18
周子	8・3	しゅうこ	11

8 征

音訓 セイ、う(つ)、ゆ(く)
名のり ただし、まさ、ゆき
意味 何かをするために遠くまで出かける。

【名づけヒント】長い困難を乗り越えていくような、意思の強さを感じさせる字。

男の子

名前	画数	よみ	総画
壱征	7・8	いっせい	15
和征	8・8	かずゆき	16
征士	8・3	せいじ	11
征矢	8・5	せいや	13
征毅	8・15	まさき	23
勇征	9・8	ゆうせい	17
龍征	16・8	りゅうせい	24
征史朗	8・5・10	せいしろう	23

女の子

名前	画数	よみ	総画
征子	8・3	せいこ	11
征恵	8・10	ゆきえ	18

8 尚

音訓 ショウ、なお
名のり たか、たかし、ひさ、ひさし
意味 尊ぶ。久しい。今も。さらに。

【名づけヒント】相手を尊重し、自分自身も尊重されるような人に。また、末永く幸せでいられるようにと願って。

男の子

名前	画数	よみ	総画
尚真	8・10	しょうま	18
尚輝	8・15	なおき	23
尚暉	8・13	なおき	21
尚孝	8・7	なおたか	15
尚哉	8・9	なおや	17
尚幸	8・8	なおゆき	16
尚史	8・5	ひさし	13
尚太郎	8・4・9	しょうたろう	21

女の子

名前	画数	よみ	総画
尚子	8・3	なおこ	11
尚実	8・8	なおみ	16

8 青

音訓 セイ、ショウ、あお、あお(い)
名のり はる
意味 色のあお。若い。未熟な。

【名づけヒント】青い空や海を連想させ、さわやかさとクールさを感じさせる字。名のりに、人気の「はる」の響きがある。

男の子

名前	画数	よみ	総画
青志	8・7	あおし	15
青空	8・8	あおぞら	16
青波	8・8	あおば	16
青矢	8・5	せいや	13
青洋	8・9	せいよう	17
青輝	8・15	はるき	23
稜青	13・8	りょうせい	21

女の子

名前	画数	よみ	総画
青依	8・8	あおい	16
青楽	8・13	せいら	21
美青	9・8	みせい	17

8 昌

音訓 ショウ、さかん
名のり あき、あきら、まさ
意味 盛んになる。

【名づけヒント】運勢などが以前よりよくなることを意味する縁起のいい字。今風にしたい場合は、組み合わせる字に工夫を。

男の子

名前	画数	よみ	総画
昌平	8・5	しょうへい	13
昌磨	8・16	しょうま	24
昌輝	8・15	まさき	23
昌俊	8・9	まさとし	17
昌彦	8・9	まさひこ	17
昌秀	8・7	まさひで	15
昌弥	8・8	まさや	16
佳昌	8・8	よしまさ	16

女の子

名前	画数	よみ	総画
千昌	3・8	ちあき	11
昌美	8・9	まさみ	17

8 卓

音訓 タク
名のり すぐる、たか、たかし、まさる
意味 ひときわ高い。優れている。机。

【名づけヒント】名前向きのよい意味を持ち、男の子名でよく使われてきた字。何かひとつずば抜けた能力を持てるように。

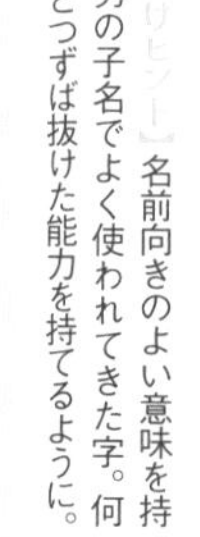

男の子

名前	画数	よみ	総画
卓志	8・7	たくし	15
卓司	8・5	たくじ	13
卓飛	8・9	たくと	17
卓馬	8・10	たくま	18
卓海	8・9	たくみ	17
卓実	8・8	たくみ	16
卓也	8・3	たくや	11
卓弥	8・8	たくや	16
卓朗	8・10	たくろう	18

女の子

名前	画数	よみ	総画
卓子	8・3	たかこ	11

8 昇

音訓 ショウ、のぼ(る)
名のり のぼる、かみ、すすむ、のり
意味 太陽が高く上がる。地位が上がる。

【名づけヒント】太陽が上がっていくことを表す字。人生の階段をしっかり昇っていけるように。向上心を忘れない子に。

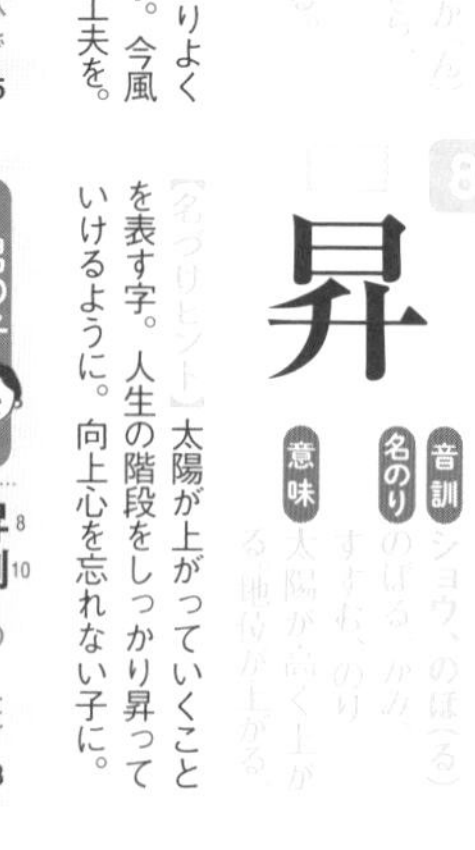

男の子

名前	画数	よみ	総画
昇英	8・8	しょうえい	16
昇希	8・7	しょうき	15
昇佑	8・7	しょうすけ	15
昇馬	8・10	しょうま	18
龍昇	16・8	たつのり	24
昇剛	8・10	のりたけ	18
広昇	5・8	ひろのり	13
昇一郎	8・1・9	しょういちろう	18

女の子

名前	画数	よみ	総画
昇子	8・3	しょうこ	11
美昇	9・8	みのり	17

8 拓

音訓 タク、ひらく
名のり ひろ、ひろし
意味 自然のままの土地を切り開く。拓本をとる。

【名づけヒント】未知の世界に突き進んで行く前向きでたくましいイメージ。「タク」と読む字の中で圧倒的な人気を誇る字。

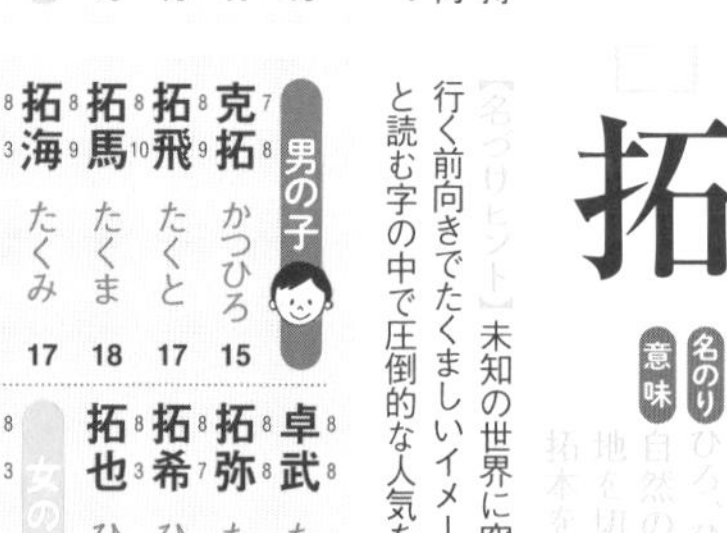

男の子

名前	画数	よみ	総画
克拓	7・8	かつひろ	15
拓飛	8・9	たくと	17
拓馬	8・10	たくま	18
拓海	8・9	たくみ	17
拓己	8・3	たくみ	11
卓武	8・8	たくむ	16
拓弥	8・8	たくや	16
拓希	8・7	ひろき	15
拓也	8・3	ひろや	11

女の子

名前	画数	よみ	総画
拓子	8・3	ひろこ	11

知 8画

- 音訓 チ、し(る)
- 名のり あき、あきら、かず、さと、さとし、さとる、たか、とも、のり
- 意味 理解する。記憶する。感じ取る。判断する。頭のはたらき。

【名づけヒント】頭脳のはたらきを象徴する字なので、頭のいい子に、他人の気持ちがわかる子にとの願いが込められる。男女ともに使われるので、組み合わせる字は、性別をイメージさせるものを選びたい。意味も響きも似ている字に「智(12画)」がある。

男の子

名前	画数	読み	総画
快知	7・8	かいち	15
知史	8・5	かずし	13
泰知	10・8	たいち	18
大知	3・8	だいち	11
知慧	8・15	ちさと	23
知輝	8・15	ともき	23
知伸	8・7	とものぶ	15
知宙	8・8	ともひろ	16
知矢	8・5	ともや	13
伊知郎	6・8・9	いちろう	23

女の子

名前	画数	読み	総画
知子	8・3	さとこ	11
知映	8・9	ちえ	17
知花	8・7	ちか	15
知華	8・10	ちか	18
知紗	8・10	ちさ	18
知夏	8・10	ちなつ	18
知優	8・17	ちひろ	25
知佳	8・8	ともか	16
知実	8・8	ともみ	16
知世	8・5	ともよ	13
万知	3・8	まち	11
美知	9・8	みち	17
衣知香	6・8・9	いちか	23
知絵里	8・12・7	ちえり	27
知可子	8・5・3	ちかこ	16
知那美	8・7・9	ちなみ	24

宙 8画

- 音訓 チュウ、そら
- 名のり おき、ひろ、ひろし、みち
- 意味 空。宇宙。

【名づけヒント】スケールの大きさと神秘的な雰囲気で、強い存在感がある。主張の強い字なので、組み合わせる字は工夫を。

男の子

名前	画数	読み	総画
煌宙	13・8	あきひろ	21
千宙	3・8	ちひろ	11
宙哉	8・9	ちゅうや	17
宙和	8・8	ひろかず	16
宙希	8・7	ひろき	15
宙飛	8・9	ひろと	17

女の子

名前	画数	読み	総画
宙子	8・3	ひろこ	11
宙那	8・7	ひろな	15
真宙	10・8	まひろ	18
美宙	9・8	みそら	17

忠 8画

- 音訓 チュウ、まごころ
- 名のり あつ、ただ、ただし、のり
- 意味 相手を大事にする。まごころがある。

【名づけヒント】忠誠や忠実など、まっすぐでまじめなイメージ。まわりの人を大事にする子に、誠実でまっすぐな子に。

男の子

名前	画数	読み	総画
篤忠	16・8	あつただ	24
忠之	8・3	あつゆき	11
忠明	8・8	ただあき	16
忠志	8・7	ただし	15
忠信	8・9	ただのぶ	17
忠彦	8・9	ただひこ	17
忠弘	8・5	ただひろ	13
忠義	8・13	ただよし	21
直忠	8・8	なおただ	16
大忠	3・8	ひろただ	11
義忠	13・8	よしただ	21

直 8画

- 音訓 チョク、ジキ、ただ(ちに)、なお(す)
- 名のり すなお、ただ、ただし、なお
- 意味 まっすぐ。すぐに。

【名づけヒント】素直な子に、思い立ったらすぐ行動できる子にと願って。

男の子

名前	画数	読み	総画
直伸	8・7	ただのぶ	15
直己	8・3	なおき	11
直樹	8・16	なおき	24
直音	8・9	なおと	17
直矢	8・5	なおや	13
義直	13・8	よしなお	21
直太郎	8・4・9	なおたろう	21

女の子

名前	画数	読み	総画
直華	8・10	なおか	18
直子	8・3	なおこ	11
直美	8・9	なおみ	17

典 8画

- 音訓 テン、のり、ふみ
- 名のり すけ、つね、みち
- 意味 模範や基準となるもの。儀式。重要な書物。

【名づけヒント】いろいろな意味があるが、中心になるのは模範や基準のイメージ。誠実でまわりの模範になるような子に。

男の子

名前	画数	読み	総画
克典	7・8	かつのり	15
俊典	9・8	しゅんすけ	17
孝典	7・8	たかのり	15
典真	8・10	てんま	18
典明	8・8	のりあき	16
典史	8・5	のりふみ	13
正典	5・8	まさのり	13
侑典	8・8	ゆうすけ	16

女の子

名前	画数	読み	総画
典子	8・3	のりこ	11
美典	9・8	みのり	17

奈 8画

- 音訓 ナ、ノ、ダイ
- 名のり ―
- 意味 どうして、どのように。

【名づけヒント】「ナ」の音と字形のよさで、女の子名で人気。「大」の字が入っているので、おおらかな子にと願っても。

女の子

名前	画数	読み	総画
杏奈	7・8	あんな	15
奈央	8・5	なお	13
奈々	8・3	なな	11
奈穂	8・15	なほ	23
奈美	8・9	なみ	17
真奈	10・8	まな	18
優奈	17・8	ゆうな	25
璃奈	15・8	りな	23
若奈	8・8	わかな	16
可奈子	5・8・3	かなこ	16
奈津実	8・9・8	なつみ	25

波 8画

- 音訓 ハ、なみ
- 名のり ば
- 意味 水面に起こるなみ。波のように広がっていくもの。

【名づけヒント】海に関連する字で、人気がある。男の子名では「ハ」「ば」、女の子名では「なみ」の響きが人気。

男の子

名前	画数	読み	総画
青波	8・8	あおば	16
波輝	8・15	なみき	23
勇波	9・8	ゆうは	17
優波	17・8	ゆうは	25
波琉人	8・11・2	はると	21

女の子

名前	画数	読み	総画
千波	3・8	ちなみ	11
奈波	8・8	ななみ	16
波花	8・7	なみか	15
波奈	8・8	はな	16
美波	9・8	みなみ	17

武 8

音訓 ブ、ム
名のり いさ、いさむ、たけ、たけし、たける
意味 勇ましい。強い。

【名づけヒント】りりしいサムライのイメージを持つ字。字形からも勢いや勇ましさが感じられる。

男の子

名前	画数	読み	総画
歩武	8・8	あゆむ	16
勇武	9・8	いさむ	17
叶武	5・8	かなむ	13
武史	8・5	たけし	13
武信	8・9	たけのぶ	17
武大	8・3	たけひろ	11
英武	8・8	ひでたけ	16
宏武	7・8	ひろむ	15
宙武	8・8	ひろむ	16
武蔵	8・15	むさし	23
伊武希	6・8・7	いぶき	21

茉 8

音訓 マツ、バツ
名のり ま
意味 茉莉は、植物のジャスミンの一種。

【名づけヒント】茉莉(まつり)は、夏に白色で芳香のある花をつける。ほぼ女の子名で使われている。

女の子

名前	画数	読み	総画
永茉	5・8	えま	13
茉依	8・8	まい	16
茉希	8・7	まき	15
茉子	8・3	まこ	11
茉奈	8・8	まな	16
茉花	8・7	まはな	15
茉優	8・17	まゆ	25
茉莉	8・10	まり	18
由茉	5・8	ゆま	13
日茉梨	4・8・11	ひまり	23
茉莉亜	8・10・7	まりあ	25

歩 8

音訓 ホ、ブ、フ、ある(く)、あゆ(む)
名のり あゆ、あゆみ、あゆむ、あるく、すすむ
意味 両足を使って進む。物事の進み具合。

【名づけヒント】目標に向かって、一歩一歩着実に進む前向きなイメージで、男女ともに人気の字。1字名が人気だが、姓名判断を重視する場合は、2字名または3字名がおすすめ。「歩」に1字加え、「歩実(あゆみ)」「歩武(あゆむ)」とすれば吉名に。

男の子

名前	画数	読み	総画
歩汰	8・7	あゆた	15
歩音	8・9	あゆと	17
歩真	8・10	あゆま	18
歩海	8・9	あゆみ	17
歩武	8・8	あゆむ	16
歩夢	8・13	あゆむ	21
出歩	5・8	いずほ	13
和歩	8・8	かずほ	16
歩澄	8・15	ほずみ	23
歩岳	8・8	ほたか	16
歩積	8・16	ほづみ	24
歩希	8・7	ほまれ	15
歩久斗	8・3・4	ほくと	15

女の子

名前	画数	読み	総画
歩花	8・7	あゆか	15
歩子	8・3	あゆこ	11
歩見	8・7	あゆみ	15
歩実	8・8	あゆみ	16
歩美	8・9	あゆみ	17
果歩	8・8	かほ	16
史歩	5・8	しほ	13
千歩	3・8	ちほ	11
真歩	10・8	まほ	18
瑞歩	13・8	みずほ	21
璃歩	15・8	りほ	23
里歩	7・8	りほ	15
歩乃歌	8・2・14	ほのか	24

明 8

音訓 メイ、ミョウ、あ(かり)、あか(るい)、あき(らか)
名のり あか、あかり、あき、あきら、あけ、はる
意味 あかるい。光がたくさん差す。はっきりしている。賢い。

【名づけヒント】単に明るいだけでなく、前向きかつ聡明なイメージにあふれている字。「あき」の読みが定番だが、「美明(みはる)」のように季節の「はる」を当てて読むことも。「メイ」の読みを生かすと個性的な名前に。

男の子

名前	画数	読み	総画
明輝	8・15	あきてる	23
明俊	8・9	あきとし	17
明昇	8・8	あきのり	16
明彦	8・9	あきひこ	17
明宏	8・7	あきひろ	15
明正	8・5	あきまさ	13
聖明	13・8	きよあき	21
晃明	10・8	こうめい	18
駿明	17・8	としあき	25
明馬	8・10	はるま	18
英明	8・8	ひであき	16
広明	5・8	ひろあき	13
明日登	8・4・12	あすと	24

女の子

名前	画数	読み	総画
明音	8・9	あかね	17
明璃	8・15	あかり	23
明恵	8・10	あきえ	18
明子	8・3	あきこ	11
明穂	8・15	あきほ	23
明世	8・5	あきよ	13
明実	8・8	あけみ	16
千明	3・8	ちあき	11
明花	8・7	めいか	15
明子	8・3	めいこ	11
明咲	8・9	めいさ	17
明紗	8・10	めいさ	18
明日香	8・4・9	あすか	21

朋 8

音訓 ホウ、とも
名のり —
意味 友達。

【名づけヒント】仲間というニュアンスがあり、「友」よりも深い友情を感じさせる。仲間に恵まれるようにと願って。

男の子

名前	画数	読み	総画
朋希	8・7	ともき	15
朋憲	8・16	とものり	24
朋弘	8・5	ともひろ	13
朋也	8・3	ともや	11
朋之	8・3	ともゆき	11

女の子

名前	画数	読み	総画
朋恵	8・10	ともえ	18
朋子	8・3	ともこ	11
朋音	8・9	ともね	17
朋実	8・8	ともみ	16
朋代	8・5	ともよ	13

弥 8

音訓 ビ、ミ、や、いや
名のり いよ、ひさ、ひさし、わたる
意味 広がる。時を経る。ますます。

【名づけヒント】3月の異名である弥生(やよい)は、植物がますます勢いよく茂る意。和風かつ勢いのよさを感じさせる。

男の子

名前	画数	読み	総画
和弥	8・8	かずや	16
真弥	10・8	しんや	18
大弥	3・8	だいや	11
史弥	5・8	ふみや	13
弥広	8・5	やひろ	13

女の子

名前	画数	読み	総画
亜弥	7・8	あや	15
真弥	10・8	まや	18
美弥	9・8	みや	17
弥生	8・5	やよい	13
紗弥加	10・8・5	さやか	23

侑 8

音訓

名のり

意味

他人の世話をする、親しくもてなすという社交的なニュアンスがある字。

男の子		
侑(8)樹(16)	ゆうき	24
侑(8)史(5)	ゆうし	13
侑(8)星(9)	ゆうせい	17
侑(8)真(10)	ゆうま	18
侑(8)太(4)郎(9)	ゆうたろう	21

女の子		
美(9)侑(8)	みゆう	17
侑(8)花(7)	ゆうか	15
侑(8)子(3)	ゆうこ	11
侑(8)珠(10)	ゆず	18
侑(8)奈(8)	ゆな	16

怜 8

音訓

名のり

意味

賢いという意味を持ち、聡明な印象。同音で似た字形の「伶（7画）」「玲（9画）」はそれぞれ意味が異なる。

男の子		
怜(8)志(7)	さとし	15
怜(8)生(5)	れお	13
怜(8)恩(10)	れおん	18

女の子		
花(7)怜(8)	かれん	15
怜(8)子(3)	さとこ	11
純(10)怜(8)	すみれ	18
実(8)怜(8)	みさと	16
美(9)怜(8)	みれい	17
怜(8)華(10)	れいか	18
怜(8)羅(19)	れいら	27

和 8

音訓

名のり

意味

おだやかで平和な印象。日本の心を象徴する字で、根強い人気。元号「令和」の一字でもある。周囲をなごませるおだやかな子に、さまざまな願いを込めて。「大和（やまと）」「和泉（いずみ）」などの熟語をそのまま名づける例も。

男の子		
和(8)輝(15)	かずき	23
和(8)志(7)	かずし	15
和(8)寿(7)	かずとし	15
和(8)真(10)	かずま	18
和(8)海(9)	かずみ	17
和(8)哉(9)	かずや	17
和(8)也(3)	かずや	11
飛(9)和(8)	とわ	17
秀(7)和(8)	ひでかず	15
大(3)和(8)	やまと	11

女の子		
和(8)泉(9)	いずみ	17
和(8)季(8)	かずき	16
和(8)子(3)	かずこ	11
和(8)紗(10)	かずさ	18
和(8)美(9)	かずみ	17
和(8)世(5)	かずよ	13
佐(7)和(8)	さわ	15
和(8)花(7)	のどか	15
美(9)和(8)	みわ	17
璃(15)和(8)	りわ	23
和(8)夏(10)	わか	18
和(8)香(9)	わか	17
和(8)奏(9)	わかな	17
和(8)呼(8)	わこ	16
沙(7)和(8)子(3)	さわこ	18
和(8)佳(8)菜(11)	わかな	27

郁 9

音訓

名のり

意味

「馥郁（ふくいく）とした梅の香り」のように使う字。意味と字形から、スマートかつやさしい印象。

男の子		
郁(9)斗(4)	いくと	13
郁(9)磨(16)	いくま	25
郁(9)海(9)	いくみ	18
輝(15)郁(9)	てるふみ	24
郁(9)弥(8)	ふみや	17

女の子		
郁(9)花(7)	あやか	16
郁(9)絵(12)	いくえ	21
郁(9)歩(8)	いくほ	17
郁(9)美(9)	いくみ	18
郁(9)乃(2)	ふみの	11

映 9

音訓

名のり

意味

まぶしさ、美しさを感じさせる字。光輝く人生を願って。

男の子		
映(9)彦(9)	あきひこ	18
映(9)人(2)	えいと	11
映(9)太(4)朗(10)	えいたろう	23

女の子		
映(9)見(7)	えいみ	16
映(9)美(9)	えみ	18
希(7)映(9)	きえ	16
季(8)映(9)	ときえ	17
花(7)映(9)	はなえ	16
映(9)利(7)奈(8)	えりな	24
多(6)映(9)子(3)	たえこ	18

栄 9

音訓

名のり

意味

明るく輝き、豊かで幸せなイメージ。旧字体「榮（14画）」も使用可。

男の子		
栄(9)作(7)	えいさく	16
栄(9)太(4)	えいた	13
栄(9)翔(12)	えいと	21
栄(9)徳(14)	えいとく	23
颯(14)栄(9)	そうえい	23

女の子		
栄(9)実(8)	えみ	17
栄(9)里(7)	えり	16
沙(7)栄(9)	さえ	16
乃(2)栄(9)	のえ	11
栄(9)香(9)	はるか	18

音 9

音訓 オン、イン、おと、ね
名のり お、と、なり、のん
意味 おと。声。調子。便り。

【名づけヒント】音楽のイメージが強い字で、「おと」「おん」「ね」といったやさしい響きを持つ。最近は、名のりの「お」や「と」を活用する名前も増えてきている。男女ともに人気の字なので、組み合わせる字は性別をイメージできる字を選びたい。

男の子

名前	画数	読み	総画
音希	9・7	おとき	16
音哉	9・9	おとや	18
和音	8・9	かずと	17
奏音	9・9	かなと	18
七音	2・9	なおと	11
利音	7・9	りおん	16
伶音	7・9	れおん	16
玲音	9・9	れのん	18

女の子

名前	画数	読み	総画
天音	4・9	あまね	13
音花	9・7	おとか	16
音寧	9・14	おとね	23
音乃	9・2	おとの	11
音羽	9・6	おとは	15
音美	9・9	おとみ	18
音芽	9・8	おとめ	17
音和	9・8	おとわ	17
風音	9・9	かざね	18
歌音	14・9	かのん	23
澄音	15・9	きよね	24
心音	4・9	ここね	13
琴音	12・9	ことね	21
思音	9・9	しおん	18
音羽	9・6	とわ	15
音緒	9・14	ねお	23
璃音	15・9	りおん	24
里音	7・9	りおん	16

海 9

音訓 カイ、うみ
名のり あま、うな、み
意味 うみ。大きい。多くの者が集まるところ。

【名づけヒント】スケールが大きく、明るくさわやかなイメージ。海のような広い心を持ってほしい、人生という広い海を果敢に生きてほしいなどの願いを込めて。男女ともに人気の字なので、組み合わせる字は性別をイメージできる字を選びたい。

男の子

名前	画数	読み	総画
勇海	9・9	いさみ	18
海人	9・2	うみと	11
海児	9・7	かいじ	16
海成	9・6	かいせい	15
海惺	9・12	かいせい	21
海渡	9・12	かいと	21
海吏	9・6	かいり	15
澄海	15・9	すかい	24
輝海	15・9	てるみ	24
友海	4・9	ともみ	13
太久海	4・3・9	たくみ	16
海那人	9・7・2	みなと	18
悠海斗	11・9・4	ゆみと	24

女の子

名前	画数	読み	総画
海香	9・9	うみか	18
来海	7・9	くるみ	16
心海	4・9	ここみ	13
七海	2・9	ななみ	11
晴海	12・9	はるみ	21
海緒	9・14	みお	23
海織	9・18	みおり	27
海妃	9・6	みき	15
海咲	9・9	みさき	18
海来	9・7	みらい	16
璃海	15・9	りみ	24
瑠海	14・9	るみ	23
優海子	17・9・3	ゆみこ	29

架 9

音訓 カ、か(ける)、か(かる)
名のり かける
意味 支えと支えの間に木などを差し渡す。たな。

【名づけヒント】名前での使用例は多くなく、新鮮。人と人との架け橋になるように。

男の子

名前	画数	読み	総画
架伊	9・6	かい	15
架月	9・4	かづき	13

女の子

名前	画数	読み	総画
架澄	9・15	かすみ	24
架乃	9・2	かの	11
架音	9・9	かのん	18
架帆	9・6	かほ	15
架凛	9・15	かりん	24
美架	9・9	みか	18
瑠架	14・9	るか	23
明日架	8・4・9	あすか	21

紀 9

音訓 キ、しる(す)、のり
名のり かなめ、こと、はじめ、もと
意味 筋道を立てる。きまり。記録する。

【名づけヒント】世紀や紀元など、歴史や時間をイメージさせる字。誠実な印象も。

男の子

名前	画数	読み	総画
元紀	4・9	げんき	13
興紀	16・9	こうき	25
智紀	12・9	ともき	21
直紀	8・9	なおき	17
充紀	6・9	みつき	15

女の子

名前	画数	読み	総画
紀衣	9・6	きい	15
紀緒	9・14	きお	23
紀花	9・7	のりか	16
美紀	9・9	みき	18
万紀子	3・9・3	まきこ	15

活 9

音訓 カツ、い(かす)、い(きる)
名のり いく
意味 水が勢いよく流れる。役立てる。

【名づけヒント】健康的でアクティブなイメージ。明るく活発な子に、生き生き（活き活き）とした人生を願って。

男の子

名前	画数	読み	総画
活翔	9・12	いくと	21
活毅	9・15	かつき	24
活成	9・6	かつなり	15
活徳	9・14	かつのり	23
活秀	9・7	かつひで	16
活宏	9・7	かつひろ	16
活磨	9・16	かつま	25
活哉	9・9	かつや	18

女の子

名前	画数	読み	総画
活乃	9・2	いくの	11
活美	9・9	かつみ	18

軌 9

音訓 キ、わだち
名のり のり
意味 車輪が通った跡。移動のコース。行動のパターン。

【名づけヒント】歴史や社会に足跡を残せるように、人生の道を踏み外さないようになどの願いを込めて。

男の子

名前	画数	読み	総画
歩軌	8・9	あゆき	17
栄軌	9・9	えいき	18
勝軌	12・9	かつき	21
軌信	9・9	きしん	18
太軌	4・9	たいき	13
光軌	6・9	みつき	15
佑軌	7・9	ゆうき	16
征軌	8・9	ゆきのり	17
良軌	7・9	よしき	16
吏軌	6・9	りき	15
由軌斗	5・9・4	ゆきと	18

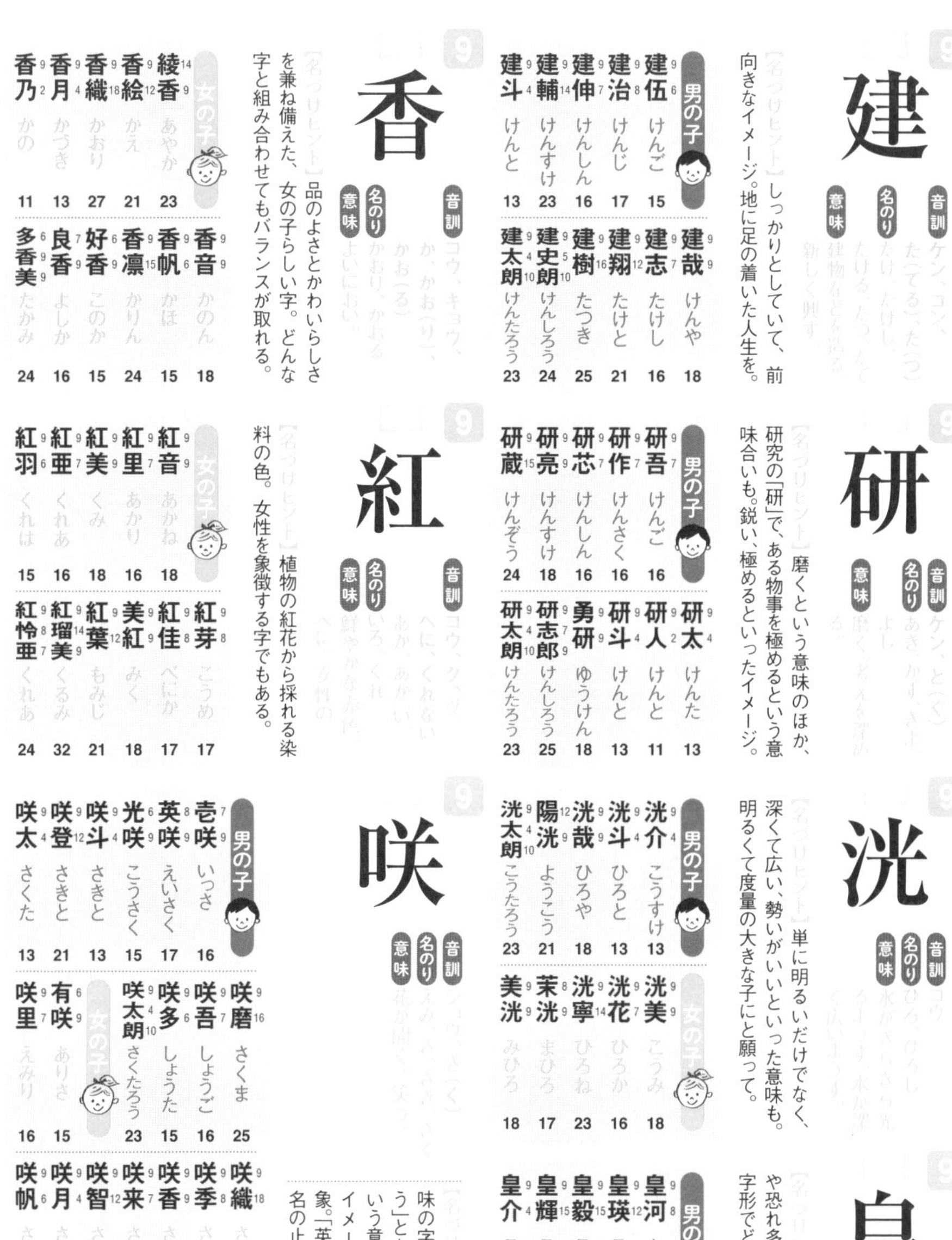

建 9

音訓 ケン、コン、た(てる)、た(つ)
名のり たけ、たけし、たける、たつ、たて
意味 建物などを造る。新しく興す。

【名づけヒント】しっかりとしていて、前向きなイメージ。地に足の着いた人生を。

男の子

名前	画数	読み	総画
建伍	9・6	けんご	15
建治	9・8	けんじ	17
建伸	9・7	けんしん	16
建輔	9・14	けんすけ	23
建斗	9・4	けんと	13
建哉	9・9	けんや	18
建志	9・7	たけし	16
建翔	9・12	たけと	21
建樹	9・16	たつき	25
建史朗	9・5・10	けんしろう	24
建太朗	9・4・10	けんたろう	23

研 9

音訓 ケン、と(ぐ)
名のり あき、かず、きよ、よし
意味 磨く。考えを深める。

【名づけヒント】磨くという意味のほか、研究の「研」で、ある物事を極めるという意味合いも。鋭い、極めるといったイメージ。

男の子

名前	画数	読み	総画
研吾	9・7	けんご	16
研作	9・7	けんさく	16
研芯	9・7	けんしん	16
研亮	9・9	けんすけ	18
研蔵	9・15	けんぞう	24
研太	9・4	けんた	13
研人	9・2	けんと	11
研斗	9・4	けんと	13
勇研	9・9	ゆうけん	18
研志郎	9・7・9	けんしろう	25
研太朗	9・4・10	けんたろう	23

洸 9

音訓 コウ
名のり ひろ、ひろし
意味 水がきらきら光る。水が深く広い

【名づけヒント】単に明るいだけでなく、深くて広い、勢いがいいといった意味も。明るくて度量の大きな子にと願って。

男の子

名前	画数	読み	総画
洸介	9・4	こうすけ	13
洸斗	9・4	ひろと	13
洸哉	9・9	ひろや	18
陽洸	12・9	ようこう	21
洸太朗	9・4・10	こうたろう	23

女の子

名前	画数	読み	総画
洸美	9・9	こうみ	18
洸花	9・7	ひろか	16
洸寧	9・14	ひろね	23
茉洸	8・9	まひろ	17
美洸	9・9	みひろ	18

皇 9

音訓 コウ、オウ、[illegible]
名のり ―
意味 [illegible]

【名づけヒント】皇子、皇帝の「皇」で、やや恐れ多いイメージはあるが、安定した字形でどんな字とも組み合わせやすい。

男の子

名前	画数	読み	総画
皇河	9・8	おうが	17
皇瑛	9・12	こうえい	21
皇毅	9・15	こうき	24
皇輝	9・15	こうき	24
皇介	9・4	こうすけ	13
皇甫	9・7	こうすけ	16
皇晴	9・12	こうせい	21
皇太	9・4	こうた	13
皇成	9・6	成功	15
皇史郎	9・5・9	おうしろう	23
皇乃介	9・2・4	こうのすけ	15

香 9

音訓 コウ、キョウ、か、かお(り)、かお(る)
名のり かおり、かおる
意味 よいにおい

【名づけヒント】品のよさとかわいらしさを兼ね備えた、女の子らしい字。どんな字と組み合わせてもバランスが取れる。

女の子

名前	画数	読み	総画
綾香	14・9	あやか	23
香絵	9・12	かえ	21
香織	9・18	かおり	27
香月	9・4	かづき	13
香乃	9・2	かの	11
香音	9・9	かのん	18
香帆	9・6	かほ	15
香凛	9・15	かりん	24
好香	6・9	このか	15
良香	7・9	よしか	16
多香美	6・9・9	たかみ	24

紅 9

音訓 コウ、ク、べに、くれない
名のり あか、あかい、いろ、くれ
意味 鮮やかな赤色。べに。女性の

【名づけヒント】植物の紅花から採れる染料の色。女性を象徴する字でもある。

女の子

名前	画数	読み	総画
紅音	9・9	あかね	18
紅里	9・7	あかり	16
紅美	9・9	くみ	18
紅亜	9・7	くれあ	16
紅羽	9・6	くれは	15
紅芽	9・8	こうめ	17
紅佳	9・8	べにか	17
美紅	9・9	みく	18
紅葉	9・12	もみじ	21
紅瑠美	9・14・9	くるみ	32
紅怜亜	9・8・7	くれあ	24

咲 9

音訓 ショウ、さ(く)
名のり えみ、さ、さき、さく
意味 花が開く。笑う

【名づけヒント】本来は、笑うという意味の字。山の花が開くことを「山が笑う」とたとえたことから、花が開くという意味で使われている。花と笑顔のイメージが重なり、とても明るい印象。「英咲(えいさく)」のように男の子名の止め字として使うのも新鮮。

男の子

名前	画数	読み	総画
壱咲	7・9	いっさ	16
英咲	8・9	えいさく	17
光咲	6・9	こうさく	15
咲斗	9・4	さきと	13
咲登	9・12	さきと	21
咲太	9・4	さくた	13
咲磨	9・16	さくま	25
咲吾	9・7	しょうご	16
咲多	9・6	しょうた	15
咲太朗	9・4・10	さくたろう	23

女の子

名前	画数	読み	総画
有咲	6・9	ありさ	15
咲里	9・7	えみり	16
咲織	9・18	さおり	27
咲季	9・8	さき	17
咲香	9・9	さきか	18
咲来	9・7	さくら	16
咲智	9・12	さち	21
咲月	9・4	さつき	13
咲帆	9・6	さほ	15
咲和	9・8	さわ	17
心咲	4・9	みさき	13
美咲	9・9	みさき	18
璃咲	15・9	りさ	24
咲稀子	9・12・3	さきこ	24
咲久楽	9・3・13	さくら	25
千咲紀	3・9・9	ちさき	21

思 9

音訓 シ、おも(う)
名のり おもい、こと
意味 頭や心をはたらかせる。

【名づけヒント】思いやりのある子に。また、頭を使って考えることも表す字なので、しっかり考える子にと願っても。

男の子	画数	読み	総画
篤思	16・9	あつし	25
慧思	15・9	さとし	24
颯思	14・9	そうし	23
友思	4・9	ゆうし	13
清思郎	11・9・9	きよしろう	29

女の子	画数	読み	総画
思葉	9・12	ことは	21
思織	9・18	しおり	27
思乃	9・2	しの	11
思帆	9・6	しほ	15
思穂	9・15	しほ	24

春 9

音訓 シュン、はる
名のり かず、とき、はじめ
意味 季節のひとつ、はる。年始。

【名づけヒント】暖かさや明るさを感じさせるとともに、自然が息を吹き返す生き生きとしたイメージ。

男の子	画数	読み	総画
春輔	9・14	しゅんすけ	23
春風	9・9	はるかぜ	18
春希	9・7	はるき	16
春空	9・8	はるく	17
春仁	9・4	はると	13

女の子	画数	読み	総画
知春	8・9	ちはる	17
春名	9・6	はるな	15
春乃	9・2	はるの	11
春陽	9・12	はるひ	21
美春	9・9	みはる	18

秋 9

音訓 シュウ、あき
名のり あきら、とき、とし、みのる
意味 四季のひとつ、あき。大事な時。

【名づけヒント】秋は穀物が実り、収穫されるところから、豊かなイメージ。おだやかで落ち着いた雰囲気も。

男の子	画数	読み	総画
秋陽	9・12	あきはる	21
秋彦	9・9	あきひこ	18
秋斗	9・4	しゅうと	13
輝秋	15・9	てるあき	24
秀秋	7・9	ひであき	16

女の子	画数	読み	総画
秋音	9・9	あきね	18
秋乃	9・2	あきの	11
秋葉	9・12	あきは	21
秋穂	9・15	あきほ	24
秋実	9・8	あきみ	17

信 9

音訓 シン、まこと
名のり あき、あきら、しの、のぶ
意味 しんじる。真心。伝える。

【名づけヒント】強い信念や誠実さを感じさせる字。自分を信じ、人からも信じられる人に。伝えるという意味もある。

男の子	画数	読み	総画
堅信	12・9	けんしん	21
信吾	9・7	しんご	16
信志	9・7	しんじ	16
信哉	9・9	しんや	18
信輝	9・15	のぶてる	24
信人	9・2	のぶひと	11
慶信	15・9	よしのぶ	24
信乃介	9・2・4	しんのすけ	15

女の子	画数	読み	総画
志信	7・9	しのぶ	16
美信	9・9	みのぶ	18

柊 9

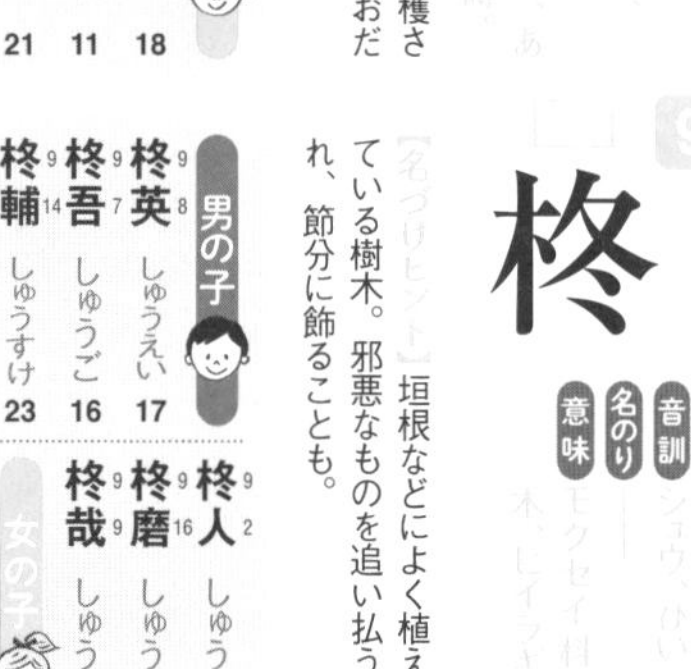

音訓 シュウ、ひいらぎ
名のり ―
意味 モクセイ科の樹木、ヒイラギ。

【名づけヒント】垣根などによく植えられている樹木。邪悪なものを追い払うとされ、節分に飾ることも。

男の子	画数	読み	総画
柊英	9・8	しゅうえい	17
柊吾	9・7	しゅうご	16
柊輔	9・14	しゅうすけ	23
柊蔵	9・15	しゅうぞう	24
柊太	9・4	しゅうた	13
柊人	9・2	しゅうと	11
柊磨	9・16	しゅうま	25
柊哉	9・9	しゅうや	18

女の子	画数	読み	総画
柊花	9・7	しゅうか	16
柊香	9・9	しゅうか	18

星 9

音訓 セイ、ショウ、ほし
名のり とし
意味 空に輝く星。光り輝くもの。[illegible]

【名づけヒント】夜空の星は神秘的でロマンチック、また希望も感じさせる。

男の子	画数	読み	総画
星斗	9・4	せいと	13
星弥	9・8	せいや	17
勇星	9・9	ゆうせい	18
龍星	16・9	りゅうせい	25
星多郎	9・6・9	しょうたろう	24

女の子	画数	読み	総画
星花	9・7	せいか	16
星奈	9・8	せいな	17
星来	9・7	せいら	16
星架	9・9	ほしか	18
星乃	9・2	ほしの	11

俊 9

音訓 シュン
名のり [illegible]
意味 [illegible]

【名づけヒント】頭のはたらきが速いことや、体のキレがいいことを表し、知性と体力を兼ね備えた字。

男の子	画数	読み	総画
俊壱	9・7	しゅんいち	16
俊甫	9・7	しゅんすけ	16
俊太	9・4	しゅんた	13
俊哉	9・9	しゅんや	18
俊騎	9・18	としき	27
俊成	9・6	としなり	15
俊行	9・6	としゆき	15
勇俊	9・9	ゆうしゅん	18
俊之介	9・3・4	しゅんのすけ	16

女の子	画数	読み	総画
俊花	9・7	しゅんか	16

泉 9

音訓 セン、いずみ
名のり [illegible]
意味 [illegible]

【名づけヒント】さわやかで、清らかな印象を与える字。また、水が湧き出るところから、創造性豊かなイメージも。

男の子	画数	読み	総画
泉瑠	9・14	いずる	23
泉太	9・4	せんた	13
泉樹	9・16	もとき	25

女の子	画数	読み	総画
碧泉	14・9	あおい	23
泉美	9・9	いずみ	18
和泉	8・9	いずみ	17
泉里	9・7	せんり	16
七泉	2・9	ななみ	11
泉輝	9・15	みき	24
瑠泉	14・9	るい	23

9 茜

音訓 セン、あかね
名のり —
意味 アカネ科の植物、アカネ

【名づけヒント】植物のアカネの根から採れる赤色の染料が茜色。夕焼けのイメージも。

男の子
- 茜太朗 せんたろう 23

女の子
- 茜音 あかね 18
- 茜寧 あかね 23
- 茜架 せんか 18
- 茜歌 せんか 23
- 茜奈 せんな 17
- 茜名 せんな 15
- 茜里 せんり 16

9 虹

音訓 コウ、にじ
名のり —

【名づけヒント】希望を感じさせる字。古代中国では、虹は竜の一種だと考えられていたので、力強いイメージを込めても。

男の子
- 虹希 こうき 16
- 虹輝 こうき 24
- 虹青 こうせい 17
- 虹多 こうた 15
- 虹陽 こうよう 21
- 虹斗 にじと 13
- 虹志郎 こうしろう 25

女の子
- 虹美 こうみ 18
- 虹架 にじか 18
- 虹歩 にじほ 17

9 奏

【名づけヒント】音楽や調和のイメージと、「ソウ」「かな」のやさしくやわらかい響きで、人気の字。音楽的な才能や、人との調和を願って名づけられるほか、もともとはそろえて差し出すという意味なので、気遣いのできる人にとの願いを込めても。

男の子
- 奏紀 かなき 18
- 奏多 かなた 15
- 奏人 かなと 11
- 奏武 かなむ 17
- 奏壱 そういち 16
- 奏輝 そうき 24
- 奏伍 そうご 15
- 奏思 そうし 18
- 奏介 そうすけ 13
- 奏助 そうすけ 16
- 奏輔 そうすけ 23
- 奏晴 そうせい 21
- 奏太 そうた 13
- 奏磨 そうま 25
- 奏弥 そうや 17
- 奏詩郎 そうしろう 31
- 奏多郎 そうたろう 24

女の子
- 奏江 かなえ 15
- 奏花 かなか 16
- 奏湖 かなこ 21
- 奏乃 かなの 11
- 奏羽 かなは 15
- 奏美 かなみ 18
- 茉奏 まかな 17
- 結奏 ゆかな 21
- 和奏 わかな 17

9 飛

【名づけヒント】大空を飛び回るたくましいイメージ。また、飛躍などから大きな成長や活躍を期待して。

男の子
- 壮飛 あきと 15
- 朝飛 あさひ 21
- 快飛 かいと 16
- 天飛 たかと 13
- 飛羽 とわ 15
- 直飛 なおと 17
- 遼飛 はると 24
- 祐飛 ゆうと 18
- 雄飛 ゆうひ 21

女の子
- 美飛 みと 18

9 南

【名づけヒント】南国や南風など、明るく暖かいイメージ。開放感やスケールの大きさも感じ、方角を表す字では一番人気。

男の子
- 南央斗 なおと 18
- 陽南太 ひなた 25

女の子
- 果南 かな 17
- 星南 せいな 18
- 南緒 なお 23
- 南帆 なほ 15
- 陽南 ひな 21
- 美南 みなみ 18
- 南津美 なつみ 27
- 日南子 ひなこ 16

9 美

【名づけヒント】美しいという意味だけでなく、よいという意味もあり、男の子名に使ってもおかしくないが、圧倒的に女の子名で人気の字。先頭字、中間字、止め字と幅広く使えるだけでなく、左右対称で安定感があり、どんな字とも相性がいいのも魅力。

男の子
- 克美 かつみ 16
- 美翔 よしと 21
- 美彦 よしひこ 18

女の子
- 綾美 あやみ 23
- 怜美 さとみ 17
- 那美 なみ 16
- 美羽 みう 15
- 美栄 みえ 18
- 美織 みおり 27
- 美音 みおん 18
- 美季 みき 17
- 美妃 みき 15
- 美空 みく 17
- 美琴 みこと 21
- 美沙 みさ 16
- 美慧 みさと 24
- 美月 みつき 13
- 美名 みな 15
- 美結 みゆ 21
- 美璃 みり 24
- 美澪 みれい 25
- 美乃 よしの 11
- 良美 らみ 16
- 美沙季 みさき 24
- 美乃里 みのり 18
- 悠美子 ゆみこ 23

風 9

音訓 フウ、フ、かせ、かざ

名のり ――

意味 かぜ。空気の動き。習俗。おもむき。ようす。

【名づけヒント】さわやかでナチュラルな雰囲気に加え、のびのびと自由な印象。

男の子

- 風輝 9 15 かざき 24
- 陽風 12 9 はるかぜ 21
- 風佑 9 7 ふうすけ 16
- 風太 9 4 ふうた 13
- 風磨 9 16 ふうま 25

女の子

- 風実 9 8 かざみ 17
- 風宇 9 6 ふう 15
- 風歌 9 14 ふうか 23
- 風香 9 9 ふうか 18
- 美風 9 9 みかぜ 18

保 9

音訓 ホ、たも(つ)

名のり お、まもる、もり、やす、やすし、

意味 維持する。大切に守る。

【名づけヒント】大切なものを守り、それを長く続けていくという意味合いを持つ。大切なものを守り続けていける人に。

男の子

- 保澄 9 15 ほずみ 24
- 保希 9 7 ほまれ 16
- 保明 9 8 やすあき 17
- 保則 9 9 やすのり 18
- 保仁 9 4 やすひと 13

女の子

- 沙保 7 9 さほ 16
- 茉保 8 9 まほ 17
- 美保 9 9 みほ 18
- 志保里 7 9 7 しほり 23
- 保乃華 9 2 10 ほのか 21

柾 9

音訓 まさ、まさき

名のり ――

意味 木目がまっすぐな木材。ニシキギ科の樹木、マサキ。

【名づけヒント】誠実で素直なイメージ。まっすぐに成長してほしい、筋が通った子になどの願いを込めて。

男の子

- 和柾 8 9 かずまさ 17
- 柾葵 9 12 まさき 21
- 柾樹 9 16 まさき 25
- 柾志 9 7 まさし 16
- 柾人 9 2 まさと 11
- 柾彦 9 9 まさひこ 18
- 柾裕 9 12 まさひろ 21
- 柾文 9 4 まさふみ 13
- 柾哉 9 9 まさや 18
- 柾行 9 6 まさゆき 15
- 柾良 9 7 まさよし 16

柚 9

音訓 ユウ、ユ、ゆず

名のり ――

意味 ミカン科の常木。ユズ

【名づけヒント】料理の風味付けやゆず湯など、古くから親しまれてきたユズ。かわいらしいだけでなく、人の役に立つ子に。

男の子

- 柚太 9 4 ゆうた 13
- 柚樹 9 16 ゆずき 25

女の子

- 美柚 9 9 みゆ 18
- 柚衣 9 6 ゆい 15
- 柚奈 9 8 ゆうな 17
- 柚香 9 9 ゆずか 18
- 柚希 9 7 ゆずき 16
- 柚乃 9 2 ゆずの 11
- 柚葉 9 12 ゆずは 21
- 柚月 9 4 ゆづき 13

勇 9

音訓 ユウ、いさ(む)

名のり いさ、いさお、いさみ、いさむ、とし、はや、ゆ

意味 気力があって、思い切りがいい。

【名づけヒント】やるべきことをためらわずに実行するという、行動力にあふれた字。そのたくましさを、「ユウ」というやわらかい響きの中に包み込んでいるのが、また魅力。勇気のある人に、何事にも勇猛果敢に突き進んでいける人に。

男の子

- 勇武 9 8 いさむ 17
- 勇人 9 2 はやと 11
- 勇羽 9 6 ゆう 15
- 勇河 9 8 ゆうが 17
- 勇希 9 7 ゆうき 16
- 勇気 9 6 ゆうき 15
- 勇輝 9 15 ゆうき 24
- 勇駈 9 15 ゆうく 24
- 勇伍 9 6 ゆうご 15
- 勇咲 9 9 ゆうさく 18
- 勇志 9 7 ゆうし 16
- 勇信 9 9 ゆうしん 18
- 勇心 9 4 ゆうしん 13
- 勇輔 9 14 ゆうすけ 23
- 勇成 9 6 ゆうせい 15
- 勇惺 9 12 ゆうせい 21
- 勇太 9 4 ゆうた 13
- 勇斗 9 4 ゆうと 13
- 勇翔 9 12 ゆうと 21
- 勇飛 9 9 ゆうひ 18
- 勇磨 9 16 ゆうま 25
- 勇吏 9 6 ゆうり 15
- 勇和 9 8 ゆうわ 17
- 亜勇夢 7 9 13 あゆむ 29
- 勇多郎 9 6 9 ゆうたろう 24
- 勇太朗 9 4 10 ゆうたろう 23
- 勇ノ助 9 1 7 ゆうのすけ 17

祐 9

音訓 ユウ、たす(ける)

名のり さち、すけ、たすく、ゆ、よし

意味 神の助け。助ける。

【名づけヒント】にんべんの「佑」とほぼ同じ意味だが、神を表すしめすへんを含むだけに、神の助けという意味合いがはっきりしている。縁起がよく、神聖なイメージもあって、パパママ世代から人気。人と助け合うと同時に、神の助けもありますようにと願って。

男の子

- 鋭祐 15 9 えいすけ 24
- 希祐 7 9 きすけ 16
- 賢祐 16 9 けんすけ 25
- 光祐 6 9 こうすけ 15
- 宗祐 8 9 そうすけ 17
- 祐河 9 8 ゆうが 17
- 祐貴 9 12 ゆうき 21
- 祐城 9 9 ゆうき 18
- 祐輔 9 14 ゆうすけ 23
- 祐成 9 6 ゆうせい 15
- 祐太 9 4 ゆうた 13
- 祐人 9 2 ゆうと 11
- 祐斗 9 4 ゆうと 13
- 祐哉 9 9 ゆうや 18
- 良祐 7 9 りょうすけ 16
- 祐太朗 9 4 10 ゆうたろう 23

女の子

- 実祐 8 9 みゆう 17
- 祐衣 9 6 ゆい 15
- 祐希 9 7 ゆうき 16
- 祐里 9 7 ゆうり 16
- 祐香 9 9 ゆか 18
- 祐月 9 4 ゆづき 13
- 祐奈 9 8 ゆな 17
- 祐乃 9 2 ゆの 11
- 祐泉 9 9 ゆみ 18
- 安祐美 6 9 9 あゆみ 24

宥 9

音訓 ユウ、なだめる、ゆるす
名のり すけ、ひろ、ゆ
意味 大目に見る、怒りや悲しみをやわらげる。

【名づけヒント】寛大で温和な人柄をイメージ。おおらかで心の広い人にと願って。

男の子

名前	画数	読み	総画
宥哉	9・9	ひろや	18
宥希	9・7	ゆうき	16
宥輔	9・14	ゆうすけ	23
宥太	9・4	ゆうた	13
宥和	9・8	ゆうわ	17

女の子

名前	画数	読み	総画
美宥	9・9	みゆ	18
宥衣	9・6	ゆい	15
宥亜	9・7	ゆうあ	16
宥花	9・7	ゆうか	16
宥乃	9・2	ゆの	11

洋 9

音訓 ヨウ、うみ
名のり ひろ、ひろし、み
意味 大きな海、海のように広い、西洋の。

【名づけヒント】単なる海ではなく、大きく広がる海を表す字。度量の大きな人に、可能性が広がるようにと願って。

男の子

名前	画数	読み	総画
向洋	6・9	こうよう	15
洋輝	9・15	ひろき	24
洋渡	9・12	ひろと	21
洋海	9・9	ひろみ	18
洋輔	9・14	ようすけ	23
洋太	9・4	ようた	13
洋太朗	9・4・10	ようたろう	23

女の子

名前	画数	読み	総画
洋花	9・7	ひろか	16
洋乃	9・2	ひろの	11
美洋	9・9	みひろ	18

律 9

音訓 リツ、リチ、のり
名のり おと、ただし、ただす
意味 きまり、おきて、音程。

【名づけヒント】法律の「律」で、誠実さや正義感が伝わる字。一方で、旋律のように美しく響く音程という意味合いも。

男の子

名前	画数	読み	総画
英律	8・9	ひでのり	17
律希	9・7	りつき	16
律輝	9・15	りつき	24
律太	9・4	りった	13
律音	9・9	りつと	18

女の子

名前	画数	読み	総画
美律	9・9	みのり	18
律花	9・7	りっか	16
律佳	9・8	りつか	17
律歌	9・14	りつか	23
律葉	9・12	りつは	21

郎 9

音訓 ロウ
名のり お
意味 男、男性の美称、若い男性。

【名づけヒント】男の子名の止め字の定番。字の意味もよく、凛としたイメージ。どんな字でもバランスよく合わせられる。

男の子

名前	画数	読み	総画
志郎	7・9	しろう	16
太郎	4・9	たろう	13
潔士郎	15・3・9	きよしろう	27
広太郎	5・4・9	こうたろう	18
虎汰郎	8・7・9	こたろう	24
咲多郎	9・6・9	さくたろう	24
晟太郎	10・4・9	せいたろう	23
創士郎	12・3・9	そうしろう	24
颯太郎	14・4・9	そうたろう	27
道太郎	12・4・9	みちたろう	25
良汰郎	7・7・9	りょうたろう	23

亮 9

音訓 リョウ、あきらか、すけ
名のり あき、あきら、きよし、たすく、とおる、まこと、よし
意味 明らか、頭がよくて誠実な、補佐官。

【名づけヒント】明るくて頭がよいという名前向きの意味を持つ。「リョウ」「あきら」「あき」の読みが一般的だが、最近は「すけ」の読みで男の子名の止め字で使われるケースも。なお、姓名判断を重視する場合は、1字名よりも、2字名以上がおすすめ。

男の子

名前	画数	読み	総画
亮斗	9・4	あきと	13
亮成	9・6	あきなり	15
亮伸	9・7	あきのぶ	16
亮則	9・9	あきのり	18
亮人	9・2	あきひと	11
圭亮	6・9	けいすけ	15
瞬亮	18・9	しゅんすけ	27
奏亮	9・9	そうすけ	18
颯亮	14・9	そうすけ	23
佑亮	7・9	ゆうすけ	16
洋亮	9・9	ようすけ	18
亮河	9・8	りょうが	17
亮護	9・20	りょうご	29
亮助	9・7	りょうすけ	16
亮輔	9・14	りょうすけ	23
亮星	9・9	りょうせい	18
亮惺	9・12	りょうせい	21
亮多	9・6	りょうた	15
亮太	9・4	りょうた	13
亮磨	9・16	りょうま	25
亮弥	9・8	りょうや	17
進之亮	11・3・9	しんのすけ	23
亮多郎	9・6・9	りょうたろう	24

女の子

名前	画数	読み	総画
亮絵	9・12	あきえ	21
亮花	9・7	あきか	16
亮香	9・9	りょうか	18

玲 9

音訓 レイ
名のり あきら、たま、れ
意味 宝石が触れ合って出る美しい音、透き通るように美しいようす。

【名づけヒント】「レイ」の音を持つ字の中でも人気の高い字。もともとは宝石に関係する字なので、意味的には女の子向き。そのぶん、男の子名に用いると、すっきりあかぬけたイメージに。「レイ」「れ」の読みで、先頭字、中間字、止め字のどれにも使える。

男の子

名前	画数	読み	総画
玲吾	9・7	れいご	16
玲侍	9・8	れいじ	17
玲斗	9・4	れいと	13
玲哉	9・9	れいや	18
玲旺	9・8	れお	17
玲音	9・9	れおん	18
玲央人	9・5・2	れおと	16
玲生真	9・5・10	れおま	24

女の子

名前	画数	読み	総画
澄玲	15・9	すみれ	24
玲妃	9・6	たまき	15
心玲	4・9	みれい	13
美玲	9・9	みれい	18
玲亜	9・7	れいあ	16
玲花	9・7	れいか	16
玲香	9・9	れいか	18
玲沙	9・7	れいさ	16
玲奈	9・8	れいな	17
玲名	9・6	れいな	15
玲海	9・9	れいみ	18
玲良	9・7	れいら	16
玲南	9・9	れな	18
玲乃	9・2	れの	11
玲茉	9・8	れま	17
玲実	9・8	れみ	17
玲泉	9・9	れみ	18
玲緒奈	9・14・8	れおな	31

10画

晏

音訓 アン、おそい、やすらか
名のり さだ、はる、やす
意味 落ち着いている。時刻が遅い。

【名づけヒント】太陽を表す「日」に、落ち着くことを表す「安」を組み合わせた字で、のどかな雰囲気を感じさせる字。

男の子

名前	読み	総画
晏(10)士(3)	あんじ	13
由(5)晏(10)	ゆあん	15
理(11)晏(10)	りあん	21

女の子

名前	読み	総画
晏(10)(1)	あん	11
晏(10)(1)	はる	11
晏(10)菜(11)	あんな	21
晏(10)奈(8)	あんな	18
晏(10)里(7)	あんり	17
千(3)晏(10)	ちはる	13
瑠(14)晏(10)	るあん	24

悦

音訓 エツ、よろこぶ
名のり のぶ、よし
意味 楽しむ、うれしくなる。

【名づけヒント】非常に前向きで幸せな意味を持つ字。幸せな一生を送れるように、まわりを幸せにする人に。

男の子

名前	読み	総画
悦(10)史(5)	えつし	15
悦(10)士(3)	えつし	13
雅(13)悦(10)	まさよし	23
悦(10)明(8)	よしあき	18
悦(10)之(3)	よそゆき	13

女の子

名前	読み	総画
悦(10)子(3)	えつこ	13
悦(10)世(5)	えつよ	15
悦(10)花(7)	よしか	17
悦(10)子(3)	よしこ	13
悦(10)実(8)	よしみ	18

恩

音訓 オン、めぐみ
名のり おき、めぐみ、めぐむ
意味 ありがたみ、恵み、いつくしみ

【名づけヒント】愛情や思いやりを表し、和の印象。「礼恩(れおん)」「詩恩(しおん)」など、人気の「オン」で終わる名前にも。

男の子

名前	読み	総画
恩(10)(1)	おん	11
恩(10)治(8)	おんじ	18
久(3)恩(10)	くおん	13
志(7)恩(10)	しおん	17
吏(6)恩(10)	りおん	16

女の子

名前	読み	総画
理(11)恩(10)	りおん	21
礼(5)恩(10)	れおん	15
恩(10)(1)	めぐみ	11
詩(13)恩(10)	しおん	23
梨(11)恩(10)	りおん	21

桜

音訓 オウ、さくら
名のり お
意味 バラ科の樹木、サクラ。

【名づけヒント】サクラは春のシンボルであり、日本の国花のひとつで、そのイメージのよさは抜群。華やかな美しさと、日本情緒を感じさせる字として人気がある。桜の花のように多くの人から愛されるようにと願って。旧字体「櫻(21画)」も名前に使える。

男の子

名前	読み	総画
桜(10)雅(13)	おうが	23
桜(10)輔(14)	おうすけ	24
桜(10)佑(7)	おうすけ	17
桜(10)世(5)	おうせい	15
桜(10)成(6)	おうせい	16
桜(10)汰(7)	おうた	17
桜(10)大(3)	おうだい	13
桜(10)也(3)	おうや	13
史(5)桜(10)	しおう	15
桜(10)士(3)朗(10)	おうしろう	23
桜(10)多(6)郎(9)	おうたろう	25

女の子

名前	読み	総画
桜(10)(1)	さくら	11
伊(6)桜(10)	いお	16
桜(10)佳(8)	おうか	18
桜(10)花(7)	おうか	17
桜(10)楽(13)	さくら	23
桜(10)子(3)	さくらこ	13
詩(13)桜(10)	しお	23
千(3)桜(10)	ちお	13
万(3)桜(10)	まお	13
実(8)桜(10)	みお	18
弥(8)桜(10)	みお	18
伊(6)桜(10)里(7)	いおり	23
志(7)桜(10)里(7)	しおり	24
真(10)桜(10)美(9)	まおみ	29
三(3)桜(10)子(3)	みおこ	16

夏

音訓 カ、ゲ、なつ
名のり ―
意味 季節のひとつ、なつ。中国の古名。

【名づけヒント】明るく活動的なイメージ。そのイメージは男の子名にもふさわしいが、最近は特に「カ」の読みで女の子名での人気が高い。さんさんと輝く夏の太陽のように明るく元気に育ってほしい、エネルギッシュに生きてほしいと願って。

男の子

名前	読み	総画
夏(10)惟(11)	かい	21
夏(10)旺(8)	なつお	18
夏(10)生(5)	なつき	15
夏(10)暉(13)	なつき	23
夏(10)也(3)	なつや	13
琉(11)夏(10)	るか	21

女の子

名前	読み	総画
一(1)夏(10)	いちか	11
乙(1)夏(10)	おとか	11
夏(10)澄(15)	かすみ	25
夏(10)菜(11)	かな	21
夏(10)波(8)	かなみ	18
夏(10)帆(6)	かほ	16
夏(10)歩(8)	かほ	18
夏(10)蓮(13)	かれん	23
知(8)夏(10)	ちか	18
千(3)夏(10)	ちなつ	13
夏(10)緒(14)	なつお	24
夏(10)希(7)	なつき	17
夏(10)妃(6)	なつき	16
夏(10)綺(14)	なつき	24
夏(10)子(3)	なつこ	13
夏(10)奈(8)	なつな	18
愛(13)夏(10)	まなか	23
悠(11)夏(10)	ゆうか	21
凜(15)夏(10)	りんか	25
莉(10)夏(10)子(3)	りかこ	23

10 華

音訓 カ、ケ、ゲ、はな
名のり は、はる
意味 花、はなやか、美しい、中国

【名づけヒント】同じ読みの「花（7画）」よりも、ゴージャスできらびやかな印象。華やかで気品のある人に、華やかな人生をなどと願って。縦横の直線のみで構成された字形はやや硬い印象なので、斜線や曲線のある字を組み合わせてバランスを取りたい。

女の子

名前	画数	読み	総画
華	10 (1)	はな	11
愛華	13・10	あいか	23
一華	1・10	いちか	11
市華	5・10	いちか	15
乙華	1・10	おとか	11
華依	10・8	かえ	18
華江	10・6	かえ	16
華子	10・3	かこ	13
華寿	10・7	かず	17
華澄	10・15	かすみ	25
華名	10・6	かな	16
華帆	10・6	かほ	16
華代	10・5	かよ	15
華凜	10・15	かりん	25
華怜	10・8	かれん	18
京華	8・10	きょうか	18
聖華	13・10	きよか	23
小華	3・10	こはな	13
涼華	11・10	すずか	21
千華	3・10	ちか	13
華江	10・6	はなえ	16
華子	10・3	はなこ	13
万華	3・10	まはな	13
百華	6・10	ももか	16
里華	7・10	りか	17
瑠華	14・10	るか	24
華也子	10・3・3	かやこ	16

10 莞

音訓 カン

【名づけヒント】本来は草の名だが、にっこり笑うようすも表す。くさかんむりに完成の「完」と説明はしやすい。

男の子

名前	画数	読み	総画
莞	10 (1)	かん	11
莞市	10・5	かんいち	15
莞士	10・3	かんじ	13
莞多	10・6	かんた	16
莞太郎	10・4・9	かんたろう	23

女の子

名前	画数	読み	総画
莞菜	10・11	かんな	21
莞奈	10・8	かんな	18
実莞	8・10	みかん	18
芽莞	8・10	めい	18
優莞	17・10	ゆい	27

10 栞

音訓 カン、しおり

【名づけヒント】「しおり」の響きはやさしく、「カン」の響きは快活な印象。人生という道を迷わず順調に歩んでほしいと願って。

男の子

名前	画数	読み	総画
栞	10 (1)	かん	11
栞一	10・1	かんいち	11
栞汰	10・7	かんた	17
栞都	10・11	かんと	21
栞太郎	10・4・9	かんたろう	23

女の子

名前	画数	読み	総画
栞	10 (1)	しおり	11
栞那	10・7	かんな	17
栞璃	10・15	しおり	25
栞里	10・7	しおり	17
実栞	8・10	みかん	18

10 起

音訓 キ、お(きる)、お(こす)、た(つ)

【名づけヒント】何かを起こすという積極的かつ前向きなイメージを持つ字。目標に向かって行動を起こす人に。

男の子

名前	画数	読み	総画
克起	7・10	かつき	17
起一	10・1	きいち	11
考起	6・10	こうき	16
颯起	14・10	そうき	24
起生	10・5	たつき	15

女の子

名前	画数	読み	総画
直起	8・10	なおき	18
起子	10・3	きこ	13
起帆	10・6	きほ	16
実起	8・10	みき	18
由起	5・10	ゆき	15

10 記

音訓 キ、しる(す)

【名づけヒント】記録、記憶など、いつまでも忘れないというイメージを持つ。人の記憶に残るような魅力的な人物にと願って。

男の子

名前	画数	読み	総画
和記	8・10	かずき	18
記市	10・5	きいち	15
雅記	13・10	まさのり	23
瑞記	13・10	みずき	23
悠記	11・10	ゆうき	21

女の子

名前	画数	読み	総画
記歌	10・14	のりか	24
記子	10・3	のりこ	13
麻記	11・10	まき	21
由記	5・10	ゆき	15
紗記子	10・10・3	さきこ	23

10 恭

音訓 キョウ

【名づけヒント】他人への敬意を忘れず、だれに対しても礼儀正しくふるまえる子に。

男の子

名前	画数	読み	総画
恭市	10・5	きょういち	15
恭吾	10・7	きょうご	17
恭輔	10・14	きょうすけ	24
恭誠	10・13	きょうせい	23
恭平	10・5	きょうへい	15

女の子

名前	画数	読み	総画
恭明	10・8	やすあき	18
恭行	10・6	やすゆき	16
恭花	10・7	きょうか	17
恭子	10・3	きょうこ	13
恭代	10・5	やすよ	15

10 桂

音訓 ケイ、かつら

【名づけヒント】中国の伝説では月にこの木があるといい、美しい雰囲気に包まれた字。人を惹きつける魅力がある子に。

男の子

名前	画数	読み	総画
桂	10 (1)	けい	11
桂之	10・3	かつゆき	13
桂市	10・5	けいいち	15
桂秀	10・7	けいしゅう	17
桂助	10・7	けいすけ	17

女の子

名前	画数	読み	総画
桂太朗	10・4・10	けいたろう	24
桂	10 (1)	かつら	11
桂子	10・3	かつらこ	13
桂花	10・7	けいか	17
桂奈	10・8	けいな	18

恵 10

音訓 ケイ、エ、めぐ(む)
名のり さと、さとし、めぐ、めぐみ、めぐむ
意味 他人を思いやる。情けをかける。恩恵を与える。かしこい。

【名づけヒント】困っている人を思いやって助けるというのが本来の意味。やさしく思いやりのある子にと願って。また、恩恵を受けるという意味もあるので、才能に恵まれるように、恵まれた人生をなど、ポジティブな意味づけには困らない字。旧字体「惠(12画)」も使用可。

男の子

名前	画数	読み	総画
恵一	10+1	けいいち	11
恵伍	10+6	けいご	16
恵梧	10+11	けいご	21
恵輔	10+14	けいすけ	24
恵蔵	10+15	けいぞう	25
恵多	10+6	けいた	16
恵大	10+3	けいだい	13
恵杜	10+7	けいと	17
恵也	10+3	けいや	13
恵知	10+8	よしとも	18

女の子

名前	画数	読み	総画
恵	10+(1)	めぐみ	11
恵奈	10+8	えな	18
恵麻	10+11	えま	21
恵実	10+8	えみ	18
恵利	10+7	えり	17
恵璃	10+15	えり	25
禾恵	5+10	かえ	15
恵加	10+5	けいか	15
恵子	10+3	けいこ	13
恵都	10+11	けいと	21
多恵	6+10	たえ	16
千恵	3+10	ちえ	13
光恵	6+10	みつえ	16
恵実	10+8	めぐみ	18
幸恵	8+10	ゆきえ	18
恵利花	10+7+7	えりか	24

晃 10

音訓 コウ、あき(らか)
名のり あき、あきら、きら、てる、ひかる、みつ
意味 光り輝く。明るくはっきりしている。

【名づけヒント】日常の文章ではほとんど使われない字だが、字形を見ただけでも光り輝く明るいイメージが伝わるので、従来、名づけではよく使われてきた。輝かしい人生を願って。また、まわりを明るくする子にとの願いを込めて。

男の子

名前	画数	読み	総画
晃	10+(1)	あきら	11
晃	10+(1)	てる	11
晃照	10+13	あきてる	23
晃広	10+5	あきひろ	15
和晃	8+10	かずてる	18
晃一	10+1	こういち	11
晃希	10+7	こうき	17
晃暉	10+13	こうき	23
晃士	10+3	こうし	13
晃輔	10+14	こうすけ	24
晃佑	10+7	こうすけ	17
晃成	10+6	こうせい	16
晃多	10+6	こうた	16
晃平	10+5	こうへい	15
晃明	10+8	こうめい	18
晃矢	10+5	こうや	15
隆晃	11+10	たかあき	21
悠晃	11+10	ひさてる	21
大晃	3+10	ひろあき	13
晃史郎	10+5+9	こうしろう	24
晃太郎	10+4+9	こうたろう	23

女の子

名前	画数	読み	総画
晃子	10+3	あきこ	13
晃奈	10+8	あきな	18
晃穂	10+15	あきほ	25
千晃	3+10	ちあき	13
晃代	10+5	てるよ	15

悟 10

音訓 ゴ、さと(る)
名のり さと、さとし、さとる
意味 はっきり理解する。道理を知る。

【名づけヒント】知的で落ち着いたイメージ。男の子名の「ゴ」の音の止め字として、「吾(7画)」とともによく使われる。

男の子

名前	画数	読み	総画
悟	10+(1)	さとる	11
圭悟	6+10	けいご	16
悟生	10+5	さとき	15
悟志	10+7	さとし	17
悟武	10+8	さとむ	18
大悟	3+10	だいご	13
千悟	3+10	ちさと	13
悠悟	11+10	ゆうご	21

女の子

名前	画数	読み	総画
悟子	10+3	さとこ	13
悟実	10+8	さとみ	18

高 10

音訓 コウ、たか、たか(い)、たか(まる)
名のり たかし、たけ
意味 上のほうにある。優れている。

【名づけヒント】土台のしっかりした高い建物の絵から生まれた字。地に足を着けつつ、高いところを目指してほしいと願って。

男の子

名前	画数	読み	総画
高志	10+7	こうし	17
高聖	10+13	こうせい	23
高旭	10+6	たかあき	16
高士	10+3	たかし	13
高史	10+5	たかふみ	15
高幸	10+8	たかゆき	18
帆高	6+10	ほたか	16
悠高	11+10	ゆたか	21
高太朗	10+4+10	こうたろう	24

女の子

名前	画数	読み	総画
高子	10+3	たかこ	13

倖 10

音訓 コウ、さいわい
名のり さち、ゆき
意味 幸運。思いがけない幸運。

【名づけヒント】幸運という意味だが、「幸(8画)」とは微妙に異なり、思いがけない幸運という意味合いが強い。

男の子

名前	画数	読み	総画
倖希	10+7	こうき	17
倖輔	10+14	こうすけ	24
倖多	10+6	こうた	16
倖平	10+5	こうへい	15
直倖	8+10	なおゆき	18
倖久	10+3	ゆきひさ	13

女の子

名前	画数	読み	総画
倖子	10+3	さちこ	13
倖羽	10+6	さちは	16
倖世	10+5	さちよ	15
実倖	8+10	みゆき	18

耕 10

音訓 コウ、たがや(す)
名のり おさむ、つとむ、やす
意味 田畑の土を掘り返す。

【名づけヒント】努力や素朴さを感じさせる字。夢や才能を自分で育て、切り開いていける人に。汗水たらして働ける人に。

男の子

名前	画数	読み	総画
耕	10+(1)	こう	11
耕史	10+5	こうし	15
耕士	10+3	こうし	13
耕助	10+7	こうすけ	17
耕輔	10+14	こうすけ	24
耕誠	10+13	こうせい	23
耕平	10+5	こうへい	15
耕明	10+8	こうめい	18
耕野	10+11	こうや	21
耕行	10+6	やすゆき	16
耕太郎	10+4+9	こうたろう	23

紘 10

音訓 コウ、ひろ(い)
名のり つな、ひろ、ひろし
意味 太い綱。境界。広い。

【名づけヒント】字形は繊細な印象だが、意外と意味は骨太。優美さと力強さを兼ね備えた字。

男の子

名前	読み	総画
紘(10)(1)	こう	11
紘(10)市(5)	こういち	15
紘(10)和(8)	ひろかず	18
紘(10)輝(15)	ひろき	25
紘(10)都(11)	ひろと	21

女の子

名前	読み	総画
万(3)紘(10)	まひろ	13
紘(10)一(1)朗(10)	こういちろう	21
千(3)紘(10)	ちひろ	13
紘(10)子(3)	ひろこ	13
実(8)紘(10)	みひろ	18

浩 10

音訓 コウ、ひろい
名のり はる、ひろ、ひろし、ゆたか
意味 水が広がっているさま。広く大きい。

【名づけヒント】川や海などがどこまでも広がっているようすを表すことから、スケールが大きいという意味も。

男の子

名前	読み	総画
浩(10)毅(15)	こうき	25
浩(10)暉(13)	こうき	23
浩(10)平(5)	こうへい	15
浩(10)彰(14)	ひろあき	24
浩(10)士(3)	ひろし	13
浩(10)史(5)	ひろふみ	15
康(11)浩(10)	やすひろ	21
浩(10)太(4)郎(9)	こうたろう	23

女の子

名前	読み	総画
浩(10)花(7)	ひろか	17
浩(10)子(3)	ひろこ	13

航 10

音訓 コウ、わたる
名のり かず、わたる
意味 水の上や空中を進む。

【名づけヒント】広々とした海を、波を乗り越えて一直線に進んでいくという意味合いを持ち、「コウ」の音を持つ字では、近年特に人気が高い字。困難にもくじけず生きていけるように、海外でも活躍する人間になれるようにと願って。

男の子

名前	読み	総画
航(10)(1)	こう	11
航(10)(1)	わたる	11
英(8)航(10)	えいこう	18
航(10)久(3)	かずひさ	13
航(10)也(3)	かずや	13
航(10)良(7)	かずよし	17
航(10)英(8)	こうえい	18
航(10)輝(15)	こうき	25
航(10)己(3)	こうき	13
航(10)生(5)	こうき	15
航(10)士(3)	こうし	13
航(10)司(5)	こうじ	15
航(10)助(7)	こうすけ	17
航(10)征(8)	こうせい	18
航(10)成(6)	こうせい	16
航(10)多(6)	こうた	16
航(10)大(3)	こうだい	13
航(10)弥(8)	こうや	18
航(10)一(1)朗(10)	こういちろう	21
航(10)史(5)郎(9)	こうしろう	24
航(10)太(4)朗(10)	こうたろう	24
航(10)太(4)郎(9)	こうたろう	23
航(10)之(3)介(4)	こうのすけ	17

女の子

名前	読み	総画
航(10)子(3)	かずこ	13
航(10)未(5)	かずみ	15
航(10)子(3)	こうこ	13

剛 10

音訓 ゴウ、コウ、つよい
名のり たか、たかし、たけ、たけし、つよ、つよし、まさ
意味 強くてかたい。

【名づけヒント】壊れにくいことを表す。体や意思が強いという意味でも使われる。

男の子

名前	読み	総画
剛(10)(1)	ごう	11
剛(10)(1)	つよし	11
英(8)剛(10)	えいごう	18
剛(10)士(3)	ごうし	13
剛(10)助(7)	ごうすけ	17
剛(10)多(6)	ごうた	16
剛(10)汰(7)	ごうた	17
剛(10)矢(5)	たかや	15
剛(10)大(3)	たけひろ	13
剛(10)史(5)	つよし	15
悠(11)剛(10)	ゆうごう	21

紗 10

音訓 サ、シャ、うすぎぬ
名のり すず、たえ
意味 うすぎぬ。

【名づけヒント】薄くてやわらかな織物のイメージ。また、糸へんと斜めの線、曲線の組み合わせは、見た目にも繊細な印象。比較的どんな字ともなじみがよく、先頭字、中間字、止め字とさまざまな使い方ができ、組み合わせる字によって和風にも洋風にもできる。

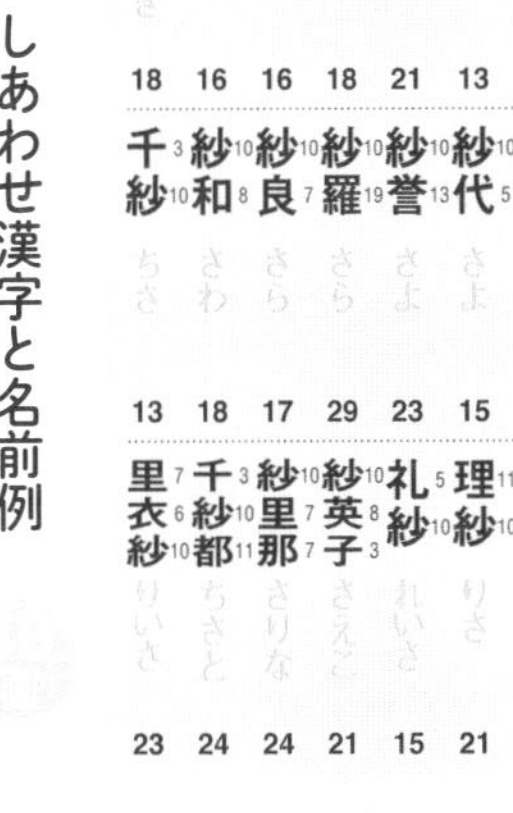

女の子

名前	読み	総画
有(6)紗(10)	ありさ	16
和(8)紗(10)	かずさ	18
紗(10)綾(14)	さあや	24
紗(10)江(6)	さえ	16
紗(10)希(7)	さき	17
紗(10)輝(15)	さき	25
紗(10)妃(6)	さき	16
紗(10)子(3)	さこ	13
紗(10)都(11)	さと	21
紗(10)奈(8)	さな	18
紗(10)名(6)	さな	16
紗(10)帆(6)	さほ	16
紗(10)幸(8)	さゆき	18
紗(10)弓(3)	さゆみ	13
紗(10)代(5)	さよ	15
紗(10)誉(13)	さよ	23
紗(10)羅(19)	さら	29
紗(10)良(7)	さら	17
紗(10)和(8)	さわ	18
千(3)紗(10)	ちさ	13
明(8)紗(10)	めいさ	18
理(11)紗(10)	りさ	21
礼(5)紗(10)	れいさ	15
紗(10)英(8)子(3)	さえこ	21
紗(10)里(7)那(7)	さりな	24
千(3)紗(10)都(11)	ちさと	24
里(7)衣(6)紗(10)	りいさ	23

朔 10

音訓 サク、ついたち
名のり はじめ、もと
意味 月の初めの日。北。

【名づけヒント】月の始まりの日を意味し、物事がこれから始まるイメージ。男の子名の止め字「作」に代えて使うのも新鮮。

男の子

名前	読み	総画
朔(10)(1)	さく	11
朔(10)(1)	はじめ	11
幸(8)朔(10)	こうさく	18
朔(10)也(3)	さくや	13
朔(10)希(7)	もとき	17

女の子

名前	読み	総画
朔(10)生(5)	もとき	15
朔(10)太(4)郎(9)	さくたろう	23
朔(10)実(8)	さくみ	18
朔(10)来(7)	さくら	17
朔(10)子(3)	もとこ	13

時 10

音訓 ジ、とき
名のり これ、もち、よし
意味 時間。時代。ころあい。

【名づけヒント】ロマンを感じさせる字。また、昔の武士の名前にもよく使われていた字で、サムライ風の印象にも。

男の子

名前	読み	画数
時10 (1)	とき	11
永5 時10	えいじ	15
時10 生5	ときお	15
時10 成6	ときなり	16
時10 悠11	ときはる	21
時10 也3	ときや	13
時10 和8	ときわ	18

女の子

名前	読み	画数
時10 花7	ときか	17
時10 子3	ときこ	13
時10 歩8	ときほ	18

珠 10

音訓 シュ、たま
名のり じゅ、す、ずみ
意味 貝の体内から採れる宝石。丸くて美しい粒。

【名づけヒント】宝石の美しさと輝きに加え、かわいらしさも感じられる字。珠玉のように、すばらしいもののたとえにも。

女の子

名前	読み	画数
有6 珠10	ありす	16
杏7 珠10	あんじゅ	17
珠10 菜11	じゅな	21
珠10 里7	じゅり	17
珠10 妃6	たまき	16
珠10 子3	たまこ	13
珠10 実8	たまみ	18
珠10 央5	みお	15
珠10 彩11	みさ	21
珠10 鈴13	みすず	23
由5 珠10	ゆず	15

修 10

音訓 シュウ、シュ、おさ(める)
名のり おさむ、のぶ
意味 よりよい状態にする。知識や技術を身につける。

【名づけヒント】よく学び、常に正しい道、よりよい道を選べるようにと願って。

男の子

名前	読み	画数
修10 (1)	おさむ	11
修10 (1)	しゅう	11
修10 一1	しゅういち	11
修10 吾7	しゅうご	17
修10 平5	しゅうへい	15
大3 修10	たいしゅう	13
修10 広5	のぶひろ	15
修10 太4 郎9	しゅうたろう	23

女の子

名前	読み	画数
修10 子3	しゅうこ	13
修10 花7	のぶか	17

峻 10

音訓 シュン、たかい
名のり たか、たかし、とし
意味 高くそびえ立つ。険しい。

【名づけヒント】高くそびえる山のように力強く、気高いイメージ。困難にも果敢に挑戦するたくましい人に。

男の子

名前	読み	画数
峻10 (1)	しゅん	11
峻10 (1)	たかし	11
峻10 一1	しゅんいち	11
峻10 志7	しゅんじ	17
峻10 平5	しゅんぺい	15
峻10 央5	たかお	15
峻10 之3	たかゆき	13
峻10 太4 朗10	しゅんたろう	24

女の子

名前	読み	画数
峻10 花7	しゅんか	17
峻10 子3	たかこ	13

隼 10

音訓 シュン、ジュン、はやぶさ
名のり とし、はや、はやし、はやと
意味 ハヤブサ科の鳥、ハヤブサ。

【名づけヒント】ハヤブサは、非常に速いスピードで飛び、ときには自分より大きな獲物をつかまえるという。そんな俊敏かつ勇敢なイメージから、男の子名で人気がある字。隼人(はやと)とは、もともとは古代の九州南部にいた勇敢な種族のこと。

男の子

名前	読み	画数
隼10 (1)	しゅん	11
隼10 一1	しゅんいち	11
隼10 永5	しゅんえい	15
隼10 基11	しゅんき	21
隼10 希7	しゅんき	17
隼10 輝15	しゅんき	25
隼10 吾7	しゅんご	17
隼10 梧11	しゅんご	21
隼10 司5	しゅんじ	15
隼10 士3	しゅんじ	13
隼10 志7	しゅんじ	17
隼10 助7	しゅんすけ	17
隼10 輔14	しゅんすけ	24
隼10 生5	しゅんせい	15
隼10 汰7	しゅんた	17
隼10 大3	しゅんだい	13
隼10 平5	しゅんぺい	15
隼10 弥8	しゅんや	18
隼10 矢5	しゅんや	15
隼10 理11	しゅんり	21
千3 隼10	ちはや	13
隼10 央5	はやお	15
隼10 成6	はやなり	16
隼10 太4 郎9	しゅんたろう	23
隼10 汰7 朗10	しゅんたろう	27
隼10 ノ1 介4	しゅんのすけ	15
隼10 ノ1 助7	しゅんのすけ	18

純 10

音訓 ジュン
名のり あつ、あつし、あや、きよし、すなお、すみ、ずみ、まこと、よし
意味 まじりけのない。自然のまま。清らかな。

【名づけヒント】純白や清純など、汚れのない高潔さをイメージさせる字。純情のように、飾り気がなくありのままにという意味合いもある。男女ともによく使われ、「ジュン」と読む字では、「潤」と人気を二分する。清らかで素直な子にと願って。

男の子

名前	読み	画数
純10 一1	じゅんいち	11
純10 輝15	じゅんき	25
純10 汰7	じゅんた	17
純10 平5	じゅんぺい	15
純10 也3	じゅんや	13
純10 弥8	じゅんや	18
直8 純10	なおずみ	18
佳8 純10	よしずみ	18
純10 一1 朗10	じゅんいちろう	21
純10 乃2 介4	じゅんのすけ	16

女の子

名前	読み	画数
純10 (1)	じゅん	11
亜7 純10	あすみ	17
純10 芽8	あやめ	18
衣6 純10	いずみ	16
可5 純10	かすみ	15
果8 純10	かすみ	18
純10 加5	じゅんか	15
純10 子3	じゅんこ	13
純10 奈8	じゅんな	18
純10 禾5	すみか	15
純10 花7	すみか	17
純10 菜11	すみな	21
純10 代5	すみよ	15
純10 怜8	すみれ	18
麻11 純10	まずみ	21
万3 純10	ますみ	13

将 10

音訓 名のり 意味

【名づけヒント】大将、将軍など、リーダーシップを感じさせる字。一方で、将来などの熟語のように「もうすぐ○○する」ことを表す場合もあり、前向きな意味も持つ。人を率いる賢さと強さを持つ人に、未来に向かってしっかり進んでいけるようにと願って。

男の子

名前	画数	読み	総画
将	10 (1)	しょう	11
将一	10・1	しょういち	11
将英	10・8	しょうえい	18
将毅	10・15	しょうき	25
将吾	10・7	しょうご	17
将冴	10・7	しょうご	17
将治	10・8	しょうじ	18
将輔	10・14	しょうすけ	24
将佑	10・7	しょうすけ	17
将蔵	10・15	しょうぞう	25
将利	10・7	しょうり	17
将理	10・11	しょうり	21
照将	13・10	てるまさ	23
将和	10・8	まさかず	18
将基	10・11	まさき	21
将生	10・5	まさき	15
将暉	10・13	まさき	23
将史	10・5	まさし	15
将資	10・13	まさし	23
将尚	10・8	まさなお	18
将成	10・6	まさなり	16
将悠	10・11	まさはる	21
将大	10・3	まさひろ	13
将弥	10・8	まさや	18
将行	10・6	まさゆき	16
将之	10・3	まさゆき	13
将太郎	10・4・9	しょうたろう	23

晋 10

音訓 名のり 意味

【名づけヒント】明るく行動的なイメージ。目標に向かって突き進んでほしい、前へ進むことを忘れない人になどと願って。

男の子

名前	画数	読み	総画
晋	10 (1)	しん	11
晋	10 (1)	すすむ	11
健晋	11・10	けんしん	21
晋司	10・5	しんじ	15
晋汰	10・7	しんた	17
晋矢	10・5	しんや	15
晋和	10・8	ゆきかず	18
晋太郎	10・4・9	しんたろう	23
晋乃介	10・2・4	しんのすけ	16

女の子

名前	画数	読み	総画
晋子	10・3	ゆきこ	13

祥 10

音訓 名のり 意味

【名づけヒント】よいことが起こりそうだという、縁起のよい字。すばらしい将来が待っているようにとの願いを込めて。

男の子

名前	画数	読み	総画
祥	10 (1)	しょう	11
祥英	10・8	しょうえい	18
祥吾	10・7	しょうご	17
祥多	10・6	しょうた	16
祥明	10・8	よしあき	18
祥久	10・3	よしひさ	13
祥秀	10・7	よしひで	17

女の子

名前	画数	読み	総画
祥子	10・3	さちこ	13
祥穂	10・15	さちほ	25
祥子	10・3	しょうこ	13

真 10

音訓 名のり 意味

【名づけヒント】左右対称のバランスのいい字形と、名前向きのよい意味を持つことから、昔も今も、男女ともに人気の字。男の子名で止め字の「ま」に使うケースが増えているため、女の子名で止め字に使う場合は、組み合わせに注意を。

男の子

名前	画数	読み	総画
真	10 (1)	しん	11
真	10 (1)	まこと	11
謙真	17・10	けんしん	27
昇真	8・10	しょうま	18
聡真	14・10	そうま	24
暖真	13・10	はるま	23
真暉	10・13	まさき	23
真史	10・5	まさし	15
真悠	10・11	まさはる	21
真秀	10・7	まさひで	17
真弘	10・5	まさひろ	15
真周	10・8	ましゅう	18
真武	10・8	まなぶ	18
真広	10・5	まひろ	15
良真	7・10	りょうま	17
真之輔	10・3・14	しんのすけ	27

女の子

名前	画数	読み	総画
真麻	10・11	まあさ	21
真衣	10・6	まい	16
真央	10・5	まお	15
真季	10・8	まき	18
真子	10・3	まこ	13
真羽	10・6	まなは	16
真波	10・8	まなみ	18
真優	10・17	まゆ	27
真凜	10・15	まりん	25
真理恵	10・11・10	まりえ	31

笑 10

音訓 名のり 意味

【名づけヒント】明るくにぎやかなイメージで、人気上昇中の字。笑顔の多い人生に。まわりを笑顔にできる人に。

男の子

名前	画数	読み	総画
笑多	10・6	しょうた	16
笑平	10・5	しょうへい	15

女の子

名前	画数	読み	総画
笑	10 (1)	えみ	11
笑麻	10・11	えま	21
笑加	10・5	えみか	15
笑璃	10・15	えみり	25
花笑	7・10	かえ	17
一笑	1・10	かずえ	11
笑子	10・3	しょうこ	13
多笑	6・10	たえ	16

粋 10

音訓 名のり 意味

【名づけヒント】純粋で素直なイメージ。一方、訓読みの「いき」からは、気が利いた、洗練されたというイメージも。

男の子

名前	画数	読み	総画
一粋	1・10	いっすい	11
粋志	10・7	きよし	17
粋史郎	10・5・9	きよしろう	24

女の子

名前	画数	読み	総画
粋	10 (1)	さよ	11
粋	10 (1)	すい	11
粋加	10・5	さよか	15
粋花	10・7	すいか	17
粋佳	10・8	すいか	18
粋子	10・3	すいこ	13
妃粋	6・10	ひすい	16

晟

10

音訓 セイ、ジョウ
名のり あき、あきら、てる、まさ
意味 日光が照って明るい。

【名づけヒント】日常的にはまず用いられないが、明るく前向きなイメージで名前向き。字形に重みがあるので、やや男性的。

男の子

名前	画数	読み	総画
晟	10 (1)	あきら	11
一晟	1 10	いっせい	11
快晟	7 10	かいせい	17
晟也	10 3	せいや	13
晟幸	10 8	てるゆき	18
広晟	5 10	ひろあき	15
琉晟	11 10	りゅうせい	21
晟乃介	10 2 4	せいのすけ	16

女の子

名前	画数	読み	総画
晟菜	10 11	あきな	21
晟子	10 3	せいこ	13

素

10

音訓 ソ、ス、もと
名のり しろ、すなお、はじめ
意味 もとになるもの。ありのまま。白い。

【名づけヒント】素顔、素直、素朴など、純粋でナチュラルな印象。素直な子に、もって生まれた個性を大切にと願って。

男の子

名前	画数	読み	総画
素良	10 7	そら	17
素生	10 5	もとき	15
素大	10 3	もとひろ	13

女の子

名前	画数	読み	総画
素代	10 5	そよ	15
素和	10 8	そわ	18
素花	10 7	もとか	17
素子	10 3	もとこ	13
素羽	10 6	もとは	16
素乃子	10 2 3	そのこ	15
素代香	10 5 9	そよか	24

泰

10

音訓 タイ、やすい、やすらか
名のり あきら、とおる、ひろ、ひろし、やす、やすし、ゆたか、よし
意味 やすらか。ゆったりする。大きい。非常に。

【名づけヒント】安らかでゆったりしたイメージ。落ち着いた人生を歩めるように、細かいことには動じないおおらかな人になどの願を込めて。なお、泰斗(たいと)とは、泰山北斗の略で、ある分野で多くの人から尊敬される大家のことをいう。

男の子

名前	画数	読み	総画
泰河	10 8	たいが	18
泰雅	10 13	たいが	23
泰基	10 11	たいき	21
泰山	10 3	たいざん	13
泰輔	10 14	たいすけ	24
泰蔵	10 15	たいぞう	25
泰羅	10 19	たいら	29
泰良	10 7	たいら	17
泰武	10 8	ひろむ	18
大泰	3 10	ひろやす	13
泰生	10 5	やすき	15
泰照	10 13	やすてる	23
泰都	10 11	やすと	21
泰成	10 6	やすなり	16
泰英	10 8	やすひで	18
泰大	10 3	やすひろ	13
泰匡	10 6	やすまさ	16
泰正	10 5	やすまさ	15
泰之	10 3	やすゆき	13
泰太郎	10 4 9	やすたろう	23

女の子

名前	画数	読み	総画
泰江	10 6	やすえ	16
泰歌	10 14	やすか	24
泰子	10 3	やすこ	13
泰実	10 8	やすみ	18
泰世	10 5	やすよ	15
泰代	10 5	やすよ	15

通

10

音訓 ツウ、ツ、とお(る)、かよ(う)
名のり みち、ゆき
意味 滞りなく移動する。すらすらと事が運ぶ。

【名づけヒント】順調でおだやかな人生や、心が通じ合う仲間ができるように。

男の子

名前	画数	読み	総画
通	10 (1)	とおる	11
忠通	8 10	ただみち	18
尚通	8 10	なおみち	18
宏通	7 10	ひろみち	17
正通	5 10	まさみち	15
通孝	10 7	みちたか	17
通成	10 6	みちなり	16
通太郎	10 4 9	みちたろう	23

女の子

名前	画数	読み	総画
通花	10 7	みちか	17
通子	10 3	みちこ	13

哲

10

音訓 テツ
名のり あき、あきら、さと、さとし、さとる
意味 賢い。ものの道理がわかっている。

【名づけヒント】小手先の知恵ではなく、ものの道理や人生の真実を見抜く賢さを表す。

男の子

名前	画数	読み	総画
哲	10 (1)	さとし	11
哲	10 (1)	てつ	11
一哲	1 10	いってつ	11
哲士	10 3	さとし	13
哲生	10 5	てつお	15
哲平	10 5	てっぺい	15
哲也	10 3	てつや	13
哲弥	10 8	てつや	18

女の子

名前	画数	読み	総画
哲実	10 8	さとみ	18
哲子	10 3	てつこ	13

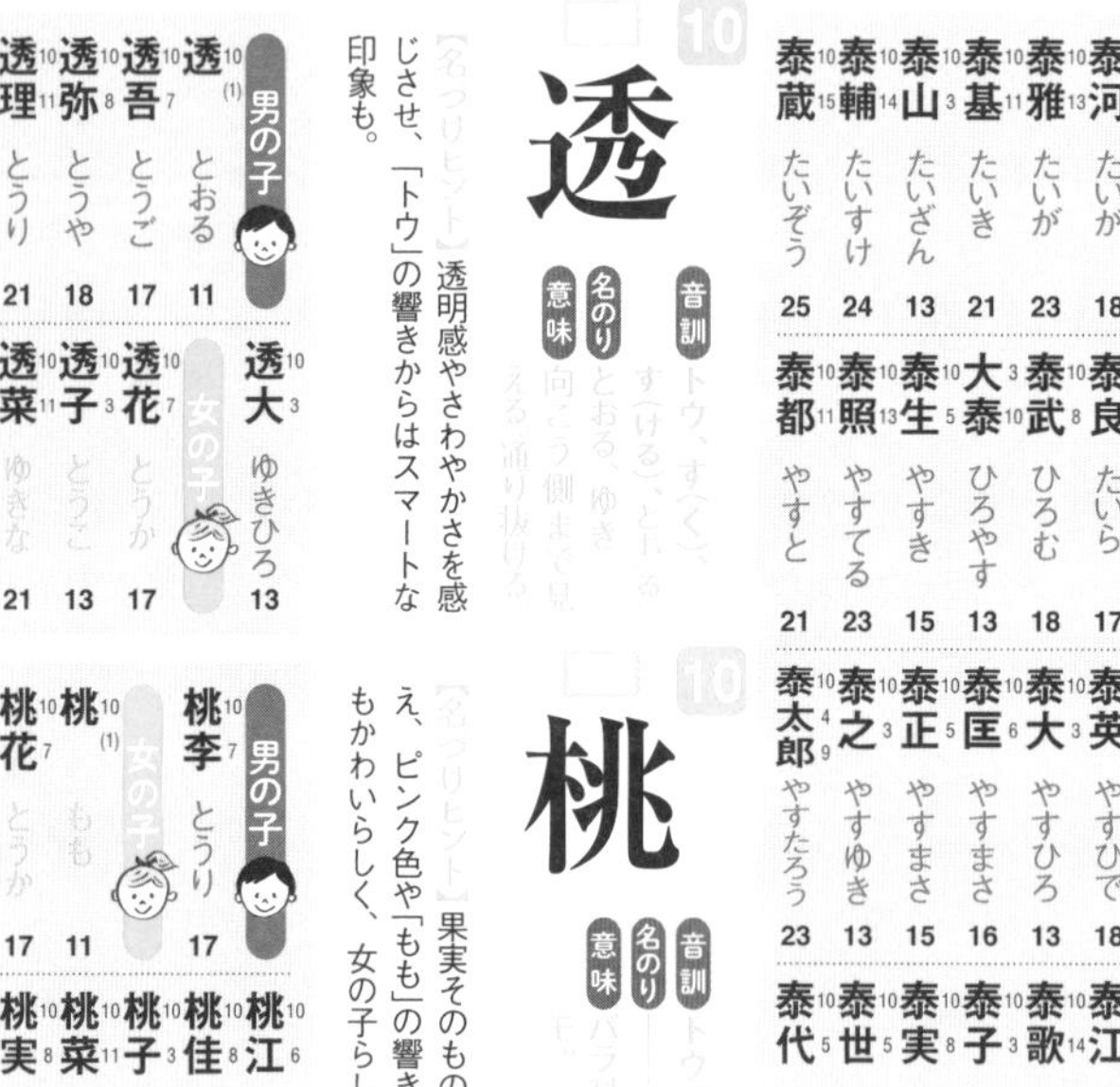

透

10

音訓 トウ、す(く)、す(ける)、とおる
名のり とおる、ゆき
意味 向こう側まで見える。通り抜ける。

【名づけヒント】透明感やさわやかさを感じさせ、「トウ」の響きからはスマートな印象も。

男の子

名前	画数	読み	総画
透	10 (1)	とおる	11
透吾	10 7	とうご	17
透弥	10 8	とうや	18
透理	10 11	とうり	21
透生	10 5	ゆきお	15
透大	10 3	ゆきひろ	13

女の子

名前	画数	読み	総画
透花	10 7	とうか	17
透子	10 3	とうこ	13
透菜	10 11	ゆきな	21
透奈	10 8	ゆきな	18

桃

10

音訓 トウ、もも
名のり ―
意味 バラ科の果樹。モモ。

【名づけヒント】果実そのものの特徴に加え、ピンク色や「もも」の響きなど、どれもかわいらしく、女の子らしい字。

男の子

名前	画数	読み	総画
桃李	10 7	とうり	17

女の子

名前	画数	読み	総画
桃	10 (1)	もも	11
桃花	10 7	とうか	17
桃子	10 3	とうこ	13
桃江	10 6	ももえ	16
桃佳	10 8	ももか	18
桃子	10 3	ももこ	13
桃菜	10 11	ももな	21
桃実	10 8	ももみ	18
桃代	10 5	ももよ	15

馬 10

音訓 バ、メ、うま、ま
名のり たけし
意味 ウマ科の動物、ウマ。

【名づけヒント】草原を駆け抜ける馬の躍動感や、颯爽とした姿をイメージさせる。生命力とたくましさを願って。

男の子

名前	画数	読み	総画
一馬	1・10	かずま	11
和馬	8・10	かずま	18
蒼馬	13・10	そうま	23
颯馬	14・10	そうま	24
拓馬	8・10	たくま	18
琢馬	11・10	たくま	21
悠馬	11・10	はるま	21
楓馬	13・10	ふうま	23
優馬	17・10	ゆうま	27
侑馬	8・10	ゆうま	18
諒馬	15・10	りょうま	25

姫 10

音訓 キ、ひめ
名のり ―
意味 高貴な女性。女の子。

【名づけヒント】女の子ならではの愛らしい字。似た意味合いと読みの字「妃(6画)」よりも、愛らしい雰囲気。

女の子

名前	画数	読み	総画
沙姫	7・10	さき	17
姫佳	10・8	ひめか	18
姫加	10・5	ひめか	15
雅姫	13・10	まさき	23
実姫	8・10	みき	18
未姫	5・10	みき	15
瑞姫	13・10	みずき	23
優姫	17・10	ゆうき	27
由姫	5・10	ゆき	15
真姫子	10・10・3	まきこ	23
優姫菜	17・10・11	ゆきな	38

峰 10

音訓 ホウ、みね
名のり お、たか、たかし、ね
意味 山の頂上。高くそびえる山。

【名づけヒント】スケールが大きく、崇高さを感じさせる字。男の子名では「ホウ」の読みを生かしても。

男の子

名前	画数	読み	総画
峰	10 (1)	たかし	11
明峰	8・10	あきみね	18
一峰	1・10	かずみね	11
秀峰	7・10	しゅうほう	17
大峰	3・10	たいほう	13
峰寛	10・13	たかひろ	23
峰成	10・6	ほうせい	16
峰太郎	10・4・9	みねたろう	23

女の子

名前	画数	読み	総画
実峰	8・10	みお	18
峰花	10・7	みねか	17

紡 10

音訓 ボウ、つむ(ぐ)
名のり つむ、つむぎ、つむぐ
意味 より合わせて糸を作る。

【名づけヒント】自分らしい人生を紡いでいけるようになどの思いが込められる字。読みのバリエーションが少ないのが難。

男の子

名前	画数	読み	総画
紡	10 (1)	つむぐ	11
亜紡	7・10	あつむ	17
紡宜	10・8	つむぎ	18
紡義	10・13	つむぎ	23
紡久	10・3	つむぐ	13

女の子

名前	画数	読み	総画
紡	10 (1)	つむぎ	11
紡季	10・8	つむぎ	18
紡希	10・7	つむぎ	17
紡実	10・8	つむみ	18
紡世	10・5	つむよ	15

容 10

音訓 ヨウ、い(れる)
名のり ひろ、もり、やす
意味 中に物をいれる。聞き入れる。中身。かたち。

【名づけヒント】収容や許容のように、受け入れるという意味を表し、ふところの深さを感じさせる字。

男の子

名前	画数	読み	総画
知容	8・10	ともひろ	18
容己	10・3	ひろき	13
容助	10・7	ようすけ	17
容平	10・5	ようへい	15
容太郎	10・4・9	ようたろう	23

女の子

名前	画数	読み	総画
千容	3・10	ちひろ	13
容実	10・8	ひろみ	18
茉容	8・10	まひろ	18
容花	10・7	やすか	17
容子	10・3	ようこ	13

莉 10

音訓 リ、レイ
名のり ―
意味 茉莉は、植物のジャスミンの一種。

【名づけヒント】「リ」の音は特に女の子名で人気で、「里」「梨」「璃」などいろいろあるが、現在もっとも使われているのがこの字。茉莉は香りのよい花を咲かせるジャスミンの一種で、女の子らしい雰囲気。先頭字、中字、止め字と、さまざまな形で使うことができる。

男の子

名前	画数	読み	総画
莉一	10・1	りいち	11
莉太郎	10・4・9	りたろう	23

女の子

名前	画数	読み	総画
茉莉	8・10	まり	18
悠莉	11・10	ゆうり	21
優莉	17・10	ゆり	27
莉杏	10・7	りあん	17
莉江	10・6	りえ	16
莉緒	10・14	りお	24
莉可	10・5	りか	15
莉瑚	10・13	りこ	23
莉子	10・3	りこ	13
莉沙	10・7	りさ	17
莉世	10・5	りせ	15
莉奈	10・8	りな	18
莉名	10・6	りな	16
莉帆	10・6	りほ	16
莉代	10・5	りよ	15
莉羅	10・19	りら	29
莉々	10・3	りり	13
莉瑠	10・14	りる	24
莉和	10・8	りわ	18
妃茉莉	6・8・10	ひまり	24
茉莉子	8・10・3	まりこ	21
万莉奈	3・10・8	まりな	21
莉々夏	10・3・10	りりか	23
愛莉	13・10	あいり	23

竜 10

音訓 リュウ、リョウ、たつ
名のり きみ、とおる
意味 想像上の動物、りゅう、たつ。

【名づけヒント】竜は水の神であり、英雄や帝王の象徴。スケールが大きくたくましい。旧字体「龍(16画)」も使用可。

男の子

名前	画数	読み	総画
竜毅	10・15	たつき	25
竜矢	10・5	たつや	15
佳竜	8・10	よしたつ	18
竜一	10・1	りゅういち	11
竜雅	10・13	りゅうが	23
竜伍	10・6	りゅうご	16
竜志	10・7	りゅうじ	17
竜輔	10・14	りゅうすけ	24
竜平	10・5	りゅうへい	15
竜也	10・3	りゅうや	13
竜乃介	10・2・4	りゅうのすけ	16

凌 10

音訓 リョウ、しの（ぐ）
名のり ——
意味 しのぐ。のりこえる。力づくで相手の上にたつ。

【名づけヒント】前向きかつ力強さを感じさせる字。一方で、マイナスの意味もあるので、好みが分かれる字でもある。

男の子

名前	画数	読み	総画
凌	10 (1)	りょう	11
凌一	10・1	りょういち	11
凌英	10・8	りょうえい	18
凌司	10・5	りょうじ	15
凌助	10・7	りょうすけ	17
凌成	10・6	りょうせい	16
凌平	10・5	りょうへい	15
凌也	10・3	りょうや	13
凌太郎	10・4・9	りょうたろう	23

女の子

名前	画数	読み	総画
凌子	10・3	りょうこ	13

倫 10

音訓 リン、みち
名のり とし、とも、のり、もと
意味 人と人とのつながり。仲間。道徳。

【名づけヒント】人として正しい道を歩んでほしい、友人に恵まれるようになどの願いを込めて。

男の子

名前	画数	読み	総画
和倫	8・10	かずのり	18
倫己	10・3	ともき	13
倫成	10・6	ともなり	16
倫尚	10・8	ともひさ	18
倫広	10・5	ともひろ	15
倫太郎	10・4・9	りんたろう	23

女の子

名前	画数	読み	総画
倫	10 (1)	りん	11
倫子	10・3	のりこ	13
倫世	10・5	みちよ	15
倫花	10・7	りんか	17

恋 10

音訓 レン、こ（う）、こい、こい（しい）
名のり ——
意味 思い慕う。……る。

【名づけヒント】好みが分かれる字だが、最近は、「レン」の響きで、女の子名の止め字に使うケースが増えている。

女の子

名前	画数	読み	総画
恋	10 (1)	れん	11
永恋	5・10	えれん	15
佳恋	8・10	かれん	18
可恋	5・10	かれん	15
花恋	7・10	かれん	17
恋花	10・7	れんか	17
恋子	10・3	れんこ	13
恋奈	10・8	れんな	18
恋那	10・7	れんな	17

朗 10

音訓 ロウ、ほが（らか）
名のり あき、あきら、お……
意味 明るくほがらか。……しい。快活。……

【名づけヒント】同じ「ロウ」の音でも「郎（9画）」とは意味が異なる。「朗」は、明るく輝く月を表し、ほがらかなイメージ。

男の子

名前	画数	読み	総画
朗	10 (1)	あきら	11
朗生	10・5	あきお	15
一朗	1・10	いちろう	11
史朗	5・10	しろう	15
寛太朗	13・4・10	かんたろう	27
健太朗	11・4・10	けんたろう	25
晃太朗	10・4・10	こうたろう	24
晴一朗	12・1・10	せいいちろう	23
優太朗	17・4・10	ゆうたろう	31
良太朗	7・4・10	りょうたろう	21
凛太朗	15・4・10	りんたろう	29

惟 11

音訓 イ、ユイ、これ、ただ、おも（う）
名のり たもつ、のぶ、よし
意味 思う。よく考える。ただ。それ。

【名づけヒント】思慮深いイメージとともに、意志の強さを感じさせる字。何事もよく考えて行動できる子にと願って。

男の子

名前	画数	読み	総画
碧惟	14・11	あおい	25
惟吹	11・7	いぶき	18
可惟	5・11	かい	16
惟寛	11・13	ただひろ	24
惟人	11・2	ゆいと	13
惟登	11・12	ゆいと	23

女の子

名前	画数	読み	総画
亜惟	7・11	あい	18
惟月	11・4	いつき	15
乃惟	2・11	のい	13
惟花	11・7	ゆいか	18

逸 11

音訓 イツ、そ（れる）
名のり すぐる、とし、はや、まさ
意味 逃げる。それる。ずば抜けている。

【名づけヒント】良くも悪くも、ある枠からはみ出ることを表わす字。独創的な発想や非凡な才能が発揮できるように。

男の子

名前	画数	読み	総画
逸希	11・7	いつき	18
逸樹	11・16	いつき	27
逸冴	11・7	いっさ	18
逸成	11・6	いっせい	17
逸太	11・4	いった	15
逸平	11・5	いっぺい	16
逸斗	11・4	はやと	15
逸登	11・12	はやと	23

女の子

名前	画数	読み	総画
逸花	11・7	いつか	18
逸代	11・5	いつよ	16

寅 11

音訓 イン、とら
名のり とも、のぶ……
意味 十二支の3番目。……

【名づけヒント】同じ「とら」でも、猛獣の「虎（8画）」にくらべ、少しソフトな印象。和の雰囲気もある。

男の子

名前	画数	読み	総画
高寅	10・11	たかとら	21
壮寅	6・11	たけとら	17
寅樹	11・16	ともき	27
寅広	11・5	ともひろ	16
寅泰	11・10	ともやす	21
寅次	11・6	とらじ	17
寅太郎	11・4・9	とらたろう	24
秀寅	7・11	ひでとら	18
雅寅	13・11	まさとら	24
寅之介	11・3・4	とらのすけ	18
寅之亮	11・3・9	とらのすけ	23

貫 11

音訓 / 名のり / 意味

【名づけヒント】筋が通った人に、困難があっても最後までやり通す子になど、力強い願いを込められる字。

男の子

名前	画数	読み	総画
永貫	5・11	えいかん	16
貫吾	11・7	かんご	18
貫志	11・7	かんじ	18
貫路	11・13	かんじ	24
貫助	11・7	かんすけ	18
貫輔	11・14	かんすけ	25
貫太	11・4	かんた	15
貫人	11・2	かんと	13
貫平	11・5	かんぺい	16
貫一郎	11・1・9	かんいちろう	21
貫太郎	11・4・9	かんたろう	24

郷 11

音訓 / 名のり / 意味

【名づけヒント】もとは、食事をしている人の絵から生まれた字で、人とのつながりや、温かさを感じさせる。

男の子

名前	画数	読み	総画
郷介	11・4	きょうすけ	15
郷平	11・5	きょうへい	16
郷太	11・4	ごうた	15
郷志	11・7	さとし	18
真郷	10・11	まさと	21

女の子

名前	画数	読み	総画
郷花	11・7	さとか	18
郷寧	11・14	さとね	25
郷乃	11・2	さとの	13
郷珠	11・10	さとみ	21
未郷	5・11	みさと	16

規 11

音訓 / 名のり / 意味

【名づけヒント】まじめできちんとした印象。何事もまじめに取り組む子に。正しいことをきちんとできる子に。

男の子

名前	画数	読み	総画
貴規	12・11	たかのり	23
達規	12・11	たつき	23
友規	4・11	とものり	15
規行	11・6	のりゆき	17
宏規	7・11	ひろき	18
良規	7・11	よしき	18
由規	5・11	よしのり	16

女の子

名前	画数	読み	総画
規恵	11・10	きえ	21
規帆	11・6	きほ	17
真規子	10・11・3	まきこ	24

啓 11

音訓 / 名のり / 意味

【名づけヒント】謙虚さを持ちながら自分の意見も言える子に。人生のさまざまな扉を自分の手で開いていけるように。

男の子

名前	画数	読み	総画
啓吾	11・7	けいご	18
啓史	11・5	けいし	16
啓介	11・4	けいすけ	15
啓太	11・4	けいた	15
博啓	12・11	ひろあき	23
啓人	11・2	ひろと	13
啓太郎	11・4・9	けいたろう	24

女の子

名前	画数	読み	総画
啓絵	11・12	あきえ	23
啓華	11・10	けいか	21
啓代	11・5	ひろよ	16

基 11

音訓 / 名のり / 意味

【名づけヒント】建物や物事の土台という意味で、どっしり、しっかりしているイメージ。まわりを支えられるような人に。

男の子

名前	画数	読み	総画
光基	6・11	こうき	17
晴基	12・11	はるき	23
瑞基	13・11	みずき	24
基央	11・5	もとお	16
基樹	11・16	もとき	27
基陽	11・12	もとはる	23
基矢	11・5	もとや	16
佑基	7・11	ゆうき	18

女の子

名前	画数	読み	総画
基帆	11・6	きほ	17
美基子	9・11・3	みきこ	23

蛍 11

音訓 / 名のり / 意味

【名づけヒント】暗闇に浮かぶホタルの光の印象から、いつも明るい子に、希望の光を見失わないようになどの願いを込めて。

男の子

名前	画数	読み	総画
蛍悟	11・10	けいご	21
蛍輔	11・14	けいすけ	25
蛍太	11・4	けいた	15
蛍斗	11・4	けいと	15
蛍杜	11・7	けいと	18
蛍太郎	11・4・9	けいたろう	24

女の子

名前	画数	読み	総画
蛍夏	11・10	けいか	21
蛍花	11・7	けいか	18
蛍留	11・10	ほたる	21
蛍瑠	11・14	ほたる	25

毬 11

音訓 / 名のり / 意味

【名づけヒント】皮でできたボールは「鞠(17画)」、毛でできたボールは「毬」と表す。古風でかわいらしいイメージを持つ字。

女の子

名前	画数	読み	総画
日毬	4・11	ひまり	15
陽毬	12・11	ひまり	23
毬亜	11・7	まりあ	18
毬愛	11・13	まりあ	24
毬花	11・7	まりえ	18
毬絵	11・12	まりえ	23
毬恵	11・10	まりえ	21
毬華	11・10	まりか	21
毬沙	11・7	まりさ	18
毬乃	11・2	まりの	13
毬世	11・5	まりよ	16

健 11

音訓 / 名のり / 意味

【名づけヒント】明るく元気にあふれたイメージで、パパ世代から安定した人気。すこやかに成長してほしいと願って。

男の子

名前	画数	読み	総画
健壱	11・7	けんいち	18
健伍	11・6	けんご	17
健誠	11・13	けんせい	24
健太	11・4	けんた	15
健人	11・2	けんと	13
剛健	10・11	ごうけん	21
健生	11・5	たけお	16
健希	11・7	たけき	18
健留	11・10	たける	21
雄健	12・11	ゆうけん	23
健志郎	11・7・9	けんしろう	27

絃 11

音訓 ゲン、いと
名のり お、つる、づる
意味 弦楽器の糸。弦楽器。

【名づけヒント】「弦（7画）」が弓の糸を表すのに対して、「絃」は弦楽器の糸に限定して使われ、より繊細で洗練された印象。

男の子

名前	画数	読み	総画
絃太	11・4	げんた	15
夢絃	13・11	むげん	24
由絃	5・11	ゆいと	16

女の子

名前	画数	読み	総画
絃加	11・5	いとか	16
絃花	11・7	いとか	18
絃乃	11・2	いとの	13
絃羽	11・6	いとは	17
絃葉	11・12	いとは	23
詩絃	13・11	しづる	24
里絃	7・11	りお	18

現 11

音訓 ゲン、あらわ（れる）
名のり あり、み
意味 見える状態になる。実際の。今。

【名づけヒント】一般的な字だが、名づけでの使用例は少ない。存在感のある子に。今をしっかり見つめられる子に。

男の子

名前	画数	読み	総画
現馬	11・10	ありま	21
現希	11・7	げんき	18
現貴	11・12	げんき	23
現樹	11・16	げんき	27
現太	11・4	げんた	15
現斗	11・4	げんと	15
現徳	11・14	げんとく	25
現矢	11・5	げんや	16
泰現	10・11	たいげん	21
現太郎	11・4・9	げんたろう	24
現之介	11・3・4	げんのすけ	18

梧 11

音訓 ゴ、あおぎり
名のり ——
意味 梧桐は、アオギリ科の樹木、アオギリ。

【名づけヒント】樹木や街路樹として広く植えられるアオギリは、樹高15ｍに達する高木。立派な成長を願って。

男の子

名前	画数	読み	総画
永梧	5・11	えいご	16
恭梧	10・11	きょうご	21
圭梧	6・11	けいご	17
秀梧	7・11	しゅうご	18
照梧	13・11	しょうご	24
心梧	4・11	しんご	15
真梧	10・11	しんご	21
晴梧	12・11	せいご	23
聖梧	13・11	せいご	24
颯梧	14・11	そうご	25
雄梧	12・11	ゆうご	23

康 11

音訓 コウ
名のり しず、しずか、やす、やすし
意味 心配がない。やすらか。すこやか。

【名づけヒント】「健（11画）」とともに、名づけでは定番。すこやかに成長してほしいという思いをストレートに表現できる。

男の子

名前	画数	読み	総画
康市	11・5	こういち	16
康気	11・6	こうき	17
康介	11・4	こうすけ	15
康晃	11・10	やすあき	21
康晴	11・12	やすはる	23
康秀	11・7	やすひで	18
康史	11・5	やすふみ	16
康太郎	11・4・9	こうたろう	24

女の子

名前	画数	読み	総画
康恵	11・10	やすえ	21
康世	11・5	やすよ	16

彩 11

音訓 サイ、いろど（る）、あや
名のり いろ、さ
意味 いろどり。美しい。光。

【名づけヒント】色彩豊かなイメージ、「あや」「さ」の読み、さらに独特の美しい字形で、特に女の子名で人気の字。いろどり豊かな人生を願ったり、色合いを組み合わせるところから芸術的な才能のある人にといった願いを込められる。

男の子

名前	画数	読み	総画
彩人	11・2	あやと	13
彩斗	11・4	さいと	15
真彩斗	10・11・4	まさと	25

女の子

名前	画数	読み	総画
彩夏	11・10	あやか	21
彩禾	11・5	あやか	16
彩花	11・7	あやか	18
彩瑚	11・13	あやこ	24
彩七	11・2	あやな	13
彩寧	11・14	あやね	25
彩葉	11・12	あやは	23
在彩	6・11	ありさ	17
彩羽	11・6	いろは	17
沙彩	7・11	さあや	18
彩加	11・5	さいか	16
彩歌	11・14	さいか	25
彩絵	11・12	さえ	23
彩織	11・18	さおり	29
彩希	11・7	さき	18
彩智	11・12	さち	23
彩月	11・4	さつき	15
彩楽	11・13	さら	24
彩里	11・7	さり	18
心彩	4・11	みさ	15
莉彩	10・11	りさ	21
彩江里	11・6・7	さえり	24
美彩子	9・11・3	みさこ	23

菜 11

音訓 サイ、な
名のり ——
意味 野菜。おかず。菜の花。

【名づけヒント】春に黄色の花を咲かせる菜の花のイメージと、「な」の音が持つ愛らしい響きから、女の子名でとても人気のある字。名づけに使用される読みは、ほぼ「な」のみだが、先頭字、中間字、止め字と幅広く使え、バリエーションも豊富。

女の子

名前	画数	読み	総画
愛菜	13・11	あいな	24
杏菜	7・11	あんな	18
永菜	5・11	えな	16
加菜	5・11	かな	16
栞菜	10・11	かんな	21
心菜	4・11	ここな	15
菜華	11・10	さいか	21
菜央	11・5	なお	16
菜緒	11・14	なお	25
菜月	11・4	なつき	15
菜摘	11・14	なつみ	25
七菜	2・11	なな	13
菜帆	11・6	なほ	17
新菜	13・11	にいな	24
乃菜	2・11	のな	13
羽菜	6・11	はな	17
晴菜	12・11	はるな	23
日菜	4・11	ひな	15
陽菜	12・11	ひな	23
真菜	10・11	まな	21
磨菜	16・11	まな	27
結菜	12・11	ゆいな	23
里菜	7・11	りな	18
礼菜	5・11	れいな	16
菜々子	11・3・3	ななこ	17
七菜子	2・11・3	ななこ	16
和歌菜	8・14・11	わかな	33

視 11

音訓 シ、みる
名のり のり、みよし
意味 注意してよく見る。

【名づけヒント】思慮深さやひたむきさを感じさせる字。「み」の読みで用いると名前のバリエーションが豊かになる。

男の子

名前	画数	読み	総画
晶視	12・11	あきのり	23
聡視	14・11	さとし	25
視温	11・12	しおん	23
視史	11・5	のりふみ	16
秀視	7・11	ひでのり	18
広視	5・11	ひろみ	16
正視	5・11	まさみ	16
良視	7・11	よしのり	18

女の子

名前	画数	読み	総画
視帆	11・6	しほ	17
視恵	11・10	のりえ	21

梓 11

音訓 シ、あずさ
名のり ―
意味 樹木のヨグソミネバリ。または、キササゲの別称

【名づけヒント】昔は、かたく弾力のあるアズサ(ヨグソミネバリ)で弓を作った。強さとしなやかさを感じさせる字。

男の子

名前	画数	読み	総画
梓恩	11・10	しおん	21
梓温	11・12	しおん	23

女の子

名前	画数	読み	総画
梓沙	11・7	あずさ	18
梓紗	11・10	あずさ	21
梓絵	11・12	しえ	23
梓央	11・5	しお	16
梓織	11・18	しおり	29
梓月	11・4	しずき	15
梓乃	11・2	しの	13
梓帆	11・6	しほ	17

脩 11

音訓 シュウ、おさめる
名のり おさむ
意味 形を整える。すらりと細長い。干した肉

【名づけヒント】本来は干し肉という意味だったが、字形も読み方も共通する「修(10画)」の影響で、形を整えるという意味に。

男の子

名前	画数	読み	総画
脩夢	11・13	おさむ	24
脩吾	11・7	しゅうご	18
脩史	11・5	しゅうじ	16
脩成	11・6	しゅうせい	17
脩太	11・4	しゅうた	15
脩人	11・2	しゅうと	13
脩平	11・5	しゅうへい	16
磨脩	16・11	ましゅう	27
脩一郎	11・1・9	しゅういちろう	21

女の子

名前	画数	読み	総画
脩花	11・7	しゅうか	18

淳 11

音訓 ジュン、あつい
名のり あつ、あつし、きよ、きよし、すなお、ただし
意味 情が深い。素直で飾りけがない。

【名づけヒント】他人への心遣いの細やかさを表す字。素直で思いやりがある子に。

男の子

名前	画数	読み	総画
淳人	11・2	あつと	13
淳秀	11・7	あつひで	18
淳宏	11・7	あつひろ	18
淳朗	11・10	あつろう	21
淳騎	11・18	じゅんき	29
淳太	11・4	じゅんた	15
淳平	11・5	じゅんぺい	16
淳之介	11・3・4	じゅんのすけ	18

女の子

名前	画数	読み	総画
淳代	11・5	あつよ	16
淳那	11・7	じゅんな	18

惇 11

音訓 ジュン、トン、あつい、まこと
名のり あつ、あつし、すなお、とし
意味 人情が厚い、良心がある。真心。

【名づけヒント】「淳」と似ているが、意味的には、「惇」のほうが人情や真心を強調。

男の子

名前	画数	読み	総画
惇希	11・7	あつき	18
惇生	11・5	あつき	16
惇史	11・5	あつし	16
惇翔	11・12	あつと	23
惇仁	11・4	あつひと	15
惇吾	11・7	じゅんご	18
惇一郎	11・1・9	じゅんいちろう	21
惇太郎	11・4・9	じゅんたろう	24

女の子

名前	画数	読み	総画
惇世	11・5	あつよ	16
惇花	11・7	じゅんか	18

渉 11

音訓 ショウ、わたる
名のり たか、ただ、わたる
意味 徒歩で川をわたる。歩き回る。

【名づけヒント】水の中をグングン歩いて進むイメージで、力強さを感じさせる字。自分の足で困難を乗り越えていけるように。

男の子

名前	画数	読み	総画
渉瑛	11・12	しょうえい	23
渉希	11・7	しょうき	18
渉吉	11・6	しょうきち	17
渉吾	11・7	しょうご	18
渉太	11・4	しょうた	15
渉平	11・5	しょうへい	16
渉磨	11・16	しょうま	27
渉人	11・2	たかと	13
渉瑠	11・14	わたる	25
渉一郎	11・1・9	しょういちろう	21
渉太郎	11・4・9	しょうたろう	24

章 11

音訓 ショウ
名のり あき、あきら、あや、ふみ、ゆき
意味 文章や音楽などの区切り。明らか。

【名づけヒント】意味もよく、左右対称の字形は見た目のバランスもいい。

男の子

名前	画数	読み	総画
章翔	11・12	あきと	23
章成	11・6	あきなり	17
章史	11・5	あきふみ	16
章介	11・4	しょうすけ	15
章太	11・4	しょうた	15
章平	11・5	しょうへい	16
博章	12・11	ひろあき	23
雅章	13・11	まさあき	24

女の子

名前	画数	読み	総画
章絵	11・12	あきえ	23
章代	11・5	ふみよ	16

紹 11

音訓 ショウ
名のり あき、つぎ、つぐ
意味 つなぐ。

【名づけヒント】紹介の「紹」。一般的な字でありながら名前での使用例は少なく新鮮。人と人をつなぐ存在にと願って。

男の子

名前	画数	読み	総画
紹人	11・2	あきひと	13
紹伍	11・6	しょうご	17
紹太	11・4	しょうた	15
紹真	11・10	しょうま	21
正紹	5・11	まさつぐ	16
紹太郎	11・4・9	しょうたろう	24

女の子

名前	画数	読み	総画
紹恵	11・10	あきえ	21
紹乃	11・2	あきの	13
紹帆	11・6	あきほ	17
紹代	11・5	あきよ	16

捷 11

音訓 ショウ、かつ、はや(い)
名のり かつ、さとし、とし、はや
意味 勝つ。速い。機転がきく。

【名づけヒント】敏捷の「捷」。すばやく行動して勝利をつかみ取れる子に。

男の子

名前	画数	読み	総画
捷行	11・6	かつゆき	17
捷史	11・5	さとし	16
捷介	11・4	しょうすけ	15
捷太	11・4	しょうた	15
捷馬	11・10	しょうま	21
捷矢	11・5	しょうや	16
捷斗	11・4	はやと	15
捷翔	11・12	はやと	23
捷真	11・10	はやま	21
良捷	7・11	よしかつ	18
捷太郎	11・4・9	しょうたろう	24

紳 11

音訓 シン、おおび
名のり ―
意味 高官が正装に用いた大帯。地位や教養のある立派な男性。

【名づけヒント】紳士の「紳」。落ち着いた品格と、知性や教養を感じさせる。

男の子

名前	画数	読み	総画
賢紳	16・11	けんしん	27
紳市	11・5	しんいち	16
紳吾	11・7	しんご	18
紳太	11・4	しんた	15
紳平	11・5	しんぺい	16
紳矢	11・5	しんや	16
泰紳	10・11	たいしん	21
佑紳	7・11	ゆうしん	18
紳一郎	11・1・9	しんいちろう	21
紳太郎	11・4・9	しんたろう	24
紳之介	11・3・4	しんのすけ	18

晨 11

音訓 シン、あした
名のり あき、とき
意味 夜明け。

【名づけヒント】太陽が昇る夜明けを表す字。生気にあふれて勢いを感じさせる。どんどん昇っていけるような人生を。

男の子

名前	画数	読み	総画
晨吾	11・7	しんご	18
晨司	11・5	しんじ	16
晨介	11・4	しんすけ	15
晨太	11・4	しんた	15
晨生	11・5	ときお	16
宏晨	7・11	ひろあき	18
晨太郎	11・4・9	しんたろう	24
晨之介	11・3・4	しんのすけ	18

女の子

名前	画数	読み	総画
晨世	11・5	あきよ	16
晨恵	11・10	ときえ	21

進 11

音訓 シン、すす(む)
名のり すすむ、のぶ、みち、ゆき
意味 前へ移動する。いい方向へ向かう。

【名づけヒント】一歩一歩自分の足で前進できる子に、向上心を忘れないようにとの願いが込められる字。

男の子

名前	画数	読み	総画
壱進	7・11	いっしん	18
進一郎	11・1・9	しんいちろう	21
進吾	11・7	しんご	18
進太	11・4	しんた	15
進矢	11・5	しんや	16
雄進	12・11	ゆうしん	23
進翔	11・12	ゆきと	23
進太郎	11・4・9	しんたろう	24
進ノ介	11・1・4	しんのすけ	16

女の子

名前	画数	読み	総画
進恵	11・10	みちえ	21

深 11

音訓 シン、ふか(い)、ふか(まる)、み
名のり ふかし
意味 底や奥のほうへと広がっている。

【名づけヒント】深みや厚みがあって、それでいて静かさを感じさせる字。訓読みの「み」は、美しいという意味の古語。

男の子

名前	画数	読み	総画
深慈	11・13	しんじ	24
深太	11・4	しんた	15
深矢	11・5	しんや	16
広深	5・11	ひろみ	16
深太郎	11・4・9	しんたろう	24

女の子

名前	画数	読み	総画
愛深	13・11	まなみ	24
深央	11・5	みお	16
深織	11・18	みおり	29
深月	11・4	みつき	15
深結	11・12	みゆ	23

崇 11

音訓 スウ、シュウ、あが(める)
名のり たか、たかし、たけ
意味 高くそびえる。尊い。敬う。

【名づけヒント】ひときわ高くそびえる山を表し、神々しさを感じさせる。人を尊敬し、自分も人から尊敬されるように。

男の子

名前	画数	読み	総画
崇雄	11・12	たかお	23
崇志	11・7	たかし	18
崇斗	11・4	たかと	15
崇人	11・2	たかひと	13
崇宏	11・7	たかひろ	18
崇行	11・6	たかゆき	17
晴崇	12・11	はるたか	23
広崇	5・11	ひろたか	16
正崇	5・11	まさたか	16
泰崇	10・11	やすたか	21
靖崇	13・11	やすたか	24

清 11

音訓 セイ、ショウ、シン、きよ(い)、きよ(める)
名のり きよ、きよし、さや、さやか、すが、すみ
意味 澄み切っていて、けがれがない。さわやか。

【名づけヒント】あらゆる意味でけがれがないことを意味し、身も心もけがれがない人にという願いで、名づけによく使われてきた。そのぶん新鮮さには欠けるが、音読みの「セイ」を生かしたり、「清花（きよか）」など組み合せる字を工夫すれば、今風の名前に。

男の子

名前	画数	読み	総画
壱清	7・11	いっせい	18
清孝	11・7	きよたか	18
清人	11・2	きよと	13
清仁	11・4	きよひと	15
清寛	11・13	きよひろ	24
清文	11・4	きよふみ	15
清冴	11・7	せいご	18
清慈	11・13	せいじ	24
清太	11・4	せいた	15
清矢	11・5	せいや	16
清流	11・10	せいりゅう	21
真清	10・11	まさきよ	21
佑清	7・11	ゆうせい	18
清志郎	11・7・9	きよしろう	27
清一郎	11・1・9	せいいちろう	21
清士郎	11・3・9	せいしろう	23
清太郎	11・4・9	せいたろう	24

女の子

名前	画数	読み	総画
清花	11・7	きよか	18
清寧	11・14	きよね	25
清乃	11・2	きよの	13
清心	11・4	きよみ	15
清加	11・5	さやか	16
清夏	11・10	さやか	21
清那	11・7	せいな	18
清楽	11・13	せいら	24
清良	11・7	きよら	18

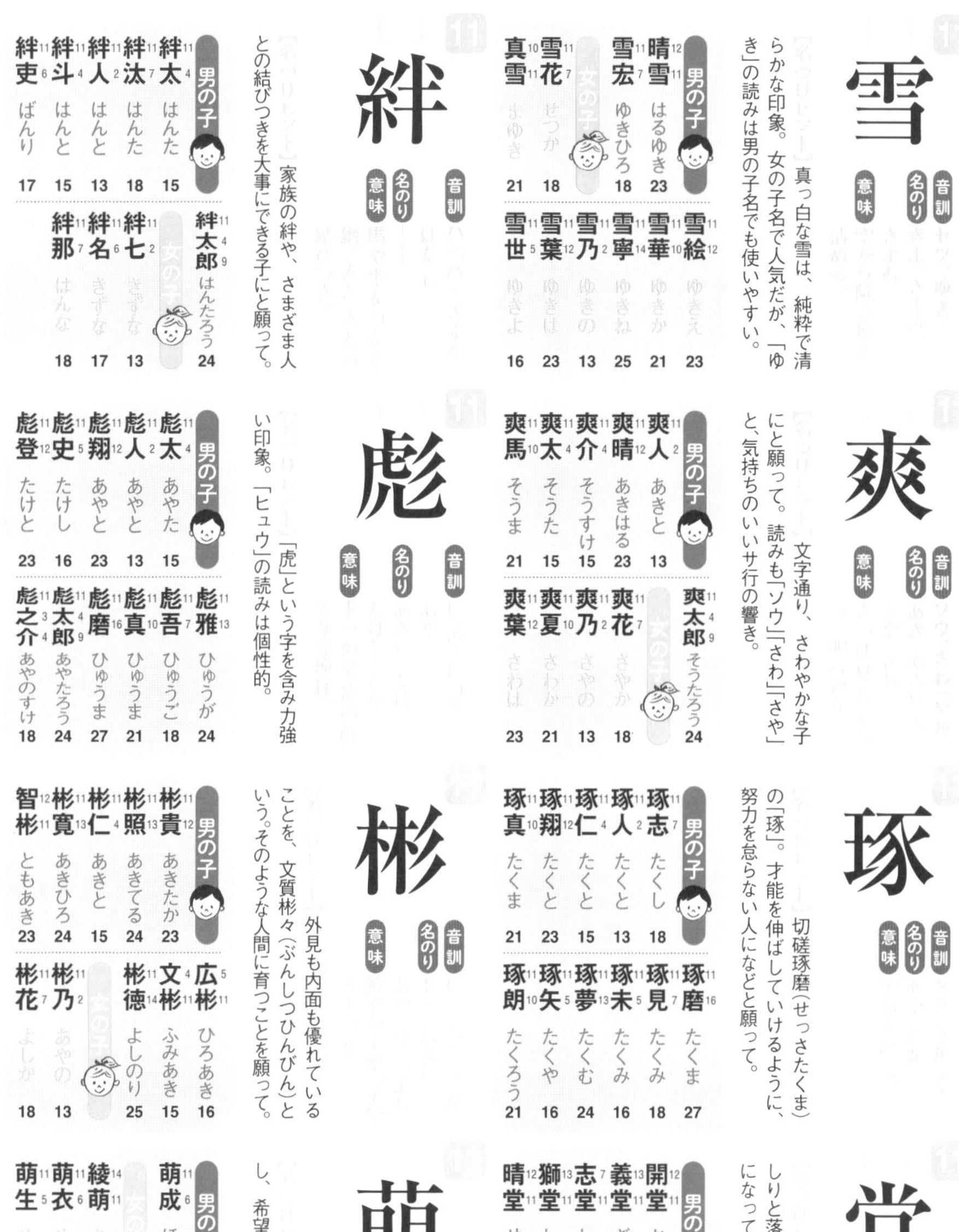

雪

音訓　名のり　意味

【名づけヒント】真っ白な雪は、純粋で清らかな印象。女の子名で人気だが、「ゆき」の読みは男の子名でも使いやすい。

男の子

名前	読み	画数
晴雪	はるゆき	23
雪宏	ゆきひろ	18

女の子

名前	読み	画数
雪花	せつか	18
真雪	まゆき	21
雪絵	ゆきえ	23
雪華	ゆきか	21
雪寧	ゆきね	25
雪乃	ゆきの	13
雪葉	ゆきは	23
雪世	ゆきよ	16

爽

音訓　名のり　意味

【名づけヒント】文字通り、さわやかな子にと願って。読みも「ソウ」「さわ」「さや」と、気持ちのいいサ行の響き。

男の子

名前	読み	画数
爽人	あきと	13
爽晴	あきはる	23
爽介	そうすけ	15
爽太	そうた	15
爽馬	そうま	21
爽太郎	そうたろう	24

女の子

名前	読み	画数
爽花	さやか	18
爽乃	さやの	13
爽夏	さわか	21
爽葉	さわは	23

琢

音訓　名のり　意味

【名づけヒント】切磋琢磨（せっさたくま）の「琢」。才能を伸ばしていけるように、努力を怠らない人になどと願って。

男の子

名前	読み	画数
琢志	たくし	18
琢人	たくと	13
琢仁	たくと	15
琢翔	たくと	23
琢真	たくま	21
琢磨	たくま	27
琢見	たくみ	18
琢未	たくみ	16
琢夢	たくむ	24
琢矢	たくや	16
琢朗	たくろう	21

堂

音訓　名のり　意味

【名づけヒント】立派な建物を表し、どっしりと落ち着いた雰囲気。堂々とした子になってほしいとの願いを込めても。

男の子

名前	読み	画数
開堂	かいどう	23
義堂	ぎどう	24
志堂	しどう	18
獅堂	しどう	24
晴堂	せいどう	23
堂成	たかなり	17
堂行	たかゆき	17
竜堂	りゅうどう	21
龍堂	りゅうどう	27
倫堂	りんどう	21

絆

音訓　名のり　意味

【名づけヒント】家族の絆や、さまざま人との結びつきを大事にできる子にと願って。

男の子

名前	読み	画数
絆太	はんた	15
絆汰	はんた	18
絆人	はんと	13
絆斗	はんと	15
絆吏	ばんり	17
絆太郎	はんたろう	24

女の子

名前	読み	画数
絆七	きずな	13
絆名	きずな	17
絆那	はんな	18

彪

音訓　名のり　意味

【名づけヒント】「虎」という字を含み力強い印象。「ヒュウ」の読みは個性的。

男の子

名前	読み	画数
彪太	あやた	15
彪人	あやと	13
彪翔	あやと	23
彪史	たけし	16
彪登	たけと	23
彪雅	ひゅうが	24
彪吾	ひゅうご	18
彪真	ひゅうま	21
彪磨	ひゅうま	27
彪太郎	あやたろう	24
彪之介	あやのすけ	18

彬

音訓　名のり　意味

【名づけヒント】外見も内面も優れていることを、文質彬々（ぶんしつひんぴん）という。そのような人間に育つことを願って。

男の子

名前	読み	画数
彬貴	あきたか	23
彬照	あきてる	24
彬仁	あきと	15
彬寛	あきひろ	24
智彬	ともあき	23
広彬	ひろあき	16
文彬	ふみあき	15
彬徳	よしのり	25

女の子

名前	読み	画数
彬乃	あやの	13
彬花	よしか	18

萌

音訓　名のり　意味

【名づけヒント】植物が芽吹くことを表し、希望や成長をイメージさせる字。

男の子

名前	読み	画数
萌成	ほうせい	17

女の子

名前	読み	画数
綾萌	あやめ	25
萌衣	めい	17
萌生	めい	16
萌絵	もえ	23
萌恵	もえ	21
萌花	もえか	18
萌乃	もえの	13
萌里	もえり	18
萌々香	ももか	23

望 11

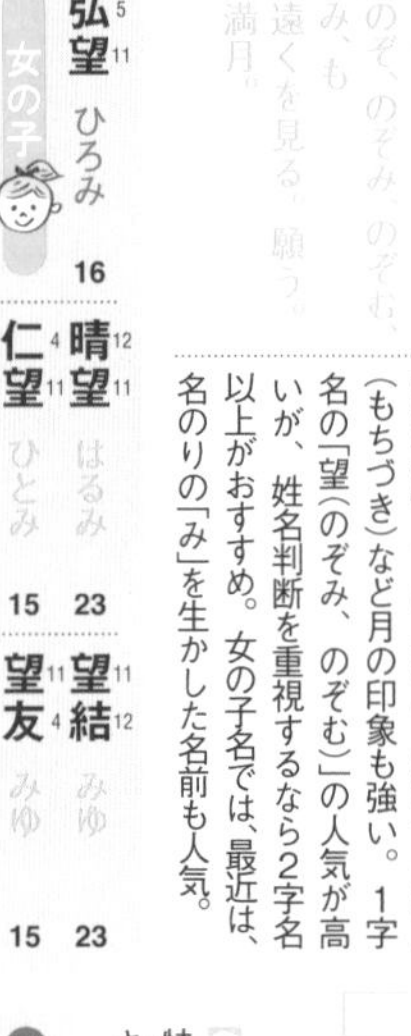

音訓 ボウ、モウ、のぞ(む)、もち
名のり のぞ、のぞみ、のぞむ、み、も
意味 遠くを見る。願う。満月。

【名づけヒント】希望の「望」であり、人望の「望」。また、満月を意味する望月(もちづき)など月の印象も強い。1字名の「望(のぞみ、のぞむ)」の人気が高いが、姓名判断を重視するなら2字名以上がおすすめ。女の子名では、最近は、名のりの「み」を生かした名前も人気。

男の子

名前	画数	よみ	総画
行望	6・11	いくみ	17
克望	7・11	かつみ	18
巧望	5・11	たくみ	16
匠望	6・11	たくみ	17
希望	7・11	のぞみ	18
望夢	11・13	のぞむ	24

女の子

名前	画数	よみ	総画
弘望	5・11	ひろみ	16
亜望	7・11	あみ	18
叶望	5・11	かなみ	16
来望	7・11	くるみ	18
夏望	10・11	なつみ	21
希望	7・11	のぞみ	18
晴望	12・11	はるみ	23
仁望	4・11	ひとみ	15
望央	11・5	みお	16
望歌	11・14	みか	25
望紗	11・10	みさ	21
望月	11・4	みづき	15
望帆	11・6	みほ	17
望結	11・12	みゆ	23
望友	11・4	みゆ	15
望来	11・7	みらい	18
望絵	11・12	もえ	23
由望	5・11	ゆみ	16
瑠望	14・11	るみ	25
望央里	11・5・7	みおり	23

悠 11

音訓 ユウ、はる(か)
名のり ちか、はる、はるか、ひさ、ひさし、ゆ
意味 距離が遠い。時間が長い。ゆったりしている。

【名づけヒント】距離的にも時間的にも人間よりはるかに大きなものに対する、憧れを秘めた字。ゆったり落ち着いた印象で、スケールの大きさもある。また、「ユウ」「ユ」「はる」と人気の読みが多く、字形もバランスがいい。どんな字ともなじみやすいのも魅力。

男の子

名前	画数	よみ	総画
智悠	12・11	ともはる	23
悠斗	11・4	はると	15
悠翔	11・12	はると	23
悠人	11・2	ひさと	13
正悠	5・11	まさはる	16
悠希	11・7	ゆうき	18
悠伸	11・7	ゆうしん	18
悠介	11・4	ゆうすけ	15
悠誠	11・13	ゆうせい	24
悠太	11・4	ゆうた	15
悠人	11・2	ゆうと	13
悠登	11・12	ゆうと	23
悠真	11・10	ゆうま	21
良悠	7・11	よしはる	18
由悠	5・11	よしひさ	16
悠太郎	11・4・9	ゆうたろう	24

女の子

名前	画数	よみ	総画
悠歌	11・14	はるか	25
心悠	4・11	みゆう	15
悠衣	11・6	ゆい	17
悠花	11・7	ゆうか	18
悠里	11・7	ゆうり	18
悠夏	11・10	ゆか	21
悠月	11・4	ゆづき	15
悠乃	11・2	ゆの	13
悠莉	11・10	ゆり	21
悠華子	11・10・3	ゆかこ	24

麻 11

音訓 マ、あさ
名のり お
意味 クワ科の植物、アサ。織物のあさ。しびれる。

【名づけヒント】植物や布のイメージで、特に女の子名で使われる字。「マ」の音はキュート、「あさ」はしとやかな印象。

男の子

名前	画数	よみ	総画
麻斗	11・4	あさと	15
翔麻	12・11	しょうま	23

女の子

名前	画数	よみ	総画
絵麻	12・11	えま	23
真麻	10・11	まあさ	21
麻綾	11・14	まあや	25
麻衣	11・6	まい	17
麻央	11・5	まお	16
麻瑚	11・13	まこ	24
麻佑	11・7	まゆ	18
麻優子	11・17・3	まゆこ	31

唯 11

音訓 ユイ、イ、ただ
名のり ゆ
意味 ただそれだけ。「はい」という返事。

【名づけヒント】それ以外にはないという貴重さを表す字。特別でかけがえのない存在という、愛情あふれる思いを込められる。

男の子

名前	画数	よみ	総画
唯志	11・7	ただし	18
唯樹	11・16	ゆいき	27
唯斗	11・4	ゆいと	15

女の子

名前	画数	よみ	総画
真唯	10・11	まい	21
唯衣	11・6	ゆい	17
唯那	11・7	ゆいな	18
唯乃	11・2	ゆいの	13
唯葉	11・12	ゆいは	23
唯里	11・7	ゆいり	18
瑠唯	14・11	るい	25

理 11

音訓 リ、おさめる
名のり おさむ、さと、さとし、さとる、ただ、ただし、まこと、まさ、みち
意味 宝石の美しい模様。物事の筋道。きちんと筋道を立てる。

【名づけヒント】きれいで整っていることを表す字。よく手入れがされた美しさをイメージさせると同時に、考え抜かれた知的な雰囲気も漂っている。同じ「リ」の読みでは、「里」「莉」「璃」などが女の子のイメージが強いのに対し、「理」は中性的な印象。

男の子

名前	画数	よみ	総画
理志	11・7	さとし	18
透理	10・11	とうり	21
理希	11・7	まさき	18
雄理	12・11	ゆうり	23
理市	11・5	りいち	16
理喜	11・12	りき	23
理駆	11・14	りく	25
理功	11・5	りく	16
理太	11・4	りた	15
理人	11・2	りひと	13
理太郎	11・4・9	りたろう	24

女の子

名前	画数	よみ	総画
真理	10・11	まり	21
有理	6・11	ゆり	17
理以	11・5	りい	16
理絵	11・12	りえ	23
理桜	11・10	りお	21
理花	11・7	りか	18
理瑚	11・13	りこ	24
理沙	11・7	りさ	18
理世	11・5	りせ	16
理月	11・4	りつき	15
理乃	11・2	りの	13
理帆	11・6	りほ	17
理夢	11・13	りむ	24
理咲子	11・9・3	りさこ	23
理々子	11・3・3	りりこ	17

梨 11

音訓 リ、なし
名のり ―
意味 バラ科の樹木。ナシ。

【名づけヒント】女の子名で人気の「リ」の響きを持つ。最近は、同じ読みの「莉」「璃」などにはおされながらも根強い人気。

女の子

名前	画数	読み	総画
愛梨	13・11	あいり	24
友梨	4・11	ゆり	15
梨絵	11・12	りえ	23
梨緒	11・14	りお	25
梨花	11・7	りか	18
梨瑚	11・13	りこ	24
梨世	11・5	りせ	16
梨那	11・7	りな	18
梨乃	11・2	りの	13
梨帆	11・6	りほ	17
梨々香	11・3・9	りりか	23

陸 11

音訓 リク
名のり あつ、あつし、みち、む、むつ
意味 水面より上にある土地。

【名づけヒント】雄大でたくましいイメージ。1字名の「陸(りく)」が人気だが、姓名判断を重視するなら、2字名以上で。

男の子

名前	画数	読み	総画
陸史	11・5	あつし	16
真陸	10・11	まさみち	21
陸樹	11・16	むつき	27
陸玖	11・7	りく	18
陸央	11・5	りくお	16
陸太	11・4	りくた	15
陸人	11・2	りくと	13
陸翔	11・12	りくと	23
陸馬	11・10	りくま	21
陸太朗	11・4・10	りくたろう	25
陸ノ介	11・1・4	りくのすけ	16

隆 11

音訓 リュウ
名のり お、たか、たかし、もり、ゆたか
意味 盛り上がる。盛んになる。

【名づけヒント】盛り上がるという勢いのよさから、よく使われてきた字。運勢が大きく盛り上がるようにと願って。

男の子

名前	画数	読み	総画
聖隆	13・11	きよたか	24
隆史	11・5	たかし	16
隆文	11・4	たかふみ	15
将隆	10・11	まさたか	21
隆伸	11・7	りゅうしん	18
隆生	11・5	りゅうせい	16
隆太	11・4	りゅうた	15
隆太郎	11・4・9	りゅうたろう	24
隆乃介	11・2・4	りゅうのすけ	17

女の子

名前	画数	読み	総画
隆恵	11・10	たかえ	21

峻 11

音訓 リョウ、たかい
名のり たか、たかし
意味 山が高く険しい。

【名づけヒント】高くそびえる山をイメージさせる字。才能があって目立つ存在に。雄大な山のようにふところの深い人に。

男の子

名前	画数	読み	総画
峻志	11・7	たかし	18
峻我	11・7	りょうが	18
峻介	11・4	りょうすけ	15
峻太	11・4	りょうた	15
峻登	11・12	りょうと	23
峻平	11・5	りょうへい	16
峻真	11・10	りょうま	21
峻太郎	11・4・9	りょうたろう	24

女の子

名前	画数	読み	総画
峻代	11・5	たかよ	16
峻花	11・7	りょうか	18

琉 11

音訓 リュウ、ル
名のり ―
意味 宝石の一種。

【名づけヒント】近年、人気のある字のひとつ。宝石のラピス・ラズリを指す瑠璃(るり)の「瑠」とほぼ同じ意味で、美しいブルーの気品を感じさせる。また、沖縄の古くからの呼び方、琉球(りゅうきゅう)の「琉」でもあり、青い海や空のイメージも。

男の子

名前	画数	読み	総画
快琉	7・11	かいる	18
悟琉	10・11	さとる	21
琉玖	11・7	りゅうく	18
琉成	11・6	りゅうせい	17
琉太	11・4	りゅうた	15
琉斗	11・4	りゅうと	15
琉真	11・10	りゅうま	21
琉磨	11・16	りゅうま	27
琉伊	11・6	るい	17
琉偉	11・12	るい	23
琉生	11・5	るい	16
琉希	11・7	るき	18
琉騎	11・18	るき	29
波琉斗	8・11・4	はると	23
琉太郎	11・4・9	りゅうたろう	24

女の子

名前	画数	読み	総画
藍琉	18・11	あいる	29
羽琉	6・11	はる	17
光琉	6・11	ひかる	17
琉夏	11・10	るか	21
琉花	11・7	るか	18
琉名	11・6	るな	17
琉寧	11・14	るね	25
琉乃	11・2	るの	13
琉里	11・7	るり	18
久琉美	3・11・9	くるみ	23
琉璃子	11・15・3	るりこ	29

涼 11

音訓 リョウ、すず(しい)
名のり すけ、すず
意味 気温が低くて快適である。

【名づけヒント】さわやかな心地よさが感じられる字。冷静さをイメージさせることから、落ち着いていて聡明な印象もある。

男の子

名前	画数	読み	総画
涼吾	11・7	りょうご	18
涼輔	11・14	りょうすけ	25
涼誠	11・13	りょうせい	24
涼平	11・5	りょうへい	16
涼真	11・10	りょうま	21

女の子

名前	画数	読み	総画
涼花	11・7	すずか	18
涼乃	11・2	すずの	13
涼葉	11・12	すずは	23
涼世	11・5	すずよ	16
涼夏	11・10	りょうか	21

梁 11

音訓 リョウ、はり
名のり たかし、むね
意味 橋、はり。屋根を支える木材。

【名づけヒント】橋や屋根を支える木材を表す字。人と人をつなぐ子に、人の役に立つ人になどの願いを込めて。

男の子

名前	画数	読み	総画
梁馬	11・10	はりま	21
梁市	11・5	りょういち	16
梁志	11・7	りょうじ	18
梁介	11・4	りょうすけ	15
梁太	11・4	りょうた	15
梁平	11・5	りょうへい	16
梁真	11・10	りょうま	21
梁磨	11・16	りょうま	27
真梁	10・11	まさむね	21
梁一郎	11・1・9	りょういちろう	21
梁太郎	11・4・9	りょうたろう	24

12画

詠 12

音訓 エイ、よ(む)
名のり うた、え、なが
意味 詩歌を作る。詩歌を歌う。

【名づけヒント】和歌を作ることから優雅で洗練されたイメージ。文学的な才能がある子に。ゆったり落ち着いた人に。

男の子

名前	画数	読み	総画
詠一	12・1	えいいち	13
詠慈	12・13	えいじ	25
詠慎	12・13	えいしん	25
詠介	12・4	えいすけ	16
詠太	12・4	えいた	16

女の子

名前	画数	読み	総画
詠音	12・9	えいと	21
詠斗	12・4	えいと	16
詠	12 (1)	うた	13
詠子	12・3	えいこ	15
詠美	12・9	えいみ	21

偉 12

音訓 イ、えら(い)
名のり いさお、たけ、より
意味 優れている。立派な。

【名づけヒント】単に優れているという程度ではなく、だれもが認めるようなスケールの大きな立派さを表す字。

男の子

名前	画数	読み	総画
蒼偉	13・12	あおい	25
偉生	12・5	いお	17
偉月	12・4	いつき	16
可偉	5・12	かい	17
架偉	9・12	かい	21
偉雄	12・12	たけお	24
偉斗	12・4	たけと	16
偉琉	12・11	たける	23
登偉	12・12	とうい	24
勇偉	9・12	ゆうい	21
偉久真	12・3・10	いくま	25

温 12

音訓 オン、あたた(かい)
名のり あつ、あつし、のどか、はる、まさ
意味 あたたかい。おだやか。やさしい。

【名づけヒント】おだやかでやさしい子に、まわりからあたたかく見守ってもらえるようになどの願いを込めて。

男の子

名前	画数	読み	総画
温	12 (1)	はる	13
温悠	12・11	あつひさ	23
久温	3・12	くおん	15
温輝	12・15	はるき	27
温斗	12・4	はると	16

女の子

名前	画数	読み	総画
礼温	5・12	れおん	17
温	12 (1)	のどか	13
温子	12・3	あつこ	15
美温	9・12	みおん	21
璃温	15・12	りおん	27

瑛 12

音訓 エイ
名のり あき、あきら、てる
意味 明るく輝く美しい玉。水晶。

【名づけヒント】宝石を意味し、明るく輝かしく、高貴な雰囲気のある字。意味からは女の子向きにも思えるが、「エイ」というシャープな音と、王へんの視覚的な力強さで、男の子名での人気が高い。輝かしい未来を願って。また、気品のある魅力的な人にと願って。

男の子

名前	画数	読み	総画
瑛	12 (1)	あきら	13
瑛広	12・5	あきひろ	17
瑛一	12・1	えいいち	13
瑛貴	12・12	えいき	24
瑛吉	12・6	えいきち	18
瑛士	12・3	えいじ	15
瑛太	12・4	えいた	16
瑛大	12・3	えいだい	15
瑛斗	12・4	えいと	16
瑛翔	12・12	えいと	24
瑛彦	12・9	てるひこ	21
瑛海	12・9	てるみ	21
雅瑛	13・12	まさてる	25
隆瑛	11・12	りゅうえい	23
瑛一朗	12・1・10	えいいちろう	23
瑛太郎	12・4・9	えいたろう	25

女の子

名前	画数	読み	総画
瑛子	12・3	えいこ	15
瑛美	12・9	えいみ	21
瑛璃	12・15	えり	27
香瑛	9・12	かえ	21
彩瑛	11・12	さえ	23
多瑛	6・12	たえ	18
千瑛	3・12	ちえ	15
瑛麻	12・11	てるま	23
瑛代	12・5	てるよ	17
瑛美夏	12・9・10	えみか	31

賀 12

音訓 カ、ガ
名のり しげ、のり、ます、よし、より
意味 お祝いする。

【名づけヒント】祝賀、謹賀などの熟語があるように、とても縁起のよい字。幸運に恵まれることを願って。

男の子

名前	画数	読み	総画
賀久	12・3	がく	15
太賀	4・12	たいが	16
悠賀	11・12	ゆうが	23
賀広	12・5	よしひろ	17
亮賀	9・12	りょうが	21

女の子

名前	画数	読み	総画
賀子	12・3	かこ	15
賀代	12・5	かよ	17
千賀	3・12	ちか	15
多賀子	6・12・3	たかこ	21
実賀子	8・12・3	みかこ	23

絵 12

音訓 カイ、エ
名のり ―
意味 彩り描いたもの。図。絵画。

【名づけヒント】芸術的な印象に加え、やさしく、かわいいイメージ。人生という絵を自由に描いてほしいと願って。

女の子

名前	画数	読み	総画
絵子	12・3	えこ	15
絵麻	12・11	えま	23
絵海	12・9	えみ	21
絵夢	12・13	えむ	25
可絵	5・12	かえ	17
葵絵	12・12	きえ	24
彩絵	11・12	さえ	23
多絵	6・12	たえ	18
友絵	4・12	ともえ	16
璃絵	15・12	りえ	27
絵梨奈	12・11・8	えりな	31

開 12

音訓 カイ、ひら(く)、あ(ける)
名のり
意味

【名づけヒント】花開く人生を、心開ける仲間に出会えるように、夢の扉を開けてほしいなど、ポジティブな願いを込められる。

男の子

名前	画数	読み	総画
開	12 (1)	かい	13
開	12 (1)	はるき	13
開路	12・13	かいじ	25
開信	12・9	かいしん	21
開成	12・6	かいせい	18
開誠	12・13	かいせい	25
開智	12・12	かいち	24
開斗	12・4	かいと	16
開渡	12・12	かいと	24
開堂	12・11	かいどう	23
開翔	12・12	はると	24

凱 12

音訓
名のり
意味

【名づけヒント】力強い意味を持つ一方でおだやかさも表す。強くやさしい人に。

男の子

名前	画数	読み	総画
凱	12 (1)	がい	13
凱翔	12・12	かいと	24
凱斗	12・4	がいと	16
凱都	12・11	がいと	23
凱也	12・3	がいや	15
凱矢	12・5	がいや	17
凱史	12・5	ときふみ	17
凱哉	12・9	ときや	21
凱章	12・11	よしあき	23
凱喜	12・12	よしき	24
凱広	12・5	よしひろ	17

敢 12

音訓
名のり
意味

【名づけヒント】したくないこと、やりにくいことを思い切って行うことを表す。困難にも勇気を持って立ち向かえる人に。

男の子

名前	画数	読み	総画
敢	12 (1)	いさみ	13
敢一	12・1	かんいち	13
敢栄	12・9	かんえい	21
敢梧	12・11	かんご	23
敢司	12・5	かんじ	17
敢介	12・4	かんすけ	16
敢太	12・4	かんた	16
敢登	12・12	かんと	24
敢平	12・5	かんぺい	17
大敢	3・12	たいかん	15
敢太郎	12・4・9	かんたろう	25

稀 12

音訓
名のり
意味

【名づけヒント】もともと「希少」は「稀少」と書き、「稀」のほうがめったにないという意味合いが強い。特別な才能を持つ子に。

男の子

名前	画数	読み	総画
一稀	1・12	いつき	13
元稀	4・12	げんき	16
光稀	6・12	こうき	18
大稀	3・12	だいき	15
勇稀	9・12	ゆうき	21

女の子

名前	画数	読み	総画
稀	12 (1)	まれ	13
稀衣	12・6	きい	18
稀子	12・3	きこ	15
帆稀	6・12	はまれ	18
美稀子	9・12・3	みきこ	24

葵 12

音訓 キ、あおい
名のり まもる
意味 アオイ科の植物。

【名づけヒント】アオイといってもさまざまあるが、現在では一般にタチアオイを指す。夏を彩るタチアオイは、すくっとまっすぐに伸び、大きくて優美な花を咲かせる。なお、徳川家の紋所で知られる三つ葉葵のアオイは、別科のフタバアオイを図案化したもの。

男の子

名前	画数	読み	総画
葵	12 (1)	あおい	13
葵伊	12・6	あおい	18
葵生	12・5	あおい	17
葵一	12・1	きいち	13
光葵	6・12	こうき	18
大葵	3・12	だいき	15
陽葵	12・12	はるき	24
寛葵	13・12	ひろき	25
正葵	5・12	まさき	17
瑞葵	13・12	みずき	25
元葵	4・12	もとき	16
優葵	17・12	ゆうき	29
悠葵	11・12	ゆうき	23

女の子

名前	画数	読み	総画
葵	12 (1)	あおい	13
葵衣	12・6	あおい	18
葵生	12・5	あおい	17
葵唯	12・11	あおい	23
葵江	12・6	きえ	18
葵子	12・3	きこ	15
葵帆	12・6	きほ	18
葵璃	12・15	きり	27
彩葵	11・12	さき	23
咲葵	9・12	さき	21
万葵	3・12	まき	15
心葵	4・12	みき	16
由葵	5・12	ゆき	17

貴 12

音訓
名のり
意味

【名づけヒント】価値が高いことを表し、かけがえのないわが子を大切にしたいという親の思いを、ストレートに表現できる字。また、貴族や高貴などの熟語があるように、洗練された雰囲気も持ち、パパ・ママ世代から、安定した人気を保っている。

男の子

名前	画数	読み	総画
貴一	12・1	きいち	13
清貴	11・12	きよたか	23
貴史	12・5	たかし	17
貴士	12・3	たかし	15
貴彦	12・9	たかひこ	21
貴久	12・3	たかひさ	15
貴仁	12・4	たかひと	16
貴博	12・12	たかひろ	24
貴哉	12・9	たかや	21
貴行	12・6	たかゆき	18
悠貴	11・12	はるき	23
穂貴	15・12	ほたか	27
雅貴	13・12	まさき	25
瑞貴	13・12	みずき	25
友貴	4・12	ゆうき	16
雄貴	12・12	ゆうき	24
優貴	17・12	ゆたか	29

女の子

名前	画数	読み	総画
貴絵	12・12	きえ	24
貴帆	12・6	きほ	18
貴美	12・9	きみ	21
貴代	12・5	きよ	17
彩貴	11・12	さき	23
貴子	12・3	たかこ	15
貴世	12・5	たかよ	17
貴和子	12・8・3	きわこ	23
咲貴子	9・12・3	さきこ	24

喜

音訓 キ、よろこ(ぶ)
名のり このむ、たのし、とし、のぶ、はる、ひさ、ゆき、よし
意味 よろこぶ。うれしい気持ちになる。

【名づけヒント】明るく幸せなイメージを持つ、名前向きの字。喜びに満ちた人生になるように、まわりの人を喜ばせる人間になどの願いを込められる。「キ」の音で、男女ともに使用されている。名のりでは、「よい」ことから生まれた「よし」がよく使われる。

男の子

名前	読み	画数
勝12喜12	かつき	24
喜12一1	きいち	13
喜12羅19	きら	31
元4喜12	げんき	16
光6喜12	こうき	18
大3喜12	だいき	15
晴12喜12	はるき	24
正5喜12	まさき	17
喜12輝15	よしき	27
喜12隆11	よしたか	23
喜12紀9	よしのり	21
喜12仁4	よしひと	16
喜12広5	よしひろ	17
喜12行6	よしゆき	18
咲9喜12斗4	さきと	25

女の子

名前	読み	画数
喜12衣6	きえ	18
喜12子3	きこ	15
喜12穂15	きほ	27
彩11喜12	さき	23
多6喜12	たき	18
美9喜12	みき	21
結12喜12	ゆき	24
由5喜12	ゆき	17
喜12乃3	よしの	15
喜12世5花7	きよか	24
美9紗10喜12	みさき	31

景

音訓 ケイ
名のり あきら、かげ、ひろ
意味 日光。目に映る状態。めでたい。

【名づけヒント】光に関連する字であるとともに、めでたい、すばらしいという意味もあり、明るく縁起のよい字。

男の子

名前	読み	画数
景12(1)	あきら	13
一1景12	いっけい	13
景12祐9	けいすけ	21
景12太4	けいた	16
景12太4郎9	けいたろう	25

女の子

名前	読み	画数
景12(1)	けい	13
景12子3	けいこ	15
景12都11	けいと	23
千3景12	ちかげ	15
美9景12	みひろ	21

敬

音訓 ケイ、うやま(う)、キョウ
名のり あき、たか、たかし、のり、ひろ、よし
意味 相手を重んじ、礼儀正しくする。

【名づけヒント】人を敬う心を忘れないように、人から尊敬される存在にと願って。

男の子

名前	読み	画数
敬12(1)	たかし	13
敬12梧11	けいご	23
敬12亮9	けいすけ	21
敬12達12	けいたつ	24
敬12史5	たかし	17
敬12之3	たかゆき	15
正5敬12	まさたか	17
敬12一1朗10	けいいちろう	23

女の子

名前	読み	画数
敬12香9	けいか	21
敬12子3	けいこ	15

暁

音訓 ギョウ、あかつき
名のり あき、あきら、あけ、さとし、さとる
意味 夜明け。はっきりと理解する。

【名づけヒント】夜明けを表し、希望や期待、成功をイメージさせる。はっきり理解するという意味から知的な雰囲気も。

男の子

名前	読み	画数
暁12(1)	あきら	13
暁12(1)	さとる	13
暁12生5	あきお	17
暁12久3	あきひさ	15
暁12文4	あきふみ	16
広5暁12	ひろあき	17

女の子

名前	読み	画数
暁12子3	あきこ	15
暁12穂15	あきほ	27
暁12美9	あけみ	21
千3暁12	ちあき	15

琴

音訓 キン、ゴン、こと
名のり ――
意味 弦楽器のこと。

【名づけヒント】みやびやかさと、かわいらしさが同居する字。音楽に関連する字であり、男の子名に用いても違和感はない。

男の子

名前	読み	画数
琴12矢5	ことや	17

女の子

名前	読み	画数
琴12(1)	こと	13
琴12絵12	ことえ	24
琴12江6	ことえ	18
琴12子3	ことこ	15
琴12音9	ことね	21
琴12葉12	ことは	24
琴12美9	ことみ	21
麻11琴12	まこと	23
心4琴12	みこと	16

結

音訓 ケツ、むす(ぶ)、ゆ(う)
名のり かた、ひとし、むすぶ、ゆ、ゆい、ゆう
意味 ひもや糸を絡み合わせてつなげる。約束する。

【名づけヒント】単に糸を結ぶという意味だけでなく、人と人を結ぶ、努力が実を結ぶなど、広く前向きな意味がある字。女の子名で人気が高いが、人気の「ゆう」の読みを持ち、「悠」「裕」に代わる新しい字として、最近は男の子名での使用も増えている。

男の子

名前	読み	画数
結12斗4	ゆいと	16
結12貴12	ゆうき	24
結12生5	ゆうき	17
結12伍6	ゆうご	18
結12介4	ゆうすけ	16
結12誠13	ゆうせい	25
結12哉9	ゆうや	21
結12太4郎9	ゆうたろう	25

女の子

名前	読み	画数
結12(1)	ゆい	13
結12以5	ゆい	17
結12衣6	ゆい	18
結12愛13	ゆいあ	25
結12架9	ゆいか	21
結12子3	ゆいこ	15
結12音9	ゆいね	21
結12羽6	ゆいは	18
結12穂15	ゆいほ	27
結12菜11	ゆうな	23
結12加5	ゆか	17
結12月4	ゆづき	16
結12名6	ゆな	18
結12麻11	ゆま	23
結12心4	ゆみ	16
結12楽13	ゆら	25
結12凛15	ゆりん	27
万3結12佳8	まゆか	23

絢 12

音訓 ケン、あや
名のり ―
意味 鮮やかで美しい。

【名づけヒント】色とりどりの糸を使って織り上げた織物の模様を表す字で、きらびやかで美しいイメージにあふれている。華のある人生を、魅力のある人になどの願いを込めて。「あや」の読みでは「綾」「彩」に加えて、近年使用例が増えている字。

男の子

名前	画数	読み	総画
絢仁	12・4	あやと	16
絢登	12・12	あやと	24
絢一	12・1	けんいち	13
絢伍	12・6	けんご	18
絢司	12・5	けんじ	17
絢信	12・9	けんしん	21
絢太	12・4	けんた	16
絢都	12・11	けんと	23
絢翔	12・12	けんと	24
絢也	12・3	けんや	15
絢太郎	12・4・9	けんたろう	25

女の子

名前	画数	読み	総画
絢	12・(1)	あや	13
絢加	12・5	あやか	17
絢香	12・9	あやか	21
絢子	12・3	あやこ	15
絢菜	12・11	あやな	23
絢南	12・9	あやな	21
絢名	12・6	あやな	18
絢音	12・9	あやね	21
絢葉	12・12	あやは	24
絢心	12・4	あやみ	16
絢美	12・9	あやみ	21
絢女	12・3	あやめ	15
早絢	6・12	さあや	18
麻絢	11・12	まあや	23
万絢	3・12	まあや	15

琥 12

音訓 コ、ク
名のり ―
意味 虎をかたどった玉製の割符。琥珀は、宝石の一種。

【名づけヒント】「琥珀（こはく）」は女の子名として人気。一方で「琥」そのものは「虎」を含む字形なので、力強いイメージも。

男の子

名前	画数	読み	総画
雅琥	13・12	がく	25
琥太	12・4	こた	16
琥鉄	12・13	こてつ	25
琥珀	12・9	こはく	21
羽琥	6・12	はく	18
吏琥	6・12	りく	18
琥治郎	12・8・9	こじろう	29
琥太郎	12・4・9	こたろう	25

女の子

名前	画数	読み	総画
琥白	12・5	こはく	17
美琥	9・12	みく	21

湖 12

音訓 コ、みずうみ
名のり ひろし
意味 みずうみ。

【名づけヒント】広々とした情景や、清らかな水を連想。海とは違ったおだやかな印象も。さわやかで落ち着いた人に。

男の子

名前	画数	読み	総画
大湖	3・12	だいご	15
悠湖	11・12	ゆうご	23
湖太郎	12・4・9	こたろう	25

女の子

名前	画数	読み	総画
彩湖	11・12	あやこ	23
湖々	12・3	ここ	15
湖音	12・9	こと	21
湖晴	12・12	こはる	24
仁湖	4・12	にこ	16
美湖	9・12	みこ	21
璃湖	15・12	りこ	27

詞 12

音訓 シ、ことば
名のり こと、なり、のり、ふみ
意味 ことばや単語。

【名づけヒント】「詩」「史」「志」などに代わって「シ」の音で用いると新鮮。自分のことばに責任を持てる子にとの意味づけも。

男の子

名前	画数	読み	総画
一詞	1・12	かずし	13
詞也	12・3	ことや	15
詞温	12・12	しおん	24
詞音	12・9	しおん	21
奏詞	9・12	そうし	21

女の子

名前	画数	読み	総画
詞子	12・3	ことこ	15
詞音	12・9	ことね	21
詞葉	12・12	ことは	24
詞穂	12・15	しほ	27
美詞	9・12	みのり	21

竣 12

音訓 シュン、お（わる）
名のり ―
意味 仕事が完成する。建物ができあがる。

【名づけヒント】成しとげるという意味合いがあり、夢を実現できるように、目標に向かって努力を忘れない子にと願って。

男の子

名前	画数	読み	総画
竣	12・(1)	しゅん	13
竣一	12・1	しゅんいち	13
竣司	12・5	しゅんじ	17
竣介	12・4	しゅんすけ	16
竣亮	12・9	しゅんすけ	21
竣太	12・4	しゅんた	16
竣大	12・3	しゅんだい	15
竣登	12・12	しゅんと	24
竣平	12・5	しゅんぺい	17
優竣	17・12	ゆうしゅん	29
竣太郎	12・4・9	しゅんたろう	25

晶 12

音訓 ショウ
名のり あき、あきら、てる、まさ
意味 星が明るく輝く。

【名づけヒント】3つの星が光るさまを描いた字で、きらびやかな印象。また、水晶のような透明感も感じさせる字。

男の子

名前	画数	読み	総画
晶	12・(1)	あきら	13
晶久	12・3	あきひさ	15
晶輝	12・15	しょうき	27
晶太	12・4	しょうた	16
晶晴	12・12	まさはる	24

女の子

名前	画数	読み	総画
晶海	12・9	まさみ	21
晶葉	12・12	あきは	24
晶穂	12・15	あきほ	27
晶子	12・3	しょうこ	15
千晶	3・12	ちあき	15

勝 12

音訓 ショウ、か（つ）、まさ（る）
名のり かつ、すぐる、まさ、まさる
意味 相手よりも力がある。優れている。

【名づけヒント】。音読みの「ショウ」を生かすと今風の名前に。

男の子

名前	画数	読み	総画
勝	12・(1)	しょう	13
勝	12・(1)	まさる	13
一勝	1・12	かずまさ	13
勝信	12・9	かつのぶ	21
勝也	12・3	かつや	15
勝瑛	12・12	しょうえい	24
勝多	12・6	しょうた	18
勝平	12・5	しょうへい	17
勝斗	12・4	まさと	16

女の子

名前	画数	読み	総画
勝美	12・9	かつみ	21

12 翔

音訓 ショウ、かけ(る)、と(ぶ)

名のり かける、と

意味 羽を大きく広げて飛ぶ。空を高く飛ぶ。

【名づけヒント】大空の高いところを、羽を広げて気持ちよさそうに飛んでいる大きな鳥の姿を連想させ、スケールの大きさや力強さ、また希望に満ちた自由な雰囲気を想起させる。大きく羽ばたいてほしい、マイペースに自分のスピードで生きてほしいと願って。

男の子

名前	読み	画数
翔12 (1)	かける	13
翔12 (1)	しょう	13
永5翔12	えいと	17
開12翔12	かいと	24
一1翔12	かずと	13
健11翔12	けんと	23
翔12永5	しょうえい	17
翔12瑛12	しょうえい	24
翔12貴12	しょうき	24
翔12伍6	しょうご	18
翔12介4	しょうすけ	16
翔12太4	しょうた	16
翔12平5	しょうへい	17
翔12吏6	しょうり	18
翔12理11	しょうり	23
翔12夢13	とむ	25
翔12羽6	とわ	18
勇9翔12	はやと	21
陽12翔12	はると	24
大3翔12	ひろと	15
優17翔12	ゆうと	29
悠11翔12	ゆうと	23
翔12一1朗10	しょういちろう	23
翔12太4郎9	しょうたろう	25

女の子

名前	読み	画数
翔12子3	しょうこ	15
美9翔12	みと	21

12 晴

音訓 セイ、は(れる)、は(らす)

名のり きよし、てる、なり、はる、はれ

意味 天気がよい。気持ちがよい。公で注目を浴びる。

【名づけヒント】明るさ、暖かさだけでなく、青空が持つすがすがしさ、気持ちのよさをイメージさせる字。「はる」の読みが人気だが、「セイ」の読みを生かせば、「晴楽(せいら)」など、洋風の名前も作れる。明るくさわやかな人柄に。晴れ晴れとした人生を。

男の子

名前	読み	画数
晴12 (1)	はる	13
海9晴12	かいせい	21
晴12市5	せいいち	17
晴12伍6	せいご	18
大3晴12	たいせい	15
智12晴12	ともはる	24
晴12一1	はるいち	13
晴12輝15	はるき	27
晴12生5	はるき	17
晴12登12	はると	24
晴12行6	はるゆき	18
悠11晴12	ゆうせい	23
晴12多6郎9	せいたろう	27

女の子

名前	読み	画数
小3晴12	こはる	15
晴12香9	せいか	21
晴12楽13	せいら	25
千3晴12	ちはる	15
晴12絵12	はるえ	24
晴12加5	はるか	17
晴12菜11	はるな	23
晴12日4	はるひ	16
晴12妃6	はるひ	18
晴12美9	はるみ	21
晴12望11	はるみ	23
晴12代5	はるよ	17
美9晴12	みはる	21

12 尋

音訓 ジン、たず(ねる)、ひろ

名のり ちか、つね、ひろ、ひろし

意味 答えを求める。両腕を広げた長さ。

【名づけヒント】答えを求める意味から、好奇心の旺盛な子に。また、「千尋(ちひろ)」などとし、限りない可能性を願っても。

男の子

名前	読み	画数
尋12 (1)	じん	13
智12尋12	ちひろ	24
尋12斗4	ひろと	16
尋12也3	ひろや	15
尋12矢5	ひろや	17

女の子

名前	読み	画数
千3尋12	ちひろ	15
尋12菜11	ひろな	23
尋12代5	ひろよ	17
万3尋12	まひろ	15
美9尋12	みひろ	21

12 然

音訓 ゼン、ネン、しかり

名のり しか、なり、のり

意味 そのとおり。状態を表す字。

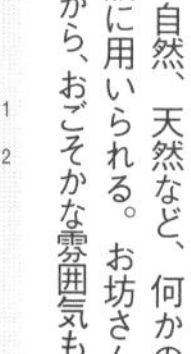

【名づけヒント】自然、天然など、何かの状態を表す熟語に用いられる。お坊さんの号に多いことから、おごそかな雰囲気も。

男の子

名前	読み	画数
然12 (1)	ぜん	13
然12行6	ぜんこう	18
然12介4	ぜんすけ	16
然12斗4	ぜんと	16
大3然12	たいぜん	15
悠11然12	ゆうぜん	23
然12太4郎9	ぜんたろう	25

12 惺

音訓

名のり

意味

【名づけヒント】頭や心が星のように澄み渡り、頭は冴え、心もすっきり落ち着いていることを表す。聡明かつおだやかな印象の字。

男の子

名前	読み	画数
惺12 (1)	さとる	13
惺12一1	せいいち	13
惺12矢5	せいや	17
万3惺12	まさと	15
惺12一1朗10	せいいちろう	23

女の子

名前	読み	画数
惺12 (1)	しずか	13
惺12美9	さとみ	21
惺12子3	せいこ	15
惺12南9	せいな	21
千3惺12	ちさと	15

12 善

音訓 ゼン、よ(い)

名のり たる、よし

意味 好ましい。

【名づけヒント】よい行いができる人に、好ましい性格になど、よい意味を込められる。「ゼン」の響きも人気。

男の子

名前	読み	画数
善12 (1)	ぜん	13
善12一1	ぜんいち	13
雅13善12	まさよし	25
善12生5	よしき	17
善12斗4	よしと	16
善12則9	よしのり	21
善12史5	よしふみ	17
善12之3	よしゆき	15

女の子

名前	読み	画数
善12子3	よしこ	15
善12美9	よしみ	21

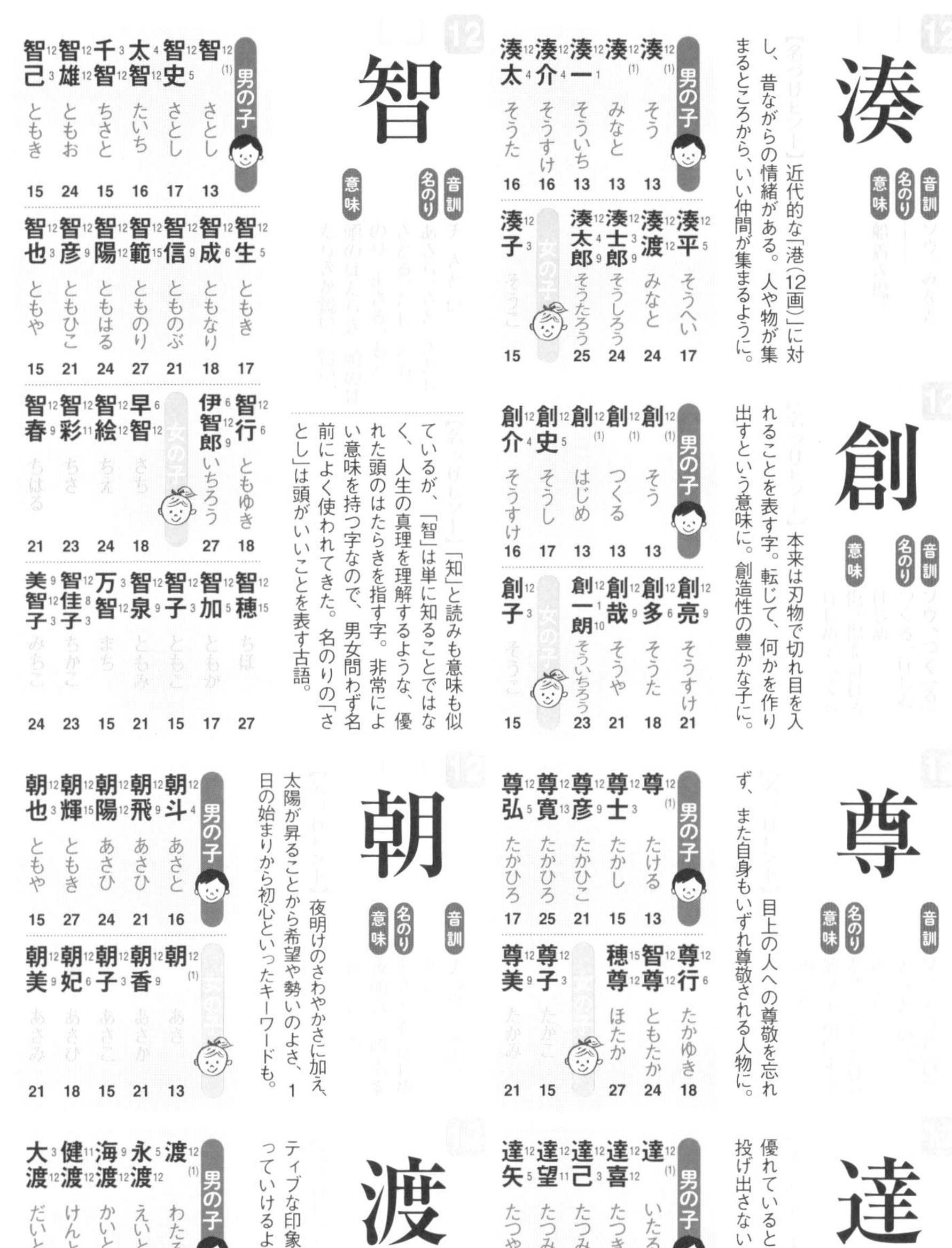

湊 12

音訓 ソウ、みなと
名のり —
意味 船着き場

【名づけヒント】近代的な「港（12画）」に対し、昔ながらの情緒がある。人や物が集まるところから、いい仲間が集まるように。

男の子

名前	画数	読み	総画
湊	12(1)	そう	13
湊	12(1)	みなと	13
湊一	12・1	そういち	13
湊介	12・4	そうすけ	16
湊太	12・4	そうた	16
湊平	12・5	そうへい	17
湊渡	12・12	みなと	24
湊士郎	12・3・9	そうしろう	24
湊太郎	12・4・9	そうたろう	25

女の子

名前	画数	読み	総画
湊子	12・3	そうこ	15

創 12

音訓
名のり
意味

【名づけヒント】本来は刃物で切れ目を入れることを表す字。転じて、何かを作り出すという意味に。創造性の豊かな子に。

男の子

名前	画数	読み	総画
創	12(1)	そう	13
創	12(1)	つくる	13
創	12(1)	はじめ	13
創史	12・5	そうし	17
創介	12・4	そうすけ	16
創亮	12・9	そうすけ	21
創多	12・6	そうた	18
創哉	12・9	そうや	21
創一朗	12・1・10	そういちろう	23

女の子

名前	画数	読み	総画
創子	12・3	そうこ	15

尊 12

音訓
名のり
意味

【名づけヒント】目上の人への尊敬を忘れず、また自身もいずれ尊敬される人物に。

男の子

名前	画数	読み	総画
尊	12(1)	たける	13
尊士	12・3	たかし	15
尊彦	12・9	たかひこ	21
尊寛	12・13	たかひろ	25
尊弘	12・5	たかひろ	17
尊行	12・6	たかゆき	18
智尊	12・12	ともたか	24
穂尊	15・12	ほたか	27

女の子

名前	画数	読み	総画
尊子	12・3	たかこ	15
尊美	12・9	たかみ	21

達 12

音訓
名のり
意味

【名づけヒント】達人、達筆など、非常に優れているという意味の熟語も。目標を投げ出さない人に。何かに秀でた人に。

男の子

名前	画数	読み	総画
達	12(1)	いたる	13
達喜	12・12	たつき	24
達己	12・3	たつみ	15
達望	12・11	たつみ	23
達矢	12・5	たつや	17
達行	12・6	たつゆき	18
慶達	15・12	よしたつ	27
達乃介	12・2・4	たつのすけ	18

女の子

名前	画数	読み	総画
達子	12・3	さとこ	15
達美	12・9	たつみ	21

智 12

音訓
名のり
意味

【名づけヒント】「知」と読みも意味も似ているが、「智」は単に知ることではなく、人生の真理を理解するような、優れた頭のはたらきを指す字。非常によい意味を持つ字なので、男女問わず名前によく使われてきた。名のりの「さとし」は頭がいいことを表す古語。

男の子

名前	画数	読み	総画
智	12(1)	さとし	13
智史	12・5	さとし	17
太智	4・12	たいち	16
千智	3・12	ちさと	15
智雄	12・12	ともお	24
智己	12・3	ともき	15
智生	12・5	ともき	17
智成	12・6	ともなり	18
智信	12・9	とものぶ	21
智範	12・15	とものり	27
智陽	12・12	ともはる	24
智彦	12・9	ともひこ	21
智也	12・3	ともや	15
智行	12・6	ともゆき	18
伊智郎	6・12・9	いちろう	27

女の子

名前	画数	読み	総画
早智	6・12	さち	18
智絵	12・12	ちえ	24
智彩	12・11	ちさ	23
智春	12・9	ちはる	21
智穂	12・15	ちほ	27
智加	12・5	ともか	17
智子	12・3	ともこ	15
智泉	12・9	ともみ	21
万智	3・12	まち	15
智佳子	12・8・3	ちかこ	23
美智子	9・12・3	みちこ	24

朝 12

音訓
名のり
意味

【名づけヒント】夜明けのさわやかさに加え、太陽が昇ることから希望や勢いのよさ、1日の始まりから初心といったキーワードも。

男の子

名前	画数	読み	総画
朝斗	12・4	あさと	16
朝飛	12・9	あさひ	21
朝陽	12・12	あさひ	24
朝輝	12・15	ともき	27
朝也	12・3	ともや	15

女の子

名前	画数	読み	総画
朝	12(1)	あさ	13
朝香	12・9	あさか	21
朝子	12・3	あさこ	15
朝妃	12・6	あさひ	18
朝美	12・9	あさみ	21

渡 12

音訓
名のり
意味

【名づけヒント】スケールが大きくてポジティブな印象。人生という海を無事に渡っていけるようにと願って。

男の子

名前	画数	読み	総画
渡	12(1)	わたる	13
永渡	5・12	えいと	17
海渡	9・12	かいと	21
健渡	11・12	けんと	23
大渡	3・12	だいと	15
渡羽	12・6	とわ	18
晴渡	12・12	はると	24
広渡	5・12	ひろと	17
勇渡	9・12	ゆうと	21

女の子

名前	画数	読み	総画
美渡	9・12	みと	21

統 12

音訓 トウ、す(べる)
名のり おさ、おさむ、のり、むね、もと
意味 ひとつにまとめる。つながり。すじ。

【名づけヒント】統率、統治など、リーダーシップを感じさせる字だが、そこに強引さはなく、きちんとまとめるイメージ。

男の子

名前	画数	読み	総画
統	12 (1)	おさむ	13
統梧	12・11	とうご	23
統麻	12・11	とうま	23
統也	12・3	とうや	15
統吏	12・6	とうり	18
統久	12・3	むねひさ	15
統生	12・5	もとき	17
善統	12・12	よしむね	24

女の子

名前	画数	読み	総画
統子	12・3	とうこ	15
統美	12・9	もとみ	21

敦 12

音訓 トン、あつ(い)
名のり あつ、あつし、のぶ
意味 真心がこもっている。手厚い。

【名づけヒント】名前向きのよい意味を持つ字で、昔から人気の字。まごころを持って生きてほしいと願って。

男の子

名前	画数	読み	総画
敦	12 (1)	あつし	13
敦史	12・5	あつし	17
敦惟	12・11	あつただ	23
敦仁	12・4	あつと	16
敦紀	12・9	あつのり	21
敦彦	12・9	あつひこ	21
敦寛	12・13	あつひろ	25
大敦	3・12	ひろのぶ	15

女の子

名前	画数	読み	総画
敦子	12・3	あつこ	15
敦美	12・9	あつみ	21

登 12

音訓 トウ、ト、のぼ(る)
名のり たか、ちか、ど、とみ、とも、なり、なる、のぼる、のり、みのる
意味 高いところへ上がる。公の場に出る。

【名づけヒント】足を使って、苦労をしながら高いところへ上がっていくことを表す字で、力強く前向きなイメージ。高みを目指して一歩一歩進んでいけるように、困難にもくじけない人にといった願いを込められる。男の子名で人気の止め字「ト」の読みもある。

男の子

名前	画数	読み	総画
登	12 (1)	のぼる	13
永登	5・12	えいと	17
瑛登	12・12	えいと	24
登斗	12・4	たかと	16
登成	12・6	たかなり	18
登惟	12・11	とうい	23
登伍	12・6	とうご	18
登麻	12・11	とうま	23
登也	12・3	とうや	15
登輝	12・15	とき	27
登夢	12・13	とむ	25
登羽	12・6	とわ	18
悠登	11・12	はると	23
弘登	5・12	ひろと	17
大登	3・12	ひろと	15
柾登	9・12	まさと	21
雄登	12・12	ゆうと	24
由登	5・12	よしと	17

女の子

名前	画数	読み	総画
登羽	12・6	とわ	18
美登	9・12	みと	21
紗登美	10・12・9	さとみ	31
千咲登	3・9・12	ちさと	24
登紀乃	12・9・2	ときの	23
登美子	12・9・3	とみこ	24
日登美	4・12・9	ひとみ	25
美登理	9・12・11	みどり	32

博 12

音訓 ハク、バク
名のり はか、ひろ、ひろし、ひろむ
意味 広く行き渡っている。

【名づけヒント】博学や博愛など、知性やふところの大きさを感じさせる字。名のりの「ひろ」「ひろし」を用いた名前が多いが、男の子名で「ハク」の音を生かすと、雰囲気の違った印象に。直線の多い字形なので、曲線のある字と組み合わせるとバランスがいい。

男の子

名前	画数	読み	総画
博	12 (1)	ひろし	13
達博	12・12	たつひろ	24
友博	4・12	ともひろ	16
博斗	12・4	はくと	16
博旭	12・6	ひろあき	18
博基	12・11	ひろき	23
博毅	12・15	ひろき	27
博貴	12・12	ひろき	24
博己	12・3	ひろき	15
博生	12・5	ひろき	17
博隆	12・11	ひろたか	23
博仁	12・4	ひろと	16
博信	12・9	ひろのぶ	21
博文	12・4	ひろふみ	16
博雅	12・13	ひろまさ	25
博海	12・9	ひろみ	21
博夢	12・13	ひろむ	25
博行	12・6	ひろゆき	18
博之	12・3	ひろゆき	15
正博	5・12	まさひろ	17
誠博	13・12	まさひろ	25
光博	6・12	みつひろ	18
吉博	6・12	よしひろ	18

女の子

名前	画数	読み	総画
博子	12・3	ひろこ	15
博美	12・9	ひろみ	21
博代	12・5	ひろよ	17

道 12

音訓 ドウ、トウ、みち
名のり おさむ、のり、ゆき、より、わたる
意味 みち。物事の進め方。

【名づけヒント】人として正しい道を歩んで行くように、自分が選んだ道をまっすぐ進んでほしいなどと願って。

男の子

名前	画数	読み	総画
一道	1・12	いちどう	13
開道	12・12	かいどう	24
義道	13・12	ぎどう	25
史道	5・12	しどう	17
正道	5・12	まさみち	17
道成	12・6	みちなり	18
道大	12・3	みちひろ	15
道琉	12・11	みちる	23

女の子

名前	画数	読み	総画
道子	12・3	みちこ	15
道世	12・5	みちよ	17

富 12

音訓 フ、フウ、とみ、と(む)
名のり あつ、あつし、と、ふく、ゆたか
意味 財産が多い。

【名づけヒント】お金で苦労をしないように、心が豊かな子に、充実した人生をなど、あらゆる豊かさを願って。

男の子

名前	画数	読み	総画
富	12 (1)	とむ	13
富夢	12・13	とむ	25
富太	12・4	ふうた	16
富久	12・3	ふく	15
富士	12・3	ふじ	15
富士丸	12・3・3	ふじまる	18

女の子

名前	画数	読み	総画
富香	12・9	ふうか	21
富美	12・9	ふみ	21
富楽	12・13	ふら	25
富美佳	12・9・8	ふみか	29

12 愉

音訓 ユ、たのしい
名のり ー
意味 悩みがなくなる、楽しい

【名づけヒント】心が晴れ晴れとしていることを表す字。悩み事の少ない平穏な人生を。楽しいことがたくさんあるように。

男の子

名前	読み	画数
愉宇	ゆう	18
愉貴	ゆたか	24

女の子

名前	読み	画数
美愉	みゆ	21
愉衣	ゆい	18
愉加	ゆか	17
愉香	ゆか	21
愉月	ゆづき	16
愉菜	ゆな	23
愉梨	ゆり	23
真愉子	まゆこ	25

12 裕

音訓 ユウ
名のり すけ、ひろ、ひろし、まさ、みち、やす、ゆたか、ゆ
意味 ゆたか。ものがたくさんある。心が豊かでゆとりがある

【名づけヒント】ものに恵まれるだけでなく、それによって生じる心のゆとりも表す。苦労せずに日々おだやかに楽しく生きてほしいという親の願いを込められる字。「ユウ」「ユ」「ひろ」とポピュラーな読みが多くて名前を作りやすく、性別を問わず根強い人気がある。

男の子

名前	読み	画数
裕(1)	ひろし	13
裕(1)	ゆう	13
達裕	たつひろ	24
裕章	ひろあき	23
裕生	ひろき	17
裕史	ひろし	17
裕斗	ひろと	16
裕翔	ひろと	24
裕信	ひろのぶ	21
裕一	ゆういち	13
裕雅	ゆうが	25
裕基	ゆうき	23
裕己	ゆうき	15
裕伍	ゆうご	18
裕太	ゆうた	16
裕都	ゆうと	23
裕哉	ゆうや	21
裕太郎	ゆうたろう	25

女の子

名前	読み	画数
麻裕	まゆ	23
美裕	みゆう	21
裕子	ゆうこ	15
裕菜	ゆな	23
裕璃	ゆり	27
真裕美	まゆみ	31
裕佳子	ゆかこ	23
裕希奈	ゆきな	27

12 湧

音訓 ユウ、ヨウ、わ（く）
名のり わか、わき
意味 水などが地面から出てくる

【名づけヒント】清らかな湧き水の癒しのイメージのほか、勇気、元気が湧く、アイデアが湧くなど積極的なイメージも。

男の子

名前	読み	画数
湧一	ゆういち	13
湧咲	ゆうさく	21
湧成	ゆうせい	18
湧登	ゆうと	24
湧平	ゆうへい	17
湧史	ようじ	17

女の子

名前	読み	画数
心湧	みゆう	16
湧香	ゆうか	21
湧美	ゆうみ	21
湧子	ようこ	15

12 雄

音訓 ユウ、お、おす
名のり かつ、たか、たけ、たけし、のり、よし
意味 動物のオス。力強い

【名づけヒント】英雄や雄大の「雄」で、たくましくスケールの大きな印象。従来は「お」の読みで、男の子名の止め字に使われることが多かったが、最近は「ユウ」の音を生かした名前が多い。「ユウ」と読む字の中ではいかにも男らしい字。

男の子

名前	読み	画数
雄(1)	ゆう	13
迅雄	はやお	18
悠雄	はるお	23
正雄	まさお	17
元雄	もとお	16
雄一	ゆういち	13
雄賀	ゆうが	24
雄基	ゆうき	23
雄山	ゆうざん	15
雄士	ゆうじ	15
雄介	ゆうすけ	16
雄生	ゆうせい	17
雄聖	ゆうせい	25
雄惺	ゆうせい	24
雄善	ゆうぜん	24
雄創	ゆうそう	24
雄太	ゆうた	16
雄大	ゆうだい	15
雄翔	ゆうと	24
雄羽	ゆうは	18
雄飛	ゆうひ	21
雄平	ゆうへい	17
雄也	ゆうや	15
雄矢	ゆうや	17
玲雄	れお	21
七雄也	なおや	17
雄太郎	ゆうたろう	25

12 陽

音訓 ヨウ、ひ
名のり あき、あきら、きよ、きよし、たか、なか、はる
意味 太陽、日光。明るく暖かい。はっきりしている

【名づけヒント】積極的で力強く、プラスなものを表す。文字どおり、おひさまのような明るい人柄をイメージさせるが、「日」よりも積極的な意味合いが強い。太陽のように心のあたたかい子に、いつも明るく太陽のような笑顔を持つ子になど、意味づけもしやすい。

男の子

名前	読み	画数
陽(1)	はる	13
旭陽	あさひ	18
太陽	たいよう	16
陽輝	はるき	27
陽都	はると	23
陽彦	はるひこ	21
陽悠	はるひさ	23
雅陽	まさはる	25
陽一	よういち	13
陽介	ようすけ	16
陽太	ようた	16
陽那太	ひなた	23
陽一朗	よういちろう	23

女の子

名前	読み	画数
千陽	ちはる	15
陽禾	はるか	17
陽香	はるか	21
陽南	はるな	21
悠陽	はるひ	23
陽妃	はるひ	18
陽世	はるよ	17
陽咲	ひさき	21
陽菜	ひな	23
美陽	みはる	21
陽子	ようこ	15
陽奈子	ひなこ	23
陽茉里	ひまり	27

12 葉

音訓 ヨウ、ショウ、は　**名のり** のぶ、ば、ふさ、よ　**意味** 植物のは。時代。

【名づけヒント】植物の緑色を連想させ、さわやかで落ち着いた印象。また、生い茂るところから生命力も感じさせる。

男の子

名前	画数	読み	総画
葉介	12・4	ようすけ	16
葉月	12・4	はづき	16

女の子

名前	画数	読み	総画
彩葉	11・12	いろは	23
音葉	9・12	おとは	21
一葉	1・12	かずは	13
葉菜	12・11	はな	23
双葉	4・12	ふたば	16
紅葉	9・12	もみじ	21
葉子	12・3	ようこ	15
和香葉	8・9・12	わかば	29

12 遥

音訓 ヨウ、はるか　**名のり** のぶ、のり、はる、はるか、みち　**意味** 距離が遠い。時間が隔たっている。

【名づけヒント】遠くまで続く長い道や、はるか彼方に広がる大空などを連想させ、スケールの大きさとともに、ロマンチックな雰囲気もある字。大きな心を持ってほしい、はるか遠くを見渡す広い視野を持ってほしいなどと願って。旧字体「遙（14画）」も使用可。

男の子

名前	画数	読み	総画
遥	12(1)	よう	13
清遥	11・12	きよはる	23
遥己	12・3	はるき	15
遥久	12・3	はるく	15
遥太	12・4	はるた	16
遥宇	12・6	はるたか	18
遥斗	12・4	はると	16
遥翔	12・12	はると	24
遥海	12・9	はるみ	21
遥路	12・13	はるみち	25
遥夢	12・13	はるむ	25
遥矢	12・5	はるや	17
遥一	12・1	よういち	13

女の子

名前	画数	読み	総画
遥	12(1)	はるか	13
千遥	3・12	ちはる	15
遥愛	12・13	はるあ	25
遥江	12・6	はるえ	18
遥香	12・9	はるか	21
遥彩	12・11	はるさ	23
遥菜	12・11	はるな	23
遥音	12・9	はるね	21
遥陽	12・12	はるひ	24
遥望	12・11	はるみ	23
遥代	12・5	はるよ	17
美遥	9・12	みはる	21
遥子	12・3	ようこ	15

12 琳

音訓 リン　**名のり**　**意味**

【名づけヒント】涼やかで透明感がある字。「リン」は、「凜（凛）」「鈴」が女の子に人気だが、「琳」は男の子にも使いやすい。

男の子

名前	画数	読み	総画
光琳	6・12	こうりん	18
琳太	12・4	りんた	16
琳堂	12・11	りんどう	23
琳平	12・5	りんぺい	17
琳太郎	12・4・9	りんたろう	25

女の子

名前	画数	読み	総画
琳	12(1)	りん	13
可琳	5・12	かりん	17
琳加	12・5	りんか	17
琳香	12・9	りんか	21
琳子	12・3	りんこ	15

13画

13 愛

音訓 アイ、いとしい、めでる　**名のり** あ、なか、なり、なる、めぐ、めぐみ、めぐむ、やす、よし　**意味** いつくしむ。大切に思う。人をかわいがる。

【名づけヒント】異性に対する気持ちを表すだけでなく、広くいろいろな人・ものに心が惹かれることを表す字で、女の子名では、常にトップクラスの人気。周囲の人に愛されるように、愛情深くやさしい子にといった願いをストレートに表現できる。

男の子

名前	画数	読み	総画
愛貴	13・12	あいき	25
愛斗	13・4	あいと	17
愛琉	13・11	あいる	24
愛翔	13・12	まなと	25
愛弥	13・8	まなや	21
愛之助	13・3・7	あいのすけ	23

女の子

名前	画数	読み	総画
愛依	13・8	あい	21
愛加	13・5	あいか	18
愛子	13・3	あいこ	16
愛彩	13・11	あいさ	24
愛紗	13・10	あいさ	23
愛奈	13・8	あいな	21
愛寧	13・14	あいね	27
愛葉	13・12	あいは	25
愛莉	13・10	あいり	23
愛瑠	13・14	あいる	27
愛弓	13・3	あゆみ	16
愛理	13・11	えり	24
心愛	4・13	ここあ	17
乃愛	2・13	のあ	15
愛永	13・5	まなえ	18
愛珠	13・10	まなみ	23
結愛	12・13	ゆあ	25
愛結華	13・12・10	あゆか	35
愛優美	13・17・9	あゆみ	39
愛里彩	13・7・11	ありさ	31

13 意

音訓 イ　**名のり**　**意味**

【名づけヒント】意見、意思、同意などの熟語があり、考えていることを表す字。自分の意見をしっかり持てる人に。

男の子

名前	画数	読み	総画
碧意	14・13	あおい	27
意織	13・18	いおり	31
意也	13・3	もとや	16
琉意	11・13	るい	24
勇意人	9・13・2	ゆいと	24

女の子

名前	画数	読み	総画
意代	13・5	いよ	18
茉意	8・13	まい	21
芽意	8・13	めい	21
意子	13・3	もとこ	16
結意	12・13	ゆい	25

雅 13

音訓 名のり 意味

古きよき日本の洗練された美しさを表し、品があって優雅な印象。心に余裕のある落ち着いた人に、品のある女性・男性に成長してほしいと願って。1字名の「雅(みやび)」が人気だが、姓名判断を重視する場合は2字名以上がおすすめ。

男の子

名前	画数	読み	総画
雅工	13・3	がく	16
和雅	8・13	かずまさ	21
泰雅	10・13	たいが	23
大雅	3・13	たいが	16
雅喜	13・12	まさき	25
雅起	13・10	まさき	23
雅樹	13・16	まさき	29
雅史	13・5	まさし	18
雅隆	13・11	まさたか	24
雅人	13・2	まさと	15
雅登	13・12	まさと	25
雅也	13・3	まさなり	16
雅晴	13・12	まさはる	25
雅仁	13・4	まさひと	17
雅文	13・4	まさふみ	17
雅矢	13・5	まさや	18
雅幸	13・8	まさゆき	21
悠雅	11・13	ゆうが	24
由雅	5・13	ゆうが	18
涼雅	11・13	りょうが	24

女の子

名前	画数	読み	総画
雅恵	13・10	まさえ	23
雅姫	13・10	まさき	23
雅子	13・3	まさこ	16
雅菜	13・11	まさな	24
雅実	13・8	まさみ	21
雅世	13・5	まさよ	18

寛 13

音訓 名のり 意味

寛容や寛大のように他人に対して広い心で接するという意味のほか、「くつろぐ」という言葉のように、自分の締め付けをゆるくするという意味合いもある。おおらかな子に、ゆとりを持って生きていけるようになどの願いを込めて。

男の子

名前	画数	読み	総画
勝寛	12・13	かつひろ	25
寛玄	13・5	かんげん	18
寛治	13・8	かんじ	21
寛介	13・4	かんすけ	17
寛輔	13・14	かんすけ	27
寛太	13・4	かんた	17
寛人	13・2	かんと	15
知寛	8・13	ともひろ	21
寛彰	13・14	ひろあき	27
寛央	13・5	ひろお	18
寛基	13・11	ひろき	24
寛己	13・3	ひろき	16
寛史	13・5	ひろし	18
寛翔	13・12	ひろと	25
寛正	13・5	ひろまさ	18
寛也	13・3	ひろや	16
寛弥	13・8	ひろや	21
将寛	10・13	まさひろ	23
寛一郎	13・1・9	かんいちろう	23
寛太朗	13・4・10	かんたろう	27

女の子

名前	画数	読み	総画
寛菜	13・11	かんな	24
寛奈	13・8	かんな	21
寛子	13・3	ひろこ	16
寛乃	13・2	ひろの	15
寛実	13・8	ひろみ	21
茉寛	8・13	まひろ	21

楽

音訓 名のり 意味

本来は音楽を表す字。音楽は人を楽しませることから、楽しいという意味になった。明るい印象が人気。

男の子

名前	画数	読み	総画
楽人	13・2	がくと	15
曽楽	11・13	そら	24
泰楽	10・13	たいら	23

女の子

名前	画数	読み	総画
清楽	11・13	きよら	24
季楽	8・13	さら	21
彩楽	11・13	さら	24
素楽	10・13	そら	23
実楽	8・13	みら	21
結楽	12・13	ゆら	25
楽々花	13・3・7	ららか	23

暉

音訓 名のり 意味

「輝」と意味も読み方もほぼ同じだが、名前での使用例が少なく新鮮。今後使用例が増えそうな字。

男の子

名前	画数	読み	総画
暉人	13・2	あきと	15
浩暉	10・13	こうき	23
翔暉	12・13	しょうき	25
大暉	3・13	だいき	16
暉之	13・3	てるゆき	16
尚暉	8・13	なおき	21
将暉	10・13	まさき	23
悠暉	11・13	ゆうき	24

女の子

名前	画数	読み	総画
暉子	13・3	きこ	16
実暉	8・13	みき	21

幹

音訓 名のり 意味

ちょっとやそっとではくじけない強さが感じられる字。芯の強い子に。リーダーシップのある子に。

男の子

名前	画数	読み	総画
幹太	13・4	かんた	17
大幹	3・13	だいき	16
直幹	8・13	なおき	21
悠幹	11・13	はるき	24
幹央	13・5	みきお	18
幹人	13・2	みきと	15
幹貴	13・12	もとき	25
幹太朗	13・4・10	かんたろう	27

女の子

名前	画数	読み	総画
幹菜	13・11	かんな	24
幹子	13・3	みきこ	16

義

音訓 名のり 意味

武士にも多く用いられてきた字。正義感のある子にと願って。

男の子

名前	画数	読み	総画
昌義	8・13	まさよし	21
正義	5・13	まさよし	18
義章	13・11	よしあき	24
義喜	13・12	よしき	25
義純	13・10	よしずみ	23
義徳	13・14	よしのり	27
義人	13・2	よしひと	15
義仁	13・4	よしひと	17
義史	13・5	よしふみ	18
義宗	13・8	よしむね	21
義之	13・3	よしゆき	16

13 源

音訓 ゲン、みなもと
名のり はじめ、もと
意味 水の流れ出る泉。みなもと。物事のおおもと。

【名づけヒント】生命力や創造力を感じさせる字。新しいものを生み出す創造力とパワーのある子にと願って。

男の子

名前	画数	読み	総画
源基	13・11	げんき	24
源起	13・10	げんき	23
源士	13・3	げんじ	16
源太	13・4	げんた	17
源弥	13・8	げんや	21
真源	10・13	しんげん	23
源生	13・5	もとき	18
源矢	13・5	もとや	18
悠源	11・13	ゆうげん	24
源一郎	13・1・9	げんいちろう	23
源太朗	13・4・10	げんたろう	27

13 瑚

音訓 コ、ゴ
名のり ―
意味 珊瑚（さんご）は、海から採れる宝石の一種。

【名づけヒント】女の子名では「コ」の読みを生かして「子」の代わりに、男の子名では「ゴ」の止め字として用いるケースが多い。

男の子

名前	画数	読み	総画
大瑚	3・13	だいご	16
瑚太朗	13・4・10	こたろう	27

女の子

名前	画数	読み	総画
季瑚	8・13	きこ	21
瑚子	13・3	ここ	16
瑚都	13・11	こと	24
瑚夏	13・10	こなつ	23
仁瑚	4・13	にこ	17
真瑚	10・13	まこ	23
実瑚	8・13	みこ	21
瑚々奈	13・3・8	ここな	24

13 詩

音訓 シ、うた
名のり ―
意味 し。文学様式のひとつ。

【名づけヒント】文学的で情緒的な独特のイメージを持つ字。「詩織（しおり）」「詩月（しづき）」「詩乃（しの）」など和の雰囲気の止め字と好相性。ロマンチックな雰囲気が好まれて、特に女の子名によく使われるが、最近は男の子名での使用例も増えている。

男の子

名前	画数	読み	総画
和詩	8・13	かずし	21
智詩	12・13	さとし	25
詩恩	13・10	しおん	23
詩温	13・12	しおん	25
広詩	5・13	ひろし	18
詩之助	13・3・7	しのすけ	23

女の子

名前	画数	読み	総画
詩恵	13・10	うたえ	23
詩加	13・5	うたか	18
詩子	13・3	うたこ	16
詩葉	13・12	うたは	25
詩実	13・8	うたみ	21
詩世	13・5	うたよ	18
詩絵	13・12	しえ	25
詩緒	13・14	しお	27
詩丘	13・5	しおか	18
詩織	13・18	しおり	31
詩苑	13・8	しおん	21
詩季	13・8	しき	21
詩月	13・4	しづき	17
詩乃	13・2	しの	15
詩歩	13・8	しほ	21
詩麻	13・11	しま	24
詩弓	13・3	しゆみ	16
詩恵璃	13・10・15	しえり	38
詩央里	13・5・7	しおり	25
詩津香	13・9・9	しづか	31

13 滉

音訓 コウ
名のり ひろ、ひろし
意味 水が深く広い。

【名づけヒント】深く広がる川や海を表し、スケールの大きさと透明感を感じさせる。深く澄んだ広い心を持つ子にと願って。

男の子

名前	画数	読み	総画
滉士	13・3	こうし	16
滉介	13・4	こうすけ	17
滉平	13・5	こうへい	18
滉貴	13・12	ひろき	25
滉斗	13・4	ひろと	17
滉矢	13・5	ひろや	18
正滉	5・13	まさひろ	18
康滉	11・13	やすひろ	24
滉士郎	13・3・9	こうしろう	25

女の子

名前	画数	読み	総画
滉乃	13・2	ひろの	15

13 獅

音訓 シ、しし
名のり たけ
意味 ネコ科の動物、ライオン。獅子（しし）。

【名づけヒント】百獣の王ライオンを表す字。力強くたくましく育ってほしいと願って。

男の子

名前	画数	読み	総画
獅温	13・12	しおん	25
獅月	13・4	しづき	17
獅門	13・8	しもん	21
太獅	4・13	たいし	17
崇獅	11・13	たかし	24
豪獅	14・13	たけし	27
獅登	13・12	たけと	25
久獅	3・13	ひさし	16
真獅	10・13	まさたけ	23
雄獅	12・13	ゆうし	25
獅ノ助	13・1・7	しのすけ	21

13 煌

音訓 コウ、かがやく、きらめく
名のり あき、きら、てる
意味 鋭く輝く。きらきらと光り輝く。

【名づけヒント】輝くという意味の字は多いが、火と皇の組み合わせは独特。きらめく明るい未来、きらめく才能を願って。

男の子

名前	画数	読み	総画
煌翔	13・12	きらと	25
煌永	13・5	こうえい	18
煌河	13・8	こうが	21
煌生	13・5	こうき	18
煌太	13・4	こうた	17
煌也	13・3	こうや	16
真煌	10・13	まさあき	23
煌一郎	13・1・9	こういちろう	23

女の子

名前	画数	読み	総画
煌乃	13・2	あきの	15
煌莉	13・10	きらり	23

13 慈

音訓 ジ、いつくしむ
名のり しげ、しげる、ちか、やす、よし
意味 深い愛情をもって接する。

【名づけヒント】仏教では、あらゆる人々を救おうとする心を指す字。心の広い子に、世の中に役立つ人に。

男の子

名前	画数	読み	総画
慈永	13・5	じえい	18
慈恩	13・10	じおん	23
慈人	13・2	しげと	15
慈之	13・3	しげゆき	16
真慈	10・13	まさちか	23
怜慈	8・13	れいじ	21
礼慈	5・13	れいじ	18

女の子

名前	画数	読み	総画
慈雨	13・8	じう	21
慈子	13・3	ちかこ	16
慈乃	13・2	よしの	15

13 舜

音訓 シュン

名のり きよ、とし、みつ、ひとし、よし

意味 中国の伝説上の理想的な帝王。

【名づけヒント】理想的な政治を行ったとされる帝王の名にあやかり、まわりから尊敬される立派な人にと願って。

男の子

- 舜(13)司(5) しゅんじ 18
- 舜(13)太(4) しゅんた 17
- 舜(13)翔(12) しゅんと 25
- 舜(13)真(10) しゅんま 23
- 舜(13)弥(8) しゅんや 21
- 雄(12)舜(13) ゆうしゅん 25
- 舜(13)大(3) よしひろ 16
- 舜(13)太(4)朗(10) しゅんたろう 27

女の子

- 舜(13)華(10) しゅんか 23
- 舜(13)子(3) よしこ 16

13 新

音訓 シン、あたら(しい)、あら(た)、にい

名のり あら、あらた、ちか、はじめ、わか

意味 今までにない。

【名づけヒント】新しいことに挑戦する開拓者精神や、フレッシュさを感じさせる。

男の子

- 新(13)史(5) あらし 18
- 新(13)太(4) あらた 17
- 新(13)悟(10) しんご 23
- 新(13)治(8) しんじ 21
- 新(13)平(5) しんぺい 18
- 新(13)也(3) しんや 16
- 新(13)一(1)郎(9) しんいちろう 23
- 新(13)太(4)朗(10) しんたろう 27

女の子

- 新(13)奈(8) にいな 21
- 新(13)葉(12) わかば 25

13 奨

音訓 ショウ、すすめる

名のり すけ、すすむ、たすく、つとむ

意味 盛んになるように手助けする。

【名づけヒント】奨励、奨学金などの熟語があり、手助けするという、縁の下の力持ち的な意味の字。世の中の役に立つ人に。

男の子

- 健(11)奨(13) けんすけ 24
- 弘(5)奨(13) こうすけ 18
- 奨(13)英(8) しょうえい 21
- 奨(13)己(3) しょうき 16
- 奨(13)悟(10) しょうご 23
- 奨(13)太(4) しょうた 17
- 奨(13)平(5) しょうへい 18
- 奨(13)真(10) しょうま 23
- 奨(13)太(4)朗(10) しょうたろう 27

女の子

- 奨(13)子(3) しょうこ 16

13 慎

音訓 シン、つつし(む)

名のり ちか、のり、まこと、みつ、よし

意味 十分に気を配る。

【名づけヒント】謙虚で誠実なイメージ。周囲に心配りのできる子に。事故や事件に巻き込まれないよう慎重さを忘れずに。

男の子

- 賢(16)慎(13) けんしん 29
- 慎(13)護(20) しんご 33
- 慎(13)介(4) しんすけ 17
- 慎(13)平(5) しんぺい 18
- 慎(13)也(3) しんや 16
- 慎(13)人(2) よしと 15
- 慎(13)太(4)朗(10) しんたろう 27
- 慎(13)之(3)助(7) しんのすけ 23

女の子

- 慎(13)子(3) ちかこ 16
- 慎(13)恵(10) よしえ 23

13 照

音訓 ショウ、て(る)、て(らす)、て(れる)

名のり あき、あきら、あり、てらす、てり、てる、みつ

意味 光を当てる。光が当たって輝く。

【名づけヒント】ある部分に特別に光を当てることを表す字。単に明るいのではなく、相手を明るくするという意味合いがある。いつも明るく元気に、周囲の人も明るくするような子に育ってほしいと願って。また、明るく輝きのある人生を送れるようにと願って。

男の子

- 和(8)照(13) かずてる 21
- 清(11)照(13) きよてる 24
- 照(13)英(8) しょうえい 21
- 照(13)悟(10) しょうご 23
- 照(13)太(4) しょうた 17
- 照(13)平(5) しょうへい 18
- 照(13)馬(10) しょうま 23
- 照(13)磨(16) しょうま 29
- 照(13)章(11) てるあき 24
- 照(13)基(11) てるき 24
- 照(13)貴(12) てるたか 25
- 照(13)久(3) てるひさ 16
- 照(13)史(5) てるふみ 18
- 照(13)真(10) てるま 23
- 照(13)道(12) てるみち 25
- 照(13)矢(5) てるや 18
- 照(13)之(3) てるゆき 16
- 正(5)照(13) まさてる 18
- 照(13)一(1)郎(9) しょういちろう 23
- 照(13)太(4)朗(10) しょうたろう 27

女の子

- 照(13)子(3) しょうこ 16
- 照(13)恵(10) てるえ 23
- 照(13)乃(2) てるの 15
- 照(13)葉(12) てるは 25
- 照(13)実(8) てるみ 21
- 照(13)代(5) てるよ 18

13 瑞

音訓 ズイ、みず

名のり たま

意味 王や皇帝が領土などを与えるとき、証拠として渡す宝石。めでたいことが起こる前兆。みずみずしい。

【名づけヒント】何かいいことが起こりそうだという雰囲気を表す字。縁起のよさに加え、生き生きとしたイメージもある。男女ともに「みずき」と読ませる名前が圧倒的な人気。性別がまぎらわしくないよう、組み合わせる漢字を工夫したい。

男の子

- 瑞(13)喜(12) みずき 25
- 瑞(13)起(10) みずき 23
- 瑞(13)樹(16) みずき 29
- 瑞(13)生(5) みずき 18
- 瑞(13)隆(11) みずたか 24
- 瑞(13)人(2) みずと 15
- 瑞(13)斗(4) みずと 17
- 瑞(13)波(8) みずは 21

女の子

- 瑞(13)恵(10) たまえ 23
- 瑞(13)緒(14) たまお 27
- 瑞(13)華(10) たまか 23
- 瑞(13)季(8) たまき 21
- 瑞(13)子(3) たまこ 16
- 瑞(13)乃(2) たまの 15
- 瑞(13)実(8) たまみ 21
- 瑞(13)代(5) たまよ 18
- 瑞(13)絵(12) みずえ 25
- 瑞(13)可(5) みずか 18
- 瑞(13)夏(10) みずか 23
- 瑞(13)姫(10) みずき 23
- 瑞(13)彩(11) みずさ 24
- 瑞(13)奈(8) みずな 21
- 瑞(13)葉(12) みずは 25
- 瑞(13)歩(8) みずほ 21
- 瑞(13)世(5) みずよ 18
- 瑞(13)与(3) みずよ 16

13 聖

音訓 セイ、ショウ、ひじり
名のり あき、あきら、きよ、きよし、さと、さとし、さとる、たかし、まさ
意味 頭がよく、徳も高い人。宗教的に重要な。

【名づけヒント】知恵と知識があって、この世の中の本質を悟っている人を指す字。欲望には流されない清らかさと知性を感じさせ、非常に気品があるので、男女ともに安定した人気がある。清く正しく賢く成長してほしい、聖人のような立派な人格にと願って。

男の子

名前	画数	読み	総画
聖悠	13・11	きよはる	24
聖士	13・3	さとし	16
聖琉	13・11	さとる	24
聖悟	13・10	せいご	23
聖矢	13・5	せいや	18
聖弥	13・8	せいや	21
千聖	3・13	ちさと	16
鳳聖	14・13	ほうせい	27
聖己	13・3	まさき	16
聖斗	13・4	まさと	17
琉聖	11・13	りゅうせい	24
聖士郎	13・3・9	きよしろう	25
聖之助	13・3・7	せいのすけ	23

女の子

名前	画数	読み	総画
聖恵	13・10	きよえ	23
聖佳	13・8	きよか	21
聖華	13・10	きよか	23
聖寧	13・14	きよね	27
聖乃	13・2	きよの	15
聖絵	13・12	さとえ	25
聖実	13・8	さとみ	21
聖加	13・5	せいか	18
聖子	13・3	せいこ	16
聖奈	13・8	せいな	21
聖藍	13・18	せいらん	31
知聖	8・13	ちさと	21
実聖	8・13	みさと	21

13 誠

音訓 セイ、まこと
名のり あき、あきら、さと、たか、たかし、なり、なる、まさ、み、よし
意味 うそのない心。真実。まごころ。

【名づけヒント】人間として非常に大切なことを表す、名前向きの字。パパ・ママ世代では、1字名の「誠（まこと）」が男の子名の定番として人気があったが、姓名判断を重視するなら2字名以上がおすすめ。音読みの「セイ」を生かせばバリエーションが増える。

男の子

名前	画数	読み	総画
康誠	11・13	こうせい	24
仁誠	4・13	じんせい	17
誠市	13・5	せいいち	18
誠悟	13・10	せいご	23
誠剛	13・10	せいごう	23
誠士	13・3	せいじ	16
誠太	13・4	せいた	17
誠登	13・12	せいと	25
誠磨	13・16	せいま	29
誠也	13・3	せいや	16
大誠	3・13	たいせい	16
誠人	13・2	まこと	15
誠樹	13・16	まさき	29
誠斗	13・4	まさと	17
誠広	13・5	まさひろ	18
誠実	13・8	まさみ	21
誠宗	13・8	まさむね	21
誠幸	13・8	まさゆき	21
結誠	12・13	ゆうせい	25
涼誠	11・13	りょうせい	24
誠一郎	13・1・9	せいいちろう	23
誠史郎	13・5・9	せいしろう	27
誠ノ介	13・1・4	せいのすけ	18

女の子

名前	画数	読み	総画
誠華	13・10	せいか	23
誠子	13・3	せいこ	16
誠菜	13・11	せいな	24

13 勢

音訓 セイ、セ、いきお（い）
名のり なり
意味 物事を動かす力。物事の進み具合。

【名づけヒント】非常に活動的な印象。行動力のある人に、よい勢いに乗っていけるようになどの願いを込めて。

男の子

名前	画数	読み	総画
勢河	13・8	せいが	21
勢悟	13・10	せいご	23
勢士	13・3	せいじ	16
勢矢	13・5	せいや	18
勢七	13・2	せな	15
勢羅	13・19	せら	32
悠勢	11・13	ゆうせい	24
龍勢	16・13	りゅうせい	29
勢士郎	13・3・9	せいしろう	25

女の子

名前	画数	読み	総画
千勢	3・13	ちせ	16

13 蒼

音訓 ソウ、あお、あおい
名のり あおい、しげる
意味 青い。青黒い。草木が青々と茂るさま。

【名づけヒント】蒼海（そうかい）、蒼天（そうてん）など、空や海に関連する字だが、もともとは植物の濃い青色を表すとされる。

男の子

名前	画数	読み	総画
蒼惟	13・11	あおい	24
蒼波	13・8	あおば	21
蒼樹	13・16	しげき	29
蒼輔	13・14	そうすけ	27
蒼太	13・4	そうた	17
蒼真	13・10	そうま	23
蒼也	13・3	そうや	16

女の子

名前	画数	読み	総画
蒼依	13・8	あおい	21
蒼乃	13・2	あおの	15
蒼子	13・3	そうこ	16

13 靖

音訓 セイ、やすい
名のり きよし、しず、やす、やすし
意味 安定させる。やすらか。

【名づけヒント】世の中の平和への思いを込められる字。まわりを落ち着かせるようなおだやかな人柄にと願って。

男の子

名前	画数	読み	総画
靖司	13・5	せいじ	18
靖章	13・11	やすあき	24
靖隆	13・11	やすたか	24
靖人	13・2	やすと	15
靖広	13・5	やすひろ	18
靖文	13・4	やすふみ	17
靖幸	13・8	やすゆき	21
靖史郎	13・5・9	せいしろう	27

女の子

名前	画数	読み	総画
靖子	13・3	やすこ	16
靖代	13・5	やすよ	18

13 想

音訓 ソウ、ソ、おもう
名のり ―
意味 考えをめぐらす。心にイメージする。

【名づけヒント】同じ「おもう」でも、「思」より「想」のほうがロマンチック。「ソウ」「ソ」のやさしい響きは女の子名で人気。

男の子

名前	画数	読み	総画
想悟	13・10	そうご	23
想介	13・4	そうすけ	17
想太	13・4	そうた	17
想平	13・5	そうへい	18
想真	13・10	そうま	23

女の子

名前	画数	読み	総画
想子	13・3	そうこ	16
想奈	13・8	そな	21
想乃	13・2	その	15
想代	13・5	そよ	18
想乃子	13・2・3	そのこ	18

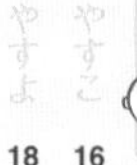

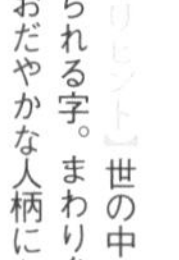

暖 13

音訓 ダン、ノン あたた(かい)
名のり あつ、はる、やす
意味

【名づけヒント】明るくおだやかで、やさしいイメージ。懐が暖かい＝金銭的に苦労しないようにという願いを込めても。

男の子

名前	読み	画数
暖(13)人(2)	あつと	15
暖(13)斗(4)	はると	17
暖(13)馬(10)	はるま	23
暖(13)也(3)	はるや	16
礼(5)暖(13)	れのん	18

女の子

名前	読み	画数
佳(8)暖(13)	かのん	21
千(3)暖(13)	ちはる	16
暖(13)加(5)	はるか	18
暖(13)奈(8)	はるな	21
暖(13)乃(2)	はるの	15

禎 13

音訓
名のり
意味

【名づけヒント】古風な印象はあるが、非常に縁起のいい字。すばらしい人生になるよう願って。

男の子

名前	読み	画数
禎(13)人(2)	さだと	15
禎(13)陽(12)	さだはる	25
禎(13)史(5)	ただし	18
真(10)禎(13)	まさよし	23
禎(13)斗(4)	よしと	17
禎(13)弘(5)	よしひろ	18
禎(13)之(3)	よしゆき	16

女の子

名前	読み	画数
禎(13)加(5)	さちか	18
禎(13)華(10)	さちか	23
禎(13)子(3)	さちこ	16

鉄 13

音訓
名のり
意味

【名づけヒント】鉄人や鉄壁のようにも使われるところから、強靭(きょうじん)な体と心、そして信頼性などを感じさせる。

男の子

名前	読み	画数
虎(8)鉄(13)	こてつ	21
鉄(13)央(5)	てつお	18
鉄(13)基(11)	てつき	24
鉄(13)士(3)	てつし	16
鉄(13)心(4)	てっしん	17
鉄(13)太(4)	てった	17
鉄(13)平(5)	てっぺい	18
鉄(13)弥(8)	てつや	21
鉄(13)之(3)	てつゆき	16
鉄(13)朗(10)	てつろう	23
鉄(13)之(3)佑(7)	てつのすけ	23

楓 13

音訓
名のり
意味

【名づけヒント】秋生まれの子の名づけで人気の字。1字名の「楓(かえで)」が人気だが、姓名判断を重視するなら2字以上で。

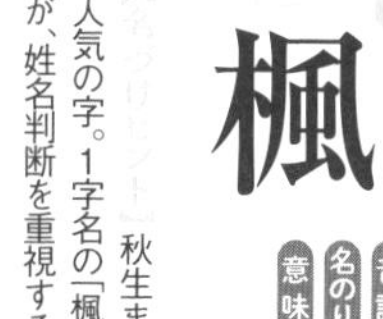

男の子

名前	読み	画数
楓(13)芽(8)	ふうが	21
楓(13)太(4)	ふうた	17
楓(13)斗(4)	ふうと	17
楓(13)真(10)	ふうま	23
楓(13)磨(16)	ふうま	29

女の子

名前	読み	画数
楓(13)加(5)	ふうか	18
楓(13)歌(14)	ふうか	27
楓(13)華(10)	ふうか	23
楓(13)子(3)	ふうこ	16
楓(13)奈(8)	ふうな	21

福 13

音訓 フク
名のり
意味

【名づけヒント】非常に縁起のよい字。気持ちのうえでの幸せだけでなく、ものやお金にも恵まれているイメージ。

男の子

名前	読み	画数
福(13)史(5)	ふくし	18
福(13)人(2)	ふくと	15
福(13)馬(10)	ふくま	23
福(13)多(6)朗(10)	ふくたろう	29
福(13)之(3)助(7)	ふくのすけ	23

女の子

名前	読み	画数
福(13)恵(10)	さちえ	23
福(13)加(5)	さちか	18
福(13)子(3)	ふくこ	16
福(13)実(8)	よしみ	21

睦 13

音訓
名のり
意味

【名づけヒント】よい友だちに恵まれるように、また、周囲の人たちとよい関係を築けるようにと願って。

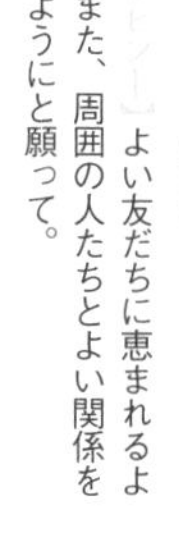

男の子

名前	読み	画数
歩(8)睦(13)	あゆむ	21
真(10)睦(13)	まさちか	23
睦(13)生(5)	むつき	18
睦(13)基(11)	むつき	24
睦(13)斗(4)	むつと	17

女の子

名前	読み	画数
睦(13)月(4)	むつき	17
睦(13)姫(10)	むつき	23
睦(13)子(3)	むつこ	16
睦(13)実(8)	むつみ	21
睦(13)世(5)	むつよ	18

夢 13

音訓
名のり
意味

【名づけヒント】希望とロマンを感じさせる字。夢を持ち続けてほしい、夢が叶うようになどの願いを込めて。

男の子

名前	読み	画数
拓(8)夢(13)	たくむ	21
渡(12)夢(13)	とむ	25
大(3)夢(13)	ひろむ	16
夢(13)元(4)	むげん	17
夢(13)人(2)	ゆめと	15

女の子

名前	読み	画数
恵(10)夢(13)	えむ	23
夢(13)子(3)	ゆめこ	16
夢(13)菜(11)	ゆめな	24
夢(13)乃(2)	ゆめの	15
夢(13)月(4)	むつき	17

誉 13

音訓
名のり
意味

【名づけヒント】名前向きのよい意味を持つ字。1字名の「誉(ほまれ)」が定番だが、姓名判断を重視するなら2字以上で。

男の子

名前	読み	画数
誉(13)士(3)	たかし	16
誉(13)浩(10)	たかひろ	23
誉(13)之(3)	たかゆき	16
誉(13)礼(5)	ほまれ	18
誉(13)志(7)斗(4)	よしと	24

女の子

名前	読み	画数
彩(11)誉(13)	さよ	24
誉(13)子(3)	たかこ	16
実(8)誉(13)	みよ	21
莉(10)誉(13)	りよ	23
佳(8)誉(13)子(3)	かよこ	24

瑶 13

音訓 ヨウ、たま
名のり ——
意味 美しい宝石。

【名づけヒント】中国の伝説上の仙女、瑶姫（ようき）のように、現実離れした美しさ、神秘的な美しさを表す字。

性別	名前	画数	読み	総画
男の子	瑶介	13・4	ようすけ	17
男の子	瑶一郎	13・1・9	よういちろう	23
女の子	瑶絵	13・12	たまえ	25
女の子	瑶緒	13・14	たまお	27
女の子	瑶佳	13・8	たまか	21
女の子	瑶姫	13・10	たまき	23
女の子	瑶実	13・8	たまみ	21
女の子	瑶世	13・5	たまよ	18
女の子	瑶夏	13・10	ようか	23
女の子	瑶子	13・3	ようこ	16

蓮 13

音訓 レン、はす、はちす
名のり ——
意味 スイレン科の植物、ハス。

【名づけヒント】ハスは、仏教では悟りを象徴する花で、植物にまつわる字でありながら、男の子名で人気の字。

性別	名前	画数	読み	総画
男の子	蓮悟	13・10	れんご	23
男の子	蓮介	13・4	れんすけ	17
男の子	蓮太	13・4	れんた	17
男の子	蓮真	13・10	れんま	23
男の子	蓮太朗	13・4・10	れんたろう	27
女の子	可蓮	5・13	かれん	18
女の子	蓮実	13・8	はすみ	21
女の子	蓮夏	13・10	れんか	23
女の子	蓮華	13・10	れんげ	23
女の子	蓮子	13・3	れんこ	16

稜 13

音訓 リョウ、かど
名のり たか
意味 折れ曲がった面のとがった部分。

【名づけヒント】山の稜線のイメージから、くっきりとそびえる美しい山を連想させる。際だった才能や存在感のある人に。

性別	名前	画数	読み	総画
男の子	昌稜	8・13	まさたか	21
男の子	稜介	13・4	りょうすけ	17
男の子	稜輔	13・14	りょうすけ	27
男の子	稜晴	13・12	りょうせい	25
男の子	稜太	13・4	りょうた	17
男の子	稜平	13・5	りょうへい	18
男の子	稜真	13・10	りょうま	23
男の子	稜一朗	13・1・10	りょういちろう	24
女の子	稜子	13・3	たかこ	16
女の子	稜子	13・3	りょうこ	16

路 13

音訓 ロ、じ、みち
名のり のり、ゆく
意味 みち。物事の筋道。

【名づけヒント】目標に向かってまっすぐ進んでほしい、人生という旅路を無事に歩んでいけるようになどの願いを込めて。

性別	名前	画数	読み	総画
男の子	大路	3・13	たいじ	16
男の子	直路	8・13	なおみち	21
男の子	陽路	12・13	ひろ	25
男の子	真路	10・13	まさみち	23
男の子	路偉	13・12	ろい	25
男の子	路惟	13・11	ろい	24
女の子	心路	4・13	こころ	17
女の子	路佳	13・8	みちか	21
女の子	路子	13・3	みちこ	16
女の子	雪路	11・13	ゆきじ	24

鈴 13

音訓 レイ、リン、すず
名のり ——
意味 すず。ベル。

【名づけヒント】清らかさとかわいらしさがある字。「すず」「リン」の読みで特に女の子名でよく使われる。

性別	名前	画数	読み	総画
男の子	鈴斗	13・4	すずと	17
男の子	鈴太朗	13・4・10	りんたろう	27
女の子	夏鈴	10・13	かりん	23
女の子	小鈴	3・13	こすず	16
女の子	鈴子	13・3	すずこ	16
女の子	鈴乃	13・2	すずの	15
女の子	真鈴	10・13	まりん	23
女の子	実鈴	8・13	みすず	21
女の子	鈴加	13・5	りんか	18
女の子	鈴菜	13・11	れいな	24

14画

廉 13

音訓 レン、かど
名のり きよ、すなお、やす、ゆき
意味 私欲がない。値段が安い。

【名づけヒント】もともとはきちんとしていることを表す字で、転じて欲がないという意味に。私利私欲のない誠実な人柄に。

性別	名前	画数	読み	総画
男の子	廉正	13・5	きよただ	18
男の子	廉人	13・2	きよと	15
男の子	廉英	13・8	きよひで	21
男の子	廉央	13・5	ゆきお	18
男の子	廉悟	13・10	れんご	23
男の子	廉士	13・3	れんじ	16
男の子	廉太朗	13・4・10	れんたろう	27
女の子	華廉	10・13	かれん	23
女の子	廉子	13・3	きよこ	16
女の子	廉乃	13・2	ゆきの	15

維 14

音訓 イ、ユイ
名のり これ、ただ、たもつ、つな、つなぐ
意味 綱やひも。続ける。

【名づけヒント】続けるという意味から、何事も途中で投げ出さずやり遂げられる子にと願って。

性別	名前	画数	読み	総画
男の子	維	14・(1)	つなぐ	15
男の子	維月	14・4	いつき	18
男の子	維吹	14・7	いぶき	21
男の子	夏維	10・14	かい	24
男の子	維彦	14・9	ただひこ	23
男の子	維太	14・4	ゆいた	18
男の子	琉維	11・14	るい	25
女の子	亜維	7・14	あい	21
女の子	美維	9・14	みい	23
女の子	真維花	10・14・7	まいか	31

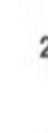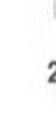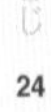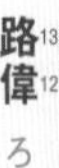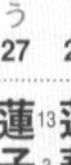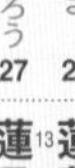

歌 14

音訓 カ、うた、うた(う)
名のり ―
意味 うた。和歌。

【名づけヒント】歌う「うた」を表すだけでなく、和歌を指すこともある。音楽や文学など、芸術の才能に恵まれるように。

女の子

名前	読み	総画
歌(14)(1)	うた	15
歌(14)恵(10)	うたえ	24
乙(1)歌(14)	おとか	15
歌(14)澄(15)	かすみ	29
歌(14)月(4)	かづき	18
歌(14)乃(2)	かの	16
歌(14)穂(15)	かほ	29
千(3)歌(14)	ちか	17
美(9)歌(14)	みか	23
優(17)歌(14)	ゆか	31
和(8)歌(14)子(3)	わかこ	25

豪 14

音訓 ゴウ、つよい
名のり かつ、すぐる、たけ、たけし、つよ、つよし、ひで
意味 圧倒的な勢いがある。優れている。

【名づけヒント】意味も響きも字形も勇ましい印象だが、優れているという意味も。

男の子

名前	読み	総画
豪(14)(1)	ごう	15
健(11)豪(14)	けんごう	25
豪(14)一(1)	ごういち	15
豪(14)暉(13)	ごうき	27
豪(14)謙(17)	ごうけん	31
豪(14)隼(10)	ごうしゅん	24
豪(14)太(4)	ごうた	18
豪(14)士(3)	たけし	17
豪(14)琉(11)	たける	25
豪(14)志(7)	つよし	21
勇(9)豪(14)	ゆうごう	23

嘉 14

音訓 カ、よい、よみする
名のり ひろ、よし
意味 よい。めでたい。お祝いする。

【名づけヒント】訓読みの「よみする」とは、お祝いするという意味の古語で、非常に縁起のよい字のひとつ。

男の子

名前	読み	総画
嘉(14)惟(11)	かい	25
一(1)嘉(14)	かずよし	15
嘉(14)月(4)	かづき	18
嘉(14)希(7)	よしき	21
嘉(14)紀(9)	よしのり	23
嘉(14)人(2)	よしひと	16

女の子

名前	読み	総画
琉(11)嘉(14)	るか	25
千(3)嘉(14)	ちか	17
美(9)嘉(14)	みか	23
嘉(14)子(3)	よしこ	17

颯 14

音訓 サツ、ソウ、はやて
名のり はや、はやと
意味 風の吹くさま。サッと動く。きびきびしたようす。

【名づけヒント】心地よい風がサッと吹いてくることを表すのが本来の意。颯爽という熟語のイメージも強く、さわやかでいて凛とした雰囲気を感じさせる。また、風を含む字形も格好がよく、近年、特に男の子名で非常に人気が高い字のひとつ。

男の子

名前	読み	総画
颯(14)(1)	そう	15
颯(14)(1)	はやて	15
颯(14)輝(15)	さつき	29
颯(14)己(3)	さつき	17
颯(14)一(1)	そういち	15
颯(14)吾(7)	そうご	21
颯(14)悟(10)	そうご	24
颯(14)志(7)	そうし	21
颯(14)士(3)	そうじ	17
颯(14)待(9)	そうじ	23
颯(14)介(4)	そうすけ	18
颯(14)祐(9)	そうすけ	23
颯(14)太(4)	そうた	18
颯(14)馬(10)	そうま	24
颯(14)哉(9)	そうや	23
颯(14)也(3)	そうや	17
颯(14)斗(4)	はやと	18
勇(9)颯(14)	ゆうそう	23
颯(14)一(1)郎(9)	そういちろう	24
颯(14)志(7)朗(10)	そうしろう	31
颯(14)太(4)郎(9)	そうたろう	27

女の子

名前	読み	総画
颯(14)希(7)	さつき	21
颯(14)子(3)	そうこ	17
千(3)颯(14)	ちはや	17
颯(14)乃(2)	はやの	16
美(9)颯(14)	みはや	23

魁 14

音訓 カイ、かしら、さきがけ
名のり いさお、はじめ
意味 先頭に立つ人。大きい。

【名づけヒント】リーダーや体の大きさを表す字で、力強くたくましい印象。まわりを引っ張っていくような人に。

男の子

名前	読み	総画
魁(14)(1)	いさお	15
魁(14)(1)	かい	15
魁(14)(1)	はじめ	15
魁(14)士(3)	かいじ	17
魁(14)児(7)	かいじ	21
魁(14)星(9)	かいせい	23
魁(14)誠(13)	かいせい	27
魁(14)人(2)	かいと	16
魁(14)斗(4)	かいと	18
魁(14)飛(9)	かいと	23
魁(14)琉(11)	かいる	25

綺 14

音訓 キ、あや
名のり ―
意味 美しい模様の入った織物。華やかな。

【名づけヒント】綺麗の「綺」で、華やかで美しいイメージ。「キ」「あや」と名前に使いやすい響きを持つ。

女の子

名前	読み	総画
綺(14)(1)	あや	15
綺(14)夏(10)	あやか	24
綺(14)子(3)	あやこ	17
綺(14)菜(11)	あやな	25
綺(14)音(9)	あやね	23
綺(14)乃(2)	あやの	16
綺(14)女(3)	あやめ	17
咲(9)綺(14)	さき	23
真(10)綺(14)	まき	24
瑞(13)綺(14)	みずき	27
綺(14)里(7)子(3)	きりこ	24

緒 14

音訓 ショ、チョ、お、いとぐち
名のり つぐ
意味 糸やひも。物事の糸口。

【名づけヒント】和のイメージが強く、独特のやわらかでおくゆかしい雰囲気を持つ字で、女の子名で人気の字。

女の子

名前	読み	総画
志(7)緒(14)	しお	21
珠(10)緒(14)	たまお	24
千(3)緒(14)	ちお	17
七(2)緒(14)	ななお	16
文(4)緒(14)	ふみお	18
真(10)緒(14)	まお	24
美(9)緒(14)	みお	23
望(11)緒(14)	みお	25
理(11)緒(14)	りお	25
衣(6)緒(14)里(7)	いおり	27
奈(8)緒(14)美(9)	なおみ	31

彰 14

音訓 ショウ
名のり あき、あきら、あや、てる
意味 はっきりさせる。あきらかにする。

【名づけヒント】特にすばらしい成績や業績を、世間に明らかにすることを表す字。広く活躍することを願って。

男の子

名前	画数	読み	総画
彰	14 (1)	あきら	15
彰斗	14・4	あきと	18
彰彦	14・9	あきひこ	23
彰文	14・4	あきふみ	18
彰悟	14・10	しょうご	24
彰太	14・4	しょうた	18
彰真	14・10	しょうま	24
秀彰	7・14	ひであき	21

女の子

名前	画数	読み	総画
彰恵	14・10	あきえ	24
彰子	14・3	しょうこ	17

翠 14

音訓 スイ、みどり、かわせみ
名のり あきら
意味 みどり色。青緑色。

【名づけヒント】光沢のある青緑の美しい羽を持つ鳥の翡翠（カワセミ）、または緑の宝石の翡翠（ひすい）の「翠」。

男の子

名前	画数	読み	総画
翠	14 (1)	あきら	15
翠人	14・2	あきと	16

女の子

名前	画数	読み	総画
翠	14 (1)	すい	15
翠	14 (1)	みどり	15
翠香	14・9	すいか	23
翠夏	14・10	すいか	24
翠子	14・3	すいこ	17
日翠	4・14	ひすい	18
翠璃	14・15	みどり	29
翠里	14・7	みどり	21

静 14

音訓 セイ、ジョウ、しず、しず(か)
名のり きよ、しずか
意味 音や動きがない。落ち着いている。

【名づけヒント】落ち着きのある人に、いつも冷静な判断ができる人になどの願いを込めて。

男の子

名前	画数	読み	総画
静真	14・10	しずま	24
静慈	14・13	せいじ	27

女の子

名前	画数	読み	総画
静	14 (1)	しずか	15
静恵	14・10	しずえ	24
静香	14・9	しずか	23
静玖	14・7	しずく	21
静七	14・2	しずな	16
静華	14・10	せいか	24
静子	14・3	せいこ	17
美静	9・14	みしず	23

誓 14

音訓 セイ、ちか(う)
名のり ちか、ちかう
意味 きちんと約束する。

【名づけヒント】厳粛な気持ちを込めて約束をすることを表す。約束を守れる子に。言ったことをきちんと実行できる子に。

男の子

名前	画数	読み	総画
一誓	1・14	いっせい	15
誓吾	14・7	せいご	21
誓太	14・4	せいた	18
誓哉	14・9	せいや	23
誓士	14・3	ちかし	17

女の子

名前	画数	読み	総画
誓良	14・7	ちから	21
真誓	10・14	まさちか	24
勇誓	9・14	ゆうせい	23
誓子	14・3	ちかこ	17
美誓	9・14	みちか	23

総 14

音訓 ソウ、ふさ
名のり おさ、さ、のぶ、みち
意味 すべてをまとめる。ふさ。

【名づけヒント】リーダーシップや包容力を感じさせる。音読み「ソウ」の響きもさわやかで、快活な名前を作ることができる字。

男の子

名前	画数	読み	総画
総	14 (1)	そう	15
総一	14・1	そういち	15
総悟	14・10	そうご	24
総太	14・4	そうた	18
総真	14・10	そうま	24
総一郎	14・1・9	そういちろう	24
総志朗	14・7・10	そうしろう	31

女の子

名前	画数	読み	総画
総子	14・3	そうこ	17
総恵	14・10	ふさえ	24
総子	14・3	ふさこ	17

聡 14

音訓 ソウ、さと(い)
名のり あき、あきら、さ、さと、さとし、さとる、と、とき、とし
意味 理解がはやい。

【名づけヒント】訓読み「さとい」は、頭がいいという意味で、名のりの「さとし」はその古語。知的なイメージが強いので、頭のよい子にという願いをストレートに表現できる。漢字の中に耳が含まれていることから、人の話をよく聞くようにという願いを込めても。

男の子

名前	画数	読み	総画
聡	14 (1)	さとし	15
聡	14 (1)	さとる	15
聡人	14・2	あきと	16
聡紀	14・9	あきのり	23
聡志	14・7	さとし	21
聡哉	14・9	さとや	23
聡也	14・3	さとや	17
聡琉	14・11	さとる	25
聡一	14・1	そういち	15
聡悟	14・10	そうご	24
聡介	14・4	そうすけ	18
聡助	14・7	そうすけ	21
聡太	14・4	そうた	18
聡真	14・10	そうま	24
孝聡	7・14	たかあき	21
聡文	14・4	としふみ	18
真聡	10・14	まさと	24
聡一郎	14・1・9	そういちろう	24
聡史朗	14・5・10	そうしろう	29
聡太郎	14・4・9	そうたろう	27

女の子

名前	画数	読み	総画
聡恵	14・10	さとえ	24
聡華	14・10	さとか	24
聡子	14・3	さとこ	17
聡泉	14・9	さとみ	23
千聡	3・14	ちさと	17
美聡	9・14	みさと	23

暢 14

音訓 チョウ、のびる
名のり いたる、とおる、のぶ、のぼる、みつる
意味 のびやかである。

【名づけヒント】太陽が高く昇っていくように、勢いがよくのびのびしているというイメージ。おおらかな子に育つように。

男の子

名前	画数	読み	総画
暢	14 (1)	とおる	15
晃暢	10・14	あきのぶ	24
暢彦	14・9	のぶひこ	23
暢大	14・3	のぶひろ	17
暢之	14・3	のぶゆき	17

女の子

名前	画数	読み	総画
宏暢	7・14	ひろのぶ	21
暢基	14・11	まさき	25
暢人	14・2	まさと	16
詩暢	13・14	しのぶ	27
暢子	14・3	のぶこ	17

14 徳

音訓 トク
名のり あつ、あつし、さと、なり、なる、のり、めぐむ、やす、よし
意味 人柄が優れていること、人間として正しい行い、恵み、恩恵

【名づけヒント】優れた人格や、人として正しい行いを指す、非常によい意味を持つ字。他人に対して恵みを与えるという意味もあり、思いやりも感じさせる。清く正しく生きる人に、世の中の役に立てる人に、思いやりの心を忘れない人になどと願って。

男の子

名前	読み	画数
亮9徳14	あきのり	23
栄9徳14	えいとく	23
公4徳14	きみのり	18
剛10徳14	ごうとく	24
重9徳14	しげのり	23
隆11徳14	たかのり	25
徳14真10	とくま	24
徳14也3	とくや	17
友4徳14	とものり	18
徳14人2	なると	16
徳14彦9	のりひこ	23
徳14文4	のりふみ	18
徳14之3	のりゆき	17
久3徳14	ひさのり	17
寿7徳14	ひさのり	21
浩10徳14	ひろのり	24
寛13徳14	ひろのり	27
真10徳14	まさのり	24
雅13徳14	まさのり	27
佑7徳14	ゆうとく	21
良7徳14	よしのり	21

女の子

名前	読み	画数
徳14子3	とくこ	17
徳14美9	なるみ	23
徳14恵10	のりえ	24
徳14花7	のりか	21
徳14子3	のりこ	17

14 寧

音訓 ネイ、やすい
名のり さだ、しず、やす、やすし
意味 落ち着いている、心がやすらかである

【名づけヒント】おだやかな性格に、気配りのできる子に、平和で落ち着いた人生が送れるようになどの願いが込められる。

男の子

名前	読み	画数
寧14(1)	やすし	15
寧14己3	しずき	17

女の子

名前	読み	画数
寧14(1)	しず	15
天4寧14	あまね	18
彩11寧14	あやね	25
一1寧14	かずね	15
寧14花7	しずか	21
寧14玖7	しずく	21
寧14音9	ねね	23
寧14々3	ねね	17

14 緋

音訓 ヒ、あか
名のり あけ
意味 濃く鮮やかな赤色

【名づけヒント】思わず目が覚めるような鮮やかな赤色を指す字。「赤」や「朱」よりも、生き生きとしたイメージ。

女の子

名前	読み	画数
緋14音9	あかね	23
緋14里7	あかり	21
緋14莉10	あかり	24
緋14美9	あけみ	23
緋14彩11	ひいろ	25
緋14織18	ひおり	32
緋14月4	ひづき	18
緋14菜11	ひな	25
緋14鞠17	ひまり	31
緋14斗4美9	ひとみ	27
緋14奈8子3	ひなこ	25

14 碧

音訓 ヘキ、あお、みどり
名のり あおい、きよし、たま
意味 青緑色の宝石、青緑色

【名づけヒント】深みのある青緑色。本来は宝石の色なので、輝きや高貴さも。碧海、碧空と青い海や空の形容にも使われる。

男の子

名前	読み	画数
碧14(1)	あお	15
碧14斗4	あおと	18
碧14士3	きよし	17

女の子

名前	読み	画数
碧14(1)	あおい	15
碧14(1)	みどり	15
碧14唯11	あおい	25
碧14夏10	あおか	24
碧14乃2	あおの	16
碧14希7	たまき	21
碧14海9	たまみ	23

14 鳳

音訓 ホウ、おおとり
名のり たか
意味 鳳凰（ほうおう）は、中国の伝説上の鳥

【名づけヒント】鳳凰は聖王の世に現れるという縁起のよい大鳥。平和な世界で、のびのび大きく羽ばたいてと願って。

男の子

名前	読み	画数
一1鳳14	かずたか	15
大3鳳14	たいほう	17
鳳14士3	たかし	17
鳳14志7	たかし	21
鳳14飛9	たかと	23
鳳14仁4	たかひと	18
鳳14宏7	たかひろ	21
鳳14星9	ほうせい	23
鳳14誠13	ほうせい	27
真10鳳14	まさたか	24
優17鳳14	ゆたか	31

14 綾

音訓 リョウ、あや
名のり ー
意味 あや、あやめ、美しい模様のある絹織物

【名づけヒント】浮き出るような模様を織り込んだ、薄い絹の布を指す字。複雑に織り上げられた高級品で、美しく品のあるイメージから、「あや」の読みで女の子名でよく使われてきた。また、人気の「リョウ」の読みがあり、最近は男の子名でも使用されている。

男の子

名前	読み	画数
綾14人2	あやと	16
綾14一1	りょういち	15
綾14士3	りょうじ	17
綾14太4	りょうた	18
綾14真10	りょうま	24
綾14太4郎9	りょうたろう	27

女の子

名前	読み	画数
綾14(1)	あや	15
綾14(1)	りょう	15
綾14恵10	あやえ	24
綾14夏10	あやか	24
綾14香9	あやか	23
綾14子3	あやこ	17
綾14菜11	あやな	25
綾14七2	あやな	16
綾14那7	あやな	21
綾14音9	あやね	23
綾14乃2	あやの	16
綾14海9	あやみ	23
綾14美9	あやみ	23
綾14夢13	あやむ	27
綾14女3	あやめ	17
沙7綾14	さあや	21
咲9綾14	さあや	23
真10綾14	まあや	24
万3綾14	まあや	17
綾14子3	りょうこ	17

14 僚

音訓 リョウ
名のり あきら、とも
意味 一緒に仕事をする仲間。

【名づけヒント】人気の「リョウ」の読みを持つが、名前での使用例は多くなく、新鮮。いい仲間に恵まれるようにと願って。

男の子

名前	読み	画数
僚14(1)	りょう	15
僚14大3	ともひろ	17
僚14哉9	ともや	23
僚14一1	りょういち	15
僚14介4	りょうすけ	18
僚14太4	りょうた	18
僚14真10	りょうま	24
僚14太4郎9	りょうたろう	27

女の子

名前	読み	画数
僚14花7	ともか	21
僚14子3	りょうこ	17

14 綸

音訓 リン、カン、いと
名のり お
意味 より合わせて作った糸。王や皇帝、天皇の命令。

【名づけヒント】何本もの糸をより合わせた太い糸を表す字。芯のあるしっかりした人になることを願って。

男の子

名前	読み	画数
綸14人2	りんと	16
綸14太4郎9	りんたろう	27

女の子

名前	読み	画数
綸14(1)	いと	15
綸14(1)	りん	15
綸14乃2	いとの	16
香9綸14	かりん	23
真10綸14	まりん	24
綸14花7	りんか	21
綸14香9	りんか	23
綸14子3	りんこ	17

14 瑠

音訓 ル、リュウ
名のり るり
意味 瑠璃（るり）は、宝石の名。

【名づけヒント】瑠璃（るり）は青色の宝石で、一般的にはラピスラズリを指す。仏教では金、銀などとともに七宝のひとつとされた。「ル」と読む字では11画の「琉」と人気を二分しているが、「瑠」は特に女の子名で人気。気品を持ち、美しく輝いてほしいと願って。

男の子

名前	読み	画数
海9瑠14	かいる	23
架9瑠14	かける	23
丈3瑠14	たける	17
瑠14聖13	りゅうせい	27
瑠14真10	りゅうま	24
瑠14惟11	るい	25
瑠14輝15	るき	29
波8瑠14人2	はると	24

女の子

名前	読み	画数
笑10瑠14	えみる	24
瑠14杏7	るあん	21
瑠14唯11	るい	25
瑠14夏10	るか	24
瑠14子3	るこ	17
瑠14珠10	るじゅ	24
瑠14南9	るな	23
瑠14菜11	るな	25
瑠14音9	るね	23
瑠14乃2	るの	16
瑠14麻11	るま	25
瑠14美9	るみ	23
瑠14里7	るり	21
瑠14璃15	るり	29
瑠14々3	るる	17
玖7瑠14実8	くるみ	29
七2瑠14実8	なるみ	24
瑠14璃15子3	るりこ	32

15 鋭

音訓 エイ、するど（い）
名のり さとき、さとし、とき、とし、はや
意味 とがっている。勢いがいい。

【名づけヒント】人気の「エイ」の響きを持ち、シャープな印象。頭脳や感性が鋭い子に、行動力のある子になどと願って。

男の子

名前	読み	画数
鋭15(1)	さとき	16
鋭15(1)	さとし	16
鋭15一1	えいいち	16
鋭15輔14	えいすけ	29
鋭15達12	えいたつ	27
鋭15人2	えいと	17
鋭15翔12	えいと	27
鋭15真10	えいま	25
鋭15也3	えいや	18
将10鋭15	しょうえい	25
鋭15太4朗10	えいたろう	29

15 歓

音訓 カン、よろこ（ぶ）
名のり よし
意味 よろこぶ。楽しい気分になる。

【名づけヒント】歓喜の「歓」で、単に喜ぶのではなく、声を上げて喜ぶという、より明るくハッピーな意味合いを含む字。

男の子

名前	読み	画数
歓15(1)	かん	16
歓15一1	かんいち	16
歓15多6	かんた	21
歓15樹16	よしき	31
歓15人2	よしと	17
歓15幸8	よしゆき	23
歓15太4朗10	かんたろう	29

女の子

名前	読み	画数
歓15奈8	かんな	23
美9歓15	みかん	24
歓15子3	よしこ	18

15 嬉

音訓 キ、うれ（しい）
名のり よし
意味 うれしい。楽しい気分になる。

【名づけヒント】もともとは遊んで楽しむという意味。明るく楽しい人生を願って。わが子の誕生の嬉しさを込めても。

男の子

名前	読み	画数
大3嬉15	だいき	18
光6嬉15	みつき	21

女の子

名前	読み	画数
嬉15恵10	きえ	25
嬉15子3	きこ	18
嬉15帆6	きほ	21
咲9嬉15	さき	24
万3嬉15	まき	18
実8嬉15	みき	23
嬉15乃2	よしの	17
多6嬉15子3	たきこ	24

15 輝

音訓 キ、かがや(く)
名のり あきら、てる、ひかる
意味 光を強く発する。

【名づけヒント】光る、明るいという意味の漢字は多いが、光り輝くという意味の「輝」は、単に明るいだけでなく、キラキラまぶしいイメージ。「キ」「てる」の読みも使いやすく名づけでは定番の字。輝く才能、輝く笑顔、輝く未来など、さまざまな願いが込められる。

男の子
- 輝15(1) あきら 16
- 輝15(1) てる 16
- 輝15(1) ひかる 16
- 一1輝15 いっき 16
- 和8輝15 かずき 23
- 光6輝15 こうき 21
- 航10輝15 こうき 25
- 大3輝15 だいき 18
- 輝15起10 てるき 25
- 輝15道12 てるみち 27
- 輝15也3 てるや 18
- 晴12輝15 はるき 27
- 真10輝15 まさき 25

女の子
- 優17輝15 ゆうき 32
- 勇9輝15 ゆうき 24
- 吏6輝15 りき 21
- 輝15(1) ひかる 16
- 輝15子3 きこ 18
- 輝15帆6 きほ 21
- 咲9輝15 さき 24
- 輝15絵12 てるえ 27
- 輝15紗10 てるさ 25
- 輝15羽6 てるは 21
- 輝15実8 てるみ 23
- 美9輝15 みき 24
- 夏10輝15 なつき 25

15 毅

音訓 キ、つよい、たけし
名のり たけ、たけし、つよ、つよし
意味 意志が強くて決断力がある。

【名づけヒント】毅然（きぜん）の「毅」。信念を貫ける子にと願って。

男の子
- 毅15(1) たけし 16
- 毅15(1) つよし 16
- 和8毅15 かずき 23
- 毅15一1 きいち 16
- 光6毅15 こうき 21
- 大3毅15 だいき 18
- 毅15彦9 たけひこ 24
- 毅15士3 つよし 18
- 俊9毅15 としき 24
- 直8毅15 なおき 23
- 優17毅15 ゆうき 32

15 駈

音訓 ク、かける
名のり かける
意味 馬を走らせる。走る。

【名づけヒント】「駆（14画）」の異体字。読み方も意味も同じだが、丘を駆け抜ける馬を連想させ、よりさわやかなイメージ。

男の子
- 駈15(1) かける 16
- 駈15流10 かける 25
- 駈15音9 くおん 24
- 多6駈15 たく 21
- 晴12駈15 はるく 27

女の子
- 遥12駈15 はるく 27
- 吏6駈15 りく 21
- 龍16駈15 りゅうく 31
- 駈15実8 くみ 23
- 美9駈15 みく 24

15 勲

音訓 クン、いさお
名のり いさ、いさむ、つとむ、のり、ひろ
意味 立派な手柄。

【名づけヒント】人にほめられるような立派な仕事を成しとげるという意味を表す。将来、立派に社会貢献できるように。

男の子
- 勲15(1) いさお 16
- 勲15登12 いさと 27
- 勲15海9 いさみ 24
- 勲15実8 いさみ 23
- 勲15武8 いさむ 23
- 和8勲15 かずのり 23
- 勲15士3 くんじ 18
- 勲15起10 ひろき 25
- 真10勲15 まさひろ 25

15 慧

音訓 ケイ、エ、さとい
名のり あきら、さと、さとし、さとる
意味 頭のはたらきが鋭い。

【名づけヒント】真実を直感的に見抜いてしまう、非常に鋭い頭のはたらきを表す字。物事の真実をしっかり見極められる人に。

男の子
- 慧15(1) さとし 16
- 慧15悟10 けいご 25
- 慧15信9 けいしん 24
- 慧15人2 けいと 17
- 慧15己3 さとき 18

女の子
- 真10慧15 まさと 25
- 慧15奈8 えな 23
- 慧15茉8 えま 23
- 慧15子3 けいこ 18
- 咲9慧15 さえ 24

15 慶

音訓 ケイ、よい、よろこぶ
名のり のり、やす、よし
意味 お祝いする。めでたい。

【名づけヒント】非常に縁起のよい意味を持つ字。わが子の誕生を祝うとともに、その子のよい人生を願って。

男の子
- 慶15(1) けい 16
- 慶15登12 けいと 27
- 慶15晃10 よしてる 25
- 慶15徳14 よしのり 29
- 慶15彦9 よしひこ 24

女の子
- 慶15香9 けいか 24
- 慶15子3 けいこ 18
- 慶15音9 けいと 24
- 慶15実8 けいみ 23
- 慶15乃2 よしの 17

15 潔

音訓 ケツ、いさぎよ(い)
名のり きよ、きよし、ゆき
意味 けがれがない。さっぱりとして欲がない。

【名づけヒント】悪いことに染まらないように、いさぎよい行動が取れる人に。

男の子
- 潔15(1) きよし 16
- 潔15音9 きよと 24
- 潔15人2 きよと 17
- 潔15彦9 きよひこ 24
- 潔15之3 きよゆき 18

女の子
- 潔15弥8 ゆきや 23
- 潔15志7郎9 きよしろう 31
- 潔15香9 きよか 24
- 美9潔15 みゆき 24
- 潔15乃2 ゆきの 17

摯 15

音訓 シ、と(る)
名のり すすむ
意味 しっかり手に持つ。しっかり気を配る。

【名づけヒント】真摯(しんし)の「摯」。何事にも真摯に向き合える子に。また、幸せをしっかりつかめるようにと願って。

男の子

名前	画数	読み	総画
摯	15(1)	すすむ	16
一摯	1・15	かずし	16
摯音	15・9	しおん	24
摯道	15・12	しどう	27
大摯	3・15	だいし	18
丈摯	3・15	たけし	18
真摯	10・15	まさし	25

女の子

名前	画数	読み	総画
摯絵	15・12	しえ	27
摯乃	15・2	しの	17
摯帆	15・6	しほ	21

潤 15

音訓 ジュン、うる(む)、うるお(う)
名のり うる、ひろ、ひろし
意味 水分を多く含む。なめらかにする。

【名づけヒント】豊か、充実といった言葉を連想。心も生活も豊かにと願って。

男の子

名前	画数	読み	総画
潤	15(1)	じゅん	16
潤季	15・8	じゅんき	23
晴潤	12・15	せいじゅん	27
潤喜	15・12	ひろき	27
潤ノ助	15・1・7	じゅんのすけ	23

女の子

名前	画数	読み	総画
潤美	15・9	うるみ	24
潤夏	15・10	じゅんか	25
潤子	15・3	じゅんこ	18
潤奈	15・8	じゅんな	23
千潤	3・15	ちひろ	18

穂 15

音訓 スイ、ほ
名のり お、みのる
意味 ほ。穂先。

【名づけヒント】豊かな実りをイメージさせる字。高いところを目指して伸びていくという意味合いもある。人気の「ほ」の響きを持ち、稲穂(いなほ)のように女の子名の止め字の定番。まっすぐすくすくと成長してほしい、実りのある人生をと願って。

男の子

名前	画数	読み	総画
一穂	1・15	かずほ	16
穂貴	15・12	ほたか	27
穂高	15・10	ほだか	25
穂積	15・16	ほづみ	31

女の子

名前	画数	読み	総画
佳穂	8・15	かほ	23
嘉穂	14・15	かほ	29
架穂	9・15	かほ	24
妃穂	6・15	きほ	21
早穂	6・15	さほ	21
咲穂	9・15	さほ	24
純穂	10・15	すみほ	25
知穂	8・15	ちほ	23
七穂	2・15	ななほ	17
奈穂	8・15	なほ	23
穂波	15・8	ほなみ	23
穂乃	15・2	ほの	17
穂稀	15・12	ほまれ	27
真穂	10・15	まほ	25
万穂	3・15	まほ	18
美穂	9・15	みほ	24
幸穂	8・15	ゆきほ	23
優穂	17・15	ゆほ	32
弓穂	3・15	ゆみほ	18
志穂理	7・15・11	しほり	33
穂奈実	15・8・8	ほなみ	31
穂乃花	15・2・7	ほのか	24

澄 15

音訓 チョウ、す(む)、す(ます)
名のり きよ、きよし、きよみ、きよむ、す、すみ、ずみ、すむ、とおる
意味 にごりがない。

【名づけヒント】見た目が透き通っていることだけではなく、頭が冴えていることや、心に雑念がないことなども表す字。透明感や清潔感に加えて、無欲さや純粋さも感じさせる。そのイメージが特に女の子名で好まれ、名のりの「すみ」を用いた名前が増えている。

男の子

名前	画数	読み	総画
澄	15(1)	きよし	16
澄明	15・8	きよあき	23
澄貴	15・12	きよたか	27
澄海	15・9	すかい	24
澄翔	15・12	すみと	27
澄也	15・3	すみや	18
直澄	8・15	なおずみ	23
真澄	10・15	ますみ	25
澄志郎	15・7・9	きよしろう	31

女の子

名前	画数	読み	総画
澄	15(1)	きよみ	16
澄	15(1)	すみ	16
有澄	6・15	ありす	21
佳澄	8・15	かすみ	23
澄夏	15・10	きよか	25
澄実	15・8	きよみ	23
澄美	15・9	すみ	24
澄恵	15・10	すみえ	25
澄香	15・9	すみか	24
澄歌	15・14	すみか	29
澄子	15・3	すみこ	18
澄奈	15・8	すみな	23
澄乃	15・2	すみの	17
澄玲	15・9	すみれ	24
羽澄	6・15	はすみ	21
茉澄	8・15	ますみ	23
真澄	10・15	ますみ	25

徹 15

音訓 テツ、とおる
名のり あきら、いたる、とお、とおる
意味 とおり抜ける。やり通す。

【名づけヒント】何かを突き抜けて向こうまで達することを表す字。責任を持って物事をやりとげる人にと願って。

男の子

名前	画数	読み	総画
徹	15(1)	とおる	16
一徹	1・15	いってつ	16
虎徹	8・15	こてつ	23
徹士	15・3	てつし	18
徹真	15・10	てっしん	25
徹成	15・6	てつなり	21
徹哉	15・9	てつや	24
徹太朗	15・4・10	てつたろう	29

女の子

名前	画数	読み	総画
徹子	15・3	てつこ	18
徹美	15・9	てつみ	24

範 15

音訓 ハン、のり
名のり すすむ
意味 従うべき例やきまり。定めのかぎり。区切り。

【名づけヒント】きちんとルールを守れる子に。まわりのお手本になるような子にと願って。

男の子

名前	画数	読み	総画
一範	1・15	かずのり	16
達範	12・15	たつのり	27
知範	8・15	とものり	23
範彦	15・9	のりひこ	24
範行	15・6	のりゆき	21
範人	15・2	はんと	17
宗範	8・15	むねのり	23

女の子

名前	画数	読み	総画
範香	15・9	のりか	24
範子	15・3	のりこ	18
範奈	15・8	はんな	23

舞 15

音訓 ブ、ま(う)、まい
名のり ま
意味 踊る、軽やかに動く

【名づけヒント】軽やか、かつ華やかなイメージで、以前から人気を保ち続けている字のひとつ。字形も美しく気品がある。

女の子

名前	画数	読み	総画
舞	15 (1)	まい	16
衣舞	6・15	いぶ	21
舞絢	15・12	まあや	27
舞亞	15・8	まいあ	23
舞香	15・9	まいか	24
舞子	15・3	まいこ	18
舞紗	15・10	まいさ	25
舞乃	15・2	まいの	17
舞葉	15・12	まいは	27
舞美	15・9	まいみ	24
舞波	15・8	まなみ	23

璃 15

音訓 リ
名のり あき
意味 瑠璃。るりや玻璃は、宝石の名

【名づけヒント】瑠璃は青色の宝石で、一般に12月の誕生石でもあるラピスラズリを指す。一方、玻璃(はり)は水晶や天然ガラスのこと。これらのイメージから透明感と気品を感じさせ、特に女の子名で人気がある字。なお、玻璃の「玻」は、名前には使えない字。

男の子

名前	画数	読み	総画
璃一	15・1	りいち	16
璃温	15・12	りおん	27
璃久	15・3	りく	18
璃人	15・2	りひと	17

女の子

名前	画数	読み	総画
朱璃	6・15	あかり	21
安璃	6・15	あんり	21
朱璃	6・15	しゅり	21
樹璃	16・15	じゅり	31
真璃	10・15	まり	25
璃宇	15・6	りう	21
璃緒	15・14	りお	29
璃穏	15・16	りおん	31
璃紗	15・10	りさ	25
璃南	15・9	りな	24
璃乃	15・2	りの	17
璃音	15・9	りのん	24
璃葉	15・12	りは	27
璃帆	15・6	りほ	21
璃真	15・10	りま	25
璃実	15・8	りみ	23
璃美	15・9	りみ	24
璃々	15・3	りり	18
瑠璃	14・15	るり	29
真璃江	10・15・6	まりえ	31
璃衣子	15・6・3	りいこ	24
璃々亜	15・3・7	りりあ	25

遼 15

音訓 リョウ、はるか
名のり とお、はる
意味 はるか、非常に遠い

【名づけヒント】スケールの大きさとロマンを感じさせる字。人気の「リョウ」「はる」の響きを持ち、特に男の子名で人気。

男の子

名前	画数	読み	総画
遼	15 (1)	りょう	16
遼登	15・12	はると	27
遼真	15・10	はるま	25
遼一	15・1	りょういち	16
遼河	15・8	りょうが	23
遼磨	15・16	りょうま	31
遼太朗	15・4・10	りょうたろう	29

女の子

名前	画数	読み	総画
遼夏	15・10	はるか	25
遼奈	15・8	はるな	23
遼子	15・3	りょうこ	18

諒 15

音訓 リョウ、まこと
名のり あき、あさ、まこと
意味 いつわりがない、明白な、認める

【名づけヒント】うそをつかない、はっきりしているという名前向きの意味を持つ字。その誠実かつ聡明なイメージと、クールな「リョウ」の響きと字形が好まれ、近年使用例が増えている字。誠実な子に、物事の本質を見きわめられる子になどの願いを込めて。

男の子

名前	画数	読み	総画
諒	15 (1)	あきら	16
諒	15 (1)	まこと	16
諒	15 (1)	りょう	16
諒人	15・2	あきと	17
諒典	15・8	あきのり	23
諒彦	15・9	あきひこ	24
諒一	15・1	りょういち	16
諒英	15・8	りょうえい	23
諒瑛	15・12	りょうえい	27
諒河	15・8	りょうが	23
諒吉	15・6	りょうきち	21
諒賢	15・16	りょうけん	31
諒護	15・20	りょうご	35
諒士	15・3	りょうじ	18
諒治	15・8	りょうじ	23
諒祐	15・9	りょうすけ	24
諒星	15・9	りょうせい	24
諒真	15・10	りょうま	25
諒磨	15・16	りょうま	31
諒也	15・3	りょうや	18
諒弥	15・8	りょうや	23
諒太朗	15・4・10	りょうたろう	29
諒乃介	15・2・4	りょうのすけ	21

女の子

名前	画数	読み	総画
諒奈	15・8	あきな	23
諒美	15・9	あさみ	24
諒子	15・3	りょうこ	18

凛 15

音訓 リン
名のり —
意味 寒さが厳しい、身が引き締まる、りりしい

【名づけヒント】凛とした人にとの願いが込められる字。硬派な意味でありながら、「リン」という可憐で涼やかな響きを持ち、特に女の子名で人気。正字は「凜(15画)」で、「禾」が「示」になったのが「凛」。どちらも名前に使えるが、異体字の「凛」のほうが名前での使用例は多い。

男の子

名前	画数	読み	総画
凛	15 (1)	りん	16
光凛	6・15	こうりん	21
凛亮	15・9	りんすけ	24
凛成	15・6	りんせい	21
凛晴	15・12	りんせい	27
凛登	15・12	りんと	27
凛翔	15・12	りんと	27
凛也	15・3	りんや	18
凛太朗	15・4・10	りんたろう	29
凛汰郎	15・7・9	りんたろう	31
凛乃助	15・2・7	りんのすけ	24

女の子

名前	画数	読み	総画
凛	15 (1)	りん	16
恵凛	10・15	えりん	25
架凛	9・15	かりん	24
歌凛	14・15	かりん	29
香凛	9・15	かりん	24
真凛	10・15	まりん	25
茉凛	8・15	まりん	23
結凛	12・15	ゆりん	27
優凛	17・15	ゆりん	32
凛佳	15・8	りんか	23
凛香	15・9	りんか	24
凛子	15・3	りんこ	18
凛奈	15・8	りんな	23
凛南	15・9	りんな	24
凛寧	15・14	りんね	29

16画

薫 16

音訓 クン、かお(る)
名のり かおり、かおる、くる、しげ、ゆき
意味 よいにおいがする。

【名づけヒント】もともと植物の香りを表す字で、さわやかな印象。薫風(くんぷう)とは、若葉香る初夏の風のこと。

男の子

名前	読み	総画
薫16 (1)	かおる	17
薫16堂11	くんどう	27
薫16平5	くんぺい	21
薫16人2	しげと	18
薫16弥8	ゆきや	24

女の子

名前	読み	総画
薫16 (1)	かおる	17
薫16里7	かおり	23
薫16実8	くるみ	24
美9薫16	みゆき	25
薫16乃2	ゆきの	18

衛 16

音訓 エイ、エ、まも(る)
名のり ひろ、まもる、もり、よし
意味 まもる。見回って外敵を防ぐ。

【名づけヒント】古風な印象もあるが、「エイ」の響きは現代的でもある。防ぐ、守るという意味から、頼りになるイメージ。

男の子

名前	読み	総画
衛16 (1)	まもる	17
衛16一1	えいいち	17
衛16吾7	えいご	23
衛16作7	えいさく	23
衛16司5	えいじ	21
衛16佑7	えいすけ	23
衛16汰7	えいた	23
衛16人2	えいと	18
衛16和8	よしかず	24
衛16信9	よしのぶ	25
衛16太4郎9	えいたろう	29

憲 16

音訓 ケン、のり
名のり あきら、ただし、さだ、とし
意味 きまり。おきて。取り締まる。

【名づけヒント】正しさと厳しさを感じさせる。模範になる人に、正しい行いや考え方ができる人になどの願いを込めて。

男の子

名前	読み	総画
憲16 (1)	けん	17
明8憲16	あきのり	24
篤16憲16	あつのり	32
憲16一1	けんいち	17
憲16吾7	けんご	23
憲16佑7	けんすけ	23
憲16蔵15	けんぞう	31
憲16人2	けんと	18
知8憲16	とものり	24
正5憲16	まさのり	21
憲16一1朗10	けんいちろう	27

穏 16

音訓 オン、おだや(か)
名のり しず、とし、のん、やす、やすき
意味 落ち着いている。

【名づけヒント】「オン」で終わる名前の人気とともに、使用例が増えた字。おだやかな性格や人生を願って。

男の子

名前	読み	総画
穏16 (1)	やすき	17
志7穏16	しおん	23
穏16人2	やすと	18
穏16紀9	やすのり	25
礼5穏16	れおん	21

女の子

名前	読み	総画
香9穏16	かのん	25
穏16花7	しずか	23
穏16世5	しずよ	21
美9穏16	みおん	25
里7穏16	りおん	23

賢 16

音訓 ケン、かしこ(い)、まさ(る)
名のり さと、さとし、さとる、すぐる、たか、ただ、ただし、のり、まさ、まさる、やす、よし
意味 頭がいい。

【名づけヒント】昔から、知恵に優れ、人徳もある人を指して用いられてきた字。そのような人になることを願って、特に男の子名でよく使われ、「ケン」の読みを持つ字の中では「健(11画)」に次ぐ人気。画数が多いわりにはすっきりとした字形で、安定感もある。

男の子

名前	読み	総画
賢16 (1)	けん	17
賢16 (1)	まさる	17
賢16一1	けんいち	17
賢16冴7	けんご	23
賢16梧11	けんご	27
賢16昇8	けんしょう	24
賢16伸7	けんしん	23
賢16進11	けんしん	27
賢16助7	けんすけ	23
賢16生5	けんせい	21
賢16蔵15	けんぞう	31
賢16汰7	けんた	23
賢16音9	けんと	25
賢16人2	けんと	18
賢16矢5	けんや	21
賢16弥8	けんや	24
賢16龍16	けんりゅう	32
賢16史5	さとし	21
賢16海9	まさみ	25
賢16哉9	まさや	25
賢16一1朗10	けんいちろう	27
賢16史5朗10	けんしろう	31
賢16太4郎9	けんたろう	29
賢16之3介4	けんのすけ	23

女の子

名前	読み	総画
賢16美9	さとみ	25
賢16香9	よしか	25

機 16

音訓 キ、はた
名のり のり
意味 機械。はた織り機。物事の核心。きざし。

【名づけヒント】機会、勝機、機敏など、機械以外にもさまざまな熟語がある字。チャンス(機会)を逃さないように。

男の子

名前	読み	総画
一1機16	いっき	17
一1機16	かずき	17
和8機16	かずき	24
機16生5	きお	21
秀7機16	ひでき	23

女の子

名前	読み	総画
広5機16	ひろき	21
寛13機16	ひろき	29
佑7機16	ゆうき	23
勇9機16	ゆうき	25
美9機16	みき	25

興 16

音訓 コウ、キョウ、おこ(る)、おこ(す)
名のり おき、さき、とも
意味 盛んになる。おもしろがる

【名づけヒント】バイタリティとたくましさを感じさせる。何事にも積極的にチャレンジできる子に。好奇心旺盛な子に。

男の子

名前	画数	読み	総画
興一	16・1	きょういち	17
興平	16・5	きょうへい	21
興輝	16・15	こうき	31
興志	16・7	こうし	23
直興	8・16	なおき	24
広興	5・16	ひろき	21
瑞興	13・16	みずき	29
興太郎	16・4・9	こうたろう	29

女の子

名前	画数	読み	総画
興香	16・9	きょうか	25
興花	16・7	ともか	23

磨 16

音訓 マ、みが(く)
名のり おさむ、きよ
意味 表面をなめらかにする。訓練して能力を上げる

【名づけヒント】「真(10画)」「馬(10画)」などに代わり、「マ」の音で用いる例が増加。努力や向上心を感じさせる字。

男の子

名前	画数	読み	総画
一磨	1・16	かずま	17
磨彦	16・9	きよひこ	25
拓磨	8・16	たくま	24
風磨	9・16	ふうま	25
磨世	16・5	まよ	21

女の子

名前	画数	読み	総画
志磨	7・16	しま	23
磨希	16・7	まき	23
磨瑚	16・13	まこ	29
磨奈	16・8	まな	24
磨璃	16・15	まり	31

樹 16

音訓 ジュ、き、た(てる)
名のり いつき、しげ、たつ、たつき、みき
意味 地面から生えている木。植える。立つ

【名づけヒント】すっくと立つ樹木を連想させ、上へ上へと伸びていく生命力を感じさせる。大きな心を持つ子に、頼りがいのある人に、まっすぐ素直になどの願いを込めて。「き」の読みで男の子名の止め字の定番だが、1字名の「樹(いつき)」も男女ともに人気。

男の子

名前	画数	読み	総画
樹	16(1)	いつき	17
一樹	1・16	かずき	17
辰樹	7・16	たつき	23
知樹	8・16	ともき	24
直樹	8・16	なおき	24
春樹	9・16	はるき	25
寛樹	13・16	ひろき	29
宏樹	7・16	ひろき	23
樹央	16・5	みきお	21
樹尚	16・8	みきひさ	24
瑞樹	13・16	みずき	29
優樹	17・16	ゆうき	33
悠樹	11・16	ゆうき	27

女の子

名前	画数	読み	総画
樹	16(1)	いつき	17
亜樹	7・16	あき	23
杏樹	7・16	あんじゅ	23
咲樹	9・16	さき	25
樹奈	16・8	じゅな	24
樹乃	16・2	じゅの	18
樹理	16・11	じゅり	27
美樹	9・16	みき	25
樹代	16・5	みきよ	21
由樹	5・16	ゆき	21
樹莉亜	16・10・7	じゅりあ	33
美沙樹	9・7・16	みさき	32
友樹菜	4・16・11	ゆきな	31

龍 16

音訓 リュウ、リョウ、たつ
名のり きみ、とおる
意味 四本足で、角やひげがある想像上の動物。たつ

【名づけヒント】リュウは、中国の想像上の動物で、時が来ると嵐を巻き起こしながら天に昇るという、水の神。スケールが大きくてたくましさのある、男の子名にぴったりの字。「竜」の旧字体だが、この旧字体のほうが字形的にも存在感があり、人気がある。

男の子

名前	画数	読み	総画
龍	16(1)	りゅう	17
龍臣	16・7	たつおみ	23
龍希	16・7	たつき	23
龍毅	16・15	たつき	31
龍典	16・8	たつのり	24
龍彦	16・9	たつひこ	25
龍秀	16・7	たつひで	23
龍弥	16・8	たつや	24
龍琉	16・11	たつる	27
龍郎	16・9	たつろう	25
龍一	16・1	りゅういち	17
龍市	16・5	りゅういち	21
龍河	16・8	りゅうが	24
龍玖	16・7	りゅうく	23
龍吾	16・7	りゅうご	23
龍冴	16・7	りゅうご	23
龍昇	16・8	りゅうしょう	24
龍聖	16・13	りゅうせい	29
龍汰	16・7	りゅうた	23
龍人	16・2	りゅうと	18
龍飛	16・9	りゅうひ	25
龍平	16・5	りゅうへい	21
龍矢	16・5	りゅうや	21
龍之介	16・3・4	たつのすけ	23
龍一朗	16・1・10	りゅういちろう	27
龍太郎	16・4・9	りゅうたろう	29
龍之輔	16・3・14	りゅうのすけ	33

篤 16

音訓 トク、あつ(い)
名のり あつ、あつし、しげ、すみ
意味 情が深い。熱心な。病気が重い

【名づけヒント】やさしさだけでなく、熱い心も感じさせる。篤志(とくし)とは、世の中に役に立ちたいと熱心に考えること。

男の子

名前	画数	読み	総画
篤	16(1)	あつし	17
篤志	16・7	あつし	23
篤孝	16・7	あつたか	23
篤人	16・2	あつと	18
篤彦	16・9	あつひこ	25
篤弥	16・8	あつや	24
篤郎	16・9	あつろう	25
英篤	8・16	えいとく	24

女の子

名前	画数	読み	総画
篤乃	16・2	あつの	18
篤実	16・8	あつみ	24

澪 16

音訓 レイ、みお
名のり ―
意味 船が通る水路

【名づけヒント】「みお」も「レイ」も響きが美しく、特に女の子名で人気。進むべき道を誤らないようにと願って。

男の子

名前	画数	読み	総画
澪司	16・5	れいじ	21
澪人	16・2	れいと	18

女の子

名前	画数	読み	総画
澪	16(1)	みお	17
澪	16(1)	れい	17
澪加	16・5	みおか	21
澪乃	16・2	みおの	18
美澪	9・16	みれい	25
澪花	16・7	れいか	23
澪那	16・7	れいな	23
澪実	16・8	れいみ	24

17 駿

音訓 シュン
名のり たかし、とし、はやお、はやし
意味 速く走る馬。能力が高い。

【名づけヒント】さっそうと大地を駆け抜ける馬を表し、疾走感と躍動感にあふれる字。転じて、優秀な人物や優れた才能の持ち主を指しても使われる。そのアクティブでたくましいイメージから、おもに男の子名で用いられる。「シュン」の音を生かした名前が人気。

男の子

名前	読み	画数
駿17 (1)	しゅん	18
駿17 (1)	はやお	18
和8駿17	かずとし	25
駿17一1	しゅんいち	18
駿17輝15	しゅんき	32
駿17伍6	しゅんご	23
駿17作7	しゅんさく	24
駿17介4	しゅんすけ	21
駿17丞6	しゅんすけ	23
駿17輔14	しゅんすけ	31
駿17太4	しゅんた	21
駿17汰7	しゅんた	24
駿17登12	しゅんと	29
駿17馬10	しゅんま	27
駿17磨16	しゅんま	33
駿17弥8	しゅんや	25
智12駿17	ちはや	29
駿17希7	としき	24
駿17樹16	としき	33
駿17徳14	としのり	31
駿17幸8	としゆき	25
駿17雄12	はやお	29
駿17斗4	はやと	21
秀7駿17	ひでとし	24
駿17一1郎9	しゅんいちろう	27
駿17太4朗10	しゅんたろう	31
駿17之3介4	しゅんのすけ	24

17 環

音訓 カン、たまき、わ、めぐ(る)
名のり たま、めぐる
意味 リング状の宝石。ぐるりとまわる。

【名づけヒント】リング状のものを表し、人と人とのつながりをイメージさせる。人間関係に恵まれることを願って。

男の子

名前	読み	画数
環17 (1)	めぐる	18
環17太4	かんた	21
斗4環17	とわ	21

女の子

名前	読み	画数
環17 (1)	たまき	18
環17奈8	かんな	25
沙7環17	さわ	24
環17恵10	たまえ	27
環17妃6	たまき	23
実8環17	みわ	25
環17花7	わか	24

17 鞠

音訓 キク、まり
名のり つぐ、みつ
意味 蹴鞠に用いたまり。身を小さく縮める。幼い。

【名づけヒント】昔の王朝貴族の遊びである蹴鞠(けまり)で用いられる字で、和風の情緒とみやびやかな雰囲気を感じさせる。

女の子

名前	読み	画数
鞠17 (1)	まり	18
伊6鞠17	いまり	23
鞠17華10	きくか	27
鞠17実8	つぐみ	25
日4鞠17	ひまり	21
妃6鞠17	ひまり	23
鞠17亜7	まりあ	24
鞠17絵12	まりえ	29
鞠17花7	まりか	24
鞠17紗10	まりさ	27
鞠17奈8	まりな	25

17 擢

音訓 テキ、タク、ぬきんでる
名のり ―
意味 引き抜く。抜け出す。優れている。

【名づけヒント】抜擢(ばってき)の「擢」。「タク」の読みを持つので、「たくや」「たくみ」などの人気名も作れる。

男の子

名前	読み	画数
擢17 (1)	たく	18
擢17斗4	たくと	21
擢17登12	たくと	29
擢17翔12	たくと	29
擢17真10	たくま	27
擢17馬10	たくま	27
擢17磨16	たくま	33
擢17見7	たくみ	24
擢17実8	たくみ	25
擢17武8	たくむ	25

17 謙

音訓 ケン、へりくだる
名のり かね、のり、ゆずる、よし
意味 自己を低くし[illegible]さない。

【名づけヒント】自信は持ちつつも表には出さず、自分を過信しないでふるまうことを表す。謙虚な気持ちを忘れない子に。

男の子

名前	読み	画数
謙17 (1)	けん	18
謙17一1	けんいち	18
謙17吾7	けんご	24
謙17伸7	けんしん	24
謙17介4	けんすけ	21
謙17助7	けんすけ	24
謙17太4	けんた	21
謙17弥8	けんや	25
謙17士3郎9	けんしろう	29
謙17太4朗10	けんたろう	31
謙17之3介4	けんのすけ	24

17 瞳

音訓 ドウ、トウ、ひとみ
名のり あきら
意味 ひとみ、瞳孔など。[illegible]

【名づけヒント】厳密には瞳孔を指すが、目全体の意味でも使われる。澄んだまっすぐな瞳(目)で物事を見つめられる子に。

男の子

名前	読み	画数
瞳17 (1)	あきら	18
志7瞳17	しどう	24
瞳17吾7	とうご	24
瞳17真10	とうま	27
瞳17磨16	とうま	33

女の子

名前	読み	画数
瞳17 (1)	ひとみ	18
瞳17華10	とうか	27
瞳17湖12	とうこ	29
瞳17見7	ひとみ	24
瞳17実8	ひとみ	25

17 優

音訓 ユウ、やさ(しい)、すぐ(れる)、まさる、ゆたか

意味 やさしい、すぐれる、洗練されている、役者

【名づけヒント】やさしいという意味だけでなく、優れているという意味もあり、非常に名前向きの字。そのため男女ともによく使われ、長年人気をキープしている。多画数でありながらバランスの取れた優美な字形も人気の要因のひとつ。

男の子

名前	画数	読み	総画
優	17 (1)	すぐる	18
優	17 (1)	ゆう	18
優晴	17・12	まさはる	29
優一	17・1	ゆういち	18
優樹	17・16	ゆうき	33
優仁	17・4	ゆうじん	21
優輔	17・14	ゆうすけ	31
優成	17・6	ゆうせい	23
優太	17・4	ゆうた	21
優翔	17・12	ゆうと	29
優馬	17・10	ゆうま	27
優弥	17・8	ゆうや	25
優太朗	17・4・10	ゆうたろう	31

女の子

名前	画数	読み	総画
優	17 (1)	ゆう	18
真優	10・17	まひろ	27
実優	8・17	みゆ	25
優亜	17・7	ゆあ	24
優依	17・8	ゆい	25
優妃	17・6	ゆうき	23
優奈	17・8	ゆうな	25
優夏	17・10	ゆか	27
優月	17・4	ゆづき	21
優芽	17・8	ゆめ	25
優璃	17・15	ゆり	32
万優花	3・17・7	まゆか	27
優希奈	17・7・8	ゆきな	32

17 嶺

音訓 レイ、リョウ、みね

名のり ね

意味 山の頂上、山脈

【名づけヒント】高くそびえる山の姿を連想させる字。すずやかな「レイ」「リョウ」の音に加え、やさしい「ね」の響きも。

男の子

名前	画数	読み	総画
嶺	17 (1)	れい	18
和嶺	8・17	かずみね	25
嶺行	17・6	みねゆき	23
嶺太	17・4	れいた	21
嶺登	17・12	れいと	29
嶺太朗	17・4・10	れいたろう	31

女の子

名前	画数	読み	総画
実嶺	8・17	みれい	25
嶺花	17・7	れいか	24
嶺紗	17・10	れいさ	27
嶺奈	17・8	れいな	25

17 翼

【名づけヒント】大空を自由に飛び、未来に羽ばたくイメージ。助けるという意味が由来の「すけ」を用いた名前も増加中。

男の子

名前	画数	読み	総画
翼	17 (1)	つばさ	18
圭翼	6・17	けいすけ	23
幸翼	8・17	こうすけ	25
壮翼	6・17	そうすけ	23
颯翼	14・17	そうすけ	31
雄翼	12・17	ゆうすけ	29
陽翼	12・17	ようすけ	29

女の子

名前	画数	読み	総画
翼	17 (1)	つばさ	18
翼沙	17・7	つばさ	24
翼紗	17・10	つばさ	27

18 観

【名づけヒント】頭を使って考えながら見ることを表す字。物事をしっかり見て考える人に、広い視野を持つ人にと願って。

男の子

名前	画数	読み	総画
観久	18・3	あきひさ	21
観広	18・5	あきひろ	23
観汰	18・7	かんた	25
匠観	6・18	たくみ	24
観太朗	18・4・10	かんたろう	32
観太郎	18・4・9	かんたろう	31

女の子

名前	画数	読み	総画
観子	18・3	あきこ	21
観菜	18・11	かんな	29
観希	18・7	みき	25
観菜	18・11	みな	29

17 瞭

【名づけヒント】明瞭、一目瞭然の「瞭」。明るく、はっきりとした性格に。また、自分の意思をはっきり伝えられる子に。

男の子

名前	画数	読み	総画
瞭	17 (1)	りょう	18
瞭一	17・1	りょういち	18
瞭吾	17・7	りょうご	24
瞭介	17・4	りょうすけ	21
瞭成	17・6	りょうせい	23
瞭太	17・4	りょうた	21
瞭真	17・10	りょうま	27
瞭太朗	17・4・10	りょうたろう	31

女の子

名前	画数	読み	総画
瞭帆	17・6	あきほ	23
瞭花	17・7	りょうか	24

18 騎

【名づけヒント】疾走感や勇ましさ、たくましさに加え、騎士(ナイト)のイメージから、紳士的で頼りがいのあるイメージも。

男の子

名前	画数	読み	総画
克騎	7・18	かつき	25
騎市	18・5	きいち	23
光騎	6・18	こうき	24
大騎	3・18	だいき	21
悠騎	11・18	はるき	29
秀騎	7・18	ひでき	25
弘騎	5・18	ひろき	23
正騎	5・18	まさき	23
瑞騎	13・18	みずき	31
勇騎	9・18	ゆうき	27
吏騎	6・18	りき	24

18

顕

音訓 ケン、あき(らか)、あらわ(す)
名のり あき、あきら、てる
意味 はっきりと見える。はっきりさせる。地位が高い。

【名づけヒント】顕著の「顕」。社会に出て頭角を現す人に。将来出世できるように。

男の子

名前	画数	読み	総画
顕成	18・6	あきなり	24
顕吾	18・7	けんご	25
顕信	18・9	けんしん	27
顕佑	18・7	けんすけ	25
顕也	18・3	けんや	21
正顕	5・18	まさてる	23
顕史朗	18・5・10	けんしろう	33
顕太郎	18・4・9	けんたろう	31

女の子

名前	画数	読み	総画
顕子	18・3	あきこ	21
顕美	18・9	てるみ	27

18

雛

音訓 スウ、ひな
名のり ―
意味 ひな。ひよこ。幼い子ども。

【名づけヒント】かわいらしさと「ひな」の響きが好まれている字。雛祭りのイメージで3月生まれの子に用いる傾向も。

女の子

名前	画数	読み	総画
小雛	3・18	こひな	21
雛加	18・5	ひなか	23
雛花	18・7	ひなか	25
雛香	18・9	ひなか	27
雛菊	18・11	ひなぎく	29
雛子	18・3	ひなこ	21
雛野	18・11	ひなの	29
雛美	18・9	ひなみ	27
雛世	18・5	ひなよ	23
万雛	3・18	まひな	21
由雛	5・18	ゆひな	23

18

繭

音訓 ケン、まゆ
名のり ―
意味 カイコの幼虫が作る、まゆ。

【名づけヒント】「まゆ」のやさしい響きで女の子名での使用例が多い。繭のように周囲の人をやさしく包むような人に。

女の子

名前	画数	読み	総画
繭加	18・5	まゆか	23
繭禾	18・5	まゆか	23
繭花	18・7	まゆか	25
繭香	18・9	まゆか	27
繭妃	18・6	まゆき	24
繭子	18・3	まゆこ	21
繭菜	18・11	まゆな	29
繭埜	18・11	まゆの	29
繭帆	18・6	まゆほ	24
繭美	18・9	まゆみ	27
繭里	18・7	まゆり	25

18

櫂

音訓 トウ、タク、かい、かじ
名のり ―
意味 船をこぐ棹(さお)、オール。

【名づけヒント】ボートやカヌーで水をかいて進んでいく姿をイメージさせる。自分自身で人生を切り開いていけるように。

男の子

名前	画数	読み	総画
櫂路	18・13	かいじ	31
櫂舟	18・6	かいしゅう	24
櫂世	18・5	かいせい	23
櫂琉	18・11	かいる	29
櫂海	18・9	たくみ	27
櫂夢	18・13	たくむ	31
櫂也	18・3	たくや	21
櫂矢	18・5	たくや	23
櫂吾	18・7	とうご	25

女の子

名前	画数	読み	総画
櫂子	18・3	とうこ	21

18

瞬

音訓 シュン、またた(く)
名のり ―
意味 目をぱちぱちさせる。瞬間。

【名づけヒント】人気の「シュン」の響きを持つが、名前での使用例は少ないので、新鮮な印象。瞬間瞬間を大切にと願って。

男の子

名前	画数	読み	総画
瞬生	18・5	しゅんき	23
瞬吾	18・7	しゅんご	25
瞬士	18・3	しゅんじ	21
瞬輔	18・14	しゅんすけ	32
瞬平	18・5	しゅんぺい	23
瞬也	18・3	しゅんや	21
瞬太郎	18・4・9	しゅんたろう	31
瞬ノ介	18・1・4	しゅんのすけ	23

女の子

名前	画数	読み	総画
瞬子	18・3	しゅんこ	21
瞬那	18・7	しゅんな	25

18

曜

音訓 ヨウ、かがや(く)
名のり あき、あきら、てらす、てる
意味 光り輝く。

【名づけヒント】名前での使用例はそれほど多くないが、太陽が目立って輝くことを表した字で、非常に明るく名前向きの字。

男の子

名前	画数	読み	総画
光曜	6・18	こうよう	24
曜司	18・5	ようじ	23
曜士	18・3	ようじ	21
曜亮	18・9	ようすけ	27
曜汰	18・7	ようた	25
曜平	18・5	ようへい	23
曜一朗	18・1・10	よういちろう	29
曜太郎	18・4・9	ようたろう	31

女の子

名前	画数	読み	総画
曜美	18・9	てるみ	27
曜子	18・3	ようこ	21

18

織

音訓 ショク、シキ、お(る)
名のり おり、おる
意味 布を作り上げる。織物。

【名づけヒント】「おり」の読みで、女の子の止め字の定番。和風でロマンチック、視覚的にきれいな字形も人気の理由。

男の子

名前	画数	読み	総画
伊織	6・18	いおり	24
織杜	18・7	おりと	25

女の子

名前	画数	読み	総画
織衣	18・6	おりえ	24
織花	18・7	おりか	25
織音	18・9	おりね	27
禾織	5・18	かおり	23
早織	6・18	さおり	24
詩織	13・18	しおり	31
万織	3・18	まおり	21
美織	9・18	みおり	27

18

燿

音訓 ヨウ、かがや(く)
名のり てる
意味 強い光を放つ。

【名づけヒント】「陽」と似た意味だが、こちらは特に火の光を表す。「火」を含む字形は力強く、インパクトがある。

男の子

名前	画数	読み	総画
燿良	18・7	あきら	25
皇燿	9・18	こうよう	27
正燿	5・18	まさてる	23
燿士	18・3	ようじ	21
燿多	18・6	ようた	24
燿平	18・5	ようへい	23
燿一朗	18・1・10	よういちろう	29
燿太郎	18・4・9	ようたろう	31

女の子

名前	画数	読み	総画
燿香	18・9	てるか	27
燿子	18・3	ようこ	21

18 藍

音訓 ラン、あい
名のり ―
意味 深みのある青、あい色。タデ科の植物、アイ。葉からあい色の染料が採れる。

【名づけヒント】「あい」と読む字では「愛」の人気が群を抜いているが、この字も人気がある。藍色の深みと落ち着き、植物を表すところから癒しのイメージ、そして藍染めのような和風の雰囲気も感じさせる。音読みの「ラン」を用いると、個性的な名前に。

男の子

名前	読み	画数
藍18希7	あいき	25
藍18輝15	あいき	33
藍18都11	あいと	29
藍18也3	あいや	21
藍18矢5	あいや	23
藍18琉11	あいる	29
亜7藍18	あらん	25
藍18丸3	らんまる	21
藍18乃2介4	あいのすけ	24

女の子

名前	読み	画数
藍18花7	あいか	25
藍18子3	あいこ	21
藍18沙7	あいさ	25
藍18彩11	あいさ	29
藍18南9	あいな	27
藍18音9	あいね	27
藍18羽6	あいは	24
藍18海9	あいみ	27
藍18美9	あいみ	27
藍18璃15	あいり	33
藍18里7	あいり	25
藍18瑠14	あいる	32
沙7藍18	さらん	25
清11藍18	せいらん	29
美9藍18	みらん	27
由5藍18	ゆらん	23
藍18加5	らんか	23

19画

19 瀬

音訓 ライ、せ
名のり ―
意味 川や海などの渡りやすい場所。機会、立場。

【名づけヒント】「せ」と読める字が少ない中で貴重。本来は急流を意味するが、日本では、川や海の浅く歩いて渡れる場所を指す。

男の子

名前	読み	画数
瀬19七2	せな	21
瀬19名6	せな	25

女の子

名前	読み	画数
瀬19奈8	せな	27
瀬19乃2	せの	21
瀬19莉10	せり	29
七2瀬19	ななせ	21
莉10瀬19	りせ	29
瀬19里7香9	せりか	35
菜11々3瀬19	ななせ	33
莉10々3瀬19	りりせ	32

19 羅

音訓 ラ
名のり つら
意味 網。薄い絹織物。並べる。

【名づけヒント】織物を表す一方で、昔から、外来語の「ラ」の音を表す字として使われてきた字。洋風の名づけで重宝。

男の子

名前	読み	画数
太4羅19	たいら	23

女の子

名前	読み	画数
季8羅19	きら	27
紗10羅19	さら	29
晴12羅19	せいら	31
由5羅19	ゆら	24
羅19奈8	らな	27
羅19夢13	らむ	32
羅19楽13	らら	32
礼5羅19	れいら	24
羅19々3美9	ららみ	31

19 蘭

音訓 ラン
名のり か
意味 ラン科の植物の総称。キク科のフジバカマの古称。

【名づけヒント】花は華やかで高貴なイメージ、「ラン」の響きはかわいく快活な印象。華やかさとキュートさを兼ね備えた人に。

男の子

名前	読み	画数
蘭19太4	らんた	23
蘭19真10	らんま	29

女の子

名前	読み	画数
華10蘭19	からん	29
紗10蘭19	さらん	29
鈴13蘭19	すずらん	32
晴12蘭19	せいらん	31
実8蘭19	みか	27
未5蘭19	みらん	24
由5蘭19	ゆか	24
蘭19奈8	らんな	27

19 麗

音訓 レイ、うるわ(しい)、うら(ら)、うら(らか)
名のり あきら、うらら、よし、より、れ
意味 うるわしい。美しくて華やかな。明るくておだやかな

【名づけヒント】気品と明るさをあわせ持ち、画数の多い字の中では、トップクラスの使用度を誇る。「レイ」という音読みの響きも、魅力のひとつとなっている。この字のよさを生かすためにも、組み合わせる字はすっきりとしたシンプルなものを選びたい。

男の子

名前	読み	画数
麗19市5	れいいち	24
麗19治8	れいじ	27
麗19二2	れいじ	21
麗19太4	れいた	23
麗19仁4	れいと	23
麗19斗4	れいと	23
麗19真10	れいま	29
麗19弥8	れいや	27
麗19一1郎9	れいいちろう	29
麗19太4朗10	れいたろう	33

女の子

名前	読み	画数
麗19楽13	うらら	32
実8麗19	みれい	27
水4麗19	みれい	23
麗19衣6	れい	25
麗19佳8	れいか	27
麗19歌14	れいか	33
麗19禾5	れいか	24
麗19湖12	れいこ	31
麗19紗10	れいさ	29
麗19七2	れいな	21
麗19奈8	れいな	27
麗19名6	れいな	25
麗19乃2	れいの	21
麗19心4	れいみ	23
麗19未5	れいみ	24
麗19楽13	れいら	32

20画

護 20

音訓：ゴ、まも(る)
名のり：さね、まもる、もり
意味：守る。大切にする。

【名づけヒント】やさしさと頼もしさをイメージさせる字。困っている人を守るやさしい人に。人や物を大切にする人に。

男の子

名前	読み	総画
護20(1)	まもる	21
永5護20	えいご	25
啓11護20	けいご	31
堅12護20	けんご	32
護20市5	ごいち	25
護20郎9	ごろう	29
信9護20	しんご	29
大3護20	だいご	23
護20仁4	もりひと	24
優17護20	ゆうご	37
良7護20	りょうご	27

響 20

音訓：キョウ、ひび(く)
名のり：おと、なり、ひびき
意味：音が鳴る。音が広がる。共鳴する。

【名づけヒント】音楽に関連する字で、使用例が増えている字。音が広がり、伝わって反応していく、深いイメージを持つ。まわりによい影響を与えられる人に、世に知れ渡る活躍ができるようになどと願って。名のりの「おと」を生かすと雰囲気のある名前に。

男の子

名前	読み	総画
響20(1)	ひびき	21
響20哉9	おとや	29
響20一1	きょういち	21
響20吾7	きょうご	27
響20志7	きょうじ	27
響20路13	きょうじ	33
響20介4	きょうすけ	24
響20亮9	きょうすけ	29
響20生5	きょうせい	25
響20太4	きょうた	24
響20平5	きょうへい	25
響20也3	きょうや	23
響20希7	ひびき	27
響20輝15	ひびき	35
響20己3	ひびき	23
響20史5朗10	きょうしろう	35
響20太4郎9	きょうたろう	33

女の子

名前	読み	総画
響20(1)	おと	21
響20(1)	ひびき	21
響20香9	おとか	29
響20葉12	おとは	32
響20美9	おとみ	29
響20加5	きょうか	25
響20花7	きょうか	27
響20子3	きょうこ	23
響20希7	ひびき	27

譲 20

音訓：ジョウ、ゆず(る)
名のり：まさ、ゆずる
意味：自分のものを他人に与える。へりくだる。

【名づけヒント】自己主張をしすぎず他人を思いやるという、日本的な美徳を表す字。音読みの「ジョウ」を生かしても。

男の子

名前	読み	総画
譲20(1)	じょう	21
譲20(1)	ゆずる	21
譲20一1	じょういち	21
譲20市5	じょういち	25
譲20司5	じょうじ	25
譲20介4	じょうすけ	24
譲20太4	じょうた	24
譲20也3	じょうや	23
譲20斗4	まさと	24
譲20琉11	ゆずる	31
譲20太4郎9	じょうたろう	33

耀 20

音訓：ヨウ、かがや(く)
名のり：あき、あきら、てる
意味：強い光りを放つ。

【名づけヒント】もとは「燿(18画)」と同じ字で、意味ももともとは火の光を表すとされる。また、同じ読みの「曜(18画)」もほぼ同じ意味で、「曜」はもともとは日(太陽)の光を表した。現在はいずれも光全般を表すので、視覚的な印象や画数で字を選ぶのもいい。

男の子

名前	読み	総画
耀20(1)	あきら	21
耀20(1)	てる	21
耀20斗4	あきと	24
耀20都11	あきと	31
耀20大3	あきひろ	23
耀20由5	あきよし	25
一1耀20	かずてる	21
大3耀20	たいよう	23
耀20紀9	てるき	29
耀20彦9	てるひこ	29
耀20久3	てるひさ	23
耀20矢5	てるや	25
秀7耀20	ひであき	27
宏7耀20	ひろあき	27
耀20市5	よういち	25
耀20史5	ようじ	25
耀20士3	ようじ	23
耀20介4	ようすけ	24
耀20太4	ようた	24
耀20一1朗10	よういちろう	31
耀20太4郎9	ようたろう	33

女の子

名前	読み	総画
耀20花7	あきか	27
耀20菜11	あきな	31
耀20那7	あきな	27
耀20美9	てるみ	29
耀20子3	ようこ	23

馨 20

音訓：ケイ、キョウ、かお(る)、かおり
名のり：か、かおり、かおる、きよ、よし
意味：よいにおいがする。

【名づけヒント】「薫(16画)」とともに男女どちらでも用いられる字。よい評判が遠くまで聞こえる人に。

男の子

名前	読み	総画
馨20平5	きょうへい	25
馨20之3	きよゆき	23
馨20一1	けいいち	21
馨20太4	けいた	24
馨20都11	けいと	31

女の子

名前	読み	総画
馨20(1)	かおり	21
馨20(1)	かおる	21
馨20子3	かおるこ	23
馨20花7	けいか	27
美9馨20	みか	29

21画～24画

櫻 21

音訓 オウ、さくら
名のり お
意味 バラ科の樹木、サクラ。

【名づけヒント】人気の「桜（10画）」の旧字体。日本的な古風なイメージを強調したい場合におすすめ。

男の子

名前	読み	総画
櫻21介4	おうすけ	25
櫻21太4	おうた	25
櫻21真10	おうま	31
櫻21士3郎9	おうしろう	33
櫻21史5郎9	おうしろう	35

女の子

名前	読み	総画
櫻21華10	おうか	31
櫻21子3	さくらこ	24
千3櫻21	ちお	24
真10櫻21	まお	31
実8櫻21	みお	29

鶴 21

音訓 カク、つる
名のり つ、づ、づる
意味 鳥のツル。ツル科の鳥の総称。

【名づけヒント】白く優雅な姿が昔から愛される鳥。気品の高さと縁起のよさが魅力。優れた人物のたとえとにも用いられる。

男の子

名前	読み	総画
士3鶴21	しづる	24
弓3鶴21	ゆづる	24
悠11鶴21	ゆづる	32

女の子

名前	読み	総画
佳8鶴21	かづ	29
知8鶴21	ちづ	29
千3鶴21	ちづる	24
優17鶴21	ゆづ	38
莉10鶴21	りづ	31
亜7鶴21沙7	あづさ	35
千3鶴21子3	ちづこ	27

驍 22

音訓 ギョウ、キョウ
名のり すぐる、たかし、たけし、つよし
意味 優れた馬。勇ましくて強い。

【名づけヒント】込み入った字形ではあるが、人並み外れて勇ましいことを表す字で、男の子におすすめの字。

男の子

名前	読み	総画
驍22(1)	すぐる	23
驍22(1)	たけし	23
一1驍22	かずとし	23
驍22一1	きょういち	23
驍22佑7	きょうすけ	29
驍22史5	たけし	27
驍22士3	たけし	25
驍22琉11	たける	33
驍22紀9	としき	31
驍22輝15	としき	37
正5驍22	まさたけ	27

讃 22

音訓 サン、ほ（める）、たた（える）
名のり ささ、すけ、とき
意味 高く評価する。助ける。

【名づけヒント】「賛（15画）」と読み方も意味もほぼ同じ。他人の実力や結果を素直にたたえ、自分自身もたたえられる存在に。

男の子

名前	読み	総画
讃22汰7	さんた	29
讃22人2	さんと	24
讃22央5	ときお	27
讃22伸7	ときのぶ	29
讃22真10	ときまさ	32
讃22士3朗10	さんしろう	35
讃22哉9	ときや	31

女の子

名前	読み	総画
讃22花7	さんか	29
讃22子3	ときこ	25
讃22代5	ときよ	27

鷲 23

音訓 シュ、シュウ、わし
名のり ―
意味 タカ科の鳥で、特に大型のもの。

【名づけヒント】勇猛さに加え、神聖な雰囲気を感じさせる鳥。大きな翼を広げて空を飛ぶ悠然としたイメージも。

男の子

名前	読み	総画
鷲23一1	しゅういち	24
鷲23伍6	しゅうご	29
鷲23治8	しゅうじ	31
鷲23介4	しゅうすけ	27
鷲23太4	しゅうた	27
鷲23人2	しゅうと	25
鷲23斗4	しゅうと	27
鷲23翔12	しゅうと	35
鷲23哉9	しゅうや	32
鷲23弥8	しゅうや	31
真10鷲23	ましゅう	33

鷹 24

音訓 ヨウ、オウ、たか
名のり ―
意味 タカ科の鳥で、ワシよりも小型ものの。

【名づけヒント】ワシよりサイズは小さいが勇猛さはそのまま。スピード感があり、クールなイメージも。

男の子

名前	読み	総画
亮9鷹24	あきたか	33
和8鷹24	かずたか	32
清11鷹24	きよたか	35
鷹24明8	たかあき	32
鷹24志7	たかし	31
鷹24大3	たかひろ	27
鷹24矢5	たかや	29
鷹24之3	たかゆき	27
広5鷹24	ひろたか	29
鷹24一1	よういち	25
鷹24汰7	ようた	31

麟 24

音訓 リン
名のり ―
意味 麒麟（きりん）は、想像上の動物。哺乳類のキリン。

【名づけヒント】麒麟は中国の想像上の動物で、世の中が安定したときに出現するという。縁起がよく、壮大なイメージ。

男の子

名前	読み	総画
麟24(1)	りん	25
麟24平5	りんぺい	29
麟24太4郎9	りんたろう	37
麟24太4朗10	りんたろう	38
麟24多6郎9	りんたろう	39
麟24之3介4	りんのすけ	31

女の子

名前	読み	総画
麟24花7	りんか	31
麟24子3	りんこ	27
麟24奈8	りんな	32

男の子
女の子

止め字リスト

これという漢字1字を決めて、止め字を組み合わせていくと、たくさんの名前ができます。

＊リストには、名づけの幅を広げるため、やや難しい名のりも含んでいます。
比較的読みやすいものを色字で示しました。

男の子

あ：有6 亜7 吾7 阿8 亞8

あき：旭6 昌8 明8 映9 秋9 昭9 亮9 晃10 章11 爽11 瑛12 暁12 晶12 陽12 照13 彰14 諒15 耀20

あん：安6 杏7 晏10 庵11

い：以5 生5 伊6 威9 惟11 唯11 偉12 意13 維14 緯16

いち：一1 市5 壱7

えい：永5 英8 映9 栄9 瑛12 詠12 鋭15 叡16 衛16

お：夫4 央5 生5 男7 於8 旺8 音9 郎9 朗10 雄12

おう：王4 央5 旺8 皇9 桜10 凰11

おみ：臣7

おん：苑8 音9 恩10 温12 遠13 穏16

が：牙4 我7 河8 芽8 賀12 雅13 駕15

かず：一1 千3 寿7 良7 知8 和8 数13

き：己3 生5 気6 希7 来7 祈8 季8 紀9 城9 記10 起10 基11 規11 葵12 喜12 揮12 稀12 貴12 幹13 暉13 毅15 輝15 熙15 機16 樹16 騎18

きち：吉6

くに：州6 邦7 国8 洲9 訓10

けい：圭6 京8 恵10 桂10 啓11 渓11 蛍11 敬12 景12 継13 慶15 慧15

ご：五4 互4 午4 伍6 呉7 吾7 冴7 悟10 梧11 瑚13 醐16 護20

こう：公4 功5 巧5 広5 弘5 光6 向6 好6 考6 行6 孝7 幸8 昂8 肯8 昊8 厚9 恒9 皇9

虹9 洸9 倖10 晃10 浩10 紘10 航10 高10 康11 興16 鴻17

ごう：昂9 剛10 強11 郷11 豪14 轟21

さく：作7 咲9 朔10 索10 策12

し：士3 司5 史5 至6 志7 始8 思9 紫12 詞12 嗣13 獅13 詩13 資13 摯15

じ：二2 士3 示5 次6 児7 侍8 治8 時10 滋12 慈13 蒔13 路13

しげ：茂8 重9 盛11 滋12 繁16

じゅ：寿7 珠10 樹16

しゅん：旬6 俊9 春9 隼10 舜13 駿17

しょう：正5 生5 匠6 尚8 昇8 将10 祥10 渉11 章11 勝12 晶12 翔12 奨13 照13 彰14

じょう：上3 丈3 丞6 成6 条7 定8 乗9 城9 常11 穣18 譲20

読み	漢字（画数）
しん	心4 伸7 芯7 辰7 信9 晋10 真10 深11 紳11 進11 慎13 新13
じん	人2 仁4 壬4 迅6 臣7 尋12
すけ	介4 右5 左5 丞6 佐7 助7 甫7 佑7 典8 祐9 亮9 恭10 裕12 資13 輔14 翼17
せい	世5 正5 生5 成6 征8 青8 政9 星9 晟10 清11 盛11 晴12 惺12 勢13 聖13 誠13 靖13 誓14 整16
ぞう	三3 造10 蔵15
た	太4 多6 汰7
だい	大3 醍16
たか	天4 宇6 孝7 岳8 空8 高10 峻10 崇11 隆11 貴12 敬12 尊12 鷹24
たけ	丈3 竹6 岳8 武8 建9 剛10 健11 猛11 豪14 毅15
つき（づき）	月4 槻15
つぐ	次6 継13 続13
つる（づる）	弦8 絃11 鶴21
てる	光6 晃10 瑛12 晴12 照13 輝15 耀20
と	十2 人2 士3 土3 仁4 斗4 兎7 杜7 門8 音9 徒10 途10 兜11 都11 渡12 登12 富12 翔12 豊13
どう	堂11 童12 道12
とき	旬6 季8 刻8 時10
とく	督13 徳14 篤16
とし	年6 寿7 利7 俊9 敏10 歳13 稔13 聡14 駿17
とも	友4 共6 知8 朋8 智12 朝12
なが	永5 長8
なり	也3 生5 成6 斉8 哉9
のぶ	亘6 伸7 延8 信9 宣9 展10 喜12 敦12 暢14
のり	令5 典8 法8 紀9 則9 倫10 規11 教11 徳14 範15 憲16
は（ば）	八2 巴4 羽6 把7 芭7 杷8 波8 琶12 葉12
はる	治8 青8 明8 春9 張11 悠11 温12 晴12 遥12 陽12 暖13
ひ	日4 飛9 陽12
ひこ	彦9
ひさ	久3 寿7 尚8 悠11
ひで	秀7 英8 栄9
ひと	一1 人2 仁4
ひろ	大3 央5 広5 弘5 宏7 拓8 宙8 洋9 浩10 紘10 啓11 尋12 博12 裕12 寛13 滉13 嘉14 優17
ふみ	文4 史5 郁9
へい	平5 兵7
ほ	帆6 秀7 甫7 歩8 宝8 保9 圃10 輔14 穂15
ほう	方4 宝8 朋8 法8 峰10 峯10 萌11 豊13 鳳14 鵬19
ま	真10 馬10 麻11 間12 摩15 磨16
まさ	大3 正5 匡6 昌8 征8 政9 柾9 将10 真10 理11 雅13 聖13 誠13 優17
まる	丸3
まろ	磨18
み	己3 三3 巳3 心4 水4 未5 見7 実8 弥8 海9 泉9 美9 現11 深11 望11 観18

- みち：充6 径8 宙8 迪8 途10 通10 倫10 理11 道12 路13
- みつ：三3 光6 充6 満12
- む：六4 武8 務11 睦13 夢13
- むね：心4 志7 宗8
- もり：守6 杜7 盛11 森12 護20
- もん：文4 門8 紋10 聞14
- や：八2 也3 矢5 谷7 夜8 弥8 哉9 耶9 野11 椰13
- やす：安6 育8 保9 恭10 泰10 康11 靖13 寧14
- ゆう：夕3 友4 由5 有6 佑7 侑8 勇9 宥9 祐9 悠11 結12 湧12 裕12 遊12 雄12 優17
- ゆき：之3 行6 幸8 雪11
- よう：洋9 要9 容10 庸11 葉12 遥12 陽12

- よし：由5 吉6 好6 快7 芳7 良7 佳8 祥10 惟11 善12 義13 嘉14 慶15
- ら：来7 良7 來8 徠11 楽13 羅19
- らい：礼5 来7 來8 徠11 頼16
- らん：嵐12 藍18 蘭19
- り：吏6 利7 李7 里7 俐9 浬10 哩10 理11 璃15
- りゅう：立5 流10 竜10 琉11 隆11 瑠14 龍16
- りん：林8 倫10 琳12 稟13 凜15 凛15
- る：流10 留10 琉11 瑠14
- れん：怜8 連10 廉13 蓮13 漣14 錬16
- ろう：郎9 朗10 浪10 楼13
- わ：羽6 和8 倭10 輪15 環17

女の子

- あ：有6 亜7 阿8 亞8 愛13
- あき：明8 映9 秋9 爽11 暁12 晶12 陽12 諒15
- あさ：麻11 朝12
- あや：文4 礼5 采8 紋10 彩11 絢12 斐12 綾14 綺14
- あん：安6 杏7 晏10 庵11
- い：以5 生5 伊6 衣6 依8 惟11 唯11 意13 維14
- う：右5 卯5 生5 宇6 羽6 有6 雨8
- え：永5 衣6 会6 江6 英8 枝8 依8 栄9 重9 恵10 笑10 瑛12 詠12 絵12 慧15
- えい：英8 映9 栄9 瑛12 詠12
- えみ：咲9 笑10

- お：央5 生5 於8 旺8 音9 桜10 緒14
- おか：丘5 岡8
- おり(おる)：織18
- おん：苑8 音9 恩10 温12 穏16
- か：日4 加5 可5 禾5 花7 伽7 佳8 果8 河8 珂9 迦9 香9 架9 珈9 夏10 華10 荷10 賀12 嘉14 歌14 樺14 霞17 蘭19
- き：己3 生5 気6 妃6 希7 芸7 来7 祈8 季8 紀9 記10 起10 姫10 規11 葵12 喜12 揮12 稀12 貴12 暉13 綺14 嬉15 輝15 樹16
- く：久3 玖7 来7 來8 紅9 宮10
- こ：己3 子3 乎5 古5 仔5 来7 呼8 胡9 湖12 鼓13 瑚13
- さ：左5 早6 佐7 沙7 冴7 砂9 咲9 茶9 紗10 彩11 爽11 嵯13

さき　幸8 咲9 崎11 埼11

さと　里7 知8 怜8 郷11 理11 智12 聖13 聡14 慧15

じゅ　寿7 珠10 樹16

す(ず)　守6 朱6 州6 寿7 洲9 珠10 素10 須12 澄15

すず　涼11 鈴13 錫16

すみ(ずみ)　純10 澄15

せ　世5 勢13 瀬19

その　苑8 園13

そら　天4 空8 宙8 昊8 穹8

ち　千3 知8 智12

つ(づ)　津9 都11 鶴21

つき(づき)　月4 槻15

つる(づる)　弦8 絃11 鶴21

と　斗4 兎7 音9 途10 都11 渡12 登12 翔12

な　七2 名6 那7 奈8 南9 菜11 梛11

なつ　夏10

なみ　波8 南9

ね　音9 祢9 峰10 峯10 寧14 嶺17

の　乃2 埜11 野11

のん　音9 暖13

は(ば)　巴4 羽6 把7 芭7 杷8 波8 華10 琶12 葉12

はな　花7 英8 華10

はね　羽6

はる　花7 青8 明8 春9 華10 悠11 温12 晴12 遥12 陽12 暖13

ひ　日4 比4 灯6 妃6 陽12 緋14

ひろ　央5 広5 宏7 拓8 宙8 洋9 紘10 尋12 裕12 嘉14 優17

ほ　帆6 歩8 宝8 保9 圃10 穂15

ま　茉8 真10 麻11 摩15 磨16

み　己3 三3 巳3 心4 水4 未5 見7 実8 弥8 海9 泉9 美9 珠10 現11 深11 望11 観18

む　睦13 夢13

め　女3 芽8 萌11

や　也3 矢5 谷7 夜8 弥8 哉9 耶9 野11 椰13

ゆ　夕3 友4 由5 佑7 侑8 宥9 柚9 祐9 結12 愉12 遊12 優17 癒18

ゆう　夕3 友4 由5 有6 佑7 邑7 侑8 宥9 柚9 祐9 悠11 結12 湧12 裕12 遊12 釉12 優17

ゆき　行6 幸8 雪11

ゆみ　弓3

よ　与3 予4 世5 代5 余7 夜8 誉13 蓉13

ら　来7 良7 楽13 羅19

らい　礼5 来7 來8 徠11 蕾16

らん　藍18 蘭19

り　吏6 利7 李7 里7 俐9 浬10 哩10 莉10 梨11 理11 璃15

りん　林6 倫10 琳12 鈴13 稟13 綸14 凜15 凛15

る　流10 留10 琉11 瑠14

れい(れ)　令5 伶7 励7 怜8 玲9 羚11 零13 黎15 澪16 嶺17 麗19

れん　怜8 恋10 連10 蓮13 漣14 憐16

わ　羽6 和8 倭10 琶12 環17

◀最初は響きから考えました。キュートで凛とした雰囲気もある「こと」の響きを入れた名前にしようと決め、最終的に響きは「ことは」に。漢字は、読みやすさと、漢字の意味やイメージから、「琴葉」にしました。美しい琴の音色のように人の心に響く何かをもってほしい、生き生きと生命力あふれる葉のように、元気にたくましく成長してほしいと願って。＜まきママ＞

▶まず「こうちゃん」という呼び名が決まり、1字目は体操の内村航平選手にあやかり「航」に。祖父の名前「潔（きよし）」にもあやかりたかったのと、漢字の組み合わせでオリジナリティを出したかったので、「きよし」の漢字を「清」として「航清（こうせい）」に。清らなか気持ちで世界を航海してほしいという願いも込めています。＜淳一パパ＞

▲性別が女の子と聞いてすぐに名前を考え始めました。バイク好きの私としては長女と同じくバイクにちなんだ名前（長女は玲咲と書いてレイサ。レーサーからとりました）にしたくていろいろ悩んだ結果、大好きな鈴鹿サーキットからとって、「すずか」に(笑)。漢字は、夏っぽくて画数の少ないものにと悩んだ結果、「涼花」にしました。結果として大変女の子らしい名前になり、妻、祖父母も大喜び！＜智哉パパ＞

▲名づけ担当は、男の子ならパパ、女の子ならママと決めていました。パパの最大のこだわりは「画数」。「パパの名前と同じ画数の13画にしたい！」と。その理由は、パパ自身が今までずっと強運だから。体が丈夫になるようにと「壮」、人を助ける優しい人になってほしいという願いから「佑」、ぴったり13画で「壮佑」という名前になりました。＜優帆ママ＞

▶私たち夫婦は桜が大好きで、毎年必ずお花見に行きます。桜は毎年きれいに咲いて、多くの人の心を癒してくれる。そんな桜の木のように、たくさんの人に愛され、たくさんの人が自然と集まってくるようなステキな人になってほしい。そして、桜の木のように立派に花を咲かせられる人生を送ってほしい、大きな心で大きな幸せをつかんでほしいと願いを込めて名づけました。＜俊パパ・真由ママ＞

Part

4

イメージ・願い から考える ハッピー名前

イメージ・願いから名前を考える

イメージや願いを名前に込める

「海のイメージで名前をつけたい」「音楽にちなんだ名前にしたい」「明るく元気な子に育ってほしい」「夢や希望をもって羽ばたいてほしい」など、わが子の名前にもたせたいイメージや、込めたい願いから名前を考える方法もあります。

最初は漠然としていても、そこから連想していき、キーワードを書き出していくことで、イメージや、名前に込めたい願い・思いがはっきりし、使いたい漢字や響きも絞られてきます。

この章では、「イメージ・願い」別に、それぞれに合った漢字や名前例を紹介しています。誕生日ごとのキーワードもあります。名前例の中から、イメージや願いに合う名前を直接探すこともできますし、イメージや願いに合う漢字や言葉を用いて、いろいろな漢字と組み合わせたり、読み方を工夫したりして、オリジナリティのある名前を考えてもよいでしょう。

さらに発想を広げたいという場合には、辞書類も役立ちます。国語辞典や漢字辞典などのほか、似た言葉を集めた類語辞典、俳句などを作るときに使う季語・歳時記事典などが便利です。

「イメージ・願い」から考えるステップ

Step 1　「イメージ」「願い」を決める

220ページ以降を参考に、気になるイメージや願いを選ぶ。好きなものや好きな雰囲気、あるいはこんな子に育ってほしいという願いを書き出してみるのもよい。

▼季節・誕生月にちなんだ名前（P220～245）
▼自然にちなんだ名前（P246～251）
▼情緒や芸術性を感じさせる名前（P252～255）
▼願い・思いを込めた名前（P256～271）

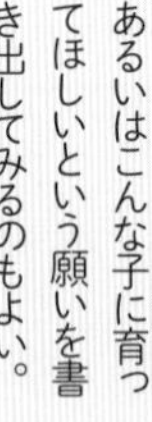
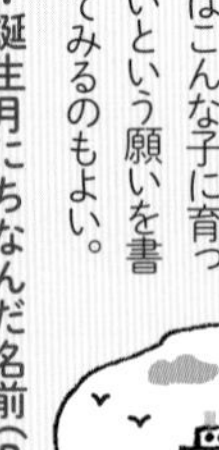

Step 2　具体的に名前を考える

漢字や響きの候補を絞り、名前を考える。

Step 3　さまざまな角度からチェック

姓とのバランスはどうか、日常生活で不便はないかなどを確認。

▼よい名前のチェックポイント（P20～27）

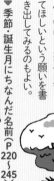

「イメージ・願い」をどう表現する？

1 イメージや願いに合う漢字をストレートに

「空」「花」など、好きなイメージの漢字をそのまま名前にしたり、「優しく思いやりのある子に」という思いを込めたいなら、ストレートに「優」を使ったりする。定番の止め字（→P212）と組み合わせるだけでも、さまざまな名前ができる。

例

思い　**優しく思いやりのある子に**

漢字　**心 仁 孝 助 佑 恩 淳 温 慈 想 慈 輔 篤 優 護**

名前例　**心**（こころ）　**優**（ゆう）　**恵**（めぐみ）　**篤人**（あつと）　**佑護**（ゆうご）　**想代**（そよ）　**仁美**（ひとみ）

2 連想する漢字・響きで

イメージ・願いから漢字や言葉を連想していき、連想した漢字や響きで名前を考える。

例「海」のイメージ

連想　**青**（碧）　**波 広い 渚 帆 湊 自由 世界につながる**

↓

名前例　**海青**（かいせい）　**洋太**（ようた）　**七海**（ななみ）　**渚沙**（なぎさ）

例「のびのびとおおらかに」という願い

言葉の連想　**ゆったり のんびり ゆとり 寛大 寛容 遥か 野原 など**

↓

漢字の連想　**伸 大 悠 裕 泰 寛 容 遥 野 原 天 など**

↓

名前例　**伸**（しん）　**遥平**（ようへい）　**美宥**（みゆ）　**悠里**（ゆうり）

3 イメージや願いに合う響きで表現

たとえば「空」のイメージでも、漢字は空とは直接関係ない表記にする。読みやすさを重視してひらがなカタカナにする方法も。

例 空（そら）→**曽良　そら**

花（はな）→**葉南　羽菜**

さわやかな子に→**沙和子**（さわこ）

大成してほしい→**大晴**（たいせい）

4 外国語の響きで表現

たとえば「海」を意味する英語の「marine マリン」の響きに、漢字を当てる。ヨーロッパの言語やアジアの言語、あるいはハワイ語など、探せばステキな響きが見つかることも。

例「海」のイメージで

真凛（まりん）　**成**（なる）

*「ナル」はハワイ語で波の意

例「仲間に恵まれるように」と願って

亜美（あみ）

*「アミ」はフランス語で友達の意

5 芸術作品や偉人の名、言葉をヒントに

歴史上の人物や小説の主人公のような性格になってほしいと、その名の1字や響きをもらう方法や、好きな曲名や好きな言葉、古い日本の言葉（大和言葉）などもヒントになる。

季節・誕生月にちなんだ名前

生まれた季節や誕生月にちなんだ名づけは、
昔から人気の名づけ法。
季節の花や天候のようす、行事、風物詩などが名前のヒントになります。

春

イメージ漢字
日4 芹7 芽8 咲9
春9 桜10 桃10 菜11
萌11 温12 陽12 新13
暖13 櫻21 麗19

男の子

名前（画数）	読み	総画
陽12 (1)	はる	13
桜10 輔14	おうすけ	24
慶15 咲9	けいさく	24
咲9 人2	さきと	11
新13 平5	しんぺい	18
大3 芽8	たいが	11
陽12 己3	はるき	15
春9 輝15	はるき	24
温12 太4	はるた	16
陽12 斗4	はると	16
暖13 真10	はるま	23
陽12 向6	ひなた	18
勇9 芽8	ゆうが	17
桜10 志7 朗10	おうしろう	27
咲9 太4 朗10	さくたろう	23
春9 太4 朗10	しゅんたろう	23
日4 那7 太4	ひなた	15

女の子

名前（画数）	読み	総画
桜10 (1)	さくら	11
小3 陽12	こはる	15
咲9 希7	さき	16
櫻21 子3	さくらこ	24
芹7 奈8	せりな	15
菜11 月4	なつき	15
春9 花7	はるか	16
暖13 菜11	はるな	24
春9 妃6	はるひ	15
日4 菜11	ひな	15
万3 桜10	まお	13
美9 春9	みはる	18
実8 麗19	みれい	27
芽8 依8	めい	16
桃10 子3	ももこ	13
里7 咲9	りさ	16
萌11 々3 香9	ももか	23

夏

イメージ漢字
帆6 芙7 青8 昊8
波8 茉8 南9 海9
夏10 莉10 蛍11 涼11
葵12 陽12 蓉13 蓮13

男の子

名前（画数）	読み	総画
青8 波8	あおば	16
歩8 海9	あゆみ	17
海9 晴12	かいせい	21
夏10 弦8	かいと	18
海9 吏6	かいり	15
蛍11 太4	けいた	15
元4 葵12	げんき	16
昊8 生5	こうせい	13
太4 陽12	たいよう	16
卓8 海9	たくみ	17
夏10 輝15	なつき	25
帆6 汰7	はんた	13
帆6 高10	ほだか	16
悠11 葵12	ゆうき	23
陽12 介4	ようすけ	16
涼11 太4	りょうた	15
蓮13 太4	れんた	17

女の子

名前（画数）	読み	総画
夏10 波8	かなみ	18
夏10 帆6	かほ	16
葵12 子3	きこ	15
蛍11 夏10	けいか	21
夏10 妃6	なつき	16
南9 帆6	なほ	15
蓉13 実8	はすみ	21
波8 奈8	はな	16
帆6 那7	はんな	13
昊8 子3	ひろこ	11
芙7 海9	ふみ	16
茉8 央5	まお	13
海9 緒14	みお	23
美9 南9	みなみ	18
莉10 沙7	りさ	17
凛15 夏10	りんか	25
莉10 々3 子3	りりこ	16

リストの見方

※1字名は霊数「1」を足した数が地格になります

秋

イメージ漢字：夕3 月4 禾5 実8 茜9 秋9 紅9 爽11 梨11 菊11 椛11 豊13 楓13 穂15 穣18

男の子

名前	画数	読み	地格
爽斗	11・4	あきと	15
秋陽	9・12	あきはる	21
秋彦	9・9	あきひこ	18
郁実	9・8	いくみ	17
惟月	11・4	いつき	15
克実	7・8	かつみ	15
秋斗	9・4	しゅうと	13
穣司	18・5	じょうじ	23
月斗	4・4	つきと	8
輝秋	15・9	てるあき	24
楓悟	13・10	ふうご	23
楓人	13・2	ふうと	15
穂積	15・16	ほづみ	31
夕悟	3・10	ゆうご	13
悠豊	11・13	ゆうと	24
夕也	3・3	ゆうや	6
穣一朗	18・1・10	じょういちろう	29

女の子

名前	画数	読み	地格
茜音	9・9	あかね	18
彩禾	11・5	あやか	16
禾野	5・11	かの	16
来実	7・8	くるみ	15
紅実	9・8	こうみ	17
詩月	13・4	しづき	17
思穂	9・15	しほ	24
楓華	13・10	ふうか	23
穂波	15・8	ほなみ	23
愛実	13・8	まなみ	21
真穂	10・15	まほ	25
真夕	10・3	まゆう	13
悠月	11・4	ゆづき	15
梨央	11・5	りお	16
久瑠実	3・14・8	くるみ	25
穂乃佳	15・2・8	ほのか	25
実乃梨	8・2・11	みのり	21

冬

イメージ漢字：白5 冬5 北5 冴7 星9 柊9 柚9 柑9 透10 雪11 聖13 澄15 凛15 凜15

男の子

名前	画数	読み	地格
一澄	1・15	いずみ	16
澄貴	15・12	きよたか	27
賢冴	16・7	けんご	23
幸星	8・9	こうせい	17
聖士	13・3	さとし	16
柊吾	9・7	しゅうご	16
柊蔵	9・15	しゅうぞう	24
貴雪	12・11	たかゆき	23
透冴	10・7	とうご	17
冬真	5・10	とうま	15
冬翔	5・12	ふゆと	17
優冴	17・7	ゆうご	24
雪斗	11・4	ゆきと	15
凜成	15・6	りんせい	21
凛人	15・2	りんと	17
澄志郎	15・7・9	きよしろう	31
凛太朗	15・4・10	りんたろう	29

女の子

名前	画数	読み	地格
冴	7・(1)	さえ	8
凛	15・(1)	りん	16
柑奈	9・8	かんな	17
澄美	15・9	きよみ	24
冴綾	7・14	さあや	21
冴織	7・18	さおり	25
柊花	9・7	しゅうか	16
星奈	9・8	せいな	17
星来	9・7	せいら	16
千冬	3・5	ちふゆ	8
冬子	5・3	とうこ	8
真白	10・5	ましろ	15
万澄	3・15	ますみ	18
雪世	11・5	ゆきよ	16
柚妃	9・6	ゆずき	15
凜香	15・9	りんか	24
凛子	15・3	りんこ	18

January

1月のキーワード名前例

正月（しょうがつ）

本来は、子孫繁栄、五穀豊穣を司る歳神様（正月様）をお迎えする行事。古来より「神の宿る木」とされる松（門松）を飾って、神様をお迎えする。

元旦（がんたん）

1年の始まりを祝う日。「旦」には、地平線、朝、日の出の意味があり、厳密には1月1日の朝をさす。

破魔矢（はまや）

お正月の縁起物のひとつとして飾られ、神社などで授与される。

獅子舞（ししまい）

獅子頭をかぶって舞う伝統芸能。無病息災を祈り、正月などの縁起のよい日に行われる。

行事、暮らし

羽根つき（はねつき）

災いをはね（羽）のけるという意味から、正月の厄払いとして、羽根つきを行い、女の子の健康と成長を祈願する。

- 御慶（ぎょけい）
- 年賀（ねんが）
- 門松（かどまつ）
- 初夢（はつゆめ）
- 初詣（はつもうで）
- 伊呂波歌留多（いろはかるた）
- 七福神詣（しちふくじんもうで）
- 凧揚げ（たこあげ）
- 手毬（手鞠）（てまり）
- 福笑い（ふくわらい）
- 七草粥（ななくさがゆ）

水仙（すいせん）

「水仙」の名は、水辺で咲く姿を仙人にたとえた中国の古典に由来。雪の中でも咲くことから、雪中花（せっちゅうか）ともいう。

1月の異名

睦月（むつき）
元月（げんげつ）
初月（しょげつ）
泰月（たいげつ）
太郎月（たろうづき）
早緑月（さみどりづき）
新春（しんしゅん）
初歳（しょさい）
華歳（かさい）
初陽（しょよう）

1月の誕生石

ガーネット（ざくろ石）

1月の12星座

山羊座（12/22～1/19生まれ）
水瓶座（1/20～2/18生まれ）

1月を意味する外国語

英語：January（ジャニュエリー）
フランス語：janvier（ジャンヴィエ）
スペイン語：enero（エネロ）
イタリア語：gennaio（ジェナーイオ）
ドイツ語：Januar（ヤヌアー）
ロシア語：январь（インヴァーリ）
ラテン語：Ianuarius（ヤヌアーリウス）
ハワイ語：Ianuali（ラヌアリ）
中国語：一月（イーユエ）
韓国語：일월（イロル）

男の子

名前（画数）	読み	総画数
旦 5 (1)	あきら	6
開 12 翔 12	かいと	24
一 1 喜 12	かずき	13
大 3 賀 12	たいが	15
泰 10 雅 13	たいが	23
太 4 郎 9	たろう	13
寿 7 一 1	としかず	8
初 7 彦 9	はつひこ	16
福 13 人 2	ふくと	15
正 5 晴 12	まさはる	17
睦 13 生 5	むつき	18
睦 13 斗 4	むつと	17
元 4 希 7	もとき	11
泰 10 正 5	やすまさ	15
雪 11 斗 4	ゆきと	15
夢 13 治 8	ゆめじ	21
銀 14 太 4 郎 9	ぎんたろう	27
正 5 太 4 郎 9	しょうたろう	18
新 13 一 1 郎 9	しんいちろう	23

★今日は何の日？

日		二十四節気	七十二候
1日	元旦／鉄腕アトムの日		雪下出麦 雪の下で麦が芽を出す
2日	初夢の日／月ロケットの日		
3日	瞳の日		
4日	ストーンズデー（石の日）		
5日	囲碁の日	1/5頃 小寒	
6日	ジャンヌ・ダルク誕生の日		芹乃栄 芹がよく生育する
7日	人日の節句（七草粥）		
8日	勝負事の日		
9日	とんちの日		
10日	110番の日		
11日	鏡開き		水泉動 凍った泉がとけ始める
12日	スキー記念日		
13日	咸臨丸出航記念日		
14日	飾納（かざりおさめ）・松納（まつおさめ）		
15日	小正月		
16日	初閻魔（はつえんま）／囲炉裏の日		雉始鳴 雄の雉が鳴き始める
17日	今月今夜の月の日（尾崎紅葉祭）		
18日	都バス記念日		
19日	のど自慢の日		
20日	二十日正月	1/20頃 大寒	
21日	ライバルが手を結ぶ日		款冬華 フキノトウが蕾を出す
22日	ジャズの日		
23日	電子メールの日		
24日	郵便制度施行記念日		
25日	お詫びの日		
26日	文化財防火デー		水沢腹堅 沢に氷が厚く張る
27日	国旗制定記念日		
28日	逸話の日		
29日	人口調査記念日		
30日	3分間電話の日		
31日	晦日正月		

第2月曜日　成人の日

天候、地理

風花（かざはな）
晴れた日に雪が花びらのように美しく散るさま。

雪／六花（ゆき／りっか）
雪にもさまざまな呼び方があり、雪の美称としては、「雪花（せっか）」「深雪（みゆき）」などがある。雪の結晶が六角形であることから、「六花（りっか）」ともいう。

銀世界（ぎんせかい）
雪が降り積もってあたり一面真っ白な景色のこと。

新春（しんしゅん）
初春（しょしゅん）
初日の出（はつひので）
初茜（はつあかね）
冴ゆる（さゆる）
氷柱（つらら）
吹雪（ふぶき）
雪明かり（ゆきあかり）

動物、植物

鶴（つる）
白鳥（はくちょう）
羚羊（かもしか）
兎（うさぎ）
橘（たちばな）
蜜柑（みかん）
芹（せり）
南天の実（なんてんのみ）
千両（せんりょう）
葉牡丹（はぼたん）

福寿草（ふくじゅそう）
本来の開花時期は2～3月だが、旧暦の正月ごろ（現在の2月）に咲き出すことから「元日草（がんじつそう）」の名も。縁起のよい名前と黄色の明るい花のイメージで、現在でもお正月の床飾りにする習慣がある。

女の子

名前	読み	総画数
鞠17(1)	まり	18
一1 花7	いちか	8
彩11 羽6	いろは	17
絵12 麻11	えま	23
花7 笑10	かえ	17
福13 恵10	さちえ	23
千3 笑10	ちえみ	13
千3 鶴21	ちづる	24
七2 菜11	なな	13
初7 寧14	はつね	21
初7 美9	はつみ	16
日4 毬11	ひまり	15
風9 花7	ふうか	16
毬11 華10	まりか	21
睦13 月4	むつき	17
睦13 実8	むつみ	21
雪11 乃2	ゆきの	13
六4 花7	りっか	11
な5 ず5 な5	なずな	15

2月のキーワード名前例

February

行事、暮らし

初午（はつうま）
2月最初の「午の日」に行われる稲荷社の縁日。2月の2回目や3回目の午の日にも祭礼を行う地方もある。

節分（せつぶん）
季節の変わり目に生じる邪気を払うための行事。節分に食べる恵方巻の「恵方」は、その年のもっともよい方位のことで、そこには歳徳神（としとくじん）がいるとされる。

柊挿す（ひいらぎさす）
節分の夜、焼いたイワシの頭を刺した柊の枝を戸口に挿す風習。柊の葉の鋭いトゲと、イワシの匂いで鬼を追い払うとされた。

立春大吉（りっしゅんだいきち）
この言葉は、縦書きすると左右対称になるため縁起がいいとされ、禅寺では立春の朝に、厄除けを祈ってこの言葉を書いた紙を門に貼る習慣がある。

バレンタインデー
愛の誓いの日とされ、世界各地でさまざまな祝い方がある。日本では女性から男性にチョコレートを贈り、愛を告白できる日だが、最近は友達や家族に感謝して贈ることも。

- 福豆（ふくまめ）
- 閏年（うるうどし）
- 仁王会（におうかい）
- 祈年祭（きねんさい）
- 建国記念日（けんこくきねんび）
- 雪祭り（ゆきまつり）

2月の異名
如月（きさらぎ）
麗月（れいげつ）
梅見月（うめみづき）
初花月（はつはなづき）
仲陽（ちゅうよう）
令月（れいげつ）
美景（びけい）
華朝（かちょう）
恵風（けいふう）
星鳥（せいちょう）

2月の誕生石
アメシスト（紫水晶）

2月の12星座
水瓶座（1/20〜2/18生まれ）
魚座（2/19〜3/20生まれ）

2月を意味する外国語
英語：February（フェビリエリー）
フランス語：février（フェヴリエ）
スペイン語：febrero（フェブレロ）
イタリア語：febbraio（フェッブラーイオ）
ドイツ語：Februar（フェブルアー）
ロシア語：февраль（フィヴラーリ）
ラテン語：Februarius（フェブルアーリウス）
ハワイ語：Pepeluali（ペペルアリ）
中国語：二月（アールユエ）
韓国語：이월（イウォル）

男の子

名前（画数）	読み	総画数
仁4 (1)	じん	5
令5 (1)	れい	6
愛13 斗4	あいと	17
景12 介4	けいすけ	16
恵10 也3	けいや	13
建9 伸7	けんしん	16
建9 哉9	けんや	18
柊9 太4	しゅうた	13
柊9 磨16	しゅうま	25
閏12 也3	じゅんや	15
友4 仁4	ともひと	8
春9 壱7	はるいち	16
春9 仁4	はると	13
絆11 里7	ばんり	18
雪11 宏7	ゆきひろ	18
令5 士3	れいじ	8
麗19 太4	れいた	23
景12 太4 郎9	けいたろう	25
建9 史5 朗10	けんしろう	24

★今日は何の日？

日	記念日	二十四節気	七十二候
1日	テレビ放送記念日		鶏始乳　鶏が卵を産み始める
2日	おんぶの日		
3日	節分		
4日	銀閣寺の日	2/4頃 立春	東風解凍　東風が厚い氷をとかす
5日	笑顔の日		
6日	ブログの日		
7日	オリンピックメモリアルデー		
8日	ロカビリーの日		
9日	漫画の日		黄鶯睍睆　鶯が山里で鳴き始める
10日	キタノ記念日		
11日	建国記念の日		
12日	ダーウィンの日		
13日	苗字制定記念日		
14日	聖バレンタインデー		魚上氷　割れた氷から魚が飛び出る
15日	春一番名づけの日		
16日	天気図記念日		
17日	天使のささやきの日		
18日	エアメールの日		
19日	天地の日	2/19頃 雨水	土脉潤起　雨で土が湿り気を含む
20日	普通選挙の日／歌舞伎の日		
21日	漱石の日／日刊新聞創刊の日		
22日	世界友情の日／猫の日		
23日	天皇誕生日／富士山の日		
24日	月光仮面登場の日		霞始靆　霞がたなびき始める
25日	夕刊紙の日		
26日	包むの日		
27日	絆の日／新撰組の日		
28日	エッセイ記念日		
29日	閏日		

天候、地理

春一番（はるいちばん）
立春を過ぎ、その年はじめて吹く南寄りの風。春の訪れを感じさせる。

雪間（ゆきま）
雪が消えて、ところどころ地表が顔をのぞかせること。また、雪間に萌え出でた草を「雪間草（ゆきまそう）」という。

春信（しゅんしん）
長かった冬も終わりに近づき、花が咲き始めるなど春の気配がただようこと。

玉風（たまかぜ）　春めく（はる）
風巻（しまき）　雪（ゆき）
春霙（はるみぞれ）　雪間（ゆきま）
春隣（はるどなり）　早春（そうしゅん）

梅（うめ）
冬の終わりから春先にかけて咲き、「春告草（はるつげぐさ）」の名も。香りがよく可憐な花は古来より愛され、かつては花見といえば桜ではなく梅だった。

動物、植物

鶯（うぐいす）
平地では2月上旬ごろから鳴き声が聞こえ始めるため、春告鳥（はるつげどり）の別名も。その年にはじめて聞いた鶯の鳴き声のことを「初音（はつね）」という。

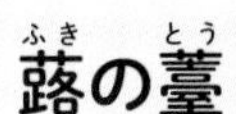

目白（めじろ）　公魚（わかさぎ）
鰆（さわら）　節分草（せつぶんそう）
満作（まんさく）　雪割一華（ゆきわりいちげ）
猫柳（ねこやなぎ）　水仙（すいせん）

蕗の薹（ふきのとう）
雪解けを待たずに卵形で淡緑色の花茎を出す、春の訪れを告げる代表的な山菜。

女の子

名前（画数）	読み	総画
愛13 子3	あいこ	16
閏12 美9	うるみ	21
笑10 璃15	えみり	25
綺14 更7	きさら	21
小3 梅10	こうめ	13
呼8 春9	こはる	17
紗10 雪11	さゆき	21
雫11 玖7	しずく	18
紫12 月4	しづき	16
雪11 花7	せつか	18
二2 菜11	にな	13
乃2 愛13	のあ	15
初7 音9	はつね	16
美9 景12	みかげ	21
結12 愛13	ゆあ	25
令5 子3	れいこ	8
麗19 名6	れいな	25
二2 衣6 奈8	にいな	16

March 3月のキーワード名前例

雲雀（ひばり）

春になると野に出て空高く舞い上がり、羽ばたきながらさえずる。

動物、植物

ミモザ

房状の黄色の花をつける常緑性小高木。南欧ではとくに春を告げる花として親しまれている。

アネモネ

地中海原産の花で、名前はギリシャ語の「風（アネモス）」に由来。和名は「花一華（はないちげ）」。

芽吹き（めぶき）／萌える（もえる）

3月は雪がとけ、草木の芽吹きが活発になるころ。「萌える」とは植物が芽を出す意。

啓蟄（けいちつ）

二十四節気のひとつで3月6日ごろをさす。春になり、土の中で冬籠りしていた虫や蛙が外に出てくるころ。

菫（すみれ）

山野から都会の道端まで至るところに自生する春の花。紫色の可憐な花をつける。

- 桜（さくら）
- 紋白蝶（もんしろちょう）
- 七星天道（ななほしてんとう）
- 土筆（つくし）
- 苺（いちご）
- 蒲公英（たんぽぽ）
- 木の芽（こめ）
- 桃の花（もものはな）
- 花木蓮（はなもくれん）
- 水仙（すいせん）

3月の異名

弥生（やよい）
嘉月（かげつ）
花月（かげつ）
桃月（とうげつ）
桜月（さくらづき）
夢見月（ゆめみづき）
花津月（はなつづき）
建辰月（けんしんげつ）
五陽（ごよう）

3月の誕生石

アクアマリン（藍玉）
コーラル（珊瑚）

3月の12星座

魚座（2/19～3/20生まれ）
牡羊座（3/21～4/19生まれ）

3月を意味する外国語

英語：March（マーチ）
フランス語：mars（マルス）
スペイン語：marzo（マルソ）
イタリア語：marzo（マルツォ）
ドイツ語：März（メルツ）
ロシア語：март（マールト）
ラテン語：Martius（マルティウス）
ハワイ語：Malaki（マラキ）
中国語：三月（サンユエ）
韓国語：삼월（サムォル）

男の子

名前	画数	読み	総画
英龍	8・16	えいたつ	24
嘉月	14・4	かづき	18
啓太	11・4	けいた	15
建辰	9・7	けんしん	16
咲弥	9・8	さくや	17
啓志	11・7	さとし	18
泰芽	10・8	たいが	18
龍昇	16・8	たつのり	24
龍弥	16・8	たつや	24
登成	12・6	とうせい	18
春太	9・4	はるた	13
遼弥	15・8	はるや	23
英明	8・8	ひであき	16
英輝	8・15	ひでき	23
萌生	11・5	ほうせい	16
嘉風	14・9	よしかぜ	23
嘉人	14・2	よしひと	16
麗翔	19・12	れいと	31
桜太郎	10・4・9	おうたろう	23

★今日は何の日？

日	記念日	二十四節気	七十二候
1日	マーチ日、行進曲の日		草木萌動 草木が芽吹き始める
2日	ミニチュアの日		
3日	桃の節句・雛祭り		
4日	ミシンの日		
5日	珊瑚（サンゴ）の日		
6日	世界一周記念日	3/6頃 啓蟄	蟄虫啓戸 冬籠りの虫が出てくる
7日	消防記念日		
8日	国際女性デー／雅の日		
9日	ありがとうの日		
10日	ミントの日		
11日	パンダ発見の日		桃始笑 桃の花が咲き始める
12日	スイーツの日		
13日	新選組の日		
14日	ホワイトデー		
15日	涅槃会（釈迦入滅の日）		
16日	国際公園指定記念日		菜虫化蝶 青虫が紋白蝶になる
17日	セントパトリックデー		
18日	精霊の日		
19日	ミュージックの日		
20日	サブレの日		
21日	国際人種差別撤廃デー	3/21頃 春分	雀始巣 雀が巣を構え始める
22日	放送記念日		
23日	世界気象デー		
24日	ホスピタリティデー		
25日	電気記念日		
26日	普通選挙法成立		桜始開 桜の花が咲き始める
27日	さくらの日		
28日	シルクロードの日		
29日	マリモ記念日		
30日	国立競技場落成記念日		
31日	エッフェル塔の日		

3月20日頃　春分の日

3月下旬～4月中旬　イースター（キリスト教）

東風（こち）
春風（はるかぜ）
雪の果（ゆきのはて）
春疾風（はるはやて）
春光（しゅんこう）

芽吹き（めぶき）
花曇（はなぐもり）
陽炎（かげろう）
春一番（はるいちばん）
陽炎（かげろう）

天候、地理

麗らか（うらら）

春のあたたかくやわらかな陽射しがのどかに照っているさま。

山笑う（やまわらう）

草木が芽吹き、花が咲き始め、明るく色づく春の山のこと。

佐保姫（さほひめ）

奈良の都の東方、佐保山に宿る、春をつかさどる女神。白くやわらかな春霞の衣をまとった若々しい姿をしており、染色や機織をつかさどる女神でもある。

龍天に昇る（りゅうてんにのぼる）

古代中国では、春分のころに龍が天に昇って雨を降らせ、秋分には淵に潜む、といわれていた。

行事、暮らし

雛祭り（ひなまつり）／桃の節句（もものせっく）

3月3日の雛祭りは女の子のすこやかな成長を祈る行事。「桃の節句」ともいわれるが、これは旧暦3月3日ごろが桃の花の季節であることから。また桃は災厄を払うとされた。

卒業式（そつぎょうしき）
旅立ち（たびだち）
踏青（とうせい）
ホワイトデー

女の子

名前	画数	読み	総画
桃	10 (1)	もも	11
笑花	10・7	えみか	17
花月	7・4	かづき	11
佐保	7・9	さほ	16
菜摘	11・14	なつみ	25
陽菜	12・11	ひな	23
雛子	18・3	ひなこ	21
雲雀	12・11	ひばり	23
三桜	3・10	みお	13
美嘉	9・14	みか	23
芽生	8・5	めい	13
萌絵	11・12	もえ	23
桃花	10・7	ももか	17
弥生	8・5	やよい	13
麗加	19・5	れいか	24
佐桜里	7・10・7	さおり	24
寿美怜	7・9・8	すみれ	24
うらら	2・3・3	うらら	8
つくし	1・1・1	つくし	3

April 4月のキーワード名前例

動物、植物

燕（つばめ）
春先、日本に飛来する渡り鳥。害虫を食べてくれる益鳥（えきちょう）として日本では古くから大切にされてきた。「玄鳥（げんちょう）」ともいう。

桜（さくら）
春を代表する花であり、日本を象徴する花でもある。その美しく情緒あるさまは古くから日本人に親しまれてきた。「染井吉野（そめいよしの）」「八重桜（やえざくら）」などさまざまな種類がある。

若駒（わかこま）／春駒（はるこま）
駒は馬の総称で、とくに仔馬のことをいう。「若駒」「春駒」は、あたたかくなった春の野に放たれて、のびのびと遊ぶ仔馬のこと。

ヒアシンス
ギリシャ神話の美少年「ヒュアキントス」にちなんだ名を持つユリ科の花。和名は「風信子（ふうしんし）」「飛信子（ひしんし）」。

菜の花（なのはな）
一面に広がる黄色の菜の花畑は、春の明るさを象徴する景色。

- 紋白蝶（もんしろちょう）
- 七星天道（ななほしてんとう）
- 菫（すみれ）
- 山吹（やまぶき）
- 春紫苑（はるじおん）
- 花水木（はなみずき）
- 蒲公英（たんぽぽ）
- 一人静（ひとりしずか）
- 石楠花（しゃくなげ）
- 牡丹（ぼたん）
- 蓮華草（れんげそう）

4月の異名
卯月（うづき）
卯花月（うのはなづき）
花残月（はなのこりづき）
清和月（せいわづき）
木葉採月（このはとりづき）
得鳥羽月（えとりはづき）
初夏（しょか）
純陽（じゅんよう）
修景（しゅうけい）

4月の誕生石
ダイヤモンド（金剛石）
クォーツ（水晶）

4月の12星座
牡羊座（3/21～4/19生まれ）
牡牛座（4/20～5/20生まれ）

4月を意味する外国語
英語：April（エイプリル）
フランス語：avril（アヴリル）
スペイン語：abril（アブリィル）
イタリア語：aprile（アプリーレ）
ドイツ語：April（アプリル）
ロシア語：апрель（アプリエーリ）
ラテン語：Aprilis（アプリーリス）
ハワイ語：Àpelila（アペリラ）
中国語：四月（スーユエ）
韓国語：사월（サウォル）

男の子

名前	画数	読み	総画
暁	12(1)	あきら	13
颯	14(1)	はやて	15
新太	13・4	あらた	17
清陽	11・12	きよはる	23
剛輝	10・15	ごうき	25
新也	13・3	しんや	16
信飛	9・9	のぶと	18
陽輝	12・15	はるき	27
春駒	9・15	はるく	24
暖人	13・2	はると	15
陽悠	12・11	はるひさ	23
暖馬	13・10	はるま	23
永陽	5・12	ひさはる	17
水紀	4・9	みずき	13
瑞生	13・5	みずき	18
良風	7・9	よしかぜ	16
吏駒	6・15	りく	21
清士郎	11・3・9	せいしろう	23
桜太朗	10・4・10	おうたろう	24

★今日は何の日？

日	記念日	二十四節気	七十二候
1日	エイプリール・フール		雷乃発声 遠くで雷の音がする
2日	国際子どもの本の日		
3日	みずの日／アーバーデー（愛林日）		
4日	ピアノ調律の日		
5日	チーズケーキの日	4/5頃 清明	玄鳥至 燕が南からやってくる
6日	城の日		
7日	世界保健デー		
8日	ヴィーナスの日		
9日	世界海の日		
10日	女性の日／ヨットの日		鴻雁北 雁が北へ渡っていく
11日	メートル法公布記念日		
12日	世界宇宙飛行の日		
13日	喫茶店の日		
14日	オレンジデー／フレンドリーデー		
15日	よいこの日		虹始見 雨の後に虹が出始める
16日	ボーイズ・ビー・アンビシャス・デー		
17日	恐竜の日		
18日	発明の日		
19日	最初の一歩の日（地図の日）		
20日	郵政記念日	4/20頃 穀雨	葭始生 葦が芽を吹き始める
21日	民放の日		
22日	アースデー（地球の日）		
23日	子ども読書の日		
24日	植物学の日		
25日	国連記念日		霜止出苗 霜が終わり稲の苗が生長
26日	よい風呂の日		
27日	絆の日／哲学の日		
28日	サンフランシスコ平和条約発効記念日		
29日	昭和の日		
30日	図書館記念日		

3月下旬～4月中旬　イースター（キリスト教）

陽春（ようしゅん）　春暁（しゅんぎょう）
春風（はるかぜ）　春時雨（はるしぐれ）
清風（せいふう）　養花雨（ようかう）
和風（わふう）　暖か（あたたか）
光風（こうふう）　日永（ひなが）

天候、地理

長閑（のどか）
穏やかな気候で、時間もゆったりと感じられる春の日和。心がゆったりしているさまをさす言葉でもある。

清明（せいめい）
二十四節気のひとつ。「清浄明瞭」の略で、桜など草木の花が咲き始め、万物がイキイキとしてくること。

花信風（かしんふう）
早春から初夏にかけて、花の季節の訪れを告げるやさしい風。

行事、暮らし

花見（はなみ）
桜を鑑賞しながら、宴会を楽しむ日本独特の行事。日本の春に欠かせない風物詩。

入園・入学（にゅうえん・にゅうがく）
種蒔き（たねまき）
花祭り（はなまつり）
潮干狩り（しおひがり）

新生活（しんせいかつ）
4月は入園・入学・入社、新学期、新生活と、さまざまなスタートの時期。何かを始めたり、新しいことに挑戦する意欲にわく時期でもある。

女の子

名前	画数	読み	総画
桜	10 (1)	さくら	11
暁美	12・9	あけみ	21
花純	7・10	かすみ	17
加純	5・10	かすみ	15
清花	11・7	きよか	18
咲良	9・7	さくら	16
桜子	10・3	さくらこ	13
静花	14・7	しずか	21
千暖	3・13	ちはる	16
新菜	13・11	にいな	24
和花	8・7	のどか	15
羽菜	6・11	はな	17
風花	9・7	ふうか	16
牡丹	7・4	ぼたん	11
美潮	9・15	みしお	24
若奈	8・8	わかな	16
さくら	3・1・3	さくら	7
のどか	1・4・3	のどか	8
日菜子	4・11・3	ひなこ	18

May

5月のキーワード名前例

天候、地理

光風（こうふう）
晴れた春の日に吹き渡る風。日に日に陽射しが強くなるなか、吹く風もキラキラと輝くように思えることから。また、雨上がりの濡れた草木を吹き渡る風のことも光風という。

薫風（くんぷう）
若葉の間を吹き抜ける、さわやかな南風。「風薫る（かぜかおる）」とも。

翠雨（すいう）
新緑のころ、草木の青葉に降る雨。「緑雨（りょくう）」ともいう。

動物、植物

鈴蘭（すずらん）
幅の広い緑の葉の影から、釣鐘型の白い小花をのぞかせる可憐な花。

皐月（さつき）
5月の和名を冠した花。もともとは旧暦の皐月（現在の6月ごろ）に咲くことから、この名がある。

菖蒲（あやめ）
花びらに網目模様を持つ紫や白の花。「文目」「綾目」とも書く。英名は「アイリス」でギリシャ神話の虹の女神イリスにちなむ。なお、菖蒲湯のショウブ（左ページ）と同じ漢字だが、アヤメとショウブは別の種類。

時鳥（ほととぎす）　藤（ふじ）　若葉（わかば）
郭公（かっこう）　双葉葵（ふたばあおい）　新緑（しんりょく）
菖蒲（しょうぶ）　躑躅（つつじ）　桐（きり）
薔薇（ばら）　ライラック（リラ）

5月の異名

皐月（こうげつ、さつき）
橘月（たちばなづき）
鶉月（うずらづき）
多草月（たぐさづき）
吹喜月（ふききづき）
早稲月（さいねづき）
月不見月（つきみずづき）
仲夏（ちゅうか）
開明（かいめい）

5月の誕生石

エメラルド（翠玉）
ジェイド（翡翠）

5月の12星座

牡牛座（4/20 ～5/20生まれ）
双子座（5/21～6/21生まれ）

5月を意味する外国語

英語：May（メイ）
フランス語：mai（メ）
スペイン語：mayo（マジョ）
イタリア語：maggio（マッジョ）
ドイツ語：Mai（マイ）
ロシア語：май（マーイ）
ラテン語：Maius（マーイウス）
ハワイ語：Mei（メイ）
中国語：五月（ウーユエ）
韓国語：오월（オウォル）

男の子

名前（画数）	読み	総画数
凱12 (1)	がい	13
薫16 (1)	かおる	17
憲16 (1)	けん	17
翠14 人2	あきと	16
爽11 晴12	あきはる	23
薫16 堂11	くんどう	27
皐11 介4	こうすけ	15
颯14 輝15	さつき	29
昇8 永5	しょうえい	13
菖11 太4	しょうた	15
昇8 真10	しょうま	18
尚8 武8	なおたけ	16
晴12 風9	はるかぜ	21
晴12 輝15	はるき	27
風9 伍6	ふうご	15
風9 磨16	ふうま	25
瑞13 樹16	みずき	29
竜10 昇8	りゅうしょう	18
憲16 太4 郎9	けんたろう	29

★今日は何の日？

日	記念日	二十四節気	七十二候
1日	日本赤十字社創立記念日		牡丹華　牡丹の花が咲く
2日	緑茶の日		
3日	憲法記念日		
4日	みどりの日		
5日	こどもの日／端午の節句		
6日	ゴムの日	5/6頃 立夏	蛙始鳴　蛙が鳴き始める
7日	博士の日		
8日	世界赤十字デー		
9日	呼吸の日		
10日	地質の日		
11日	大阪神戸間鉄道開通日		蚯蚓出　みみずが這い出る
12日	ナイチンゲールデー		
13日	愛犬の日		
14日	温度計の日		
15日	国際家族デー		
16日	旅の日		竹笋生　竹の子が生えてくる
17日	生命・きずなの日		
18日	国際親善デー／ことばの日		
19日	チャンピオンの日（ボクシング記念日）		
20日	森林の日		
21日	リンドバーグ翼の日	5/21頃 小満	蚕起食桑　蚕が桑を盛んに食べる
22日	スカイツリー開業		
23日	キスの日／ラブレターの日		
24日	ゴルフ場記念日		
25日	広辞苑記念日		
26日	東名高速道路開通記念日		紅花栄　紅花が盛んに咲く
27日	百人一首の日		
28日	国際アムネスティ記念日		
29日	エベレスト登頂記念日		
30日	お掃除の日		
31日	サッカーW杯が日韓で開催		
第2日曜日	母の日		

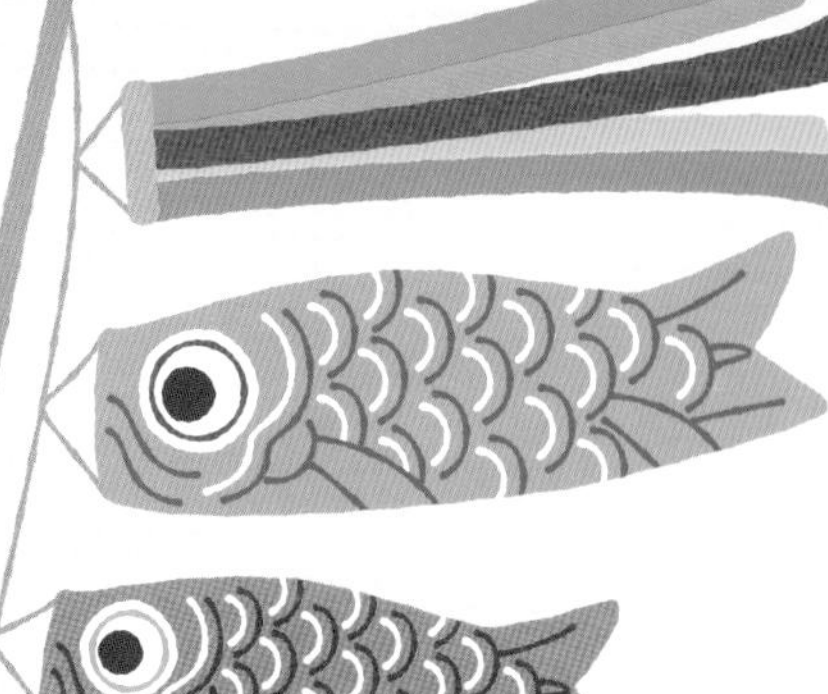

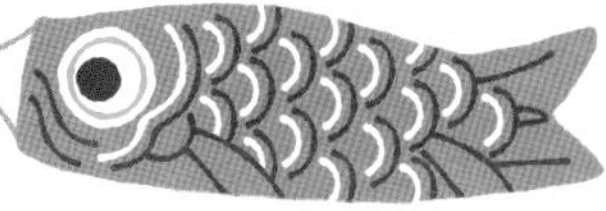

凱風（がいふう）

「凱」はやわらぐという意味で、凱風とは初夏に吹く心地よく穏やかな南風。

五月晴れ（さつきばれ）
清風（せいふう）
風の香（かぜのか）
青風（せいふう）
景風（けいふう）

行事、暮らし

菖蒲湯（しょうぶゆ）

端午の節句は、「菖蒲の節句」ともいい、菖蒲湯に入る風習がある。菖蒲が「勝負」や「尚武（武を重んじる）」に通じることから。

端午の節句（たんごのせっく）

端午の節句は、男の子のすこやかな成長を願う行事。たくましく育ってほしいとの願いから、鎧兜（よろいかぶと）の武者人形や、中国の故事「鯉が龍になって天に昇る」に由来する鯉のぼりを飾る。

八十八夜（はちじゅうはちや）
茶摘み（ちゃつみ）
田植え（たうえ）
柏餅（かしわもち）
粽（ちまき）
鯉幟（こいのぼり）
母の日（ははのひ）
みどりの日（みどりのひ）

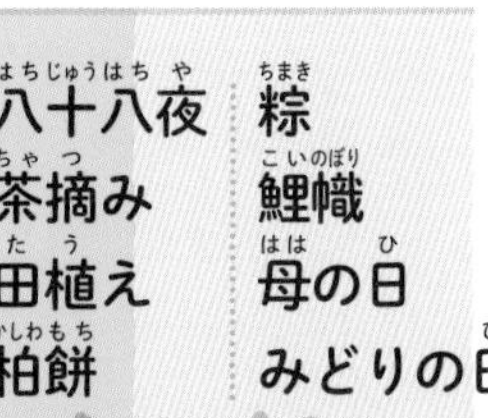

女の子

名前	画数	読み	総画
舞	15 (1)	まい	16
翠	14 (1)	みどり	15
緑	14 (1)	みどり	15
菖蒲	11・13	あやめ	24
五希	4・7	いつき	11
桐花	10・7	きりか	17
皐月	11・4	さつき	15
颯希	14・7	さつき	21
鈴蘭	13・19	すずらん	32
星花	9・7	せいか	16
風香	9・9	ふうか	18
美薫	9・16	みゆき	25
芽以	8・5	めい	13
萌衣	11・6	めい	17
りら	2・3	りら	5
鈴加	13・5	りんか	18
新葉	13・12	わかば	25
あやめ	3・3・2	あやめ	8
つつじ	1・1・3	つつじ	5

June

6月のキーワード名前例

天候、地理

夏至（げし）

1年でもっとも昼の時間が長くなる日で、例年6月21日ごろ。伊勢の二見興玉神社（ふたみおきたまじんじゃ）では、太陽神・天照大神（あまてらすおおみかみ）を迎えるための儀式が行われる。

梅雨（つゆ）

梅の実が熟す6月ごろに降る雨だから、「梅雨」という名がついたといわれる。梅雨の雨は、稲などの作物にとっては恵みの雨。夏の水不足に備える命の水でもある。

山背風（やませかぜ）
黒南風（くろはえ）
黄雀風（こうじゃくふう）

行事、暮らし

時の記念日（ときのきねんび）

1920年より毎年6月10日に制定。もともとは、天智天皇671年4月25日に水時計が設置され、時が告げられたという史実が残っており、現代の6月10日にあたるとされる。

ジューン・ブライド

6月を意味する英語ジューン（June）は、ギリシャ神話の結婚を司る女神ヘラ（ローマ名ユノJuno）に由来することから、6月に結婚する花嫁は幸せになるといわれる。

衣替え（ころもがえ）　**夏越の祓（なつごしのはらえ）**
父の日（ちちのひ）　**田植え（たうえ）**
夏至祭（げしさい）　**嘉祥菓子（かじょうがし）**

6月の異名

水無月（みなづき）
水月（すいげつ）
季月（きげつ）
涼暮月（すずくれづき）
松風月（まつかぜづき）
風待月（かぜまちづき）
鳴雷月（なるかみづき）
炎陽（えんよう）
積夏（せきか）

6月の誕生石

パール（真珠）
ムーンストーン（月長石）

6月の12星座

双子座（5/21～6/21生まれ）
蟹座（6/22～7/22生まれ）

6月を意味する外国語

英語：June（ジューン）
フランス語：juin（ジュワン）
スペイン語：junio（フニオ）
イタリア語：giugno（ジューニョ）
ドイツ語：Juni（ユーニ）
ロシア語：июнь（イユーニ）
ラテン語：Iunius（ユーニウス）
ハワイ語：Lune（ルネ）
中国語：六月（リョウユエ）
韓国語：유월（ユウォル）

男の子

名前（画数）	読み	総画
潤15 (1)	じゅん	16
和8 真10	かずま	18
杏7 介4	きょうすけ	11
蛍11 介4	けいすけ	15
紫12 音9	しおん	21
秀7 真10	しゅうま	17
純10 平5	じゅんぺい	15
淳11 矢5	じゅんや	16
泰10 士3	たいし	13
竹6 琉11	たける	17
登12 輝15	とき	27
時10 生5	ときお	15
時10 矢5	ときや	15
大3 泰10	ひろやす	13
正5 時10	まさとき	15
松8 風9	まつかぜ	17
蛍11 太4 郎9	けいたろう	24
潤15 ノ1 助7	じゅんのすけ	23
泰10 太4 郎9	やすたろう	23

★今日は何の日？

		二十四節気	七十二候
1日	写真の日／真珠の日		麦秋至　麦が熟し麦秋となる
2日	横浜開港記念日		
3日	測量の日		
4日	虫の日		
5日	世界環境デー		
6日	梅の日／楽器の日	6/6頃 芒種	螳螂生　カマキリが生まれる
7日	母親大会記念日		
8日	安全管理の日		
9日	ロックの日		
10日	時の記念日		
11日	傘の日		腐草為蛍　腐草の下から蛍が生ずる
12日	恋人の日		
13日	小さな親切運動スタートの日		
14日	世界献血者デー		
15日	米百俵デー		
16日	和菓子の日		梅子黄　梅の実が黄ばんで熟す
17日	考古学出発の日		
18日	海外移住の日		
19日	ベースボール記念日		
20日	ペパーミントの日		
21日	世界音楽の日	6/21頃 夏至	乃東枯　夏枯草が枯れる
22日	ボウリングの日		
23日	オリンピックデー		
24日	UFO記念日／ドレミの日		
25日	菅原道真誕生の日		
26日	国連憲章調印記念日		
27日	ヘレン・ケラー・バースデー（奇跡の人の日）		菖蒲華　あやめの花が咲く
28日	貿易記念日		
29日	ビートルズの日／星の王子さまの日		
30日	夏越の祓／アインシュタイン記念日		
第3日曜日	父の日		

若竹（わかたけ）
4～5月ごろに地上に出たたけのこは、その後グングン成長し、6月ごろには親竹をしのぐほどに成長する。

泰山木（たいさんぼく）
花径は約20cm。花も葉も大きく存在感があり、「大山木」と書いたり、その杯のような花の形から「大盃木」と書くことも。

動物、植物

紫陽花（あじさい）
紫、青、白、ピンクなどの花をつけ、梅雨の時期を彩る日本情緒あふれる花。

杏の実（あんずのみ）
春にピンク色の花をつけ、実は6月ごろ熟す。英名はアプリコット。

蛍（ほたる）
6～7月にかけては蛍狩りのシーズン。きれいな水辺などに出かけると、幻想的な蛍の光の競演が見られる。

- 蝸牛（かたつむり）
- 雨蛙（あまがえる）
- 花菖蒲（はなしょうぶ）
- 花橘（はなたちばな）
- 未央柳（びょうやなぎ）
- クローバー
- 梅の実（うめのみ）
- 枇杷の実（びわのみ）
- 麦（むぎ）
- 睡蓮（すいれん）
- 青葉（あおば）

女の子

名前	画数	読み	総画
純	10 (1)	じゅん	11
雨音	8・9	あまね	17
杏珠	7・10	あんじゅ	17
杏理	7・11	あんり	18
潤夏	15・10	じゅんか	25
時子	10・3	ときこ	13
時羽	10・6	ときわ	16
蛍留	11・10	ほたる	21
真衣	10・6	まい	16
実杏	8・7	みあん	15
美雨	9・8	みう	17
実央	8・5	みお	13
美紅	9・9	みく	18
水那	4・7	みな	11
美奈	9・8	みな	17
優雨	17・8	ゆう	25
瑠音	14・9	るね	23
あおば	3・4・6	あおば	13
未央佳	5・5・8	みおか	18

July

7月のキーワード名前例

行事、暮らし

海開き（うみびらき）
山開き（やまびらき）
川開き（かわびらき）
星写し（ほしうつし）
祇園祭（ぎおんまつり）
天神祭（てんじんまつり）

七夕（たなばた）

7月7日の夜、天の川にへだてられた織姫と彦星が、年に一度だけ会うという伝説にちなむ行事。

海の日（うみのひ）

7月第3月曜日は「海の日」で国民の祝日。

動物、植物

茉莉（まつり）

インド・アラビア原産で、モクセイ科の常緑低木。ジャスミンティの香りづけにも使われる香り豊かな白い花を咲かせる。別名アラビアジャスミン。

百合（ゆり）

すっと伸びた茎に大輪の花をつける優美な花。英語は「Lily（リリイ）」。

向日葵（ひまわり）

花が太陽を追って回るところからこの名がある。夏の明るさを象徴する花。

7月の異名

文月（ふみづき）
親月（しんげつ）
蘭月（らんげつ）
涼月（りょうげつ）
相月（そうげつ）
七夕月（たなばたづき）
七夜月（ななよづき）
愛逢月（めであいづき）
瓜時（かじ）
大晋（たいしん）

7月の誕生石

ルビー（紅玉）

7月の12星座

蟹座（6/22〜7/22生まれ）
獅子座（7/23〜8/22生まれ）

7月を意味する外国語

英語：July（ジュライ）
フランス語：juillet（ジュイエ）
スペイン語：julio（フリオ）
イタリア語：luglio（ルーリョ）
ドイツ語：Juli（ユーリ）
ロシア語：июль（イユーリ）
ラテン語：Iulius（ユーリウス）
ハワイ語：Lunai（ルナイ）
中国語：七月（チー ユエ）
韓国語：칠월（チロル）

男の子

名前	画数	読み	総画
晋	10 (1)	しん	11
晶彦	12・9	あきひこ	21
海成	9・6	かいせい	15
海斗	9・4	かいと	13
光葵	6・12	こうき	18
虹太	9・4	こうた	13
虹陽	9・12	こうよう	21
茂也	8・3	しげなり	11
瀬七	19・2	せな	21
大葵	3・12	だいき	15
匠海	6・9	たくみ	15
陽葵	12・12	はるき	24
文彦	4・9	ふみひこ	13
文陽	4・12	ふみはる	16
昌彦	8・9	まさひこ	17
悠利	11・7	ゆうり	18
雄理	12・11	ゆうり	23
峰太郎	10・4・9	みねたろう	23
蓮太朗	13・4・10	れんたろう	27

★今日は何の日？

		二十四節気	七十二候
1日	山開き		
2日	ユネスコ加盟記念日		半夏生（からすびしゃくが生える）
3日	波の日／渚の日		
4日	アメリカ独立記念日		
5日	江戸切子の日		
6日	ピアノの日／サラダ記念日		
7日	七夕	7/7頃 小暑	
8日	那覇の日		温風至（暖かい風が吹いてくる）
9日	ジェットコースターの日		
10日	ウルトラマンの日		
11日	真珠記念日		
12日	ラジオ本放送の日		蓮始開（蓮の花が開き始める）
13日	盆迎え火／ナイスの日		
14日	ひまわりの日		
15日	盆（盂蘭盆会）／中元		
16日	盆送り火／虹の日		
17日	国際司法の日／漫画の日		鷹乃学習（鷹の幼鳥が飛ぶ）
18日	ネルソン・マンデラ・デー		
19日	サイボーグ009の日		
20日	月面着陸の日		
21日	自然公園の日		
22日	ナッツの日		
23日	文月ふみの日	7/23頃 大暑	
24日	劇画の日		桐始結花（桐の実がなり始める）
25日	かき氷の日		
26日	ポツダム宣言記念日		
27日	スイカの日		
28日	菜っ葉の日		
29日	凱旋門の日		土潤溽暑（土が湿り蒸し暑い）
30日	梅干しの日／プロレス記念日		
31日	こだまの日		

第3月曜日　海の日　　第4日曜日　親子の日

天候、地理

南風（みなみかぜ）
南から吹く風。特に春から夏にかけて吹く風のこと。「なんぷう」「はえ」とも読む。

入道雲（にゅうどうぐも）
もくもくと高く盛り上がった夏特有の雲で、別名「雲の峰」。

天の川（あまのがわ）
約2000億個ともいわれる膨大な星の集まりが天の川。夏から秋にかけて澄んだ夜空に見える。

虹（にじ）
雨上がり、とくに夏の夕立のあとに見られる7色のアーチ状の帯。なかでも彩りの美しい虹を「彩虹（さいこう）」という。

白南風（しろはえ）　夕立（ゆうだち）　雷（かみなり）　青嶺（あおね）
青田波（あおたなみ）　風青し（かぜあおし）　夏木立（なつこだち）

蓮（はす）
7〜8月にかけて白、淡紅などの大きな花を咲かせる。仏教では、泥から美しい花が咲くことから、清らかさや、慈悲の象徴とされる。

立葵（たちあおい）
人の背丈ほどに成長し、赤やピンクなどの大きな花をつける。徳川家の家紋としておなじみの「葵の紋」は、フタバアオイという別種。

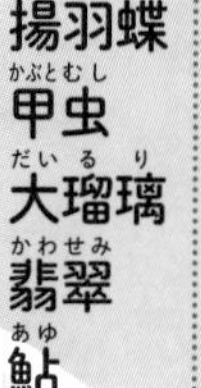

揚羽蝶（あげはちょう）　甲虫（かぶとむし）　大瑠璃（だいるり）　翡翠（かわせみ）　鮎（あゆ）
朝顔（あさがお）　カンナ　芭蕉（ばしょう）　鳳仙花（ほうせんか）　青桐（あおぎり）
睡蓮（すいれん）　沙羅の花（さらのはな）　桃（もも）　杏の実（あんずのみ）　李の実（すもものみ）

女の子

名前（画数）	読み	総画
葵12 (1)	あおい	13
文4 (1)	ふみ	5
彩11 七2	あやな	13
可5 蓮13	かれん	18
来7 海9	くるみ	16
星9 七2	せいな	11
茉8 莉10	まり	18
海9 織18	みおり	27
美9 織18	みおり	27
美9 葵12	みき	21
優17 李7	ゆうり	24
莉10 央5	りお	15
莉10 々3	りり	13
蓮13 子3	れんこ	16
小3 百6 合6	さゆり	15
七2 々3 夏10	ななか	15
七2 那7 海9	ななみ	18
ひ2 ま4 り2	ひまり	8
茉8 莉10 亜7	まりあ	25

August

8月のキーワード名前例

動物、植物

大瑠璃（おおるり）

渓流近くの森などにすむ夏鳥。瑠璃色の羽根と、日本三鳴鳥にも数えられる美しい声が特長。

芙蓉（ふよう）

ピンクや白などの大輪の花をつけるアオイ科の落葉低木。また古くは蓮の花のことを芙蓉ともいい、美女の形容としても使われる言葉。

カンナ

夏から秋にかけて、赤、黄、白などの華麗な花を咲かせる。とくに際立つ赤い花は、仏陀の血から生まれたという伝説も。

翡翠（かわせみ）

渓流などの水辺に生息する小鳥。鮮やかな青の体色を持ち、空飛ぶ宝石とも形容される。

甲虫（かぶとむし）

兜虫とも書き、大きな角のある頭部が兜のように見えることに由来する。

鮎（あゆ）

香りのよさから「香魚（こうぎょ）」とも。古来より人々に愛されてきた夏の川魚。

揚羽蝶（あげはちょう）
向日葵（ひまわり）
蓮（はす）
芭蕉（ばしょう）
茉莉（まつり）
鳳仙花（ほうせんか）
朝顔（あさがお）
桃（もも）
梨（なし）
葡萄（ぶどう）

8月の異名

葉月（はづき）
桂月（けいげつ）
観月（かんげつ）
木染月（こぞめづき）
月見月（つきみづき）
紅染月（べにそめづき）
雁来月（かりきづき）
竹春（ちくしゅん）
大章（たいしょう）

8月の誕生石

ペリドット（かんらん石）
サードオニキス（紅縞めのう）

8月の12星座

獅子座（7/23～8/22生まれ）
乙女座（8/23～9/22生まれ）

8月を意味する外国語

英語：August（オーガスト）
フランス語：août（ウットゥ）
スペイン語：agosto（アゴスト）
イタリア語：agosto（アゴスト）
ドイツ語：August（アウグスト）
ロシア語：август（アーブグスト）
ラテン語：Augustus（アウグストゥス）
ハワイ語：Àukake（アウカケ）
中国語：八月（バー ユエ）
韓国語：팔월（パロル）

男の子

名前	画数	読み	総画
翠	14 (1)	あきら	15
夏惟	10・11	かい	21
獅月	13・4	しづき	17
獅堂	13・11	しどう	24
甚太	9・4	じんた	13
涼翔	11・12	すずと	23
壮真	6・10	そうま	16
凪渡	6・12	なぎと	18
夏也	10・3	なつや	13
鳳星	14・9	ほうせい	23
侑星	8・9	ゆうせい	17
優鳳	17・14	ゆたか	31
葉介	12・4	ようすけ	16
山斗	3・4	やまと	7
龍星	16・9	りゅうせい	25
涼平	11・5	りょうへい	16
涼真	11・10	りょうま	21
観太郎	18・4・9	かんたろう	31
甲太郎	5・4・9	こうたろう	18

★今日は何の日？

日	記念日	二十四節気	七十二候
1日	水の日／自然環境グリーンデー		
2日	ハーブの日		大雨時行 時として大雨が降る
3日	はちみつの日		
4日	橋の日／箸の日		
5日	ハンコの日		
6日	広島平和記念日		
7日	花の日	8/7頃 立秋	涼風至 涼しい風が立ち始める
8日	親孝行の日		
9日	野球の日／ハグの日		
10日	道の日		
11日	山の日／ガンバレの日		
12日	太平洋横断記念日		
13日	月遅れ盆迎え火／函館夜景の日		寒蝉鳴 ひぐらしが鳴き始める
14日	特許の日		
15日	月遅れ盆／終戦記念日		
16日	月遅れ盆送り火		
17日	パイナップルの日		
18日	米の日		蒙霧升降 深い霧が立ち込める
19日	俳句の日		
20日	交通信号の日		
21日	噴水の日		
22日	チンチン電車の日		
23日	白虎隊の日	8/23頃 処暑	綿柎開 綿を包む咢が開く
24日	月遅れ地蔵盆／ラグビーの日		
25日	サマークリスマス		
26日	人権宣言記念日／レインボーブリッジの日		
27日	寅さんの日／孔子誕生の日		
28日	バイオリンの日		天地始粛 暑さが鎮まる
29日	文化財保護法施行記念日		
30日	冒険家の日／ハッピーサンシャインデー		
31日	野菜の日		

天候、地理

流星（りゅうせい）
流星は1年を通して見られるが、7月下旬～8月下旬に見られる「ペルセウス座流星群」はもっとも見えやすい流星群とされる。

慈雨（じう）
ほどよく物を潤し、育てる恵みの雨。とくに夏の日照り続きのあとの雨のことをいう。

青嶺（あおね）
青々と生い茂った夏の山。「夏嶺（なつね）」や「翠嶺（すいれい）」とも。

夕立（ゆうだち）
虹（にじ）
夏木立（なつこだち）

季夏（きか）
夏の果（なつのはて）
夕凪（ゆうなぎ）

夕涼み（ゆうすずみ）
暑さから逃れるために、工夫を凝らして涼しさを味わうこと。川べりや軒先に出て涼風に当たったり、舟遊びや花火見物などに出かけて清涼感を得る。

行事、暮らし

風鈴（ふうりん）
風通しのよいところに吊るして涼しげな音色を楽しむ、情緒あふれる夏の風物詩。

団扇（うちわ）
浴衣（ゆかた）
甚平（じんべい）

精霊流し（しょうろうながし）
大文字（だいもんじ）
打水（うちみず）

女の子

名前	画数	読み	総画
桂	10 (1)	かつら	11
碧音	14・9	あおね	23
乙夏	1・10	おとか	11
風音	9・9	かざね	18
夏鈴	10・13	かりん	23
歓奈	15・8	かんな	23
涼葉	11・12	すずは	23
星来	9・7	せいら	16
凪沙	6・7	なぎさ	13
葉月	12・4	はづき	16
葉名	12・6	はな	18
日翠	4・14	ひすい	18
茉鈴	8・13	まりん	21
蓉子	13・3	ようこ	16
涼夏	11・10	りょうか	21
瑠莉	14・10	るり	24
嶺奈	17・8	れいな	25
芙美花	7・9・7	ふみか	23
瑠璃奈	14・15・8	るりな	37

September 9月のキーワード名前例

天候、地理

秋の夕暮れ（あきのゆうぐれ）

「秋は夕暮れ」とは、清少納言の『枕草子』の一説。澄んだ秋の空は夕焼けも美しい。

動物、植物

桔梗（ききょう）

秋の七草のひとつ。古来より日本人に親しまれ、家紋に取り入れられたり、皇居（江戸城）の桔梗門としても知られる。

秋茜（あきあかね）　萩（はぎ）　竜胆（りんどう）
曼殊沙華（まんじゅしゃげ）　紫苑（しおん）　藍の花（あいのはな）
稲穂（いなほ）　梨（なし）　葡萄（ぶどう）

秋桜（こすもす）

秋を代表するピンクの花。コスモスの名は、ギリシャ語で秩序や宇宙を意味する「コスモス（cosmos）」が由来。

鈴虫（すずむし）

秋の夜にはさまざまな虫の音が聞こえる。なかでも「リーン、リーン」と鳴く鈴虫は、月から降ってきた鈴という意味の「月鈴子（げつれいし）」の異称を持つ。

9月の異名

長月（ながつき）
菊月（きくづき）
祝月（いわいづき）
紅葉月（もみじづき）
青女月（せいじょづき）
色取月（いろどりづき）
季秋（きしゅう）
高秋（こうしゅう）
季白（きはく）
授衣（じゅえ）

9月の誕生石

サファイア（青玉）

9月の12星座

乙女座（8/23～9/22生まれ）
天秤座（9/23～10/23生まれ）

9月を意味する外国語

英語：September（セプテンバー）
フランス語：septembre（セプタンブル）
スペイン語：septiembre（セプティエンブレ）
イタリア語：settembre（セッテンブレ）
ドイツ語：September（ゼプテムバー）
ロシア語：сентябрь（シンチャーブリ）
ラテン語：September（セプテンベル）
ハワイ語：Kepakemapa（ケパケマパ）
中国語：九月（ジョウユエ）
韓国語：구월（クウォル）

男の子

名前	画数	読み	総画数
勇実	9・8	いさみ	17
一穂	1・15	かずほ	16
克望	7・11	かつみ	18
桔平	10・5	きっぺい	15
桂市	10・5	けいいち	15
萩平	12・5	しゅうへい	17
爽介	11・4	そうすけ	15
巧実	5・8	たくみ	13
月音	4・9	つきと	13
穂高	15・10	ほだか	25
真望	10・11	まさみ	21
夕輝	3・15	ゆうき	18
夕翔	3・12	ゆうと	15
夕陽	3・12	ゆうひ	15
悠月	11・4	ゆづき	15
凛道	15・12	りんどう	27
月都	4・11	つきと	15
長太郎	8・4・9	ちょうたろう	21
鈴太朗	13・4・10	りんたろう	27

★今日は何の日？

日	記念日	二十四節気	七十二候
1日	防災の日		
2日	宝くじの日		
3日	ホームランの日		禾乃登 稲が実る
4日	くしの日／クラシック音楽の日		
5日	国民栄誉賞の日		
6日	妹の日／黒の日		
7日	CMソングの日		
8日	サンフランシスコ平和条約調印記念日	9/8頃 白露	草露白 露が白く光る
9日	重陽の節句（菊の節句）		
10日	カラーテレビ放送記念日		
11日	公衆電話の日		
12日	マラソンの日／宇宙の日		
13日	世界の法の日		鶺鴒鳴 せきれいが鳴く
14日	コスモスの日		
15日	老人の日／スカウトの日		
16日	オゾン層保護のための国際デー		
17日	イタリア料理の日		
18日	かいわれ大根の日		玄鳥去 燕が南へ帰る
19日	苗字の日		
20日	空の日		
21日	国際平和デー		
22日	国際ビーチクリーンアップデー		
23日	海王星の日／万年筆の日	9/23頃 秋分	雷乃収声 雷が鳴らなくなる
24日	畳の日		
25日	介護の日		
26日	ワープロの日		
27日	世界観光の日		
28日	パソコン記念日		蟄虫坏戸 虫が土中に戻る
29日	招き猫の日/大天使ガブリエル、ミカエルの祝日		
30日	くるみの日		

第3月曜日　敬老の日　　9月22日頃　秋分の日

荻野風（おぎのかぜ）
金風（きんぷう）
野分（のわき）
葉風（はかぜ）
望月（もちづき）

満月（まんげつ）
照る月（てるつき）
月の桂（つきのかつら）
月の滴（つきのしずく）
稲の波（いねのなみ）

白露（はくろ）

二十四節気のひとつで、9月7日ごろをさす。地域によっては秋が本格的に到来し、草花に朝露がつくようになる。

十五夜（じゅうごや）

旧暦8月15日の月のこと。1年でもっとも月が美しいとされ「中秋の名月」ともいう。現在の暦では9～10月上旬にあたる。

実りの秋（みのりのあき）

秋は新米の収穫をはじめ、野山の木の実やきのこ、またブドウ、カキ、リンゴなどさまざまな果物がおいしい季節。収穫に感謝する秋祭りも各地で行われる。

行事、暮らし

重陽の節句（ちょうようのせっく）

五節句のひとつで、9月9日のこと。旧暦では菊が咲く季節でもあるため「菊の節句」とも。かつては邪気払いや長寿を願って、この日に菊の花を飾ったりする風習があった。

秋社（しゅうしゃ）
流鏑馬（やぶさめ）
稲刈り（いねかり）
観月の夕べ（かんげつのゆうべ）
二百十日（にひゃくとおか）

女の子

名前	画数	読み	総画
桂	10 (1)	かつら	11
茜寧	9・14	あかね	23
秋穂	9・15	あきほ	24
乙歌	1・14	おとか	15
乙乃	1・2	おとの	3
果鈴	8・13	かりん	21
萩子	12・3	しゅうこ	15
鈴子	13・3	すずこ	16
撫子	15・3	なでしこ	18
穂波	15・8	ほなみ	23
望央	11・5	みお	16
実禾	8・5	みか	13
美月	9・4	みつき	13
美穂	9・15	みほ	24
望結	11・12	みゆ	23
優月	17・4	ゆづき	21
梨華	11・10	りか	21
みのり	3・1・2	みのり	6
夕実里	3・8・7	ゆみり	18

10月のキーワード名前例

October

天候、地理

天高し（てんたかし）
秋は空気が澄み、晴れ渡った空がより高く広々と感じること。「秋高し」ともいう。

秋晴れ（あきばれ）
すがすがしく、晴れ渡った秋の空のこと。

動物、植物

胡桃（くるみ）
栄養価の高い果実で、古くから食用に利用されてきた。初夏に花が咲き、秋に実をつける。フランス語では「noix（ノア）」。

林檎（りんご）
秋の味覚を代表する食べ物のひとつ。イギリスには「1日1個のりんごは医者を遠ざける」ということわざもある。

真弓（まゆみ）
初夏に花が咲き、秋に実がなり、淡紅色に熟す。「真弓」の名は、昔、よくしなるこの木の枝で弓をつくっていたことに由来する。

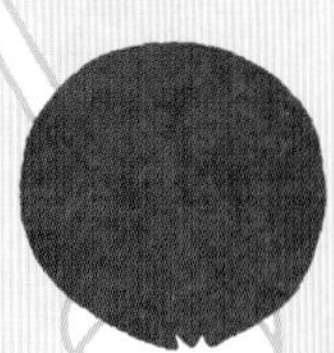

秋茜（あきあかね）
椋鳥（むくどり）
葡萄（ぶどう）
梨（なし）

栗（くり）
柿（かき）
松茸（まつたけ）
菊（きく）

棗（なつめ）
秋桜（こすもす）
紫苑（しおん）
竜胆（りんどう）

10月の異名

神無月（かんなづき）
建亥月（けんがいげつ）
陽月（ようげつ）
良月（りょうげつ）
時雨月（しぐれづき）
小春（こはる）
小陽春（しょうようしゅん）
大素（たいそ）
大章（たいしょう）

10月の誕生石

オパール（たんぱく石）
トルマリン（電気石）

10月の12星座

天秤座（9/23〜10/23生まれ）
蠍座（10/24〜11/22生まれ）

10月を意味する外国語

英語：October（オクトーバー）
フランス語：octobre（オクトーブル）
スペイン語：octubre（オクトゥブレ）
イタリア語：ottobre（オットーブレ）
ドイツ語：Oktober（オクトーバー）
ロシア語：октябрь（アクチャーブリ）
ラテン語：October（オクトーベル）
ハワイ語：Òkakopa（オカコパ）
中国語：十月（シーユエ）
韓国語：시월（シウォル）

男の子

名前	画数	読み	総画
天	4 (1)	てん	5
椋	12 (1)	むく	13
秋登	9・12	あきと	21
亮晴	9・12	あきはる	21
育磨	8・16	いくま	24
育己	8・3	いくみ	11
澄陽	15・12	きよはる	27
高志	10・7	こうし	17
志音	7・9	しおん	16
紫温	12・12	しおん	24
澄晴	15・12	すみはる	27
爽馬	11・10	そうま	21
爽良	11・7	そら	18
天秋	4・9	たかあき	13
空明	8・8	たかあき	16
直高	8・10	なおたか	18
晴天	12・4	はるたか	16
悠高	11・10	ゆたか	21
竜堂	10・11	りゅうどう	21

★今日は何の日？

日		二十四節気	七十二候
1日	法の日／国際音楽の日		
2日	トレビの泉の日		
3日	登山の日		水始涸　田畑の水を干し始める
4日	宇宙開発記念日		
5日	時刻表記念日		
6日	国際協力の日		
7日	ミステリー記念日		
8日	木の日	10/8頃 寒露	鴻雁来　雁が飛来し始める
9日	世界郵便デー		
10日	目の愛護デー		
11日	鉄道安全確認の日		
12日	コロンブス・デー		
13日	サツマイモの日		菊花開　菊の花が咲く
14日	鉄道の日／世界標準の日		
15日	たすけあいの日		
16日	世界食糧デー		
17日	貯蓄の日／神嘗祭		
18日	統計の日		蟋蟀在戸　キリギリスが鳴く
19日	日ソ国交回復の日		
20日	リサイクルの日		
21日	国際反戦デー／あかりの日		
22日	平安京遷都の日		
23日	電信電話記念日	10/23頃 霜降	霜始降　霜が降り始める
24日	国連デー		
25日	民間航空記念日		
26日	サーカスの日		
27日	世界新記録の日		
28日	もめんの日		霎時施　小雨がしとしと降る
29日	てぶくろの日		
30日	初恋の日／マナーの日		
31日	ハロウィン／日本茶の日		

第2月曜日　スポーツの日

清秋（せいしゅう）
秋澄む（あきすむ）
空澄む（そらすむ）
風爽か（かぜさやか）

鱗雲（うろこぐも）
羊雲（ひつじぐも）
釣瓶落とし（つるべおとし）
秋夕（しゅうせき）

爽やか（さわやか）

「さやか」ともいう。新緑の季節にも使われるが、俳句では秋の季語。澄んだ空気のなか、さらっとした心地よい秋風が吹くさまをいう。

金木犀（きんもくせい）

9月下旬から10月上旬にかけてオレンジがかった黄色の花を咲かせ、独特の強くやさしい香りをただよわせる。

花梨（かりん）

春に淡い紅色の花をつけ、秋には黄色の実をつける。香りがよく、果実酒や菓子、のど飴などに利用される。

体育の日（たいいくのひ）

1964年に開催された東京オリンピックの開会式を記念した祝日。

行事、暮らし

竜田姫（たつたひめ）　春の女神の佐保姫（さほひめ）に対して、秋を司るのが竜田姫。平城京の西の竜田山に鎮座。その美しい山の紅葉は竜田姫が織りなすものとされる。

十三夜（じゅうさんや）
実りの秋（みのりのあき）
稲刈り（いねかり）
ハロウィン

女の子

名前	画数	読み	総画
秋実	9・8	あきみ	17
育実	8・8	いくみ	16
佳澄	8・15	かすみ	23
果倫	8・10	かりん	18
栞奈	10・8	かんな	18
來実	8・8	くるみ	16
清伽	11・7	さやか	18
椎名	12・6	しいな	18
思音	9・9	しおん	18
千晴	3・12	ちはる	15
真弓	10・3	まゆみ	13
美空	9・8	みそら	17
実里	8・7	みのり	15
美晴	9・12	みはる	21
梨花	11・7	りか	18
くるみ	1・2・3	くるみ	6
さや花	3・3・7	さやか	13
多都希	6・11・7	たつき	24
なつめ	5・1・2	なつめ	8

11月のキーワード名前例

November

天候、地理

小春日和（こはるびより）

立冬を過ぎても春のようにあたたかい日和のことをいう。「小春」は旧暦10月（現在の11月ごろ）の異称のひとつでもある。

紅葉（もみじ）

赤黄に染まった風景は、春の桜とともに、日本の美しい風景を代表する景色。もみじは「椛」とも書く。

11月の異名

霜月（しもつき）
建子月（けんしげつ）
暢月（ちょうげつ）
達月（たつげつ）
雪待月（ゆきまちづき）
神帰月（かみきづき）
盛冬（せいとう）
天泉（てんせん）
周正（しゅうしょう）

11月の誕生石

トパーズ（黄玉）
シトリン（黄水晶）

11月の12星座

蠍座（10/24～11/22生まれ）
射手座（11/23～12/21生まれ）

11月を意味する外国語

英語：November（ノヴェンバー）
フランス語：novembre（ノヴァンブル）
スペイン語：noviembre（ノビエンブレ）
イタリア語：novembre（ノヴェンブレ）
ドイツ語：November（ノヴェムバー）
ロシア語：ноябрь（ナヤーブリ）
ラテン語：November（ノウェンベル）
ハワイ語：Nowemapa（ノウェマパ）
中国語：十一月（シーイーユエ）
韓国語：십일월（シビロル）

行事、暮らし

読書の秋（どくしょのあき）

秋は読書に一番適した季節であることから「読書の秋」ともいわれる。

文化の日（ぶんかのひ）／芸術の秋（げいじゅつのあき）

11月3日は文化の日。さわやかで涼しい秋は「芸術の秋」ともいわれ、創作意欲がわく季節。

紅葉狩り（もみじがり）
木の実拾い（このみひろい）
七五三（しちごさん）
千歳飴（ちとせあめ）
新嘗祭（にいなめさい）
酉の市（とりのいち）
勤労感謝の日（きんろうかんしゃのひ）
高千穂の夜神楽（たかちほのよかぐら）

男の子

名前	画数	読み	総画数
創	12 (1)	そう	13
暢	14 (1)	とおる	15
晃暢	10・14	あきのぶ	24
秋文	9・4	あきふみ	13
奏多	9・6	かなた	15
幸星	8・9	こうせい	17
広葉	5・12	こうよう	17
奏弦	9・8	そうげん	17
達紀	12・9	たつき	21
達之	12・3	たつゆき	15
暢久	14・3	のぶひさ	17
晴文	12・4	はるふみ	16
楓太	13・4	ふうた	17
文哉	4・9	ふみや	13
真暢	10・14	まさのぶ	24
雅文	13・4	まさふみ	17
真澄	10・15	ますみ	25
菊之介	11・3・4	きくのすけ	18
すばる	3・6・2	すばる	11

★今日は何の日？

日	記念日	二十四節気	七十二候
1日	灯台記念日		
2日	阪神タイガース記念日		
3日	文化の日／ゴジラの日		楓蔦黄　もみじや蔦が黄葉する
4日	ユネスコ憲章記念日		
5日	電報の日／縁結びの日		
6日	アパート記念日		
7日	知恵の日	11/7頃 立冬	
8日	いい歯の日		山茶始開　椿の花が咲き始める
9日	太陽暦採用記念日		
10日	いい音・オルゴールの日		
11日	世界平和記念日		
12日	洋服記念日		地始凍　大地が凍り始める
13日	うるしの日		
14日	いい石の日		
15日	七五三		
16日	国際寛容デー		
17日	将棋の日		金盞香　水仙の花が咲く
18日	もりとふるさとの日／ミッキーマウス誕生日		
19日	鉄道電化の日		
20日	世界こどもの日		
21日	世界ハローデー／インターネット記念日		
22日	いい夫婦の日	11/22頃 小雪	
23日	勤労感謝の日／いいふみの日		虹蔵不見　虹を見かけなくなる
24日	東京天文台設置記念日／進化の日		
25日	金型の日		
26日	ペンの日		
27日	ノーベル賞制定記念日		朔風払葉　北風が木の葉を払う
28日	太平洋記念日		
29日	いい服の日		
30日	カメラの日／鏡の日		

野の錦（のにしき）　山の錦（やまにしき）　照葉（てりは）　初霜（はつしも）

木枯らし（こがらし）　神立風（かみたつかぜ）　水澄む（みずすむ）

星の入東風（ほしのいりごち）

陰暦10月ごろ（現在の11月ごろ）に吹く北東の風。この場合の星とは「昴（すばる）」をさし、昴がよく見えるようになる時期に吹く風のこと。

動物、植物

桂（かつら）　柊（ひいらぎ）　山茶花（さざんか）　木の実（このみ）　林檎（りんご）　蜜柑（みかん）

楓（かえで）

秋に紅葉する樹木の代表格。なかでもよく見るのが、葉が5〜7つに裂けた手のひら状の楓で、これを「伊呂波楓（いろはかえで）」または「伊呂波紅葉（いろはもみじ）」という。

鶫（つぐみ）

晩秋に大群で日本に飛来する冬鳥。山林や田園などで冬を過ごし、燕（つばめ）と入れ替わるようにシベリアの繁殖地へ帰る。

菊（きく）

秋を代表する花であり、10〜11月には全国各地で菊祭りが開催される。桜とともに日本を象徴する花でもある。

銀杏（いちょう）

街路樹として全国に多数植えられており、秋には黄葉の美しさで人々を魅了する。長寿で、成長すると巨木になる。

女の子

名前（画数）	読み	総画
栞10(1)	しおり	11
秋9音9	あきね	18
文4歌14	あやか	18
彩11葉12	いろは	23
菊11乃2	きくの	13
好6美9	このみ	15
小3晴12	こはる	15
詩13織18	しおり	31
千3穂15	ちほ	18
照13葉12	てるは	25
楓13加5	ふうか	18
楓13子3	ふうこ	16
文4香9	ふみか	13
紅9葉12	もみじ	21
羽6奏9	わかな	15
紅9瑠14美9	くるみ	32
こ2の1み3	このみ	6
ち3と2せ3	ちとせ	8
つ1ぐ3み3	つぐみ	7

December 12月のキーワード名前例

柊（ひいらぎ）
ヒイラギには11〜12月に香りのよい白い花をつけるモクセイ科の常緑小高木と、モチノキ科で赤い実をつける西洋柊がある。いずれもギザギザの葉が特徴。西洋柊は、ヨーロッパでは古くから聖木とされ、クリスマスの装飾によく使われる。

動物、植物

蜜柑（みかん）
もっとも身近な果物のひとつ。なかでも冬の定番の温州蜜柑（うんしゅうみかん）は、日本人一人当たりの果物消費量日本一。温州蜜柑は日本原産で、現在は世界でも広く親しまれている。

橘（たちばな）
日本に古来より自生する柑橘類で、『古事記』などにも登場。初夏に白い花をつけ、冬に黄色の果実をつける。

柚子（ゆず）
初夏に白い花をつけ、12月に鮮やかな黄色に熟す香りのよい柑橘類。冬至の日に柚子湯に入ると風邪をひかないといわれる。

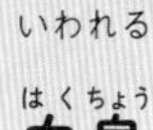

白鳥（はくちょう）
冬になるとシベリアから飛来して越冬し、3月ごろ帰っていく。その真っ白で優美なさまは、古来より神聖な鳥とされ、神話にも登場する。

鷲（わし）　百合鷗（ゆりかもめ）
鷹（たか）　寒椿（かんつばき）
隼（はやぶさ）　ポインセチア

12月の異名

師走（しわす）
暮来月（くれこづき）
年満月（としみつづき）
乙子月（おとごづき）
氷月（ひょうげつ）
茶月（さげつ）
清祀（せいし）
嘉平（かへい）
大呂（たいりょ）

12月の誕生石

ターコイズ（トルコ石）
ラピスラズリ（瑠璃）

12月の12星座

射手座（11/23〜12/21生まれ）
山羊座（12/22〜1/19生まれ）

12月を意味する外国語

英語：December（ディセンバー）
フランス語：décembre（デサンブル）
スペイン語：diciembre（ディシンブレ）
イタリア語：dicembre（ディチェンブレ）
ドイツ語：Dezember（デツェンバー）
ロシア語：декабрь（ジェカーブリ）
ラテン語：December（デケンベル）
ハワイ語：Kekemapa（ケケマパ）
中国語：十二月（シーアールユエ）
韓国語：십이월（シビウォル）

男の子

名前	画数	読み	総画
朔	10(1)	さく	11
鐘	20(1)	しょう	21
一冴	1・7	いっさ	8
嘉一	14・1	かいち	15
橘平	16・5	きっぺい	21
聖史	13・5	きよし	18
清鷹	11・24	きよたか	35
燦太	17・4	さんた	21
鷲伍	23・6	しゅうご	29
柊斗	9・4	しゅうと	13
純聖	10・13	じゅんせい	23
真冴	10・7	しんご	17
星冴	9・7	せいご	16
鷹雪	24・11	たかゆき	35
聖斗	13・4	まさと	17
悠聖	11・13	ゆうせい	24
柚貴	9・12	ゆずき	21
龍青	16・8	りゅうせい	24
朔太郎	10・4・9	さくたろう	23

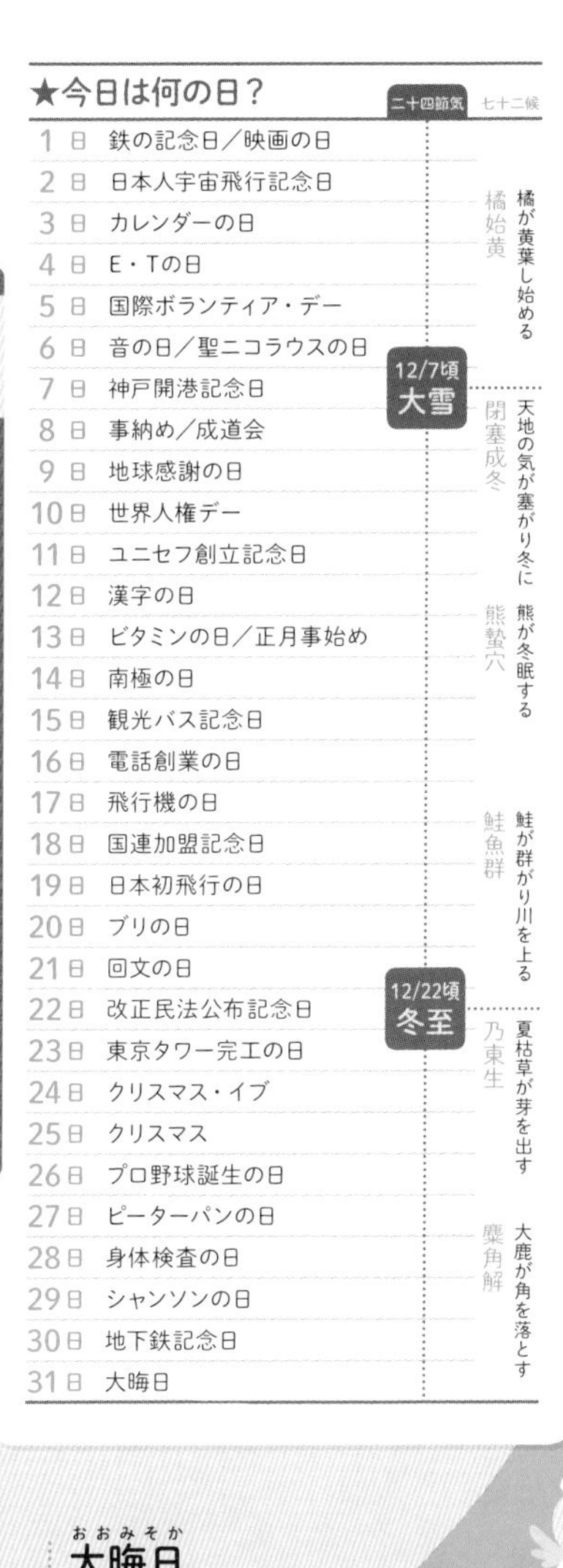

★今日は何の日？

日	今日は何の日？	二十四節気	七十二候
1日	鉄の記念日／映画の日		
2日	日本人宇宙飛行記念日		橘始黄　橘が黄葉し始める
3日	カレンダーの日		
4日	E・Tの日		
5日	国際ボランティア・デー		
6日	音の日／聖ニコラウスの日		
7日	神戸開港記念日	12/7頃 大雪	
8日	事納め／成道会		閉塞成冬　天地の気が塞がり冬に
9日	地球感謝の日		
10日	世界人権デー		
11日	ユニセフ創立記念日		
12日	漢字の日		熊蟄穴　熊が冬眠する
13日	ビタミンの日／正月事始め		
14日	南極の日		
15日	観光バス記念日		
16日	電話創業の日		
17日	飛行機の日		鮭魚群　鮭が群がり川を上る
18日	国連加盟記念日		
19日	日本初飛行の日		
20日	ブリの日		
21日	回文の日		
22日	改正民法公布記念日	12/22頃 冬至	
23日	東京タワー完工の日		乃東生　夏枯草が芽を出す
24日	クリスマス・イブ		
25日	クリスマス		
26日	プロ野球誕生の日		
27日	ピーターパンの日		
28日	身体検査の日		麋角解　大鹿が角を落とす
29日	シャンソンの日		
30日	地下鉄記念日		
31日	大晦日		

天候、地理

小雪（こゆき）

少しだけ降る雪のこと。また11月下旬から12月上旬にかけての二十四節気のひとつでもあり、この場合は「しょうせつ」と読む。

朔風（さくふう）

「朔」は北の方角をあらわす漢字で、朔風は北風のこと。

一陽の嘉節（いちようのかせつ）
一陽来復（いちようらいふく）

12月22日ごろの冬至は、1年でもっとも昼が短い日。古くはこの日を境に陽が増してくることを喜び、冬至の日を「一陽の嘉節」や「一陽来復」といってお祝いした。

冴ゆる（さゆる）

冬の寒さを表現した季語。寒さがきわまって、あらゆるものに透きとおったような、凜とした冷たさを感じること。

北風（きたかぜ）　霜柱（しもばしら）　昴（すばる）
星冴ゆ（ほしさゆ）　風冴ゆ（かぜさゆ）　月冴ゆ（つきさゆ）
初雪（はつゆき）　樹氷（じゅひょう）

行事、暮らし

クリスマス

イエス・キリストの降誕を祝う日。24日のクリスマスイブは「聖夜」ともいう。

除夜の鐘（じょやのかね）

12月31日の夜、深夜0時を挟む時間帯にお寺の鐘をつくこと。人間にあるとされる108の煩悩（ぼんのう）をはらうために、108回の鐘をつく。

大晦日（おおみそか）
年越し（としこし）
囲炉裏（いろり）
暖炉（だんろ）
編み物（あみもの）

女の子

名前	画数	読み	総画
編美	15・9	あみ	24
橘香	16・9	きっか	25
聖絵	13・12	きよえ	25
湖白	12・5	こはく	17
湖雪	12・11	こゆき	23
冴月	7・4	さつき	11
聖未	13・5	さとみ	18
柊香	9・9	しゅうか	18
鐘子	20・3	しょうこ	23
聖加	13・5	せいか	18
聖羅	13・19	せいら	32
千聖	3・13	ちさと	16
美歓	9・15	みかん	24
美冴	9・7	みさえ	16
由珠	5・10	ゆず	15
柚香	9・9	ゆずか	18
柚実	9・8	ゆみ	17
羅奈	19・8	らな	27
瑠璃	14・15	るり	29

自然にちなんだ名前

海、空、花、宇宙など、自然をモチーフにした名前は、男女を問わず人気。

自然の雄大さや美しさ、たくましさ、清らかさなどを、わが子の性格や生き方に重ねて命名できます。

イメージ漢字

汀5 汐6 凪6 帆6 沙7 波8 岬8
青8 海9 砂9 津9 洋9 浬10 浩10
航10 渚11 湘12 港12 湊12 蒼13 瑚13
碧14 潮15 澪16 櫂18

男の子

名前	読み	総画
碧14 (1)	あお	15
浬10 (1)	かいり	11
湊12 (1)	そう	13
航10 (1)	わたる	11
碧14惟11	あおい	25
青8輝15	あおき	23
櫂18士3	かいじ	21
海9青8	かいせい	17
海9翔12	かいと	21
航10広5	かずひろ	15
航10也3	かずや	13
和8海9	かずみ	17
汐6晴12	きよはる	18
浩10暉13	こうき	23
浩10平5	こうへい	15
航10平5	こうへい	15
湘12梧11	しょうご	23
湘12平5	しょうへい	17
千3浬10	せんり	13
湊12介4	そうすけ	16
湊12太4	そうた	16
蒼13也3	そうや	16
大3瑚13	だいご	16
拓8海9	たくみ	17
櫂18海9	たくみ	27
凪6人2	なぎと	8
凪6音9	なぎと	15
波8輝15	なみき	23
帆6翔12	はんと	18
洋9輝15	ひろき	24
洋9太4	ようた	13
浬10一1	りいち	11
浬10久3	りく	13
澪16吾7	れいご	23
澪16司5	れいじ	21
岬8太4郎9	こうたろう	21
津9之3介4	しんのすけ	16
波8琉11斗4	はると	23
真10瑚13人2	まこと	25

女の子

名前	読み	総画
汐6 (1)	うしお	7
潮15 (1)	うしお	16
汀5 (1)	なぎさ	6
澪16 (1)	みお	17
愛13浬10	あいり	23
青8依8	あおい	16
碧14唯11	あおい	25
有6沙7	ありさ	13
宇6美9	うみ	15
汐6香9	きよか	15
瑚13々3	ここ	16
沙7帆6	さほ	13
湘12子3	しょうこ	15
蒼13子3	そうこ	16
碧14海9	たまみ	23
千3波8	ちなみ	11
櫂18子3	とうこ	21
凪6夏10	なぎか	16
汀5紗10	なぎさ	15
凪6沙7	なぎさ	13
渚11沙7	なぎさ	18
奈8津9	なつ	17
七2海9	ななみ	11
帆6七2	はんな	8
浩10子3	ひろこ	13
洋9乃2	ひろの	11
舞15海9	まいみ	24
麻11瑚13	まこ	24
真10汐6	ましお	16
真10波8	まなみ	18
真10帆6	まほ	16
真10鈴13	まりん	23
海9沙7	みさ	16
美9波8	みなみ	17
美9澪16	みれい	25
優17帆6	ゆほ	23
浬10子3	りこ	13
澪16花7	れいか	23
実8沙7季8	みさき	23

空

イメージ漢字

天4 羽6 青8 空8 昊8 穹8 飛9
虹9 航10 翔12 雲12 晴12 蒼13 碧14
澄15 霞17 翼17

男の子

名前（画数）	読み	総画
翔12 (1)	しょう	13
翼17 (1)	つばさ	18
天4 (1)	てん	5
晴12 (1)	はる	13
蒼13 穹8	あおぞら	21
碧14 斗4	あおと	18
大3 空8	おおぞら	11
虹9 青8	こうせい	17
虹9 太4	こうた	13
昊8 大3	こうだい	11
青8 矢5	せいや	13
爽11 雲12	そううん	23
空8 良7	そら	15
昊8 彦9	そらひこ	17
大3 翔12	だいと	15
天4 翔12	たかと	16
空8 広5	たかひろ	13
飛9 和8	とわ	17
羽6 琉11	はる	17
晴12 飛9	はるひ	21
雄12 飛9	ゆうひ	21
昊8 太4 郎9	こうたろう	21

女の子

名前（画数）	読み	総画
霞17 (1)	かすみ	18
天4 (1)	そら	5
翼17 (1)	つばさ	18
蒼13 依8	あおい	21
有6 澄15	ありす	21
虹9 美9	こうみ	18
翔12 子3	しょうこ	15
晴12 子3	せいこ	15
晴12 楽13	せいら	25
そ3 ら3	そら	6
穹8 音9	そらね	17
碧14 希7	たまき	21
翼17 紗10	つばさ	27
羽6 澄15	はすみ	21
晴12 絵12	はるえ	24
真10 澄15	ますみ	25
美9 雲12	みくも	21
美9 天4	みそら	13
美9 空8	みそら	17
美9 昊8	みそら	17
美9 飛9	みと	18

太陽

イメージ漢字

日4 旭6 光6 明8 旺8 昊8 昂8
昇8 晃10 晏10 晟10 景12 陽12 暖13
照13 暢14 輝15 曜18

男の子

名前（画数）	読み	総画
旭6 (1)	あきら	7
晟10 (1)	あきら	11
陽12 (1)	はる	13
旺8 大3	あきひろ	11
朝12 日4	あさひ	16
旭6 飛9	あさひ	15
朝12 陽12	あさひ	24
一1 晟10	いっせい	11
景12 太4	けいた	16
昂8 平5	こうへい	13
光6 陽12	こうよう	18
昇8 輝15	しょうき	23
照13 真10	しょうま	23
太4 陽12	たいよう	16
暢14 大3	のぶひろ	17
晏10 基11	はるき	21
暖13 斗4	はると	17
悠11 日4	ゆうひ	15
陽12 太4	ようた	16
曜18 平5	ようへい	23
快7 明8	よしあき	15
昊8 一1 郎9	こういちろう	18
晃10 太4 郎9	こうたろう	23

女の子

名前（画数）	読み	総画
晏10 (1)	あん	11
旭6 絵12	あきえ	18
晃10 奈8	あきな	18
明8 世5	あきよ	13
晏10 奈8	あんな	18
景12 子3	けいこ	15
昂8 子3	こうこ	11
照13 子3	しょうこ	16
晟10 奈8	せいな	18
昊8 音9	そらね	17
千3 陽12	ちはる	15
千3 暖13	ちはる	16
照13 麻11	てるま	24
日4 香9	にちか	13
美9 陽12	みはる	21
曜18 子3	ようこ	21
あ3 さ3 ひ2	あさひ	8
今4 日4 子3	きょうこ	11
日4 央5 里7	ひおり	16
日4 加5 里7	ひかり	16

花、果実

イメージ漢字

杏7 花7 芭7 李7 芙7 果8 芽8
実8 茉8 英8 奈8 杷8 枇8 苺8
咲9 柚9 茜9 柑9 華10 桜10 桃10
莉10 桔10 梅10 菖11 梨11 菫11 菊11
梗11 萄11 萌11 葵12 萩12 葡12 蓮13
蓉13 穂15 橙16 橘16 蕾16 檎17 藤18
藍18 蘭19 櫻21

男の子

名前	画数	読み	総画
葵	12 (1)	あおい	13
穂	15 (1)	みのる	16
葵生	12・5	あおい	17
桜佑	10・7	おうすけ	17
桜成	10・6	おうせい	16
桜也	10・3	おうや	13
葵一	12・1	きいち	13
桔平	10・5	きっぺい	15
咲斗	9・4	さきと	13
桃吏	10・6	とうり	16
桃李	10・7	とうり	17
芭琉	7・11	はる	18
穂高	15・10	ほだか	25
瑞葵	13・12	みずき	25
勇咲	9・9	ゆうさく	18
柚貴	9・12	ゆずき	21
蓮二	13・2	れんじ	15
蓮斗	13・4	れんと	17
櫻士郎	21・3・9	おうしろう	33
桜多郎	10・6・9	おうたろう	25
咲多郎	9・6・9	さくたろう	24
菖太郎	11・4・9	しょうたろう	24
蓮太朗	13・4・10	れんたろう	27

女の子

名前	画数	読み	総画
花	7 (1)	はな	8
華	10 (1)	はな	11
桃	10 (1)	もも	11
藍花	18・7	あいか	25
愛華	13・10	あいか	23
愛莉	13・10	あいり	23
葵唯	12・11	あおい	23
菖蒲	11・13	あやめ	24
有咲	6・9	ありさ	15
杏奈	7・8	あんな	15
杏莉	7・10	あんり	17
一花	1・7	いちか	8
恵茉	10・8	えま	18
絵蓮	12・13	えれん	25
桜花	10・7	おうか	17
音芭	9・7	おとは	16
花菜	7・11	かな	18
果音	8・9	かのん	17
果穂	8・15	かほ	23
果凛	8・15	かりん	23
花梨	7・11	かりん	18
果蓮	8・13	かれん	21
季穂	8・15	きほ	23
小梅	3・10	こうめ	13
咲妃	9・6	さき	15
咲来	9・7	さくら	16
桜子	10・3	さくらこ	13
菫伶	11・7	すみれ	18
千果	3・8	ちか	11
橙花	16・7	とうか	23
夏芽	10・8	なつめ	18
日花	4・7	にちか	11
蓮実	13・8	はすみ	21
芭奈	7・8	はな	15
雛菊	18・11	ひなぎく	29
藤子	18・3	ふじこ	21
苺花	8・7	まいか	15
茉子	8・3	まこ	11
実桜	8・10	みお	18
実花	8・7	みか	15
美花	9・7	みか	16
実蘭	8・19	みか	27
実柑	8・9	みかん	17
実姫	8・10	みき	18
実紅	8・9	みく	17
実呼	8・8	みこ	16
美咲	9・9	みさき	18
美柚	9・9	みゆ	18
未蘭	5・19	みらん	24
美李	9・7	みり	16
芽咲	8・9	めいさ	17
もも	3・3	もも	6
柚花	9・7	ゆずか	16
柚季	9・8	ゆずき	17
柚月	9・4	ゆづき	13
由茉	5・8	ゆま	13
優芽	17・8	ゆめ	25
優莉	17・10	ゆり	27
ゆり	3・2	ゆり	5
蓉子	13・3	ようこ	16
梨亜	11・7	りあ	18
莉杏	10・7	りあん	17
莉緒	10・14	りお	24
莉可	10・5	りか	15
莉子	10・3	りこ	13
莉奈	10・8	りな	18
李帆	7・6	りほ	13
莉実	10・8	りみ	18
莉与	10・3	りよ	13
梨里	11・7	りり	18
凜果	15・8	りんか	23
麗実	19・8	れいみ	27
あやめ	3・3・2	あやめ	8
恵実花	10・8・7	えみか	25
英梨加	8・11・5	えりか	24
玖留実	7・10・8	くるみ	25
さくら	3・1・3	さくら	7
朱実玲	6・8・9	すみれ	23
那々実	7・3・8	ななみ	18
芙美乃	7・9・2	ふみの	18
穂乃花	15・2・7	ほのか	24
真結花	10・12・7	まゆか	29
茉莉花	8・10・7	まりか	25
百々果	6・3・8	ももか	17
結実花	12・8・7	ゆみか	27
莉衣花	10・6・7	りいか	23
里桜奈	7・10・8	りおな	25
璃々花	15・3・7	りりか	25
梨々香	11・3・9	りりか	23

イメージ漢字

木4 杜7 茂8 林8 柊9 柾9 桜10
桂10 桐10 桧10 梓11 梧11 梢11 梛11
葉12 椋12 森12 楓13 幹13 椰13 樺14
榛14 樹16 櫻21

男の子

名前	よみ	画数
樹16 (1)	いつき	17
椋12 (1)	むく	13
桜10 輔14	おうすけ	24
幹13 太4	かんた	17
恵10 梧11	けいご	21
広5 樹16	こうき	21
茂8 幸8	しげゆき	16
秀7 梧11	しゅうご	18
柊9 介4	しゅうすけ	13
柊9 人2	しゅうと	11
真10 梧11	しんご	21
直8 樹16	なおき	24
梛11 人2	なぎと	13
悠11 杜7	はると	18
楓13 斗4	ふうと	17
楓13 馬10	ふうま	23
正5 樹16	まさき	21
柾9 哉9	まさや	18
優17 樹16	ゆうき	33
雄12 梧11	ゆうご	23
葉12 平5	ようへい	17
森12 太4 郎9	しんたろう	25
林8 太4 郎9	りんたろう	21

女の子

名前	よみ	画数
梓11 沙7	あずさ	18
杏7 樹16	あんじゅ	23
安6 梛11	あんな	17
桂10 子3	かつらこ	13
樺14 乃2	かの	16
桐10 子3	きりこ	13
心4 葉12	ここは	16
梢11 絵12	こずえ	23
彩11 椰13	さや	24
梓11 乃2	しの	13
樹16 里7	じゅり	23
梛11 乃2	なぎの	13
葉12 音9	はのん	21
榛14 乃2	はるの	16
楓13 歌14	ふうか	27
双4 葉12	ふたば	16
美9 樹16	みき	25
美9 杜7	みと	16
美9 森12	みもり	21
木4 乃2 香9	このか	15

イメージ漢字

山3 丘5 地6 里7 谷7 岳8 拓8
原10 耕10 峨10 峻10 峰10 郷11 崇11
渓11 埜11 野11 陸11 崚11 遥12 雄12
嵩13 稜13 嵯13 遼15 嶺17 穣18

男の子

名前	よみ	画数
遼15 (1)	りょう	16
一1 峻10	かずたか	11
郷11 介4	きょうすけ	15
渓11 吾7	けいご	18
耕10 史5	こうし	15
郷11 史5	さとし	16
峻10 平5	しゅんぺい	15
崇11 志7	たかし	18
拓8 磨16	たくま	24
拓8 実8	たくみ	16
嵩13 人2	たかと	15
岳8 志7	たけし	15
地6 広5	ちひろ	11
遥12 路13	はるみち	25
秀7 崇11	ひでたか	18
拓8 希7	ひろき	15
歩8 岳8	ほたか	16
山3 斗4	やまと	7
雄12 登12	ゆうと	24
遥12 平5	ようへい	17
陸11 人2	りくと	13
稜13 青8	りょうせい	21
稜13 太4	りょうた	17
遼15 磨16	りょうま	31
嶺17 一1	れいいち	18
耕10 太4 郎9	こうたろう	23

女の子

名前	よみ	画数
遥12 (1)	はるか	13
花7 埜11	かの	18
渓11 花7	けいか	18
郷11 乃2	さとの	13
志7 野11	しの	18
地6 花7	ちか	13
千3 遥12	ちはる	15
遼15 香9	はるか	24
拓8 子3	ひろこ	11
実8 峰10	みお	18
実8 丘5	みおか	13
美9 遥12	みはる	21
里7 菜11	りな	18
稜13 子3	りょうこ	16
嶺17 花7	れいか	24
香9 埜11 子3	かのこ	23
野11 々3 香9	ののか	23

風

イメージ漢字

凪6 吹7 帆6 羽6 快7 風9 飛9 爽11 涼11 翔12 颯14

男の子

名前	読み	画数
快7 (1)	かい	8
伊6吹7	いぶき	13
快7飛9	かいと	16
風9成6	かぜなり	15
澄15風9	きよかぜ	24
翔12介4	しょうすけ	16
颯14亮9	そうすけ	23
颯14太4	そうた	18
翔12羽6	とわ	18
遼15翔12	はると	27
風9我7	ふうが	16
風9翔12	ふうと	21
帆6澄15	ほずみ	21
帆6尊12	ほたか	18
正5翔12	まさと	17
悠11翔12	ゆうと	23
涼11吾7	りょうご	18
涼11介4	りょうすけ	15
涼11誠13	りょうせい	24
爽11一1郎9	そういちろう	21

女の子

名前	読み	画数
凪6 (1)	なぎ	7
爽11羽6	あきは	17
依8吹7	いぶき	15
風9羽6	かざは	15
風9実8	かざみ	17
輝15帆6	きほ	21
爽11花7	さやか	18
史5帆6	しほ	11
翔12香9	しょうか	21
涼11花7	すずか	18
涼11寧14	すずね	25
涼11乃2	すずの	13
涼11帆6	すずほ	17
妃6吹7	ひすい	13
ふ4う2	ふう	6
風9歌14	ふうか	23
帆6乃2	ほの	8
美9風9	みかぜ	18
美9凪6	みなぎ	15
美9颯14	みはや	23
快7美9	よしみ	16
芙7羽6子3	ふうこ	16
風9優17子3	ふゆこ	29

川、湖、水

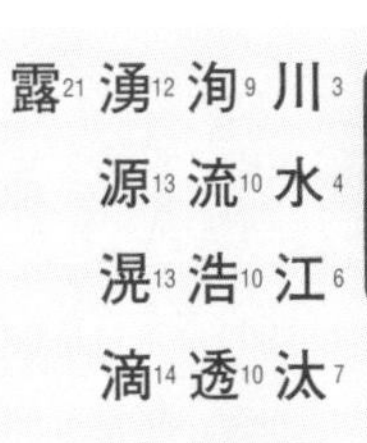

イメージ漢字

川3 水4 江6 汰7 河8 泉9 洸9 洵9 流10 浩10 透10 清11 雫11 湖12 湧12 源13 滉13 滴14 潤15 澄15 瀬19 露21

男の子

名前	読み	画数
湧12 (1)	ゆう	13
流10 (1)	りゅう	11
清11広5	きよひろ	16
源13太4	げんた	17
洸9希7	こうき	16
滉13平5	こうへい	18
洵9太4	じゅんた	13
潤15也3	じゅんや	18
澄15翔12	すみと	27
清11吾7	せいご	18
瀬19名6	せな	25
大3湖12	だいご	15
汰7一1	たいち	8
洸9哉9	ひろや	18
真10清11	まさきよ	21
勇9河8	ゆうが	17
悠11湖12	ゆうご	23
佑7清11	ゆうせい	18
湧12大3	ゆうだい	15
龍16河8	りゅうが	24
浩10太4郎9	こうたろう	23

女の子

名前	読み	画数
滴14 (1)	しずく	15
潤15 (1)	じゅん	16
碧14泉9	あおい	23
絢12水4	あやみ	16
泉9水4	いずみ	13
泉9美9	いずみ	18
香9澄15	かすみ	24
湖12子3	ここ	15
清11加5	さやか	16
洵9奈8	じゅんな	17
潤15奈8	じゅんな	23
澄15玲9	すみれ	24
瀬19乃2	せの	21
七2瀬19	ななせ	21
美9江6	みえ	15
水4緒14	みお	18
美9河8	みか	17
美9湖12	みこ	21
美9洸9	みひろ	18
優17河8	ゆか	25
玲9泉9	れみ	18
江6里7加5	えりか	18

イメージ漢字

月4 天4 斗4 宇6 辰7 弦8 宙8
昴9 星9 望11 晶12

男の子

名前	画数	読み	総画
晶	12 (1)	あきら	13
偉月	12・4	いつき	16
壱星	7・9	いっせい	16
航宇	10・6	かずたか	16
弦輝	8・15	げんき	23
晶太	12・4	しょうた	16
昴瑠	9・14	すばる	23
星吾	9・7	せいご	16
星弥	9・8	せいや	17
宇翔	6・12	たかと	18
天哉	4・9	たかや	13
辰斗	7・4	たつと	11
千宙	3・8	ちひろ	11
月翔	4・12	つきと	16
斗夢	4・13	とむ	17
遥斗	12・4	はると	16
宙希	8・7	ひろき	15
優弦	17・8	ゆいと	25
悠宇	11・6	ゆう	17
由弦	5・8	ゆづる	13
亮星	9・9	りょうせい	18
星太朗	9・4・10	[illegible]	23
すばる	3・6・2	すばる	11

女の子

名前	画数	読み	総画
晶絵	12・12	あきえ	24
天音	4・9	あまね	13
天乃	4・2	あまの	6
宇乃	6・2	うの	8
架月	9・4	かつき	13
彩月	11・4	さつき	15
晶子	12・3	しょうこ	15
星那	9・7	せいな	16
星藍	9・18	せいらん	27
月子	4・3	つきこ	7
七望	2・11	ななみ	13
宙子	8・3	ひろこ	11
星架	9・9	ほしか	18
美宇	9・6	みう	15
美宙	9・8	みそら	17
夢月	13・4	むつき	17
由宇	5・6	ゆう	11
祐月	9・4	ゆづき	13
るな	2・5	るな	7
瑠望	14・11	るみ	25

イメージ漢字

卯5 辰7 兎7 虎8 馬10 隼10 竜10
寅11 彪11 凰11 蛍11 羚11 獅13 鳳14
龍16 麒19 鶴21 鷲23 鷹24 麟24

男の子

名前	画数	読み	総画
隼	10 (1)	しゅん	11
龍	16 (1)	りゅう	17
麟	24 (1)	りん	25
和鷹	8・24	かずたか	32
一馬	1・10	かずま	11
蛍斗	11・4	けいと	15
虎哲	8・10	こてつ	18
獅恩	13・10	しおん	23
鷲斗	23・4	しゅうと	27
昇馬	8・10	しょうま	18
鳳士	14・3	たかし	17
鷹志	24・7	たかし	31
鷹幸	24・8	たかゆき	32
卓馬	8・10	たくま	18
辰樹	7・16	たつき	23
辰海	7・9	たつみ	16
寅広	11・5	ともひろ	16
隼央	10・5	はやお	15
英虎	8・8	ひでとら	16
彪吾	11・7	ひゅうご	18
広麒	5・19	ひろき	24
鳳聖	14・13	ほうせい	27
真鳳	10・14	まさたか	24
真鷲	10・23	ましゅう	33
優馬	17・10	ゆうま	27
弓鶴	3・21	ゆづる	24
龍一	16・1	りゅういち	17
竜伍	10・6	りゅうご	16
龍聖	16・13	りゅうせい	29
羚矢	11・5	れいや	16
虎太郎	8・4・9	こたろう	21
隼太郎	10・4・9	しゅんたろう	23
寅之介	11・3・4	とらのすけ	18
龍之輔	16・3・14	りゅうのすけ	33
麟太郎	24・4・9	りんたろう	37

女の子

名前	画数	読み	総画
卯乃	5・2	うの	7
凰華	11・10	おうか	21
蛍花	11・7	けいか	18
蛍留	11・10	ほたる	21
美兎	9・7	みと	16
優鶴	17・21	ゆづ	38
莉凰	10・11	りお	21
麟子	24・3	りんこ	27

情緒や芸術性を感じさせる名前

洋風の響きが増えている一方で、和風の名前も根強い人気。
また、文学や音楽などの芸術にちなんだ名前や
光や輝き、色彩、宝石をイメージした名前も人気があります。

イメージ漢字

乃2 士3 千3 小3 夕3 弓3 介4
月4 天4 文4 代5 伊6 吉6 吟7
佐7 忍7 辰7 京8 宗8 虎8 武8
門8 弥8 和8 龍16 郎9 梅10 桜10
竜10 梓11 絃11 紬11 寅11 葵12 詠12
琴12 紫12 緒14 蔵15 凜15 衛16 鞠17
織18 櫻21 鶴21

男の子

名前	画数	読み	総画
忍	7 (1)	しのぶ	8
亜門	7・8	あもん	15
伊織	6・18	いおり	24
維月	14・4	いつき	18
伊吹	6・7	いぶき	13
永吉	5・6	えいきち	11
衛人	16・2	えいと	18
櫻介	21・4	おうすけ	25
音弥	9・8	おとや	17
京平	8・5	きょうへい	13
吟太	7・4	ぎんた	11
宗助	8・7	そうすけ	15
泰蔵	10・15	たいぞう	25
龍臣	16・7	たつおみ	23
辰樹	7・16	たつき	23
千隼	3・10	ちはや	13
秀寅	7・11	ひでとら	18
真宗	10・8	まさむね	18
武蔵	8・15	むさし	23
大和	3・8	やまと	11
由絃	5・11	ゆいと	16
弓翔	3・12	ゆみと	15
竜市	10・5	りゅういち	15
桜士朗	10・3・10	おうしろう	23
蔵乃介	15・2・4	くらのすけ	21
虎太郎	8・4・9	こたろう	21
清士郎	11・3・9	せいしろう	23
虎之介	8・3・4	とらのすけ	15
七緒弥	2・14・8	なおや	24
龍太郎	16・4・9	りゅうたろう	29

女の子

名前	画数	読み	総画
葵	12 (1)	あおい	13
詠	12 (1)	うた	13
桜	10 (1)	さくら	11
凜	15 (1)	りん	16
梓紗	11・10	あずさ	21
天寧	4・14	あまね	18
文乃	4・2	あやの	6
和泉	8・9	いずみ	17
伊世	6・5	いよ	11
佳代	8・5	かよ	13
京花	8・7	きょうか	15
小梅	3・10	こうめ	13
琴子	12・3	ことこ	15
小晴	3・12	こはる	15
櫻子	21・3	さくらこ	24
沙月	7・4	さつき	11
佐奈	7・8	さな	15
紗弥	10・8	さや	18
志織	7・18	しおり	25
紫野	12・11	しの	23
珠緒	10・14	たまお	24
千鶴	3・21	ちづる	24
千紘	3・10	ちひろ	13
紬希	11・7	つむぎ	18
真絃	10・11	まお	21
真弓	10・3	まゆみ	13
鞠花	17・7	まりか	24
美緒	9・14	みお	23
美琴	9・12	みこと	21
深月	11・4	みつき	15
弥生	8・5	やよい	13
優伊	17・6	ゆい	23
雪乃	11・2	ゆきの	13
結月	12・4	ゆづき	16
慶乃	15・2	よしの	17
里桜	7・10	りお	17
凜子	15・3	りんこ	18
伊千花	6・3・7	いちか	16
伊万里	6・3・7	いまり	16
華乃子	10・2・3	かのこ	15
さくら	3・1・3	さくら	7
つむぎ	1・4・6	つむぎ	11

文学

イメージ漢字

文4 史5 吟7 言7 記10 栞10 梓11 章11 詠12 詞12 詩13 綴14 編15

男の子

名前（画数）	読み	総画
吟7 (1)	ぎん	8
章11 史5	あさふみ	16
詠12 一1	えいいち	13
詠12 太4	えいた	16
和8 詩13	かずし	21
言7 斗4	げんと	11
史5 恩10	しおん	15
詞12 温12	しおん	24
梓11 月4	しづき	15
章11 平5	しょうへい	16
知8 記10	ともき	18
史5 章11	ふみあき	16
文4 人2	ふみと	6
瑞13 記10	みずき	23
靖13 章11	やすあき	24
央5 詩13 郎9	おうしろう	27
栞10 太4 郎9	かんたろう	23

女の子

名前（画数）	読み	総画
編15 (1)	あむ	16
吟7 (1)	うた	8
栞10 (1)	しおり	11
文4 (1)	ふみ	5
章11 絵12	あきえ	23
編15 佳8	あみか	23
詩13 葉12	うたは	25
詠12 美9	えいみ	21
栞10 那7	かんな	17
詞12 子3	ことこ	15
詞12 葉12	ことは	24
詩13 央5	しお	18
史5 織18	しおり	23
梓11 織18	しおり	29
詩13 苑8	しおん	21
詞12 月4	しづき	16
詩13 乃2	しの	15
詩13 歩8	しほ	21
詩13 麻11	しま	24
文4 花7	ふみか	11
史5 子3	ふみこ	8
章11 代5	ふみよ	16
美9 詞12	みのり	21
由5 記10	ゆき	15
詩13 央5 里7	しおり	25
詩13 津9 香9	しづか	31

音楽

イメージ漢字

伶7 吟7 弦8 音9 奏9 律9 唄10 絃11 笛11 笙11 琴12 鈴13 楽13 鼓13 歌14 謡16 響20 鐘20

男の子

名前（画数）	読み	総画
鐘20 (1)	しょう	21
響20 (1)	ひびき	21
音9 哉9	おとや	18
加5 弦8	かいと	13
楽13 翔12	がくと	25
奏9 斗4	かなと	13
響20 平5	きょうへい	25
弦8 暉13	げんき	21
絃11 太4	げんた	15
奏9 輔14	そうすけ	23
奏9 太4	そうた	13
拓8 音9	たくと	17
陽12 音9	はると	21
響20 希7	ひびき	27
律9 人2	りつと	11
伶7 旺8	れお	15
伶7 音9	れおん	16

女の子

名前（画数）	読み	総画
歌14 (1)	うた	15
琴12 (1)	こと	13
伶7 (1)	れい	8
綾14 音9	あやね	23
う2 た4	うた	6
謡16 乃2	うたの	18
音9 花7	おとか	16
音9 羽6	おとは	15
歌14 澄15	かすみ	29
奏9 美9	かなみ	18
架9 音9	かのん	18
響20 子3	きょうこ	23
琴12 音9	ことね	21
紗10 楽13	さら	23
詩13 絃11	しづる	24
鈴13 乃2	すずの	15
真10 鈴13	まりん	23
美9 音9	みおん	18
美9 歌14	みか	23
美9 律9	みのり	18
美9 伶7	みれい	16
楽13 々3	らら	16
律9 香9	りつか	18
鈴13 華10	りんか	23
和8 奏9	わかな	17
カ2 ノ1 ン2	かのん	5

イメージ漢字

丹4 玄5 白5 朱6 青8 采8 茜9
虹9 紅9 桜10 桃10 彩11 絵12 蒼13
緋14 緑14 碧14 翠14 銀14 瑠14 璃15
橙16 藤18 藍18

男の子

名前	読み	総画
碧14(1)	あお	15
銀14(1)	ぎん	15
玄5(1)	げん	6
青8空8	あおぞら	16
彩11斗4	あやと	15
亜7藍18	あらん	25
虹9輝15	こうき	24
青8也3	せいや	11
蒼13輔14	そうすけ	27
蒼13太4	そうた	17
武8玄5	むげん	13
真10彩11斗4	まさと	25

女の子

名前	読み	総画
碧14(1)	あおい	15
緑14(1)	みどり	15
翠14(1)	みどり	15
藍18子3	あいこ	21
藍18璃15	あいり	33
茜9寧14	あかね	23
紅9音9	あかね	18
朱6璃15	あかり	21
緋14里7	あかり	21
彩11加5	あやか	16
彩11乃2	あやの	13
彩11葉12	あやは	23
有6彩11	ありさ	17
絵12都11	えと	23
絵12美9	えみ	21
紅9美9	くみ	18
紅9亜7	くれあ	16
虹9海9	こうみ	18
采8子3	ことこ	11
彩11織18	さおり	29
桜10子3	さくらこ	13
朱6莉10	しゅり	16
蒼13子3	そうこ	16
虹9羽6	にじは	15
緋14菜11	ひな	25
茉8白5	ましろ	13
美9青8	みせい	17
美9藍18	みらん	27
桃10子3	ももこ	13
美9朱6々3	みすず	18
瑠14璃15子3	るりこ	32

イメージ漢字

灯6 光6 旺8 映9 星9 洸9 蛍11
晶12 皓12 煌13 照13 暉13 輝15 熙15
燦17 曜18 燿18 耀20

男の子

名前	読み	総画
燿20(1)	あきら	21
燦17(1)	さん	18
皓12(1)	ひかる	13
映9彦9	あきひこ	18
耀20大3	あきひろ	23
旺8良7	あきら	15
魁14星9	かいせい	23
和8輝15	かずき	23
熙15一1	きいち	16
輝15信9	きしん	24
蛍11輔14	けいすけ	25
光6起10	こうき	16
煌13介4	こうすけ	17
光6星9	こうせい	15
瞬18輝15	しゅんき	33
照13平5	しょうへい	18
灯6真10	とうま	16
直8輝15	なおき	23
皓12斗4	ひろと	16
真10煌13	まさあき	23
真10暉13	まさき	23
優17輝15	ゆうき	32
佑7星9	ゆうせい	16
礼5旺8	れお	13
光6史5朗10	こうしろう	21
曜18太4郎9	ようたろう	31

女の子

名前	読み	総画
灯6(1)	あかり	7
光6(1)	ひかり	7
晶12穂15	あきほ	27
映9美9	えみ	18
旺8花7	おうか	15
暉13子3	きこ	16
煌13莉10	きらり	23
沙7映9	さえ	16
紗10輝15	さき	25
星9奈8	せいな	17
輝15紗10	てるさ	25
奈8旺8	なお	16
光6璃15	ひかり	21
蛍11瑠14	ほたる	25
耀20子3	ようこ	23
灯6奈8子3	ひなこ	17
美9沙7輝15	みさき	31

宝石

イメージ漢字

玉5 圭6 玖7 珂9 珀9 玲9 珠10
理11 琉11 晶12 瑛12 琥12 琳12 瑚13
瑞13 瑶13 碧14 瑳14 瑠14 璃15 環17

男の子

名前（画数）	読み	総画
瑛12 (1)	あきら	13
碧14 真10	あおま	24
壱7 瑳14	いっさ	21
瑛12 太4	えいた	16
圭6 翔12	けいと	18
光6 琉11	ひかる	17
晶12 海9	まさみ	21
瑞13 基11	みずき	24
璃15 一1	りいち	16
理11 玖7	りく	18
理11 人2	りひと	13
琉11 生5	るい	16
玲9 旺8	れお	17
瑚13 太4 朗10	こたろう	27
琳12 太4 郎9	りんたろう	25

女の子

名前（画数）	読み	総画
晶12 (1)	あきら	13
瑛12 香9	えいか	21
珂9 奈8	かな	17
環17 奈8	かんな	25
玖7 美9	くみ	16
琥12 珀9	こはく	21
瑚13 白5	こはく	18
珠10 里7	じゅり	17
玉5 恵10	たまえ	15
瑶13 緒14	たまお	27
珠10 妃6	たまき	16
環17 希7	たまき	24
碧14 子3	たまこ	17
千3 晶12	ちあき	15
真10 璃15	まり	25
珠10 央5	みお	15
美9 珂9	みか	18
美9 玲9	みれい	18
実8 環17	みわ	25
瑶13 子3	ようこ	16
璃15 音9	りおん	24
理11 花7	りか	18
理11 乃2	りの	13
琳12 香9	りんか	21
琉11 花7	るか	18
瑠14 夏10	るか	24
瑠14 璃15	るり	29
玲9 香9	れいか	18

外国風

国際化社会の現代では、外国人にも覚えてもらいやすい名前を考えるパパ・ママも多いようです。欧米で一般的な響きに漢字を当てた名前を紹介します。

男の子

名前（画数）	読み	総画
開12 (1)	かい	13
凱12 (1)	かい	13
賢16 (1)	けん	17
譲20 (1)	じょう	21
黎15 (1)	れい	16
亜7 藍18	あらん	25
永5 慈13	えいじ	18
詠12 斗4	えいと	16
絢12 斗4	けんと	16
譲20 司5	じょうじ	25
十2 夢13	とむ	15
来7 斗4	らいと	11
理11 生5	りお	16
琉11 意13	るい	24
怜8 央5	れお	13

女の子

名前（画数）	読み	総画
杏7 (1)	あん	8
有6 珠10	ありす	16
晏10 奈8	あんな	18
瑛12 美9	えいみ	21
恵10 麻11	えま	21
笑10 里7	えみり	17
花7 怜8	かれん	15
景12 都11	けいと	23
紗10 羅19	さら	29
樹16 理11	じゅり	27
芹7 奈8	せりな	15
新13 菜11	にいな	24
帆6 那7	はんな	13
真10 麻11	まあさ	21
真10 凛15	まりん	25
美9 亜7	みあ	16
芽8 生5	めい	13
理11 沙7	りさ	18
莉10 多6	りた	16
莉10 名6	りな	16
瑠14 架9	るか	23
琉11 那7	るな	18
礼5 羅19	れいら	24
愛13 里7 彩11	ありさ	31
映9 里7 香9	えりか	25
江6 玲9 奈8	えれな	23
樹16 莉10 亜7	じゅりあ	33
万3 里7 愛13	まりあ	23

願い・思いを込めた名前

「強くたくましく生きてほしい」「やさしい子になってほしい」など、名づけの際に欠かせないのが、わが子への願いや思い。まだ見ぬわが子の成長を想像しながら、「願い・思い」を託しましょう。

力強くたくましく

イメージ漢字

力2 士3 丈3 大3 太4 立5 壮6
守6 岳8 征8 虎8 武8 侃8 草9
勇9 馬10 剛10 隼10 赳10 竜10 渉11
健11 猛11 彪11 陸11 敢12 勝12 雄12
勢13 幹13 獅13 豪14 毅15 龍16 駿17
櫂18 騎18 護20 鷲23 鷹24

男の子

名前	画数	読み	総画
豪	14 (1)	ごう	15
壮	6 (1)	そう	7
赳	10 (1)	たけし	11
毅	15 (1)	たけし	16
守	6 (1)	まもる	7
力	2 (1)	りき	3
櫂誠	18・13	かいせい	31
一鷹	1・24	かずたか	25
勝也	12・3	かつや	15
侃士	8・3	かんじ	11
敢太	12・4	かんた	16
健冴	11・7	けんご	18
健太	11・4	けんた	15
光騎	6・18	こうき	24
剛健	10・11	ごうけん	21
豪祐	14・9	ごうすけ	23
鷲翔	23・12	しゅうと	35
隼一	10・1	しゅんいち	11
駿太	17・4	しゅんた	21
渉馬	11・10	しょうま	21
征也	8・3	せいや	11
草太	9・4	そうた	13
壮馬	6・10	そうま	16
太我	4・7	たいが	11
大騎	3・18	だいき	21
大護	3・20	だいご	23
太獅	4・13	たいし	17
太一	4・1	たいち	5
鷹之	24・3	たかゆき	27
拓馬	8・10	たくま	18
赳士	10・3	たけし	13
猛史	11・5	たけし	16
健登	11・12	たけと	23
武虎	8・8	たけとら	16
岳海	8・9	たけみ	17
龍志	16・7	たつし	23
立真	5・10	たつま	15
剛史	10・5	つよし	15
櫂吾	18・7	とうご	25
勇仁	9・4	はやと	13
彪悟	11・10	ひゅうご	21
広鷹	5・24	ひろたか	29
正騎	5・18	まさき	23
真毅	10・15	まさき	25
勝斗	12・4	まさと	16
将大	10・3	まさひろ	13
幹人	13・2	みきと	15
勇気	9・6	ゆうき	15
雄基	12・11	ゆうき	23
優毅	17・15	ゆうき	32
勇伍	9・6	ゆうご	15
勇心	9・4	ゆうしん	13
雄介	12・4	ゆうすけ	16
雄成	12・6	ゆうせい	18
勇星	9・9	ゆうせい	18
勇太	9・4	ゆうた	13
雄翔	12・12	ゆうと	24
勇磨	9・16	ゆうま	25
雄吏	12・6	ゆうり	18
義鷹	13・24	よしたか	37
陸翔	11・12	りくと	23
立樹	5・16	りつき	21
竜一	10・1	りゅういち	11
龍勢	16・13	りゅうせい	29
龍堂	16・11	りゅうどう	27
敢太郎	12・4・9	かんたろう	25
丈太郎	3・4・9	じょうたろう	16
壮一郎	6・1・9	そういちろう	16
武沙士	8・7・3	むさし	18
雄太郎	12・4・9	ゆうたろう	25
龍一朗	16・1・10	りゅういちろう	27

女の子

名前	画数	読み	総画
千勢	3・13	ちせ	16
幹子	13・3	みきこ	16
立華	5・10	りつか	15

かわいらしく愛らしく

イメージ漢字

乙1 小3 衣6 好6 花7 李7 杏7
苺8 茉8 珠10 姫10 桃10 莉10 雫11
菜11 毬11 菫11 梢11 鈴13 摘14 滴14
鞠17 雛18 繭18

女の子

名前	読み	総画
杏7 (1)	あん	8
滴14 (1)	しずく	15
鞠17 (1)	まり	18
杏7菜11	あんな	18
衣6莉10	えり	16
乙1花7	おとか	8
乙1葉12	おとは	13
歌14菜11	かな	25
花7音9	かのん	16
花7穏16	かのん	23
可5鈴13	かりん	18
梢11絵12	こずえ	23
小3鈴13	こすず	16
小3夏10	こなつ	13
好6香9	このか	15
紗10衣6	さえ	16
雫11花7	しずか	18
珠10々3	すず	13
珠10実8	たまみ	18
菜11摘14	なつみ	25
雛18子3	ひなこ	21
日4鞠17	ひまり	21
姫10加5	ひめか	15
麻11衣6	まい	17
苺8佳8	まいか	16
茉8瑚13	まこ	21
茉8優17	まゆ	25
繭18子3	まゆこ	21
繭18里7	まゆり	25
毬11愛13	まりあ	24
鞠17花7	まりか	24
鞠17奈8	まりな	25
桃10佳8	ももか	18
優17珠10	ゆず	27
由5鈴13	ゆりん	18
李7緒14	りお	21
瑠14菜11	るな	25
し1ず5く1	しずく	7
七2菜11子3	ななこ	16
野11々3花7	ののか	21
日4菜11乃2	ひなの	17
由5衣6里7	ゆいり	18
李7々3子3	りりこ	13
莉10々3奈8	りりな	21

美しく華やかに

イメージ漢字

文4 妃6 花7 芙7 芳7 英8 佳8
美9 娃9 紋10 桜10 桂10 華10 絢12
斐12 媛12 蓉13 瑶13 蓮13 絹13 綾14
綺14 瑠14 璃15 舞15 麗19 蘭19 櫻21

女の子

名前	読み	総画
絢12 (1)	あや	13
舞15 (1)	まい	16
娃9璃15	あいり	24
絢12香9	あやか	21
綺14花7	あやか	21
綾14夏10	あやか	24
絢12子3	あやこ	15
斐12子3	あやこ	15
紋10奈8	あやな	18
文4寧14	あやね	18
綺14音9	あやね	23
文4乃2	あやの	6
綾14乃2	あやの	16
綾14美9	あやみ	23
花7織18	かおり	25
桂10子3	かつらこ	13
佳8那7	かな	15
佳8凛15	かりん	23
華10怜8	かれん	18
沙7綾14	さあや	21
紗10英8	さえ	18
櫻21子3	さくらこ	24
聖13蘭19	せいらん	32
瑶13生5	たまお	18
玉5妃6	たまき	11
芙7美9	ふみ	16
真10綾14	まあや	24
舞15美9	まいみ	24
舞15桜10	まお	25
真10綺14	まき	24
美9穏16	みおん	25
美9佳8	みか	17
美9嘉14	みか	23
美9綺14	みき	23
美9怜8	みれい	17
優17妃6	ゆうき	23
蓉13子3	ようこ	16
麗19禾5	れいか	24
麗19佳8	れいか	27
玲9美9	れみ	18
佳8那7美9	かなみ	24
貴12美9恵10	きみえ	31
妃6那7子3	ひなこ	16
美9知8花7	みちか	24

のびのびとおおらかに

イメージ漢字
大3 天4 央5 永5 広5 伸7 宥9 泰10 原10 容10 野11 悠11 遥12 裕12 寛13 暢14

男の子

名前（画数）	読み	総画
原10 (1)	げん	11
伸7 (1)	しん	8
永5 朔10	えいさく	15
広5 樹16	こうき	21
伸7 太4	しんた	11
大3 輔14	だいすけ	17
泰10 成6	たいせい	16
伸7 明8	のぶあき	15
暢14 彦9	のぶひこ	23
遥12 久3	はるく	15
遥12 翔12	はると	24
裕12 斗4	ひろと	16
寛13 弥8	ひろや	21
真10 広5	まひろ	15
泰10 大3	やすひろ	13
裕12 暉13	ゆうき	25
宥9 輔14	ゆうすけ	23
裕12 太4	ゆうた	16
悠11 人2	ゆうと	13
容10 平5	ようへい	15
遥12 平5	ようへい	17
永5 太4 郎9	えいたろう	18
央5 士3 朗10	おうしろう	18
広5 太4 郎9	こうたろう	18
伸7 太4 朗10	しんたろう	21
容10 太4 郎9	ようたろう	23

女の子

名前（画数）	読み	総画
衣6 央5	いお	11
永5 麻11	えま	16
花7 野11	かの	18
天4 花7	てんか	11
菜11 央5	なお	16
遥12 菜11	はるな	23
寛13 子3	ひろこ	16
広5 奈8	ひろな	13
広5 乃2	ひろの	7
美9 宥9	みゆ	18
裕12 子3	ゆうこ	15
悠11 里7	ゆうり	18
宥9 奈8	ゆな	17
悠11 楽13	ゆら	24
容10 子3	ようこ	13
永5 美9 里7	えみり	21
万3 悠11 花7	まゆか	21

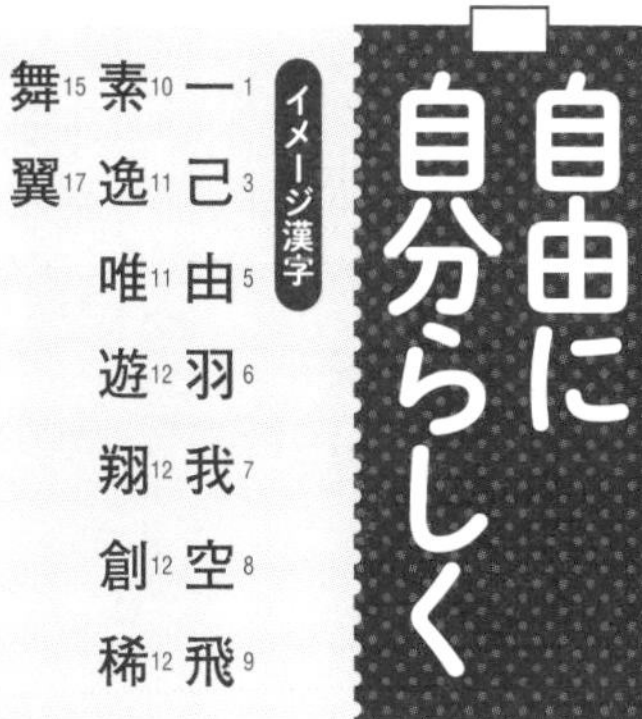

男の子

名前（画数）	読み	総画
翼17 (1)	つばさ	18
遊12 (1)	ゆう	13
一1 輝15	いっき	16
逸11 希7	いつき	18
一1 成6	いっせい	7
逸11 太4	いった	15
永5 翔12	えいと	17
旺8 我7	おうが	15
我7 空8	がく	15
翔12 琉11	かける	23
和8 己3	かずみ	11
空8 飛9	くうと	17
昂8 己3	こうき	11
光6 稀12	こうき	18
翔12 太4	しょうた	16
素10 良7	そら	17
空8 楽13	そら	21
唯11 史5	ただふみ	16
飛9 羽6	とわ	15
悠11 我7	ゆうが	18
遊12 貴12	ゆうき	24
雄12 翼17	ゆうすけ	29
由5 翔12	ゆうと	17
雄12 飛9	ゆうひ	21
己3 太4 郎9	こたろう	16
創12 一1 朗10	そういちろう	23

女の子

名前（画数）	読み	総画
舞15 (1)	まい	16
一1 華10	いちか	11
羽6 乃2	うの	8
稀12 子3	きこ	15
翼17 沙7	つばさ	24
羽6 那7	はな	13
舞15 羽6	まいは	21
美9 稀12	みき	21
実8 空8	みく	16
素10 羽6	もとは	16
由5 衣6	ゆい	11
唯11 花7	ゆいか	18
唯11 月4	ゆづき	15
由5 楽13	ゆら	18
素10 乃2 子3	そのこ	15
飛9 菜11 子3	ひなこ	23
由5 希7 菜11	ゆきな	23

まっすぐ素直に

イメージ漢字
白5 生5 矢5 直8 柾9 純10 粋10 素10 真10 淳11 葵12 順12 樹16

男の子

名前	画数	読み	総画
真	10 (1)	まこと	11
淳人	11・2	あつと	13
一生	1・5	いっせい	6
一樹	1・16	かずき	17
一真	1・10	かずま	11
一矢	1・5	かずや	6
粋志	10・7	きよし	17
純一	10・1	じゅんいち	11
順太	12・4	じゅんた	16
淳平	11・5	じゅんぺい	16
晋矢	10・5	しんや	15
直己	8・3	なおき	11
直生	8・5	なおき	13
央樹	5・16	ひろき	21
柾樹	9・16	まさき	25
柾人	9・2	まさと	11
柾彦	9・9	まさひこ	18
樹人	16・2	みきひと	18
素之	10・3	もとゆき	13
真乃介	10・2・4	しんのすけ	16
直太郎	8・4・9	なおたろう	21
矢真人	5・10・2	やまと	17

女の子

名前	画数	読み	総画
葵生	12・5	あおい	17
葵衣	12・6	あおい	18
佳純	8・10	かすみ	18
紗矢	10・5	さや	15
樹奈	16・8	じゅな	24
樹乃	16・2	じゅの	18
純子	10・3	じゅんこ	13
素代	10・5	そよ	15
立葵	5・12	たつき	17
直子	8・3	なおこ	11
直美	8・9	なおみ	17
妃粋	6・10	ひすい	16
真央	10・5	まお	15
真妃	10・6	まき	16
真子	10・3	まこ	13
麻白	11・5	ましろ	16
茉純	8・10	ますみ	18
真歩	10・8	まほ	18
真矢	10・5	まや	15
素子	10・3	もとこ	13
素世香	10・5・9	そよか	24

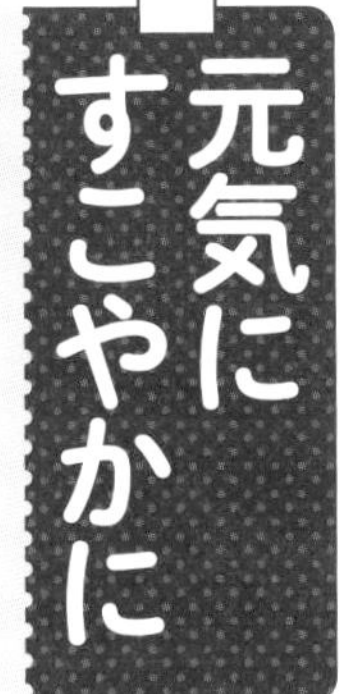

イメージ漢字
丈3 元4 生5 気6 成6 充6 壮6 寿7 旺8 茂8 育8 苗8 活9 剛10 健11 康11 隆11 勢13 繁16

男の子

名前	画数	読み	総画
元	4 (1)	げん	5
充	6 (1)	みつる	7
生登	5・12	いくと	17
育海	8・9	いくみ	17
永剛	5・10	えいごう	15
旺佑	8・7	おうすけ	15
和茂	8・8	かずしげ	16
活成	9・6	かつなり	15
活海	9・9	かつみ	18
元喜	4・12	げんき	16
健介	11・4	けんすけ	15
健人	11・2	けんと	13
剛士	10・3	ごうし	13
康介	11・4	こうすけ	15
康成	11・6	こうせい	17
康太	11・4	こうた	15
成伸	6・7	しげのぶ	13
成悟	6・10	せいご	16
勢也	13・3	せいや	16
壮亮	6・9	そうすけ	15
丈毅	3・15	たけき	18
壮琉	6・11	たける	17
悠寿	11・7	はるひさ	18
寿斗	7・4	ひさと	11
宏気	7・6	ひろき	13
充生	6・5	みつき	11
隆生	11・5	りゅうせい	16
旺太郎	8・4・9	おうたろう	21
健太郎	11・4・9	けんたろう	24
康太郎	11・4・9	こうたろう	24
隆乃介	11・2・4	りゅうのすけ	17

女の子

名前	画数	読み	総画
育美	8・9	いくみ	17
気穂	6・15	きほ	21
小苗	3・8	さなえ	11
寿奈	7・8	じゅな	15
成葉	6・12	なるは	18
成海	6・9	なるみ	15
美旺	9・8	みお	17
美気	9・6	みき	15
充穂	6・15	みつほ	21
元美	4・9	もとみ	13
康恵	11・10	やすえ	21
亜寿香	7・7・9	あすか	23

明るく輝く子に

イメージ漢字

日4 光6 旭6 朱6 灯6 明8 昌8
咲9 亮9 南9 夏10 晃10 晟10 朗10
笑10 莞10 菜11 晶12 晴12 陽12 照13
暉13 輝15 歓15 曜18 耀20

男の子

名前	読み	総画
朗10(1)	あきら	11
旭6(1)	あさひ	7
歓15(1)	かん	16
暉13 人2	あきと	15
壱7 咲9	いっさ	16
輝15 一1	きいち	16
光6 平5	こうへい	11
照13 永5	しょうえい	18
笑10 多6	しょうた	16
晴12 市5	せいいち	17
晟10 也3	せいや	13
晴12 日4	はるひ	16
昌8 輝15	まさき	23
晶12 晴12	まさはる	24
由5 晟10	ゆうせい	15
曜18 亮9	ようすけ	27
耀20 太4	ようた	24
亮9 太4	りょうた	13
日4 南9 太4	ひなた	17
陽12 一1 朗10	よういちろう	23

女の子

名前	読み	総画
晶12(1)	あきら	13
笑10(1)	えみ	11
夏10(1)	なつ	11
灯6 里7	あかり	13
明8 奈8	あきな	16
晃10 穂15	あきほ	25
笑10 加5	えみか	15
莞10 菜11	かんな	21
輝15 子3	きこ	18
咲9 輝15	さき	24
晟10 奈8	せいな	18
晴12 楽13	せいら	25
照13 茉8	てるま	21
晴12 菜11	はるな	23
光6 莉10	ひかり	16
陽12 南9	ひな	21
美9 輝15	みき	24
光6 希7	みつき	13
美9 南9	みなみ	18
明8 咲9	めいさ	17
明8 日4 菜11	あすな	23
陽12 央5 里7	ひおり	24
日4 真10 里7	ひまり	21

さわやかな子に

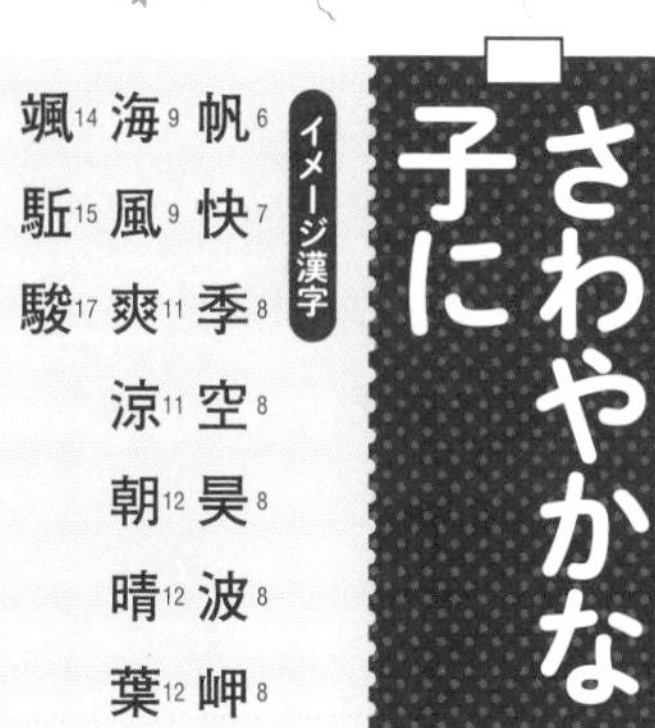

イメージ漢字

帆6 快7 季8 空8 昊8 波8 岬8
海9 風9 爽11 涼11 朝12 晴12 葉12
颯14 駈15 駿17

男の子

名前	読み	総画
快7(1)	かい	8
駈15(1)	かける	16
駿17(1)	しゅん	18
青8 空8	あおぞら	16
爽11 人2	あきと	13
朝12 陽12	あさひ	24
快7 晟10	かいせい	17
海9 仁4	かいと	13
昊8 佑7	こうすけ	15
颯14 輝15	さつき	29
颯14 介4	そうすけ	18
爽11 太4	そうた	15
爽11 真10	そうま	21
駿17 斗4	はやと	21
晴12 一1	はるいち	13
晴12 駈15	はるく	27
快7 彦9	よしひこ	16
璃15 空8	りく	23
涼11 市5	りょういち	16
涼11 磨16	りょうま	27
岬8 一1 郎9	こういちろう	18

女の子

名前	読み	総画
爽11 帆6	あきほ	17
朝12 香9	あさか	21
朝12 妃6	あさひ	18
風9 寧14	かざね	23
風9 葉12	かざは	21
空8 実8	くみ	16
晴12 羅19	せいら	31
颯14 子3	そうこ	17
波8 夏10	なみか	18
葉12 澄15	はすみ	27
颯14 美9	はやみ	23
美9 季8	みき	17
岬8 希7	みさき	15
海9 咲9	みさき	18
瑞13 葉12	みずは	25
美9 昊8	みそら	17
美9 波8	みなみ	17
美9 晴12	みはる	21
美9 帆6	みほ	15
瑠14 海9	るみ	23
美9 沙7 季8	みさき	24
璃15 々3 帆6	りりほ	24

心の清らかな子に

イメージ漢字

水4 白5 祈8 泉9 玲9 純10 粋10
透10 清11 雪11 雫11 惺12 琳12 湖12
瑞13 聖13 廉13 静14 潔15 澄15

男の子

- 潔15(1) きよし 16
- 廉13人2 きよと 15
- 清11仁4 きよひと 15
- 純10也3 じゅんや 13
- 清11真10 せいま 21
- 惺12矢5 せいや 17
- 千3聖13 ちさと 16
- 透10吾7 とうご 17
- 透10理11 とうり 21
- 瑞13貴12 みずき 25
- 琳12堂11 りんどう 23
- 潔15士3郎9 きよしろう 27
- 聖13一1郎9 せいいちろう 23

女の子

- 粋10(1) きよ 11
- 澄15(1) すみ 16
- 琳12(1) りん 13
- 衣6純10 いずみ 16
- 泉9美9 いずみ 18
- 華10澄15 かすみ 25
- 祈8子3 きこ 11
- 聖13佳8 きよか 21
- 潔15香9 きよか 24
- 清11夏10 さやか 21
- 清11葉12 さやは 23
- 純10奈8 じゅんな 18
- 澄15香9 すみか 24
- 純10礼5 すみれ 15
- 澄15玲9 すみれ 24
- 惺12子3 せいこ 15
- 聖13藍18 せいらん 31
- 瑞13実8 たまみ 21
- 透10子3 とうこ 13
- 七2泉9 ななみ 11
- 真10祈8 まき 18
- 泉9妃6 みき 15
- 瑞13姫10 みずき 23
- 瑞13波8 みずは 21
- 実8玲9 みれい 17
- 水4麗19 みれい 23
- 透10奈8 ゆきな 18
- 琳12子3 りんこ 15
- 玲9奈8 れいな 17
- 水4緒14里7 みおり 25

凛として上品な子に

イメージ漢字

礼5 玉5 圭6 妃6 京8 皇9 香9
彦9 姫10 華10 彬11 淑11 紳11 瑛12
貴12 尊12 媛12 雅13 瑶13 碧14 瑠14
璃15 凛15 凜15 麗19 馨20

男の子

- 馨20(1) かおる 21
- 圭6(1) けい 7
- 尊12(1) たける 13
- 彬11貴12 あきたか 23
- 彬11仁4 あきと 15
- 貴12一1 きいち 13
- 皇9紀9 きみのり 18
- 圭6彦9 きよひこ 15
- 京8吾7 けいご 15
- 皇9成6 こうせい 15
- 貴12士3 たかし 15
- 尊12彦9 たかひこ 21
- 尊12仁4 たかひと 16
- 文4彬11 ふみあき 15
- 雅13貴12 まさき 25
- 礼5一1 れいいち 6
- 紳11之3介4 しんのすけ 18

女の子

- 碧14乃2 あおの 16
- 礼5佳8 あやか 13
- 英8璃15 えり 23
- 馨20子3 かおるこ 23
- 香9乃2 かの 11
- 華10怜8 かれん 18
- 京8子3 きょうこ 11
- 京8佳8 けいか 16
- 貴12子3 たかこ 15
- 圭6希7 たまき 13
- 華10子3 はなこ 13
- 妃6華10 ひめか 16
- 雅13姫10 まさき 23
- 雅13子3 まさこ 16
- 美9妃6 みき 15
- 圭6花7 よしか 13
- 淑11乃2 よしの 13
- 璃15子3 りこ 18
- 凜15香9 りんか 24
- 瑠14香9 るか 23
- 礼5華10 れいか 15
- 麗19華10 れいか 29
- 礼5子3 れいこ 8
- 麗19奈8 れいな 27
- 貴12美9子3 きみこ 24
- 真10璃15花7 まりか 32

おだやかな子に

イメージ漢字

久3 円4 平5 安6 凪6 苑8 和8
南9 宥9 晏10 泰10 康11 温12 裕12
湖12 靖13 園13 暖13 寧14 穏16

男の子

名前	読み	画数
凪6 (1)	なぎ	7
温12彦9	あつひこ	21
和8寛13	かずひろ	21
和8海9	かずみ	17
久3温12	くおん	15
康11平5	こうへい	16
士3温12	しおん	15
泰10河8	たいが	18
泰10輔14	たいすけ	24
暖13人2	はると	15
穏16紀9	やすのり	25
靖13久3	やすひさ	16
泰10之3	やすゆき	13
裕12基11	ゆうき	23
佑7和8	ゆうわ	15
礼5暖13	れのん	18
和8市5	わいち	13

女の子

名前	読み	画数
温12 (1)	のどか	13
晏10 (1)	はる	11
円4 (1)	まどか	5
安6珠10	あんじゅ	16
晏10里7	あんり	17
果8穏16	かのん	24
心4寧14	ここね	18
紗10和8	さわ	18
詩13穏16	しおん	29
穏16花7	しずか	23
苑8子3	そのこ	11
南9緒14	なお	23
凪6香9	なぎか	15
凪6紗10	なぎさ	16
寧14々3	ねね	17
暖13乃2	はるの	15
円4花7	まどか	11
美9苑8	みおん	17
実8久3	みく	11
康11花7	やすか	18
泰10子3	やすこ	13
靖13代5	やすよ	18
宥9花7	ゆうか	16
里7和8	りわ	15
和8奏9	わかな	17
安6優17実8	あゆみ	31

思いやりのある子に

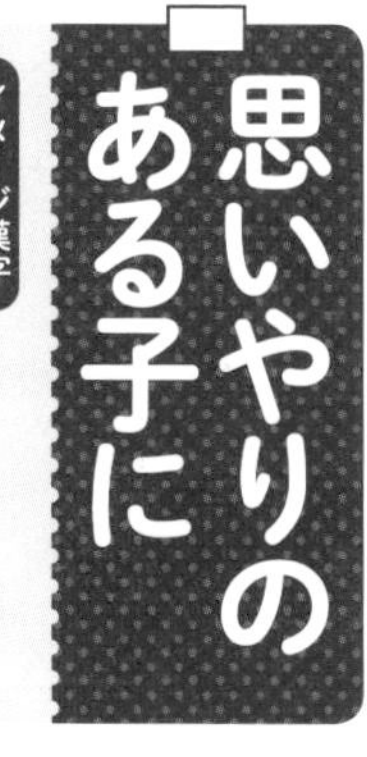

イメージ漢字

心4 仁4 介4 孝7 助7 佑7 侑8
思9 祐9 厚9 恩10 恵10 恭10 惇11
淳11 敬12 敦12 想13 慈13 寛13 誠13
暖13 輔14 篤16 優17 藺18 護20 譲20

男の子

名前	読み	画数
仁4 (1)	じん	5
佑7 (1)	たすく	8
護20 (1)	まもる	21
優17 (1)	ゆう	18
譲20 (1)	ゆずる	21
惇11生5	あつき	16
篤16人2	あつと	18
敦12寛13	あつひろ	25
寛13太4	かんた	17
恵10輔14	けいすけ	24
敬12介4	けいすけ	16
孝7太4	こうた	11
思9温12	しおん	21
淳11市5	じゅんいち	16
誠13也3	せいや	16
想13介4	そうすけ	17
孝7仁4	たかひと	11
祐9貴12	ゆうき	21
優17助7	ゆうすけ	24
礼5慈13	れいじ	18
心4之3介4	しんのすけ	11

女の子

名前	読み	画数
心4 (1)	こころ	5
恵10 (1)	めぐみ	11
敦12子3	あつこ	15
厚9美9	あつみ	18
恵10麻11	えま	21
恭10花7	きょうか	17
詩13恩10	しおん	23
想13代5	そよ	18
孝7美9	たかみ	16
慈13子3	ちかこ	16
暖13奈8	はるな	21
仁4美9	ひとみ	13
愛13恵10	まなえ	23
藺18花7	まゆか	25
実8慈13	みちか	21
心4結12	みゆ	16
美9祐9	みゆう	18
祐9衣6	ゆい	15
優17心4	ゆみ	21
侑8芽8	ゆめ	16
美9想13乃2	みその	24
優17衣6香9	ゆいか	32

まじめで誠実な子に

イメージ漢字

允4 公4 正5 礼5 匡6 守6 忠8 典8 紀9 律9 恭10 修10 真10 倫10 基11 規11 敬12 慎13 誠13 誓14 徳14 範15 諒15 篤16 憲16 謙17

男の子

名前	読み	総画
謙17 (1)	けん	18
匡6 (1)	ただし	7
允4 (1)	まこと	5
諒15 (1)	りょう	16
篤16志7	あつし	23
一1範15	かずのり	16
恭10平5	きょうへい	15
敬12亮9	けいすけ	21
憲16人2	けんと	18
公4輔14	こうすけ	18
修10平5	しゅうへい	15
誠13市5	せいいち	18
忠8志7	ただし	15
達12規11	たつき	23
典8真10	てんま	18
徳14馬10	とくま	24
倫10成6	ともなり	16
正5考6	まさたか	11
匡6海9	まさみ	15
真10路13	まさみち	23
正5義13	まさよし	18
守6琉11	まもる	17
宗8範15	むねのり	23
良7基11	よしき	18
由5規11	よしのり	16
律9太4	りった	13
諒15星9	りょうせい	24
倫10堂11	りんどう	21
慎13之3助7	しんのすけ	23
倫10乃2介4	りんのすけ	16

女の子

名前	読み	総画
倫10 (1)	りん	11
礼5 (1)	れい	6
紀9衣6	きい	15
恭10子3	きょうこ	13
範15奈8	はんな	23
真10実8	まみ	18
真10理11	まり	21
美9誓14	みちか	23
美9典8	みのり	17
律9佳8	りつか	17
諒15子3	りょうこ	18
倫10花7	りんか	17
礼5奈8	れいな	13

芯の強い子に

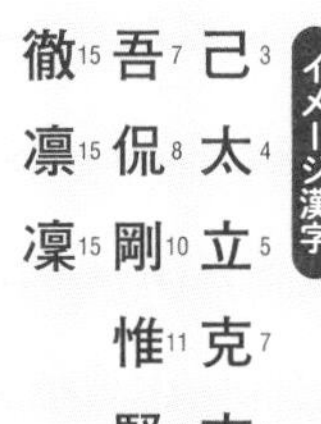

イメージ漢字

己3 太4 立5 克7 志7 芯7 我7 吾7 侃8 剛10 惟11 堅12 意13 毅15 徹15 凜15 凛15

男の子

名前	読み	総画
堅12 (1)	けん	13
芯7 (1)	しん	8
徹15 (1)	とおる	16
葵12惟11	あおい	23
一1芯7	いっしん	8
一1徹15	いってつ	16
惟11吹7	いぶき	18
可5惟11	かい	16
克7仁4	かつひと	11
貫11吾7	かんご	18
貫11太4	かんた	15
侃8平5	かんぺい	13
堅12介4	けんすけ	16
興16毅15	こうき	31
吾7郎9	ごろう	16
志7堂11	しどう	18
昇8吾7	しょうご	15
信9吾7	しんご	16
芯7太4	しんた	11
泰10我7	たいが	17
拓8己3	たくみ	11
剛10志7	たけし	17
唯11志7	ただし	18
徹15郎9	てつろう	24
智12己3	ともき	15
直8毅15	なおき	23
志7哉9	もとや	16
意13也3	もとや	16
惟11登12	ゆいと	23
有6我7	ゆうが	13
悠11吾7	ゆうご	18
悠11剛10	ゆうごう	21
侃8太4郎9	かんたろう	21
清11志7郎9	きよしろう	27
芯7一1朗10	しんいちろう	18

女の子

名前	読み	総画
志7保9	しほ	16
志7磨16	しま	23
茉8意13	まい	21
真10惟11	まい	21
真10己3	まこ	13
由5惟11	ゆい	16
結12意13	ゆい	25
立5華10	りつか	15

行動力のある子に

イメージ漢字

之3 行6 迅6 歩8 旺8 果8 征8 拓8 俊9 勇9 起10 晋10 航10 進11 渉11 開12 渡12 翔12 敢12 登12 新13 駆14 駈15 駿17 櫂18

男の子

- 駆14 (1)　かける　15
- 迅6 (1)　じん　7
- 晋10 (1)　すすむ　11
- 歩8真10　あゆま　18
- 歩8夢13　あゆむ　21
- 行6馬10　いくま　16
- 勇9海9　いさみ　18
- 一1起10　いっき　11
- 櫂18志7　かいじ　25
- 開12翔12　かいと　24
- 和8征8　かずゆき　16
- 賢16進11　けんしん　27
- 敢12太4　かんた　16
- 航10志7　こうし　17
- 航10征8　こうせい　18
- 俊9太4　しゅんた　13
- 駿17登12　しゅんと　29
- 渉11太4　しょうた　15
- 進11吾7　しんご　18
- 隆11行6　たかゆき　17
- 櫂18夢13　たくむ　31
- 拓8弥8　たくや　16
- 千3拓8　ちひろ　11
- 輝15起10　てるき　25
- 勇9人2　はやと　11
- 迅6翔12　はやと　18
- 拓8武8　ひろむ　16
- 広5行6　ひろゆき　11
- 勇9元4　ゆうげん　13
- 勇9迅6　ゆうじん　15
- 行6秀7　ゆきひで　13
- 旺8志7郎9　おうしろう　24
- 航10多6郎9　こうたろう　25
- 進11一1郎9　しんいちろう　21
- 新13太4朗10　しんたろう　27

女の子

- 歩8美9　あゆみ　17
- 果8奈8　かな　16
- 起10帆6　きほ　16
- 史5歩8　しほ　13
- 新13奈8　にいな　21
- 美9歩8　みほ　17
- 美9行6　みゆき　15
- 進11世5　ゆきよ　16

ポジティブに前向きに

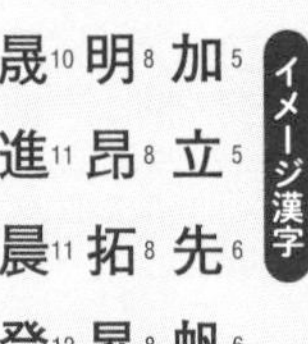

イメージ漢字

加5 立5 先6 帆6 向6 志7 歩8 明8 昂8 拓8 昇8 始8 起10 高10 晟10 進11 晨11 登12 開12 路13 櫂18

男の子

- 開12 (1)　かい　13
- 向6 (1)　こう　7
- 先6 (1)　すすむ　7
- 歩8志7　あゆし　15
- 永5登12　えいと　17
- 加5惟11　かい　16
- 開12成6　かいせい　18
- 昂8希7　こうき　15
- 向6志7　こうし　13
- 先6翔12　さきと　18
- 昇8磨16　しょうま　24
- 晟10吾7　せいご　17
- 昂8史5　たかし　13
- 高10士3　たかし　13
- 隆11志7　たかし　18
- 拓8史5　たくし　13
- 拓8見7　たくみ　15
- 起10生5　たつき　15
- 立5琉11　たつる　16
- 直8起10　なおき　18
- 直8路13　なおみち　21
- 始8希7　はるき　15
- 陽12路13　ひろ　25
- 立5成6　りっせい　11
- 高10太4朗10　こうたろう　24
- 志7之3輔14　しのすけ　24
- 晨11太4郎9　しんたろう　24
- 登12希7央5　ときお　24
- 立5之3助7　りゅうのすけ　15

女の子

- 歩8花7　あゆか　15
- 加5奈8　かな　13
- 向6美9　こうみ　15
- 志7帆6　しほ　13
- 志7歩8　しほ　15
- 志7麻11　しま　18
- 晟10子3　せいこ　13
- 立5実8　たつみ　13
- 始8花7　はるか　15
- 路13子3　みちこ　16
- 海9帆6　みほ　15
- 明8日4加5　あすか　17
- 明8日4菜11　あすな　23
- 日4登12美9　ひとみ　25

粘り強くがんばる子に

イメージ漢字

功5 克7 究7 努7 励7 学8 研9
耕10 紡10 凌10 琢11 貫11 登12 瑳14
練14 維14 積16 磨16 錬16 績17

男の子

名前	読み	画数
究7(1)	きわむ	8
功5(1)	こう	6
努7(1)	つとむ	8
紡10(1)	つむぐ	11
績17(1)	つむぐ	18
登12(1)	のぼる	13
励7(1)	れい	8
練14(1)	れん	15
錬16(1)	れん	17
歩8磨16	あゆま	24
一1瑳14	いっさ	15
維14吹7	いぶき	21
瑛12登12	えいと	24
克7樹16	かつき	23
研9斗4	けんと	13
克7海9	かつみ	16
功5樹16	こうき	21
耕10士3	こうし	13
琢11志7	たくし	18
琢11磨16	たくま	27
十2磨16	とおま	18
歩8積16	ほづみ	24
学8武8	まなぶ	16
維14斗4	ゆいと	18
優17磨16	ゆうま	33
凌10市5	りょういち	15
励7多6	れいた	13
練14斗4	れんと	18
貫11太4郎9	かんたろう	24
研9太4朗10	けんたろう	23
凌10太4郎9	りょうたろう	23
錬16太4郎9	れんたろう	29

女の子

名前	読み	画数
紡10(1)	つむぎ	11
克7美9	かつみ	16
瑳14穂15	さほ	29
真10維14	まい	24
磨16希7	まき	23
磨16菜11	まな	27
学8華10	まなか	18
美9維14	みい	23
莉10瑳14	りさ	24
励7奈8	れいな	15
紗10登12美9	さとみ	31

リーダーシップを

イメージ漢字

一1 元4 収4 央5 司5 壱7 治8
要9 将10 梁11 統12 揮12 幹13 魁14
総14 毅15 澪16

男の子

名前	読み	画数
魁14(1)	いさお	15
将10(1)	しょう	11
司5(1)	つかさ	6
元4(1)	はじめ	5
一1揮12	いっき	13
壱7征8	いっせい	15
魁14斗4	かいと	18
司5真10	かずま	15
一1将10	かずまさ	11
壱7哉9	かずや	16
一1行6	かずゆき	7
収4一1	しゅういち	5
将10平5	しょうへい	15
総14一1	そういち	15
総14真10	そうま	24
大3幹13	だいき	16
毅15士3	つよし	18
統12吏6	とうり	18
知8毅15	ともき	23
梁11馬10	はりま	21
治8紀9	はるき	17
治8史5	はるふみ	13
大3揮12	ひろき	15
幹13央5	みきお	18
統12生5	もとき	17
元4徳14	もとのり	18
要9太4	ようた	13
梁11太4	りょうた	15
澪16人2	れいと	18
央5太4郎9	おうたろう	18
幹13太4朗10	かんたろう	27
総14一1郎9	そういちろう	24
梁11一1郎9	りょういちろう	21

女の子

名前	読み	画数
澪16(1)	れい	17
壱7香9	いちか	16
司5帆6	しほ	11
統12子3	とうこ	15
奈8央5	なお	13
澪16奈8	みおな	24
幹13代5	みきよ	18
実8澪16	みれい	24
理11央5	りお	16
真10央5美9	まおみ	24

賢く聡明な子に

イメージ漢字

由5 令5 考6 冴7 見7 利7 明8
知8 怜8 亮9 思9 研9 俐9 悟10
哲10 惟11 理11 深11 惺12 尋12 博12
智12 聖13 彰14 聡14 慧15 諒15 賢16

男の子

名前	読み	画数
考6(1)	こう	7
慧15(1)	さとし	16
悟10(1)	さとる	11
尋12(1)	じん	13
諒15典8	あきのり	23
一1惺12	いっせい	13
圭6冴7	けいご	13
研9人2	けんと	11
悟10士3	さとし	13
大3知8	だいち	11
哲10也3	てつや	13
智12基11	ともき	23
秀7彰14	ひであき	21
尋12斗4	ひろと	16
真10聡14	まさと	24
正5博12	まさひろ	17
雄12聖13	ゆうせい	25
利7一1	りいち	8
理11仁4	りひと	15
亮9磨16	りょうま	25
令5一1	れいいち	6
怜8生5	れお	13
賢16太4郎9	けんたろう	29

女の子

名前	読み	画数
冴7(1)	さえ	8
慧15美9	えみ	24
彩11智12	さち	23
聡14子3	さとこ	17
悟10実8	さとみ	18
冴7奈8	さな	15
思9織18	しおり	27
澄15怜8	すみれ	23
聖13子3	せいこ	16
千3明8	ちあき	11
知8海9	ともみ	17
直8見7	なおみ	15
真10知8	まち	18
美9聡14	みさと	23
深11月4	みつき	15
惟11花7	ゆいか	18
理11緒14	りお	25
利7奈8	りな	15
令5奈8	れいな	13
真10理11子3	まりこ	24

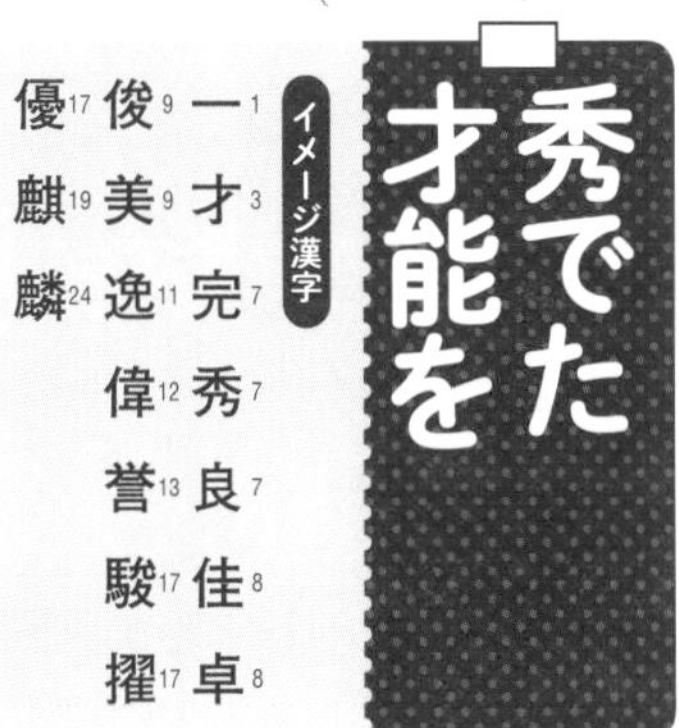

秀でた才能を

イメージ漢字

一1 才3 完7 秀7 良7 佳8 卓8
俊9 美9 逸11 偉12 誉13 駿17 擢17
優17 麒19 麟24

男の子

名前	読み	画数
優17(1)	すぐる	18
麟24(1)	りん	25
偉12生5	いお	17
逸11樹16	いつき	27
逸11冴7	いっさ	18
一1優17	かずまさ	18
完7一1	かんいち	8
完7斗4	かんと	11
佳8壱7	けいいち	15
才3蔵15	さいぞう	18
秀7磨16	しゅうま	23
駿17一1	しゅんいち	18
俊9人2	しゅんと	11
誉13史5	たかふみ	18
誉13之3	たかゆき	16
擢17(1)	たく	18
擢17真10	たくま	27
擢17実8	たくみ	25
卓8也3	たくや	11
駿17希7	としき	24
俊9秀7	としひで	16
逸11斗4	はやと	15
秀7駿17	ひでとし	24
正5麒19	まさき	24
優17斗4	まさと	21
優17成6	ゆうせい	23
佳8秀7	よしひで	15
良7磨16	りょうま	23
誉13志7斗4	よしと	24

女の子

名前	読み	画数
一1乃2	いちの	3
佳8子3	かこ	11
一1紗10	かずさ	11
佳8奈8	かな	16
佳8誉13	かよ	21
才3華10	さいか	13
朔10良7	さくら	17
誉13子3	たかこ	16
千3佳8	ちか	11
秀7実8	ひでみ	15
真10優17	まゆ	27
美9智12	みち	21
優17佳8	ゆうか	25
美9乃2	よしの	11

創造性のある子に

イメージ漢字

工3 生5 巧5 匠6 考6 作7 始8 拓8 泉9 起10 閃10 造10 創12 湧12 新13 源13

男の子

閃10(1)	せん	11
巧5(1)	たくみ	6
匠6(1)	たくみ	7
創12(1)	つくる	13
旺8生5	あきお	13
新13太4	あらた	17
生5真10	いくま	15
起10一1	きいち	11
源13斗4	げんと	17
耕10生5	こうき	15
考6起10	こうき	16
才3造10	さいぞう	13
始8音9	しおん	17
駿17作7	しゅんさく	24
匠6真10	しょうま	16
新13也3	しんや	16
泉9人2	せんと	11
創12介4	そうすけ	16
創12太4	そうた	16
巧5磨16	たくま	21
拓8未5	たくみ	13
真10拓8	まひろ	18
始8矢5	もとや	13
優17作7	ゆうさく	24
湧12成6	ゆうせい	18
悠11造10	ゆうぞう	21
作7太4朗10	さくたろう	21
創12志7朗10	そうしろう	29

女の子

文4泉9	あやみ	13
生5実8	いくみ	13
始8穂15	しほ	23
泉9那7	せんな	16
創12子3	そうこ	15
新13乃2	にいの	15
始8奈8	はるな	16
実8生5	みお	13
泉9咲9	みさき	18
結12生5	ゆい	17
湧12香9	ゆうか	21
由5起10	ゆき	15
瑠14泉9	るい	23
玲9泉9	れみ	18
新13葉12	わかば	25

スケールの大きな子に

イメージ漢字

千3 大3 万3 天4 永5 世5 広5 宇6 壮6 亘6 宏7 河8 周8 空8 宙8 海9 皇9 洋9 浩10 紘10 竜10 悠11 翔12 尋12 遥12 遼15 龍16

男の子

天4(1)	てん	5
遼15(1)	りょう	16
亘6(1)	わたる	7
歩8海9	あゆみ	17
永5時10	えいじ	15
海9翔12	かいと	21
一1宇6	かずたか	7
空8河8	くうが	16
浩10輔14	こうすけ	24
皇9太4	こうた	13
周8平5	しゅうへい	13
翔12輝15	しょうき	27
世5名6	せな	11
壮6一1	そういち	7
大3河8	たいが	11
大3也3	だいや	6
壮6海9	たけみ	15
千3広5	ちひろ	8
永5遠13	とわ	18
遥12輝15	はるき	27
遼15空8	はるく	23
悠11登12	はると	23
宏7樹16	ひろき	23
宙8飛9	ひろと	17
洋9海9	ひろみ	18
広5夢13	ひろむ	18
万3宙8	まひろ	11
優17河8	ゆうが	25
雄12大3	ゆうだい	15
悠11平5	ゆうへい	16
由5宇6	よしたか	11
龍16世5	りゅうせい	21
竜10平5	りゅうへい	15
皇9史5郎9	おうしろう	23
七2海9渡12	なみと	23

女の子

永5実8	えいみ	13
和8世5	かずよ	13
千3尋12	ちひろ	15
紘10子3	ひろこ	13
宏7海9	ひろみ	16
悠11宇6	ゆう	17
優17河8	ゆか	25
万3里7江6	まりえ	16

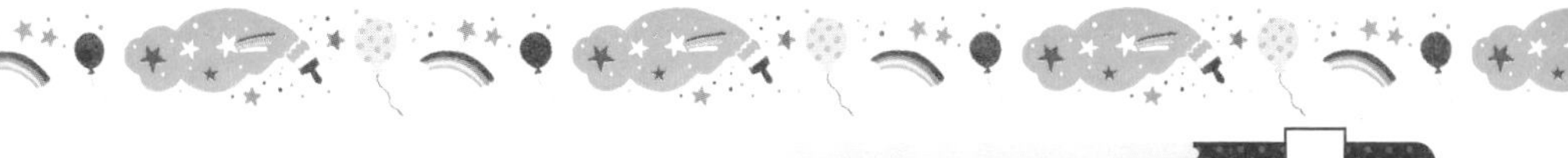

幸せな人生を

イメージ漢字

七2 八2 吉6 充6 寿7 幸8 昌8
咲9 祐9 笑10 祥10 恵10 倖10 賀12
景12 満12 裕12 喜12 愉12 禎13 福13
瑞13 鳳14 嘉14 嬉15 歓15 慶15 麒19
鶴21 麟24

男の子

名前（画数）	読み	総画
慶15 (1)	けい	16
祥10 (1)	しょう	11
裕12 (1)	ゆう	13
瑛12 吉6	えいきち	18
賀12 久3	がく	15
喜12 一1	きいち	13
恵10 吾7	けいご	17
恵10 多6	けいた	16
景12 斗4	けいと	16
幸8 輝15	こうき	23
光6 麒19	こうき	25
幸8 史5	こうし	13
倖10 平5	こうへい	15
伍6 郎9	ごろう	15
咲9 磨16	さくま	25
士3 鶴21	しづる	24
祥10 英8	しょうえい	18
祥10 吉6	しょうきち	16
咲9 吾7	しょうご	16
祥10 吾7	しょうご	17
昌8 磨16	しょうま	24
想13 太4	そうた	17
太4 賀12	たいが	16
大3 喜12	だいき	15
鳳14 仁4	たかひと	18
禎13 史5	ただし	18
禎13 也3	ともや	16
七2 輝15	ななき	17
晴12 喜12	はるき	24
英8 寿7	ひでとし	15
嘉14 斗4	ひろと	18
福13 也3	ふくや	16
昌8 輝15	まさき	23
昌8 宏7	まさひろ	15
瑞13 起10	みずき	23
八2 広5	やひろ	7
勇9 賀12	ゆうが	21
祐9 太4	ゆうた	13
幸8 信9	ゆきのぶ	17
倖10 久3	ゆきひさ	13
弓3 鶴21	ゆづる	24
祥10 明8	よしあき	18
吉6 輝15	よしき	21
嘉14 希7	よしき	21
吉6 音9	よしと	15
禎13 斗4	よしと	17
喜12 紀9	よしのり	21
嘉14 紀9	よしのり	23
吉6 晴12	よしはる	18
慶15 彦9	よしひこ	24
僚14 太4	りょうた	18
麟24 平5	りんぺい	29
歓15 太4 朗10	かんたろう	29
幸8 之3 介4	こうのすけ	15
咲9 太4 朗10	さくたろう	23
七2 雄12 八2	なおや	16
八2 真10 斗4	やまと	16
友4 太4 朗10	ゆうたろう	18
祐9 太4 朗10	ゆうたろう	23
裕12 太4 郎9	ゆうたろう	25
麟24 之3 介4	りんのすけ	31

女の子

名前（画数）	読み	総画
景12 (1)	けい	13
倖10 (1)	さち	11
七2 (1)	なな	3
在6 咲9	ありさ	15
有6 寿7	ありす	13
恵10 奈8	えな	18
恵10 菜11	えな	21
叶5 恵10	かなえ	15
歓15 奈8	かんな	23
嬉15 恵10	きえ	25
吉6 花7	きっか	13
喜12 帆6	きほ	18
嬉15 帆6	きほ	21
慶15 子3	けいこ	18
咲9 織18	さおり	27
咲9 智12	さち	21
福13 加5	さちか	18
幸8 子3	さちこ	11
倖10 子3	さちこ	13
倖10 歩8	さちほ	18
幸8 穂15	さちほ	23
幸8 与3	さちよ	11
咲9 穂15	さほ	24
史5 恵10	しえ	15
寿7 莉10	じゅり	17
祥10 子3	しょうこ	13
多6 笑10	たえ	16
瑞13 緒14	たまお	27
瑞13 季8	たまき	21
瑞13 子3	たまこ	16
千3 恵10	ちえ	13
千3 鶴21	ちづる	24
朋8 笑10	ともえ	18
美9 賀12	みか	21
美9 喜12	みき	21
充6 希7	みつき	13
美9 七2	みな	11
美9 幸8	みゆき	17
祐9 花7	ゆうか	16
祐9 香9	ゆか	18
愉12 香9	ゆか	21
幸8 花7	ゆきか	15
裕12 菜11	ゆな	23
祐9 乃2	ゆの	11
祐9 璃15	ゆり	24
慶15 乃2	よしの	17
吉6 穂15	よしほ	21
寿7 々3 花7	すずか	17
多6 賀12 子3	たかこ	21
七2 緒14 美9	なおみ	25
八2 瑠14 花7	はるか	23
真10 愉12 子3	まゆこ	25
満12 里7 紗10	まりさ	29
満12 理11 奈8	まりな	31
実8 寿7 々3	みすず	18

愛情や友情に恵まれる子に

イメージ漢字

友4 伍6 好6 周8 朋8 呼8 皆9
恋10 恵10 倫10 琢11 愛13 慈13 想13
睦13 盟13 僚14 憬15 親16 類18

男の子

名前	画数	読み	総画
友	4・(1)	ゆう	5
僚	14・(1)	りょう	15
英慈	8・13	えいじ	21
憬一	15・1	けいいち	16
周市	8・5	しゅういち	13
周真	8・10	しゅうま	18
真伍	10・6	しんご	16
想真	13・10	そうま	23
琢仁	11・4	たくと	15
朋樹	8・16	ともき	24
倫之	10・3	ともゆき	13
愛弥	13・8	まなや	21
睦貴	13・12	むつき	25
友希	4・7	ゆうき	11
優伍	17・6	ゆうご	23
親太郎	16・4・9	しんたろう	29
倫太郎	10・4・9	りんたろう	23

女の子

名前	画数	読み	総画
憬	15・(1)	けい	16
恋	10・(1)	れん	11
愛依	13・8	あい	21
愛加	13・5	あいか	18
愛佳	13・8	あいか	21
愛梨	13・11	あいり	24
周音	8・9	あまね	17
憬子	15・3	けいこ	18
好美	6・9	このみ	15
周子	8・3	しゅうこ	11
想子	13・3	そうこ	16
想乃	13・2	その	15
慈子	13・3	ちかこ	16
朋恵	8・10	ともえ	18
友香	4・9	ともか	13
朋加	8・5	ともか	13
友美	4・9	ともみ	13
朋実	8・8	ともみ	16
愛絵	13・12	まなえ	25
皆美	9・9	みなみ	18
美友	9・4	みゆ	13
睦実	13・8	むつみ	21
好乃	6・2	よしの	8
倫加	10・5	りんか	15
恋奈	10・8	れんな	18
想乃香	13・2・9	そのか	24

出会いや絆を大切に

イメージ漢字

友4 会6 伍6 共6 巡6 朋8 呼8
架9 倫10 連10 逢11 絆11 紹11 湊12
結12 誓14 機16 環17

男の子

名前	画数	読み	総画
巡	6・(1)	めぐる	7
連	10・(1)	れん	11
逢斗	11・4	あいと	15
一機	1・16	いっき	17
永伍	5・6	えいご	11
架瑠	9・14	かける	23
環太	17・4	かんた	21
共平	6・5	きょうへい	11
建伍	9・6	けんご	15
紹太	11・4	しょうた	15
誓哉	14・9	せいや	23
湊一	12・1	そういち	13
朋希	8・7	ともき	15
共彦	6・9	ともひこ	15
斗環	4・17	とわ	21
絆太	11・4	はんた	15
結太	12・4	ゆいた	16
結斗	12・4	ゆいと	16
友輔	4・14	ゆうすけ	18
結平	12・5	ゆうへい	17
世絆	5・11	よはん	16
連太郎	10・4・9	れんたろう	23

女の子

名前	画数	読み	総画
環	17・(1)	たまき	18
結	12・(1)	ゆい	13
逢花	11・7	あいか	18
会美	6・9	あいみ	15
会里	6・7	あいり	13
逢里	11・7	あいり	18
花連	7・10	かれん	17
環那	17・7	かんな	24
湊子	12・3	そうこ	15
誓子	14・3	ちかこ	17
倫実	10・8	ともみ	18
朋代	8・5	ともよ	13
絆那	11・7	はんな	18
真呼	10・8	まこ	18
円架	4・9	まどか	13
美機	9・16	みき	25
結衣	12・6	ゆい	18
結架	12・9	ゆいか	21
結子	12・3	ゆいこ	15
友里	4・7	ゆうり	11
倫子	10・3	りんこ	13

目標を達成できるように

イメージ漢字

了2 功5 叶5 至6 成6 克7 完7 果8 実8 建9 凌10 貫11 竣12 達12 勲15

男の子

名前	読み	総画
勲15 (1)	いさお	16
至6 (1)	いたる	7
達12 (1)	いたる	13
完7 (1)	かん	8
了2 (1)	りょう	3
竣12 (1)	しゅん	13
凌10 (1)	りょう	11
勲15 海9	いさみ	24
壱7 成6	いっせい	13
和8 勲15	かずのり	23
克7 成6	かつなり	13
勝12 成6	かつなり	18
克7 哉9	かつや	16
叶5 人2	かなと	7
貫11 市5	かんいち	16
貫11 路13	かんじ	24
建9 吾7	けんご	16
建9 斗4	けんと	13
功5 成6	こうせい	11
竣12 太4	しゅんた	16
卓8 実8	たくみ	16
達12 望11	たつみ	23
達12 也3	たつや	15
成6 輝15	なるさ	21
晴12 成6	はるなり	18
峰10 成6	ほうせい	16
理11 功5	りく	16
凌10 一1	りょういち	11
了2 太4	りょうた	6
凌10 平5	りょうへい	15
建9 太4 朗10	けんたろう	23
功5 太4 郎9	こうたろう	18

女の子

名前	読み	総画
歩8 実8	あゆみ	16
叶5 実8	かなみ	13
果8 世5	かよ	13
叶5 子3	きょうこ	8
了2 美9	さとみ	11
成6 美9	なるみ	15
真10 叶5	まかな	15
実8 加5	みか	13
凛15 果8	りんか	23
歩8 乃2 果8	ほのか	18
実8 咲9 妃6	みさき	23

実りある豊かな人生を

イメージ漢字

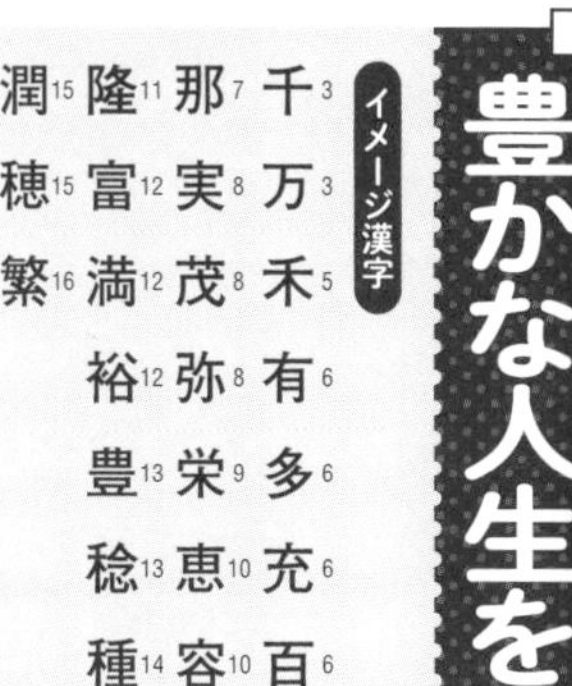

千3 万3 禾5 有6 多6 充6 百6 那7 実8 茂8 弥8 栄9 恵10 容10 隆11 富12 満12 裕12 豊13 稔13 種14 潤15 穂15 繁16

男の子

名前	読み	総画
繁16 (1)	しげる	17
有6 (1)	ゆう	7
栄9 介4	えいすけ	13
永5 多6	えいた	11
栄9 翔12	えいと	21
茂8 幸8	しげゆき	16
潤15 弥8	じゅんや	23
千3 太4	せんた	7
富12 太4	ふうた	16
豊13 正5	ほうせい	18
充6 貴12	みちたか	18
充6 紀9	みつき	15
裕12 貴12	ゆうき	24
悠11 豊13	ゆうと	24
有6 真10	ゆうま	16
潤15 一1 郎9	じゅんいちろう	25
隆11 太4 郎9	りゅうたろう	24

女の子

名前	読み	総画
栄9 花7	えいか	16
禾5 恵10	かえ	15
禾5 織18	かおり	23
佳8 穂15	かほ	23
香9 実8	こうみ	17
潤15 子3	じゅんこ	18
千3 種14	ちぐさ	17
千3 奈8	ちな	11
奈8 穂15	なほ	23
乃2 栄9	のえ	11
富12 香9	ふうか	21
富12 美9	ふみ	21
穂15 波8	ほなみ	23
真10 千3	まち	13
実8 玖7	みく	15
実8 咲9	みさき	17
実8 那7	みな	15
充6 菜11	みな	17
実8 穂15	みほ	23
恵10 実8	めぐみ	18
百6 那7	もな	13
有6 里7	ゆうり	13
裕12 美9	ゆみ	21
那7 々3 緒14	ななお	24
実8 加5 子3	みかこ	16
実8 乃2 里7	みのり	17

希望に満ちた輝く未来を

イメージ漢字

可5 叶5 未5 羽6 旭6 光6 向6
来7 志7 希7 祈8 芽8 虹9 勇9
将10 萌11 晨11 暁12 朝12 開12 夢13
新13 輝15 蕾16 翼17

男の子

- 輝15(1) あきら 16
- 来7(1) きたる 8
- 光6(1) ひかる 7
- 暁12久3 あさひさ 15
- 叶5多6 かなた 11
- 希7一1 きいち 8
- 虹9希7 こうき 16
- 光6輝15 こうき 21
- 幸8翼17 こうすけ 25
- 向6陽12 こうよう 18
- 昇8希7 しょうき 15
- 大3輝15 だいき 18
- 大3夢13 ひろむ 16
- 太4志7 ふとし 11
- 萌11成6 ほうせい 17
- 勇9希7 ゆうき 16
- 将10太4郎9 しょうたろう 23
- 未5来7翔12 みきと 24

女の子

- 翼17(1) つばさ 18
- 蕾16(1) つぼみ 17
- 希7(1) のぞみ 8
- 朝12子3 あさこ 15
- 歩8夢13 あゆむ 21
- 音9芽8 おとめ 17
- 可5純10 かすみ 15
- 叶5絵12 かなえ 17
- 奏9羽6 かなは 15
- 叶5芽8 かなめ 13
- 祈8穂15 きほ 23
- 虹9美9 こうみ 18
- 幸8芽8 こうめ 16
- 彩11希7 さき 18
- 志7緒14 しお 21
- 輝15葉12 てるは 27
- 希7望11 のぞみ 18
- 光6里7 ひかり 13
- 帆6希7 ほまれ 13
- 未5羽6 みう 11
- 実8可5 みか 13
- 美9来7 みらい 16
- 美9蕾16 みらい 25
- 夢13佳8 ゆめか 21
- 莉10夢13 りむ 23

世界で活躍を

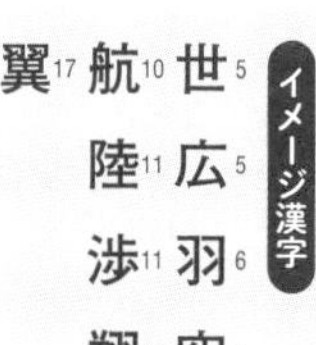

イメージ漢字

世5 広5 羽6 空8 海9 飛9 洋9
航10 陸11 渉11 翔12 開12 結12 渡12
翼17

男の子

- 渡12(1) わたる 13
- 壮6翔12 あきと 18
- 陸11史5 あつし 16
- 大3空8 おおぞら 11
- 開12路13 かいじ 25
- 櫂18世5 かいせい 23
- 海9渡12 かいと 21
- 海9里7 かいり 16
- 航10輝15 こうき 25
- 煌13世5 こうせい 18
- 渉11吾7 しょうご 18
- 渉11平5 しょうへい 16
- 渉11磨16 しょうま 27
- 壮6翼17 そうすけ 23
- 希7海9 のぞみ 16
- 遼15飛9 はると 24
- 開12史5 はるふみ 17
- 広5翔12 ひろと 17
- 結12世5 ゆうせい 17
- 勇9翔12 ゆうと 21
- 洋9太4 ようた 13
- 陸11斗4 りくと 15
- 陸11渡12 りくと 23
- 広5志7郎9 こうしろう 21
- 航10太4郎9 こうたろう 23
- 渉11太4郎9 しょうたろう 24
- 太4空8海9 たくみ 21
- 陸11太4朗10 りくたろう 25

女の子

- 歩8海9 あゆみ 17
- 絵12海9 えみ 21
- 世5楽13 せいら 18
- 千3世5 ちせ 8
- 七2海9 ななみ 11
- 遥12海9 はるみ 21
- 洋9花7 ひろか 16
- 広5望11 ひろみ 16
- 海9羽6 みう 15
- 美9空8 みく 17
- 美9結12 みゆ 21
- 結12羽6 ゆいは 18
- 莉10世5 りせ 15
- 明8日4海9 あすみ 21
- 万3結12子3 まゆこ 18

先輩パパ・ママの 赤ちゃんの名づけエピソード その3

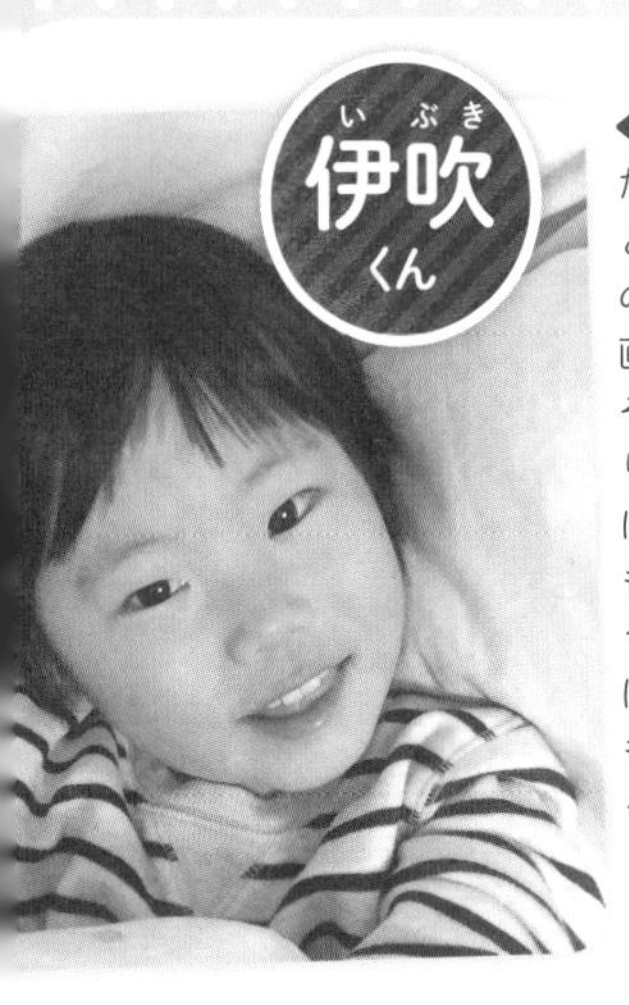

伊吹（いぶき）くん

◀名前は夫がつけました。私からの希望はひとつ、「画数がいいもの」。そこで夫はまず画数がいい名前を探し、その中から彼のこだわりである「大和言葉」「音に関連する」「外国の人もわかりやすい」というふるいにかけ、最後は顔を見てピンときたものにしたそうです。＜てるみママ＞

紬葵（つむぎ）ちゃん

▲経験を重ね、自分の夢や未来、幸せを上手につむいでほしい。そして大きな志をもち、凛として優しく丈夫な女の子になりますように、と願いを込めて名づけました。女の子なので、名字が変わることもあるかと思い、姓名判断では地格がよい漢字を選びました。＜瑞紀ママ＞

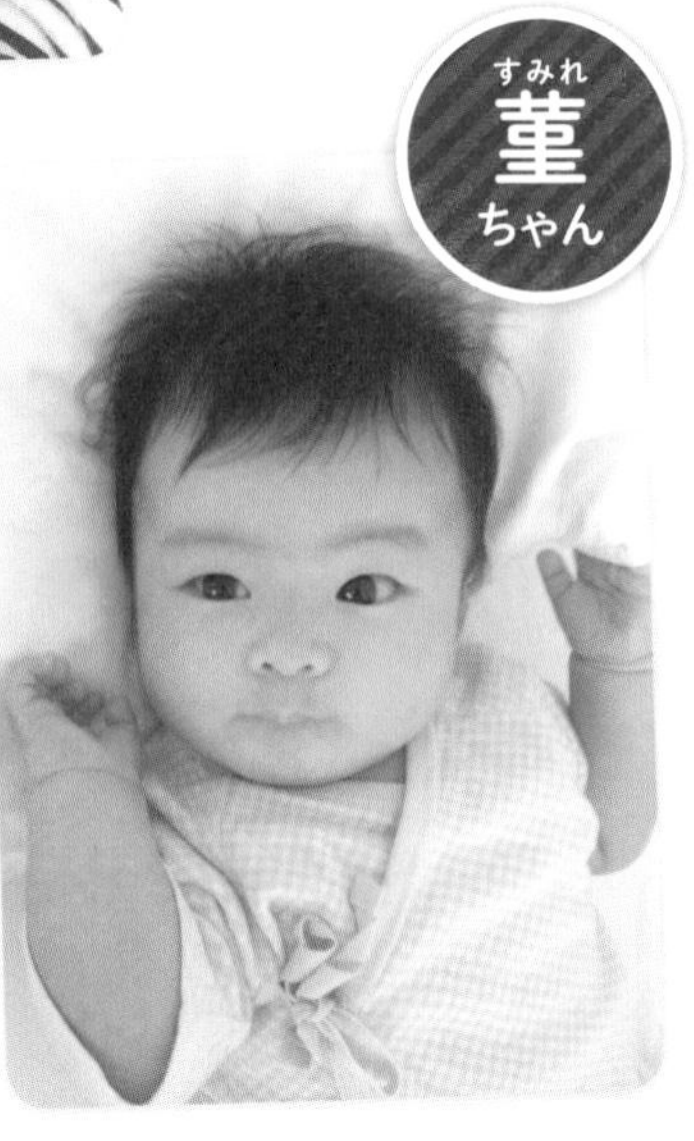

菫（すみれ）ちゃん

▶夫婦共通の趣味は、山登り。どんな高い山の岩肌にもふつうの顔をして咲いているスミレの花が好きで、おなかの子が女の子とわかったときには迷わず「菫」と決めました。見た目は小さくて可憐だけれど、野にも山にも咲く図太さと生命力をもったスミレのような女の子に育ってほしい……、そんな願いを込めています。＜百合ママ＞

雄飛（ゆうひ）くん 兄

恵茉（えま）ちゃん 妹

▶出産予定日を過ぎても、なかなかおなかの中から出てこず、生まれる前からマイペースな息子。大空に飛び立つ鳥のように、型にはまらず、大きな志をいだいて自分の道を切り開いてほしいという願いを込めて、「雄飛」と名づけました。妹の恵茉は、海外でも親しまれやすく、「グローバルに活躍できるように」という思いを込めて、響きから決めました。漢字は画数なども考えながら、周囲の人や才能などさまざまなな福に「恵」まれるようにと願いを込めて、当てはめました。＜美加ママ＞

Part

画数から考えるハッピー名前

姓名判断の基本を知ろう

姓名判断の基本は「五格」

名前を考える際、たくさんのパパ・ママが姓名判断で運勢のよい名前を、と考えます。あるいは最初はあまり気にしていなくても、最終的に名前を決める段階で、姓名判断も見ておこうか、と考えるパパ・ママも多いものです。

姓名判断には、いくつか種類がありますが、もっともポピュラーなのは、五格で見る姓名判断です。五格とは、天格、人格、地格、外格、総格と呼ばれる5つの格（五格）のことで、左の図のように、姓名を5つのブロックに分けて計算し、それぞれの数が表す意味と吉凶とで、運勢を見ます。

これらのすべての格が、吉数と呼ばれるよい数になれば理想的です。しかし、すべての格を完璧にすることにこだわるあまり、響きや漢字などほかの要素のバランスが悪くなっては本末転倒です。そこで、どの格を優先して考えるかが重要になってきます。

重視する順は、姓名判断の流派によって異なりますが、本書では、①人格、②地格、③総格、④外格、で考えます。姓の合計画数である「天格」は、家族共通の変えられないものなので、天格のみでは吉凶を判断しません。

姓名をつなぐ「人格」が重要

人格は、姓の最後の1字と名の最初の1字の画数の合計で、姓と名のつなぎめにあたる中心部、心臓です。その人のパーソナリティや才能、結婚運も含めた社会運などを表します。大切な主運ですから、この人格を吉数にすることを優先するとよいでしょう。

次いで地格。地格は、潜在的な能力やもともとの資質、体質など、人生の土台となる基礎運を表します。人の性格や考え方は、もってうまれた資質と、幼少期・青年期の過ごし方で、ある程度完成されますから、基礎をしっかりしておくことが、名前でも重要だといえます。

総格や外格もよいに越したことはありませんが、まずは、人格と地格を優先的に考えることをおすすめします。

「五格」とはどういうもの？

五格とは、天格、人格、地格、外格、総格と呼ばれる5つの格（五格）のこと。姓名を構成する文字の画数を、右のように5つのブロックに分けて計算し（具体的な計算方法は280〜283ページ参照）、それぞれの数が表す意味と吉凶とで、運勢を見る。五格には、それぞれ意味があり、なかでも総合的な社会運をあらわす「人格」が、五格ではもっとも重要になる。

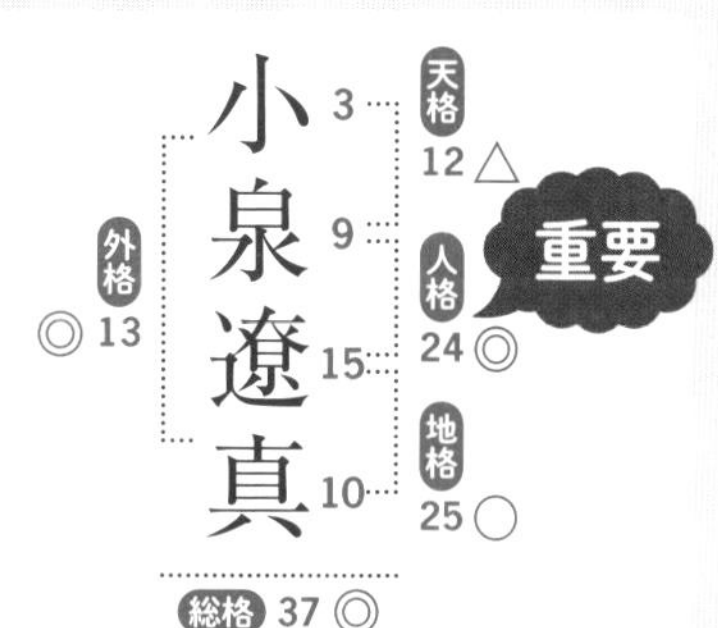

人格（主運）

人格は、姓と名をつなぐ部分で、もっとも重要な格。性格、才能、行動力、人間関係などを示し、職業運、結婚運、家庭運なども含めた総合的な社会運を表す。人の一生の運命を左右する大切な主運。特に30歳代から50歳代の中年期に大きく影響。

小 3
泉 9
遼 15
真 10
人格 24

地格（基礎運）

両親から受け継いだ性質や体質のほか、その子の潜在的な能力を表す。前運または基礎運と呼ばれ、おもに30歳頃までの運勢に大きく影響するが、生涯にわたり、影響は続く。名前で基礎をしっかりしておくことが大事で、人格の次に重要な格。

小 3
泉 9
遼 15
真 10
地格 25

総格（総合運）

総合的な運を表し、特に中年以降に影響する。人格、地格に次いで重要。総格だけよいよりも、ほかの格との組み合わせやバランスが重要。

小 3
泉 9
遼 15
真 10
総格 37

外格（副運）

人格のはたらきを助ける副運。外格がよいと、人格が表す性質や才能を、さらに生かすことができる。対人関係や社会に出てからの順応性も表す。

小 3
泉 9
遼 15
真 10
外格 13

天格（先天運）

姓の合計画数である天格は、家族共通の変えられないものなので、天格のみでは個人的な吉凶を判断しない。

小 3
泉 9
遼 15
真 10
天格 12

正しい画数の数え方を知ろう

日常使っている字体で考えるのが基本

姓名の字画を用いて運勢を占うのが、五格による姓名判断です。そのため、まずおさえておきたいのが、文字の画数の数え方です。ただし、姓名判断の流派によって、画数の数え方が異なります。

大きくは、左の表のように3つに分かれます。①は、漢字の成り立ちを重んじて旧字体で数える方法、②は、①の考え方に加え、部首については由来となった文字にさかのぼって数える方法、③は、旧字体・新字体にかかわらず実際に使っている漢字で数える方法です。

本書では、③の「ふだん使っている字体」で画数を数えます。それは、ふだん使っている字こそ、その人に密接にかかわり、人生にも大きく影響してくると考えるからです。

旧字体の影響もゼロではない

とはいえ、旧字体や漢字の成り立ちにさかのぼって数える考え方もまったく否定するわけではありません。漢字は徐々に変化して現在の形（新字体）になっています。

けれども新字体の「桜」も旧字体の「櫻」も同じ成り立ちで生まれ、当然同じ意味、同じ読み方をもっています。新字体と旧字体はもともと同じ漢字ですから、やはりつながりはあるといえます。姓名判断においても、まったく無関係とまではいえないのです。

それでも前述したように、ふだん実際に使っている字体のほうが、日々接しているだけに影響は大きいといえます。旧字体で占う姓名判断は、その人の別の一面、あるいは秘めている一面ということもいえるでしょう。

新字体・旧字体両方で吉名にするのは難しい

姓名判断において、新字体、旧字体、両方でベストな名前を導き出そうとすると画数の組み合わせパターンが限られ、漢字や響きなど、姓名判断以外の大事な要素が、満足いかないものになりがちです。

流派による画数の数え方の違い

流派 ／ 漢字	❶ 旧字体派 新字体は旧字体に直して数える	❷ 旧字体＋部首字源派 新字体は旧字体に直し、部首は由来となった文字で数える	❸ 見たまま派 本書の考え方 新字体、旧字体にかぎらず、見たままで数える
花	8画 旧字体のくさかんむり「艹」は4画だから	10画 くさかんむりの元の字が「艸」で6画だから	7画
海	10画 旧字体は「海」で10画だから	11画 ①の考え方に加え、部首のさんずいの由来が4画の「水」だから	9画
櫻 「桜」の旧字体	21画 「桜」も21画と数える	21画 「桜」も21画と数える	21画 「桜」は10画と数える

本書は、「影響が強いのは、あくまでも実際に使っている文字である」と考えますので、基本的には「見た目そのままの画数」で姓名判断をすることをおすすめします。旧字体については、あえて姓名判断をする必要はありませんが、姓名判断をつきつめたいと考えるなら、補助的に旧字体に直した姓名判断も行い、参考にするのもひとつの方法です。

本書流　画数の数え方

1 ふだん使っている字体で考える

画数の数え方は旧字体で数えるもの、新字体で数えるものなど諸説あるが、もっとも密接にかかわっているという理由から、旧字体・新字体にかぎらず日常使っている字体で数える。戸籍上は旧字体でも、ふだん新字体で通しているなら新字体の画数で数える。

◆戸籍もふだんも「濱口櫻子」なら

濱17 口3 櫻21 子3

◆戸籍は「濱口櫻子」でも、普段は「浜口桜子」を使うことが多いなら

浜10 口3 桜10 子3

2 部首は見たままの字体で考える

たとえば「氵(さんずい、3画)」の由来は「水」なので4画、「王(たまへん・おうへん、4画)」の由来は「玉」なので5画とするなど、字の部首(へん、つくり)については、その部首の由来となった漢字の画数で数えるという考え方もあるが、基本的には見たままの字体で数える。したがって、さんずいは3画、たまへん・おうへんは4画と数える。

松8 浦10 瑞13 季8

3 繰り返し符号もそのまま数える

たとえば「奈々」は「奈奈」と置き換えて「8・8」と数える流派もあるが、「々」「ゝ」などの繰り返し記号も見たままの画数で、それぞれ3画、1画と数える。

高10 橋16 奈8 々3

4 ひらがなは少し筆を止めるところで1画

ひらがなは曲線が多く区切りがわかりにくいが、基本は、筆を止める部分(力を入れる部分)で1画と数える。たとえば「え」「ん」などの線の戻りがある部分や、「ま」「み」などの、くるんとまるめる部分は1画と数えることが多い。小学校で習う書き順とは違うので、左表で画数を確認して計算するようにしよう。なお、ひらがなやカタカナの濁音は2画、半濁音は1画で数える。

吉6 村7 の1 ど4 か3

森12 田5 ヤ2 マ2 ト2

ひらがな・カタカナ・符号の画数表

ひらがな

ぱ 5	ば 6	だ 6	ざ 5	が 5	ん 2	わ 3	ら 3	や 3	ま 4	は 4	な 5	た 4	さ 3	か 3	あ 3
ぴ 3	び 4	ぢ 5	じ 3	ぎ 6		ゐ 3	り 2		み 3	ひ 2	に 3	ち 3	し 1	き 4	い 2
ぷ 5	ぶ 6	づ 3	ず 5	ぐ 3			る 2	ゆ 3	む 4	ふ 4	ぬ 4	つ 1	す 3	く 1	う 2
ぺ 2	べ 3	で 4	ぜ 5	げ 5		ゑ 5	れ 3		め 2	へ 1	ね 4	て 2	せ 3	け 3	え 3
ぽ 6	ぼ 7	ど 4	ぞ 5	ご 4		を 4	ろ 2	よ 3	も 3	ほ 5	の 1	と 2	そ 3	こ 2	お 4

カタカナ

パ 3	バ 4	ダ 5	ザ 5	ガ 4	ン 2	ワ 2	ラ 2	ヤ 2	マ 2	ハ 2	ナ 2	タ 3	サ 3	カ 2	ア 2
ピ 3	ビ 4	ヂ 5	ジ 5	ギ 5		ヰ 4	リ 2		ミ 3	ヒ 2	ニ 2	チ 3	シ 3	キ 3	イ 2
プ 2	ブ 3	ヅ 5	ズ 4	グ 4	ヴ 5		ル 2	ユ 2	ム 2	フ 1	ヌ 2	ツ 3	ス 2	ク 2	ウ 3
ペ 2	ベ 3	デ 5	ゼ 4	ゲ 5		ヱ 3	レ 1		メ 2	ヘ 1	ネ 4	テ 3	セ 2	ケ 3	エ 3
ポ 5	ボ 6	ド 4	ゾ 4	ゴ 4		ヲ 3	ロ 3	ヨ 3	モ 3	ホ 4	ノ 1	ト 2	ソ 2	コ 2	オ 3

繰り返し符号

々 3	ゝ 1
	ゞ 3

長音符号

ー 1

小書き文字

ゎ 3	っ 1	ょ 3	ゅ 3	ゃ 3	ぉ 4	ぇ 3	ぅ 2	ぃ 2	ぁ 3
ヮ 2	ッ 3	ョ 3	ュ 2	ャ 2	ォ 3	ェ 3	ゥ 3	ィ 2	ァ 2

※小書き文字とは、「しょうた」の「ょ」、「いっぺい」の「っ」など、小さく書く字

五格の出し方を理解しよう

姓名を5つのブロックに分けて計算する

五格の出し方は、本書では、左図のように計算します。姓名の文字数によって少し違いがありますが、基本的には、天格は姓の画数の合計、地格は名の合計、総格は姓名のすべての文字の画数の合計になります。

五格の中でもっとも重要な人格は、姓の下の1字と名の上の1字の合計です。左図の例の「清水 玲花」なら、「水」の4画と「玲」の9画を足した13画が、人格になります。

外格は、総格から人格を引いた数です。例の場合は、総格31から地格13を引いて、外格は18になります。

1字姓や1字名は霊数を加える

五格の計算をする際、姓名の文字数で計算のしかたに多少違いがあります。ただし、五格の中でもっとも重要な格である、人格の出し方は、姓名の文字数にかかわらず共通で、姓の最後の1字と、名の最初の1字の、2文字の合計画数になります。

外格は、人格で使った文字以外で計算します。そのため3字姓の人は、左図のAに姓の上の2文字を入れ、3字名なら、Dに名の下の2文字を入れて計算することになります。

五格を出すときに、計算がやや複雑なのは、1字姓や1字名の人です。1字姓や1字名の場合、そのままでは外格の計算ができないため、すべての数字の基本である「1」を加えて姓名判断を行います。このときの「1」を「霊数（れいすう）」といいます。たとえば、1字名の「玲」なら、「玲（9画）」＋「霊数1」で、地格は10になります。

ただし、1字姓や1字名でも、総格には、霊数を含みませんので、ここは特に注意が必要です。文字数別の五格の出し方は、282～283ページで具体例とともにくわしく解説していますので、そちらも参照して五格の出し方をマスターしてください。

五格の計算のしかた

ポイント

●2字姓2字名の場合は、姓名の上からⒶⒷⒸⒹに1字ずつあてはめて五格を計算する。それ以外の人は、下記のルールにしたがって、姓名の字をⒶⒷⒸⒹにあてはめ、五格を計算する。
●1字姓の場合はⒶに「霊数1」、1字名の場合はⒹに「霊数1」を入れる。
●総格には「霊数」を含めない。

ルール

Ⓐには、2字姓は上の1字、3字姓は上の2字、4字姓は上の3字、1字姓は「霊数1」を入れる。

Ⓑには、姓の下の1字を入れる。1字姓の場合は、その姓を入れる。

Ⓒには、名の上の1字を入れる。

Ⓓには、名の2字目以降を入れる。3字名は下の2字、4字名は下の3字、1字名は「霊数1」を入れる。

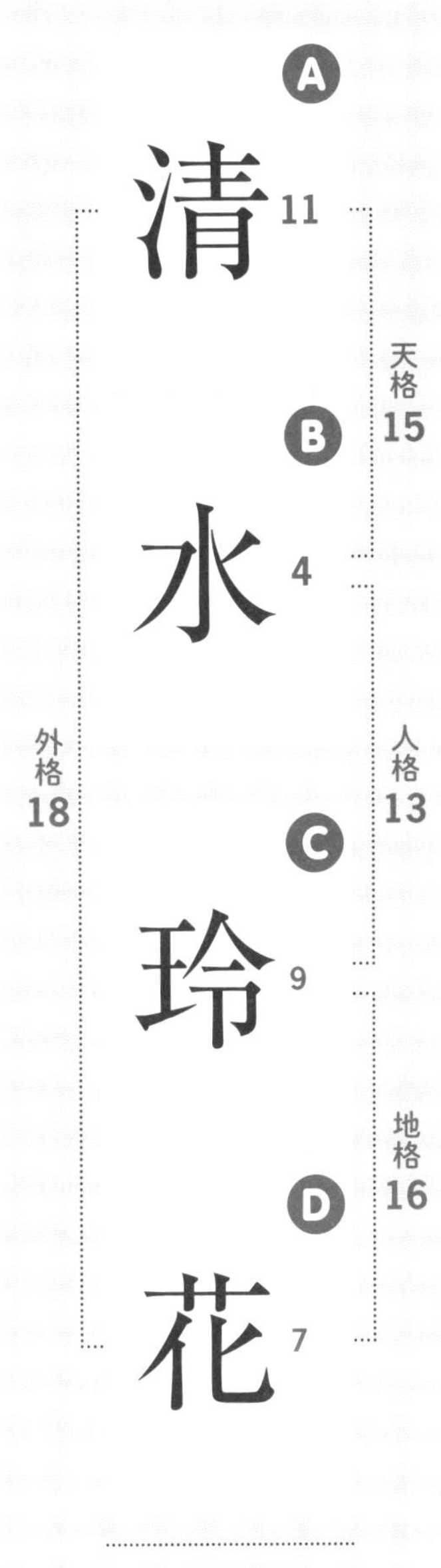

天格（てんかく） Ⓐ+Ⓑ

姓の画数の合計

11+4=15

❗ 1字姓はAに「霊数1」を加えて計算する

人格（じんかく） Ⓑ+Ⓒ

姓の下の1字と、名の1字目の合計

4+9=13

地格（ちかく） Ⓒ+Ⓓ

名の画数の合計

9+7=16

❗ 1字名はDに「霊数1」を加えて計算する

外格（がいかく）

総格から人格を引いた数

31−13=18

または Ⓐ+Ⓓ

❗ 1字姓や1字名の場合は、AまたはDに「霊数1」を加えて計算する

総格（そうかく）

姓名の合計画数

11+4+9+7=31

❗ 1字姓や1字名でも、総格には霊数を含めない

文字数別五格の計算例

1字姓

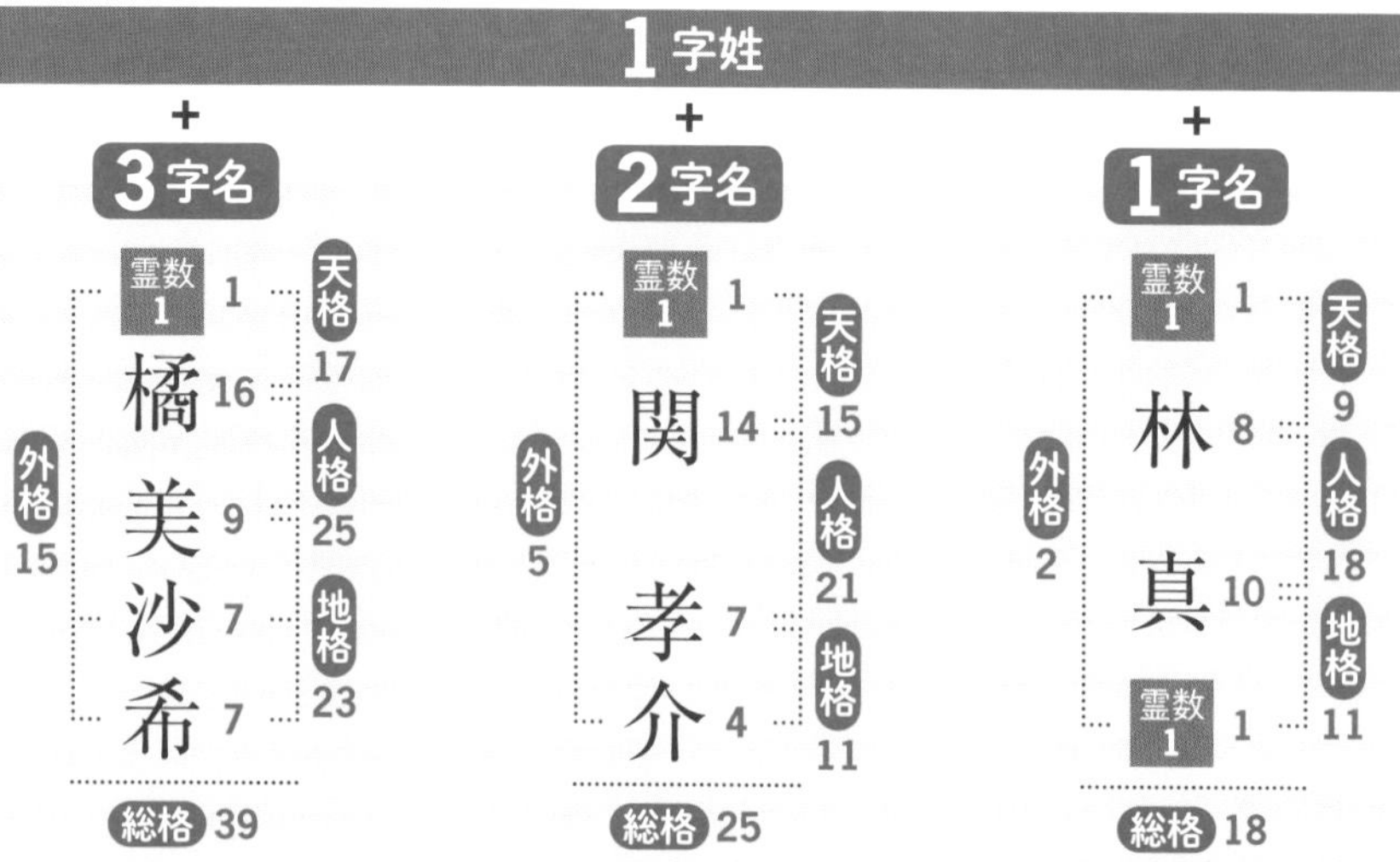

★ 姓に霊数「1」を加える。外格は、名の2字目・3字目+霊数「1」で計算。総格は霊数を含めない。

★ 姓に霊数「1」を加える。総格は霊数を含めない。

★ 姓と名にそれぞれ霊数「1」を加えるため、外格は「2」になる。総格は霊数を含めない。

2字姓

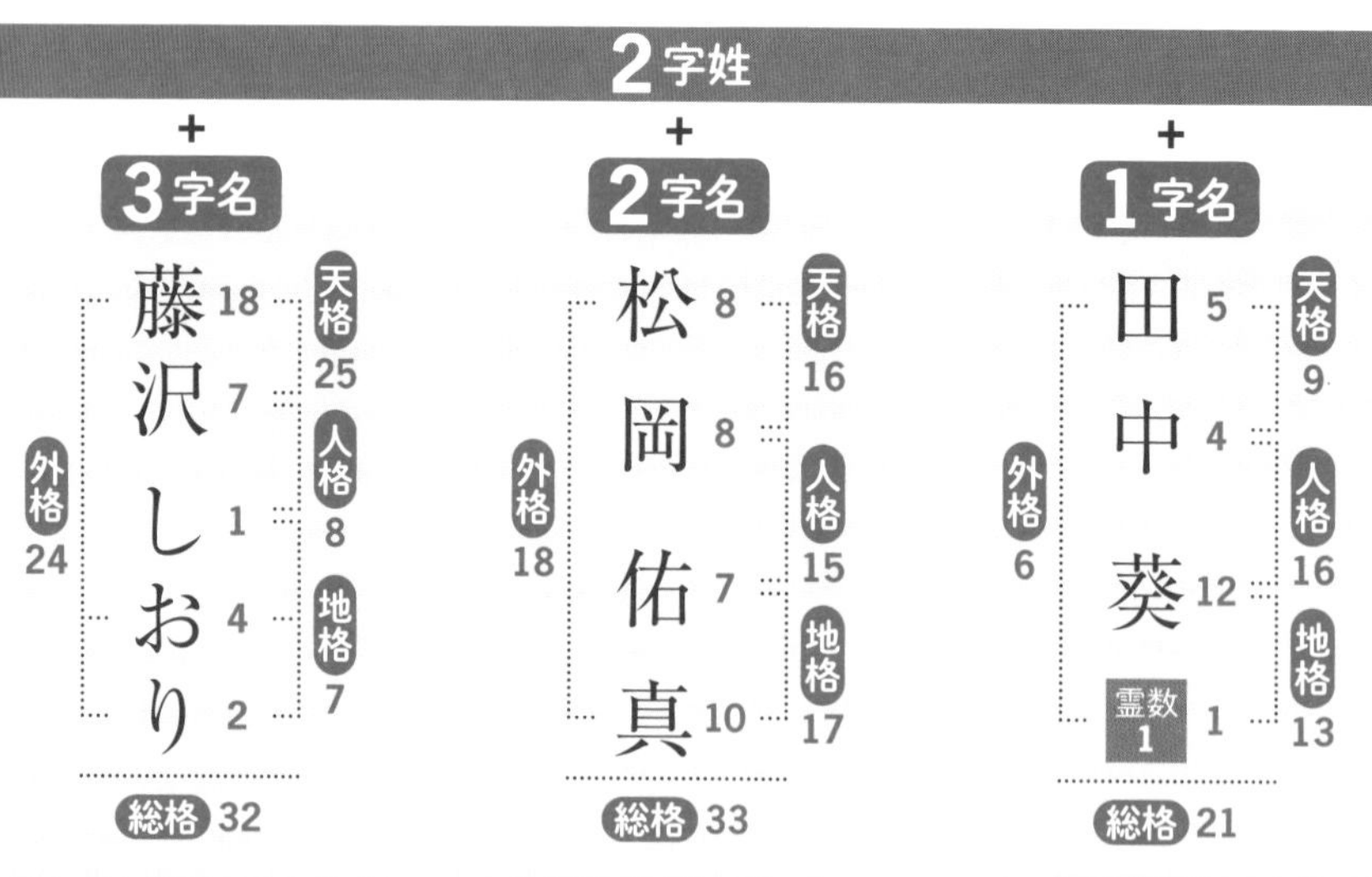

★ 霊数を加えず、そのまま計算。外格は、姓の1字目の画数+名の2字目・3字目の画数。

★ 姓名どちらにも霊数を加えず、そのまま計算する。

★ 名に霊数「1」を加える。総格は霊数を含めない。

3字姓

＋3字名

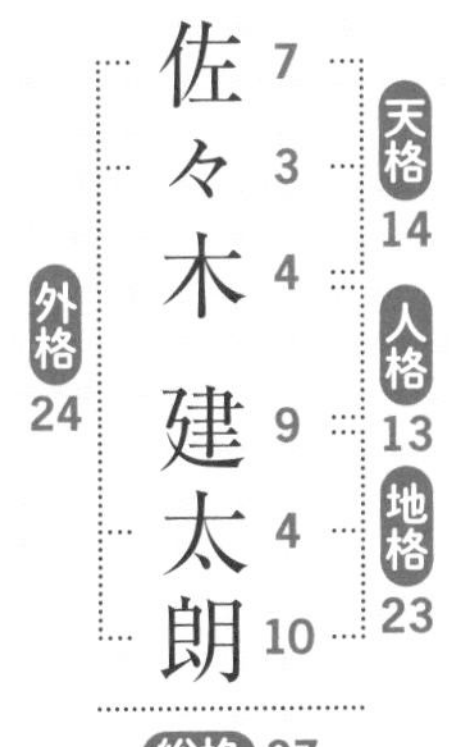

★霊数を加えず、そのまま計算。外格は、姓の1字目・2字目の画数＋名の2字目・3字目の画数。

＋2字名

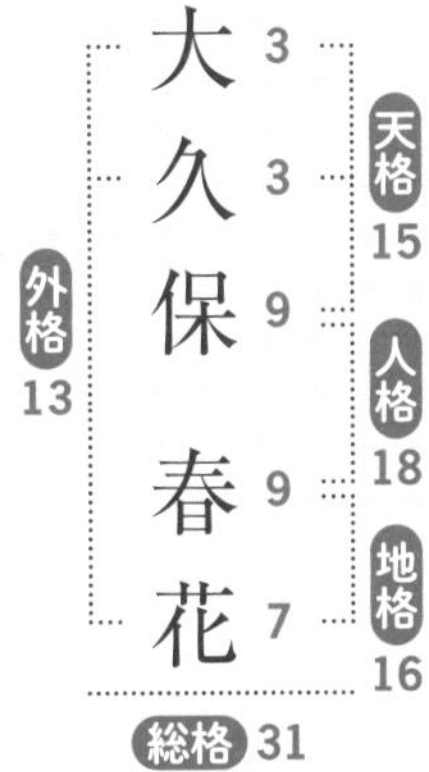

★霊数を加えず、そのまま計算。外格は、姓の1字目・2字目の画数＋名の2字目の画数。

＋1字名

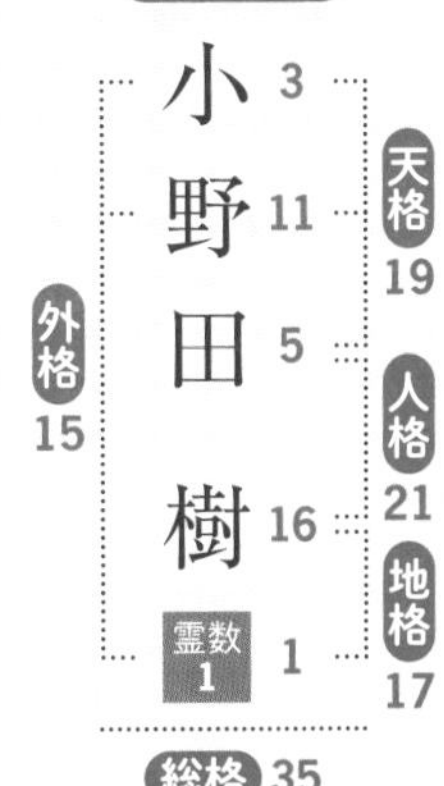

★名に霊数「1」を加える。外格は、姓の1字目・2字目の画数＋霊数「1」。総格は霊数を含めない。

4字姓

＋3字名

★霊数を加えず、そのまま計算。外格は、姓の1字目～3字目の画数＋名の2字目・3字目の画数。

＋2字名

★霊数を加えず、そのまま計算。外格は、姓の1字目～3字目の画数＋名の2字目の画数。

＋1字名

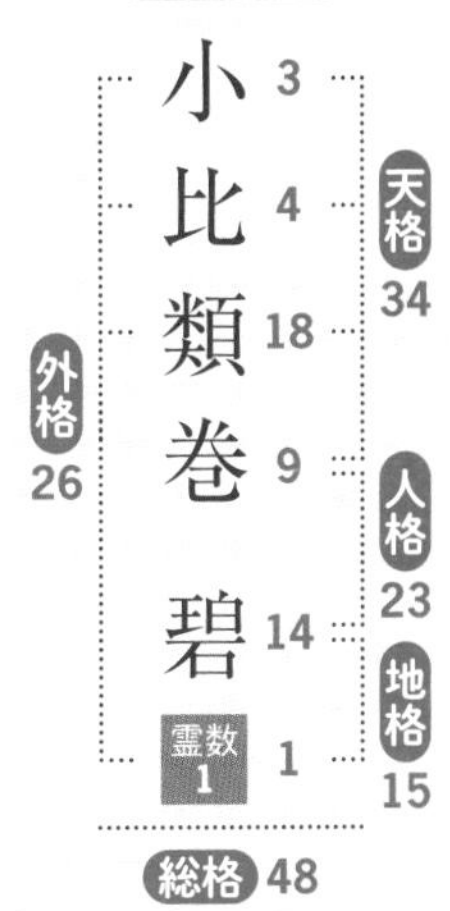

★名に霊数「1」を加える。外格は、姓の1字目～3字目の画数＋霊数「1」。総格に霊数は含めない。

画数の「系列」ごとの特徴を知ろう

下一桁が同じ数字は、似たような特徴がある

数字には、それぞれ特有の力が宿っていて、一つひとつの数字に霊力と意味があるとされます。そのため五格の数字一つひとつに、その子の性格や運勢があらわれるのです。

基本的に、1、11、21など下1桁が同じ場合、似た傾向があります。下1桁が「1」のものを1系列、下2桁が「2」のものを2系列と呼びます。1系列の数字をもつ人は、情熱的で行動的、2系列の人は、繊細と粘り強さをあわせもつという傾向があります。性格や能力の傾向が同じだと、おのずと向いている分野や職業も似てきます。

287～299ページでは1～81までの画数（数字）の特徴と吉凶を、ひとつずつ解説していますが、まずは左の系列ごとの特徴を頭に入れておきましょう。系列ごとの特徴を理解してから個々の数字の解説を読むことで、より理解が深まります。

おもな適職
経営者、自営業、開業医、パイロットキャスター、歌手
看護師、介護士、記者、トレーダー探偵、秘書
教師、保育士、弁護士、科学者、プログラマー
デザイナー、美容師、建築家、広告製作、心理カウンセラー
旅行業、バイヤー、IT関係、外資系銀行員、通訳
福祉関係、公務員、獣医師、お笑い芸人、ゲームクリエイター
映画監督、俳優、シェフ、警察官、学者、スタイリスト
スポーツ選手、ダンサー、消防士、救急救命士、CA
政治家、編集者、医師、薬剤師、パティシエ
芸能人、まんが家、小説家、美容家ベンチャー起業家

系列別に見た特徴

系列	キーワード	特徴
1系列（下1桁が1）	情熱 行動力 リーダー	情熱と行動力があり、明るさと包容力もあります。前向きな気持ちが長所で、リーダーとしての資質がありますが、ワンマンでせっかちになりがちな面もあります。
2系列（下1桁が2）	繊細 交渉能力 粘り強さ	繊細で内面的な美をもっているタイプ。迷いつつ、ときには駆け引きしたり、うまく演じたりして状況を乗り越えようとします。厄難・急変を示唆する数でもあります。
3系列（下1桁が3）	楽観的 快活 見栄っ張り	楽観的で快活な性格。それでいて賢く、事務処理能力も高いので、さまざまな分野で能力を発揮します。見栄っ張りなところや、ときにわがままになるのが、玉にキズ。
4系列（下1桁が4）	責任感 感性 波乱	責任感の強い人です。センスがよく優秀な人材ですが、当たるときは大当たり、はずれるときは大はずれという具合に波があります。健康面にはやや注意が必要な画数です。
5系列（下1桁が5）	前向き 信念	プレッシャーに強く、しっかり仕事をこなすタイプ。信念で行動する人です。主張すべきは主張しますが、人当たりはよいので、人間関係で摩擦を起こすことはありません。
6系列（下1桁が6）	お人よし 明るい あきっぽい	明るく行動的で人当たりがよく、仲間や先輩からかわいがられるタイプ。一方でお人よしな面があり、相手の策に引っかかってしまうこともあります。熱しやすく冷めやすい面も。
7系列（下1桁が7）	信念 頑固 自立心	先を読む感性に優れ、相手の心や本質を見抜きます。欠点は、やや融通がきかないところ。ときには変わり者といわれるぐらいに自分自身の考えに固執するところがあります。
8系列（下1桁が8）	楽天家 短気 わがまま	底抜けに楽天的で、立ち直りが早いのが長所ですが、落ち着きのなさが欠点。気合いで相手を萎縮させ、自分のペースに引き込むことも。わがまま、短気な面も。
9系列（下1桁が9）	感性 複雑	感性が鋭く、頭の回転も速いタイプですが、かなり繊細な人です。強気と弱気が交錯し、運勢にも複雑な要素があり、使用には慎重さが必要です。
0系列（下1桁が0）	個性派 未知数	個性的で大きなパワーを秘めていますが、それは時と場合によって発揮されます。未知数なので十分に注意して扱いたい画数です。積極的に使用しないほうが無難でしょう。

画数の意味と吉凶

数字ごとの特徴を理解しよう

287～299ページでは、1～81までの画数（数字）を1画ずつ解説し、吉凶を示しています。吉凶は、大吉（◎）、吉（○）、小吉（△）、凶（×）の4つに分類しています。ただし、同じ大吉や凶でも、それぞれに特徴があり、吉（よい）、凶（悪い）というだけの単純なものではありません。

たとえば「13」と「18」はどちらも大吉ですが、「13」は頭脳明晰で合理的、かつ行動力や明るさをあわせもつ画数とされ、「18」はエネルギッシュで運動神経抜群、健康・体力面に恵まれる画数とされます。18は考えるよりまず動くタイプでもあります。元気にわんぱくに育ってほしいなら、18を人格や地格に配置するといいかもしれません。

また、リーダーとしての能力が高いのは、11や21などの1系列の画数です。一方、芸術的センスに優れているのは17画や27画です。いずれも美的な表現力や想像力に優れ、独特の感性をもちます。

このように、数字ごとの特徴を知れば、単に名前を吉数にするだけでなく、具体的にこの画数を使って名前を考える、ということも可能です。

4つの格が吉以上なら、十分よい名前

天格を除く4つの格のすべてが「吉（○）」以上であれば、十分吉名です。さらに大吉があれば、より運勢のいい名前だといえます。

なお、△で示している小吉は、「吉凶半々」の画数で、マイナス面もありますが、プラス面も多い画数です。プラス面が伸びるか、マイナス面が伸びるかは、本人の努力と環境次第といえます。五格の中に、ひとつかふたつ小吉（△）があっても、ほかの格に大吉を入れてバランスを取れば、よい運勢の名前になることもあります。

吉名にこだわるあまり、読みやすさや書きやすさを無視したり、パパ・ママの思いとは違う名前にするのは本末転倒。大事なのは、パパもママも子どもも皆が気に入る名前をつけることです。

画数別 吉凶と運勢

マークの見方

◎＝大吉　＝吉

△＝小吉（吉凶半々）　×＝凶

＊82以上の数は、その数から81を引いた数で見ます。82の場合は１を、83の場合は２を、それぞれ見てください。

1

正義
実行力
富貴繁栄

1はすべての始まりの数で、富貴繁栄に至る最高級の基本数。正義感と実行力をもち、名誉、幸福を得て、健康長寿で、晩年に至るまで安泰です。ただし、姓名判断では霊数をカウントするため、1になる人は実際には現れません。1の特徴を得るには､総画数などを「82」にする必要があり、残念ながら現実的には、この最大吉祥の画数を名前に取り入れるのは難しいといえます。

2

共感性
思いやり
厄難、急変

2は、女性的なエネルギーをもつ数です。共感性があり、思いやりがありますが、それゆえにストレスをためやすく、健康面でやや不安があります。マイナス思考になると中途半端に挫折してしまうことも。厄難、急変の数とされていますが、2画のもつ奥深い心づかいの運を逆手にとり、その宿命をおおいに活用すれば、逆境を乗り切り歴史に名を残すチャンスをつかむ可能性も。

3

創造的
ユーモアセンス
初志貫徹

3は、新しい創造の力をもっている数です。経済的にも恵まれ、健康運もあります。性格的には、積極的で、明るくユーモアのセンスがあり､人間関係は良好です｡頭の回転もよく、コミュニケーション能力に長けていて、周囲の注目を集める人になるでしょう。また、初志貫徹の人でもあります｡反面､目立ちたがり、出しゃばりなところもあるので、その点は注意が必要でしょう。

4

繊細かつ大胆
正直
健康注意

繊細さと大胆さをあわせもち、卓越した感性と、物事を動かし変化させるパワーがあります。しかし、そのぶん運勢は波乱含み。何事にも徹底的で正直。それゆえ周囲との摩擦や誤解を生むことも。健康管理にも注意が必要な画数です。なかには困難を乗り越えて発展する人もいますが、前向きな気力がなく不満や不平ばかりだと、ささいなことで転職や生活基盤をコロコロと変える人生になります。

5

国際的な活躍
話術の才能
好奇心旺盛

仏教で万物をつくる要素とされる「五大」（地・水・火、風・空）に象徴されるように、5は一切のものを表す数。なんでも思い通り、意のまま自由自在に動き回り、国際的な活躍も期待できる数です。話術の才能も抜群で、だれとでもうまくつきあえる能力に長けています。家庭運、金運、健康運、いずれも良好。好奇心旺盛で、つねに刺激を求めるタイプなので、地味な暮らしは苦手でしょう。

6 ◎

明るく誠実
責任感
人気者

6は、仏教用語の六根清浄（ろっこんしょうじょう）や六道（ろくどう）などに象徴されるように、人間的成熟のエネルギーをあらわします。人の中心となるエネルギーがあり、人気者の宿命数です。明るく誠実、親切で、責任感もあるので、人々から信頼されます。他人の世話を楽しむことのできる人です。健康運、家庭運、対人運にも恵まれるでしょう。しかし、その幸運にあぐらをかいたり、八方美人になったりすると、せっかくの運勢を台無しにします。

7 ○

思慮深い
率直
個人主義

北斗七星、七宝、七音階、七賢など、7はバランスの美や、強い完成のエネルギーの象徴。知的で思慮深く、分析力もあることから、ものの道理や真実を見極めることができます。また、それを率直に述べるタイプです。将来は、自営、フリーランスの仕事をする傾向があり、独立独歩で人生を成功へと導くでしょう。反面、個人主義で、協調性にやや欠ける面があります。

8 

生命力
健康運
実用的思考

8は生命力がありあまる無限の数。健康に恵まれ、活動的エネルギーが高く、運動神経のよい人が多いでしょう。明るく前向き、かつ論理的で積極的です。実用的な思考をもち、精神的にタフで、しっかり未来を描ける人が多いでしょう。勤勉で自分が信じたこだわりを最後まで貫くので、起業家もしくは管理職として成功するタイプです。しかし、ときにその迫力が、周囲に威圧的な印象を与えることも。

9 △

繊細かつ寛大
技術職・研究職
神経質

9は、最後の引き締めの数、あるいは要となる数といえます。知性があり、繊細かつ寛大な性質。また視野が広く、頭脳明晰で、創造的才能も発達します。技術や研究分野で卓越した人が多いですが、切れ味シャープで聡明なので、芸術分野での活躍も。一方、鋭敏で敏感であるゆえ神経質な人が多く、ストレスを抱えやすい面も。そのため健康や事故などに注意が必要な画数ともいわれます。

10 ×

独立心旺盛
ユニーク
家庭の波乱

最高級の運勢をもつ1と、個性的でも運勢は未知数の0の組み合わせ。10画は頭脳数ともいわれ、識別力、判断力、思考力が高く、さらには独立心旺盛でユニークな性質をもつため、偉業を成し遂げる人もいます。しかし、0がもつ、危険と隣あわせのスリリングな面が出ると、トラブル続きの波乱の人生になる可能性も。自分の個性をよい方向に育てることが、成功への道。

11 ◎

人望
リーダー
再起

11は、才覚と人望と強運の数。繊細かつ直感的、また感受性が豊かで思いやり深く、デリケートでありながら行動は大胆です。有能なリーダーとしての資質があり、文武両道に秀でた人望厚いリーダーとなるでしょう。なにかの拍子に失敗したり不運になったりしても、周囲の援助やその直感力で立ち直ることができます。ただし、他人から利用されやすい一面もあるので、その点には注意が必要。

12 △

駆け引き上手
調整能力
ミステリアス

太っ腹で肝がすわっていて、緻密で駆け引き上手。さらに相手の心理を察する能力にも長けていて、対人関係の調整などが得意なタイプ。どこかミステリアスな雰囲気もあり、政治家や評論家などに向いています。一方で、家族など身近なところでの関係づくりは苦手な場合も。子どものころの親密なかかわりが重要。家族や教師、友人に恵まれるかどうかが、将来に大きく影響しやすい数です。

13 ◎

知恵
行動力
ひたむき

十三参り（知恵参り）、に象徴されるように、13は福徳、智恵を象徴する数です。頭脳明晰で、好機をとらえ、行動力もあり、富貴繁栄に至るプロセスを備えた数です。また、勤勉であることの価値を知っていて、忍耐でコツコツと積み上げ規律を守るので、相談者や問題解決者としては素晴らしく有能です。まじめで熱心で一途なひたむきさがあり、豊かな人脈に恵まれるでしょう。

鋭い感性
雄弁
強引

鋭い感性や発想力、分析力があります。雄弁でカリスマ性のある人が多く、人を惹きつけます。しかし、強引な性格で他人の意見を軽視するところがあり、ときに感情を爆発させて周囲とギクシャクしてしまうことも。孤独になりがちで、精神的にも経済的にも波があり、健康管理も注意が必要です。この画数は、ほかの格に大吉の画数を配してバランスをよくすると、大人物となる可能性もあります。

出世運
人間関係良好
世界で活躍

情に厚く、明るく活動的で、人を惹きつける魅力があります。世渡り上手なところや出世運も加わって、いろいろな方面で豊かな才能を発揮します。人間関係も円滑で、特に先輩や上司から引き立てられます。独立心の1と、自由を愛する5の組み合わせなので、実業家として成功をおさめたり、家を離れて、世界を舞台に活躍する可能性も。家族との関係をおろそかにしないことが、成功のカギ。

楽しみ、喜び
度量あり
サービス精神

16は、やわらぎ、楽しみ、喜びのエネルギーをもち、ほかの格に凶運の数があっても、吉に変えてしまう強運の画数。心が広く、度量があり、温厚・誠実で、細やかな気配りもできるため、人を惹きつけます。また、楽しさを提供するサービス精神があり、公平でバランスのよい考えができる人です。チャンスをものにして組織の頂点に立ったり、自分の力で起業したりして大成功するでしょう。

信念
美的センス
世渡り下手

信念と独立心、また伝統的習慣に敬意を示す人です。また素晴らしい美的センスがあり、自分の感性を大切にします。他人に口を挟ませない強情さがありますが、困難には果敢に立ち向かい、情熱で理想や目標を達成します。医者や弁護士など、公平無私の優れた意思決定者になれる数です。ただし、世渡り下手でお金にも執着しないため、得たお金は人助けに使って自分は貧乏生活ということも。

18 ◎

アクティブ
スポーツ万能
お節介

18は、活動力の最も高い画数。陽気で人情に厚く、ブルドーザーのように人生の困難に立ち向かいます。強靭な身体と集中力、精神力に恵まれ、スポーツ分野で名を上げる人も多いでしょう。チャレンジ精神旺盛で、考えるよりまず行動の人です。臨機応変、柔軟な対応はやや苦手です。それでいてお節介好きなところがあり、よかれと思って行動したことが、ときにはトラブルをまねくことも。

19 △

優美な知性
芸能・文学の才能
困難・試練

素晴らしく優美な知性と能力をもち、広い大地のような心の豊さで、芸能や文学の世界の著名人、有名な料理人、あるいは人格者タイプの経営者など、センスを必要とする仕事のトップとして大成する人もいます。しかし、ストレスをためやすく、困難や試練の多い画数でもあります。天才的才能があだとなり、挫折してしまう人も。幸運を導くには、他格に大吉の画数を配置する必要があるでしょう。

20 ×

精神的
観察眼
分裂・破壊

物質より精神的なことを優先しやすいタイプ。事故やトラブルにあいやすく、使用してはいけない画数ともいわれますが、それは本質を見抜くがゆえ。観察眼が鋭く、普通の人が見抜けない点まで見抜く能力があり、ときに分裂や破壊へと導いてしまうからです。現実には経済界や芸能界などにその名を残す人もいます。また、共感力が高く、カウンセラーなどに向いています。

21 ○

正義感
好奇心
アグレッシブ

正義感があり、精力的で積極的。実力者として君臨する画数。多少の苦労などものともせず、着実に昇進し、トップを目指します。知的好奇心や、さまざまなものへの興味が強く、それが多角的な才能を開花させることにつながります。生活力もあり、収入は安定するでしょう。他人に頼らず、自力で自分の信じる道を歩み、チャンスをものにして繁栄します。恋愛にも積極的なタイプが多いでしょう。

22 △

繊細
直感的
カリスマ性

非常に繊細で直感的な性質の人が多い画数です。一方で、常識では実現不可能な考えを実現可能にするパワーがあり、カリスマ性のある人物にも多く見られます。よく学び、論理的思考の骨組みがしっかりすれば、持ち前の繊細さと直観力があいまって洞察力がさえわたり、大きなプロジェクトも貫徹できる大物となれます。ただし、世の中を甘く考え、努力を怠ると、災難が訪れる可能性も。

23 ◎

企画力
一匹狼
強運

学習能力が高く、堅実な気質をもつので、学問、技術・技能などを着実に身に着けます。そのうえ個性的な分析力や企画力があり、将来への展望も明解。一匹狼で、組織におさまることはなく、自ら先頭に立って行動します。雑草のようなたくましさもあり、踏まれても叩かれても、目的を達成できるでしょう。あまりに強運で、女性には不向きという考え方もありますが、21世紀の女性には使用したい画数です。

美的な表現力
情熱的
頑固・偏屈

頭がよく、美的な表現力、想像力、審美眼がずば抜けていて、情熱的、先鋭的な人です。直感と記憶力に優れ、芸術性かつ創造性をもちあわせ、文芸的才能の鋭い優秀な人に多い画数です。一方で、頑固で偏屈、自尊心が強く、批判的な気質になりやすいので、損をすることも。7の分析力と2の直感力を生かすと情熱のプロフェッショナルとして、大きな仕事や芸術家として世界に名を残す人物に。

好奇心
行動力
波乱運

やりすぎるぐらいの強いエネルギーと好奇心、行動力があり、どこか安定よりアンバランスを好む人です。そのため、いい意味でも悪い意味でも、希有な経験をしやすい不安定な画数といえます。努力を忘れ、自分勝手な性格に育つと波乱含みの人生に。ただし、もともと勤勉で努力家ではあるので、ほかの格に大吉を入れることで、目的を成し遂げる強い意志が加わり、人生を好転に導く可能性が出てきます。

知性と行動力
発想力
金運・健康運

知性と行動力が結合した画数。将棋の数十手先を読むような知力と、素晴らしい発想と周囲への配慮もあり、夢や目標を掲げて行動します。政治家や実業家などの地位をつかむ人も多く、金運、健康運にも恵まれます。ただし、権力志向が強すぎると敵をつくる可能性も。謙虚さを忘れず、おごらない姿勢が大切です。ピュアで温かい心をもっているので、心理カウンセラーなどにも向いています。

24 ◎

家庭的
おおらか
金運・健康運

24は、末広がりの意味をもつ8の3倍で、4系列最大の吉数です。信用・信頼される知性や先見性が育つ画数で、感性のよさに勤勉さや思慮深さが加わり、少々の困難も克服する人物となります。倹約家で、合理的な性格ですから、お金は自然に貯まります。健康運も吉。おおらかで家庭的、人助けの精神とサービス精神があふれる人です。しかし、過剰な人助けや他人の人生へ干渉しすぎないよう注意を。

25 ○

公平無私
観察眼
学者肌

純粋で、素直な人格、欲望に振り回されることなく公平無私、温厚で落ち着いた雰囲気が周囲の信頼を得ます。また、道理を大切にする才知と感性、鋭い観察眼をもち、的確な判断力で頭角を現します。心理学や哲学などに造詣の深い人が多く、理想と自由を愛する生来の学者肌。学問、技芸に優れた才能を発揮するでしょう。おとなしそうに見えて強情な面もあります。

特異な才能
カリスマ性
義侠心

特異な才能があり、大きな仕事を成功させたり、たぐいまれな業績を上げる画数です。博学でカリスマ性があり、経営力にも秀でています。しかし、強きをくじき、弱きを助ける義侠心の強さが、人によっては波乱の引き金に。人を助けようとするあまり、自分が損をしたり、危険な目にあったりするのです。弁護士や医師や警察官など、社会正義の場面で能力を発揮すれば大成功します。

30

目立ちたがり
ひらめき
行動力

天性のエンターテイナーで、人に注目されることが大好き。芸術的・創造的才能があり、可能性やひらめきにかけて、思い切りよく行動するタイプです。それがよい方向に向けば、先進的クリエーターとして、夢や理想を現実にすべく突き進みます。しかし、ばくち的傾向にスリルと快感を覚えてそれで生きていけると過信すると、大きなトラブルに発展し転落する可能性も高い画数です。

31

リーダー
情に厚い
幸運

「知・仁・勇」を備えたリーダーとしての大吉の画数。幸運と人から尊敬される影響力に恵まれ、手堅い生き方と行動力で成功が約束された画数ともいえます。おだやかで情に厚く、統率能力もあります。人を惹きつける魅力があり、人間関係は円滑です。一方で、その魅力が恋愛トラブルを招くことも。思い上がらず精進すれば、仕事もプライベートも充実した人生を送れるでしょう。

32

平穏無事
棚からぼた餅
創意工夫

先祖などの得分があり、平穏無事を得られる画数。本人は繊細で迷っていても、周囲がその内面に気づくことは少なく、人を惹きつける魅力で自然と乗り越えていきます。「棚からぼた餅」運があり、チャンスと好都合を引き寄せられます。また、発明・発見、創意工夫の才能もあり、日ごろから精進すれば、運気上昇の波に乗れるでしょう。ただし調子にのりすぎると甘い誘惑にだまされ失敗することも。

33

最強の画数
正義感・信念
決断力・行動力

最強の画数といわれる数です。いかなる困難も乗り越えられる器の大きさと、度胸、精神力、正義感、信念、決断力、行動力があります。権力志向の画数ともいえ、政界・財界・学界のトップで裁量をふれる資質もあります。情熱的で、積極性、創造性も兼ね備えていますが、一方で頑固で融通の利かない面もあります。自信過剰になって暴君と化すと、転落する可能性もゼロではありません。

34

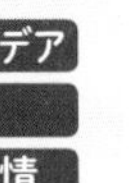

奇抜なアイデア
孤立
傲慢、強情

普通では考えられないアイデアや奇抜な着想の持ち主ですが、傲慢、強情になりやすく、自分の力を過信する傾向があります。青年期より頭角を現す人も多いのですが、長くは続きません。人間関係に摩擦が起きやすく、晩年は孤立しがちです。鋭い洞察力と知性を発揮し、現状の権威・制度を破壊して新しい時代を創造しようという気概があれば、大成功をおさめる可能性も。

35

道徳的感覚
温和
学者肌

道徳的感覚が高く、正邪善悪をバランスよく判断できます。また、すべてのものに温かい心を注ぐような、とても優しい人です。反面、強い競争心や闘争力、アグレッシブさには欠けますが、一歩一歩確実にステップアップしていきます。美的センスがあり、状況把握や判断力、分析力にも秀でているので、文学界、思想家、宗教哲学、建築芸術、工芸家などの世界でリーダーシップを発揮する可能性も。

36 △

世話好き
人望
強情・短気

親分肌で、義理人情に厚く、世話好き。仲間を大切にするので人気もあり、頼りにされます。しかし、義侠心に支配され、親分肌も極端になりすぎると、波瀾万丈の人生に。強情で短気な性格、また思い込みが多く、早合点しがちなため、それが元でトラブルに巻き込まれたり、孤立したりすることも。冷静さと忍耐力を養えば、社会福祉家や政治家などで大成する可能性もあるでしょう。

37 ◎

調整力
信念
誠実かつ柔軟

秩序正しく物事を整える、調整のセンスが高い画数。かつ信念が強く、よい意味で頑固。仕事や努力を苦とは思わず、むしろ楽しめる人です。誠実で、柔軟性も備えているので、信望を集められます。その性格・能力から、社会では何かのパイプ役や中心的な存在として活躍するでしょう。人の下につくのは苦手なタイプです。自営業や起業家、あるいは教育者や法律家などに向いているでしょう。

38 ○

のんびり
明るく温厚
優雅

のんびりとしていて、こだわりすぎないタイプ。温厚で明るく正直なので、人から信用され協力を得られる吉数です。一方で気の弱い面が出ると、競争社会で損な役回りを押しつけられ、人を信用できなくなることも。ただし、そうした人生経験をバネに、文芸の世界などで素晴らしい功績を残す人もいます。女性にとっては女性性が強調され、モデルや美容家などに向く画数でもあります。

39 ◎

度胸・悠然
闘志
成功運

損得抜きの度胸がすわった大胆さと、内面に炎のような闘志をもち、危機的状況や大きなピンチから逆転満塁ホームランを打つような、劇的成功運の大吉画数です。スケールの大きい発想ができ、悠然としていて小事にこだわらない人柄。感性のよさと頭の回転のよさも加わって、地位、財産、家庭、健康にも恵まれます。しかし、うぬぼれて場当たり的な行動をとると、転落の危険も。

40 △

合理性
聡明な頭脳
精神的強さ

存在感をアピールして、人生を思うがままに生きようとするのが特徴です。負けん気が強く、人情よりも合理性優先。緻密な計算力と聡明な頭脳をもち、尻込みせずに勝負に挑む気力があるので、かなりの偉業もなし得る精神力の強さがあります。しかし、力づくのことが多いので人望は得られにくいでしょう。注意しないと、その自己顕示欲から極端な虚栄心をもちやすく、油断して失敗しがちです。

41 ◎

リーダー
度胸
健康運

最高のリーダー運。人柄や思慮の奥深さ、度量の大きさを兼ね備え、超大物となる可能性が高い画数。度胸と知力と人望を得て、経営者や組織の頂点に立つ素質があります。目的達成のためには、くじけない気持ちと奉仕と自己犠牲を惜しまないので、若いうちに頭角を現せなくても、中年以降に頭角を現すでしょう。恵まれた健康運を大切に、積極的に行動することが、成功のカギです。

45

先祖の守り
頼もしい
名誉・財運

45は、器用で明るく、頼もしい人物になる画数。芯の強さと行動するエネルギーでチャンスをものにして、夢を実現することができます。適応力と意志力、先見性、行動力を兼ね備えているので、目標を明確にすればするほど、順風満帆に名誉・財産・成功を得られます。人も物も集まり繁盛する、先祖の守りがあるとされる数でもあり、ステキな相手とめぐり合える確率も高い画数です。

46

おしゃれ
アイデアマン
世話好き

美しく新しいものが大好き。おしゃれで洗練された感覚をもっているので、それが職業などに生かされると、チャレンジ精神あふれるアイデアマンとして才覚を発揮します。自営業向きです。性格は、お人よしで世話好きな性分。明るい上昇志向人間なので、多くの人に愛されますが、お人よしであるがゆえに周囲に振り回され、破産の憂き目にあうことも。適度な警戒心をもつことが大事です。

47

家庭運
意志が強い
慎重

家運が隆盛となる画数で、子々孫々までその恩恵が施されます。個人でも成功し、組織の中から協力者を得て、より大きな成功が得られるでしょう。努力家で忍耐力があり正直な人柄。いつも悠然とかまえ、周囲から信頼されます。意志は強いのですが、強情とならず、慎重。お金に執着せず、心を大切にします。言葉には注意して、苦労あれば成功すると自覚していれば大吉の画数です。

42

職人気質
お人よし
凝り性

倫理的で器用、人を喜ばせることが好きな職人気質の善人タイプの画数。一方で実力がないまま何でも引き受けてしまうお人よしな面があり、それで結果を出せず信用を落としてしまうことも。しかし、他人と違う発想や戦略を立てる能力があり、凝り性な面をプラスに生かせば、大成功します。評判を気にしすぎて失敗することがあるので、明鏡止水の心境で人格を磨くことが、幸せのカギ。

43

頭脳明晰
気苦労
意志が弱い

鋭い頭脳をもち、技量、力量などに恵まれます。一方で正義感が強すぎたり、感傷的になりやすかったりして、気苦労が多く、運勢が一定しません。意志の弱いところがあり、物事を途中で終わらせてしまうことも多いでしょう。成功すると今度は自分にこだわりすぎて他人の意見を聞かず、孤立しがちです。中年を過ぎて不遇となる傾向もあるので、我を張らず他人の意見に耳を傾けることが大切。

44

話し上手
独創的
論理的

鋭敏な頭の働きをする人が多く、話し上手。優れた思いつきや直感で才能を発揮できる画数です。型にはまるのをよしとせず、発想が独創的で思慮深く、論理的であるため、発明家など、偉人も輩出しています。周囲を巻き込む力もあり人々の気持ちを惹きつけますが、その才能や人間的な魅力を私欲や犯罪などの悪い方向で発揮してしまう人物も。健康管理には無頓着な面があるので、その点も注意。

48

上品・優美
処理能力
公平

人を惹きつける柔和で道徳心ある態度と、上品さと優美さをもっています。行動力もあり、知的でよく学ぶので、豊かな才能を備えます。くわえて処理能力や計画性があり、謙虚な気配りや公平な判断もできる人です。向上心をもって努力し実力をたくわえれば、中年以降それが開花し、晩年安泰。人を育てたり成長の応援をしたりすることも上手で、そのことが自身の幸運にもつながるでしょう。

49

生真面目
融通がきかない
極端

ジェットコースターのような極端な大成功と大失敗があり得る画数です。生真面目で、世間の目を気にしすぎたり、強情で融通が利かない面があります。それでも吉運をもつ協力者や配偶者を得られれば、安定した状態を保てます。社会愛を理想としていれば、歴史に名を残す可能性も。逆に、自己中心的で金の亡者になってしまったり、何にでも首をつっこむと、大損をして財産を失う場合もあります。

50

若年運
夢想家
後年失墜

夢想家で、ときにすっとんきょうなことを言ったり変わった行動をしたりして、周囲をおどろかせます。早いうちに成功を手にする人も多いのですが、安心すると他力本願になり、虚勢を張るばかりで首尾一貫しない生き方となり、信用を失います。晩年にかけて運気も消耗していくでしょう。才能にあぐらをかかず、自分の力で堅実に生きることを心がけるべきでしょう。

分析力
あまのじゃく
一進一退の人生

努力家で、トレンドをキャッチする能力や分析能力に長けます。性格的には、片意地を張ったり、あまのじゃくな面があったりするので、周囲からは扱いにくい人と思われることも。1系列の中では周囲の変化に左右されやすく、浮き沈みが現れやすい画数。一進一退の人生ですが、幸運のチャンスも多いので、チャンスのときはしっかり意思表示をして、幸運をモノにするよう努力することが大切。

交渉能力
先見の明
財運

52は、2系列最高の大吉画数です。交渉能力や駆け引きのうまさ、粘り強さのほか、推察力もあり、相手の心中や事情から問題を察知する能力に長けます。また、ひらめきや、先見の明があり、緻密な戦略と素晴らしい処理能力で、ゼロから大事業を成し遂げるアイデアマンかつ実力者になります。財運もあり、思いがけず大金を得ることもありますが、努力しないと低迷する人も。

53

家庭的
憎めない
風見鶏

明るく楽しく生活したい家庭的な人に向いている画数です。ただ、ラクをしすぎる傾向にあるので、何事も一つひとつ着実に片づけるように心がけることが大事。人柄がよく、職場でも信用を得て活躍できますが、八方美人になりすぎると優柔不断と思われることも。野心を抱いて無理をしたり、世間体に気を取られた行動をすると凶となります。ほかの格に吉数を2つ以上配せば、大吉に好転します。

57

困難を克服
公平
クリエイティブ

災い転じて福となす画数です。努力して困難に打ち勝つ能力に最も優れた画数のため、困難にあっても、それを教訓として克服し、素晴らしい人生を送れます。公平の精神があり、多くの人々にも信頼されるでしょう。強い情熱と意志で運勢を切り開き、晩年は生き方も財産も安定します。クリエイティブな才能があり、学問、文芸、美術の分野で傑出した人物になるでしょう。

58

強い意志
アグレッシブ
浪費

理想のサクセスストーリーを得られる画数です。人生にステキなドラマがあり、苦労や困難を乗り越えることによって、大人物となるような生き方をする傾向があります。アグレッシブで、強い意志と持久力があり、困難がふりかかっても、冷静にはねのけて富貴繁栄に至ります。若いうちは金銭に恵まれないこともありますが、努力の末、成功します。浪費の傾向があるので、その点は注意が必要。

59

人生に波
苦労人
遅咲き

その時々によって運勢に波があり、ドラマチックな人生になる傾向があります。若いころにとても苦労したり、逆にそれほど努力せずになりゆきで成功を得たりする可能性もあります。ただし、なりゆきで得た成功を永続きさせることは難しいでしょう。友人やよい師との出会いを大切にすることで人間的に成長し、また、本人が忍耐力をもって最大限に努力することで、運が開けてくるでしょう。

54

出しゃばり
空気が読めない
慎重で強情

独特な個性を全面に打ち出そうとするエネルギーをもっていますが、その力を上手に使わないと支障の多い人生になります。悪気はないのですが、出しゃばりでいろいろなことに首をつっこみすぎてしまいます。いわゆる、空気を読めないタイプです。また、慎重なようで強情で、気配りをするようで独断的など、チグハグな性格になりやすい傾向も。健康や事故にも注意しなければならない画数です。

55

冒険心
責任感
人生に波

冒険心と責任感をあわせもつ画数。そのために急上昇したかと思えば急降下したりと波が出やすい運勢です。一時的に大成功の可能性もありますが、冒険心で大きな賭けに出たりすると破産の憂き目にあうことも。健康運、家庭運に注意が必要な画数でもあります。他の格に吉数の組み合わせがあれば、5系列の前向きな信念が活き、強い意志で歴史にその名を残します。

56

平和主義
保守的
とらえどころがない

よくいえば、争いやいさかいを好まない平和主義者ですが、決断力と勇気に乏しく、守りに入りすぎるために疑い深く、チャンスも利益も逃してしまいます。目標があいまいでいると、さまよう人生となりやすいでしょう。保守的でありながら、放浪癖もあり、とらえどころのない独特なタイプでもあります。困難に負けず、前進する心意気があれば、凶運をはねのけることができます。

60 ×

疑心暗鬼
ストレス
理想家

各分野で実務的能力を発揮しますが、心の中に疑心暗鬼が起きやすく、常に動揺しています。何事にも否定的な前提で取り組むので、気苦労が絶えません。そのためストレスがたまり、場合によっては賭け事に手を出したり、健康に支障をきたしたりすることも。理想家で妥協しない面もあり、人間関係でも神経をすり減らします。名づけの使用には十分な注意が必要な画数です。

61 ○

度胸がある
うぬぼれ
個性的

チャレンジ精神が旺盛で、強いメンタルの持ち主。度胸のある人です。富貴繁栄の画数ではありますが、最大の欠点はうぬぼれてしまうことです。それが原因で周囲の反感を買って、問題の渦中に身を置いてしまうことがあるかもしれません。また、個性が強く、周囲からは変わり者扱いされることも。謙虚をモットーにすれば、本来の吉数の運で大吉運を得られるでしょう。晩年は幸運に恵まれます。

楽観的
前向き
アバウト

人柄がよく、何事にも前向きで、先駆者、開拓者の画数。しかし、動機は善意でも、楽観的で物事を深く考えないで行動することから、行き違いや誤解が発生しやすい面があります。なかなか信用が得られないため、目的を達成することができず、何をやっても中途半端になる場合も。運勢を上昇させるには、持ち前の社交性を生かしつつ、慎重な行動を心がけ、初志貫徹する粘り強さが必要になります。

明るい人気者
順風満帆
おしゃべり

太陽のような魅力で人を惹きつけるのが特長で、自然に物事がまとまっていき、邪魔も入らず、順風満帆に人生を過ごすことができます。おしゃべりでお調子者なところもありますが、周囲にはさわやかな印象を与え、それに癒される人も多く、みんなから好かれます。結婚後は、夫婦円満で、子どもにも財産や伝統を伝えることができるでしょう。少し人の目を気にしがちなところがあります。

しゃれっ気
自己顕示欲
波瀾万丈

最新情報に精通していて、ウィットに富んでいて、しゃれっ気もあります。一方で、とても自己顕示欲が強い画数です。人徳が備わる環境で育った人は、よい意味で存在感のある芸術家などになりますが、人徳がないと浮き沈みが激しく、波瀾万丈の人生に。無意識に嘘をついたり、小さなことにクヨクヨしたりしがちで、浪費癖もあります。そのため、周囲の信用を得られず、恋愛運もついていません。

意欲的
負けず嫌い
成功運

頭脳明晰で、困難に屈しない強い意志と決断力を持ち、さらに本来の強運から、万難を排して目的を達成することもできる運勢をもちます。また、ユニークな発想力や、先取りの気性に富み、これらの能力から、事業で大成功し、その富は子々孫々まで継承されるでしょう。ただし、意欲的で負けず嫌いなところが強く出すぎると、失敗することも。謙虚さや協調性を備えることが大事です。

66

図太く大胆
想像力豊か

少々のことには動じない図太い精神が特色。人柄がよく、にくめないタイプですが、細やかさに欠ける面が災いし、家庭でも仕事先でもトラブルが多くなりがちです。想像力豊かで野心があり、いつも大きな夢を抱きますが、うまくいかずに落ち込むこともしばしば。

67

努力家
対人運・結婚運

7系列の中では最も人間関係が円滑に運ぶ画数。そのうえ努力家なので、目上の人にかわいがられ、何事もうまく運び成就する大吉運です。あくせくしなくても、優雅に成功を得られるでしょう。ただし、高望みしすぎると、周囲からねたまれ失敗します。

68

発明の才能
おおらか

想像力を創造力に変えて行動できる人です。思慮深く、意志が強く、勤勉で堅実ですから、着実に発展していき、成果を上げます。天才肌で、発明、工夫の才能に恵まれるでしょう。性格はおおらかで、損得勘定がないため、だれからも愛されます。

69

お人よし
余計な苦労

災難にあいやすく、病弱な傾向もあり、名前には不向きな画数とされます。お人よしで、他人の嘘を信じやすいところが欠点。人は悪くはないのですが、意欲に欠け、愚痴が多いでしょう。正直すぎるところもあり、それが元で余計な苦労やトラブルを引き込みがちです。

70

慎重
意固地

些細なことまで気にかけるタイプで、注意しないと石橋を叩きすぎて壊してしまう宿命数です。そのため、物事がまとまりにくく、壊れやすい運勢となるでしょう。才能はあるのですが、煙たがられることも。そうした状況から性格も意固地になりやすいタイプです。

71

上昇運
行動力

目覚ましい上昇運のある画数。持ち前の意欲と行動力で目的に向かって歩み、安定を得ます。多少は実力が不足したとしても、強い吉運が後押ししてくれます。野心や野望に心の磁石を狂わされなければ、大成功を手に入れることができるでしょう。

72

理解力
やせがまん

共感力、理解力があり、周囲に対して気配りができる人。しかし、やせがまんをするところがあり、一見裕福そうに見えて、実は家計は火の車だったり、健康そうに見えて、実は体が弱かったり。そうした弱点から失敗することも。ほかの格に吉数を配置するとよいでしょう。

73

面倒見がいい
家庭運

私欲を出さないことで人が集まり、ゆくゆくは成功する画数。実行力にやや欠けますが、誠実で正直な生活を続けていれば、目上の人から引き立てられるでしょう。中年以降は面倒見のよさから人望が集まります。家族運に恵まれ、老後も安定した生活が送れます。

74 △

芸術センス
楽天的・のんき

芸術関係に巧みで、仕事を処理する能力もありますが、要領よくこなしてラクをしたい気持ちが同居しています。しかし、元来の楽天的思考とのんきさで、周囲におんぶに抱っこで親や友人たちからうとまれても、それを意に介さず、大物になる人も。

75 ○

伝統・保守
晩年安定

新しいものよりも古いものや伝統を大切にします。地道に努力すれば運気は安定し、おだやかな幸せを得られるでしょう。逆に、変わったことをしようとすると、凶運を招きます。ただし、一度は不遇になっても、本来の守りに徹すれば挽回でき、晩年は安定します。

76 ×

表現下手
対人関係注意

表現下手で大雑把、それでいてばか正直なタイプ。思慮深さに欠け、性格もいじけていて、仲間と協調できず孤立しがちです。生まれた環境に大きく左右される画数で、周囲の人たちとおだやかに譲り合う気持ちがあれば平和な人生を送れるでしょう。

77 ○

気骨
中年以降安定

味のある人に多い画数で、気骨ある人物になります。目上の人にかわいがられ成功をおさめますが、気を許しすぎると失敗します。常に誠意ある言動を心がけ、困難に負けない強い意志をもって事に当たれば、人望を得て幸せになれます。中年以降に運気が安定します。

78 ○

知能と努力
自信家

目的意識をしっかりともち、何事も苦労をいとわない人です。その優れた知能と努力によって若いうちに成功しますが、自信過剰におちいってしまうと、周囲からは「高慢な奴」と嫌われることもあります。謙虚、誠実を心がけることが大切。

79 △

夢想家
お人よし

常識にとらわれない風変わりな性格・行動をする夢想家の数です。想像力や直感力に優れていますが、人に利用されやすく、精神的に不安定になる要素もあるので、注意が必要です。想像力を現実に昇華させることができれば、芸術面などで道が開けます。

80 △

感受性豊か
災難・病気

感受性豊かでチャーミングな人です。しかし、人生は災難、病気の連続で、苦労する一生になることも。その不遇から不平不満がつのり、人生から逃避したくなりますが、不平を言わずに控えめな生活をすれば、静かで落ち着いた人生が送れます。

81 ◎

完全無欠
すべての幸運

81は、9と9の乗数で、最大吉数です。物事が完成する完全無欠の数で、見事な結果となるでしょう。1画と同様、幸福、名誉、富貴、健康、長寿など、すべての幸運を備えます。しかし、最大吉数にあぐらをかき不誠実に生きると、せっかくの吉運もむだになります。

「五行」を理解すれば吉数の幅が広がる

「五行」の相関関係

木 1・2
火 3・4
土 5・6
金 7・8
水 9・0

相生関係（そうしょう） 調和する関係。たがいに助け合い、プラスにはたらく相性のよい組み合わせ。

相剋関係（そうこく） 不調和の関係。反発し合い、マイナスにはたらくことの多い組み合わせ。ただし、「木→土」は、それほど悪い組み合わせではない。

比和（ひわ） 木と木のように、同じものの組み合わせ。それぞれのエネルギーを盛んにしてプラスにはたらく場合と、火と火のように燃えすぎると弊害もあり、マイナスにはたらく場合がある。

5つの元素の相関関係で占う

姓名判断には、「五格」以外にもさまざまな方法があり、その中のひとつに「五行」による姓名判断があります。

「五行」とは、地球上のあらゆるものは、火・水・木・金・土の5つの元素のいずれかに属し、上図のように相関関係をもっているという考え方です。

木は水を得て成長し、こすり合って火を生じ、燃え尽きて土と化し、土はその懐に金を抱き、金は冷えると水滴を生み出し、水は木をはぐくむ……。このように、循環し、たがいの力を借りて成長・発展・進歩するプラスの関係を「相生」といいます。逆に、木は土から養分を吸い上げ、土は水をにごして流れをせき止め、水は火を消し、火は金を溶かし、金（刃物）は木を傷つける……。このように、足を引っ張る関係を「相剋」といいます。

五行で見る吉凶

【天格→人格】

天格 ＼ 人格	木	火	土	金	水
木（1・2）	大吉	大吉	吉	小凶・小吉	吉・小吉
火（3・4）	大吉	吉	大吉	凶・小凶	凶
土（5・6）	小凶・小吉	大吉	吉	大吉	凶・小凶
金（7・8）	凶・小凶	凶	大吉	吉・小吉	吉
水（9・0）	大吉	凶・小凶	吉	大吉	吉・小吉

【人格→地格】

人格 ＼ 地格	木	火	土	金	水
木（1・2）	大吉	大吉	吉	凶・小凶	吉
火（3・4）	大吉	吉	大吉	凶・小凶	凶
土（5・6）	凶・小凶	大吉	大吉	大吉	凶
金（7・8）	凶・小凶	凶	大吉	吉	吉
水（9・0）	吉	凶・小凶	小凶・小吉	大吉	吉・小吉

＊吉凶がふたつあるものは、五格の結果により判断が分かれます。五格の結果がよい場合は、五行の吉凶もよいほうを採用します。

五行を姓名判断で応用する場合は、五格の天格、人格、地格を使います。それぞれの格の下1桁を「木・火・土・金・水」の五行に当てはめて、配列のよしあしを見ます（↓左表）。

なお、五格と五行では、本書では、①五格、②五行、の順で考えます。五格がよければ、運勢的にはよい名前で、五行の結果がよくなくてもあまり気にすることはありません。逆に、五格であまりよくない結果の場合、五行をよい運勢にすることで、五格のマイナス面を補うという考え方ができます。

五行の配列の例

中 4
村 7
美 9
玲 9

天格 11 木
人格 16 土
地格 18 金

木→土 吉
土→金 大吉

天格は11で「木」、人格は16で「土」、地格は18で「金」。表で見ると、天格「木」→人格「土」は吉、人格「土」→地格「金」は大吉。吉＋大吉でよい組み合わせ。

吉名の探し方と五格のととのえ方

吉数早見表と名前リストで吉名を探す

姓名判断で名前を考えるといっても、五格を自分で吉数にととのえていくのはなかなか難しいものです。本書では、姓に合った名の吉数を早見表で示しています（→306〜339ページ）。

この吉数早見表に掲載されている数の名前にすれば、人格、地格は吉以上となり、その他の格もおおむね吉以上のよい画数の名前になります。一部、外格などに小吉も含みますが、全体の画数のバランスや五行のバランスで、吉名になる画数の組み合わせを掲載し

方法1 姓に合う吉数から考える

Step 1 姓に合う名前の吉数を調べる

自分の姓の画数を調べ、306〜339ページのリストから、我が家の姓に合う名前の吉数を調べる。

4・4 今井 中井 元木 水木 今中 井手 木戸 仁木 など

1字名	2(3)字名
7 17	1・12 3・4　3・12　4・1 11・12　11・13　12・3 13・4　13・12　14・3

4・6 引地 今西 丹羽 中江 中西 日吉 日向 木全 など

1字名	2(3)字名
5 7	1・4 2・11　5・2　5・3 9・4　9・12　9・14 11・4　11・14　12・3

Step 2 吉数の名前を探す

340〜427ページの名前リストで、Step1で調べた吉数の名前をチェックし、気になる名前をピックアップする。

名の1字目が12画

12・(1) 13
葵 あおい　晶 あきら　朝 あさ　絢 あや　斐 あや　詠 うた　……　葉 よう　琳 りん

12・3 15
暁子 あきこ　朝子 あさこ　温子 あつこ　敦子 あつこ　絢子 あやこ　斐子 あやこ　絢女 あやめ　瑛子 えいこ　……
詞子　萩子　晶子　湘子　翔子　晴子　惺子　創子　湊子　貴子　尊子

Step 3 名前を絞り込む

漢字の意味や、字面の印象、読み方などをふまえて、名前を絞り込む。

最終的な名前の候補を絞ったら、20〜27ページの「よい名前のチェックポイント」で、姓とのバランスはどうか、日常生活で不便はないかなど、さまざまな角度から最終チェックを！

ています。

340〜427ページで、画数別に多数の名前例を掲載していますので、わが家の姓に合った吉名を探してください（↓下記方法1参照）。

漢字を絞るための ツールとして活用しても

姓名判断との向き合い方によっては、吉数早見表よりも、重要な「人格」が吉数になる画数を知りたい、使いたい漢字と組み合わせて吉数になる画数を知りたい、などということもあるでしょう。

このような場合には、304ページの「五格をととのえるための画数表」が役立ちます。これは、組み合わせると吉数になる画数をすばやく探せるリストです（↓下記方法2参照）。

そのほか、すでに名前の候補があって、吉凶を確認したいときは、計算で、名前の五格を出してみましょう（↓下記方法3参照）。

方法2 人格を手がかりに考える

Step 1 人格が吉数になる画数を探す

304〜305ページの「五格をととのえるための画数表」を使うと便利。たとえば、姓が「白濱（5・17）」なら、画数表の17のところにある画数を名の1字目にすれば、人格は吉以上になる。

17	1 4 6 7 **8** **10** **12** 14 **15** 16 18 20 **21** 22 24 28 30 31 35 **40** 41 **44**

Step 2 吉数の名前を探す

Step1で出した名の1字目の画数をもとに、本書で名前を探す。本書の名前例はすべて吉名で、かつそれぞれの名前例に画数がふってあるので、名の1字目がよい画数の名前を、「響き」「漢字」「イメージ・願い」「画数」の各章の名前リストから選べば、人格と地格がととのった名前になる。

Step 3 名前を絞り込む

漢字の意味や、字面の印象、読み方などをふまえて、名前を絞り込む。

方法3 名前を考えてから吉凶を確認する

Step 1 名前を考える

「響き」「漢字」「イメージ・願い」など、さまざまなアプローチで名前を考える（→Part2〜4）。

Step 2 五格の吉凶をチェック

姓名を五格にあてはめ、吉凶を確認（P280〜283）。より深く姓名判断をしたいなら、五格だけでなく五行（P300〜301）のバランスもチェックを。

Step 3 五格をととのえる

五格によくない画数があり、吉数にととのえたいときは、「方法2」の方法で、吉数になる画数を探して、画数を整える方法も。運勢のよい名前を一から考え直すなら、「方法1」のように吉数早見表から吉数を探す方法も。

五格をととのえるための画数表

五格それぞれが吉数になる画数を探せる表です。たとえば、人格が吉以上になる名の1字目の画数を探したり、総格が吉以上になる名前の合計数（地格）を探したり、外格が吉以上になる名の下の1字（3字名なら下の2字の合計）の画数などをすばやく探せます。

＊紫は組み合わせるとその格が大吉になる数字、こげ茶は組み合わせるとその格が吉になる数字です。
＊1字名や1字姓の場合は、霊数を考慮する必要があるので、注意が必要です。

画数	組み合わせると吉数になる数字
13	2 3 **4** 5 **8** 10 11 **12** **14** **16** 18 **19** 20 22 24 **25** 26 28 32 34 35 39 **44** 45
14	1 2 **3** 4 **7** 9 10 **11** **13** **15** 17 **18** 19 21 23 **24** 25 27 31 33 34 38 **43** 44
15	1 **2** 3 **6** 8 9 **10** **12** **14** 16 **17** 18 20 22 **23** 24 26 30 32 33 37 **42** 43
16	**1** 2 **5** 7 8 **9** **11** **13** 15 **16** 17 19 21 **22** 23 25 29 31 32 36 **41** 42 **45**
17	1 **4** 6 7 **8** **10** **12** 14 **15** 16 18 20 **21** 22 24 28 30 31 35 **40** 41 **44**
18	**3** 5 6 **7** **9** **11** 13 **14** 15 17 19 **20** 21 23 27 29 30 34 **39** 40 **43** 45
19	**2** 4 5 **6** **8** **10** 12 **13** 14 16 18 **19** 20 22 26 28 29 33 **38** 39 **42** 44
20	**1** 3 4 **5** **7** **9** 11 **12** 13 15 17 **18** 19 21 25 27 28 32 **37** 38 **41** 43 45
21	2 3 **4** **6** **8** 10 **11** 12 14 16 **17** 18 20 24 26 27 31 **36** 37 **40** 42 44
22	1 2 **3** **5** **7** 9 **10** 11 13 15 **16** 17 19 23 25 26 30 **35** 36 **39** 41 43 45
23	1 **2** **4** **6** 8 **9** 10 12 14 **15** 16 18 22 24 25 29 **34** 35 **38** 40 42 44 45
24	**1** **3** **5** 7 **8** 9 11 13 **14** 15 17 21 23 24 28 **33** 34 **37** 39 41 43 44

画数	組み合わせると吉数になる数字
1	2 4 5 **6** **7** 10 12 14 15 **16** 17 **20** 22 23 **24** **26** **28** 30 **31** 32 34 36 **37** 38 40 44
2	1 3 4 **5** **6** 9 11 13 14 **15** 16 **19** 21 22 **23** **25** **27** 29 **30** 31 33 35 **36** 37 39 43 45
3	2 3 **4** **5** 8 10 12 13 **14** 15 **18** 20 21 **22** **24** **26** 28 **29** 30 32 34 **35** 36 38 42 44 45
4	1 2 **3** **4** 7 9 11 12 **13** 14 **17** 19 20 **21** **23** **25** 27 **28** 29 31 33 **34** 35 37 41 43 44
5	1 **2** **3** 6 8 10 11 **12** 13 **16** 18 19 **20** **22** **24** 26 **27** 28 30 32 **33** 34 36 40 42 43
6	**1** **2** 5 7 9 10 **11** 12 **15** 17 18 **19** **21** **23** 25 **26** 27 29 31 **32** 33 35 39 41 42
7	**1** 4 6 8 9 **10** 11 **14** 16 17 **18** **20** **22** 24 **25** 26 28 30 **31** 32 34 38 40 41 45
8	3 5 7 8 **9** 10 **13** 15 16 **17** **19** **21** 23 **24** 25 27 29 **30** 31 33 37 39 40 44
9	2 4 6 7 **8** 9 **12** 14 15 **16** **18** **20** 22 **23** 24 26 28 **29** 30 32 36 38 39 43
10	1 3 5 6 **7** 8 **11** 13 14 **15** **17** **19** 21 **22** 23 25 27 **28** 29 31 35 37 38 42
11	2 4 5 **6** 7 **10** 12 13 **14** **16** **18** 20 **21** 22 24 26 **27** 28 30 34 36 37 41
12	1 3 4 **5** 6 **9** 11 12 **13** **15** **17** 19 **20** 21 23 25 **26** 27 29 33 35 36 40 **45**

画数	組み合わせると吉数になる数字
40	1 5 7 8 12 17 18 21 23 25 27 28 31 33 35 37 38 41 42 44
41	4 6 7 11 16 17 20 22 24 26 27 30 32 34 36 37 40 41 43 45
42	3 5 6 10 15 16 19 21 23 25 26 29 31 33 35 36 39 40 42 44 45
43	2 4 5 9 14 15 18 20 22 24 25 28 30 32 34 35 38 39 41 43 44 45
44	1 3 4 8 13 14 17 19 21 23 24 27 29 31 33 34 37 38 40 42 43 44 45
45	2 3 7 12 13 16 18 20 22 23 26 28 30 32 33 36 37 39 41 42 43 44
46	1 2 6 11 12 15 17 19 21 22 25 27 29 31 32 35 36 38 40 41 42 43
47	1 5 10 11 14 16 18 20 21 24 26 28 30 31 34 35 37 39 40 41 42 45
48	4 9 10 13 15 17 19 20 23 25 27 29 30 33 34 36 38 39 40 41 44
49	3 8 9 12 14 16 18 19 22 24 26 28 29 32 33 35 37 38 39 40 43 45
50	2 7 8 11 13 15 17 18 21 23 25 27 28 31 32 34 36 37 38 39 42 44
51	1 6 7 10 12 14 16 17 20 22 24 26 27 30 31 33 35 36 37 38 41 43 45
52	5 6 9 11 13 15 16 19 21 23 25 26 29 30 32 34 35 36 37 40 42 44 45
53	4 5 8 10 12 14 15 18 20 22 24 25 28 29 31 33 34 35 36 39 41 43 44 45
54	3 4 7 9 11 13 14 17 19 21 23 24 27 28 30 32 33 34 35 38 40 42 43 44 45

画数	組み合わせると吉数になる数字
25	2 4 6 7 8 10 12 13 14 16 20 22 23 27 32 33 36 38 40 42 43
26	1 3 5 6 7 9 11 12 13 15 19 21 22 26 31 32 35 37 39 41 42 45
27	2 4 5 6 8 10 11 12 14 18 20 21 25 30 31 34 36 38 40 41 44
28	1 3 4 5 7 9 10 11 13 17 19 20 24 29 30 33 35 37 39 40 43 45
29	2 3 4 6 8 9 10 12 16 18 19 23 28 29 32 34 36 38 39 42 44
30	1 2 3 5 7 8 9 11 15 17 18 22 27 28 31 33 35 37 38 41 43 45
31	1 2 4 6 7 8 10 14 16 17 21 26 27 30 32 34 36 37 40 42 44
32	1 3 5 6 7 9 13 15 16 20 25 26 29 31 33 35 36 39 41 43 45
33	2 4 5 6 8 12 14 15 19 24 25 28 30 32 34 35 38 40 42 44 45
34	1 3 4 5 7 11 13 14 18 23 24 27 29 31 33 34 37 39 41 43 44
35	2 3 4 6 10 12 13 17 22 23 26 28 30 32 33 36 38 40 42 43
36	1 2 3 5 9 11 12 16 21 22 25 27 29 31 32 35 37 39 41 42 45
37	1 2 4 8 10 11 15 20 21 24 26 28 30 31 34 36 38 40 41 44 45
38	1 3 7 9 10 14 19 20 23 25 27 29 30 33 35 37 39 40 43 44
39	2 6 8 9 13 18 19 22 24 26 28 29 32 34 36 38 39 42 43 45

姓の画数別 吉数早見表

姓（苗字）の画数から、赤ちゃんの吉名の画数を探せるリストです。
大吉・上吉・吉に色分けしていますが、
基本、リストにある画数の組み合わせを用いれば、どれも運のよい吉名になります。

リストの見方

チェックボックス
自分の姓のところをチェック。

姓の例
代表的な名字を挙げています。

姓の画数
3字姓の場合は、上の数字は1字目と2字目の合計で示しています。たとえば小山田さんなら、「6・5」のところを見てください。1字姓は、上の数字を「0」で示しています。

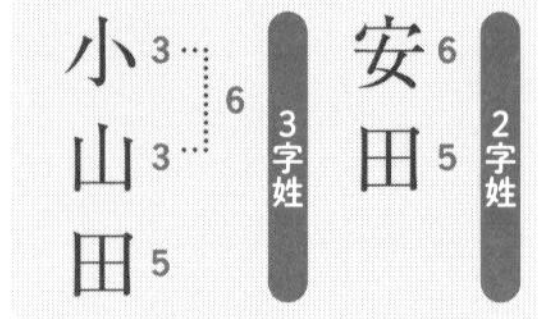

2字名、3字名の吉数
2字名または3字名の吉数。3字名の場合は、下の数字は2字目と3字目の合計になります。たとえば「8・10」という吉数なら、実際の名前例として「昇真」や「昇一郎」が挙げられます。また、数字は、大吉（紫●）、上吉（あずき●）、吉（こげ茶●）の３つに分類しています。

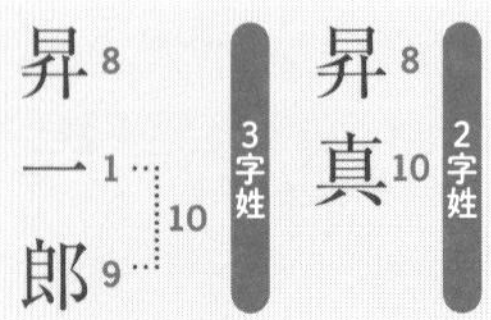

＊大吉（●）が特によい吉数、次いで上吉（●）、吉（●）となります。

1字名の吉数
紫●は大吉、あずき色●は上吉、こげ茶●は吉です。姓によっては1字名の吉数がないケースもあります。

（例）

6・5
安田　成田　吉田
西田　池田　吉永
羽生　小山田　など

1字名：6　10　12　20

2(3)字名：1・5　1・6　1・12　1・17　2・3　2・19　3・2　3・10　3・15　6・1　6・7　6・12　6・15　6・18　8・5　8・10　10・3　10・11　10・27　11・7　11・10　12・12　16・5　16・25　18・3　18・6　19・2　19・5

リストを見るときの注意点

●すべての姓の画数パターンを網羅しているわけではありません。日本人に多い姓をピックアップし、それらの画数の配列パターンを調べて掲載しています。307〜339ページに自分の姓の画数がない場合は、304〜305ページの「五格をととのえるための画数表」で吉数を探す方法があります。あるいは、280ページの「五格の出し方」を参考に名前の候補を決めてから吉名かどうかチェックする方法もあります。

●早見表の吉数は、五格に重きをおきつつ、五格の数字の組み合わせや五行のバランスなども見て、判断しています。五格のいずれかに小吉（△）があっても、総合的に考え吉数としているものもあります。
また、早見表には、すべての吉数を掲載しているわけではなく、代表的なものを掲載しています。掲載されていないものでも、よい組み合わせの画数もあるので、気に入った名前がある場合は、280ページの「五格の出し方」で、吉凶をチェックしましょう。

姓の画数別 吉数早見表

0・3

姓の画数：丸 山 上 千 万 など

名の吉数

1字名	2(3)字名
—	2・6, 2・16, 2・22, 3・2, 3・5, 3・10, 3・12, 3・15, 4・14, 4・17, 5・10, 5・16, 5・24, 8・5, 8・16, 10・5, 10・14, 10・22, 12・6, 12・12, 12・23, 13・2, 13・5, 13・22, 18・6, 18・14, 18・17, 21・14

0・5

姓の画数：辻 平 北 丘 叶 永 汀 辺 左 広 台 代 など

名の吉数

1字名	2(3)字名
—	1・5, 1・7, 1・10, 1・12, 1・15, 1・17, 2・6, 2・16, 2・4, 2・14, 3・5, 3・15, 6・2, 6・5, 6・7, 6・10, 6・12, 8・5, 8・10, 8・16, 10・6, 10・17, 11・2, 11・5, 11・7, 11・16, 12・4, 13・5, 16・2, 19・5

0・7

姓の画数：沖 角 近 坂 杉 沢 谷 佃 伴 李 里 など

名の吉数

1字名	2(3)字名
—	1・7, 1・15, 1・17, 4・7, 4・12, 4・20, 6・2, 6・10, 6・12, 8・10, 8・16, 9・2, 9・7, 9・15, 9・16, 10・7, 10・14, 10・15, 11・5, 11・7, 11・14, 14・4, 14・10, 16・2, 18・6, 18・7, 20・5

0・9

姓の画数：南 栄 室 城 神 星 泉 前 峠 柏 畑 柳 など

名の吉数

1字名	2(3)字名
—	2・4, 2・5, 2・14, 4・4, 4・12, 4・14, 4・20, 6・10, 6・17, 6・26, 7・16, 7・17, 8・7, 8・15, 8・16, 9・6, 9・7, 12・4, 12・12, 14・2, 14・10, 15・17, 16・7, 16・16, 18・5, 18・6, 20・4, 20・12

0・4

姓の画数：今 丹 中 円 など

名の吉数

1字名	2(3)字名
—	1・6, 1・12, 1・20, 1・24, 2・5, 2・15, 2・23, 2・31, 3・4, 3・14, 3・22, 3・26, 4・7, 4・17, 4・23, 7・4, 7・6, 9・2, 9・14, 9・16, 11・2, 11・6, 11・12, 11・14, 12・5, 12・15, 13・4, 13・12, 13・14, 17・4

0・6

姓の画数：辻 旭 向 芝 西 池 仲 など

名の吉数

1字名	2(3)字名
—	1・4, 1・6, 1・14, 1・16, 2・5, 2・15, 2・16, 2・23, 5・26, 7・4, 7・14, 9・14, 9・16, 9・22, 9・24, 9・26, 10・5, 10・7, 10・15, 10・17, 11・4, 11・6, 11・7, 11・14, 11・16, 11・24, 12・5, 12・6, 15・2, 15・10

0・8

姓の画数：林 岡 岸 金 宗 所 長 東 迫 武 牧 門 など

名の吉数

1字名	2(3)字名
—	3・2, 3・4, 3・5, 3・10, 3・12, 3・14, 5・2, 5・10, 5・12, 5・16, 7・6, 7・10, 7・14, 7・16, 8・16, 9・6, 9・7, 9・16, 10・5, 10・6, 10・7, 10・15, 13・4, 13・10, 13・11, 13・16, 21・18

0・10

姓の画数：浦 桂 原 高 柴 秦 島 浜 峰 脇 宮 竜 など

名の吉数

1字名	2(3)字名
—	1・5, 1・12, 3・2, 3・5, 3・10, 3・12, 5・2, 5・6, 6・5, 6・7, 6・15, 6・17, 7・6, 7・14, 8・5, 8・7, 8・15, 11・2, 11・4, 11・10, 11・12, 13・2, 13・10, 13・12, 14・7, 15・6, 17・4, 17・6, 19・4, 19・6

姓の画数

名の吉数

0・11

梶 乾 郷 笹 菅 清 盛 張 堀 堂 笠 都 など

1字名：—

2(3)字名：2・4　2・5　2・16　4・2　4・12　4・14　4・17　4・20　5・2　5・16　6・7　6・10　6・15　7・6　7・14　10・6　10・14　12・4　12・6　12・12　13・5　14・4　14・7　14・10　16・5　20・4　21・16　22・2

0・13

源 新 滝 椿 楠 塙 園 幹 溝 群 筧 など

1字名：—

2(3)字名：2・6　2・14　2・16　3・2　3・5　3・15　4・4　4・7　5・6　8・10　8・16　8・17　10・6　10・14　10・15　10・22　11・7　11・14　12・6　16・2　16・16　18・6　18・14　18・17　20・4　20・5

0・15

鄭 劉 數 蔵 など

1字名：—

2(3)字名：1・2　1・5　1・7　1・15　1・17　2・6　2・14　2・15　2・16　3・5　3・14　6・10　8・16　9・7　9・14　9・23　9・24　10・6　10・7　10・14　10・22　12・4　12・12　12・20　16・2　16・16

0・17

篠 嶺 濱 磯 霞 など

1字名：—

2(3)字名：1・6　1・7　1・14　1・15　4・12　4・20　6・29　7・14　7・17　7・24　7・28　8・7　8・16　8・23　10・5　10・6　14・17　15・6　15・16　15・20　16・15　18・6　18・17　20・4　20・15　21・10　21・14

姓の画数

名の吉数

0・12

森 奥 間 堺 勝 巽 堤 渡 湊 越 萩 番 など

1字名：—

2(3)字名：1・2　1・4　1・5　1・10　1・22　3・2　3・20　4・7　4・17　5・6　6・5　6・15　9・2　9・4　9・12　9・14　9・16　11・2　11・10　11・12　11・14　11・24　13・10　13・20　19・2　19・4　21・12

0・14

榎 関 境 榊 窪 槙 管 など

1字名：—

2(3)字名：1・2　1・6　2・5　2・15　3・4　3・10　3・14　3・15　4・7　7・4　7・6　7・14　9・2　9・4　9・6　9・12　9・14　9・16　10・14　11・6　11・7　11・10　11・12　11・14　17・6

0・16

館 橘 薮 など

1字名：—

2(3)字名：1・4　1・6　1・14　2・5　2・6　2・14　2・15　2・23　7・4　7・6　8・7　8・17　9・4　9・6　9・7　9・14　9・16　11・4　11・5　11・10　11・14　11・20　13・16　15・6　15・14　15・16　16・5　16・7　16・15　17・4

0・18

藤 藪 など

1字名：—

2(3)字名：3・10　3・12　3・14　5・10　5・12　5・22　6・7　6・15　6・23　7・6　7・10　7・14　7・20　9・4　9・12　11・2　11・4　11・6　13・2　13・4　13・14　14・15　17・12　20・7

0・21
轟 鶴 など

1字名: —

2(3)字名: 2・4 2・6 2・14 2・16 2・22 3・5 4・2 4・4 4・7 4・12 4・14 4・20 6・5 8・16 10・6 10・7 10・14 11・5 11・7 11・20 12・4 12・12 14・2 14・4 14・10 14・17 16・15 17・10 17・20 20・4

1・6
一色 一式 乙竹 乙成 など

1字名: —

2(3)字名: 1・5 1・7 1・10 1・15 1・16 1・24 2・4 2・6 2・14 2・16 5・6 5・20 7・4 7・17 9・2 9・7 9・15 9・16 10・6 10・7 10・14 10・15 11・5 11・6 11・7 11・14 11・20 12・4 12・6

2・3
十川 二川 入口 入山 など

1字名: 2 10 12 20

2(3)字名: 2・6 2・11 2・14 2・22 3・3 3・5 3・15 3・21 4・4 4・23 5・1 5・3 5・11 5・13 5・22 8・3 8・5 10・1 10・3 10・6 12・1 12・4 12・6 13・11 14・4 14・13 15・1 15・3 18・6 20・4

2・5

八代 八田 など

1字名: 6 10 16

2(3)字名: 1・5 1・15 1・16 1・23 2・4 2・6 2・9 2・14 2・23 3・3 3・13 3・15 3・21 6・19 8・3 8・9 8・16 10・6 10・14 10・15 11・5 11・6 11・13 11・14 11・21 12・4 12・6 12・19 13・5 20・4

1・4
一戸 一木 乙井 など

1字名: —

2(3)字名: 1・7 1・12 1・17 1・23 2・6 2・16 2・22 3・5 3・15 3・24 4・2 4・4 4・14 4・23 4・28 7・4 7・6 9・2 11・2 11・7 11・16 11・22 12・6 12・12 13・5 14・2 14・4 14・10 20・4

1・7
一条 一村 乙杉 乙町 一谷 など

1字名: —

2(3)字名: 1・4 1・14 4・4 4・12 4・17 6・10 6・15 6・17 8・5 8・7 8・15 8・16 9・4 9・7 9・12 9・14 9・15 9・16 10・5 10・6 10・7 10・15 11・2 11・5 11・6 11・10 11・14 14・2 18・5 18・6

2・4
二木 八木 など

1字名: 2 7 12 17 23

2(3)字名: 1・6 1・14 1・16 1・22 2・5 2・15 2・16 2・25 3・4 3・14 3・15 3・22 4・1 4・11 4・21 7・11 9・6 11・4 11・14 11・16 11・22 12・3 12・5 13・5 13・14 14・3 14・4 17・1 19・4 19・14

2・6
入江 又吉 入 安 など

1字名: 5 7 10 15 23

2(3)字名: 1・4 1・6 1・14 1・15 2・3 2・14 2・15 2・23 5・11 5・16 7・9 7・14 9・4 9・6 9・14 9・15 10・5 10・6 10・13 10・14 10・23 11・4 11・5 12・3 12・4 12・13 15・9 19・4

姓の画数

2・7

人見 二見 二村 入沢 入谷 八尾 入坂 二谷 など

名の吉数

1字名：4 6 14 16 20

2(3)字名：1・5 1・6 1・14 1・15 4・3 4・4 4・11 4・19 6・9 8・15 8・16 9・6 9・14 9・15 10・5 10・6 10・13 10・14 10・19 11・4 11・5 11・13 14・1 14・9 14・15 16・22 17・6 18・5 18・6

2・10

二宮 八島 入倉 刀根 など

名の吉数

1字名：5 6 15 17

2(3)字名：1・5 3・3 5・1 5・6 6・5 6・11 6・15 6・19 7・4 7・6 7・14 8・3 8・5 8・9 8・13 11・4 11・6 11・14 11・22 13・16 13・22 14・11 14・19 14・21 15・6 15・14 17・4 17・16 21・4 22・13

2・15

八幡 二輪 など

名の吉数

1字名：6 10 12 14 16

2(3)字名：1・5 1・14 1・23 2・4 2・6 2・13 2・14 3・3 3・4 3・5 3・13 3・15 6・9 8・13 8・16 9・6 9・9 9・15 10・5 10・6 10・14 12・3 12・4 14・1 14・4 16・5 16・15 17・4 17・14 20・4

3・3

丸山 三上 山下 山口 小川 川口 川上 大山 など

名の吉数

1字名：—

2(3)字名：2・3 2・13 3・2 3・4 3・8 3・12 3・15 4・3 4・14 5・2 5・10 5・12 5・13 8・3 8・15 10・5 10・13 10・15 12・3 12・5 12・13 12・15 13・2 13・4 13・10 13・12 13・18 15・8 15・14 21・4

2・8

二岡 十河 など

名の吉数

1字名：7 15 17

2(3)字名：3・5 3・22 5・3 5・6 5・22 7・16 8・9 8・13 8・15 9・4 9・6 9・16 10・1 10・3 10・5 10・11 10・15 10・19 13・4 13・14 13・16 15・6 15・16 16・5 16・9 16・13 17・4 21・4 21・16

2・11

二瓶 入野 入掘 入曽 など

名の吉数

1字名：5 4 10 14 16

2(3)字名：2・1 2・3 2・6 2・9 2・14 2・16 4・1 4・4 4・14 5・3 5・11 5・13 5・19 6・5 6・19 7・4 7・9 7・11 10・1 10・6 10・14 12・6 12・13 13・3 13・5 13・11 14・11 20・4 21・3 21・14

3・2

川又 三又 など

名の吉数

1字名：—

2(3)字名：1・10 1・15 1・23 3・5 4・4 4・14 4・20 5・3 5・13 6・10 6・12 9・2 9・4 11・5 13・5 13・14 13・20 14・4 14・10 14・13 15・3 15・12 15・18 16・2 16・8 19・5 21・12 22・2

3・4

山内 山中 土井 三井 三木 大木 大井 大友 など

名の吉数

1字名：—

2(3)字名：1・5 1・15 2・4 2・14 3・3 3・13 3・15 3・21 3・22 4・2 4・12 4・21 7・4 7・10 9・2 9・15 11・5 11・13 11・14 12・4 12・5 12・12 12・13 12・20 13・3 13・12 14・4 17・8 21・3 21・4

3・5

山田 山本 小田 大石 土田 上田 大平 川辺 など

1字名	2(3)字名
—	1・2、1・4、1・12、2・3、2・14、2・15、3・10、3・12、3・14、6・10、6・15、6・18、8・15、10・3、10・13、10・15、11・10、11・12、11・22、12・3、12・5、12・13、13・3、13・8、13・10、18・13、18・15、20・5、22・3

3・7

小沢 上村 川村 大沢 大谷 下村 久我 小坂 など

1字名	2(3)字名
—	1・2、1・4、1・5、1・12、1・14、4・3、4・4、4・21、6・5、6・15、8・3、8・5、8・13、8・15、9・2、9・4、9・12、9・14、9・20、10・5、10・13、10・15、11・2、11・10、11・14、16・15、17・4、17・8、18・3

3・9

小泉 土屋 小柳 小室 川畑 久保 川津 大泉 など

1字名	2(3)字名
—	2・3、2・4、2・15、2・21、4・2、4・21、6・5、6・15、7・4、7・14、7・18、8・3、8・13、9・2、9・8、9・12、9・14、12・5、12・13、12・21、14・3、14・15、14・21、15・2、15・8、15・10、15・18、16・5、22・3

3・11

小野 山崎 上野 川崎 大野 小菅 川添 大貫 など

1字名	2(3)字名
—	2・13、4・13、4・14、5・10、5・12、5・13、5・18、5・20、5・26、6・12、7・8、7・18、10・5、10・8、10・13、10・14、10・21、12・13、13・2、13・8、13・10、13・12、13・18、14・3、14・4、14・10、16・15、18・5、20・3、20・4

3・6

小西 三宅 小池 大西 久米 三好 大江 川合 など

1字名	2(3)字名
—	1・5、1・14、1・15、2・4、2・5、2・13、2・14、2・22、5・3、5・10、5・13、5・18、7・8、9・14、9・15、10・5、10・13、10・14、11・4、11・5、11・12、12・3、12・4、12・12、15・8、17・15

3・8

小松 小林 三国 山岸 大坪 大沼 大林 土居 など

1字名	2(3)字名
—	3・2、3・3、3・4、3・10、3・18、3・21、5・2、5・8、5・13、7・14、8・5、8・8、8・10、8・13、9・4、9・12、9・15、10・8、10・14、13・5、13・8、15・3、16・2、16・5、16・8、21・3、24・13

3・10

三浦 山根 小原 小倉 小島 上原 川島 大島 など

1字名	2(3)字名
—	1・2、1・4、1・10、1・15、3・2、3・5、3・8、3・13、5・3、5・13、6・2、6・5、6・10、6・26、8・3、8・10、11・5、11・13、11・21、13・3、13・12、13・22、14・2、14・10、14・18、15・3、15・10、19・5、19・13、21・3

3・12

千葉 大森 大塚 大場 小森 小椋 川越 大道 など

1字名	2(3)字名
—	1・2、1・5、1・15、3・3、3・5、3・13、3・14、3・15、3・21、4・4、4・13、4・14、4・20、5・3、5・13、6・2、6・10、6・12、9・8、9・15、11・5、11・13、12・4、12・5、12・12、13・3、13・10、13・20、17・15、19・13

名の吉数

3・13

久慈 山路 小園 小滝 小路 上園 大園 大滝 など

1字名　—

2(3)字名　2・13　2・15　2・21　3・4　3・5　3・10　3・18　4・3　4・4　4・12　5・3　5・8　5・10　5・12　5・18　5・20　8・8　10・3　10・5　10・13　11・2　11・4　11・10　11・12　11・14　12・3　12・5　12・13　14・3　18・13

3・15

三輪 小幡 大蔵 大槻 与儀 大澄 三潮 など

1字名　—

2(3)字名　1・4　1・12　1・14　1・20　1・22　2・5　2・13　2・15　3・3　3・12　3・14　6・5　6・15　8・5　9・2　9・4　9・12　9・14　10・3　10・5　10・13　12・3　12・5　14・15　16・5　16・13　17・4　20・3

3・17

小磯 川鍋 小嶺 三鍋 下濱 大濱 上濱 など

1字名　—

2(3)字名　1・4　1・10　1・14　6・5　6・12　6・15　7・4　7・8　7・10　7・14　7・18　7・20　8・3　8・5　8・10　8・24　10・5　10・8　10・15　10・22　12・13　12・15　14・3　14・4　14・13　15・3　15・10　15・12　20・5　21・4

3・19

川瀬 大瀬 など

1字名　—

2(3)字名　2・13　2・14　2・15　2・21　4・12　4・21　5・8　5・10　5・18　5・20　6・5　6・10　6・29　8・5　8・8　8・15　10・3　10・5　10・13　12・3　12・4　12・13　13・2　13・4　13・10　13・12　14・2　14・21　18・5

姓の画数

名の吉数

3・14

山際 小関 小熊 小暮 川端 大関 大熊 小管 など

1字名　—

2(3)字名　1・5　1・14　1・15　2・4　2・13　2・14　3・3　3・12　3・13　4・2　4・12　7・8　9・15　10・14　11・4　11・5　11・10　11・13　13・3　13・5　13・18　15・3　17・4　17・14　17・18　21・10

3・16

丸橋 三橋 小橋 大館 大橋 大薮 土橋 三樹 など

1字名　—

2(3)字名　1・4　1・5　1・15　2・3　2・4　2・14　5・8　5・13　5・24　8・5　8・8　8・10　9・4　9・24　11・5　11・18　13・3　13・5　15・3　15・18　16・2　16・13　17・21　19・10　19・14　21・8

3・18

工藤 山藤 大藤 など

1字名　—

2(3)字名　3・3　3・5　3・8　3・13　3・14　3・21　5・3　5・13　5・26　5・32　6・2　6・5　6・10　6・12　6・18　7・4　7・24　9・2　9・15　11・5　13・3　13・18　14・2　14・10　15・2　15・3　15・12　15・22　19・12　23・8

4・3

片山 中山 木下 中川 内山 井上 水上 日下 など

1字名　10　14　20　22

2(3)字名　2・9　2・14　2・15　3・13　3・22　4・12　4・21　5・11　5・12　5・13　8・17　10・14　12・4　12・5　12・12　12・19　12・20　13・3　13・11　13・12　13・19　13・25　14・4　14・11　15・3　15・17　18・14　22・9

姓の画数別 吉数早見表

4・4

今井 中井 元木 水木 今中 井手 木戸 仁木 など

1字名：7、17

2(3)字名：1・12、1・14、2・3、2・13、2・14、2・21、3・4、3・12、4・1、4・3、4・11、7・14、11・2、11・4、11・12、11・13、12・3、12・9、12・11、12・13、12・21、13・2、13・4、13・12、14・3、14・9、14・11、14・17、17・14、21・4

4・6

引地 今西 丹羽 中江 中西 日吉 日向 木全 など

1字名：5、7、15、17、23

2(3)字名：1・4、1・7、1・14、2・1、2・3、2・9、2・11、5・2、5・3、5・12、5・20、7・14、7・18、9・2、9・4、9・12、9・14、10・3、10・11、10・13、10・19、10・25、11・4、11・14、12・3、12・9、17・4、17・12、18・3、23・2

4・8

五味 今岡 今枝 水沼 中岡 中居 中林 片岡 など

1字名：5、15、17、23

2(3)字名：3・2、3・3、3・20、5・1、5・12、5・20、7・4、7・14、8・3、8・13、8・17、8・25、9・2、9・12、9・20、10・1、10・11、10・13、10・19、13・12、13・20、15・20、16・7、16・9、16・13、16・17、17・4、23・12

4・10

中原 中島 水島 中根 氏家 片桐 井原 不破 など

1字名：7、15、17

2(3)字名：1・20、3・12、3・20、5・2、5・13、5・20、6・1、6・9、6・11、6・17、6・19、7・14、11・4、11・7、11・12、11・13、11・14、11・20、13・2、13・12、14・1、14・7、14・11、14・19、15・2、15・9、22・3

4・5

太田 中田 戸田 内田 今田 井出 片平 中本 など

1字名：2、6、12、16、20

2(3)字名：1・14、2・4、2・13、2・14、2・27、3・3、3・4、3・12、3・13、3・21、6・2、6・9、6・17、8・7、10・13、10・14、10・28、11・4、11・12、11・21、12・3、12・4、12・20、13・2、13・3、13・19、13・25、16・7

4・7

中尾 水谷 今村 木村 内村 中沢 中里 毛利 など

1字名：4、10、14、16、20

2(3)字名：1・4、4・3、4・9、4・14、4・17、4・20、6・1、6・7、6・12、8・13、9・4、9・9、9・12、10・11、10・14、11・2、11・7、14・4、14・7、16・2、16・25、17・1、17・4、17・7、18・19、24・17

4・9

今城 今泉 今津 仁科 中垣 中津 中畑 内海 など

1字名：2、12、14、16、20

2(3)字名：2・1、2・3、2・9、2・14、4・1、4・7、4・12、6・2、6・12、7・1、7・4、7・9、7・11、7・17、8・3、9・7、12・4、12・12、12・20、14・2、14・11、14・21、15・1、15・9、16・2、16・9、18・7、18・14、22・2

4・11

今野 水野 中野 天野 内野 日野 中崎 木曽 など

1字名：2、10、12、14、16、20

2(3)字名：2・1、2・14、2・21、4・2、4・4、4・12、4・13、4・14、5・1、5・3、5・11、5・19、5・27、6・12、7・9、7・11、10・7、10・14、10・27、12・4、12・12、12・21、13・3、14・2、14・4、14・9、20・12、20・17

姓の画数

名の吉数

4・12

井筒 戸塚 手塚
水越 中越 中森
中道 木場 など

1字名
5 15 17

2(3)字名
1・4 1・14 3・13 3・20 4・1 4・9 4・11 4・19 5・11 5・20 6・7 6・9 6・11 6・19 9・2 9・4 9・14 11・2 11・4 11・12 11・14 12・1 12・3 12・9 12・11 12・13 13・4 20・1 20・11

4・14

井関 今関 日暮
比嘉 木暮 中嶋
中豪 など

1字名
7 15 17

2(3)字名
1・2 1・12 2・3 2・4 2・9 2・11 2・13 2・19 2・21 3・2 3・3 3・12 3・14 4・1 4・2 4・3 4・9 4・11 4・13 7・4 7・14 11・2 11・4 11・12 13・2 13・4 15・14 18・3

4・16

月舘 今橋 水橋
井澤 戸澤 中澤
中橋 友澤 など

1字名
5 7 15 17

2(3)字名
1・4 1・14 1・17 2・3 2・9 2・13 5・20 7・4 7・11 7・20 8・3 8・7 8・17 9・2 9・4 9・9 9・23 11・2 11・4 11・14 11・21 13・2 13・12 15・2 15・3 15・12 15・17 16・2 16・9 16・11

4・19

中瀬 片瀬 今瀬
など

1字名
2 4 6 10 12 14 16 22

2(3)字名
2・4 2・14 4・2 4・11 4・12 4・20 4・21 4・31 5・1 5・11 5・19 5・20 6・2 6・12 6・19 8・17 8・21 12・3 12・4 12・12 12・23 13・11 13・25 14・1 14・2 14・11 14・21

姓の画数

名の吉数

4・13

犬飼 今福 中園
中鉢 日置 など

1字名
14 22

2(3)字名
2・13 3・3 3・4 3・21 4・2 4・11 4・12 4・20 4・31 5・1 5・11 8・7 8・27 10・14 11・4 11・13 11・20 12・3 12・4 12・12 14・1 14・7 14・21 16・2 16・25 18・13 20・4

4・15

木幡
など

1字名
2 6 10 12 14 16 20

2(3)字名
1・7 1・12 1・17 2・3 2・4 2・11 2・14 3・2 3・3 3・13 6・2 6・12 6・27 8・25 9・4 9・20 10・3 10・19 12・1 12・4 12・27 14・2 14・4 14・25 17・1 17・12 17・21 22・11

4・18

井藤 五藤 内藤
木藤 など

1字名
5 7 15 17

2(3)字名
3・2 3・13 3・20 5・11 5・20 6・7 6・9 6・17 6・19 6・29 7・4 7・9 7・28 9・2 9・7 11・2 11・12 11・14 11・28 13・2 14・1 14・2 14・9 14・25 15・1 15・20 19・4 20・3

5・3

古川 市川 石川
田口 平山 北川
石丸 矢口 など

1字名
5 10 15

2(3)字名
2・1 2・6 2・11 2・13 3・2 3・10 3・12 3・20 4・3 4・12 5・2 5・10 5・12 8・13 10・6 12・4 12・11 12・13 13・2 13・10 13・12 13・20 14・1 14・3 14・10 15・10 15・24 22・3

姓の画数別 吉数早見表

5・4

永井 石井 田中 白井 平井 生方 玉木 大八木 など

1字名: 2, 4, 7, 12, 14

2(3)字名: 2・6, 3・3, 3・13, 3・26, 4・2, 4・3, 4・11, 4・20, 7・8, 7・16, 9・6, 11・13, 11・18, 12・11, 12・12, 12・20, 13・2, 13・3, 13・10, 14・1, 14・2, 14・10, 14・18, 17・6, 17・12, 19・13, 20・12

5・6

永吉 永江 加地 広江 本吉 本庄 本多 末次 など

1字名: 2, 5, 7, 10, 12

2(3)字名: 1・6, 1・20, 2・3, 2・11, 2・16, 2・19, 5・1, 5・2, 5・8, 5・16, 7・6, 7・11, 9・12, 9・28, 10・3, 10・11, 11・10, 12・6, 15・3, 15・6, 17・24, 18・3, 18・6, 19・18

5・8

永松 加茂 田所 平岡 平松 北林 平岩 田沼 など

1字名: 5, 10, 16

2(3)字名: 3・2, 3・8, 3・13, 5・6, 7・1, 7・11, 7・18, 8・3, 8・8, 8・10, 8・16, 8・24, 9・2, 10・1, 10・6, 10・8, 13・3, 13・11, 13・12, 13・19, 15・10, 15・20, 16・8, 23・12

5・10

田島 石原 永島 北原 石倉 加納 田宮 北島 など

1字名: 6, 14, 17

2(3)字名: 1・16, 3・3, 3・13, 3・20, 5・1, 5・11, 5・13, 5・19, 6・2, 6・10, 6・12, 6・18, 6・26, 7・1, 7・10, 7・11, 8・8, 8・10, 11・13, 13・3, 13・11, 14・2, 14・10, 15・3, 15・8, 17・16, 19・13

5・5

永田 田代 田辺 石田 白石 平田 本田 末永 など

1字名: 6, 22

2(3)字名: 1・6, 2・3, 2・13, 3・2, 3・3, 3・8, 3・12, 6・2, 6・19, 8・3, 8・13, 10・3, 10・11, 10・13, 11・2, 11・10, 11・12, 11・18, 12・3, 12・13, 13・2, 13・12, 13・16, 18・3, 19・6, 19・18, 20・3

5・7

田村 北村 矢沢 立花 世良 古谷 北条 矢吹 など

1字名: 4, 6, 17

2(3)字名: 1・10, 1・16, 1・20, 4・1, 4・11, 4・19, 4・25, 6・11, 6・19, 8・3, 8・13, 9・2, 9・12, 9・16, 9・20, 9・24, 10・11, 10・13, 11・2, 11・6, 11・10, 11・12, 11・18, 14・11, 16・13, 17・6, 17・8, 17・16, 18・11, 22・13

5・9

玉城 古屋 古畑 石垣 石神 石津 田畑 布施 など

1字名: 2, 4, 7, 15, 24

2(3)字名: 2・1, 2・19, 4・11, 4・19, 6・11, 6・12, 7・6, 7・8, 7・10, 7・11, 7・16, 7・18, 8・13, 9・2, 9・12, 9・16, 12・3, 12・6, 12・11, 12・12, 12・13, 12・19, 14・10, 14・11, 15・6, 15・8, 15・10, 16・2, 16・22, 20・3

5・11

永野 平野 矢野 目黒 白鳥 田崎 北野 矢部 など

1字名: 2, 5, 7, 16

2(3)字名: 2・3, 2・11, 2・13, 4・1, 4・19, 5・3, 5・10, 5・12, 5・16, 5・18, 6・10, 6・11, 6・25, 7・8, 7・10, 7・24, 10・11, 12・3, 12・13, 13・2, 13・3, 13・8, 13・16, 14・3, 14・11, 18・13, 21・8

姓の画数 / 名の吉数

5・12

永富 加賀 古賀
甲斐 石森 石塚
平塚 本間 など

1字名
4 6 12 15 20

2(3)字名
3・3 3・12 3・13 4・2 4・3 4・11
4・12 5・1 5・2 5・3 5・10 5・11 5・13 6・2
6・10 6・12 9・6 11・13 12・3 12・12 13・3 13・11
13・28 17・1 19・16

5・14

田窪 田端 生稲
石関 古暮 古関
など

1字名
2 4 10

2(3)字名
1・12 2・3 2・11 2・16 3・2 3・3
3・13 4・2 4・12 7・1 7・6 9・20 9・24 10・3
10・6 11・2 11・18 13・3 15・1 15・3 15・18 17・1
17・12 17・16 18・11 19・10 19・19

5・16

古館 古橋 市橋
石橋 田頭 本橋
広橋 平橋 など

1字名
2 16 17

2(3)字名
1・2 1・16 2・6 5・3 5・6 5・11
5・19 5・26 7・24 8・3 8・8 8・16 9・2 9・8
9・18 11・6 11・16 11・20 13・11 13・24 15・1 15・3
15・16 16・8 17・1 21・6 23・1

5・19

永瀬 加瀬 古瀬
広瀬 市瀬 平瀬
など

1字名
5 14

2(3)字名
2・1 2・11 2・13 2・19 2・22 4・1
4・11 4・19 4・20 5・6 5・8 5・10 5・16 5・18
6・1 6・2 6・11 6・18 6・27 10・13 12・11 12・12
13・10 13・11 13・20 13・26 13・28 14・1 14・10 14・19

5・13

玉置 古溝 など

1字名
5 14

2(3)字名
2・1 2・3 2・11 2・13 2・19 3・2
3・3 3・8 3・10 3・12 3・18 3・20 4・11 4・13
5・2 5・6 5・8 5・10 5・12 8・3 8・13 10・3
11・10 12・11 14・3 16・11 16・13 18・3

5・15

生駒 白幡 など

1字名
12 17

2(3)字名
1・2 1・10 2・3 2・13 2・19 3・2
3・12 3・18 3・22 3・24 6・11 6・12 6・19 6・26
9・2 9・12 10・1 10・8 10・27 12・6 12・13 12・26
14・3 14・13 14・18 16・11 16・16 17・1 17・8 22・3

5・18

加藤 古藤 仙藤
北藪 など

1字名
15

2(3)字名
3・12 3・13 5・1 5・10 5・11 5・19
5・20 6・10 6・12 6・18 6・19 7・1 7・8 7・11
7・18 7・22 7・28 11・18 13・3 13・11 13・16 14・2
14・10 15・1 15・10 17・1 17・18

6・3

吉川 江口 西山
西川 早川 江川
米山 池上 など

1字名
2 12 14

2(3)字名
2・5 3・5 3・12 4・2 4・11 4・12
4・25 5・1 5・2 5・10 5・11 8・7 8・15 10・5
12・11 12・12 12・26 13・2 13・10 13・11 13・19 14・10
15・1

6・4

竹内 安井 伊丹 臼井 向井 竹中 小山内 など

1字名
7・14・17

2(3)字名
1・5　1・7　1・10　1・12　2・9　3・2　3・12　3・18　4・1　4・2　4・7　4・9　4・11　7・1　7・18　9・2　9・12　11・10　11・12　11・18　12・1　12・9　12・11　12・17　13・12　13・18　14・11　14・15　17・12　19・12

6・6

安江 安西 吉江 吉池 寺西 仲西 有吉 江守 など

1字名
5・12・15・17・23

2(3)字名
1・2　1・5　1・10　1・12　2・9　2・11　5・1　5・10　5・12　7・18　9・2　9・12　9・16　10・1　10・5　10・7　10・11　10・15　11・18　12・1　12・17　15・2　17・12　17・18　18・5　18・7

6・8

伊東 吉岡 安東 名取 寺門 西岡 寺岡 伊波 など

1字名
7・10・17

2(3)字名
3・12　3・15　3・18　5・18　7・10　7・11　7・17　7・18　8・7　8・9　8・10　8・15　8・17　9・2　9・12　10・5　10・15　13・5　13・10　13・11　13・12　13・18　15・9　16・5　16・7　16・9　16・15　17・7

6・10

有馬 江原 寺島 西浦 吉原 米倉 西脇 安倍 など

1字名
5・7・15

2(3)字名
1・7　1・12　1・15　3・2　3・5　3・10　3・12　3・18　5・12　5・18　6・2　6・9　6・17　7・1　7・9　7・10　8・7　8・9　8・15　8・17　11・10　11・12　13・10　13・12　14・2　14・7　14・9　14・11　15・10　22・7

6・5

安田 成田 吉田 西田 池田 吉永 羽生 小山田 など

1字名
6・10・12・20

2(3)字名
1・5　1・6　1・12　1・17　2・3　2・19　3・2　3・10　3・15　6・1　6・7　6・12　6・15　6・18　8・5　8・10　10・3　10・11　10・27　11・7　11・10　12・12　16・5　16・25　18・3　18・6　19・2　19・5

6・7

吉村 西村 西尾 寺尾 吉沢 吉見 有坂 八木沢 など

1字名
4・10・14・16

2(3)字名
1・10　1・15　4・1　4・7　4・12　6・5　6・10　6・18　8・10　9・2　9・7　9・9　9・15　9・23　10・25　11・7　14・2　14・10　14・18　16・9　16・19　16・23　17・7　17・15　18・7　24・1

6・9

仮屋 江畑 守屋 西畑 大久保 小久保 など

1字名
2・6・12・16・20

2(3)字名
2・1　2・15　4・12　4・19　6・2　6・11　6・12　6・18　7・1　7・9　7・10　7・25　8・8　9・7　9・9　9・23　12・5　12・12　14・2　14・10　15・2　15・9　15・17　16・1　16・2　16・17　20・17

6・11

安部 吉野 江崎 衣笠 西野 庄野 宇野 寺崎 など

1字名
4・6・12・20

2(3)字名
4・2　4・11　4・12　4・17　5・2　5・10　5・11　5・26　6・1　6・2　6・9　6・10　6・12　6・25　7・1　7・9　7・11　10・5　12・9　12・23　13・2　13・11　14・1　14・2　14・10　14・21　14・27　16・19　20・15

6・12

姓の画数：安達 伊賀 多賀 伊達 羽賀 有賀 仲間 五十嵐 など

名の吉数

1字名：5 6 15

2(3)字名：1・2 3・2 3・10 3・12 3・18 4・1 4・2 4・7 4・9 4・11 4・17 4・25 5・1 5・2 5・10 5・12 5・18 6・1 6・7 6・9 6・11 6・17 9・12 12・9 13・2 13・10 15・2 17・12 20・9

6・14

姓の画数：江端 池端 など

名の吉数

1字名：4 7 15 17

2(3)字名：1・2 1・10 1・12 2・5 2・9 2・11 2・19 2・23 3・2 3・12 3・15 3・18 4・1 4・7 4・11 4・21 4・23 7・10 7・11 7・25 9・2 11・2 11・7 13・2 13・5 13・12 15・2 15・12 17・10 18・7

6・16

姓の画数：江頭 舟橋 八木橋 など

名の吉数

1字名：2 5 7 15 16 17

2(3)字名：1・10 2・5 2・9 2・15 5・10 5・11 5・12 5・18 7・9 7・18 8・5 8・7 8・15 8・17 8・27 9・2 9・7 9・26 11・5 13・10 13・26 15・1 15・2 15・10 16・7 16・25 17・18 21・18 23・2

6・19

姓の画数：成瀬 早瀬 百瀬 など

名の吉数

1字名：4 6 14 16

2(3)字名：2・11 2・21 2・31 4・2 4・9 4・12 4・19 4・29 5・1 5・11 5・18 5・27 6・1 6・2 6・10 6・21 6・26 6・27 8・19 10・17 12・1 12・11 13・10 13・19 14・2 14・18 14・19

6・13

姓の画数：安楽 伊勢 有働 竹園 竹腰 寺園 芝園 仲溝 など

名の吉数

1字名：2 4 5 10 12 14

2(3)字名：2・11 3・2 3・10 3・15 4・1 4・2 4・12 4・25 4・29 5・1 5・11 8・5 8・10 8・21 8・25 10・19 10・23 11・2 11・7 12・1 14・2 18・11 20・9 20・18 22・11

6・15

姓の画数：伊駒 伊調 江幡 多摩 西潟 舟槻 寺輪 など

名の吉数

1字名：2 6 10 12 14 16 17 20

2(3)字名：1・2 1・5 1・10 1・15 1・23 2・1 2・9 2・25 3・21 6・5 6・10 6・18 6・25 8・23 9・2 9・7 9・15 10・1 10・21 10・27 12・12 12・19 16・11 16・15 17・7 20・7 20・11

6・18

姓の画数：安藤 伊藤 江藤 西藤 成藤 名藏 など

名の吉数

1字名：5 7 14 15

2(3)字名：3・2 3・5 3・10 3・12 5・10 6・5 6・7 6・9 6・15 6・17 6・18 7・10 7・17 7・26 11・2 11・10 13・10 13・11 14・7 14・9 14・10 14・19 15・9 17・7

7・3

姓の画数：杉山 坂口 村山 谷口 村上 辰己 助川 辰巳 など

名の吉数

1字名：5 14 22

2(3)字名：2・4 2・9 2・11 3・4 3・8 3・10 3・20 4・1 4・4 4・11 4・17 4・25 5・1 5・6 5・10 5・16 5・24 8・17 10・11 12・1 12・9 12・11 13・8 13・10 14・1 14・11 14・17 15・6 15・8 18・17

Part 5 画数から考えるハッピー名前

姓の画数別 吉数早見表

7・4

坂井 坂元 宍戸
赤木 村井 沢井
尾方 村中 など

1字名
4 7 12 14 20

2(3)字名
1・4 1・6 1・17 1・20 2・4 2・11
2・14 2・16 3・4 3・18 4・1 4・17 7・6 7・11
7・14 7・17 9・4 11・10 12・1 12・6 12・9 13・8
13・11 17・4 20・1 20・4

7・6

近江 佐竹 住吉
杉江 赤羽 赤池
村西 沢吉 など

1字名
5 10 12

2(3)字名
1・4 1・10 1・17 2・6 2・9 2・14
2・16 5・6 5・11 7・4 7・11 7・25 9・9 10・1
10・6 10・8 10・22 12・6 15・1 15・9 15・17 17・8
17・18 18・6 18・14

7・8

花岡 我妻 杉岡
赤松 赤沼 村岡
別所 別府 など

1字名
10 16

2(3)字名
3・14 5・1 5・11 5・18 7・1 7・9
7・10 7・11 7・16 7・17 8・8 8・10 8・16 8・24
9・7 9・8 9・9 10・6 10・8 13・11 13・24 15・8
15・9 15・17 16・16 17・6

7・10

君島 佐原 坂倉
児島 杉浦 杉原
対馬 谷脇 など

1字名
6 7 14 15

2(3)字名
1・6 1・14 3・4 5・1 5・10 5・11
6・1 6・9 6・10 6・18 7・1 7・8 7・9 7・11
7・24 8・8 8・10 11・4 13・11 14・1 14・17 15・1
15・9 15・16 15・20

7・5

坂本 村田 阪本
足立 沢田 児玉
杉本 阪田 など

1字名
6 12 20

2(3)字名
1・10 2・4 2・9 3・8 3・18 6・9
6・17 8・17 8・25 10・1 10・11 11・10 11・14 11・18
11・22 12・9 12・11 12・17 13・8 13・10 13・16 13・22
16・11 16・17 18・11 19・4 19・6 19・14 20・9

7・7

住谷 角谷 芹沢
杉村 谷村 佐伯
志村 尾形 など

1字名
4 10 17

2(3)字名
1・10 4・11 4・14 4・17 6・9 6・17
6・25 8・9 8・10 8・16 8・17 8・9 9・6 9・8
9・9 9・14 9・16 10・11 11・10 14・4 14・9 14・10
17・4 17・6 17・8 14・11

7・9

坂巻 赤城 赤星
赤津 谷垣 谷津
など

1字名
7 15 16

2(3)字名
2・6 2・9 2・11 4・1 4・9 4・11
4・17 6・1 6・9 6・10 6・11 6・17 7・1 7・6
7・8 7・9 7・10 7・14 7・18 8・9 8・17 9・6
9・16 9・20 14・1 14・11 15・1 15・8 15・10 16・1

7・11

佐野 尾崎 角野
坂野 杉野 赤堀
折笠 日下部 など

1字名
5 6 7 14

2(3)字名
2・1 2・9 4・1 4・9 4・11 5・1
5・6 5・8 5・10 5・12 5・16 5・18 6・9 6・11
7・8 7・10 7・14 7・16 7・22 10・11 12・1 12・9
13・10 14・1 14・9 16・1 16・11

姓の画数	姓の例	名の吉数 1字名	名の吉数 2(3)字名
7・12	君塚 佐渡 志賀 杉森 赤塚 村越 那須 芳賀 など	6、12、20	1・4、3・10、4・4、5・1、5・11、5・24、6・10、9・4、9・20、9・24、12・1、12・6、12・17、12・26、13・16、13・20、13・25、15・1、15・14、15・18、15・24、17・1、17・22、19・10、19・14、20・9、21・17
7・14	児嶋 村嶋 谷嶋 尾嶋 尾熊 など	2、4、10、17	1・10、1・16、2・1、2・4、2・9、2・14、2・22、3・14、3・24、4・20、7・4、7・9、7・17、7・24、9・22、10・1、10・6、10・14、13・11、13・14、13・18、15・9、17・10、17・14、17・20、18・6、18・9、21・10、21・16
7・18	近藤 佐藤 谷藤 尾藤 兵藤 伴藤 など	6、7、20	3・4、3・20、5・1、5・8、5・11、5・18、5・28、6・10、6・17、6・26、7・1、7・6、7・9、7・16、7・20、7・25、7・26、7・31、13・10、15・1、15・8、15・17、15・18、17・6、17・10、17・16、19・8、20・18
8・3	金子 松下 青山 金丸 岡山 岩下 松山 金山 など	―	2・3、2・5、3・3、3・10、3・15、4・3、4・9、5・8、5・13、5・16、8・5、8・10、8・13、8・16、10・3、10・8、12・9、12・25、13・5、13・8、14・7、15・3、15・9、18・3、21・3、21・16
7・13	志置 花園 角園 杉園 など	4、5、12	2・9、2・11、2・16、5・6、5・8、5・10、5・16、5・20、11・4、11・6、11・10、11・14、11・16、12・1、12・6、12・20、12・26、14・1、14・4、14・11、16・16、18・9、18・14、19・6、19・8、22・10
7・16	佐橋 兵頭 など	2、15、16	1・17、2・4、2・6、2・16、5・1、5・11、5・20、5・24、7・8、7・9、7・17、7・18、7・28、8・8、8・16、8・17、9・6、9・9、9・16、9・26、11・14、11・18、13・16、13・25、16・8、16・9、17・8、17・18
7・19	佐瀬 赤瀬 村瀬 など	5、6	2・1、2・4、4・1、4・9、4・11、4・17、4・28、5・1、5・6、5・8、5・10、5・16、5・26、6・1、6・9、10・1、10・11、14・1、14・17、14・18、18・17、19・16、19・18、19・20
8・4	青木 松井 岡元 河内 金井 武内 茂木 小田切 など	―	1・5、2・1、2・3、2・15、2・21、3・3、3・8、4・7、4・9、7・10、7・16、9・16、9・24、11・10、12・9、12・13、12・21、13・8、14・7、14・15、14・21、17・8、17・16、19・10、20・3、20・5、20・9、20・13

8・5

岡田 岡本 岸本 岩田 松永 松田 松本 武田 など

1字名: —

2(3)字名: 1・7 1・10 1・17 1・23 2・3 2・9 2・16 6・5 6・10 8・3 8・8 8・16 8・24 10・8 10・15 11・5 11・7 11・13 11・21 13・3 13・5 16・8 16・9 16・16 18・7 18・17 19・5 19・13 20・15

8・7

岡村 河村 金沢 松村 松尾 岩佐 松坂 三田村 など

1字名: —

2(3)字名: 1・5 1・7 1・15 1・16 1・17 1・23 6・10 6・17 8・8 8・9 8・10 8・16 9・7 9・8 9・9 9・15 10・7 10・8 11・5 11・7 11・13 14・3 14・10 14・19 16・8 18・15

8・9

河津 岩城 金城 若狭 青柳 板垣 肥後 和泉 など

1字名: —

2(3)字名: 2・5 2・13 2・16 4・3 6・9 6・10 7・8 7・9 7・17 8・7 8・8 8・10 9・7 9・9 12・3 14・10 14・21 15・9 16・8 16・15 16・19 16・25 18・13 18・17

8・11

阿部 岡部 河野 岩崎 牧野 岡崎 服部 日比野 など

1字名: —

2(3)字名: 2・3 2・16 4・9 5・8 5・13 6・10 7・9 10・3 10・8 10・19 10・23 12・17 12・21 13・3 13・16 14・15 14・19 14・24 16・13 20・9 20・13 21・8 21・17

8・6

河合 岡安 河西 金光 国吉 松江 長江 直江 など

1字名: —

2(3)字名: 1・16 2・13 2・15 2・23 5・8 5・10 5・16 7・8 7・16 9・8 9・9 9・15 9・24 10・3 10・5 10・8 10・21 10・23 12・3 12・5 12・13 15・16 17・7 17・16 18・5 18・7 18・13 18・15

8・8

松岡 若林 板東 知念 若松 岡林 青沼 長岡 など

1字名: —

2(3)字名: 3・10 3・13 5・8 5・10 5・16 7・1 7・8 7・9 7・10 7・16 8・7 8・8 8・9 8・13 9・7 9・8 9・16 10・3 10・7 10・13 10・15 13・3 13・8 16・5 16・9 16・25

8・10

松原 松浦 雨宮 長島 長浜 板倉 門脇 小田桐 など

1字名: —

2(3)字名: 1・10 3・8 3・10 5・8 5・10 5・16 6・5 6・7 6・9 6・15 6・17 6・21 7・8 7・10 8・7 8・9 8・13 8・15 8・19 8・21 11・10 13・10 14・7 14・9 15・8 17・10 19・8 19・10

8・12

岩間 金森 松森 松葉 長塚 的場 武富 門間 など

1字名: —

2(3)字名: 1・10 3・8 3・10 3・15 3・24 4・7 4・17 5・10 5・13 5・16 6・5 6・9 6・15 6・19 6・21 9・8 12・9 12・13 13・5 13・25 15・10 15・17 15・23 17・10 17・15 17・21 17・24 19・13

姓の画数	名の吉数 1字名	名の吉数 2(3)字名
8・13 東園 林園 長滝 など	—	2・9 2・15 3・3 3・8 3・13 3・21 3・24 4・7 4・23 4・27 5・19 8・3 8・8 8・16 8・23 10・21 11・5 11・13 11・16 12・5 12・15 12・19 12・25 14・10 14・17 16・15 18・9 18・13 19・5 22・5
8・15 武蔵 若槻 松縄 長縄 武樋 金数 など	—	1・7 2・14 3・3 3・5 3・13 3・15 6・9 6・10 6・19 8・7 8・8 8・10 8・16 8・17 9・7 9・9 9・15 9・16 10・5 10・8 10・15 12・3 12・13 14・10 16・8 16・9 17・7 17・8 18・7 20・5
8・18 周藤 松藤 武藤 など	—	3・3 3・8 3・10 5・8 5・10 5・16 6・5 6・7 6・9 6・15 6・25 6・29 7・8 7・30 9・23 11・10 11・21 11・30 13・8 13・19 14・7 14・17 15・16 15・17 19・16 20・15 20・17 20・19
9・3 秋山 前川 荒川 香川 相川 皆川 柳川 小早川 など	—	2・4 2・9 2・23 3・2 3・8 3・18 3・20 4・2 4・7 4・21 5・6 5・8 5・12 5・16 5・24 8・9 8・15 10・15 12・9 13・8 13・12 13・20 14・7 15・6 18・7 20・9 21・4
8・14 河端 宗像 など	—	1・10 1・15 1・16 2・5 2・13 2・15 3・8 3・13 4・7 4・13 4・21 4・31 7・10 7・16 9・7 9・16 10・3 10・5 10・13 10・15 10・25 10・31 11・24 13・3 13・10 15・8 17・24 18・17 19・16
8・16 岩橋 松橋 長橋 板橋 など	—	1・16 2・9 2・15 5・8 5・10 5・16 5・19 7・8 7・16 7・17 8・3 8・5 8・7 8・15 8・16 8・25 9・24 13・8 15・8 15・9 16・5 16・7 16・8 16・17 16・23 16・25 17・7 17・16 17・24
8・19 河瀬 岩瀬 長瀬 など	—	2・3 2・9 2・16 2・19 2・23 4・7 4・17 4・21 5・13 5・16 6・5 6・15 6・19 10・8 10・15 10・21 12・9 12・19 13・5 13・8 14・7 16・5 16・15 16・25 18・13
9・4 荒井 荒木 浅井 柏木 秋元 春日 畑中 竹之内 など	—	1・4 1・7 1・15 2・6 2・9 2・16 2・22 3・15 3・22 4・4 4・12 7・4 9・2 9・15 11・7 11・14 12・4 12・6 12・12 12・20 17・7 17・15 19・6 19・16 20・4

9・5

前田 神田 津田 柿本 飛田 秋田 柳生 浅田 など

1字名：—

2(3)字名：1・6 1・14 1・16 3・8 3・12 6・15 8・7 8・15 8・16 10・7 10・8 10・14 10・15 11・4 11・6 11・7 11・12 11・14 13・12 16・7 18・7 19・2 19・4 19・12 20・4

9・7

神谷 染谷 相良 保坂 柳沢 相沢 津村 浅尾 など

1字名：—

2(3)字名：1・4 1・6 1・7 1・14 1・16 1・24 8・8 8・9 8・15 9・4 9・6 9・7 9・8 9・16 10・6 10・7 10・15 11・4 11・6 11・14 11・18 16・15 16・16 17・4 17・8 17・14 17・15 17・24 18・7 20・9

9・9

荒巻 神保 浅海 浅香 前畑 保科 草津 秋津 など

1字名：—

2(3)字名：2・4 2・9 2・15 4・7 4・9 6・7 6・9 6・15 7・4 7・6 7・8 7・14 7・16 8・7 8・9 8・15 9・4 9・6 9・8 9・18 12・9 12・15 15・8 16・7

9・11

星野 浅野 前野 神崎 南部 狩野 草野 柏崎 など

1字名：—

2(3)字名：2・9 2・15 4・9 4・28 5・8 5・12 5・20 5・22 6・9 6・12 7・8 7・18 7・20 7・30 10・8 10・22 12・9 12・20 13・2 13・12 13・28 16・2 16・9 16・22 16・29 18・14 20・12

9・6

香西 室伏 秋吉 春名 相羽 畑仲 荒池 津寺 など

1字名：—

2(3)字名：1・7 1・15 2・4 2・6 2・14 5・12 7・9 7・16 9・8 9・14 9・15 10・6 10・7 10・8 10・22 11・6 11・7 15・9 17・15 17・16 18・6 18・14 18・15 19・14

9・8

柿沼 香取 室岡 重松 神林 浅岡 浅沼 柳沼 など

1字名：—

2(3)字名：3・12 3・18 5・16 7・8 7・9 8・7 8・8 8・16 9・6 9・7 9・9 9・15 9・26 10・6 10・8 10・21 13・2 13・8 13・18 15・9 15・16 15・20 16・8 17・7 17・18 19・16

9・10

秋庭 浅倉 前原 前島 相原 相馬 津島 柏原 など

1字名：—

2(3)字名：1・4 1・7 1・17 1・12 3・2 3・15 3・26 5・8 5・24 6・7 6・12 7・6 7・9 7・22 8・8 11・2 11・7 11・18 13・16 13・20 14・4 14・15 15・14 15・18 15・23 21・8 21・12

9・12

秋葉 重富 城間 浅賀 草間 草場 南雲 風間 など

1字名：—

2(3)字名：1・2 1・7 1・15 1・23 3・14 3・15 3・24 4・4 4・12 4・20 4・23 5・6 5・12 5・32 6・12 9・2 9・7 9・15 9・22 11・20 12・4 12・12 13・14 13・24 15・12 15・22 17・14 19・12 20・4

姓の画数 / 名の吉数

9・14

前関　前嶋　津嶋
皆嶋　草彅　垣端
など

1字名
―

2(3)字名
1・7　1・14　1・15　2・6　2・14　2・16
2・22　3・12　3・22　4・4　4・12　4・20　7・18　9・7
9・15　10・6　10・14　10・15　11・4　11・7　11・14　13・2
13・12　13・22　17・7　17・8　17・18　18・6　18・7　21・4

9・18

後藤　海藤　首藤
神藤　など

1字名
―

2(3)字名
3・2　3・8　3・15　3・18　3・28　5・20
6・12　7・14　7・18　7・24　9・9　9・16　9・29　11・7
11・14　13・8　13・18　13・28　14・7　15・6　17・8　19・2
19・6　19・12　20・18

10・3

高山　畠山　宮下
宮川　益子　浜口
高久　真下　など

1字名
2　10　12　20

2(3)字名
2・1　2・6　2・14　3・8　3・13　3・15
3・21　5・11　8・16　10・1　10・6　10・14　12・6　13・5
14・21　15・1　15・3　18・6　18・14　20・5　20・15　22・13

10・5

宮本　原田　高田
柴田　島田　夏目
桐生　倉本　など

1字名
6　10　12　16

2(3)字名
1・7　1・17　2・6　2・14　3・5　3・14
3・15　6・11　8・8　8・15　10・6　10・7　10・13　10・14
11・6　11・7　11・13　12・5　12・6　13・3　13・5　13・11
16・21　20・3　20・13

9・16

草薙　美濃　柳橋
など

1字名
―

2(3)字名
1・6　1・7　1・15　2・4　2・6　2・14
5・2　5・18　7・6　7・9　7・16　8・8　8・15　8・24
9・4　9・7　9・14　9・18　9・24　9・29　11・2　11・16
15・8　16・16　17・16　19・4　19・14　21・6

9・19

荒瀬　柳瀬　海瀬
畑瀬　など

1字名
―

2(3)字名
2・9　2・22　4・7　4・9　4・20　5・2
5・6　5・8　5・28　6・7　6・18　6・29　8・16　10・14
10・29　12・12　12・23　13・16　13・20　13・26　16・8　19・16
19・18　19・20　20・9　20・15

10・4

酒井　高木　桜井
宮内　高井　速水
陣内　佐々木　など

1字名
2　4　17

2(3)字名
1・6　1・14　1・17　2・5　2・13　2・15
2・19　3・8　4・7　4・11　7・8　7・14　9・6　9・14
9・15　9・22　11・6　11・7　11・13　11・14　11・27　12・3
12・5　12・6　12・11　12・13　12・19　14・11　14・19　17・14

10・6

宮西　宮地　桑名
高安　倉地　浜名
浦安　時任　など

1字名
2　5　7　15　17

2(3)字名
1・4　1・14　1・15　2・3　2・11　2・13
2・14　2・15　2・19　2・21　5・3　5・8　5・11　7・8
9・6　9・14　11・5　11・6　11・14　12・3　12・11　12・13
17・6　17・8　18・3　18・7　19・6

10・7

宮沢 宮里 高坂 高村 高尾 唐沢 島村 脇坂 など

1字名：4　6　14　16

2(3)字名：1・5　1・6　1・7　1・14　1・15　4・3　4・11　4・20　8・7　8・8　8・13　9・6　9・7　9・15　10・5　10・6　10・8　10・21　11・5　11・7　11・20　14・1　14・7　14・17　16・8　17・7　18・6

10・9

高畑 桧垣 高柳 倉持 島津 酒巻 宮城 梅津 など

1字名：2　4　6　12　14

2(3)字名：2・3　2・11　2・14　4・1　4・14　4・25　4・29　6・7　6・27　7・6　7・11　8・5　8・8　8・25　9・7　9・29　12・6　12・21　15・1　15・23　16・17　16・22　18・15

10・11

宮崎 高野 高梨 柴崎 高崎 島袋 浜崎 小谷野 など

1字名：2　10　12　20

2(3)字名：2・1　2・6　2・14　2・22　4・7　4・13　4・14　4・23　5・1　5・3　5・6　5・11　5・19　6・5　6・11　6・25　7・11　10・1　10・6　10・21　12・19　13・11　14・13　16・21　18・6　18・13　21・3

10・13

宮園 宮腰 宮路 能勢 など

1字名：2　10　22

2(3)字名：2・6　2・13　2・14　2・22　2・23　3・3　3・5　3・13　3・15　3・21　3・22　8・21　10・5　10・6　10・8　10・15　10・25　10・28　11・5　11・14　12・3　12・6　12・13　12・23　18・6　19・5　20・5　20・15　22・3　22・13

10・8

栗林 高岡 高松 根岸 峰岸 宮武 兼松 浜岡 など

1字名：5　7　15　17

2(3)字名：3・3　3・8　3・14　3・20　5・1　5・6　5・8　7・6　7・8　7・14　8・3　8・5　8・7　8・13　8・15　8・21　9・6　9・8　10・1　10・3　10・5　10・7　10・11　13・8　17・6　21・8

10・10

桑原 栗原 高島 荻原 高倉 宮脇 宮原 桜庭 など

1字名：7　17

2(3)字名：3・8　3・29　5・6　5・8　5・13　6・5　6・7　6・11　6・15　7・6　7・8　7・11　7・31　8・3　8・7　8・13　8・17　8・19　11・21　13・8　13・19　14・1　14・7　14・11　15・3　15・6　17・1　17・8　19・8　19・22

10・12

鬼塚 宮森 高階 高須 高塚 座間 馬場 佐久間 など

1字名：5　15　17

2(3)字名：1・14　1・15　1・22　3・14　3・22　4・3　4・11　4・19　4・31　5・6　5・11　6・1　6・5　6・7　6・19　6・29　9・8　9・14　11・5　11・14　12・3　12・13　12・23　13・3　13・22　15・1　17・22　19・22　20・5

10・14

荻窪 浦嶋 宮嶋 高嶋 真嶋 倉嶋 姫嶋 浜嶋 など

1字名：7　15　17　23

2(3)字名：1・6　1・7　2・5　2・6　2・11　2・13　2・19　3・20　3・21　4・3　4・7　4・11　4・13　4・17　7・6　7・14　7・17　9・8　10・3　10・7　10・13　11・6　11・13　17・7　18・3　18・5　18・6　21・3

姓の画数 / 名の吉数

10・16

高橋 鬼頭 真壁
倉橋 倉澤 夏樹
宮澤 梅澤 など

1字名：5　7　15

2(3)字名：1・5　1・6　1・14　2・3　2・5　2・13　2・19　5・1　5・8　5・27　7・6　7・8　7・14　7・28　8・3　8・5　8・7　8・23　9・6　9・28　11・28　13・8　15・6　15・17　16・5　16・15　17・14　17・15

10・19

高瀬 真瀬 宮瀬
与那覇 など

1字名：2　10　12

2(3)字名：2・1　2・6　2・14　2・21　2・27　4・2　4・19　4・28　5・1　5・11　6・17　8・8　8・15　8・21　10・8　10・19　10・22　10・28　10・29　12・6　12・11　13・3　13・19　19・19　20・19　22・7

11・3

細川 野口 野上
亀山 黒川 堀口
笹川 宇田川 など

1字名：—

2(3)字名：2・5　2・21　3・4　3・10　3・12　3・14　3・20　3・22　4・7　5・10　8・7　8・10　8・13　10・5　10・13　10・14　12・5　12・6　12・12　12・13　13・5　13・10　14・7　15・6　18・5　18・7　18・13　20・5

11・5

黒田 野田 梶田
亀田 堀田 麻生
野本 大和田 など

1字名：—

2(3)字名：1・4　1・7　1・14　2・27　3・2　3・4　3・12　3・13　3・14　3・22　6・7　6・10　8・7　8・13　10・5　10・7　10・13　11・6　11・10　11・14　13・4　13・12　13・18　16・5　16・7　18・7　19・4　19・6　20・5

10・17

真鍋 高鍋
与那嶺 など

1字名：4　10　12　14

2(3)字名：1・5　1・7　1・17　4・1　4・7　4・17　4・27　6・5　6・15　6・19　7・14　7・31　8・3　8・17　10・8　10・15　10・28　12・6　12・13　12・19　14・7　14・27　15・3　15・6　16・15　18・7　20・5

11・2

猪又 鹿又 菅又
菊入 野入 など

1字名：—

2(3)字名：1・4　1・10　1・24　3・2　3・5　3・13　3・21　3・22　4・4　4・12　4・14　4・20　4・21　11・5　11・13　11・14　11・21　11・24　13・5　13・22　14・4　14・10　14・21　19・5　19・13　19・20　21・4　21・14

11・4

清水 望月 堀内
野中 笠井 亀井
黒木 和久井 など

1字名：—

2(3)字名：1・2　1・5　1・7　1・22　2・6　2・14　2・16　2・22　3・5　3・13　3・14　3・21　4・4　4・12　4・13　7・10　9・7　9・24　11・5　11・7　11・12　12・4　12・12　12・20　13・5　14・2　20・4　21・2

11・6

菊池 葛西 菊地
細江 鳥羽 堀江
堀池 野地 など

1字名：—

2(3)字名：1・5　1・6　1・7　1・14　2・4　2・5　2・6　2・13　2・14　2・16　5・10　5・19　9・6　9・7　9・26　10・5　10・6　10・14　11・4　11・5　11・7　11・24　12・4　12・6　17・7　17・14　18・6　18・13　19・5

11・7

渋谷 野村 黒沢
逸見 曽我 野沢
深沢 野呂 など

1字名 —

2(3)字名
1・2　1・4　1・5　1・6　1・10　4・2
4・7　4・13　6・5　6・7　8・5　8・7　9・2　9・4
9・6　9・12　9・14　10・5　10・7　11・4　11・6　11・10
11・18　14・7　16・5　17・4　17・6　18・5

11・9

黒柳 深津 船津
猪狩 猪俣 鳥海
野津 阿久津 など

1字名 —

2(3)字名
4・7　4・21　4・28　6・5　6・7　6・12
6・19　6・21　7・6　7・10　7・14　7・18　7・20　7・25
8・7　8・10　8・13　9・6　9・12　9・16　12・13　12・20
14・7　14・18　15・6　18・7　20・7　20・18　22・10

11・11

黒崎 紺野 鹿野
菅野 堀部 野崎
細野 羽田野 など

1字名 —

2(3)字名
2・13　2・14　2・21　4・7　4・13　4・21
5・6　5・10　5・18　6・5　6・10　7・18　7・28　10・5
10・13　12・4　12・13　13・2　13・10　13・12　13・22　13・28
14・2　16・7　20・5　21・2

11・13

設楽 淡路 猪飼
鳥飼 など

1字名 —

2(3)字名
2・5　2・6　2・13　2・19　2・21　2・22
3・2　3・4　3・5　3・10　3・12　3・14　3・18　3・20
3・21　5・6　8・5　8・13　8・16　10・5　10・13　11・2
11・4　11・10　12・5　12・12　12・21　18・5　18・6

11・8

笠松 黒岩 黒沼
笹岡 笹沼 菅沼
猪股 鳥居 など

1字名 —

2(3)字名
3・2　3・10　5・13　5・28　7・6　7・26
8・5　8・10　8・30　9・7　9・20　10・6　10・28　13・5
13・20　15・18　16・13　17・21　19・10　19・20　21・18　23・6
24・5

11・10

菅原 梶原 笹原
曽根 笠原 鹿島
小河原 など

1字名 —

2(3)字名
1・2　1・10　3・13　3・21　3・28　5・12
5・13　5・22　6・2　6・10　6・21　7・4　7・10　7・30
8・10　11・13　11・20　13・18　14・2　14・4　14・10　15・2
15・12　17・10　19・12　19・18　21・10　22・2

11・12

笠間 黒須 笹森
船越 鳥越 堀越
堀場 野間 など

1字名 —

2(3)字名
1・5　1・14　1・24　3・5　3・12　3・13
3・21　3・22　4・2　4・4　4・12　4・14　4・20　4・21
5・20　6・12　6・18　9・6　9・7　9・20　11・4　11・5
11・14　11・24　15・20　17・7　19・10　20・4　21・4

11・15

桝潟 梶縄 常盤
猪膝 宿輪 など

1字名 —

2(3)字名
1・2　1・4　1・10　1・14　2・4　2・5
2・13　3・2　3・4　3・10　3・12　6・5　6・7　6・15
8・5　8・7　8・13　10・5　10・21　10・22　14・7　16・5
16・16　17・4　17・14　17・20　17・24　18・13　20・12

姓の画数

名の吉数

11・16

船橋　都築　八重　樫　小板橋　など

1字名：—

2(3)字名：1・4　1・5　1・7　1・24　2・4　2・6　2・16　5・6　5・13　5・16　5・20　5・26　7・14　8・13　9・2　9・12　9・16　11・10　11・14　11・20　13・5　13・12　13・18　13・28　15・6　16・5　19・6　21・4　21・10

11・19

黒瀬　深瀬　猪瀬　野瀬　堀瀬　清瀬　細瀬　菊瀬　など

1字名：—

2(3)字名：2・5　2・6　2・13　2・16　4・7　4・29　5・6　5・10　5・12　5・28　6・5　6・12　8・7　10・5　10・7　12・5　12・6　12・21　13・2　13・4　13・5　13・20　14・21　16・2

12・3

森山　森川　森下　奥山　景山　越川　最上　葉山　など

1字名：2　10　12　22

2(3)字名：2・1　2・4　2・6　3・21　4・4　4・12　4・13　4・20　5・3　5・11　5・19　8・9　10・6　12・4　12・6　12・12　12・21　13・3　13・11　13・19　15・1　15・3　18・6　20・4　20・17　21・3　21・12　22・11

12・5

奥田　植田　森田　塚本　渡辺　飯田　富永　久保田　など

1字名：6　10　16　20

2(3)字名：2・6　3・3　3・4　3・5　3・12　3・13　3・21　6・9　6・12　6・25　10・5　10・6　10・11　11・4　11・5　11・13　12・3　12・4　12・6　13・3　13・5　16・15　16・19　18・6　18・17　19・5　20・4

11・18

斎藤　進藤　清藤　細藤　野藤　黒藤　笹藤　常藤　など

1字名：—

2(3)字名：3・5　3・13　3・20　5・13　5・18　6・2　6・10　6・26　7・16　9・7　9・14　9・20　11・5　11・7　11・27　13・5　13・10　14・2　14・4　14・18　17・6　19・10　19・20

12・2

勝又　栗又　など

1字名：4

2(3)字名：1・20　3・4　3・12　3・15　3・20　3・21　4・3　4・11　4・13　4・19　4・20　4・21　4・23　4・29　6・5　6・17　9・12　9・15　11・4　11・12　11・20　13・11　13・12　13・20　19・4　19・5　19・12　21・4　22・1　22・3

12・4

奥井　植木　森井　森内　朝日　棟方　筒井　津久井　など

1字名：2　7　17

2(3)字名：1・12　2・3　2・13　3・12　3・13　4・1　4・4　4・9　4・11　4・12　4・13　4・21　7・6　7・9　9・4　9・6　11・4　11・6　11・12　12・5　12・9　13・3　13・12　14・1　14・9　14・11　14・17　19・6　20・1

12・6

喜多　植竹　森安　椎名　渡会　富安　落合　など

1字名：5　7　15

2(3)字名：1・4　1・5　1・6　1・20　2・3　2・4　2・5　2・13　2・15　2・27　7・4　7・6　9・4　9・6　10・3　10・5　10・11　10・13　10・17　11・4　11・6　12・1　12・3　12・5　18・3　18・11　19・4　19・20　21・6

12・7

奥村 植村 森沢 須貝 湯沢 萩尾 飯村 富沢 など

1字名
4 6 10 14

2(3)字名
1・4 1・5 4・1 4・9 4・12 6・12
6・27 8・5 8・21 8・25 9・4 9・9 9・20 10・6
10・23 11・5 14・4 14・15 14・19 16・13 17・12 18・11
18・15 20・13

12・9

渥美 越後 奥津 結城 勝俣 植草 森重 湯浅 など

1字名
2 4 12 14 20

2(3)字名
2・1 2・9 4・4 4・12 4・20 4・23
4・27 6・5 6・11 6・18 6・21 7・1 7・4 7・11
7・17 7・20 8・3 8・9 8・19 8・29 9・9 12・6
12・19 20・11 20・17 22・5 22・9

12・11

渡部 奥野 間野 軽部 植野 森崎 萩野 谷田部 など

1字名
2 4 6 10 12 14

2(3)字名
2・6 2・13 4・4 4・11 4・12 4・20
5・3 5・11 5・13 5・20 6・12 6・19 7・9 7・11
10・5 10・6 10・15 12・3 12・4 12・12 12・13 13・3
13・11 13・12 14・4 14・11 20・5 20・9 21・3 21・4

12・13

森園 奥園 御園 など

1字名
2 4 10 12 14

2(3)字名
2・4 2・5 2・6 2・11 3・3 3・4
3・5 3・13 4・12 5・1 5・3 5・11 8・5 8・15
10・3 10・6 10・13 10・17 11・5 11・12 12・1 12・4
12・11 14・9 16・11 18・5 18・9 19・4 20・3

12・8

植松 森岡 飯岡 飯沼 富岡 朝岡 伊地知 など

1字名
5 7 15 17

2(3)字名
3・15 3・29 5・6 5・20 7・4 7・6
7・11 7・20 7・25 8・5 8・13 8・17 9・6 9・23
10・1 10・3 10・5 10・11 10・15 10・17 10・27 13・5
13・19 15・6 16・9 16・11 19・6 19・19 23・9

12・10

間宮 喜納 森島 森脇 朝倉 塚原 萩原 飯島 など

1字名
5 7 15

2(3)字名
1・4 1・15 3・4 3・12 3・13 3・20
5・6 5・11 5・20 6・9 6・17 6・19 7・4 7・6
8・3 8・5 8・9 8・15 11・4 11・5 13・3 13・4
14・1 14・9 14・11 14・21 15・20 19・20 22・1

12・12

越智 須賀 椎葉 塚越 飯塚 番場 富塚 など

1字名
5 17

2(3)字名
1・4 3・4 3・5 3・20 3・21 4・1
4・3 4・4 4・9 4・11 4・13 4・19 4・20 4・29
5・6 6・15 9・4 9・15 11・4 12・3 13・4 13・20
17・4 19・4 19・5 20・1 20・3 20・4 20・13

12・14

道端 勝嶋 森嶋 飯嶋 間嶋 など

1字名
7 15

2(3)字名
1・4 1・5 1・12 2・3 2・4 2・9
2・11 2・13 3・3 3・12 4・1 4・11 7・4 10・1
10・5 10・21 11・4 11・20 11・21 11・26 13・26 17・20
18・13

姓の画数 12・16

棚橋　富樫　など

名の吉数

1字名：5　17

2(3)字名：1・4　1・6　2・3　2・5　2・9　2・27　5・6　5・12　5・19　7・4　7・6　7・17　7・26　8・3　8・5　8・25　8・27　9・4　9・15　9・26　11・26　13・26　16・17　16・23　22・13　22・15

姓の画数 12・19

間瀬　渡瀬　など

名の吉数

1字名：2　4　10　14

2(3)字名：2・4　2・6　2・19　4・13　4・17　5・1　5・3　5・11　5・27　6・11　6・15　6・21　8・9　8・13　8・19　10・6　10・11　10・17　10・27　12・4　12・9　12・20　13・19　18・3　19・13　20・1

姓の画数 13・4

新井　鈴木　碓井　新木　滝井　楠木　福井　福元　など

名の吉数

1字名：—

2(3)字名：1・5　1・23　2・5　2・14　2・16　3・4　3・5　3・18　4・2　4・4　4・11　4・12　4・20　7・8　7・11　11・4　11・5　11・10　11・24　12・3　12・4　12・12　13・3　13・5　14・2　14・4　14・10　20・4　21・3

姓の画数 13・6

新庄　新宅　新名　福西　福地　園寺　瑞江　蓮池　など

名の吉数

1字名：—

2(3)字名：1・4　1・5　1・12　2・3　2・4　2・11　2・16　5・8　5・11　5・28　7・11　9・4　9・20　9・24　10・3　10・8　11・5　11・18　12・4　15・3　15・18　17・16　18・11　19・10　19・14

姓の画数 12・18

森藤　須藤　など

名の吉数

1字名：5　7　17

2(3)字名：3・5　3・12　3・15　5・6　5・26　6・9　6・29　7・4　7・11　9・6　9・9　9・26　9・29　11・6　11・20　11・26　11・27　13・4　13・20　14・19　15・3　17・1　17・20　17・21　19・19　20・11　21・17

姓の画数 13・3

遠山　塩川　滑川　溝口　滝口　滝川　福山　小宮山　など

名の吉数

1字名：—

2(3)字名：2・11　3・2　3・5　3・12　3・18　3・20　4・3　4・4　4・11　5・3　5・8　5・10　5・11　5・12　5・16　5・20　8・5　10・5　12・4　12・5　12・11　13・4　13・12　14・3　14・11　15・2　15・10　15・16　20・5　21・4

姓の画数 13・5

福永　福田　豊田　塩田　新田　園田　滝本　福本　など

名の吉数

1字名：—

2(3)字名：1・4　1・10　1・12　1・14　2・3　2・4　2・5　2・19　3・2　3・3　3・4　3・12　6・11　10・3　10・5　10・11　11・2　11・4　11・10　11・12　12・3　12・5　13・2　13・4　13・8　13・16　19・4　20・3

姓の画数 13・7

塩沢　塩谷　新村　新谷　滝沢　福沢　蜂谷　蓮見　など

名の吉数

1字名：—

2(3)字名：1・4　1・17　1・24　4・28　6・5　8・10　8・19　9・4　9・12　9・28　10・5　10・8　10・28　11・4　11・14　11・16　11・26　14・18　16・16　17・4　17・8　18・14　20・5　20・18　22・5　22・10

13・8

新岡 新居 新妻 新沼 福岡 豊岡 蓮沼 など

1字名 —

2(3)字名 3・5 3・8 3・28 5・3 5・11 5・19 5・26 7・4 7・11 7・20 8・8 8・10 8・16 8・19 9・18 10・8 10・14 13・3 13・11 13・14 13・18 15・3 15・16 16・8 17・10 17・14 17・20 19・18 21・10 23・8

13・10

塩原 嵯峨 新宮 新倉 福原 福島 福留 豊島 など

1字名 —

2(3)字名 3・3 3・12 3・22 5・3 5・10 5・11 5・19 5・20 6・2 6・10 6・12 6・18 6・19 7・8 11・18 13・2 13・3 13・12 13・22 14・2 15・3 15・10 15・20 21・3 21・8 22・2 23・2

13・12

猿渡 新開 福間 福森 福富 溝淵 など

1字名 —

2(3)字名 1・5 1・12 3・3 3・4 3・5 3・10 3・20 3・24 4・3 4・4 4・19 5・2 5・3 5・11 5・22 6・2 6・10 11・2 11・5 11・22 12・4 12・11 12・20 13・10 13・14 13・20 15・12 21・2 21・12 23・4

13・16

愛澤 新澤 滝澤 猿橋 福積 豊澤 塩澤 福薗 など

1字名 —

2(3)字名 1・2 1・5 1・17 2・4 2・14 2・16 5・3 5・11 5・18 7・11 7・16 7・25 8・8 8・10 8・24 9・14 11・5 13・3 15・3 15・8 16・2 16・16 19・19

13・9

照屋 新屋 新垣 新城 新津 新美 新保 宇佐美 など

1字名 —

2(3)字名 2・3 2・11 4・11 4・12 4・19 6・5 6・10 6・19 7・8 7・16 7・18 8・8 9・2 9・4 9・14 9・16 9・26 12・11 14・2 14・3 14・11 15・8 15・10 15・20 16・19 20・19 23・2 23・12

13・11

園部 塩崎 塩野 新堀 新野 滝野 楢崎 福崎 など

1字名 —

2(3)字名 2・3 2・19 4・3 4・11 4・19 4・20 5・2 5・3 5・8 5・10 5・12 5・19 5・28 10・3 10・11 10・14 12・3 13・2 13・8 14・3 14・10 14・19 20・3 20・4 20・19 21・2 21・3 21・12

13・14

新関 新嶋 滝嶋 福嶋 豊嶋 聖徳 など

1字名 —

2(3)字名 1・4 1・10 2・3 2・6 3・2 3・3 3・8 4・4 4・14 7・4 7・11 7・14 7・18 9・12 9・16 10・8 10・11 11・10 11・14 11・20 13・5 13・8 13・12 13・18 15・3 15・10 17・4 17・8 17・14 18・3

13・18

遠藤 新藤 園藤 滝藤 豊藤 群藤 など

1字名 —

2(3)字名 3・3 3・4 3・5 3・18 5・11 5・12 5・16 6・2 6・10 6・26 7・10 7・14 7・25 9・12 11・5 13・4 13・8 13・19 14・2 14・3 14・18 17・4 17・10 19・2

14・3

姓の画数：稲川　蔭山　関口　関川　増子　徳丸　徳山　など

名の吉数

1字名：10　12　14　15　20　22

2(3)字名：2・4　3・4　3・15　4・2　4・3　4・4　4・11　4・17　5・3　5・10　5・11　5・19　8・7　8・8　8・10　10・25　12・3　12・4　12・9　13・2　13・3　13・11　14・2　14・4　15・3　18・3　18・13　20・15　21・3

14・5

姓の画数：榎本　増田　種市　稲田　窪田　関本　徳永　小野田　など

名の吉数

1字名：2　6　10　12　16

2(3)字名：1・5　1・17　2・3　2・4　2・27　3・2　3・3　3・5　3・13　3・15　6・7　6・23　6・27　8・10　8・21　8・25　10・3　11・2　11・7　13・3　13・25　16・13　16・17　18・15　20・9　20・13　22・7

14・7

姓の画数：稲見　稲村　樺沢　関谷　熊沢　熊谷　種村　野々村　など

名の吉数

1字名：4　10　14　17

2(3)字名：1・10　1・15　1・17　4・7　4・23　6・10　6・18　6・21　8・9　8・10　9・2　9・7　9・9　9・15　10・17　11・7　14・10　14・13　14・17　16・15　17・7　17・10　18・9　22・2　22・9　24・7

14・9

姓の画数：稲垣　徳重　鳴海　など

名の吉数

1字名：2　4　6　12　14　15　16　22

2(3)字名：2・4　2・27　4・2　4・11　4・21　4・31　6・9　6・19　7・9　7・11　7・18　8・10　9・7　12・4　12・13　14・1　14・2　14・10　14・11　14・21　15・1　15・9　15・10　16・9　20・4　20・9　20・18　22・2　22・7　23・1

14・4

姓の画数：稲毛　関戸　熊井　熊木　緒方　増井　綿引　山野井　など

名の吉数

1字名：14

2(3)字名：1・2　1・4　2・1　2・3　2・4　2・11　2・13　2・15　2・21　2・25　3・2　3・3　4・1　4・2　4・11　11・2　11・4　12・1　12・3　12・11　12・15　13・2　14・1　14・15　14・25　21・2

14・6

姓の画数：稲吉　小野寺　など

名の吉数

1字名：5　7　12　15

2(3)字名：1・4　1・17　1・24　2・3　2・13　2・15　2・23　2・25　5・10　5・27　7・4　9・4　10・11　10・15　11・4　11・7　11・27　12・3　12・13　12・15　12・25　15・10　15・17　18・7　21・4　21・17　23・9

14・8

姓の画数：稲岡　増岡　など

名の吉数

1字名：5　15

2(3)字名：3・2　3・10　3・13　5・10　5・11　5・18　7・4　7・9　7・18　8・7　8・15　8・17　8・27　9・4　9・7　10・1　10・7　10・15　13・2　13・3　13・10　15・1　15・10　16・7　16・9　16・19　16・25　21・18

14・10

姓の画数：関原　関根　綱島　漆原　徳原　小笠原　仲宗根　など

名の吉数

1字名：5　14　15

2(3)字名：1・2　1・10　1・23　3・2　3・10　3・18　3・21　5・10　6・7　6・9　7・10　8・7　11・2　11・10　11・13　13・2　13・11　14・1　14・7　14・9　14・10　14・19　15・9　19・2　19・4　21・2　21・3　21・18　22・11

14・11

綾部 管野 関野 熊崎 綿貫 二階堂 波多野 など

1字名：2 4 6 7 14

2(3)字名：2・4 2・11 2・21 4・3 4・4 4・9 4・19 4・23 5・2 5・3 5・18 5・27 6・1 6・2 6・10 6・21 7・1 12・1 12・4 12・11 12・21 13・3 13・10 13・19 14・13 14・19 22・1 22・10 22・11 24・3

14・16

熊懐 嶋橋 稲澤 関澤 熊澤 増澤 など

1字名：2 5 7 15 17 22

2(3)字名：1・4 1・10 1・17 2・3 2・9 2・13 5・3 5・10 5・12 5・13 7・4 7・10 7・11 8・3 8・7 8・9 8・10 9・2 9・9 9・18 11・4 11・7 13・2 13・4 15・2 15・3 16・1 16・2 16・11 17・10

15・3

横山 影山 横川 諫山 長谷川 など

1字名：5 14 15

2(3)字名：2・1 2・9 3・2 3・8 3・10 3・20 4・3 4・17 5・1 5・2 5・6 5・8 5・10 5・16 5・18 8・3 8・9 10・1 12・1 12・3 12・9 12・17 13・2 13・8 13・10 14・3 15・6 15・14 18・11 21・2

15・5

横田 駒田 権田 蔵田 蔵本 潮田 縄田 熱田 など

1字名：12

2(3)字名：1・10 1・12 2・3 2・16 2・23 3・2 3・12 3・14 3・22 3・24 6・9 6・12 6・26 8・3 8・10 8・17 10・8 11・2 11・10 12・3 12・6 12・26 13・2 13・12 13・14 13・24 19・2 22・3 24・3

14・12

稲森 稲富 稲葉 雑賀 増淵 小野塚 比留間 など

1字名：5 6 12 15

2(3)字名：1・4 1・10 3・4 3・10 4・3 4・9 5・1 5・2 5・10 6・1 6・9 11・2 11・4 11・10 11・21 11・24 12・1 12・3 12・9 12・19 12・23 13・24 15・24 21・10

14・19

綾瀬 稲瀬 歌瀬 静瀬 聞瀬 など

1字名：4 5 14

2(3)字名：2・3 2・4 2・13 4・1 4・2 4・4 4・11 4・21 5・1 5・3 5・10 5・19 6・2 6・9 6・18 6・19 8・7 8・17 10・5 12・3 12・13 12・23 13・2 13・11 13・19 14・1 14・18 16・9 18・7 20・4

15・4

横井 横手 横内 駒井 宇津木 など

1字名：4 14

2(3)字名：1・17 2・3 2・16 3・2 3・3 3・26 4・1 4・2 4・12 4・14 7・6 7・26 9・9 9・24 11・2 11・22 12・6 13・3 13・16 13・26 14・2 14・24 17・12 17・16 17・22 23・6

15・6

横江 横地 蝦名 海老名 など

1字名：2 10 12 17

2(3)字名：1・10 1・17 2・9 2・14 2・16 5・6 5・26 7・9 7・17 7・24 9・2 9・8 9・18 10・6 10・8 11・6 11・16 12・6 12・12 15・1 15・3 15・9 15・12 15・16 15・22 17・1 17・14 18・6 19・8 23・8

姓の画数 / 名の吉数

15・7

横沢 横谷 横尾 駒形 海老沢 など

1字名：10 16

2(3)字名：1・10 1・12 1・14 1・24 4・1 4・9 4・12 6・9 6・10 6・17 8・3 8・8 8・17 9・6 9・16 10・3 10・6 11・2 11・6 11・12 11・24 14・9 16・9 17・6 17・8 17・18 17・24 18・17

15・10

横倉 横島 海老 原 など

1字名：6 7 14 22

2(3)字名：3・3 3・10 3・20 5・2 5・3 5・8 5・18 5・22 6・1 6・2 6・10 6・17 7・1 7・9 7・20 8・8 13・3 13・10 13・20 14・2 14・9 14・18 15・8 15・12 15・18 17・6 17・10 17・10 21・2 22・1

15・12

横塚 儀間 具志堅 大須賀 など

1字名：4 5 6 20

2(3)字名：1・10 1・17 1・20 3・2 3・3 3・18 3・22 4・1 4・2 4・14 5・1 5・3 5・6 5・20 6・2 6・12 9・9 9・12 9・22 11・10 11・14 11・20 13・12 15・3 15・10 17・1 17・14 17・24 20・1

16・3

鮎川 鴨川 館山 橋口 築山 薮下 安孫子 など

1字名：4 5 10 14 22

2(3)字名：2・11 2・16 3・13 3・15 4・1 4・2 4・9 4・25 5・1 5・8 5・11 5・13 8・5 8・8 8・21 8・25 8・31 10・8 12・17 13・5 14・2 14・15 14・25 15・1 15・23 18・11 21・8 22・7

15・8

諸岡 など

1字名：10 15

2(3)字名：3・3 3・12 3・15 3・26 5・1 5・10 5・20 7・1 7・8 7・9 7・17 7・18 8・8 8・10 8・16 8・17 9・6 9・16 10・6 13・16 15・1 15・9 15・10 15・20 16・8 16・9 17・1 17・8 17・18 23・1

15・11

横堀 横野 諏訪 箱崎 長谷部 など

1字名：5 6 12 22

2(3)字名：2・3 2・9 4・1 4・2 4・3 4・9 5・2 5・8 5・10 5・32 6・1 6・9 7・6 7・8 7・14 10・1 12・1 12・3 12・9 12・23 13・2 13・8 13・18 13・22 14・1 16・23 22・9 22・10

15・16

諸橋 播磨 穂積 など

1字名：2 7 17

2(3)字名：1・20 2・6 2・14 5・1 5・12 5・16 5・22 7・1 7・9 7・14 8・8 8・24 9・8 9・12 9・18 11・6 11・10 13・3 13・8 13・14 13・24 15・1 15・6 15・17 15・22 16・16 17・10 21・16

16・4

橋元 橋爪 樽井 薄井 薮内 田部 井 など

1字名：4 7

2(3)字名：1・2 2・1 2・9 2・11 2・13 3・2 3・15 3・22 4・7 4・9 4・13 7・25 9・2 9・16 11・7 11・16 12・5 12・9 12・13 13・2 13・5 13・8 14・1 14・11 14・13 14・23 17・8 17・15 19・2 23・2

16・5

橋本 薗田 樫本 橋田 薦田 繁田 薮田 薮本 など

1字名
16 24

2(3)字名
1・2 1・5 1・16 2・9 2・15 2・16
2・25 3・5 3・8 3・13 3・21 6・2 6・5 6・25
8・8 8・16 8・23 10・7 10・8 10・17 11・5 11・13
12・15 13・5 16・8 16・11 16・15 18・13 19・5 24・7

16・8

橋岡 繁岡 澤武 など

1字名
5 7 15 17 23

2(3)字名
3・2 3・5 3・8 3・21 5・2 5・8
5・16 5・19 7・1 7・16 7・17 8・5 8・7 8・9
8・15 8・16 9・8 9・15 9・32 10・1 10・5 10・13
10・23 15・8 15・9 17・7 17・22 23・1

16・11

館野 橋野 興梠 上遠野 など

1字名
4 5 6 14

2(3)字名
2・9 2・16 2・19 4・1 4・2 4・17
4・21 5・1 5・13 5・16 6・2 7・1 7・11 7・31
10・1 10・8 10・11 12・9 12・13 13・5 13・8 14・7
14・11 16・2 16・9 16・22 18・13 20・5 21・17 24・1

16・18

衛藤 錦織 など

1字名
5 7

2(3)字名
3・2 3・8 3・15 5・8 6・5 6・7
6・17 6・25 7・11 7・16 7・17 7・22 9・2 9・9
11・2 11・7 11・13 13・11 13・16 14・9 14・15 14・17
15・8 15・9 15・16 17・1 17・7 19・5

16・7

樫村 橋村 など

1字名
4 6 10 14 16

2(3)字名
1・5 1・15 4・11 4・21 6・9 6・29
8・7 8・16 8・17 9・7 9・9 9・15 9・16 10・15
10・25 11・5 14・2 14・11 14・15 16・8 16・9 17・7
17・8 18・7 18・17 20・5 20・9 22・7 24・5

16・10

樫原 橘高 鴫原 など

1字名
5 6 7 15

2(3)字名
1・2 1・5 3・2 3・8 3・29 5・8
5・16 5・32 6・1 6・5 6・7 6・9 6・15 7・8
8・7 8・29 11・2 13・2 13・8 13・22 14・1 14・7
14・17 14・21 15・22 17・22 23・8

16・12

橋場 龍﨑 澤﨑 澤登 安座間 中 須賀 など

1字名
4 5 17

2(3)字名
1・2 3・2 3・8 3・21 4・1 4・7
4・9 4・29 4・31 5・2 5・19 5・32 6・1 6・7
6・23 6・29 9・2 9・15 11・2 11・13 12・1 12・21
13・11 13・22 15・22 17・22 20・9 23・1

17・3

磯山 利根川 など

1字名
4 5 15

2(3)字名
2・1 2・19 3・8 3・18 4・1 4・14
4・21 4・28 5・6 5・10 5・12 5・16 5・20 5・22
8・10 8・24 10・1 10・22 12・1 12・6 14・1 14・4
14・24 15・10 15・12 18・14 20・1 20・12

17・5

姓の画数

磯田 磯辺 篠田
霜田 鍋田 新井
田 など

名の吉数

1字名: 2, 16

2(3)字名: 1・4, 1・12, 1・14, 2・14, 2・15, 3・8, 3・10, 3・12, 3・14, 6・7, 6・10, 10・1, 10・6, 10・15, 11・4, 11・6, 11・12, 11・14, 12・1, 12・4, 13・12, 13・22, 16・7, 18・7, 19・4, 19・6, 20・15, 22・1

17・8

鍛治 東海林
濱岡 濱松 嶺岸
など

1字名: 7, 10, 16

2(3)字名: 3・20, 5・1, 5・8, 5・18, 5・28, 7・1, 7・6, 7・16, 7・20, 7・31, 8・8, 8・15, 8・24, 9・7, 9・18, 10・6, 10・28, 13・10, 15・1, 15・8, 15・18, 16・7, 17・6, 17・10, 17・21, 19・8, 21・12

17・10

鮫島 篠原 鍋島
宇都宮 など

1字名: 5, 6, 14

2(3)字名: 1・4, 1・10, 1・20, 3・8, 3・15, 3・18, 3・22, 5・1, 5・16, 5・20, 6・12, 6・15, 7・14, 7・18, 7・24, 8・10, 11・10, 11・20, 13・12, 14・7, 15・6, 15・10, 17・1, 17・4, 17・8, 17・21, 19・12, 19・22

17・12

濱﨑 篠喜 篠塚
濱登 磯﨑 濱﨑
篠﨑 など

1字名: 4, 6, 12, 23

2(3)字名: 1・5, 1・7, 1・15, 1・22, 3・15, 4・4, 4・12, 4・14, 4・28, 5・1, 5・18, 6・10, 6・12, 9・7, 9・14, 11・7, 11・12, 12・4, 12・6, 12・20, 13・10, 15・1, 17・1, 17・6, 17・15, 19・4

17・7

姓の画数

磯貝 磯村 磯谷
糟谷 加賀谷
高見沢 など

名の吉数

1字名: 14, 17

2(3)字名: 1・4, 1・6, 1・16, 1・14, 4・1, 4・7, 4・20, 6・7, 6・15, 6・18, 8・7, 8・15, 8・16, 9・4, 9・6, 9・8, 9・14, 9・15, 9・24, 9・28, 10・7, 11・12, 14・7, 16・7, 17・4, 17・6, 17・7, 17・24, 18・6, 18・15

17・9

糟屋 檜垣 濱垣
濱咲 磯前 など

1字名: 6, 7, 12, 15

2(3)字名: 2・1, 2・4, 4・1, 4・7, 6・7, 6・15, 7・4, 7・8, 7・14, 7・24, 8・7, 8・24, 9・6, 9・28, 14・1, 15・6, 15・16, 15・20, 15・22, 16・15, 16・16, 16・21, 22・10, 23・8, 23・14

17・11

磯﨑 磯部 磯野
篠﨑 など

1字名: 4, 5, 7, 10

2(3)字名: 2・1, 4・1, 4・7, 4・20, 5・6, 5・8, 5・12, 6・1, 6・18, 7・4, 7・6, 7・10, 7・22, 10・1, 10・14, 12・1, 12・12, 13・4, 13・16, 13・20, 13・22, 14・10, 16・1, 16・21, 20・4

18・3

藤丸 藤山 藤川
野見山 など

1字名: —

2(3)字名: 2・9, 2・14, 3・13, 3・21, 4・20, 4・23, 5・13, 5・19, 8・3, 8・9, 8・23, 10・6, 10・7, 10・14, 10・17, 10・27, 12・5, 12・6, 12・15, 13・5, 13・11, 14・13, 15・3, 18・6, 18・9, 18・13, 20・11, 21・3

18・4

藤井 藤元 藤中
藤木 鎮井 など

1字名：—

2(3)字名：1・6、1・14、2・5、2・9、2・11、2・13、2・23、3・14、4・3、4・7、4・11、4・13、7・6、9・6、9・7、9・14、11・6、11・14、12・3、12・5、12・13、14・3、14・11、17・6、19・6、20・3、20・5

18・6

藤吉 藤江 鯉江
鎮守 鎮西 など

1字名：—

2(3)字名：5・6、5・19、7・6、7・14、7・17、9・6、9・8、9・14、9・15、10・3、10・5、10・7、10・13、10・14、10・23、10・27、11・6、15・6、15・9、17・6、17・7、18・3、18・5、18・6、18・15、19・5、19・14

18・8

藤岡 藤枝 藤沼
藤波 藤林 難波
など

1字名：—

2(3)字名：3・3、5・6、5・27、5・30、7・6、7・14、7・30、8・3、8・5、8・7、8・13、8・23、8・27、8・29、9・6、9・23、10・5、10・11、15・6、15・17、15・20、16・5、16・15、16・19、17・14、17・20、19・20

18・10

藤原 鎌倉 藤倉
藤島 藤浪 藤宮
藤家 藤浦 など

1字名：—

2(3)字名：1・23、3・21、5・6、5・19、5・30、6・5、6・7、6・27、6・29、7・6、7・30、8・3、8・5、8・27、8・29、11・6、11・13、13・11、13・20、14・15、14・21、14・23、15・9、15・14、15・20、17・20、19・5、19・20、21・3、21・14

18・5

藤田 鎌田 織田
藤永 藤生 藤代
藤平 藤本 など

1字名：—

2(3)字名：1・5、1・7、1・14、1・15、1・17、2・6、2・14、3・5、3・13、8・7、8・17、8・27、10・5、10・6、10・14、10・15、11・5、11・7、11・13、11・14、11・27、16・9、16・13、16・19、18・6、18・7、18・17、19・5、19・6、20・5

18・7

鵜沢 藤村 藤沢
藤谷 藤尾
喜多村 など

1字名：—

2(3)字名：1・5、1・6、1・7、1・15、6・7、6・17、6・27、8・5、8・15、8・19、8・30、9・7、9・14、9・23、10・6、10・13、10・17、11・5、11・27、16・7、16・17、17・6、17・15、18・5、18・9、18・15、20・7

18・9

藤巻 藤城
宇賀神 など

1字名：—

2(3)字名：2・3、2・9、2・19、4・7、4・14、4・17、6・5、6・15、6・19、7・11、7・14、8・3、8・13、8・17、8・23、8・30、9・9、9・29、12・9、12・19、15・5、15・6、16・15、16・9、18・7、20・5

18・11

藤崎 藤堂 藤野
曽我部 など

1字名：—

2(3)字名：2・6、2・14、2・21、4・14、4・19、5・3、5・11、5・13、6・17、6・23、7・9、7・11、10・6、10・13、10・19、12・6、12・11、13・3、13・5、13・19、14・9、16・7、16・13、16・23、18・5、18・11、18・20、20・3、20・9、20・19

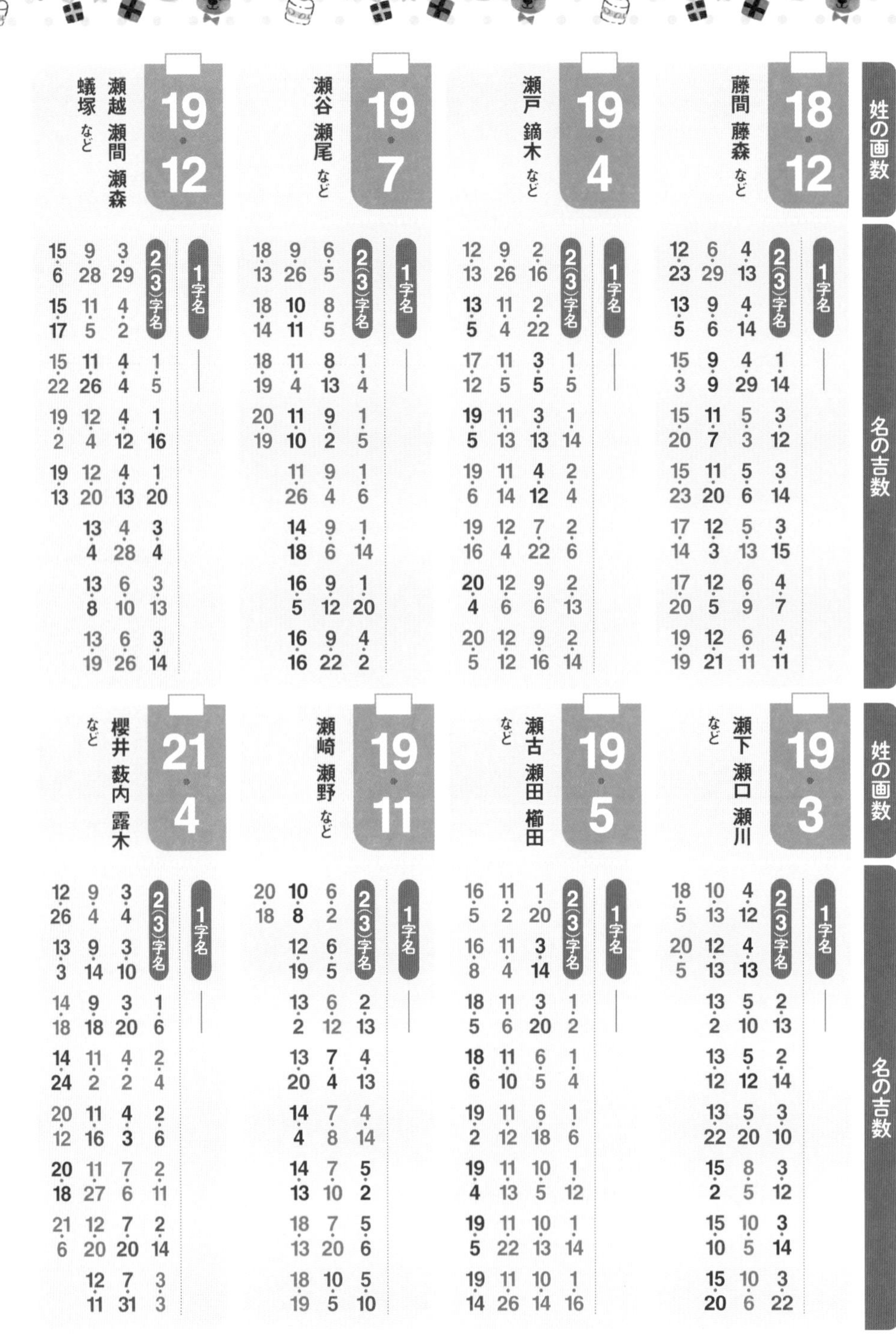

姓の画数	18・12	19・4	19・7	19・12
	藤間 藤森 など	瀬戸 鏑木 など	瀬谷 瀬尾 など	瀬越 瀬間 瀬森 蟻塚 など
名の吉数 1字名	—	—	—	—
名の吉数 2(3)字名	1・14 3・12 3・14 3・15 4・7 4・11 4・13 4・14 4・29 5・3 5・6 5・13 6・9 6・11 6・29 9・6 9・9 11・7 11・20 12・3 12・5 12・21 12・23 13・5 15・3 15・20 15・23 17・14 17・20 19・19	1・5 1・14 2・4 2・6 2・13 2・14 2・16 2・22 3・5 3・13 4・12 7・22 9・6 9・16 9・26 11・4 11・5 11・13 11・14 12・4 12・6 12・12 12・13 13・5 17・12 19・5 19・6 19・16 20・4 20・5	1・4 1・5 1・6 1・14 1・20 4・2 6・5 8・5 8・13 9・2 9・4 9・6 9・12 9・22 9・26 10・11 11・4 11・10 11・26 14・18 16・5 16・16 18・13 18・14 18・19 20・19	1・5 1・16 1・20 3・4 3・13 3・14 3・29 4・2 4・4 4・12 4・13 4・28 6・10 6・26 9・28 11・5 11・26 12・4 12・20 13・4 13・8 13・19 15・6 15・17 15・22 19・2 19・13

姓の画数	19・3	19・5	19・11	21・4
	瀬下 瀬口 瀬川 など	瀬古 瀬田 櫛田 など	瀬崎 瀬野 など	櫻井 薮内 露木 など
名の吉数 1字名	—	—	—	—
名の吉数 2(3)字名	2・13 2・14 3・10 3・12 3・14 3・22 4・12 4・13 5・10 5・12 5・20 8・5 10・5 10・6 10・13 12・13 13・2 13・12 13・22 15・2 15・10 15・20 18・5 20・5	1・2 1・4 1・6 1・12 1・14 1・16 1・20 3・14 3・20 6・5 6・18 10・5 10・13 10・14 11・2 11・4 11・6 11・10 11・12 11・13 11・22 11・26 16・5 16・8 18・5 18・6 19・2 19・4 19・5 19・14	2・13 4・13 4・14 5・2 5・6 5・10 6・2 6・5 6・12 7・4 7・8 7・10 7・20 10・5 10・8 12・19 13・2 13・20 14・4 14・13 18・13 18・19 20・18	1・6 2・4 2・6 2・11 2・14 3・3 3・4 3・10 3・20 4・2 4・3 7・6 7・20 7・31 9・4 9・14 9・18 11・2 11・16 11・27 12・20 12・11 12・26 13・3 14・18 14・24 20・12 20・18 21・6

21・5
鶴田 鶴永 櫻田 桜本 など

1字名: —

2(3)字名: 1・4 / 1・6 / 1・12 / 1・14 / 2・3 / 2・4 / 3・2 / 3・3 / 3・4 / 3・12 / 8・3 / 8・24 / 8・27 / 10・11 / 10・27 / 11・2 / 11・4 / 11・24 / 12・3 / 12・27 / 13・2 / 13・18 / 18・3 / 18・14 / 18・17 / 19・2 / 19・12 / 19・16

21・8
鶴岡 喜屋武 鶴 居 など

1字名: —

2(3)字名: 3・20 / 3・26 / 5・11 / 5・18 / 5・27 / 7・11 / 7・16 / 8・8 / 8・10 / 9・20 / 10・6 / 10・8 / 13・3 / 15・8 / 16・16 / 17・6 / 19・10 / 19・20 / 21・8 / 21・17 / 21・18 / 23・6 / 24・8

23・5
鴨志田 鷲田 鷲 平 など

1字名: 10 / 24

2(3)字名: 1・2 / 1・4 / 1・6 / 1・10 / 1・12 / 3・2 / 3・4 / 6・18 / 10・14 / 10・25 / 10・29 / 11・2 / 11・18 / 11・22 / 11・24 / 12・1 / 12・25 / 13・16 / 13・22 / 13・24 / 16・8 / 18・6 / 20・4

26・6
薬師寺 など

1字名: 5 / 7 / 15

2(3)字名: 1・15 / 2・3 / 2・5 / 2・13 / 5・1 / 5・11 / 5・26 / 7・6 / 7・9 / 7・26 / 9・6 / 9・7 / 9・22 / 10・3 / 10・5 / 10・6 / 10・15 / 11・5 / 12・3 / 12・13 / 15・1 / 18・7 / 18・13 / 18・15 / 19・6 / 19・12

21・7
鶴見 鶴谷 鶴村 鶴谷 鶴来 など

1字名: —

2(3)字名: 1・2 / 1・4 / 1・6 / 1・10 / 1・12 / 4・20 / 6・18 / 8・3 / 8・16 / 8・27 / 9・2 / 9・4 / 9・20 / 9・24 / 9・26 / 10・3 / 10・14 / 10・27 / 11・2 / 11・18 / 11・24 / 14・10 / 16・8 / 18・6 / 18・11 / 18・17 / 20・17 / 22・2

23・3
瀬戸口 瀬戸山 など

1字名: 5 / 12 / 15 / 22

2(3)字名: 2・4 / 3・2 / 3・4 / 3・10 / 3・12 / 4・1 / 4・2 / 5・1 / 5・2 / 5・10 / 5・16 / 10・1 / 10・22 / 10・25 / 12・1 / 12・25 / 13・2 / 13・8 / 13・22 / 13・24 / 14・1 / 14・18 / 14・25 / 15・6 / 15・16 / 20・1 / 20・12 / 20・15 / 21・10 / 21・14

23・7
鷲見 鷲尾 鷲谷 など

1字名: —

2(3)字名: 1・4 / 1・6 / 1・10 / 1・14 / 1・16 / 4・1 / 4・14 / 4・29 / 6・12 / 6・25 / 8・9 / 8・10 / 9・6 / 9・8 / 10・1 / 10・8 / 10・25 / 11・4 / 11・6 / 11・16 / 11・24 / 14・1 / 14・4 / 18・9 / 20・15 / 22・9 / 22・15

27・12
横須賀 など

1字名: —

2(3)字名: 1・5 / 1・12 / 3・5 / 3・10 / 3・21 / 4・4 / 4・14 / 4・25 / 5・8 / 6・12 / 9・4 / 9・20 / 9・30 / 11・21 / 12・12 / 13・11 / 15・14 / 17・12 / 17・21 / 19・10 / 19・20 / 20・4 / 20・12

画数で選ぶ男の子の名前

画数別に男の子の名前を紹介しています。
掲載しているのは、
すべて地格が吉以上になる名前です。

リストの見方

姓に合う画数をチェック
1字目の画数
2字目または2字目と3字目の合計画数
地格
霊数

心 しん 4・(1) 5

4－17［心之輔 しんのすけ 4・17 21

※1字名は霊数「1」を足した数が地格になります

名の1字目が 1画

1・2 → 3
レン れん

1・4 → 5
一太 いちた
一斗 いちと
一心 いっしん
一友 かずとも
一仁 かずひと

1・5 → 6
一功 いっこう
一生 いっせい
一平 いっぺい
乙矢 おとや
一矢 かずや
一史 ひとし
一二三 ひふみ

1・6 → 7
一圭 いっけい
一光 いっこう
一成 いっせい
一宇 かずたか
一旬 かずとき
一帆 かずほ
一壮 かずまさ
一行 かずゆき

1・7 → 8
一冴 いっさ
一秀 いっしゅう
一芯 いっしん
一臣 かずおみ
一希 かずき
一志 かずし
一伸 かずのぶ
一寿 かずひさ
一之心 いちのしん
一之介 いちのすけ

1・10 → 11
一朗 いちろう
一起 いっき
一航 いっこう
一粋 いっすい
一晟 いっせい
一哲 いってつ
一峻 かずたか
一展 かずひろ
一馬 かずま
一真 かずま
一将 かずまさ
一峰 かずみね

1・12 → 13
一道 いちどう
一稀 いつき
一喜 いっき
一揮 いっき
一景 いっけい
一敬 いっけい
一惺 いっせい
一創 いっそう
乙貴 おとき
乙晴 おとはる
一瑛 かずあき
一雄 かずお
一詞 かずし
一翔 かずと
一渡 かずと
一晴 かずはる
一陽 かずひ
一博 かずひろ
一裕 かずひろ
一尋 かずひろ
一勝 かずまさ
一善 かずよし

1・14 → 15
一瑳 いっさ
一誓 いっせい
一彰 かずあき
一鳳 かずたか
一徳 かずのり
一嘉 かずよし
一太朗 いちたろう
一之進 いちのしん

1・15 → 16
一澄 いずみ
一輝 いっき
乙輝 いつき
一慧 いっけい
一慶 いっけい
一徹 いってつ
一毅 かずき
一摯 かずし
一範 かずのり
一穂 かずほ
一ノ輔 いちのすけ

1・16 → 17
一機 かずき
一樹 かずき
一繁 かずしげ
一磨 かずま

1・17 → 18
一謙 かずのり
一優 かずまさ
一彌 かずや
一之輔 いちのすけ

1・20 → 21
一耀 かずてる

1・22 → 23
一驍 かずとし

1・23 → 24
一鷲 いっしゅう

1・24 → 25
一鷹 かずたか

名の1字目が 2画

2・(1) → 3
了 さとる
力 ちから

2・1 → 3
了一 りょういち

2・3 → 5
了也 さとや
十也 とおや
人士 ひとし
人也 ひとや
ヒロ ひろ
力丸 りきまる
力也 りきや

2・4 → 6
十斗 じゅうと
人太 じんた
七太 ななた
七斗 ななと
力太 りきた

力仁 りきと
力斗 りきと
了介 りょうすけ
了太 りょうた
アトム あとむ

2・5 7

八広 やひろ
力矢 りきや
了平 りょうへい

2・6 8

人成 じんせい
十伍 とおご
スバル すばる

2・9 11

二郎 じろう
刀哉 とうや
七音 なおと
人思 ひとし
人哉 ひとや
力飛 りきと
力哉 りきや

2・11 13

十梧 とおご

十麻 とおま
七琉 なる
十季也 ときや
七那斗 ななと

2・13 15

十夢 とむ
了寛 りょうかん
了誠 りょうせい
七南斗 ななと
七勇斗 なゆと
了太郎 りょうたろう

2・14 16

了徳 あきのり
了輔 りょうすけ
七央哉 なおや
七雄八 なおや
八真斗 やまと
了太朗 りょうたろう

2・15 17

七輝 ななき
十希弥 ときや
七雄也 なおや
七々翔 ななと

2・16 18

十磨 とおま
七樹 ななき
力樹 りき
了磨 りょうま
七雄斗 なおと

2・21 23

七海渡 なみと

2・22 24

七緒弥 なおや

2・25 27

十樹哉 ときや

2・27 29

七雄輝 なおき

名の1字目が 3画

3・2 5

丈二 じょうじ
丈人 たけと
久人 ひさと

弓人 ゆみと

3・3 6

そら そら
大也 だいや
丈士 たけし
久士 ひさし
久也 ひさや
久之 ひさゆき
大士 ひろし
夕也 ゆうや
みのる みのる

3・4 7

才斗 さいと
丈太 じょうた
千太 せんた
大介 だいすけ
大斗 だいと
丈斗 たけと
久斗 ひさと
久仁 ひさひと
山斗 やまと
弓太 ゆみた
弓斗 ゆみと

与仁 よひと

3・5 8

丈生 たけお
丈弘 たけひろ
千広 ちひろ
大央 ひろお

3・8 11

大空 おおぞら
大昊 おおぞら
才侍 さいじ
才明 さいめい
士門 しもん
丈治 じょうじ
丈弥 じょうや
大河 たいが
大芽 たいが
大季 だいき
大征 たいせい
大知 だいち
大武 だいむ
大弥 だいや
丈虎 たけとら
丈幸 たけゆき

千明 ちあき
千宙 ちひろ
千拓 ちひろ
久典 ひさのり
大明 ひろあき
大忠 ひろただ
万宙 まひろ
大和 やまと
夕弦 ゆうげん
夕弥 ゆうや
弓弦 ゆづる
すばる すばる

3・10 13

千馬 かずま
弓馬 きゅうま
久恩 くおん
才造 さいぞう
士恩 しおん
丈馬 じょうま
士竜 しりゅう
士朗 しろう
千哩 せんり
千浬 せんり

大莞 たいかん
大起 だいき
大悟 だいご
大修 たいしゅう
大晟 たいせい
大峰 たいほう
丈浩 たけひろ
丈留 たける
千悟 ちさと
千隼 ちはや
千紘 ちひろ
大晃 ひろあき
大泰 ひろやす
大恭 ひろやす
万純 ますみ
万紘 まひろ
夕悟 ゆうご
夕真 ゆうま
丈一郎 じょういちろう
万冴也 まさや

3・12 15

久温 くおん
才翔 さいと

士温 しおん
士道 しどう
丈晴 じょうせい
千翔 せんと
千渡 せんと
大賀 たいが
大敢 たいかん
大葵 だいき
大喜 だいき
大稀 だいき
大湖 だいご
大晴 たいせい
大惺 たいせい
大然 たいぜん
大智 だいち
大翔 だいと
大渡 だいと
大遥 たいよう
丈登 たけと
丈翔 たけと
丈陽 たけはる
千晶 ちあき
千暁 ちあき

千智 ちさと
千晴 ちはる
久敬 ひさたか
久翔 ひさと
久陽 ひさはる
大揮 ひろき
大登 ひろと
大敦 ひろのぶ
大勝 ひろまさ
万惺 まさと
万晴 まはる
万尋 まひろ
夕翔 ゆうと
夕陽 ゆうひ
弓翔 ゆみと
三千彦 みちひこ

3・13 16

久遠 くおん
才慈 さいじ
丈慈 じょうじ
大雅 たいが
大幹 だいき
大暉 だいき

大瑚 だいご
大獅 たいし
大路 たいじ
大嗣 だいし
大誠 たいせい
大聖 たいせい
丈寛 たけひろ
千聖 ちさと
千寛 ちひろ
久獅 ひさし
大夢 ひろむ
久仁彦 くにひこ
己太郎 こたろう
丈太郎 じょうたろう
万勇斗 まゆと
弓太郎 ゆみたろう

3・14 17

才輔 さいすけ
丈輔 じょうすけ
大輔 だいすけ
大鳳 たいほう
丈瑠 たける
千聡 ちさと

千颯 ちはや
久徳 ひさのり
大彰 ひろあき
万聡 まさと
己太朗 こたろう
丈太朗 じょうたろう
千太朗 せんたろう

3・15 18

才毅 さいき
才蔵 さいぞう
大毅 だいき
大輝 だいき
大嬉 だいき
大摯 だいし
大蔵 たいぞう
丈毅 たけき
丈摯 たけし
千慧 ちさと
才輝 としき
万璃 ばんり
久輝 ひさき
夕輝 ゆうき
小次郎 こじろう

万那弥 まなや
与志和 よしかず

3・18 21

大騎 だいき
久騎 ひさき

3・20 23

大護 だいご
大耀 たいよう
久耀 ひさてる
万樹斗 まきと
三樹斗 みきと

3・21 24

士鶴 しづる
弓鶴 ゆづる
万優斗 まゆと

名の1字目が 4画

4・(1) 5

中 あたる
円 えん

収 おさむ
心 しん
仁 じん
天 てん
元 はじめ
太 ふとし
允 まこと
友 ゆう

4・1 5

公一 こういち
収一 しゅういち
心一 しんいち
仁一 じんいち
太一 たいち
友一 ともかず

4・2 6

文人 ふみと
元八 もとや
友二 ゆうじ

4・3 7

心也 しんや
太士 たいし
中也 ちゅうや

天万 てんま
斗也 とうや
友久 ともひさ
仁士 ひとし
仁也 ひとなり
文也 ふみや
文士 ぶんじ
元久 もとひさ
元也 もとや
友也 ゆうや

4・4 8

天斗 あまと
文斗 あやと
円太 えんた
公斗 きみと
元太 げんた
公介 こうすけ
公太 こうた
五月 さつき
仁太 じんた
太心 たいしん
太介 たいすけ
月斗 つきと

天太 てんた
友仁 ともひと
文太 ぶんた
友介 ゆうすけ
友太 ゆうた

4・7 11

王汰 おうた
公宏 きみひろ
元希 げんき
元吾 げんご
元汰 げんた
心吾 しんご
仁吾 じんご
仁作 じんさく
心汰 しんた
仁汰 じんた
太我 たいが
太芯 たいしん
太壱 たいち
太良 たいら
天希 たかき
天志 たかし
天伸 たかのぶ

太玖 たく
天吾 てんご
天佑 てんゆう
斗亜 とあ
斗我 とうが
斗吾 とうご
斗希 とき
斗志 とし
友秀 ともひで
友宏 ともひろ
仁希 ひとき
仁志 ひとし
日呂 ひろ
太志 ふとし
文孝 ふみたか
文宏 ふみひろ
文志 ぶんじ
文汰 ぶんた
元伸 もとのぶ
友希 ゆうき
友吾 ゆうご
友助 ゆうすけ
心之介 しんのすけ

仁之介 じんのすけ
日々斗 ひびと

4・9 13

円哉 えんや
公彦 きみひこ
仁彦 きみひこ
元紀 げんき
五郎 ごろう
仁郎 じろう
心哉 しんや
仁哉 じんや
太軌 たいき
太紀 たいき
太亮 たいすけ
太洋 たいよう
天秋 たかあき
天飛 たかと
天哉 たかや
太郎 たろう
月彦 つきひこ
斗威 とうい
友則 とものり
友海 ともみ
友哉 ともや
友郎 ともろう
文彦 ふみひこ
文哉 ふみや
水紀 みずき
允紀 みつき
元則 もとのり
元春 もとはる
元彦 もとひこ
心彦 もとひこ
元哉 もとや
友思 ゆうし
友亮 ゆうすけ
友星 ゆうせい
心乃助 しんのすけ

4・11 15

公隆 きみたか
心梧 しんご
心堂 しんどう
太基 たいき
月都 つきと
天梧 てんご
斗唯 とうい
斗麻 とうま
友基 ともき
友隆 ともたか
友規 とものり
友悠 ともはる
友康 ともやす
仁基 ひとき
文彬 ふみあき
文康 ふみやす
允基 まさき
元基 もとき
友都 ゆうと
允一朗 じょういちろう
心一朗 しんいちろう
仁一朗 じんいちろう
日那太 ひなた
日那斗 ひなと

4・12 16

仁貴 きみたか
仁晴 きみはる
公陽 きみはる
公博 きみひろ
元葵 げんき
元喜 げんき
元稀 げんき
元揮 げんき
双雲 そううん
太賀 たいが
太智 たいち
太陽 たいよう
太遥 たいよう
天翔 たかと
天陽 たかはる
月翔 つきと
天晴 てんせい
斗偉 とうい
友雄 ともお
友陽 ともはる
友博 ともひろ
文翔 ふみと
文晴 ふみはる
文陽 ふみはる
水翔 みなと
心晴 みはる
元雄 もとお
元陽 もとはる
元遥 もとはる
元博 もとひろ
友貴 ゆうき
友翔 ゆうと
太架士 たかし
太久海 たくみ
太久哉 たくや

4・13 17

元聖 げんせい
公誠 こうせい
允慈 じょうじ
允聖 じょうせい
心慈 しんじ
仁誠 じんせい
仁聖 じんせい
太雅 たいが
太源 たいげん
太獅 たいし
太誠 たいせい
斗夢 とむ
友暉 ともき
友義 ともよし
允寛 まさひろ
元寛 もとひろ
友誠 ゆうせい
円太郎 えんたろう
公太郎 こうたろう
心太郎 しんたろう
仁太郎 じんたろう
日咲斗 ひさと
日那多 ひなた
日南太 ひなた
日路 ひろ
文太郎 ぶんたろう
友太郎 ゆうたろう

4・14 18

公徳 きみのり
公輔 こうすけ
心輔 しんすけ
太輔 たいすけ
友徳 とものり
日聡 ひさと
文徳 ふみのり
元徳 もとのり
友輔 ゆうすけ
元太朗 げんたろう
心太朗 しんたろう
日那汰 ひなた
不二雄 ふじお
文太朗 ぶんたろう
友太朗 ゆうたろう

4・17 21

斗環 とわ
心之輔 しんのすけ
仁之輔 じんのすけ
太玖真 たくま
日出登 ひでと
友輝人 ゆきと

4・19 23

太羅 たいら
友羅 ゆうら
日々樹 ひびき

4・20 24

斗護 とうご
斗喜弥 ときや

4・21 25

太維志 たいし
日咲翔 ひさと
友貴哉 ゆきや

4・23 27

太駈実 たくみ
比呂樹 ひろき

4・25 29

太偉雅 たいが

名の1字目が 5画

5・(1) 6

央 あきら
旦 あきら
出 いずる
玄 げん
功 こう
平 たいら
巧 たくみ
正 ただし
司 つかさ
白 はく
永 ひさし
広 ひろし

弘 ひろむ
立 りつ
礼 れい
令 れい

5・1 6

永一 えいいち
可一 かいち
功一 こういち
広一 こういち
正一 しょういち
弘一 ひろかず
史一 ふみかず
由一 ゆういち
立一 りゅういち
礼一 れいいち
令一 れいいち

5・2 7

叶人 かなと
巧人 たくと
広人 ひろと
正人 まさひと
由人 よしと
礼二 れいじ
礼人 れいと

5・3 8

永士 えいじ
功大 こうだい
広大 こうだい
生也 せいや
巧也 たくや
立也 たつや
令之 のりゆき
央也 ひろや
弘也 ひろや
史己 ふみき
史也 ふみや
正也 まさや
由久 よしひさ
礼士 れいじ
令士 れいじ
礼也 れいや

5・6 11

出帆 いずほ
永吉 えいきち
永伍 えいご
永成 えいせい
永多 えいた
央丞 おうすけ
叶多 かなた
功成 こうせい
巧成 こうせい
功多 こうた
世伍 せいご
世名 せな
冬伍 とうご
広行 ひろゆき
史行 ふみゆき
平多 へいた
正考 まさたか
正充 まさみつ
正行 まさゆき
由伍 ゆうご
由成 ゆうせい
由多 ゆうた
由宇 よしたか
立成 りっせい
立多 りった
礼伍 れいご
礼多 れいた

5・8 13

功武 いさむ
出歩 いずほ
右京 うきょう
永幸 えいこう
永治 えいじ
永昇 えいしょう
永弥 えいや
央河 おうが
央弥 おうや
加弦 かいと
叶武 かなむ
加武 かむ
叶弥 きょうや
玄侍 げんじ
玄治 げんじ
功英 こうえい
広河 こうが
広季 こうき
功宜 こうき
功明 こうめい
史門 しもん
巧実 たくみ
巧弥 たくや
立弥 たつや
冬弥 とうや
冬和 とうわ
令和 のりかず
弘昂 ひろあき
広明 ひろあき
弘明 ひろあき
広始 ひろし
弘岳 ひろたか
広直 ひろなお
弘尚 ひろなお
広昇 ひろのり
弘昇 ひろのり
広英 ひろひで
広弥 ひろや
弘幸 ひろゆき
史典 ふみのり
史弥 ふみや
正明 まさあき
正和 まさかず
正朋 まさとも
正典 まさのり
正実 まさみ
正宗 まさむね
未來 みらい
由弦 ゆづる
由知 よしとも
由昇 よしのり
由宗 よしむね
礼河 らいが
礼武 らいむ
礼門 らいもん
礼侍 れいじ
礼弥 れいや
礼旺 れお

5・10 15

生真 いくま
生馬 いくま
市朗 いちろう
永悟 えいご
永剛 えいごう
永朔 えいさく
永時 えいじ
永峻 えいしゅん
央真 おうま
司真 かずま
叶悟 きょうご
玄晟 げんせい
玄馬 げんま
広峨 こうが
功晟 こうせい
功真 こうま
史桜 しおう
司恩 しおん
史恩 しおん
正悟 しょうご
生悟 しょうご
史朗 しろう
巧真 たくま
正容 ただひろ
立真 たつま
冬悟 とうご
冬馬 とうま
冬真 とうま
広晟 ひろあき
弘晃 ひろあき
広晃 ひろあき
広悟 ひろさと
広展 ひろのぶ
弘将 ひろまさ
広将 ひろまさ
広真 ひろまさ
弘真 ひろまさ
史浩 ふみひろ
正起 まさき
正時 まさとき
正峻 まさとし
正展 まさのぶ
正恭 まさやす
正祥 まさよし
由晏 ゆあん
由峨 ゆうが
由悟 ゆうご
由朔 ゆうさく
由晟 ゆうせい
由馬 ゆうま
由剛 よしたけ
由展 よしのぶ
由紘 よしひろ
礼真 れいま
礼恩 れおん

令恩 れおん
市之助 いちのすけ
永一郎 えいいちろう
央一郎 おういちろう
弘之助 こうのすけ
未来也 みきや
立一郎 りゅういちろう
立之助 りゅうのすけ
礼一郎 れいいちろう
礼旺人 れおと

5・11 16

出琉 いずる
永貫 えいかん
永規 えいき
永現 えいげん
永梧 えいご
永悠 えいゆう
央基 おうき
央理 おうり
加惟 かい
可惟 かい
叶琉 かなる
巧基 こうき
功基 こうき
史堂 しどう
世椰 せな
巧望 たくみ
立悠 たつはる
立琉 たつる
広章 ひろあき
広彬 ひろあき
広基 ひろき
広崇 ひろたか
弘唯 ひろただ
弘都 ひろと
広深 ひろみ
弘望 ひろみ
広視 ひろみ
弘康 ひろやす
史章 ふみあき
史基 ふみき
史隆 ふみたか
史都 ふみと
史悠 ふみはる
正啓 まさあき
正基 まさき
正清 まさきよ
正崇 まさたか
正紹 まさつぐ
正視 まさのり
正悠 まさはる
正康 まさやす
由紘 ゆいと
由都 ゆうと
由規 よしのり
由視 よしのり
由悠 よしひさ
令梧 れいご
可寿斗 かずと
加那太 かなた
未来太 みきた
未希斗 みきと
未来斗 みきと
矢玖斗 やくと
由紀人 ゆきと

5・12 17

礼登 あやと
生登 いくと
功翔 いさと
永達 えいたつ
永渡 えいと
永登 えいと
永翔 えいと
可偉 かい
叶翔 かなと
玄翔 げんと
弘晴 こうせい
功晴 こうせい
巧陽 こうよう
広遥 こうよう
広陽 こうよう
広葉 こうよう
史道 しどう
世翔 せいと
巧渡 たくと
巧翔 たくと
立葵 たつき
立晴 たつはる
永陽 ひさはる
永道 ひさみち
広暁 ひろあき
弘喜 ひろき
弘登 ひろと
広渡 ひろと
広翔 ひろと
弘渡 ひろと
広登 ひろと
弘翔 ひろと
史雄 ふみお
史翔 ふみと
冬貴 ふゆき
冬翔 ふゆと
北翔 ほくと
正雄 まさお
正勝 まさかつ
正葵 まさき
正喜 まさき
正敬 まさたか
正翔 まさと
正晴 まさはる
正陽 まさはる
正博 まさひろ
正道 まさみち
矢尋 やひろ
由翔 ゆうと
由雄 よしお
由登 よしと
由遥 よしはる
礼翔 らいと
立喜 りつき
立翔 りつと
令翔 れいと
令雄 れお
令温 れおん
礼温 れおん
矢真人 やまと

5・13 18

功夢 いさむ
永雅 えいが
永慈 えいじ
永聖 えいせい
央雅 おうが
央聖 おうせい
叶夢 かなむ
可夢 かむ
玄暉 げんき
広嗣 こうし
功慈 こうじ
弘奨 こうすけ
広誠 こうせい
世楽 せら
巧夢 たくむ
永遠 とわ
広詩 ひろし
広夢 ひろむ
弘夢 ひろむ
史嗣 ふみつぐ
史継 ふみつぐ
史靖 ふみやす
冬幹 ふゆき
正嗣 まさし
正継 まさつぐ
正照 まさてる
正寛 まさひろ
正滉 まさひろ
正靖 まさやす
正義 まさよし
由雅 ゆうが
由暉 ゆうき
由誠 ゆうせい
由楽 ゆら
立誠 りゅうせい
礼慈 れいじ
礼暖 れのん
生久馬 いくま
生久真 いくま
市太郎 いちたろう
永太郎 えいたろう
央士朗 おうしろう
央太郎 おうたろう
甲太郎 こうたろう
功太郎 こうたろう
広太郎 こうたろう
正太郎 しょうたろう
生太郎 しょうたろう
仙太郎 せんたろう
平太郎 へいたろう
由惟人 ゆいと
由軌斗 ゆきと
令太郎 れいたろう
礼太郎 れいたろう

5・16 21

永磨 えいま
広樹 こうき

功樹　こうき
史磨　しま
正磨　しょうま
生磨　しょうま
史龍　しりゅう
巧磨　たくま
立磨　たつま
央樹　ひろき
弘樹　ひろき
広興　ひろき
広機　ひろき
広憲　ひろのり
史樹　ふみき
冬樹　ふゆき
正樹　まさき
正興　まさき
正憲　まさのり
由磨　ゆうま
立樹　りつき
礼穏　れおん
加寿彦　かずひこ
広志郎　こうしろう
正志郎　せいしろう

未来彦　みきひこ

5・18　23

永騎　えいき
央騎　おうき
弘騎　こうき
功騎　こうき
立騎　たつき
広顕　ひろあき
正騎　まさき
正顕　まさてる
正燿　まさてる
可夢生　かむい
矢磨人　やまと
由維斗　ゆいと
由宇翔　ゆうと
由紀彦　ゆきひこ

5・19　24

由羅　ゆら
広麒　ひろき
正麒　まさき
加寿翔　かずと
可夢伊　かむい
未来翔　みきと

矢摩斗　やまと
由輝斗　ゆきと

5・20　25

永護　えいご
玄護　げんご
正護　しょうご
可武偉　かむい

5・22　27

正驍　まさたけ
央詩郎　おうしろう
広詩郎　こうしろう

5・24　29

広鷹　ひろたか
可偉登　かいと

5・26　31

加維登　かいと

名の1字目が6画

6・(1)　7

旭　あきら
当　あたる
在　あり
至　いたる
圭　けい
向　こう
考　こう
旬　しゅん
丞　じょう
迅　じん
先　すすむ
成　せい
壮　そう
匠　たくみ
匡　ただし
存　たもつ
吏　つかさ
凪　なぎ
光　ひかる
守　まもる
充　みつる
巡　めぐる
有　ゆう
亘　わたる

6・1　7

宇一　ういち
匡一　きょういち
圭一　けいいち
光一　こういち
好一　こういち
丞一　じょういち
迅一　じんいち
成一　せいいち
壮一　そういち
多一　たいち

6・2　8

壮人　あきと
行人　いくと
凪人　なぎと
迅人　はやと
帆人　はんと
匡人　まさと
吏人　りひと

6・5　11

旭生　あきお
旭央　あきお
旭広　あきひろ
有弘　ありひろ
吉平　きっぺい
匡平　きょうへい
共平　きょうへい
州生　くにお
圭市　けいいち
圭司　けいし
圭示　けいじ
圭右　けいすけ
考生　こうき
光生　こうき
考史　こうし
亘世　こうせい
向世　こうせい
光世　こうせい
亘平　こうへい
考平　こうへい
好平　こうへい
光平　こうへい
光矢　こうや
旬平　しゅんぺい
匠永　しょうえい
匠平　しょうへい
迅生　じんせい
迅平　じんぺい
壮史　そうし
壮平　そうへい
壮矢　そうや
考弘　たかひろ
地広　ちひろ
迅矢　ときや
旬矢　ときや
成生　なるき
帆司　はんじ
壮広　まさひろ
充生　みつき
守弘　もりひろ
有玄　ゆうげん
有生　ゆうせい
圭生　よしお
好史　よしふみ
吏功　りく
行ノ介　いくのすけ

6・7　13

旭良　あきよし
旭希　あさき
有宏　ありひろ
行男　いくお
伊吹　いぶき
宇汰　うた
羽汰　うた
匡佑　きょうすけ
気良　きら
圭吾　けいご
圭冴　けいご
圭佑　けいすけ
圭汰　けいた
圭辰　けいたつ
光壱　こういち
光我　こうが
光希　こうき
亘希　こうき
好希　こうき
向志　こうし
光志　こうし
光佑　こうすけ
考佑　こうすけ
亘佑　こうすけ
考汰　こうた

亘汰 こうた
行汰 こうた
光辰 こうたつ
成伸 しげのぶ
匠冴 しょうご
匠汰 しょうた
成吾 せいご
成那 せいな
壮壱 そういち
壮我 そうが
壮吾 そうご
壮志 そうし
壮佑 そうすけ
壮汰 そうた
考志 たかし
宇志 たかし
灯希 とうき
成希 なるき
亘宏 のぶひろ
迅汰 はやた
帆汰 はんた
光利 ひかり
帆玖 ほく
帆希 ほまれ
匡希 まさき
充希 みつき
充宏 みつひろ
有我 ゆうが
有冴 ゆうご
有芯 ゆうしん
行秀 ゆきひで
好伸 よしのぶ
圭秀 よしひで
吉之介 きちのすけ
光之介 こうのすけ
旬之介 しゅんのすけ
迅之介 じんのすけ
羽久斗 はくと
羽矢人 はやと
帆久斗 ほくと

6・9 15

壮飛 あきと
旭彦 あきひこ
旭洋 あきひろ
旭飛 あさひ
有音 あると
行彦 いくひこ
行哉 いくや
汐風 きよかぜ
圭紀 けいき
圭亮 けいすけ
圭音 けいと
向栄 こうえい
亘紀 こうき
光咲 こうさく
光祐 こうすけ
亘亮 こうすけ
光星 こうせい
向洋 こうよう
伍郎 ごろう
先哉 さきや
成紀 しげのり
旬亮 しゅんすけ
旬哉 しゅんや
匠亮 しょうすけ
壮亮 そうすけ
壮哉 そうや
匠海 たくみ
壮紀 たけのり
壮海 たけみ
匡俊 ただとし
旭海 てるみ
旭哉 てるや
共彦 ともひこ
凪音 なぎと
成亮 なるあき
成彦 なるひこ
迅音 はやと
匡海 まさみ
匡哉 まさや
充彦 みちひこ
光風 みつかぜ
光紀 みつき
光軌 みつき
充紀 みつき
充城 みつき
光彦 みつひこ
光洋 みつひろ
守彦 もりひこ
安紀 やすのり
有咲 ゆうさく
行紀 ゆきのり
行彦 ゆきひこ
好風 よしかぜ
吉音 よしと
吉彦 よしひこ
吉郎 よしろう
吏軌 りき
吏紀 りき
多希人 たきと
羽矢太 はやた

6・10 16

旭峯 あきみね
有馬 ありま
在真 ありま
行馬 いくま
伊純 いずみ
宇恭 うきょう
圭悟 けいご
圭峻 けいしゅん
圭祥 けいしょう
圭造 けいぞう
考起 こうき
光起 こうき
光朔 こうさく
旬馬 しゅんま
匠悟 しょうご
匠造 しょうぞう
匠真 しょうま
丞真 じょうま
次朗 じろう
成悟 せいご
成純 せいじゅん
成真 せいま
壮竜 そうたつ
壮真 そうま
壮馬 そうま
壮留 たける
匡敏 ただとし
旭馬 てるま
灯真 とうま
成晃 なりあき
迅馬 はやま
光留 ひかる
帆高 ほたか
匡泰 まさやす
匡祥 まさよし
充起 みつき
有悟 ゆうご
有剛 ゆうごう
有晟 ゆうせい
有造 ゆうぞう
有真 ゆうま
行紘 ゆきひろ
圭晃 よしあき
圭将 よしまさ
吏恩 りおん
羽伊斗 ういと
匡一郎 きょういちろう
圭一郎 けいいちろう
亘一郎 こういちろう
光一郎 こういちろう
旬之助 しゅんのすけ
匠一郎 しょういちろう
匠之助 しょうのすけ
迅一郎 じんいちろう
成一郎 せいいちろう
壮一郎 そういちろう
有希也 ゆきや

6・11 17

行望 いくみ
吉都 きっと
圭梧 けいご
圭都 けいと
光基 こうき
光悠 こうゆう
守理 しゅり
成梧 せいご
考規 たかのり
宇悠 たかはる
匠望 たくみ
匠深 たくみ
壮寅 たけとら
竹琉 たける
壮琉 たける
亘隆 のぶたか
羽琉 はる
光琉 ひかる
向都 ひさと
帆崇 ほたか
守琉 まもる
光隆 みつたか
充琉 みつる
有紘 ゆいと

有梧　ゆうご
有理　ゆうり
行隆　ゆきたか
行悠　ゆきはる
安良太　あらた
多季也　たきや
羽玖斗　はくと
有希斗　ゆきと
吏玖斗　りくと

6・12　18

壮翔　あきと
旭喜　あさき
旭登　あさと
旭陽　あさひ
吉翔　きっと
汐晴　きよはる
圭達　けいたつ
圭翔　けいと
亘瑛　こうえい
考瑛　こうえい
光葵　こうき
光喜　こうき
考喜　こうき
光稀　こうき
考惺　こうせい
好晴　こうせい
光惺　こうせい
光陽　こうよう
向陽　こうよう
光琳　こうりん
先翔　さきと
至道　しどう
充登　じゅうと
匠瑛　しょうえい
成道　せいどう
壮雲　そううん
壮達　そうたつ
壮渡　そうと
宇翔　たかと
宇晴　たかはる
考道　たかみち
旬陽　ときはる
凪翔　なぎと
凪渡　なぎと
成暁　なるあき
成貴　なるき
成翔　なると
羽琥　はく
迅雄　はやお
迅翔　はやと
帆翔　はんと
帆貴　ほたか
帆尊　ほたか
匡翔　まさと
匡温　まさはる
充貴　みちたか
充喜　みつき
光尋　みつひろ
光博　みつひろ
守道　もりみち
有翔　ゆうと
有道　ゆうどう
行登　ゆきと
行陽　ゆきはる
行勝　ゆきまさ
好貴　よしたか
吉晴　よしはる
吉博　よしひろ
吏雄　りお
吏琥　りく
吏翔　りと
伊知太　いちた
光士郎　こうしろう
帆空斗　ほくと
行之信　ゆきのしん

6・15　21

旭輝　あきてる
光輝　こうき
光毅　こうき
向輝　こうき
光凛　こうりん
行凛　こうりん
多駈　たく
壮毅　たけき
成輝　なるき
羽駈　はく
帆澄　ほずみ
光嬉　みつき
有輝　ゆうき
吉輝　よしき
吏輝　りき
吏駒　りく
吏駈　りく
伊智也　いちや
伊武希　いぶき
考史朗　こうしろう
光史朗　こうしろう
光多郎　こうたろう
壮多郎　そうたろう
成多郎　せいたろう
多果志　たかし
羽琉斗　はると

6・17　23

圭翼　けいすけ
光翼　こうすけ
壮謙　そうけん
壮翼　そうすけ
伊知郎　いちろう
吉之輔　きちのすけ
圭治郎　けいじろう
光志朗　こうしろう
亘汰朗　こうたろう
好之輔　こうのすけ
迅汰朗　じんたろう
成之輔　せいのすけ
壮志朗　そうしろう
壮治郎　そうじろう
多輝人　たきと
有志朗　ゆうしろう

6・18　24

伊織　いおり
光騎　こうき
向騎　こうき
光曜　こうよう
壮騎　そうき
匠観　たくみ
成騎　なるき
有騎　ゆうき
吏騎　りき
羽琉希　はるき
羽瑠斗　はると

6・19　25

光麒　こうき
伊久磨　いくま
多久磨　たくま
有輝斗　ゆきと

6・21　27

伊智哉　いちや
伊智郎　いちろう
羽悠馬　はゆま
羽琉馬　はるま
羽琉真　はるま

6・23　29

伊玖磨　いくま
有慈朗　ゆうじろう

6・27　33

羽琉磨　はるま

名の1字目が7画

7・(1)　8

壱　いち
快　かい
完　かん
来　きたる
究　きわむ
吟　ぎん
見　けん
孝　こう
作　さく
忍　しのぶ
秀　しゅう
条　じょう
伸　しん
芯　しん
克　すぐる
佑　たすく
助　たすく
励　つとむ
努　つとむ
亨　とおる
希　のぞむ
寿　ひさし
宏　ひろし
求　もとむ
良　りょう

7・1　8

完一　かんいち
希一　きいち
亨一　きょういち
吾一　ごいち
寿一　じゅいち

秀一 しゅういち
伸一 しんいち
汰一 たいち
佑一 ゆういち
良一 りょういち
利一 りいち

7・4 11

壱太 いちた
壱斗 いちと
初斗 ういと
応介 おうすけ
応太 おうた
快斗 かいと
克斗 かつと
克仁 かつひと
完介 かんすけ
完太 かんた
完斗 かんと
希心 きしん
杏介 きょうすけ
杏太 きょうた
亨太 きょうた
吟太 ぎんた
言斗 げんと
孝介 こうすけ
亨介 こうすけ
宏介 こうすけ
宏太 こうた
孝太 こうた
作斗 さくと
秀介 しゅうすけ
秀太 しゅうた
秀斗 しゅうと
伸介 しんすけ
辰介 しんすけ
伸太 しんた
芯太 しんた
走介 そうすけ
壮太 そうた
走太 そうた
孝友 たかとも
孝仁 たかひと
辰斗 たつと
寿斗 ひさと
寿仁 ひさひと
秀友 ひでとも
秀仁 ひでひと
宏斗 ひろと
宏文 ひろふみ
志斗 むねと
佑心 ゆうしん
佑仁 ゆうじん
佑介 ゆうすけ
佑太 ゆうた
佑斗 ゆうと
良仁 よしと
快仁 よしひと
来太 らいた
来斗 らいと
里太 りた
利仁 りひと
良太 りょうた
励介 れいすけ
励太 れいた
伶太 れいた
伶斗 れいと

7・6 13

壱圭 いっけい
壱成 いっせい
快成 かいせい
克成 かつなり
克行 かつゆき
亨成 こうせい
作多 さくた
秀伍 しゅうご
秀至 しゅうじ
伸伍 しんご
芯伍 しんご
孝成 たかなり
利成 としなり
伸成 のぶなり
伸行 のぶゆき
秀旭 ひであき
秀成 ひでなり
秀安 ひでやす
秀行 ひでゆき
宏気 ひろき
志行 むねゆき
志成 もとなり
佑成 ゆうせい
佑吏 ゆうり
良光 よしてる
良成 よしなり
良守 よしもり
快行 よしゆき
来多 らいた
良伍 りょうご
良多 りょうた
励多 れいた
呂伊 ろい
芯乃介 しんのすけ

7・8 15

亜門 あもん
吾門 あもん
壱征 いっせい
快知 かいち
快弥 かいや
我空 がく
壱歩 かずほ
克明 かつあき
克典 かつのり
克英 かつひで
克拓 かつひろ
克実 かつみ
克弥 かつや
克幸 かつゆき
克佳 かつよし
完治 かんじ
亨弥 きょうや
吟侍 ぎんじ
宏河 こうが
作治 さくじ
志旺 しおう
忍武 しのぶ
志門 しもん
秀英 しゅうえい
秀河 しゅうが
秀芽 しゅうが
秀侍 しゅうじ
秀朋 しゅうほう
辰治 しんじ
芯弥 しんや
伸弥 しんや
孝明 たかあき
孝典 たかのり
孝虎 たかとら
孝尚 たかなお
孝英 たかひで
孝宗 たかむね
孝幸 たかゆき
孝佳 たかよし
汰空 たく
辰明 たつあき
辰季 たつき
辰弥 たつや
寿和 としかず
利典 としのり
利英 としひで
寿弥 としや
利幸 としゆき
伸明 のぶあき
伸幸 のぶゆき
寿昂 ひさたか
寿幸 ひさゆき
秀明 ひであき
秀和 ひでかず
秀侃 ひでただ
秀虎 ひでとら
秀直 ひでなお
秀弥 ひでや
秀征 ひでゆき
宏和 ひろかず
宏季 ひろき
宏武 ひろむ
宏幸 ひろゆき
志幸 もとゆき
佑弦 ゆいと
佑河 ゆうが
佑芽 ゆうが
佑祈 ゆうき
佑昇 ゆうしょう
佑和 ゆうわ
良明 よしあき
快明 よしあき
良忠 よしただ
良虎 よしとら
来河 らいが
来空 らいく
利空 りく
良芽 りょうが
良侍 りょうじ
伶旺 れお
壱ノ佑 いちのすけ
希世士 きよし

7・9 16

壱郎 いちろう
壱咲 いっさ
壱星 いっせい
快紀 かいき
快音 かいと
快飛 かいと
壱哉 かずや
克宣 かつのぶ
克彦 かつひこ
克洋 かつひろ
克海 かつみ
克美 かつみ
克哉 かつや
希信 きしん
希祐 きすけ
希勇 きはや
玖音 くおん
邦彦 くにひこ
邦洋 くにひろ
孝亮 こうすけ
宏洋 こうよう
吾郎 ごろう
冴紀 さえき
作哉 さくや
冴亮 さすけ
志音 しおん
秀栄 しゅうえい
秀咲 しゅうさく
志郎 しろう
伸哉 しんや
孝則 たかのり
孝彦 たかひこ
辰彦 たつひこ
辰海 たつみ
利彦 としひこ
寿哉 としや
利哉 としや
希海 のぞみ
伸彦 のぶひこ
初彦 はつひこ
快風 はやかぜ
秀亮 ひであき
秀秋 ひであき
秀活 ひでかつ
秀城 ひでき
秀信 ひでのぶ
秀紀 ひでのり
秀彦 ひでひこ
秀哉 ひでや
完紀 ひろき
宏信 ひろのぶ
宏保 ひろやす
志彦 むねひこ
志信 もとのぶ
志哉 もとや
佑軌 ゆうき
佑亮 ゆうすけ
佑星 ゆうせい
佑飛 ゆうと
良研 よしあき
良風 よしかぜ
良軌 よしき
良彦 よしひこ
快彦 よしひこ
快哉 よしや
来哉 らいや
利音 りおん
良栄 りょうえい
良祐 りょうすけ
良亮 りょうすけ
励紀 れいき
励哉 れいや
伶音 れおん
希央斗 きおと
希世斗 きよと
那由太 なゆた

7・10 17

亜紡 あつむ
亜紋 あもん
亜連 あれん
快真 かいしん
快晟 かいせい
壱真 かずま
壱馬 かずま
克起 かつき
克敏 かつとし
克馬 かつま
克将 かつまさ
完悟 かんご
求真 きゅうま
究真 きゅうま
希竜 きりゅう
玖恩 くおん
見悟 けんご
作馬 さくま
志恩 しおん
志真 しま
秀悟 しゅうご
秀峰 しゅうほう
秀馬 しゅうま
秀真 しゅうま
芯悟 しんご
伸悟 しんご
壮真 そうま
孝将 たかまさ
辰浩 たつひろ
辰真 たつま
辰馬 たつま
辰将 たつまさ
辰朗 たつろう
汰朗 たろう
秀将 ひでまさ
宏晟 ひろあき
宏通 ひろみち
佑剛 ゆうごう
佑馬 ゆうま
佑真 ゆうま
芳朗 よしろう
来真 らいま
利恩 りおん
良悟 りょうご
良真 りょうま
励真 れいま
孝一郎 こういちろう
冴希也 さきや
秀一郎 しゅういちろう
秀之助 しゅうのすけ
芯之助 しんのすけ
辰之助 たつのすけ
佑一郎 ゆういちろう
良一郎 りょういちろう
励一郎 れいいちろう

7・11 18

壱進 いっしん
壱清 いっせい
快都 かいと
快堂 かいどう
快琉 かいる
壱隆 かずたか
克悠 かつはる
克望 かつみ
孝健 こうけん
孝琢 こうたく
冴基 さえき
志堂 しどう
秀梧 しゅうご
辰基 たつき
希望 のぞみ
伸基 のぶき
伸隆 のぶたか
初基 はつき
芭琉 はる
寿悠 ひさはる
秀基 ひでき
秀隆 ひでたか
秀崇 ひでたか
秀健 ひでたけ
秀寅 ひでとら
秀章 ひでふみ
宏晨 ひろあき
宏章 ひろあき
宏規 ひろき
宏基 ひろき
宏隆 ひろたか
志悠 もとはる
佑基 ゆうき
佑規 ゆうき
佑梧 ゆうご
佑紳 ゆうしん
佑清 ゆうせい
佑堂 ゆうどう
佑理 ゆうり
良章 よしあき
良捷 よしかつ
良規 よしき
良基 よしき
芳隆 よしたか
良猛 よしたけ
良視 よしのり
良悠 よしはる
快悠 よしはる
来基 らいき
来都 らいと

良梧 りょうご
亜佐斗 あさと
亜良太 あらた
吾良太 あらた
完一朗 かんいちろう
希一朗 きいちろう
見一朗 けんいちろう
冴希斗 さきと
寿祈也 じゅきや
芯一朗 しんいちろう
伸二郎 しんじろう
見希斗 みきと
利玖斗 りくと

7・14 21

亜聡 あさと
亜漣 あれん
壱瑳 いっさ
応輔 おうすけ
克徳 かつのり
我聞 がもん
完輔 かんすけ
希輔 きすけ
亨輔 きょうすけ
見輔 けんすけ
宏輔 こうすけ
孝輔 こうすけ
芯輔 しんすけ
孝聡 たかあき
寿徳 ひさのり
秀彰 ひであき
秀嘉 ひでよし
宏彰 ひろあき
宏暢 ひろのぶ
宏徳 ひろのり
佑輔 ゆうすけ
佑徳 ゆうとく
良徳 よしのり
来駆 らいく
良輔 りょうすけ
壱太朗 いちたろう
完太朗 かんたろう
作太朗 さくたろう
秀太朗 しゅうたろう
伸太朗 しんたろう
辰太朗 しんたろう
辰之進 たつのしん
佑市郎 ゆういちろう
佑太朗 ゆうたろう
里太朗 りたろう
良太朗 りょうたろう

7・16 23

壱樹 いっき
克樹 かつき
克興 かつき
克磨 かつま
孝樹 こうき
里樹 さとき
志穏 しおん
秀磨 しゅうま
志龍 しりゅう
辰樹 たつき
辰憲 たつのり
初樹 はつき
秀機 ひでき
宏樹 ひろき
宏薫 ひろゆき
志樹 もとき
佑樹 ゆうき
佑機 ゆうき
佑磨 ゆうま
良龍 よしたつ
来磨 らいま
利樹 りき
良磨 りょうま
伶穏 れおん
亜結斗 あゆと
完志郎 かんしろう
亨志郎 きょうしろう
見汰郎 けんたろう
宏志郎 こうしろう
孝汰郎 こうたろう
秀乃輔 しゅうのすけ
那結斗 なゆと
佑汰郎 ゆうたろう
里汰郎 りたろう
良多朗 りょうたろう
良汰郎 りょうたろう

7・17 24

志瞳 しどう
秀翼 しゅうすけ
秀駿 ひでとし
秀優 ひでまさ
佑駿 ゆうしゅん
良優 よしまさ
良環 りょうかん
良謙 りょうけん
亜斗夢 あとむ
亜勇武 あゆむ
孝之輔 こうのすけ
志之輔 しのすけ
寿汰朗 じゅたろう
伸治郎 しんじろう
佑輝人 ゆきと
利輝人 りきと

7・18 25

亜藍 あらん
壱騎 いつき
克騎 かつき
利騎 としき
秀騎 ひでき
宏顕 ひろあき
亜由夢 あゆむ
佑紀彦 ゆきひこ

7・20 27

秀耀 ひであき
宏耀 ひろあき
佑護 ゆうご
良護 りょうご
亜樹斗 あきと
亜由輝 あゆき

7・22 29

亜勇夢 あゆむ
亜羅士 あらし

7・25 32

亜優武 あゆむ

名の1字目が 8画

8・3 11

明也 あきなり
旺大 あきひろ
歩士 あゆし
歩己 あゆみ
育己 いくみ
英己 えいき
英士 えいし
旺士 おうし
学也 がくや
和士 かずし
和久 かずひさ
和大 かずひろ
和己 かずみ
和也 かずや
侃士 かんじ
享也 きょうや
空也 くうや
昂己 こうき
昂士 こうし
昊大 こうだい
昂大 こうだい
昂也 こうや
茂也 しげなり
周也 しゅうや
昇己 しょうき
昇也 しょうや
征士 せいじ
征也 せいや
空士 たかし
岳士 たかし
尭之 たかゆき
拓己 たくみ
拓也 たくや
卓也 たくや
岳大 たけひろ
武大 たけひろ
武丸 たけまる
忠之 ただゆき
典也 てんや
季也 ときや
知己 ともき
朋久 ともひさ
朋也 ともや
知也 ともや
朋之 ともゆき
虎士 とらじ
虎丸 とらまる
直己 なおき
尚士 なおし
直丈 なおたけ
直久 なおひさ
直大 なおひろ
直也 なおや

直之 なおゆき
尚之 なおゆき
侃之 なおゆき
延久 のぶひさ
治己 はるき
英也 ひでや
英之 ひでゆき
宙也 ひろや
昌也 まさや
昌大 まさひろ
宗久 むねひさ
侑己 ゆうき
侑大 ゆうだい
幸也 ゆきなり
幸久 ゆきひさ
征大 ゆきひろ
幸丸 ゆきまる
佳丈 よしたけ
佳大 よしひろ
佳之 よしゆき
怜久 れいく

8・5 13

明生 あきお
旺生 あきお
明広 あきひろ
明正 あきまさ
昌正 あきまさ
歩生 あゆき
育央 いくお
旺司 おうし
旺世 おうせい
佳市 かいち
和央 かずお
和生 かずき
知史 かずし
和令 かずのり
和弘 かずひろ
和史 かずふみ
侃永 かんえい
侃平 かんぺい
協世 きょうせい
京平 きょうへい
協平 きょうへい
国央 くにお
佳矢 けいや
弦生 げんき
幸史 こうし
昊生 こうせい
昂平 こうへい
虎白 こはく
学史 さとし
怜史 さとふみ
周市 しゅういち
周正 しゅうせい
周平 しゅうへい
昇永 しょうえい
昌平 しょうへい
征矢 せいや
青矢 せいや
宗平 そうへい
尭司 たかし
昂史 たかし
宝司 たかし
空広 たかひろ
岳史 たかふみ
拓史 たくし
卓司 たくじ
拓未 たくみ
卓矢 たくや
岳央 たけお
虎生 たけき
武史 たけし
忠弘 ただひろ
知広 ちひろ
宙矢 ちゅうや
季生 ときお
知央 ともお
朋弘 ともひろ
知正 ともまさ
知矢 ともや
虎史 とらじ
虎正 とらまさ
直生 なおき
尚正 なおただ
直史 なおふみ
直正 なおまさ
直矢 なおや
典史 のりふみ
典正 のりまさ
治史 はるふみ
尚史 ひさし
英生 ひでき
英史 ひでふみ
英正 ひでまさ
宙央 ひろお
昌史 まさふみ
武玄 むげん
宗広 むねひろ
始矢 もとや
弥広 やひろ
侑玄 ゆうげん
侑史 ゆうし
侑平 ゆうへい
幸生 ゆきお
幸央 ゆきお
幸永 ゆきなが
幸広 ゆきひろ
佳弘 よしひろ
佳史 よしふみ
怜司 れいじ
怜生 れお
怜央 れお
和市 わいち
和平 わへい
昇ノ介 しょうのすけ

8・7 15

青志 あおし
明孝 あきたか
尭伸 あきのぶ
明秀 あきひで
明宏 あきひろ
昂良 あきよし
旺良 あきら
尭良 あきら
歩志 あゆし
歩汰 あゆた
育汰 いくた
英完 えいかん
英希 えいき
英冴 えいご
英志 えいし
英伸 えいしん
英汰 えいた
英佑 えいゆう
旺我 おうが
旺希 おうき
旺佑 おうすけ
旺汰 おうた
旺利 おうり
学志 がくし
岳杜 がくと
和臣 かずおみ
和希 かずき
和志 かずし
和孝 かずたか
和寿 かずとし
和宏 かずひろ
和亨 かずゆき
協汰 かなた
侃汰 かんた
協志 きょうじ
京佑 きょうすけ
京汰 きょうた
空我 くうが
空吾 くうご
佳壱 けいいち
京吾 けいご
佳冴 けいご
佳助 けいすけ
弦汰 げんた
幸壱 こういち
幸来 こうき
昂希 こうき
幸作 こうさく
幸志 こうし
昂佑 こうすけ
昊佑 こうすけ
虎汰 こた
怜志 さとし
周吾 しゅうご
周作 しゅうさく
昇希 しょうき
昇吾 しょうご
昇冴 しょうご
尚志 しょうじ
昇佑 しょうすけ
昇利 しょうり
宗助 そうすけ
宗汰 そうた
空良 そら
空希 そらき
尭志 たかし
拓志 たくし
卓志 たくし

卓見　たくみ
拓見　たくみ
武希　たけき
岳志　たけし
武伸　たけのぶ
忠志　ただし
忠寿　ただとし
直伸　ただのぶ
周良　ちから
典汰　てんた
知希　ともき
朋希　ともき
朋孝　ともたか
知伸　とものぶ
知宏　ともひろ
尚希　なおき
直志　なおし
直助　なおすけ
尚孝　なおたか
直杜　なおと
尚寿　なおひさ
直秀　なおひで
直宏　なおひろ

波希　なみき
典宏　のりひろ
始希　はるき
治希　はるき
英克　ひでかつ
英孝　ひでたか
英寿　ひでとし
拓希　ひろき
宙希　ひろき
宙志　ひろし
宙伸　ひろのぶ
歩玖　ほく
歩希　ほまれ
昌克　まさかつ
昌孝　まさたか
昌伸　まさのぶ
昌秀　まさひで
昌宏　まさひろ
岬希　みさき
典孝　みちたか
宗孝　むねたか
宗寿　むねひさ
弥宏　やひろ

侑志　ゆうじ
侑芯　ゆうしん
幸孝　ゆきたか
幸辰　ゆきたつ
幸伸　ゆきのぶ
佳克　よしかつ
宜希　よしき
佳孝　よしたか
佳伸　よしのぶ
宜伸　よしのぶ
佳秀　よしひで
怜吾　れいご
和壱　わいち
明之介　あきのすけ
幸之介　こうのすけ
空之介　そらのすけ
季之介　ときのすけ
虎之介　とらのすけ
歩久斗　ほくと

8・8　16

青空　あおぞら
青波　あおば
明直　あきなお
明昇　あきのり
旺英　あきひで
歩武　あゆむ
育弥　いくや
英河　えいが
英治　えいじ
岳弥　がくや
和明　かずあき
和茂　かずしげ
和岳　かずたか
和朋　かずとも
和虎　かずとら
和英　かずひで
和歩　かずほ
和武　かずむ
和弥　かずや
和征　かずゆき
和幸　かずゆき
協芽　かなめ
京弥　きょうや
空河　くうが
幸河　こうが
昂河　こうが

幸卓　こうたく
幸明　こうめい
幸侑　こうゆう
怜弥　さとや
侍英　じえい
茂和　しげかず
茂幸　しげゆき
周英　しゅうえい
周明　しゅうめい
周和　しゅうわ
昇英　しょうえい
征和　せいわ
空弥　そらや
尭明　たかあき
空明　たかあき
拓治　たくじ
卓実　たくみ
拓実　たくみ
卓武　たくむ
拓弥　たくや
卓弥　たくや
武虎　たけとら
岳虎　たけとら

岳拓　たけひろ
侃明　ただあき
忠明　ただあき
忠和　ただかず
忠幸　ただゆき
朋和　ともかず
知季　ともき
知典　とものり
知治　ともはる
朋英　ともひで
知宙　ともひろ
知弥　ともや
知幸　ともゆき
虎治　とらじ
直明　なおあき
尚季　なおき
尚武　なおたけ
直忠　なおただ
尚英　なおひで
尚昌　なおまさ
尚弥　なおや
尚幸　なおゆき
延弥　のぶや

典明　のりあき
英明　ひであき
英和　ひでかず
英武　ひでたけ
英忠　ひでただ
英朋　ひでとも
英虎　ひでとら
英直　ひでなお
英幸　ひでゆき
英佳　ひでよし
宙和　ひろかず
宙武　ひろむ
拓武　ひろむ
歩岳　ほたか
昌弥　まさや
学武　まなぶ
学歩　まなぶ
岬祈　みさき
実弦　みつる
宗典　むねのり
宗幸　むねゆき
侑典　ゆうすけ
侑弥　ゆうや

幸尚　ゆきなお
幸典　ゆきのり
幸弥　ゆきや
佳和　よしかず
佳尚　よしなお
佳典　よしのり
佳英　よしひで
佳昌　よしまさ
怜旺　れお
怜於　れお
明日斗　あすと
昊ノ助　そらのすけ
虎ノ助　とらのすけ

8・9　17

明風　あきかぜ
明俊　あきとし
明彦　あきひこ
尭彦　あきひこ
歩軌　あゆき
歩音　あゆと
歩飛　あゆと
歩海　あゆみ
育海　いくみ

和泉　いずみ
英咲　えいさく
英祐　えいすけ
和紀　かずき
和音　かずと
和宣　かずのぶ
和則　かずのり
和春　かずはる
和飛　かずひ
和彦　かずひこ
和洋　かずひろ
和郁　かずふみ
和柾　かずまさ
和海　かずみ
和哉　かずや
協亮　きょうすけ
空飛　くうと
昊咲　こうさく
幸星　こうせい
昂亮　こうすけ
幸哉　こうや
始音　しおん
茂紀　しげき

周咲　しゅうさく
周哉　しゅうや
青洋　せいよう
宗祐　そうすけ
空彦　そらひこ
宙彦　そらひこ
昊彦　そらひこ
昂紀　たかのり
卓飛　たくと
拓飛　たくと
拓音　たくと
拓海　たくみ
卓海　たくみ
拓哉　たくや
卓郎　たくろう
拓郎　たくろう
武信　たけのぶ
武則　たけのり
武春　たけはる
岳彦　たけひこ
武彦　たけひこ
岳海　たけみ
忠俊　ただとし

忠信　ただのぶ
忠彦　ただひこ
知勇　ちはや
宙哉　ちゅうや
季哉　ときや
知則　とものり
知春　ともはる
朋彦　ともひこ
虎彦　とらひこ
直紀　なおき
侃紀　なおき
尚城　なおき
直城　なおき
尚祐　なおすけ
直音　なおと
直飛　なおと
尚飛　なおと
尚春　なおはる
尚彦　なおひこ
直彦　なおひこ
尚海　なおみ
直海　なおみ
尚哉　なおや

波音　なみと
治紀　はるき
英飛　ひでと
英俊　ひでとし
英哉　ひでなり
英律　ひでのり
英彦　ひでひこ
宙飛　ひろと
昌紀　まさき
昌城　まさき
昌俊　まさとし
昌彦　まさひこ
昌郁　まさふみ
松風　まつかぜ
宗則　むねのり
宗紀　むねのり
宗彦　むねひこ
明星　めいせい
侑星　ゆうせい
侑飛　ゆうと
幸風　ゆきかぜ
幸音　ゆきと
幸信　ゆきのぶ

征軌　ゆきのり
幸彦　ゆきひこ
征哉　ゆきや
佳風　よしかぜ
佳彦　よしひこ
佳海　よしみ
怜亮　れいすけ
怜音　れおん
幸之丞　こうのすけ
周乃助　しゅうのすけ
昊乃助　そらのすけ
幸乃伸　ゆきのしん

8・10 18

明悟　あきさと
明峰　あきみね
歩真　あゆま
育馬　いくま
育真　いくま
英航　えいこう
英剛　えいごう
英祥　えいしょう
旺馬　おうま
岳真　がくま

和晃　かずあき
和晟　かずあき
和記　かずき
和浩　かずひろ
和時　かずとき
和敏　かずとし
和倫　かずのり
和馬　かずま
和真　かずま
協悟　きょうご
享悟　きょうご
空悟　くうご
国浩　くにひろ
佳悟　けいご
佳真　けいま
幸朔　こうさく
幸治　こうじ
昊馬　こうま
虎哲　こてつ
茂晃　しげあき
周悟　しゅうご
周晟　しゅうせい
周造　しゅうぞう

周峯　しゅうほう
周真　しゅうま
昇馬　しょうま
尚真　しょうま
昇真　しょうま
昌馬　しょうま
昌真　しょうま
卓留　すぐる
青悟　せいご
宗馬　そうま
宗真　そうま
卓馬　たくま
拓馬　たくま
拓真　たくま
卓朗　たくろう
武真　たけまさ
侃真　ただまさ
忠通　ただみち
知展　ちひろ
東真　とうま
到真　とうま
知晃　ともあき
知起　ともき

知記　ともき
知容　ともひろ
知浩　ともひろ
朋真　ともまさ
知朗　ともろう
虎真　とらまさ
尚晃　なおあき
直起　なおき
尚起　なおき
直純　なおずみ
直高　なおたか
直剛　なおたけ
尚通　なおみち
尚倖　なおゆき
直倖　なおゆき
典剛　のりたけ
波留　はる
波流　はる
治真　はるま
明馬　はるま
英晃　ひであき
英泰　ひでやす
英恭　ひでやす

歩純 ほずみ
昌起 まさき
昌敏 まさとし
昌浩 まさひろ
実留 みのる
明晟 めいせい
侑朔 ゆうさく
侑真 ゆうま
侑馬 ゆうま
佳純 よしずみ
佳竜 よしたつ
怜恩 れおん
育之助 いくのすけ
英一郎 えいいちろう
旺一郎 おういちろう
京一郎 きょういちろう
幸一郎 こういちろう
昊一郎 こういちろう
岬一郎 こういちろう
周一郎 しゅういちろう
昇一郎 しょういちろう
宗一郎 そういちろう
虎之助 とらのすけ
直一郎 なおいちろう
武牙士 むさし
侑一郎 ゆういちろう
怜一郎 れいいちろう

8・13 21

明雅 あきまさ
歩夢 あゆむ
歩睦 あゆむ
英暉 えいき
英煌 えいこう
英慈 えいじ
英照 えいしょう
旺聖 おうせい
和暉 かずき
和聖 かずきよ
和詩 かずし
和照 かずてる
和寛 かずひろ
和雅 かずまさ
和夢 かずむ
協夢 かなむ
空雅 くうが
弦暉 げんき
幸暉 こうき
虎鉄 こてつ
昇暉 しょうき
空楽 そら
拓夢 たくむ
忠義 ただよし
知暉 ともき
朋寛 ともひろ
知寛 ともひろ
尚暉 なおき
直幹 なおき
直暉 なおき
直滉 なおひろ
直路 なおみち
宙夢 ひろむ
昌暉 まさき
昌稜 まさたか
昌義 まさよし
侑慈 ゆうじ
侑聖 ゆうせい
幸雅 ゆきまさ
佳暉 よしき
來夢 らいむ
怜慈 れいじ
怜暖 れのん
旺太郎 おうたろう
侃太郎 かんたろう
京太郎 きょうたろう
岬太郎 こうたろう
虎太郎 こたろう
尚太郎 しょうたろう
宗太郎 そうたろう
長太郎 ちょうたろう
直太郎 なおたろう
波琉人 はると
弥太郎 やたろう
侑太郎 ゆうたろう
林太郎 りんたろう

8・15 23

明輝 あきてる
昂輝 あきてる
明慶 あきよし
采輝 あやき
歩輝 あゆき
英輝 えいき
和輝 かずき
和毅 かずき
和熙 かずき
和勲 かずのり
空駕 くうが
弦輝 げんき
幸輝 こうき
昊輝 こうき
虎徹 こてつ
昇輝 しょうき
昇蔵 しょうぞう
宗輝 そうき
空輝 そらき
岳輝 たけき
岳遼 たけはる
知慧 ちさと
知輝 ともき
朋輝 ともき
知毅 ともき
知範 とものり
尚輝 なおき
直毅 なおき
侃輝 なおき
直輝 なおき
直澄 なおずみ
尚澄 なおずみ
直遼 なおはる
波輝 なみき
青輝 はるき
英毅 ひでき
英慧 ひでさと
英範 ひでのり
宙輝 ひろき
歩澄 ほずみ
昌輝 まさき
征毅 まさき
学輝 まなき
迪輝 みちてる
武蔵 むさし
宗範 むねのり
始輝 もとき
侑輝 ゆうき
征輝 ゆきてる
佳輝 よしき
來輝 らいき
怜輝 れいき
英史朗 えいしろう
京市朗 けいいちろう
幸司朗 こうしろう
幸多郎 こうたろう
征史朗 せいしろう
空ノ輔 そらのすけ
波琉太 はるた
波琉斗 はると
怜央馬 れおま

8・16 24

青樹 あおき
青磨 あおま
明龍 あきたつ
明憲 あきのり
歩樹 あゆき
歩磨 あゆま
育磨 いくま
英龍 えいたつ
英篤 えいとく
英磨 えいま
旺磨 おうま
学磨 がくま
和機 かずき
和樹 かずき
和繁 かずしげ
和磨 かずま
弦磨 げんま
幸龍 こうたつ
周磨 しゅうま
昌磨 しょうま
昇磨 しょうま
卓磨 たくま
拓磨 たくま
到磨 とうま
知樹 ともき
朋樹 ともき
知憲 とものり
朋憲 とものり
直樹 なおき
直興 なおき
尚樹 なおき
治樹 はるき
治磨 はるま
英樹 ひでき
拓樹 ひろき
歩積 ほづみ
侑樹 ゆうき

侑賢 ゆうけん
侑磨 ゆうま
征龍 ゆきたつ
佳樹 よしき
怜磨 れいま
明日登 あすと
英汰郎 えいたろう
旺志郎 おうしろう
佳偉斗 かいと
和陽斗 かずひと
幸志郎 こうしろう
幸多朗 こうたろう
虎志郎 こしろう
虎汰郎 こたろう
采志郎 さいしろう
周汰郎 しゅうたろう
昇汰郎 しょうたろう
征志郎 せいしろう
尚壱郎 なおいちろう
尚多朗 なおたろう
直汰郎 なおたろう
波瑠人 はると
弥汰郎 やたろう

8・17 25

和駿 かずとし
和嶺 かずみね
幸翼 こうすけ
宗翼 そうすけ
知駿 ちはや
旺志朗 おうしろう
佳寿真 かずま
虎汰朗 こたろう
征志朗 せいしろう
直志朗 なおしろう
直汰朗 なおたろう

8・19 27

実樹也 みきや

8・21 29

波琉真 はるま

8・24 32

和鷹 かずたか
直鷹 なおたか

8・25 33

奈津樹 なつき

8・27 35

奈都樹 なつき

名の1字目が9画

9・2 11

秋人 あきと
亮人 あきひと
厚人 あつひと
郁人 いくと
郁八 いくや
海人 うみと
映人 えいと
音八 おとや
活人 かつと
奏人 かなと
研人 けんと
建人 けんと
洸二 こうじ
是人 これひと
咲人 さくと
柊二 しゅうじ
柊人 しゅうと
俊人 しゅんと
泉人 せんと
信人 のぶひと
珀人 はくと
勇人 はやと
春人 はるひと
風人 ふうと
柾人 まさと
祐ニ ゆうじ
祐人 ゆうと
宥人 ゆうと
律人 りつと
俐人 りひと

9・4 13

亮斗 あきと
郁太 いくた
郁斗 いくと
栄介 えいすけ
映介 えいすけ
栄太 えいた
映太 えいた
栄斗 えいと
映斗 えいと
海斗 かいと
海仁 かいと
風仁 かざと
風斗 かざと
架月 かづき
活仁 かつひと
哉太 かなた
奏仁 かなと
奏斗 かなと
研介 けんすけ
建介 けんすけ
研太 けんた
研斗 けんと
建斗 けんと
皇介 こうすけ
洸介 こうすけ
虹介 こうすけ
皇太 こうた
虹太 こうた
咲斗 さきと
咲太 さくた
柊介 しゅうすけ
柊太 しゅうた
秋斗 しゅうと
柊斗 しゅうと
俊介 しゅんすけ
俊太 しゅんた
洵太 じゅんた
俊斗 しゅんと
信元 しんげん
信太 しんた
甚太 じんた
政介 せいすけ
星斗 せいと
宣斗 せんと
奏介 そうすけ
奏太 そうた
草太 そうた
虹斗 にじと
信斗 のぶと
信仁 のぶひと
紀仁 のりひと
勇仁 はやと
春太 はるた
春斗 はると
春仁 はると
洸斗 ひろと
風介 ふうすけ
風太 ふうた
柾文 まさふみ
皆斗 みなと
保仁 やすひと
勇元 ゆうげん
勇心 ゆうしん
祐心 ゆうしん
勇介 ゆうすけ
宥介 ゆうすけ
勇太 ゆうた
宥太 ゆうた
祐太 ゆうた
柚太 ゆうた
祐斗 ゆうと
勇斗 ゆうと
祐月 ゆづき
洋公 ようこう
洋太 ようた
要太 ようた
美仁 よしひと
律太 りった
俐斗 りと
亮太 りょうた
玲太 れいた
玲斗 れいと

9・6 15

亮成 あきなり
栄吉 えいきち
栄多 えいた
架伊 かい
海成 かいせい
海吏 かいり
風成 かぜなり
活成 かつなり
活匡 かつまさ
奏多 かなた
建伍 けんご
建多 けんた
皇成 こうせい
虹多 こうた
重成 しげなり
柊成 しゅうせい
咲多 しょうた
泉多 せんた
奏伍 そうご

奏成　そうせい
俊成　としなり
俊行　としゆき
飛羽　とわ
信成　のぶなり
宣成　のぶなり
春行　はるゆき
風伍　ふうご
柾行　まさゆき
勇気　ゆうき
勇吉　ゆうきち
勇伍　ゆうご
勇迅　ゆうじん
勇成　ゆうせい
祐成　ゆうせい
勇多　ゆうた
勇羽　ゆうは
勇吏　ゆうり
要多　ようた
亮多　りょうた
皇乃介　こうのすけ
咲久也　さくや
柊乃介　しゅうのすけ
俊乃介　しゅんのすけ
咲乃介　しょうのすけ
信乃介　しんのすけ
虹乃介　にじのすけ
亮乃介　りょうのすけ

9・7 16

亮伸　あきのぶ
秋寿　あきひさ
厚志　あつし
厚宏　あつひろ
泉希　いずき
栄作　えいさく
音希　おとき
海児　かいじ
海秀　かいしゅう
海伸　かいしん
海良　かいら
海里　かいり
海利　かいり
活志　かつし
活秀　かつひで
活宏　かつひろ
奏希　かなき
奏杜　かなと
紀壱　きいち
研壱　けんいち
研吾　けんご
建吾　けんご
研作　けんさく
研芯　けんしん
建伸　けんしん
建佑　けんすけ
虹希　こうき
洸希　こうき
皇甫　こうすけ
洸助　こうすけ
咲玖　さく
咲杜　さくと
柊吾　しゅうご
俊壱　しゅんいち
俊希　しゅんき
春吾　しゅんご
俊甫　しゅんすけ
咲吾　しょうご
省吾　しょうご
信吾　しんご
信志　しんじ
星吾　せいご
星冴　せいご
星佑　せいすけ
奏壱　そういち
奏我　そうが
奏吾　そうご
奏志　そうし
奏佑　そうすけ
奏助　そうすけ
奏甫　そうすけ
奏汰　そうた
奏良　そうら
建志　たけし
飛亜　とあ
飛希　とき
俊秀　としひで
宣克　のぶかつ
信孝　のぶたか
宣秀　のぶひで
紀孝　のりたか
春壱　はるいち
春臣　はるおみ
春希　はるき
春伸　はるのぶ
飛佑　ひゆう
宥志　ひろし
洸秀　ひろひで
風我　ふうが
風吾　ふうご
風佑　ふうすけ
風汰　ふうた
風来　ふく
風玖　ふく
郁男　ふみお
保希　ほまれ
柾臣　まさおみ
柾志　まさし
柾良　まさよし
海宏　みひろ
海来　みらい
保志　やすし
保秀　やすひで
保宏　やすひろ
勇亜　ゆうあ
勇我　ゆうが
勇希　ゆうき
宥希　ゆうき
祐希　ゆうき
勇吾　ゆうご
宥吾　ゆうご
勇作　ゆうさく
祐作　ゆうさく
勇志　ゆうし
勇伸　ゆうしん
勇佑　ゆうすけ
勇汰　ゆうた
勇辰　ゆうたつ
要佑　ようすけ
美孝　よしたか
俐壱　りいち
律希　りつき
亮吾　りょうご
亮助　りょうすけ
亮汰　りょうた
亮兵　りょうへい
玲壱　れいいち
玲吾　れいご
玲志　れいじ
相之介　あいのすけ
栄之介　えいのすけ
俊之介　しゅんのすけ
津之介　しんのすけ
勇之心　ゆうのしん
祐之心　ゆうのしん
洋之介　ようのすけ
玲央人　れおと

9・8 17

昭直　あきなお
厚弥　あつや
郁実　いくみ
勇実　いさみ
勇武　いさむ
皇河　おうが
音弥　おとや
音治　おんじ
海周　かいしゅう
海青　かいせい
風祈　かざき
風武　かざむ
奏武　かなむ
哉芽　かなめ
建治　けんじ
虹青　こうせい
咲弥　さくや
重明　しげあき
重典　しげのり
柊英　しゅうえい
柊明　しゅうめい
俊典　しゅんすけ
星河　せいが
星弥　せいや
星和　せいわ
奏弦　そうげん
奏始　そうし
奏明　そうめい
奏弥　そうや
奏和　そうわ
俊弥　としや
飛武　とむ
飛和　とわ
音旺　ねお
信和　のぶかず
信英　のぶひで
信幸　のぶゆき

紀明 のりあき
紀英 のりひで
則幸 のりゆき
春空 はるく
洸明 ひろあき
洋実 ひろみ
洋弥 ひろや
風河 ふうが
郁和 ふみかず
郁弥 ふみや
郁幸 ふみゆき
柾和 まさかず
柾季 まさき
政宗 まさむね
保明 やすあき
勇芽 ゆうが
勇河 ゆうが
祐河 ゆうが
勇季 ゆうき
勇弦 ゆうげん
勇侍 ゆうじ
勇征 ゆうせい
祐典 ゆうてん

勇波 ゆうは
勇和 ゆうわ
宥和 ゆうわ
要治 ようじ
律季 りつき
亮河 りょうが
亮侍 りょうじ
亮弥 りょうや
玲侍 れいじ
玲旺 れお
勇ノ助 ゆうのすけ

9・9 18

亮信 あきのぶ
秋紀 あきのり
亮則 あきのり
秋彦 あきひこ
映彦 あきひこ
亮彦 あきひこ
郁海 いくみ
勇海 いさみ
栄軌 えいき
音彦 おとひこ
音哉 おとや

海栄 かいえい
海音 かいと
海哉 かいや
海勇 かいゆう
活彦 かつひこ
活海 かつみ
活哉 かつや
奏紀 かなき
奏音 かなと
軌信 きしん
研亮 けんすけ
建哉 けんや
咲哉 さきや
俐紀 さとき
思音 しおん
重信 しげのぶ
柊亮 しゅうすけ
柊音 しゅうと
柊哉 しゅうや
俊咲 しゅんさく
俊祐 しゅんすけ
俊飛 しゅんと
俊哉 しゅんや

春哉 しゅんや
信哉 しんや
星南 せいな
星哉 せいや
奏思 そうし
奏亮 そうすけ
俊信 としのぶ
俊彦 としひこ
俊海 としみ
虹哉 にじや
信風 のぶかぜ
信飛 のぶと
信彦 のぶひこ
信政 のぶまさ
宣哉 のぶや
紀彦 のりひこ
勇風 はやかぜ
春風 はるかぜ
春彦 はるひこ
洋紀 ひろき
洋海 ひろみ
宥哉 ひろや
洸哉 ひろや

風音 ふうと
郁紀 ふみのり
郁彦 ふみひこ
郁哉 ふみや
星彦 ほしひこ
柾彦 まさひこ
柾哉 まさや
保則 やすのり
保彦 やすひこ
祐城 ゆうき
勇研 ゆうけん
勇咲 ゆうさく
勇俊 ゆうしゅん
勇信 ゆうしん
勇星 ゆうせい
祐飛 ゆうと
勇音 ゆうと
勇飛 ゆうひ
祐哉 ゆうや
洋亮 ようすけ
美彦 よしひこ
俐音 りおん
律紀 りつき

律音 りつと
律哉 りつや
亮星 りょうせい
亮哉 りょうや
玲哉 れいや
玲音 れおん
紀里人 きりと
春乃助 しゅんのすけ
南央斗 なおと
飛佐人 ひさと
海那人 みなと

9・12 21

秋陽 あきはる
亮晴 あきはる
郁雄 いくお
郁翔 いくと
郁登 いくと
栄翔 えいと
音温 おとはる
架偉 かい
海晴 かいせい
海惺 かいせい
海智 かいち

海渡 かいと
海翔 かいと
哉登 かなと
奏翔 かなと
紀雄 きお
皇瑛 こうえい
洸喜 こうき
皇晴 こうせい
洸晴 こうせい
虹陽 こうよう
咲翔 さきと
咲登 さきと
咲渡 さきと
貞晴 さだはる
思温 しおん
俊晴 しゅんせい
俊登 しゅんと
信道 しんどう
奏詞 そうし
奏晴 そうせい
建翔 たけと
虹登 にじと
音雄 ねお

信雄 のぶお
信勝 のぶかつ
紀暁 のりあき
紀博 のりひろ
春智 はるとも
春陽 はるひ
洋雄 ひろお
洋渡 ひろと
洋翔 ひろと
風賀 ふうが
風翔 ふうと
柾貴 まさき
柾葵 まさき
柾登 まさと
柾晴 まさはる
柾裕 まさひろ
南翔 みなと
海遥 みはる
保晴 やすはる
勇偉 ゆうい
勇賀 ゆうが
勇喜 ゆうき
祐貴 ゆうき

勇稀 ゆうき
勇惺 ゆうせい
勇翔 ゆうと
勇渡 ゆうと
柚貴 ゆずき
美翔 よしと
律貴 りつき
亮賀 りょうが
亮惺 りょうせい
玲翔 れいと
玲雄 れお
玲温 れおん
洸士郎 こうしろう

9・14 23

亮徳 あきのり
泉瑠 いずる
栄豪 えいごう
栄輔 えいすけ
栄徳 えいとく
海瑠 かいる
架瑠 かける
活徳 かつのり
奏瑠 かなる
建輔 けんすけ
研輔 けんすけ
洸輔 こうすけ
虹輔 こうすけ
重徳 しげのり
柊輔 しゅうすけ
春輔 しゅんすけ
俊輔 しゅんすけ
信輔 しんすけ
昴瑠 すばる
奏輔 そうすけ
俊彰 としあき
信彰 のぶあき
政彰 まさあき
勇豪 ゆうごう
祐彰 ゆうしょう
勇輔 ゆうすけ
祐輔 ゆうすけ
宥輔 ゆうすけ
勇誓 ゆうせい
勇颯 ゆうそう
勇徳 ゆうとく
洋輔 ようすけ
亮輔 りょうすけ
郁太朗 いくたろう
映太朗 えいたろう
皇史郎 おうしろう
建太朗 けんたろう
研太朗 けんたろう
洸太朗 こうたろう
香太朗 こうたろう
咲太朗 さくたろう
咲之進 さくのしん
春太朗 しゅんたろう
星太朗 しょうたろう
城太朗 じょうたろう
信太朗 しんたろう
茜太朗 せんたろう
奏史郎 そうしろう
草太朗 そうたろう
勇太朗 ゆうたろう
祐太朗 ゆうたろう
洋太朗 ようたろう
玲太朗 れいたろう

9・15 24

泉輝 いずき
栄毅 えいき
海輝 かいき
活毅 かつき
研蔵 けんぞう
虹輝 こうき
皇輝 こうき
皇毅 こうき
洸輝 こうき
柊蔵 しゅうぞう
柊摩 しゅうま
俊輝 しゅんき
奏輝 そうき
奏摩 そうま
俊毅 としき
信輝 のぶてる
春輝 はるき
春駒 はるく
洋輝 ひろき
風駕 ふうが
風輝 ふうき
保澄 ほずみ
保輝 やすてる
勇輝 ゆうき
祐輝 ゆうき
勇駈 ゆうく
勇摩 ゆうま
律輝 りつき
律熙 りつき
亮輝 りょうき
亮摩 りょうま
栄史朗 えいしろう
建史朗 けんしろう
咲多郎 さくたろう
咲ノ輔 さくのすけ
星多郎 しょうたろう
信多郎 しんたろう
奏市朗 そういちろう
奏多郎 そうたろう
南々翔 ななと
風悠斗 ふゆと
勇意人 ゆいと
勇次郎 ゆうじろう
勇多郎 ゆうたろう
洋次郎 ようじろう
亮多郎 りょうたろう
玲生真 れおま

9・16 25

相樹 あいき
郁磨 いくま
活磨 かつま
咲磨 さくま
重樹 しげき
柊磨 しゅうま
奏樹 そうき
奏磨 そうま
建樹 たつき
春樹 はるき
春磨 はるま
飛龍 ひりゅう
風磨 ふうま
柾樹 まさき
政樹 まさき
勇機 ゆうき
勇憲 ゆうけん
祐篤 ゆうとく
勇磨 ゆうま
柚樹 ゆずき
亮磨 りょうま
玲穏 れおん
紀見彦 きみひこ
研志郎 けんしろう
虹志郎 こうしろう
咲喜斗 さきと
星志郎 せいしろう
保志彦 ほしひこ
亮多朗 りょうたろう

9・18 27

活騎 かつき
皇燿 こうよう
俊騎 としき
春騎 はるき
勇騎 ゆうき
宥騎 ゆうき
咲輝也 さきや
南緒斗 なおと

9・20 29

信護 しんご
亮護 りょうご

9・22 31

奏詩郎 そうしろう

9・24 33

亮鷹 あきたか

名の1字目が 10画

10・(1) 11

晃 あきら
晟 あきら
朗 あきら
恩 おん
浬 かいり
格 かく
莞 かん
栞 かん
桂 けい
拳 けん
原 げん
紘 こう
耕 こう
剛 ごう
朔 さく
哲 さとし
悟 さとる
修 しゅう

峻 しゅん
隼 しゅん
准 じゅん
将 しょう
祥 しょう
晋 しん
閃 せん
峰 たかし
赳 たけし
宰 つかさ
造 つくる
勉 つとむ
紡 つむぐ
展 てん
通 とおる
透 とおる
時 とき
晄 ひかる
浩 ひろし
哩 まいる
真 まこと
恵 めぐむ
恭 やすし

流 りゅう
竜 りゅう
凌 りょう
倫 りん
烈 れつ
連 れん
航 わたる

10・1 11

栞一 かんいち
起一 きいち
恭一 きょういち
恵一 けいいち
拳一 けんいち
航一 こういち
晃一 こういち
珠一 じゅいち
修一 しゅういち
隼一 しゅんいち
峻一 しゅんいち
純一 じゅんいち
准一 じゅんいち
祥一 しょういち
将一 しょういち
真一 しんいち
晟一 せいいち
展一 のぶかず
紘一 ひろかず
将一 まさかず
莉一 りいち
浬一 りいち
竜一 りゅういち
凌一 りょういち
連一 れんいち

10・3 13

晏士 あんじ
悦士 えつし
桜士 おうし
桜大 おうだい
桜也 おうや
峨久 がく
航久 かずひさ
航也 かずや
桂之 かつゆき
莞士 かんじ
恵大 けいだい
恵也 けいや
拳士 けんし
航己 こうき
剛己 ごうき
耕士 こうし
晃士 こうし
航士 こうし
剛士 ごうし
航大 こうだい
耕也 こうや
朔也 さくや
悟己 さとき
哲士 さとし
悟士 さとし
悟也 さとや
修三 しゅうぞう
峻己 しゅんき
隼大 しゅんだい
純大 じゅんだい
隼也 しゅんや
峻也 しゅんや
純也 じゅんや
真也 しんや
晟也 せいや
泰己 たいき
泰山 たいざん
泰士 たいし
峻士 たかし
高士 たかし
峻之 たかゆき
赳士 たけし
剛大 たけひろ
赳大 たけひろ
剛之 たけゆき
赳之 たけゆき
起士 たつし
竜大 たつひろ
竜之 たつゆき
紡久 つむぐ
哲也 てつや
晃之 てるゆき
晟之 てるゆき
時也 ときや
敏也 としや
倫己 ともき
倫久 ともひさ
倫也 ともや
倫之 ともゆき
夏己 なつき
夏也 なつや
展大 のぶひろ
華丸 はなまる
隼士 はやと
容己 ひろき
紘己 ひろき
浩士 ひろし
紘士 ひろし
紘也 ひろや
将大 まさひろ
真己 まさみ
将也 まさや
将之 まさゆき
真之 まさゆき
真士 まなと
真大 まひろ
峰之 みねゆき
素也 もとなり
素大 もとひろ
素之 もとゆき
恭士 やすし
泰丈 やすたけ
恭也 やすなり
泰大 やすひろ
泰之 やすゆき
倖久 ゆきひさ
透大 ゆきひろ
倖丸 ゆきまる
倖也 ゆきや
祥久 よしひさ
悦之 よしゆき
哩久 りく
浬久 りく
竜也 りゅうや
凌士 りょうじ
凌大 りょうだい
凌也 りょうや
烈也 れつや

10・5 15

晃央 あきお
朗生 あきお
晃広 あきひろ
晟史 あきふみ
悦史 えつし
桜世 おうせい
航広 かずひろ
莞市 かんいち
莞平 かんぺい
記市 きいち
桔平 きっぺい
恭市 きょういち
恭平 きょうへい
粋広 きよひろ
恵市 けいいち
桂市 けいいち
紘市 こういち
晃市 こういち
航市 こういち
剛市 ごういち
航生 こうき
耕生 こうき
耕史 こうし
航司 こうじ
航世 こうせい
耕平 こうへい
航平 こうへい
倖平 こうへい

浩平 こうへい
晃平 こうへい
晃矢 こうや
悟生 さとき
修司 しゅうじ
修平 しゅうへい
修矢 しゅうや
峻市 しゅんいち
隼永 しゅんえい
隼司 しゅんじ
隼生 しゅんせい
峻平 しゅんぺい
隼平 しゅんぺい
純平 じゅんぺい
准平 じゅんぺい
隼矢 しゅんや
笑平 しょうへい
祥平 しょうへい
真市 しんいち
晋司 しんじ
真示 しんじ
真矢 しんや
晋矢 しんや

晟司 せいじ
泰生 たいせい
泰平 たいへい
峻央 たかお
高弘 たかひろ
高史 たかふみ
高正 たかまさ
剛矢 たかや
赳生 たけお
赳史 たけし
剛正 たけまさ
起生 たつき
竜司 たつじ
竜矢 たつや
剛史 つよし
哲生 てつお
哲司 てつし
哲平 てっぺい
哲矢 てつや
展世 てんせい
時生 ときお
時史 ときふみ
時正 ときまさ

時矢 ときや
敏広 としひろ
倫広 ともひろ
夏央 なつお
夏生 なつき
夏矢 なつや
展生 のぶお
修広 のぶひろ
隼央 はやお
紘生 ひろお
浩史 ひろふみ
紘矢 ひろや
将生 まさき
真生 まさき
真史 まさし
将史 まさし
真弘 まさひろ
真広 まひろ
真世 まよ
素央 もとお
朔生 もとき
素生 もとき
泰生 やすき

恭司 やすし
泰弘 やすひろ
恭広 やすひろ
泰正 やすまさ
透生 ゆきお
倖生 ゆきお
倖永 ゆきなが
容史 ようじ
容平 ようへい
祥生 よしき
竜市 りゅういち
竜生 りゅうせい
竜平 りゅうへい
凌市 りょういち
凌司 りょうじ
凌世 りょうせい
凌平 りょうへい
倫生 りんせい
隼ノ介 しゅんのすけ
竜ノ介 りゅうのすけ

10・6 16

晃宇 あきたか
桜成 おうせい

莞多 かんた
恭伍 きょうご
恭丞 きょうすけ
恵伍 けいご
恵匠 けいしょう
恵多 けいた
晃丞 こうすけ
晃成 こうせい
航成 こうせい
倖多 こうた
航多 こうた
晃多 こうた
剛多 ごうた
修多 しゅうた
珠吏 しゅり
純伍 じゅんご
峻至 しゅんじ
隼成 しゅんせい
純成 じゅんせい
祥吉 しょうきち
笑多 しょうた
祥多 しょうた
祥吏 しょうり

真伍 しんご
真丞 しんすけ
晟名 せいな
泰成 たいせい
高旭 たかあき
高守 たかもり
剛成 たけなり
哲多 てった
哲成 てつなり
時成 ときなり
倫成 ともなり
展行 のぶゆき
浩匡 ひろまさ
峰成 ほうせい
真行 まいく
将壮 まさあき
真旭 まさてる
将成 まさなり
将行 まさゆき
将圭 まさよし
真州 ましゅう
通成 みちなり
朔成 もとなり

泰匡 やすまさ
恭行 やすゆき
耕行 やすゆき
倖旭 ゆきてる
倖成 ゆきなり
能成 よしなり
竜伍 りゅうご
竜光 りゅうこう
竜迅 りゅうじん
竜多 りゅうた
凌吉 りょうきち
凌成 りょうせい
純乃介 じゅんのすけ
晋乃介 しんのすけ
真乃介 しんのすけ
晟乃介 せいのすけ
竜乃介 りゅうのすけ
倫乃介 りんのすけ

10・7 17

紋汰 あやた
息吹 いぶき
桜佑 おうすけ
桜汰 おうた

航良 かずよし
莞助 かんすけ
栞汰 かんた
起伸 きしん
恭吾 きょうご
恭助 きょうすけ
粋志 きよし
恵希 けいき
恵吾 けいご
桂秀 けいしゅう
恵臣 けいしん
恵佑 けいすけ
桂助 けいすけ
恵杜 けいと
高希 こうき
倖希 こうき
晃希 こうき
航志 こうし
高志 こうし
耕助 こうすけ
晃佑 こうすけ
航助 こうすけ
航佑 こうすけ

浩助 こうすけ
航甫 こうすけ
剛助 ごうすけ
剛佑 ごうすけ
剛汰 ごうた
朔杜 さくと
悟希 さとき
悟志 さとし
修我 しゅうが
修吾 しゅうご
修冴 しゅうご
隼希 しゅんき
純希 じゅんき
隼吾 しゅんご
峻吾 しゅんご
峻志 しゅんじ
隼志 しゅんじ
隼助 しゅんすけ
隼佑 しゅんすけ
隼汰 しゅんた
純汰 じゅんた
祥壱 しょういち
将吾 しょうご

将冴 しょうご
祥吾 しょうご
将佑 しょうすけ
将利 しょうり
真冴 しんご
真吾 しんご
晋吾 しんご
真佑 しんすけ
晋汰 しんた
晟吾 せいご
素良 そら
泰我 たいが
泰良 たいら
剛志 たけし
剛宏 たけひろ
哲希 てつき
哲芯 てっしん
哲兵 てっぺい
晟希 てるき
透吾 とうご
透冴 とうご
桃李 とうり
時伸 ときのぶ

時宏 ときひろ
展希 のぶき
悦宏 のぶひろ
隼伸 はやのぶ
紘希 ひろき
真臣 まさおみ
真志 まさし
真秀 まさひで
将志 まさむね
真良 まさよし
通孝 みちたか
朔希 もとき
素志 もとし
恭志 やすし
泰伸 やすのぶ
容助 ようすけ
祥希 よしき
祥秀 よしひで
竜我 りゅうが
竜志 りゅうじ
竜兵 りゅうへい
凌壱 りょういち
凌吾 りょうご

凌助 りょうすけ
連吾 れんご
連汰 れんた
晃之介 あきのすけ
恵之介 けいのすけ
航之介 こうのすけ
朔之心 さくのしん
哲之介 てつのすけ
時之介 ときのすけ
凌之介 りょうのすけ
連之介 れんのすけ

10・8 18

晃尚 あきなお
修武 おさむ
恩治 おんじ
夏弦 かいと
峨空 がく
莞治 かんじ
粋忠 きよただ
粋直 きよなお
恵治 けいじ
航英 こうえい
航征 こうせい

耕明 こうめい
晃明 こうめい
航弥 こうや
悟武 さとむ
修河 しゅうが
峻英 しゅんえい
純治 じゅんじ
隼弥 しゅんや
峻弥 しゅんや
純弥 じゅんや
将英 しょうえい
祥英 しょうえい
将治 しょうじ
真侍 しんじ
真弥 しんや
泰河 たいが
泰芽 たいが
泰治 たいじ
泰知 たいち
高虎 たかとら
峻直 たかなお
高幸 たかゆき
剛実 たけみ

竜典 たつのり
竜英 たつひで
竜武 たつむ
紡宜 つむぎ
哲侍 てつじ
哲尚 てつなお
哲弥 てつや
哲幸 てつゆき
晟幸 てるゆき
透弥 とうや
時英 ときひで
時宗 ときむね
時弥 ときや
時和 ときわ
峻征 としゆき
倫明 ともあき
倫典 とものり
倫尚 ともひさ
倫弥 ともや
倫佳 ともよし
夏旺 なつお
展幸 のぶゆき
隼武 はやむ

紘和 ひろかず
浩典 ひろのり
泰武 ひろむ
真采 まこと
真昌 まさあき
将和 まさかず
真祈 まさき
将虎 まさとら
真虎 まさとら
将尚 まさなお
真宙 まさひろ
将宗 まさむね
真宗 まさむね
将弥 まさや
真佳 まさよし
真周 ましゅう
真武 まなぶ
真拓 まひろ
恭明 やすあき
泰昂 やすあき
泰岳 やすたか
泰英 やすひで
晋和 ゆきかず

倖和 ゆきかず
倖直 ゆきなお
倖宗 ゆきむね
透宗 ゆきむね
祥明 よしあき
悦明 よしあき
恵知 よしとも
竜弦 りゅうげん
竜昇 りゅうしょう
竜征 りゅうせい
凌英 りょうえい
連弥 れんや
朔ノ佑 さくのすけ
真ノ助 しんのすけ
隼ノ助 しゅんのすけ
竜ノ助 りゅうのすけ

10・11 21

晃隆 あきたか
夏惟 かい
夏絃 かいと
航悠 かずはる
栞都 かんと
恭梧 きょうご

恵梧 けいご
恵都 けいと
剛基 ごうき
剛健 ごうけん
剛都 ごうと
耕野 こうや
朔都 さくと
悟琉 さとる
修梧 しゅうご
隼基 しゅんき
純基 じゅんき
隼梧 しゅんご
隼理 しゅんり
祥基 しょうき
祥梧 しょうご
将梧 しょうご
将理 しょうり
真梧 しんご
純都 すみと
晟梧 せいご
泰基 たいき
泰現 たいげん
泰紳 たいしん

高寅 たかとら
剛琉 たける
竜悠 たつひさ
哲基 てつき
哲都 てつと
哲麻 てつま
透梧 とうご
透理 とうり
時隆 ときたか
時悠 ときはる
隼麻 はやま
紘基 ひろき
紘都 ひろと
将基 まさき
真規 まさき
真清 まさきよ
将隆 まさたか
真郷 まさと
真常 まさとき
将悠 まさはる
真悠 まさはる
真望 まさみ
真陸 まさみち

真梁 まさむね
将琉 まさる
基悠 もとはる
泰崇 やすたか
泰都 やすと
竜堂 りゅうどう
倫堂 りんどう
夏那太 かなた
夏南人 かなと
恭一朗 きょういちろう
恵一朗 けいいちろう
原一朗 げんいちろう
航一朗 こういちろう
紘一朗 こういちろう
剛一朗 ごういちろう
純一朗 じゅんいちろう
晟一朗 せいいちろう
竜一朗 りゅういちろう

10・13 23

晃照 あきてる
桜雅 おうが
恭誠 きょうせい
晃暉 こうき

浩暉 こうき
耕誠 こうせい
高聖 こうせい
晃誠 こうせい
晃盟 こうめい
朔慈 さくじ
悟夢 さとむ
峻誠 しゅんせい
純聖 じゅんせい
純誠 じゅんせい
祥路 しょうじ
真源 しんげん
泰雅 たいが
泰慈 たいじ
泰慎 たいしん
泰楽 たいら
峰寛 たかひろ
紡義 つむぎ
哲寛 てつひろ
時照 ときてる
夏暉 なつき
浩靖 ひろやす
真煌 まさあき

真暉 まさき
将暉 まさき
真聖 まさきよ
将資 まさし
真睦 まさちか
真慈 まさちか
真嗣 まさつぐ
将寛 まさひろ
真路 まさみち
真義 まさよし
真禎 まさよし
泰照 やすてる
能寛 よしひろ
竜雅 りゅうが
桜士朗 おうしろう
桜太郎 おうたろう
夏南太 かなた
莞太郎 かんたろう
栞太郎 かんたろう
恵太郎 けいたろう
剣士朗 けんしろう
耕太郎 こうたろう
晃太郎 こうたろう

浩太郎 こうたろう
航太郎 こうたろう
朔太郎 さくたろう
修太郎 しゅうたろう
隼太郎 しゅんたろう
純太郎 じゅんたろう
将太郎 しょうたろう
真太郎 しんたろう
晋太郎 しんたろう
晟太郎 せいたろう
竜之真 たつのしん
哲太郎 てつたろう
真惟人 まいと
真咲斗 まさと
真南斗 まなと
通太郎 みちたろう
峰太郎 みねたろう
泰太郎 やすたろう
容太郎 ようたろう
莉太郎 りたろう
凌太郎 りょうたろう
倫太郎 りんたろう
連太郎 れんたろう

10・14 24

晃暢 あきのぶ
桜輔 おうすけ
夏維 かい
恭輔 きょうすけ
恵輔 けいすけ
倖輔 こうすけ
晃輔 こうすけ
耕輔 こうすけ
高輔 こうすけ
浩輔 こうすけ
剛徳 ごうとく
隼輔 しゅんすけ
将輔 しょうすけ
泰輔 たいすけ
高暢 たかのぶ
剛瑠 たける
哲彰 てつあき
時暢 ときのぶ
敏徳 としのり
浩彰 ひろあき
浩徳 ひろのり
真鳳 まさたか

真誓 まさちか
真聡 まさと
真暢 まさのぶ
真徳 まさのり
恭徳 やすのり
竜輔 りゅうすけ
連輔 れんすけ
桜太朗 おうたろう
栞太朗 かんたろう
恭史郎 きょうしろう
粋史郎 きよしろう
起世彦 きよひこ
桂太朗 けいたろう
剣市郎 けんいちろう
剣史郎 けんしろう
浩市郎 こういちろう
晃史郎 こうしろう
航史郎 こうしろう
晃太朗 こうたろう
高太朗 こうたろう
航太朗 こうたろう
修太朗 しゅうたろう
珠太朗 じゅたろう

峻太朗 しゅんたろう
真仁朗 しんじろう
泰史郎 たいしろう
真七翔 まなと
通太朗 みちたろう
竜太朗 りゅうたろう
連太朗 れんたろう

10・15 25

桜輝 おうき
恵蔵 けいぞう
航輝 こうき
浩毅 こうき
剛輝 ごうき
修蔵 しゅうぞう
峻鋭 しゅんえい
隼輝 しゅんき
純輝 じゅんき
将鋭 しょうえい
将毅 しょうき
祥輝 しょうき
笑輝 しょうき
将蔵 しょうぞう
泰蔵 たいぞう
竜毅 たつき
晟輝 てるき
透輝 とうき
透摩 とうま
時輝 ときてる
夏輝 なつき
紘輝 ひろき
真毅 まさき
真熙 まさき
真輝 まさき
真摯 まさし
真慧 まさと
真鋭 まさとし
真勲 まさひろ
真澄 ますみ
素輝 もとき
桜多郎 おうたろう
航多郎 こうたろう
祥多郎 しょうたろう
真瑚人 まこと
真彩斗 まさと
竜多郎 りゅうたろう
凌多郎 りょうたろう

10・17 27

真駿 まさとし
桜志朗 おうしろう
高志朗 こうしろう
隼汰朗 しゅんたろう
純之輔 じゅんのすけ
将之輔 しょうのすけ
真之輔 しんのすけ
真輝人 まきと
竜之輔 りゅうのすけ

10・19 29

泰羅 たいら
真優人 まゆと

10・21 31

晃詞郎 こうしろう
真優斗 まゆと

10・22 32

晟詩郎 せいしろう

10・23 33

真鷲 ましゅう
真沙樹 まさき

10・25 35

真咲樹 まさき

名の1字目が 11画

11・2 13

爽人 あきと
紹人 あきひと
淳人 あつと
惇人 あつと
彪人 あやと
貫人 かんと
清人 きよと
健人 けんと
彩人 さいと
脩人 しゅうと
涼人 すずと
渉人 たかと
崇人 たかひと
琢人 たくと
猛人 たけと
寅二 とらじ
梛人 なぎと
悠人 はると
絆人 はんと
啓人 ひろと
康人 やすと
惟人 ゆいと
悠八 ゆうや
陸人 りくと
理人 りひと

11・4 15

逢斗 あいと
彬仁 あきと
爽斗 あきと
紹仁 あきひと
麻斗 あさと
惇仁 あつひと
彪太 あやた
彩斗 あやと
惟心 いしん
惟月 いつき
逸太 いった
貫太 かんた
郷介 きょうすけ
清斗 きよと
清仁 きよひと
清文 きよふみ
啓介 けいすけ
蛍介 けいすけ
渓介 けいすけ
蛍太 けいた
啓太 けいた
蛍斗 けいと
健心 けんしん
健介 けんすけ
健太 けんた
現太 げんた
絃太 げんた
健仁 けんと
現斗 げんと
舷斗 げんと
健友 けんゆう
康介 こうすけ
皐介 こうすけ
康太 こうた
郷太 ごうた
彩介 さいすけ
脩太 しゅうた
淳太 じゅんた
惇太 じゅんた
淳斗 じゅんと
章介 しょうすけ
渉介 しょうすけ
渉太 しょうた
紹太 しょうた
捷太 しょうた
章太 しょうた
菖太 しょうた
晨介 しんすけ
晨太 しんた
進太 しんた
深太 しんた
紳太 しんた
清元 せいげん
清太 せいた
爽介 そうすけ
爽太 そうた
崇斗 たかと
隆文 たかふみ
琢仁 たくと
健斗 たけと
唯史 ただふみ
捷斗 はやと
逸斗 はやと
絆太 はんた
絆斗 はんと
康仁 やすひと
唯太 ゆいた
唯斗 ゆいと
悠介 ゆうすけ
悠太 ゆうた
悠天 ゆうてん
悠斗 ゆうと
悠日 ゆうひ
雪斗 ゆきと
悠月 ゆづき
陸太 りくた
陸斗 りくと
理太 りた
理月 りつき
理斗 りと
理仁 りひと
隆元 りゅうげん
隆心 りゅうしん
琉仁 りゅうじん

琉介 りゅうすけ
琉太 りゅうた
隆太 りゅうた
琉斗 りゅうと
梁介 りょうすけ
崚介 りょうすけ
涼介 りょうすけ
梁太 りょうた
崚太 りょうた
涼太 りょうた
涼斗 りょうと

11・5 16

爽央 あきお
章史 あきふみ
爽正 あきまさ
惇生 あつき
陸史 あつし
惇史 あつし
淳広 あつひろ
彪生 あやき
惟生 いお
逸平 いっぺい
貫市 かんいち
貫平 かんぺい
基平 きへい
郷平 きょうへい
清広 きよひろ
清史 きよふみ
啓市 けいいち
啓史 けいし
啓司 けいじ
健矢 けんや
康市 こういち
康生 こうせい
康平 こうへい
捷史 さとし
理史 さとし
郷史 さとし
脩史 しゅうじ
脩生 しゅうせい
脩平 しゅうへい
淳市 じゅんいち
淳司 じゅんじ
淳平 じゅんぺい
惇平 じゅんぺい
淳矢 じゅんや
渉市 しょういち
渉平 しょうへい
章平 しょうへい
捷矢 しょうや
紳市 しんいち
紳司 しんじ
晨司 しんじ
紳平 しんぺい
進矢 しんや
紳矢 しんや
清矢 せいや
爽司 そうじ
爽矢 そうや
隆史 たかし
隆令 たかのり
隆弘 たかひろ
琢未 たくみ
琢矢 たくや
健生 たけお
彪史 たけし
猛史 たけし
晨生 ときお
寅広 ともひろ
悠央 はるお
悠弘 はるひろ
萌生 ほうせい
基央 もとお
基司 もとし
基弘 もとひろ
基矢 もとや
康弘 やすひろ
康史 やすふみ
悠市 ゆういち
悠生 ゆうき
悠正 ゆうせい
悠平 ゆうへい
悠矢 ゆうや
理市 りいち
理生 りお
理功 りく
陸央 りくお
陸矢 りくや
琉市 りゅういち
隆生 りゅうせい
隆正 りゅうせい
隆平 りゅうへい
琉矢 りゅうや
梁市 りょういち
涼市 りょういち
涼司 りょうじ
涼生 りょうせい
梁平 りょうへい
涼平 りょうへい
崚平 りょうへい
涼矢 りょうや
琉生 るい
琉可 るか
羚矢 れいや
健ノ介 けんのすけ
進ノ介 しんのすけ
悠ノ介 ゆうのすけ
陸ノ介 りくのすけ

11・6 17

章成 あきなり
惇成 あつなり
彩多 あやた
逸成 いっせい
捷行 かつゆき
清行 きよゆき
健伍 けんご
健匠 けんしょう
康気 こうき
康成 こうせい
脩成 しゅうせい
渉吉 しょうきち
紹伍 しょうご
堂成 たかなり
隆行 たかゆき
崇行 たかゆき
堂行 たかゆき
隆圭 たかよし
健成 たけなり
寅次 とらじ
規行 のりゆき
絆吏 ばんり
萌成 ほうせい
基行 もとゆき
康行 やすゆき
惟多 ゆいた
悠宇 ゆう
悠伎 ゆうき
悠成 ゆうせい
悠吏 ゆうり
琉光 りゅうこう
琉成 りゅうせい
隆成 りゅうせい
涼成 りょうせい
琉伊 るい
琉壮 るそう
涼乃介 すずのすけ
寅乃介 とらのすけ
理久也 りくや
隆乃介 りゅうのすけ

11・7 18

淳臣 あつおみ
惇希 あつき
淳希 あつき
淳志 あつし
惇志 あつし
淳孝 あつたか
淳秀 あつひで
淳宏 あつひろ
逸希 いつき
逸冴 いっさ
惟吹 いぶき
貫吾 かんご
貫志 かんじ
貫助 かんすけ
清孝 きよたか
清秀 きよひで
渓吾 けいご
啓吾 けいご
啓助 けいすけ
蛍杜 けいと
健壱 けんいち
現希 げんき
健冴 けんご
健児 けんじ
健伸 けんしん
健辰 けんしん
健汰 けんた
郷志 さとし
理志 さとし
脩吾 しゅうご
惇吾 じゅんご
淳吾 じゅんご
渉希 しょうき
渉吾 しょうご

章汰 しょうた
進吾 しんご
紳吾 しんご
晨吾 しんご
清冴 せいご
清吾 せいご
爽希 そうき
爽志 そうし
曽良 そら
爽良 そら
崇臣 たかおみ
崇志 たかし
峻志 たかし
隆志 たかし
崇利 たかとし
隆寿 たかとし
崇寿 たかひさ
隆秀 たかひで
隆宏 たかひろ
崇宏 たかひろ
崇良 たかよし
琢志 たくし
琢見 たくみ

健希 たけき
健志 たけし
健秀 たけひで
健宏 たけひろ
唯志 ただし
唯良 ただよし
猛志 つよし
捷汰 はやた
悠臣 はるおみ
悠玖 はるく
悠来 はるく
悠杜 はると
悠寿 はるひさ
絆志 はんじ
絆汰 はんた
絆里 ばんり
悠志 ひさし
彪我 ひゅうが
彪吾 ひゅうご
彪冴 ひゅうご
深志 ふかし
望来 みらい
基希 もとき

康孝 やすたか
康秀 やすひで
唯我 ゆいが
唯希 ゆいき
唯吾 ゆいご
悠壱 ゆういち
悠我 ゆうが
悠希 ゆうき
悠見 ゆうけん
悠吾 ゆうご
悠伸 ゆうしん
悠佑 ゆうすけ
悠利 ゆうり
雪秀 ゆきひで
雪宏 ゆきひろ
悠良 ゆら
理壱 りいち
理希 りき
理玖 りく
陸玖 りく
陸汰 りくた
隆我 りゅうが
琉玖 りゅうく

隆見 りゅうけん
隆吾 りゅうご
琉吾 りゅうご
琉志 りゅうじ
隆伸 りゅうしん
隆助 りゅうすけ
隆弥 りゅうや
峻我 りょうが
涼吾 りょうご
梁志 りょうじ
涼助 りょうすけ
琉希 るき
彪之介 あやのすけ
惟久太 いくた
菊之介 きくのすけ
淳之介 じゅんのすけ
進之介 しんのすけ
紳之介 しんのすけ
晨之介 しんのすけ
寅之介 とらのすけ
唯之介 ゆいのすけ
理央人 りおと
理久斗 りくと

琉之介 りゅうのすけ

11・10 21

淳朗 あつろう
清剛 きよたけ
蛍悟 けいご
健悟 けんご
健晋 けんしん
健真 けんしん
健造 けんぞう
健竜 けんりゅう
彩造 さいぞう
梓恩 しおん
淳真 じゅんま
捷馬 しょうま
紹真 しょうま
渉馬 しょうま
清純 せいじゅん
清真 せいま
清流 せいりゅう
清竜 せいりゅう
爽馬 そうま
爽真 そうま
隆晃 たかあき

崇真 たかまさ
琢真 たくま
琢馬 たくま
琢朗 たくろう
健将 たけまさ
健留 たける
唯晃 ただあき
祷真 とうま
寅泰 ともやす
寅真 とらまさ
梁馬 はりま
悠時 はるとき
悠恭 はるやす
悠晃 ひさてる
彪悟 ひゅうご
彪真 ひゅうま
康晃 やすあき
康高 やすたか
康浩 やすひろ
康将 やすまさ
唯馬 ゆいま
悠峨 ゆうが
悠記 ゆうき

悠悟 ゆうご
悠剛 ゆうごう
悠晟 ゆうせい
悠造 ゆうぞう
悠馬 ゆうま
悠真 ゆうま
悠高 ゆたか
理晏 りあん
理恩 りおん
陸馬 りくま
琉晟 りゅうせい
隆造 りゅうぞう
琉真 りゅうま
琉馬 りゅうま
涼晟 りょうせい
梁真 りょうま
涼真 りょうま
峻真 りょうま
琉夏 るか
羚真 れいま
彩之佑 あやのすけ
貫一郎 かんいちろう
健一郎 けんいちろう

健之佑 けんのすけ
脩一郎 しゅういちろう
惇一郎 じゅんいちろう
渉一郎 しょういちろう
進一郎 しんいちろう
紳一郎 しんいちろう
涼之助 すずのすけ
清一郎 せいいちろう
爽一郎 そういちろう
惟之佑 ゆいのすけ
悠一郎 ゆういちろう
悠之助 ゆうのすけ
理一郎 りいちろう
隆一郎 りゅういちろう
梁一郎 りょういちろう
梁之佑 りょうのすけ

11・12 23

彬貴 あきたか
章翔 あきと
爽晴 あきはる
惇翔 あつと
淳翔 あつと
淳陽 あつはる

彪翔 あやと
彩翔 あやと
惟雄 いお
清貴 きよたか
清翔 きよと
清陽 きよはる
清遥 きよはる
清勝 きよまさ
清道 きよみち
健渡 けんと
健翔 けんと
梓温 しおん
視温 しおん
盛暁 しげあき
渉瑛 しょうえい
涼翔 すずと
爽雲 そううん
崇雄 たかお
崇翔 たかと
隆智 たかとも
崇道 たかみち
琢翔 たくと
猛雄 たけお

彪登 たけと
健登 たけと
健陽 たけはる
健晴 たけはる
健勝 たけまさ
逸登 はやと
悠雄 はるお
悠貴 はるき
悠登 はると
悠道 ひさみち
基雄 もとお
基陽 もとはる
基博 もとひろ
康喜 やすき
康晴 やすはる
唯喜 ゆいき
惟登 ゆいと
唯翔 ゆいと
悠賀 ゆうが
悠葵 ゆうき
悠喜 ゆうき
悠湖 ゆうご
悠晴 ゆうせい

悠然 ゆうぜん
悠翔 ゆうと
悠葉 ゆうは
進翔 ゆきと
雪晴 ゆきはる
理喜 りき
理貴 りき
陸雄 りくお
陸翔 りくと
陸渡 りくと
理登 りと
隆瑛 りゅうえい
琉貴 りゅうき
隆喜 りゅうき
琉滋 りゅうじ
琉晴 りゅうせい
琉惺 りゅうせい
琉登 りゅうと
隆翔 りゅうと
隆道 りゅうどう
琉陽 りゅうひ
涼貴 りょうき
涼晴 りょうせい

峻登 りょうと
琉偉 るい
啓士郎 けいしろう
健二朗 けんじろう
彩千哉 さちや
進士郎 しんじろう
進之亮 しんのすけ
清十朗 せいじゅうろう
清士郎 せいしろう
寅之亮 とらのすけ
悠希央 ゆきお
隆二朗 りゅうじろう
琉季斗 るきと

11・13 24

彬照 あきてる
彬寛 あきひろ
陸夢 あつむ
彩暉 あやき
庵慈 あんじ
脩夢 おさむ
理夢 おさむ
貫路 かんじ
清照 きよてる
清寛 きよひろ
蛍聖 けいせい
健奨 けんすけ
健誠 けんせい
康暉 こうき
康誠 こうせい
淳暉 じゅんき
淳聖 じゅんせい
深慈 しんじ
清雅 せいが
清慈 せいじ
曽楽 そら
崇獅 たかし
琢路 たくじ
琢夢 たくむ
惟寛 ただひろ
望夢 のぞむ
悠幹 はるき
悠夢 はるむ
康滉 やすひろ
悠雅 ゆうが
悠暉 ゆうき
悠源 ゆうげん

悠瑚 ゆうご
悠勢 ゆうせい
悠誠 ゆうせい
悠聖 ゆうせい
悠蒼 ゆうそう
悠豊 ゆうと
雪雅 ゆきまさ
悠楽 ゆら
琉雅 りゅうが
琉聖 りゅうせい
琉蒼 りゅうそう
涼雅 りょうが
涼寛 りょうかん
涼誠 りょうせい
琉意 るい
彪太郎 あやたろう
貫太郎 かんたろう
啓太郎 けいたろう
蛍太郎 けいたろう
健太郎 けんたろう
現太郎 げんたろう
康太郎 こうたろう
彩士朗 さいしろう

脩太郎 しゅうたろう
惇太郎 じゅんたろう
渉太郎 しょうたろう
紹太郎 しょうたろう
菖太郎 しょうたろう
進太郎 しんたろう
紳太郎 しんたろう
深太郎 しんたろう
晨太郎 しんたろう
清太郎 せいたろう
爽太郎 そうたろう
寅太郎 とらたろう
絆太郎 はんたろう
惟太郎 ゆいたろう
悠仁郎 ゆうじろう
悠太郎 ゆうたろう
悠海斗 ゆみと
理太郎 りたろう
琉太郎 りゅうたろう
隆太郎 りゅうたろう
梁太郎 りょうたろう
峻太郎 りょうたろう
涼太郎 りょうたろう

11・14 25

貫輔 かんすけ
蛍輔 けいすけ
健豪 けんごう
清輔 せいすけ
隆徳 たかのり
悠維 ゆうい
悠輔 ゆうすけ
彬徳 よしのり
理駆 りく
琉駆 りゅうく
琉颯 りゅうそう
涼輔 りょうすけ
琉維 るい
琉嘉 るか
渉瑠 わたる
彩太朗 あやたろう
啓太朗 けいたろう
健太朗 けんたろう
康史郎 こうしろう
清司郎 せいしろう
悠太朗 はるたろう
康太朗 やすたろう

悠之進 ゆうのしん
陸太朗 りくたろう
理陽人 りひと
梁太朗 りょうたろう
崚太朗 りょうたろう

11・16 27

逸樹 いつき
清磨 きよま
現樹 げんき
健磨 けんま
康賢 こうけん
彩樹 さいき
郷樹 さとき
淳樹 じゅんき
渉磨 しょうま
爽磨 そうま
琢磨 たくま
猛樹 たけき
寅樹 ともき
彪磨 ひゅうま
陸樹 むつき
基樹 もとき
唯樹 ゆいき
惟磨 ゆいま
悠樹 ゆうき
悠機 ゆうき
悠磨 ゆうま
琉磨 りゅうま
梁磨 りょうま
涼磨 りょうま
琉樹 るき
清志郎 きよしろう
健志郎 けんしろう
理汰郎 りたろう
理陽斗 りひと
琉汰郎 りゅうたろう
琉季弥 るきや

11・18 29

惟織 いおり
淳騎 じゅんき
悠騎 はるき
琉騎 るき
清思郎 きよしろう

11・20 31

啓護 けいご
彩樹太 さきた

11・21 32

悠騎人 ゆきと

11・22 33

悠鶴 ゆづる

11・24 35

清詩郎 きよしろう
淳鷹 あつたか
清鷹 きよたか

名の1字目が 12画

12・(1) 13

葵 あおい
晶 あきら
景 あきら
瑛 あきら
暁 あきら
敦 あつし
集 あつむ
嵐 あらし
敢 いさみ
達 いたる
詠 うた
統 おさむ
開 かい
凱 がい
覚 かく
極 きわむ
堅 けん
智 さとし
惺 さとる
滋 しげる
竣 しゅん
閏 じゅん
勝 しょう
翔 しょう
森 しん
普 しん
尋 じん
然 ぜん
善 ぜん
創 そう
湊 そう
敬 たかし
尊 たける
勤 つとむ
富 とむ
登 のぼる
温 はる
晴 はる
陽 はる
皓 ひかる
博 ひろし
満 みつる
椋 むく
裕 ゆう
雄 ゆう
湧 ゆう
遊 ゆう
葉 よう
遥 よう
琳 りん
塁 るい
渡 わたる

12・1 13

詠一 えいいち
瑛一 えいいち
敢一 かんいち
貴一 きいち
葵一 きいち
喜一 きいち
揮一 きいち
喬一 きょういち
景一 けいいち
絢一 けんいち
港一 こういち
竣一 しゅんいち
順一 じゅんいち
翔一 しょういち
惺一 せいいち
善一 ぜんいち
創一 そういち
湊一 そういち
智一 ともかず
晴一 はるいち
湧一 ゆういち
裕一 ゆういち
雄一 ゆういち
遥一 よういち
陽一 よういち

12・3 15

暁久 あきひさ
晶久 あきひさ
敦己 あつき
温己 あつき
温士 あつし
温也 あつなり
敦久 あつひさ
温大 あつひろ
敦也 あつや
嵐士 あらし
瑛才 えいさい
瑛士 えいじ
瑛大 えいだい
越士 えつし
開士 かいし
開也 かいや
凱也 がいや
賀久 がく
勝久 かつひさ
勝大 かつひろ
勝己 かつみ
勝也 かつや
勝之 かつゆき
敢士 かんじ
景士 けいし
敬士 けいじ
敬大 けいだい
敬也 けいや
絢士 けんし
絢也 けんや
詞也 ことや
智士 さとし
惺士 さとし
竣大 しゅんだい
閏也 じゅんや
翔大 しょうだい
晴大 せいだい
惺也 せいや
創大 そうだい
貴士 たかし
尊士 たかし
貴久 たかひさ
貴大 たかひろ
敬之 たかゆき
達己 たつき

- 達久 たつひさ
- 達也 たつや
- 達之 たつゆき
- 登也 とうや
- 統也 とうや
- 登士 とし
- 智己 ともき
- 智大 ともひろ
- 智也 ともや
- 朝也 ともや
- 智之 ともゆき
- 遥己 はるき
- 晴己 はるき
- 陽己 はるき
- 遥久 はるく
- 陽也 はるなり
- 晴久 はるひさ
- 陽大 はるひろ
- 遥之 はるゆき
- 博己 ひろき
- 尋也 ひろや
- 博之 ひろゆき
- 富久 ふく
- 富士 ふじ
- 道大 みちひろ
- 道也 みちや
- 満之 みちゆき
- 統久 むねひさ
- 結也 ゆいや
- 裕己 ゆうき
- 結久 ゆうく
- 雄山 ゆうざん
- 雄士 ゆうじ
- 雄大 ゆうだい
- 湧大 ゆうだい
- 雄也 ゆうや
- 遥士 ようじ
- 善丸 よしまる
- 善也 よしや
- 善之 よしゆき
- 嵐丸 らんまる
- 琳士 りんじ

12・4 16

- 晶斗 あきと
- 暁仁 あきひと
- 暁文 あきふみ
- 晶文 あきふみ
- 朝斗 あさと
- 朝日 あさひ
- 敦斗 あつと
- 敦仁 あつと
- 温仁 あつひと
- 絢仁 あやと
- 偉月 いつき
- 瑛介 えいすけ
- 詠介 えいすけ
- 瑛太 えいた
- 詠太 えいた
- 瑛斗 えいと
- 詠斗 えいと
- 援太 えんた
- 開心 かいしん
- 開斗 かいと
- 凱斗 がいと
- 覚斗 かくと
- 勝仁 かつひと
- 敢介 かんすけ
- 敢太 かんた
- 喜介 きすけ
- 敬心 けいしん
- 景介 けいすけ
- 敬介 けいすけ
- 景太 けいた
- 景斗 けいと
- 絢介 けんすけ
- 堅介 けんすけ
- 絢太 けんた
- 絢斗 けんと
- 琥太 こた
- 竣介 しゅんすけ
- 竣太 しゅんた
- 順太 じゅんた
- 翔介 しょうすけ
- 晶太 しょうた
- 翔太 しょうた
- 湘太 しょうた
- 森太 しんた
- 尋太 じんた
- 尋平 じんぺい
- 晴介 せいすけ
- 惺太 せいた
- 然介 ぜんすけ
- 善太 ぜんた
- 然太 ぜんた
- 然斗 ぜんと
- 創介 そうすけ
- 湊介 そうすけ
- 湊太 そうた
- 創太 そうた
- 創斗 そうと
- 登斗 たかと
- 貴斗 たかと
- 登仁 たかひと
- 貴仁 たかひと
- 尊仁 たかひと
- 貴文 たかふみ
- 偉斗 たけと
- 達斗 たつと
- 達仁 たつひと
- 智仁 ともひと
- 博斗 はくと
- 遥太 はるた
- 温太 はるた
- 晴天 はるたか
- 温斗 はると
- 遥斗 はると
- 陽斗 はると
- 晴仁 はると
- 晴日 はるひ
- 陽仁 はるひと
- 晴文 はるふみ
- 陽文 ひふみ
- 尋斗 ひろと
- 博仁 ひろと
- 裕斗 ひろと
- 皓斗 ひろと
- 博文 ひろふみ
- 富太 ふうた
- 富斗 ふうと
- 勝斗 まさと
- 道斗 みちと
- 湊斗 みなと
- 統斗 むねと
- 結太 ゆいた
- 結斗 ゆいと
- 雄円 ゆうえん
- 結心 ゆうしん
- 雄心 ゆうしん
- 結仁 ゆうじん
- 結介 ゆうすけ
- 雄介 ゆうすけ
- 遊介 ゆうすけ
- 雄太 ゆうた
- 裕太 ゆうた
- 遊太 ゆうた
- 陽介 ようすけ
- 葉介 ようすけ
- 陽太 ようた
- 善斗 よしと
- 喜友 よしとも
- 喜仁 よしひと
- 善文 よしふみ
- 嵐太 らんた
- 琳太 りんた
- 琳斗 りんと
- 塁斗 るいと

12・5 17

- 葵生 あおい
- 暁生 あきお
- 瑛広 あきひろ
- 敦史 あつし
- 偉生 いお
- 偉央 いお
- 瑛玄 えいげん
- 瑛史 えいし
- 瑛司 えいじ
- 開世 かいせい
- 凱矢 がいや
- 勝史 かつし
- 勝弘 かつひろ
- 敢司 かんじ
- 敢平 かんぺい
- 貴市 きいち
- 稀市 きいち
- 葵平 きへい
- 景市 けいいち
- 絢司 けんじ
- 堅矢 けんや
- 琴矢 ことや
- 智史 さとし
- 萩平 しゅうへい
- 竣司 しゅんじ
- 竣平 しゅんぺい
- 翔永 しょうえい

翔平 しょうへい
勝平 しょうへい
湘平 しょうへい
翔矢 しょうや
晴市 せいいち
惺司 せいじ
惺矢 せいや
創永 そうえい
創史 そうし
湊平 そうへい
貴司 たかし
貴史 たかし
敬史 たかし
貴令 たかのり
尊弘 たかひろ
貴広 たかひろ
貴弘 たかひろ
尊正 たかまさ
達司 たつじ
達広 たつひろ
達矢 たつや
統司 とうじ
統矢 とうや

凱史 ときふみ
富生 とみお
智央 ともお
智生 ともき
智令 とものり
智矢 ともや
陽央 はるお
陽生 はるき
晴生 はるき
開史 はるふみ
陽正 はるまさ
遥矢 はるや
晴矢 はるや
博生 ひろき
裕生 ひろき
裕史 ひろし
博司 ひろし
博史 ひろふみ
尋矢 ひろや
皓矢 ひろや
道正 みちまさ
統生 もとき
唯矢 ゆいや

結生 ゆうき
湧玄 ゆうげん
雄示 ゆうじ
雄司 ゆうじ
結世 ゆうせい
雄生 ゆうせい
結平 ゆうへい
湧平 ゆうへい
雄平 ゆうへい
雄矢 ゆうや
湧史 ようじ
陽司 ようじ
遥司 ようじ
遥平 ようへい
葉平 ようへい
善生 よしき
賀広 よしひろ
喜広 よしひろ
善史 よしふみ
琳平 りんぺい
喜与人 きよと
富士人 ふじと
遥ノ介 ようのすけ

12・6 18

葵伊 あおい
暁成 あきなり
瑛成 あきなり
敦成 あつなり
敦行 あつゆき
瑛吉 えいきち
瑛光 えいこう
開成 かいせい
開吏 かいり
勝旭 かつあき
勝成 かつなり
絢伍 けんご
竣成 しゅんせい
湘吉 しょうきち
翔伍 しょうご
勝多 しょうた
翔吏 しょうり
晴伍 せいご
晴多 せいた
然行 ぜんこう
善光 ぜんこう
創多 そうた

創羽 そうわ
貴成 たかなり
登成 たかなり
尊成 たかなり
尊匡 たかまさ
尊行 たかゆき
貴行 たかゆき
敬行 たかゆき
達成 たつなり
達行 たつゆき
智迅 ちはや
登伍 とうご
登至 とうじ
統吏 とうり
智成 ともなり
智行 ともゆき
翔羽 とわ
登羽 とわ
晴旭 はるあき
晴気 はるき
遥宇 はるたか
陽共 はるとも
晴成 はるなり

温亘 はるのぶ
陽尚 はるひさ
陽匡 はるまさ
晴行 はるゆき
陽圭 はるよし
陽向 ひなた
博旭 ひろあき
博成 ひろなり
博行 ひろゆき
富多 ふうた
勝光 まさみつ
道成 みちなり
道行 みちゆき
愉宇 ゆう
結伍 ゆうご
裕伍 ゆうご
湧成 ゆうせい
雄成 ゆうせい
結成 ゆうせい
結多 ゆうた
雄羽 ゆうは
雄吏 ゆうり
陽光 ようこう

陽多 ようた
善考 よしたか
善行 よしゆき
喜行 よしゆき
惺乃介 せいのすけ
達乃心 たつのしん
達乃介 たつのすけ
陽乃心 はるのしん
陽乃介 はるのすけ
富士丸 ふじまる
結乃介 ゆうのすけ

12・9 21

晶彦 あきひこ
朝飛 あさひ
敦紀 あつのり
敦彦 あつひこ
温彦 あつひこ
敦郎 あつろう
瑛咲 えいさく
詠音 えいと
開信 かいしん
勝軌 かつき
勝俊 かつとし

勝信 かつのぶ
勝紀 かつのり
勝則 かつのり
勝彦 かつひこ
勝美 かつみ
敢栄 かんえい
敬亮 けいすけ
景祐 けいすけ
堅信 けんしん
絢信 けんしん
詞哉 ことや
琥珀 こはく
覚哉 さとや
紫音 しおん
詞音 しおん
竣亮 しゅんすけ
翔亮 しょうすけ
翔哉 しょうや
創亮 そうすけ
湊亮 そうすけ
創哉 そうや
貴紀 たかき
貴俊 たかとし

敬俊 たかとし
貴信 たかのぶ
貴彦 たかひこ
尊彦 たかひこ
貴哉 たかや
尊哉 たかや
達城 たつき
達信 たつのぶ
達宣 たつのり
達紀 たつのり
達彦 たつひこ
達郎 たつろう
瑛彦 てるひこ
瑛海 てるみ
董哉 とうや
凱哉 ときや
智紀 ともき
智信 とものぶ
智宣 とものり
智彦 ともひこ
智郎 ともろう
晴風 はるかぜ
陽風 はるかぜ

晴紀 はるき
陽紀 はるき
晴飛 はると
陽音 はると
陽飛 はると
遥音 はると
遥飛 はるひ
陽彦 はるひこ
晴彦 はるひこ
遥彦 はるひこ
遥海 はるみ
晴海 はるみ
博紀 ひろき
博信 ひろのぶ
裕信 ひろのぶ
博則 ひろのり
尋彦 ひろひこ
裕彦 ひろひこ
裕郁 ひろふみ
博海 ひろみ
尋哉 ひろや
晶海 まさみ
道信 みちのぶ

裕紀 ゆうき
結音 ゆいと
湧咲 ゆうさく
雄飛 ゆうひ
結哉 ゆうや
裕哉 ゆうや
陽洸 ようこう
善則 よしのり
喜紀 よしのり
道彦 みちひこ
結生斗 ゆきと

12・11 23

葵惟 あおい
暁都 あきと
暁悠 あきはる
晶視 あきのり
温隆 あつたか
敦惟 あつただ
温悠 あつひさ
凱都 がいと
開堂 かいどう
開悠 かいゆう
翔琉 かける

敢梧 かんご
敬梧 けいご
絢都 けんと
暁琉 さとる
智琉 さとる
滋章 しげあき
滋琉 しげる
翔梧 しょうご
湘梧 しょうご
翔麻 しょうま
翔理 しょうり
晴梧 せいご
惺梧 せいご
晴堂 せいどう
晴悠 せいゆう
貴紹 たかあき
敬章 たかあき
貴規 たかのり
貴雪 たかゆき
偉琉 たける
達規 たつき
達望 たつみ
智郷 ちさと

智理 ちさと
創琉 つくる
瑛章 てるあき
登惟 とうい
統梧 とうご
統麻 とうま
登麻 とうま
智彬 ともあき
智基 ともき
智規 ともき
智崇 ともたか
智悠 ともはる
葉琉 はる
陽爽 はるあき
晴爽 はるあき
晴基 はるき
晴隆 はるたか
晴崇 はるたか
陽都 はると
晴常 はるとき
陽悠 はるひさ
陽康 はるやす
晴雪 はるゆき

陽琉 ひりゅう
博啓 ひろあき
裕章 ひろあき
博章 ひろあき
博基 ひろき
博隆 ひろたか
博都 ひろと
道崇 みちたか
道悠 みちはる
道琉 みちる
結庵 ゆあん
裕基 ゆうき
雄基 ゆうき
結基 ゆうき
結規 ゆうき
雄健 ゆうけん
雄梧 ゆうご
裕梧 ゆうご
雄進 ゆうしん
裕都 ゆうと
雄理 ゆうり
凱章 よしあき
善規 よしき

喜隆 よしたか
喜悠 よしはる
琳堂 りんどう
渡琉 わたる
偉玖斗 いくと
瑛一朗 えいいちろう
葵一朗 きいちろう
敬一朗 けいいちろう
堅一朗 けんいちろう
順一朗 じゅんいちろう
翔一朗 しょういちろう
晴一朗 せいいちろう
惺一朗 せいいちろう
創一朗 そういちろう
陽那太 ひなた
陽南人 ひなと
陽呂斗 ひろと
雄一朗 ゆういちろう
結希斗 ゆきと
陽一朗 よういちろう

12・12 24

瑛雄 あきお
晶陽 あきはる

朝陽 あさひ
温貴 あつき
絢貴 あやき
絢登 あやと
幾登 いくと
瑛貴 えいき
瑛勝 えいしょう
瑛登 えいと
瑛翔 えいと
開瑛 かいえい
開智 かいち
開翔 かいと
開渡 かいと
開道 かいどう
勝喜 かつき
勝翔 かつと
勝晴 かつはる
敢登 かんと
敬達 けいたつ
絢翔 けんと
詞温 しおん
紫温 しおん
竣登 しゅんと

勝瑛 しょうえい
翔瑛 しょうえい
翔貴 しょうき
翔渡 しょうと
晴雲 せいうん
惺翔 せいと
晴陽 せいよう
創達 そうたつ
貴瑛 たかあき
尊翔 たかと
貴遥 たかはる
貴博 たかひろ
貴勝 たかまさ
尊道 たかみち
偉雄 たけお
達暁 たつあき
達喜 たつき
達陽 たつはる
達博 たつひろ
達裕 たつひろ
智陽 ちはる
智尋 ちひろ
登偉 とうい

統貴 とうき
智雄 ともお
智尊 ともたか
智陽 ともはる
智晴 ともはる
温暁 はるあき
晴雄 はるお
陽葵 はるき
晴喜 はるき
晴敬 はるたか
晴渡 はると
遥翔 はると
晴登 はると
陽翔 はると
温翔 はると
陽渡 はると
陽道 はるみち
博貴 ひろき
博敬 ひろたか
博翔 ひろと
博道 ひろみち
勝翔 まさと
勝智 まさとも

晶晴 まさはる
道瑛 みちてる
道翔 みちと
道陽 みちはる
湊渡 みなと
雄賀 ゆうが
裕葵 ゆうき
結貴 ゆうき
雄貴 ゆうき
遊貴 ゆうき
雄惺 ゆうせい
雄善 ゆうぜん
雄創 ゆうそう
雄達 ゆうたつ
裕翔 ゆうと
雄登 ゆうと
湧登 ゆうと
雄翔 ゆうと
結渡 ゆうと
愉貴 ゆたか
凱喜 よしき
喜陽 よしはる
琳翔 りんと

塁渡 るいと
瑛士郎 えいしろう
湊士郎 そうしろう
創士郎 そうしろう
登希央 ときお
登見央 とみお
雄士郎 ゆうしろう

12・13 25

暁聖 あきさと
晶寛 あきひろ
敦寛 あつひろ
詠慈 えいじ
瑛舜 えいしゅん
詠慎 えいしん
開路 かいじ
開慈 かいじ
開誠 かいせい
勝寛 かつひろ
勝義 かつよし
琥鉄 こてつ
智詩 さとし
翔暉 しょうき
晴路 せいじ

貴獅 たかし
貴照 たかてる
尊寛 たかひろ
尊雅 たかまさ
貴雅 たかまさ
達寛 たつひろ
達夢 たつむ
道夢 どうむ
渡夢 とむ
登夢 とむ
富夢 とむ
翔夢 とむ
智寛 ともひろ
温慈 はるじ
遥路 はるみち
遥夢 はるむ
陽夢 はるむ
陽路 ひろ
博雅 ひろまさ
博夢 ひろむ
道寛 みちひろ
統寛 むねひろ
裕雅 ゆうが

裕暉 ゆうき
雄獅 ゆうし
結詩 ゆうし
雄舜 ゆうしゅん
結誠 ゆうせい
雄聖 ゆうせい
結楽 ゆら
善寛 よしひろ
敦太郎 あつたろう
幾太郎 いくたろう
偉久真 いくま
瑛太郎 えいたろう
敢士朗 かんしろう
敢太郎 かんたろう
景太郎 けいたろう
絢士朗 けんしろう
絢太郎 けんたろう
湖太郎 こたろう
琥太郎 こたろう
竣太郎 しゅんたろう
翔太郎 しょうたろう
森太郎 しんたろう
然太郎 ぜんたろう

湊士朗 そうしろう
湊太郎 そうたろう
登久馬 とくま
智之真 とものしん
晴乃進 はるのしん
陽南太 ひなた
陽南斗 ひなと
道太郎 みちたろう
雄太郎 ゆうたろう
裕太郎 ゆうたろう
結太郎 ゆうたろう
雄海太 ゆみた
陽仁郎 ようじろう
琳太郎 りんたろう

12・15 27

朝輝 あさき
皓輝 こうき
晶輝 しょうき
翔輝 しょうき
晴潤 せいじゅん
貴輝 たかてる
尊輝 たかてる
達範 たつのり

登輝 とき
渡輝 とき
登毅 とき
智輝 ともき
智範 とものり
遥輝 はるき
温輝 はるき
晴輝 はるき
陽輝 はるき
温毅 はるき
遥駈 はるく
晴駈 はるく
晴慶 はるよし
博毅 ひろき
裕輝 ひろき
雄毅 ゆうき
結輝 ゆうき
雄蔵 ゆうぞう
喜輝 よしき
善輝 よしき
幾多郎 いくたろう
晴市朗 せいいちろう
晴多郎 せいたろう

善多郎　ぜんたろう
富士雄　ふじお
富士翔　ふじと
陽多郎　ようたろう

12・17　29

晶優　あきまさ
智駿　ちはや
雄翼　ゆうすけ
陽翼　ようすけ
琥治郎　こじろう
晴志朗　せいしろう
惺志朗　せいしろう
創志朗　そうしろう
結之輔　ゆいのすけ

12・19　31

喜羅　きら
結輝斗　ゆきと

12・20　32

堅護　けんご
雄護　ゆうご

12・21　33

偉智郎　いちろう
富悠真　ふゆま

名の1字目が13画

13・2　15

暉人　あきと
楽人　がくと
廉人　きよと
禎人　さだと
慈人　しげと
勢七　せな
想人　そうと
誉人　たかひと
暖人　はると
寛人　ひろと
楓人　ふうと
福人　ふくと
福八　ふくや
誠人　まこと
雅人　まさと
幹人　みきと
瑞人　みずと
睦人　むつと
靖人　やすと
夢人　ゆめと
慎人　よしと
義人　よしひと
稜人　りょうと

13・3　16

愛也　あいや
蒼己　あおき
暖大　あつひろ
新己　あらき
雅工　がく
雅久　がく
楽士　がくし
聖丈　きよたけ
聖之　きよゆき
源士　げんじ
滉己　こうき
滉士　こうし
滉大　こうだい
煌大　こうだい
煌也　こうや
嵯久　さく
聖士　さとし
慈之　しげゆき
蒼之　しげゆき
奨己　しょうき
慎也　しんや
新也　しんや
勢士　せいじ
誠士　せいじ
聖也　せいや
誠也　せいや
勢也　せいや
想士　そうし
蒼大　そうだい
蒼也　そうや
誉士　たかし
誉之　たかゆき
鉄士　てつし
鉄之　てつゆき
照久　てるひさ
照之　てるゆき
暉之　てるゆき
禎也　ともや
暖也　はるや
寛己　ひろき
寛也　ひろや
福士　ふくし
福丸　ふくまる
福也　ふくや
聖己　まさき
雅己　まさき
雅士　まさし
雅也　まさなり
雅之　まさゆき
幹久　みきひさ
幹大　みきひろ
幹也　みきや
瑞己　みずき
幹己　もとき
意也　もとや
靖久　やすひさ
靖之　やすゆき
夢士　ゆめじ
義也　よしなり
舜大　よしひろ
義丸　よしまる
義之　よしゆき
禎之　よしゆき
稜也　りょうや
零士　れいじ
廉士　れんじ
蓮也　れんや

13・4　17

蒼仁　あおと
新太　あらた
新斗　あらと
幹元　かんげん
寛介　かんすけ
寛太　かんた
幹太　かんた
幹斗　かんと
聖太　きよた
聖文　きよふみ
煌斗　きらと
継太　けいた
源太　げんた
源斗　げんと
滉介　こうすけ
煌介　こうすけ
煌太　こうた
洸太　こうた
蒼斗　しげと
慈斗　しげと
獅月　しづき
舜太　しゅんた
詢太　しゅんた
舜斗　しゅんと
奨介　しょうすけ
聖介　しょうすけ
奨太　しょうた
照太　しょうた
慎介　しんすけ
慎太　しんた
鈴斗　すずと
誠太　せいた
想介　そうすけ
蒼介　そうすけ
想太　そうた
蒼太　そうた
誉仁　たかひと
鉄心　てっしん
鉄太　てった
鉄斗　てつと
暖仁　はると
暖斗　はると
寛斗　ひろと
滉斗　ひろと
寛文　ひろふみ
楓介　ふうすけ
楓太　ふうた
楓斗　ふうと
福介　ふくすけ
福太　ふくた
福斗　ふくと
聖斗　まさと
誠斗　まさと
雅仁　まさひと
雅文　まさふみ
愛斗　まなと
幹仁　みきひと
瑞斗　みずと
夢元　むげん
睦月　むつき
睦斗　むつと
靖斗　やすと
靖仁　やすひと
靖文　やすふみ

夢斗 ゆめと
瑶介 ようすけ
禎斗 よしと
義仁 よしひと
稜介 りょうすけ
稜太 りょうた
零太 れいた
零斗 れいと
蓮介 れんすけ
蓮太 れんた
廉太 れんた
廉仁 れんと
蓮斗 れんと

13・5 18

蒼史 あおし
煌央 あきお
暉広 あきひろ
新史 あらし
雅功 がく
寛玄 かんげん
聖史 きよし
廉正 きよただ
煌市 こういち
煌永 こうえい
煌生 こうき
煌司 こうじ
煌世 こうせい
滉平 こうへい
煌平 こうへい
慈永 じえい
舜司 しゅんじ
舜矢 しゅんや
照永 しょうえい
奨平 しょうへい
照平 しょうへい
慎市 しんいち
慎史 しんじ
慎平 しんぺい
新平 しんぺい
誠市 せいいち
靖司 せいじ
誠矢 せいや
聖矢 せいや
勢矢 せいや
想司 そうじ
想平 そうへい
誉史 たかふみ
禎史 ただし
鉄央 てつお
鉄生 てつお
鉄平 てっぺい
照史 てるふみ
照矢 てるや
照由 てるよし
暖史 はるふみ
寛央 ひろお
寛生 ひろき
寛史 ひろし
寛正 ひろまさ
滉矢 ひろや
福史 ふくし
福矢 ふくや
豊正 ほうせい
誉礼 ほまれ
雅生 まさお
聖央 まさお
雅史 まさし
雅司 まさし
雅令 まさのり
誠広 まさひろ
雅矢 まさや
幹央 みきお
幹弘 みきひろ
幹矢 みきや
瑞生 みずき
路弘 みちひろ
夢玄 むげん
睦生 むつき
源生 もとき
源矢 もとや
靖広 やすひろ
廉央 ゆきお
夢生 ゆめき
夢史 ゆめじ
義生 よしお
禎弘 よしひろ
義史 よしふみ
稜平 りょうへい
零司 れいじ
蓮司 れんじ
廉司 れんじ
蓮正 れんせい
路生 ろい
煌ノ介 こうのすけ
誠ノ介 せいのすけ
蒼ノ介 そうのすけ
照ノ介 てるのすけ

13・8 21

蒼穹 あおぞら
蒼波 あおば
蒼弥 あおや
煌宙 あきひろ
雅空 がく
寛治 かんじ
聖明 きよあき
聖武 きよたけ
廉英 きよひで
聖昌 きよまさ
煌河 こうが
煌明 こうめい
獅門 しもん
舜弥 しゅんや
奨英 しょうえい
照英 しょうえい
新治 しんじ
勢河 せいが
誠弥 せいや
聖弥 せいや
蒼河 そうが
蒼季 そうき
蒼明 そうめい
誉幸 たかゆき
鉄治 てつじ
鉄弥 てつや
照和 てるかず
照尚 てるひさ
照幸 てるゆき
暉幸 てるゆき
煌佳 てるよし
禎幸 ともゆき
寛弥 ひろや
楓芽 ふうが
雅明 まさあき
雅和 まさかず
雅季 まさき
誠周 まさちか
雅直 まさなお
雅尚 まさなお
雅典 まさのり
雅治 まさはる
雅英 まさひで
誠実 まさみ
雅実 まさみ
雅宗 まさむね
誠宗 まさむね
雅幸 まさゆき
誠幸 まさゆき
雅佳 まさよし
愛弥 まなや
幹典 みきのり
幹弥 みきや
瑞季 みずき
瑞波 みずは
源弥 もとや
靖尭 やすあき
靖幸 やすゆき
義明 よしあき
義忠 よしただ
義虎 よしとら
義直 よしなお
義宗 よしむね
稜青 りょうせい
零治 れいじ
零弥 れいや
廉治 れんじ
廉弥 れんや
獅ノ助 しのすけ
誠ノ助 せいのすけ
福ノ佑 ふくのすけ

13・10 23

楽真 がくま
幹悟 かんご
聖真 きよま
源起 げんき
煌晟 こうせい
煌真 こうま
詩恩 しおん
獅恩 しおん
慈恩 じおん
舜真 しゅんま
奨悟 しょうご
照悟 しょうご
照馬 しょうま
照真 しょうま

奨真 しょうま
獅朗 しろう
慈朗 じろう
新悟 しんご
聖悟 せいご
誠悟 せいご
勢悟 せいご
誠剛 せいごう
誠馬 せいま
想悟 そうご
蒼悟 そうご
想真 そうま
蒼真 そうま
蒼馬 そうま
誉浩 たかひろ
鉄馬 てつま
鉄朗 てつろう
照晟 てるあき
照将 てるまさ
暖真 はるま
暖馬 はるま
寛馬 ひろま
楓悟 ふうご

楓真 ふうま
楓馬 ふうま
福馬 ふくま
福真 ふくま
雅起 まさき
雅記 まさのり
誠通 まさみち
雅倖 まさゆき
雅悦 まさよし
幹高 みきたか
瑞起 みずき
瑞記 みずき
夢起 ゆめき
義純 よしずみ
稜真 りょうま
廉悟 れんご
蓮悟 れんご
蓮真 れんま
廉馬 れんま
愛之助 あいのすけ
寛一郎 かんいちろう
源一郎 げんいちろう
煌一郎 こういちろう

詩之助 しのすけ
舜一郎 しゅんいちろう
照一郎 しょういちろう
新一郎 しんいちろう
慎一郎 しんいちろう
慎之助 しんのすけ
鈴之助 すずのすけ
誠一郎 せいいちろう
聖一郎 せいいちろう
聖之助 せいのすけ
誠之甫 せいのすけ
蒼一郎 そういちろう
鉄之佑 てつのすけ
暖之助 はるのすけ
福之助 ふくのすけ
夢之助 ゆめのすけ
瑶一郎 よういちろう
稜之助 りょうのすけ
稟之助 りんのすけ
廉之助 れんのすけ

13・11 24

愛琉 あいる
蒼惟 あおい

義堂 ぎどう
聖隆 きよたか
聖悠 きよはる
聖雪 きよゆき
源基 げんき
聖琉 さとる
獅堂 しどう
照梧 しょうご
獅琉 しりゅう
聖絃 せいげん
聖梧 せいご
誠梧 せいご
鉄基 てつき
照章 てるあき
照基 てるき
寛基 ひろき
雅章 まさあき
雅基 まさき
誠清 まさきよ
雅清 まさきよ
雅隆 まさたか
雅悠 まさはる
雅寅 まさとら

雅康 まさやす
愛基 まなき
幹崇 みきたか
幹悠 みきはる
瑞基 みずき
瑞隆 みずたか
瑞琉 みずる
夢絃 むげん
夢現 むげん
睦基 むつき
靖章 やすあき
靖隆 やすたか
靖崇 やすたか
義章 よしあき
義規 よしき
義崇 よしたか
廉清 れんせい
路惟 ろい
源一朗 げんいちろう
照一朗 しょういちろう
誠十郎 せいじゅうろう
蒼一朗 そういちろう
誉志斗 よしと

稜一朗 りょういちろう
蓮一朗 れんいちろう

13・12 25

愛貴 あいき
蒼偉 あおい
蒼翔 あおと
蒼葉 あおば
新貴 あらき
雅琥 がく
楽翔 がくと
寛瑛 かんえい
義道 ぎどう
聖翔 きよと
聖陽 きよはる
聖博 きよひろ
聖道 きよみち
煌翔 きらと
禎陽 さだはる
獅温 しおん
詩温 しおん
舜翔 しゅんと
勢登 せいと
誠登 せいと

誠翔 せいと
獅登 たけと
照貴 てるたか
照道 てるみち
暖道 はるみち
寛暁 ひろあき
滉貴 ひろき
寛葵 ひろき
寛翔 ひろと
寛渡 ひろと
楓貴 ふうき
雅貴 まさき
雅喜 まさき
雅葵 まさき
誠葵 まさき
雅瑛 まさてる
雅登 まさと
雅陽 まさはる
雅晴 まさはる
誠博 まさひろ
雅裕 まさひろ
雅善 まさよし
愛翔 まなと

幹晴 みきはる
瑞貴 みずき
瑞葵 みずき
瑞喜 みずき
睦貴 むつき
幹貴 もとき
夢登 ゆめと
夢翔 ゆめと
義喜 よしき
義博 よしひろ
稜晴 りょうせい
聖士郎 きよしろう
滉士郎 こうしろう
煌士郎 こうしろう
勢士郎 せいしろう

13・14 27

蒼維 あおい
寛輔 かんすけ
煌輔 こうすけ
舜輔 しゅんすけ
慎輔 しんすけ
蒼輔 そうすけ
寛彰 ひろあき

寛聡　ひろさと
寛徳　ひろのり
福輔　ふくすけ
雅徳　まさのり
義徳　よしのり
稜輔　りょうすけ
廉輔　れんすけ
愛太朗　あいたろう
寛太朗　かんたろう
幹太朗　かんたろう
源太朗　げんたろう
煌史郎　こうしろう
瑚太朗　こたろう
舜太朗　しゅんたろう
奨太朗　しょうたろう
照太朗　しょうたろう
新太朗　しんたろう
慎太朗　しんたろう
誠市郎　せいいちろう
靖史郎　せいしろう
誠史郎　せいしろう
誠司郎　せいしろう
勢司郎　せいしろう
勢史郎　せいしろう
想司郎　そうしろう
鉄太朗　てつたろう
暖太朗　はるたろう
福太朗　ふくたろう
鈴太朗　りんたろう
廉太朗　れんたろう
蓮太朗　れんたろう

13・16　29

新樹　あらき
詩穏　しおん
慈穏　じおん
蒼樹　しげき
照磨　しょうま
誠磨　せいま
誠龍　せいりゅう
想樹　そうき
蒼磨　そうま
想磨　そうま
暖磨　はるま
寛樹　ひろき
寛機　ひろき
雅樹　まさき
誠樹　まさき
瑞樹　みずき
瑞興　みずき
靖樹　やすき
零磨　れいま
寛多朗　かんたろう
蒼志郎　そうしろう
福多朗　ふくたろう

13・18　31

意織　いおり
蒼騎　そうき
暖騎　はるき
瑞騎　みずき

13・19　32

煌羅　あきら
勢羅　せら

13・20　33

慎護　しんご
誠護　せいご
照耀　てるあき

13・24　27

雅鷹　まさたか
義鷹　よしたか

名の1字目が 14画

14・(1)　15

碧　あお
彰　あきら
翠　あきら
魁　いさお
駆　かける
銀　ぎん
豪　ごう
聡　さとし
総　そう
綜　そう
維　つなぐ
暢　とおる
肇　はじめ
颯　はやて
實　みのる
寧　やすし
遙　よう
僚　りょう
漣　れん
練　れん

14・1　15

嘉一　かいち
豪一　ごういち
聡一　そういち
颯一　そういち
総一　そういち
僚一　りょういち
綾一　りょういち

14・2　16

碧人　あおと
聡人　あきと
翠人　あきと
彰人　あきひと
綾人　あやと
榮人　えいと
魁人　かいと
銀二　ぎんじ
豪人　ごうと
彰二　しょうじ
鳳人　たかと
徳人　なると
暢人　まさと
寧人　やすと
嘉人　よしひと
綸人　りんと

14・3　17

碧也　あおや
榮大　えいだい
碧士　あおし
魁士　かいじ
豪己　ごうき
豪士　ごうし
颯己　さつき
聡也　さとや
寧己　しずき
静也　しずや
総士　そうし
颯士　そうじ
颯大　そうだい
颯也　そうや
鳳士　たかし
鳳也　たかや
誓士　ちかし
徳也　とくや
僚大　ともひろ
暢久　のぶひさ
暢大　のぶひろ
暢之　のぶゆき
徳之　のりゆき
綾士　りょうじ
瑠久　るく
練也　れんや

14・4　18

碧太　あおた
碧斗　あおと
碧仁　あおと
彰斗　あきと
彰仁　あきひと
彰文　あきふみ
維月　いつき
榮太　えいた
魁心　かいしん
魁斗　かいと
嘉月　かづき
豪介　ごうすけ
豪太　ごうた
豪斗　ごうと
瑳介　さすけ
寧斗　さだと
彰太　しょうた
誓太　せいた
颯介　そうすけ
聡太　そうた
颯太　そうた
総太　そうた
鳳仁　たかひと
聡文　としふみ
徳文　のりふみ
颯斗　はやと
榛斗　はると
遙仁　はると
遙斗　はると
嘉斗　ひろと
聞太　ぶんた
槙斗　まきと
維太　ゆいた
維斗　ゆいと
遙介　ようすけ
瑠介　りゅうすけ
僚介　りょうすけ

僚太 りょうた
綾太 りょうた
綸太 りんた
練介 れんすけ
練斗 れんと

14・7 21

碧希 あおき
彰宏 あきひろ
維吹 いぶき
魁児 かいじ
銀汰 ぎんた
豪希 ごうき
聡志 さとし
彰希 しょうき
槙吾 しんご
誓吾 せいご
颯我 そうが
颯冴 そうご
颯吾 そうご
綜吾 そうご
颯志 そうし
聡助 そうすけ
総佑 そうすけ
颯佑 そうすけ
総甫 そうすけ
颯甫 そうすけ
颯良 そうら
鳳志 たかし
鳳宏 たかひろ
豪宏 たけひろ
維志 ただし
誓志 ちかし
誓良 ちから
豪志 つよし
颯男 はやお
遙来 はるく
遙助 ようすけ
嘉希 よしき
瑠希 りゅうき
綾助 りょうすけ
漣吾 れんご
颯之介 そうのすけ

14・9 23

碧威 あおい
碧音 あおと
碧哉 あおや
彰風 あきかぜ
聡俊 あきとし
聡紀 あきのり
彰彦 あきひこ
魁星 かいせい
魁飛 かいと
豪紀 ごうき
豪祐 ごうすけ
聡哉 さとや
静紀 しずき
寧哉 しずや
彰亮 しょうすけ
誓哉 せいや
颯栄 そうえい
颯建 そうけん
颯思 そうし
聡思 そうし
颯待 そうじ
聡祐 そうすけ
颯祐 そうすけ
颯亮 そうすけ
聡亮 そうすけ
颯哉 そうや
鳳飛 たかと
豪彦 たけひこ
維彦 ただひこ
僚哉 ともや
暢彦 のぶひこ
徳彦 のりひこ
遙彦 はるひこ
嘉哉 ひろや
鳳星 ほうせい
嘉風 よしかぜ
嘉紀 よしのり
徳則 よしのり
嘉彦 よしひこ
嘉郎 よしろう
綸哉 りんや
瑠威 るい
瑠紀 るき
練祐 れんすけ

14・10 24

碧馬 あおば
碧真 あおま
彰敏 あきとし
維真 いしん
豪隼 ごうしゅん
静真 しずま
寧真 しずま
彰悟 しょうご
彰真 しょうま
颯起 そうき
颯悟 そうご
総悟 そうご
聡悟 そうご
聡真 そうま
颯馬 そうま
総真 そうま
颯真 そうま
聡竜 そうりゅう
鳳真 たかまさ
徳真 とくま
徳馬 とくま
暢真 のぶまさ
維悟 ゆいご
瑠真 りゅうま
瑠馬 りゅうま
綾悟 りょうご
僚真 りょうま
綾真 りょうま
豪一郎 ごういちろう
彰一郎 しょういちろう
槙一郎 しんいちろう
聡一郎 そういちろう
颯一郎 そういちろう
総一郎 そういちろう
綜一郎 そういちろう
颯之助 そうのすけ
瑠伊斗 るいと
瑠希也 るきや

14・11 25

碧惟 あおい
碧唯 あおい
彰悠 あきはる
嘉惟 かい
魁琉 かいる
聡視 さとし
聡琉 さとる
彰梧 しょうご
颯梧 そうご
颯麻 そうま
颯野 そうや
颯琉 そうりゅう
豪琉 たける
暢章 のぶあき
徳隆 のりたか
暢基 まさき
瑠惟 るい
聡一朗 そういちろう
颯一朗 そういちろう

14・13 27

碧意 あおい
碧暉 あおき
彰寛 あきひろ
魁誠 かいせい
豪暉 ごうき
静慈 せいじ
颯源 そうげん
颯誠 そうせい
豪獅 たけし
嘉夢 ひろむ
鳳誠 ほうせい
鳳聖 ほうせい
嘉照 よしてる
嘉寛 よしひろ
瑠聖 りゅうせい
練慈 れんじ
榮太郎 えいたろう
銀太郎 ぎんたろう
颯仁郎 そうじろう
颯太郎 そうたろう
総太郎 そうたろう
聡太郎 そうたろう
維太郎 ゆいたろう
綾太郎 りょうたろう
僚太郎 りょうたろう
綸太郎 りんたろう
練太郎 れんたろう

14・15 29

豪毅 ごうき
颯輝 さつき
嘉毅 ひろき
嘉輝 ひろき
嘉惟斗 かいと
銀次郎 ぎんじろう
総市朗 そういちろう
聡史朗 そうしろう
聡次郎 そうじろう

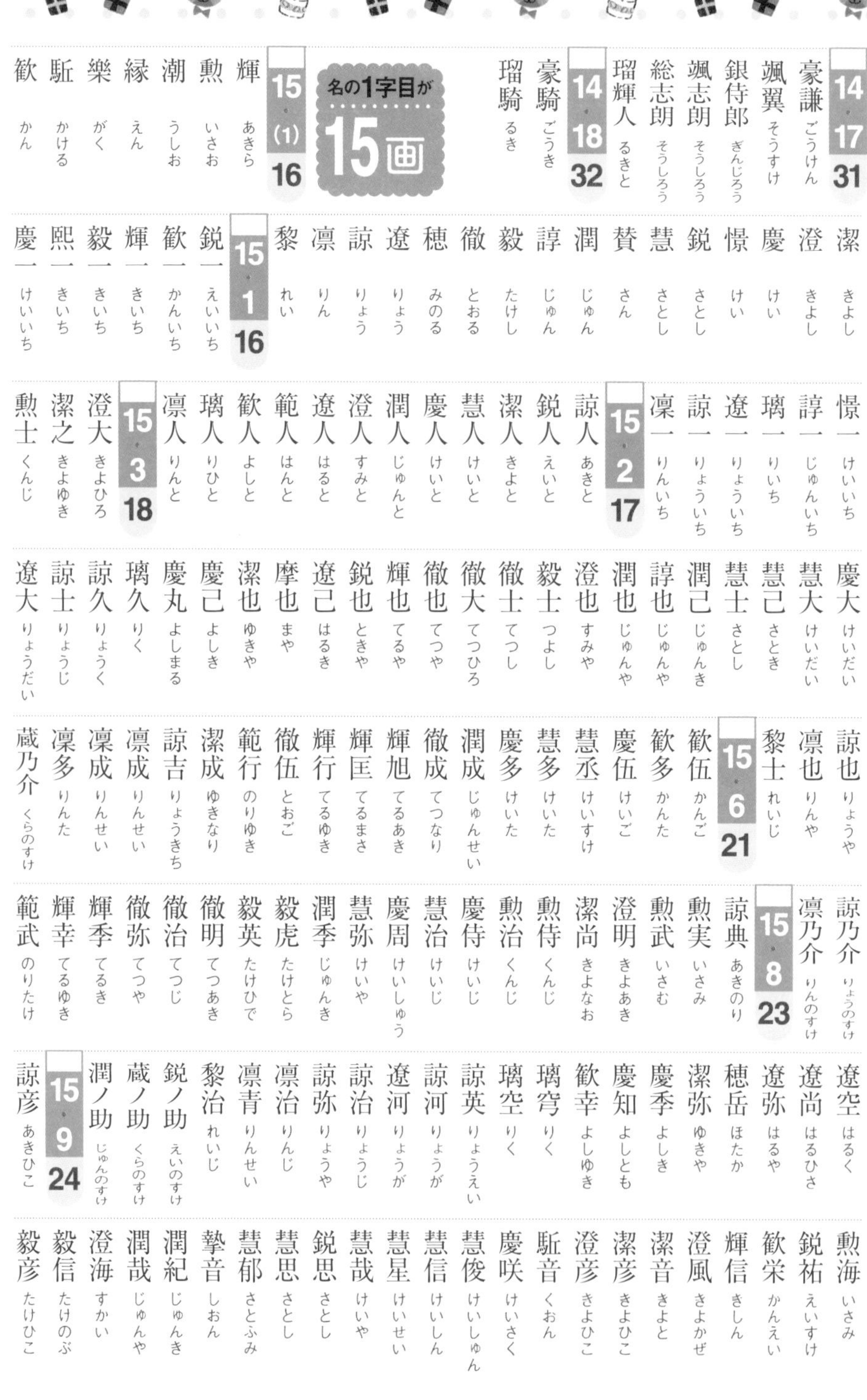

14・17 31

豪謙 ごうけん
颯翼 そうすけ
銀侍郎 ぎんじろう
颯志朗 そうしろう
総志朗 そうしろう
瑠輝人 るきと

14・18 32

豪騎 ごうき
瑠騎 るき

名の1字目が15画

15・(1) 16

輝 あきら
勲 いさお
潮 うしお
縁 えん
樂 がく
駈 かける
歓 かん
潔 きよし
澄 きよし
慶 けい
憬 けい
鋭 さとし
慧 さとし
賛 さん
潤 じゅん
諄 じゅん
毅 たけし
徹 とおる
穂 みのる
遼 りょう
諒 りょう
凛 りん
黎 れい

15・1 16

鋭一 えいいち
歓一 かんいち
輝一 きいち
毅一 きいち
熙一 きいち
慶一 けいいち
憬一 けいいち
諄一 じゅんいち
璃一 りいち
遼一 りょういち
諒一 りょういち
凛一 りんいち

15・2 17

諒人 あきと
鋭人 えいと
潔人 きよと
慧人 けいと
慶人 けいと
潤人 じゅんと
澄人 すみと
遼人 はると
範人 はんと
歓人 よしと
璃人 りひと
凛人 りんと

15・3 18

澄大 きよひろ
潔之 きよゆき
勲士 くんじ
慶大 けいだい
慧大 けいだい
慧己 さとき
慧士 さとし
潤己 じゅんき
諄也 じゅんや
潤也 じゅんや
澄也 すみや
毅士 つよし
徹士 てつし
徹大 てつひろ
徹也 てつや
輝也 てるや
鋭也 ときや
遼己 はるき
摩也 まや
潔也 ゆきや
慶己 よしき
慶丸 よしまる
璃久 りく
諒久 りょうく
諒士 りょうじ
遼大 りょうだい
諒也 りょうや
凛也 りんや
黎士 れいじ

15・6 21

歓伍 かんご
歓多 かんた
慶伍 けいご
慧丞 けいすけ
慧多 けいた
慶多 けいた
潤成 じゅんせい
徹成 てつなり
輝旭 てるあき
輝匡 てるまさ
輝行 てるゆき
徹伍 とおご
範行 のりゆき
潔成 ゆきなり
諒吉 りょうきち
凛成 りんせい
凜成 りんせい
凜多 りんた
蔵乃介 くらのすけ
諒乃介 りょうのすけ
凛乃介 りんのすけ

15・8 23

諒典 あきのり
勲実 いさみ
勲武 いさむ
澄明 きよあき
潔尚 きよなお
勲侍 くんじ
勲治 くんじ
慶侍 けいじ
慧治 けいじ
慶周 けいしゅう
慧弥 けいや
潤季 じゅんき
毅虎 たけとら
毅英 たけひで
徹明 てつあき
徹治 てつじ
徹弥 てつや
輝季 てるき
輝幸 てるゆき
範武 のりたけ
遼空 はるく
遼尚 はるひさ
遼弥 はるや
穂岳 ほたか
潔弥 ゆきや
慶季 よしき
慶知 よしとも
歓幸 よしゆき
璃穹 りく
璃空 りく
諒英 りょうえい
諒河 りょうが
遼河 りょうが
諒治 りょうじ
諒弥 りょうや
凛治 りんじ
凛青 りんせい
黎治 れいじ
鋭ノ助 えいのすけ
蔵ノ助 くらのすけ
潤ノ助 じゅんのすけ

15・9 24

諒彦 あきひこ
勲海 いさみ
鋭祐 えいすけ
歓栄 かんえい
輝信 きしん
澄風 きよかぜ
潔音 きよと
潔彦 きよひこ
澄彦 きよひこ
駈音 くおん
慶咲 けいさく
慧俊 けいしゅん
慧信 けいしん
慧星 けいせい
慧哉 けいや
鋭思 さとし
慧思 さとし
慧郁 さとふみ
摯音 しおん
潤紀 じゅんき
潤哉 じゅんや
澄海 すかい
毅信 たけのぶ
毅彦 たけひこ

槻彦 つきひこ
徹哉 てつや
徹郎 てつろう
輝秋 てるあき
輝彦 てるひこ
輝郁 てるふみ
輝海 てるみ
範彦 のりひこ
遼飛 はると
慶信 よしのぶ
慶彦 よしひこ
慶政 よしまさ
諒祐 りょうすけ
諒亮 りょうすけ
諒星 りょうせい
遼星 りょうせい
諒哉 りょうや
凛亮 りんすけ
凛星 りんせい
輝利人 きりと
慶之丞 けいのすけ
璃央斗 りおと
凛乃助 りんのすけ

15・10　25

鋭馬 えいま
鋭真 えいま
駈流 かける
輝隼 きはや
慧悟 けいご
慶馬 けいま
摯真 しま
輝起 てるき
輝馬 てるま
輝通 てるみち
徹真 とおま
徹馬 とおま
範将 のりまさ
遼真 はるま
遼馬 はるま
勲起 ひろき
穂高 ほだか
慶晃 よしてる
諒馬 りょうま
諒真 りょうま
凛晟 りんせい
輝一郎 きいちろう
慶一郎 けいいちろう
潤一郎 じゅんいちろう
潤之助 じゅんのすけ
輝之助 てるのすけ
遼一郎 りょういちろう
遼之助 りょうのすけ
凛之助 りんのすけ

15・12　27

勲登 いさと
鋭達 えいたつ
鋭翔 えいと
澄貴 きよたか
澄陽 きよはる
慶翔 けいしょう
慶登 けいと
慧翔 けいと
摯道 しどう
澄翔 すみと
澄晴 すみはる
徹雄 てつお
徹貴 てつき
輝貴 てるき
輝道 てるみち
遼登 はると
遼翔 はると
潤喜 ひろき
勲喜 ひろき
穂貴 ほたか
穂尊 ほたか
舞翔 まいと
歓喜 よしき
慶達 よしたつ
璃温 りおん
璃翔 りと
諒瑛 りょうえい
遼晴 りょうせい
凛晴 りんせい
凛惺 りんせい
凛登 りんと
凛翔 りんと
凛道 りんどう
潔士郎 きよしろう
慧士郎 けいしろう

15・14　29

鋭輔 えいすけ
慧輔 けいすけ
慶徳 よしのり
凛輔 りんすけ
鋭太朗 えいたろう
歓太朗 かんたろう
潤太朗 じゅんたろう
徹太朗 てつたろう
遼太朗 りょうたろう
諒太朗 りょうたろう
凛太朗 りんたろう

15・16　31

輝龍 きりゅう
慧龍 けいたつ
慧磨 けいま
潤磨 じゅんま
輝樹 てるき
輝磨 てるま
穂積 ほづみ
歓樹 よしき
諒賢 りょうけん
諒磨 りょうま
遼磨 りょうま
潔志郎 きよしろう
澄志郎 きよしろう
慶志郎 けいしろう
慶次朗 けいじろう
凛汰郎 りんたろう
凛乃輔 りんのすけ

15・17　32

慶優 よしまさ
諒翼 りょうすけ
慶志朗 けいしろう

15・18　33

遼騎 はるき
璃騎 りき

15・20　35

慶護 けいご
諒護 りょうご

15・24　39

穂鷹 ほたか

名の1字目が16画

16・(1)　17

篤 あつし
樹 いつき
賢 けん
整 おさむ
薫 かおる
憲 けん
叡 さとし
繁 しげる
衛 まもる
穏 やすき
頼 らい
龍 りゅう
錬 れん

16・1　17

衛一 えいいち
叡一 えいいち
興一 きょういち
賢一 けんいち
憲一 けんいち
繁一 しげかず
龍一 りゅういち
錬一 れんいち

16・2　18

篤人 あつと
衛人 えいと
賢二 けんじ
賢人 けんと
憲人 けんと
薫人 しげと
樹人 みきひと
穏人 やすと
頼人 らいと
龍二 りゅうじ
龍人 りゅうと
龍八 りゅうや
澪人 れいと

16・5　21

篤生 あつき
篤史 あつし
篤司 あつし
篤弘 あつひろ
篤矢 あつや
緯央 いお
衛司 えいじ
橘平 きっぺい
興平 きょうへい
磨史 きよふみ

薫平 くんぺい
賢生 けんせい
賢矢 けんや
賢史 さとし
龍央 たつお
龍広 たつひろ
龍弘 たつひろ
磨世 まよ
樹央 みきお
樹広 みきひろ
穏広 やすひろ
薫央 ゆきお
龍市 りゅういち
龍玄 りゅうげん
龍司 りゅうじ
龍世 りゅうせい
龍平 りゅうへい
龍矢 りゅうや
澪司 れいじ
錬司 れんじ
龍ノ介 りゅうのすけ

16・7 23

叡秀 あきひで
篤臣 あつおみ
篤志 あつし
篤孝 あつたか
篤秀 あつひで
篤宏 あつひろ
衛吾 えいご
叡作 えいさく
叡志 えいし
衛臣 えいしん
衛佑 えいすけ
叡佑 えいすけ
衛汰 えいた
憲吾 けんご
賢冴 けんご
賢吾 けんご
賢志 けんし
賢芯 けんしん
賢伸 けんしん
憲伸 けんしん
憲佑 けんすけ
賢助 けんすけ
賢汰 けんた
興志 こうし
興汰 こうた
醍吾 だいご
龍臣 たつおみ
龍希 たつき
龍志 たつし
龍秀 たつひで
龍宏 たつひろ
磨秀 ましゅう
頼我 らいが
頼汰 らいた
龍壱 りゅういち
龍玖 りゅうく
龍冴 りゅうご
龍吾 りゅうご
龍佑 りゅうすけ
龍甫 りゅうすけ
龍汰 りゅうた
龍兵 りゅうへい
澪吾 れいご
錬汰 れんた
賢之介 けんのすけ
龍之介 たつのすけ
燎之介 りょうのすけ

16・8 24

篤忠 あつただ
篤典 あつのり
篤英 あつひで
篤武 あつむ
篤弥 あつや
憲治 けんじ
賢治 けんじ
賢昇 けんしょう
賢弥 けんや
賢侑 けんゆう
醍弥 だいや
龍昇 たつのり
龍典 たつのり
龍弥 たつや
憲明 のりあき
憲幸 のりゆき
磨育 まいく
樹尚 みきひさ
薫弥 ゆきや
衛和 よしかず
頼弥 らいや
龍河 りゅうが
龍空 りゅうく
龍侍 りゅうじ
龍征 りゅうせい
龍青 りゅうせい

16・9 25

篤思 あつし
篤飛 あつと
篤彦 あつひこ
篤哉 あつや
篤郎 あつろう
磨彦 きよひこ
賢咲 けんさく
賢祐 けんすけ
賢音 けんと
興紀 こうき
龍信 たつのぶ
龍彦 たつひこ
龍郎 たつろう
賢海 まさみ
賢哉 まさや
樹紀 みきのり
樹彦 みきひこ
穏紀 やすのり
穏彦 やすひこ
衛信 よしのぶ
龍栄 りゅうえい
龍星 りゅうせい
龍飛 りゅうひ
龍哉 りゅうや
燎哉 りょうや
磨希人 まきと

16・11 27

薫堂 くんどう
賢梧 けんご
賢進 けんしん
賢紳 けんしん
賢麻 けんま
龍琉 たつる
磨脩 ましゅう
磨悠 まはる
龍庵 りゅうあん
龍健 りゅうけん
龍堂 りゅうどう
樹里斗 きりと
憲一朗 けんいちろう
賢一朗 けんいちろう
磨希斗 まきと
龍一朗 りゅういちろう

16・13 29

賢慎 けんしん
龍慈 りゅうじ
龍勢 りゅうせい
龍聖 りゅうせい
龍誠 りゅうせい
篤太郎 あつたろう
賢太郎 けんたろう
憲太郎 けんたろう
興太郎 こうたろう
親太郎 しんたろう
龍太郎 りゅうたろう
燎太郎 りょうたろう
錬太郎 れんたろう

16・15 31

篤輝 あつき
憲蔵 けんぞう
賢蔵 けんぞう
興毅 こうき
興輝 こうき
繁輝 しげき
龍毅 たつき
龍輝 りゅうき
龍駈 りゅうく
龍蔵 りゅうぞう
賢史朗 けんしろう
樹希弥 じゅきや
龍次郎 りゅうじろう

16・16 32

篤憲 あつのり
賢龍 けんりゅう
龍樹 たつき
頼樹 らいき
賢志郎 けんしろう
龍汰郎 りゅうたろう

16・17 33

賢優 けんゆう
龍優 たつまさ
賢志朗 けんしろう
賢治郎 けんじろう
磨輝人 まきと
龍之輔 りゅうのすけ

16・19 35

磨輝斗 まきと

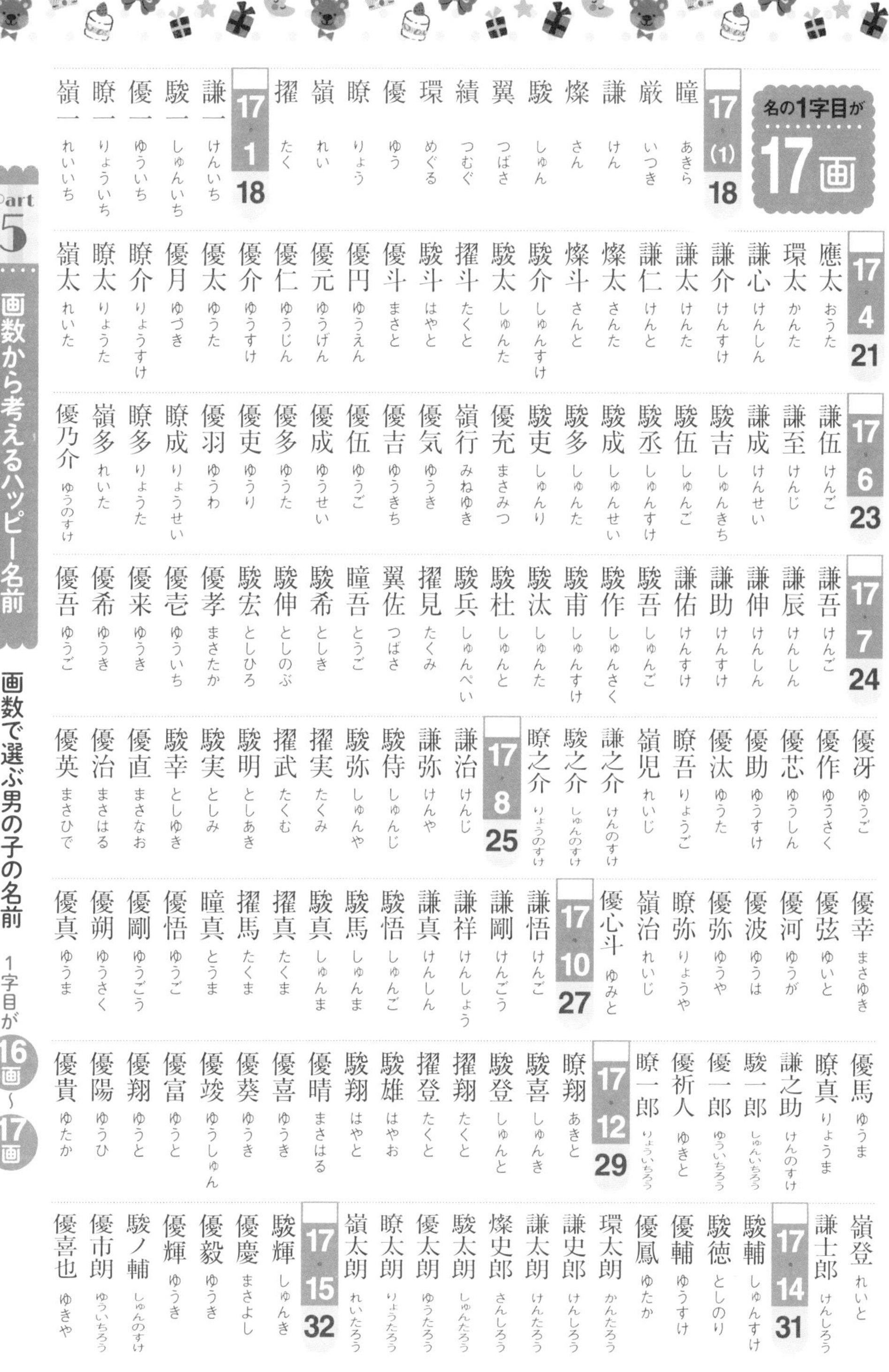

名の1字目が17画

17・(1) 18
- 瞳 あきら
- 厳 いつき
- 謙 けん
- 燦 さん
- 駿 しゅん
- 翼 つばさ
- 績 つむぐ
- 環 めぐる
- 優 ゆう
- 瞭 りょう
- 嶺 れい
- 擢 たく

17・1 18
- 謙一 けんいち
- 駿一 しゅんいち
- 優一 ゆういち
- 瞭一 りょういち
- 嶺一 れいいち

17・4 21
- 應太 おうた
- 環太 かんた
- 謙心 けんしん
- 謙介 けんすけ
- 謙太 けんた
- 謙仁 けんと
- 燦太 さんた
- 燦斗 さんと
- 駿介 しゅんすけ
- 駿太 しゅんた
- 擢斗 たくと
- 駿斗 はやと
- 優斗 まさと
- 優円 ゆうえん
- 優元 ゆうげん
- 優仁 ゆうじん
- 優介 ゆうすけ
- 優太 ゆうた
- 優月 ゆづき
- 瞭介 りょうすけ
- 瞭太 りょうた
- 嶺太 れいた

17・6 23
- 謙伍 けんご
- 謙至 けんじ
- 謙成 けんせい
- 駿吉 しゅんきち
- 駿伍 しゅんご
- 駿丞 しゅんすけ
- 駿成 しゅんせい
- 駿多 しゅんた
- 駿吏 しゅんり
- 優充 まさみつ
- 嶺行 みねゆき
- 優気 ゆうき
- 優吉 ゆうきち
- 優伍 ゆうご
- 優成 ゆうせい
- 優多 ゆうた
- 優吏 ゆうり
- 優羽 ゆうわ
- 瞭成 りょうせい
- 瞭多 りょうた
- 嶺多 れいた
- 優乃介 ゆうのすけ

17・7 24
- 謙吾 けんご
- 謙辰 けんしん
- 謙伸 けんしん
- 謙助 けんすけ
- 謙佑 けんすけ
- 駿吾 しゅんご
- 駿作 しゅんさく
- 駿甫 しゅんすけ
- 駿汰 しゅんた
- 駿杜 しゅんと
- 駿兵 しゅんぺい
- 擢見 たくみ
- 翼佐 つばさ
- 瞳吾 とうご
- 駿希 としき
- 駿伸 としのぶ
- 駿宏 としひろ
- 優孝 まさたか
- 優壱 ゆういち
- 優来 ゆうき
- 優希 ゆうき
- 優吾 ゆうご
- 優冴 ゆうご
- 優作 ゆうさく
- 優芯 ゆうしん
- 優助 ゆうすけ
- 優汰 ゆうた
- 瞭吾 りょうご
- 嶺児 れいじ
- 謙之介 けんのすけ
- 駿之介 しゅんのすけ
- 瞭之介 りょうのすけ

17・8 25
- 謙治 けんじ
- 謙弥 けんや
- 駿侍 しゅんじ
- 駿弥 しゅんや
- 擢実 たくみ
- 擢武 たくむ
- 駿明 としあき
- 駿実 としみ
- 駿幸 としゆき
- 優直 まさなお
- 優治 まさはる
- 優英 まさひで
- 優幸 まさゆき
- 優弦 ゆいと
- 優河 ゆうが
- 優波 ゆうは
- 優弥 ゆうや
- 瞭弥 りょうや
- 嶺治 れいじ
- 優心斗 ゆみと

17・10 27
- 謙悟 けんご
- 謙剛 けんごう
- 謙祥 けんしょう
- 謙真 けんしん
- 駿悟 しゅんご
- 駿馬 しゅんま
- 駿真 しゅんま
- 擢真 たくま
- 擢馬 たくま
- 瞳真 とうま
- 優悟 ゆうご
- 優剛 ゆうごう
- 優朔 ゆうさく
- 優真 ゆうま
- 優馬 ゆうま
- 瞭真 りょうま
- 謙之助 けんのすけ
- 駿一郎 しゅんいちろう
- 優一郎 ゆういちろう
- 優祈人 ゆきと
- 瞭一郎 りょういちろう

17・12 29
- 瞭翔 あきと
- 駿喜 しゅんき
- 駿登 しゅんと
- 擢翔 たくと
- 擢登 たくと
- 駿雄 はやお
- 駿翔 はやと
- 優晴 まさはる
- 優喜 ゆうき
- 優葵 ゆうき
- 優竣 ゆうしゅん
- 優富 ゆうと
- 優翔 ゆうと
- 優陽 ゆうひ
- 優貴 ゆたか
- 嶺登 れいと
- 謙士郎 けんしろう

17・14 31
- 駿輔 しゅんすけ
- 駿徳 としのり
- 優輔 ゆうすけ
- 優鳳 ゆたか
- 環太朗 かんたろう
- 謙史郎 けんしろう
- 謙太朗 けんたろう
- 燦史郎 さんしろう
- 駿太朗 しゅんたろう
- 優太朗 ゆうたろう
- 瞭太朗 りょうたろう
- 嶺太朗 れいたろう

17・15 32
- 駿輝 しゅんき
- 優慶 まさよし
- 優毅 ゆうき
- 優輝 ゆうき
- 駿ノ輔 しゅんのすけ
- 優市朗 ゆういちろう
- 優喜也 ゆきや

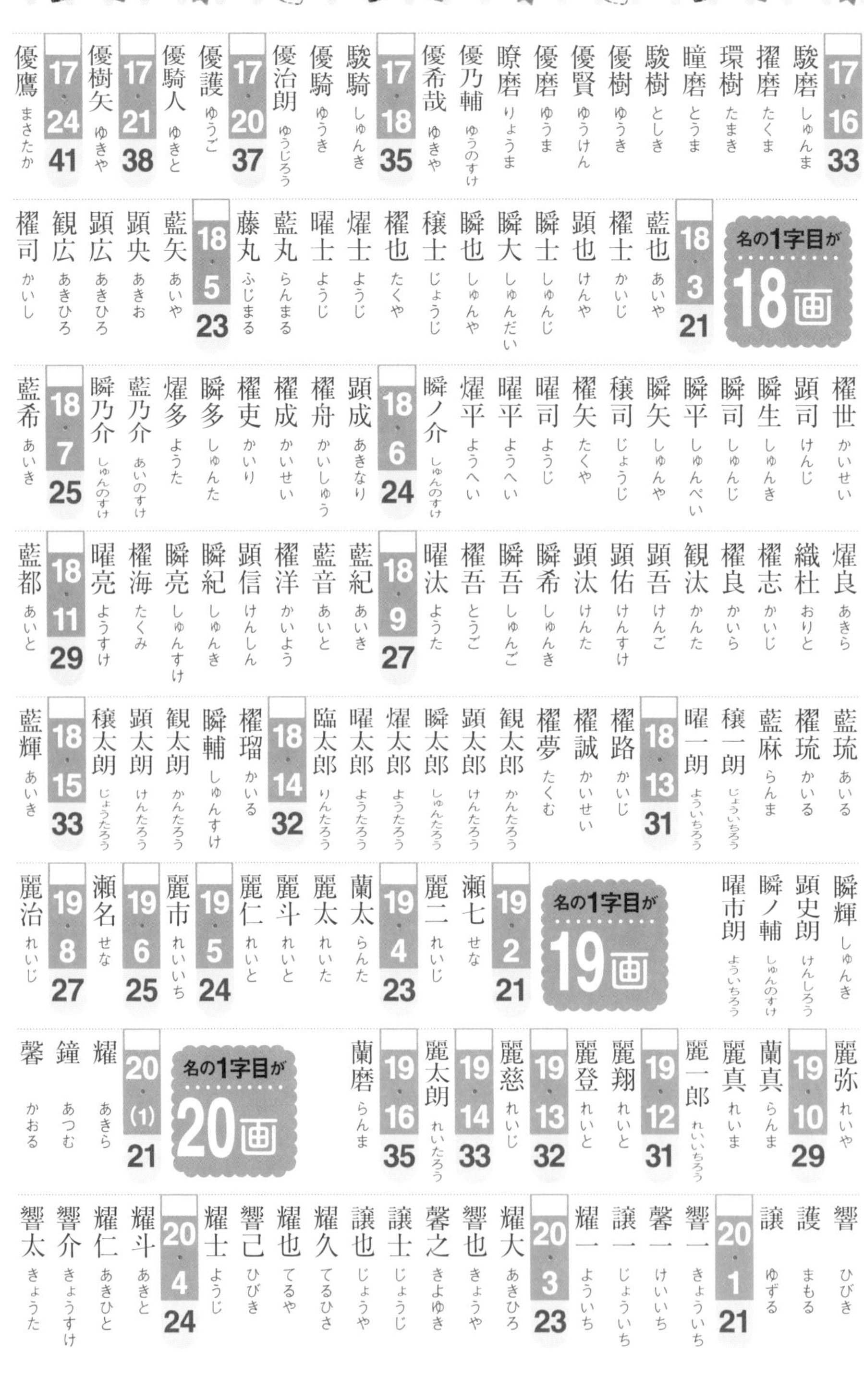

17・16 = 33
駿磨 しゅんま
擢磨 たくま
環樹 たまき
瞳磨 とうま
駿樹 としき
優樹 ゆうき
優賢 ゆうけん
優磨 ゆうま
瞭磨 りょうま
優乃輔 ゆうのすけ
優希哉 ゆきや

17・18 = 35
駿騎 しゅんき
優騎 ゆうき
優治朗 ゆうじろう

17・20 = 37
優護 ゆうご
優騎人 ゆきと

17・21 = 38
優樹矢 ゆきや

17・24 = 41
優鷹 まさたか

名の1字目が18画

18・3 = 21
藍也 あいや
櫂士 かいじ
顕也 けんや
瞬士 しゅんじ
瞬大 しゅんだい
瞬也 しゅんや
穣士 じょうじ
櫂也 たくや
燿士 ようじ
曜士 ようじ
藍丸 らんまる
藤丸 ふじまる

18・5 = 23
藍矢 あいや
顕央 あきお
顕広 あきひろ
観広 あきひろ
櫂司 かいし
櫂世 かいせい
顕司 けんじ
瞬生 しゅんき
瞬司 しゅんじ
瞬平 しゅんぺい
瞬矢 しゅんや
穣司 じょうじ
櫂矢 たくや
曜司 ようじ
曜平 ようへい
燿平 ようへい

18・6 = 24
瞬ノ介 しゅんのすけ
顕成 あきなり
櫂舟 かいしゅう
櫂成 かいせい
櫂吏 かいり
瞬多 しゅんた
燿多 ようた
藍乃介 あいのすけ
瞬乃介 しゅんのすけ

18・7 = 25
藍希 あいき
燿良 あきら
織杜 おりと
櫂志 かいじ
櫂良 かいら
観汰 かんた
顕吾 けんご
顕佑 けんすけ
顕汰 けんた
瞬希 しゅんき
瞬吾 しゅんご
櫂吾 とうご
曜汰 ようた

18・9 = 27
藍紀 あいき
藍音 あいと
櫂洋 かいよう
顕信 けんしん
瞬紀 しゅんき
瞬亮 しゅんすけ
櫂海 たくみ
曜亮 ようすけ

18・11 = 29
藍都 あいと
藍琉 あいる
櫂琉 かいる
藍麻 らんま
穣一朗 じょういちろう
曜一朗 よういちろう

18・13 = 31
櫂路 かいじ
櫂誠 かいせい
櫂夢 たくむ
観太郎 かんたろう
顕太郎 けんたろう
瞬太郎 しゅんたろう
燿太郎 ようたろう
曜太郎 ようたろう
臨太郎 りんたろう

18・14 = 32
櫂瑠 かいる
瞬輔 しゅんすけ
観太朗 かんたろう
顕太朗 けんたろう
穣太朗 じょうたろう

18・15 = 33
藍輝 あいき
瞬輝 しゅんき
顕史朗 けんしろう
瞬ノ輔 しゅんのすけ
曜市朗 よういちろう

名の1字目が19画

19・2 = 21
瀬七 せな
麗二 れいじ

19・4 = 23
蘭太 らんた
麗太 れいた
麗斗 れいと
麗仁 れいと

19・5 = 24
麗市 れいいち

19・6 = 25
瀬名 せな

19・8 = 27
麗治 れいじ

19・10 = 29
麗弥 れいや
蘭真 らんま
麗真 れいま
麗一郎 れいいちろう

19・12 = 31
麗翔 れいと
麗登 れいと

19・13 = 32
麗慈 れいじ

19・14 = 33
麗太朗 れいたろう

19・16 = 35
蘭磨 らんま

名の1字目が20画

20・(1) = 21
耀 あきら
鐘 あつむ
馨 かおる
響 ひびき
護 まもる
譲 ゆずる

20・1 = 21
響一 きょういち
馨一 けいいち
譲一 じょういち
耀一 よういち

20・3 = 23
耀大 あきひろ
響也 きょうや
馨之 きよゆき
譲士 じょうじ
譲也 じょうや
耀久 てるひさ
耀也 てるや
響己 ひびき
耀士 ようじ

20・4 = 24
耀斗 あきと
耀仁 あきひと
響介 きょうすけ
響太 きょうた

馨介 けいすけ
馨太 けいた
譲介 じょうすけ
譲太 じょうた
譲斗 まさと
護仁 もりひと
耀介 ようすけ
耀太 ようた

20・5 25
響平 きょうへい
馨平 きょうへい
響矢 きょうや
護市 ごいち
譲市 じょういち
譲司 じょうじ
耀矢 てるや
響生 ひびき
護広 もりひろ
耀市 よういち
耀史 ようじ

20・7 27
響吾 きょうご
響志 きょうじ
響佑 きょうすけ
響希 ひびき
響来 ひびき

20・9 29
響哉 おとや
響亮 きょうすけ
護郎 ごろう
耀紀 てるき
耀彦 てるひこ
護彦 もりひこ

20・11 31
耀都 あきと
馨都 けいと
譲琉 ゆずる
耀一朗 よういちろう

20・12 32
耀晴 あきはる
響晴 きょうせい
耀貴 てるき

20・13 33
響路 きょうじ
響士朗 きょうしろう
響太郎 きょうたろう
馨太郎 けいたろう
譲太郎 じょうたろう
耀太郎 ようたろう

20・15 35
響輝 ひびき
響史朗 きょうしろう
響多郎 きょうたろう
耀市朗 よういちろう

20・18 38
響騎 ひびき

名の1字目が21画

21・2 23
躍人 やくと

21・3 24
櫻士 おうし
轟士 ごうし

21・4 25
櫻介 おうすけ
櫻太 おうた
艦太 かんた
轟太 ごうた
躍斗 やくと

21・6 27
櫻丞 おうすけ

21・10 31
櫻真 おうま
轟起 ごうき

21・12 33
鶴翔 かくと
櫻士郎 おうしろう

21・14 35
櫻輔 おうすけ
櫻史郎 おうしろう

21・17 38
櫻志朗 おうしろう

名の1字目が22画

22・(1) 23
驍 たけし

22・1 23
驍一 きょういち

22・2 24
讃人 さんと

22・3 25
驍士 たけし

22・5 27
驍史 たけし
讃央 ときお

22・7 29
驍佑 きょうすけ
讃汰 さんた
讃伸 ときのぶ

22・9 31
驍紀 としき
讃哉 ときや

22・10 32
讃造 ときぞう
讃真 ときまさ

22・11 33
驍琉 たける

22・13 35
讃士朗 さんしろう

22・15 37
驍輝 としき

名の1字目が23画

23・(1) 24
鑑 あきら

23・1 24
鷲一 しゅういち

23・2 25
鷲人 しゅうと

23・4 27
鑑太 かんた
鷲介 しゅうすけ
鷲太 しゅうた
鷲斗 しゅうと

23・6 29
鷲伍 しゅうご

23・8 31
鷲治 しゅうじ
鷲弥 しゅうや

23・9 32
鷲飛 しゅうと
鷲哉 しゅうや

23・12 35
鷲翔 しゅうと
鷲登 しゅうと

23・14 37
鑑太朗 かんたろう

名の1字目が24画

24・(1) 25
麟 りん

24・1 25
鷹一 よういち

24・3 27
鷹大 たかひろ
鷹也 たかや
鷹之 たかゆき

24・5 29
鷹生 たかお
鷹弘 たかひろ
鷹矢 たかや
鷹平 ようへい
麟平 りんぺい

24・7 31
鷹臣 たかおみ
鷹志 たかし
鷹宏 たかひろ
鷹汰 ようた
麟之介 りんのすけ

24・8 32
鷹明 たかあき
鷹幸 たかゆき

24・11 35
鷹雪 たかゆき

24・13 37
麟太郎 りんたろう

24・14 38
麟太朗 りんたろう

24・15 39
麟多郎 りんたろう

24・17 41
麟之輔 りんのすけ

画数で選ぶ女の子の名前

画数別に女の子の名前を紹介しています。
掲載しているのは、
すべて地格が吉以上になる名前です。

リストの見方

姓に合う画数をチェック

花 7・(1) 8 はな
花奈美 7・17 24 かなみ

1字目の画数
2字目または2字目と3字目の合計画数
霊数
地格
7－17［

※1字名は霊数「1」を足した数が地格になります

名の1字目が 1画

1・2 → 3
一乃 いちの
乙乃 おとの
のん のん
レイ れい
レナ れな

1・4 → 5
つくし つくし
乙巴 おとは
つつじ つつじ
ののか ののか
ののみ ののみ
レイナ れいな
レイラ れいら

1・5 → 6
一禾 いちか
乙加 いつか
一代 かずよ
しず しず
くるみ くるみ
のえる のえる
ののは ののは
一二三 ひふみ

1・6 → 7
乙羽 おとは
一妃 かずひ
一帆 かずほ
くらら くらら
しおり しおり
しずく しずく
しづか しづか
つかさ つかさ
つぐみ つぐみ
のえか のえか

1・7 → 8
一花 いちか
乙希 いつき
乙花 おとか
一希 かずき
一沙 かずさ
一芭 かずは
くれは くれは
しのぶ しのぶ
つむみ つむみ
のどか のどか

1・10 → 11
一夏 いちか
一華 いちか
乙恵 おとえ
乙夏 おとか
乙華 おとか
乙珠 おとみ
一恵 かずえ
一笑 かずえ
一姫 かずき
一紗 かずさ
一千花 いちか
しずな しずな
つばき つばき
つぼみ つぼみ
つむぎ つむぎ

1・12 → 13
一葉 いちは
乙絵 おとえ
乙葉 おとは
一絵 かずえ

1・14 → 15
乙歌 おとか
乙寧 おとね
一寧 ひとね
のぞ美 のぞみ

1・15 → 16
一穂 かずほ

1・17 → 18
乙環 おとわ
一桜里 いおり

名の1字目が 2画

2・(1) → 3
七 なな

2・1 → 3
いく いく
うの うの
りの りの
るの るの

2・3 → 5
とも とも
うみ うみ
てら てら
とわ とわ
ナミ なみ
乃子 のこ
乃々 のの
ヒロ ひろ
マミ まみ
めぐ めぐ
りえ りえ
リオ りお
りさ りさ
リサ りさ
りせ りせ
りみ りみ
りゆ りゆ
りら りら
るか るか
ルミ るみ
るみ るみ
いのり いのり
カノン かのん
カレン かれん
ことの ことの
ひめの ひめの
ひろの ひろの
りのん りのん
るりの るりの

2・4 → 6
うた うた
りお りお
アリス ありす
アンナ あんな
いくみ いくみ
いつみ いつみ
カンナ かんな
こころ こころ
このか このか
このみ このみ
スミレ すみれ
セイラ せいら
ハルカ はるか
ヒカリ ひかり
ヒカル ひかる

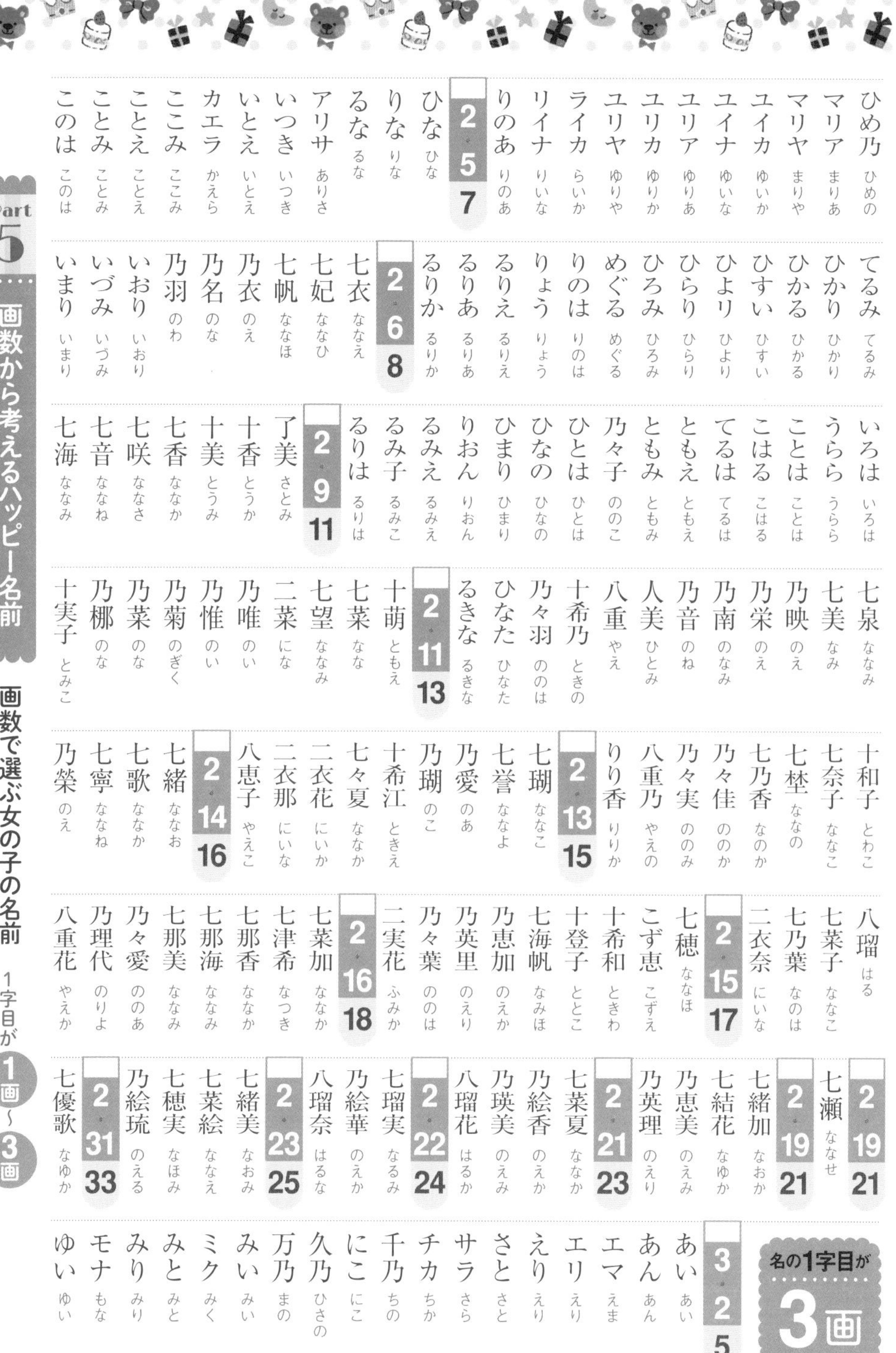

ひめ乃 ひめの
マリア まりあ
マリヤ まりや
ユイカ ゆいか
ユイナ ゆいな
ユリア ゆりあ
ユリカ ゆりか
ユリヤ ゆりや
ライカ らいか
リイナ りいな
りのあ りのあ

2・5 7

ひな ひな
りな りな
るな るな
アリサ ありさ
いつき いつき
いとえ いとえ
カエラ かえら
ここみ ここみ
ことえ ことえ
ことみ ことみ
このは このは

てるみ てるみ
ひかり ひかり
ひかる ひかる
ひすい ひすい
ひより ひより
ひらり ひらり
ひろみ ひろみ
めぐる めぐる
りのは りのは
りょう りょう
るりえ るりえ
るりあ るりあ
るりか るりか

2・6 8

七衣 ななえ
七妃 ななひ
七帆 ななほ
乃衣 のえ
乃名 のな
乃羽 のわ
いおり いおり
いづみ いづみ
いまり いまり

いろは いろは
うらら うらら
ことは ことは
こはる こはる
てるは てるは
ともえ ともえ
ともみ ともみ
乃々子 ののこ
ひとは ひとは
ひなの ひなの
ひまり ひまり
りおん りおん
るみえ るみえ
るみ子 るみこ
るりは るりは

2・9 11

了美 さとみ
十香 とうか
十美 とうみ
七香 ななか
七咲 ななさ
七音 ななね
七海 ななみ

七泉 ななみ
七美 なみ
乃映 のえ
乃栄 のえ
乃南 のなみ
乃音 のね
人美 ひとみ
八重 やえ
十希乃 ときの
乃々羽 ののは
ひなた ひなた
るきな るきな

2・11 13

十萌 ともえ
七菜 なな
七望 ななみ
二菜 にな
乃唯 のい
乃惟 のい
乃菊 のぎく
乃菜 のな
乃椰 のな
十実子 とみこ

十和子 とわこ
七奈子 ななこ
七埜 ななの
七乃香 なのか
乃々佳 ののか
乃々実 ののみ
八重乃 やえの
りり香 りりか

2・13 15

七瑚 ななこ
七誉 ななよ
乃愛 のあ
乃瑚 のこ
十希江 ときえ
七々夏 ななか
二衣花 にいか
二衣那 にいな
八恵子 やえこ

2・14 16

七緒 ななお
七歌 ななか
七寧 ななね
乃榮 のえ

八瑠 はる
七菜子 ななこ
七乃葉 なのは
二衣奈 にいな

2・15 17

七穂 ななほ
こず恵 こずえ
十希和 ときわ
十登子 ととこ
七海帆 なみほ
乃恵加 のえか
乃英里 のえり
乃々葉 ののは
二実花 ふみか

2・16 18

七菜加 ななか
七津希 なつき
七那香 ななか
七那海 ななみ
七那美 ななみ
乃々愛 ののあ
乃理代 のりよ
八重花 やえか

2・19 21

七瀬 ななせ

2・19 21

七緒加 なおか
七結花 なゆか
乃恵美 のえみ
乃英理 のえり

2・21 23

七菜夏 ななか
乃絵香 のえか
乃瑛美 のえみ
八瑠花 はるか

2・22 24

七瑠実 なるみ
乃絵華 のえか
八瑠奈 はるな

2・23 25

七緒美 なおみ
七菜絵 ななえ
七穂実 なほみ
乃絵琉 のえる

2・31 33

七優歌 なゆか

名の1字目が 3画

3・2 5

あい あい
あん あん
エマ えま
エリ えり
えり えり
さと さと
サラ さら
チカ ちか
千乃 ちの
にこ にこ
久乃 ひさの
万乃 まの
みい みい
ミク みく
みと みと
みり みり
モナ もな
ゆい ゆい

ゆう ゆう
夕乃 ゆの
弓乃 ゆみの
ゆめ ゆめ
ゆり ゆり
らん らん
れい れい

3・3 6

あさ あさ
あみ あみ
あや あや
あゆ あゆ
えみ えみ
かよ かよ
小弓 こゆみ
さえ さえ
サキ さき
さち さち
さや さや
さよ さよ
さら さら
さわ さわ
せら せら
そよ そよ
そら そら
ちえ ちえ
ちか ちか
ちさ ちさ
千弓 ちゆみ
にれ にれ
久子 ひさこ
みあ みあ
三久 みく
みち みち
みわ みわ
もえ もえ
もか もか
もも もも
やえ やえ
ゆあ ゆあ
ゆみ ゆみ
弓子 ゆみこ
ゆら ゆら
ゆわ ゆわ
らら らら
れに れに
れみ れみ
エレナ えれな
エレン えれん
かのん かのん
みのり みのり
ゆめの ゆめの
よし乃 よしの

3・4 7

あむ あむ
さき さき
千文 ちふみ
もね もね
弓月 ゆづき
夕月 ゆづき
あいり あいり
あめり あめり
あやの あやの
あゆの あゆの
あんり あんり
エリナ えりな
エルナ えるな
かの子 かのこ
かやの かやの
さくら さくら
サクラ さくら
さやの さやの
そのえ そのえ
そのか そのか
そのみ そのみ
そらの そらの
ちひろ ちひろ
みその みその
みひろ みひろ
やえの やえの

3・5 7

あず あず
かず かず
かな かな
小冬 こふゆ
才加 さいか
さな さな
すず すず
せな せな
千央 ちお
千加 ちか
千可 ちか
ちず ちず
千世 ちせ
千広 ちひろ
千冬 ちふゆ
千代 ちよ
万広 まひろ
万由 まゆ
もな もな
ゆず ゆず
ゆな ゆな
弓世 ゆみよ
弓代 ゆみよ
れな れな
あいみ あいみ
あいら あいら
あかり あかり
あさひ あさひ
あや乃 あやの
あやめ あやめ
ありさ ありさ
ありす ありす
えみり えみり
えみる えみる
えりさ えりさ
かれん かれん
さゆり さゆり
ちさと ちさと
ちとせ ちとせ
ちより ちより
みさと みさと
みさ乃 みさの
みちる みちる
みつは みつは
みらい みらい
やよい やよい
ゆいみ ゆいみ
ゆらり ゆらり
ゆりあ ゆりあ
ゆりえ ゆりえ
ゆりか ゆりか
ゆりや ゆりや
れいみ れいみ
れいら れいら

3・8 11

久実 くみ
才実 さいみ
小苗 さなえ
小波 さなみ
千昌 ちあき
千明 ちあき
千依 ちい
千英 ちえ
千佳 ちか
千果 ちか
千怜 ちさと
千弦 ちづる
千奈 ちな
千波 ちなみ
千歩 ちほ
千幸 ちゆき
千和 ちより
也実 なりみ
久佳 ひさか
万依 まい
万知 まち
万奈 まな
万実 まみ
丸実 まるみ
三佳 みか
三知 みち
三奈 みな
三和 みわ
夕佳 ゆうか
夕波 ゆうは
夕奈 ゆな
弓佳 ゆみか
弓奈 ゆみな
弓波 ゆみは
夕芽 ゆめ
与奈 よな
あずさ あずさ
あずみ あずみ
あまね あまね
えれな えれな
かざみ かざみ
かなえ かなえ
かなみ かなみ
かなよ かなよ
さなえ さなえ
さなみ さなみ
さやな さやな
すずえ すずえ

すずか　すずか
すずみ　すずみ
すずよ　すずよ
せれな　せれな
千以子　ちいこ
千可子　ちかこ
ちなみ　ちなみ
千代子　ちよこ
万由子　まゆこ
みずえ　みずえ
みすず　みすず
みさほ　みさほ
みなえ　みなえ
みなみ　みなみ
みなも　みなも
もなみ　もなみ
夕妃乃　ゆきの
ゆずか　ゆずか
ゆみな　ゆみな
ゆみほ　ゆみほ
わかな　わかな

3・10　13

己紗　きさ
小梅　こうめ
小夏　こなつ
小華　こはな
才華　さいか
千華　せんか
千晃　ちあき
千恵　ちえ
千笑　ちえ
千桜　ちお
千紗　ちさ
千珠　ちず
千純　ちずみ
千夏　ちなつ
千晏　ちはる
千紘　ちひろ
千展　ちひろ
千容　ちひろ
千莉　ちり
万桜　まお
万純　ますみ
万華　まはな
万哩　まり
三桜　みお
三華　みか
三紗　みさ
夕姫　ゆうき
夕夏　ゆか
夕珠　ゆず
弓華　ゆみか
弓紗　ゆみさ
弓莉　ゆみり
あおば　あおば
久里子　くりこ
小万里　こまり
さや花　さやか
すずな　すずな
そよ花　そよか
千花子　ちかこ
千佳乃　ちかの
千里子　ちりこ
万亜子　まあこ
万奈乃　まなの
万佑子　まゆこ
万里子　まりこ
みずほ　みずほ
三千花　みちか
みなほ　みなほ
ゆずほ　ゆずほ
与志子　よしこ
らら花　ららか

3・12　15

小晴　こはる
小陽　こはる
小絢　さあや
千暁　ちあき
千晶　ちあき
千絵　ちえ
千瑛　ちえ
千賀　ちか
千景　ちかげ
千惺　ちさと
千晴　ちはる
千遥　ちはる
千陽　ちはる
千尋　ちひろ
千結　ちゆ
万絢　まあや
万葵　まき
万喜　まき
万琴　まこと
万智　まち
万葉　まは
万尋　まひろ
万結　まゆ
三琴　みこと
夕陽　ゆうひ
弓絵　ゆみえ
弓葉　ゆみは
あゆ美　あゆみ
久未花　くみか
久美子　くみこ
久礼亜　くれあ
小百合　さゆり
そよ香　そよか
そよ美　そよみ
千栄子　ちえこ
千架子　ちかこ
千香子　ちかこ
千咲子　ちさこ
千津子　ちづこ
千百合　ちゆり
千代花　ちよか
千代里　ちより
万桜乃　まおの
万央里　まおり
万紀子　まきこ
万希代　まきよ
万保子　まほこ
万友佳　まゆか
万由花　まゆか
万里加　まりか
三花代　みかよ
三津子　みつこ
みや美　みやび
夕紀子　ゆきこ
夕里加　ゆりか
らら美　ららみ

3・13　16

小鈴　こすず
小暖　こはる
千瑚　ちこ
千聖　ちさと
千鈴　ちすず
千勢　ちせ
千歳　ちとせ
千暖　ちはる
千誉　ちよ
久誉　ひさよ
三鈴　みすず
夕愛　ゆうあ
夕楽　ゆうら
弓愛　ゆみあ
久莉子　くりこ
小都乃　ことの
すず奈　すずな
そよ夏　そよか
千亜妃　ちあき
千加実　ちかみ
千佳代　ちかよ
千早希　ちさき
千紗子　ちさこ
万衣里　まいり
万桜子　まおこ
万妃那　まきな
万由佳　まゆか
万有花　まゆか
万里江　まりえ
三桜子　みおこ
みな実　みなみ
三奈代　みなよ
夕里江　ゆりえ
夕梨乃　ゆりの

3・14　17

小綾　さあや
千歌　せんか
千緒　ちお
千嘉　ちか
千種　ちぐさ
千聡　ちさと
千颯　ちはや
万綾　まあや
万緒　まお
万誓　まちか
夕寧　ゆうね
弓寧　ゆみね
すず香　すずか
すず音　すずね
千絵乃　ちえの
千沙希　ちさき
千寿花　ちずか
千由紀　ちゆき

千代美 ちよみ
万基子 まきこ
万奈帆 まなほ
万結乃 まゆの
万利亜 まりあ
万里亜 まりあ
万里花 まりか
万理子 まりこ
三花沙 みかさ
三花里 みかり
みな美 みなみ
夕花里 ゆかり
夕里亜 ゆりあ
らら菜 ららな

3・15 18

久璃 くり
小穂 さほ
千璃 せんり
千編 ちあみ
千慧 ちえ
千澄 ちずみ
千遼 ちはる
千潤 ちひろ
千穂 ちほ
万嬉 まき
万澄 ますみ
万穂 まほ
万璃 まり
万凛 まりん
夕璃 ゆうり
夕穂 ゆほ
弓穂 ゆみほ
弓璃 ゆみり
弓凛 ゆりん
久実花 くみか
小万智 こまち
小茉里 こまり
すず夏 すずか
千江美 ちえみ
千花実 ちかみ
千沙季 ちさき
千咲妃 ちさき
千紗世 ちさよ
千羽南 ちはな
千芙実 ちふみ
万亜弥 まあや
万依花 まいか
万季亜 まきあ
万智子 まちこ
万乃愛 まのあ
万帆香 まほか
万里佳 まりか
万由夏 まゆか
万結子 まゆこ
万里弥 まりや
三紗世 みさよ
三里奈 みりな
夕依花 ゆいか
夕希奈 ゆきな
夕茉里 ゆまり
夕美江 ゆみえ
夕実里 ゆみり
わか葉 わかば

3・18 21

小雛 こひな
小織 さおり
千織 ちおり
万織 まおり
万雛 まひな
久美香 くみか
久美南 くみな
小都里 ことり
小波留 こはる
小真知 こまち
千映香 ちえか
千咲紀 ちさき
千紗季 ちさき
千波留 ちはる
千風美 ちふみ
千穂子 ちほこ
千璃子 ちりこ
万唯沙 まいさ
万悠花 まゆか
万理亜 まりあ
万梨花 まりか
万璃子 まりこ
万里菜 まりな
万莉奈 まりな
夕璃子 ゆりこ
夕里菜 ゆりな

3・20 23

久実絵 くみえ
久琉美 くるみ
小都音 ことね
小菜津 こなつ
千恵莉 ちえり
千咲野 ちさの
千羽瑠 ちはる
万陽奈 まひな
万美菜 まみな
万結佳 まゆか
万里愛 まりあ
ゆず穂 ゆずほ

3・21 24

千櫻 ちお
千鶴 ちづる
小葉音 こはね
小緒里 さおり
千愛実 ちあみ
千瑛美 ちえみ
千恵理 ちえり
千桜理 ちおり
千咲喜 ちさき
千咲登 ちさと
千紗都 ちさと
万緒那 まおな
万智香 まちか
万結咲 まゆさ
三紗都 みさと

3・22 25

久瑠実 くるみ
万緒佳 まおか
万璃亜 まりあ

3・24 27

千鶴子 ちづこ
万優花 まゆか

3・26 29

千風優 ちふゆ
万結歌 まゆか
万優美 まゆみ

3・28 31

千優望 ちゆみ
千優梨 ちゆり
万樹絵 まきえ
万優彩 まゆさ
万璃愛 まりあ

3・29 32

三緒璃 みおり

名の1字目が 4画

4・(1) 5

心 こころ
天 そら
友 とも
巴 ともえ
文 ふみ
円 まどか
月 つき

4・1 5

はつ はつ
まの まの

4・2 6

天乃 あまの
文乃 あやの
おと おと
きい きい
心乃 ここの
月乃 つきの
巴乃 ともの
友乃 ともの
仁乃 にの
はる はる
日乃 ひの
ふう ふう
まい まい
まり まり
はつの はつの

4・3 7

公子 きみこ
たえ たえ
天子 たかこ
たみ たみ
允子 ちかこ
月子 つきこ
友子 ともこ
仁子 にこ
日子 にちこ
ふみ ふみ
文子 ふみこ
文与 ふみよ
ふゆ ふゆ
ふら ふら

まや まや
まゆ まゆ
心久 みく
元子 もとこ
心子 もとこ
ましろ ましろ

4・4 8

五月 さつき
友心 ともみ
ねね ねね
巴月 はづき
文月 ふづき
まは まは
水月 みづき
心友 みゆう
友月 ゆづき
おとめ おとめ
はつみ はつみ
はるひ はるひ
ふじの ふじの
まのあ まのあ
まひろ まひろ
まゆの まゆの

4・7 11

天里 あめり
文伽 あやか
文芭 あやは
五希 いつき
円里 えんり
心那 ここな
心芭 ここは
心見 ここみ
太希 たき
月花 つきか
月那 つきな
月芭 つきは
天花 てんか
斗希 とき
友芭 ともは
仁花 にか
日花 にちか
仁那 にな
日那 ひな
双芭 ふたば
文花 ふみか
文那 ふみな
円花 まどか
心花 みか
心希 みき
心玖 みく
心冴 みさえ
水希 みずき
円希 みつき
水那 みな
友伽 ゆうか
友花 ゆうか
友希 ゆうき
友里 ゆうり
友那 ゆな
六花 りっか
今日子 きょうこ
たまえ たまえ
たまみ たまみ
はづき はづき
はるな はるな
はんな はんな
まおみ まおみ
まどか まどか
まりな まりな
心央乃 みおの

4・9 13

天音 あまね
文音 あやね
文泉 あやみ
公香 きみか
公美 くみ
心音 ここね
心海 ここみ
心泉 ここみ
心美 ここみ
天美 たかみ
月架 つきか
月香 つきか
月美 つきみ
天香 てんか
天架 てんか
友香 ともか
友美 ともみ
友泉 ともみ
仁架 にか
仁胡 にこ
日香 にちか
仁南 にな
仁玲 にれ
日咲 ひさき
仁香 ひとか
仁音 ひとね
仁美 ひとみ
文香 ふみか
允美 まさみ
円香 まどか
円架 まどか
円美 まるみ
心映 みえ
心咲 みさき
水香 みずか
心玲 みれい
元香 もとか
元美 もとみ
友海 ゆうみ
友紀 ゆき
きぬ代 きぬよ
木の実 このみ
太希乃 たきの
日那乃 ひなの
日乃花 ひのか
まなは まなは
心乃里 みのり
水帆子 みほこ
友希乃 ゆきの
友里乃 ゆりの

4・11 15

天梨 あめり
文菜 あやな
文萌 あやめ
心菜 ここな
月菜 つきな
月野 つきの
月望 つきみ
友望 ともみ
仁菜 にな
仁梛 にな
巴琉 はる
日彩 ひいろ
仁望 ひとみ
日菜 ひな
日毬 ひまり
心唯 みい
心彩 みさ
心都 みと
水萌 みなも
心悠 みゆう
友唯 ゆい
友菜 ゆうな
友麻 ゆま
友梨 ゆり
友理 ゆり
今日花 きょうか
木乃香 このか
木乃美 このみ
仁千佳 にちか
仁千果 にちか
仁知子 にちこ
日咲乃 ひさの
日奈子 ひなこ
比奈子 ひなこ
日南乃 ひなの
日弥子 ひみこ
日芽子 ひめこ
心知子 みちこ
心和子 みわこ
友依子 ゆいこ
友芽子 ゆめこ

4・12 16

文葉 あやは
心葉 ここは
木葉 このは
月葉 つきは
巴絵 ともえ
友絵 ともえ
友恵 ともえ
巴葉 ともは
友葉 ともは
仁湖 にこ
仁絵 ひとえ
仁葉 ひとは
双葉 ふたば
允絵 まさえ
心葵 みき
心湖 みこ
心琴 みこと
水琴 みこと
水絵 みずえ
水葵 みずき

水葉 みずは
心晴 みはる
心尋 みひろ
心結 みゆ
心湧 みゆう
元葉 もとは
友陽 ゆうひ
友結 ゆうゆ
日南子 かなこ
今日佳 きょうか
きよ音 きよね
斗美子 とみこ
日央里 ひおり
日加里 ひかり
日那世 ひなよ
心咲子 みさこ
友香子 ゆかこ
友可里 ゆかり
友珠乃 ゆずの

4・13 17

文夢 あやむ
日暖 かのん
心愛 ここあ
心路 こころ
月瑚 つきこ
斗愛 とあ
仁瑚 にこ
日瑚 にちこ
文誉 ふみよ
心瑚 みこ
友愛 ゆあ
はる菜 はるな
日斗美 ひとみ
日菜乃 ひなの
日奈世 ひなよ
日万莉 ひまり
友里名 ゆりな

4・14 18

天寧 あまね
文歌 あやか
文綺 あやき
文寧 あやね
心寧 ここね
月歌 つきか
天歌 てんか
友歌 ともか
友寧 ともね
仁歌 にか
日緒 ひお
日翠 ひすい
文緒 ふみお
水緒 みお
心綺 みき
友維 ゆい
木乃葉 このは
仁衣果 にいか
仁衣奈 にいな
巴菜子 はなこ
はる陽 はるひ
日花利 ひかり
日花里 ひかり
日菜子 ひなこ
日奈多 ひなた
まゆ菜 まゆな
友花里 ゆかり
友実江 ゆみえ
友美加 ゆみか

4・17 21

日鞠 ひまり
心優 みゆ
斗和香 とわか
仁知香 にちか
日衣菜 ひいな
日桜里 ひおり
日花莉 ひかり
日夏里 ひかり
日華里 ひかり
日奈音 ひなね
日真里 ひまり
日芽香 ひめか
友衣菜 ゆいな
友夏里 ゆかり
友実香 ゆみか
友美佳 ゆみか

4・19 23

心麗 みれい
水麗 みれい
斗美恵 とみえ
日佳梨 ひかり
日佳理 ひかり
日沙絵 ひさえ
日茉梨 ひまり
日葉里 ひより
日陽里 ひより
心唯奈 みいな
心結花 みゆか
心結希 みゆき
友唯奈 ゆいな
友樹子 ゆきこ
友美恵 ゆみえ
友莉香 ゆりか
友梨奈 ゆりな

4・20 24

月馨 つきか
斗登実 ととみ
斗環子 とわこ
日香梨 ひかり
日菜香 ひなか
日楽里 ひらり
心優子 みゆこ
友夏莉 ゆかり
友貴奈 ゆきな
友結奈 ゆゆな

4・21 25

日緒里 かおり
日登美 ひとみ
水緒里 みおり
心結音 みゆね
友美絵 ゆみえ
友理恵 ゆりえ

4・23 27

日佳璃 ひかり
友輝奈 ゆきな
友美歌 ゆみか
友梨絵 ゆりえ

4・25 29

日緒理 ひおり
心優奈 みゆな
友璃恵 ゆりえ

4・27 31

心優莉 みゆり
友樹菜 ゆきな

4・28 32

心優菜 みゆな

4・29 33

友樹愛 ゆきあ

4・31 35

友樹穂 ゆきほ

名の1字目が 5画

5・(1) 6

叶 かな
汀 なぎさ
史 ふみ
冬 ふゆ
礼 れい
令 れい

5・1 6

なつ なつ

5・2 7

生乃 いくの
市乃 いちの
卯乃 うの
叶乃 かなの
禾乃 かの
世乃 せの
立乃 たつの
広乃 ひろの
冬乃 ふゆの
史乃 ふみの
未乃 みの
由乃 よしの
礼乃 れいの
なつの なつの
ほしの ほしの

5・3 8

生子 いくこ
市子 いちこ
永子 えいこ
加子 かこ
可子 かこ
禾子 かこ
叶子 かなこ
正子 せいこ
なみ なみ
央子 ひさこ
広子 ひろこ
弘子 ひろこ
史子 ふみこ
冬子 ふゆこ
未久 みく
由子 ゆうこ

令子 れいこ
礼子 れいこ
なつめ なつめ

5・6 11

叶江 かなえ
叶帆 かなほ
加帆 かほ
可帆 かほ
史衣 しえ
史江 しえ
司帆 しほ
史帆 しほ
世名 せな
玉妃 たまき
広江 ひろえ
未宇 みう
未羽 みう
未帆 みほ
由衣 ゆい
由宇 ゆう
由羽 ゆう
由帆 よしほ
礼衣 れい

礼名 れいな
ななの ななの
なゆか なゆか
なるは なるは
ほたる ほたる

5・8 13

礼佳 あやか
礼波 あやは
礼芽 あやめ
生実 いくみ
市佳 いちか
永佳 えいか
永実 えいみ
永奈 えな
永茉 えま
加奈 かな
可奈 かな
叶果 かなか
叶歩 かなほ
叶実 かなみ
叶芽 かなめ
可歩 かほ
加実 かみ
可怜 かれん
甘奈 かんな
史依 しえ
史苑 しおん
四季 しき
史歩 しほ
世佳 せいか
正奈 せいな
世來 せら
立季 たつき
立実 たつみ
玉佳 たまか
玉実 たまみ
永依 ひさえ
央佳 ひさか
広奈 ひろな
史佳 ふみか
史奈 ふみな
史波 ふみは
冬佳 ふゆか
冬奈 ふゆな
冬実 ふゆみ
冬芽 ふゆめ
未空 みく
未來 みく
未怜 みさと
未宙 みそら
未歩 みほ
未奈 みな
由依 ゆい
由佳 ゆか
由季 ゆき
由奈 ゆな
由歩 ゆほ
由茉 ゆま
由実 ゆみ
由芽 ゆめ
世奈 よな
令果 れいか
令奈 れいな
礼奈 れいな
礼実 れいみ
令実 れいみ
令茉 れま
なつ希 なつき
ななえ ななえ
ななせ ななせ
ななみ ななみ
布由子 ふゆこ
由妃乃 ゆきの

5・10 15

市華 いちか
永哩 えり
永莉 えり
永留 える
央夏 おうか
加恵 かえ
加笑 かえ
可恵 かえ
禾恵 かえ
加純 かすみ
可純 かすみ
叶恵 かなえ
可恋 かれん
司恵 しえ
史恵 しえ
史珠 しず
正華 せいか
世莉 せり
玉恵 たまえ
玉姫 たまき
司紗 つかさ
汀紗 なぎさ
永夏 ひさか
広恵 ひろえ
広夏 ひろか
弘華 ひろか
史桜 ふみお
史夏 ふみか
冬恵 ふゆえ
冬華 ふゆか
冬姫 ふゆき
正恵 まさえ
正姫 まさき
未華 みか
未姫 みき
未紗 みさ
由恵 ゆえ
由夏 ゆか
由華 ゆか
由姫 ゆき
由記 ゆき
由起 ゆき
由紗 ゆさ
由珠 ゆず
由真 ゆま
由莉 ゆり
立夏 りっか
立華 りつか
礼華 れいか
令華 れいか
礼紗 れいさ
礼莉 れいり
永利子 えりこ
永里子 えりこ
加那子 かなこ
なずな なずな
ほの香 ほのか
未来子 みきこ
未歩乃 みほの
由芽乃 ゆめの
由里子 ゆりこ

5・11 16

永菜 えな
永麻 えま
永梨 えり
加菜 かな
可菜 かな
禾菜 かな
叶望 かなみ
禾野 かの
古都 こと
史野 しの
史麻 しま
世菜 せな
世梨 せり
広菜 ひろな
広望 ひろみ
史菜 ふみな
冬菜 ふゆな
未唯 みい
未郷 みさと
未悠 みゆ
由惟 ゆい
由菜 ゆな
由埜 ゆの
由麻 ゆま
由望 ゆみ

由萌 ゆめ
由梨 ゆり
由理 ゆり
令菜 れいな
礼菜 れいな
礼望 れいみ
礼麻 れま
令麻 れま
以知子 いちこ
可奈子 かなこ
加奈子 かなこ
加耶乃 かやの
未佳子 みかこ
未知子 みちこ
未奈子 みなこ
由佳子 ゆかこ

5・12 17

礼葉 あやは
加絵 かえ
可絵 かえ
叶絵 かなえ
叶葉 かなは
可琳 かりん
立葵 たつき
玉瑛 たまえ
玉絵 たまえ
民絵 たみえ
広絵 ひろえ
弘絵 ひろえ
広葉 ひろは
史絵 ふみえ
史葉 ふみは
正絵 まさえ
未葵 みき
未智 みち
由稀 ゆうき
由貴 ゆき
由葵 ゆき
由喜 ゆき
由葉 ゆは
四葉 よつば
史寿代 しずよ
世津子 せつこ
世礼那 せれな
由加里 ゆかり
由珠乃 ゆずの
由美子 ゆみこ

5・13 18

可暖 かのん
可鈴 かりん
可蓮 かれん
世愛 せいあ
世楽 せいら
冬瑚 とうこ
永遠 とわ
由暖 ゆのん
由楽 ゆら
由鈴 ゆりん
礼愛 れいあ
令愛 れいあ
礼楽 れいら
永里衣 えりい
永莉子 えりこ
加奈代 かなよ
古都乃 ことの
世令奈 せれな
なな実 ななみ
未央佳 みおか
未桜子 みおこ
未華子 みかこ
未可歩 みかほ
由衣花 ゆいか
由衣沙 ゆいさ
由惟乃 ゆいの
由衣里 ゆいり
由羽那 ゆうな
由規乃 ゆきの
由希妃 ゆきひ
由希帆 ゆきほ
由紗子 ゆさこ
由莉子 ゆりこ
礼衣良 れいら
礼央奈 れおな

5・16 21

未蕾 みらい
由樹 ゆき
永美花 えみか
永美里 えみり
永里香 えりか
永里咲 えりさ
永莉名 えりな
加津希 かつき
可奈枝 かなえ
加那美 かなみ
加奈実 かなみ
可奈実 かなみ
古都世 ことせ
史緒乃 しおの
世莉名 せりな
世玲亜 せれあ
世令菜 せれな
世怜奈 せれな
永遠子 とわこ
未怜奈 みれな
由暉子 ゆきこ
由美亜 ゆみあ
世里香 よりか

5・18 23

加織 かおり
可織 かおり
禾織 かおり
史織 しおり
世藍 せらん
未織 みおり
由雛 ゆひな
由藍 ゆらん
永美香 えみか
永美音 えみね
永理沙 えりさ
加奈恵 かなえ
史恵奈 しえな
史保美 しほみ
世梨花 せりか
未穂子 みほこ
由衣葉 ゆいは
由依莉 ゆいり
由希菜 ゆきな
由樹乃 ゆきの
由珠奈 ゆずな
由津香 ゆづか
由芽夏 ゆめか
由梨花 ゆりか
由莉奈 ゆりな
由梨那 ゆりな
世璃子 よりこ

5・19 24

世蘭 せいらん
世羅 せら
未羅 みら
未蘭 みらん
由蘭 ゆか
由羅 ゆら
礼羅 れいら
加菜実 かなみ
古都実 ことみ
史唯奈 しいな
史恵美 しえみ
世梨奈 せりな
世理奈 せりな
世利葉 せりは
未来絵 みきえ
未結花 みゆか
由香莉 ゆかり
由希葉 ゆきは
由満里 ゆまり
由泉恵 ゆみえ
由梨佳 ゆりか
由梨弥 ゆりや

5・20 25

加奈絵 かなえ
可奈絵 かなえ
加菜美 かなみ
古都音 ことね
世莉夏 せりか
なな穂 ななほ
由璃加 ゆりか
由梨咲 ゆりさ

5・22 27

生舞希 いぶき
永璃花 えりか
永理菜 えりな
史絵留 しえる
史緒佳 しおか
史穂里 しほり
由維奈 ゆいな
由貴恵 ゆきえ
由珠葉 ゆずは
由璃花 ゆりか
礼緒奈 れおな

5・24 29

加緒莉 かおり
世璃香 せりか
由貴絵 ゆきえ
由樹奈 ゆきな

由優花 ゆゆか
由璃香 ゆりか

5・26 31

布優美 ふゆみ
由樹恵 ゆきえ
由璃菜 ゆりな

5・27 32

由樹菜 ゆきな
由璃絵 ゆりえ

5・28 33

由樹絵 ゆきえ
由樹葉 ゆきは

5・30 35

由樹歌 ゆきか

5・32 37

未優輝 みゆき

名の1字目が 6画

6・(1) 7

灯 あかり

6・2 8

朱 あや
有 あり
糸 いと
汐 うしお
圭 けい
凪 なぎ
光 ひかり
百 もも
朱乃 あやの
糸乃 いとの
衣乃 いの
伊乃 いの
宇乃 うの
羽乃 うの
伎乃 きの
汐乃 きよの
凪乃 なぎの
帆七 はんな
妃乃 ひの
帆乃 ほの
百乃 ももの
有乃 ゆの
吉乃 よしの
圭乃 よしの
好乃 よしの

6・5 11

伊央 いお
衣央 いお
衣世 いせ
伊代 いよ
伊世 いよ
羽未 うみ
早矢 さや
考世 たかよ
名央 なお
妃央 ひお
妃代 ひよ
匡代 まさよ
光世 みつよ
百加 ももか
百世 ももよ
妃七子 ひなこ
百々乃 ももの

6・7 13

会花 あいか
会那 あいな
会里 あいり
灯里 あかり
安希 あき
有希 あき
旭那 あきな
朱那 あやな
在沙 ありさ
有沙 ありさ
有寿 ありす
安那 あんな
安里 あんり
衣玖 いく
糸花 いとか
伊吹 いぶき
衣吹 いぶき
羽沙 うさ
江里 えり
吉花 きっか
汐良 きよら
妃良 きら
圭那 けいな
好花 このか
早那 さな
汐里 しおり
守里 しゅり
朱里 しゅり
旬花 しゅんか
旬里 しゅんり
成亜 せいあ
圭希 たまき
地花 ちか
光沙 てるさ
凪沙 なぎさ
羽那 はな
帆那 はんな
光里 ひかり
妃冴 ひさ
妃吹 ひすい
妃那 ひな
帆希 ほまれ
光希 みつき
充希 みつき
百亜 もあ
百那 もな
百花 ももか
有里 ゆうり
有花 ゆか
圭花 よしか
伊斗子 いとこ
帆乃加 ほのか

6・9 15

会音 あいね
会美 あいみ
朱音 あかね
朱美 あけみ
在咲 ありさ
有咲 ありさ
有美 ありみ
衣音 いおん
宇咲 うさ
宇美 うみ
羽海 うみ
衣香 きぬか
気保 きほ
匡香 きょうか
汐香 きよか
汐美 きよみ
圭音 けいと
圭美 けいみ
光美 こうみ
向美 こうみ
好香 このか
好美 このみ
早映 さえ
早紀 さき
汐音 しおね
旬香 しゅんか
多映 たえ
多紀 たき
多美 たみ
灯香 とうか
凪香 なぎか
凪砂 なぎさ
凪咲 なぎさ
名美 なみ
成海 なるみ
成美 なるみ
羽津 はつ
羽南 はな
羽音 はのん
早美 はやみ
帆南 はんな
妃咲 ひさき
妃南 ひな
毎咲 まいさ
充香 みつか
充保 みつほ
光海 みつみ
百音 もね
百香 ももか
百美 ももみ
有香 ゆうか
有海 ゆみ
吉美 よしみ
吏咲 りさ
羽奏 わかな
羽衣子 ういこ
朱寿乃 すずの
朱々帆 すずほ
羽乃亜 はのあ
妃那乃 ひなの
百々羽 ももは
有妃子 ゆきこ
有希乃 ゆきの

百合子 ゆりこ

6・10 16

会華 あいか
会莉 あいり
灯莉 あかり
旭恵 あきえ
在紗 ありさ
有紗 ありさ
安珠 あんじゅ
安莉 あんり
伊桜 いお
衣桜 いお
行恵 いくえ
衣純 いずみ
宇紗 うさ
羽紗 うさ
衣莉 えり
妃恵 きえ
妃紗 きさ
妃莉 きり
早桜 さお
早記 さき
早姫 さき
汐夏 しおか
汐莉 しおり
朱夏 しゅか
朱莉 しゅり
守莉 しゅり
成華 せいか
多恵 たえ
多笑 たえ
光紗 てるさ
旭紗 てるさ
凪夏 なぎか
凪紗 なぎさ
羽純 はすみ
早夏 はやか
光莉 ひかり
向華 ひさか
妃粋 ひすい
妃華 ひめか
光恵 みつえ
光華 みつか
光姫 みつき
名紗 めいさ
百恵 もえ
百笑 もえ
百夏 もか
百華 ももか
安恵 やすえ
有記 ゆうき
有華 ゆか
有珠 ゆず
有莉 ゆり
好恵 よしえ
好華 よしか
光紗 てるさ
吏紗 りさ
伊玖子 いくこ
伊千花 いちか
衣知乃 いちの
伊万里 いまり
衣万里 いまり
宇沙子 うさこ
江里子 えりこ
早希子 さきこ
朱々花 すずか
多花子 たかこ
多希子 たきこ
多季乃 たきの
羽那子 はなこ
妃沙子 ひさこ
妃那子 ひなこ
灯奈乃 ひなの
妃奈乃 ひなの
妃万里 ひまり
妃芽乃 ひめの
妃呂子 ひろこ
帆乃佳 ほのか
帆乃実 ほのみ
百々花 ももか
有千花 ゆちか
有芽乃 ゆめの
吏佐子 りさこ

6・11 17

安唯 あい
在彩 ありさ
有彩 ありさ
有菜 ありな
安梛 あんな
伊都 いと
衣毬 いまり
羽唯 うい
宇彩 うさ
羽彩 うさ
江菜 えな
江麻 えま
江理 えり
汐理 しおり
多麻 たま
凪彩 なぎさ
羽菜 はな
羽琉 はる
帆菜 はんな
妃彩 ひいろ
光琉 ひかる
妃菜 ひな
充菜 みな
百菜 もな
有理 ゆり
吉野 よしの
吏菜 りな
多佳子 たかこ
多季子 たきこ
多実子 たみこ
灯奈子 ひなこ
妃南乃 ひなの
帆乃美 ほのみ
百々佳 ももか
百々果 ももか
百々奈 ももな
有果子 ゆかこ
有芽子 ゆめこ
百合加 ゆりか

6・12 18

旭絵 あきえ
朱葉 あやは
糸葉 いとは
色葉 いろは
好葉 このは
早絢 さあや
早瑛 さえ
早智 さち
多瑛 たえ
多絵 たえ
考絵 たかえ
多喜 たき
凪葉 なぎは
成葉 なるは
帆稀 ほまれ
光絵 みつえ
充絵 みつえ
光稀 みつき
光湖 みつこ
光葉 みつは
百絵 もえ
百葉 ももは
百結 もゆ
好絵 よしえ
吏絵 りえ
安加里 あかり
衣央那 いおな
衣千香 いちか
宇美子 うみこ
江美子 えみこ
江里加 えりか
早映子 さえこ
朱々南 すずな
多映子 たえこ
多栄子 たえこ
多香子 たかこ
多希世 たきよ
多津子 たつこ
多美子 たみこ
名美子 なみこ
妃央里 ひおり
妃加里 ひかり
灯加里 ひかり
妃紗乃 ひさの
妃南子 ひなこ
百々香 ももか
百々音 ももね
有香子 ゆかこ
有美子 ゆみこ

6・15 21

朱璃 あかり
有澄 ありす
安璃 あんり
伊澄 いずみ
衣澄 いずみ
衣舞 いぶ
気穂 きほ
妃穂 きほ
早輝 さき

早穂 さほ
汐璃 しおり
守璃 しゅり
旬璃 しゅんり
多嬉 たき
旬穂 ときほ
羽澄 はすみ
光璃 ひかり
光穂 みつほ
充穂 みつほ
有穂 ゆほ
有璃 ゆり
吉穂 よしほ
好穂 よしほ
吏穂 りほ
安佳里 あかり
安沙季 あさき
安実花 あみか
安佑奈 あゆな
伊智子 いちこ
羽衣香 ういか
江伶奈 えれな
早弥花 さやか

早結子 さゆこ
多絵子 たえこ
多賀子 たかこ
多貴子 たきこ
多美江 たみえ
百亜奈 もあな
百瑛子 もえこ
百々葉 ももは
有貴子 ゆきこ
有芽花 ゆめか
百合音 ゆりね

6・17 23

伊鞠 いまり
衣鞠 いまり
妃鞠 ひまり
百優 もゆ
安佳音 あかね
安寿紗 あずさ
安弥香 あやか
安里紗 ありさ
有莉沙 ありさ
伊桜里 いおり
伊咲実 いさみ

衣知香 いちか
伊津実 いつみ
羽衣菜 ういな
羽美佳 うみか
羽美果 うみか
宇美奈 うみな
江美奈 えみな
江玲奈 えれな
早妃菜 さきな
早季美 さきみ
朱実玲 すみれ
朱美怜 すみれ
多佳美 たかみ
多貴代 たきよ
多希恵 たきえ
羽瑠子 はるこ
妃桜里 ひおり
妃奈美 ひなみ
妃真里 ひまり
妃美佳 ひみか
帆奈美 ほなみ
帆南実 ほなみ
百々歌 ももか

百々寧 ももね
有依香 ゆいか
有希恵 ゆきえ
有輝乃 ゆきの
由珠亜 ゆずあ
有珠花 ゆずか
有実咲 ゆみさ
吏緒子 りおこ

6・18 24

伊織 いおり
衣織 いおり
早織 さおり
灯織 ひおり
妃織 ひおり
安依莉 あいり
安香音 あかね
安美香 あみか
安祐美 あゆみ
伊津美 いつみ
江美咲 えみさ
江梨沙 えりさ
江里菜 えりな
江莉奈 えりな

江伶菜 えれな
早輝子 さきこ
早智江 さちえ
早千穂 さちほ
早穂子 さほこ
早耶香 さやか
朱莉奈 しゅりな
朱美玲 すみれ
多香美 たかみ
多輝子 たきこ
多嬉子 たきこ
多都希 たつき
羽珠実 はすみ
羽奈恵 はなえ
妃茉莉 ひまり
妃美香 ひみか
帆南海 ほなみ
百亜菜 もあな
百恵奈 もえな
有依莉 ゆいり
有美香 ゆみか
百合絵 ゆりえ
有里彩 ゆりさ

6・19 25

衣瀬 いせ
妃瀬 きせ
成蘭 せいらん
早羅 さら
衣紗美 いさみ
伊智花 いちか
伊呂葉 いろは
江梨佳 えりか
江琉奈 えるな
早絵良 さえら
多恵美 たえみ
多麻実 たまみ
羽都実 はつみ
灯都実 ひとみ
妃陽里 ひより
百合愛 ゆりあ

6・21 27

有梨珠 ありす
衣桜理 いおり
衣緒里 いおり
江璃衣 えりい
羽瑠花 はるか

妃登美 ひとみ

6・23 29

安佳璃 あかり
早季穂 さきほ
妃美歌 ひみか

6・25 31

安優実 あゆみ
伊緒菜 いおな
伊緒理 いおり
衣緒梨 いおり
早優実 さゆみ
多麻緒 たまお

6・26 32

安優美 あゆみ
早優美 さゆみ
有樹恵 ゆきえ
有輝菜 ゆきな

6・27 33

安樹菜 あきな
早優姫 さゆき
奈都樹 なつき

6・29 35

伊緒璃 いおり

名の1字目が7画

7・(1) 8

杏 あん
吟 うた
冴 さえ
里 さと
更 さら
忍 しのぶ
芹 せり
妙 たえ
希 のぞみ
初 はつ
花 はな
麦 むぎ
伶 れい

7・4 11

亜月 あづき
花月 かづき
希心 きみ
玖心 くみ

沙月 さつき
冴月 さつき
志月 しづき
那月 なつき
牡丹 ぼたん
佑月 ゆづき
里月 りつき
里予 りよ

7・6 13

亜伊 あい
亜衣 あい
亜妃 あき
花帆 かほ
希衣 きい
希江 きえ
希妃 きき
希帆 きほ
希羽 きわ
沙衣 さえ
沙江 さえ
冴江 さえ
沙名 さな
沙帆 さほ
沙羽 さわ
志江 しえ
志帆 しほ
芹名 せりな
芹羽 せりは
那帆 なほ
初江 はつえ
初妃 はつひ
初帆 はつほ
花江 はなえ
芙羽 ふう
見帆 みほ
里衣 りい
里伊 りい
里宇 りう
利江 りえ
里江 りえ
里多 りた
利帆 りほ
李帆 りほ
里帆 りほ
希久子 きくこ
沙与子 さよこ
那々子 ななこ
ぼたん ぼたん
里々子 りりこ
李々子 りりこ

7・8 15

亜依 あい
亜季 あき
亜実 あみ
亜弥 あや
杏奈 あんな
壱果 いちか
初奈 ういな
花依 かえ
伽奈 かな
花奈 かな
花波 かなみ
伽歩 かほ
花歩 かほ
花弥 かや
花怜 かれん
希空 きく
君枝 きみえ
杏佳 きょうか
希和 きわ
来実 くるみ
言奈 ことな
冴英 さえ
冴佳 さえか
冴実 さえみ
沙季 さき
佐知 さち
里実 さとみ
佐奈 さな
沙奈 さな
冴奈 さな
冴歩 さほ
沙実 さみ
沙弥 さや
沙來 さら
更奈 さらな
沙和 さわ
佐和 さわ
志依 しえ
志英 しえ
志季 しき
志歩 しほ
寿奈 じゅな
芯佳 しんか
寿実 すみ
芹亜 せりあ
芹佳 せりか
芹奈 せりな
那奈 なな
那波 ななみ
那歩 なほ
那実 なみ
希実 のぞみ
芙佳 はすか
初枝 はつえ
初実 はつみ
芭奈 はな
花実 はなみ
秀実 ひでみ
見空 みそら
佑季 ゆき
佑奈 ゆな
佑茉 ゆま
良奈 らな
里亜 りあ
利依 りい
里英 りえ
利苑 りおん
里苑 りおん
李果 りか
里佳 りか
里知 りち
利奈 りな
里奈 りな
李奈 りな
里歩 りほ
里和 りわ
伶奈 れいな
励奈 れいな
亜以子 あいこ
亜由子 あゆこ
希世子 きよこ
来未子 くみこ
沙也加 さやか
沙世子 さよこ
寿々加 すずか
那央子 なおこ
那々代 ななよ
里々加 りりか

7・9 16

亜胡 あこ
亜咲 あさき
亜音 あのん
亜海 あみ
亜美 あみ
杏南 あんな
壱香 いちか
初香 ういか
花重 かえ
壱美 かずみ
花津 かづ
克美 かつみ
花南 かな
伽音 かのん
花音 かのん
花耶 かや
希映 きえ
希栄 きえ
希咲 きさき
希保 きほ
玖海 くみ
玖美 くみ
来美 くみ
来海 くるみ
沙映 さえ
沙栄 さえ
冴香 さえか
冴海 さえみ
冴美 さえみ
沙紀 さき
沙南 さな
佐保 さほ
沙保 さほ
沙美 さみ
沙耶 さや
更咲 さらさ
更南 さらな
志津 しづ
志信 しのぶ
志保 しほ
秀香 しゅうか
寿音 じゅのん
寿海 すみ
芹香 せりか

芹南 せりな
孝美 たかみ
那津 なつ
那海 なみ
那美 なみ
希美 のぞみ
希海 のぞみ
芙音 はすね
初音 はつね
初美 はつみ
芭南 はな
花映 はなえ
花香 はなか
花海 はなみ
花美 はなみ
寿美 ひさみ
秀美 ひでみ
宏香 ひろか
宏海 ひろみ
芙海 ふみ
芙美 ふみ
巫美 ふみ
見咲 みさき

佑架 ゆうか
佑香 ゆうか
佑美 ゆみ
良香 よしか
快美 よしみ
良美 よしみ
来咲 らいさ
里音 りおん
里香 りか
里架 りか
里咲 りさ
利津 りつ
里津 りつ
李南 りな
利海 りみ
利美 りみ
伶香 れいか
励香 れいか
伶音 れいね
伶美 れみ
亜伊子 あいこ
亜衣子 あいこ
花乃亜 かのあ

希羽子 きわこ
佐江子 さえこ
沙帆子 さほこ
沙友加 さゆか
佐羽子 さわこ
志乃亜 しのあ
志帆子 しほこ
寿々羽 すずは
寿々帆 すずほ
那々羽 ななは
那乃花 なのか
那帆子 なほこ
芙羽子 ふうこ
芙佑乃 ふゆの
良志乃 よしの
利江子 りえこ
里乃花 りのか

7・10 17

亜姫 あき
亜紗 あさ
亜珠 あず
亜純 あすみ
杏珠 あんじゅ

杏哩 あんり
杏莉 あんり
壱夏 いちか
初華 ういか
快莉 かいり
花恵 かえ
花笑 かえ
花珠 かじゅ
花純 かすみ
克恵 かつえ
花恋 かれん
花連 かれん
希恵 きえ
希姫 きき
希紗 きさ
沙恵 さえ
冴華 さえか
冴夏 さえか
沙姫 さき
更紗 さらさ
沙莉 さり
寿莉 じゅり
芯華 しんか

芯珠 しんじゅ
寿珠 すず
芹華 せりか
芹紗 せりさ
孝恵 たかえ
伸恵 のぶえ
初恵 はつえ
芙姫 ふき
佑夏 ゆか
佑華 ゆか
佑莉 ゆり
快恵 よしえ
良夏 よしか
里恵 りえ
利恵 りえ
里桜 りお
里夏 りか
里華 りか
利華 りか
李夏 りか
里珠 りじゅ
里莉 りり
亜希子 あきこ

希里子 きりこ
沙希子 さきこ
佐久良 さくら
沙久良 さくら
佐那子 さなこ
沙世加 さよか
佐和乃 さわの
寿々花 すずか
芙久花 ふくか
芙玖子 ふくこ
佑希子 ゆきこ
利々花 りりか
李々花 りりか
里々花 りりか

7・11 18

亜惟 あい
亜唯 あい
亜望 あみ
亜悠 あゆ
亜梨 あり
杏菜 あんな
杏梛 あんな
杏梨 あんり

杏理 あんり
花菜 かな
花梛 かな
花埜 かの
花野 かの
花梨 かりん
希唯 きい
希野 きの
来望 くるみ
佐彩 さあや
沙彩 さあや
沙梛 さな
沙都 さと
佐菜 さな
沙悠 さゆ
沙梨 さり
志野 しの
志麻 しま
寿梨 じゅり
芹彩 せりさ
希望 のぞみ
初埜 はつの
芭菜 はな

宏菜 ひろな
吹雪 ふぶき
芙望 ふみ
希菜 まれな
佑梨 ゆうり
佑菜 ゆな
佑麻 ゆま
来彩 らいさ
良菜 らな
里紘 りお
里彩 りさ
里都 りと
利菜 りな
里菜 りな
利麻 りま
里梨 りり
李琉 りる
伶菜 れな
亜依子 あいこ
亜季子 あきこ
亜紀乃 あきの
亜柚乃 あゆの
花南乃 かなの

花歩子　かほこ
希依子　きいこ
希久果　きくか
希実子　きみこ
沙祈子　さきこ
沙奈子　さなこ
沙也佳　さやか
沙也果　さやか
佐弥子　さやこ
沙弥子　さやこ
沙友里　さゆり
佐和子　さわこ
沙和子　さわこ
冴和子　さわこ
寿美乃　すみの
杜季子　ときこ
那津乃　なつの
那奈子　ななこ
那々実　ななみ
芙実子　ふみこ
芙美乃　ふみの
見和子　みわこ
佑季子　ゆきこ
佑芽子　ゆめこ
良々奈　ららな
里依子　りいこ
利佳子　りかこ
里河子　りかこ
里々依　りりい
利々奈　りりな
里々奈　りりな
里々歩　りりほ

7・14　21

亜維　あい
亜緒　あお
亜綺　あき
希緒　きお
言寧　ことね
沙綾　さあや
冴綾　さあや
沙綺　さき
志緒　しお
那緒　なお
初寧　はつね
花寧　はなね
芭瑠　はる
里榮　りえ
利緒　りお
里緒　りお
李緒　りお
里寧　りね
里瑠　りる
亜衣佳　あいか
亜唯子　あいこ
亜加音　あかね
亜彩子　あさこ
亜守実　あすみ
亜望子　あみこ
花菜子　かなこ
希世美　きよみ
希良里　きらり
沙悠子　さゆこ
沙里亜　さりあ
沙和羽　さわは
寿美代　すみよ
里衣佳　りいか
利衣奈　りいな
里彩子　りさこ
里菜子　りなこ

7・16　23

亜樹　あき
杏樹　あんじゅ
花穏　かのん
沙樹　さき
志穏　しおん
志磨　しま
里穏　りおん
里樹　りじゅ
里磨　りま
亜衣華　あいか
亜依奈　あいな
亜花音　あかね
亜香里　あかり
亜紗妃　あさひ
亜佐美　あさみ
亜沙美　あさみ
亜寿香　あすか
亜寿美　あすみ
亜津沙　あづさ
亜美花　あみか
亜美沙　あみさ
亜莉朱　ありす
花央梨　かおり
花央理　かおり
花奈実　かなみ
花莉名　かりな
希実佳　きみか
玖実奈　くみな
玖楽々　くらら
沙紀亜　さきあ
沙暉子　さきこ
沙久楽　さくら
佐知奈　さちな
沙名恵　さなえ
沙弥奈　さやな
沙弥実　さやみ
沙莉衣　さりい
志津花　しづか
志歩実　しほみ
志保里　しほり
志有莉　しゆり
寿美花　すみか
那奈実　ななみ
芙美花　ふみか
芙海花　ふみか
佑衣華　ゆいか
佑果奈　ゆかな
佑香里　ゆかり
佑実奈　ゆみな
佑里音　ゆりね
里伊紗　りいさ
里衣紗　りいさ
里依奈　りいな
里美花　りみか
伶央菜　れおな
伶美那　れみな

7・17　24

亜優　あゆ
沙優　さゆ
沙環　さわ
芙優　ふゆ
里優　りゆ
亜依香　あいか
亜依音　あいね
亜依美　あいみ
亜紗花　あさか
亜珠沙　あずさ
亜美奈　あみな
亜莉沙　ありさ
亜莉寿　ありす
亜梨朱　ありす
花恵来　かえら
花恵良　かえら
花桜里　かおり
花奈美　かなみ
希依咲　きいさ
希衣菜　きいな
佐桜里　さおり
沙紀奈　さきな
沙輝乃　さきの
沙知香　さちか
沙奈美　さなみ
志桜里　しおり
志津佳　しづか
寿美怜　すみれ
那々緒　ななお
芙美佳　ふみか
芙祐実　ふゆみ
良々歌　ららか
利衣菜　りいな
利奈美　りなみ

7・18　25

亜織　あおり
花織　かおり
花藍　からん
玖藍　くらん
佐織　さおり
沙織　さおり
冴織　さおり
沙藍　さらん
志織　しおり
見織　みおり
亜実莉　あみり
亜由夢　あゆむ
亜莉果　ありか
亜璃子　ありこ
花奈恵　かなえ
希依紗　きいさ
玖留実　くるみ
沙英莉　さえり
沙紀音　さきね
寿々穂　すずほ
寿実華　すみか
寿美南　すみな

寿美玲 すみれ
那津音 なつね
里依紗 りいさ
里桜奈 りおな
利穂子 りほこ
里穂子 りほこ
里莉依 りりい
里梨花 りりか
里莉奈 りりな

7・20　27

亜緒衣 あおい
亜都咲 あづさ
亜麻音 あまね
亜悠美 あゆみ
花奈絵 かなえ
花菜美 かなみ
希楽那 きらな
沙玖楽 さくら
志恵莉 しえり
里江歌 りえか

7・22　29

亜璃沙 ありさ
希羅々 きらら
希莉絵 きりえ
玖瑠実 くるみ
来瑠実 くるみ
里緒奈 りおな

7・24　31

亜優花 あゆか
佐緒莉 さおり
沙貴絵 さきえ
沙優里 さゆり
佑樹奈 ゆきな
里愛菜 りあな
里梨愛 りりあ

7・25　32

亜優波 あゆは
亜優実 あゆみ
花穂莉 かほり
沙緒梨 さおり
利緒菜 りおな

7・26　33

亜優香 あゆか
亜優音 あゆね
亜優美 あゆみ
亜璃菜 ありな
希沙羅 きさら
沙玖羅 さくら
沙優美 さゆみ
志絵瑠 しえる
志穂理 しほり

7・28　35

亜鶴沙 あづさ
亜優梨 あゆり
沙優菜 さゆな

7・30　37

亜優夢 あゆむ

7・31　38

亜樹穂 あきほ

名の1字目が 8画

8・3　11

亞子 あこ
歩子 あゆこ
亞弓 あゆみ
育子 いくこ
弦子 いとこ
英子 えいこ
佳子 かこ
和子 かずこ
佳与 かよ
季々 きき
祈子 きこ
季子 きこ
享子 きょうこ
京子 きょうこ
国子 くにこ
昂子 こうこ
岬子 こうこ
采子 ことこ
幸子 さちこ
幸与 さちよ
怜子 さとこ
周子 しゅうこ
昇子 しょうこ
征子 せいこ
宗子 そうこ
苑子 そのこ
克子 たかこ
空子 たかこ
卓子 たかこ
知弓 ちゆみ
知子 ともこ
朋子 ともこ
尚子 なおこ
直子 なおこ
奈々 なな
波子 なみこ
奈弓 なゆみ
宜子 のりこ
典子 のりこ
拓子 ひろこ
宙子 ひろこ
昊子 ひろこ
茉子 まこ
昌子 まさこ
茉夕 まゆ
実久 みく
実子 みこ
実々 みみ
実也 みや
芽子 めいこ
明子 めいこ
始子 もとこ
侑子 ゆうこ
來々 らら
依子 よりこ

8・5　13

明世 あきよ
明代 あきよ
依央 いお
育代 いくよ
依世 いよ
佳央 かお
和世 かずよ
和代 かずよ
佳世 かよ
佳代 かよ
果世 かよ
祈央 きお
季代 きよ
祈世 きよ
來未 くみ
采世 ことせ
幸加 さちか
幸世 さちよ
苑加 そのか
知央 ちお
知由 ちゆ
知可 ともか
朋加 ともか
知世 ともよ
朋世 ともよ
朋代 ともよ
奈央 なお
奈由 なゆ
典代 のりよ
育未 はぐみ
英世 はなよ
尚代 ひさよ
宙世 ひろよ
茉以 まい
茉生 まい
茉央 まお
茉叶 まかな
茉白 ましろ
茉広 まひろ
茉史 まふみ
茉由 まゆ
茉世 まよ
茉代 まよ
茉礼 まれい
実以 みい
実央 みお
実生 みお
実加 みか
実丘 みおか
実禾 みか
実可 みか
実叶 みかな
実広 みひろ
実冬 みふゆ
実世 みよ
実代 みよ
芽以 めい
芽生 めい
明禾 めいか
芽未 めみ
弥生 やよい
侑加 ゆうか
幸代 ゆきよ

侑未　ゆみ
和叶　わかな
佳七子　かなこ
佳乃子　かのこ
果乃子　かのこ
佳也乃　かやの

8・7 15

青花　あおか
明希　あき
采花　あやか
采那　あやな
歩花　あゆか
歩那　あゆな
歩見　あゆみ
歩来　あゆら
歩里　あゆり
祈里　いのり
依吹　いぶき
英那　えな
英里　えり
苑里　えんり
旺花　おうか
佳寿　かず

和希　かずき
和沙　かずさ
和那　かずな
和芭　かずは
和見　かずみ
佳那　かな
果那　かな
祈希　きき
季玖　きく
季沙　きさ
京花　きょうか
季里　きり
空見　くみ
采花　ことか
幸芭　さちは
尚花　しょうか
茅亜　ちあ
知亜　ちあ
知伽　ちか
知花　ちか
知沙　ちさ
知里　ちさと
茅里　ちさと

知寿　ちず
知那　ちな
朋芭　ともは
知見　ともみ
直見　なおみ
波花　なみか
宜花　のりか
始花　はるか
歩希　ふき
苺花　まいか
茉希　まき
茉那　まな
茉花　まはな
茉佑　まゆ
実亜　みあ
弥亜　みあ
実杏　みあん
実花　みか
実希　みき
実玖　みく
実沙　みさ
岬希　みさき
迪花　みちか

実那　みな
実里　みのり
実佑　みゆ
実来　みらい
実李　みり
実伶　みれい
芽亜　めいあ
明亜　めいあ
明花　めいか
芽沙　めいさ
明沙　めいさ
芽那　めいな
芽玖　めぐ
芽来　めぐる
芽里　めり
侑亜　ゆあ
侑花　ゆうか
幸花　ゆきか
幸那　ゆきな
侑那　ゆな
佳花　よしか
佳芭　よしは
怜亜　れあ

怜里　れり
和花　わか
若芭　わかば
茉友子　まゆこ
実日子　みかこ
和可乃　わかの

8・8 16

青依　あおい
青波　あおは
尭奈　あきな
昌奈　あきな
明奈　あきな
昂歩　あきほ
明実　あけみ
亞弥　あや
歩佳　あゆか
采奈　あやな
歩奈　あゆな
歩波　あゆは
歩実　あゆみ
歩芽　あゆめ
育実　いくみ
苺果　いちか

英奈　えいな
英茉　えま
英実　えみ
英怜　えれん
佳枝　かえ
和依　かずえ
和祈　かずき
和季　かずき
和奈　かずな
和歩　かずほ
和実　かずみ
佳奈　かな
果奈　かな
佳苗　かなえ
協実　かなみ
佳歩　かほ
果歩　かほ
佳弥　かや
祈歩　きほ
季実　きみ
季和　きわ
空実　くみ
來実　くるみ

京佳　けいか
幸芽　こうめ
采実　ことみ
采佳　さいか
幸枝　さちえ
幸佳　さちか
周佳　しゅうか
苑佳　そのか
空奈　そらな
昊奈　そらな
昂実　たかみ
知英　ちえ
知奈　ちな
知歩　ちほ
季枝　ときえ
知佳　ともか
朋奈　ともな
知実　ともみ
朋実　ともみ
奈旺　なお
尚実　なおみ
奈波　ななみ
奈歩　なほ

奈実　なみ
波奈　はな
始奈　はるな
治奈　はるな
茉依　まい
苺佳　まいか
苺奈　まいな
茉季　まき
茉呼　まこ
茉奈　まな
茉宙　まひろ
茉実　まみ
茉弥　まや
実亞　みあ
実依　みい
実枝　みえ
実佳　みか
実祈　みき
実季　みき
実空　みく
実呼　みこ
実怜　みさと
実苑　みその

実知 みち
実奈 みな
実波 みなみ
実青 みはる
実侑 みゆう
実和 みわ
芽依 めい
芽実 めいみ
侑実 ゆうみ
幸奈 ゆきな
幸歩 ゆきほ
侑奈 ゆな
侑茉 ゆま
侑芽 ゆめ
佳実 よしみ
宜実 よしみ
依果 よりか
來佳 らいか
怜奈 れいな
若奈 わかな
和呼 わこ
佳世子 かよこ
知永子 ちえこ

知可子 ちかこ
知世子 ちよこ
奈々央 ななお
奈々世 ななよ
奈乃羽 なのは
茉以子 まいこ
茉由子 まゆこ
実永子 みえこ
実加子 みかこ
実千代 みちよ
芽以子 めいこ
芽生子 めいこ
弥江乃 やえの
和可子 わかこ

8・9 17

青海 あおみ
明音 あかね
明海 あけみ
明美 あけみ
周音 あまね
雨音 あまね
歩香 あゆか
歩音 あゆね

歩海 あゆみ
歩美 あゆみ
育泉 いくみ
育美 いくみ
和泉 いずみ
弦音 いとね
英南 えな
依美 えみ
依海 えみ
和咲 かずさ
和音 かずね
和美 かずみ
和海 かずみ
果南 かな
協美 かなみ
茅音 かやね
佳音 かのん
果音 かのん
佳保 かほ
協香 きょうか
來美 くみ
京音 けいと
幸海 こうみ

岬美 こうみ
昊美 こうみ
采音 ことね
采美 ことみ
呼春 こはる
采香 さいか
幸音 さちね
怜美 さとみ
苑香 そのか
苑美 そのみ
空音 そらね
昊音 そらね
穹音 そらね
空美 そらみ
宝美 たかみ
知映 ちえ
知香 ちか
知架 ちか
知春 ちはる
知保 ちほ
季映 ときえ
季栄 ときえ
季音 ときね

朋香 ともか
朋音 ともね
知海 ともみ
知美 ともみ
朋美 ともみ
朋海 ともみ
尚香 なおか
直香 なおか
直美 なおみ
尚美 なおみ
奈津 なつ
奈保 なほ
奈美 なみ
奈海 なみ
波香 なみか
波音 はのん
英美 ひでみ
宙音 ひろね
拓美 ひろみ
苺香 まいか
茉紀 まき
茉奏 まかな
茉咲 まさき

昌美 まさみ
茉南 まな
茉音 まのん
茉洸 まひろ
茉保 まほ
実音 みおん
実架 みか
実香 みか
実紀 みき
実風 みかぜ
実柑 みかん
実紅 みく
実咲 みさき
実洸 みひろ
実保 みほ
実祐 みゆう
実柚 みゆず
実玲 みれい
明香 めいか
芽咲 めいさ
明咲 めいさ
明海 めいみ
弥栄 やえ

侑香 ゆか
侑紀 ゆき
幸美 ゆきみ
侑美 ゆみ
宜香 よしか
佳美 よしみ
怜香 れいか
怜咲 れいさ
怜音 れいね
怜海 れいみ
怜南 れな
和香 わか
和奏 わかな
明日加 あすか
奈々羽 ななは
波乃亜 はのあ
歩乃花 ほのか
茉衣子 まいこ
茉希乃 まきの
実伊子 みいこ
実羽子 みうこ
実乃里 みのり
芽衣子 めいこ

8・10 18

明恵 あきえ
亜純 あずみ
歩夏 あゆか
歩姫 あゆき
歩莉 あゆり
依桜 いお
育恵 いくえ
依純 いずみ
英夏 えいか
英哩 えり
佳恵 かえ
佳珠 かず
和恵 かずえ
和笑 かずえ
和紗 かずさ
佳純 かすみ
果純 かすみ
奏恵 かなえ
協恵 かなえ
果倫 かりん
佳恋 かれん
季恵 きえ

季桜 きお
祈紗 きさ
京華 きょうか
季莉 きり
京夏 けいか
采恵 ことえ
幸恵 さちえ
幸夏 さちか
周華 しゅうか
苑夏 そのか
宗恵 たかえ
茅恵 ちえ
知笑 ちえみ
知桜 ちお
知夏 ちか
知華 ちか
知紗 ちさ
茅夏 ちなつ
知莉 ちり
朋恵 ともえ
朋笑 ともえ
朋夏 ともか
奈恵 なえ

直華 なおか
波恵 なみえ
波夏 なみか
法恵 のりえ
英恵 はなえ
波留 はる
治華 はるか
昊恵 ひろえ
茉姫 まき
茉珠 まじゅ
茉純 ますみ
学華 まなか
茉夏 まなつ
茉容 まひろ
茉莉 まり
実恵 みえ
実桜 みお
実峰 みお
弥桜 みお
実夏 みか
実紗 みさ
実莞 みかん
実栞 みかん

実起 みき
実姫 みき
実紗 みさ
岬姫 みさき
実珠 みじゅ
実莉 みのり
実紘 みひろ
実真 みま
実倖 みゆき
芽莞 めい
明華 めいか
明紗 めいさ
芽莉 めり
芽留 める
弥恵 やえ
侑姫 ゆき
征恵 ゆきえ
侑珠 ゆず
佳夏 よしか
來紗 らいさ
怜華 れいか
和夏 わか
明日羽 あすは

依万里 いまり
英里子 えりこ
佳弥乃 かやの
季見子 きみこ
季里子 きりこ
治花子 ちかこ
知花子 ちかこ
知佐子 ちさこ
知寿々 ちすず
知里子 ちりこ
奈々花 ななか
歩乃果 ほのか
茉亜子 まあこ
実位子 みいこ
実久李 みくり
実久里 みくり
実冴子 みさこ
実寿々 みすず
実那子 みなこ
実々花 みみか
弥々花 ややか
侑希子 ゆきこ
和花子 わかこ

8・13
21

歩夢 あゆむ
歩楽 あゆら
佳瑚 かこ
佳暖 かのん
果暖 かのん
佳誉 かよ
佳鈴 かりん
果鈴 かりん
佳蓮 かれん
果蓮 かれん
季瑚 きこ
季楽 きら
青楽 せいら
知聖 ちさと
知暖 ちはる
季愛 ときあ
茉意 まい
茉瑚 まこ
茉寛 まひろ
茉鈴 まりん
実愛 みあ
実園 みおん

実暉 みき
実瑚 みこ
実聖 みさと
実鈴 みすず
実慈 みちか
実誉 みよ
実楽 みら
芽意 めい
侑愛 ゆあ
幸路 ゆきじ
來夢 らいむ
和瑚 わこ
明日架 あすか
明日香 あすか
明日南 あすな
明日音 あすね
明日海 あすみ
明日美 あすみ
英莉子 えりこ
英令奈 えれな
英礼奈 えれな
佳奈加 かなか
季実代 きみよ

季莉子 きりこ
知珠子 ちずこ
知由実 ちゆみ
奈都乃 なつの
奈々紗 ななさ
茉由奈 まゆな
茉莉子 まりこ
実桜子 みおこ
実佳世 みかよ
実乃梨 みのり
実紗子 みさこ
実由奈 みゆな
弥笑子 やえこ
侑華子 ゆかこ
怜央奈 れおな
和加奈 わかな

8・15
23

明璃 あかり
尭穂 あきほ
明穂 あきほ
雨璃 あめり
歩璃 あゆり
育穂 いくほ

依澄 いずみ
祈璃 いのり
依舞 いぶ
依璃 えり
英璃 えり
英凛 えりん
和穂 かずほ
佳澄 かすみ
佳穂 かほ
果穂 かほ
佳凛 かりん
果凛 かりん
祈穂 きほ
季穂 きほ
幸穂 さちほ
始穂 しほ
知慧 ちえ
茅穂 ちほ
知穂 ちほ
奈穂 なほ
波穂 なみほ
茉輝 まき
茉澄 ますみ

茉穂 まほ
茉凛 まりん
実嬉 みき
実輝 みき
実穂 みほ
芽璃 めり
若穂 わかほ
明日菜 あすな
明日望 あすみ
依智子 いちこ
依里佳 えりか
英里奈 えりな
佳津江 かつえ
佳乃愛 かのあ
佳利奈 かりな
知亜季 ちあき
知恵加 ちえか
奈々葉 ななは
奈々陽 ななひ
奈美江 なみえ
奈実花 なみか
奈由夏 なゆか
茉衣香 まいか
茉花奈 まかな
茉希歩 まきほ
茉乃愛 まのあ
茉実花 まみか
茉弥花 まやか
茉里弥 まりや
実依那 みいな
実賀子 みかこ
実希奈 みきな
実沙季 みさき
実咲妃 みさき
実乃愛 みのあ
弥江香 やえか
侑佳里 ゆかり
侑里佳 ゆりか
侑里奈 ゆりな
和花奈 わかな

8・16 24

佳穏 かのん
果穏 かのん
茉樹 まき
実穏 みおん
実澪 みれい
依津希 いつき
英美花 えみか
英利香 えりか
英梨加 えりか
依玲亜 えれあ
英令菜 えれな
佳央理 かおり
佳寿美 かずみ
佳那美 かなみ
佳誉子 かよこ
知都世 ちとせ
知那海 ちなみ
知那美 ちなみ
知歩実 ちふみ
奈那美 ななみ
奈津希 なつき
歩実佳 ふみか
歩美花 ふみか
宝那美 ほなみ
歩奈実 ほなみ
歩乃歌 ほのか
茉那美 まなみ
茉佑香 まゆか
茉有莉 まゆり
茉莉江 まりえ
実唯可 みいか
実以彩 みいさ
実央菜 みおな
実央梨 みおり
実夏帆 みかほ
実希香 みきか
実古都 みこと
実沙紀 みさき
実知佳 みちか
実知歩 みちほ
実津希 みつき
実都代 みつよ
実豊子 みほこ
実椰子 みやこ
実柚那 みゆな
実由梨 みゆり
実里咲 みりさ
実玲亜 みれあ
実玲那 みれな
侑里音 ゆりね
和可菜 わかな
和歌乃 わかの

8・17 25

知優 ちひろ
茉優 まゆ
実優 みゆう
実嶺 みれい
実環 みわ
英莉花 えりか
佳弥音 かやね
空美佳 くみか
知可絵 ちかえ
知奈津 ちなつ
奈々緒 ななお
奈津実 なつみ
歩美佳 ふみか
歩奈美 ほなみ
茉莉亜 まりあ
茉莉花 まりか
実桜花 みおか
実桜那 みおな
実桜里 みおり
実夏里 みかり
実紗希 みさき
実悠帆 みゆほ
弥恵花 やえか
侑莉亜 ゆりあ
和歌子 わかこ

8・19 27

祈羅 きら
季羅 きら
知瀬 ちせ
実蘭 みか
実麗 みれい
怜羅 れいら
明佳梨 あかり
英理奈 えりな
佳梨奈 かりな
知絵里 ちえり
奈津恵 なつえ
奈津姫 なつき
奈都実 なつみ
奈美恵 なみえ
実花絵 みかえ
実結花 みゆか
実優乃 みゆの
和佳菜 わかな
和花葉 わかば

8・21 29

佳鶴 かづ
知鶴 ちづ
実櫻 みお
依真理 いまり
佳須美 かすみ
知恵理 ちえり
奈都恵 なつえ
奈津葉 なつは
奈結美 なゆみ
実緒利 みおり
実紗都 みさと
実莉菜 みりな
和香葉 わかば

8・23 31

佳璃奈 かりな
果璃奈 かりな
奈緒美 なおみ
奈穂実 なほみ
奈瑠美 なるみ
茉莉愛 まりあ
実沙樹 みさき
実菜絵 みなえ

8・24 32

知優里 ちゆり
奈津穂 なつほ
実優希 みゆき

8・25 33

亜優実 あゆみ
佳緒梨 かおり
歩優実 ふゆみ
茉優佳 まゆか
茉優奈 まゆな
実優奈 みゆな
和歌菜 わかな

8・27 35

茉優莉 まゆり
茉璃絵 まりえ

8・29 37

茉璃歌 まりか

8・30 38

茉璃穂 まりほ
実樹歌 みきか

8・31 39

茉優歌 まゆか

名の1字目が9画

9・2 11

相乃 あいの
秋乃 あきの
亮乃 あきの
厚乃 あつの
海乃 あまの
音乃 おとの
風乃 かざの
活乃 かつの
奏乃 かなの
架乃 かの
香乃 かの
紀乃 きの
咲乃 さきの
咲七 さな
思乃 しの
星七 せいな
南乃 なの
春乃 はるの
洋乃 ひろの
郁乃 ふみの
星乃 ほしの
美七 みな
柚七 ゆずな
柚乃 ゆずの
宥乃 ゆの
祐乃 ゆの
美乃 よしの
俐乃 りの
玲乃 れの

9・4 13

泉水 いずみ
春日 かすが
架月 かつき
香月 かづき
奏心 かなみ
咲月 さつき
咲友 さゆ
風月 ふづき
美天 みそら
美月 みつき
美斗 みと
美文 みふみ
海友 みゆ
美友 みゆ
柚月 ゆづき
祐月 ゆづき
玲仁 れに

9・6 15

音羽 おとは
香江 かえ
風羽 かざは
風帆 かざほ
奏江 かなえ
奏羽 かなは
奏帆 かなほ
架帆 かほ
香帆 かほ
紀衣 きい
紀帆 きほ
紅羽 くれは
咲江 さえ
咲妃 さき
咲帆 さきほ
砂帆 さほ
砂羽 さわ
咲羽 さわ
思帆 しほ
星名 せいな
茜名 せんな
玲妃 たまき
南帆 なほ
虹羽 にじは
虹帆 にじほ
音衣 ねい
信江 のぶえ
春名 はるな
春妃 はるひ
春帆 はるほ
風宇 ふう
美有 みあり
美安 みあん
美衣 みい
海宇 みう
海羽 みう
泉宇 みう
美宇 みう
美羽 みう
美江 みえ
海妃 みき
泉妃 みき
美気 みき
美妃 みき
美汐 みしお
美名 みな
美凪 みなぎ
美舟 みふね
海帆 みほ
美帆 みほ
美守 みもり
美有 みゆ
美行 みゆき
宥衣 ゆい
柚衣 ゆい
祐衣 ゆい
宥妃 ゆうひ
宥羽 ゆうわ
柚妃 ゆずき
柚羽 ゆずは
柚帆 ゆずほ
玲名 れいな
美々子 みみこ
美也子 みやこ

9・7 16

娃花 あいか
娃沙 あいさ
相里 あいり
娃里 あいり
紅里 あかり
亮花 あきか
秋花 あきか
秋沙 あきさ
郁花 あやか
海那 うみな
栄花 えいか
映那 えいな
映見 えいみ
咲沙 えみさ
咲里 えみり
映李 えり
栄里 えり
衿花 えりか
衿沙 えりさ
衿那 えりな
音花 おとか
音芭 おとは
海里 かいり
香那 かな
架那 かな
奏花 かなか
紅亜 くれあ
咲希 さき
咲花 さきか
咲那 さきな
咲玖 さく
咲来 さくら
咲良 さくら
砂那 さな
咲余 さよ
柊花 しゅうか
俊花 しゅんか
星亜 せいあ
星花 せいか
星那 せいな
星来 せいら
星良 せいら
茜花 せんか
泉那 せんな
泉里 せんり
茜里 せんり
南那 なな
虹花 にじか
紀花 のりか
春亜 はるあ
春花 はるか
春希 はるき
春那 はるな
洋花 ひろか
洸花 ひろか
風亜 ふうあ
風花 ふうか
風里 ふうり
郁芭 ふみは
風良 ふら
紅花 べにか
美亜 みあ
美杏 みあん
美伽 みか
美花 みか
海希 みき

美希 みき
美玖 みく
海沙 みさ
美沙 みさ
美冴 みさえ
美里 みさと
美寿 みじゅ
美杜 みと
美兎 みと
美那 みな
皆花 みなか
美快 みはや
美佑 みゆ
美亭 みゆき
美良 みら
海来 みらい
美来 みらい
美利 みり
美李 みり
美伶 みれい
美励 みれい
美芭 みわ
保花 やすか

宥希 ゆき
宥亜 ゆうあ
宥花 ゆうか
祐花 ゆうか
祐希 ゆうき
祐里 ゆうり
柚寿 ゆず
柚亜 ゆずあ
柚花 ゆずか
柚希 ゆずき
俐花 りか
律花 りっか
律希 りつき
玲亜 れいあ
玲花 れいか
玲沙 れいさ
玲良 れいら
保乃加 ほのか
美央乃 みおの
美日子 みかこ
海加乃 みかの
美心子 みみこ
美由乃 みゆの

9・8 17

娃果 あいか
相奈 あいな
娃奈 あいな
娃実 あいみ
秋実 あきみ
郁歩 いくほ
海奈 うみな
映奈 えな
映実 えみ
栄実 えみ
衿果 えりか
衿奈 えりな
音佳 おとか
音波 おとは
音芽 おとめ
音和 おとわ
風歩 かざほ
風実 かざみ
香奈 かな
架奈 かな
珂奈 かな
奏呼 かなこ

奏歩 かなほ
奏実 かなみ
奏芽 かなめ
香弥 かや
柑奈 かんな
紀歩 きほ
紅実 こうみ
香実 こうみ
紅芽 こうめ
咲枝 さえ
咲祈 さき
咲季 さき
咲歩 さほ
咲幸 さゆき
咲和 さわ
思歩 しほ
柊佳 しゅうか
俊奈 しゅんな
洵奈 じゅんな
星奈 せいな
茜果 せんか
茜奈 せんな
泉奈 せんな

虹歩 にじほ
春河 はるか
春奈 はるな
風呼 ふうこ
風奈 ふうな
紅佳 べにか
星佳 ほしか
美亞 みあ
美雨 みう
美旺 みお
美弦 みお
美苑 みおん
美佳 みか
美河 みか
美祈 みき
美季 みき
美采 みこと
美青 みせい
海空 みそら
美空 みそら
美宙 みそら
美穹 みそら
美昊 みそら

美知 みち
海周 みちか
美奈 みな
美苗 みなえ
美波 みなみ
美宜 みのり
美昇 みのり
美典 みのり
美歩 みほ
海歩 みほ
美宝 みほ
美茉 みま
美明 みめい
海弥 みや
美弥 みや
美侑 みゆう
美幸 みゆき
美來 みらい
美怜 みれい
美和 みわ
祐季 ゆうき
柚奈 ゆうな
宥季 ゆき

柚果 ゆずか
柚佳 ゆずか
柚季 ゆずき
宥奈 ゆな
祐奈 ゆな
柚実 ゆみ
祐実 ゆみ
律佳 りつか
律歩 りつほ
玲奈 れいな
玲來 れいら
玲茉 れま
玲実 れみ
海央子 みおこ
美央子 みおこ
海帆乃 みほの
美矢子 みやこ

9・9 18

相香 あいか
相咲 あいさ
娃音 あいね
相美 あいみ
茜音 あかね

紅音 あかね
秋香 あきか
秋音 あきね
秋美 あきみ
厚美 あつみ
海音 あまね
郁美 いくみ
泉美 いずみ
海香 うみか
映美 えみ
音架 おとか
音美 おとみ
風音 かざね
風美 かざみ
活美 かつみ
珂南 かな
奏映 かなえ
奏栄 かなえ
奏保 かなほ
哉美 かなみ
奏美 かなみ
架音 かのん
香音 かのん

香保 かほ
香耶 かや
紀咲 きさ
紀美 きみ
紅美 くみ
香美 こうみ
虹海 こうみ
虹美 こうみ
洸美 こうみ
咲香 さきか
咲美 さきみ
咲紅 さく
俐美 さとみ
砂南 さな
咲南 さな
咲耶 さや
思音 しおん
柊香 しゅうか
俊香 しゅんか
星香 せいか
星南 せいな
茜架 せんか
南美 なみ

虹架 にじか
信香 のぶか
紀香 のりか
栄香 はるか
春架 はるか
春香 はるか
春咲 はるさ
春美 はるみ
春海 はるみ
洋香 ひろか
洸香 ひろか
洋南 ひろな
洋美 ひろみ
風香 ふうか
風南 ふうな
風海 ふみ
郁音 ふみね
紅香 べにか
星架 ほしか
美栄 みえ
美音 みおん
美架 みか
美珂 みか

美風 みかぜ
美柑 みかん
美紀 みき
美紅 みく
美砂 みさ
美咲 みさき
海咲 みさき
泉咲 みさき
美飛 みと
南海 みなみ
美南 みなみ
皆美 みなみ
美律 みのり
美春 みはる
美洋 みひろ
美洸 みひろ
美保 みほ
美海 みみ
美宥 みゆ
美柚 みゆ
美祐 みゆう
美玲 みれい
宥香 ゆうか

宥美 ゆうみ
祐香 ゆか
柚香 ゆずか
柚南 ゆずな
柚音 ゆずね
柚美 ゆずみ
祐美 ゆみ
祐泉 ゆみ
俐香 りか
律香 りつか
亮香 りょうか
玲香 れいか
玲音 れいね
玲海 れいみ
玲南 れな
玲泉 れみ
玲美 れみ
香名子 かなこ
香帆子 かほこ
咲希乃 さきの
咲羽子 さわこ
津希乃 つきの
南々帆 ななほ

音々羽 ねねは
風宇子 ふうこ
美宇子 みうこ
美沙乃 みさの
美朱々 みすず
美乃亜 みのあ
美乃利 みのり
美乃里 みのり
海帆子 みほこ
美帆子 みほこ
宥羽子 ゆうこ

9・12 21

秋絵 あきえ
亮絵 あきえ
秋葉 あきは
郁絵 いくえ
音絵 おとえ
音葉 おとは
香瑛 かえ
香絵 かえ
架絵 かえ
風葉 かざは
奏絵 かなえ

奏湖 かなこ
奏葉 かなは
虹湖 こうこ
思葉 ことは
咲絵 さえ
咲葵 さき
咲喜 さき
咲湖 さきこ
咲葉 さきは
咲智 さち
思温 しおん
虹葉 にじは
則絵 のりえ
春陽 はるひ
風湖 ふうこ
美絵 みえ
美温 みおん
美賀 みか
美喜 みき
美稀 みき
美葵 みき
美琥 みく
美雲 みくも

美湖 みこ
美琴 みこと
美惺 みせい
海智 みち
美智 みち
美渡 みと
美登 みと
美翔 みと
美詞 みのり
美晴 みはる
美遥 みはる
美陽 みはる
海尋 みひろ
美景 みひろ
美尋 みひろ
美森 みもり
美結 みゆ
美愉 みゆ
美裕 みゆう
紅葉 もみじ
柚葉 ゆずは
柚陽 ゆずひ
律葉 りつは

香南子 かなこ
紅令亜 くれあ
紅礼亜 くれあ
咲栄子 さえこ
咲央里 さおり
津加沙 つかさ
南津子 なつこ
音々香 ねねか
風咲子 ふさこ
保乃華 ほのか
美栄子 みえこ
美桜乃 みおの
海央利 みおり
美央利 みおり
美央里 みおり
美香子 みかこ
美佐代 みさよ
美沙代 みさよ
美々架 みみか
美海子 みみこ
海祐子 みゆこ
美祐子 みゆこ
美百合 みゆり

美礼亜 みれあ
柚珠乃 ゆずの
玲三香 れみか

9・14 23

茜寧 あかね
秋寧 あきね
音歌 おとか
音寧 おとね
架緒 かお
香瑠 かおる
風寧 かざね
香摘 かつみ
香綸 かりん
紀緒 きお
咲綾 さあや
咲緒 さお
咲綺 さき
咲寧 さきね
茜歌 せんか
南緒 なお
音維 ねい
音緒 ねお
春嘉 はるか

春寧 はるね
宥寧 ひろね
洸寧 ひろね
風歌 ふうか
美維 みい
美緒 みお
海緒 みお
美嘉 みか
美歌 みか
海綺 みき
美綺 みき
美聡 みさと
美静 みしず
美誓 みちか
美摘 みつみ
美寧 みね
美徳 みのり
美颯 みはや
柚寧 ゆずね
律歌 りつか
香津代 かつよ
香七絵 かなえ
香菜子 かなこ

香埜子 かのこ
香野子 かのこ
紀衣奈 きいな
紀美代 きみよ
咲希花 さきか
咲喜乃 さきの
咲玖良 さくら
咲結乃 さゆの
咲佑里 さゆり
咲里那 さりな
飛菜子 ひなこ
美亜那 みあな
美唯子 みいこ
美伊奈 みいな
美宇奈 みうな
美央音 みおね
美花那 みかな
美紀加 みきか
美基子 みきこ
美沙希 みさき
海彩子 みさこ
美彩子 みさこ
美寿希 みずき

美都子 みつこ
美菜子 みなこ
美南世 みなよ
美音加 みねか
美矢香 みやか
美由香 みゆか
美佑花 みゆか
美結乃 みゆの
美李花 みりか
祐理子 ゆりこ
俐里花 りりか
玲衣奈 れいな
玲未香 れみか

9・15 24

娃璃 あいり
秋穂 あきほ
亮穂 あきほ
架澄 かすみ
香澄 かすみ
奏穂 かなほ
架穂 かほ
珂穂 かほ
架凛 かりん

香凛 かりん
紀穂 きほ
咲慧 さえ
咲嬉 さき
咲輝 さき
咲穂 さほ
咲璃 さり
思穂 しほ
虹穂 にじほ
南穂 なほ
音璃 ねり
春穂 はるほ
風璃 ふうり
美歓 みかん
泉輝 みき
美輝 みき
美駈 みく
美慧 みさと
美潮 みしお
皆穂 みなほ
美穂 みほ
美潔 みゆき
海璃 みり

泉璃 みり
美璃 みり
柚穂 ゆずほ
祐璃 ゆり
玲璃 れいり
映利奈 えりな
映里奈 えりな
香那実 かなみ
香弥那 かやな
香葉子 かよこ
香里奈 かりな
紅実花 くみか
紅怜亜 くれあ
咲稀子 さきこ
咲貴子 さきこ
咲智子 さちこ
咲帆美 さほみ
思央莉 しおり
南帆美 なほみ
南美江 なみえ
音々葉 ねねは
風実花 ふみか
風和里 ふわり

美依沙 みいさ
美絵子 みえこ
美央莉 みおり
美加紗 みかさ
美稀子 みきこ
美貴子 みきこ
美沙季 みさき
美想乃 みその
海知花 みちか
美知花 みちか
美智子 みちこ
美佑奈 みゆな
美利奈 みりな
美里弥 みりや
宥希奈 ゆきな
玲実亜 れみあ

9・16 25

香穏 かのん
咲樹 さき
思穏 しおん
美穏 みおん
美機 みき
美樹 みき

美薫 みゆき
美蕾 みらい
海澪 みれい
美澪 みれい
映美利 えみり
映里香 えりか
栄里咲 えりさ
香寿海 かすみ
香津希 かつき
香奈実 かなみ
香保里 かほり
紀依奈 きいな
紅玲亜 くれあ
咲希音 さきね
咲久楽 さくら
咲誉子 さよこ
風望代 ふみよ
美依佳 みいか
海夏江 みかえ
美歌乃 みかの
美沙紀 みさき
美咲希 みさき
美珠帆 みずほ

美那香 みなか
海波奈 みはな
美波奈 みはな
美豊子 みほこ
美玲花 みれか
美怜奈 みれな
玲実奈 れみな

9・18 27

香織 かおり
紅藍 くらん
咲織 さおり
思織 しおり
星藍 せいらん
海織 みおり
美織 みおり
美藍 みらん
紀璃子 きりこ
南津美 なつみ
風輝子 ふきこ
風美香 ふみか
風美音 ふみね
美亜菜 みあな
美桜佳 みおか
美桜奈 みおな
美咲音 みさと
美知留 みちる
美穂子 みほこ
美由暉 みゆき
宥希菜 ゆきな
玲桜奈 れおな

9・20 29

美馨 みか
紀梨香 きりか
思絵奈 しえな
風優子 ふゆこ
美紗恵 みさえ
美沙暉 みさき
美結奈 みゆな
美環子 みわこ

9・22 31

香穂里 かほり
咲久羅 さくら
美緒奈 みおな
美希穂 みきほ
美紗絵 みさえ
美沙輝 みさき
美紗喜 みさき
美智恵 みちえ
美知瑠 みちる
美璃亜 みりあ
祐璃花 ゆりか
玲緒奈 れおな

9・23 32

紅瑠美 くるみ
思絵菜 しえな
美沙樹 みさき
美登理 みどり
美優羽 みゆう
美璃奈 みりな

9・24 33

咲優花 さゆか
風優希 ふゆき
美緒莉 みおり
美樹奈 みきな
美彩暉 みさき
美優里 みゆり

9・26 35

風優香 ふゆか
風優美 ふゆみ
美風優 みふゆ
美優音 みゆね

9・28 37

美緒歌 みおか
美櫻花 みおか
美結樹 みゆき
美優菜 みゆな

9・30 39

美樹歌 みきか

9・32 41

咲優璃 さゆり
美優璃 みゆり

名の1字目が10画

10・(1) 11

紋 あや
晏 あん
唄 うた
笑 えみ
桂 かつら
桜 さくら
倖 さち
栞 しおり
純 じゅん
粋 すい
珠 たま
紡 つむぎ
夏 なつ
華 はな
晄 ひかり
姫 ひめ
恩 めぐみ
恵 めぐみ
桃 もも
倫 りん
恋 れん

10・1 11

真乙 まお
莉乙 りお

10・3 13

晃子 あきこ
紋子 あやこ
悦子 えつこ
桂子 かつらこ
起子 きこ
恭子 きょうこ
桐子 きりこ
恵子 けいこ
航子 こうこ
紗久 さく
桜子 さくらこ
紗子 さこ
紗千 さち
倖子 さちこ
悟子 さとこ
紗弓 さゆみ
紗与 さよ
修子 しゅうこ
純子 じゅんこ
祥子 しょうこ
笑子 しょうこ
粋子 すいこ
珠々 すず
晟子 せいこ
高子 たかこ
峻子 たかこ
珠子 たまこ
珠与 たまよ
哲子 てつこ
透子 とうこ
時子 ときこ
夏子 なつこ
展子 のぶこ
記子 のりこ
倫子 のりこ
華子 はなこ
姫子 ひめこ
浩子 ひろこ
紘子 ひろこ
真子 まこ
真己 まこ
真千 まち
真夕 まゆう
真弓 まゆみ
真与 まよ
通子 みちこ
朔子 もとこ
素子 もとこ
桃子 ももこ
泰子 やすこ
晋子 ゆきこ
容子 ようこ
浬子 りこ
莉子 りこ
莉己 りこ
莉与 りよ
凌子 りょうこ
浬々 りり
莉々 りり
倫子 りんこ
恋子 れんこ

10・5 15

晟世 あきよ
悦世 えつよ
笑加 えみか
華永 かえ
華央 かお
航未 かずみ
夏世 かよ
華世 かよ
華代 かよ
粋加 きよか

恵加 けいか　倖未 こうみ　紗央 さお　祥加 さちか　倖世 さちよ　祥代 さちよ　紗矢 さや　紗世 さよ　紗代 さよ　純加 じゅんか　純可 すみか　純禾 すみか　純世 すみよ　純代 すみよ　純礼 すみれ　素世 そよ　素代 そよ　珠永 たまえ　珠生 たまき　珠世 たまよ　紡世 つむよ　晃代 てるよ　時世 ときよ

夏生 なつき　夏未 なつみ　記世 のりよ　華未 はなみ　晏禾 はるか　姫加 ひめか　姫世 ひめよ　紘加 ひろか　真以 まい　真央 まお　真叶 まかな　真白 ましろ　真矢 まや　真由 まゆ　真礼 まれい　珠央 みお　倫世 みちよ　桃世 ももよ　桃代 ももよ　恭代 やすよ　祥世 やすよ　泰世 やすよ　泰代 やすよ

莉以 りい　浬央 りお　哩央 りお　莉央 りお　莉丘 りおか　莉可 りか　莉乎 りこ　莉世 りせ　莉代 りよ　倫加 りんか　夏七子 かなこ　華乃子 かのこ　素乃子 そのこ　真夕乃 まゆの

10・6 16

晟帆 あきほ　笑衣 えみい　笑帆 えみほ　華江 かえ　華会 かえ　華名 かな　夏帆 かほ　華帆 かほ

起帆 きほ　粋江 きよえ　紗衣 さえ　紗会 さえ　紗江 さえ　紗妃 さき　祥江 さちえ　倖羽 さちは　紗名 さな　紗帆 さほ　紗羽 さわ　珠衣 たまえ　珠江 たまえ　珠妃 たまき　時江 ときえ　時羽 ときわ　倫江 ともえ　夏江 なつえ　夏妃 なつき　華衣 はなえ　姫名 ひめな　紘羽 ひろは　真衣 まい

真宇 まう　真妃 まき　真汐 ましお　真羽 まなは　真帆 まほ　珠安 みあん　素江 もとえ　素羽 もとは　桃江 ももえ　泰江 やすえ　恭羽 やすは　泰帆 やすほ　莉安 りあん　莉衣 りい　莉有 りう　莉江 りえ　莉名 りな　莉多 りた　浬帆 りほ　莉帆 りほ　莉羽 りわ　留衣 るい　華也子 かやこ

紗千子 さちこ　紗也子 さやこ　紗与子 さよこ　真千子 まちこ　莉々子 りりこ

10・7 17

紋花 あやか　晏里 あんり　恵亜 えあ　恵那 えな　笑花 えみか　笑利 えみり　笑里 えみり　恵里 えり　恵利 えり　桜花 おうか　華寿 かず　夏那 かな　華那 かな　華余 かよ　莞那 かんな　栞那 かんな　恭花 きょうか

桐花 きりか　桂花 けいか　紗希 さき　朔来 さくら　朔良 さくら　祥那 さちな　紗那 さな　紗来 さら　紗良 さら　紗李 さり　栞里 しおり　珠里 じゅり　峻花 しゅんか　粋花 すいか　純花 すみか　純那 すみな　純伶 すみれ　素亜 そあ　紡希 つむぎ　透花 とうか　時花 ときか　夏花 なつか　夏希 なつき

夏見 なつみ　修花 のぶか　姫亜 ひめあ　姫花 ひめか　姫希 ひめき　浩花 ひろか　真希 まき　真寿 まじゅ　真那 まな　真花 まなか　真里 まり　通花 みちか　峰花 みねか　恵花 めぐか　朔花 もとか　素花 もとか　桃花 ももか　容花 やすか　恭芭 やすは　悦花 よしか　莉亜 りあ　莉杏 りあん　莉伽 りか

莉花 りか
莉沙 りさ
莉寿 りじゅ
莉那 りな
浬那 りな
莉良 りら
莉里 りり
倫花 りんか
倫那 りんな
留花 るか
留那 るな
恋花 れんか
恋那 れんな
華矢乃 かやの
真央乃 まおの
真心子 まみこ

10・8 18

晃奈 あきな
紋佳 あやか
紋奈 あやな
純芽 あやめ
紋芽 あやめ
晏奈 あんな

恵奈 えな
恵茉 えま
笑茉 えま
笑佳 えみか
桜佳 おうか
華依 かえ
華奈 かな
華苗 かなえ
夏波 かなみ
夏歩 かほ
華歩 かほ
華怜 かれん
栞奈 かんな
莞奈 かんな
起歩 きほ
桂奈 けいな
紗采 さあや
紗英 さえ
紗季 さき
朔実 さくみ
祥依 さちえ
倖佳 さちか
倖奈 さちな

倖歩 さちほ
悟実 さとみ
紗奈 さな
紗苗 さなえ
紗波 さなみ
紗実 さみ
紗弥 さや
紗幸 さゆき
紗和 さわ
純佳 じゅんか
純奈 じゅんな
純枝 すみえ
純果 すみか
純怜 すみれ
晟奈 せいな
素奈 そな
素和 そわ
珠英 たまえ
珠果 たまか
珠季 たまき
珠祈 たまき
珠実 たまみ
紡季 つむぎ

紡実 つむみ
哲実 てつみ
晃実 てるみ
時亜 ときあ
時佳 ときか
時歩 ときほ
倫実 ともみ
夏季 なつき
夏奈 なつな
夏実 なつみ
夏芽 なつめ
姫佳 ひめか
姫季 ひめき
姫奈 ひめな
紘奈 ひろな
容実 ひろみ
真祈 まき
真季 まき
真呼 まこ
真采 まこと
真知 まち
真奈 まな
真果 まなか

真波 まなみ
真宙 まひろ
真歩 まほ
真実 まみ
真弥 まや
真怜 まれい
恵実 めぐみ
素佳 もとか
素波 もとは
素実 もとみ
桃佳 ももか
桃奈 ももな
桃実 ももみ
泰実 やすみ
透奈 ゆきな
悦実 よしみ
莉亜 りあ
莉依 りい
莉英 りえ
莉佳 りか
莉奈 りな
莉実 りみ
莉和 りわ

倫果 りんか
倫奈 りんな
留依 るい
留佳 るか
留実 るみ
恋奈 れんな
華矢子 かやこ
華世子 かよこ
紗永子 さえこ
紗世子 さよこ
珠々世 すずよ
素代子 そよこ
真以子 まいこ
真衣乃 まいの
真央子 まおこ
真未子 まみこ
真也加 まやか
真矢子 まやこ
莉以子 りいこ
莉央子 りおこ
莉々代 りりよ

10・11 21

晟菜 あきな

晏菜 あんな
恵菜 えな
恵麻 えま
笑麻 えま
笑深 えみ
笑彩 えみさ
笑菜 えみな
笑琉 えみる
恵理 えり
恵琉 える
夏菜 かな
華梛 かな
夏埜 かの
華野 かや
莞菜 かんな
栞菜 かんな
栞梛 かんな
粋菜 きよな
桐菜 きりな
恵都 けいと
紗彩 さあや
紗都 さと
紗菜 さな

紗雪 さゆき
栞理 しおり
珠菜 じゅな
珠埜 じゅの
珠梨 じゅり
純菜 すみな
晟麻 てるま
夏望 なつみ
夏萌 なつめ
晏菜 はるな
姫野 ひめの
真麻 まあさ
真彩 まあや
真惟 まい
真唯 まい
真絃 まお
真菜 まな
真望 まみ
真雪 まゆき
真理 まり
珠彩 みさ
桃菜 ももな
透菜 ゆきな

莉凰 りお
莉彩 りさ
莉野 りの
恵美乃 えみの
夏弥子 かやこ
華也奈 かやな
紗英子 さえこ
紗季子 さきこ
紗也佳 さやか
素乃香 そのか
真衣加 まいか
真依子 まいこ
真歩子 まほこ
真実子 まみこ
真弥子 まやこ
真由宇 まゆう
真由羽 まゆは
莉佳子 りかこ
莉歩子 りほこ
莉々亜 りりあ
莉々奈 りりな
留実子 るみこ
留美乃 るみの
留々奈 るるな

10・13 23

恵愛 えあ
恵夢 えむ
笑夢 えむ
恵鈴 えりん
華瑚 かこ
華椰 かや
夏鈴 かりん
夏蓮 かれん
紗暉 さき
朔楽 さくら
桜楽 さくら
紗瑚 さこ
紗椰 さや
紗誉 さよ
紗楽 さら
笑瑚 しょうこ
素楽 そら
珠暉 たまき
時誉 ときよ
姫愛 ひめあ
真暉 まき
真瑚 まこ
真鈴 まりん
珠鈴 みすず
桃愛 ももあ
桃誉 ももよ
莉愛 りあ
莉瑚 りこ
莉暖 りのん
浬夢 りむ
莉夢 りむ
莉誉 りよ
留愛 るあ
恵未奈 えみな
恵莉子 えりこ
恵令奈 えれな
桜里江 おりえ
夏珠子 かずこ
夏帆里 かほり
紗恵子 さえこ
紗笑子 さえこ
紗永実 さえみ
紗江良 さえら
紗江里 さえり
紗記子 さきこ
紗弥加 さやか
紗友海 さゆみ
紗里衣 さりい
珠実加 すみか
真衣花 まいか
真以波 まいは
真桜子 まおこ
真央奈 まおな
真央実 まおみ
真加奈 まかな
真可奈 まかな
真希江 まきえ
真記子 まきこ
真姫子 まきこ
真紗子 まさこ
真那羽 まなは
真羽那 まはな
真心香 まみか
真由奈 まゆな
真悠乃 まゆの
真由歩 まゆほ
真吏花 まりか
真莉子 まりこ
真理乃 まりの
莉衣花 りいか
莉衣沙 りいさ
莉夏子 りかこ
莉々恵 りりえ
莉々夏 りりか
莉々紗 りりさ

10・14 24

紋寧 あやね
笑歌 えみか
笑寧 えみね
笑瑠 えみる
桜歌 おうか
夏摘 かつみ
姫緒 きお
紗綾 さあや
紗緒 さお
倖寧 さちね
珠寧 じゅね
珠緒 たまお
珠歌 たまか
珠綺 たまき
時寧 ときね
夏緒 なつお
夏綺 なつき
夏寧 なつね
記歌 のりか
華寧 はなね
桧緒 ひお
姫歌 ひめか
浩寧 ひろね
真綾 まあや
真維 まい
真緒 まお
真綺 まき
真誓 まちか
恵瑠 めぐる
桃歌 ももか
桃寧 ももね
泰歌 やすか
莉緒 りお
莉瑳 りさ
莉誓 りちか
莉瑠 りる
倫歌 りんか
留寧 るね
恵里花 えりか
恵利花 えりか
恵李花 えりか
恵里那 えりな
夏菜子 かなこ
華菜子 かなこ
夏乃葉 かのは
華矢音 かやね
姫沙良 きさら
紗智乃 さちの
紗都子 さとこ
紗矢香 さやか
紗矢音 さやね
紗由紀 さゆき
紗有奈 さゆな
紗友莉 さゆり
紗代香 さよか
紗良沙 さらさ
紗里那 さりな
珠里亜 じゅりあ
素世香 そよか
素代香 そよか
真亜沙 まあさ
真衣果 まいか
真衣佳 まいか
真唯子 まいこ
真羽奈 まうな
真央香 まおか
真央美 まおみ
真妃亞 まきあ
真規子 まきこ
真奈帆 まなほ
真波名 まはな
真美加 まみか
真佑花 まゆか
真悠子 まゆこ
真里花 まりか
真理子 まりこ
莉亜那 りあな
莉央香 りおか
莉有奈 りゆな
莉李花 りりか
莉理子 りりこ
莉々菜 りりな
留以香 るいか

留衣奈 るいな
留々菜 るるな

10・15 25

晃穂 あきほ
笑穂 えみほ
笑璃 えみり
恵璃 えり
恵凛 えりん
夏澄 かすみ
華澄 かすみ
夏穂 かほ
夏凛 かりん
華凛 かりん
紗慧 さえ
紗嬉 さき
紗輝 さき
祥穂 さちほ
紗璃 さり
栞璃 しおり
珠璃 しゅり
純穂 すみほ
珠嬉 たまき
時穂 ときほ
夏輝 なつき
真潮 ましお
真澄 ますみ
真穂 まほ
真璃 まり
真凛 まりん
真凜 まりん
莉穂 りほ
莉璃 りり
恵実花 えみか
恵利奈 えりな
夏央莉 かおり
夏名海 かなみ
宮美江 くみえ
紗瑛子 さえこ
紗貴子 さきこ
紗良奈 さらな
珠里奈 じゅりな
真衣香 まいか
真奈花 まなか
真那実 まなみ
真実那 まみな
真愉子 まゆこ
真利奈 まりな
莉瑛子 りえこ
莉乃愛 りのあ
莉実花 りみか
留実花 るみか

10・17 27

真優 まゆ
莉優 りゆ
恵莉花 えりか
笑里紗 えりさ
夏奈美 かなみ
紗英香 さえか
紗智加 さちか
紗莉亜 さりあ
珠美怜 すみれ
真亜紗 まあさ
真緒子 まおこ
真奈津 まなつ
真奈海 まなみ
真利恵 まりえ
留美奈 るみな

10・19 29

紗羅 さら
紗蘭 さらん
莉瀬 りせ
莉羅 りら
恵美莉 えみり
恵梨佳 えりか
恵理奈 えりな
夏莉南 かりな
紗英理 さえり
紗結花 さゆか
珠里絵 じゅりえ
珠梨奈 じゅりな
真桜美 まおみ
真機子 まきこ
真紗美 まさみ
真珠美 ますみ
真結花 まゆか
真結希 まゆき
莉瑛花 りえか
莉桜音 りおね
留美恵 るみえ
留実菜 るみな

10・21 31

真櫻 まお
莉鶴 りづ
恵理紗 えりさ
紗恵理 さえり
紗登美 さとみ
真維花 まいか
真富美 まふみ
真裕美 まゆみ
真理恵 まりえ
真璃江 まりえ
真梨華 まりか

10・22 32

真緒実 まおみ
真璃花 まりか
莉璃花 りりか
莉々瀬 りりせ
莉瑠奈 りるな

10・23 33

恵美瑠 えみる
恵璃奈 えりな
恵瑠南 えるな
夏菜絵 かなえ
紗璃奈 さりな
真緒美 まおみ
真優羽 まゆは
真莉愛 まりあ
真璃奈 まりな
真瑠美 まるみ

10・25 35

夏緒理 かおり
真優奈 まゆな
真璃恵 まりえ
莉緒菜 りおな

10・27 37

紗智穂 さちほ
真優華 まゆか
真璃絵 まりえ

10・28 38

紗樹絵 さきえ
紗優理 さゆり
真優菜 まゆな
真璃愛 まりあ

10・29 39

紗緒璃 さおり

10・31 41

紗樹穂 さきほ
真優歌 まゆか

名の1字目が 11画

11・2 13

逢乃 あいの
章乃 あきの
紹乃 あきの
晨乃 あきの
彩七 あやな
彩乃 あやの
彬乃 あやの
絃乃 いとの
惟乃 いの
掬乃 きくの
菊乃 きくの
絆七 きずな
清乃 きよの
郷乃 さとの
爽乃 さやの
梓乃 しの
偲乃 しの
涼乃 すずの
梛乃 なぎの
菜七 なな
菜乃 なの
埜乃 のの
野乃 のの
啓乃 ひろの
麻乃 まの
毬乃 まりの
萌乃 もえの
康乃 やすの
唯乃 ゆいの
雪七 ゆきな
雪乃 ゆきの
悠乃 ゆの
淑乃 よしの
理七 りな
梨乃 りの
理乃 りの
琉七 るな
琉乃 るの

11・4 15

彩心 あやみ
彩水 あやみ

惟月 いつき
清心 きよみ
彩月 さつき
皐月 さつき
梓月 しづき
菜月 なつき
悠日 はるひ
麻文 まふみ
麻友 まゆ
深月 みつき
望月 みづき
望友 みゆ
深友 みゆう
萌斗 もと
悠心 ゆうみ
唯月 ゆづき
悠月 ゆづき
理月 りつき
理斗 りと

11・5 16

逢禾 あいか
紹代 あきよ
晨世 あきよ
麻加 あさか
麻世 あさよ
淳代 あつよ
惇世 あつよ
彩加 あやか
彩禾 あやか
彩未 あやみ
絃加 いとか
唯代 いよ
掬世 きくよ
菊代 きくよ
基代 きよ
清世 きよせ
彩永 さえ
郷世 さとよ
清加 さやか
彩世 さよ
梓央 しお
梓生 しお
涼世 すずよ
菫礼 すみれ
清可 せいか
渉世 たかよ
崇代 たかよ
峻代 たかよ
紬生 つむぎ
菜央 なお
椰加 なぎか
菜未 なみ
悠禾 はるか
啓代 ひろよ
章代 ふみよ
麻以 まい
麻央 まお
麻白 ましろ
毬世 まりよ
深央 みお
望央 みお
望丘 みおか
望可 みか
深冬 みふゆ
望由 みゆ
萌生 めい
萌加 もえか
萌永 もえ
萌禾 もえか
萌未 もえみ
萌由 もゆ
康世 やすよ
唯以 ゆい
唯可 ゆいか
唯加 ゆいか
悠加 ゆうか
悠由 ゆうゆ
悠可 ゆか
悠叶 ゆかな
進世 ゆきよ
雪世 ゆきよ
悠未 ゆみ
理以 りい
梨央 りお
梨生 りお
理央 りお
理加 りか
理可 りか
梨世 りせ
理世 りせ
梨代 りよ
理代 りよ
琉以 るい
琉生 るい
琉未 るみ
彩也乃 さやの
菜々乃 ななの
野乃子 ののこ
萌々乃 ももの

11・6 17

逢妃 あいひ
啓江 あきえ
章江 あきえ
爽羽 あきは
啓帆 あきほ
紹帆 あきほ
爽帆 あきほ
麻妃 あさひ
彩名 あやな
絃衣 いとえ
絃羽 いとは
彩羽 いろは
絆名 きずな
基帆 きほ
規帆 きほ
彩江 さえ
彩帆 さほ
爽名 さやな
梓帆 しほ
視帆 しほ
涼江 すずえ
涼名 すずな
涼羽 すずは
涼帆 すずほ
都羽 とわ
菜帆 なほ
悠妃 はるひ
麻伊 まい
麻衣 まい
麻帆 まほ
麻有 まゆ
望帆 みほ
萌衣 めい
基江 もとえ
萌名 もな
康江 やすえ
康帆 やすほ
悠衣 ゆい
唯衣 ゆい
唯名 ゆいな
唯羽 ゆいは
惟帆 ゆいほ
唯帆 ゆいほ
悠宇 ゆう
悠羽 ゆうわ
雪江 ゆきえ
雪羽 ゆきは
悠帆 ゆほ
理伊 りい
理宇 りう
理江 りえ
梨名 りな
理名 りな
梨帆 りほ
理帆 りほ
琉衣 るい
琉宇 るう
琉名 るな
都々子 ととこ
菜々子 ななこ
埜々子 ののこ
野々子 ののこ
麻也子 まやこ
麻夕子 まゆこ
萌々子 ももこ
理々子 りりこ

11・7 18

逢花 あいか
逢沙 あいさ
逢那 あいな
逢里 あいり
梓沙 あずさ
彩花 あやか
彩那 あやな
彩芭 あやは
彩見 あやみ
彩李 あやり
逸花 いつか
絃花 いとか
祷里 いのり
清花 きよか
清来 きよら
清良 きよら
啓花 けいか

- 渓花 けいか
- 蛍花 けいか
- 彩希 さき
- 彩玖 さく
- 郷花 さとか
- 清伽 さやか
- 爽花 さやか
- 彩良 さら
- 彩来 さら
- 彩里 さり
- 雫花 しずか
- 雫玖 しずく
- 雫来 しずく
- 脩花 しゅうか
- 惇花 じゅんか
- 淳那 じゅんな
- 渉花 しょうか
- 涼花 すずか
- 涼那 すずな
- 涼芭 すずは
- 菫伶 すみれ
- 清亜 せいあ
- 清那 せいな

- 雪花 せつか
- 紬希 つむぎ
- 都亜 とあ
- 都希 とき
- 梛花 なぎか
- 渚沙 なぎさ
- 梛沙 なぎさ
- 菜那 なな
- 埜亜 のあ
- 野亜 のあ
- 悠那 はるな
- 絆那 はんな
- 麻希 まき
- 祭里 まつり
- 窓花 まどか
- 麻那 まな
- 麻芭 まは
- 麻佑 まゆ
- 麻里 まり
- 毬亜 まりあ
- 毬花 まりか
- 毬沙 まりさ
- 毬那 まりな

- 望花 みか
- 望希 みき
- 望沙 みさ
- 都花 みやか
- 望来 みらい
- 深里 みり
- 萌亜 もあ
- 萌花 もえか
- 萌那 もえな
- 萌里 もえり
- 康花 やすか
- 悠亜 ゆあ
- 唯亜 ゆいあ
- 惟花 ゆいか
- 唯花 ゆいか
- 唯沙 ゆいさ
- 惟那 ゆいな
- 唯那 ゆいな
- 唯里 ゆいり
- 悠花 ゆうか
- 悠希 ゆうき
- 悠里 ゆうり
- 悠伽 ゆか

- 唯希 ゆき
- 雪亜 ゆきあ
- 淑花 よしか
- 彬花 よしか
- 梨亜 りあ
- 梨杏 りあん
- 理杏 りあん
- 梨花 りか
- 理花 りか
- 梨佐 りさ
- 梨沙 りさ
- 理佐 りさ
- 理沙 りさ
- 梨寿 りじゅ
- 梨那 りな
- 理那 りな
- 崚花 りょうか
- 梨里 りり
- 琉亜 るあ
- 琉杏 るあん
- 琉花 るか
- 琉希 るき
- 琉那 るな

- 琉李 るり
- 琉里 るり
- 麻由乃 まゆの

11・10 21

- 逢夏 あいか
- 逢珠 あいじゅ
- 啓恵 あきえ
- 紹恵 あきえ
- 梓紗 あずさ
- 彩笑 あやえ
- 彩夏 あやか
- 彩華 あやか
- 彩紗 あやさ
- 彩峯 あやね
- 現紗 ありさ
- 逸珠 いつみ
- 祷莉 いのり
- 凰華 おうか
- 規恵 きえ
- 菊華 きっか
- 清恵 きよえ
- 清珠 きよみ
- 啓華 けいか

- 蛍夏 けいか
- 梢恵 こずえ
- 菜華 さいか
- 彩恵 さえ
- 彩姫 さき
- 郷珠 さとみ
- 清夏 さやか
- 清華 さやか
- 彩莉 さり
- 爽夏 さわか
- 爽華 さわか
- 梓恩 しおん
- 涼恵 すずえ
- 涼華 すずか
- 涼峰 すずね
- 涼珠 すずみ
- 隆恵 たかえ
- 晨恵 ときえ
- 菜恵 なえ
- 菜桜 なお
- 渚紗 なぎさ
- 梛紗 なぎさ
- 野恵 のえ

- 悠恵 ひさえ
- 蛍留 ほたる
- 麻桜 まお
- 麻記 まき
- 麻珠 まじゅ
- 麻純 ますみ
- 麻莉 まり
- 毬恵 まりえ
- 毬華 まりか
- 望桜 みお
- 望夏 みか
- 望華 みか
- 望紗 みさ
- 進恵 みちえ
- 萌恵 もえ
- 萌夏 もえか
- 萌華 もえか
- 萌笑 もえみ
- 基恵 もとえ
- 康恵 やすえ
- 唯夏 ゆいか
- 唯莉 ゆいり
- 悠夏 ゆうか

- 悠姫 ゆうき
- 雪華 ゆきか
- 悠莉 ゆり
- 理桜 りお
- 理峰 りお
- 梨恩 りおん
- 梨華 りか
- 理夏 りか
- 理華 りか
- 梨紗 りさ
- 理紗 りさ
- 涼夏 りょうか
- 理莉 りり
- 琉夏 るか
- 琉華 るか
- 琉真 るま
- 琉莉 るり
- 琉留 るる
- 彩希子 さきこ
- 彩七実 さなみ
- 菜々花 ななか
- 菜奈乃 ななの
- 野々亜 ののあ

野々花 ののか
埜々花 ののか
麻央加 まおか
麻巳花 まみか
萌々亜 ももあ
萌々那 ももな
悠依乃 ゆいの
悠希子 ゆきこ
梨那子 りなこ
琉々亜 るるあ
琉々芭 るるは

11・12 23

章絵 あきえ
彩湖 あやこ
彩琶 あやは
彩葉 あやは
彩陽 あやひ
逸稀 いつき
逸葉 いつは
絃葉 いとは
梢絵 こずえ
彩瑛 さえ
彩絵 さえ
彩葵 さき
彩喜 さき
彩貴 さき
彩智 さち
清葉 さやは
彩結 さゆ
爽葉 さわは
梓絵 しえ
偲絵 しえ
涼絵 すずえ
涼葉 すずは
紬葵 つむぎ
晨絵 ときえ
菜絵 なえ
菜結 なゆ
悠陽 はるひ
啓絵 ひろえ
麻朝 まあさ
麻絢 まあや
麻稀 まき
麻琴 まこと
麻尋 まひろ
麻裕 まゆ
毬絵 まりえ
深結 みゆ
望結 みゆ
萌絵 もえ
望絵 もえ
萌葉 もえは
唯葉 ゆいは
悠葉 ゆうは
悠貴 ゆき
雪絵 ゆきえ
雪葉 ゆきは
雪陽 ゆきひ
淑葉 よしは
梨絵 りえ
理絵 りえ
理葉 りは
梨結 りゆ
梨葉 りよ
琉絵 るえ
彩央里 さおり
彩希加 さきか
都々美 ととみ
菜津子 なつこ
菜々香 ななか
菜々美 ななみ
椰々美 ななみ
野乃夏 ののか
野々香 ののか
野々美 ののみ
麻央花 まおか
麻美子 まみこ
麻友実 まゆみ
望央里 みおり
萌々香 ももか
萌々音 ももね
萌々美 ももみ
悠起乃 ゆきの
悠咲子 ゆさこ
悠珠乃 ゆずの
悠海子 ゆみこ
悠美子 ゆみこ
悠々香 ゆゆか
理映子 りえこ
理栄子 りえこ
理央花 りおか
梨香子 りかこ
理咲子 りさこ
梨津子 りつこ
梨々香 りりか
琉美子 るみこ
琉海子 るみこ
琉莉乃 るりの
琉々南 るるな

11・13 24

彩瑚 あやこ
彩夢 あやむ
菖蒲 あやめ
彩暉 さき
彩椰 さや
彩誉 さよ
彩楽 さら
爽瑚 さわこ
清楽 せいら
麻瑚 まこ
麻椰 まや
毬愛 まりあ
萌愛 もあ
萌瑚 もえこ
悠愛 ゆあ
唯愛 ゆいあ
惟愛 ゆいあ
雪瑚 ゆきこ
雪路 ゆきじ
悠楽 ゆら
理愛 りあ
梨瑚 りこ
理瑚 りこ
梨暖 りのん
梨夢 りむ
理夢 りむ
梨楽 りら
琉瑚 るこ
彩江里 さえり
彩希江 さきえ
梓真子 しまこ
都羽花 とわか
菜々恵 ななえ
野江花 のえか
麻衣亜 まいあ
麻衣花 まいか
麻央実 まおみ
麻紗子 まさこ
麻奈加 まなか
麻侑加 まゆか
麻里衣 まりい
麻梨乃 まりの
萌生実 めいみ
萌々恵 ももえ
萌々夏 ももか
悠華子 ゆかこ
悠希帆 ゆきほ
悠実代 ゆみよ
悠里江 ゆりえ
理紗子 りさこ
琉望乃 るみの
琉莉子 るりこ

11・14 25

逢瑠 あいる
彩寧 あやね
絃歌 いとか
絃寧 いとね
掬歌 きくか
郷歌 きょうか
清寧 きよね
彩歌 さいか
彩緒 さお
郷寧 さとね
涼寧 すずね
菜緒 なお
菜摘 なつみ
悠歌 はるか
蛍瑠 ほたる
麻綾 まあや
麻緒 まお
望緒 みお
望歌 みか
萌寧 もね
唯寧 ゆいね
雪寧 ゆきね
梨緒 りお
理緒 りお
梨寧 りね
梨瑠 りる
琉寧 るね
菜都子 なつこ
菜津代 なつよ
菜乃葉 なのは
麻衣歩 まいほ

麻衣実 まいみ
麻央美 まおみ
麻貴乃 まきの
麻紀世 まきよ
麻里亜 まりあ
麻里花 まりか
悠衣実 ゆいみ
悠希亜 ゆきあ
悠貴乃 ゆきの
悠里花 ゆりか
梨伊奈 りいな
理央南 りおな
梨央音 りおね
理都子 りつこ
梨里花 りりか
琉希亜 るきあ
琉利花 るりか
琉々菜 るるな

11・16 27

麻樹 まき
梨穏 りおん
梨樹 りじゅ
彩希音 さきね

都羽紗 つばさ
麻愛子 まあこ
麻沙美 まさみ
麻奈実 まなみ
麻佑香 まゆか
麻里咲 まりさ
麻梨代 まりよ
悠依実 ゆいみ
悠香里 ゆかり
梨衣紗 りいさ
理伊紗 りいさ
梨々愛 りりあ

11・18 29

彩織 さおり
梓織 しおり
清藍 せいらん
麻織 まおり
深織 みおり
彩莉奈 さりな
菜々穂 ななほ
菜穂子 なほこ
悠美香 ゆみか
悠梨花 ゆりか

理恵奈 りえな
梨理花 りりか
琉希菜 るきな
琉美香 るみか
琉美南 るみな
琉璃子 るりこ
琉莉奈 るりな

11・20 31

彩希愛 さきあ
菜都香 なつか
麻菜美 まなみ
麻優子 まゆこ
麻莉恵 まりえ
深優子 みゆこ
理絵佳 りえか
梨緒名 りおな
琉美菜 るみな

11・21 32

麻維花 まいか
麻理恵 まりえ
深緒里 みおり
理璃衣 りりい
琉璃江 るりえ

11・22 33

彩智恵 さちえ
菜々瀬 ななせ
麻璃花 まりか
萌美路 もみじ
梨緒奈 りおな

11・24 35

彩優里 さゆり
菜穂美 なほみ
麻優花 まゆか

11・26 37

彩樹華 さきか
麻菜穂 まなほ
麻優香 まゆか
麻優美 まゆみ
望結歌 みゆか

11・27 38

菜都樹 なつき
麻璃絵 まりえ

11・28 39

麻優菜 まゆな

11・30 41

琉璃穂 るりほ

名の1字目が12画

12・(1) 13

葵 あおい
晶 あきら
朝 あさ
絢 あや
斐 あや
詠 うた
景 けい
琴 こと
惺 しずか
智 とも
温 のどか
晴 はる
陽 はる
遥 はるか
媛 ひめ
稀 まれ
惠 めぐみ
結 ゆい

葉 よう
琳 りん

12・3 15

暁子 あきこ
朝子 あさこ
温子 あつこ
敦子 あつこ
絢子 あやこ
斐子 あやこ
絢女 あやめ
瑛子 えいこ
詠子 えいこ
絵子 えこ
賀子 かこ
葵子 きこ
喜子 きこ
稀子 きこ
敬子 けいこ
景子 けいこ
惠子 けいこ
湖々 ここ
湖子 ここ
琴子 ことこ

詞子 ことこ
萩子 しゅうこ
晶子 しょうこ
湘子 しょうこ
翔子 しょうこ
晴子 せいこ
惺子 せいこ
創子 そうこ
湊子 そうこ
貴子 たかこ
尊子 たかこ
達子 たつこ
統子 とうこ
智子 ともこ
媛子 ひめこ
尋子 ひろこ
博子 ひろこ
富子 ふうこ
道子 みちこ
結子 ゆいこ
裕子 ゆうこ
結々 ゆゆ
結弓 ゆゆみ

湧子 ようこ
陽子 ようこ
葉子 ようこ
遥子 ようこ
善子 よしこ
喜乃 よしの
琳子 りんこ
琶子 わこ

12・4 16

朝日 あさひ
絢心 あやみ
絢水 あやみ
絵斗 えと
紫月 しづき
詞月 しづき
葉月 はづき
晴日 はるひ
遥日 はるひ
陽日 はるひ
陽心 はるみ
陽月 ひづき
結月 ゆづき
愉月 ゆづき

結心 ゆみ
結友 ゆゆ

12・5 17

葵生 あおい
晶世 あきせ
朝代 あさよ
絢加 あやか
絢世 あやせ
越代 えつよ
勝代 かつよ
賀代 かよ
喜世 きせ
貴代 きよ
琴加 ことか
琴禾 ことか
琴世 ことせ
琴代 ことよ
琥白 こはく
湖白 こはく
貴世 たかよ
達代 たつよ
智可 ちか
智世 ちせ
瑛代 てるよ
智加 ともか
晴加 はるか
晴禾 はるか
遥可 はるか
陽禾 はるか
晴世 はるせ
晴代 はるよ
遥世 はるよ
遥代 はるよ
陽世 はるよ
媛加 ひめか
媛代 ひめよ
尋加 ひろか
尋代 ひろよ
尋世 ひろよ
博代 ひろよ
道世 みちよ
結以 ゆい
結生 ゆい
結禾 ゆいか
結永 ゆえ
結加 ゆか
愉加 ゆか
結叶 ゆかな
琳加 りんか
湖々乃 ここの
富士乃 ふじの

12・6 18

葵衣 あおい
晶江 あきえ
晶羽 あきは
晶帆 あきほ
朝妃 あさひ
温帆 あつほ
絢名 あやな
絢羽 あやは
絢妃 あやひ
絢帆 あやほ
絵名 えな
稀衣 きい
葵江 きえ
喜衣 きえ
葵帆 きほ
喜帆 きほ
貴帆 きほ
琴江 ことえ
琴名 ことな
琴羽 ことは
湖羽 こはね
椎名 しいな
惺名 せいな
智江 ちえ
智帆 ちほ
登羽 とわ
葉名 はな
遥江 はるえ
晴名 はるな
晴妃 はるひ
陽妃 はるひ
陽帆 はるほ
陽名 ひな
陽向 ひなた
稀名 まれな
道帆 みちほ
満帆 みつほ
裕衣 ゆい
結衣 ゆい
愉衣 ゆい
結羽 ゆいは
裕妃 ゆうひ
結江 ゆえ
愉江 ゆえ
結名 ゆな
喜久子 きくこ
富士子 ふじこ

12・9 21

晶音 あきね
晶美 あきみ
暁美 あけみ
朝香 あさか
朝海 あさみ
朝美 あさみ
敦香 あつか
敦美 あつみ
絢架 あやか
絢香 あやか
斐香 あやか
絢南 あやな
絢音 あやね
斐音 あやね
絢海 あやみ
絢美 あやみ
絢泉 あやみ
詠音 うたね
閏美 うるみ
瑛香 えいか
瑛美 えいみ
詠美 えいみ
絵南 えな
絵海 えみ
絵美 えみ
勝美 かつみ
貴美 きみ
敬香 けいか
景音 けいと
景美 けいみ
湖音 こと
琴香 ことか
琴音 ことね
詞音 ことね
琴美 ことみ
琴泉 ことみ
詞美 ことみ
琥珀 こはく
湖春 こはる
惺音 さとね
惺美 さとみ
椎香 しいか
翔香 しょうか
晴香 せいか
惺南 せいな
尊美 たかみ
達美 たつみ
智咲 ちさき
智津 ちづ
智春 ちはる
瑛海 てるみ
智音 ともね
智海 ともみ
智泉 ともみ
葉南 はな
葉音 はのん
晴架 はるか
遥架 はるか
遥香 はるか
陽香 はるか
遥咲 はるさ
晴南 はるな
遥南 はるな
晴音 はるね
遥音 はるね
晴海 はるみ
晴泉 はるみ
晴美 はるみ
遥海 はるみ
遥美 はるみ
陽海 はるみ
陽美 はるみ
陽咲 ひさき
陽南 ひな
媛香 ひめか
尋香 ひろか
尋美 ひろみ
博美 ひろみ
富香 ふうか
富海 ふみ
富美 ふみ
富泉 ふみ
晶海 まさみ
最香 もか

統美 もとみ
最音 もね
結架 ゆいか
結咲 ゆいさ
結音 ゆいね
結海 ゆいみ
結美 ゆいみ
結香 ゆうか
湧香 ゆうか
湧美 ゆうみ
愉香 ゆか
裕香 ゆか
結奏 ゆかな
結南 ゆな
結泉 ゆみ
裕美 ゆみ
葉香 ようか
喜香 よしか
善香 よしか
善美 よしみ
琳香 りんか
琳音 りんね
琵香 わか

絵吏子 えりこ
湖々羽 ここは
智伊子 ちいこ
陽那乃 ひなの
結衣子 ゆいこ
満衣子 まいこ

12・11 23

葵唯 あおい
晶菜 あきな
絢菜 あやな
絢萌 あやめ
絵都 えと
絵菜 えな
絵麻 えま
瑛梨 えり
瑛理 えり
絵梨 えり
絵理 えり
絵琉 える
葵理 きり
景都 けいと
琴菜 ことな
琴野 ことの

琴望 ことみ
琴梨 ことり
湖悠 こはる
湖雪 こゆき
椎菜 しいな
紫野 しの
惺菜 せいな
智彩 ちさ
智菜 ちな
瑛麻 てるま
琵菜 はな
葉菜 はな
葉椰 はな
葉琉 はる
遥彩 はるさ
晴菜 はるな
遥菜 はるな
晴野 はるの
陽野 はるの
晴望 はるみ
遥望 はるみ
陽菜 ひな
雲雀 ひばり

陽毬 ひまり
媛菜 ひめな
尋菜 ひろな
結菜 ゆいな
結梨 ゆいり
結理 ゆうり
愉菜 ゆな
裕菜 ゆな
結麻 ゆま
裕麻 ゆま
裕梨 ゆり
愉梨 ゆり
琳菜 りんな
絵実子 えみこ
絵吏加 えりか
貴実子 きみこ
貴和子 きわこ
湖乃美 このみ
智佳子 ちかこ
登紀乃 ときの
登実子 とみこ
葉奈子 はなこ
陽十美 ひとみ

陽奈子 ひなこ
陽南乃 ひなの
陽乃香 ひのか
陽実子 ひみこ
陽美乃 ひみの
陽芽子 ひめこ
富季子 ふきこ
富士果 ふじか
富実子 ふみこ
裕佳子 ゆかこ
結己奈 ゆきな
結実子 ゆみこ
裕実子 ゆみこ
結泉乃 ゆみの
結々奈 ゆゆな

12・12 24

晶絵 あきえ
晶葉 あきは
朝葉 あさは
朝陽 あさひ
絢葉 あやは
詠絵 うたえ
葵絵 きえ

貴絵 きえ
琴詠 ことえ
琴絵 ことえ
琴湖 ことこ
琴葉 ことは
詞葉 ことは
湖晴 こはる
智瑛 ちえ
智絵 ちえ
富絵 とみえ
智葉 ともは
晴絵 はるえ
陽葵 はるき
遥陽 はるひ
富結 ふゆ
結葉 ゆいは
結葵 ゆき
結喜 ゆき
絵津子 えつこ
絵美子 えみこ
詠美子 えみこ
絵里加 えりか
貴紅子 きくこ

葵美子 きみこ
貴美子 きみこ
喜世花 きよか
紫央里 しおり
智栄子 ちえこ
智恵乃 ちえの
智央里 ちおり
智沙代 ちさよ
智津子 ちづこ
智保子 ちほこ
登紀子 ときこ
登美子 とみこ
葉南子 はなこ
陽央里 ひおり
陽加里 ひかり
陽加利 ひかり
陽咲子 ひさこ
陽紗乃 ひさの
陽美子 ひみこ
陽世利 ひより
富士香 ふじか
富美子 ふみこ
結珠乃 ゆずの

結美子 ゆみこ
裕美子 ゆみこ
結々音 ゆゆね
結里加 ゆりか

12・13 25

絵愛 えぁ
絵瑚 えこ
絵夢 えむ
絵蓮 えれん
晴楽 せいら
惺楽 せいら
遥愛 はるあ
富楽 ふら
結愛 ゆあ
結意 ゆい
結楽 ゆら
絵令奈 えれな
喜久恵 きくえ
稀実世 きみよ
喜世佳 きよか
貴世佳 きよか
智紗子 ちさこ
陽加実 ひかみ

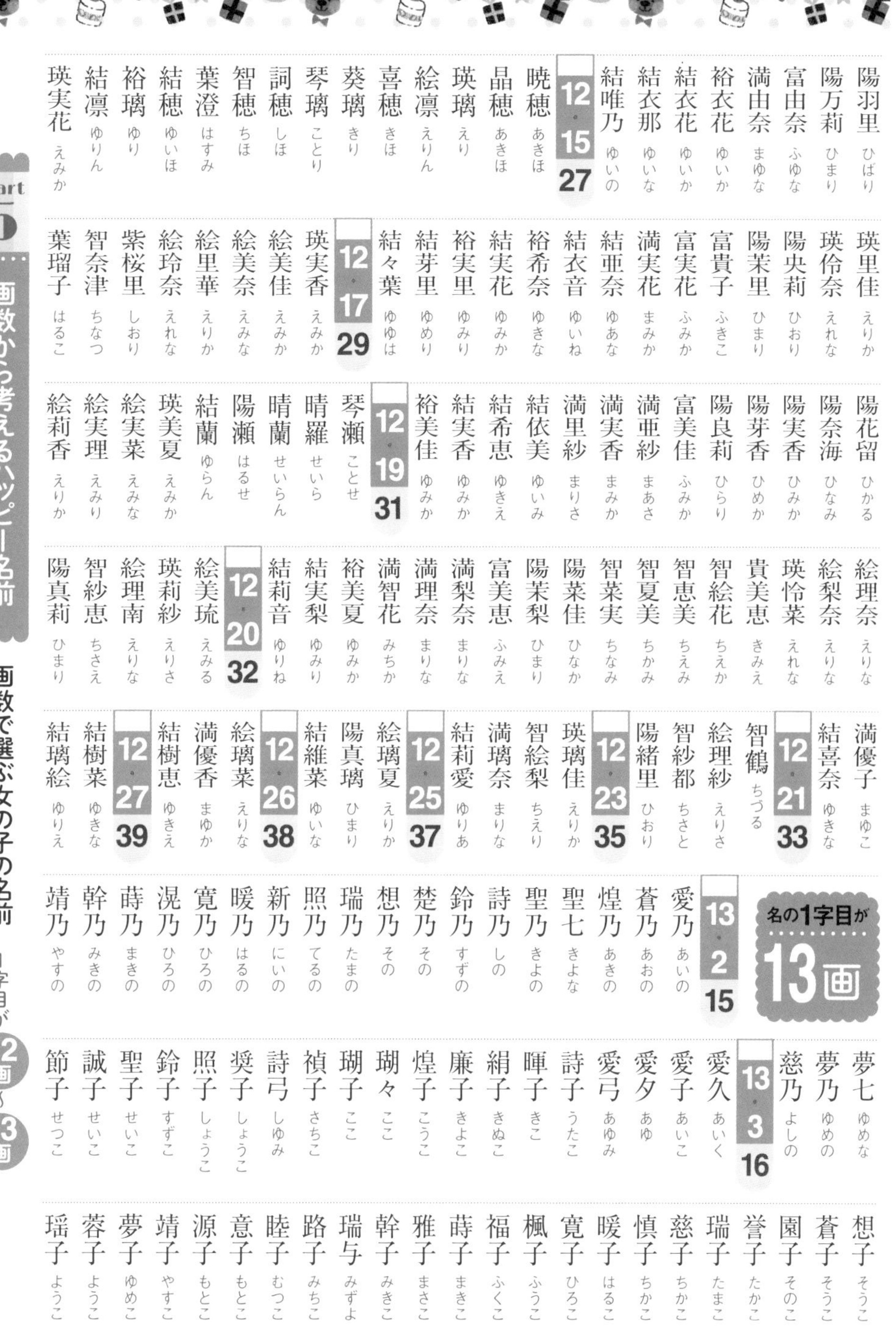

陽羽里 ひばり
陽万莉 ひまり
富由奈 ふゆな
満由奈 まゆな
裕衣花 ゆいか
結衣花 ゆいか
結衣那 ゆいな
結唯乃 ゆいの

12・15 27

暁穂 あきほ
晶穂 あきほ
瑛璃 えり
絵凛 えりん
喜穂 きほ
葵璃 きり
琴璃 ことり
詞穂 しほ
智穂 ちほ
葉澄 はすみ
結穂 ゆいほ
裕璃 ゆり
結凛 ゆりん
瑛実花 えみか
瑛里佳 えりか
瑛伶奈 えれな
陽央莉 ひおり
陽茉里 ひまり
富貴子 ふきこ
富実花 ふみか
満実花 まみか
結亜奈 ゆあな
結衣音 ゆいね
裕希奈 ゆきな
結実花 ゆみか
裕実里 ゆみり
結芽里 ゆめり
結々葉 ゆゆは

12・17 29

瑛実香 えみか
絵美佳 えみか
絵美奈 えみな
絵里華 えりか
絵玲奈 えれな
紫桜里 しおり
智奈津 ちなつ
葉瑠子 はるこ
陽花留 ひかる
陽奈海 ひなみ
陽実香 ひみか
陽芽香 ひめか
陽良莉 ひらり
富美佳 ふみか
満亜紗 まあさ
満実香 まみか
満里紗 まりさ
結依美 ゆいみ
結希恵 ゆきえ
結実香 ゆみか
裕美佳 ゆみか

12・19 31

琴瀬 ことせ
晴羅 せいら
晴蘭 せいらん
陽瀬 はるせ
結蘭 ゆらん
瑛美夏 えみか
絵実菜 えみな
絵実理 えみり
絵莉香 えりか
絵理奈 えりな
絵梨奈 えりな
瑛怜菜 えれな
貴美恵 きみえ
智絵花 ちえか
智恵美 ちえみ
智夏美 ちかみ
智菜実 ちなみ
陽菜佳 ひなか
陽茉梨 ひまり
富美恵 ふみえ
満梨奈 まりな
満理奈 まりな
満智花 みちか
裕美夏 ゆみか
結実梨 ゆみり
結莉音 ゆりね

12・20 32

絵美琉 えみる
瑛莉紗 えりさ
絵理南 えりな
智紗恵 ちさえ
陽真莉 ひまり
満優子 まゆこ
結喜奈 ゆきな

12・21 33

智鶴 ちづる
絵理紗 えりさ
智紗都 ちさと
陽緒里 ひおり

12・23 35

瑛璃佳 えりか
智絵梨 ちえり
満璃奈 まりな
結莉愛 ゆりあ

12・25 37

絵璃夏 えりか
陽真璃 ひまり
結維菜 ゆいな

12・26 38

絵璃菜 えりな
満優香 まゆか
結樹恵 ゆきえ

12・27 39

結樹菜 ゆきな
結璃絵 ゆりえ

名の1字目が13画

13・2 15

愛乃 あいの
蒼乃 あおの
煌乃 あきの
聖七 きよな
聖乃 きよの
詩乃 しの
鈴乃 すずの
楚乃 その
想乃 その
瑞乃 たまの
照乃 てるの
新乃 にいの
暖乃 はるの
寛乃 ひろの
滉乃 ひろの
蒔乃 まきの
幹乃 みきの
靖乃 やすの
夢七 ゆめな
夢乃 ゆめの
慈乃 よしの

13・3 16

愛久 あいく
愛子 あいこ
愛夕 あゆ
愛弓 あゆみ
詩子 うたこ
暉子 きこ
絹子 きぬこ
廉子 きよこ
煌子 こうこ
瑚々 ここ
瑚子 ここ
禎子 さちこ
詩弓 しゆみ
奨子 しょうこ
照子 しょうこ
鈴子 すずこ
聖子 せいこ
誠子 せいこ
節子 せつこ
想子 そうこ
蒼子 そうこ
園子 そのこ
誉子 たかこ
瑞子 たまこ
慈子 ちかこ
慎子 ちかこ
暖子 はるこ
寛子 ひろこ
楓子 ふうこ
福子 ふくこ
蒔子 まきこ
雅子 まさこ
幹子 みきこ
瑞与 みずよ
路子 みちこ
睦子 むつこ
意子 もとこ
源子 もとこ
靖子 やすこ
夢子 ゆめこ
蓉子 ようこ
瑶子 ようこ

舜子 よしこ
楽々 らら
稜子 りょうこ
稟子 りんこ
零子 れいこ
蓮子 れんこ

13 4 17

愛月 あづき
瑚斗 こと
詩月 しづき
暖日 はるひ
睦月 むつき
夢月 むつき
愛心 めぐみ

13 5 18

愛加 あいか
愛禾 あいか
愛世 あいせ
蒼以 あおい
蒼加 あおか
愛未 あみ
意代 いよ
詩加 うたか
詩世 うたよ
絹代 きぬよ
聖世 きよせ
瑚白 こはく
禎加 さちか
福加 さちか
聖未 さとみ
聖代 さとよ
詩央 しお
詩丘 しおか
鈴代 すずよ
聖加 せいか
想世 そよ
想代 そよ
瑶生 たまお
瑞代 たまよ
瑶世 たまよ
照加 てるか
照代 てるよ
暖加 はるか
楓加 ふうか
蒔世 まきよ
雅世 まさよ
雅代 まさよ
愛永 まなえ
愛代 まなよ
幹代 みきよ
瑞可 みずか
瑞世 みずよ
睦世 むつよ
靖代 やすよ
夢加 ゆめか
夢可 ゆめか
蓉加 ようか
鈴加 りんか
瑚々七 ここな
瑚々乃 ここの
想乃子 そのこ

13 8 21

愛依 あい
愛佳 あいか
愛呼 あいこ
愛奈 あいな
愛波 あいは
愛來 あいら
蒼依 あおい
蒼佳 あおか
蒼奈 あおな
蒼波 あおば
蒼実 あおみ
愛祈 あき
詩実 うたみ
勧奈 かんな
寛奈 かんな
絹枝 きぬえ
絹佳 きぬか
暉歩 きほ
聖佳 きよか
煌奈 きらな
聖実 さとみ
慈雨 じう
詩依 しえ
詩苑 しおん
詩季 しき
詩弦 しづる
詩歩 しほ
詩宝 しほ
舜奈 しゅんな
鈴奈 すずな
鈴歩 すずほ
鈴実 すずみ
聖亞 せいあ
聖奈 せいな
誠奈 せいな
節実 せつみ
想亞 そあ
想奈 そな
園佳 そのか
想和 そわ
瑶佳 たまか
瑞季 たまき
瑞実 たまみ
瑶実 たまみ
継実 つぐみ
椿季 つばき
照茉 てるま
照果 てるか
照実 てるみ
新奈 にいな
蓉実 はすみ
蓮実 はすみ
暖佳 はるか
暖奈 はるな
寛実 ひろみ
楓佳 ふうか
楓果 ふうか
楓奈 ふうな
福果 ふくか
蒔歩 まきほ
雅実 まさみ
愛歩 まなほ
愛実 まなみ
幹枝 みきえ
幹佳 みきか
瑞祈 みずき
瑞奈 みずな
瑞波 みずは
瑞歩 みずほ
路佳 みちか
睦実 むつみ
幹実 もとみ
靖佳 やすか
夢亞 ゆめあ
夢佳 ゆめか
夢奈 ゆめな
夢歩 ゆめほ
夢実 ゆめみ
蓉佳 ようか
福実 よしみ
楽実 らみ
鈴佳 りんか
零奈 れいな
蓮奈 れんな
路奈 ろな
想世子 そよこ

13 10 23

愛華 あいか
愛紗 あいさ
愛珠 あいじゅ
愛浬 あいり
愛莉 あいり
愛留 あいる
蒼夏 あおか
詩恵 うたえ
絹恵 きぬえ
聖恵 きよえ
聖華 きよか
煌莉 きらり
瑚夏 こなつ
瑚華 こはな
福恵 さちえ
禎華 さちか
詩笑 しえみ
詩桜 しお
詩恩 しおん
舜華 しゅんか
鈴恵 すずえ
鈴夏 すずか
聖夏 せいか
誠華 せいか
靖華 せいか
園華 そのか
瑞恵 たまえ
瑞華 たまか
瑶姫 たまき
椿姫 つばき
照恵 てるえ
新夏 にいか
暖姫 はるき
楓華 ふうか
蒔恵 まきえ

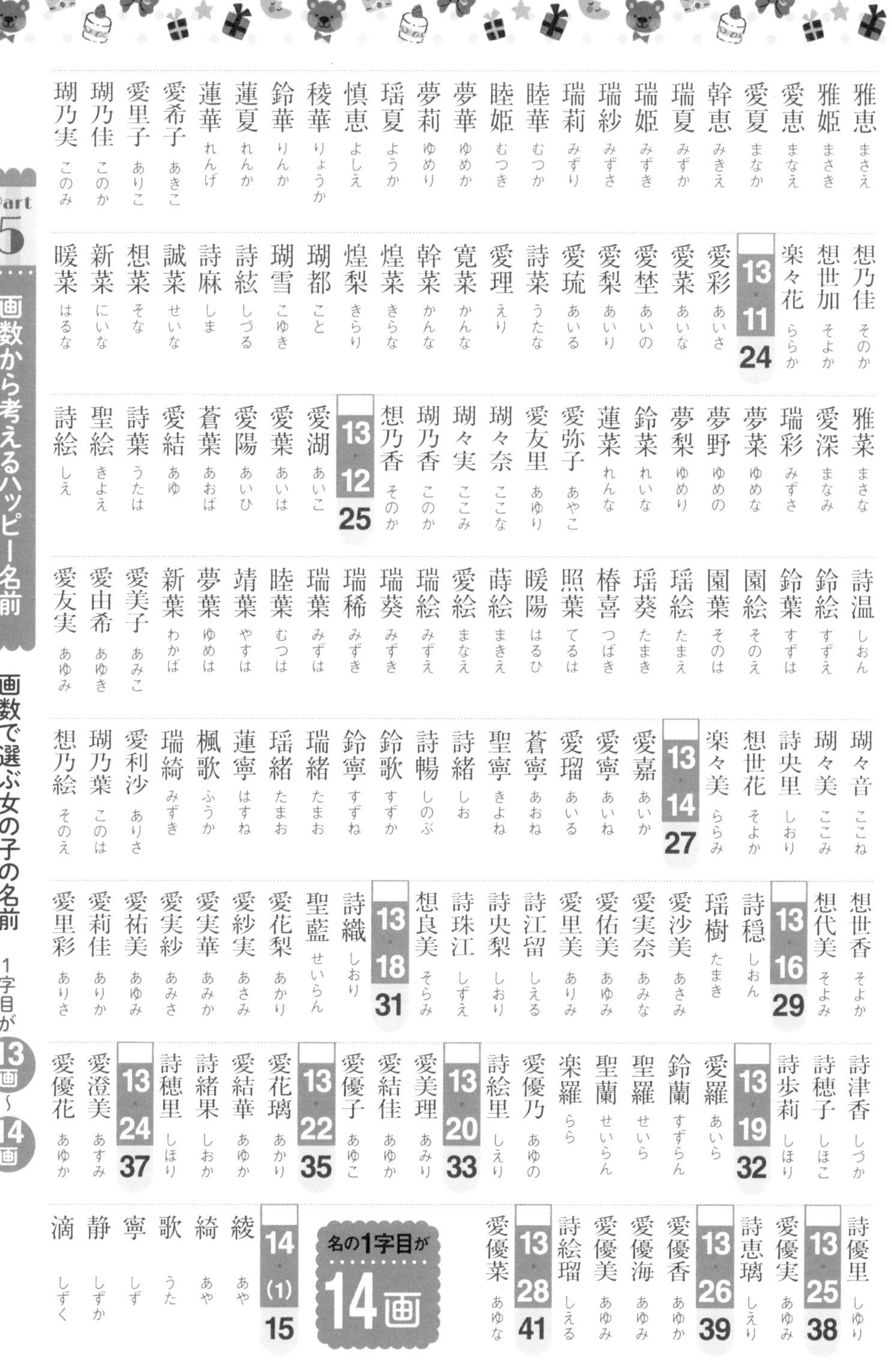

雅恵 まさえ
雅姫 まさき
愛恵 まなえ
愛夏 まなか
幹恵 みきえ
瑞夏 みずか
瑞姫 みずき
瑞紗 みずさ
瑞莉 みずり
睦華 むつか
睦姫 むつき
夢華 ゆめか
夢莉 ゆめり
瑶夏 ようか
慎恵 よしえ
稜華 りょうか
鈴華 りんか
蓮夏 れんか
蓮華 れんげ
愛希子 あきこ
愛里子 ありこ
瑚乃佳 このか
瑚乃実 このみ

想乃佳 そのか
想世加 そよか
楽々花 ららか

13・11 24

愛彩 あいさ
愛菜 あいな
愛埜 あいの
愛梨 あいり
愛琉 あいる
詩菜 うたな
愛理 えり
寛菜 かんな
幹菜 かんな
煌菜 きらな
煌梨 きらり
瑚都 こと
瑚雪 こゆき
詩絃 しづる
詩麻 しま
誠菜 せいな
想菜 そな
新菜 にいな
暖菜 はるな

雅菜 まさな
愛深 まなみ
瑞彩 みずさ
夢菜 ゆめな
夢野 ゆめの
夢梨 ゆめり
鈴菜 れいな
蓮菜 れんな
愛弥子 あやこ
愛友里 あゆり
瑚々奈 ここな
瑚々実 ここみ
瑚乃香 このか
想乃香 そのか

13・12 25

愛湖 あいこ
愛葉 あいは
愛陽 あいひ
蒼葉 あおば
愛結 あゆ
詩葉 うたは
聖絵 きよえ
詩絵 しえ

詩温 しおん
鈴絵 すずえ
鈴葉 すずは
園絵 そのえ
園葉 そのは
瑶絵 たまえ
瑶葵 たまき
椿喜 つばき
照葉 てるは
暖陽 はるひ
蒔絵 まきえ
愛絵 まなえ
瑞絵 みずえ
瑞葵 みずき
瑞稀 みずき
瑞葉 みずは
睦葉 むつは
靖葉 やすは
夢葉 ゆめは
新葉 わかば
愛美子 あみこ
愛由希 あゆき
愛友実 あゆみ

瑚々音 ここね
瑚々美 ここみ
詩央里 しおり
想世花 そよか
楽々美 ららみ

13・14 27

愛嘉 あいか
愛寧 あいね
愛瑠 あいる
蒼寧 あおね
聖寧 きよね
詩緒 しお
詩暢 しのぶ
鈴歌 すずか
鈴寧 すずね
瑞緒 たまお
瑶緒 たまお
蓮寧 はすね
楓歌 ふうか
瑞綺 みずき
愛利沙 ありさ
瑚乃葉 このは
想乃絵 そのえ

想世香 そよか
想代美 そよみ

13・16 29

詩穏 しおん
瑶樹 たまき
愛沙美 あさみ
愛実奈 あみな
愛佑美 あゆみ
愛里美 ありみ
詩江留 しえる
詩央梨 しおり
詩珠江 しずえ
想良美 そらみ

13・18 31

詩織 しおり
聖藍 せいらん
愛花梨 あかり
愛紗実 あさみ
愛実華 あみか
愛実紗 あみさ
愛祐美 あゆみ
愛莉佳 ありか
愛里彩 ありさ

詩津香 しづか
詩穂子 しほこ
詩歩莉 しほり

13・19 32

愛羅 あいら
鈴蘭 すずらん
聖羅 せいら
聖蘭 せいらん
楽羅 らら
愛優乃 あゆの
詩絵里 しえり

13・20 33

愛美理 あみり
愛結佳 あゆか
愛優子 あゆこ

13・22 35

愛花璃 あかり
愛結華 あゆか
詩緒果 しおか
詩穂里 しほり

13・24 37

愛澄美 あすみ
愛優花 あゆか

詩優里 しゆり

13・25 38

愛優実 あゆみ
詩恵璃 しえり

13・26 39

愛優香 あゆか
愛優海 あゆみ
愛優美 あゆみ
詩絵瑠 しえる

13・28 41

愛優菜 あゆな

名の1字目が 14画

14・(1) 15

綾 あや
綺 あや
歌 うた
寧 しず
静 しずか
滴 しずく

遙 はるか
翠 みどり
碧 みどり
緑 みどり
綸 りん

14・2 16

綾七 あやな
綾乃 あやの
綺乃 あやの
綸乃 いとの
碧乃 あおの
嘉乃 かの
歌乃 かの
樺乃 かの
聡乃 さとの
静七 しずな
静乃 しずの
寧乃 しずの
誓乃 ちかの
颯乃 はやの
榛乃 はるの
緋乃 ひの
瑠七 るな
瑠乃 るの

14・3 17

綾子 あやこ
綺子 あやこ
綾女 あやめ
綺女 あやめ
榮子 えいこ
聡子 さとこ
滴久 しずく
彰子 しょうこ
翠子 すいこ
静子 せいこ
総子 そうこ
颯子 そうこ
碧子 たまこ
誓子 ちかこ
徳子 とくこ
寧々 ねね
暢子 のぶこ
榛子 はるこ
緑子 みどりこ
嘉子 よしこ
僚子 りょうこ
綸子 りんこ
瑠子 るこ
瑠々 るる

14・4 18

碧水 あおみ
維月 いつき
歌月 かづき
緋月 ひづき

14・7 21

碧花 あおか
碧芭 あおば
緋里 あかり
綾花 あやか
綺花 あやか
綾希 あやき
綺沙 あやさ
綾那 あやな
綺芭 あやは
歌那 うたな
歌芭 うたは
綺更 きさら
綺来 きら
綺良 きら
瑳希 さき
颯希 さつき
静花 しずか
寧花 しずか
静玖 しずく
寧玖 しずく
静芭 しずは
誓良 せいら
碧希 たまき
僚花 ともか
寧里 ねり
暢花 のぶか
徳花 のりか
榛花 はるか
遙花 はるか
翠里 みどり
綸花 りんか
綸那 りんな
瑠亜 るあ
瑠杏 るあん
瑠花 るか
瑠那 るな
瑠里 るり

14・9 23

碧泉 あおい
碧南 あおな
碧音 あおね
碧美 あおみ
緋音 あかね
緋美 あけみ
綾珂 あやか
綾香 あやか
綾架 あやか
綺香 あやか
綾咲 あやさ
綾南 あやな
綾音 あやね
綺音 あやね
綾海 あやみ
綾美 あやみ
綸香 いとか
歌香 うたか
歌美 うたみ
榮美 えみ
歌音 かのん
樺音 かのん
綺咲 きさき
聡香 さとか
聡音 さとね
聡泉 さとみ
静香 しずか
静保 しずほ
翠香 すいか
碧海 たまみ
徳美 なるみ
寧音 ねね
颯香 はやか
颯美 はやみ
緋南 ひな
暢美 まさみ
寧美 やすみ
綸香 りんか
瑠泉 るい
瑠架 るか
瑠香 るか
瑠南 るな
瑠音 るね
瑠海 るみ
瑠美 るみ

14・10 24

碧夏 あおか
緋莉 あかり
彰恵 あきえ
綾恵 あやえ
綾夏 あやか
綺夏 あやか
綺華 あやか
綾莉 あやり
歌恵 うたえ
碧莉 あおり
歌笑 かえ
歌純 かすみ
綺恵 きえ
綺莉 きり
聡恵 さとえ
聡夏 さとか
静恵 しずえ
翠夏 すいか
静華 せいか
颯夏 そうか
誓恵 ちかえ
暢恵 のぶえ
徳恵 のりえ
総恵 ふさえ
槙恵 まきえ
真綸 まりん
翠莉 みどり
瑠晏 るあん
瑠恵 るえ
瑠笑 るえ
瑠夏 るか
瑠華 るか
瑠姫 るき
瑠珠 るじゅ
瑠真 るま
瑠莉 るり
綺良々 きらら
綺里子 きりこ
緋万里 ひまり
瑠利子 るりこ
瑠々亜 るるあ
瑠々花 るるか

14・11 25

碧唯 あおい
綾菜 あやな

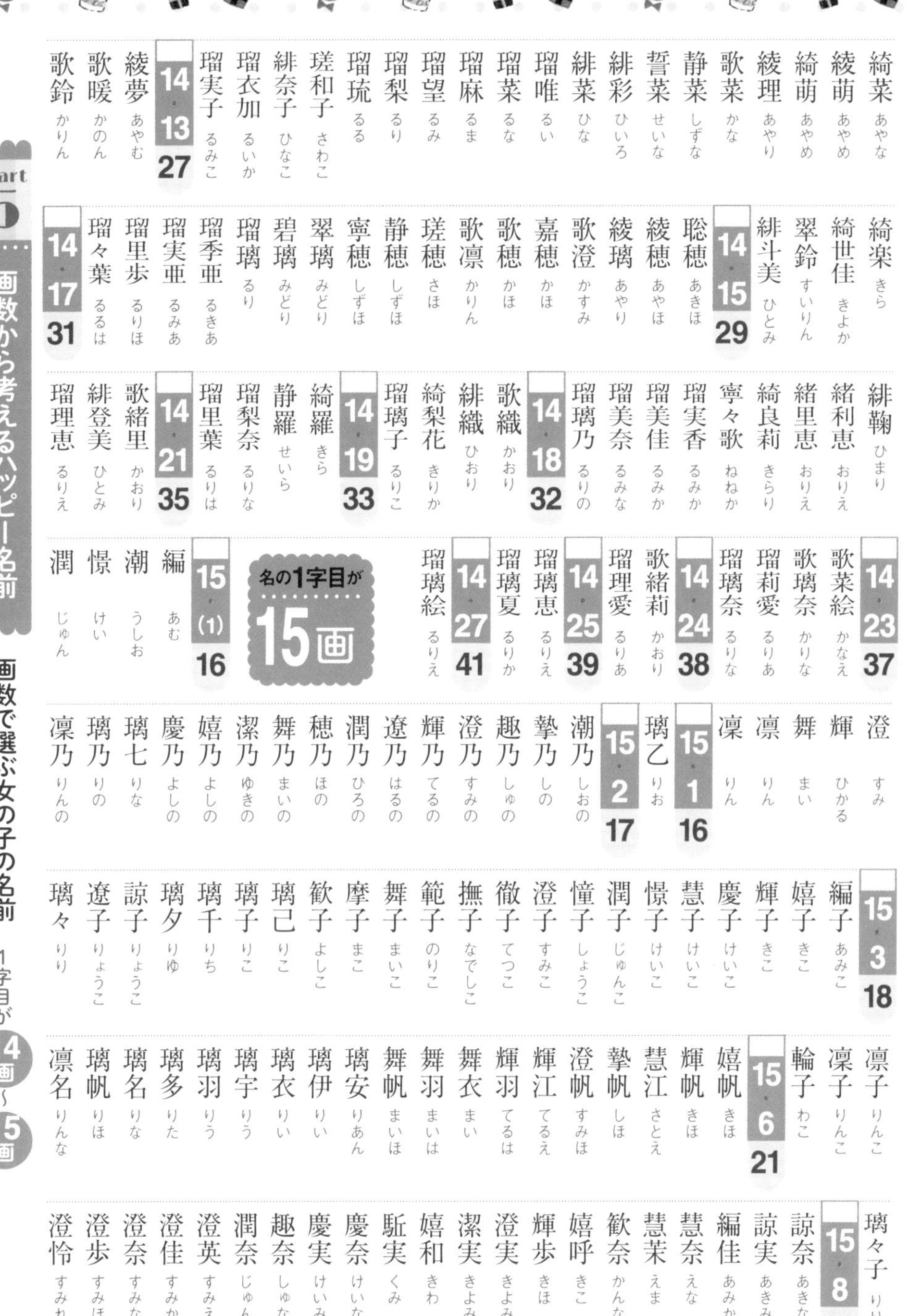

- 綺菜 あやな
- 綾萌 あやめ
- 綺萌 あやめ
- 綾理 あやり
- 歌菜 かな
- 静菜 しずな
- 誓菜 せいな
- 緋彩 ひいろ
- 緋菜 ひな
- 瑠唯 るい
- 瑠菜 るな
- 瑠麻 るま
- 瑠望 るみ
- 瑠梨 るり
- 瑠琉 るる
- 瑳和子 さわこ
- 緋奈子 ひなこ
- 瑠衣加 るいか
- 瑠実子 るみこ

14・13 27

- 綾夢 あやむ
- 歌暖 かのん
- 歌鈴 かりん
- 綺楽 きら
- 綺世佳 きよか
- 翠鈴 すいりん
- 緋斗美 ひとみ

14・15 29

- 聡穂 あきほ
- 綾穂 あやほ
- 綾璃 あやり
- 歌澄 かすみ
- 嘉穂 かほ
- 歌穂 かほ
- 歌凛 かりん
- 瑳穂 さほ
- 静穂 しずほ
- 寧穂 しずほ
- 翠璃 みどり
- 碧璃 みどり
- 瑠璃 るり
- 瑠季亜 るきあ
- 瑠実亜 るみあ
- 瑠里歩 るりほ
- 瑠々葉 るるは

14・17 31

- 緋鞠 ひまり
- 緒利恵 おりえ
- 緒里恵 おりえ
- 綺良莉 きらり
- 寧々歌 ねねか
- 瑠実香 るみか
- 瑠美佳 るみか
- 瑠美奈 るみな
- 瑠璃乃 るりの

14・18 32

- 歌織 かおり
- 緋織 ひおり
- 綺梨花 きりか
- 瑠璃子 るりこ

14・19 33

- 綺羅 きら
- 静羅 せいら
- 瑠梨奈 るりな
- 瑠里葉 るりは

14・21 35

- 歌緒里 かおり
- 緋登美 ひとみ
- 瑠理恵 るりえ

14・23 37

- 歌菜絵 かなえ
- 歌璃奈 かりな
- 瑠莉愛 るりあ
- 瑠璃奈 るりな

14・24 38

- 歌緒莉 かおり
- 瑠理愛 るりあ

14・25 39

- 瑠璃恵 るりえ
- 瑠璃夏 るりか

14・27 41

- 瑠璃絵 るりえ

名の1字目が15画

15・(1) 16

- 編 あむ
- 潮 うしお
- 憬 けい
- 潤 じゅん
- 澄 すみ
- 輝 ひかる
- 舞 まい
- 凛 りん
- 凜 りん

15・1 16

- 璃乙 りお

15・2 17

- 潮乃 しおの
- 摯乃 しの
- 趣乃 しゅの
- 澄乃 すみの
- 輝乃 てるの
- 遼乃 はるの
- 潤乃 ひろの
- 穂乃 ほの
- 舞乃 まいの
- 潔乃 ゆきの
- 嬉乃 よしの
- 慶乃 よしの
- 璃七 りな
- 璃乃 りの
- 凜乃 りんの

15・3 18

- 編子 あみこ
- 嬉子 きこ
- 輝子 きこ
- 慶子 けいこ
- 慧子 けいこ
- 憬子 けいこ
- 潤子 じゅんこ
- 憧子 しょうこ
- 澄子 すみこ
- 徹子 てつこ
- 撫子 なでしこ
- 範子 のりこ
- 舞子 まいこ
- 摩子 まこ
- 歓子 よしこ
- 璃己 りこ
- 璃子 りこ
- 璃千 りち
- 璃夕 りゆ
- 諒子 りょうこ
- 遼子 りょうこ
- 璃々 りり
- 凛子 りんこ
- 凜子 りんこ
- 輪子 わこ

15・6 21

- 嬉帆 きほ
- 輝帆 きほ
- 慧江 さとえ
- 摯帆 しほ
- 澄帆 すみほ
- 輝江 てるえ
- 輝羽 てるは
- 舞衣 まい
- 舞羽 まいは
- 舞帆 まいほ
- 璃安 りあん
- 璃伊 りい
- 璃衣 りい
- 璃宇 りう
- 璃羽 りう
- 璃多 りた
- 璃名 りな
- 璃帆 りほ
- 凛名 りんな
- 璃々子 りりこ

15・8 23

- 諒奈 あきな
- 諒実 あきみ
- 編佳 あみか
- 慧奈 えな
- 慧茉 えま
- 歓奈 かんな
- 嬉呼 きこ
- 輝歩 きほ
- 澄実 きよみ
- 潔実 きよみ
- 嬉和 きわ
- 駈実 くみ
- 慶奈 けいな
- 慶実 けいみ
- 趣奈 しゅな
- 潤奈 じゅんな
- 澄英 すみえ
- 澄佳 すみか
- 澄奈 すみな
- 澄歩 すみほ
- 澄怜 すみれ

輝実 てるみ
遼佳 はるか
遼奈 はるな
遼実 はるみ
範奈 はんな
穂波 ほなみ
舞亜 まいあ
舞佳 まいか
舞果 まいか
舞弥 まいや
舞奈 まうな
舞波 まなみ
歓佳 よしか
璃雨 りう
璃苑 りおん
璃佳 りか
璃呼 りこ
璃奈 りな
璃歩 りほ
璃宝 りほ
璃実 りみ
璃和 りわ
凛佳 りんか

凜果 りんか
凛奈 りんな
凜奈 りんな
輝代子 きよこ
璃々世 りりよ

15・9 24

諒美 あさみ
編美 あみ
編香 あみか
潤美 うるみ
慧美 えみ
輝保 きほ
潔香 きよか
澄音 きよね
澄美 きよみ
慶香 けいか
慶音 けいと
趣香 しゅか
潤香 じゅんか
潤南 じゅんな
澄架 すみか
澄香 すみか
澄玲 すみれ

徹美 てつみ
輝美 てるみ
輝海 てるみ
範香 のりか
遼香 はるか
舞架 まいか
舞香 まいか
舞咲 まいさ
舞南 まいな
舞海 まいみ
舞美 まいみ
舞耶 まいや
摩美 まみ
摩耶 まや
慶美 よしみ
璃音 りおん
璃香 りか
璃架 りか
璃胡 りこ
璃咲 りさ
璃津 りつ
璃南 りな
璃海 りみ

璃美 りみ
凛香 りんか
凜香 りんか
凛咲 りんさ
凛南 りんな
黎美 れいみ
輝伊子 きいこ
輝衣子 きいこ
穂志乃 ほしの
穂乃花 ほのか
舞衣子 まいこ
璃衣子 りいこ
璃乃亜 りのあ
璃乃花 りのか
璃々羽 りりは
璃々帆 りりほ

15・10 25

慧莉 えり
嬉恵 きえ
澄夏 きよか
趣莉 しゅり
潤夏 じゅんか
澄恵 すみえ

輝夏 てるか
輝紗 てるさ
遼夏 はるか
穂純 ほずみ
舞夏 まいか
舞華 まいか
舞紗 まいさ
舞莉 まいり
舞桜 まお
璃恵 りえ
璃桜 りお
璃夏 りか
璃紗 りさ
璃珠 りず
璃真 りま
璃莉 りり
凛夏 りんか
凛華 りんか
凜夏 りんか
凛紗 りんさ
輝里子 きりこ
穂乃佳 ほのか
穂乃実 ほのみ

璃位子 りいこ
璃花子 りかこ
璃々亜 りりあ
璃々花 りりか
璃里子 りりこ
璃々沙 りりさ
璃々那 りりな

15・12 27

摯絵 しえ
輝絵 てるえ
輝葉 てるは
穂稀 ほまれ
舞絢 まあや
舞葉 まいは
慶葉 よしは
璃絵 りえ
璃温 りおん
璃湖 りこ
璃葉 りは
凛湖 りんこ
穂乃夏 ほのか
璃以花 りいか
璃千香 りちか

璃由那 りゆな

15・14 29

澄歌 すみか
舞歌 まいか
舞緒 まお
璃緒 りお
璃瑠 りる
凛歌 りんか
凛寧 りんね

15・16 31

璃穏 りおん
璃樹 りじゅ
輝美花 きみか
穂奈実 ほなみ
穂乃歌 ほのか
璃衣紗 りいさ
璃央菜 りおな
璃莉江 りりえ
璃里南 りりな
璃瑠七 りるな

15・17 32

舞優 まゆ
舞実香 まみか

舞里華 まりか
璃依咲 りいさ
璃莉花 りりか
璃莉亜 りりあ

15・18 33

舞織 まおり
穂野花 ほのか
舞風美 まふみ
舞悠花 まゆか
璃絵名 りえな

15・20 35

輝理香 きりか
穂菜美 ほなみ
璃莉夏 りりか

15・22 37

輝璃花 きりか
璃々瀬 りりせ
璃瑠奈 りるな

15・23 38

璃莉愛 りりあ

15・24 39

輝璃香 きりか
舞優花 まゆか

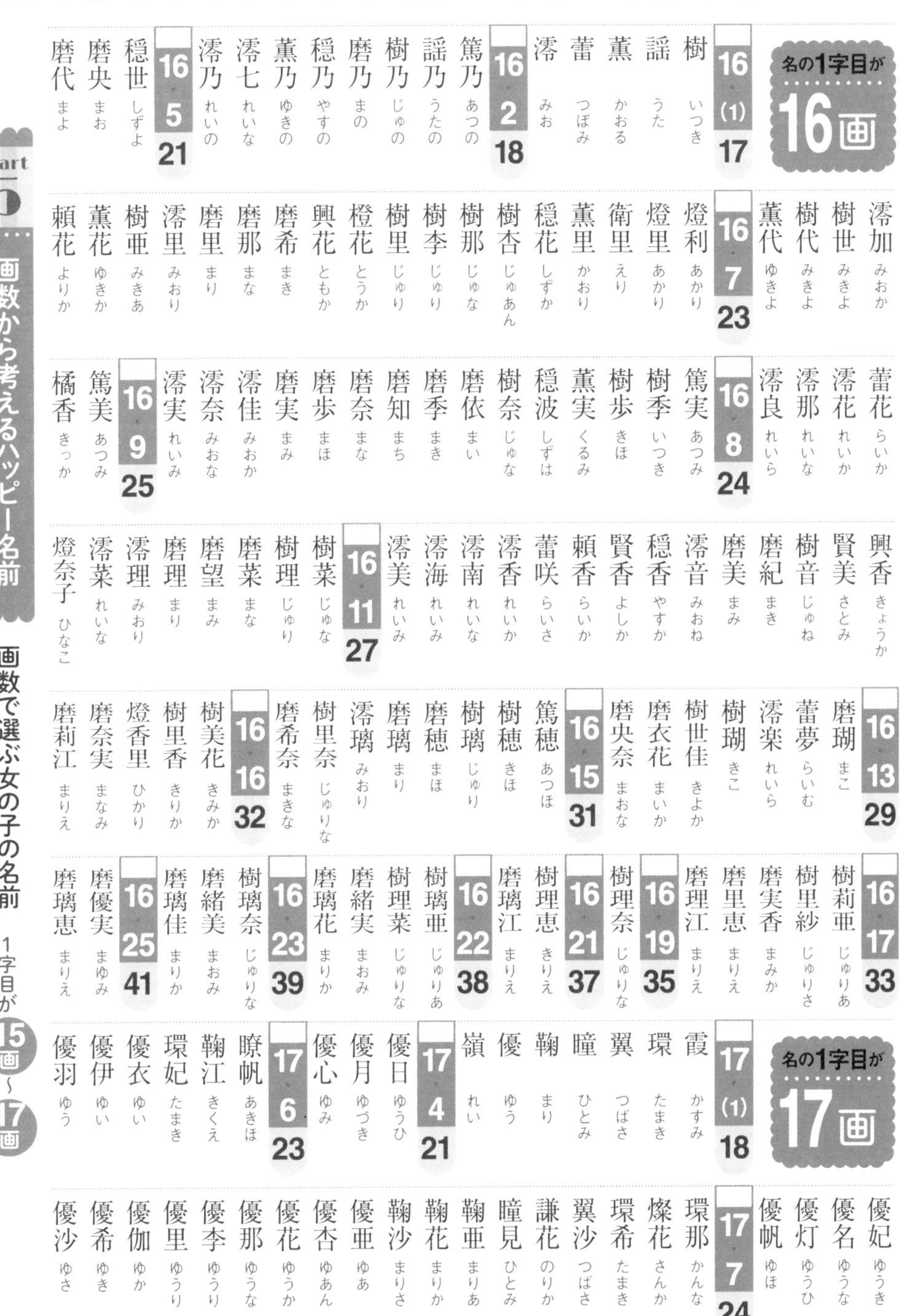

名の1字目が16画

16・(1) 17
樹 いつき / 謡 うた / 薫 かおる / 蕾 つぼみ / 澪 みお

16・2 18
篤乃 あつの / 謡乃 うたの / 樹乃 じゅの / 磨乃 まの / 穏乃 やすの / 薫乃 ゆきの / 澪七 れいな / 澪乃 れいの

16・5 21
穏世 しずよ / 磨央 まお / 磨代 まよ / 澪加 みおか / 樹世 みきよ / 樹代 みきよ / 薫代 ゆきよ

16・7 23
燈利 あかり / 燈里 あかり / 衛里 えり / 薫里 かおり / 穏花 しずか / 樹杏 じゅあん / 樹那 じゅな / 樹李 じゅり / 樹里 じゅり / 橙花 とうか / 興花 ともか / 磨希 まき / 磨那 まな / 磨里 まり / 澪里 みおり / 樹亜 みきあ / 薫花 ゆきか / 頼花 よりか / 蕾花 らいか / 澪花 れいか / 澪那 れいな / 澪良 れいら

16・8 24
篤実 あつみ / 樹季 いつき / 樹歩 きほ / 薫実 くるみ / 穏波 しずは / 樹奈 じゅな / 磨依 まい / 磨季 まき / 磨知 まち / 磨奈 まな / 磨歩 まほ / 磨実 まみ / 澪佳 みおか / 澪奈 みおな / 澪実 れいみ

16・9 25
篤美 あつみ / 橘香 きっか / 興香 きょうか / 賢美 さとみ / 樹音 じゅね / 磨紀 まき / 磨美 まみ / 澪音 みおね / 穏香 やすか / 賢香 よしか / 頼香 らいか / 蕾咲 らいさ / 澪香 れいか / 澪南 れいな / 澪海 れいみ / 澪美 れいみ

16・11 27
樹菜 じゅな / 樹理 じゅり / 磨菜 まな / 磨望 まみ / 磨理 まり / 澪理 みおり / 澪菜 れいな / 燈奈子 ひなこ

16・13 29
磨瑚 まこ / 蕾夢 らいむ / 澪楽 れいら / 樹瑚 きこ / 樹世佳 きよか / 磨衣花 まいか / 磨央奈 まおな

16・15 31
篤穂 あつほ / 樹穂 きほ / 樹璃 じゅり / 磨穂 まほ / 磨璃 まり / 澪璃 みおり / 樹里奈 じゅりな / 磨希奈 まきな

16・16 32
樹美花 きみか / 樹里香 きりか / 燈香里 ひかり / 磨奈実 まなみ / 磨莉江 まりえ

16・17 33
樹莉亜 じゅりあ / 樹里紗 じゅりさ / 磨実香 まみか / 磨里恵 まりえ / 磨理江 まりえ

16・19 35
樹理奈 じゅりな

16・21 37
樹理恵 きりえ / 磨璃江 まりえ

16・22 38
樹璃亜 じゅりあ / 樹理菜 じゅりな / 磨緒実 まおみ / 磨璃花 まりか

16・23 39
樹璃奈 じゅりな / 磨緒美 まおみ / 磨璃佳 まりか

16・25 41
磨優実 まゆみ / 磨璃恵 まりえ

名の1字目が17画

17・(1) 18
霞 かすみ / 環 たまき / 翼 つばさ / 瞳 ひとみ / 鞠 まり / 優 ゆう / 嶺 れい

17・4 21
優日 ゆうひ / 優月 ゆづき / 優心 ゆみ

17・6 23
瞭帆 あきほ / 鞠江 きくえ / 環妃 たまき / 優衣 ゆい / 優伊 ゆい / 優羽 ゆう / 優妃 ゆうき / 優名 ゆうな / 優灯 ゆうひ / 優帆 ゆほ

17・7 24
環那 かんな / 燦花 さんか / 環希 たまき / 翼沙 つばさ / 謙花 のりか / 瞳見 ひとみ / 鞠亜 まりあ / 鞠花 まりか / 鞠沙 まりさ / 優亜 ゆあ / 優杏 ゆあん / 優花 ゆうか / 優那 ゆうな / 優李 ゆうり / 優里 ゆうり / 優伽 ゆか / 優希 ゆき / 優沙 ゆさ

暸花 りょうか
嶺花 れいか
嶺那 れいな
環花 わか
優日子 ゆかこ

17・8 25

環奈 かんな
鞠佳 きくか
環季 たまき
鞠実 つぐみ
瞳実 ひとみ
鞠依 まりい
鞠果 まりか
鞠奈 まりな
優亞 ゆあ
優依 ゆい
優雨 ゆう
優佳 ゆうか
優祈 ゆうき
優奈 ゆうな
優果 ゆか
優河 ゆか
優季 ゆき
優波 ゆなみ
優歩 ゆほ
優茉 ゆま
優実 ゆみ
優芽 ゆめ
優和 ゆわ
暸佳 りょうか
嶺奈 れいな
嶺実 れいみ
環佳 わか
鞠弥 まりや
優加子 ゆかこ
優々加 ゆゆか

17・10 27

暸恵 あきえ
鞠恵 きくえ
鞠華 きくか
環恵 たまえ
翼紗 つばさ
瞳華 とうか
鞠紗 まりさ
優莞 ゆい
優夏 ゆうか
優華 ゆうか
優姫 ゆうき
優紗 ゆうさ
優笑 ゆえ
優珠 ゆず
優純 ゆずみ
優真 ゆま
優莉 ゆり
嶺華 れいか
嶺紗 れいさ
優花子 ゆかこ
優万里 ゆまり
優芽乃 ゆめの
優里子 ゆりこ
環花子 わかこ

17・12 29

瞳湖 とうこ
鞠絵 まりえ
優葉 ゆうは
優葵 ゆき
優喜 ゆき
優結 ゆゆ
優紀子 ゆきこ
優珠乃 ゆずの
優美子 ゆみこ
優海子 ゆみこ
優々音 ゆゆね
優々美 ゆゆみ
優莉乃 ゆりの

17・14 31

環緒 たまお
優歌 ゆか
優綺 ゆき
優寧 ゆね
優衣佳 ゆいか
優唯子 ゆいこ
優花里 ゆかり
優希花 ゆきか
優万理 ゆまり
優光佳 ゆみか
優深子 ゆみこ
優々菜 ゆゆな
優利亜 ゆりあ
優里花 ゆりか
優梨子 ゆりこ
優理子 ゆりこ

17・15 32

鞠穂 まりほ
優穂 ゆほ
優璃 ゆり
優凛 ゆりん
優衣香 ゆいか
優花奈 ゆかな
優希奈 ゆきな
優実花 ゆみか
優芽花 ゆめか

17・16 33

優樹 ゆき
優磨 ゆま
優依奈 ゆいな
優香利 ゆかり
優紀亜 ゆきあ
優暉子 ゆきこ
優希音 ゆきね
優希美 ゆきみ
優知佳 ゆちか
優美花 ゆみか
優芽奈 ゆめな
優芽実 ゆめみ

17・18 35

優雛 ゆひな
優衣葉 ゆいは
優花梨 ゆかり
優珠季 ゆずき
優美香 ゆみか
優結羽 ゆゆは
優良梨 ゆらり
優梨亜 ゆりあ
優利菜 ゆりな

17・20 37

優香理 ゆかり
優貴奈 ゆきな
優美菜 ゆみな
優璃加 ゆりか
優理南 ゆりな

17・21 38

優鶴 ゆづ
優姫菜 ゆきな
優美絵 ゆみえ
優里寧 ゆりね

17・22 39

優唯菜 ゆいな
優樹名 ゆきな
優璃花 ゆりか

17・24 41

優樹奈 ゆきな
優璃香 ゆりか

名の1字目が18画

18・3 21

藍子 あいこ
観子 あきこ
顕子 あきこ
瞬子 しゅんこ
櫂子 とうこ
雛子 ひなこ
藤子 ふじこ
繭子 まゆこ
曜子 ようこ
燿子 ようこ

18・5 23

藍世 あいせ
織永 おりえ
雛加 ひなか
雛世 ひなよ
繭加 まゆか
繭禾 まゆか
藍加 らんか

18・6 24

藍羽 あいは
織衣 おりえ
織江 おりえ
繭妃 まゆき
繭羽 まゆは
繭帆 まゆほ
藍名 らんな

18・7 25

藍花 あいか
藍沙 あいさ
藍良 あいら
藍里 あいり
織花 おりか
観那 かんな
瞬那 しゅんな
雛花 ひなか

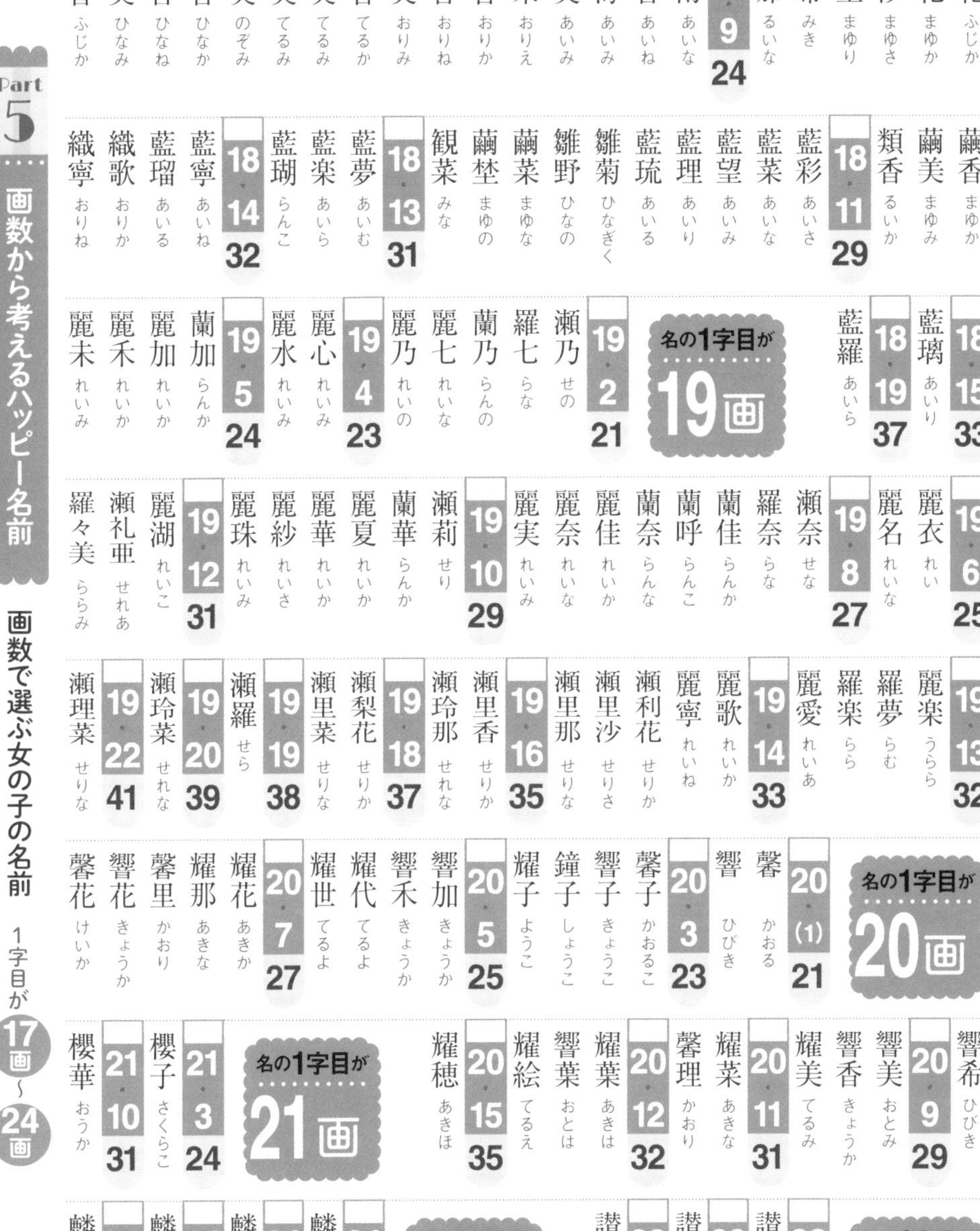

藤花 ふじか　繭花 まゆか　繭沙 まゆさ　繭里 まゆり　観希 みき　類那 るいな

18・9　24
藍南 あいな　藍音 あいね　藍海 あいみ　藍美 あいみ　織栄 おりえ　織香 おりか　織音 おりね　織美 おりみ　燿香 てるか　顕美 てるみ　曜美 てるみ　臨美 のぞみ　雛香 ひなか　雛音 ひなね　雛美 ひなみ　藤香 ふじか　繭香 まゆか　繭美 まゆみ　類香 るいか

18・11　29
藍彩 あいさ　藍菜 あいな　藍望 あいみ　藍理 あいり　藍琉 あいる　雛菊 ひなぎく　雛野 ひなの　繭菜 まゆな　繭埜 まゆの　観菜 みな

18・13　31
藍夢 あいむ　藍楽 あいら　藍瑚 らんこ

18・14　32
藍寧 あいね　藍瑠 あいる　織歌 おりか　織寧 おりね

18・15　33
藍璃 あいり

18・19　37
藍羅 あいら

名の1字目が19画

19・2　21
瀬乃 せの　羅七 らな　蘭乃 らんの　麗七 れいな　麗乃 れいの

19・4　23
麗心 れいみ　麗水 れいみ

19・5　24
蘭加 らんか　麗加 れいか　麗禾 れいか　麗未 れいみ

19・6　25
麗衣 れい　麗名 れいな

19・8　27
瀬奈 せな　羅奈 らな　蘭佳 らんか　蘭呼 らんこ　蘭奈 らんな　麗佳 れいか　麗奈 れいな　麗実 れいみ

19・10　29
瀬莉 せり　蘭華 らんか　麗夏 れいか　麗華 れいか　麗紗 れいさ　麗珠 れいみ

19・12　31
麗湖 れいこ　瀬礼亜 せれあ　羅々美 ららみ

19・13　32
麗楽 うらら　羅夢 らむ　羅楽 らら　麗愛 れいあ

19・14　33
麗歌 れいか　麗寧 れいね　瀬利花 せりか　瀬里沙 せりさ　瀬里那 せりな

19・16　35
瀬里香 せりか　瀬玲那 せれな

19・18　37
瀬梨花 せりか　瀬里菜 せりな

19・19　38
瀬羅 せら

19・20　39
瀬玲菜 せれな

19・22　41
瀬理菜 せりな

名の1字目が20画

20・(1)　21
馨 かおる　響 ひびき

20・3　23
馨子 かおるこ　響子 きょうこ　鐘子 しょうこ　耀子 ようこ

20・5　25
響加 きょうか　響禾 きょうか　燿代 てるよ　耀世 てるよ

20・7　27
耀花 あきか　耀那 あきな　馨里 かおり　響花 きょうか　馨花 けいか

20・9　29
響希 ひびき　響美 おとみ　響香 きょうか　耀美 てるみ

20・11　31
耀菜 あきな　馨理 かおり

20・12　32
耀葉 あきは　響葉 おとは　耀絵 てるえ

20・15　35
耀穂 あきほ

名の1字目が21画

21・3　24
櫻子 さくらこ

21・10　31
櫻華 おうか

名の1字目が22画

22・3　25
讃子 ときこ

22・5　27
讃代 ときよ

22・7　29
讃花 さんか

名の1字目が24画

24・3　27
麟子 りんこ

24・5　29
麟加 りんか

24・7　31
麟花 りんか

24・8　32
麟奈 りんな

姓名判断にまつわるQ&A

姓名判断にまつわる疑問や
気になることについて
お答えします。

Q1 本やサイトによって画数や吉凶の考え方がちがうのはどうして？

A 姓名判断には、さまざまな流派があり、その中で先生方が持論を展開しています。そのため数字の意味や吉凶の判断にも違いが出てきますし、画数の数え方も異なる場合があります。本書は新字旧字問わず、実際に使用している漢字で数えますが、新字の名前もすべて旧字に置き換えて数える流派もあります。いろいろな画数の数え方があるため、同じ名前でも大吉の名前になったり、凶の名前になったりします（→P276）。

すべての流派で吉名となる名前を考えることはなかなか難しいので、それぞれの解説を読み、納得できる流派、書籍・サイトを選んでください。

Q2 姓名判断は本当に当たるの？

A 姓名判断は膨大なデータに基づいたもので、性格やさまざまな運勢がわかるといいます。科学的に立証されているわけではありませんが、先人たちの研究の成果であり、的中率が高いともいわれます。

では、同姓同名の人がまったく同じ人生をたどるかといえば、それはちがいます。育つ環境など、さまざまな要素が加味されて、その人の人格ができるからです。姓名判断にすべてを頼るのではなく、上手に活用できるといいですね。

Q3 凶数の名前を持つ偉人や有名人もいるみたいだけど…

A 偉人や有名人と呼ばれる人の多くは、際立った個性やこだわり、強いパワーの持ち主だと思います。しかし、このような個性や強さは、よい方向に進めば素晴らしい結果をもたらしますが、一歩まちがうと悪い意味で目立つ可能性も秘めています。

姓名判断は、基本的におだやかな人生を吉、劇的な人生を凶とします。おだやかな人生のほうが、平均的に幸せになれる確率が高いという考え方からです。そのため、「大人物」「大成功者」を目指す場合には、あえてどこかに凶数を入れるという考え方もあります。

Q4
そもそも画数は必ず調べなければいけないの？

A 画数が気にならない人はわざわざ調べることはないでしょう。姓名判断を活用するかどうかは、人それぞれです。運命は姓名判断だけで決まるわけではありませんし、姓名判断にこだわりすぎて、子どもも親も好きになれない名前を与えては、それ自体が家族の不幸です。

姓名判断による吉名は、いわばお守りのようなもの。わが子の幸せな人生のためにお守りつきの名前をプレゼントするのも親の愛情といえます。

また、たくさんの候補から名前を絞りこむ方法としても姓名判断は有効です。響きも漢字もよく甲乙つけがたいとき、姓名判断でよいほうの名前を選ぶのもおすすめです。同じように気に入っている名前であれば、より運勢のよい名前を選ぶことで、さらにプラス面の多い名前を贈ることができますね。

Q5
天格（姓）が凶なんですが…

A 姓は先祖代々受け継がれ、あらかじめ決まっている数で、画数による吉凶は気にする必要はありません。

天格（姓）の由来は、自分たちの住んでいる地名や、職業、先祖、氏神様の言霊を大切にしたもので、画数による運勢よりも、姓名全体の響きのバランスのほうが大事です。たとえば、姓と名をつなげて読んだときの響きのよさや、発音のしやすさが重要になります。姓と名をつなげて読んだときに、ひっかかりがなくスムーズに読めて、誰が聞いても心地よい響き、そんな名前をつけることが重要でしょう。

Q6
小吉や凶は絶対避けるべき？

A 五格の中に、小吉や凶が入っていても、必ずしも運勢の悪い名前というわけではありません。小吉や凶ばかりの名前だと運勢的には弱いものとなりますが、凶がひとつ、あるいは小吉がひとつかふたつくらいでしたら、ほかの格に吉や大吉を配置してカバーすることもできます。特に「小吉」は「吉凶混合」の運勢ですから、生き方次第では「吉」の特徴がより強く出る可能性もあります。

五格に凶や小吉があって不安なときには、五行での運勢も調べてみてください（→P300）。五行のバランスがよければ、五格のマイナス面をカバーできます。

Q7
将来、成功する画数ってある？

A　成功にもいろいろなかたちがありますが、ビジネスなどで大きく成功し、経済的にも成功する画数としては、11、21、41、23が挙げられます。11、21、41の1系列の画数は、いずれもリーダーとしての資質が高く、会社や組織のトップに立てる人材になる人も多いようです。一方23は、組織のトップというよりも、一匹狼タイプ。一代で大きな財を築くことも多いでしょう。

スポーツで成功する可能性が高いのは、8と18です。特に18は、すべての数字のなかでもっとも活動力の高い画数で、運動神経が発達した人が多いようです。

また、国際化の時代、海外で成功する画数としては、5画、15画が挙げられます。いずれも明るく前向きな性格で、信念で行動するタイプ。海外の人とも良好な関係を保ちながら堂々とわたり合える人材になるでしょう。

もちろん、画数だけで将来が決まるわけではありません。本当に成功するためには、才能や資質をのばす環境、本人の努力が必要なことは言うまでもありません。

Q8
結婚して姓が変わったら、運勢も変わるの？

A　結婚して姓が変わり、五格の数字も変わると、性格や健康面なども、新しい五格の数字の影響を受けるといいます。とはいえ、それまでの生き方や努力、つちかってきたもののほうが、その後の運勢に大きく影響します

結婚して姓が変わる可能性を考え始めたらキリがありません。まずは今の姓で幸せになれる名前をつけることが大切です。姓名判断では、五格の中で、姓の最後と名前の最初をつなぐ「人格」をもっとも重視しますが、名づけの場合は、「人格」とともに、姓が変わっても影響を受けない「地格」も重視すると、より運勢のいい名前になるしょう。

Q9
男の子と女の子でよい画数はちがう？

A　かつては、強烈なリーダーシップをもつ画数や、激しい性格を表す画数は、女性にはあまりおすすめしませんでした。しかし、おしとやかな良妻賢母が理想とされた時代とは異なり、現代女性の理想像は多様化しています。力強くたくましく活動している女性もたくさんいて、それもまた魅力的。ですから本書では「女の子におすすめできない画数」というのはありません。

もちろん、おしとやかに育ってほしいと考える人もいるでしょう。ですから、ちょっとうちの子には強すぎる画数だから避けようかなと考えるのももちろん自由。画数の吉凶だけで判断せず、それぞれの画数が意味する内容もふまえて、よい画数の名前をつけてあげましょう。

Q10
画数がよくないときは、その漢字の旧字を使うといい？

A 画数をよくするために、使いたい漢字の旧字を使うというのも、名づけのひとつのテクニックです。ただし旧字を使った名前は、書類などでまちがって記載されることもよくあります。パソコン変換に時間がかかったり、そもそもパソコンで変換できない字もあったりするなど、何かと不便があることも覚えておきましょう。旧字を使用する場合でも、比較的一般になじみのある漢字を使うのがベターです。

Q11
戸籍上は「渡邊」だけど、普段は「渡辺」を使っている場合は？

A 本書は、実際に使用している漢字の画数を重視しているので、戸籍の文字に関係なく、普段から旧字の「渡邊」を使っているなら「渡邊」、新字の「渡辺」を使っているなら「渡辺」で考えます（→P338）。それでも気になる人は、新字、旧字両方を勘案してもよいでしょう。ただし、両方よい名前となると、名前の選択の幅はどうしても狭くなります。こだわりすぎて、おかしな響きや漢字の名前にならないよう気をつけましょう。

Q12
姓名判断重視で名前を考えたけど、しっくりこない…

A 五格すべて大吉で、響きも漢字も最高！という名前を見つけるのは簡単ではありません。画数にこだわりすぎるあまり、おかしな響きの名前や、おかしな漢字の組み合わせになってしまっては本末転倒。名前は、子どもが一生を通じて使うものだということをよくふまえて考えましょう。Q6でも述べましたが、五格すべてが大吉である必要はありません。五格すべて吉でも運勢的には十分よい名前ですし、小吉（△）がひとつやふたつ含まれていても、必ずしも運勢が悪い名前というわけではありません。もう少し吉数の幅を広げて考えてみましょう。姓名判断は、「よい名前」を考えるためのひとつの要素ですが、こだわりすぎず、漢字の意味や響きもよく考えて、ぜひ総合的に「よい名前」をつけてあげてください。

画数は
ばっちり
なんだけど…

この漢字で
いい
のかな…

『陰陽』で見る姓名判断も

「五格」「五行」以外にも、「陰陽説」で占う姓名判断があります。
「五格」のみ、あるいは「五格」と「五行」のみでも十分ですが、
興味のある人は、「陰陽」も取り入れて判断するとよいでしょう。

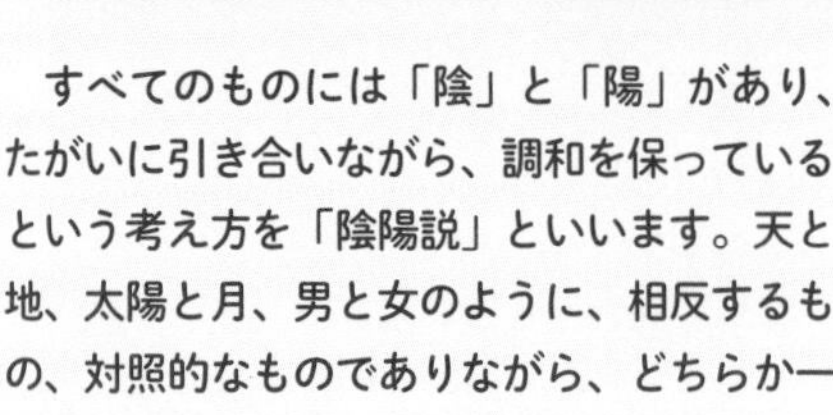

すべてのものには「陰」と「陽」があり、たがいに引き合いながら、調和を保っているという考え方を「陰陽説」といいます。天と地、太陽と月、男と女のように、相反するもの、対照的なものでありながら、どちらか一方が欠けるとバランスがくずれてしまうという考え方です。

陰陽説では、奇数は陽、偶数は陰に分類します。姓名判断では、姓名の文字の画数を、奇数と偶数に分け、それぞれに陰陽を当てはめて、バランスのよしあしをみます。陰陽の数や配置にかたよりがないほうがバランスがよいとされます。具体的には下の表のようになります。

◆「陰陽」による配列のバランス

バランスがよくないとされる配列	バランスがよいとされる配列
3字姓名 / 2字姓名	3字姓名 / 2字姓名
4字姓名	4字姓名
5字姓名	5字姓名
6字姓名	6字姓名
	7字姓名

「陰陽陰陽」で、バランスがよいとされる配置。

陰陽表

画数	陰陽
1	陽
2	陰
3	陽
4	陰
5	陽
6	陰
7	陽
8	陰
9	陽
0	陰

Part 6

画数順・読み別
漢字リスト

リストの見方

画数順、読み順で並んでいます……
気になる漢字をチェック
赤文字は Part3で解説
常 常用漢字
人 人名用漢字
読 おもな読み
意 おもな意味
赤文字の漢字の解説ページ（Part3）

（例）1画 P133 ／ 一 常 読 イチ、イツ、ひと、ひと(つ) 意 数の1。ひとつ。はじめ。

画数順

名前に使える 全 漢字辞典

赤ちゃんの名前に使える漢字を画数順に掲載しています。

※「病」「死」など、明らかに名前にふさわしくない漢字は、465ページにまとめています。

1画

P133

- **一** 常 読 イチ、イツ、ひと、ひと(つ) 意 数の1。ひとつ。はじめ。
- **乙** 常 読 オツ 意 十干の2番目。2番目の。

2画

P133〜P134

- **九** 常 読 キュウ、ク、ここの(つ) 意 数の9。
- **七** 常 読 シチ、なな、なな(つ)、なの 意 数の7。
- **十** 常 読 ジュウ、ジッ、とお、と 意 数の10。完全な。
- **人** 常 読 ジン、ニン、ひと 意 ひと。民。
- **乃** 人 読 ダイ、ナイ、の 意 すなわち。なんじ。あなた。
- **丁** 常 読 チョウ、テイ 意 十干の4番目。働き盛りの男。
- **刀** 常 読 トウ、かたな 意 かたな。刃物。
- **二** 常 読 ニ、ふた、ふた(つ) 意 数の2。
- **入** 常 読 ニュウ、い(れる)、はい(る) 意 中へ移動する。
- **八** 常 読 ハチ、や、やっ(つ)、よう 意 数の8。
- **卜** 人 読 ボク、うらな(う) 意 うらなう。うらない。
- **又** 常 読 また 意 再び。あるいは。
- **了** 常 読 リョウ 意 物事に結末をつける。理解する。
- **力** 常 読 リョク、リキ、ちから 意 ちから。勢い。力を尽くす。

3画

P134〜P136

- **已** 人 読 イ、や(める) 意 すでに。もはや。やめる。
- **丸** 常 読 ガン、まる、まる(い) 意 球形。円形。
- **及** 常 読 キュウ、およ(ぶ) 意 およぶ。追いつく。達する。
- **久** 常 読 キュウ、ク、ひさ(しい) 意 長い間。長い間変化しない。
- **弓** 常 読 キュウ、ゆみ 意 武具のゆみ。楽器のゆみ。
- **巾** 常 読 キン 意 布のきれはし。
- **己** 常 読 コ、キ、おのれ 意 自分。十干の6番目。
- **工** 常 読 コウ、ク 意 ものをうまく作る。職人。
- **叉** 人 読 サ、シャ 意 分岐。はさむ。組む。
- **才** 常 読 サイ 意 生まれつきの能力。知能。素質。
- **三** 常 読 サン、み、みっ(つ) 意 数の3。
- **山** 常 読 サン、やま 意 高く盛り上がった地形。
- **士** 常 読 シ 意 立派な人物。立派な男性。侍。
- **巳** 人 読 シ、ジ、み 意 十二支のへび。
- **子** 常 読 シ、ス、こ 意 子ども。果実や種。
- **之** 人 読 シ、の、これ 意 行く。おもむく。
- **勺** 人 読 シャク 意 水や酒などをくむための道具。
- **女** 常 読 ジョ、ニョ、おんな、め 意 女性。
- **上** 常 読 ジョウ、うえ、かみ、あ(げる) 意 うえ。上等。
- **小** 常 読 ショウ、こ、お、ちい(さい) 意 ちいさい。少し。
- **丈** 常 読 ジョウ、たけ 意 たけ。長さ。十尺(約3メートル)。
- **寸** 常 読 スン 意 長さの単位。ごく短い。わずか。
- **夕** 常 読 セキ、ゆう 意 夕暮れ時。夜。
- **川** 常 読 セン、かわ 意 かわ。水流。
- **千** 常 読 セン、ち 意 数の千。たくさん。
- **大** 常 読 ダイ、タイ、おお、おお(きい) 意 おおきい。力強い。
- **土** 常 読 ド、ト、つち 意 つち。大地。
- **凡** 常 読 ボン、ハン 意 一般的。すべて。およそ。
- **万** 常 読 マン、バン 意 数字の万。数が多い。すべて。
- **也** 人 読 ヤ、なり 意 ○○である。○○であるなあ。
- **与** 常 読 ヨ、あた(える) 意 相手に渡す。

4画

P136〜P138

- **允** 人 読 イン、じょう、まこと 意 誠実な。ちょうどよい。
- **引** 常 読 イン、ひ(く) 意 ひく。ひきよせる。ひきだす。
- **云** 人 読 ウン、い(う) 意 言う。めぐる。
- **円** 常 読 エン、まる(い) 意 円形や球形。
- **王** 常 読 オウ 意 君主。第一人者。
- **化** 常 読 カ、ケ、ば(ける) 意 別のものになる。姿を変える。
- **牙** 常 読 ガ、ゲ、きば 意 きば。食肉獣の犬歯。
- **火** 常 読 カ、ひ、ほ 意 ひ。ほのお。火曜日。
- **介** 常 読 カイ 意 助ける。仲立ちする。

牛 常 読 ギュウ、うし 意 動物のウシ。星の名。

斤 常 読 キン 意 木などを切る、おの。重さの単位。

区 常 読 ク 意 細かく仕切る。区切り。

月 常 読 ゲツ、ガツ、つき 意 天体のつき。暦のつき。

元 常 読 ゲン、ガン、もと 意 根本。最初。リーダー。

幻 常 読 ゲン、まぼろし 意 まぼろし。あやしげなもの。

午 常 読 ゴ 意 十二支のうま。

五 常 読 ゴ、いつ、いつ(つ) 意 数の5。

互 常 読 ゴ、たが(い) 意 双方向の。

戸 常 読 コ、と 意 とびら。人民の住む家。

勾 常 読 コウ 意 L字のかぎ。曲がる。

孔 常 読 コウ 意 穴。古代中国の思想家、孔子。

公 常 読 コウ、おおやけ 意 かたよりがない。おおやけ。君主。

今 常 読 コン、キン、いま 意 いま。現在。このたび。

氏 常 読 シ、うじ 意 家系を表す名称。苗字に添える敬称。

支 常 読 シ、ささ(える) 意 分かれる。ささえる。助ける。

止 常 読 シ、と(まる) 意 とめる。やめる。動かないようにする。

尺 常 読 シャク 意 長さの単位。ものさし。長さ。

手 常 読 シュ、て、た 意 て。てのひら。腕前。やり方。

収 常 読 シュウ、おさ(める) 意 まとめる。集める。

廿 人 読 ジュウ、にじゅう 意 数の20。はたち。

少 常 読 ショウ、すく(ない) 意 わずか。

升 常 読 ショウ、ます 意 容積の単位。

心 常 読 シン、こころ 意 精神。思い。中央。重要なもの。

仁 常 読 ジン、ニ 意 いつくしむ。情け。人間。

壬 人 読 ジン、ニン、みずのえ 意 十干の9番目。

水 常 読 スイ、みず 意 液体のみず。

井 常 読 セイ、ショウ、い 意 井戸。まち。人が集まってる場所。

双 常 読 ソウ、ふた 意 2つで1個になっているもの。

太 常 読 タイ、タ、ふと(い) 意 ふとい。大きい。非常に。

丹 常 読 タン 意 赤色。真心。

丑 人 読 チュウ、うし 意 十二支のうし。

中 常 読 チュウ、ジュウ、なか 意 真ん中。内部。かたよらない。

天 常 読 テン、あめ、あま 意 大空。太陽。神。運命。

斗 常 読 ト 意 ます。ひしゃく。斗星。

屯 常 読 トン 意 群がる。たむろする。

内 常 読 ナイ、ダイ、うち 意 ある範囲の中。室内。

匂 常 読 にお(う) 意 におい。よい香りがする。

日 常 読 ニチ、じつ、ひ、か 意 太陽。日光。1日。日本。

巴 人 読 ハ、ともえ 意 渦巻きのような模様。

比 常 読 ヒ、くら(べる) 意 違いや共通点を見つける。

父 常 読 フ、ちち 意 男親。

不 常 読 フ、ブ 意 打ち消しの語。

夫 常 読 フ、フウ、おっと 意 成人男性。

仏 常 読 ブツ、ほとけ 意 仏教。仏像。

分 常 読 ブン、フン、ブ、わ(ける) 意 別々にする。見分ける。

文 常 読 ブン、モン、ふみ 意 文章。文字。手紙。文様。

片 常 読 ヘン、かた 意 かたほう。少し。かたよっている。

方 常 読 ホウ、かた 意 向き。四角い。正しい。やりかた。

木 常 読 モク、ボク、き、こ 意 樹木。材木。

勿 人 読 モチ、ブツ、なか(れ) 意 なかれ。〇〇するな。

匁 人 読 もんめ 意 重さの単位。江戸時代の通貨単位。

尤 人 読 ユウ、もっと(も) 意 そのとおり。とりわけ目立つ。

友 常 読 ユウ、とも 意 仲間。味方。

予 常 読 ヨ 意 あらかじめ。与える。

六 常 読 ロク、む、むっ(つ)、むい 意 数の6。

5画

P139 ～P142

以 常 読 イ 意 〇〇から。〇〇より。用いる。

右 常 読 ウ、ユウ、みぎ 意 みぎ。助ける。

永 常 読 エイ、なが(い) 意 長い。時間が長い。

央 常 読 オウ 意 真ん中。なかば。尽きる。

可 常 読 カ 意 〇〇できる。〇〇してよい。

且 常 読 か(つ) 意 その上に。今にも。

禾 人 読 カ、いね 意 いね。穀物。

瓦 常 読 ガ、かわら 意 粘土で焼いたやきもの。

加 常 読 カ、くわ(える) 意 足す。増やす。

外 常 読 ガイ、ゲ、そと、ほか 意 そと。はずす。

刊 常 読 カン 意 出版する。新聞・雑誌などを発行する。

甘 常 読 カン、あま(い) 意 あまい。満足する。

丘 常 読 キュウ、おか 意 なだらかな山。

巨 常 読 キョ 意 大きい。優れた。多い。

叶 人 読 キョウ、かな(う) 意 思いどおりになる。

玉 常 読 ギョク、たま 意 美しい宝石。

句 常 読 ク 意 文章や詩の一区切り。

兄 常 読 ケイ、キョウ、あに 意 あに。友人を敬愛して呼ぶ語。

玄 常 読 ゲン 意 黒い。静か。天。道理。

込 常 読 こ(む)、こ(める) 意 中に入る。混雑する。

乎 人 読 コ、オ、かな 意 文末について、感嘆や疑問を表す。

古 常 読 コ、ふる(い) 意 ふるい。昔。

号 常 読 ゴウ 意 しるし。順序をしめすことば。

甲 常 読 コウ、カン 意 十干の１番目。武具のかぶと。

功 常 読 コウ、ク 意 立派な成果。成果を上げる。

巧 常 読 コウ、たく(み) 意 技術が優れている。

広 常 読 コウ、ひろ(い) 意 面積が大きい。

弘 人 読 コウ、ひろ(い) 意 範囲が広い。範囲を広げる。

左 常 読 サ、ひだり 意 ひだり。助ける。

冊 常 読 サツ、サク 意 書物。書物を数えることば。

札 常 読 サツ、ふだ 意 ふだ。きっぷ。手紙。紙のお金。

皿 常 読 さら 意 さら。平らな器。

司 常 読 シ 意 責任を持って管理する。

史 常 読 シ 意 歴史。記録。文書。

市 常 読 シ、いち 意 市場。まち。

仔 人 読 シ、こ 意 小さい子ども。

示 常 読 ジ、シ、しめ(す) 意 見せる。わかるように伝える。

仕 常 読 シ、ジ、つか(える) 意 つかえる。役目につく。

只 人 読 シ、ただ 意 ただ。それだけ。

矢 常 読 シ、や 意 や。弓の弦につがえて射る武器。まっすぐ。

四 常 読 シ、よ、よっ(つ)、よん 意 数の４。

写 常 読 シャ、うつ(す) 意 ありのままにうつす。

主 常 読 シュ、ス、おも、ぬし 意 中心となる人。主要な。

出 常 読 シュツ、スイ、で(る)、だ(す) 意 でる。だす。ぬきんでる。

処 常 読 ショ 意 ところ。ある場所に落ち着く。

申 常 読 シン、もう(す) 意 言う。十二支のさる。

生 常 読 セイ、ショウ、い(きる)、う(む) 意 いきる。うむ。本来のまま。

正 常 読 セイ、ショウ、ただ(しい)、まさ 意 事実のとおり。本来の。

世 常 読 セイ、セ、よ 意 一代。時代。世の中。

石 常 読 セキ、シャク、コク、いし 意 いし。岩石や鉱物のかけら。

仙 常 読 セン 意 俗世間を離れた人。

占 常 読 セン、うらな(う) 意 うらない。うらなう。しめる。

打 常 読 ダ、う(つ) 意 うつ。たたく。

他 常 読 タ、ほか 意 それ以外。自分以外。

台 常 読 ダイ、タイ 意 物や人をのせるもの。

代 常 読 ダイ、タイ、か(わる)、よ 意 かわってする。料金。

凧 人 読 たこ 意 風にのせて空にあげる。たこ。

旦 常 読 タン、ダン 意 日の出。朝。

庁 常 読 チョウ 意 役所。

汀 人 読 テイ、なぎさ、みぎわ 意 波打ち際。

田 常 読 デン、た 意 たんぼ。平らに耕した土地。

冬 常 読 トウ、ふゆ 意 季節のふゆ。

白 常 読 ハク、ビャク、しろ、しら 意 しろい。明るい。けがれがない。

半 常 読 ハン、なか(ば) 意 二分の一。完全でない。奇数。

必 常 読 ヒツ、かなら(ず) 意 かならず。

氷 常 読 ヒョウ、こおり、ひ 意 水がこおってできた個体。

付 常 読 フ、つ(く) 意 くっつく。つける。手渡す。

布 常 読 フ、ぬの 意 織物。広げる。

丙 常 読 ヘイ 意 十干の３番目。三番め。

平 常 読 ヘイ、ビョウ、たい(ら)、ひら 意 傾きやでこぼこがない。

弁 常 読 ベン 意 述べ立てる。わきまえる。

辺 常 読 ヘン、べ、あた(り) 意 はし。ほとり。辺境。

戊 人 読 ボ、つちのえ 意 十干の５番目。

母 常 読 ボ、はは 意 女親。ものを生み出す根源。

卯 人 読 ボウ、う 意 十二支のうさぎ。

包 常 読 ホウ、つつ(む) 意 つつむ。おおう。

北 常 読 ホク、きた 意 方角のきた。

本 常 読 ホン、もと 意 物事の中心。書物。よりどころ。

末 常 読 マツ、バツ、すえ 意 はしのほう。枝の先。細かいもの。

未 常 読 ミ 意 まだ○○していない。十二支のひつじ。

民 常 読 ミン、たみ 意 一般の人々。

矛 常 読 ム、ほこ 意 ほこ。やりのような武器。

目 常 読 モク、ボク、め、ま 意 め。ものを見る器官。見る。要点。

由 常 読 ユ、ユウ、ユイ、よし 意 基づく。頼る。従う。原因。

幼 常 読 ヨウ、おさな(い) 意 年が若い。

用 常 読 ヨウ、もち(いる) 意 もちいる。役立てる。

立 常 読 リツ、リュウ、た(つ) 意 まっすぐになる。起きる。

令 常 読 レイ 意 言いつける。立派な。

礼 常 読 レイ、ライ 意 礼儀作法。人の道。

尼 常 読 ニ、あま 意 女性の僧侶。神につかえる女性。

6画

P142～P146

安 常 読 アン、やす(い) 意 落ち着く。値段が低い。

伊 人 読 イ 意 これ。あれ。

夷 人 読 イ、えびす 意 異民族。たいらである。低い。

衣 常 読 イ、ころも 意 着るもの。着物。服。

印 常 読 イン、しるし 意 しるし。はんこ。

因 常 読 イン、よ(る) 意 事の起こり。もとづく。

宇 常 読 ウ 意 家。軒。天。

羽 常 読 ウ、は、はね 意 鳥や虫のはね。矢につけた矢ばね。

曳 人 読 エイ、ひ(く) 意 引っぱる。引きずる。

亦 人 読 エキ、また 意 ○○も同様に。

瓜 人 読 カ、うり 意 野菜のウリ。

亥 人 読 ガイ、い 意 十二支のいのしし。

会 常 読 カイ、エ、あ(う) 意 出会う。人が集まる場所。
回 常 読 カイ、エ、まわ(る) 意 まわる。まわす。回数。
各 常 読 カク、おのおの 意 個人個人。
伎 常 読 キ 意 わざ。腕前。芸人。俳優。
企 常 読 キ、くわだ(てる) 意 物事を計画する。待ち望む。
気 常 読 キ、ケ 意 気持ち。活力。気体。気候。
机 常 読 キ、つくえ 意 つくえ。
吉 常 読 キチ、キツ 意 よい。めでたい。

臼 常 読 キュウ、うす 意 米をつくための道具。
匡 人 読 キョウ、ただ(す) 意 正しい状態にする。
仰 常 読 ギョウ、コウ、あお(ぐ) 意 見上げる。心からうやまう。
共 常 読 キョウ、とも 意 一緒に。同時に。
旭 人 読 キョク、あさひ 意 日の出の太陽。
圭 人 読 ケイ 意 昔の中国で、王や皇帝が、諸侯に授けた宝石。
件 常 読 ケン 意 事柄。事柄をかぞえることば。
伍 人 読 ゴ 意 5人組。仲間。

后 常 読 コウ 意 きさき。天子の妻。あと。
考 常 読 コウ、かんが(える) 意 思いをめぐらす。
江 常 読 コウ、え 意 大河。入り江。
合 常 読 ゴウ、ガッ、カッ、あ(う) 意 集まる。ひとつになる。
行 常 読 コウ、ギョウ、い(く) 意 ある方向へ進む。おこなう。
好 常 読 コウ、この(む)、す(く) 意 愛する。このましい。
光 常 読 コウ、ひかり、ひか(る) 意 ひかる。ひかり。輝く。
交 常 読 コウ、ま(じる) 意 たがいに行き来する。つき合う。

向 常 読 コウ、む(かう) 意 あるところを目指す。
亙 人 読 コウ、わた(る) 意 わたる。つらなる。
在 常 読 ザイ、あ(る) 意 ある場所にある。
再 常 読 サイ、サ、ふたた(び) 意 もう一度。
字 常 読 ジ、あざ 意 文字。ことばを書き記すための記号。
至 常 読 シ、いた(る) 意 ある場所に着く。究極の。
糸 常 読 シ、いと 意 いと。繊維をより合わせたもの。
此 人 読 シ、これ、ここ、こ(の) 意 近くにあるものを指すことば。

自 常 読 ジ、シ、みずか(ら) 意 本人。本人が。
次 常 読 ジ、シ、つ(ぐ)、つぎ 意 2番目の。順番。
寺 常 読 ジ、てら 意 てら。寺院。
而 人 読 ジ、なんじ、しか(るに) 意 そして。しかも。あなた。
耳 常 読 ジ、みみ 意 みみ。音を聞き取る器官。
旨 常 読 シ、むね 意 考え。意味。内容。味がよい。
弛 人 読 シ、ゆる(む) 意 ゆるむ。ゆるめる。たるむ。
式 常 読 シキ 意 決まった形の行事。やり方。

芝 常 読 しば 意 植物のシバ。しばくさ。
朱 常 読 シュ 意 黄色がかった赤。鮮やかな赤。
守 常 読 シュ、ス、まも(る)、も(り) 意 外敵や被害などを防ぐ。
充 常 読 ジュウ、あ(てる) 意 いっぱいにする。割り当てる。
收 人 読 シュウ、おさ(める) 意 まとめる。「収」の旧字。
州 常 読 シュウ、す 意 島。国。大陸。
舟 常 読 シュウ、ふね、ふな 意 ふね。小さなふね。
巡 常 読 ジュン、めぐ(る) 意 いろいろな場所をまわる。

旬 常 読 ジュン、シュン 意 10日間。ある物事にとって最適な時期。
汝 人 読 ジョ、なんじ 意 なんじ。おまえ。
匠 常 読 ショウ 意 たくみ。職人。芸術家。
丞 人 読 ジョウ 意 補佐する。補佐役。
庄 人 読 ショウ、ソウ 意 田舎の土地。
色 常 読 ショク、シキ、いろ 意 色彩。外見。性的な欲望。
迅 常 読 ジン 意 スピードが速くて激しい。
尽 常 読 ジン、つ(くす) 意 出し切る。なくなる。

西 常 読 セイ、サイ、にし 意 方角のにし。西洋の略。
成 常 読 セイ、ジョウ、な(る)、な(す) 意 できあがる。作り上げる。
汐 人 読 セキ、うしお、しお 意 夕方の海の満ち引き。
先 常 読 セン、さき 意 前のほう。より早い。将来。
全 常 読 ゼン、すべ(て) 意 全部。すべて。まっとうする。
尖 人 読 セン、とが(る) 意 先端が細くとがる。
亘 人 読 セン、わた(る) 意 ぐるりと回る。端から端まで続く。
壮 常 読 ソウ 意 元気で勢いがある。

早 常 読 ソウ、サッ、はや(い) 意 時間的に早い。朝。若い。
存 常 読 ソン、ゾン 意 ある。たもつ。生きている。
多 常 読 タ、おお(い) 意 たくさんである。重要である。
宅 常 読 タク 意 家。すまい。
托 人 読 タク 意 物をのせる。預ける。
団 常 読 ダン、トン 意 同じ目的を持つ人の集まり。
池 常 読 チ、いけ 意 水をためている。いけ。
地 常 読 チ、ジ 意 土地。国土。

竹 常 読 チク、たけ 意 植物のタケ。
仲 常 読 チュウ、なか 意 仲間どうしの間柄。なかだち。
兆 常 読 チョウ、きざ(し) 意 数の単位。前ぶれ。
辻 人 読 つじ 意 道の交わったところ。道ばた。
伝 常 読 デン、つた(える) 意 つたえる。授ける。
当 常 読 トウ、あ(たる) 意 対応する。的中する。
同 常 読 ドウ、おな(じ) 意 おなじ。等しいさま。集まる。
灯 常 読 トウ、ひ 意 ともし火。照明。

凪 人
読 なぎ
意 風がやみ、波が静まること。

弐 常
読 ニ
意 数の2。

如 常
読 ニョ、ジョ
意 ○○のようである。行く。もし。

任 常
読 ニン、まか(せる)
意 まかせる。つとめ。役目。

年 常
読 ネン、とし
意 1年。年齢。実り。

汎 常
読 ハン
意 あまねく行きわたる。ただよう。

帆 常
読 ハン、ほ
意 ほ。風をはらんで船を前進させる大きな布。

妃 常
読 ヒ
意 君主の妻。君主一族の妻。

百 常
読 ヒャク
意 十の10倍。数が多い。

米 常
読 ベイ、マイ、こめ
意 穀物のコメ。アメリカの略。

朴 常
読 ボク
意 飾り気がない。素直。

毎 常
読 マイ
意 それぞれの。○○ごとに。

名 常
読 メイ、ミョウ、な
意 名前。優れている。

有 常
読 ユウ、ウ、あ(る)
意 存在する。所有する。

羊 常
読 ヨウ、ひつじ
意 動物のヒツジ。めでたい。

吏 常
読 リ
意 役人。

両 常
読 リョウ
意 2つ。2つで対をなすもの。

列 常
読 レツ
意 ずらりと並んだもの。参加する。

7画

P147～P151

亜 常
読 ア
意 次の。準じる。

医 常
読 イ
意 病気やけがを治す。

囲 常
読 イ、かこ(む)
意 かこむ。長さの単位。

位 常
読 イ、くらい
意 序列。階級。場所。

壱 常
読 イチ
意 数の1。

迂 人
読 ウ
意 遠回りする。

応 常
読 オウ、こた(える)
意 反応する。対応する。

伽 人
読 カ、ガ、とぎ
意 相手をする。

何 常
読 カ、なに、なん
意 疑問を表すことば。どうして。

花 常
読 カ、はな
意 植物のはな。華やかな。美しい。名誉。

我 常
読 ガ、わ、われ
意 自分。個人的な。

貝 常
読 かい
意 かい。かいがら。

改 常
読 カイ、あらた(める)
意 変えて新しくする。

戒 常
読 カイ、いまし(める)
意 用心する。さとす。おきて。

快 常
読 カイ、こころよ(い)
意 気持ちがいい。速い。

角 常
読 カク、かど、つの
意 四角いもの。かど。つの。

完 常
読 カン
意 欠けたところがない。やりとげる。

含 常
読 ガン、ふく(む)
意 ふくむ。ふくめる。

岐 常
読 キ
意 分かれ道。

希 常
読 キ
意 ねがう。めったにない。

汽 常
読 キ
意 ゆげ。水蒸気。

技 常
読 ギ、わざ
意 わざ。その腕前。器用な。

迄 人
読 キツ、まで
意 ○○まで。至る。およぶ。

灸 人
読 キュウ
意 漢方療法のお灸。

究 常
読 キュウ、きわ(める)
意 突きつめて考える。

求 常
読 キュウ、もと(める)
意 探す。実現しようとする。

杏 人
読 キョウ、アン、あんず
意 果樹のアンズ。

局 常
読 キョク
意 小さく区切られた部分。

均 常
読 キン
意 バランスが取れている。

吟 常
読 ギン
意 詩歌を口ずさむ。

芹 人
読 キン、せり
意 植物のセリ。

近 常
読 キン、ちか(い)
意 すぐそばにある。時間的にすぐ。

玖 人
読 ク、キュウ
意 きれいな黒い宝石。

君 常
読 クン、きみ
意 王。主人。立派な人。あなた。

系 常
読 ケイ
意 つなぐ。つながる。つながり。

芸 常
読 ゲイ
意 専門的な技術。

迎 常
読 ゲイ、むか(える)
意 やって来る人をむかえる。

形 常
読 ケイ、ギョウ、かた、かたち
意 かたち。ありさま。

決 常
読 ケツ、き(める)
意 きめる。きっぱりと。

言 常
読 ゲン、ゴン、い(う)、こと
意 話す。ことば。

見 常
読 ケン、み(る)
意 目でみる。会う。判断する。

呉 常
読 ゴ
意 昔の中国の国名。

冴 人
読 ゴ、さ(える)
意 澄みきっている。冷たい。

吾 人
読 ゴ、われ、あ
意 自分。

孝 常
読 コウ
意 親や祖先を大切にすること。

劫 人
読 ゴウ、キョウ
意 限りなく長い時間。おびやかす。

亨 人
読 コウ、キョウ、とお(る)
意 物事が支障なく進む。

更 常
読 コウ、さら
意 新しいものにする。夜が深まる。

攻 常
読 コウ、せ(める)
意 勝とうとする。研究する。

宏 人
読 コウ、ひろ(い)
意 面積が大きい。立派な。

克 常
読 コク
意 打ち勝つ。やり抜く。十分に。

谷 常
読 コク、たに
意 山が両側から迫っているところ。

告 常
読 コク、つ(げる)
意 つげる。話して聞かせる。

佐 常
読 サ
意 助ける。補佐する。

沙 常
読 サ
意 砂つぶ。砂原。砂浜。

坐 人
読 ザ、すわ(る)
意 すわる。腰かける。

材 常
読 ザイ
意 ものをつくる元となるもの。役立つものや人。

作 常
読 サク、サ、つく(る)
意 生み出す。動かす。

孜 人
読 シ
意 休まず一生懸命に行う。

伺 常
読 シ、うかが(う)
意 ようすをさぐる。たずねる。

志 常
読 シ、こころざし
意 何かをしようとする。

児 常 読 ジ、ニ 意 幼い子ども。

私 常 読 シ、わたくし、わたし 意 わたくし。自分ひとりだけの。

車 常 読 シャ、くるま 意 乗り物のくるま。軸を中心にして回転する輪。

社 常 読 シャ、やしろ 意 土地の神。組織。

灼 常 読 シャク、や(く) 意 やけつく。光り輝くさま。

寿 常 読 ジュ、ことぶき 意 長生きする。お祝いする。

秀 常 読 シュウ、ひい(でる) 意 能力が高い。優れている。

住 常 読 ジュウ、す(む) 意 すむ。すまい。

序 常 読 ジョ 意 順番。書物の前書き。物事のはじめ。

初 常 読 ショ、うい、はじ(め)、はつ 意 始まったばかり。最初。

助 常 読 ジョ、すけ、たす(ける) 意 力添えをする。救う。

抄 常 読 ショウ 意 抜き書きする。すくいとる。

肖 常 読 ショウ 意 似る。似せる。かたどる。

条 常 読 ジョウ 意 木の枝。まっすぐな道。

状 常 読 ジョウ 意 ようす。手紙。文書。

杖 人 読 ジョウ、つえ 意 つえ。歩行を助けるための棒。

芯 常 読 シン 意 ものの中央にある部分。

臣 常 読 シン、ジン 意 家来。

辰 人 読 シン、たつ 意 十二支のたつ。星。

伸 常 読 シン、の(びる) 意 長くなる。発展する。述べる。

身 常 読 シン、み 意 からだ。自分。物の中身。

図 常 読 ズ、ト、はか(る) 意 物の形状を描いたもの。絵。

吹 常 読 スイ、ふ(く) 意 息を吐き出す。風が起こる。

杉 常 読 すぎ 意 樹木のスギ。

声 常 読 セイ、ショウ、こえ、こわ 意 口から出す音。

赤 常 読 セキ、シャク、あか、あか(い) 意 色のあか。ありのまま。真心。

宋 人 読 ソウ 意 昔の中国の国名。

壯 人 読 ソウ 意 元気で勢いがある。「壮」の旧字。

走 常 読 ソウ、はし(る) 意 駆け足で動く。速く動く。

即 常 読 ソク 意 地位や位置につく。すぐに。

足 常 読 ソク、あし、た(りる)、た(す) 意 あし。十分にある。たりる。

束 常 読 ソク、たば 意 ひとまとめにする。

村 常 読 ソン、むら 意 むら。いなか。

汰 常 読 タ 意 水中でゆすって選び分ける。

妥 常 読 ダ 意 おだやか。

対 常 読 タイ、ツイ 意 向き合う。つり合う。こたえる。

体 常 読 タイ、テイ、からだ 意 からだ。決まった形。ようす。

択 常 読 タク 意 適したものを選び出す。

沢 常 読 タク、さわ 意 草木の生えている湿地。

但 常 読 ただ(し) 意 ただし。例外や注意をつけ加えることば。

男 常 読 ダン、ナン、おとこ 意 おとこ。息子。

沖 常 読 チュウ、おき 意 海などの岸から遠く離れたところ。

町 常 読 チョウ、まち 意 市街地。地方自治体のひとつ。

呈 常 読 テイ 意 まっすぐに差し出す。現れる。

廷 常 読 テイ 意 政治を行うところ。裁判を行うところ。

弟 常 読 テイ、ダイ、デ、おとうと 意 おとうと。

辿 人 読 テン、たど(る) 意 ゆっくり進む。たずね求める。

佃 人 読 デン、つくだ 意 新たに開墾した耕地。

兎 人 読 ト、うさぎ 意 動物のウサギ。

杜 人 読 ト、ズ、もり 意 森。樹木のヤマナシ。

努 常 読 ド、つと(める) 意 一生懸命がんばる。

豆 常 読 トウ、ズ、まめ 意 穀物のまめ。小さい。

投 常 読 トウ、な(げる) 意 なげる。放る。やめる。

那 人 読 ナ 意 豊かな。どうして。どの。

忍 常 読 ニン、しの(ぶ) 意 粘り強く耐える。こっそり行動する。

把 常 読 ハ 意 手にとる。しっかりにぎる。

芭 人 読 バ、ハ 意 芭蕉(バショウ)は、植物の名。

伯 常 読 ハク 意 かしら。兄弟の一番上。一芸に秀でた人。

麦 常 読 バク、むぎ 意 穀物のムギ。

阪 常 読 ハン 意 傾斜した道。大阪の略。

坂 常 読 ハン、さか 意 傾斜した道。

判 常 読 ハン、バン 意 区別する。裁く。はんこ。

伴 常 読 ハン、バン、ともな(う) 意 一緒に物事をする人。

批 常 読 ヒ 意 よしあしを判断する。

庇 人 読 ヒ、かば(う)、ひさし 意 かばう。家の軒下のひさし。

扶 常 読 フ 意 助ける。力を貸す。

芙 人 読 フ、はす 意 芙蓉(フヨウ)は、植物の名。

巫 人 読 フ、ブ、みこ 意 みこ。神に仕える女性。

佛 人 読 ブツ、ほとけ 意 仏教。仏像。「仏」の旧字。

兵 常 読 ヘイ、ヒョウ 意 武器を持って戦う人。

返 常 読 ヘン、かえ(す)、かえ(る) 意 もとに戻る。折りかえす。

牡 人 読 ボ、おす 意 動物のおす。突き出たもの。

甫 人 読 ホ、はじ(め) 意 男性の名前に添える字。はじまり。

步 人 読 ホ、ブ、フ、ある(く)、あゆ(む) 意 あるく。「歩」の旧字。

邦 常 読 ホウ 意 国。日本。

芳 常 読 ホウ、かんば(しい) 意 よい香り。

防 常 読 ボウ、ふせ(ぐ) 意 さえぎり止める。ふせぐ。土手。

坊 常 読 ボウ、ボッ 意 僧侶。まち。住居。

每 人 読 マイ 意 それぞれの。○○ごとに。「毎」の旧字。

妙 常 読 ミョウ 意 精密な。ふつうとは違った。

治 常 読ヤ 意金属を溶かす。なまめかしい。

役 常 読ヤク、エキ 意つとめ。職務。

佑 人 読ユウ、ウ、たす(ける) 意助ける。かばう。

酉 人 読ユウ、とり 意十二支のとり。

邑 人 読ユウ、むら 意人が集まって住んでいる地域。

余 常 読ヨ、あま(る) 意残った部分。ゆとり。

沃 常 読ヨク 意水を流しこむ。土地が肥えている。

来 常 読ライ、く(る)、きた(る) 意やってくる。ある状態になる。

利 常 読リ、き(く) 意切れ味がよい。賢い。役立つ。もうけ。

里 常 読リ、さと 意人が住んでいる土地。田舎。

李 人 読リ、すもも 意果樹のスモモ。

良 常 読リョウ、よ(い) 意よい。優れる。賢い。

伶 人 読レイ 意音楽家。俳優。賢い。

励 常 読レイ、はげ(む)、はげ(ます) 意一生懸命に行う。元気づける。

呂 常 読ロ 意背骨。音楽の調子。

芦 人 読ロ、あし、よし 意草のアシ。

労 常 読ロウ 意働く。疲れる。いたわる。

8画
P152〜P159

亞 人 読ア 意次の。準じる。「亜」の旧字。

宛 常 読あ(てる) 意あてはめる。送り先。

阿 人 読ア、くま 意山や川などのうねり。

依 常 読イ、エ 意もたれかかる。頼りにする。

委 常 読イ、ゆだ(ねる) 意まかせる。くわしい。

育 常 読イク、そだ(つ)、はぐく(む) 意成長する。そだてる。

雨 常 読ウ、あま、あめ 意空から降る、あめ。

英 常 読エイ 意花。美しい。優秀である。

泳 常 読エイ、およ(ぐ) 意水中などでおよぐ。

易 常 読エキ、イ、やさ(しい) 意変える。簡単。占い。

奄 人 読エン 意おおう。すぐに。

苑 人 読エン、オン、その 意植物や動物を育てる場所。庭園。

沿 常 読エン、そ(う) 意水路や道などにそう。習慣に従う。

延 常 読エン、の(びる) 意長くなる。長くする。広がる。

炎 常 読エン、ほのお 意燃え上がる火。

於 人 読オ、お(いて) 意場所などを指し示す字。

往 常 読オウ 意目的地に向かって進む。昔。

旺 常 読オウ 意明るい光を放つ。盛んな。

欧 常 読オウ 意吐き出す。ヨーロッパ(欧州)の略。

押 常 読オウ、お(す) 意押す。取り押さえる。

岡 常 読おか 意おか。丘陵。

佳 常 読カ 意美しい。よい。

価 常 読カ、あたい 意値段。値打ち。

画 常 読ガ、カク 意絵。絵をかく。映画。区切り。

河 常 読カ、かわ 意かわ。中国の黄河。

茄 人 読カ、なす、なすび 意ナス。ハス。ハスの茎。

果 常 読カ、は(たす)、は(て) 意樹木の実。成しとげる。結果。

芽 常 読ガ、め 意植物の芽。きざし。芽が出る。

拡 常 読カク 意広げる。

岳 常 読ガク、たけ 意高い山。高い山のように立派な人。

学 常 読ガク、まな(ぶ) 意知識や技術を身につける。

侃 人 読カン 意意思が強い。正しいことを主張する。

官 常 読カン 意政府。役人。体の感覚器官。

岩 常 読ガン、いわ 意いわ。かたく大きな石。

岸 常 読ガン、きし 意川や海と接する陸地。

函 人 読カン、はこ 意箱。包む。

卷 人 読カン、ま(く)、まき 意うず状に丸める。「巻」の旧字。

奇 常 読キ 意めずらしい。予想外。

季 常 読キ 意春夏秋冬などの区分。末。

祁 人 読キ 意大いに。盛んに。

宜 常 読ギ 意形や程度がちょうどよい。

祈 常 読キ、いの(る) 意神や仏に願う。

其 人 読キ、そ(の)、そ(れ) 意その。それ。

穹 人 読キュウ、そら 意ドーム。大空。

居 常 読キョ、い(る) 意住居。いる。住む。

拠 常 読キョ、コ 意よる。たよりとするところ。

享 常 読キョウ 意十分に受け取る。

協 常 読キョウ 意力を合わせる。

況 常 読キョウ 意ありさま。ようす。くらべる。

尭 人 読ギョウ 意高い。気高い。

京 常 読キョウ、ケイ 意都市。みやこ。兆の1万倍。

供 常 読キョウ、とも、そな(える) 意そなえる。差し出す。もてなす。

金 常 読キン、コン、かね、かな 意金属。黄金。お金。立派な。

欣 人 読キン、ゴン、よろこ(ぶ) 意よろこぶ。

具 常 読グ 意そなわる。こまごまと。

空 常 読クウ、そら、あ(く)、から 意天のそら。何もない。

径 常 読ケイ 意こみち。近道。

茎 常 読ケイ、くき 意草のくき。

券 常 読ケン 意入場などを保証する証書・切符。

弦 常 読ゲン、つる 意弓づる。弓張り月。弦楽器の糸。

固 常 読コ、かた(い) 意かたまる。強い。あくまでも。

虎 常 読コ、とら 意トラ。強い。荒々しい。

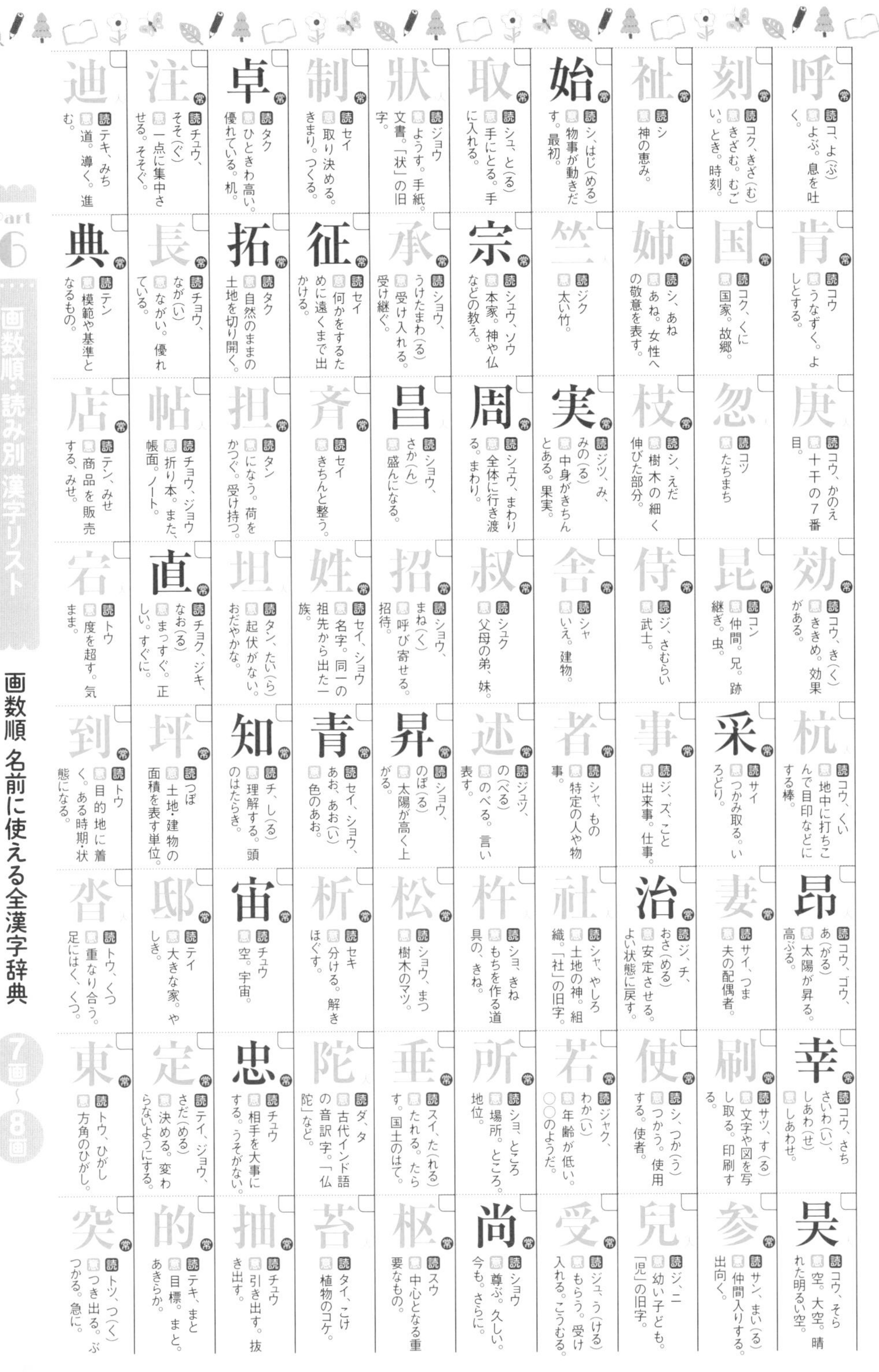

- **呼** 常 読 コ、よ(ぶ) 意 よぶ。息を吐く。
- **肯** 常 読 コウ 意 うなずく。よしとする。
- **庚** 読 コウ、かのえ 意 十干の7番目。
- **効** 常 読 コウ、き(く) 意 ききめ。効果がある。
- **杭** 読 コウ、くい 意 地中に打ちこんで目印などにする棒。
- **昂** 読 コウ、ゴウ、あ(がる) 意 太陽が昇る。高ぶる。
- **幸** 常 読 コウ、さち、さいわ(い)、しあわ(せ) 意 しあわせ。
- **昊** 読 コウ、そら 意 空。大空。晴れた明るい空。
- **刻** 常 読 コク、きざ(む) 意 きざむ。むごい。とき。時刻。
- **国** 常 読 コク、くに 意 国家。故郷。
- **忽** 読 コツ 意 たちまち
- **昆** 常 読 コン 意 仲間。兄。跡継ぎ。虫。
- **采** 読 サイ 意 つかみ取る。いろどり。
- **妻** 常 読 サイ、つま 意 夫の配偶者。
- **刷** 常 読 サツ、す(る) 意 文字や図を写し取る。印刷する。
- **参** 常 読 サン、まい(る) 意 仲間入りする。出向く。
- **祉** 常 読 シ 意 神の恵み。
- **姉** 常 読 シ、あね 意 あね。女性への敬意を表す。
- **枝** 常 読 シ、えだ 意 樹木の細く伸びた部分。
- **侍** 常 読 ジ、さむらい 意 武士。
- **事** 常 読 ジ、ズ、こと 意 出来事。仕事。
- **治** 常 読 ジ、チ、おさ(める) 意 安定させる。よい状態に戻す。
- **使** 常 読 シ、つか(う) 意 つかう。使用する。使者。
- **兒** 読 ジ、ニ 意 幼い子ども。「児」の旧字。
- **始** 常 読 シ、はじ(める) 意 物事が動きだす。最初。
- **竺** 読 ジク 意 太い竹。
- **実** 常 読 ジツ、み、みの(る) 意 中身がきちんとある。果実。
- **舎** 常 読 シャ 意 いえ。建物。
- **者** 常 読 シャ、もの 意 特定の人や物事。
- **社** 読 シャ、やしろ 意 土地の神。組織。「社」の旧字。
- **若** 常 読 ジャク、わか(い) 意 年齢が低い。○○のようだ。
- **受** 常 読 ジュ、う(ける) 意 もらう。受け入れる。こうむる。
- **取** 常 読 シュ、と(る) 意 手にとる。手に入れる。
- **宗** 常 読 シュウ、ソウ 意 本家。神や仏などの教え。
- **周** 常 読 シュウ、まわり 意 全体に行き渡る。まわり。
- **叔** 常 読 シュク 意 父母の弟、妹。
- **述** 常 読 ジュツ、の(べる) 意 のべる。言い表す。
- **杵** 読 ショ、きね 意 もちを作る道具の、きね。
- **所** 常 読 ショ、ところ 意 場所。ところ。地位。
- **尚** 常 読 ショウ 意 尊ぶ。久しい。今も。さらに。
- **狀** 読 ジョウ 意 ようす。手紙。文書。「状」の旧字。
- **承** 常 読 ショウ、うけたまわ(る) 意 受け入れる。受け継ぐ。
- **昌** 読 ショウ、さか(ん) 意 盛んになる。
- **招** 常 読 ショウ、まね(く) 意 呼び寄せる。招待。
- **昇** 常 読 ショウ、のぼ(る) 意 太陽が高く上がる。
- **松** 常 読 ショウ、まつ 意 樹木のマツ。
- **垂** 常 読 スイ、た(れる) 意 たれる。たらす。国土のはて。
- **枢** 常 読 スウ 意 中心となる重要なもの。
- **制** 常 読 セイ 意 取り決める。きまり。つくる。
- **征** 常 読 セイ 意 何かをするために遠くまで出かける。
- **斉** 常 読 セイ 意 きちんと整う。
- **姓** 常 読 セイ、ショウ 意 名字。同一の祖先から出た一族。
- **青** 常 読 セイ、ショウ、あお、あお(い) 意 色のあお。
- **析** 常 読 セキ 意 分ける。解きほぐす。
- **陀** 読 ダ、タ 意 古代インド語の音訳字。「仏陀」など。
- **苔** 読 タイ、こけ 意 植物のコケ。
- **卓** 常 読 タク 意 ひときわ高い。優れている。机。
- **拓** 常 読 タク 意 自然のままの土地を切り開く。
- **担** 常 読 タン 意 になう。荷をかつぐ。受け持つ。
- **坦** 読 タン、たい(ら) 意 起伏がない。おだやかな。
- **知** 常 読 チ、し(る) 意 理解する。頭のはたらき。
- **宙** 常 読 チュウ 意 空。宇宙。
- **忠** 常 読 チュウ 意 相手を大事にする。うそがない。
- **抽** 常 読 チュウ 意 引き出す。抜き出す。
- **注** 常 読 チュウ、そそ(ぐ) 意 一点に集中させる。そそぐ。
- **長** 常 読 チョウ、なが(い) 意 ながい。優れている。
- **帖** 読 チョウ、ジョウ 意 折り本。また、帳面。ノート。
- **直** 常 読 チョク、ジキ、なお(る) 意 まっすぐ。正しい。すぐに。
- **坪** 常 読 つぼ 意 土地・建物の面積を表す単位。
- **邸** 常 読 テイ 意 大きな家。やしき。
- **定** 常 読 テイ、ジョウ、さだ(める) 意 決める。変わらないようにする。
- **的** 常 読 テキ、まと 意 目標。まと。あきらか。
- **迪** 読 テキ、みち 意 道。導く。進む。
- **典** 常 読 テン 意 模範や基準となるもの。
- **店** 常 読 テン、みせ 意 商品を販売する、みせ。
- **宕** 読 トウ 意 度を超す。気まま。
- **到** 常 読 トウ 意 目的地に着く。ある時期・状態になる。
- **沓** 読 トウ、くつ 意 重なり合う。足にはく、くつ。
- **東** 常 読 トウ、ひがし 意 方角のひがし。
- **突** 常 読 トツ、つ(く) 意 つき出る。ぶつかる。急に。

届 常 読 とど(く) 意 到着する。とどく。先方に渡す。

奈 常 読 ナ 意 どうして。どのように。

念 常 読 ネン 意 おもう。おもい。心配り。

杷 読 ハ 意 土をならす道具。枇杷(ビワ)は、果樹の名。

波 常 読 ハ、なみ 意 水面に起こるなみ。

拝 常 読 ハイ、おが(む) 意 おがむ。神仏を敬う。

泊 常 読 ハク、と(まる) 意 とどまる。宿などにとまる。

拍 常 読 ハク、ヒョウ 意 手で打ち鳴らす。

版 常 読 ハン 意 木の札。文字などを彫った印刷用の板。

板 常 読 ハン、バン、いた 意 材木・金属・石などを薄く平らにしたもの。

披 常 読 ヒ 意 ひらく。明らかにする。

彼 常 読 ヒ、かれ、かの 意 かれ。三人称の代名詞。

枇 人 読 ビ、ヒ 意 枇杷(ビワ)は、果樹の名。

表 常 読 ヒョウ、おもて、あらわ(す) 意 おもて。明らかにする。

苗 常 読 ビョウ、なえ、なわ 意 育ち始めの植物。

府 常 読 フ 意 役所。地方公共団体のひとつ。

阜 常 読 フ 意 盛り上がった土。

附 常 読 フ 意 くっつく。

武 常 読 ブ、ム 意 勇ましい。強い。

服 常 読 フク 意 着るもの。衣服。

物 常 読 ブツ、モツ、もの 意 もの。ものごと。

沸 常 読 フツ、わ(く) 意 湯が煮え立つ。わき出る。

併 常 読 ヘイ、あわ(せる) 意 複数のものを一緒にする。

並 常 読 ヘイ、なみ、なら(ぶ) 意 一列につらなる。普通の程度。

歩 常 読 ホ、ブ、フ、ある(く)、あゆ(む) 意 あるく。進み具合。

茅 人 読 ボウ、かや、ち、ちがや 意 屋根を葺く、かや。

抱 常 読 ホウ、だ(く)、かか(える) 意 だきかかえる。思いをいだく。

宝 常 読 ホウ、たから 意 価値の高いもの。大切なもの。

朋 読 ホウ、とも 意 友達。

法 常 読 ホウ、ハッ、ホッ 意 決まり。やり方。宗教の教え。

奉 常 読 ホウ、ブ、たてまつ(る) 意 献上する。つつしんで行う。

房 常 読 ボウ、ふさ 意 部屋。密集した花や果実。

牧 常 読 ボク、まき 意 家畜を飼う。家畜を放し飼いにする場所。

奔 常 読 ホン 意 勢いよくかける。

枚 常 読 マイ 意 薄くて平たいものを数えることば。

苺 人 読 マイ、いちご 意 果物のイチゴ。

妹 常 読 マイ、いもうと 意 いもうと。

枕 常 読 まくら 意 寝具のまくら。

抹 常 読 マツ 意 こする。塗りつぶす。消す。

沫 人 読 マツ、あわ 意 しぶき。水のあわ。

茉 読 マツ、バツ 意 茉莉(マツリ)は、植物の名。

味 常 読 ミ、あじ 意 食べ物のあじ。物事のおもむき。

岬 常 読 みさき 意 海や湖などに突き出た陸地。

明 常 読 メイ、ミョウ、あか(るい) 意 あかるい。はっきりしている。

命 常 読 メイ、ミョウ、いのち 意 命令。生命。天のさだめ。

免 常 読 メン、まぬか(れる) 意 のがれる。罪を許す。

茂 常 読 モ、しげ(る) 意 植物がよく育つ。

孟 人 読 モウ 意 1番年上の。最初の。力を尽くす。

門 常 読 モン、かど 意 屋敷の入り口。家柄。仲間。

弥 常 読 や 意 広がる。時を経る。ますます。

夜 常 読 ヤ、よ、よる 意 太陽が沈んでいる間。よる。

油 常 読 ユ、あぶら 意 植物や鉱物からとる、液状のあぶら。

侑 人 読 ユウ 意 食事をすすめる。助ける。

來 人 読 ライ、く(る)、きた(る) 意 やってくる。「来」の旧字。

林 常 読 リン、はやし 意 木がたくさん茂っている場所。

例 常 読 レイ、たと(える) 意 見本。いつものとおり。

怜 人 読 レイ、レン、さと(い) 意 賢い。あわれむ。

炉 常 読 ロ 意 火をたく設備や器具。

和 常 読 ワ、オ、なご(む) 意 調和する。おだやかになる。

枠 常 読 ワク 意 わく。ある制限の範囲。

或 人 読 ワク、あ(る)、ある(いは) 意 不特定のものを指す漢字。

9画

P159～P165

娃 人 読 アイ、ア 意 美しい。美しい女性。

按 人 読 アン、おさ(える) 意 手でおさえる。考える。

威 常 読 イ 意 いかめしい。おそれさせる。

為 常 読 イ 意 何かを行う。ためになる。

郁 人 読 イク 意 かぐわしい。文化が成熟している。

胤 人 読 イン、たね 意 たね。血すじ。子孫。

栄 常 読 エイ、さか(える) 意 盛んになる。勢いがいい。

映 常 読 エイ、うつ(る) 意 うつる。はえる。照り輝く。

屋 常 読 オク、や 意 家。屋根。

卸 常 読 おろ(す)、おろし 意 問屋が商品をおろす。

音 常 読 オン、イン、おと、ね 意 おと。声。調子。便り。

科 常 読 カ 意 系統立てて分類する。

珂 人 読 カ 意 宝石の白めのう。

迦 人 読 カ 意 古代インド語の音訳字。「釈迦」など。

珈 人 読 カ 意 宝石を使った女性の髪飾り。

架 常 読 カ、か(ける) 意 支えと支えの間に木などを差し渡す。

俄 読 ガ、にわ(か) 意 急に。

臥 人 読 ガ、ふ(す) 意 うつぶせになる。横になる。

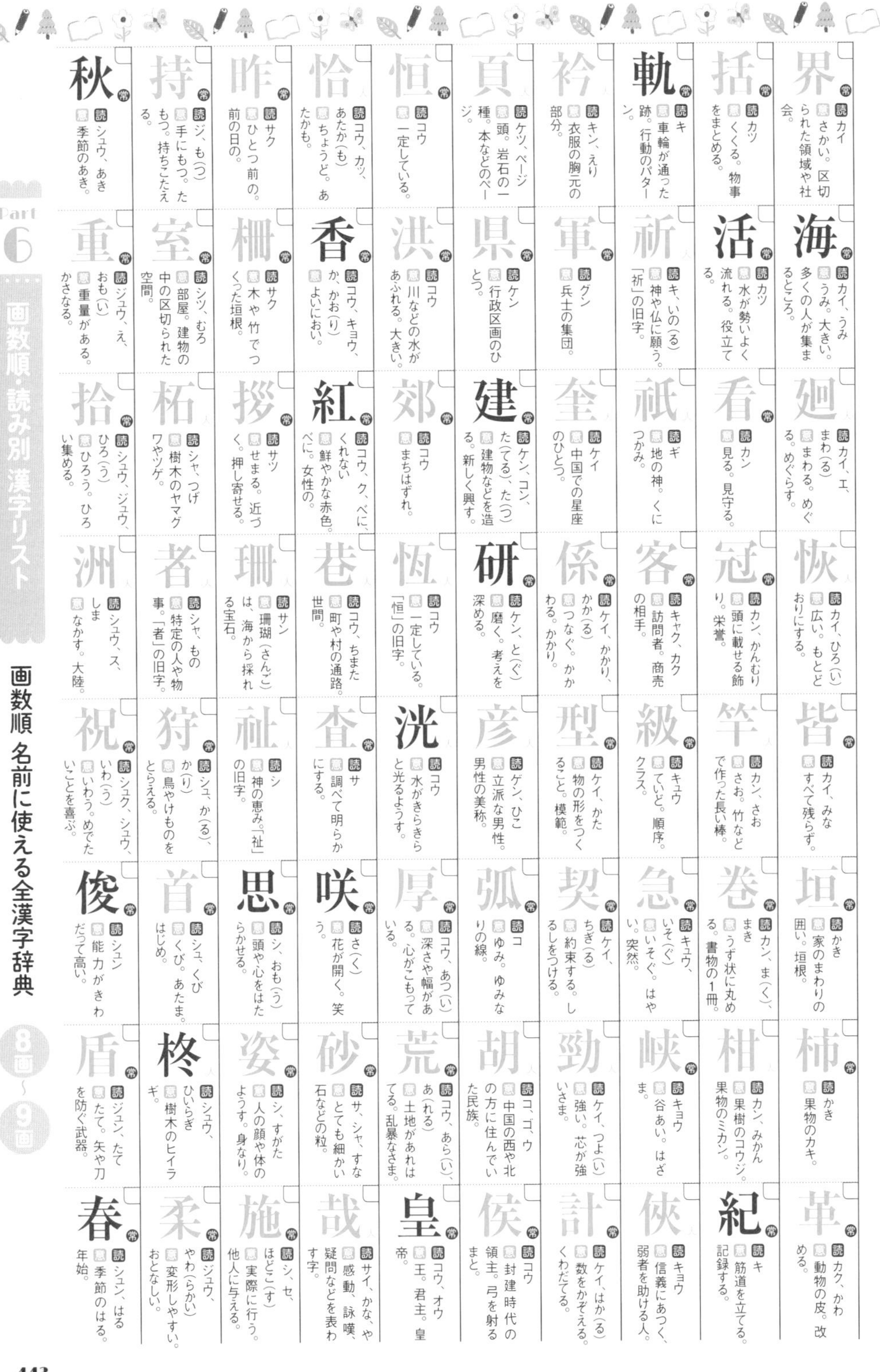

界 常 読 カイ 意 さかい。区切られた領域や社会。

括 常 読 カツ 意 くくる。物事をまとめる。

軌 常 読 キ 意 車輪が通った跡。行動のパターン。

衿 読 キン、えり 意 衣服の胸元の部分。

頁 読 ケツ、ページ 意 頭。岩石の一種。本などのページ。

恒 常 読 コウ 意 一定している。

恰 読 コウ、カッ、あたか(も) 意 ちょうど。あたかも。

昨 常 読 サク 意 ひとつ前の。前の日の。

持 常 読 ジ、も(つ) 意 手にもつ。たもつ。持ちこたえる。

秋 常 読 シュウ、あき 意 季節のあき。

海 常 読 カイ、うみ 意 うみ。大きい。多くの人が集まるところ。

活 常 読 カツ 意 水が勢いよく流れる。役立てる。

祈 読 キ、いの(る) 意 神や仏に願う。「祈」の旧字。

軍 常 読 グン 意 兵士の集団。

県 常 読 ケン 意 行政区画のひとつ。

洪 常 読 コウ 意 川などの水があふれる。大きい。

香 常 読 コウ、キョウ、か、かお(り) 意 よいにおい。

柵 常 読 サク 意 木や竹でつくった垣根。

室 常 読 シツ、むろ 意 部屋。建物の中の区切られた空間。

重 常 読 ジュウ、え、おも(い) 意 重量がある。かさなる。

廻 読 カイ、エ、まわ(る) 意 まわる。めぐる。めぐらす。

看 常 読 カン 意 見る。見守る。

祇 読 ギ 意 地の神。くにつかみ。

奎 読 ケイ 意 中国での星座のひとつ。

建 常 読 ケン、コン、た(てる)、た(つ) 意 建物などを造る。新しく興す。

郊 常 読 コウ 意 まちはずれ。

紅 常 読 コウ、ク、べに、くれない 意 鮮やかな赤色。べに。女性の。

拶 常 読 サツ 意 せまる。近づく。押し寄せる。

柘 読 シャ、つげ 意 樹木のヤマグワやツゲ。

拾 常 読 シュウ、ジュウ、ひろ(う) 意 ひろう。ひろい集める。

恢 読 カイ、ひろ(い) 意 広い。もとどおりにする。

冠 常 読 カン、かんむり 意 頭に載せる飾り。栄誉。

客 常 読 キャク、カク 意 訪問者。商売の相手。

係 常 読 ケイ、かかり、かか(る) 意 つなぐ。かかわる。かかり。

研 常 読 ケン、と(ぐ) 意 磨く。考えを深める。

恆 読 コウ 意 一定している。「恒」の旧字。

巷 読 コウ、ちまた 意 町や村の通路。世間。

珊 読 サン 意 珊瑚(さんご)は、海から採れる宝石。

者 読 シャ、もの 意 特定の人や物事。「者」の旧字。

洲 読 シュウ、ス、しま 意 なかす。大陸。

皆 常 読 カイ、みな 意 すべて残らず。

竿 読 カン、さお 意 さお。竹などで作った長い棒。

級 常 読 キュウ 意 ていど。順序。クラス。

型 常 読 ケイ、かた 意 物の形をつくること。模範。

彦 読 ゲン、ひこ 意 立派な男性。男性の美称。

洸 読 コウ 意 水がきらきらと光るようす。

査 常 読 サ 意 調べて明らかにする。

祉 読 シ 意 神の恵み。「祉」の旧字。

狩 常 読 シュ、か(る)、か(り) 意 鳥やけものをとらえる。

祝 常 読 シュク、シュウ、いわ(う) 意 いわう。めでたいことを喜ぶ。

垣 常 読 かき 意 家のまわりの囲い。垣根。

巻 常 読 カン、ま(く)、まき 意 うず状に丸める。書物の1冊。

急 常 読 キュウ、いそ(ぐ) 意 いそぐ。はやい。突然。

契 常 読 ケイ、ちぎ(る) 意 約束する。しるしをつける。

弧 常 読 コ 意 ゆみ。ゆみなりの線。

厚 常 読 コウ、あつ(い) 意 深さや幅がある。心がこもっている。

咲 常 読 さ(く) 意 花が開く。笑う。

思 常 読 シ、おも(う) 意 頭や心をはたらかせる。

首 常 読 シュ、くび 意 くび。あたま。はじめ。

俊 常 読 シュン 意 能力がきわだって高い。

柿 常 読 かき 意 果物のカキ。

柑 読 カン、みかん 意 果樹のコウジ。果物のミカン。

峡 常 読 キョウ 意 谷あい。はざま。

勁 読 ケイ、つよ(い) 意 強い。芯が強いさま。

胡 読 コ、ゴ、ウ 意 中国の西や北の方に住んでいた民族。

荒 常 読 コウ、あら(い)、あ(れる) 意 土地があれはてる。乱暴なさま。

砂 常 読 サ、シャ、すな 意 とても細かい石などの粒。

姿 常 読 シ、すがた 意 人の顔や体のようす。身なり。

柊 読 シュウ、ひいらぎ 意 樹木のヒイラギ。

盾 常 読 ジュン、たて 意 たて。矢や刀を防ぐ武器。

革 常 読 カク、かわ 意 動物の皮。改める。

紀 常 読 キ 意 筋道を立てる。記録する。

侠 読 キョウ 意 信義にあつく、弱者を助ける人。

計 常 読 ケイ、はか(る) 意 数をかぞえる。くわだてる。

侯 常 読 コウ 意 封建時代の領主。弓を射るまと。

皇 常 読 コウ、オウ 意 王。君主。皇帝。

哉 読 サイ、かな、や 意 感動、詠嘆、疑問などを表わす字。

施 常 読 シ、セ、ほどこ(す) 意 実際に行う。他人に与える。

柔 常 読 ジュウ、やわ(らかい) 意 変形しやすい。おとなしい。

春 常 読 シュン、はる 意 季節のはる。年始。

洵 人 読ジュン、まこと 意本当に。心を込めて。水が遠くまで流れる。

信 常 読シン 意しんじる。真心。伝える。

宣 常 読セン 意はっきり伝える。大勢に広める。

前 常 読ゼン、まえ 意意識の向いているほう。最初のほう。

即 人 読ソク 意地位や位置につく。すぐに。「即」の旧字。

茶 常 読チャ、サ 意飲み物のお茶。色のちゃ。

帝 常 読テイ 意天下を治める支配者。天の神。

突 人 読トツ、つ(く) 意つき出る。ぶつかる。急に。「突」の旧字。

畑 常 読はた、はたけ 意はたけ。水をはらない耕作地。

赴 常 読フ、おもむ(く) 意ある場所へ向かう。

叙 常 読ジョ 意順序立てて述べる。

甚 常 読ジン、はなは(だしい) 意非常に。ひどく。

専 常 読セン、もっぱ(ら) 意そのことだけをする。

祖 常 読ソ 意先祖。物事を始めた人。

促 常 読ソク、うなが(す) 意せき立てる。つまる。

柱 常 読チュウ、はしら 意はしら。大事な支えとなるもの。

訂 常 読テイ 意誤りを正す。

南 常 読ナン、ナ、みなみ 意方角のみなみ。

発 常 読ハツ、ホツ 意遠くへと動かす。動きだす。

風 常 読フウ、フ、かぜ、かざ 意かぜ。空気の動き。おもむき。

昭 常 読ショウ 意照り輝く。明るい。

神 常 読シン、ジン、かみ、かん、こう 意神様。不思議な力。

茜 人 読セン、あかね 意植物のアカネ。

荘 常 読ソウ 意田舎の屋敷。おごそかな。

殆 人 読タ 意ほとんど。もう少しで。ほぼ。

昼 常 読チュウ、ひる 意ひるま。

祢 人 読デイ、ネ、みたまや 意父の霊廟。「禰」の異体字。

虹 常 読にじ 意雨上がりなどの空にかかる七色のアーチ。

美 常 読ビ、うつく(しい) 意きれいな。よい。おいしい。

柄 常 読ヘイ、がら、え 意器物のとって。勢い。品格。模様。

浄 常 読ジョウ 意清らか。けがれがない。

津 常 読シン、つ 意船着き場。水がわき出てくるようす。

浅 常 読セン、あさ(い) 意あさい。あっさりしている。

奏 常 読ソウ、かな(でる) 意差し上げる。演奏する。

耐 常 読タイ、た(える) 意粘り強くたえる。持ちこたえる。

挑 常 読チョウ、いど(む) 意困難に立ち向かう。

点 常 読テン 意てん。小さなしるし。評価を表すことば。

派 常 読ハ 意分かれる。分かれてできた集まり。

飛 常 読ヒ、と(ぶ) 意空中を移動する。

勉 人 読ベン 意一生懸命に行う。「勉」の旧字。

城 常 読ジョウ、しろ 意防衛のための建造物。町。

帥 常 読スイ 意軍を率いる大将。かしら。

洗 常 読セン、あら(う) 意あらう。汚れをあらい流す。

送 常 読ソウ、おく(る) 意人や物をおくる。見送る。

待 常 読タイ、ま(つ) 意まつ。まち受ける。まち望む。もてなす。

勅 常 読チョク 意天皇や皇帝のことば。

度 常 読ド、ト、タク、たび 意物事の程度。回数。

拝 人 読ハイ、おが(む) 意おがむ。「拝」の旧字。

毘 人 読ヒ、ビ 意助ける。古代インド語の音訳字。

保 常 読ホ、たも(つ) 意維持する。大切に守る。

省 常 読ショウ、セイ 意振り返ってよく考える。捨て去る。

是 常 読ゼ 意このとおりで間違いない。正しい。

泉 常 読セン、いずみ 意いずみ。わき水。みなもと。

草 常 読ソウ、くさ 意大地に生える、くさ。粗末な。

単 常 読タン 意ひとつ。複雑でない。

追 常 読ツイ、お(う) 意おいかける。後からつけ加える。

洞 常 読ドウ、ほら 意ほらあな。

背 常 読ハイ、せ、せい、そむ(く) 意背中。後ろ側。そむく。身長。

眉 常 読ビ、ミ、まゆ 意まゆげ。

昴 人 読ボウ、すばる 意中国での星座のひとつ、すばる。

乗 常 読ジョウ、の(る) 意乗り物にのる。かけ算。

星 常 読セイ、ショウ、ほし 意空に輝くほし。

穿 常 読セン、うが(つ) 意穴をあける。掘る。

相 常 読ソウ、ショウ、あい 意たがいに。状態。

胆 常 読タン 意きも。こころ。きもったま。

亭 常 読テイ 意人の休む家。やど。あずまや。

峠 常 読とうげ 意とうげ。山道の上りと下りの境。

珀 人 読ハク 意琥珀(こはく)は、宝石の名。

秒 常 読ビョウ 意時間の単位。

盆 常 読ボン 意食器や食品をのせて運ぶ台。夏のお盆。

食 常 読ショク、く(う)、た(べる) 意たべる。食べ物。むしばむ。

政 常 読セイ、ショウ、まつりごと 意国や組織を運営する。正す。

染 常 読セン、そ(める)、し(みる) 意色をつける。影響を受ける。

則 常 読ソク 意決まり。方法。決まりに従う。

段 常 読ダン 意階段。文章などの一区切り。

貞 常 読テイ 意心が正しい。まっすぐである。

栃 常 読とち 意樹木のトチノキ。

柏 読ハク、かしわ 意樹木のカシワ。

品 常 読ヒン、しな 意しなもの。価値や等級。人柄。

柾 人 読まさ、まさき 意樹木のマサキ。木目がまっすぐな木材。

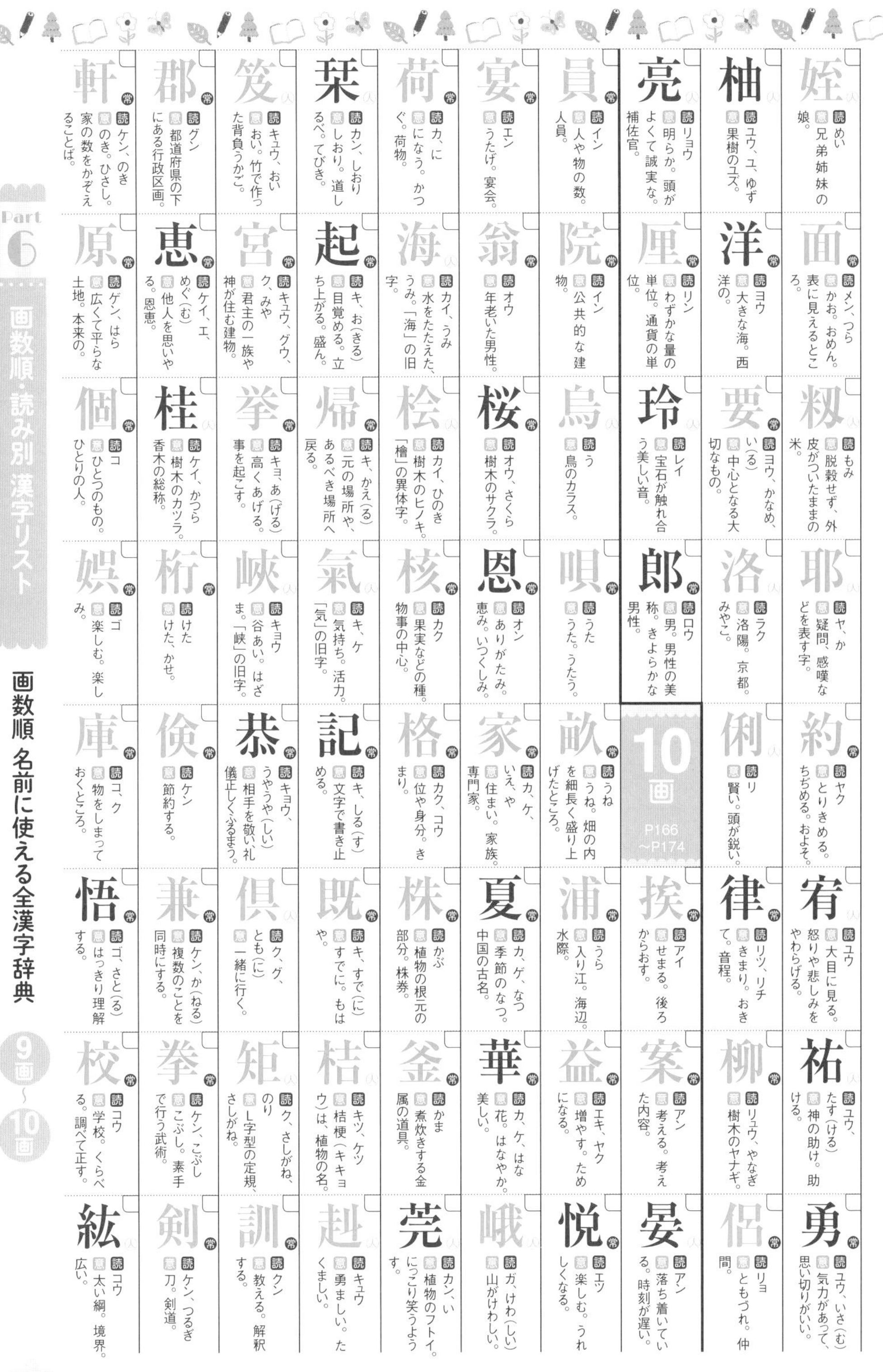

姪 人 読 めい 意 兄弟姉妹の娘。

面 常 読 メン、つら 意 かお。おめん。表に見えるところ。

籾 人 読 もみ 意 脱穀せず、外皮がついたままの米。

耶 人 読 ヤ、か 意 疑問、感嘆などを表す字。

約 常 読 ヤク 意 とりきめる。ちぢめる。およそ。

宥 人 読 ユウ 意 大目に見る。怒りや悲しみをやわらげる。

祐 人 読 ユウ、たす(ける) 意 神の助け。助ける。

勇 常 読 ユウ、いさ(む) 意 気力があって、思い切りがいい。

柚 人 読 ユウ、ユ、ゆず 意 果樹のユズ。

洋 常 読 ヨウ 意 大きな海。西洋の。

要 常 読 ヨウ、かなめ、い(る) 意 中心となる大切なもの。

洛 人 読 ラク 意 洛陽。京都。みやこ。

俐 人 読 リ 意 賢い。頭が鋭い。

律 常 読 リツ、リチ 意 きまり。おきて。音程。

柳 常 読 リュウ、やなぎ 意 樹木のヤナギ。

侶 常 読 リョ 意 ともづれ。仲間。

亮 人 読 リョウ 意 明らか。頭がよくて誠実な。補佐官。

厘 常 読 リン 意 わずかな量の単位。通貨の単位。

玲 人 読 レイ 意 宝石が触れ合う美しい音。

郎 常 読 ロウ 意 男。男性の美称。きよらかな男性。

10画

P166～P174

挨 常 読 アイ 意 せまる。後ろからおす。

案 常 読 アン 意 考える。考えた内容。

晏 人 読 アン 意 落ち着いている。時刻が遅い。

員 常 読 イン 意 人や物の数。人員。

院 常 読 イン 意 公共的な建物。

烏 人 読 う 意 鳥のカラス。

唄 常 読 うた 意 うた。うたう。

畝 常 読 うね 意 うね。畑の内を細長く盛り上げたところ。

浦 常 読 うら 意 入り江。海辺。水際。

益 常 読 エキ、ヤク 意 増やす。ためになる。

悦 常 読 エツ 意 楽しむ。うれしくなる。

宴 常 読 エン 意 うたげ。宴会。

翁 常 読 オウ 意 年老いた男性。

桜 常 読 オウ、さくら 意 樹木のサクラ。

恩 常 読 オン 意 ありがたみ。恵み。いつくしみ。

家 常 読 カ、ケ、いえ、や 意 住まい。家族。専門家。

夏 常 読 カ、ゲ、なつ 意 季節のなつ。中国の古名。

華 常 読 カ、ケ、はな 意 花。はなやか。美しい。

峨 人 読 ガ、けわ(しい) 意 山がけわしい。

荷 常 読 カ、に 意 になう。かつぐ。荷物。

海 人 読 カイ、うみ 意 水をたたえた、うみ。「海」の旧字。

桧 人 読 カイ、ひのき 意 樹木のヒノキ。「檜」の異体字。

核 常 読 カク 意 果実などの種。物事の中心。

格 常 読 カク、コウ 意 位や身分。きまり。

株 常 読 かぶ 意 植物の根元の部分。株券。

釜 常 読 かま 意 煮炊きする金属の道具。

莞 人 読 カン、い 意 植物のフトイ。にっこり笑うようす。

栞 人 読 カン、しおり 意 しおり。道しるべ。てびき。

起 常 読 キ、お(きる) 意 目覚める。立ち上がる。盛ん。

帰 常 読 キ、かえ(る) 意 元の場所や、あるべき場所へ戻る。

氣 人 読 キ、ケ 意 気持ち。活力。「気」の旧字。

記 常 読 キ、しる(す) 意 文字で書き止める。

既 常 読 キ、すで(に) 意 すでに。もはや。

桔 人 読 キツ、ケツ 意 桔梗(キキョウ)は、植物の名。

赳 人 読 キュウ 意 勇ましい。たくましい。

笈 人 読 キュウ、おい 意 おい。竹で作った背負うかご。

宮 常 読 キュウ、グウ、ク、みや 意 君主の一族や神が住む建物。

挙 常 読 キョ、あ(げる) 意 高くあげる。事を起こす。

峽 人 読 キョウ 意 谷あい。はざま。「峡」の旧字。

恭 常 読 キョウ、うやうや(しい) 意 相手を敬い、礼儀正しくふるまう。

倶 人 読 ク、グ、とも(に) 意 一緒に行く。

矩 人 読 ク、さしがね、のり 意 L字型の定規。さしがね。

訓 常 読 クン 意 教える。解釈する。

郡 常 読 グン 意 都道府県の下にある行政区画。

恵 常 読 ケイ、エ、めぐ(む) 意 他人を思いやる。恩恵。

桂 人 読 ケイ、かつら 意 樹木のカツラ。香木の総称。

桁 常 読 けた 意 けた。かせ。

倹 常 読 ケン 意 節約する。

兼 常 読 ケン、か(ねる) 意 複数のことを同時にする。

拳 常 読 ケン、こぶし 意 こぶし。素手で行う武術。

剣 常 読 ケン、つるぎ 意 刀。剣道。

軒 常 読 ケン、のき 意 のき。ひさし。家の数をかぞえることば。

原 常 読 ゲン、はら 意 広くて平らな土地。本来の。

個 常 読 コ 意 ひとつのもの。ひとりの人。

娯 常 読 ゴ 意 楽しむ。楽しみ。

庫 常 読 コ、ク 意 物をしまっておくところ。

悟 常 読 ゴ、さと(る) 意 はっきり理解する。

校 常 読 コウ 意 学校。くらべる。調べて正す。

紘 人 読 コウ 意 太い綱。境界。広い。

航 常 読 コウ 意 水の上や空中を進む。

剛 常 読 ゴウ 意 強くてかたい。

晃 読 コウ、あき(らか) 意 光り輝く。

晄 人 読 コウ、あき(らか) 意 光り輝く。「晃」の異体字。

倖 人 読 コウ、さいわ(い) 意 幸運。思いがけない幸運。

耕 常 読 コウ、たがや(す) 意 田畑の土を掘り返す。

貢 常 読 コウ、ク、みつ(ぐ) 意 みつぐ。みつぎもの。

候 常 読 コウ、そうろう 意 うかがう。待つ。時節。

高 常 読 コウ、たか(い)、たか 意 上のほうにある。優れている。

浩 人 読 コウ、ひろ(い) 意 水が広がっているようす。

根 常 読 コン、ね 意 植物のね。物事のもと。

差 常 読 サ、さ(す) 意 違い。量や質のへだたり。

紗 読 サ、シャ 意 うすぎぬ。

座 常 読 ザ、すわ(る) 意 すわる。すわる場所。

宰 常 読 サイ 意 取りしきる。切り盛りする。

栽 常 読 サイ 意 草木を植える。植えこみ。

財 常 読 ザイ、サイ 意 資産。価値のあるもの。役立つもの。

柴 人 読 サイ、しば 意 山野に生える小さな雑木。

索 常 読 サク 意 なわ。綱。探し求める。

朔 人 読 サク、ついたち 意 月の初めの日。北。

桟 常 読 サン 意 険しい場所にかけわたした橋。

蚕 常 読 サン、かいこ 意 かいこ。まゆを作る虫。

師 常 読 シ 意 人を教え導く人。専門職を持つ人。

恣 常 読 シ 意 気ままにふるまう。

紙 常 読 シ、かみ 意 かみ。新聞などの紙媒体。

砥 人 読 シ、と 意 といし。刃物などをとぐための石。

時 常 読 ジ、とき 意 時間。時代。ころあい。

射 常 読 シャ、い(る) 意 矢をはなって、あてる。銃をうつ。

珠 常 読 シュ 意 貝の体内から採れる宝石。

殊 常 読 シュ、こと 意 ふつうとはまったく違う。

修 常 読 シュウ、シュ、おさ(める) 意 よりよい状態にする。

袖 常 読 シュウ、そで 意 肩から下の服の部分。

祝 人 読 シュク、シュウ、いわ(う) 意 いわう。「祝」の旧字。

峻 人 読 シュン 意 高くそびえ立つ。険しい。

准 常 読 ジュン 意 準じる。承認する。

純 常 読 ジュン 意 まじりけのない。清らかな。

隼 人 読 シュン、ジュン、はやぶさ 意 鳥のハヤブサ。

徐 常 読 ジョ 意 ゆっくり。ゆるやかに。

書 常 読 ショ、か(く) 意 文字を記す。書物。手紙。

恕 人 読 ジョ、ゆる(す) 意 広い心で相手を思いやる。

哨 人 読 ショウ 意 見張り役。

将 常 読 ショウ 意 率いる。もうすぐ○○する。

祥 常 読 ショウ 意 めでたいこと。よいことが起こる前兆。

称 常 読 ショウ 意 呼び名。ほめたたえる。つり合う。

渉 人 読 ショウ 意 徒歩で川を渡る。歩き回る。「渉」の旧字。

笑 常 読 ショウ、わら(う)、え(む) 意 わらう。花が咲く。

乘 人 読 ジョウ、の(る) 意 乗り物にのる。かけ算。「乗」の旧字。

秤 人 読 ショウ、はかり 意 物の重さをはかる道具。

宵 常 読 ショウ、よい 意 よい。ゆうがた。暗いあいだ。

陣 常 読 ジン 意 軍隊の配置。戦い。

訊 人 読 ジン、たず(ねる) 意 問いただす。たずねる。

神 人 読 シン、ジン、かみ、かん、こう 意 神様。不思議な力。「神」の旧字。

晋 人 読 シン、すす(む) 意 前へ移動する。

秦 人 読 シン、はた 意 中国の王朝の名。

真 常 読 シン、ま 意 本物。正しい。純粋な。

眞 人 読 シン、ま 意 本物。正しい。純粋な。「真」の旧字。

粋 常 読 スイ、いき 意 まじりけがなく、質がいい。

凄 人 読 セイ 意 すさまじい。寒い。

晟 人 読 セイ、ジョウ 意 日光が照って明るい。

栖 人 読 セイ、す(む) 意 すむ。すみか。

隻 常 読 セキ 意 ただひとつ。かたわれ。わずかな。

席 常 読 セキ 意 すわる場所。会場。地位や順位。

脊 常 読 セキ 意 背中の中央にある骨。

閃 人 読 セン、ひらめ(く) 意 きらっと光る。ひらめく。

扇 常 読 セン、おうぎ 意 おうぎ。せんす。あおぐ。

租 常 読 ソ 意 みつぎ。年貢。税。

祖 人 読 ソ 意 先祖。物事を始めた人。「祖」の旧字。

素 常 読 ソ、ス 意 もとになるもの。ありのまま。白い。

莊 人 読 ソウ 意 田舎の屋敷。おごそかな。「荘」の旧字。

倉 常 読 ソウ、くら 意 くら。物をしまう納屋。

桑 常 読 ソウ、くわ 意 樹木のクワ。

捜 常 読 ソウ、さが(す) 意 すみずみまでさがす。

造 常 読 ゾウ、つく(る) 意 大きなものや複雑なものをつくる。

捉 常 読 ソク、とら(える) 意 つかむ。とらえる。

息 常 読 ソク、いき 意 呼吸。生きる。休む。

速 常 読 ソク、はや(い) 意 スピード感がある。

孫 常 読 ソン、まご 意 まご。同じ血筋をひく者。

泰 常 読 タイ 意 やすらか。ゆったりする。

帯 常 読 タイ、お(びる)、おび 意 腰などに巻くおび。

託 常 読 タク 意 頼る。まかせる。かこつける。

- **啄**（人） 読 タク、ついば(む) 意 くちばしで食べる。つつく。
- **致**（常） 読 チ、いた(す) 意 まねく。行き着かせる。「する」の謙譲語。
- **値**（常） 読 チ、ね、あたい 意 物のねうち。あたる。数の大きさ。
- **逐**（常） 読 チク 意 順序をおう。おいはらう。
- **秩**（常） 読 チツ 意 順序が整っている。整ったきまり。
- **衷**（常） 読 チュウ 意 心の中。真心。かたよらない。
- **酎**（常） 読 チュウ 意 かもした酒。
- **紐**（人） 読 チュウ、ジュウ、ひも 意 糸を組んで作ったひも。
- **捗**（常） 読 チョク 意 はかどる。仕事が順調に進む。
- **朕**（常） 読 チン 意 天皇・天子が自分を指していうことば。
- **砧**（人） 読 チン、きぬた 意 布などのつやを出すために使う石の台。
- **通**（常） 読 ツウ、ツ、とお(る)、かよ(う) 意 滞りなく移動する。
- **悌**（人） 読 テイ 意 年長者に従う。兄弟の仲がよい。
- **逓**（常） 読 テイ 意 次々に伝え送る。伝え送る。しだいに。
- **挺**（人） 読 テイ、チョウ 意 抜きん出る。まっすぐなさま。
- **庭**（常） 読 テイ、にわ 意 家の庭。家庭。
- **荻**（人） 読 テキ、おぎ 意 植物のオギ。
- **哲**（常） 読 テツ 意 賢い。ものの道理がわかっている。
- **展**（常） 読 テン 意 広げる。開く。薄く延ばす。
- **徒**（常） 読 ト 意 足で歩く。弟子。仲間。むだ。
- **途**（常） 読 ト 意 道。道筋。やり方。
- **党**（常） 読 トウ 意 仲間。人の集まり。
- **套**（人） 読 トウ 意 かさねる。かぶせる。
- **胴**（常） 読 ドウ 意 胴体。体の中央部分。
- **唐**（常） 読 トウ、から 意 昔の中国の王朝の名。大げさに言うこと。
- **桐**（人） 読 トウ、きり 意 樹木のキリ。
- **凍**（常） 読 トウ、こお(る) 意 こおる。こおりつく。こごえる。
- **島**（常） 読 トウ、しま 意 しま。海や湖の中にある陸地。
- **透**（常） 読 トウ、す(ける) 意 向こうまで見える。通り抜ける。
- **桃**（常） 読 トウ、もも 意 果樹のモモ。
- **特**（常） 読 トク 意 とりわけ優れたさま。特別。
- **能**（常） 読 ノウ 意 何かができる。
- **納**（常） 読 ノウ、ナ、ナン、トウ、おさ(める) 意 おさめる。受け入れる。
- **馬**（常） 読 バ、うま、ま 意 動物のウマ。
- **俳**（常） 読 ハイ 意 芸人。役者。たわむれ。俳句。
- **倍**（常） 読 バイ 意 2倍にする。ふやす。ますます。
- **梅**（常） 読 バイ、うめ 意 樹木のウメ。
- **配**（常） 読 ハイ、くば(る) 意 くばる。割りあてる。連れ合い。
- **畠**（人） 読 はた、はたけ 意 はたけ。水をはらない耕作地。
- **班**（常） 読 ハン 意 小分けにしたグループ。
- **畔**（常） 読 ハン 意 あぜ。あぜみち。ほとり。水際。
- **般**（常） 読 ハン 意 物事のひとくくり。めぐる。めぐらす。
- **姫**（常） 読 ひめ 意 高貴な女性。女の子。
- **豹**（人） 読 ヒョウ 意 動物のヒョウ。
- **俵**（常） 読 ヒョウ、たわら 意 たわら。分け与える。
- **敏**（常） 読 ビン 意 動きや頭の働きがすばやい。
- **浜**（常） 読 ヒン、はま 意 水際の平地。海辺。海岸。
- **浮**（常） 読 フ、う(く) 意 うかぶ。うわつく。
- **陛**（常） 読 ヘイ 意 きざはし。宮殿の階段。
- **勉**（常） 読 ベン 意 一生懸命に行う。
- **圃**（人） 読 ホ 意 畑。
- **哺**（常） 読 ホ 意 口に食べ物をふくむ。
- **莫**（人） 読 ボ、モ、バク、な(かれ) 意 暮れる。○○ない。○○するな。
- **俸**（常） 読 ホウ 意 給料。お金で支払う手当。
- **紡**（常） 読 ボウ、つむ(ぐ) 意 より合わせて糸を作る。
- **倣**（常） 読 ホウ、なら(う) 意 まねする。ならう。
- **峰**（常） 読 ホウ、みね 意 山の頂上。高くそびえる山。
- **峯**（人） 読 ホウ、みね 意 山の頂上。高くそびえる山。「峰」の異体字。
- **脈**（常） 読 ミャク 意 血がめぐるすじ。つながるすじ。
- **眠**（常） 読 ミン、ねむ(る) 意 ねむる。
- **娘**（常） 読 むすめ 意 むすめ。若い女性。
- **紋**（常） 読 モン 意 模様。図形や図柄。
- **祐**（人） 読 ユウ、たす(ける) 意 神の助け。助ける。「祐」の旧字。
- **容**（常） 読 ヨウ 意 中に物をいれる。聞き入れる。中身。
- **浴**（常） 読 ヨク、あ(びる) 意 水や湯をからだにかける。身に受ける。
- **浬**（人） 読 リ、かいり 意 海上の距離の単位。
- **哩**（人） 読 リ、マイル 意 距離の単位。
- **莉**（人） 読 リ、レイ 意 茉莉(マツリ)は、植物の名。
- **栗**（人） 読 リツ、くり 意 果樹のクリ。
- **竜**（常） 読 リュウ、たつ 意 想像上の動物、りゅう、たつ。
- **留**（常） 読 リュウ、ル、と(める) 意 動かない。
- **流**（常） 読 リュウ、ル、なが(れる) 意 ながれる。なめらかに変化する。
- **旅**（常） 読 リョ、たび 意 遠くさまざまな場所をめぐる。
- **料**（常） 読 リョウ 意 はかる。もとになるもの。はらうお金。
- **凌**（人） 読 リョウ、しの(ぐ) 意 しのぐ。無理をして越える。
- **凉**（人） 読 リョウ、すず(しい) 意 すずしい。「涼」の異体字。
- **倫**（常） 読 リン 意 人と人とのつながり。仲間。道徳。
- **烈**（常） 読 レツ 意 勢いがとても強い。
- **連**（常） 読 レン、つら(なる) 意 続く。並ぶ。
- **恋**（常） 読 レン、こい、こ(う) 意 思い慕う。愛する。

浪 常 読ロウ 意なみ。大波。さすらう。

郎 人 読ロウ 意男。男性の美称。「郎」の旧字。

朗 常 読ロウ、ほが(らか) 意明るくはっきりしている。

狼 人 読ロウ、おおかみ 意動物のオオカミ。

倭 人 読ワ、やまと 意やまと。昔の日本の名称。

11画

P174～P181

庵 人 読アン、いおり 意茶室などの小さな家。

尉 常 読イ 意軍隊などの階級。古代の官名。

移 常 読イ、うつ(る) 意場所や位置が変わる。

惟 人 読イ、おも(う) 意思う。よく考える。ただそれ。

異 常 読イ、こと 意違っている。めずらしい。

域 常 読イキ 意区切られた範囲。

逸 常 読イツ 意逃げる。ずば抜けている。

寅 人 読イン、とら 意十二支のとら。

凰 人 読オウ、コウ 意想像上のめでたい鳥、鳳凰(ほうおう)。

黄 常 読オウ、コウ、き、こ 意色のきいろ。

菓 常 読カ 意おかし。果物。

貨 常 読カ 意お金。かす。ゆとりを与える。

掛 常 読か(ける) 意引っかける。気にかける。

械 常 読カイ 意しかけのある道具。

涯 常 読ガイ 意水ぎわ。地のはて。

郭 常 読カク 意城や都市を囲む壁。くるわ。

勘 常 読カン 意よく考える。第六感。

貫 常 読カン、つらぬ(く) 意突き通す。最後までやり通す。

眼 常 読ガン、ゲン、まなこ 意目。物事の本質を見抜く能力。

菅 人 読カン、すげ 意草の名。スゲ。

規 常 読キ 意コンパス。基準。きまり。正す。

亀 常 読キ、かめ 意動物のカメ。

基 常 読キ、もと、もとい 意土台。根本。

寄 常 読キ、よ(る) 意立ちよる。たよりにする。

菊 常 読キク 意植物のキク。

掬 人 読キク、すく(う) 意液体や粉末などを少しだけ取る。

救 常 読キュウ、すく(う) 意すくう。助ける。

球 常 読キュウ、たま 意たま。まるいボール。球技。

毬 人 読キュウ、まり 意まり。たま。

魚 常 読ギョ、うお、さかな 意生物のさかな。魚類。

許 常 読キョ、ゆる(す) 意ゆるす。認める。もと。ところ。

教 常 読キョウ、おし(える) 意知識や技術などを伝える。

郷 常 読キョウ、ゴウ 意人々が住んでいる土地。ふるさと。

強 常 読キョウ、ゴウ、つよ(い) 意力がある。健康で丈夫。

菫 人 読キン、すみれ 意植物のスミレ。

偶 常 読グウ 意対になる。たまたま。

掘 常 読クツ、ほ(る) 意土や穴などをほる。

袈 人 読ケ 意僧侶の衣服。

啓 常 読ケイ 意申し上げる。開く。教える。

渓 人 読ケイ 意谷。谷川。

掲 常 読ケイ、かか(げる) 意かかげる。高くあげる。

経 常 読ケイ、キョウ、へ(る) 意織物の縦糸。過ぎる。一定の。

蛍 常 読ケイ、ほたる 意昆虫のホタル。

圈 人 読ケン 意限られた範囲。「圏」の旧字。

舷 常 読ゲン 意ふなべり。ふねの両側の側面。

現 常 読ゲン、あらわ(れる) 意見える状態になる。実際の。

健 常 読ケン、すこ(やか) 意元気がよい。丈夫である。

絃 人 読ゲン、いと、つる 意弦楽器の糸。弦楽器。

牽 人 読ケン、ひ(く) 意引っ張る。引きつける。

梧 人 読ゴ、あおぎり 意梧桐(アオギリ)は、樹木の名。

袴 人 読コ、はかま 意はかま。ももひき。

康 常 読コウ 意心配がない。すこやか。

梗 常 読コウ 意かたい枝。かたくなる。

皐 人 読コウ、さつき 意湖や川が多い地形。

國 人 読コク、くに 意国家。故郷。「国」の旧字。

黒 常 読コク、くろ、くろ(い) 意色のくろ。悪い。

惚 人 読コツ、ほ(れる)、ぼ(ける) 意うっとりする。ぼんやりする。

頃 常 読ころ 意大まかな時期をさすことば。かたむく。

紺 常 読コン 意深みのある青。

混 常 読コン、ま(ざる)、こ(む) 意まぜあわせる。

斎 常 読サイ 意心身を清める。書斎。

埼 常 読さい 意海に突き出た陸地。

彩 常 読サイ、いろど(る) 意いろどり。美しい。光。

済 常 読サイ、す(む) 意きちんと終わる。助ける。

採 常 読サイ、と(る) 意選びとる。摘みとる。

砦 人 読サイ、とりで 意とりで。敵をはばむための城。

菜 常 読サイ、な 意野菜。おかず。菜の花。

細 常 読サイ、ほそ(い)、こま(かい) 意ほそい。こまごまとしている。

祭 常 読サイ、まつ(る)、まつ(り) 意神霊をまつる。まつり。

崎 常 読さき 意みさき。海に突き出た陸地。

笹 人 読ささ 意小型の竹の総称。ササ。

産 常 読サン、う(む)、うぶ 意子をうむ。物を作り出す。

斬 常 読ザン、き(る) 意刃物で切る。きわだつ。

視 常 読シ 意注意して見る。

梓 人 読 シ、あずさ 意 樹木のヨグソミネバリやキササゲ。

偲 人 読 シ、サイ、しの(ぶ) 意 なつかしく思う。

鹿 常 読 しか、か 意 動物のシカ。

悉 人 読 シツ、ことごと(く) 意 すべて。きわめつくす。

執 常 読 シツ、シュウ、と(る) 意 手にとる。扱う。

釈 常 読 シャク 意 意味を解き明かす。言い訳をする。

雀 人 読 ジャク、すずめ 意 鳥のスズメ。

授 常 読 ジュ、さず(ける) 意 与える。いただく。

週 常 読 シュウ 意 めぐる。7日を一区切りにした時間の単位。

脩 人 読 シュウ、おさ(める) 意 形を整える。すらりと細長い。

習 常 読 シュウ、なら(う) 意 繰り返して身につける。教えを受ける。

渋 常 読 ジュウ、しぶ、しぶ(い) 意 しぶい。落ち着いた趣。

淑 常 読 シュク 意 人柄がよい。しとやか。

粛 常 読 シュク 意 おごそかな。つつしむ。

宿 常 読 シュク、やど、やど(る) 意 泊まる。旅館。

術 常 読 ジュツ 意 身につけた特別のわざ。技芸。魔法。

淳 人 読 ジュン、あつ(い) 意 素直で飾りけがない。

惇 人 読 ジュン、トン、まこと 意 人情が厚い。真心。

庶 常 読 ショ 意 さまざま。多い。多くの人。

敍 人 読 ジョ 意 順序立てて述べる。「叙」の旧字。

渚 人 読 ショ、なぎさ、みぎわ 意 波打ちぎわ。

渉 常 読 ショウ 意 徒歩で川を渡る。歩き回る。

章 常 読 ショウ 意 文章や音楽などの一区切り。

紹 常 読 ショウ 意 つなぐ。

菖 人 読 ショウ 意 菖蒲(ショウブ、アヤメ)は、植物の名。

將 人 読 ショウ 意 率いる。もうすぐ○○する。「将」の旧字。

祥 人 読 ショウ 意 めでたいこと。「祥」の旧字。

剰 常 読 ジョウ 意 余る。

條 人 読 ジョウ 意 木の枝。まっすぐな道。「条」の旧字。

淨 人 読 ジョウ 意 清らか。けがれがない。「浄」の旧字。

商 常 読 ショウ、あきな(う) 意 商売する。

唱 常 読 ショウ、とな(える) 意 となえる。うたう。うた。

捷 人 読 ショウ、か(つ)、はや(い) 意 勝つ。速い。機転がきく。

梢 人 読 ショウ、こずえ 意 枝の先。

情 常 読 ジョウ、セイ、なさ(け) 意 思い。思いやりの心。おもむき。

常 常 読 ジョウ、つね、とこ 意 いつまでも。ふだんどおり。

笙 人 読 ショウ、ふえ 意 雅楽で用いられる笛の一種。

埴 人 読 ショク、はに 意 粘土。陶器などに用いるきめの細かい土。

紳 常 読 シン 意 地位や教養のある立派な男性。

晨 人 読 シン、あした 意 夜明け。

進 常 読 シン、すす(む) 意 前へ移動する。よい方向へ変わる。

深 常 読 シン、ふか(い) 意 底や奥のほうへと広がっている。

据 常 読 す(える) 意 そのままにしておく。

逗 人 読 ズ、トウ 意 滞在する。動かない。

推 常 読 スイ、お(す) 意 おし進める。おしはかる。

彗 人 読 スイ、ほうき 意 ほうき。ほうきぼし。

崇 常 読 スウ 意 高くそびえる。尊い。敬う。

清 常 読 セイ、ショウ、きよ(い) 意 澄み切った。さわやかな。

盛 常 読 セイ、ジョウ、さか(ん)、も(る) 意 勢いがある。高く積み上げる。

戚 常 読 セキ 意 おの。親戚。近くに感じる。

責 常 読 セキ、せ(める) 意 とがめる。果たすべきつとめ。

設 常 読 セツ、もう(ける) 意 準備する。備えつける。

接 常 読 セツ、つ(ぐ) 意 つなぐ。近づく。会う。

雪 常 読 セツ、ゆき 意 空から降るゆき。清める。

旋 常 読 セン 意 ぐるぐるまわる。めぐって戻る。

專 人 読 セン、もっぱ(ら) 意 そのことだけをする。「専」の旧字。

釧 人 読 セン、くしろ 意 古代の装身具。腕輪。首輪。

船 常 読 セン、ふね、ふな 意 水を渡る乗り物。

措 常 読 ソ 意 すえ置く。取り計らう。

組 常 読 ソ、く(む)、くみ 意 組み合わせる。くみひも。

曹 常 読 ソウ 意 仲間。ともがら。役人。

爽 常 読 ソウ、さわ(やか) 意 さっぱりしている。明らかな。

曽 常 読 ソウ、ゾ 意 かつて。家系で3代前の。

掃 常 読 ソウ、は(く) 意 ほうきでごみを除く。掃く。すっかり除く。

窓 常 読 ソウ、まど 意 換気や照明のため、壁や屋根に開けた穴。

族 常 読 ゾク 意 祖先を同じくする人々。血統上の身分。

側 常 読 ソク、がわ 意 すぐ近く。一方のがわ。

率 常 読 ソツ、リツ、ひき(いる) 意 ひきいる。ありのまま。

舵 人 読 ダ、かじ 意 船の進行方向を決める装置。

雫 人 読 ダ、しずく 意 水などのしたたり。

梛 人 読 ダ、ナ、なぎ 意 樹木のナギ。

堆 常 読 タイ 意 たくさん積む。うずたかい。

第 常 読 ダイ 意 物事の段階や順序。やしき。

帶 人 読 タイ、お(びる)、おび 意 腰などに巻くおび。「帯」の旧字。

袋 常 読 タイ、ふくろ 意 物を入れる、ふくろ。

琢 人 読 タク、みが(く) 意 宝石を磨く。

淡 常 読 タン、あわ(い) 意 色や味が薄い。気持ちがあっさりしている。

探 常 読 タン、さぐ(る)、さが(す) 意 さぐる。さがす。訪れる。

紬 人 読 チュウ、つむぎ 意 絹織物のつむぎ。

晝 人 読 チュウ、ひる 意 ひるま。「昼」の旧字。

著 常 読 チョ、あらわ(す) 意 本を書く。目立つ。

猪 人 読 チョ、い、いのしし 意 動物のイノシシ。

帳 常 読 チョウ 意 帳面。ノート。垂れ幕。

頂 常 読 チョウ、いただき 意 一番高いところ。もらう。

眺 常 読 チョウ、なが(める) 意 ながめる。見わたす。景色。

釣 常 読 チョウ、つ(る) 意 魚をつる。釣り銭。

鳥 常 読 チョウ、とり 意 とり。鳥類の総称。

張 常 読 チョウ、は(る) 意 ぴんと伸ばす。広げる。

彫 常 読 チョウ、ほ(る) 意 ほる。きざんで模様をつける。

陳 常 読 チン 意 並べる。申し述べる。

偵 常 読 テイ 意 うかがう。

逞 人 読 テイ、たくま(しい) 意 体力や意思が強い。

梯 人 読 テイ、はしご 意 はしご。段階。

笛 常 読 テキ、ふえ 意 管楽器の一種。

転 常 読 テン、ころ(ぶ) 意 転がる。まわる。

添 常 読 テン、そ(える)、そ(う) 意 つけ加える。

都 常 読 ト、ツ、みやこ 意 みやこ。都会。すべて。

陶 常 読 トウ 意 土をこねて焼いてつくった器。

堂 常 読 ドウ 意 立派な建物。また、表座敷。

祷 人 読 トウ、いの(る) 意 神にいのる。「禱」の異体字。

動 常 読 ドウ、うご(く) 意 うごく。うごかす。ふるまい。

桶 人 読 トウ、おけ 意 木製の円筒形の容器

兜 人 読 トウ、ト、かぶと 意 武具のかぶと。

萄 人 読 ドウ、トウ 意 葡萄(ブドウ)は、果樹の名。

得 常 読 トク、え(る)、う(る) 意 手に入れる。身につく。

梨 常 読 なし 意 果樹のナシ。

捺 人 読 ナツ、お(す) 意 押さえつける。

軟 常 読 ナン、やわ(らか)、やわ(らかい) 意 やわらかい。おだやか。

粘 常 読 ネン、ねば(る) 意 ねばる。ねばりつく。

陪 常 読 バイ 意 つきそう。ともにする。

培 常 読 バイ、つちか(う) 意 草木や能力などを養い育てる。

梅 人 読 バイ、うめ 意 樹木のウメ。「梅」の旧字。

舶 常 読 ハク 意 海を渡る大船。

販 常 読 ハン 意 物を売る。商売をする。

晚 人 読 バン 意 夕暮れ。夜。時期がおそい。「晩」の旧字。

絆 人 読 ハン、バン、きずな 意 人と人との結びつき。

梶 人 読 ビ、かじ 意 樹木のカジノキ。木のこずえ。

彪 人 読 ヒュウ、ヒョウ、あや 意 トラの毛皮の鮮やかな模様。

票 常 読 ヒョウ 意 記録・証明などに使う紙片やふだ。

描 常 読 ビョウ、えが(く)、か(く) 意 えがく。絵や図などに表す。

猫 常 読 ビョウ、ねこ 意 動物のネコ。

敏 人 読 ビン 意 動きや頭の働きがすばやい。「敏」の旧字。

彬 人 読 ヒン、あきら(か) 意 鮮やかで整っているようす。

婦 常 読 フ 意 成人した女性。妻。

符 常 読 フ 意 割り符。しるし。ぴったり合う。

部 常 読 ブ 意 区分けしたもののひとつ。部分。

冨 人 読 フ、フウ、とみ、と(む) 意 財産が多い。「富」の異体字。

副 常 読 フク 意 添える。補助や控えとなるもの。

菩 人 読 ボ 意 草のホトケグサ。古代インド語の音訳字。

訪 常 読 ホウ、おとず(れる)、たず(ねる) 意 訪問する。問う。

捧 人 読 ホウ、ささ(げる) 意 両手で高く持つ。差し上げる。

逢 人 読 ホウ、あ(う) 意 めぐり会う。生き着く。

眸 人 読 ボウ、ひとみ 意 ひとみ。眼球の黒い部分。また、目。

萌 人 読 ホウ、も(える) 意 芽が出る。兆候。

萠 人 読 ホウ、も(える) 意 芽が出る。「萌」の異体字。

望 常 読 ボウ、モウ、のぞ(む) 意 遠くを見る。願う。満月。

堀 常 読 ほり 意 地面を掘って水を通したところ。

麻 常 読 マ、あさ 意 植物のアサ。織物のあさ。

密 常 読 ミツ 意 ひそか。すきまがない。

務 常 読 ム、つと(める) 意 仕事。役割。役割を果たす。

猛 常 読 モウ 意 勢いがあって力強い。激しくて被害を与える。

椛 人 読 もみじ、かば 意 紅葉。カバノキ科の樹木。

問 常 読 モン、と(う) 意 とう。たずねる。問いただす。

埜 人 読 ヤ、の 意 広々とした大地。自然のままの。「野」の異体字。

野 常 読 ヤ、の 意 広々とした大地。自然のままの。

訳 常 読 ヤク、わけ 意 文の意味をときあかす。

唯 常 読 ユイ、イ 意 ただそれだけ。「はい」という返事。

悠 常 読 ユウ 意 ゆったりしている。

郵 常 読 ユウ 意 郵便。宿場。

庸 常 読 ヨウ 意 かたよりや特徴がない。仕事をさせる。

翌 常 読 ヨク 意 その次の。

莱 人 読 ライ、あかざ 意 植物のアカザ。荒地。

徠 人 読 ライ、く(る)、きた(る) 意 やってくる。「来」の異体字。

理 常 読 リ 意 宝石の美しい模様。物事の筋道。

陸 常 読 リク 意 水面より上にある土地。

略 常 読 リャク 意 はぶく。おおよそ。はかりごと。かすめとる。

隆 常 読 リュウ 意 盛り上がる。盛んになる。

笠 人 読 リュウ、かさ 意 かさ。かぶりがさ。

粒 常 読 リュウ、つぶ 意 つぶ。丸くて小さいもの。

琉 人 読 リュウ、ル 意 宝石の一種。

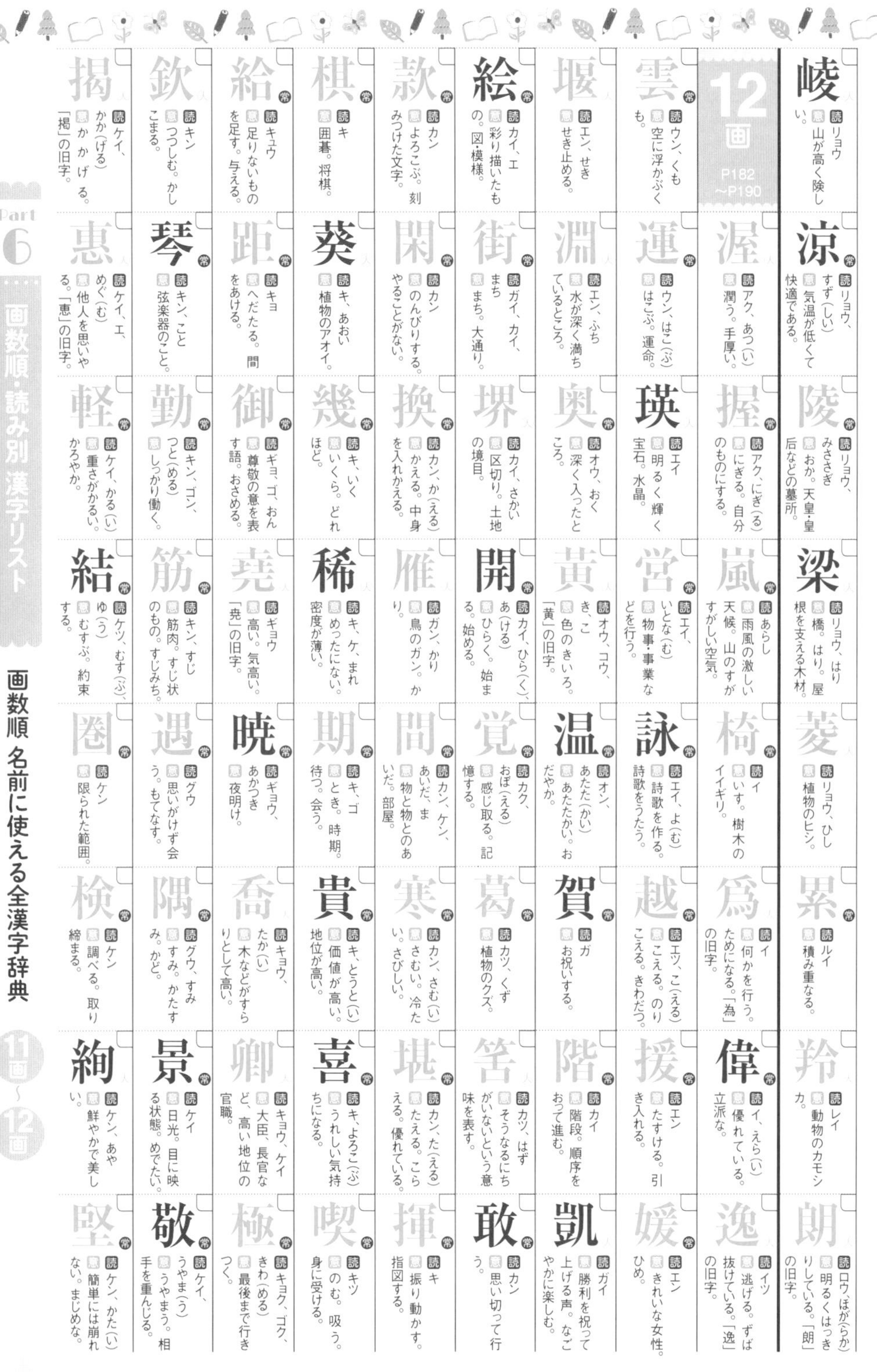

崚 読 リョウ 意 山が高く険しい。

涼 常 読 リョウ、すず(しい) 意 気温が低くて快適である。

陵 常 読 リョウ、みささぎ 意 おか。天皇・皇后などの墓所。

梁 読 リョウ、はり 意 橋。はり。屋根を支える木材。

菱 読 リョウ、ひし 意 植物のヒシ。

累 常 読 ルイ 意 積み重なる。

羚 読 レイ 意 動物のカモシカ。

朗 読 ロウ、ほが(らか) 意 明るくはっきりしている。「朗」の旧字。

12画

P182～P190

渥 読 アク、あつ(い) 意 潤う。手厚い。

握 常 読 アク、にぎ(る) 意 にぎる。自分のものにする。

嵐 常 読 あらし 意 雨風の激しい天候。山のすがすがしい空気。

椅 常 読 イ 意 いす。樹木のイイギリ。

爲 読 イ 意 何かを行う。ためになる。「為」の旧字。

偉 常 読 イ、えら(い) 意 優れている。立派な。

逸 読 イツ 意 逃げる。ずば抜けている。「逸」の旧字。

雲 常 読 ウン、くも 意 空に浮かぶくも。

運 常 読 ウン、はこ(ぶ) 意 はこぶ。運命。

瑛 読 エイ 意 明るく輝く宝石。水晶。

営 常 読 エイ、いとな(む) 意 物事・事業などを行う。

詠 常 読 エイ、よ(む) 意 詩歌を作る。詩歌をうたう。

越 常 読 エツ、こ(える) 意 こえる。のりこえる。きわだつ。

援 常 読 エン 意 たすける。引き入れる。

媛 常 読 エン 意 きれいな女性。ひめ。

堰 読 エン、せき 意 せき止める。

淵 読 エン、ふち 意 水が深く満ちているところ。

奥 常 読 オウ、おく 意 深く入ったところ。

黄 読 オウ、コウ、き、こ 意 色のきいろ。「黄」の旧字。

温 常 読 オン、あたた(かい) 意 あたたかい。おだやか。

賀 常 読 ガ 意 お祝いする。

階 常 読 カイ 意 階段。順序をおって進む。

凱 読 ガイ 意 勝利を祝って上げる声。なごやかに楽しむ。

絵 常 読 カイ、エ 意 彩り描いたもの。図・模様。

街 常 読 ガイ、カイ、まち 意 まち。大通り。

堺 読 カイ、さかい 意 区切り。土地の境目。

開 常 読 カイ、ひら(く)、あ(ける) 意 ひらく。始まる。始める。

覚 常 読 カク、おぼ(える) 意 感じ取る。記憶する。

葛 常 読 カツ、くず 意 植物のクズ。

筈 読 カツ、はず 意 そうなるにちがいないという意味を表す。

敢 常 読 カン 意 思い切って行う。

款 常 読 カン 意 よろこぶ。刻みつけた文字。

閑 常 読 カン 意 のんびりする。やることがない。

換 常 読 カン、か(える) 意 かえる。中身を入れかえる。

雁 読 ガン、かり 意 鳥のガン。かり。

間 常 読 カン、ケン、あいだ、ま 意 物と物とのあいだ。部屋。

寒 常 読 カン、さむ(い) 意 さむい。冷たい。さびしい。

堪 常 読 カン、た(える) 意 たえる。こらえる。優れている。

揮 常 読 キ 意 振り動かす。指図する。

棋 常 読 キ 意 囲碁。将棋。

葵 常 読 キ、あおい 意 植物のアオイ。

幾 常 読 キ、いく 意 いくら。どれほど。

稀 読 キ、ケ、まれ 意 めったにない。密度が薄い。

期 常 読 キ、ゴ 意 とき。時期。待つ。会う。

貴 常 読 キ、とうと(い) 意 価値が高い。地位が高い。

喜 常 読 キ、よろこ(ぶ) 意 うれしい気持ちになる。

喫 常 読 キツ 意 のむ。吸う。身に受ける。

給 常 読 キュウ 意 足りないものを足す。与える。

距 常 読 キョ 意 へだたる。間をあける。

御 常 読 ギョ、ゴ、おん 意 尊敬の意を表す語。おさめる。

堯 読 ギョウ 意 高い。気高い。「尭」の旧字。

暁 読 ギョウ、あかつき 意 夜明け。

喬 読 キョウ、たか(い) 意 木などがすらりとして高い。

卿 読 キョウ、ケイ 意 大臣、長官など、高い地位の官職。

極 常 読 キョク、ゴク、きわ(める) 意 最後まで行きつく。

欽 読 キン 意 つつしむ。かしこまる。

琴 常 読 キン、こと 意 弦楽器のこと。

勤 常 読 キン、ゴン、つと(める) 意 しっかり働く。

筋 常 読 キン、すじ 意 筋肉。すじ状のもの。すじみち。

遇 常 読 グウ 意 思いがけず会う。もてなす。

隅 常 読 グウ、すみ 意 すみ。かたすみ。かど。

景 常 読 ケイ 意 日光。目に映る状態。めでたい。

敬 常 読 ケイ、うやま(う) 意 うやまう。相手を重んじる。

掲 読 ケイ、かか(げる) 意 かかげる。「掲」の旧字。

恵 読 ケイ、エ、めぐ(む) 意 他人を思いやる。「恵」の旧字。

軽 常 読 ケイ、かる(い) 意 重さがかるい。かろやか。

結 常 読 ケツ、むす(ぶ)、ゆ(う) 意 むすぶ。約束する。

圏 常 読 ケン 意 限られた範囲。

検 常 読 ケン 意 調べる。取り締まる。

絢 読 ケン、あや 意 鮮やかで美しい。

堅 常 読 ケン、かた(い) 意 簡単には崩れない。まじめな。

萱（人）　読 ケン、かや　意 草のワスレグサ。かや。

硯（人）　読 ケン、すずり　意 墨をする、すずり。学問、文筆のたとえ。

琥（人）　読 コ、ク　意 虎の形を刻んだ、宝石でできた割符。

湖（常）　読 コ、みずうみ　意 みずうみ。

雇（常）　読 コ、やと(う)　意 賃金を払ってやとう。

項（常）　読 コウ　意 文章などのひとまとまり。

皓（人）　読 コウ　意 白く輝く。広々としたようす。

硬（常）　読 コウ、かた(い)　意 かたい。かたくな。

港（常）　読 コウ、みなと　意 船が出入りする場所。

黑（人）　読 コク、くろ、くろ(い)　意 色のくろ。悪い。「黒」の旧字。

渾（人）　読 コン　意 ひとつになる。まざる。にごる。

最（常）　読 サイ、もっと(も)　意 一番優れているもの。

犀（人）　読 サイ、セイ　意 動物のサイ。

裁（常）　読 サイ、た(つ)、さば(く)　意 布をたち切る。是非を判断する。

策（常）　読 サク　意 計画の案。むち、つえ。

傘（常）　読 サン、かさ　意 雨具のかさ。

詞（常）　読 シ　意 ことばや単語。

視（人）　読 シ　意 注意して見る。「視」の旧字。

滋（常）　読 ジ　意 恵みが豊かな。草木が生い茂る。

斯（人）　読 シ、こ(の)、これ　意 この。これ。このように。

紫（常）　読 シ、むらさき　意 色のむらさき。植物のムラサキ。

軸（常）　読 ジク　意 物事の中心となるもの。かなめ。

惹（人）　読 ジャク、ひ(く)　意 人の心をひきつける。

集（常）　読 シュウ、あつ(まる)　意 人や物があつまる。

衆（常）　読 シュウ、シュ　意 大勢の人。数が多い。

就（常）　読 シュウ、ジュ、つ(く)　意 役目や職などにつく。

萩（人）　読 シュウ、はぎ　意 植物のハギ。

葺（人）　読 シュウ、ふ(く)　意 カヤなどで屋根をおおう。

循（常）　読 ジュン　意 従う。寄りそう。めぐる。

順（常）　読 ジュン　意 道筋どおりに進む。従う。

竣（人）　読 シュン、お(わる)　意 仕事が完成する。建物ができる。

閏（人）　読 ジュン、うるう　意 1年の日数や月数が通常より多い。

暑（常）　読 ショ、あつ(い)　意 あつい。気温が高い。

渚（人）　読 ショ、なぎさ、みぎわ　意 波打ちぎわ。「渚」の旧字。

掌（常）　読 ショウ　意 手のひら。つかさどる。

晶（常）　読 ショウ　意 星が明るく輝く。

湘（人）　読 ショウ　意 中国の南部を流れる長江の支流、湘江。

硝（常）　読 ショウ　意 鉱物の名。硝石(しょうせき)。火薬。

粧（常）　読 ショウ　意 よそおう。おしろいをつけて身をかざる。

証（常）　読 ショウ　意 事実を明らかにする。あかし。

剩（人）　読 ジョウ　意 余る。「剰」の旧字。

翔（人）　読 ショウ、かけ(る)、と(ぶ)　意 羽を大きく広げて飛び舞う。

畳（常）　読 ジョウ、たた(む)、たたみ　意 たたみ。たたむ。重なる。

詔（常）　読 ショウ、みことのり　意 天子の命令やことば。

勝（常）　読 ショウ、か(つ)　意 相手より力がある。優れている。

象（常）　読 ショウ、ゾウ　意 動物のゾウ。かたち。すがた。

場（常）　読 ジョウ、ば　意 ところ。場所。

植（常）　読 ショク、う(える)　意 草木を植える。

殖（常）　読 ショク、ふ(える)　意 増える。増やす。

尋（常）　読 ジン、たず(ねる)　意 答えを求める。

診（常）　読 シン、み(る)　意 症状をよく調べる。

森（常）　読 シン、もり　意 木がたくさん茂っている場所。

須（常）　読 ス　意 必要である。待つ。

随（常）　読 ズイ　意 従う。なりゆきにまかせる。

遂（常）　読 スイ、と(げる)　意 物事をやりとげる。たどりつく。

税（常）　読 ゼイ　意 税金。

惺（人）　読 セイ、さと(る)　意 すっきり理解する。

晴（常）　読 セイ、は(れる)　意 天気がよい。気持ちがよい。

貰（人）　読 セイ、もら(う)　意 お金や品物、助けなどを受ける。

揃（人）　読 セン、そろ(う)　意 そろう。ととのう。

然（常）　読 ゼン、ネン　意 そのとおり。状態を表す字。

善（常）　読 ゼン、よ(い)　意 好ましい。

惣（人）　読 ソウ　意 全部をまとめる。すべて。

搜（人）　読 ソウ、さが(す)　意 すみずみまでさがす。「捜」の旧字。

装（常）　読 ソウ、ショウ、よそお(う)　意 よそおう。取り付ける。飾る。

曾（人）　読 ソウ、ゾ　意 かつて。家系で3代前の。「曽」の旧字。

創（常）　読 ソウ、つく(る)　意 傷。はじめてつくる。

湊（人）　読 ソウ、みなと　意 船着き場。

属（常）　読 ゾク　意 つき従う。くっつく。仲間。

粟（人）　読 ゾク、あわ　意 穀物のあわ。

測（常）　読 ソク、はか(る)　意 長さ、深さ、広さなどをはかる。予想する。

尊（常）　読 ソン、たっと(い)、とうと(い)　意 敬う。神や仏。

巽（人）　読 ソン、たつみ　意 南東の方角。

隊（常）　読 タイ　意 まとまりのある一団。

替（常）　読 タイ、か(える)　意 入れ替わる。

貸（常）　読 タイ、か(す)　意 物などをかす。

琢（人）　読 タク、みが(く)　意 宝石を磨く。「琢」の旧字。

達（常）　読 タツ　意 ある場所に着く。ずば抜けている。

棚（常）　読 たな　意 物をのせる、たな。

單（人）　読 タン　意 ひとつ。複雑でない。「単」の旧字。

湛 読 タン、たた(える) 意 水が深く満ちている。

弾 常 読 ダン、ひ(く)、はず(む) 意 はずむ。弦楽器をひく。

智 読 チ 意 頭のはたらき。賢い。

筑 読 チク、ツク 意 楽器のちく。琴に似た弦楽器。

着 常 読 チャク、き(る)、つ(く) 意 身につける。行きつく。

註 読 チュウ 意 本文中の語句につけた解説。

厨 読 チュウ、ズ、くりや 意 調理場。ひつ。戸棚。

貯 常 読 チョ 意 金銭や物をためておく。

著 読 チョ、あらわ(す) 意 本を書く。目立つ。「著」の旧字。

猪 読 チョ、い、いのしし 意 動物のイノシシ。「猪」の旧字。

超 常 読 チョウ、こ(える)、こ(す) 意 こえる。抜きんでる。

朝 常 読 チョウ、あさ 意 夜明け。政治を行うところ。

貼 常 読 チョウ、は(る) 意 つける。はる。

椎 常 読 ツイ 意 樹木のシイ。物を打つ道具の、つち。

塚 常 読 つか 意 土を高く盛って築いた墓。

提 常 読 テイ、さ(げる) 意 手にさげる。差し出す。

堤 常 読 テイ、つつみ 意 土手。堤防。

程 常 読 テイ、ほど 意 度合い。きまり。進み具合。

都 読 ト、ツ、みやこ 意 みやこ。都会。すべて。「都」の旧字。

堵 読 ト、ド 意 かきね。家を囲む仕切り。

渡 常 読 ト、わた(る) 意 わたる。川や海などを越えて向こう側へ行く。

塔 常 読 トウ 意 仏骨をおさめる場所。

搭 常 読 トウ 意 乗り物に乗る。つける。

董 読 トウ 意 正しく管理する。

等 常 読 トウ、ひと(しい) 意 同じ。順序。仲間。

答 常 読 トウ、こた(え) 意 応じる。問題のこたえ。

統 常 読 トウ、す(べる) 意 ひとつにまとめる。

筒 常 読 トウ、つつ 意 つつ。円柱状で中が空洞のくだ。

登 常 読 トウ、ト、のぼ(る) 意 高いところへ上がる。

道 常 読 ドウ、トウ、みち 意 みち。物事の進め方。

棟 常 読 トウ、むね、むな 意 屋根の一番高いところ。かしら。

湯 常 読 トウ、ゆ 意 水をわかしたもの。

童 常 読 ドウ、わらべ 意 幼い子ども。

敦 読 トン 意 真心がこもっている。手厚い。

琶 読 ハ 意 琵琶(びわ)は、弦楽器の名。

媒 常 読 バイ 意 関係を取り持つ。仲立ち。

博 常 読 ハク、バク 意 広く行き渡っている。

斑 読 ハン 意 色が点のようにまざっている。

晩 常 読 バン 意 夕暮れ。夜。時期がおそい。

番 常 読 バン 意 順番。当番。見はり。

斐 読 ヒ、あや 意 模様が美しい。

備 常 読 ビ、そな(わる) 意 そなえる。そなわる。つぶさに。

扉 常 読 ヒ、とびら 意 ドア。とびら。

琵 読 ビ、ヒ 意 琵琶(びわ)は、弦楽器の名。

筆 常 読 ヒツ、ふで 意 ふで。筆記具。

評 常 読 ヒョウ 意 物事のよしあしや価値を判断する。

普 常 読 フ 意 広く行きわたる。

富 常 読 フ、フウ、とみ、と(む) 意 財産が多い。

葡 読 ブ、ホ 意 葡萄(ブドウ)は、果樹の名。

復 常 読 フク 意 元に戻る。かえる。

幅 常 読 フク、はば 意 はば。横の長さ。ゆとり。

雰 常 読 フン 意 空気。大気。霧。もや。

遍 常 読 ヘン 意 広くいきわたる。回数を数えることば。

補 常 読 ホ、おぎな(う) 意 おぎなう。つくろう。助け。

募 常 読 ボ、つの(る) 意 呼びかけて集める。

帽 常 読 ボウ 意 頭にかぶるもの。

貿 常 読 ボウ 意 交換する。売り買いする。

報 常 読 ホウ、むく(いる) 意 むくいる。むくい。知らせ。

萬 読 マン、バン 意 数字の万。すべて。「万」の旧字。

満 常 読 マン、み(ちる) 意 いっぱいになる。

無 常 読 ム、ブ、な(い) 意 ない。存在しない。

愉 常 読 ユ 意 悩みがなくなる。楽しい。

喩 常 読 ユ 意 たとえる。教えさとす。

裕 常 読 ユウ 意 ゆたか。心にゆとりがある。

釉 読 ユウ、うわぐすり 意 陶磁器に塗り、色つやを出す塗料。

雄 常 読 ユウ、お、おす 意 動物のオス。力強い。

遊 常 読 ユウ、ユ、あそ(ぶ) 意 気ままに楽しむ。

湧 常 読 ユウ、わ(く) 意 水などが地面から出てくる。

陽 常 読 ヨウ 意 太陽。日光。明るくて暖かい。

揚 常 読 ヨウ、あ(がる) 意 引っ張り上げる。気分が高まる。

葉 常 読 ヨウ、は 意 草木のはっぱ。時代。

遥 読 ヨウ、はる(か) 意 はるか。遠い。

揺 常 読 ヨウ、ゆ(れる) 意 ゆれる。ゆれ動く。

絡 常 読 ラク、から(む) 意 つながる。からみつく。

硫 常 読 リュウ 意 鉱物の硫黄(いおう)。

量 常 読 リョウ、はか(る) 意 容積や重さ。はかる。

椋 読 リョウ、むく 意 樹木のムクノキ。

琳 読 リン 意 澄んだ宝石。宝石が触れ合って鳴る音の形容。

塁 常 読 ルイ 意 とりで。陣地。野球のベース。

廊 常 読 ロウ 意 ろうか。家の中の通路。

禄（人）　読 ロク　意 与えられた幸せ。武士の給与。

隈（人）　読 ワイ、くま、すみ　意 山や川の奥まったところ。

椀（人）　読 ワン　意 食べ物などを入れる木製の器。

湾（常）　読 ワン　意 入り江。

腕（常）　読 ワン、うで　意 うで。うでまえ。

13画

P190～P196

愛（常）　読 アイ　意 いつくしむ。大切に思う。

意（常）　読 イ　意 考え。気持ち。

彙（常）　読 イ　意 多くのものが集まる。動物のハリネズミ。

葦（人）　読 イ、あし、よし　意 水辺に生える草のアシ。

溢（人）　読 イツ、あふ(れる)　意 あふれる。満ちる。

遠（常）　読 エン、オン、とお(い)　意 距離や時間が離れている。

猿（常）　読 エン、さる　意 動物のサル。

塩（常）　読 エン、しお　意 調味料のしお。

園（常）　読 エン、その　意 囲いの内側。植物を植えた場所。

圓（人）　読 エン、まる(い)　意 円形や球形。「円」の旧字。

奧（人）　読 オウ、おく　意 深く入ったところ。「奥」の旧字。

溫（人）　読 オン、あたた(かい)　意 あたたかい。「温」の旧字。

雅（常）　読 ガ　意 洗練されている。風流な。

楷（常）　読 カイ　意 樹木のカイ。漢字の書体のひとつ、楷書。

該（常）　読 ガイ　意 備わる。当てはまる。

解（常）　読 カイ、ゲ、と(く)　意 ばらばらにする。ときあかす。

塙（人）　読 カク、はなわ　意 土がかたい。山の少し高くつき出たところ。

楽（常）　読 ガク、ラク、たの(しい)　意 音楽。心がうきうきする。

滑（常）　読 カツ、コツ、すべ(る)、なめ(らか)　意 なめらか。

寛（常）　読 カン　意 心が広い。ゆるやか。

感（常）　読 カン　意 深く心が動く。感動。感覚。

漢（常）　読 カン　意 中国に関する事柄。男。

頑（常）　読 ガン　意 かたくな。がっしりしている。

勧（常）　読 カン、すす(める)　意 すすめる。繰り返し促す。

幹（常）　読 カン、みき　意 樹木のみき。物事の中心。

義（常）　読 ギ　意 社会的に見て正しいこと。

暉（人）　読 キ、かがや(く)　意 光輝く。

詰（常）　読 キツ、つ(まる)　意 問いつめる。つめこむ。

鳩（人）　読 キュウ、はと　意 鳥のハト。

業（常）　読 ギョウ、ゴウ、わざ　意 やるべきこと。やり遂げた結果。

勤（人）　読 キン、ゴン、つと(める)　意 しっかり働く。「勤」の旧字。

群（常）　読 グン、む(れ)　意 むれ。仲間。むらがる。

携（常）　読 ケイ、たずさ(える)　意 たずさえる。手をつなぐ。

詣（常）　読 ケイ、もう(でる)　意 お参りする。

継（常）　読 ケイ、つ(ぐ)　意 後を続ける。間をつなぐ。

傑（常）　読 ケツ　意 並外れて優れている。

絹（常）　読 ケン、きぬ　意 カイコのまゆからとった繊維。

献（常）　読 ケン、コン　意 たてまつる。

遣（常）　読 ケン、つか(う)　意 差し向ける。使用する。

源（常）　読 ゲン、みなもと　意 水の流れ出る泉。おおもと。

碁（常）　読 ゴ　意 囲碁。ボードゲーム。

瑚（人）　読 コ、ゴ　意 赤色の宝石。珊瑚。

鼓（常）　読 コ、つづみ　意 打楽器のつづみ。

誇（常）　読 コ、ほこ(る)　意 ほこる。ほこり。大きなことを言っていばる。

鉱（常）　読 コウ　意 金属や石炭などの原石。

滉（人）　読 コウ　意 水が深く広い。

煌（人）　読 コウ、きら(めく)　意 鋭く輝く。きらきら輝く。

幌（人）　読 コウ、ほろ　意 雨風をしのぐために、車などにつけるカバー。

溝（常）　読 コウ、みぞ　意 細長く掘った水路。細長くくぼんだところ。

嵯（人）　読 サ　意 山が高くてけわしいようす。

裟（人）　読 サ、シャ　意 袈裟(けさ)は、僧の衣服。

蓑（人）　読 サ、みの　意 カヤなどを編んで作った雨具。

催（常）　読 サイ、もよお(す)　意 うながす。行事を行う。

歳（常）　読 サイ、セイ　意 年月。1年。年齢。作物の実り。

載（常）　読 サイ、の(る)　意 車などに物をのせる。書物に記す。

嗣（常）　読 シ　意 地位や仕事を相続する。

詩（常）　読 シ　意 し。文学様式のひとつ。

資（常）　読 シ　意 何かのために必要な原材料やお金。

慈（常）　読 ジ、いつく(しむ)　意 深い愛情を持って接する。

蒔（人）　読 ジ、シ、ま(く)　意 種をまく。植える。

獅（人）　読 シ、しし　意 動物のライオン。獅子(しし)。

試（常）　読 シ、ため(す)、こころ(みる)　意 ためす。こころみ。試験。

酬（常）　読 シュウ　意 むくいる。

蒐（人）　読 シュウ、あつ(める)　意 収集する。

舜（人）　読 シュン　意 中国の伝説上の理想的な帝王。

準（常）　読 ジュン　意 水平をはかる器具。物事をはかる目安。

馴（人）　読 ジュン、な(れる)　意 なれる。ならす。従順な。

詢（人）　読 シュン、ジュン、と(う)、まこと　意 相談する。

楯（人）　読 ジュン、たて　意 たて。敵の攻撃を防ぐ武具。

署（常）　読 ショ　意 役所。書き記す。

暑（人）　読 ショ、あつ(い)　意 あつい。「暑」の旧字。

奨（常）　読 ショウ　意 盛んになるように手助けする。

頌（人）　読 ショウ　意 ほめる。たたえる。

詳（常）　読 ショウ、くわ(しい)　意 くわしい。つまびらかにする。

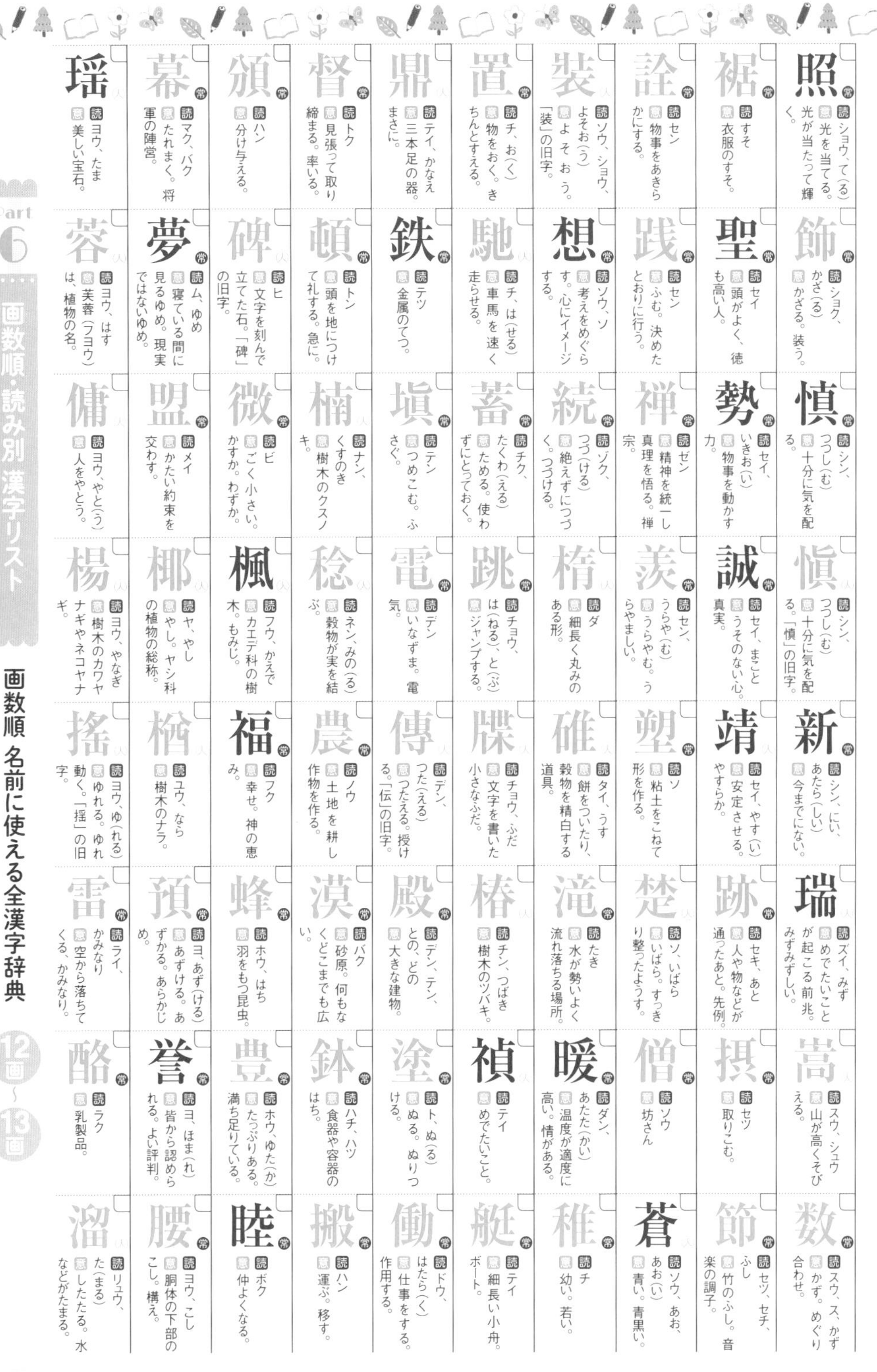

照 常 読ショウ、て(る) 意光を当てる。光が当たって輝く。
飾 常 読ショク、かざ(る) 意かざる。装う。
慎 常 読シン、つつし(む) 意十分に気を配る。
愼 人 読シン、つつし(む) 意十分に気を配る。「慎」の旧字。
新 常 読シン、にい、あたら(しい) 意今までにない。
瑞 人 読ズイ、みず 意めでたいことが起こる前兆。みずみずしい。
嵩 常 読スウ、シュウ 意山が高くそびえる。
数 常 読スウ、ス、かず 意かず。めぐり合わせ。

裾 常 読すそ 意衣服のすそ。
聖 常 読セイ 意頭がよく、徳も高い人。
勢 常 読セイ、いきお(い) 意物事を動かす力。
誠 常 読セイ、まこと 意うそのない心。真実。
靖 人 読セイ、やす(い) 意安定させる。やすらか。
跡 常 読セキ、あと 意人や物などが通ったあと。先例。
摂 常 読セツ 意取りこむ。
節 常 読セツ、セチ、ふし 意竹のふし。音楽の調子。

詮 常 読セン 意物事をあきらかにする。
践 常 読セン 意ふむ。決めたとおりに行う。
禅 常 読ゼン 意精神を統一し真理を悟る。禅宗。
羨 常 読セン、うらや(む) 意うらやむ。うらやましい。
塑 常 読ソ 意粘土をこねて形を作る。
楚 人 読ソ、いばら 意いばら。すっきり整ったようす。
僧 常 読ソウ 意坊さん
蒼 人 読ソウ、あお、あお(い) 意青い。青黒い。

裝 人 読ソウ、ショウ、よそお(う) 意よそおう。「装」の旧字。
想 常 読ソウ、ソ 意考えをめぐらす。心にイメージする。
続 常 読ゾク、つづ(ける) 意絶えずにつづく。つづける。
楕 人 読ダ 意細長く丸みのある形。
碓 人 読タイ、うす 意餅をついたり、穀物を精白する道具。
滝 常 読たき 意水が勢いよく流れ落ちる場所。
暖 常 読ダン、あたた(かい) 意温度が適度に高い。情がある。
稚 常 読チ 意幼い。若い。

置 常 読チ、お(く) 意物をおく。きちんとすえる。
馳 人 読チ、は(せる) 意車馬を速く走らせる。
蓄 常 読チク、たくわ(える) 意ためる。使わずにとっておく。
跳 常 読チョウ、は(ねる)、と(ぶ) 意ジャンプする。
牒 人 読チョウ、ふだ 意文字を書いた小さなふだ。
椿 人 読チン、つばき 意樹木のツバキ。
禎 人 読テイ 意めでたいこと。
艇 常 読テイ 意細長い小舟。ボート。

鼎 人 読テイ、かなえ 意三本足の器。まさに。
鉄 常 読テツ 意金属のてつ。
塡 常 読テン 意つめこむ。ふさぐ。
電 人 読デン 意いなずま。電気。
傳 人 読デン、つた(える) 意つたえる。授ける。「伝」の旧字。
殿 常 読デン、テン、との、どの 意大きな建物。
塗 常 読ト、ぬ(る) 意ぬる。ぬりつける。
働 常 読ドウ、はたら(く) 意仕事をする。作用する。

督 常 読トク 意見張って取り締まる。率いる。
頓 人 読トン 意頭を地につけて礼する。急に。
楠 人 読ナン、くすのき 意樹木のクスノキ。
稔 人 読ネン、みの(る) 意穀物が実を結ぶ。
農 常 読ノウ 意土地を耕し作物を作る。
漠 常 読バク 意砂原。何もなくどこまでも広い。
鉢 常 読ハチ、ハツ 意食器や容器のはち。
搬 常 読ハン 意運ぶ。移す。

頒 常 読ハン 意分け与える。
碑 人 読ヒ 意文字を刻んで立てた石。「碑」の旧字。
微 常 読ビ 意ごく小さい。かすか。わずか。
楓 人 読フウ、かえで 意カエデ科の樹木。もみじ。
福 常 読フク 意幸せ。神の恵み。
蜂 常 読ホウ、はち 意羽をもつ昆虫。
豊 常 読ホウ、ゆた(か) 意たっぷりある。満ち足りている。
睦 常 読ボク 意仲よくなる。

幕 常 読マク、バク 意たれまく。将軍の陣営。
夢 常 読ム、ゆめ 意寝ている間に見るゆめ。現実ではないゆめ。
盟 常 読メイ 意かたい約束を交わす。
椰 人 読ヤ、やし 意やし。ヤシ科の植物の総称。
楢 人 読ユウ、なら 意樹木のナラ。
預 常 読ヨ、あず(ける) 意あずける。あらかじめ。
誉 常 読ヨ、ほま(れ) 意皆から認められる。よい評判。
腰 常 読ヨウ、こし 意胴体の下部のこし。構え。

瑶 人 読ヨウ、たま 意美しい宝石。
蓉 人 読ヨウ、はす 意芙蓉(フヨウ)は、植物の名。
傭 人 読ヨウ、やと(う) 意人をやとう。
楊 人 読ヨウ、やなぎ 意樹木のカワヤナギやネコヤナギ。
搖 人 読ヨウ、ゆ(れる) 意ゆれる。ゆれ動く。「揺」の旧字。
雷 常 読ライ、かみなり 意空から落ちてくる、かみなり。
酪 常 読ラク 意乳製品。
溜 人 読リュウ、た(まる) 意したたる。水などがたまる。

稜 人 読リョウ 意折れ曲がった面のとがった部分。

稟 人 読リン、ヒン 意命令を受ける。天から授かる。

零 常 読レイ 意ゼロ。雨粒がしたたる。常に少ない。

鈴 常 読レイ、リン、すず 意すず。ベル。

廉 常 読レン 意私欲がない。値段が安い。

煉 人 読レン、ね(る) 意金属を打ちきたえる。ねる。

蓮 人 読レン、はす 意植物のハス。

路 常 読ロ、じ 意みち。物事の筋道。

廊 人 読ロウ 意ろうか。「廊」の旧字。

楼 常 読ロウ 意高い建物。たかどの。やぐら。

祿 人 読ロク 意与えられた幸せ。武士の給与。「禄」の旧字。

話 常 読ワ、はなし、はな(す) 意はなす。はなし。ことば。

碗 人 読ワン 意食べ物などを入れる焼き物の器。

14画

P196～P200

斡 人 読アツ、めぐ(る) 意ぐるりと回る。

維 常 読イ 意綱やひも。続ける。

蔭 人 読イン、かげ 意ひかげ。助け。おおう。

榮 人 読エイ、さか(える) 意盛んになる。「栄」の旧字。

駅 常 読エキ 意鉄道のえき。昔の宿場。

演 常 読エン 意劇や音楽などを行ってみせる。

鳶 人 読エン、とび 意鳥のトビ。土木・建築などの職人。

箇 常 読カ 意ものを数えるときのことば。

歌 常 読カ、うた、うた(う) 意うた。和歌。

榎 人 読カ、えのき 意樹木のエノキ。

樺 人 読カ、かば 意樹木のカバノキ。

嘉 人 読カ、よ(い) 意よい。めでたい。お祝いする。

概 常 読ガイ 意おもむき。全体のスケール。

魁 人 読カイ、さきがけ 意先頭に立つ人。大きい。

閣 常 読カク 意高く構えた建物。内閣。

摑 人 読カク、つか(む) 意つかむ。にぎり取る。

寬 人 読カン 意心が広い。ゆるやか。「寛」の旧字。

漢 人 読カン 意中国に関する事柄。男。「漢」の旧字。

管 常 読カン、くだ 意くだ。つかさどる。

関 常 読カン、せき、かか(わる) 意つながりを持つ。関所。

慣 常 読カン、な(れる) 意なれる。ならす。ならわし。

綺 人 読キ、あや 意美しい模様の入った織物。

旗 常 読キ、はた 意風になびく、はた。

箕 人 読キ、み 意穀物の殻やごみを取り除く道具。

漁 常 読ギョ、リョウ 意魚や貝などをとる。

境 常 読キョウ、ケイ、さかい 意さかいめ。一定の地域。

銀 常 読ギン 意金属のぎん。銀色。銀貨。

駆 常 読ク、か(ける)、か(る) 意馬を走らせる。

熊 常 読くま 意動物のクマ。

語 常 読ゴ、かた(る) 意話をする。言語。

酵 常 読コウ 意酒のもと。こうじ。

閤 人 読コウ 意くぐりど。宮殿。婦人の部屋。

豪 常 読ゴウ 意圧倒的な勢いがある。優れている。

構 常 読コウ、かま(える) 意組み立てる。かこい。

綱 常 読コウ、つな 意太いつな。根本となるきまり。

穀 常 読コク 意米、麦などの穀物。

魂 常 読コン、たましい 意たましい。人、物の精神。心。

瑳 人 読サ 意宝石を磨く。磨かれたように美しい。

際 常 読サイ、きわ 意2つのものが接する境目。まじわり。

榊 人 読さかき 意樹木のサカキ。昔からの神木。

察 常 読サツ 意よく見る。よく調べる。

颯 人 読サツ、ソウ、はやて 意風の吹くさま。サッと動く。

算 常 読サン 意かぞえる。見当をつける。

誌 常 読シ 意記す。しるし。記録。雑誌。

磁 常 読ジ 意鉄を引き寄せる性質を持つ鉱物。

爾 人 読ジ、ニ 意相手を指す語。なんじ。しかり。

漆 常 読シツ、うるし 意樹木のウルシ。樹液で作る塗料。

實 人 読ジツ、み、みの(る) 意果実。「実」の旧字。

需 常 読ジュ 意必要とする。もとめ。

壽 人 読ジュ、ことぶき 意長生きする。お祝いする。「寿」の旧字。

竪 人 読ジュ、たて 意立つ。まっすぐ立つ。

種 常 読シュ、たね 意植物のたね。植える。

塾 常 読ジュク 意学問を教える場所。

署 人 読ショ 意役所。書き記す。「署」の旧字。

緒 常 読ショ、チョ、お 意糸やひも。物事の糸口。

彰 常 読ショウ 意はっきりさせる。

奬 人 読ショウ 意盛んになるように手助けする。「奨」の旧字。

蔣 人 読ショウ 意草の名。

摺 人 読ショウ、す(る) 意印刷する。紙や布を折りたたむ。

裳 人 読ショウ、も 意腰から下にまとう衣服の総称。

賑 人 読シン、にぎ(わう) 意にぎやか。盛んなようす。

盡 人 読ジン、つ(くす) 意出し切る。なくなる。「尽」の旧字。

槙 人 読シン、テン、まき 意マキ科の樹木。

槇 人 読シン、テン、まき 意マキ科の樹木。「槙」の旧字。

榛 人 読シン、はり、はん 意樹木のハシバミやハンノキ。

粹 人 読スイ、いき 意まじりけがなく、質がいい。「粋」の旧字。

- **翠** 人 読 スイ、みどり 意 みどり色。青緑色。
- **製** 常 読 セイ 意 物をつくる。こしらえる。
- **齊** 人 読 セイ 意 きちんと整う。「斉」の旧字。
- **精** 常 読 セイ、ショウ 意 中心となる部分。行き届いた。
- **静** 常 読 セイ、ジョウ、しず(か) 意 しずか。落ち着いている。
- **誓** 常 読 セイ、ちか(う) 意 きちんと約束する。
- **碩** 人 読 セキ 意 大きい。優れている。
- **説** 常 読 セツ、ゼイ、と(く) 意 意見。考え。説明する。
- **箋** 常 読 セン 意 注釈、手紙などを書く紙。
- **漸** 常 読 ゼン 意 ようやく。少しずつ進む。
- **銑** 人 読 セン、ずく 意 純度の低い鉄。光沢のある金属。
- **遡** 常 読 ソ、さかのぼ(る) 意 流れをさかのぼっていく。
- **層** 常 読 ソウ 意 かさなる。階を重ねた建物。
- **総** 常 読 ソウ 意 すべてをまとめる。
- **綜** 人 読 ソウ 意 機織りに使う道具。多くのものをまとめる。
- **僧** 人 読 ソウ 意 坊さん。「僧」の旧字。
- **像** 常 読 ゾウ 意 物や人の姿や形。かたどる。
- **遭** 常 読 ソウ、あ(う) 意 思いがけず出会う。出くわす。
- **漕** 人 読 ソウ、こ(ぐ) 意 船をこぐ。船で運ぶ。
- **聡** 読 ソウ、さと(い) 意 理解がはやい。
- **漱** 人 読 ソウ、すす(ぐ) 意 口をすすぐ。うがいをする。
- **増** 常 読 ゾウ、ま(す)、ふ(える) 意 ふえる。ます。
- **槍** 人 読 ソウ、やり 意 長い柄に剣をつけた武具。
- **遜** 常 読 ソン 意 へりくだる。およばない。人に譲る。
- **態** 常 読 タイ 意 すがた。ようす。わざと。
- **團** 人 読 ダン、トン 意 同じ目的を持つ人の集まり。「団」の旧字。
- **端** 常 読 タン、はし、は、はた 意 はしっこ。糸口やはじめ。
- **嫡** 常 読 チャク 意 正妻。正妻が産んだ跡取り。
- **徴** 常 読 チョウ 意 前触れ。人を召し出す。
- **暢** 人 読 チョウ、の(びる) 意 のびやか。
- **肇** 人 読 チョウ、はじ(める) 意 開始する。
- **蔦** 読 チョウ、つた 意 つた。つる性植物の総称。
- **禎** 人 読 テイ 意 めでたいしるし。「禎」の旧字。
- **綴** 人 読 テイ、つづ(り) 意 つなぎ合わせる。文章を作る。
- **適** 常 読 テキ 意 ぴたりと合う。心地よい。
- **滴** 常 読 テキ、しずく 意 液体の粒。液体の粒が流れ落ちる。
- **摘** 常 読 テキ、つ(む) 意 目的のものだけを取り出す。
- **銅** 常 読 ドウ 意 金属のどう。
- **稲** 常 読 トウ、いね、いな 意 植物のイネ。
- **嶋** 読 トウ、しま 意 しま。「島」の異体字。
- **徳** 常 読 トク 意 人柄が優れている。恵み。
- **読** 常 読 ドク、トク、トウ、よ(む) 意 本や文字をよむ。読み取る。
- **認** 常 読 ニン、みと(める) 意 みとめる。受け入れる。見分ける。
- **寧** 常 読 ネイ 意 落ち着いている。心がこもっている。
- **頗** 人 読 ハ、すこぶ(る) 意 かたよる。公平でない。非常に。
- **箔** 常 読 ハク 意 金属を薄く伸ばしたもの。
- **閥** 常 読 バツ 意 家柄。出身や利害を同じくする者の集団。
- **碑** 常 読 ヒ 意 文字を刻んで立てた石。
- **緋** 読 ヒ、あか 意 濃く鮮やかな赤色。
- **漂** 常 読 ヒョウ、ただよ(う) 意 ただよう。さすらう。
- **賓** 人 読 ヒン 意 大切な客。「賓」の旧字。
- **複** 常 読 フク 意 重なっている。2つ以上の。
- **福** 人 読 フク 意 幸せ。神の恵み。「福」の旧字。
- **聞** 常 読 ブン、モン、き(く) 意 音を耳で感じ取る。
- **碧** 人 読 ヘキ、あお、みどり 意 青緑色の宝石。
- **暮** 常 読 ボ、く(らす) 意 日がくれる。生活する。
- **慕** 常 読 ボ、した(う) 意 したう。思いを寄せる。
- **輔** 人 読 ホ、すけ、たす(ける) 意 支える。補佐する。
- **貌** 常 読 ボウ 意 顔や姿。
- **鳳** 人 読 ホウ、おおとり 意 想像上のめでたい鳥。鳳凰(ほうおう)。
- **鞄** 人 読 ホウ、かばん 意 かばん。
- **蓬** 人 読 ホウ、よもぎ 意 草のヨモギ。ほつれ乱れる。
- **僕** 常 読 ボク 意 男子が自分をさしていうことば。しもべ。
- **墨** 常 読 ボク、すみ 意 書画を書くためのすみ。
- **蔓** 人 読 マン、つる 意 植物のつる。草木が伸び広がる。
- **蜜** 常 読 ミツ 意 花などに含まれる甘い液体。はちみつ。
- **銘** 常 読 メイ 意 石碑などに刻まれた人名や文句。
- **鳴** 常 読 メイ、な(く) 意 鳥などがなく。物が音を発する。
- **綿** 常 読 メン、わた 意 わた。長く続く。
- **模** 常 読 モ、ボ 意 ひながた。まねる。手探りする。
- **網** 常 読 モウ、あみ 意 あみ。あみ目状のもの。
- **誘** 常 読 ユウ、さそ(う) 意 さそう。引き起こす。
- **與** 人 読 ヨ、あた(える) 意 相手に渡す。「与」の旧字。
- **踊** 常 読 ヨウ、おど(る) 意 おどる。とび上がる。
- **様** 常 読 ヨウ、さま 意 ありさま。かたち。
- **遙** 人 読 ヨウ、はる(か) 意 はるか。遠い。「遥」の旧字。
- **僚** 常 読 リョウ 意 一緒に仕事をする仲間。
- **領** 常 読 リョウ 意 土地を所有する。大事なところ。
- **綾** 人 読 リョウ、あや 意 あやぎぬ。美しい模様のある絹織物。
- **緑** 常 読 リョク、ロク、みどり 意 色のみどり。草花や樹木。

綠 人
読 リョク、ロク、みどり 意 色のみどり。「緑」の旧字。

綸 人
読 リン、いと 意 より合わせて作った糸。

瑠 常
読 ル 意 瑠璃（るり）は、宝石の名。

歴 常
読 レキ 意 年月を経る。

暦 常
読 レキ、こよみ 意 こよみ。めぐりあわせ。

漣 人
読 レン、さざなみ 意 小さな波。

練 常
読 レン、ね（る） 意 繰り返して身につける。

15画
P200～P203

鞍 人
読 アン、くら 意 馬などの背に乗せるくら。

鋭 常
読 エイ、するど（い） 意 とがっている。勢いがいい。

影 常
読 エイ、かげ 意 かげ。物の姿や形。光。

閲 常
読 エツ 意 よく調べる。

謁 常
読 エツ 意 身分の高い人に会う。

縁 常
読 エン、ふち 意 まわりの部分。つながり。

緣 人
読 エン、ふち 意 まわりの部分。つながり。「縁」の旧字。

横 常
読 オウ、よこ 意 よこ。東西の方向。よこたわる。

億 常
読 オク 意 数の単位。

課 常
読 カ 意 組織などの受け持ち区分。

價 人
読 カ、あたい 意 値段。値打ち。「価」の旧字。

蝦 人
読 カ、えび 意 甲殻類のエビ。

駕 人
読 ガ、カ、の（る） 意 馬や牛などに引かせる乗りもの。

稼 常
読 カ、かせ（ぐ） 意 かせぐ。穀物を植える。

確 常
読 カク、たし（かめる） 意 たしか。まちがいがない。

樂 人
読 ガク、ラク、たの（しい） 意 音楽。「楽」の旧字。

潟 常
読 かた 意 潮の満ち引きで現れたり沈んだりするところ。

歓 常
読 カン 意 よろこぶ。楽しい気分になる。

監 常
読 カン 意 見る。見張る。ろうや。

緩 常
読 カン、ゆる（い） 意 ゆるい。ゆったりする。

畿 常
読 キ 意 京都を中心とした地域。

儀 常
読 ギ 意 正しい作法。

戯 常
読 ギ、たわむ（れる） 意 たわむれ遊ぶ。

器 常
読 キ、うつわ 意 入れ物。才能。

嬉 人
読 キ、うれ（しい） 意 うれしい。楽しい気分になる。

輝 常
読 キ、かがや（く） 意 光を強く発する。

槻 人
読 キ、つき 意 樹木のケヤキ。

毅 人
読 キ、つよ（い） 意 意志が強くて決断力がある。

熙 人
読 キ、ひか（る） 意 光輝く。喜ぶ。

誼 人
読 ギ、よしみ 意 親しい。ちょうどよい。

蕎 人
読 キョウ 意 薬草の名。

駈 人
読 ク、か（ける）、か（る） 意 馬を走らせる。「駆」の異体字。

勲 常
読 クン 意 立派な手柄。

慶 常
読 ケイ 意 お祝いする。めでたい。

稽 常
読 ケイ 意 くらべて考える。考察する。

憬 常
読 ケイ 意 あこがれる。さとる。

慧 人
読 ケイ、エ 意 頭のはたらきが鋭い。

劇 常
読 ゲキ 意 演劇。激しい。

潔 常
読 ケツ、いさぎよ（い） 意 けがれがない。

蕨 人
読 ケツ、わらび 意 山菜のわらび。

儉 人
読 ケン 意 節約する。「倹」の旧字。

権 常
読 ケン、ゴン 意 他を従わせる力や勢い。

劍 人
読 ケン、つるぎ 意 刀。剣道。「剣」の旧字。

稿 常
読 コウ 意 詩文の下書き。原稿。

廣 人
読 コウ、ひろ（い） 意 面積が大きい。「広」の旧字。

穀 人
読 コク 意 米、麦などの穀物。「穀」の旧字。

駒 人
読 こま 意 元気な若い馬。将棋のこま。

撮 常
読 サツ、と（る） 意 写真や映画をとる。指先でつまむ。

賛 常
読 サン 意 ほめる。同意して協力する。

暫 常
読 ザン 意 しばらく。わずかの間。仮に。

摯 常
読 シ 意 しっかり手に持つ。

賜 常
読 シ、たまわ（る） 意 目上の人から物をいただく。

質 常
読 シツ、シチ、チ 意 中身。内容。生まれつきの性質。

趣 常
読 シュ、おもむき 意 心が引きつけられる。味わい。

諏 人
読 シュ、ス 意 集まって相談する。

澁 人
読 ジュウ、しぶ、しぶ（い） 意 しぶい。「渋」の旧字。

熟 常
読 ジュク、う（れる） 意 果実などが十分に実る。煮る。

遵 常
読 ジュン 意 決まりのとおりにする。

醇 人
読 ジュン 意 まじりけがない。濃厚な原酒。

潤 常
読 ジュン、うるお（う） 意 水分を多く含む。

諄 人
読 ジュン、まこと 意 ていねいに教える。

諸 常
読 ショ 意 多くの。さまざまな。

緖 人
読 ショ、チョ、お 意 糸やひも。物事の糸口。「緒」の旧字。

蕉 人
読 ショウ 意 芭蕉（バショウ）は、植物の名。

衝 常
読 ショウ 意 つく。突き当たる。交通の要所。

賞 常
読 ショウ 意 ほうび。ほめる。

憧 常
読 ショウ、あこが（れる） 意 あこがれる。心が落ち着かない。

樟 人
読 ショウ、くすのき 意 樹木のクスノキ。

縄 常
読 ジョウ、なわ 意 なわ。物事の基準。

審 常
読 シン 意 明らかにする。くわしく調べる。

穂 常
読 スイ、ほ 意 ほ。穂先。

請 常
読 セイ、シン、こ（う）、う（ける） 意 願い求める。引き取る。

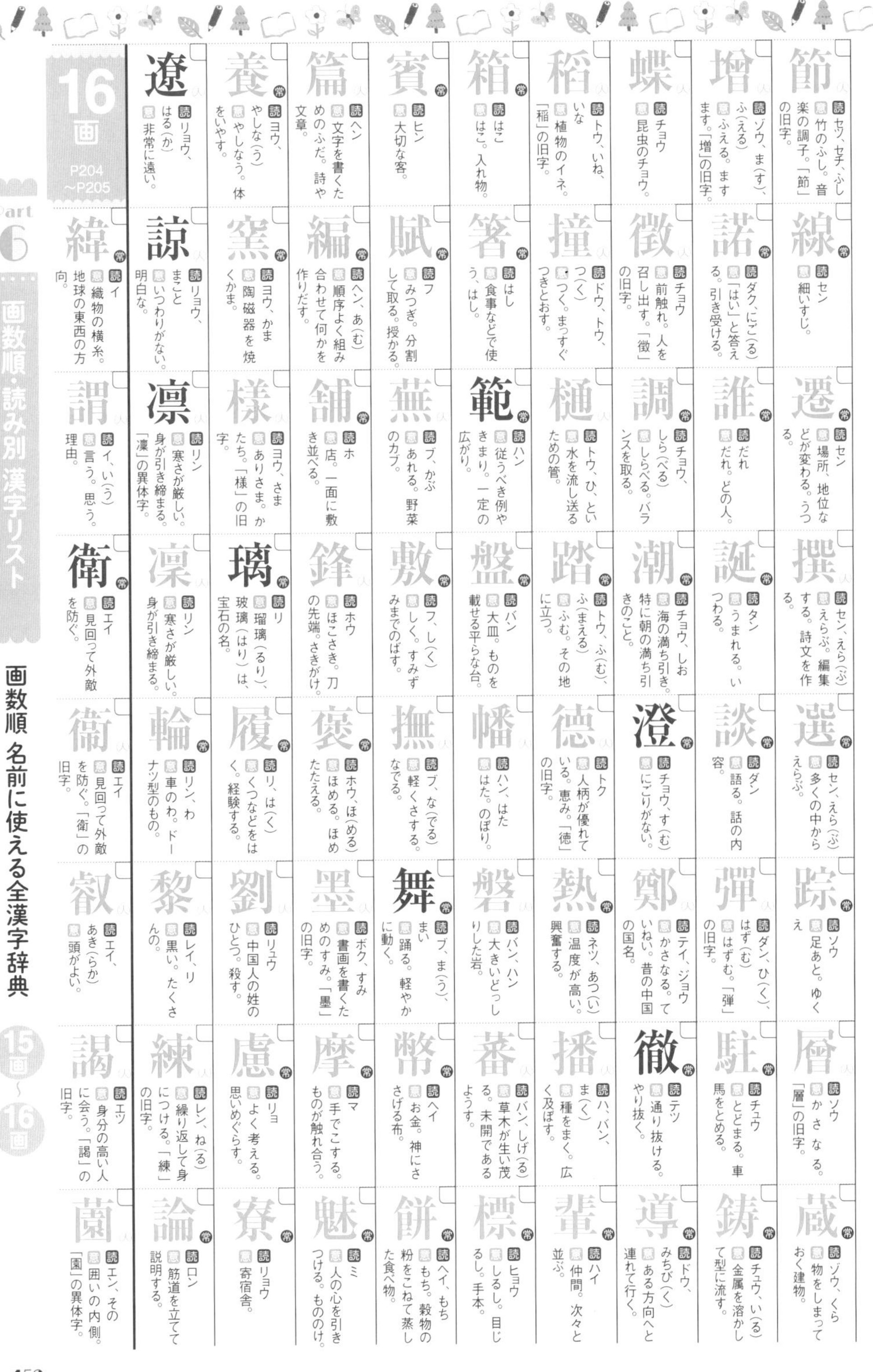

節（人） 読 セツ、セチ、ふし 意 竹のふし。音楽の調子。「節」の旧字。

線（常） 読 セン 意 細いすじ。

遷（常） 読 セン 意 場所、地位などが変わる。うつる。

撰（人） 読 セン、えら(ぶ) 意 えらぶ。編集する。詩文を作る。

選（常） 読 セン、えら(ぶ) 意 多くの中からえらぶ。

踪（常） 読 ソウ 意 足あと。ゆくえ

層（人） 読 ソウ 意 かさなる。「層」の旧字。

蔵（常） 読 ゾウ、くら 意 物をしまっておく建物。

増（人） 読 ゾウ、ま(す)、ふ(える) 意 ふえる。ます。「増」の旧字。

諾（常） 読 ダク、にご(る) 意 「はい」と答える。引き受ける。

誰（常） 読 だれ 意 だれ。どの人。

誕（常） 読 タン 意 うまれる。いつわる。

談（常） 読 ダン 意 語る。話の内容。

弾（人） 読 ダン、ひ(く)、はず(む) 意 はずむ。「弾」の旧字。

駐（常） 読 チュウ 意 とどまる。車馬をとめる。

鋳（常） 読 チュウ、い(る) 意 金属を溶かして型に流す。

蝶（人） 読 チョウ 意 昆虫のチョウ。

徴（人） 読 チョウ 意 前触れ。人を召し出す。「徴」の旧字。

調（常） 読 チョウ、しら(べる) 意 しらべる。バランスを取る。

潮（常） 読 チョウ、しお 意 海の満ち引き。特に朝の満ち引きのこと。

澄（常） 読 チョウ、す(む) 意 にごりがない。

鄭（人） 読 テイ、ジョウ 意 かさなる。ていねい。昔の中国の国名。

徹（常） 読 テツ 意 通り抜ける。やり抜く。

導（常） 読 ドウ、みちび(く) 意 ある方向へと連れて行く。

稲（人） 読 トウ、いね、いな 意 植物のイネ。「稲」の旧字。

撞（人） 読 ドウ、トウ、つ(く) 意 つく。まっすぐつきとおす。

樋（人） 読 トウ、ひ、とい 意 水を流し送るための管。

踏（常） 読 トウ、ふ(む)、ふ(まえる) 意 ふむ。その地に立つ。

徳（人） 読 トク 意 人柄が優れている。恵み。「徳」の旧字。

熱（常） 読 ネツ、あつ(い) 意 温度が高い。興奮する。

播（人） 読 ハ、バン、ま(く) 意 種をまく。広く及ぼす。

輩（常） 読 ハイ 意 仲間。次々と並ぶ。

箱（常） 読 はこ 意 はこ。入れ物。

箸（常） 読 はし 意 食事などで使う、はし。

範（常） 読 ハン 意 従うべき例やきまり。一定の広がり。

盤（常） 読 バン 意 大皿。ものを載せる平らな台。

幡（人） 読 ハン、はた 意 はた。のぼり。

磐（人） 読 バン、ハン 意 大きいどっしりした岩。

蕃（人） 読 バン、しげ(る) 意 草木が生い茂る。未開であるようす。

標（常） 読 ヒョウ 意 しるし。目じるし。手本。

賓（常） 読 ヒン 意 大切な客。

賦（常） 読 フ 意 みつぎ。分割して取る。授かる。

蕪（人） 読 ブ、かぶ 意 あれる。野菜のカブ。

敷（常） 読 フ、し(く) 意 しく。すみずみまでのばす。

撫（人） 読 ブ、な(でる) 意 軽くさする。なでる。

舞（常） 読 ブ、ま(う)、まい 意 踊る。軽やかに動く。

幣（常） 読 ヘイ 意 お金。神にささげる布。

餅（常） 読 ヘイ、もち 意 もち。穀物の粉をこねて蒸した食べ物。

篇（人） 読 ヘン 意 文字を書くためのふだ。詩や文章。

編（常） 読 ヘン、あ(む) 意 順序よく組み合わせて何かを作りだす。

舗（常） 読 ホ 意 店。一面に敷き並べる。

鋒（人） 読 ホウ 意 ほこさき。刀の先端。さきがけ。

褒（常） 読 ホウ、ほ(める) 意 ほめる。ほめたたえる。

墨（人） 読 ボク、すみ 意 書画を書くためのすみ。「墨」の旧字。

摩（常） 読 マ 意 手でこする。ものが触れ合う。

魅（常） 読 ミ 意 人の心を引きつける。もののけ。

養（常） 読 ヨウ、やしな(う) 意 やしなう。体をいやす。

窯（常） 読 ヨウ、かま 意 陶磁器を焼くかま。

様（人） 読 ヨウ、さま 意 ありさま。かたち。「様」の旧字。

璃（常） 読 リ 意 瑠璃(るり)、玻璃(はり)は、宝石の名。

履（常） 読 リ、は(く) 意 くつなどをはく。経験する。

劉（人） 読 リュウ 意 中国人の姓のひとつ。殺す。

慮（常） 読 リョ 意 よく考える。思いめぐらす。

寮（常） 読 リョウ 意 寄宿舎。

遼（人） 読 リョウ、はる(か) 意 非常に遠い。

諒（人） 読 リョウ、まこと 意 いつわりがない。明白な。

凛（人） 読 リン 意 寒さが厳しい。身が引き締まる。「凜」の異体字。

凜（人） 読 リン 意 寒さが厳しい。身が引き締まる。

輪（常） 読 リン、わ 意 車のわ。ドーナツ型のもの。

黎（人） 読 レイ、リ 意 黒い。たくさんの。

練（人） 読 レン、ね(る) 意 繰り返して身につける。「練」の旧字。

論（常） 読 ロン 意 筋道を立てて説明する。

16画

P204〜P205

緯（常） 読 イ 意 織物の横糸。地球の東西の方向。

謂（人） 読 イ、い(う) 意 言う。思う。理由。

衛（常） 読 エイ 意 見回って外敵を防ぐ。

衞（人） 読 エイ 意 見回って外敵を防ぐ。「衛」の旧字。

叡（人） 読 エイ、あき(らか) 意 頭がよい。

謁（人） 読 エツ 意 身分の高い人に会う。「謁」の旧字。

薗（人） 読 エン、その 意 囲いの内側。「園」の異体字。

燕 人 読 エン、つばめ 意 鳥のツバメ。くつろぐ。
樫 人 読 かし 意 樹木のカシ。
凝 常 読 ギョウ、こ(る)、こ(らす) 意 こる。じっと止まって集中する。
縣 人 読 ケン 意 行政区画のひとつ。「県」の旧字。
鋼 常 読 コウ、はがね 意 はがね。かたくきたえた鉄。
諸 人 読 ショ 意 多くの。さまざまな。「諸」の旧字。
錐 人 読 スイ、きり 意 きり。先の鋭くとがった工具。
樽 人 読 ソン、たる 意 酒や醤油などを入れる木製の容器。
鮎 人 読 デン、ネン、あゆ 意 魚のアユ。
奮 常 読 フン、ふる(う) 意 ふるい立つ。意気があがる。

鴨 人 読 オウ、かも 意 鳥のカモ。あひる。
還 常 読 カン 意 かえる。かえす。めぐらす。
橋 常 読 キョウ、はし 意 川などに渡した、はし。
賢 常 読 ケン、かしこ(い) 意 頭がいい。
墾 常 読 コン 意 荒れ地を切り開く。
壌 常 読 ジョウ 意 耕作に適した土。大地。
醒 人 読 セイ 意 頭がはっきりする。夢からさめる。
醍 人 読 ダイ、テイ 意 醍醐(だいご)は、乳製品の一種。
糖 常 読 トウ 意 砂糖。糖分。
壁 常 読 ヘキ、かべ 意 建物などのかべ。立ちふさがるもの。

横 人 読 オウ、よこ 意 よこ。東西の方向。「横」の旧字。
館 常 読 カン、やかた 意 屋敷。宿。人が集まる建物。
錦 常 読 キン、にしき 意 いろいろな色の糸を織りこんだ絹織物。
諺 人 読 ゲン、ことわざ 意 ことわざ。
諮 常 読 シ、はか(る) 意 上の者が下の者にたずねる。
嬢 常 読 ジョウ 意 むすめ。若い女性。
整 常 読 セイ、ととの(える) 意 乱れを直す。
黛 人 読 タイ、まゆずみ 意 まゆを描くまゆずみ。濃い青色。
頭 常 読 トウ、ズ、ト、あたま、かしら 意 あたま。てっぺん。
膨 常 読 ボウ、ふく(らむ) 意 ふくらむ。

憶 常 読 オク 意 思う。覚える。
窺 人 読 キ、うかが(う) 意 うかがい見る。
勳 人 読 クン 意 立派な手柄。「勲」の旧字。
錮 常 読 コ 意 金属を溶かして流しこみふさぐ。
錫 人 読 シャク、セキ、すず 意 金属のすず。
錠 常 読 ジョウ 意 戸締まりのための金具。
靜 人 読 セイ、ジョウ、しず(か) 意 しずか。「静」の旧字。
壇 常 読 ダン、タン 意 ほかより高くしたところ。
橙 人 読 トウ、だいだい 意 樹木のダイダイ。色の名。
縫 常 読 ホウ、ぬ(う) 意 針と糸でぬう。ぬいあわせる。

穏 常 読 オン、おだや(か) 意 落ち着いている。
器 人 読 キ、うつわ 意 入れ物。才能。「器」の旧字。
薫 常 読 クン、かお(る) 意 よいにおいがする。
醐 人 読 ゴ、コ 意 醍醐(だいご)は、乳製品の一種。
儒 常 読 ジュ 意 孔子の教え。すぐれた学者。
鞘 人 読 ショウ、さや 意 刀剣類をおさめる筒。
積 常 読 セキ、つ(む) 意 上に重ねる。
緻 常 読 チ 意 きめが細かい。くわしい。
燈 人 読 トウ、ひ 意 ともし火。照明。「灯」の旧字。
頰 常 読 ほお 意 顔の両側の部分。

諧 常 読 カイ 意 調和する。打ち解ける。ユーモア。
機 常 読 キ、はた 意 機械。はた織り機。物事の核心。
憩 常 読 ケイ、いこ(い) 意 いったん休んで元気を取り戻す。
衡 常 読 コウ 意 はかり。つり合いがとれる。
樹 常 読 ジュ 意 地面から生えている木。
親 常 読 シン、おや、した(しい) 意 父母。つき合いが深い。
膳 常 読 ゼン 意 食べ物を並べる。立派な料理。
築 常 読 チク、きず(く) 意 建物や施設などを造る。
篤 常 読 トク 意 情が深い。熱心な。病気が重い。
磨 常 読 マ、みが(く) 意 表面をなめらかにする。

懐 常 読 カイ、ふところ、なつ(かしい) 意 なつかしい。思いを抱く。
橘 人 読 キツ、たちばな 意 樹木のタチバナ。ミカン類。
激 常 読 ゲキ、はげ(しい) 意 勢いが強い。心を強く動かす。
興 常 読 コウ、キョウ、おこ(す) 意 盛んになる。おもしろがる。
輯 人 読 シュウ 意 あつめる。整理する。
薪 常 読 シン、たきぎ 意 燃料にする木。まき。
薦 常 読 セン、すす(める) 意 よい人やものをすすめる。
薙 人 読 テイ、な(ぐ) 意 草を刈る。髪の毛をそる。
濃 常 読 ノウ、こ(い) 意 色や味がこい。
麺 常 読 メン 意 そば、うどんなどの総称。

獲 常 読 カク、え(る) 意 とらえる。手に入れる。
曉 人 読 ギョウ、あかつき 意 夜明け。「暁」の旧字。
憲 常 読 ケン 意 きまり。おきて。取り締まる。
縞 人 読 コウ、しま 意 白くて薄い絹。しま模様。
縦 常 読 ジュウ、たて 意 たて。南北の方向。
錘 人 読 スイ、おもり、つむ 意 おもり。紡績用の道具、つむ。
操 常 読 ソウ、みさお、あやつ(る) 意 思いどおりに動かす。
蹄 人 読 テイ、ひづめ 意 牛や馬などのひづめ。
繁 常 読 ハン 意 草木が生い茂る。盛んになる。
輸 常 読 ユ 意 運ぶ。出しつくす。

諭 常 読 ユ、さと(す) 意 話をして理解させる。

融 常 読 ユウ 意 とける。とけ合う。打ちとける。

擁 常 読 ヨウ 意 いだく。かかえる。守る。

謡 常 読 ヨウ、うたい、うた(う) 意 うたう。能の楽曲。

頼 常 読 ライ、たの(む)、たよ(る) 意 依頼する。当てにする。

賴 人 読 ライ、たの(む)、たよ(る) 意 依頼する。「頼」の旧字。

蕾 人 読 ライ、つぼみ 意 まだ咲いていない段階の花。

龍 人 読 リュウ、たつ 意 想像上の動物、りゅう、たつ。「竜」の旧字。

燎 人 読 リョウ 意 かがり火。明るいようす。

隣 常 読 リン、となり 意 となり。並んで接する。

澪 人 読 レイ、みお 意 船が進む道筋。

歷 人 読 レキ 意 年月を経る。「歴」の旧字。

曆 人 読 レキ、こよみ 意 こよみ。「暦」の旧字。

錬 常 読 レン 意 金属を溶かし、ねりきたえる。心身をきたえる。

憐 人 読 レン、あわ(れむ) 意 かわいそうに思う。

蕗 人 読 ロ、ふき 意 植物のフキ。

録 常 読 ロク 意 書きしるしたもの。

錄 人 読 ロク 意 書きしるしたもの。「録」の旧字。

17画

P206～P207

曖 常 読 アイ 意 はっきりしない。

應 人 読 オウ、こた(える) 意 反応する。対応する。「応」の旧字。

臆 常 読 オク 意 心の中。おしはかる。

霞 人 読 カ、かすみ、かす(む) 意 かすみ。かすむ。朝焼け。夕焼け。

檜 人 読 カイ、ひのき 意 樹木のヒノキ。

轄 常 読 カツ 意 要所をおさえる。とりしまる。

環 常 読 カン 意 リング状の宝石。ぐるりとまわる。

戲 人 読 ギ、たわむ(れる) 意 たわむれ遊ぶ。「戯」の旧字。

磯 人 読 キ、いそ 意 いそ。海や湖などの波打ちぎわ。

徽 人 読 キ、しるし 意 しるし。こまやかで美しい。

鞠 人 読 キク、まり 意 蹴鞠(けまり)に用いたまり。

矯 常 読 キョウ、た(める) 意 曲がりを正す。いつわる。

謹 常 読 キン、つつし(む) 意 かしこまる。

薰 人 読 クン、かお(る) 意 よいにおいがする。「薫」の旧字。

謙 常 読 ケン 意 自己主張をしすぎない。

檢 人 読 ケン 意 調べる。取り締まる。「検」の旧字。

鍵 常 読 ケン、かぎ 意 かぎ。手がかり。鍵盤。

嚴 人 読 ゲン、ゴン、きび(しい) 意 おごそか。きびしい。

檎 人 読 ゴ、キン 意 林檎(リンゴ)は、果樹の名。

講 常 読 コウ 意 話す。説く。学ぶ。和解する。

購 常 読 コウ 意 買う。

鴻 人 読 コウ、おおとり 意 鳥のオオハクチョウ、またはヒシクイ。大きい。

壕 人 読 ゴウ、ほり 意 ほり。土を深く掘った溝。

懇 常 読 コン、ねんご(ろ) 意 ねんごろ。真心を込める。

薩 人 読 サツ 意 救う。薩摩国の略。

燦 人 読 サン、あき(らか) 意 明るい光を放つ。鮮やか。

爵 常 読 シャク 意 さかずき。貴族の位を表すことば。

縱 人 読 ジュウ、たて 意 たて。南北の方向。「縦」の旧字。

駿 人 読 シュン 意 速く走る馬。能力が高い。

曙 人 読 ショ、あけぼの 意 夜明け。

礁 常 読 ショウ 意 水面に見えかくれする石。かくれ岩。

鍬 人 読 ショウ、くわ、すき 意 農具のすき、または、くわ。

篠 人 読 ショウ、しの 意 竹のしのだけ。

燭 人 読 ショク、ソク、ともしび 意 ともしび。ともしびで照らす。

穗 人 読 スイ、ほ 意 ほ。穂先。「穂」の旧字。

績 常 読 セキ 意 仕事や勉強の成果。糸をつむぐ。

繊 常 読 セン 意 細い。小さい。

禪 人 読 ゼン 意 精神を統一し真理を悟る。禅宗。「禅」の旧字。

鮮 常 読 セン、あざ(やか) 意 あざやか。みずみずしい。

霜 常 読 ソウ、しも 意 気象現象の、しも。

戴 常 読 タイ 意 いただく。頭の上にのせる。

濯 常 読 タク 意 水ですすぎ洗う。

鍛 常 読 タン、きた(える) 意 心身を強くする。

檀 人 読 ダン、タン、まゆみ 意 樹木のマユミ。香木。

聴 常 読 チョウ、き(く) 意 耳をすましてきく。

擢 人 読 テキ、タク 意 引き抜く。選び出す。優れている。

謄 常 読 トウ 意 原本どおりに書き写す。

瞳 常 読 ドウ、ひとみ 意 ひとみ。瞳孔(どうこう)。

謎 常 読 なぞ 意 かくれた意味のあること。

繁 人 読 ハン 意 草木が生い茂る。盛んになる。「繁」の旧字。

瓢 人 読 ヒョウ 意 植物のヒョウタン。ヒョウタンで作った容器。

頻 常 読 ヒン 意 しきりに。何度も。

瞥 人 読 ベツ 意 ちらっと見る。

彌 人 読 や 意 広がる。長い時間にわたる。「弥」の旧字。

優 常 読 ユウ、やさ(しい)、すぐ(れる) 意 やさしい。ほかよりまさる。

輿 人 読 ヨ、こし 意 かついで運ぶ乗り物。

謠 人 読 ヨウ、うたい、うた(う) 意 うたう。能の楽曲。「謡」の旧字。

翼 常 読 ヨク、つばさ 意 鳥や飛行機などの羽根。

螺 人 読 ラ 意 巻貝の総称。

覧 常 読 ラン 意 見る。高いところから見わたす。

瞭 常 読 リョウ 意 はっきりしている。

齢 常 読レイ 意とし。年齢。

嶺 人 読レイ、ね、みね 意山の頂上。山脈。

錬 人 読レン 意金属を溶かし、ねりきたえる。「錬」の旧字。

18画

P207～P209

襖 人 読オウ、ふすま 意建具のふすま。

鎧 人 読ガイ、カイ、よろい 意よろい。体を守る武具。

穫 常 読カク 意穀物を刈りとる。手中におさめる。

額 常 読ガク、ひたい 意おでこ。書画などを入れて掲げるもの。

鎌 常 読かま 意草を刈るかま。

簡 常 読カン 意手軽な。文章や手紙。

観 常 読カン 意全体をよく見る。見えるもの。

韓 常 読カン 意戦国時代の一国。大韓民国の略。

顔 常 読ガン、かお 意かお。いろどり。

騎 常 読キ 意馬に乗る。馬に乗った人。

謹 人 読キン、つつし(む) 意かしこまる。「謹」の旧字。

襟 常 読キン、えり 意衣服のえり。胸のうち。

藝 人 読ゲイ 意専門的な技術。「芸」の旧字。

顕 常 読ケン 意はっきり見える。地位が高い。

験 常 読ケン、ゲン 意ためす。兆候。

繭 常 読ケン、まゆ 意カイコの幼虫が作る、まゆ。

瞬 常 読シュン、またた(く) 意目をぱちぱちさせる。瞬間。

醤 人 読ショウ 意麦・米・豆などを原料にした発酵調味料。

穣 人 読ジョウ、ゆた(か) 意ゆたかに実る。

職 常 読ショク 意仕事。役目。つかさどる。

織 常 読ショク、シキ、お(る) 意布を作り上げる。織物。

雛 人 読スウ、ひな 意ひな。ひよこ。幼い子ども。

蹟 人 読セキ、あと 意足あと。ふむ。

蟬 人 読せみ 意昆虫のセミ。

繕 常 読ゼン、つくろ(う) 意つくろう。直す。

礎 常 読ソ、いしずえ 意建物の土台。物事の根本。

藏 人 読ソウ 意物をしまっておく建物。「蔵」の旧字。

叢 人 読ソウ、くさむら 意くさむら。群がり集まる。

贈 常 読ゾウ、ソウ、おく(る) 意物をおくる。

題 常 読ダイ 意タイトル。テーマ。

箪 人 読タン 意竹で編んだ小さい箱。

儲 人 読チョ、もう(ける) 意利益を得る。たくわえる。

鎮 常 読チン、しず(める) 意落ち着かせる。

鎭 人 読チン、しず(める) 意落ち着かせる。「鎮」の旧字。

轉 人 読テン、ころ(ぶ) 意転がる。まわる。「転」の旧字。

闘 常 読トウ、たたか(う) 意たたかう。争う。競う。

櫂 人 読トウ、かい、かじ 意船をこぐオール。

藤 常 読トウ、ふじ 意植物のフジ。

難 常 読ナン、かた(い)、むずか(しい) 意むずかしい。わざわい。

藩 常 読ハン 意江戸時代に大名が治めた土地。

覆 常 読フク、おお(う) 意かぶせる。ひっくり返す。

璧 常 読ヘキ 意リング状の宝石。

翻 常 読ホン、ひるがえ(す) 意ひっくり返す。

麿 人 読まろ 意われ。おのれ。自分を指す字。

癒 常 読ユ、い(やす) 意病気が治る。病気を治す。

曜 常 読ヨウ 意光り輝く。

燿 人 読ヨウ、かがや(く) 意強い光を放つ。

藍 常 読ラン、あい 意深みのある青。植物のアイ。

鯉 人 読リ、こい 意魚のコイ。

糧 常 読リョウ、ロウ、かて 意食糧。活力の源泉。

臨 常 読リン、のぞ(む) 意見下ろす。その場にのぞむ。

壘 人 読ルイ 意とりで。陣地。野球のベース。「塁」の旧字。

類 常 読ルイ、たぐ(い) 意仲間。似ている。

禮 人 読レイ、ライ 意礼儀作法。人の道。「礼」の旧字。

19画

P209

韻 常 読イン 意整った美しい響き。おもむき。

艶 常 読エン、つや 意鮮やかで美しい。華やか。

蟹 人 読カイ、かに 意甲殻類のカニ。

懷 人 読カイ、ふところ、なつ(かしい) 意なつかしい。「懐」の旧字。

願 常 読ガン、ねが(う) 意ねがう。希望する。望み。

麒 人 読キ 意想像上の動物の麒麟(きりん)。哺乳類のキリン。

鏡 常 読キョウ、かがみ 意姿を映す道具。手本。

繰 常 読く(る) 意たぐる。順に動かす。

警 常 読ケイ 意いましめる。用心する。

鯨 常 読ゲイ、くじら 意動物のクジラ。

繋 人 読ケイ、つな(ぐ) 意結びつける。縛りつける。

璽 常 読ジ 意しるし。天子の印章。

識 常 読シキ 意見分ける。書き記す。

繡 人 読シュウ 意布などに模様を縫い付ける。

蹴 常 読シュウ、け(る) 意足ではじき飛ばす。

瀬 常 読せ 意川や海などの渡りやすい場所。

瀨 人 読せ 意川や海などの渡りやすい場所。「瀬」の旧字。

蘇 人 読ソ、よみがえ(る) 意よみがえる。生き返る。

贈 人 読ゾウ、ソウ、おく(る) 意物をおくる。「贈」の旧字。

藻 常 読ソウ、も 意水草のも。水中に生える草の総称。

瀧 人 読たき 意水が勢いよく流れ落ちる場所。「滝」の旧字。

寵 読 チョウ 意 大切にかわいがる。特に気に入る。

鯛 読 チョウ、たい 意 魚のタイ。

禰 読 デイ、ネ、みたまや 意 父の霊廟。

顛 読 テン 意 てっぺん。ひっくり返る。

禱 読 トウ、いの(る) 意 神にいのる。

難 読 ナン、むずか(しい) 意 むずかしい。「難」の旧字。

覇 常 読 ハ 意 武力で天下をとる者。勝者。

瀕 読 ヒン、せま(る) 意 せまる。近づく。

譜 常 読 フ 意 物事を系統立てて書き記したもの。

簿 常 読 ボ 意 帳面。

鵬 読 ホウ、おおとり 意 想像上の大きな鳥。

霧 常 読 ム、きり 意 自然現象のきり。細かい。

羅 常 読 ラ 意 網。薄い絹織物。並べる。

蘭 読 ラン 意 ラン科の植物の総称。

類 読 ルイ、たぐ(い) 意 仲間。似ている。「類」の旧字。

麗 常 読 レイ、うるわ(しい) 意 美しくて華やかな。

簾 読 レン、すだれ 意 日よけや仕切りに使うすだれ。

櫓 読 ロ、やぐら 意 船をこぐ道具。やぐら。

麓 常 読 ロク、ふもと 意 山のすそのあたり

20画

P210

巌 読 ガン、いわお 意 大きな岩。けわしい。

議 常 読 ギ 意 話し合う。相談する。

響 常 読 キョウ、ひび(く) 意 音が鳴る。共鳴する。

競 常 読 キョウ、ケイ、きそ(う)、せ(る) 意 競争する。

馨 読 ケイ、かお(る) 意 よいにおいがする。

懸 常 読 ケン、ケ、か(ける) 意 ぶら下がる。落ち着かない。

嚴 読 ゲン、ゴン、きび(しい) 意 おごそか。きびしい。「厳」の旧字。

護 常 読 ゴ 意 守る。大切にする。

纂 読 サン、あつ(める) 意 集めてまとめる。

孃 読 ジョウ 意 むすめ。若い女性。「嬢」の旧字。

醸 常 読 ジョウ、かも(す) 意 かもす。

譲 常 読 ジョウ、ゆず(る) 意 他人に与える。へりくだる。

鐘 常 読 ショウ、かね 意 打楽器のつりがね。

籍 常 読 セキ 意 文書や書物。名前を載せた文書。

騰 常 読 トウ 意 はね上がる。

耀 読 ヨウ、かがや(く) 意 強い光りを放つ。

欄 常 読 ラン 意 手すり。囲い。

21画

P211

櫻 読 オウ、さくら 意 樹木のサクラ。「桜」の旧字。

艦 常 読 カン 意 戦いに用いる船。軍船。

顧 常 読 コ、かえり(みる) 意 かえりみる。心にかける。

轟 読 ゴウ、とどろ(く) 意 大きな音を響かせる。

攝 読 セツ 意 取りこむ。「摂」の旧字。

鶴 常 読 つる 意 鳥のツル。

纏 読 テン、まとい 意 まとう。まとうもの。まとい。

飜 読 ホン、ひるがえ(す) 意 ひっくり返す。「翻」の旧字。

躍 常 読 ヤク、おど(る) 意 とびはねる。

欄 読 ラン 意 手すり。囲い。「欄」の旧字。

露 常 読 ロ、ロウ、つゆ 意 草木などに付いた水滴。

蠟 読 ロウ 意 ろう。みつろう。ワックス。

22画

P211

鷗 読 オウ、かもめ 意 鳥のカモメ。

驍 読 ギョウ 意 優れた馬。勇ましくて強い。

驚 常 読 キョウ、おどろ(く) 意 びっくりする。

響 読 キョウ、ひび(く) 意 音が鳴る。「響」の旧字。

饗 読 キョウ、もてな(す) 意 ごちそうする。会食。

讃 読 サン 意 高く評価する。助ける。

疊 読 ジョウ、たた(む)、たたみ 意 たたみ。重なる。「畳」の旧字。

穰 読 ジョウ、ゆた(か) 意 ゆたかに実る。「穣」の旧字。

灘 読 タン、なだ 意 なだ。波が荒い航海の難所。

鑄 読 チュウ、い(る) 意 金属を溶かして型に流す。「鋳」の旧字。

聽 読 チョウ、き(く) 意 耳をすましてきく。「聴」の旧字。

覽 読 ラン 意 見る。高いところから見わたす。「覧」の旧字。

籠 常 読 ロウ、かご、こ(もる) 意 竹などで編んだ入れ物。

23画

P211

鑑 常 読 カン、かんが(みる) 意 鏡。チェックする。

巖 読 ガン、いわお 意 大きな岩。けわしい。「巌」の旧字。

顯 読 ケン 意 はっきりと見える。「顕」の旧字。

驗 読 ケン、ゲン 意 ためす。兆候。「験」の旧字。

鷲 読 ジュ、シュウ、わし 意 鳥のワシ。

纖 読 セン 意 細い。小さい。「繊」の旧字。

鱒 読 ソン、ます 意 魚のマス。

24画

P211

釀 読 ジョウ、かも(す) 意 かもす。「醸」の旧字。

讓 読 ジョウ、ゆず(る) 意 他人に与える。「譲」の旧字。

鷹 読 ヨウ、オウ、たか 意 鳥のタカ。

麟 読 リン 意 想像上の動物の麒麟(きりん)。哺乳類のキリン。

鷺 読 ロ、さぎ 意 鳥のサギ。

25画

廳 読 チョウ 意 役所。「庁」の旧字。

名前に使える おもな旧字・異体字

名づけでもう一工夫したいときや姓名判断で画数がよくないときに、旧字や異体字を使う方法があります。ただし旧字・異体字は字形が複雑で書きにくかったりパソコン変換しにくかったりデメリットもあるので、十分に検討を。

字	画数	旧字・異体字	画数	読み
亜	7	亞	8	ア
為	9	爲	12	イ
衛	16	衞	16	エイ
栄	9	榮	14	エイ
園	13	薗	16	エン、その
円	4	圓	13	エン
応	7	應	17	オウ
黄	11	黃	12	オウ、き
桜	10	櫻	21	オウ、さくら
温	12	溫	13	オン
海	9	海	10	カイ、うみ
檜	17	桧	10	カイ、ひのき
楽	13	樂	15	ガク、ラク
寛	13	寬	14	カン
巌	20	巖	23	ガン、いわお
巻	9	卷	8	カン、まき
祈	8	祈	9	キ
気	6	氣	10	キ
峡	9	峽	10	キョウ
尭	8	堯	12	ギョウ
暁	12	曉	16	ギョウ、あかつき
響	20	響	22	キョウ、ひび(く)
駆	14	駈	15	ク、か(ける)
勲	15	勳	16	クン
薫	16	薰	17	クン、かお(る)
芸	7	藝	18	ゲイ
恵	10	惠	12	ケイ、めぐ(む)
倹	10	儉	15	ケン
検	12	檢	17	ケン
厳	17	嚴	20	ゲン、きび(しい)
剣	10	劍	15	ケン、つるぎ
恒	9	恆	9	コウ
晃	10	晄	10	コウ
広	5	廣	15	コウ
国	8	國	11	コク、くに
児	7	兒	8	ジ
実	8	實	14	ジツ、み
寿	7	壽	14	ジュ、ことぶき
収	4	收	6	シュウ
叙	9	敍	11	ジョ
緒	14	緖	15	ショ、お
渚	11	渚	12	ショ、なぎさ
将	10	將	11	ショウ
奨	13	奬	14	ショウ
祥	10	祥	11	ショウ
渉	11	涉	10	ショウ
条	7	條	11	ジョウ
譲	20	讓	24	ジョウ、ゆず(る)
穣	18	穰	22	ジョウ、ゆた(か)
乗	9	乘	10	ジョウ、の(る)
慎	13	愼	13	シン、つつし(む)
尽	6	盡	14	ジン、つ(くす)
槙	14	槇	14	シン、まき
真	10	眞	10	シン、ま
粋	10	粹	14	スイ、いき
穂	15	穗	17	スイ、ほ
瀬	19	瀨	19	せ
斉	8	齊	14	セイ
静	14	靜	16	セイ、しず(か)
禅	13	禪	17	ゼン
専	9	專	11	セン、もっぱ(ら)
壮	6	壯	7	ソウ
荘	9	莊	10	ソウ
蔵	15	藏	18	ソウ
曽	11	曾	12	ソウ、ゾ
滝	13	瀧	19	たき
琢	11	琢	12	タク、みが(く)
団	6	團	14	ダン
禎	13	禎	14	テイ
禰	19	祢	9	デイ、ネ
伝	6	傳	13	デン
都	11	都	12	ト、ツ、みやこ
稲	14	稻	15	トウ、いね
禱	19	祷	11	トウ
島	10	嶋	14	トウ、しま
灯	6	燈	16	トウ、ひ
徳	14	德	15	トク
富	12	冨	11	フ、フウ、とみ
福	13	福	14	フク
歩	8	步	7	ホ、ブ、ある(く)
峰	10	峯	10	ホウ、みね
萌	11	萠	11	ホウ、も(える)
万	3	萬	12	マン
弥	8	彌	17	や
野	11	埜	11	ヤ、の
祐	9	祐	10	ユウ
与	3	與	14	ヨ、あた(える)
謡	16	謠	17	ヨウ、うた(う)
遥	12	遙	14	ヨウ、はる(か)
来	7	來	8	ライ、く(る)
来	7	徠	11	ライ、く(る)
頼	16	賴	16	ライ、たの(む)
竜	10	龍	16	リュウ、たつ
涼	11	凉	10	リョウ、すず(しい)
緑	14	綠	14	リョク、みどり
凜	15	凛	15	リン
塁	12	壘	18	ルイ
類	18	類	19	ルイ
礼	5	禮	18	レイ
歴	14	歷	16	レキ
暦	14	曆	16	レキ、こよみ
錬	16	鍊	17	レン
郎	9	郞	10	ロウ
朗	10	朗	11	ロウ、ほが(らか)

名前にふさわしくない漢字

法律上名前に使える漢字でも、犯罪にまつわるものや身体や病気を表すものなど、明らかに名前にふさわしくない漢字もあります。このページには法律上使えるけれども名前に使うことは避けたい漢字をリストアップしています。

下干乞口刄亡
刈凶欠犬冗切
弔爪反匹乏毛
厄圧凹旧去穴
叱失囚汁召尻
斥奴凸氾犯皮
疋払丼扱芋汚
仮灰汗缶危休
吸朽叫曲刑血
死舌争虫吐肉
肌伐伏忙牟妄
劣老肋芥肝忌
却汲狂串坑抗
困災似床辛折
沈低沌呑尿妊
売抜否尾肘吻
別妨忘没戻妖
抑乱卵冷弄殴
苛怪拐劾玩泣
拒苦屈肩股拘
昏些肴刺肢邪
呪沼炊性昔拙

狙阻卒底抵泥
迭妬毒乳杯迫
泌肥非怖斧侮
放泡肪盲剥拔
拂拉爭卑哀畏
冑茨咽姻姥疫
怨悔虐逆糾挟
狭限孤故枯後
拷恨砕削指臭
拭侵牲窃俗怠
胎退茸炭珍怒
逃独盃肺卑負
封変便胞某冒
勃昧俣迷幽訃
侮俺蚊害陥飢
鬼恐胸脅屑倦
降骨唆挫剤窄
殺晒残脂疾借
酌弱酒従殉除
消症辱唇娠振
浸針衰逝栓挿
耽恥畜釘倒討

匿悩破挽疲秘
被病粉紛娩捕
砲剖埋冥耗涙
脇狹祕剝悔臭
悪萎淫陰液晦
崖殻喝渇乾患
偽脚虚菌訣捲
険控婚痕惨捨
赦斜蛇寂終訟
酔惜粗巣唾逮
脱断窒停悼盗
豚捻脳婆排敗
這畢貧瓶閉偏
崩欲淀掠猟淋
從惧羞貪陷巢
淚飲渦甥過割
粥喚棺欺喰寓
戟喧減喉慌絞
腔詐散歯湿煮
焼焦酢棲絶疏
疎訴喪痩葬堕
惰短遅喋脹痛

痘鈍廃買飯蛮
悲費焚塀傍棒
婿猶落痢裡虜
裂惑惡盜渴焰
虛暗違煙鉛嫁
暇禍嘩塊慨蓋
較隔褐蒲棄僅
禁禽愚虞窟靴
傾隙嫌跨債塞
罪搾飼辞嫉腫
愁傷蒸触寝腎
睡戦煎腺賊損
滞嘆痴腸賃溺
遁煤煩腹墓飽
滅蒙溶裸裏虜
賂賄詫傲嗅毀
慄碎煮隱廐寡
疑窪誤膏酷獄
雑酸雌遮銃嘗
障銭憎駄奪綻
槌漬髪罰鼻腐
蔑膜慢漫漏僞

寢滯瘍辣嘆禍
慰遺噂餌餓窮
緊撃糊撒嘱震
潜噌槽歎墜潰
締敵撤罵賠罷
膝廟膚噴墳憤
弊蔽暴撲默憂
霊魯嘲賣醉髮
憎瘦壊骸憾鋸
錯鋳獣濁諦賭
曇燃薄縛避謀
薬隷戰燒默險
闇嚇擬犠擦謝
醜縮償燥鍋濡
療藁濕擊鵜顎
鎖騷懲癖鞭濫
藥雜櫛鶏髄臟
曝爆離壞獸懲
騷鰯魔鶏襲臟
鱗鬱

読み方別 名前に使える漢字さくいん

読み方から名前に使える漢字を探せます。
音読み訓読みを中心に、おもな名のりも紹介しています。
※名前にふさわしくない漢字や一般的に名前に使われない漢字、なじみの薄い旧字は省略しています。

リストの見方

あか…読み
赤7 朱6 丹4…画数
赤文字はPart3で解説している漢字

あ

- あ：安6 有6 亜7 吾7 阿8 亞8 娃9 愛13
- あい：会6 合6 和8 娃9 相9 挨10 逢11 愛13 藍18
- あお：青8 蒼13 碧14
- あおい：葵12 蒼13 碧14
- あか：丹4 朱6 赤7 明8 紅9 緋14
- あかつき：暁12
- あかね：茜9
- あかり：灯6 明8 燈16
- あき：了2 日4 文4 旦5 礼5 旭6 光6 在6 成6 壮6 見7 吾7 旺8 尭8 昂8 昌8 知8 明8 映9 研9 秋9 昭9 信9 亮9 晃10 哲10 朗10 晟10 郷11 啓11 章11 紹11 爽11 彬11 晨11 瑛12 暁12 敬12 晶12 陽12 皓12 照13 聖13 誠13 暉13 煌13 彰14 聡14 璃15 諒15 叡16 燦17 瞭17 観18 顕18 曜18 耀20
- あきら：了2 央5 正5 旦5 白5 礼5 旭6 光6 在6 成6 亨7 見7 良7 英8 旺8 果8 侃8 享8 昂8 昌8 知8 明8 昊8 映9 秋9 昭9 信9 亮9 玲9 晃10 祥10 泰10 哲10 朗10 晟10 郷11 章11 爽11 彪11 彬11 瑛12 暁12 景12 晶12 智12 陽12 照13 聖13 誠13 暉13 彰14 翠14 聡14 僚14 輝15 慧15 徹15 叡16 憲16 燦17 瞳17 瞭17 顕18 曜18 麗19 耀20
- あけ：朱6 明8 暁12 緋14
- あけぼの：曙17
- あさ：元4 旦5 旭6 麻11 朝12 諒15
- あさひ：旭6
- あした：晨11 朝12
- あずさ：梓11
- あずま：東8
- あそぶ：遊12
- あたる：中4 方4 当6 適14
- あつ：充6 宏7 忠8 厚9 重9 純10 淳11 惇11 陸11 渥12 温12 貴12 敦12 富12 暖13 斡14 徳14 熱15 篤16
- あつし：孜7 厚9 純10 淳11 惇11 陸11 温12 敦12 富12 睦13 徳14 篤16
- あつむ：伍6 鐘20
- あま：天4 甘5 雨8 海9
- あまね：周8
- あみ：網14 編15
- あめ：天4 雨8
- あや：文4 礼5 朱6 采8 郁9 純10 紋10 彩11 章11 琢11 彪11 彬11 絢12 斐12 綾14 彰14 綺14
- あやめ：菖11
- あゆ：歩8 鮎16
- あゆみ：歩8
- あゆむ：歩8
- あら：改7 荒9 新13
- あらし：嵐12
- あらた：改7 新13
- あり：可5 在6 有6 現11 照13
- ある：在6

有 6　或 8
あるく　歩 8
あん　安 6　行 6　杏 7　按 9　案 10　晏 10　庵 11
あんず　杏 7

い

い　一 1　井 4　五 4　以 5　生 5　伊 6　夷 6　衣 6　亥 6　位 7　囲 7　依 8　委 8　易 8　居 8　威 9　為 9　泉 9　莞 10　尉 11　惟 11　唯 11　偉 12　斐 12　葦 13　意 13　彙 13　維 14　緯 16　謂 16
いえ　宇 6　家 10　宮 10
いおり　庵 11
いき　生 5　粋 10　息 10　域 11
いく　生 5　行 6　育 8　郁 9　活 9　幾 12
いけ　池 6
いこい　憩 16
いさ　功 5　沙 7　武 8　勇 9　勲 15
いさお　功 5　勇 9　魁 14　勲 15
いさみ　勇 9　敢 12
いさむ　武 8　勇 9　偉 12　敢 12　勲 15
いず　五 4　出 5　泉 9
いずみ　泉 9
いずる　出 5
いたる　之 3　至 6　周 8　到 8　致 10　達 12　暢 14　徹 15
いち　一 1　市 5　壱 7
いちご　苺 8
いつ　一 1　乙 1　五 4　伍 6　壱 7　逸 11　斎 11　厳 17
いつき　斎 11　樹 16　厳 17
いと　糸 6　弦 8　絃 11　綸 14
いどむ　挑 9
いのり　祈 8　祷 11
いま　今 4　未 5
いよ　弥 8
いろ　色 6　紅 9　彩 11
いわ　岩 8　磐 15　巌 20
いわお　磐 15　巌 20
いん　允 4　印 6　因 6　胤 9　音 9　員 10　院 10　寅 11　蔭 14　韻 19

う

う　右 5　卯 5　生 5　宇 6　羽 6　有 6　兎 7　佑 7　雨 8　侑 8
うい　初 7
うえ　上 3
うお　魚 11
うさぎ　兎 7
うじ　氏 4
うしお　汐 6　潮 15
うた　吟 7　唄 10　詠 12　詩 13　歌 14　謡 16
うち　内 4
うな　海 9
うね　采 8　畝 10
うぶ　生 5　初 7
うま　馬 10
うみ　海 9　洋 9
うめ　梅 10
うらら　麗 19
うる　閏 12　潤 15
うるう　閏 12
うん　運 12　雲 12

え

え　永 5　衣 6　会 6　回 6　江 6　守 6　依 8　英 8　枝 8　映 9　栄 9　廻 9　重 9　柄 9　恵 10　笑 10　得 11　瑛 12　詠 12　絵 12　恵 12　榎 14　榮 14　慧 15　衛 16
えい　永 5　泳 8　英 8　映 9　栄 9　営 12　瑛 12　詠 12　榮 14　影 15　鋭 15　叡 16　衛 16
えがく　描 11
えつ　悦 10　越 12
えみ　咲 9　笑 10
えむ　笑 10
えり　衿 9　襟 18
えん　円 4　延 8　沿 8　炎 8　苑 8　宴 10　援 12　媛 12　園 13　遠 13　演 14　縁 15　燕 16　薗 16　艶 19

お

お　乙 1　己 3　士 3　小 3　大 3　夫 4　央 5　生 5　壮 6　百 6　男 7　良 7　於 8　旺 8　弦 8　和 8　音 9　保 9　郎 9　桜 10　峰 10　朗 10　絃 11　麻 11　隆 11　雄 12　寛 13　緒 14　綸 14　穂 15　櫻 21
おう　王 4　央 5　応 7　往 8　旺 8　欧 8　皇 9　翁 10　桜 10　黄 11　凰 11　奥 12　横 15　櫻 21　鴎 22　鷹 24
おうぎ　扇 10
おお　大 3　巨 5　多 6
おか　丘 5　岡 8
おき　気 6　沖 7　宙 8　恩 10　起 10　意 13　興 16
おぎ　荻 10
おく　奥 12　億 15　憶 16
おさ　令 5　長 8　統 12　総 14　綜 14
おさむ　一 1　乃 2　士 3　司 5　成 6　治 8　耕 10　修 10　経 11　理 11　脩 11　統 12　道 12　磨 16
おす　雄 12
おつ　乙 1
おと　乙 1　吟 7　音 9　律 9　韻 19　響 20
おのれ　己 3
おみ　臣 7
おや　親 16
おり　居 8　織 18
おる　織 18
おん　苑 8　音 9　恩 10　温 12　御 12　園 13　遠 13　薗 16　穏 16

か

か　日 4　加 5　可 5　禾 5　甲 5　何 7　伽 7

花7 佳8 果8 河8 科9 架9 珂9 迦9 香9 哉9 耶9 珈9 夏10 家10 荷10 華10 菓11 賀12 榎14 嘉14 歌14 樺14 駆14 稼15 駕15 霞17 蘭19 馨20

が 牙4 瓦5 伽7 我7 河8 画8 芽8 峨10 賀12 雅13 駕15

かい 介4 会6 回6 合6 快7 戒7 改7 廻9 恢9 海9 界9 皆9 桧10 械11 絵12 開12 階12 凱12 街12 堺12 解13 楷13 魁14 懐16 諧16 檜17 櫂18

がい 外5 亥6 涯11 凱12 街12 該13 概14 鎧18

かいり 浬10

かえで 楓13

かおり 芳7 郁9 香9 薫16 馨20

かおる 芳7 郁9 香9 薫16 馨20

かがみ 鏡19

かぎ 鍵17

かく 各6 角7 画8 拡8 格10 核10 郭11 覚12 確15 穫18 鶴21

がく 学8 岳8 楽13 樂15

かけ 掛11

かげ 景12 蔭14 影15

かける 架9 翔12 駆14 駈15 懸20

かさ 笠11 嵩13

かざ 風9

かし 樫16

かじ 梶11 舵11 櫂18

かしら 魁14

かしわ 柏9

かず 一1 七2 十2 三3 千3 万3 司5 主5 冬5 多6 壱7 寿7 利7 良7 宗8 知8 和8 研9 春9 航10 萬12 数13

かすみ 霞17

かずら 葛12

かぜ 風9

かた 才3 方4 形7 固8 型9 結12 堅12 硬12 象12 潟15

かたし 固8 堅12

かちどき 凱12

かっ 合6

かつ 且5 克7 括9 活9 桂10 捷11 葛12 勝12 雄12 褐13 豪14 轄17

がつ 月4

かつみ 克7

かつら 桂10 葛12 藤18

かど 門8 稜13 廉13

かな 叶5 協8 金8 哉9 奏9

かない 叶5

かなう 叶5 協8 適14

かなえ 叶5 鼎13

かなめ 紀9 要9

かね 金8 兼10 鉄13 謙17 鐘20

かのう 叶5 協8 適14

かぶと 甲5 兜11

かみ 上3 守6 昇8 神9 紙10

かめ 亀11

かも 鴨16

かもめ 鴎22

かや 茅8 萱12

から 空8 唐10

かわ 川3 河8

かん 甘5 甲5 完7 侃8 官8 冠9 巻9 柑9 看9 神9 莞10 栞10 勘11 貫11 紺11 菅11 寒12 敢12 間12 閑12 勧13 寛13 幹13 感13 漢13 慣14 関14 綸14 歓15 監15 還16 環17 韓18 観18 艦21 鑑23

がん 丸3 元4 岩8 眼11 雁12 頑13 願19 巌20

き

き 己3 木4 生5 企6 伎6 気6 妃6 岐7 希7 汽7 玖7 芸7 来7 奇8 祈8 季8 祁8 其8 來8 紀9 軌9 城9 帰10 記10 起10 姫10 黄11 基11 寄11 規11 亀11 徠11 葵12 喜12 幾12 揮12 期12 棋12 稀12 貴12 幹13 置13 暉13 旗14 綺14 器15 嬉15 毅15 畿15 輝15 槻15 熙15 機16 興16 樹16 磯17 徽17 騎18 礎18 麒19

ぎ 伎6 技7 芸7 宜8 祁8 其8 祇9 棋12 義13 儀15 戯15 誼15 麒19 議20

きく 掬11 菊11 鞠17

きざし 兆6 萌11

きざむ 刻8

きずく 築16

きずな 絆11

きそう 競20

きた 北5

きたる 来7 來8 徠11

きち 吉6 橘16

きつ 吉6 桔10
きぬ 衣6 絹13
きみ 王4 公4 仁4 君7 皇9 竜10 鉄13 龍16
きゃ 伽7
きゅう 九2 久3 及3 弓3 丘5 求7 究7 玖7 穹8 急9 宮10 赳10 救11 球11 毬11 給12 鳩13
きょ 巨5 挙10 許11
きよ 人2 心4 玉5 圭6 汐6 研9 粋10 淑11 淳11 清11 雪11 陽12 舜13 聖13 廉13 精14 静14 潔15 澄15 磨16 馨20
きょう 叶5 共6 匡6 杏7 亨7 享8 京8 供8 協8 香9 恭10 強11 教11 郷11 経11 梗11 卿12 喬12 敬12 橋16 興16 矯17 鏡19 馨20 競20 響20 驍22
ぎょう 行6 尭8 喬12 暁12 業13 驍22
きょく 旭6 極12
きよし 白5 圭6 泉9 美9 亮9 純10 淳11 清11 晴12 陽12 聖13 靖13 廉13 精14 碧14 潔15 澄15
きよみ 雪11 澄15
きよむ 雪11 澄15
きら 晃10 煌13
きり 桐10 霧19
きわむ 究7 極12
きん 今4 均7 芹7 近7 京8 欣8 金8 衿9 菫11 勤12 欽12 琴12 筋12 錦16 謹17 檎17 襟18
ぎん 吟7 銀14

く

く 九2 久3 工3 区4 公4 丘5 句5 功5 玖7 来7 供8 空8 来8 穹8 紅9 宮10 矩10 貢10 徠11 琥12 駆14 駈15 駒15
ぐ 弘5 求7 具8 紅9 倶10
くう 空8 宮10
ぐう 遇12 隅12
くさ 草9
くじら 鯨19
くす 楠13 樟15
くに 州6 県7 邦7 国8 洲9 城9 訓10 都11
くみ 与3 伍6 組11
くも 雲12
くら 倉10 椋12 鞍15 蔵15
くり 栗10 繰19
くる 来7 来8 徠11 薫16
くれ 呉7 紅9
くれない 紅9
くろ 玄5 黒11 黎15
くわ 桑10 鍬17
くん 君7 訓10 勲15 薫16
ぐん 郡10 群13

け

け 気6 希7 家10 華10 袈11 稀12 懸20
げ 夏10 華10
けい 兄5 圭6 形7 系7 佳8 京8 径8 茎8 型9 契9 計9 奎9 恵10 桂10 啓11 掲11 渓11 経11 蛍11 敬12 景12 軽12 恵12 携13 継13 詣13 境14 慶15 慧15 稽15 憬15 憩16 警19 繋19 馨20 競20
けつ 結12 傑13 潔15
げつ 月4
けん 見7 建9 研9 倹10 兼10 剣10 拳10 軒10 健11 絃11 絢12 萱12 間12 圏12 堅12 検12 硯12 献13 絹13 権15 憲16 賢16 謙17 鍵17 顕18 験18 繭18 懸20
げん 元4 玄5 言7 弦8 原10 現11 絃11 舷11 硯12 源13 厳17 験18

こ

こ 己3 子3 小3 木4 乎5 古5 仔5 児7 来7 呼8 固8 虎8 来8 弧9 胡9 個10 袴11 徠11 湖12 琥12 誇13 鼓13 瑚13
ご 五4 互4 午4 心4 伍6 呉7 吾7 冴7 胡9 娯10 悟10 梧11 期12 御12 瑚13 碁13 語14 醐16 檎17 護20
こい 恋10 鯉18
こう 工3 公4 孔4 功5 巧5

広5 弘5 甲5 交6 光6 向6 好6 江6 考6 行6 亘6 亨7 孝7 宏7 攻7 更7 岡8 劾8 幸8 庚8 昂8 杭8 肯8 岬8 昊8 恰9 侯9 厚9 巷9 恒9 皇9 紅9

荒9 香9 神9 虹9 洸9 候10 倖10 晃10 校10 浩10 紘10 耕10 航10 貢10 高10 剛10 黄11 康11 梗11 皐11 港12 硬12 皓12 鉱13 幌13 滉13 煌13 構14 綱14 稿15 廣15 興16

衡16 鋼16 縞16 講17 鴻17 ごう 合6 昂8 剛10 強11 郷11 皓12 業13 豪14 轟21 こえ 声7 こえる 越12 超12 こく 石5 克7 告7 谷7 刻8 国8 黒11 穀14 ここ 九2 心4 此6 こころ 心4 こころざし 志7 こし 越12 腰13

輿17 こずえ 梶11 梢11 槙14 こと 言7 采8 事8 紀9 思9 殊10 異11 琴12 詞12 ことば 詞12 ことぶき 寿7 この 好6 此6 このみ 好6 このむ 喜12 こぶし 拳10 こま 駒15 こゆる 超12 こよみ 暦14 これ 之3 伊6 此6 実8 是9 時10 惟11 維14 こん 今4

近7 金8 昆8 建9 根10 紺11 渾12 献13 魂14 墾16 ごん 言7 勤12 琴12 権15 厳17

さ 三3 小3 左5 早6 佐7 沙7 冴7 作7 砂9 咲9 茶9 紗10 彩11 爽11 嵯13

裟13 瑳14 総14 聡14 ざ 座10 さい 才3 西6 幸8 采8 斉8 哉9 宰10 栽10 財10 柴10 彩11 採11 砦11 祭11 斎11 菜11 埼11 偲11 最12 裁12 歳13 載13 ざい 在6 財10 さえ 冴7 さかえ 栄9 榮14

さかき 榊14 さき 先6 早6 幸8 咲9 祥10 崎11 埼11 さぎ 鷺24 さきがけ 魁14 さく 作7 咲9 朔10 索10 策12 さくら 桜10 櫻21 ささ 小3 笹11 讃22 さざなみ 漣14 さだ 成6 貞9 真10 晏10 眞10 禎13 寧14 憲16 さだむ 定8 さだめ 定8 さち 吉6

幸8 祐9 倖10 祥10 禎13 福13 さっ 早6 さつ 察14 颯14 薩17 さつき 皐11 さと 了2 仁4 利7 里7 学8 知8 怜8 俐9 恵10 悟10 哲10 敏10 郷11 都11 理11 覚12 達12 智12 悳12 惺12 聖13

誠13 聡14 徳14 慧15 叡16 賢16 さとき 鋭15 さとし 里7 知8 怜8 俐9 恵10 悟10 哲10 敏10 啓11 捷11 理11 覚12 暁12 智12 悳12 惺12 聖13 聡14 鋭15 慧15 叡16 賢16 論16 さとる 了2 学8

知8 悟10 哲10 理11 暁12 智12 惺12 解13 聖13 聡14 慧15 賢16 さな 真10 眞10 さね 実8 真10 眞10 護20 さぶ 三3 さや 清11 爽11 さら 更7 さわ 沢7 爽11 さん 三3 山3 参8 珊9 産11 算14 賛15 燦17

纂20 讃22

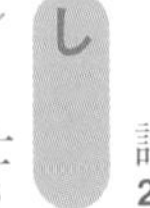

し 士3 子3 之3 巳3 支4 氏4 仕5 仔5 司5 史5 四5 市5 示5 矢5 此6 旨6 糸6 至6 伺7 志7 孜7 私7 使8 始8 姉8 枝8 祉8 姿9

思 9 施 9 師 10 梓 11 視 11 偲 11 紫 12 詞 12 嗣 13 獅 13 詩 13 試 13 資 13 蒔 13 摯 15

じ
二 2 士 3 巳 3 仕 5 司 5 史 5 示 5 至 6 字 6 寺 6 次 6 而 6 耳 6 自 6 地 6 弐 6 志 7 児 7 事 8 侍 8 治 8 持 9 時 10 滋 12 慈 13 蒔 13 路 13 爾 14 磁 14 璽 19

しい
椎 12

しお
汐 6 塩 13 潮 15

しおり
栞 10

しき
式 6 色 6 織 18 識 19

しげ
成 6 枝 8 茂 8 重 9 栄 9 草 9 盛 11 賀 12 滋 12 森 12 慈 13 榮 14 薫 16 樹 16 篤 16 繁 16 穣 18

しげる
成 6 茂 8 林 8 滋 12 森 12 慈 13 蒼 13 繁 16

しし
獅 13

しず
倭 10 康 11 閑 12 靖 13 静 14 寧 14 穏 16 鎮 18

しずか
玄 5 康 11 閑 12 惺 12 静 14

しずく
雫 11 零 13 滴 14

しち
七 2 質 15

じっ
十 2

じつ
十 2 日 4 実 8

しな
色 6 枝 8 科 9 品 9

しの
忍 7 信 9 篠 17

しのぐ
凌 10

しのぶ
忍 7 偲 11

しば
芝 6 柴 10

しぶき
沫 8

しま
洲 9 島 10 嶋 14 縞 16

しめす
示 5 観 18

しゃ
写 5 沙 7 砂 9 紗 10

じゃく
雀 11 惹 12

しゅ
手 4 主 5 守 6 朱 6 取 8 殊 10 珠 10 修 10 衆 12 種 14 趣 15 諏 15

じゅ
寿 7 受 8 珠 10 授 11 需 14 儒 16 樹 16 鷲 23

しゅう
収 4 州 6 舟 6 秀 7 周 8 宗 8 洲 9 秋 9 祝 9 柊 9 修 10 袖 10 執 11 習 11 崇 11 脩 11 就 12 衆 12 集 12 萩 12 葺 12 蒐 13 嵩 13 輯 16 蹴 19 繍 19 鷲 23

じゅう
十 2 中 4 充 6 住 7 柔 9 重 9 渋 11 縦 16

しゅく
叔 8 祝 9 淑 11 粛 11

しゅん
旬 6 俊 9 春 9 洵 9 峻 10 准 10 隼 10 惇 11 竣 12 舜 13 馴 13 詢 13 諄 15 駿 17 瞬 18

じゅん
旬 6 巡 6 盾 9 洵 9 准 10 純 10 隼 10 淳 11 惇 11 閏 12 循 12 順 12 楯 13 準 13 馴 13 詢 13 遵 15 潤 15 諄 15

しょ
初 7 所 8 書 10 恕 10 渚 11 緒 14 曙 17

しょう
小 3 井 4 升 4 正 5 生 5 匠 6 庄 6 丞 6 肖 7 尚 8 承 8 招 8 昇 8 昌 8 松 8 青 8 咲 9 昭 9 省 9 政 9 星 9 相 9 荘 9 将 10 祥 10 称 10 笑 10 商 11 唱 11 捷 11 梢 11 渉 11 章 11 紹 11 菖 11 清 11 笙 11 勝 12 掌 12 晶 12 湘 12 硝 12 証 12 象 12 装 12 葉 12 翔 12 奨 13 照 13 詳 13 聖 13 彰 14 精 14 樟 15 蕉 15 賞 15 憧 15 鐘 20

じょう
上 3 丈 3 允 4 丞 6 成 6 条 7 杖 7 状 7 定 8 乗 9 城 9 浄 9 貞 9 晟 10 剰 11 常 11 情 11 盛 11 條 11 場 12 静 14 錠 16 穣 18 譲 20

しら
白 5

しらべ
調 15

しろ
代 5 白 5 城 9 素 10

しん
心 4 申 5 伸 7 臣 7 芯 7 身 7 辰 7 信 9 神 9 津 9 晋 10 真 10 秦 10 眞 10 深 11 紳 11 進 11 清 11 晨 11 森 12 慎 13 新 13 榛 14 賑 14 槙 14 審 15 薪 16 親 16

じん
人 2 仁 4 壬 4 尽 6 迅 6 臣 7 忍 7 神 9 甚 9

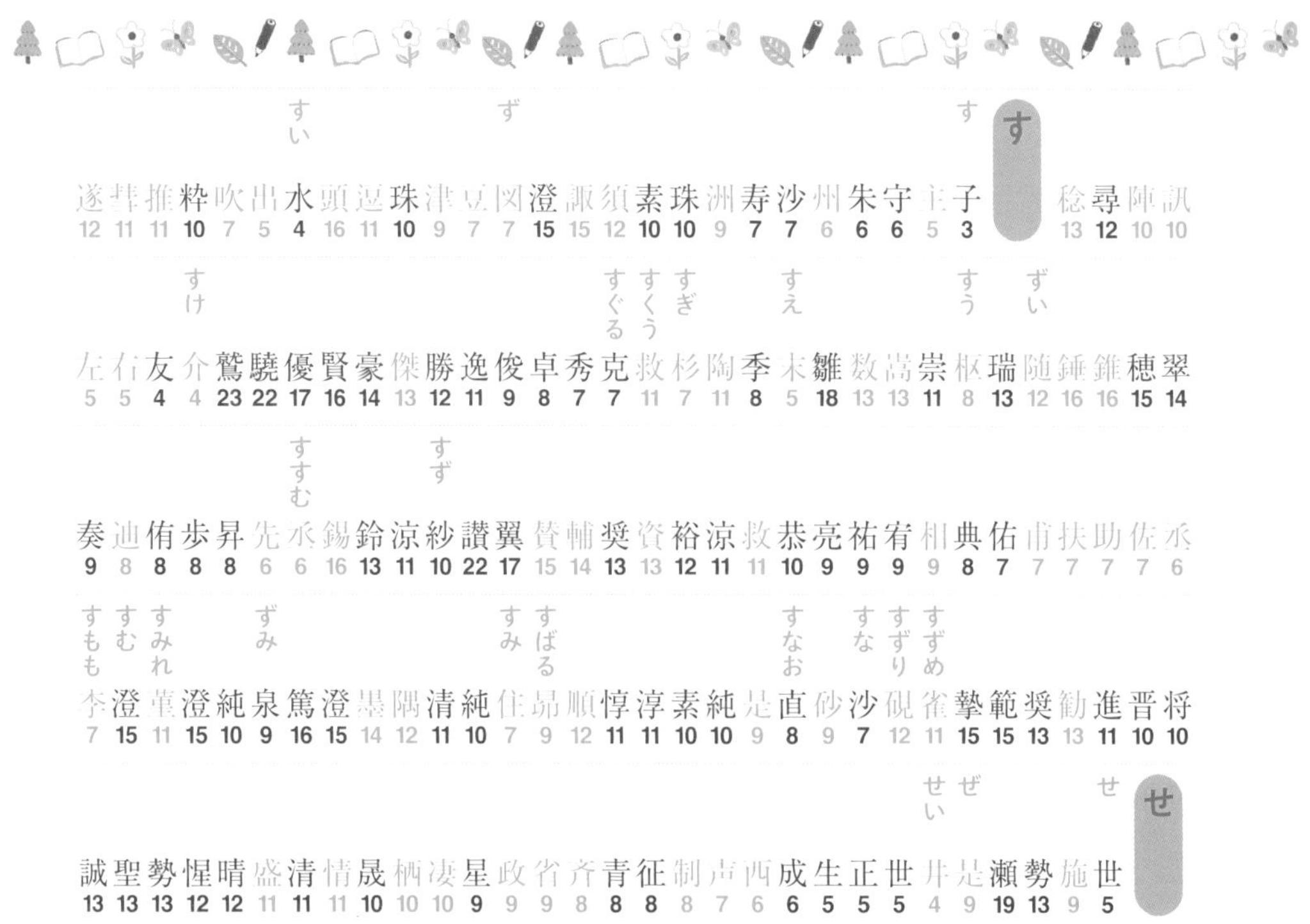

訊10 陣10 尋12 稔13

す

す 子3 主5 守6 朱6 州6 沙7 寿7 洲9 珠10 素10 須12 諏15 澄15

ず 図7 豆7 津9 珠10 逗11 頭16

すい 水4 出5 吹7 粋10 推11 彗11 遂12 翠14 穂15 錐16 錘16

ずい 随12 瑞13

すう 枢8 崇11 嵩13 数13 雛18

すえ 末5 季8 陶11

すぎ 杉7

すくう 救11

すぐる 克7 秀7 卓8 俊9 逸11 勝12 傑13 豪14 賢16 優17 驍22 鷲23

すけ 介4 友4 右5 左5 丞6 佐7 助7 扶7 甫7 佑7 典8 相9 宥9 祐9 亮9 恭10 救11 涼11 裕12 資13 奨13 輔14 賛15 翼17 讃22

すず 紗10 涼11 鈴13 錫16

すすむ 丞6 先6 昇8 歩8 侑8 迪8 奏9 将10 晋10 進11 勧13 奨13 範15 摯15

すずめ 雀11

すずり 硯12

すな 沙7 砂9

すなお 直8 是9 純10 素10 淳11 惇11 順12

すばる 昴9

すみ 住7 純10 清11 隅12 墨14 澄15 篤16

ずみ 泉9 純10 澄15

すみれ 菫11

すむ 澄15

すもも 李7

せ

せ 世5 施9 勢13 瀬19

ぜ 是9

せい 井4 世5 正5 生5 成6 西6 声7 制8 征8 青8 斉8 省9 政9 星9 凄10 栖10 晟10 情11 清11 盛11 晴12 惺12 勢13 聖13 誠13 靖13 精14 製14 誓14 静14 整16

せき 夕3 石5 汐6 赤7 隻10 席10 責11 堰12 跡13 関14 碩14 錫16 積16 績17 蹟18 籍20

せつ 接11 設11 雪11 節13 説14

せり 芹7

せん 千3 川3 仙5 占5 先6 亘6 茜9 宣9 専9 泉9 洗9 染9 扇10 閃10 釧11 旋11 船11 践13 銑14 撰15 線15 選15 遷15 薦16 繊17 鮮17

ぜん 全6 前9 善12 然12 禅13

そ

そ 十2 衣6 其8 素10 曽11 組11 曾12 楚13 想13 礎18

ぞ 曽11 曾12

そう 双4 壮6 早6 宋7 走7 宗8 奏9 相9 草9 荘9 桑10 候10 倉10 曽11 爽11 曹11 窓11 湘12 曾12 創12 惣12 装12 湊12 想13 蒼13 層14 漕14 総14 綜14 聡14 遭14 漱14 颯14 踪15 操16

ぞう 三3 造10 象12 像14 増14 蔵15 贈18

そく 即7 束7 則9 息10 速10

その 苑8 其8 圃10 園13 薗16

そめ 染9

そら 天4 宇6 空8 宙8 昊8 穹8

そん 存6 村7 孫10 尊12 巽12 遜14

ぞん 存6

た

た 大3 太4 田5 多6 汰7 舵11

だ 打5 唾11 梛11

たい 大3 太4 代5 台5 汰7 耐9 待9 帯10 泰10 態14 戴17 鯛19

だい 乃2 大3 内4 代5 台5 奈8 舵11 第11 醍16 題18

たいら 平5 坦8

たえ 才3 妙7 紗10

たか 山3 子3 太4 天4 丘5 宇6 考6 孝7 岳8 尭8 空8 昂8 尚8 卓8 宝8

飛9 恭10 高10 剛10 峻10 峰10 峯10 阜11 渉11 崇11 琢11 堂11 猛11 隆11 峻11 貴12 喬12 敬12 尊12 登12 雄12 揚12 陽12 嵩13 誠13 誉13 稜13 鳳14 賢16 鷹24 （たかし）山3 大3

天4 丘5 宇6 孝7 岳8 京8 尭8 昂8 宗8 尚8 卓8 俊9 恭10 高10 剛10 峻10 峰10 峯10 阜11 崇11 隆11 梁11 峻11 貴12 喬12 敬12 尊12 幹13 傑13 嵩13 聖13 誠13

駿17 驍22 鷲23 （たから）宝8 （たき）滝13 瀧19 （たく）巧5 宅6 托6 択7 沢7 卓8 拓8 啄10 託10 琢11 逞11 濯17 擢17 櫂18 （たくま）逞11 （たくみ）工3 巧5 伎6 匠6 （たくむ）工3 （たけ）丈3 壮6 竹6 岳8 虎8 長8

武8 孟8 威9 建9 高10 剛10 烈10 赳10 健11 崇11 彪11 猛11 偉12 貴12 雄12 義13 獅13 嵩13 豪14 毅15 （たけし）山3 大3 壮6 長8 武8 孟8 威9 建9 剛10 馬10 赳10 健11

彪11 猛11 雄12 豪14 毅15 驍22 鷲23 （たける）武8 建9 健11 猛11 尊12 （たすく）介4 右5 丞6 佐7 助7 佑7 相9 祐9 亮9 救11 奨13 輔14 翼17 （ただ）正5 只5 矢5 由5 伊6 匡6 侃8

忠8 直8 貞9 真10 粋10 貞10 惟11 規11 渉11 唯11 理11 禎13 維14 賢16 （ただし）仁4 正5 矢5 匡6 侃8 征8 忠8 直8 律9 将10 真10 貞10 規11 理11 善12 義13 禎13 儀15

憲16 賢16 （ただす）律9 （たち）立5 達12 （だち）達12 （たつ）立5 辰7 建9 起10 竜10 達12 堅14 樹16 龍16 （たつき）樹16 （たつみ）巽12 （たて）立5 建9 盾9 楯13 堅14 縦16 （たに）谷7 渓11 （たね）種14 （たのし）喜12 楽13 樂15 （たば）束7 （たび）度9 旅10

（たま）丸3 玉5 圭6 玖7 玲9 珠10 球11 琳12 瑞13 瑶13 碧14 環17 璧18 （たまき）環17 （たましい）魂14 （たみ）人2 民5 黎15 （ため）与3 為9 （ためす）試13 （たもつ）有6 完7 保9 惟11 維14 （たん）丹4 旦5 胆8 担8 単9 探11

淡11 湛12 誕15 鍛17 （だん）団6 男7 弾12 暖13 壇16 檀17 灘22

ち

（ち）千3 地6 弛6 池6 茅8 治8 知8 致10 智12 稚13 置13 馳13 （ちか）允4 元4 史5 近7 京8 実8 周8

知8 和8 真10 貞10 悠11 幾12 尋12 登12 愛13 寛13 慈13 慎13 新13 睦13 誓14 親16 （ちかう）誓14 （ちかし）史5 幾12 親16 （ちから）力2 能10 （ちく）竹6 逐10 筑12 蓄13 築16 （ちゃ）茶9 （ちゅう）丑4 中4 仲6 沖7

宙8 忠8 衷10 紬11 鋳15 （ちょ）猪11 著11 貯12 緒14 （ちょう）兆6 長8 重9 挑9 張11 彫11 眺11 頂11 鳥11 朝12 超12 跳13 徴14 暢14 蔦14 肇14 澄15 蝶15 調15 聴17 （ちょく）直8 捗10

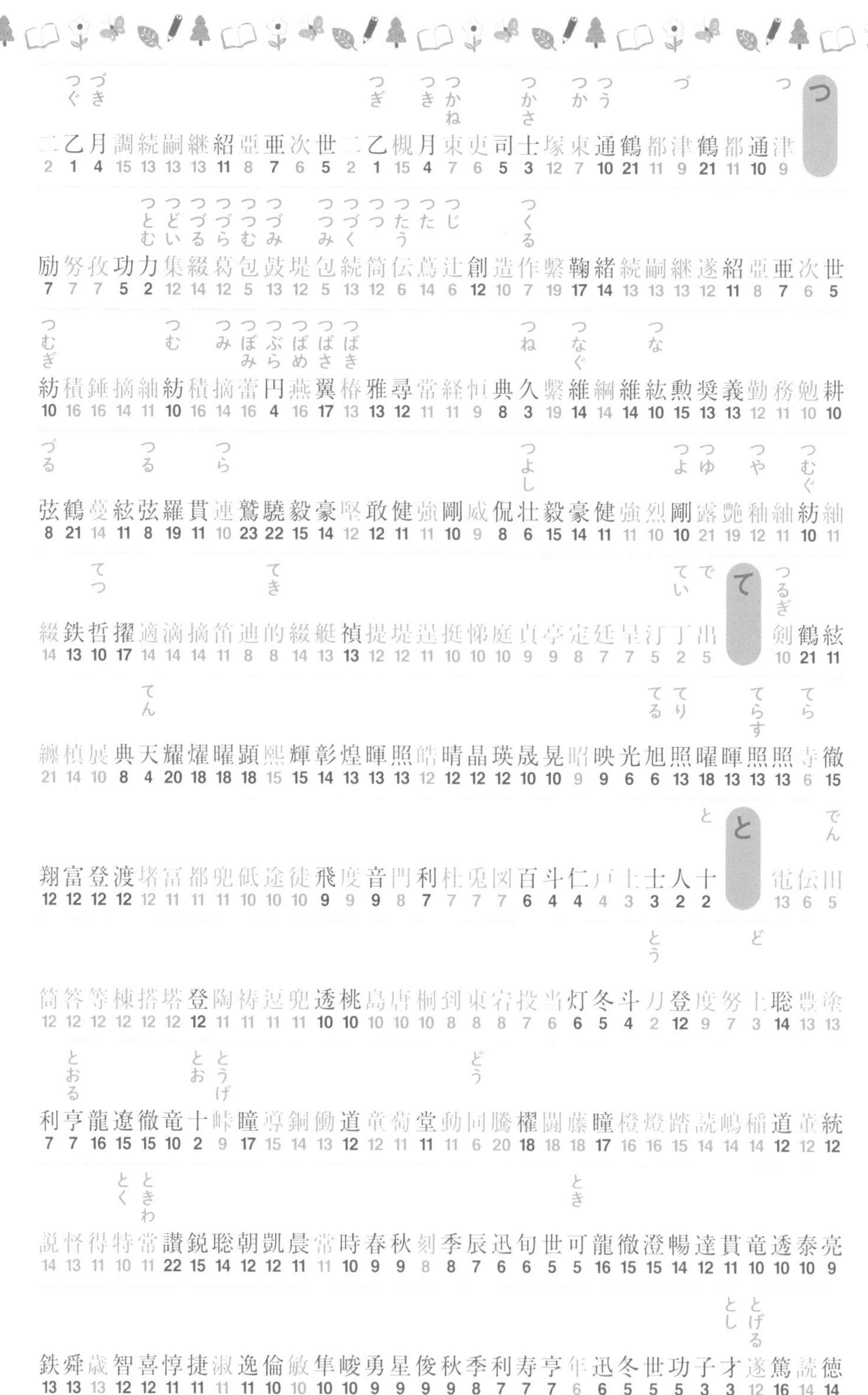

つ

つ　津9　通10　都11　鶴21
づ　津9　都11　鶴21
つう　通10
つか　束7　塚12
つかさ　士3　司5　史6
つかね　束7
つき　月4　槻15
つぎ　乙1　二2　世5　次6　亜7　亞8　紹11　継13　嗣13　続13　調15
づき　月4
つぐ　乙1　二2　世5　次6　亜7　亞8　紹11　継13　嗣13　続13　遂12　緒14　鞠17　繋19
つくる　作7　造10　創12
つじ　辻6
つた　蔦14
つたう　伝6
つつ　筒12
つづく　続13
つつみ　包5　堤12
つづみ　鼓13
つつむ　包5
つづら　葛12
つづる　綴14
つどい　集12
つとむ　力2　功5　孜7　努7　励7　勉10　務11　勤12　義13　奨13　勲15
つな　紘10　維14　綱14
つなぐ　維14　繋19
つね　久3　典8　恒9　経11　常11　尋12　雅13
つばき　椿13
つばさ　翼17
つばめ　燕16
つぶら　円4
つぼみ　蕾16
つみ　摘14　積16
つむ　紡10　紬11　摘14　錘16　積16
つむぎ　紡10　紬11
つむぐ　紡10　紬11
つや　釉12　艶19
つゆ　露21
つよ　剛10　烈10　強11　健11　豪14　毅15
つよし　壮6　侃8　威9　剛10　強11　健11　敢12　堅12　豪14　毅15　驍22　鷲23
つら　連10　貫11　羅19
つる　弦8　絃11　蔓14　鶴21
づる　弦8　絃11　鶴21
つるぎ　剣10

て

で　出5
てい　丁2　汀5　呈7　廷7　定8　亭9　貞9　庭10　悌10　挺10　逞11　堤12　提12　禎13　艇13　綴14
てき　的8　迪8　笛11　摘14　滴14　適14　擢17
てつ　哲10　鉄13　綴14　徹15
てら　寺6　照13
てらす　照13　暉13　曜18
てり　照13
てる　旭6　光6　映9　昭9　晃10　晟10　瑛12　晶12　晴12　皓12　照13　暉13　煌13　彰14　輝15　熙15　顕18　曜18　燿18　耀20
てん　天4　典8　展10　槙14　纏21
でん　田5　伝6　電13

と

と　十2　人2　士3　土3　戸4　仁4　斗4　百6　図7　兎7　杜7　利7　門8　音9　度9　飛9　徒10　途10　砥10　兜11　都11　富11　堵12　渡12　登12　富12　翔12　塗13　豊13　聡14
ど　土3　努7　度9　登12
とう　刀2　斗4　冬5　灯6　当6　投7　宕8　東8　到8　桐10　唐10　島10　桃10　透10　兜11　逗11　祷11　陶11　登12　塔12　搭12　棟12　等12　答12　筒12　統12　董12　道12　稲14　嶋14　読14　踏15　燈16　橙16　藤18　闘18　櫂18　騰20
どう　同6　動11　堂11　萄11　童12　道12　働13　銅14　導15　瞳17
とうげ　峠9
とお　十2　竜10　徹15　遼15　龍16
とおる　亨7　利7　亮9　泰10　透10　竜10　貫11　達12　暢14　澄15　徹15　龍16
とき　可5　世5　旬6　迅6　辰7　季8　刻8　秋9　春9　時10　常11　晨11　凱12　朝12　聡14　鋭15　讃22
ときわ　常11
とく　特10　得11　督13　説14　徳14　読14　篤16
とげる　遂12
とし　才3　子3　功5　世5　冬5　迅6　年6　亨7　寿7　利7　季8　秋9　俊9　星9　勇9　峻10　隼10　敏10　倫10　逸11　淑11　捷11　惇11　喜12　智12　歳13　舜13　鉄13

福13 稔13 聡14 鋭15 穏16 憲16 駿17
とせ 年6 歳13
とびら 扉12
とみ 吉6 冨11 登12 富12 福13
とも 丈3 双4 巴4 友4 共6 有6 那7 供8 始8 知8 朋8 兼10 倫10 寅11 智12 朝12 登12
寛13 幹13 禎13 僚14 興16 類18
ともえ 巴4
ともしび 灯6
とよ 豊13
とら 虎8 寅11 彪11
とり 鳥11
とん 惇11 敦12

な

な 七2 名6 那7 奈8 和8 南9 納10 菜11 寀11 梛11
ない 乃2 内4 奈8
なえ 苗8
なお 巨5 矢5 侃8 尚8 直8
なか 中4 仲6
なが 久3 永5 寿7 長8 詠12
ながれ 流10
なぎ 凪6 椛11 梛11
なぎさ 汀5 渚11
なぐ 凪6
なごみ 和8
なし 梨11
なだ 灘22
なつ 夏10 捺11
なな 七2
なの 七2
なま 生5
なみ 波8 南9 浪10 漣14
なり 也3 功5 生5 令5 成6 育8 周8 斉8 為9 音9 哉9 詞12 晴12 然12 登12 愛13 業13 勢13 誠13 徳14 響20
なる 生5 匠6 成6 育8 登12 愛13 誠13 徳14 親16
なん 南9 納10 軟11 楠13
難18

に

に 二2 仁4 丹4 而6 弐6 荷10 爾14
にい 新13
にし 西6
にじ 虹9
にしき 錦16
にち 日4
にん 人2 仁4 壬4 任6 忍7 閏12 認14

ぬ

ぬい 縫16 繍19
ぬき 貫11
ぬの 布5

ね

ね 子3 宇6 音9 祢9 根10 値10 峰10 峯10 寧14 嶺17 禰19
ねい 寧14
ねがう 願19
ねつ 熱15
ねん 年6 念8 然12 稔13

の

の 乃2 之3 埜11 野11
のう 納10 能10 農13 濃16
のぎ 禾5
のぞ 望11
のぞみ 希7 望11
のぞむ 希7 望11
臨18
のどか 和8 温12
のびる 伸7
のぶ 亘6 伸7 辰7 延8 恒9 信9 宣9 洵9 悦10 修10 展10 惟11 進11 寅11 喜12 敦12 葉12 遥12 寛13 総14 暢14
のぶる 延8 述8
のぼる 伸7 昂8 昇8 登12 暢14
のり 了2 功5 令5 考6 利7 里7 宜8 尭8 実8 昇8 知8 忠8 典8 法8 紀9 軌9 祝9 宣9 則9 律9 記10 倫10 基11 規11 教11 郷11 視11 賀12 敬12 詞12 然12 智12 登12 統12 道12 遥12 意13 雅13 寛13 義13 慎13 路13 徳14 勲15 慶15 範15 論15 機16 憲16 賢16 謙17 騎18
のん 音9 暖13 穏16

は

は 八2 巴4 羽6 把7 芭7 杷8 波8 華10 琶12 葉12 播15 覇19
ば 八2 把7 芭7 波8 馬10 場12 葉12
はい 俳10 配10 斐12 輩15
ばい 苺8 唄10 倍10 梅10 培11
はか 博12
はがね 鋼16
はかる 斗4 図7 計9
はぎ 萩12
はく 白5 伯7 拍8 珀9 舶11 博12
ばく 麦7 博12 幕13
はげむ 励7
はし 橋16
はじむ 基11 創12
はじめ 一1 大3 元4 玄5 吉6 甫7 始8 孟8 紀9 春9 原10 朔10 素10 基11 萌11 創12 朝12 源13 新13 魁14 肇14
はす 芙7 蓉13 蓮13

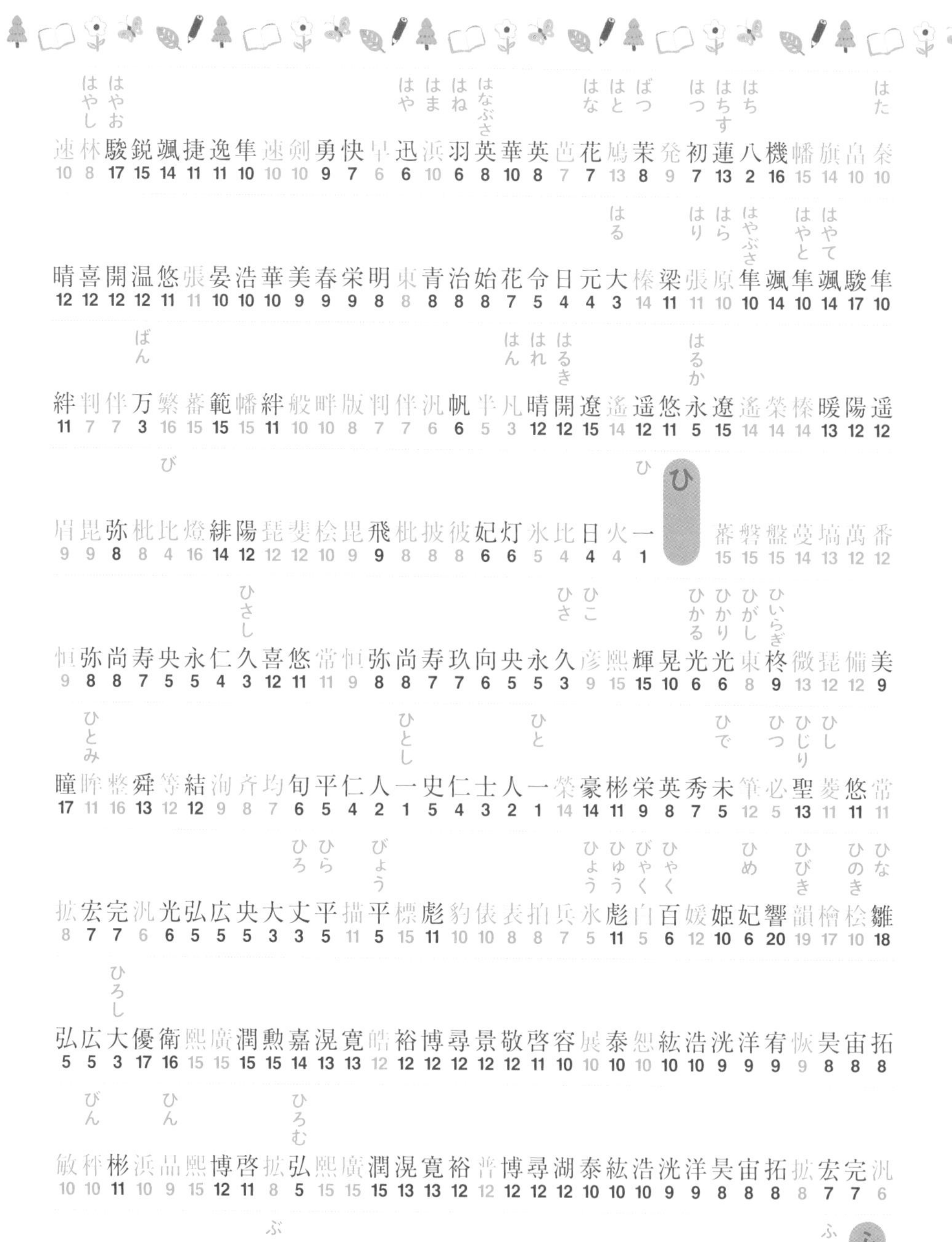

はた　秦10　畠10　旗14　幡15　機16
はち　八2
はちす　蓮13
はつ　初7　発9
ばつ　茉8
はと　鳩13
はな　花7　芭7　英8　華10
はなぶさ　英8
はね　羽6
はま　浜10
はや　迅6　早6　快7　勇9　剣10　速10　隼10　逸11　捷11　颯14　鋭15
はやお　駿17
はやし　林8　速10　隼10　駿17
はやて　颯14
はやと　隼10　颯14
はやぶさ　隼10
はら　原10
はり　張11　梁11　榛14
はる　大3　元4　日4　令5　花7　始8　治8　青8　東8　明8　栄9　春9　美9　華10　浩10　晏10　張11　悠11　温12　開12　喜12　晴12　遥12　陽12　暖13　榛14　榮14　遙14　遼15
はるか　永5　悠11　遥12　遙14　遼15
はるき　開12
はれ　晴12
はん　凡3　半5　帆6　汎6　伴7　判7　版8　畔10　般10　絆11　幡15　範15　蕃15　繁16
ばん　万3　伴7　判7　絆11　番12　萬12　塙13　蔓14　盤15　磐15　蕃15

ひ

ひ　一1　火4　日4　比4　氷5　灯6　妃6　彼8　披8　枇8　飛9　毘9　桧10　斐12　琵12　陽12　緋14　燈16
び　比4　枇8　弥8　毘9　眉9　美9　備12　琵12　微13
ひいらぎ　柊9
ひがし　東8
ひかり　光6
ひかる　光6　晃10　輝15　熙15
ひこ　彦9
ひさ　久3　永5　央5　向6　玖7　寿7　尚8　弥8　恒9　常11　悠11　喜12
ひさし　久3　仁4　永5　央5　寿7　尚8　弥8　恒9　常11　悠11
ひし　菱11
ひじり　聖13
ひつ　必5　筆12
ひで　未5　秀7　英8　栄9　彬11　豪14　榮14
ひと　一1　人2　士3　仁4　史5
ひとし　一1　人2　仁4　平5　旬6　均7　斉8　洵9　等12　結12　舜13　整16
ひとみ　眸11　瞳17
ひな　雛18
ひのき　桧10　檜17
ひびき　韻19　響20
ひめ　妃6　姫10　媛12
ひゃく　百6
びゃく　白5
ひゅう　彪11
ひょう　氷5　兵7　拍8　表8　俵10　豹10　彪11　標15
びょう　平5　描11
ひら　平5
ひろ　丈3　大3　央5　広5　弘5　光6　汎6　完7　宏7　拡8　拓8　宙8　昊8　恢9　宥9　洋9　洸9　浩10　紘10　恕10　泰10　展10　容10　啓11　敬12　景12　尋12　博12　裕12　皓12　寛13　滉13　嘉14　勲15　潤15　廣15　熙15　衛16　優17
ひろし　大3　広5　弘5　汎6　完7　宏7　拡8　拓8　宙8　昊8　洋9　洸9　浩10　紘10　泰10　湖12　尋12　博12　普12　裕12　寛13　滉13　潤15　廣15　熙15
ひろむ　弘5　拡8　啓11　博12　熙15
ひん　品9　浜10　彬11
びん　秤10　敏10

ふ

ふ　二2　不4　夫4　生5　布5　吹7　扶7　芙7　甫7　巫7　府8　阜8　歩8　赴9　風9　浮10　富11　符11　富12　普12　譜19
ぶ　不4　生5　武8　歩8　部11　葡12　無12　撫15　舞15　蕪15
ふう　夫4　風9　富11　富12　楓13
ふえ　笛11　笙11
ふかし　深11
ふき　吹7　蕗16
ふく　富12　幅12　福13
ふさ　弦8　房8　寅11　葉12　総14
ふじ　藤18
ふた　二2　双4　弐6
ふで　筆12
ふと　太4
ふとし　太4
ふな　舟6　船11
ふね　舟6　航10　船11
ふみ　文4

史5 典8 郁9 記10 章11 詞12 篇15

ふもと 麓19

ふゆ 冬5 那7

ふるう 奮16

ぶん 文4 聞14

へ

へ 辺5

べ 辺5

へい 内5 平5 兵7 柄9

へき 碧14 壁18

べに 紅9

べん 弁5 勉10

ほ

ほ 火4 帆6 秀7 甫7 歩8 宝8 保9 浦10 畝10 圃10 葡12 補12 輔14 蓬14 穂15

ぼ 戊5 母5 菩11 慕14 暮14 模14

ほう 方4 包5 芳7 邦7 宝8 朋8 法8 俸10 峯10 峰10 逢11 捧11 萌11 訪11 崩11 報12 豊13 蓬14 鳳14 褒15 鋒15 縫16 鵬19

ぼう 卯5 防7 茅8 房8 昴9 紡10 萌11 望11 萠11 貿12 膨16

ほく 北5

ぼく 木4 目5 牧8 睦13 墨14

ほし 斗4 星9

ほたる 蛍11

ほのお 炎8

ほまれ 誉13

ほろ 幌13

ほん 本5 奔8

ま

ま 万3 目5 茉8 真10 馬10 眞10 麻11 間12 満12 萬12 舞15 摩15 磨16

まい 米6 毎6 妹8 苺8 舞15

まいる 哩10

まえ 前9

まき 牧8 巻9 蒔13 槙14

まく 蒔13 幕13 播15

まこと 一1 允4 充6 良7 実8 周8 命8 信9 亮9 洵9 純10 真10 貞10 淳11 惇11 理11 慎13 誠13 詢13 諒15 諄15

まさ 大3 允4 公4 仁4 巨5 正5 匡6 成6 壮6 昌8 征8 政9 柾9 剛10 将10 真10 晟10 貞10 逸11 理11 温12 勝12 晶12 裕12 雅13 聖13 誠13 諒15 賢16 整16 優17 譲20

まさき 柾9

まさし 仁4 正5 匡6 政9 雅13

まさる 大3 克7 果8 卓8 勝12 智12 雅13 賢16 優17

ます 丈3 升4 斗4 加5 益10 賀12 増14 鱒23

まち 町7 待9 街12

まつ 末5 松8 茉8 待9

まつり [illegible]11 祭11

まと 的8

まど 円4 窓11

まどか 円4

まな 学8 真10 貞10 愛13

まなぶ 学8

まもる 士3 守6 保9 葵12 衛16 護20

まゆ 眉9 繭18

まゆみ 檀17

まり 毬11 鞠17

まる 丸3 円4 斡14

まれ 希7 稀12

まろ 丸3 麿18

まわり 周8

まん 万3 満12 萬12

み

み 己3 三3 子3 巳3 心4 仁4 壬4 水4 史5 生5 未5 光6 好6 充6 見7 身7 実8 味8 弥8 海9 看9 省9 泉9 眉9 美9 洋9 珠10 規11 現11 視11 深11 望11 幹13 誠13 魅15 観18

みお 澪16

みがく 瑳14 磨16

みかん 柑9

みき 幹13 樹16

みぎわ 汀5 沙7

みこ 巫7

みこと 命8 尊12

みさお 貞9 操16

みさき 岬8

みず 壬4 水4 瑞13

みずうみ 湖12

みち 行6 至6 充6 有6 花7 吾7 学8 径8 宙8 典8 迪8 通10 途10 倫10 進11 理11 陸11 達12 道12 満12 裕12 遥12 義13 路13 総14 導15

みちる 満12

みつ 三3 允4 円4 光6 充6 実8 美9 晃10 貢10 密11 満12 舜13 照13 慎13 蜜14 鞠17

みつぐ 貢10

みつる 光6 充6 実8 満12 暢14

みどり 翠14 碧14 緑14

みな 水4

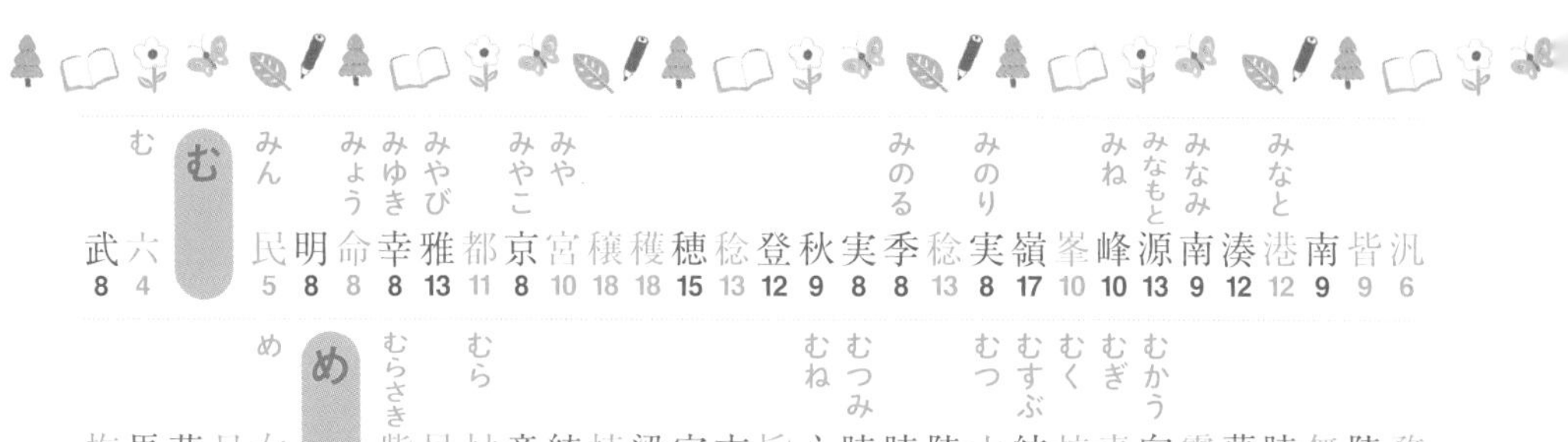

汎6 皆9 南9
みなと 港12 湊12
みなみ 南9
みなもと 源13
みね 峰10 峯10 嶺17
みのり 実8 稔13
みのる 季8 実8 秋9 登12 稔13 穂15 穫18 穣18
みや 宮10
みやこ 京8 都11
みやび 雅13
みゆき 幸8
みょう 命8 明8
みん 民5

む

む 六4 武8 務11 陸11 無12 睦13 夢13 霧19
むかう 向6
むぎ 麦7
むく 椋12
むすぶ 結12
むつ 六4 陸11 睦13
むつみ 睦13
むね 心4 旨6 志7 宗8 梁11 棟12 統12 意13
むら 村7 邑7
むらさき 紫12

め

め 女3 日5 芽8 馬10 梅10 萌11 萠11
めい 名6 芽8 命8 明8 盟13 銘14
めぐ 恵10 惠12 愛13
めぐみ 仁4 恩10 恵10 萌11 惠12 愛13
めぐむ 仁4 芽8 恩10 恵10 惠12 愛13 徳14
めぐる 回6 巡6 廻9 旋11 斡14 環17
めん 綿14

も

も 百6 萌11 望11 萠11 雲12
もう 孟8 望11 猛11 網14
もえ 萌11
もく 木4 目5
もち 持9 時10 望11
もと 一1 元4 心4 本5 花7 求7 志7 初7 始8 紀9 泉9 原10 朔10 素10 倫10 基11 規11 許11 智12 統12 意13 雅13 幹13 源13
もとい 基11
もとき 幹13
もとむ 求7 要9
もみじ 椛11
もも 百6 李7 桃10
もり 守6 杜7 保9 容10 盛11 隆11 森12 衛16 護20
もん 文4 門8 紋10 問11 聞14

や

や 八2 也3 乎5 矢5 谷7 夜8 弥8 哉9 耶9 家10 埜11 野11 椰13
やく 益10 躍21
やし 椰13
やす 叶5 安6 考6 快7 那7 育8 協8 保9 恭10 耕10 泰10 容10 晏10 貫11 康11 閑12 裕12 愛13 慈13 暖13 靖13 廉13 徳14 寧14 慶15 穏16 賢16
やすき 穏16
やすし 安6 保9 恭10 泰10 康11 靖13 寧14
やつ 八2
やま 山3
やまと 和8 倭10
やわら 柔9

ゆ

ゆ 弓3 夕3 友4 由5 有6 佑7 侑8 勇9 宥9 柚9 祐9 唯11 悠11 結12 愉12 裕12 遊12 雄12 諭16 優17 癒18
ゆい 由5 惟11 唯11 結12 維14
ゆう 夕3 尤4 友4 右5 由5 有6 佑7 邑7 侑8 勇9 宥9 柚9 祐9 悠11 結12 湧12 裕12 遊12 雄12 釉12 優17
ゆき 千3 之3 元4 文4 由5 行6 至6 亨7 孝7 志7 往8 幸8 征8 侑8 起10 恭10 倖10 将10 晋10 通10 透10 章11 進11 雪11 喜12 道12 普12 廉13 潔15 薫16
ゆく 路13
ゆず 柚9
ゆずる 謙17 譲20
ゆたか 有6 完7 浩10 泰10 隆11 富12 裕12 寛13 豊13 稔13 優17 穣18
ゆみ 弓3
ゆめ 夢13

よ

よ 与3 予4 四5 世5 代5 余7 呼8 夜8 葉12 誉13 預13 蓉13 輿17
よう 八2 幼5 用5 羊6 洋9 要9 容10 庸11 湧12 揚12 葉12 遥12 陽12 楊13 蓉13 瑶13 様14 踊14 遙14 養15 擁16 謡16

曜 18　燿 18　耀 20　鷹 24

よく　翼 17

よし　与 3　元 4　文 4　可 5　巧 5　正 5　由 5　令 5　礼 5　伊 6　吉 6　圭 6　好 6　成 6　芦 7　快 7　孝 7　克 7　辰 7　芳 7　良 7　英 8　佳 8　宜 8　欣 8　幸 8　和 8　研 9　俊 9　是 9　宣 9　美 9　祐 9　亮 9　悦 10　記 10　桂 10　時 10　純 10　恕 10　祥 10　泰 10　惟 11　啓 11　視 11　淑 11　彬 11　賀 12　凱 12　喜 12　貴 12　欽 12　敬 12　堅 12　善 12　雄 12　愛 13　葦 13　意 13　楽 13　寛 13　義 13　慈 13　舜 13　慎 13　誠 13　福 13　誉 13　嘉 14　徳 14　歓 15　嬉 15　儀 15　慶 15　衛 16　賢 16　整 16　謙 17　麗 19　馨 20

よしみ　好 6

よつ　四 5

よね　米 6

よみ　読 14

よもぎ　蓬 14

より　由 5　依 8　為 9　寄 11　偉 12　賀 12　順 12　道 12　義 13　頼 16

よろず　万 3　萬 12

ら

ら　来 7　良 7　來 8　徠 11　等 12　楽 13　樂 15　螺 17　羅 19

らい　礼 5　来 7　來 8　徠 11　莱 11　雷 13　黎 15　頼 16　蕾 16　瀬 19

らく　楽 13　樂 15

らん　嵐 12　覧 17　藍 18　蘭 19

り

り　吏 6　利 7　李 7　里 7　俐 9　浬 10　哩 10　莉 10　梨 11　理 11　璃 15　澟 15　鯉 18

りき　力 2

りく　陸 11

りち　律 9

りつ　立 5　律 9　率 11

りゅう　立 5　柳 9　流 10　留 10　竜 10　笠 11　琉 11　粒 11　隆 11　瑠 14　劉 15　龍 16

りょ　侶 9　旅 10　慮 15

りょう　了 2　令 5　両 6　良 7　亮 9　竜 10　凌 10　料 10　菱 11　梁 11　涼 11　陵 11　崚 11　椋 12　量 12　稜 13　綾 14　僚 14　領 14　諒 15　遼 15　龍 16　燎 16　瞭 17　嶺 17　糧 18

りょく　力 2　緑 14

りん　林 8　厘 9　倫 10　琳 12　鈴 13　稟 13　綸 14　輪 15　凛 15　凜 15　隣 16　臨 18　麟 24

る

る　流 10　留 10　琉 11　瑠 14

るい　累 11　塁 12　類 18

るり　瑠 14

れ

れ　令 5　礼 5　伶 7　怜 8　玲 9　麗 19

れい　令 5　礼 5　伶 7　励 7　例 8　怜 8　玲 9　莉 10　羚 11　鈴 13　零 13　黎 15　澪 16　嶺 17　齢 17　麗 19

れき　暦 14　歴 14

れつ　列 6　烈 10

れん　怜 8　恋 10　連 10　廉 13　蓮 13　漣 14　練 14　憐 16　錬 16　簾 19

ろ

ろ　芦 7　呂 7　路 13　蕗 16　櫓 19　露 21　鷺 24

ろう　労 7　郎 9　朗 10　浪 10　狼 10　楼 13　露 21

ろく　六 4　鹿 11　禄 12　緑 14　録 16　麓 19

ろん　論 15

わ

わ　八 2　羽 6　我 7　和 8　倭 10　琶 12　話 13　輪 15　環 17

わか　若 8　湧 12　新 13　稚 13

わき　湧 12

わく　湧 12

わし　鷲 23

わた　綿 14

わだち　軌 9

わたり　渡 12

わたる　亘 6　径 8　弥 8　和 8　恒 9　航 10　渉 11　渡 12　道 12

監修者 **東伯聰賢**（とうはく あきます）

1958年生まれ、日本大学法学部卒業後、金融機関に勤務。「人間の本質とは」「人生とは」の答えを求め、占いの門をたたく。今雲珠寶（こん・じゅほう）氏に師事し、独立。姓名判断に易占い、手相、九星気学、方位などを組み合わせた独自の東洋占い術で30年のキャリアを有す。東京の巣鴨や日本橋を拠点に鑑定中。監修書に『赤ちゃんのハッピー名前事典』『男の子のハッピー名前事典』『女の子のハッピー名前事典』（すべて西東社刊）がある。

連絡先：090-3819-7353
E-mail：touhaku@ezweb.ne.jp

ブックデザイン	原てるみ　星野愛弓　野呂 翠　大野郁美（mill inc.）
カバーイラスト	絵子猫（ECONECO）
本文イラスト	櫻井美奈子、おおでゆかこ、ワタナベカズコ、森シホカ
DTP	明昌堂
編集協力	三浦真紀、中谷 晃、清田麻衣子、田代一倫、渡辺桃子、清水 香、三輪佳奈
Webコンテンツ制作協力	いいな（iiner.com）

ぜ〜んぶ吉名！未来輝く
男の子・女の子ハッピー名前事典

監修者	東伯聰賢
発行者	若松和紀
発行所	株式会社 西東社

〒113-0034　東京都文京区湯島2-3-13
https://www.seitosha.co.jp/
電話　03-5800-3120（代）
※本書に記載のない内容のご質問や著者等の連絡先につきましては、お答えできかねます。

ISBN 978-4-7916-2106-4